Übungen im Privatrecht

Übersichten, Fragen und Fälle zum Bürgerlichen, Handels-, Gesellschafts- und Arbeitsrecht

von

Dr. Eugen Klunzinger

Professor
an der Universität Tübingen

9., überarbeitete und erweiterte Auflage

Verlag Franz Vahlen München

**VERLAG
VAHLEN
MÜNCHEN**
www.vahlen.de

ISBN 3-8006-3291-8

© 2006 Verlag Franz Vahlen GmbH
Wilhelmstr. 9, 80801 München
Satz: Fotosatz H. Buck,
Zweikirchener Str. 7, 84036 Kumhausen
Druck und Bindung: Druckerei C.H. Beck
(Adresse wie Verlag)
Gedruckt auf säurefreiem, aus chlorfrei
gebleichtem Zellstoff hergestellten Papier

„Übung macht den Meister"
(Altdeutsches Sprichwort)
– als nützliche Handlungsmaxime insbes. Studenten in allen
Lebenslagen sehr zur Anwendung empfohlen –

Vorwort zur neunten Auflage

Nach der freundlichen Aufnahme dieses Übungsbuches erscheint es nun
aktualisiert und abermals um zahlreiche Fälle und Fragen erweitert in
9. Auflage. Dazu ein paar Bemerkungen aus einer langjährigen Dozen-
tentätigkeit:

Allen gegenteiligen Bemühungen und Beschwörungen zum Trotz schrei-
ten Bürokratisierung und Verrechtlichung von Wirtschaft und Ge-
sellschaft unaufhaltsam voran. Wenn alles komplizierter wird, wird das
Erlernen nicht einfacher. Dann bedarf es vermehrt der Übung. Dieses
Buch will dem Studenten dabei helfen: Übung macht (wirklich) den
Meister! Dies gilt verstärkt in der heutigen Zeit der Massenuniversität,
auch wenn manchem Professor der Gedanke, den Studierenden beim
Erlernen entgegenzukommen einen tiefen Seufzer entlocken mag. Aber
genau so wenig, wie sich in einer Demokratie eine Regierung ein anderes
Volk als das gegebene suchen kann, so müssen sich auch die Hochschulen
mit den jungen Menschen abfinden, wie sie (heute) nun mal sind. Letzteren sei zum Trost gesagt: Unverständlichkeit ist nicht immer ein Beweis
für tiefe Gedankenführung. Eine gute wissenschaftliche Theorie sollte
(auch) einer Bardame erklärbar sein. Das Rezept gegen das Komplizierte
ist die Kunst der Vereinfachung! Ergänzt sei aber auch dies: Hilfestellun-
gen bei der Lernvermittlung dürfen nicht durch nachlassende Eigenan-
strengung konterkariert werden. Ohne Fleiß kein Preis! Wenn man nicht
hart arbeitet, dann schafft man es nun mal nicht „nach ganz oben". Wenn
man noch „ganz unten" ist, braucht man Unterstützung für die notwendigen Schritte „nach oben". Dass die in diesem Buch angebotenen Hilfen
in diesem Sinne verstanden wurden, entnehme ich zahlreichen „Dank-
schreiben". Es würde mich freuen, wenn dies auch weiterhin der Fall
wäre. Für Hinweise und Anregungen bin ich weiterhin dankbar; gerne
auch unter eugen.klunzinger@jura.uni-tuebingen.de.

Tübingen, Wintersemester 2005/2006   *Eugen Klunzinger*

Aus dem Vorwort zur achten Auflage

Jeder Dozent mit langjähriger pädagogischer Erfahrung weiß: Dass ein Student in der Vorlesung etwas hört, ist das eine; ob er es versteht, aufnimmt und behält (und zwar so, dass es in der Prüfung sicher präsentiert werden kann), ist das andere. Dazwischen können „Welten" liegen. Dozent und Student stehen dann an einer Weggabelung. Soll sich der Dozent elitär verhalten und den geringen Erfolg seiner Bemühungen achselzuckend mit dem Hinweis auf Begabungsunterschiede des Hörsaalpublikums rechtfertigen? Soll der Student mit einem Anflug von Resignation an der Effizienz der von ihm besuchten Bildungseinrichtung zweifeln? Lassen wir die Fragen unbeantwortet. Dieses Buch bemüht sich darum, den Empfänger der Botschaft an den von ihr verkündeten Inhalt heranzuführen. Dazu will der vorliegende Grundriss ein „Übungsbuch" sein. Er wendet sich an Studenten und Kursteilnehmer, die nach den Ausbildungs- und Prüfungsordnungen Grundkenntnisse in den wesentlichen Teilen des Privatrechts in Form einer schriftlichen und/oder mündlichen Prüfung nachweisen müssen. Darüber hinaus ist es als Studienbegleiter im Rahmen der Berufs- und Erwachsenenfortbildung an Wirtschafts-, Verwaltungs- und Berufsakademien sowie Industrie-, Handels- und Steuerberaterkammern konzipiert.

Üblicherweise wird sich der Student durch den Besuch einschlägiger Vorlesungen und die begleitende Lektüre hierauf vorbereiten. Das vorliegende Buch will diese Arbeit erleichtern. Es versteht sich als „Privatrechtliches Praktikum" und dient sowohl der Einführung, wie auch der Repetition und dem begleitenden Mitarbeiten. Abgehandelt werden die wirtschaftlich besonders relevanten Teile des Privatrechts: BGB – Allg. Teil, Schuldrecht, Sachenrecht, Handels-, Gesellschafts- und Arbeitsrecht.

Zu den jeweiligen Rechtsgebieten ist als Orientierung zunächst eine Kurzübersicht über die wesentlichen Regelungsbereiche und Aussagen vorangestellt. Daran schließt sich jeweils ein systematisch geordneter Abschnitt von in der Regel dem Schwierigkeitsgrad nach einfachen Wiederholungsfragen mit den dazugehörenden Antworten. In einem dritten Teil folgen Übungsfälle, um die induktive Erfassung und Subsumtion zu schulen und das Erarbeitete zu vertiefen.

Das im vorliegenden Buch praktizierte „Frage-Antwort-Spiel" bzw. die daran anschließend praktizierte „Fall-Lösung-Technik" zwingt den Leser zur Mitarbeit. Beides hilft ihm, das zu vermeiden, was jeder bei der löblichen und notwendigen Lektüre von Lehrbüchern schon durchgemacht hat, nämlich nach fünf gelesenen Seiten nicht mehr recht zu wissen, was vier Seiten zuvor gesagt worden ist.

Lassen Sie sich also nicht entmutigen und steigen Sie beim Lernen getrost auf der Ebene ein, die Ihnen konveniert; Hauptsache ist, dass die Materie „am Schluss sitzt". Woher Sie Ihre Kenntnisse haben, interessiert niemanden. Es kommt nur auf das Ergebnis an. In der Prüfung zählt nur, was Sie (wie) präsentieren können. In diesem Sinne wünsche ich den Bearbeitern viel Erfolg.

Tübingen, Sommersemester 2003   *Eugen Klunzinger*

Inhaltsverzeichnis

B. Handelsrecht

Abkürzungsverzeichnis

e.V. . . . . eingetragener Verein
f. . . . . folgende(r)
ff. . . . . folgende Seiten oder Paragrafen
FGG . . . . Gesetz über die Angelegenheiten der freiwilligen Gerichtsbarkeit
gem. . . . . gemäß
GenG . . . . Genossenschaftsgesetz
GewO . . . . Gewerbeordnung
GG . . . . Grundgesetz für die Bundesrepublik Deutschland
ggf. . . . . gegebenenfalls
GmbH . . . . Gesellschaft mit beschränkter Haftung
GmbHG . . . . Gesetz betreffend die Gesellschaften mit beschränkter Haftung
GoA . . . . Geschäftsführung ohne Auftrag
GrS . . . . großer Senat
GWB . . . . Gesetz gegen Wettbewerbsbeschränkungen
Halbs. . . . . Halbsatz
HGB . . . . Handelsgesetzbuch
h.M. . . . . herrschende Meinung
i.d.R. . . . . in der Regel
IG . . . . Interessengemeinschaft
InsO . . . . Insolvenzordnung
i.S. . . . . im Sinne
i.S.v. . . . . im Sinne von
i.V. . . . . in Vertretung
i.V.m. . . . . in Verbindung mit
JArbSchG . . . . . . Jugendarbeitsschutzgesetz
JGG . . . . Jugendgerichtsgesetz
Kfz . . . . Kraftfahrzeug
KG . . . . Kommanditgesellschaft
KGaA . . . . Kommanditgesellschaft auf Aktien
KO . . . . Konkursordnung
KSchG . . . . Kündigungsschutzgesetz
KStG . . . . Körperschaftsteuergesetz
LadenschlussG . Ladenschlussgesetz
LAG . . . . Landesarbeitsgericht
LG . . . . Landgericht
LM . . . . Lindenmaier-Möhring, Nachschlagewerk des Bundesgerichtshofs
LuftVG . . . . Luftverkehrsgesetz
m.a.W. . . . . mit anderen Worten
MitbestG . . . . . . Mitbestimmungsgesetz
MuSchG . . . . Mutterschutzgesetz
NJW . . . . Neue Juristische Wochenschrift
Nr. . . . . Nummer

o.ä. . . . . oder ähnliches
obj. . . . . objektiv
o.dgl. . . . . oder dergleichen
oHG . . . . offene Handelsgesellschaft
OLG . . . . Oberlandesgericht
PersVG . . . . Personalvertretungsgesetz
PostG . . . . Gesetz über das Postwesen
Rspr. . . . . Rechtsprechung
RGZ . . . . Amtliche Sammlung der Entscheidungen des Reichsgerichts in Zivilsachen
RVO . . . . Reichsversicherungsordnung
S. . . . . Satz
SchG . . . . Scheckgesetz
SGB . . . . Sozialgesetzbuch
s.o. . . . . siehe oben
sog. . . . . sogenannt(e)
StGB . . . . Strafgesetzbuch
st.Rspr. . . . . ständige Rechtsprechung
str. . . . . strittig
StV . . . . Stellvertretung
StVG . . . . Straßenverkehrsgesetz
s.u. . . . . siehe unten
subj. . . . . subjektiv
TV . . . . Tarifvertrag
TVG . . . . Tarifvertragsgesetz
TzBfG . . . . Teilzeit- und Befristungsgesetz
u.a. . . . . unter anderem
u.ä. . . . . und ähnliche(s)
urspr. . . . . ursprünglich
usf. . . . . und so fort
usw. . . . . und so weiter
UWG . . . . Gesetz gegen den unlauteren Wettbewerb
Verb. . . . . Verbindung
vgl. . . . . vergleiche
v.H. . . . . vom Hundert
VOB . . . . Verdingungsordnung für Bauleistungen
WährungsGes . . Währungsgesetz
WE . . . . Willenserklärung
WEG . . . . Wohnungseigentumsgesetz
WG . . . . Wechselgesetz
z.B. . . . . zum Beispiel
ZPO . . . . Zivilprozessordnung
z.T. . . . . zum Teil
z.Zt. . . . . zur Zeit

HINWEISE ZUR LÖSUNG PRIVATRECHTLICHER FÄLLE

I. Der Ausgangspunkt

In der Praxis werden nur in den seltensten Fällen rein abstrakte Rechtsfragen gestellt (so wie dies auf den nachfolgenden Seiten dieses Buches jeweils im 1. Teil eines thematischen Abschnitts als „Frage-Antwort-Spiel" zu Ausbildungszwecken geschieht). In der Regel geht es um die **rechtliche Beurteilung eines konkreten Sachverhalts** (so wie dies dazu anschließend im 2. Teil eines jeweiligen thematischen Abschnitts als „Fall-Lösung-Studie" praktiziert wird): Das Gericht muss einen Prozess entscheiden; der Rechtsanwalt berät seinen Mandanten; der Syndikus beurteilt für seinen Verband oder seine Firma die juristischen Aspekte einer betrieblichen Maßnahme; der Notar überlegt, welche Vertragsgestaltung den konkreten Interessen gerecht wird. Es ist deshalb nur zwangsläufig, dass sich auch der Student frühzeitig das Rüstzeug für die Lösung juristischer Fälle verschaffen muss. Dabei haben sich bestimmte Darstellungstechniken eingebürgert. Die einschlägigen Prüfungsordnungen verlangen nicht nur vom Jurastudenten, sondern auch vom Wirtschaftswissenschaftler und sonstigen „Nebenfächler", dass er im Rahmen seiner Ausbildung Klausuren (teilweise sogar Hausarbeiten) schreibt. Im nachfolgenden geht es darum, die verschiedenen Stadien bei der Bearbeitung privatrechtlicher Fälle aufzuzeigen und kurz auf die Darstellungstechniken einzugehen. Anschauungsmaterial erhält der Leser an Hand dieses Übungsbuchs in Hülle und Fülle. Bei den zahlreichen Übungsfällen zu den jeweiligen Rechtsgebieten will die Lösung dem Bearbeiter zugleich die Methode der Lösung juristischer Fälle vor Augen führen. Da die Fälle jeweils ein Problem exemplarisch aufgreifen und vom Umfang her überschaubar bleiben, soll der Leser die nachstehend vorab abstrakt beschriebene Fall-Lösung-Technik an Hand der Methode „learnig by doing" selbsterläuternd aufnehmen können.

II. Die konkrete Aufgabe

Mit der juristischen Lösung eines bestimmten Sachverhalts erhält der Bearbeiter eine fest umrissene Aufgabe: Er soll eine Antwort auf die in der Aufgabe formulierte Frage geben. In der Praxis wird diese Antwort in den verschiedensten Darstellungsformen erfolgen: Der Richter muss ein Urteil abfassen, der Rechtsanwalt einen Schriftsatz entwerfen, der Syndikus ein Gutachten erstatten.

Für das Studium und das Examen gilt: Der Student muss sich **gutachtlich** zu den im Sachverhalt gemachten Angaben äußern. Richtung und Umfang seiner Erörterungen werden bestimmt und begrenzt durch die den Sachverhalt abschließende **„Fallfrage".** Sie kann lauten: Wer hat Recht? Kann A von B dies verlangen? Wer haftet? Welche Ansprüche stehen A gegen B zu? Kann X von Y Zinsen verlangen? Muss V dem K Schadenersatz leisten? u. dgl. Sie kann aber auch allgemein gehalten sein und lautet dann regelmäßig: **„Wie ist die Rechtslage?"** Bei dieser Formulierung sind dann alle nur erdenklichen Ansprüche der beteiligten Parteien gegeneinander zu untersuchen.

Beispiel: A kauft bei B eine Vase, die er am nächsten Tag abholen will. Vor dem Eintreffen des A erscheint D, schlägt B nieder und verschwindet mit der Vase, die er kurz darauf an den in alles eingeweihten X veräußert, wo sie zu Bruch geht. Wie ist die Rechtslage? Hier sind Übereignungs-, Zahlungs-, Herausgabe-, Schadenersatz- und sogar Schmerzensgeldansprüche zwischen A, B, D und X zu prüfen.

Wichtig ist, dass der Student nur auf die gestellte Frage eingeht; nur sie ist die Richtschnur für seine Ausführungen. Wenn die Fallfrage etwa lautet: „Hat die Klage des A Aussicht auf Erfolg?", dann ist nach ihrer Zulässigkeit und Begründetheit gefragt, d.h. es ist auch zu den Prozessvoraussetzungen Stellung zu nehmen. Ist jedoch gefragt, ob die Klage begründet ist, so sind Ausführungen zur Zulässigkeit fehl am Platze.

Natürlich kann sich ein Aufgabensteller auch einmal etwas Atypisches einfallen lassen und den Bearbeiter zu „ungewöhnlichen" Antworten auffordern. Beispiele: „Entwerfen Sie das Antwortschreiben des Rechtsanwalts!", „Skizzieren Sie die Überlegungen, die für eine vertragsgemäße Regelung in Betracht kommen!" Dies ist allerdings die Ausnahme. In der Regel bleibt es dabei: Der Student hat die **Aufgabe, die Rechtslage in einem Gutachten darzustellen.**

Negativ wirkt sich aus, wenn der Bearbeiter nicht auf die gestellte Frage eingeht, sondern „allgemeine Überlegungen" zu Papier bringt. Auch wenn diese noch so scharfsinnig und zutreffend sind, sie sind dennoch überflüssig, schädlich und für die Notengebung verheerend. Der Student gibt damit zu erkennen, dass er auf das Wesentliche nicht einzugehen vermag, dass er „am Thema vorbeischreibt".

III. Die Arbeit am Sachverhalt

In den Lehrveranstaltungen und im Examen erhält der Student einen feststehenden Aufgabentext. Seine Aufgabe ist es also nicht, den Sachverhalt erst zu ermitteln. Dies unterscheidet den Gutachter vom Richter. Die Aufgabe eines Gerichts ist es, vorab den Sachverhalt zu ermitteln. Ihm liegt zunächst nur das weithin strittige Tatsachenvorbringen der Prozessparteien vor, das im Wege der Beweiserhebung unter Heranziehung der benannten Beweismittel zunächst zu würdigen und anschließend festzustellen ist. Nicht selten liegt der Schwerpunkt richterlicher Tätigkeit weniger in der Rechtsanwendung, als in der Tatsachenermittlung.

Der Gutachter, dem ein feststehender Sachverhalt zur Begutachtung ausgehändigt wird, darf am Sachverhalt nichts verändern. Der Student sollte deshalb in einer Klausur den **Sachverhalt** genauestens, evtl. **mehrfach durchlesen.**

1. Aufbereitung des Sachverhalts

Der Bearbeiter muss den Sachverhalt so nehmen, wie er ist. Er darf ihn also nicht verändern oder ergänzen. Wo der Sachverhalt schweigt und dem Leser der Gedanke kommt, „es müsse doch eigentlich anders sein" oder „… so oder so weitergehen", läuft der Bearbeiter Gefahr, den Sachverhalt zu modifizieren und damit eine Frage zu beantworten, die gar nicht gestellt ist. Merken Sie sich also als Grundregel: **Nie am Sachverhalt Veränderungen vornehmen!** Tauchen wirklich einmal Unklarheiten auf, ist gegebenenfalls ein Alternativgutachten zu erstellen. Der Bearbeiter sollte aber im Examen und in der Übungsklausur seinen gesunden Menschenverstand nicht an der Universitätsgarderobe abgeben! Wenn der Aufgabensteller nach Meinung des Aufgabenbearbeiters Unklarheiten oder Lücken gelassen hat, dann sollte man den „normalen Gang der Dinge" unterstellen. Einige „Rosinen" aus der Prüfungspraxis: Eine Aufgabe enthielt den Hinweis, dass „A dem B seine ihm gegen den C zustehende Forderung verpfändet hat". Der Bearbeiter des Falles blätterte nunmehr eifrig im Gesetz und fand heraus, dass nach § 1280 BGB die Verpfändung einer Forderung, zu deren Übertragung der Abtretungsvorgang genügt, nur wirksam ist, wenn der Gläubiger (= Verpfänder) sie dem Drittschuldner anzeigt. Darüber war im Sachverhalt nichts gesagt. Flugs ging der Student von der Unwirksamkeit der Verpfändung aus. Hier hätte er aber, nachdem im Sachverhalt nichts Gegenteiliges angedeutet war, nach dem gesunden Menschenverstand und der Lebenserfahrung davon ausgehen müssen, dass die zur Verpfändung erforderlichen Rechtsakte auch tatsächlich erfolgt waren oder er hätte, wenn er sich unsicher fühlte, formulieren müssen: Die Verpfändung an B war wirksam; mangels gegenteiliger Angaben im Sachverhalt ist lebensnah von einer Mitteilung der Verpfändung an C auszugehen. Deshalb die Mahnung: Zwar scharf und analytisch sein, aber nicht griffelspitzig!

2. Ordnung der Sachangaben

Die „Arbeit am Sachverhalt" sollte man nicht gering schätzen. Nur wenn der Bearbeiter den Sachverhalt „intus hat", kann er mit der gutachterlichen Tätigkeit beginnen. Hier sei empfohlen, die im Sachverhalt enthaltenen **Angaben nach zusammengehörenden Komplexen zu ordnen und diesen Überschriften zu geben,** die das Geschehen dieser Komplexe zusammenfassen. Im vorangegangenen Beispiel könnte man etwa formulieren: 1. Komplex: „Der Vasenkauf", 2. Komplex: „Der Überfall", 3. Komplex: „Gauner unter sich".

Wenn Daten angegeben sind, haben diese in aller Regel eine bestimmte Funktion. Datumsangaben sind relevant für die Verjährung, für die Priorität von Forderungsabtretungen, für die Frage des Wirksamwerdens von Willenserklärungen, für die Frage der rechtzeitigen Annahme eines Vertragsangebots und vieles andere mehr.

Hier empfiehlt es sich, einen **„Zeitstrahl"** zu machen, auf dem man die Zeitfolge der im Sachverhalt angesprochenen Komplexe markiert.

3. Ordnen der Rechtsvorgänge

Schon bei der Arbeit am Sachverhalt kann der Student auch die entsprechenden **„rechtlichen Parallelwertungen"** vornehmen. Dazu gehört, dass man die verschiedenen Rechtsverhältnisse zwischen den Beteiligten einem bestimmten Vertragstypus zuordnet und die juristischen Stichworte vermerkt, die einem „zunächst ungeprüft" einfallen. So könnte man bei obigem Beispiel bereits beim ersten Lesen auf dem Rand des Sachverhaltsblattes „Bösgläubigkeit des X" (wichtig etwa für §§ 989, 990 BGB) oder „abhanden gekommene Vase" (wichtig für § 935 BGB) vermerken. Dies hat auch einen psychologischen Vorteil: Hat man schon mal etwas notiert, wird einem die Aufgabe nicht mehr unlösbar erscheinen.

4. Schaubilder

Die meisten Menschen sind „optisch" veranlagt. Vor allem wenn der Sachverhalt länger ist und mehrere Personen im Spiel sind, empfiehlt es sich, eine kleine Skizze zu machen. Sie erleichtert die Ordnung der zunächst „ungeprüften Gedankenblitze".

5. Orientierung an der konkreten Fallfrage

Wir hatten oben festgestellt, dass die Aufgabenstellung verschieden sein kann. Stets gilt, dass der Student **nur die gestellte Frage zu beantworten** hat. Wenn also die Aufgabenstellung lautet: „Ist Verjährung eingetreten?", dann hat der Student konkret diese (und nur diese) Frage zu beantworten. Dazu wird der Sachverhalt dahingehend überprüft, ob die nach den Verjährungsvorschriften notwendige Zeit verstrichen ist.

In der Regel lautet die Frage jedoch allgemein: **„Wie ist die Rechtslage?"** Verlangt ist dann ein Rechtsgutachten. Aber nicht ein solches, das „bei Adam und Eva anfängt" und sämtliche Aspekte aufgreift, die in einem allenfalls noch lockeren Zusammenhang mit den im Sachverhalt geschilderten Vorgängen stehen. Merken Sie sich vielmehr: Wenn nach der Rechtslage gefragt ist, sind **sämtliche Ansprüche unter den Beteiligten** zu prüfen. Es ist dann eine Antwort auf folgende Frage verlangt: **„Wer will von wem was woraus?"**

Wer von wem was verlangt, ergibt sich aus dem Sachverhalt. Dabei ist der Sachverhalt in Zweipersonenverhältnisse zu zerlegen. Diese Einteilung erleichtert zum einen die Übersichtlichkeit, zum anderen erleichtert sie die Antwort auf die Frage, welche der im Sachverhalt genannte Person von einer anderen überhaupt etwas verlangen kann.

Die Frage nach dem „was" betrifft das/die Anspruchsziel(e). Derartige Anspruchsziele können z.b. die Erfüllung eines Kaufvertrages, Schadenersatz oder Herausgabe einer Sache sein. Schließlich ist zu fragen, woraus sich ein solches Anspruchsziel ergeben könnte. Es ist somit nach geeigneten Anspruchsgrundlagen für das Begehren desjenigen zu suchen, der von einem anderen etwas verlangt. Die entsprechende Rechtsgrundlage kann sich dabei sowohl aus dem Gesetz als auch aus einer rechtsgeschäftlichen Verpflichtung ergeben.

Keine Regel ohne Ausnahme: Manchmal ist die Frage nach der Rechtslage nur noch eine floskelartige Ergänzung einer anderen Frage, auf die hin sich der Sachverhalt zugespitzt hat. Wenn es etwa heißt: „A verlangt von B Zahlung. B lehnt ab. Wie ist die Rechtslage?" Dann ist ein Gutachten über die Berechtigung des Zahlungsanspruchs verlangt. Dem Grundsatz nach aber können Sie sich einprägen: Ein Gutachten zu erstatten heißt, die Frage zu beantworten, „wer von wem was woraus" verlangen kann.

6. Reihenfolgen

Wenn mehrere Personen im Spiel sind oder eine Person gegenüber einer anderen verschiedenartige Dinge verlangt, dann gilt der Grundsatz, dass **jedes einzelne Leistungsbegehren für jede Person getrennt** zu prüfen ist. Es muss also hintereinander der Anspruch des A gegen den B, der Anspruch des A gegen den C, dann der Anspruch des B gegen den A, der Anspruch des C gegen den A und, sofern verlangt und in Betracht kommend, auch der Anspruch des C gegen den B geprüft werden. Grundsätzlich unzulässig wäre es aber, alle Ansprüche unter den Beteiligten in „einem Aufwasch" abzuhandeln. Ausnahme: Wenn die Ansprüche gegen mehrere Personen inhaltlich deckungsgleich sind, wäre es natürlich ein Unding, hier zwischen den einzelnen Personen zu differenzieren und dadurch Mehrarbeit zu verursachen. Wenn etwa die gleichartige Haftung mehrerer Gesellschafter geprüft wird, kann der Anspruch des Gläubigers gegen alle Gesellschafter zusammen untersucht werden. Aber auch nur dann, wenn nicht die Rechtsstellung und gegebenenfalls die Verteidigungsmöglichkeiten der einzelnen Gesellschafter unterschiedlich sind.

IV. Aufsuchen der Rechtsgrundlagen

1. Sammeln der Anspruchsgrundlagen

Wenn der Sachverhalt aufbereitet ist, seine verschiedenen Abschnitte dem Studenten klargeworden sind und er gegebenenfalls eine Skizze gemacht hat, ist spätestens die in Betracht kommende Rechtsgrundlage heranzuziehen. Die Frage, wer von wem etwas verlangen kann, hängt davon ab, ob das Gesetz eine entsprechende Anspruchsgrundlage zur Verfügung stellt oder ob es eine rechtsgeschäftliche Grundlage für einen entsprechenden Anspruch gibt. Die Suche nach den Rechtsgrundlagen ist also das **Aufsuchen von Anspruchsgrundlagen**. Unter einem Anspruch versteht man bekanntlich (vgl. die Legaldefinition in § 194 BGB) „das Recht, von einem anderen ein Tun oder Unterlassen zu verlangen". Anspruchsgrundlagen sind also „Rechtsgrundlagen für einen Anspruch". Anspruchsgrundlagen sind beispielsweise: § 433 Abs. 2 BGB (das Recht des Verkäufers, vom Käufer die Bezahlung des Kaufpreises zu verlangen), § 433 Abs. 1 BGB (das Recht des Käufers, vom Verkäufer die Übereignung und Übergabe der Sache zu verlangen), § 985 BGB (das Recht des Eigentümers, vom Besitzer die Herausgabe zu verlangen), § 823 Abs. 1 BGB (das Recht des Eigentümers, Schadenersatz vom Schädiger zu verlangen), § 812 Abs. 1 S. 1 1. Alt. BGB (das Recht vom ungerechtfertigt Bereicherten, das Erlangte heraus zu verlangen) usw.

Beachten Sie hier schon: Manchmal formuliert der Gesetzgeber die Anspruchsgrundlage „aktiv" („kann verlangen"), manchmal bringt er sie dagegen „passiv" zum Ausdruck (so wenn es bei den Anspruchsgrundlagen aus vertraglichen Schuldverhältnissen im 8. Abschnitt des Schuldrechts heißt „der … ist verpflichtet"). Dann resultiert aus der Pflicht des jeweiligen Verpflichteten spiegelbildlich der Anspruch des dadurch Berechtigten.

Nun setzt freilich schon das Aufsuchen der Anspruchsgrundlage deren Kenntnis voraus. Wo soll man auch suchen, wenn man nicht in etwa weiß, wo man fündig werden könnte? Es wäre ein Zeichen mangelnder Vorbereitung, wenn der Student erst im Sachverzeichnis nachschlagen muss, um geläufige Rechtsgebiete zu finden (wie z.b. das Kaufrecht).

Vereinfacht wird das Auffinden der Anspruchsgrundlage, wenn zunächst das Anspruchsziel feststeht. Erfüllung kann nur auf der Grundlage eines entsprechenden Vertrags verlangt werden. Für einen Anspruch auf Schadenersatz kommen nur Anspruchsgrundlagen in Frage, deren Rechtsfolge auf Schadenersatz gerichtet ist. Wird dagegen Herausgabe verlangt, muss an sämtliche Anspruchsgrundlagen gedacht werden, deren Rechtsfolge auf Herausgabe gerichtet ist. Ob die so gefundenen Anspruchsgrundlagen letztlich auch wirklich greifen, ist eine andere Frage. Sie ist in einem Gutachten mit Hilfe der Subsumtionstechnik zu beantworten (siehe unten).

Für die häufigsten Anspruchsgrundlagen gilt die Forderung, dass man sie „im Kopf haben muss". Unabhängig davon sollte der Student spätestens im jetzigen Stadium der Fallbearbeitung das Gesetz aufschlagen. Dies ist auch schon deshalb wichtig, weil es in der Aufregung einer Klausur leicht passieren kann, dass man, obgleich man sich sicher glaubt, den genauen Wortlaut einer Vorschrift doch nicht mehr vollständig im Kopf hat. Außerdem beachte man den Rat: Nicht nur eine bestimmte Vorschrift lesen, sondern auch den folgenden Absatz und zwei bis drei Paragraphen davor sowie zwei bis drei Paragraphen danach! Gerade diese Vorschriften könnten für die Lösung des Falles von Bedeutung sein.

Nunmehr gewinnt die rechtliche Seite an Gewicht. Zumindest kann der Student feststellen, dass bestimmte Rechtsgrundlagen in Betracht kommen. Ob sie im Ergebnis zutreffen, steht unter dem Vorbehalt weiterer Prüfungen. Oft muss auch etwas, was im Endergebnis abgelehnt wird, beim Gutachten wenigstens als überlegenswert erwähnt und dargestellt werden. Freilich sollte man nicht zu weit gehen, man provoziert sonst den Korrekturvermerk „abwegig". So sind etwa im obigen Beispiel keine langen Ausführungen zu Herausgabeansprüchen gegen D angebracht, sondern es könnte allenfalls kurz formuliert werden: Dem A steht kein Herausgabeanspruch aus § 985 BGB gegen D zu, da A aufgrund des mit B abgeschlossenen Kaufvertrages mangels Erfüllung noch gar nicht Eigentümer geworden ist. B hat keinen solchen Anspruch, da D nicht mehr im Besitz der Sache ist.

2. Ordnen der Anspruchsgrundlagen (Prüfungsreihenfolge)

Wenn man alle in Betracht kommenden Anspruchsgrundlagen notiert hat, sind sie für die anschließende ausführliche Prüfung und die spätere Niederschrift in eine zweckmäßige Reihenfolge zu bringen. Dabei werden vertragliche Ansprüche (z.B. §§ 433, 631, 535 BGB) vor vertragsähnlichen Ansprüchen (c.i.c., GoA) geprüft; dann kommen die dinglichen Ansprüche (§§ 985 ff. BGB), daran schließen sich die kondiktionsrechtlichen

Ansprüche (§§ 812 ff. BGB) an und zuletzt folgen die deliktischen Ansprüche (§§ 823 ff. BGB). Doch ist diese Reihenfolge nicht starr vorgegeben. Bei Herausgabeansprüchen ist z.b. häufig ein Beginn mit § 985 BGB der komplikationslosere Weg.

V. Die Subsumtionstechnik

Die Aufgabe des Gutachters besteht in der Beantwortung der **Frage, ob ein festgestellter Sachverhalt unter eine bestimmte Rechtsnorm** fällt. Dies prüfen und beantworten wir im Wege der sog. Subsumtionstechnik. Diese erfolgt regelmäßig in 3 Schritten: Ist der Anspruch entstanden? (s.u. 1. und 2.) Ist der Anspruch untergegangen? (s.u. 3.) Ist der Anspruch durchsetzbar? (s.u. 3.).

1. Die Subsumtionsfrage

Hat der Bearbeiter eine bestimmte Rechtsnorm gefunden, die den klägerischen Anspruch begründen könnte, muss er die Subsumtionsfrage formulieren: „Es ist zu prüfen, ob ein bestimmter Anspruch in Betracht kommt". Konkret geschieht dies durch Nennung der in Betracht gezogenen Anspruchsgrundlage. Geht es beispielsweise um einen Fall aus dem Kaufrecht, bei dem der Verkäufer V dem Käufer K ein Kraftfahrzeug verkauft hat, könnte die Subsumtionsfrage lauten: „V könnte gegen K einen Anspruch auf Bezahlung des Kaufpreises gem. § 433 Abs. 2 BGB haben". Oder bei einem sachenrechtlichen Fall, bei dem B dem Eigentümer E einen Teppich gestohlen hat: „In Betracht kommt ein Herausgabeanspruch nach § 985 BGB, mit dem E als Eigentümer die Sache von B herausverlangen könnte".

2. Subsumtion

a) Die tatbestandlichen Voraussetzungen der Anspruchsgrundlagen

Ob die in der Subsumtionsfrage genannten Voraussetzungen für den zu prüfenden Sachverhalt zutreffen, hängt davon ab, **ob die in der Anspruchsgrundlage enthaltenen abstrakten Tatbestandsmerkmale auf den konkreten Sachverhalt zutreffen.** Deshalb muss im Anschluss an die Subsumtionsfrage dargelegt werden, welche Tatbestandsmerkmale erfüllt sein müssen.

Führen wir unser Beispiel fort, dann müsste es im Kaufrechtsfall heißen: „Voraussetzung hierfür ist, dass zwischen V und K ein Kaufvertrag abgeschlossen wurde". Im sachenrechtlichen Fall müsste es heißen: „Dies setzt voraus, dass E Eigentümer der Sache ist und B unrechtmäßiger Besitzer".

b) Die konkreten Sachverhaltsmerkmale

Als nächstes sind die im Sachverhalt enthaltenen wesentlichen tatsächlichen Vorgänge zu erfassen. Dabei ist zu prüfen, ob die Ereignisse des Sachverhalts die konkretisierten Merkmale des abstrakten Tatbestands aufweisen. Im Kaufrecht müsste es dann heißen: „V und K haben einen Kaufvertrag abgeschlossen". Im sachenrechtlichen Fall würde es heißen: „E ist Eigentümer der Sache (durch Testament oder rechtsgültigen Erwerb); B übt die tatsächliche Gewalt über die Sache aus, ist also Besitzer".

c) Schlussfolgerung

Die Subsumtion besteht darin, einen bestimmten, festgestellten Sachverhalt den Tatbestandsmerkmalen der Anspruchsgrundlage unterzuordnen, um damit eine Schlussfolgerung zu erlauben: Weil der Sachverhalt die konkreten Tatbestandsmerkmale der abstrakten Norm erfüllt, greifen für den konkreten Fall die in der abstrakten Norm enthaltenen Rechtsfolgen Platz. Unser Kaufrechtsfall würde dann so enden: „Da K und V einen Kaufvertrag abgeschlossen haben, ist K nach § 433 Abs. 2 BGB verpflichtet, den Kaufpreis zu bezahlen". Das Ergebnis des sachenrechtlichen Falls würde lauten: „Da E Eigentümer der Sache und B unrechtmäßiger Besitzer ist, hat E gegen B einen Anspruch auf Herausgabe des Teppichs."

3. Einwendungen und Einreden

Nicht immer erschöpft sich das Gutachten in der Erörterung bloßer Anspruchsgrundlagen. Es kann sein, dass die Anspruchsgrundlage als solche unbestritten ist, dass aber Ausnahmegesichtspunkte eingreifen. So können dem in Anspruch Genommenen seinerseits Rechte zustehen, die den geltendgemachten Anspruch entweder an seiner Entstehung „hindern", ihn „vernichten" oder wenigstens in seiner Ausübung einschränken. Man spricht von Einwendungen und Einreden. Einwendungen im engeren Sinne sind solche Umstände, die den Anspruch entweder gar nicht zur Entstehung kommen lassen oder später zum Erlöschen bringen (Beispiele: Nichtigkeit nach § 134 BGB wegen Gesetzesverstoß, Sittenwidrigkeit nach § 138 BGB, Formnichtigkeit nach § 125 BGB, Anfechtung nach § 142 BGB). Einreden geben dem Beklagten dagegen ein „Leistungsverweigerungsrecht". Schulbeispiel dafür ist die Verjährung: Nach Ablauf einer bestimmten Zeit kann sich der Beklagte auf die Einrede der Verjährung berufen.

Wie bei der Prüfung der Anspruchsgrundlage ist auch bei Einwendungen und Einreden zu verfahren. Es wird also zunächst die Subsumtionsfrage gestellt („Es ist zu prüfen, ob sich K gegenüber dem von V geltend gemachten Anspruch auf die Einrede der Verjährung gem. § 214 Abs. 1 BGB berufen kann"). Dann werden die tatbestandlichen Voraussetzungen aufgezeigt und der Zeitablauf laut Sachverhalt dargestellt („Die Ware wurde am … geliefert, der Anspruch ist am … entstanden, die Verjährungsfrist begann mit Ablauf des 31. Dezember …") und die Schlussfolgerung gezogen („Damit ist mit Ablauf des 31.12 … die Verjährung des Anspruchs eingetreten").

VI. Der Gutachtenstil

Verlangt wird ein Rechtsgutachten. Der Gutachtenstil weist bestimmte Eigenheiten auf. Er unterscheidet sich insbesondere vom sog. Urteilsstil. Beim Gutachtenstil wird eine Möglichkeit hypothetisch in den Raum gestellt („es könnte ein Anspruch aus … in Betracht kommen"). Im Anschluss daran werden die Voraussetzungen der Hypothese dargelegt („dazu müsste … gegeben sein"), ihr Zutreffen in der Rechtswirklichkeit geprüft („hier ist … geschehen") und aufgrund der letzteren Feststellung die spekulative Annahme bejaht oder verneint („also besteht (k)ein Anspruch.").

Demgegenüber geht der Urteilsstil von einer feststehenden Annahme aus („A hat einen Anspruch gegen B"). Daran anschließend wird begründet, warum die Feststellung so getroffen wurde. Zur Erinnerung: Der Student hat stets ein Gutachten zu erstellen. Er darf also nicht das Ergebnis vorwegnehmen, dieses muss vielmehr am Schluss seiner Ausführungen stehen.

VII. Überprüfung des gefundenen Ergebnisses

Mit dem zu erstellenden Gutachten soll der Student einen Leistungsnachweis erbringen. Man sollte dem Aufgabensteller abnehmen, dass er dabei keine juristischen Spitzfindigkeiten verlangt, sondern den Kenntnisstand angesichts der Prüfungsordnung und entsprechend dem Vorlesungs- und Übungsverlauf eines Ausbildungsabschnitts testen will. Gehen Sie deshalb davon aus, dass das „Normale" auch das Naheliegende ist. Und vergessen Sie nicht, dass das Gesetz im Grunde nichts anderes ist als „die Kodifizierung des gesunden Menschenverstandes". Das wiederum ermöglicht auch schon dem Studenten, sein Ergebnis zu überprüfen (widerspricht es nicht den „banalsten" Gerechtigkeitsvorstellungen?). Er kann dabei abschätzen, inwieweit er bereits über ein gewisses „Judiz" verfügt.

VIII. Hausarbeiten

Nach den Justizausbildungsordnungen muss der Jurist im Rahmen der juristischen Ausbildung nicht nur Klausuren schreiben, sondern auch Hausarbeiten abliefern. Manche Prüfungsordnungen verlangen dies sogar von dem Wirtschaftsstudenten. Dann ist über die bloße Rechtsanwendung hinaus bei strittigen Fragen die Auseinandersetzung mit Rechtsprechung und Literatur verlangt. Hierzu bedarf es der Konsultation von Lehrbüchern, Kommentaren und Gerichtsentscheidungen. Die strittige Frage muss zunächst aufbereitet werden, also der Meinungsstand dargelegt und letztlich vom Studenten entschieden werden. Jedenfalls vom Jurastudenten wird verlangt, dass er sich in der selbständigen Argumentation übt und mit seiner Abhandlung beweist, dass er sich mit juristischen Lehrmeinungen auseinandersetzen kann. Dass die äußere Darstellung bei einer Hausarbeit bestimmten formalen Anforderungen genügen muss (Angabe eines Literaturverzeichnisses, Erstellen einer Gliederung, wissenschaftlich korrektes Zitieren), sei nur nebenbei erwähnt.

BÜRGERLICHES RECHT

I. Rechtsbegriff, Rechtsquellen, Rechtssubjekte, Rechtsobjekte

Übersicht

Rechtsbegriff	*Objektives Recht*: die Summe der Rechtsnormen als solche
	Subjektives Recht: die einem Rechtssubjekt zustehende Rechtsposition (Berechtigung, „Anspruch")
	● absolute Rechte: wirken gegenüber jedermann
	● relative Rechte: wirken nur innerhalb eines bestehenden Rechtsverhältnisses
	Gestaltungsrechte:
	Rechtliche Möglichkeit, einseitig auf ein Recht oder einen Anspruch einzuwirken
	● *Einwendungen*: Wenden sich gegen das Bestehen eines Anspruchs; werden im Prozess von Amts wegen beachtet
	  – rechtsverhindernde Einwendungen: Anspruch entsteht nicht
	  – rechtsvernichtende Einwendungen: Anspruch wird rückwirkend vernichtet
	● *Einreden*: Lassen den Anspruch zwar bestehen, hindern aber dessen Durchsetzung;
	Schuldner muss sich im Prozess auf die Einrede berufen
	  – dilatorische Einreden: hindern die Durchsetzung des Anspruchs nur vorübergehend
	  – peremptorische Einreden: hindern die Durchsetzung des Anspruchs dauernd

Öffentliches Recht: Rechtssätze, die sich notwendigerweise an einen Träger von Hoheitsgewalt richten; Regeln für das Verhältnis von Hoheitsträgern zu Privatrechtssubjekten und von Hoheitsträgern untereinander.
Privates Recht: Rechtssätze, die sich nicht notwendigerweise an einen Hoheitsträger richten; Regeln für das Verhältnis von Hoheitsträgern zu Privatrechtssubjekten, wenn die Hoheitsträger fiskalisch handeln (z.B. Einkauf von Büromaterial), sowie für das Verhältnis der Privatrechtssubjekte untereinander.

Zwingendes Recht: Abweichungen kraft Parteivereinbarung unzulässig.
Nachgiebiges („dispositives") Recht: Abweichungen im Rahmen der Vertragsfreiheit möglich.

Rechtsquellen	*Geschriebenes Recht*: Verfassung, (einfaches) Gesetz, Rechtsverordnung, Satzung
	Formelles Gesetz: von demokratisch legitimiertem Gesetzgeber in ordnungsgemäßem Verfahren erlassen
	Materielles Gesetz: jeder abstrakt-generell gefasste Rechtssatz mit Außenwirkung
	Ungeschriebenes Recht:
	Gewohnheitsrecht
	● Tatsächliche Übung
	● Dauerhaftigkeit
	● Rechtsüberzeugung
	Aufbau und Systematik des BGB:
	Bürgerliches Gesetzbuch:
	● 1. Buch: Allg. Teil (§§ 1–240)
	● 2. Buch: Schuldrecht
	  – allg. Schuldrecht (§§ 241–432)
	  – bes. Schuldrecht (§§ 433–853)
	● 3. Buch: Sachenrecht (§§ 854–1296)
	● 4. Buch: Familienrecht (§§ 1297–1921)
	● 5. Buch: Erbrecht (§§ 1922–2385)

Rechtssubjekte	*Natürliche Person*: der Mensch *Juristische Person*: von der Rechtsordnung als selbständiger Rechtsträger anerkannte Institution (Personenvereinigungen oder Vermögensmassen) ● *Jur. Personen des öffentlichen Rechts*: Körperschaft, Anstalt, Stiftung ● *Jur. Personen des Privatrechts*: eingetragener Verein (e.V.), Stiftung, AG, KGaA, GmbH, eG, Versicherungsverein auf Gegenseitigkeit

Rechtsobjekte	*Körperliche Gegenstände (= Sachen)*
	● bewegliche Sachen:
	  – vertretbar/nicht vertretbar
	  – verbrauchbar/nicht verbrauchbar
	● unbewegliche Sachen (Grundstücke, einschließlich wesentlicher Bestandteile eines Grundstücks)
	● Bestandteile
	  – einfache Bestandteile
	  – wesentliche Bestandteile
	● Zubehör
	● Nutzungen
	  – Früchte
	  – Erzeugnisse
	  – sonstige bestimmungsgemäße Ausbeute
	  – sonstige Gebrauchsvorteile
	Nichtkörperliche Gegenstände (= Rechte)
	● absolute Rechte
	● relative Rechte

Fragen

Frage 1:
Welche Funktion hat der Allgemeine Teil im System des Bürgerlichen Gesetzbuches?

Antwort: Der Allgemeine Teil des BGB enthält die („vor die Klammer gezogenen") allgemeinen Regeln des bürgerlichen Rechts, die aus Zweckmäßigkeitsgründen generell vorweggenommen sind und die auch für die übrigen Bücher des BGB gelten, sofern dort keine Sondernormen eingreifen.

Frage 2:
Was versteht man unter dem Begriff „Gewohnheitsrecht", wie verhält sich Gewohnheitsrecht quantitativ zum geschriebenen Recht, und wie entsteht heutzutage in der Regel Gewohnheitsrecht?

Antwort:
(a) Gewohnheitsrecht ist die aus Rechtsüberzeugung von den Rechtsgenossen lang anhaltend geübte Praxis.

(b) Die quantitative Bedeutung des Gewohnheitsrechts ist in Deutschland wegen des hier herrschenden Zwangs zum Gesetzesperfektionismus relativ gering.

(c) Häufig bildet sich Gewohnheitsrecht im Anschluss an eine ständige Rechtsprechung der Gerichte.

Frage 3:
Können Sie Beispiele für Rechtsgebiete und entsprechende Rechtsquellen des öffentlichen bzw. des privaten Rechts nennen?

Antwort:
(a) Verfassungsrecht (Grundgesetz, Länderverfassungen), Gewerberecht (Gewerbeordnung, Handwerksordnung), Baurecht (Baugesetzbuch), Polizeirecht (Polizeigesetze der Länder), Strafrecht (Strafgesetzbuch), Sozialrecht (Sozialgesetzbuch), Finanzrecht (Haushaltsordnungen) und Steuerrecht (Abgabenordnung, Einkommensteuergesetz, Umsatzsteuergesetz usw.).

(b) Bürgerliches Recht (Bürgerliches Gesetzbuch), Handelsrecht (Handelsgesetzbuch), Gesellschaftsrecht (Handelsgesetzbuch, Aktiengesetz, GmbH-Gesetz).

Frage 4:
Wie wird zwischen öffentlichem und privatem Recht unterschieden?

Antwort: Als grobe Richtlinie gilt: Das öffentliche Recht regelt die Rechtsbeziehungen zwischen dem Bürger und dem Staat, es wird vom Über- und Unterordnungsverhältnis geprägt. Kennzeichen des Privatrechts ist hingegen die Gleichordnung der am Rechtsverhältnis beteiligten Personen (im Staatsrecht erfolgt dann die Abgrenzung differenzierter).

Frage 5:
Was versteht man unter einem „Anspruch"?
Antwort: Der Anspruch ist das „Recht, von einem anderen ein Tun oder ein Unterlassen zu verlangen" (vgl. die Legaldefinition in § 194 BGB); Beispiel: der Herausgabeanspruch des Eigentümers gegen den (unberechtigten) Besitzer nach § 985 BGB.

Frage 6:
Was versteht man unter einer „Forderung"? Geben Sie ein Beispiel für einen Anspruch, der nicht zugleich Forderung ist!
Antwort:
(a) Forderungen sind diejenigen Ansprüche, die auf einem Schuldverhältnis beruhen (vgl. § 241 BGB).
(b) Der Anspruch des § 1004 BGB ist keine Forderung, weil er nicht ein Schuldverhältnis voraussetzt.

Frage 7:
Was ist der Unterschied zwischen einer Einwendung und einer Einrede? Nennen Sie Beispiele!
Antwort: Eine Einwendung verhindert das Entstehen eines Anspruchs bzw. vernichtet einen bereits entstandenen Anspruch; im Prozess prüft der Richter von Amts wegen, ob eine Einwendung vorliegt. Auf die Einrede hingegen muss sich der Schuldner im Prozess berufen, damit sie Berücksichtigung findet; sie hindert nur die Durchsetzbarkeit des Anspruchs. Einwendungen sind z.b. die mangelnde Geschäftsfähigkeit bei Vertragsschluss, § 105 BGB (rechtshindernd), und die erfolgte Anfechtung, § 142 BGB (rechtsvernichtend). Beispiele für Einreden sind die Stundung (dilatorisch) und die Verjährung, § 214 Abs. 1 BGB (peremtorisch).

Frage 8:
Welche Arten von subjektiven Rechten gibt es?
Antwort:
(a) Absolute Rechte (sie können gegenüber jedermann geltend gemacht werden, z.b. die Rechte aus dem Eigentum);
(b) relative Rechte (sie wirken nur zwischen den Beteiligten, z.b. Ansprüche aus einem Kaufvertrag zwischen Käufer und Verkäufer).

Frage 9:
Welche Konsequenzen hat es, wenn ein Rechtsgeschäft gegen zwingendes Recht verstößt?
Antwort: Abreden, die gegen zwingendes Recht verstoßen, sind unwirksam.

Frage 10:
Was ist mit der Bezeichnung, nachgiebiges Recht habe eine „Lückenbüßerfunktion", gemeint?
Antwort: Nachgiebiges Recht (dispositives Recht) steht „zur Disposition"
der Beteiligten, kann also im Rahmen der Privatautonomie (Vertrags- und
Testierfreiheit) abgeändert werden. Es kommt damit nur zum Zuge, wenn
die Parteien nichts anders geregelt haben.

Frage 11:
Wie erkennt man, ob eine Rechtsnorm zwingend oder nachgiebig ist?
Antwort: Zum Teil macht der Gesetzgeber dies besonders kenntlich (z.B.
durch die Aussage, eine bestimmte Norm greife nur „im Zweifel" ein); im
übrigen muss diese Frage durch Auslegung entschieden werden.

Frage 12:
Was ist kennzeichnend für das Rechtssubjekt?
Antwort: Rechtssubjekte sind Träger von Rechten und Pflichten (sie sind
„rechtsfähig").

Frage 13:
Welche beiden Gruppen von Rechtssubjekten kennt das bürgerliche
Recht?
Antwort: Die natürlichen Personen (also die Menschen) und die juristi-
schen Personen (also solche Rechtssubjekte, die durch einen „Kunstgriff"
der Rechtsordnung den natürlichen Personen gleichgestellt sind).

Frage 14:
Welche juristischen Personen kennen Sie?
Antwort: Man unterscheidet juristische Personen
(a) des öffentlichen Rechts (Körperschaft, Anstalt und Stiftung) und
(b) des Privatrechts (im bürgerlichen Recht sind dies der eingetragene
Verein und die privatrechtliche Stiftung; im Gesellschaftsrecht sind dies
die Aktiengesellschaft, die Kommanditgesellschaft auf Aktien, die Gesellschaft mit beschränkter Haftung, die eingetragene Genossenschaft und
der Versicherungsverein auf Gegenseitigkeit).

Frage 15:
Wie kann eine (nicht real existierende) juristische Person am Rechtsverkehr teilhaben?
Antwort: Für die juristische Person handeln ihre Organe (z.B. der Vorstand für den Verein, § 26 BGB; der Geschäftsführer für die GmbH, § 35
GmbHG). Rechtsgeschäftlich handeln sie als Vertreter. Für Vertragsverlet-
zungen und unerlaubte Handlungen ihrer Organe haftet die juristische
Person gem. § 31 BGB (entsprechend anzuwenden auf alle übrigen juristischen Personen). Beachte: § 31 BGB ist keine selbständige Anspruchs-

grundlage, sondern eine „Zurechnungsnorm" für die Haftung. Man braucht also für die Fallbearbeitung immer zusätzlich eine Anspruchsgrundlage, z.B. § 823 Abs. 1 BGB.

Frage 16:
Können Sie Motive für die Gründung juristischer Personen im Handelsrecht nennen?

Antwort: Vorherrschendes Motiv ist sicher die Haftungsbegrenzung (für Verbindlichkeiten der juristischen Person haftet lediglich diese; dagegen können die Mitglieder, gesellschaftsrechtlich gesehen also die Gesellschafter, von den Gläubigern nicht in Anspruch genommen werden). Daneben spielt die Perpetuierung der Institution eine Rolle (die juristische Person „stirbt" nicht).

Frage 17:
Warum nennt man die §§ 90 ff. BGB auch „das kleine Sachenrecht"?
Antwort: §§ 90 ff. BGB enthalten im wesentlichen vor die Klammer gezogene Definitionen, die das Gesetz auch im dritten Buch des BGB, also im „Sachenrecht", hätte regeln können, dem Grundcharakter des Allgemeinen Teils entsprechend jedoch vorab geklärt hat.

Frage 18:
Wie unterscheiden sich die Sachen von den Rechten?
Antwort: Sachen im Sinne des Gesetzes sind nur körperliche Gegenstände (§ 90 BGB).

Frage 19:
Ist ein Tier eine Sache?
Antwort: Tiere gelten gem. § 90 a BGB nicht als Sachen. Doch sind die Vorschriften über Sachen auch für Tiere anzuwenden, soweit das Gesetz nichts anderes bestimmt (z.B. in § 903 S. 2 BGB).

Frage 20:
Was versteht man unter „vertretbaren", was unter „verbrauchbaren" Sachen? Nennen Sie Beispiele!
Antwort:
(a) Vertretbare Sachen sind gem. § 91 BGB bewegliche Sachen, die „im Verkehr nach Zahl, Maß oder Gewicht bestimmt zu werden pflegen". Beispiele: Geld, Getreide, Benzin. Vertretbare Sachen sind häufig Gegenstand von Gattungsschulden. Unvertretbar ist z.B. der maßgeschneiderte Anzug. Relevant wird diese Unterscheidung z.B. beim Sachdarlehen (§ 607 BGB) und beim Werklieferungsvertrag (§ 651 BGB).
(b) Verbrauchbare Sachen sind gem. § 92 BGB bewegliche Sachen, deren „bestimmungsmäßiger Gebrauch in dem Verbrauch oder in der Veräußerung besteht". Beispiel: Lebensmittel.

Frage 21:
Wie sind Grundstücke unter dem Gesichtspunkt der „Sache" zu definieren?
Antwort: Grundstücke sind unbewegliche Sachen („Immobilien").

Frage 22:
Was versteht man unter einem „wesentlichen Bestandteil"?
Antwort: Wesentlich ist ein Bestandteil nach § 93 BGB, wenn er von anderen Bestandteilen einer Sache nicht getrennt werden kann, „ohne dass der eine oder der andere zerstört oder in seinem Wesen verändert wird". Beachten Sie den genauen Gesetzestext: Es kommt nicht auf die verbleibende Funktionsfähigkeit der „Gesamtsache" an!

Frage 23:
Ist ein serienmäßig hergestellter Motor eines Kfz ein wesentlicher Bestandteil des Fahrzeugs?
Antwort: Es ist von der Definition des § 93 BGB auszugehen. Da ein Motor („Austauschmotor") ohne Änderung seines Funktionswertes aus dem Fahrzeug ausgebaut werden kann und auch das Fahrzeug seine Eigenschaft, Fahrzeug zu sein, nicht einbüßt, handelt es sich um keinen wesentlichen Bestandteil. Dieses zunächst verblüffende Ergebnis lässt sich dadurch erklären, dass Alltagssprachgebrauch („wesentlich") und Fachsprachgebrauch auseinander fallen.

Frage 24:
Ist die Definition des wesentlichen Bestandteils bei Grundstücken und Gebäuden erweitert oder eingeschränkt?
Antwort: Nach § 94 BGB ist der Begriff des wesentlichen Bestandteils bei Grundstücken und Gebäuden erweitert:
(a) Zu den wesentlichen Bestandteilen eines Grundstücks gehören auch die mit dem Grund und Boden fest verbundenen Sachen, insbesondere Gebäude, sowie die Erzeugnisse des Grundstücks, solange sie mit dem Boden zusammenhängen.
(b) Zu den wesentlichen Bestandteilen eines Gebäudes gehören auch die zur Herstellung des Gebäudes eingefügten Sachen.

Frage 25:
Was versteht man unter „Scheinbestandteilen"?
Antwort: Scheinbestandteile sind gem. § 95 BGB solche, die nur zu einem vorübergehenden Zweck mit dem Grund und Boden verbunden sind. Das Gleiche gilt von einem Gebäude oder anderem Werke, das in Ausübung eines Rechts an einem fremden Grundstück von dem Berechtigten mit dem Grundstück verbunden worden ist. Schließlich gehören nicht zu den Bestandteilen solche Sachen, die nur zu einem vorübergehenden Zweck in das Gebäude eingefügt wurden.

Frage 26:
Welche Konsequenz gilt für wesentliche Bestandteile?
Antwort: Wesentliche Bestandteile können nach § 93 BGB „nicht Gegenstand besonderer Rechte sein". Das bedeutet, dass die dingliche Rechtslage der Sache und ihrer wesentlichen Bestandteile immer übereinstimmt (vgl. §§ 946, 947 BGB).

Frage 27:
Können Sie an einem Beispiel zeigen, was dies bedeutet?
Antwort: Niemand kann die Ziegelsteine seines Hauses separat übereignen oder verpfänden.

Frage 28:
Was ist an folgendem Satz – gemessen an den §§ 93 ff. BGB – unrichtig: „Dieses Haus gehört mir".
Antwort: Da Gebäude gem. § 94 BGB wesentliche Bestandteile des Grundstücks, auf dem sie stehen, sind und damit nicht sonderrechtsfähig sind, kann es kein Eigentum an dem Gebäude geben. Eine Ausnahme von diesem Grundsatz gibt es nur für die Inhaber von Erbbaurechten. Richtig wäre die Formulierung, dass sich das Eigentum an dem Grundstück auf das Gebäude erstreckt.

Frage 29:
Welche Sachen fallen unter das Zubehör?
Antwort: Zubehör sind nach § 97 BGB bewegliche Sachen, die ohne Bestandteile der Hauptsache zu sein, dem „wirtschaftlichen Zwecke der Hauptsache zu dienen bestimmt sind und zu ihr in einem dieser Bestimmung entsprechenden räumlichen Verhältnisse stehen". Beispiel: Schlüssel zum Schrank.

Frage 30:
Welche Besonderheiten gelten für den Zubehörbegriff bei gewerblichen und bei landwirtschaftlichen Betrieben?
Antwort: Hier geht das Gesetz nach § 98 BGB davon aus, dass die zum Betrieb bestimmten Maschinen und sonstigen Gerätschaften Zubehör des Gebäudes sind; das Gleiche gilt bei landwirtschaftlichen Betrieben für Geräte, Vieh und die landwirtschaftlichen Erzeugnisse.

Frage 31:
Können Sie Beispiele nennen, in denen das Gesetz an die Zubehöreigenschaft rechtliche Konsequenzen knüpft?
Antwort:
(a) § 311 c BGB: Im Zweifel erstreckt sich bei der Veräußerung und Belastung einer Sache die Verpflichtung auch auf das Zubehör.

(b) § 1120 BGB: Eine Hypothek erstreckt sich auch auf das Zubehör des Grundstücks.

(c) § 865 Abs. 2 ZPO: Grundstückszubehör kann nicht im Wege der Mobiliarzwangsvollstreckung gepfändet werden. Auf diese Weise soll eine „Kahlpfändung" des Grundstücks zu Lasten des Hypothekars verhindert werden.

Frage 32:
Was versteht man unter „Nutzungen"?

Antwort: Nutzungen sind die Früchte einer Sache oder eines Rechts sowie die Vorteile, welche der Gebrauch der Sache oder des Rechts gewährt (§ 100 BGB). Früchte sind die Erzeugnisse der Sache und die sonstige bestimmungsgemäße Ausbeute (§ 99 BGB).

Fälle

Fall 1:
V vermietet an M eine 2-Zimmer-Wohnung. Im schriftlichen Mietvertrag wird u.a. Folgendes vereinbart:
(1) „Das Mietverhältnis ist für den Vermieter mit 3-tägiger Frist auf jedes Monatsende kündbar ...
(2) Das gesetzliche Widerspruchsrecht des Mieters gegen die Kündigung nach § 574 BGB entfällt ...
(3) Die infolge Abnutzung erforderlich werdenden Erneuerungsaufwendungen und Kosten für Kleinreparaturen bis zu einem Höchstbetrag von 20 € im Einzelfall sind vom Mieter zu tragen."
Bei späteren Streitigkeiten will M die unterschriebenen Klauseln nicht einhalten und beruft sich auf deren Nichtigkeit.
Mit Recht?
Lösung: Vertragliche Regelungen, die gegen zwingendes Recht verstoßen, sind unwirksam. Das Wohnungsmietrecht ist aus sozialen Gründen in weiten Bereichen für den Vermieter zwingend. Klausel Ziffer 1 verstößt gegen die zwingende Regelung des § 573 c BGB; Klausel Ziffer 2 ist nach § 574 BGB unwirksam. Die von der gesetzlichen Leitvorstellung nach § 535 Abs. 1 S. 2 BGB abweichende Reparaturregelung der Ziffer 3 dagegen ist zulässig, weil es sich insofern um nachgiebiges Recht handelt (bei der Verwendung von Formularmietverträgen ist das in §§ 307 ff. BGB geregelte Recht der allgemeinen Geschäftsbedingungen zu beachten; hier wird die Vertragsfreiheit durch die Mietrechtrechtsprechung z.T. erheblich eingeschränkt).

Fall 2:
Wie sind die beiden nachfolgenden Vorfälle rechtlich zu beurteilen?
(a) Vor dem Kaufhaus der XY-GmbH kommt Passant P zu Fall und verletzt sich, weil mangels entsprechender Anweisungen des zuständigen

Geschäftsführers verkehrssichernde Maßnahmen unterblieben waren. P verlangt von der XY-GmbH Schadenersatz.

(b) Der geschäftsführende Gesellschafter G einer Beratungs-Kommanditgesellschaft unterlässt es fahrlässig, bei einer Beratung des Kunden K auf erhebliche Risiken aufmerksam zu machen, die sich für diesen aus einem angestrebten Vertragsschluss ergeben könnten. Später verlangt K im Hinblick auf die schlechte Beratung Schadenersatz von der KG.

Lösung:
(a) P könnte ein Schadenersatzanspruch aus § 823 Abs. 1 BGB gegen die XY-GmbH zustehen. Wenn dies der Fall ist, müsste P durch schuldhaftes Verhalten der XY-GmbH rechtswidrig in seiner Gesundheit verletzt worden sein. Dies erscheint auf den ersten Blick problematisch. Juristische Personen sind nicht schuldfähig; sie können auch nicht selbst handeln. Nach § 31 BGB – der analog auf alle juristischen Personen sowie offene Handelsgesellschaften, Kommanditgesellschaften und nichtrechtsfähige Vereine Anwendung findet – wird der XY-GmbH jedoch das „zum Schadenersatze verpflichtende" Verhalten ihrer gesetzlichen Vertreter als eigenes Handeln zugerechnet. Sie hat daher für die Sorgfaltspflichtwidrigkeiten ihres Geschäftsführers (§ 35 GmbHG) einzustehen. Da der Geschäftsführer durch sein Verhalten den Tatbestand des § 823 Abs. 1 BGB verwirklicht hat, haftet die XY-GmbH dem P nach §§ 823 Abs. 1, 31 BGB.

(b) In Betracht kommen Schadenersatzansprüche des K aus Schlechterfüllung des Beratervertrages, §§ 280 ff. BGB. Nach herrschender Meinung wird auch hinsichtlich rechtsgeschäftlicher Schadenersatzansprüche das Verhalten des geschäftsführenden Gesellschafters nach § 31 BGB analog der KG als eigenes Verhalten zugerechnet. Nach anderer Auffassung hat die KG für das Verschulden ihres geschäftsführenden Gesellschafters nach § 278 BGB einzustehen.

Fall 3:
Die Apparatebau-GmbH ist ein mittelständisches Unternehmen, das sich auf die Herstellung von Schaltanlagen spezialisiert hat. Sie ordert bei der XY-Elektronische Bauelemente-AG 10 000 Stück Halbleiterelemente einer bestimmten Serie. Nach Erhalt der Ware wird festgestellt, dass die gelieferten Teile infolge eines mechanisch bedingten Lötfehlers mangelhaft sind, was laut Sachverständigengutachten durch eine geringfügige Korrektur im Herstellerwerk korrigiert werden könnte.
Welche Rechte hat die Apparatebau-GmbH?
Lösung: Bei Lieferung mangelhafter Waren hängen die dem Empfänger zustehenden Rechte vom Rechtscharakter des abgeschlossenen Vertrages ab. Liegt ein Kaufvertrag vor, kann die Apparatebau-GmbH gem. § 437 BGB Nacherfüllung verlangen, vom Vertrag zurücktreten, den Kaufpreis mindern und Schadenersatz oder Aufwendungsersatz verlangen. Liegt ein Werkvertrag vor, stünde dem Besteller gem. § 634 BGB neben den Rechten auf Nacherfüllung, Rücktritt, Minderung, Schaden- oder Auf-

wendungsersatz auch noch das Recht auf Selbstvornahme (d.h. selbsttätige Behebung eines Mangels und Ersatz der hierzu erforderlichen Aufwendungen) zu; letzteres wäre für die A-GmbH jedoch nicht interessengerecht. Im vorliegenden Fall wurden Produkte aus einer laufenden Serie „geordert". Da die XY-Elektronische Bauelemente-AG diese Produkte selbst herstellt und die Herstellung Vertragsgrundlage war, liegt nicht ein bloßer Kaufvertrag, sondern an sich ein Werkvertrag vor. § 651 S. 1 BGB enthält jedoch für die Lieferung herzustellender oder zu erzeugender beweglicher Sachen eine Sonderregelung und unterstellt derartige Verträge als sog. Werklieferungsverträge dem Kaufrecht. Die Ausnahme des § 651 S. 3 BGB, wonach bestimmte Vorschriften des Werkvertragsrechts anwendbar sind, wenn es sich bei dem Vertragsgegenstand um nicht vertretbare Sachen handelt, greift hier nicht ein, da serienmäßig hergestellte Produkte vertretbare Sachen i.S.d. § 91 BGB sind. Daher bleibt es bei der Anwendung des Kaufrechts. Demzufolge kann die Apparatebau-GmbH bei Mangelhaftigkeit der empfangenen Produkte die Rechte aus § 437 BGB geltend machen. In diesem Zusammenhang ist jedoch die Untersuchungs- und Rügepflicht nach § 377 HGB zu beachten.

Fall 4:
Über das Vermögen der Fritz-Maier-Landmaschinen-GmbH wurde das Insolvenzverfahren eröffnet. Es meldet sich u.a. die XY-Motorbau-AG wegen noch offener Kaufpreisschulden und verlangt Herausgabe ihrer unter Eigentumsvorbehalt gelieferten Motoren, die mit wenigen Verschraubungen in die Maschinengehäuse eingebaut worden waren. Der Insolvenzverwalter, ein anerkannter Wirtschaftsfachmann mit allerdings nur geringen juristischen Kenntnissen, verweigert die Herausgabe mit der Begründung, es liege ein wesentlicher Bestandteil vor, weil durch die Trennung von Gehäuse und Motor die wirtschaftliche Einheit der Maschinen zerstört werde. Wer hat Recht?
Lösung: Die XY-AG könnte ein Recht auf Aussonderung nach § 47 InsO haben (Anm.: Unter Aussonderung versteht man die „Herausnahme massefremder Gegenstände"). Dazu müsste ihr ein dingliches Recht an den Motoren zustehen. In Betracht kommt im vorliegenden Fall das Eigentum an den Motoren. Da die XY-AG unter Eigentumsvorbehalt geliefert hat, erfolgte die Eigentumsübertragung gem. § 449 BGB aufschiebend bedingt bis zur vollständigen Zahlung des Kaufpreises. Insoweit blieb die XY-AG zunächst weiterhin Eigentümerin. Sie könnte jedoch ihr Alleineigentum gem. § 947 Abs. 1 BGB verloren haben, wenn die Motoren nach der Verschraubung zum wesentlichen Bestandteil der Maschinen wurden. Dies ist aber nicht der Fall. § 93 BGB verlangt für das Vorliegen eines „wesentlichen Bestandteils", dass Sachen voneinander nicht getrennt werden können, ohne dass der eine oder andere Bestandteil zerstört oder in seinem Wesen verändert wird. Nur wenn dies eintritt, sind die einzelnen Bestandteile nicht sonderrechtsfähig (können also nicht verschiedenen

Eigentümern gehören). Entscheidend ist also entgegen der Meinung des Insolvenzverwalters nicht die wirtschaftliche Einheit als solche, sondern der Zustand der Bestandteile nach der Trennung. Da der Ausbau der Motoren durch einen geringen technischen Aufwand (Lösen der Verschraubung) ohne weiteres möglich ist, wobei weder die Motoren noch die verbleibenden Gehäuse zerstört werden, liegen keine „wesentlichen Bestandteile" vor. Damit hat die XY-AG ihr Eigentum an den Motoren auch durch den Einbau nicht verloren und daher weiterhin Eigentümerin (aufgrund des Eigentumsvorbehalts) geblieben und kann deshalb im Insolvenzverfahren die Herausgabe der Motoren vom Insolvenzverwalter verlangen.

Fall 5:
Installateur I liefert bei der Erstellung eines Arbeiterwohnheims auf dem Betriebsgelände der Firma F die sanitären Anlagen unter ausdrücklicher Erklärung des Eigentumsvorbehalts. Als die Leitungen verlegt und Wasserhähne, Waschtische und Toilettenschüsseln mit Spülkästen montiert sind, kommt I in Zahlungsschwierigkeiten, worauf sein Gläubiger G im Wege der Zwangsvollstreckung die bereits im Wohnheim montierten, jedoch noch nicht bezahlten Gegenstände wegnehmen lassen will. Kann er das?
Lösung: G kann im Wege der Zwangsvollstreckung nur auf das dem I gehörende Vermögen zugreifen. Dann müssten die Sanitäranlagen noch im Eigentum des I stehen. I hatte sich zwar ausdrücklich das Eigentum vorbehalten, die gelieferten Gegenstände könnten jedoch durch Einbau und Montage in das Gebäude der F wesentliche Bestandteile desselben geworden sein. Dann wäre F gem. § 947 Abs. 2 BGB Alleineigentümerin; das Eigentum als Sonderrecht des I an den Sanitäranlagen wäre nach § 93 BGB erloschen. Nach § 94 Abs. 2 BGB ist der Begriff des wesentlichen Bestandteils erweitert auf die zur Herstellung des Gebäudes eingefügten Sachen. Das Gebäude selbst ist nach § 94 Abs. 1 BGB wesentlicher Bestandteil des Grundstücks. Damit sind die betreffenden Gegenstände der Sanitäranlage wesentliche Bestandteile des Gebäudes und damit schuldnerfremde Sachen geworden; zudem sind sie nach dem Einbau als wesentliche Bestandteile des Gebäudes nur noch im Wege der Immobiliarzwangsvollstreckung verwertbar; eine Pfändung und Wegnahme kommt deshalb in keinem Fall in Betracht. Hier wird vom Gesetzgeber absichtlich die wirtschaftliche Einheit des Grundstücks betont (um den Realkreditgeber, also die Banken, zum Nachteil der Baustofflieferanten und Bauhandwerker zu begünstigen).

Fall 6:
Wie wäre es im vorausgegangenen Sachverhalt, wenn es sich bei dem betreffenden Gebäude nicht um ein zur dauerhaften Unterbringung von Arbeitnehmern geschaffenes Gebäude, sondern um eine vorübergehend aufgestellte Baubaracke gehandelt hätte, bei der die eingefügten Gegenstände ihrer technischen Beschaffenheit nach ebenfalls nur für die Dauer von Bauarbeiten montiert wären?

Lösung: In diesem Fall wäre das Vorbehaltseigentum nicht untergegangen. Die eingebauten Gegenstände sind dann nur Scheinbestandteile nach § 95 BGB. Das Gleiche gilt für die Baubaracke selbst, da sie nicht fest mit dem Grund und Boden verbunden ist.

Fall 7:
V bietet in einer Zeitungsanzeige sein gebrauchtes Kraftfahrzeug zum Preis von 5000 Euro an. Nach einer Probefahrt schließt K mit V einen Kaufvertrag ab und bezahlt bar. Außer einem Quittungsvermerk („5000 Euro für den Kauf des Kfz's … erhalten zu haben, bestätigt …") wird nichts schriftlich festgehalten. Auf Wunsch von K erhält das Kfz noch eine Motor-, Unterboden- und Außenwäsche mit entsprechender Konservierung. Als er das Fahrzeug abholen will, stellt er fest, dass V das Reserverad, das Warndreieck, den Verbandskasten und den Feuerlöscher herausgenommen hat. V meint, dies alles sei nicht mit verkauft. Wenn K Wert darauf lege, müsse er noch „einen Hunderter" drauflegen. Wer hat Recht?
Lösung: Dem K könnte ein Anspruch auf Übergabe und Übereignung der Sachen aus § 433 Abs. 1 S. 1 BGB zustehen. Voraussetzung ist, dass die betreffenden Gegenstände mit verkauft worden sind. Eine ausdrückliche Regelung haben K und V insofern nicht getroffen. Nach § 311 c BGB wird jedoch mangels anders lautender Vereinbarungen der Parteien davon ausgegangen, dass V verpflichtet ist, neben dem Kfz auch das dazugehörige Zubehör des Wagens an K zu veräußern. Zubehör sind bewegliche Sachen, die, ohne Bestandteil der Hauptsache zu sein, dem wirtschaftlichen Zweck der Hauptsache zu dienen bestimmt sind und zu ihr in einem dieser Bestimmung entsprechenden räumlichen Verhältnis stehen (§ 97 BGB). Die in Fahrzeugen befindlichen Reservereifen, Warndreiecke, Verbandskästen und Feuerlöscher sind Zubehör des Kfz. V muss also diese Gegenstände ohne Aufpreis an K herausgeben und übereignen.

Fall 8:
Unternehmer U verkauft sein Betriebsgrundstück an K. Zum Zeitpunkt des Abschlusses des notariellen Kaufvertrags befinden sich dort 12 Maschinen für die Produktion. Kurz nach Abschluss des Kaufvertrages aber noch vor der später erfolgten Auflassung und Eintragung des K als Eigentümer ins Grundbuch erfolgt die Übergabe des Grundstückes. Dabei nimmt U heimlich eine Maschine mit. K möchte diese Maschine von U haben. Mit Recht?
Lösung: Zunächst kommt als Anspruchsgrundlage für das Verlangen des K § 985 BGB in Betracht. Dies setzt voraus, dass K Eigentümer der Maschine geworden ist. Erwerbstatbestand könnte § 926 BGB sein. Da aber im Zeitpunkt des Eigentumserwerbs am Grundstück die Maschine schon vom Grundstück entfernt war und somit die Zubehöreigenschaft nicht mehr bestand, scheidet ein Eigentumserwerb nach dieser Vorschrift aus. Weiterhin kommt als Anspruchsgrundlage § 433 Abs. 1 BGB in Betracht.

Da im Zeitpunkt des Abschlusses des Kaufvertrages die Maschine sich auf dem Grundstück befand und somit Zubehör war, ist sie gemäß § 311 c BGB mit verkauft worden. Der Anspruch ist somit entstanden. Da K mit dem Erwerb des Eigentums am Grundstück noch nicht Eigentümer der Maschine geworden ist, hat U seine Verbindlichkeiten noch nicht erfüllt. Der Anspruch besteht daher weiter. K kann von U die Übereignung und Übergabe der Maschinen verlangen.

II. Rechtsfähigkeit, Geschäftsfähigkeit, Deliktsfähigkeit

Übersicht

Rechtsfähigkeit	Fähigkeit, Träger von Rechten und Pflichten zu sein
Geschäftsfähigkeit	Fähigkeit, im Rechtsverkehr wirksam Erklärungen abzugeben, insbesondere durch den Abschluss von Rechtsgeschäften Rechte zu erwerben oder Verpflichtungen einzugehen.
Geschäftsunfähigkeit	*Personenkreis (§ 104 BGB)* ● Personen unter 7 Jahren (§ 104 Nr. 1 BGB) ● dauerhafte, die freie Willensbestimmung ausschließende Störung der Geistestätigkeit (§ 104 Nr. 2 BGB) *Konsequenz*: Willenserklärungen des Geschäftsunfähigen sind nichtig (§ 105 Abs. 1 BGB). Willenserklärungen, die dem Geschäftsunfähigen gegenüber abgegeben werden, werden erst mit Zugang beim gesetzlichen Vertreter wirksam (§ 131 Abs. 1 BGB).
Beschränkte Geschäftsfähigkeit	*Personenkreis (§ 106 BGB)* ● Personen zwischen 7 und 18 Jahren *Konsequenzen*: (a) einseitige Rechtsgeschäfte ohne Einwilligung des gesetzlichen Vertreters sind unwirksam (§ 111 BGB). (b) Verträge bedürfen der Genehmigung durch den gesetzlichen Vertreter (§ 108 BGB). (c) Willenserklärungen, die einem beschränkt Geschäftsfähigen gegenüber abzugeben sind, werden gem. § 131 Abs. 2 BGB erst mit Zugang beim gesetzlichen Vertreter wirksam, es sei denn, die Erklärung bringt einen lediglich rechtlichen Vorteil. *Wirksames Handeln beschränkt Geschäftsfähiger* ● Willenserklärungen, die lediglich rechtlichen Vorteil bringen (§ 107 BGB)

	• Taschengeldparagraph (§ 110 BGB) • Generalkonsens des gesetzlichen Vertreters • Rechtsgeschäfte im Zusammenhang mit dem (ermächtigten) Betrieb eines selbständigen Erwerbsgeschäfts (§ 112 BGB) • Rechtsgeschäfte im Zusammenhang mit der (ermächtigten) Eingehung eines Dienst- oder Arbeitsverhältnisses (§ 113 BGB)
Anordnung der Betreuung von Volljährigen	Keine Auswirkungen auf die Geschäftsfähigkeit. Aber: Bei Betreuung mit Einwilligungsvorbehalt Zustimmung des Betreuers gem. §§ 1903, 108 BGB erforderlich.
Deliktsfähigkeit	Fähigkeit, für unerlaubte Handlungen verantwortlich zu sein, d.h. schadensersatzpflichtig gemacht werden zu können
Deliktsunfähigkeit	*Personenkreis (§§ 827, 828 Abs. 1 BGB)* • unter 7 Jahren • Zustand der Bewusstlosigkeit bzw. Ausschluss der freien Willensbetätigung *Konsequenz*: Keine Verantwortlichkeit für die Schädigung eines anderen; Ausnahmen: Billigkeitshaftung gem. § 829 BGB. *Straßenverkehrsrechtliche Besonderheit*: Bis zur Vollendung des 10. Lebensjahres gem. § 828 Abs. 2 BGB straßenverkehrsrechtliche Deliktsunfähigkeit.
Beschränkte Deliktsfähigkeit	*Personenkreis (§ 828 Abs. 3 BGB)* Personen von der Vollendung des 7. bis zur Vollendung des 18. Lebensjahres *Konsequenz*: Schadensverantwortlichkeit hängt von der Einsichtsfähigkeit ab
Strafmündigkeit	Verantwortlichkeit bei Straftaten *Kinder unter 14 Jahren (§ 19 StGB)* keine strafrechtliche Schuldfähigkeit *Jugendliche zwischen 14 und 18 Jahren (§§ 1 Abs. 2, 3 JGG)* • bedingt strafrechtlich verantwortlich • Anwendung des Jugendstrafrechts *Heranwachsende, 18–21 Jahre (§§ 1 Abs. 2, 105 JGG)*: Anwendung des Jugendstrafrechts oder des Erwachsenenstrafrechts hängt von der Persönlichkeitswürdigung ab
Verfahrensrechtliche Fähigkeiten	*Parteifähigkeit* (= „prozessuale Rechtsfähigkeit") Fähigkeit, im Prozess Kläger oder Beklagter sein zu können.

Prozessfähigkeit (= „prozessuale Geschäftsfähigkeit") Fähigkeit, Prozesse führen zu können (grundsätzlich jeder Geschäftsfähige) *Postulationsfähigkeit* Fähigkeit, vor Gericht aufzutreten Amtsgericht: jede Partei LG, OLG, BGH: nur zugelassene Anwälte *Prozessführungsbefugnis* Fähigkeit, ein Recht in eigenem Namen gerichtlich geltend zu machen. Grundsätzlich ist jeder Rechtsträger auch prozessführungsbefugt. Ausnahmsweise ist auch ein anderer Rechtsträger prozessführungsbefugt (z.B. Insolvenzverwalter, Testamentsvollstrecker). Dann liegt eine *„Prozessstandschaft"* vor; d.h. dass der Prozessbeteiligte ein fremdes Recht in eigenem Namen geltend macht.

Fragen

Frage 33:
Was versteht man unter der Rechtsfähigkeit, wann liegt sie vor?
Antwort:
(a) Unter der Rechtsfähigkeit versteht man die nur Rechtssubjekten zustehende Fähigkeit, Träger von Rechten und Pflichten zu sein.
(b) Rechtsfähig ist der Mensch mit der Vollendung der Geburt (§ 1 BGB). Besonderheiten gelten für den nasciturus (§§ 844 Abs. 2, 1923 Abs. 2 BGB) und den nondum conceptus (§ 2101 BGB). Die juristischen Personen des Privatrechts erlangen die Rechtsfähigkeit regelmäßig mit der Eintragung in das (Vereins-, Handels- bzw. Genossenschafts-) Register.

Frage 34:
Was versteht man unter der Geschäftsfähigkeit?
Antwort: Geschäftsfähigkeit ist die Fähigkeit, im Rechtsverkehr wirksam Erklärungen abgeben und entgegennehmen zu können.

Frage 35:
Wovon hängt die Geschäftsfähigkeit ab?
Antwort: Das Gesetz differenziert bei der Geschäftsfähigkeit nach Altersstufen und nach bestimmten persönlichen Eigenschaften:
(a) Geschäftsunfähig ist, wer das 7. Lebensjahr noch nicht vollendet hat oder wer sich in einem die freie Willensbestimmung dauernd ausschließenden Zustand krankhafter Störung der Geistestätigkeit befindet (§ 104 BGB).
(b) Beschränkt geschäftsfähig ist, wer zwar das 7., nicht jedoch das 18. Lebensjahr vollendet hat (§ 106 i.V.m. § 2 BGB).

Frage 36:
Welche Konsequenzen hat die Geschäftsunfähigkeit?
Antwort: Willenserklärungen eines Geschäftsunfähigen sind nach § 105 Abs. 1 BGB nichtig.

Frage 37:
Wie wirkt sich die beschränkte Geschäftsfähigkeit aus?
Antwort:
(a) Der Minderjährige bedarf gem. § 107 BGB zu einer Willenserklärung, durch die er nicht lediglich einen rechtlichen Vorteil erlangt, der Einwilligung seines gesetzlichen Vertreters.
(b) Schließt der Minderjährige einen Vertrag ohne die erforderliche Einwilligung des gesetzlichen Vertreters, so hängt gem. § 108 BGB die Wirksamkeit des Vertrages von der Genehmigung des Vertreters ab.

Frage 37 a:
Ist der Geschäftspartner eines Minderjährigen geschützt, wenn er irrtümlich von der Geschäftsfähigkeit seines Gegenübers ausgeht?
Antwort: Nein, der gute Glaube an das Vorliegen der Geschäftsfähigkeit ist nicht geschützt. Dies ergibt sich (formell) daraus, dass keine den §§ 932, 892 BGB vergleichbare Vorschrift existiert und auch daraus, dass bezüglich der Geschäftsfähigkeit keine „brauchbare Publizität" (wie der Besitz oder das Grundbuch) vorliegt (ein 17-Jähriger kann u.U. älter aussehen als ein 22-/30-Jähriger).

Frage 38:
Welche Konsequenzen hat die mangelnde Geschäftsfähigkeit für das Wirksamwerden von Willenserklärungen?
Antwort: Wird die Willenserklärung einem Geschäftsunfähigen gegenüber abgegeben, so wird sie nicht wirksam, bevor sie dem gesetzlichen Vertreter zugeht. Dasselbe gilt, wenn es sich bei dem Erklärungsgegner um eine in der Geschäftsfähigkeit beschränkte Person handelt, es sei denn, die Erklärung bringt diesem einen lediglich rechtlichen Vorteil oder der gesetzliche Vertreter hat zuvor seine Einwilligung erteilt. Eine Ausnahme von dieser Regel gibt es für Geschäfte des täglichen Lebens volljähriger Geschäftsunfähiger: Diese werden gem. § 105 a BGB wirksam, wenn Leistung und Gegenleistung bewirkt sind.

Frage 39:
Gibt es Ausnahmetatbestände, wonach ein beschränkt Geschäftsfähiger rechtswirksame Erklärungen abgeben kann?
Antwort:
(a) Wenn es sich um eine Willenserklärung handelt, durch die der Minderjährige lediglich einen rechtlichen Vorteil erlangt (vgl. § 107 BGB).
(b) Taschengeldparagraph: Ein von einem Minderjährigen ohne Zustimmung des gesetzlichen Vertreters geschlossener Vertrag gilt gem. § 110

BGB als von Anfang an wirksam, wenn der Minderjährige die vertragsgemäße Leistung mit Mitteln bewirkt, die ihm zu diesem Zwecke oder zur
freien Verfügung von dem gesetzlichen Vertreter oder mit dessen Zustimmung von einem Dritten überlassen worden sind. Voraussetzung ist aber,
dass die Leistung bereits bewirkt wurde.

(c) Generalkonsens: Wenn einem Minderjährigen ein bestimmter Hand-
lungsbereich erlaubt ist (z.b. Studienreise, Internatsaufenthalt, Vereinsbei-
tritt), gelten mit der Genehmigung dieses Bereichs auch alle damit notwendigerweise verbundenen Rechtsgeschäfte als gestattet. Solche Generaleinwil-
ligungen sind im Hinblick auf den Minderjährigenschutz eng auszulegen.

(d) Selbständiges Erwerbsgeschäft und Eingehung von Dienst- und Arbeitsverhältnissen (§§ 112, 113 BGB): Ermächtigt der gesetzliche Vertreter
mit Genehmigung des Vormundschaftsgerichts den Minderjährigen zum
selbständigen Betrieb eines Erwerbsgeschäfts, so ist der Minderjährige für
solche Rechtsgeschäfte unbeschränkt geschäftsfähig, welche der Geschäftsbetrieb mit sich bringt. Wird der Minderjährige ermächtigt, „in Dienst oder
in Arbeit zu treten", so ist er für solche Rechtsgeschäfte unbeschränkt
geschäftsfähig, welche die Eingehung oder Aufhebung eines Dienst- oder
Arbeitsverhältnisses der gestatteten Art oder die Erfüllung der sich aus
einem solchen Verhältnis ergebenden Verpflichtungen betreffen.

Frage 40:
Wie definiert das Gesetz die (auch im Minderjährigenrecht verwendeten)
Begriffe „Zustimmung", „Einwilligung" und „Genehmigung"?
Antwort: Unter „Einwilligung" versteht man die vorherige, unter „Geneh-
migung" die nachträgliche Zustimmung (vgl. §§ 183, 184 BGB). Zustimmung
ist daher der Oberbegriff, der Einwilligung und Genehmigung umfasst.

Frage 41:
Kann ein Minderjähriger einen Vertrag kündigen?
Antwort: Die Kündigung ist ein einseitiges Rechtsgeschäft. Nach § 111
BGB kann der Minderjährige ein solches ohne die Einwilligung seines ge-
setzlichen Vertreters nicht vornehmen. Auf einen rechtlichen Vorteil
kommt es hier nicht an.

Frage 42:
Gibt es eine Vormundschaft über Volljährige?
Antwort: Nein, die Entmündigung Volljähriger ist seit dem 1.1.1990 abgeschafft und durch die Möglichkeit der Anordnung einer „Betreuung" gem.
§ 1896 BGB ersetzt. Der Betreuer hat die Stellung eines gesetzlichen Vertreters (vgl. § 1902 BGB) in dem Aufgabenkreis, für den er bestellt ist. Im Gegensatz zur früheren Vormundschaft bei Volljährigen wird aber durch die
Betreuung die Geschäftsfähigkeit nicht berührt. Das Vormundschaftsgericht kann jedoch anordnen, dass der Betreute zu einer Willenserklärung,
die den Aufgabenkreis des Betreuers betrifft, dessen Einwilligung benötigt

(§ 1903 Abs. 1 S. 1 BGB). Bei der Anordnung eines solchen „Einwilligungsvorbehalts" gelten die Vorschriften der §§ 107, 108 BGB entsprechend.

Frage 43:
Was versteht man unter der Deliktsfähigkeit?
Antwort: Bei der Deliktsfähigkeit geht es um die Frage, ob jemand für einen von ihm rechtswidrig und schuldhaft verursachten Schaden verantwortlich („regresspflichtig") gemacht werden kann.

Frage 44:
Wonach ist bei der Deliktsfähigkeit zu differenzieren?
Antwort: Das Gesetz differenziert gem. § 828 BGB nach Altersstufen, die parallel zur Geschäftsfähigkeit verlaufen:
(a) Deliktsunfähig ist, wer das 7. Lebensjahr noch nicht vollendet hat;
(b) beschränkt deliktsfähig ist, wer zwar das 7., nicht jedoch das 18. Lebensjahr vollendet hat.
Eine Ausnahme von diesem Grundsatz enthält der seit dem 1. August 2002 geltende § 828 Abs. 2 BGB: Danach ist ein Kind zwischen 7 und 10 Jahren bei einem Unfall mit einem Kraftfahrzeug für den dem anderen zugefügten Schaden nicht verantwortlich, es sei denn, es hat vorsätzlich gehandelt. Der Sinn dieser Sonderregelung liegt nicht nur darin, Kinder im Straßenverkehr vor Haftungsansprüchen zu bewahren, sondern auch darin, dass der Anspruch eines Kindes gegen Autofahrer und Kfz-halter nicht aufgrund eines Mitverschuldens des Kindes gekürzt wird, soweit § 828 Abs. 2 BGB eingreift.

Frage 45:
Welche Konsequenzen haben die Deliktsunfähigkeit bzw. die beschränkte Deliktsfähigkeit?
Antwort:
(a) Wer das 7. Lebensjahr noch nicht vollendet hat, ist für einen Schaden, den er einem anderen zufügt, nicht verantwortlich (vgl. § 828 Abs. 1 BGB).
(b) Der beschränkt Deliktsfähige ist für einen Schaden nur dann verantwortlich, wenn er bei Begehung der schädigenden Handlung die zur Erkenntnis der Verantwortlichkeit erforderliche Einsicht hatte (vgl. § 828 Abs. 2 BGB).
(c) Unter den besonderen Voraussetzungen des § 829 BGB können auch Deliktsunfähige bzw. eingeschränkt Deliktsfähige aus Billigkeitsgründen schadenersatzpflichtig sein.

Frage 46:
Welche Tatbestände sind der Deliktsunfähigkeit gleichgestellt?
Antwort: Nach § 827 BGB ist für den Schaden nicht verantwortlich, wer im Zustand der Bewusstlosigkeit oder in einem die freie Willensbestimmung ausschließenden Zustande krankhafter Störung der Geistestätigkeit einem anderen Schaden zufügt.

Fälle

Fall 9:
Facharbeiter F kommt bei einem von S allein verschuldeten Verkehrsunfall ums Leben. Er hinterlässt neben zwei minderjährigen Kindern seine im siebten Monat schwangere Ehefrau. Zwei Monate nach dem Verkehrsunfall wird das dritte Kind K lebend geboren.
(a) Ist K erbberechtigt?
(b) Hat K Ansprüche gegen S?
Lösung:
(a) K ist nach §§ 1922, 1924 BGB im Zeitpunkt des Todes seines Vaters Erbe geworden. K war zu diesem Zeitpunkt zwar noch nicht geboren und somit gem. § 1 BGB an sich nicht fähig, Träger von Rechten und Pflichten zu sein (rechtsfähig). Nach § 1923 Abs. 2 BGB wird die Geburt – und damit die Rechtsfähigkeit – des K jedoch kraft gesetzlicher Fiktion auf die Zeit vor dem Tod seines Vaters vorverlagert.
(b) K könnte nach § 844 Abs. 2 BGB berechtigt sein, Unterhaltsansprüche gegen S geltend zu machen: F ist durch eine unerlaubte Handlung des S i.S.d. § 823 BGB getötet worden. Der Anspruch aus § 844 Abs. 2 BGB setzt ferner voraus, dass F kraft Gesetzes verpflichtet war, Unterhalt an K zu leisten. F war K gegenüber zwar noch nicht im Zeitpunkt seiner Verletzung durch S unterhaltspflichtig; er wäre jedoch ab der Geburt des K nach § 1601 BGB zu Unterhaltsleistungen verpflichtet gewesen. Gem. § 844 Abs. 2 S. 2 BGB tritt die Unterhaltspflicht des S auch dann ein, wenn K im Zeitpunkt der Verletzung des F zumindest gezeugt war. Da diese Voraussetzung vorliegt, stehen K Unterhaltsansprüche nach § 844 Abs. 2 BGB gegen S zu.

Fall 10:
B verursacht durch alleiniges Verschulden einen schweren Verkehrsunfall. Verletzt wird die im gegnerischen Fahrzeug sitzende Schwangere F. Auch der Embryo wird verletzt. Infolge dieser Verletzung leidet das später geborene Kind an schweren Wirbelverletzungen und ist halbseitig gelähmt. Kann das Kind, vertreten durch F, von B Schadenersatz verlangen?
Lösung: Als Anspruchsgrundlage für den geforderten Schadenersatz im Falle einer schuldhaften Körper- bzw. Gesundheitsverletzung kommt § 823 Abs. 1 BGB in Betracht. Das setzt allerdings die Verletzung eines „anderen", eines Menschen, also eines „Rechtsfähigen", voraus. Im Augenblick der Schädigung war der Embryo jedoch entsprechend § 1 BGB noch nicht rechtsfähig, so dass daraus eigentlich zu folgern wäre, das Leben und die Gesundheit des ungeborenen Kindes könne verletzt werden, ohne dass ein Schadenersatzanspruch entstünde. Denn mangels Rechtsfähigkeit des Embryo lag nur eine Verletzung eines „Bestandteils" der Mutter vor, die aber den Schaden des Kindes nicht als eigenen erlitten hat.

Trotzdem billigt die Rechtsprechung in diesen Fällen dem Kind Schadenersatzansprüche zu (vgl. BGHZ 58, 48). Begründung: Der BGB-Gesetzgeber selbst hat die Regelung des § 1 BGB für unzureichend gehalten und deshalb an einigen Stellen auch den noch nicht geborenen Menschen als geschütztes Rechtssubjekt anerkannt (§§ 844 Abs. 2 S. 2, 1777 Abs. 2, 1923 Abs. 2, 2043, 2108 Abs. 1 BGB). Deshalb kommt auch hier eine analoge Anwendung dieses Rechtsgedankens in Betracht. Dafür spricht auch, dass § 1 BGB im Lichte der Grundrechte auszulegen ist: Würde man den Embryo aus dem Schutzbereich der Rechtsfähigkeit herausnehmen, wäre das mit der durch das Grundgesetz geschützten Würde und Entfaltungsfreiheit des Menschen (Art. 1 und 2 GG) nicht vereinbar. B ist deshalb schadenersatzpflichtig.

Fall 11:
Der 55-jährige A leidet unter einer psychischen Krankheit mit der Folge, dass er zu spontanen Entschlüssen neigt, gegen die jegliche wirtschaftliche Vernunft spricht. Nach ärztlicher Untersuchung wird dem A durch das zuständige Vormundschaftsgericht dessen Bruder B zum Betreuer für alle rechtsgeschäftlichen Angelegenheiten bestellt. Ferner ordnet das Vormundschaftsgericht an, dass A zur wirksamen Abgabe von Willenserklärungen der Einwilligung seines Betreuers bedarf. Bei einem Spaziergang durch die Stadt kommt A an der Außenstelle der Bausparkasse XY-AG vorbei und entschließt sich, einen Bausparvertrag über die Summe von 100 000 Euro abzuschließen. Ein entsprechendes Formular wird von ihm unterzeichnet. Als B von dem Vorgang Kenntnis erlangt, verweigert er die Genehmigung des Vertragsabschlusses. Außendienstmitarbeiter M der Bausparkasse bringt vor, er habe nichts von der Krankheit des A bemerkt; vielmehr habe A die Angelegenheit sehr sachverständig mit ihm besprochen. Ist A verpflichtet, im Hinblick auf den Bausparvertrag Zahlungen an die XY-AG zu leisten?
Lösung: Der XY-AG könnten Zahlungsansprüche aus dem Bausparvertrag zustehen. Dies setzt voraus, dass ein wirksamer Vertrag zwischen A und der XY-AG geschlossen worden ist. Zweifel an der Wirksamkeit des Vertrages bestehen im Hinblick auf die Anordnung der Betreuung des A. Das Rechtsinstitut der Betreuung ist seit 1992 in das BGB eingeführt worden (vgl. §§ 1896 ff. BGB); es trat an die Stelle der sog. „Entmündigung". Anders als die frühere Entmündigung hat die Anordnung der Betreuung jedoch keine Auswirkungen auf die Geschäftsfähigkeit des Betreuten. Der Betreuer ist zwar gesetzlicher Vertreter des Betreuten (§ 1902 BGB); letzterer bleibt aber grundsätzlich in der Lage, selbst wirksame Rechtsgeschäfte zu tätigen. Anderes gilt nur, wenn das Vormundschaftsgericht zusätzlich einen Einwilligungsvorbehalt nach § 1903 BGB angeordnet hat, der zur entsprechenden Anwendung der §§ 108 bis 113 BGB führt. Dies ist im vorliegenden Fall geschehen. Die Wirksamkeit des Vertragsschlusses hängt daher von der Einwilligung des B ab, sofern nicht einer der Aus-

nahmetatbestände des § 1903 Abs. 2 und 3 BGB vorliegt (nicht vom Einwilligungsvorbehalt erfasst werden bestimmte familien- und erbrechtliche Rechtsgeschäfte, sowie Willenserklärungen, die dem Betreuten lediglich einen rechtlichen Vorteil bringen, ebenso Willenserklärungen, die geringfügige Angelegenheiten des täglichen Lebens betreffen). Für den Fall des Bausparvertrages greift keiner der Ausnahmetatbestände ein; B hat die Genehmigung des Vertrages verweigert. Ein wirksamer Vertrag ist somit nicht geschlossen worden. Hierbei ist unbeachtlich, dass Außendienstmitarbeiter M keine Kenntnis von der Betreuung hatte. Der gute Glaube an das Nichtbestehen einer Betreuung wird vom BGB ebenso wie der gute Glaube an die Geschäftsfähigkeit nicht geschützt. Die Notwendigkeit des Schutzes Betreuungsbedürftiger ist stets höher zu bewerten als das Vertrauen des Rechtsverkehrs auf die Wirksamkeit von Rechtsgeschäften. Der XY-AG stehen daher keine Zahlungsansprüche zu.

Fall 12:
F ist unerkannt unheilbar an Schizophrenie erkrankt. Für das Krankheitsbild ist kennzeichnend, dass sich Zeitspannen, in denen die Denkfähigkeit und der Gemütszustand von F nicht beeinträchtigt sind, mit schweren schizophrenen Schüben abwechseln. Zu einer Zeit, zu der ein schizophrener Schub nicht vorliegt, schließt F einen Kaufvertrag mit V ab. Erst jetzt wird die Geisteskrankheit von F bemerkt. V verlangt Zahlung des Kaufpreises entsprechend dem mit F abgeschlossenen Kaufvertrag. Zu Recht?
Lösung: Als Anspruchsgrundlage kommt in Betracht § 433 Abs. 2 BGB. Dies setzt einen wirksamen Kaufvertrag voraus. Dieser Kaufvertrag könnte nichtig sein gem. § 105 Abs. 1 i.V.m. § 104 Nr. 2 BGB. Wie jedoch der ausdrückliche Wortlaut des § 104 Nr. 2 BGB zeigt, kommt es für die Geschäftsfähigkeit auf den Zustand an, zu dem das Geschäft abgeschlossen wird. Wenn F den Vertrag in einem nicht schizophrenen Zeitraum (man spricht von den „lichten Momenten" – lat. „lucida intervalla") abschloss, ist er wirksam. Zu einem anderen Ergebnis käme man, wenn F dauerhaft an dieser Krankheit leidet oder der Vertrag im Zustand der akuten Schizophrenie abgeschlossen wurde.

Fall 13:
Der kunstbeflissene 16 Jahre alte Gymnasiast Max entdeckt auf einem Trödelmarkt das wertvolle Exemplar einer mittelalterlichen Handschrift, die der anbietende Händler für geringwertig hält und zum Preis von 100 Euro anbietet. Da M nicht genügend Geld bei sich hat, sich die Gelegenheit jedoch nicht entgehen lassen möchte, lässt er sich vom Händler schriftlich den Abschluss eines Kaufvertrages bestätigen. Ist dieser Vertrag wirksam?
Lösung: Der von M geschlossene Vertrag könnte wegen §§ 107, 108 BGB unwirksam sein. M ist minderjährig und als Sechzehnjähriger beschränkt geschäftsfähig. Seine Willenserklärungen sind wirksam, wenn er durch sie einen lediglich rechtlichen Vorteil erlangt. Unbestreitbar erlangt M durch

den abgeschlossenen Kaufvertrag einen erheblichen wirtschaftlichen Vorteil. § 107 BGB lässt dies jedoch im Interesse der Rechtssicherheit und des Minderjährigenschutzes außer acht und stellt allein auf den rechtlichen Vorteil ab. Rechtlich wird M durch den abgeschlossenen Vertrag zur Zahlung eines Kaufpreises verpflichtet. Die Wirksamkeit des Vertrages hängt deshalb nach § 108 BGB von der Genehmigung des gesetzlichen Vertreters ab. Es dürfte außer Zweifel stehen, dass die Eltern in Anbetracht der Sachlage für diesen Fall ihre Zustimmung erteilen werden. Ob der Händler dann wegen seiner preislichen Fehlvorstellung Gegenrechte (Anfechtung) geltend machen könnte, soll hier außer Betracht bleiben.

Fall 14:
Der 16-jährige M erhält für die Ferienzeit von Eigentümer E das dem letzteren gehörende Fahrrad leihweise zur Verfügung gestellt. Wenig später kommt M in Geldnöte und veräußert kurzerhand das Fahrrad an K, der M für den Eigentümer hält. E verlangt von K die Herausgabe des Fahrrads. Mit Recht?
Lösung: Als Anspruchsgrundlage kommt in Betracht § 985 BGB. Dies setzt voraus, dass E Eigentümer und K unrechtmäßiger Besitzer ist. E war zunächst Eigentümer; er könnte dieses jedoch infolge der Veräußerung des Fahrrads durch M an K verloren haben. Da M nicht Eigentümer war, vielmehr als Nichtberechtigter verfügte, konnte K nur Eigentum kraft guten Glaubens nach § 932 BGB erwerben. Die sachenrechtlichen Voraussetzungen lägen an sich vor. Jedoch war M minderjährig, die Wirksamkeit der von ihm abgeschlossenen Verträge somit nach § 108 BGB von der Genehmigung des gesetzlichen Vertreters abhängig. Die Frage ist jedoch, ob die Genehmigung des gesetzlichen Vertreters hier nicht im Hinblick auf § 107 BGB entbehrlich ist. Zwar erwirbt M durch die Veräußerung an K nicht einen lediglich rechtlichen Vorteil, er verliert aber auch keine Rechte, weil ihm das Fahrrad nicht gehörte. Es liegt somit ein Fall des „neutralen Geschäfts" vor. Nach formalistischer Betrachtungsweise ist deshalb der gutgläubige Erwerb des K von M wirksam. Kritisiert wird dieses Ergebnis in der Literatur mit folgender Erwägung: Wäre M Eigentümer des Fahrrads gewesen, hätte er nicht wirksam übereignen können, weil er dadurch einen Nachteil, nämlich den Verlust des Eigentums am Fahrrad erlitten hätte. Sollte also wirklich M als Nichtberechtigter ein Rechtsgeschäft vornehmen können, wozu er im Fall der Berechtigung nicht in der Lage wäre?

Fall 15:
Der 15-jährige A bestellt am 13. Mai mit Einwilligung seiner Eltern im Internet ein Computer-Spiel für 50 Euro. Über sein Widerrufsrecht nach §§ 355, 312 d BGB wird er ordnungsgemäß belehrt. Wenig später bereut er die Bestellung und schickt, ohne mit seinen Eltern darüber zu reden, am 27. Mai eine E-Mail ab, dass er seine Bestellung widerrufen wolle. Das Spiel hat er noch nicht erhalten. Ist der Widerruf wirksam?

Lösung: Eine Bestellung über das Internet ist ein Fernabsatzvertrag i.S.d. § 312 b BGB, bei dem der Verbraucher ein Widerrufsrecht gem. §§ 312 d Abs. 1, 355 BGB hat. Die Widerrufsfrist beträgt gem. § 355 Abs. 1 S. 2 BGB zwei Wochen, wobei die rechtzeitige Absendung genügt. A hat den Widerruf auch formwirksam erklärt, da gem. § 355 Abs. 1 S. 2 BGB Textform ausreicht, worunter auch eine E-Mail fällt (§ 126 b BGB). A ist jedoch minderjährig, weshalb Willenserklärungen, durch die er nicht lediglich einen rechtlichen Vorteil erlangt, gem. § 106 BGB der Einwilligung seines gesetzlichen Vertreters bedürfen. Die Erklärung des Widerrufs war für A nicht nur rechtlich vorteilhaft, da der wirksame Widerruf zum Erlöschen des Anspruchs auf Lieferung des Computer-Spiels geführt hätte. Wäre der Ausspruch des Widerrufs ein Vertragsschluss, dann hinge seine Wirksamkeit gem. § 108 BGB von der Genehmigung des gesetzlichen Vertreters ab. Der Widerruf ist jedoch ein einseitiges Rechtsgeschäft. Gem. § 111 BGB sind einseitige Rechtsgeschäfte, die ein Minderjähriger ohne die erforderliche Einwilligung vornimmt, unwirksam. Ein Wirksamwerden durch nachträgliche Genehmigung des gesetzlichen Vertreters gibt es bei einseitigen Rechtsgeschäften im Gegensatz zu Verträgen nicht! Der Widerruf ist daher unwirksam.

Fall 16:
Senior S will aus steuerlichen Gründen seinem 15 Jahre alten Junior J ein Grundstück im Wege der Schenkung übertragen. Kann J den Schenkungsvertrag abschließen,

(a) wenn das Grundstück mit einer Hypothek belastet ist?

(b) wenn (von den üblichen öffentlich-rechtlichen Lasten, wie Grundsteuer usw. abgesehen) keine Belastung besteht?

Lösung: J kann den Schenkungsvertrag abschließen, wenn er dadurch einen lediglich rechtlichen Vorteil erlangt. Grundsätzlich bringt die Annahme einer Schenkung dem Minderjährigen nur einen rechtlichen Vorteil i.S.d. § 107 BGB, da der Beschenkte keine rechtliche Verpflichtung eingeht. Bei (a) könnte allerdings die Belastung des Grundstücks mit der Hypothek problematisch sein. Für das Vorliegen eines rechtlich vorteilhaften Geschäfts i.S.d. § 107 BGB ist es jedoch ausreichend, dass der Minderjährige nichts von seinem bestehenden Vermögen aufgeben oder dieses belasten muss. Mangels persönlicher Haftung des J bei einer Hypothek liegt hier also ein für ihn rechtlich vorteilhaftes Geschäft vor, die Schenkung ist wirksam. Anders wäre der Fall zu beurteilen, wenn die Hypothek erst noch zu bestellen wäre: Bis zu diesem Zeitpunkt würde J mit seinem Vermögen haften und diese Haftung könnte den Wert des geschenkten Grundstücks übersteigen.

Im Fall (b) haftet J zwar persönlich für die öffentlich-rechtlichen Lasten des Grundstücks. Diese treffen ihn allerdings kraft Gesetzes und stellen daher keinen rechtlichen Nachteil als Folge einer Willenserklärung dar. Deshalb kann auch hier das Schenkungsversprechen (nach § 518 BGB in

notarieller Form) zwischen dem Schenker S und dem Beschenkten J abgeschlossen werden.

Fall 17:
Senior S möchte seinen minderjährigen Junior J als Kommanditisten in die
u.a. von ihm als persönlich haftendem Gesellschafter geführte KG aufnehmen. Kann dies auf dem gleichen Wege erfolgen wie zuvor?
Lösung: Der Abschluss eines derartigen Gesellschaftsvertrages bringt wegen der Gefahr der persönlichen Haftung (§§ 171, 176 HGB) nicht lediglich
rechtliche Vorteile. Deshalb kann der Minderjährige die Erklärung nach
§ 107 BGB nicht selbst abgeben; für ihn muss der gesetzliche Vertreter handeln. Dann aber liegt ein Rechtsgeschäft vor, bei dem auf der einen Seite
der gesetzliche Vertreter als Vertragspartei und auf der anderen Seite wiederum der gesetzliche Vertreter (nunmehr als solcher für den Minderjährigen handelnd) steht. Dies verbietet § 181 BGB, der gem. §§ 1629 Abs. 2,
1795 Abs. 2 BGB auch für die Eltern als gesetzliche Vertreter ihres Kindes
gilt. Es bedarf deshalb einer Pflegschaftsbestellung nach § 1909 BGB („Ergänzungspflegschaft"). Zusätzlich wäre die familiengerichtliche Genehmigung nach §§ 1643, 1822 Nr. 3 BGB erforderlich.

Fall 18:
Witwer W möchte seinem sechsjährigen Sohn S ein Grundstück schenken.
Er tut dies, indem er vor dem Notar einerseits als Vertreter des S und zu-
gleich für sich die notwendigen Erklärungen abgibt. Nun belastet er das
Grundstück mit einer Reallast zu seinen Gunsten. Schließlich lässt er das
Grundstück seinem Sohn S auf, wobei er wiederum als Vertreter des S auftritt. Anschließend beantragt er die Eintragung des S als Eigentümer ins
Grundbuch. Der Grundbuchbeamte lehnt dies ab. Mit Recht? Wie wäre es,
wenn W das Grundstück nicht mit einer Reallast, sondern mit einer Hypothek belastet hätte?
Lösung: Der Grundbuchbeamte muss die Eintragung vornehmen, wenn
die grundbuchrechtlichen Voraussetzungen für eine Eintragung vorliegen. Dazu ist u.a. gem. § 20 GBO vorausgesetzt, dass eine wirksame Auflassung vorliegt. Dies erscheint zweifelhaft, weil die Vertretung des S
durch W unzulässig sein könnte. Entsprechend § 181 BGB wird jemand als
Vertreter ohne Vertretungsmacht behandelt, wenn er als Vertreter eines
anderen mit sich selbst ein Geschäft abschließt. Dies gilt ausnahmsweise
nicht, wenn lediglich eine Verbindlichkeit erfüllt wird. Diese Verbindlichkeit könnte sich aus dem Schenkungsvertrag ergeben. Dazu müsste er
aber wirksam sein. Auch hier könnte W gem. § 181 BGB als Vertreter ohne
Vertretungsmacht aufgetreten sein, denn er hat als Vertreter des S mit sich
selbst ein Rechtsgeschäft getätigt. Jedoch ist allgemein anerkannt, dass
§ 181 BGB, der in erster Linie eine formale Ordnungsvorschrift ist, dann
keine Anwendung findet, wenn Interessenskollisionen ausgeschlossen
sind. Dies ist der Fall, wenn das Geschäft für S lediglich einen rechtlichen

Vorteil darstellt. Aus dem Schenkungsvertrag selbst wird S in keiner Weise verpflichtet, sondern lediglich durch den Erwerb des Eigentums am Grundstück. Unter strikter Anwendung des Abstraktionsprinzips (Trennung von schuldrechtlichem und dinglichem Rechtsgeschäft) könnte man das Vorliegen eines lediglich rechtlichen Vorteils bejahen. Dabei würde man jedoch verkennen, dass der Eigentümer eines Grundstücks, das mit einer Reallast belastet ist, gem. § 1108 BGB persönlich, d.h. über das Grundstück hinaus mit seinem sonstigen Vermögen haftet. Die Schenkung kann sich folglich für S als nachteilig erweisen. Es ist daher das Abstraktionsprinzip nicht streng anzuwenden, sondern eine Gesamtbetrachtungsweise vorzunehmen, die ergibt, dass nicht ein lediglich rechtlicher Vorteil vorliegt. Damit hat W als Vertreter ohne Vertretungsmacht gehandelt. Nach § 1909 BGB wäre deshalb die Bestellung eines Ergänzungspflegers notwendig gewesen. Hätte dagegen die Belastung lediglich in einer Hypothek bestanden, so läge ein lediglich rechtlicher Vorteil vor, weil dann S nicht persönlich sondern lediglich mit dem Grundstück haften würde; damit könnte er höchstens das verlieren, was ihm geschenkt wurde.

Fall 19:
Der fünfzehnjährige Sohn S ist zur Schulausbildung in einem Internat untergebracht. Er kauft bei ortsansässigen Geschäften u.a. einen Schulatlas, einen Taschenrechner, sowie Schreib- und Malwerkzeuge. Sind diese Verträge wirksam?
Lösung: Die nach § 107 BGB erforderliche Einwilligung liegt hier in Form des „Generalkonsenses" vor: Mit der externen Unterbringung des Sohnes hat der gesetzliche Vertreter in sämtliche Rechtsgeschäfte eingewilligt, die damit in erforderlichem Zusammenhang stehen. Hierunter fällt der Erwerb der zur Schulausbildung notwendigen Gegenstände. Die von S abgeschlossenen Kaufverträge sind deshalb wirksam.

Fall 20:
Minderjähriger M (14 Jahre) schließt bei Elektrohändler E einen Kaufvertrag zum Erwerb einer Stereoanlage im Wert von 2000 Euro ab. Vereinbart wird, dass der Kaufpreis in monatlichen Raten zu je 100 Euro abzuzahlen sei. Hierzu versichert M wahrheitsgemäß, dass er im Monat 150 Euro Taschengeld bekomme und deshalb sehr wohl in der Lage sei, die Raten aufzubringen. Als die Eltern hiervon erfahren, wollen sie den Kaufvertrag annullieren. Der Inhaber des Elektrogeschäfts beharrt auf Abnahme. Wer hat Recht?
Lösung: Als Anspruchsgrundlage kommt § 433 Abs. 2 BGB in Betracht. Bezahlung und Abnahme der Stereoanlage kann verlangt werden, wenn ein wirksamer Kaufvertrag abgeschlossen wurde. Von Minderjährigen abgeschlossene Verträge bedürfen nach § 108 BGB der Genehmigung durch den gesetzlichen Vertreter, bis dahin sind sie schwebend unwirksam. Eine

solche Genehmigung ist vorliegend nicht erfolgt. Ein vom Minderjährigen ohne Zustimmung des gesetzlichen Vertreters geschlossener Vertrag ist jedoch von Anfang an wirksam, wenn der Minderjährige die vertragsgemäße Leistung mit solchen Mitteln bewirkt, die ihm zur freien Verfügung vom gesetzlichen Vertreter überlassen worden sind (§ 110 BGB „Taschengeldparagraph"). § 110 BGB trifft jedoch im vorliegenden Fall nicht zu. Er bezieht sich nur auf solche Geschäfte, die tatsächlich mit dem Taschengeld bewirkt worden sind. Raten- und Kreditgeschäfte sind vom § 110 BGB nicht gedeckt; der Gesetzgeber wollte verhindern, dass sich der Minderjährige in seiner Disposition für die Zukunft einschränkt. Der Vertrag ist also ohne die Zustimmung der Eltern nicht wirksam. E hat keinen Anspruch aus § 433 Abs. 2 BGB.

Fall 21:
Der 17-jährige J kauft sich bereits während seiner Fahrschulzeit von seinem angesparten Taschengeld heimlich bei H ein gebrauchtes Kraftfahrzeug für 1000 Euro, lässt es aber noch bei diesem stehen. Bei der Familienfeier anlässlich seines 18. Geburtstages verkündet er freudestrahlend, den Führerschein „und ein Auto zu haben". Die Eltern sind erbost, sie meinen, J solle sein Geld für das spätere Studium sparen. Was ist J zu raten?
Lösung: J kann ganz gelassen bleiben. Nach §§ 108 Abs. 1, 107 BGB ist der Kaufvertrag schwebend unwirksam; grundsätzlich müssten die Eltern ihn genehmigen. Nach § 108 Abs. 3 BGB tritt aber mit dem 18. Geburtstag die Genehmigung des J an die Stelle der Genehmigung durch die Eltern. Die Genehmigung des J liegt konkludent in der Abholung des Kraftfahrzeugs bei H.

Fall 22:
Der 17-jährige Hugo findet keine Lehrstelle und wird mit Einverständnis seiner Eltern beim Hochbauunternehmen B als Hilfsarbeiter eingestellt. Als es ihm dort nicht gefällt, kündigt er das Arbeitsverhältnis ohne Wissen seiner Eltern und tritt eine neue Stelle beim Tiefbauunternehmer T an. Außerdem erklärt er seinen Beitritt in die Gewerkschaft. Sind diese Erklärungen wirksam?
Lösung: Einschlägig ist § 113 BGB. Wenn der Minderjährige, wie im vorliegenden Fall, mit Ermächtigung des gesetzlichen Vertreters ein Arbeitsverhältnis eingeht, ist er für sämtliche Rechtsgeschäfte unbeschränkt geschäftsfähig, die mit der Eingehung oder Aufhebung des Dienstverhältnisses zusammenhängen oder die die Erfüllung der sich aus einem solchen Verhältnis ergebenden Verpflichtungen betreffen. Hugo konnte deshalb wirksam seine Stelle beim Bauunternehmer B kündigen. Der Antritt der zweiten Stelle beim Tiefbauunternehmer T fällt unter § 113 Abs. 4 BGB. Danach ist die für einen einzelnen Fall erteilte Ermächtigung des gesetzlichen Vertreters im Zweifel als allgemeine Ermächtigung zur Eingehung

von Rechtsverhältnissen derselben Art auszulegen. Ob der Beitritt des Minderjährigen zu einer Gewerkschaft unter § 113 BGB fällt, war früher teilweise umstritten. Bejaht wird dies heute mit der Begründung, der Gewerkschaftsbeitritt diene im Hinblick auf die Aushandlung der Arbeitsbedingungen durch die Tarifvertragsparteien der Erfüllung von Rechten und Pflichten, die sich für den Minderjährigen aus dem Arbeitsverhältnis ergeben.

Fall 23:
Schüler S, 16 Jahre alt, will unbedingt zu einem Konzert, das in der 15 km entfernten Großstadt veranstaltet wird. Zu diesem Zweck versucht er sich als Anhalter. Der erkennbar angetrunkene Autofahrer A nimmt ihn mit, allerdings erst, nachdem S ein Formular mit einem Haftungsverzicht für fahrlässig verursachte Schäden unterzeichnet hat. A verschuldet leicht fahrlässig einen Unfall, bei dem S erheblich verletzt wird. Kann S von A Schadenersatz verlangen?

Lösung: Wenn man den Charakter einer Gefälligkeitsfahrt annimmt und mangels Rechtsbindungswillen einen Beförderungsvertrag verneint, kommt als Anspruchsgrundlage (neben den Ansprüchen aus dem StVG) § 823 Abs. 1 BGB in Betracht. Laut Sachverhalt ist der Anspruch zunächst entstanden. Fraglich ist jedoch, ob sich A auf den mit S abgeschlossenen Haftungsausschluss berufen kann oder darauf, dass S auf eigene Gefahr gehandelt hat. (1) Bei einem rechtsgeschäftlichen Haftungsverzicht, der durch das Unterzeichnen der Verzichtserklärung zustande kam, findet das Minderjährigenrecht Anwendung. Der Hauptzweck des Haftungsverzichts von S ist ein rechtlicher Nachteil, so dass er nur mit Zustimmung des gesetzlichen Vertreters wirksam ist (§ 107 BGB). Eine solche liegt nicht vor, es ist auch nicht anzunehmen, dass sie nachträglich erteilt wird. (2) Es könnte aber darin, dass sich S einem erkennbar fahruntüchtigen Fahrer anvertraute und das somit verbundene Verletzungsrisiko in Kauf nahm, eine konkludente, rechtsgeschäftliche Einwilligung liegen (so auch das Reichsgericht in RGZ 145, 390, 395), auf die ebenfalls die §§ 104 ff. BGB Anwendung fänden. Der BGH hat den Fall in BGHZ 34, 355 wie folgt entschieden: Kraftfahrzeugunfälle, bei denen sich ein besonderes Risiko verwirklicht, werden unter dem Gesichtspunkt des mitwirkenden Verschuldens beurteilt (§ 254 BGB). Darauf sind aber nicht die Regeln über die beschränkte Geschäftsfähigkeit anwendbar, sondern die deliktsrechtlichen Bestimmungen; hier also § 828 Abs. 3 BGB. Als 16-Jähriger besaß S genug Einsicht, um beurteilen zu können, dass ein Betrunkener fahruntüchtig, das Mitfahren also riskant ist. Dieses Mitverschulden mindert den Schadenersatzanspruch des S, wobei das genaue Ausmaß von den näheren Umständen abhängt.

Fall 24:

Der 15-jährige M unternimmt ohne Kenntnis seiner Eltern einen Ausflug. Dabei benutzt er die S-Bahn ohne Fahrschein. Ein Kontrolleur der S-Bahn-AG verlangt das in den Beförderungsbedingungen vorgesehene „erhöhte Entgelt" von 30 Euro. Mit Recht?

Lösung: Die S-Bahn-AG kann von M das erhöhte Entgelt verlangen, wenn ein wirksamer Vertrag zugrunde liegt. Hier ist nur ein konkludenter Vertragsschluss denkbar: Das Angebot der S liegt im Bereitstellen des Verkehrsmittels, die Annahme des M im Einsteigen. Entgegen der früheren Lehre von der Vertragsbegründung durch sozialtypisches Verhalten sind auch bei einem solchen Vertragsschluss die §§ 106 ff. BGB anzuwenden. Also bräuchte M die Einwilligung seiner Eltern (§ 107 BGB). Sie liegt nicht vor, auch nicht konkludent, da es sich nicht um eine notwendige Fahrt (Arztbesuch, regelmäßiger Sportvereinsbesuch o.ä.) handelt.

Fall 25:

Der 4-jährige S findet im Haushalt Streichhölzer, entwischt für kurze Zeit aus der von der Mutter versehentlich offengelassenen Haustüre und verursacht in der Scheune des benachbarten Bauern einen Brand mit erheblichem Sachschaden. Wer kann in Anspruch genommen werden?

Lösung:
(a) Ansprüche gegen S: S könnte sich nach § 823 Abs. 1 BGB und nach § 823 Abs. 2 BGB i.V.m. § 308 StGB schadenersatzpflichtig gemacht haben. Hiergegen spricht jedoch, dass S im Hinblick auf sein geringes Alter nach § 828 Abs. 1 BGB für den angerichteten Schaden nicht verantwortlich (= deliktsunfähig) ist. S haftet daher nur dann, wenn Ersatz des Schadens nicht von einem aufsichtspflichtigen Dritten verlangt werden kann, die Billigkeit einen Schadensausgleich erfordert und dem S nicht die Mittel zur Bestreitung seines angemessenen Unterhaltes entzogen werden (§ 829 BGB; „Haftung aus Billigkeitsgründen").
(b) Ansprüche gegen die Mutter M: Ein Anspruch auf Schadenersatz kann sich aus § 832 BGB ergeben. M war nach §§ 1626, 1631 BGB zur Beaufsichtigung des S verpflichtet. Sie haftet daher für den von S angerichteten Schaden, sofern ihr nicht der Nachweis gelingt, dass sie ihrer Aufsichtspflicht genügt hat oder der Schaden auch bei gehöriger Aufsichtsführung entstanden sein würde.

Fall 26:
Die beiden 15-jährigen Realschüler R und S werfen von einer Fußgängerbrücke aus Steine auf die darunterliegende Bundesstraße. Als ein Stein gegen die Windschutzscheibe des unten vorbeifahrenden Kraftfahrers K schlägt, kommt es zu einem schweren Unfall. Sind R und S ersatzpflichtig?
Lösung: Als Anspruchsgrundlage kommt u.a. § 823 Abs. 1 BGB in Betracht. Die Frage ist jedoch, ob R und S überhaupt für den Schaden ver-

antwortlich sind. Dies hängt von ihrer Deliktsfähigkeit ab. R und S sind als 15-jährige nach § 828 Abs. 3 BGB für den von ihnen angerichteten Schaden dann nicht verantwortlich, wenn sie bei der Begehung der schädigenden Handlung nicht „die zur Erkenntnis der Verantwortlichkeit erforderliche Einsicht" hatten. Bei Realschülern dieses Alters kann man davon ausgehen, dass sie in derartigen Fällen die Unrechtmäßigkeit ihrer Tat erkennen und die Folgen abschätzen können. Sie sind damit schadenersatzpflichtig.

Fall 27:
Der 8-jährige G tritt in einem Wohngebiet auf die Straße, ohne sich nach beiden Seiten umzuschauen. Er wird vom Auto des S erfasst, der gerade auf der Suche nach einer Hausnummer war und deshalb den G nicht bemerkte. G wird schwer verletzt und liegt einige Wochen im Krankenhaus. Er verlangt, vertreten durch seine Eltern, von S Schmerzensgeld. S meint, dabei müsse auch die Unvorsichtigkeit des G berücksichtigt werden. Zu Recht?
Lösung: G kann von S gem. § 823 Abs. 1 BGB und § 7 Abs. 1 StVG Schadensersatz verlangen, der gem. § 253 Abs. 2 BGB bei Gesundheitsverletzungen auch Schmerzensgeld umfasst. Da auch die Unvorsichtigkeit des G den Unfall mitverursacht hat, stellt sich die Frage, ob der Anspruch des G gegen S aufgrund Mitverschuldens gem. §§ 254 Abs. 1 BGB bzw. 9 StVG anteilig zu mindern ist. Auch wenn § 254 BGB keine diesbezügliche Regelung enthält, setzt die Berücksichtigung des Mitverschuldens Zurechnungsfähigkeit voraus. Zur Bestimmung der Zurechnungsfähigkeit werden mangels ausdrücklicher Regelung die §§ 827, 828 BGB analog angewendet. Da G älter ist als 7 Jahre, richtet sich die Deliktsfähigkeit gem. § 828 Abs. 1 und 3 BGB danach, ob er die zur Erkenntnis der Verantwortlichkeit erforderliche Einsicht hatte. Für Unfälle mit einem Kraftfahrzeug gilt jedoch die Sonderregelung des § 828 Abs. 2 BGB: Danach sind Kinder zwischen 7 und 10 nicht deliktsfähig, es sei denn, sie haben den Unfall vorsätzlich herbeigeführt. Daher ist die Zurechnungsfähigkeit hier analog § 828 Abs. 2 BGB ausgeschlossen und G muss sich daher kein Mitverschulden anrechnen lassen. S haftet folglich in voller Höhe.

Fall 28:
Der Minderjährige M kauft von seinem Taschengeld ein Los. Dieses Los gewinnt 4000 Euro, wovon M 3200 Euro in ein Auto investiert, das er bar bezahlt. Ist dieser Vertrag wirksam?
Lösung: Als Minderjähriger kann M ohne Zustimmung seiner Eltern nur einen für ihn rechtlich vorteilhaften Vertrag schließen, gem. § 107 BGB. Bei Abschluss eines Kaufvertrags verpflichtet sich M allerdings zur Zahlung des Kaufpreises nach § 433 Abs. 2 BGB, so dass dieser Vertrag nicht lediglich rechtlich vorteilhaft ist. Hier könnte jedoch § 110 BGB eingreifen: M hat von seinen Eltern das Taschengeld zur freien Verfügung bekommen;

der Loskauf war demnach wirksam. Fraglich ist jedoch, ob auch der Kaufvertrag bezüglich des Autos von der mit dem Taschengeld erteilten Zustimmung der Eltern gedeckt ist. Es handelt sich hierbei um ein sog. „Geschäft über das Surrogat". Ein solches ist nur dann wirksam, wenn auch dieses Geschäft mit dem Taschengeld hätte vorgenommen werden können. Dies ist hier nicht der Fall, denn der Preis des Autos übersteigt das dem M zur Verfügung gestellte Taschengeld um ein Vielfaches. Der Vertrag ist demnach unwirksam.

Fall 29:
Der 16-jährige H hat gegen K eine, aus einem mit Zustimmung seiner Eltern abgeschlossenen Kaufvertrag begründete, Kaufpreisforderung in Höhe von 800 Euro. Während der Abwesenheit seiner Eltern E nimmt H das Zahlungsangebot des K an und verbraucht das Geld, indem er eine große Party veranstaltet. Als seine Eltern zurückkommen, lehnen sie die Genehmigung für die Annahme des Geldes ab und fordern von K Zahlung. Besteht der Anspruch fort? Kann H gegebenenfalls mit einem Rückforderungsanspruch aufrechnen?
Lösung:
(a) H hatte einen Zahlungsanspruch aus § 433 Abs. 2 BGB. Dieser ist durch Erfüllung gem. § 362 BGB erloschen, wenn die Zahlung an H wirksam war. Aufgrund des Abstraktionsprinzips ist zwischen der Übereignung des Geldes und der Erfüllungswirkung der Zahlung zu unterscheiden. Die für die Übereignung erforderliche Einigungserklärung des H war nach § 107 BGB zustimmungsfrei, da sie für ihn lediglich rechtlich vorteilhaft war. Dass die Annahme einer geschuldeten Leistung nicht lediglich rechtlich vorteilhaft ist, liegt auf der Hand, da der Gläubiger im Falle ihrer Wirksamkeit den Anspruch auf die Leistung verliert. Allerdings ist § 107 BGB nicht unmittelbar anwendbar, da nach der h.M. für den Eintritt der Erfüllung keine weitere Willenserklärung des Gläubigers erforderlich ist („Theorie der realen Leistungsbewirkung"). Da jedoch der Minderjährige geschützt werden muss, wird analog § 107 BGB die Empfangszuständigkeit des beschränkt Geschäftsfähigen verneint. Die Eltern haben ihre Zustimmung verweigert, daher führt die Zahlung nicht zur Erfüllung.
(b) K kann aufrechnen, wenn ihm ein gleichartiger, fälliger Gegenanspruch zusteht (§ 387 BGB). Ein Anspruch ergibt sich aus § 812 Abs. 1 S. 2 2. Alt. BGB. H kann sich jedoch gem. § 818 Abs. 3 BGB auf Entreicherung berufen. Für die Frage der Bösgläubigkeit (§ 819 Abs. 1 BGB) kommt es auf die Kenntnis der Eltern an, die nichts von der Annahme des Geldes durch H wussten. Daher besteht kein Gegenanspruch des K und folglich kein Recht zur Aufrechnung. Der Zahlungsanspruch des H besteht fort.

III. Willenserklärung und Rechtsgeschäft

Übersicht

Willenserklärung	Willensäußerung, die auf Herbeiführung einer Rechtsfolge zielt. Die Willenserklärung setzt sich zusammen aus ● *Willensentschluss (subjektiv)* – Handlungswille – Erklärungsbewusstsein – Geschäftswille ● *Erklärungstatbestand (objektiv)* – ausdrücklich – konkludent – Schweigen gilt i.d.R. nicht als Willenserklärung Ausnahmen: – Gesetzliche Fiktion, z.B. §§ 108 Abs. 2 S. 2, 177 Abs. 2 S. 2 BGB – Schweigen auf kaufmänn. Bestätigungsschreiben
Arten	(a) nicht empfangsbedürftige Willenserklärung (ist nicht an eine andere Person gerichtet) (b) empfangsbedürftige Willenserklärung (ist einem anderen gegenüber abzugeben)
Wirksamwerden	(a) nicht empfangsbedürftige Willenserklärungen: mit Abgabe der Erklärung (b) empfangsbedürftige Willenserklärungen: mit „Zugang" (§§ 130–132 BGB) ● unter Anwesenden: sofort ● unter Abwesenden: sobald die WE in den gewöhnlichen Empfangsbereich des Erklärungsgegners mit Möglichkeit der Kenntnisnahme gelangt
Auslegung	wirklicher Wille ist zu erforschen, keine Buchstabentreue (§ 133 BGB); bei empfangsbedürftigen Willenserklärungen ist die Perspektive des objektiven Empfängerhorizont entscheidend, Treu und Glauben sowie die Verkehrssitte sind zu beachten (§ 157 BGB)
Willensmängel	*Nichtigkeitsgründe:* (a) Kenntnis des geheimen Vorbehalts (§ 116 S. 2 BGB) (b) Scheingeschäft (§ 117 Abs. 1 BGB) (c) Scherzerklärung (§ 118 BGB) *Anfechtungsgründe:* (a) Irrtumsanfechtung 1. Inhaltsirrtum (§ 119 Abs. 1 1. Alt. BGB) 2. Erklärungsirrtum (§ 119 Abs. 1 2. Alt. BGB) 3. Eigenschaftsirrtum (§ 119 Abs. 2 BGB)

	(b) arglistige Täuschung (§ 123 Abs. 1 1. Alt. BGB) (c) rechtswidrige Drohung (§ 123 Abs. 1 2. Alt. BGB)
Widerruf	*Begriff:* Beseitigung der Rechtsfolgen einer noch nicht endgültig wirksamen Willenserklärung durch einseitige Erklärung mit ex-tunc-Wirkung. Widerruf nur möglich, wenn ● Willenserklärung unter dem Vorbehalt späteren Widerrufs abgegeben bzw. Möglichkeit des Widerrufs vertraglich vereinbart (Widerrufsvorbehalt) oder ● vom Gesetz ausdrücklich vorgesehen ist.
Rechtsgeschäft	*Begriff:* Handlungen zur Erzielung eines vom Willen getragenen Rechtserfolges *Elemente:* Eine oder mehrere Willenserklärung(en); ggf. weitere Tatbestandsmerkmale
Arten	(a) einseitige und mehrseitige Rechtsgeschäfte (b) Rechtsgeschäfte unter Lebenden und von Todes wegen (c) schuldrechtliche, sachenrechtliche, familienrechtliche, erbrechtliche Rechtsgeschäfte, Handelsgeschäfte usw. (d) kausale und abstrakte Rechtsgeschäfte (e) Verpflichtungs- und Verfügungsgeschäfte (f) formbedürftige Rechtsgeschäfte ● Schriftform (§ 126 BGB) ● Textform (§ 126 b BGB) ● Öffentliche Beglaubigung (§ 129 BGB) ● Notarielle Beurkundung (§ 128 BGB)
Nichtigkeitsgründe	(a) Formverstöße (§ 125 BGB) (b) Gesetzesverstöße (§ 134 BGB) (c) Verstöße gegen die guten Sitten ● allgemeine Sittenwidrigkeit (§ 138 Abs. 1 BGB) ● Wucher (§ 138 Abs. 2 BGB)
Verfügungs- beschränkungen	(a) gesetzliche Veräußerungsverbote (§ 135 BGB) (b) behördliche Veräußerungsverbote (§ 136 BGB) (c) rechtsgeschäftliche Verfügungsverbote (§ 137 BGB)

Fragen

Frage 47:
Wie verhalten sich die beiden Begriffe „Rechtsgeschäft" und „Willenserklärung" zueinander?
Antwort: Das „Rechtsgeschäft" ist der Oberbegriff, denn ein Rechtsgeschäft umfasst entweder eine Willenserklärung (einseitiges Rechtsgeschäft) oder mehrere sich deckende Willenserklärungen (mehrseitiges

Rechtsgeschäft); ggf. kommen beim Rechtsgeschäft noch weitere Tatbestandselemente hinzu (z.B. bei der Übereignung die Übergabe bzw. Eintragung in das Grundbuch); das häufigste Rechtsgeschäft ist der Vertrag (zweiseitiges Rechtsgeschäft).

Frage 48:
Was ist kennzeichnend für Willenserklärung und Rechtsgeschäft?
Antwort: Die Willenserklärung und das Rechtsgeschäft sind Gestaltungsmittel, mit denen willensbestimmte Rechtsfolgen herbeigeführt werden.

Frage 49:
Können Sie Beispiele für einseitige bzw. zweiseitige Rechtsgeschäfte geben?
Antwort: Einseitige Rechtsgeschäfte sind beispielsweise die Kündigungserklärung und das Testament, wohingegen die Verträge zweiseitige Rechtsgeschäfte darstellen.

Frage 50:
Was versteht man unter einer Verfügung? Können Sie Beispiele nennen?
Antwort:
(a) Unter einer Verfügung versteht man jedes Rechtsgeschäft, durch das unmittelbar auf den Bestand eines Rechts durch Übertragung, Aufhebung, Belastung oder inhaltliche Änderung eingewirkt wird.
(b) Beispiele für Verfügungen sind: die Veräußerung einer Sache, die Abtretung einer Forderung, die Belastung eines Grundstücks mit einem Grundpfandrecht.

Frage 51:
Welche Bedeutung hat die Unterscheidung zwischen Verpflichtungs- und Verfügungsgeschäften?
Antwort: Im deutschen Recht unterscheidet man das Rechtsgeschäft, mit dem eine Verpflichtung begründet wird von dem Rechtsgeschäft, mit dem die eingegangene Verpflichtung erfüllt wird (z.B. Übereignung des verkauften Gegenstandes und des Geldes). Aufgrund des Abstraktionsprinzips sind der schuldrechtliche (kausale) Verpflichtungsvertrag und das sachenrechtliche (abstrakte) Erfüllungsgeschäft streng zu trennen mit der Folge, dass die Mangelhaftigkeit des Verpflichtungsgeschäfts sich nicht ohne weiteres auf die bewirkte Verfügung erstreckt. Vielmehr erfolgt eine Rückabwicklung des Leistungsaustausches über das Rechtsinstitut der ungerechtfertigten Bereicherung (Leistung ohne rechtlichen Grund = condictio sine causa); siehe §§ 812 ff. BGB.

Frage 52:
Was versteht man unter einer „Willenserklärung"? Liegt ihr eine gesetzliche Definition zugrunde?

Antwort: Das Gesetz definiert den Begriff der Willenserklärung nicht, setzt ihn vielmehr als bekannt voraus. Die Willenserklärung enthält ein objektives und ein subjektives Element: Sie ist eine Äußerung (objektiv), durch die das erklärende Rechtssubjekt zu erkennen gibt, dass eine bestimmte Rechtsfolge gewollt (subjektiv) ist.

Frage 53:
Welche Anforderungen sind an den objektiven Tatbestand einer Willenserklärung zu stellen? Wessen Sicht ist entscheidend?
Antwort: Der objektive Tatbestand einer Willenserklärung verlangt ein Verhalten, das sich aus der Sicht eines objektiven Erklärungsempfängers als Äußerung eines auf eine bestimmte Rechtsfolge gerichteten Willens darstellt. Eine solche Erklärungsbedeutung kommt einer ausdrücklichen Erklärung zu, sie kann sich aber auch aus einem stillschweigenden (konkludenten) Verhalten ergeben. Nur ausnahmsweise ordnet das Gesetz einem bloßen Nichtstun Erklärungswert zu, so z.B. in § 516 Abs. 2 S. 2 BGB oder in § 362 Abs. 1 HGB.

Frage 54:
Können Sie ein typisches Beispiel für eine stillschweigende Willenserklärung nennen?
Antwort: Der Kaufabschluss am Kiosk oder im Selbstbedienungsladen.

Frage 55:
Im Zusammenhang mit der Willenserklärung werden die Begriffe „Handlungswille", „Erklärungsbewusstsein" und „Geschäftswille" genannt. Was versteht man darunter?
Antwort: Alle drei Begriffe betreffen den subjektiven Tatbestand der Willenserklärung.
(a) Eine Willenserklärung setzt zunächst den Handlungswillen voraus, d.h. den Willen, überhaupt eine Äußerung zu tun (das äußere Handeln muss von einem Willen getragen sein). Dies ist zum Beispiel bei der Reflexbewegung nicht der Fall.
(b) Das Erklärungsbewusstsein liegt vor, wenn sich der Handelnde bewusst ist, mit seiner Handlung eine rechtserhebliche Erklärung abzugeben. Schulbeispiel ist der „Trierer Weinversteigerungsfall" (der bei einer Versteigerung Anwesende winkt einem Bekannten zu, was irrtümlicherweise als Angebot beim Mitsteigern aufgefasst wird. Hier fehlt es am Erklärungsbewusstsein). Während teilweise in solchen Fällen das Vorliegen einer gültigen Willenserklärung verneint wird, liegt nach der Rechtsprechung (BGHZ 91, 324) auch bei fehlendem Erklärungsbewusstsein dann eine Willenserklärung vor, wenn der Handelnde bei Anwendung der im Verkehr erforderlichen Sorgfalt hätte erkennen und vermeiden können, dass sein Handzeichen nach den Umständen als Mehrgebot aufgefasst werden durfte. Seine Erklärung ist dann allerdings nach § 119 Abs. 1 BGB anfechtbar.

(c) Der Geschäftswille liegt vor, wenn der Erklärende den Willen und die Absicht hat, ein Rechtsgeschäft eines bestimmten Inhalts vorzunehmen. Der fehlende Geschäftswille berührt die Wirksamkeit der Willenserklärung nicht; sie kann allerdings nach § 119 Abs. 1 BGB angefochten werden.

Frage 56:
Welche Konsequenzen hat das Auseinanderfallen von Wille und Erklärung?
Antwort: Es liegen Willensmängel vor, die nach §§ 116 ff. BGB zu bewerten sind.

Frage 57:
Wann wird eine Willenserklärung wirksam?
Antwort: Man muss zwischen der empfangsbedürftigen und der nicht empfangsbedürftigen Willenserklärung unterscheiden. Die nicht empfangsbedürftige Willenserklärung (Beispiel: Testament) wird bereits mit ihrer Abgabe wirksam. Die empfangsbedürftige Willenserklärung (Musterbeispiel: Kündigung) setzt gem. § 130 BGB den Zugang voraus.

Frage 58:
Wann liegt der Zugang einer Willenserklärung i.S.d. § 130 BGB vor?
Antwort: Man muss unterscheiden:
(a) Eine verkörperte Willenserklärung (z.b. eine Kündigung per Brief) ist in dem Moment zugegangen, in welchem sie „so in den Machtbereich des Empfängers gelangt, dass für diesen unter normalen Umständen die Möglichkeit besteht, von ihr Kenntnis zu erlangen" (unter Anwesenden: Aushändigung des Schriftstücks; unter Abwesenden: Einwurf des Briefes in den Briefkasten). Es gilt die „Empfangstheorie".
(b) Eine nicht verkörperte Willenserklärung (das gesprochene Wort) geht unter Anwesenden zu, wenn der Empfänger sie wahrnimmt (vernimmt). Es gilt die „Vernehmungstheorie".

Frage 59:
Sind Willenserklärungen frei widerruflich?
Antwort: Nein, grundsätzlich ist man an seine Willenserklärungen gebunden (vgl. § 145 BGB). Ein Widerruf ist nur möglich, wenn die Willenserklärung bereits unter Widerrufsvorbehalt abgegeben worden ist oder wenn der Gesetzgeber die Möglichkeit zum Widerruf ausdrücklich eröffnet hat (vgl. z.B. §§ 109, 130 Abs. 1 S. 2, 2355 BGB).

Frage 60:
Ist es denkbar, dass eine bereits abgeschickte, aber noch nicht beim Empfänger angekommene Erklärung „wirkungslos" bleibt?

Antwort: Ja, eine empfangsbedürftige Willenserklärung gegenüber Abwesenden wird nicht wirksam, wenn dem Erklärungsgegner vorher oder mindestens gleichzeitig ein Widerruf zugeht (§ 130 Abs. 1 S. 2 BGB).

Frage 61:
Wie ist der Fall zu beurteilen, dass ein Brief gegen den Willen des Schreibers abgeschickt wird („abhanden gekommene Willenserklärung")?
Antwort: Die wirksame Abgabe einer empfangsbedürftigen Willenserklärung setzt voraus, dass der Erklärende selbst alles getan hat, damit die Erklärung den Adressaten erreichen kann. Mangels willentlicher Entäußerung stellt der abhanden gekommene Brief keine wirksame Willenserklärung dar.

Frage 62:
Wird eine Willenserklärung wirksam, wenn der Erklärende zwischen Abgabe und Zugang stirbt?
Antwort: Der Tod des Erklärenden hat gem. § 130 Abs. 2 BGB keinen Einfluss auf die Wirksamkeit der Willenserklärung.

Frage 62 a:
Was gilt im Falle der sogenannten „Zugangsvereitelung" (wenn der Empfänger dafür verantwortlich ist, dass eine Willenserklärung ihm nicht zugeht / zugehen kann)?
Antwort: Man muss zwei Fälle unterscheiden:
Liegt eine arglistige Zugangsvereitelung vor (Zukleben des Briefkastens in Erwartung einer Kündigung des Vermieters), wird der Empfänger nach Treu und Glauben so behandelt, als sei ihm die Erklärung zugegangen.
Bei der fahrlässigen Zugangsvereitelung (der Adressat versäumt es, dem Geschäftspartner seine Adressenänderung mitzuteilen), muss der Erklärende einen weiteren Zustellungsversuch unternehmen. Ist dieser erfolgreich, wird der Adressat so behandelt, als sei bereits der erste Versuch erfolgreich gewesen (dies ist wichtig, wenn eine Erklärungsfrist einzuhalten war).

Frage 63:
Wie lassen sich die verschiedenen Fälle der „Willensmängel" katalogisieren?
Antwort: Man muss solche Fälle danach unterscheiden, ob der Erklärende bewusst etwas anderes erklärt, als er in Wahrheit will (vgl. §§ 116, 117, 118 BGB). Eine zweite Kategorie bilden die Fälle des unbewussten Divergierens von Wille und Erklärung (Irrtumsanfechtung nach §§ 119, 120 BGB). Übrig bleibt die rechtswidrige Einflussnahme auf die rechtsgeschäftliche Entscheidungsfreiheit des Erklärenden (arglistige Täuschung und rechtswidrige Drohung nach § 123 BGB).

Frage 64:
Wie behandelt das Gesetz den „geheimen Vorbehalt" des Erklärenden?
Antwort: Nach § 116 S. 1 BGB ist eine Willenserklärung nicht schon deshalb nichtig, weil sich der Erklärende insgeheim vorbehält, das Erklärte nicht zu wollen. Die Erklärung ist allerdings nach § 116 S. 2 BGB dann nichtig, wenn sie gegenüber einem anderen abzugeben ist und dieser den Vorbehalt kennt.

Frage 65:
Wie behandelt das Gesetz die „Scherzerklärung"?
Antwort: Man muss zunächst zwischen dem sogenannten „bösen Scherz" und dem „guten Scherz" unterscheiden. Der „böse Scherz" (er erfolgt in der Erwartung, der Empfänger werde die Erklärung ernst nehmen) ist in § 116 BGB geregelt: Ein geheimer Vorbehalt ist unbeachtlich, die Erklärung gilt trotzdem. Der „gute Scherz" ist dadurch gekennzeichnet, dass jemand eine nicht ernstlich gemeinte Willenserklärung in der Erwartung abgibt, der Mangel der Ernstlichkeit werde nicht verkannt. Hier bestimmt § 118 BGB, dass die Erklärung nichtig ist. Es ist jedoch zu beachten, dass der Erklärende dem Erklärungsgegner nach § 122 BGB schadensersatzpflichtig wird, wenn letzterer auf die Gültigkeit der Erklärung vertraut hatte.

Frage 66:
Sind einverständlich nur zum Schein abgegebene Willenserklärungen wirksam?
Antwort: Empfangsbedürftige Willenserklärungen sind gem. § 117 Abs. 1 BGB nichtig, wenn sie mit Einverständnis des Erklärungsgegners nur zum Schein abgegeben sind. Wird durch das Scheingeschäft ein anderes Rechtsgeschäft verdeckt, so finden nach § 117 Abs. 2 BGB die für das verdeckte Rechtsgeschäft geltenden Vorschriften Anwendung. Ein Sonderfall findet sich im Schuldrecht bei der Zession: Ausnahmsweise schließt § 405 BGB den Einwand des Scheingeschäfts für den Fall der Abtretung unter Urkundenvorlegung aus.

Frage 67:
Was ist das Kennzeichen des „Inhaltsirrtums"?
Antwort: Das Gesetz sagt in § 119 Abs. 1 1. Alt. BGB nur, dass der Erklärende „über den Inhalt seiner Erklärung im Irrtume" gewesen sein muss. Kennzeichnend ist, dass er „weiß, was er sagt, nicht jedoch, was er damit sagt". Gemeint sind die „Individualisierungsfehler" (Objekts- bzw. Subjektsverwechslungen) und der Verlautbarungsirrtum (die Verwechslung von Maßen, Gewichten und Artbezeichnungen).

Frage 68:
Was ist kennzeichnend für den „Erklärungsirrtum"?

Antwort: Ein Erklärungsirrtum (§ 119 Abs. 1 2. Alt. BGB) liegt vor, wenn sich der Erklärende verschreibt oder verspricht. Ein besonderer Fall des Erklärungsirrtums ist in § 120 BGB geregelt: Die Erklärung ist durch die zur Übermittlung verwendete Person oder Anstalt unrichtig übermittelt worden.

Frage 69:
Berechtigt auch der Irrtum über Eigenschaften der Person oder einer Sache zur Anfechtung?
Antwort: Ja, sofern es sich um verkehrswesentliche Eigenschaften handelt (§ 119 Abs. 2 BGB). Unter „Eigenschaften" versteht man „alle wertbildenden Faktoren".

Frage 70:
Welches zusätzliche Tatbestandsmerkmal setzt jede Irrtumsanfechtung voraus?
Antwort: Anfechtbar ist eine Erklärung nur dann, wenn anzunehmen ist, dass der Erklärende sie „bei Kenntnis der Sachlage und verständiger Würdigung des Falles" nicht abgegeben haben würde (§ 119 Abs. 1 a.E. BGB). Mit anderen Worten: Der Irrtum muss für die Abgabe der Erklärung kausal gewesen sein.

Frage 71:
Innerhalb welcher Frist muss angefochten werden?
Antwort: Die Irrtumsanfechtung muss nach § 121 BGB „unverzüglich", d.h. „ohne schuldhaftes Zögern" nach Kenntnis des Anfechtungsgrundes erfolgen. Bei der Anfechtung wegen arglistiger Täuschung oder rechtswidriger Drohung setzt § 124 BGB eine Jahresfrist ab Kenntnis der Täuschung bzw. Wegfall der Zwangslage. Unabhängig von der Kenntnis ist die Anfechtung ausgeschlossen, wenn seit der Abgabe der Willenserklärung 10 Jahre verstrichen sind (§§ 121 Abs. 2, 124 Abs. 2 BGB).

Frage 72:
Welche Frist ist kürzer: „unverzüglich" oder „sofort"?
Antwort: Da „unverzüglich" gemäß der Legaldefinition des § 121 BGB eine unverschuldete Verzögerung zulässt, kann die „sofortige" Frist kürzer sein. Liegt jedoch kein Entschuldigungsgrund für eine Verzögerung vor, sind beide Fristen gleich lang.

Frage 73:
Wie ist bei der Irrtumsanfechtung der Erklärungsgegner geschützt?
Antwort: Der Erklärungsgegner kann nach § 122 BGB Schadensersatz verlangen, wenn er auf die Gültigkeit der Erklärung vertraut und dadurch einen Schaden erlitten hat.

Frage 74:
Was ist das Kennzeichen der arglistigen Täuschung?
Antwort: Bewusste Täuschung durch Vorspiegelung oder Entstellung von Tatsachen (insbesondere das betrügerische Verhalten des Erklärungsempfängers gegenüber dem Erklärenden).

Frage 75:
Setzt arglistiges Verhalten voraus, dass der Täuschende positive Kenntnis von der Unrichtigkeit der Tatsache hat?
Antwort: Arglistig bedeutet jede Art des Vorsatzes. Vorsätzliches Verhalten gibt es in drei Formen: Beim sog. „dolus directus 1. Grades" kommt es dem Handelnden auf einen bestimmten Erfolg an (im Fall des § 123 BGB müsste es dem Handelnden auf die Täuschung ankommen); beim sog. „dolus directus 2. Grades" hat der Handelnde sichere Kenntnis von einer Tatsache (im Falle des § 123 BGB hat der Täuschende sicheres Wissen von der Unrichtigkeit des Behaupteten); beim „dolus eventualis" rechnet der Handelnde mit einer Möglichkeit und nimmt eine sich daraus ergebende Konsequenz in Kauf (im Falle des § 123 BGB rechnet der Täuschende mit der Möglichkeit, dass das Behauptete nicht zutrifft, es ist ihm aber gleichgültig). Da für Arglist jede Form des Vorsatzes ausreicht, genügt es, wenn der Täuschende Aussagen ins Blaue hinein macht (Beispiel: Der Gebrauchtwagenhändler weiß nicht genau, ob es sich bei dem Wagen um einen Unfallwagen handelt, behauptet aber gegenüber dem Käufer, es handele sich um einen unfallfreien Wagen, was nicht zutrifft).

Frage 76:
Kann eine arglistige Täuschung auch durch Unterlassen (Verschweigen von Tatsachen) begangen werden?
Antwort: Ja, wenn eine Aufklärungspflicht besteht, z.b. beim Kauf eines Gebrauchtwagens hinsichtlich versteckter (erheblicher) Unfallschäden.

Frage 77:
Wann ist eine Drohung rechtswidrig?
Antwort: Die Rechtswidrigkeit kann sich aus der Verwerflichkeit des Mittels, des Zwecks oder der Mittel-Zweck-Relation der Drohung ergeben.

Frage 78:
Was ist, wenn nicht der Erklärungsgegner, sondern ein Dritter die Täuschung verübt?
Antwort: Zunächst kommt es darauf an, ob wirklich ein „unbeteiligter" Dritter im Spiel ist. Vertrauenspersonen des Erklärungsempfängers sind nicht „Dritte" i.S.d. § 123 Abs.2 BGB. Deshalb liegt bei Vertretern und anderen, der Sphäre des Erklärungsgegners zuzurechnenden Personen schon gar keine „Dritttäuschung" vor. Bei der echten Dritttäuschung kommt es darauf an, ob der Erklärungsgegner die Täuschung kannte oder

kennen musste. Bejaht man dies, ist die auf der Täuschung beruhende Erklärung anfechtbar (vgl. § 123 Abs. 2 BGB).

Frage 79:
Berechtigt ein Motivirrtum zur Anfechtung?

Antwort: Grundsätzlich nicht; der Beweggrund des Erklärenden, der ihn zur Abgabe seiner Willenserklärung veranlasst hat, der jedoch weder zum Inhalt der Erklärung gemacht noch Inhalt des Vertrages wurde, ist eine rein persönliche Angelegenheit des Erklärenden. Eine Ausnahme hiervon macht § 119 Abs. 2 BGB für den Irrtum über verkehrswesentliche Eigenschaften. Weiter geht § 2078 Abs. 2 BGB für den Fall der Testamentsanfechtung, wenn sich der Erblasser geirrt hat. Weil es beim Testament auf den Schutz des Rechtsverkehrs nicht ankommt, berechtigt hier jeder Motivirrtum zur Anfechtung.

Frage 80:
Wie ist ein unbeachtlicher Motivirrtum von einem Inhaltsirrtum zu unterscheiden?

Antwort: Das Motiv für ein Rechtsgeschäft ist dadurch gekennzeichnet, dass es keine Rechtsfolgen im Hinblick auf das Geschäft auslöst. Beim Inhaltsirrtum dagegen handelt es sich um einen Irrtum über rechtlich erhebliche Tatsachen.

Frage 81:
Führt ein Motivirrtum zur Anfechtbarkeit, wenn das Motiv für die Abgabe der Willenserklärung miterklärt wurde?

Antwort: Die Frage, ob ein unbeachtlicher Motivirrtum vorliegt, richtet sich nur danach, ob die Vorstellung, die der Erklärende sich macht, spezifische Rechtsfolgen im Hinblick auf das Geschäft auslöst oder nicht. Auch das erklärte Motiv kann daher nicht zu einer Anfechtbarkeit führen.

Frage 82:
Wie ist der Rechtsfolgenirrtum vom Inhaltsirrtum abzugrenzen? Welche Folgen hat ein Rechtsfolgenirrtum?

Antwort: Beim Rechtsfolgenirrtum irrt sich der Erklärende nicht über den Inhalt seiner Erklärung, sondern über Rechtsfolgen, die sich mittelbar aus der Erklärung (d.h.: unmittelbar aus dem Gesetz) ergeben. Der Rechtsfolgenirrtum ist unbeachtlich und berechtigt nicht zur Anfechtung.

Frage 82 a:
Was gilt, wenn jemand ein Schriftstück ungelesen unterschreibt?

Antwort: Es kommt auf die jeweilige Vorstellung desjenigen an, der das Schriftstück unterzeichnet.

(1) Hat der Unterzeichner konkrete Vorstellungen von der Erklärung, die sich jedoch mit der Wirklichkeit nicht deckt, kommt die Anfechtung we-

gen Inhaltsirrtums in Betracht (er weiß, was er sagt, weiß aber nicht, was er damit sagt).

(2) Geht der Unterzeichner jedoch davon aus, gar keine rechtsgeschäftliche Erklärung abzugeben (er unterzeichnet ein in der Postmappe liegendes Bestellformular, in der irrigen Annahme, es handele sich um einen Autogrammwunsch) fehlt es am Erklärungsbewusstsein und damit an einer subjektiven Voraussetzung der Willenserklärung. Nach Auffassung der Rechtsprechung ist dann zu differenzieren: Hätte der Erklärende bei Anwendung der im Verkehr erforderlichen Sorgfalt erkennen und vermeiden können, dass sein Tun als Willenserklärung gewertet wird, kann er sich nur über die analoge Anwendung von § 119 Abs. 1 BGB (mit der dann folgenden Schadenersatzpflicht nach § 122 Abs. 1 BGB) durch Anfechtung der Verbindlichkeit seiner Erklärung entziehen.

Frage 83:
Wie erfolgt die Anfechtung?
Antwort: Die Anfechtung erfolgt durch Erklärung gegenüber dem Anfechtungsgegner (§ 143 Abs. 1 BGB). Bei nicht empfangsbedürftigen einseitigen Rechtsgeschäften ist Anfechtungsgegner jeder, der aufgrund des Rechtsgeschäfts unmittelbar einen rechtlichen Vorteil erlangt hat (§ 143 Abs. 4 BGB).

Frage 84:
Was ist der grundsätzliche Unterschied zwischen der „Anfechtbarkeit" und der „Nichtigkeit" einer Willenserklärung?
Antwort: Nichtigkeitsgründe verhindern das Wirksamwerden der Willenserklärung ohne weiteres Zutun des Erklärenden. Die Anfechtbarkeit gibt lediglich die Möglichkeit, eine Erklärung zu vernichten; man spricht insoweit von einem Gestaltungsrecht des Anfechtungsberechtigten. Die Anfechtung erfolgt dann nach § 143 Abs. 1 BGB durch Anfechtungserklärung mit der Folge, dass die Willenserklärung (§ 142 BGB spricht insoweit nicht ganz korrekt vom anfechtbaren „Rechtsgeschäft") als von Anfang an nichtig anzusehen ist (von Anfang an = rückwirkend = ex tunc; im Gegensatz zur Unwirksamkeit vom Zeitpunkt der Erklärung an = ex nunc, wie z.B. bei der Kündigung).

Frage 85:
Trifft die landläufige Auffassung zu, dass nicht gilt, was nicht schriftlich vereinbart ist?
Antwort: Nein, denn das bürgerliche Recht geht grundsätzlich vom Prinzip der Formfreiheit aus und kennt Formvorschriften nur in Ausnahmefällen. Allerdings muss in diesem Zusammenhang die Frage der Beweislast gesehen werden: Wer vor Gericht etwas nicht beweisen kann (etwa durch eine Urkunde, in der ein Vertragsschluss festgehalten ist), wird den Prozess verlieren! Dies ist der Grund, weshalb Laien häufig meinen, mündliche Erklärungen seien nicht verbindlich.

Frage 86:
Was hat den Gesetzgeber veranlasst, in bestimmten Fällen Formvorschriften einzuführen?

Antwort: Im Wesentlichen sind es drei Überlegungen:
(a) Schutz vor Übereilung bei folgenreichen oder riskanten Rechtsgeschäften (Warnfunktion): so z.b. nach § 766 BGB für den Bürgen);
(b) Gewährleistung von sachkundiger Beratung, insbesondere durch einen Notar (Aufklärungsfunktion): so z.B. nach § 311 b Abs. 1 BGB beim Grundstückskaufvertrag);
(c) Erleichterung der Beweisführung bei Rechtsstreitigkeiten (Beweisfunktion): so z.B. nach § 550 BGB zur Vermeidung von Streitigkeiten über den Inhalt des Mietvertrags).

Frage 87:
Wie genügt man der Schriftform, der öffentlichen Beglaubigung, der notariellen Beurkundung?

Antwort:
(a) Schriftform setzt grundsätzlich nur die Unterschrift der Beteiligten voraus (§ 126 BGB, „Unterschriftsform"); zum Teil werden aber auch inhaltliche Anforderungen an die Vertragsurkunde gestellt (vgl. z.B. § 492 BGB).
(b) Bei der öffentlichen Beglaubigung muss die Erklärung schriftlich abgefasst und die Unterschrift von einem Notar beglaubigt werden (§ 129 BGB).
(c) Bei der notariellen Beurkundung muss die gesamte Erklärung zu Protokoll in eine Urkunde des Notars aufgenommen werden (§ 128 BGB); Einzelheiten ergeben sich aus dem Beurkundungsgesetz.

Frage 88:
Was versteht das Gesetz unter elektronischer Form und was unter Textform?

Antwort: Die elektronische Form erfordert gem. § 126 a BGB, dass der Erklärende seiner Erklärung seinen Namen hinzufügt und das elektronische Dokument mit einer qualifizierten elektronischen Signatur versieht. Eine Signatur ist nach dem Signaturgesetz ein Mittel zur Authentifizierung des Absenders im elektronischen Rechtsverkehr. Bei der Textform (§ 126 b BGB) muss die Erklärung in einer Urkunde oder auf andere zur dauerhaften Wiedergabe in Schriftzeichen geeigneten Weise abgegeben, die Person des Erklärenden genannt und der Abschluss der Erklärung deutlich gemacht werden. Dem genügt beispielsweise eine E-Mail, nicht aber das Zugänglichmachen auf einer Internetseite, da dies nicht zu dauerhaften Wiedergabe geeignet ist – schließlich kann der Erklärende den Inhalt einer Internetseite jederzeit ändern, was bei einer abgeschickten E-Mail nicht mehr möglich ist.

Frage 89:
Wie erkennt man, welche Form jeweils eingehalten werden muss?
Antwort: Da das BGB vom Grundsatz der Formfreiheit ausgeht, ist die Einhaltung einer bestimmten Form nur dann erforderlich, wenn es vom Gesetz ausdrücklich verlangt wird. In diesem Fall regelt die jeweilige Bestimmung ausdrücklich, welche Form eingehalten werden muss.

Frage 90:
Können Sie Beispiele für die jeweiligen Formerfordernisse nennen?
Antwort:
(a) Schriftform: Bürgschaftserklärung (§ 766 BGB), Verbraucherdarlehensverträge (§ 492 BGB);
(b) öffentliche Beglaubigung: namentliche Registeranmeldungen (z.B. § 12 HGB);
(c) notarielle Beurkundung: Grundstückskaufverträge (§ 313 BGB), Erbverträge (§ 2276 BGB), Schenkungsversprechen (§ 518 BGB).
(d) Gem. § 126 Abs. 3 BGB kann die schriftliche Form durch die elektronische (§ 126 a BGB) ersetzt werden, wenn sich nicht aus dem Gesetz ein anderes ergibt – z.B. schließt § 623 BGB die elektronische Form für die Kündigung eines Arbeitsverhältnisses aus.
(e) Textform: Belehrung über Widerrufsrecht (§ 355 Abs. 2 BGB) bei Regelungen zum Schutz des Verbrauchers, Ausübung des Widerrufsrechts (§ 355 Abs. 1 BGB).

Frage 91:
Was versteht man unter der „gewillkürten Schriftform"?
Antwort: Das von den Parteien durch Rechtsgeschäft (Vertrag) vereinbarte Erfordernis der Schriftform (vgl. § 127 BGB).

Frage 92:
Welche Konsequenzen hat der Formmangel?
Antwort: Nach § 125 BGB führt der Formmangel zur Nichtigkeit des Rechtsgeschäfts. Es kann aber auch eine Umdeutung nach § 140 BGB in ein nicht formbedürftiges Rechtsgeschäft in Betracht kommen. Zu beachten ist, dass in Spezialfällen der Formmangel durch die Erfüllung geheilt werden kann (zum Beispiel das wegen Formmangels nichtige Schenkungsversprechen durch den Vollzug der Schenkung nach § 518 Abs. 2 BGB). In extremen Ausnahmefällen kann die Berufung auf den Formmangel gegen Treu und Glauben verstoßen (z.B. bei Arglist: Wenn die eine Partei die andere von der Wahrung der Form abhält und sich hinterher auf den Formmangel beruft). Verstöße gegen die speziellen Formvorschriften des Verbraucherkreditrechts führen aus Gründen des Verbraucherschutzes häufig nicht zur Nichtigkeit, sondern kraft Gesetzes zu einer verbraucherfreundlichen Umgestaltung des Kreditvertrages (vgl. §§ 494, 502 BGB).

Frage 93:
Was versteht man unter einem gesetzlichen Verbot gem. § 134 BGB?
Antwort: § 134 BGB erfasst (nur) solche Gesetze, die ein Rechtsgeschäft wegen seines Inhalts verbieten (z.b. das Gesetz zur Bekämpfung der Schwarzarbeit). Nicht erfasst sind bloße Ordnungsvorschriften, die sich lediglich gegen die Art und Weise des Abschlusses richten (z.B. LadenschlussG).

Frage 94:
Können Sie Fallgruppen nennen, die unter die Sittenwidrigkeit nach § 138 BGB fallen?
Antwort: Unlauteres Verhalten gegenüber dem Geschäftspartner (z.b. Knebelungsverträge, Wucher), Treubruchstatbestände, Verstöße gegen die moralische und sittliche Ordnung, Monopolmissbrauch, Verleiten zum Vertragsbruch.

Frage 95:
Worin unterscheiden sich die Rechtsfolgen von § 138 Abs. 1 und Abs. 2 BGB?
Antwort: Bei bloßer Sittenwidrigkeit erfasst die Nichtigkeit nach § 138 Abs. 1 BGB nur das Verpflichtungsgeschäft (z.b. den Kaufvertrag). Liegt dagegen Wucher i.S.d. § 138 Abs. 2 BGB vor, ist nicht nur das Verpflichtungs- sondern auch das Verfügungsgeschäft (z.b. Übereignung der gekauften Sache) unwirksam. Das folgt aus dem Wortlaut des § 138 Abs. 2 BGB a.E.: „versprechen oder gewähren lässt". Letzteres meint das Verfügungs- oder Erfüllungsgeschäft.

Frage 96:
Welche Besonderheit kennt das Bereicherungsrecht bei der Nichtigkeit eines Rechtsgeschäfts wegen Verstoßes gegen die guten Sitten?
Antwort: Nach § 817 S. 1 BGB liegt ein besonderer Bereicherungstatbestand vor mit der Folge, dass das Erlangte herausgegeben werden muss; die Rückforderung ist jedoch nach Satz 2 ausgeschlossen, wenn dem Leistenden gleichfalls ein solcher Verstoß zur Last fällt (wobei sich die h.M. einig ist, dass auch der einseitige Geberverstoß zum Ausschluss des Kondiktionsanspruchs führt); es bleibt also beim „Status quo".

Frage 97:
Sind Fälle denkbar, bei denen die Unwirksamkeit eines Rechtsgeschäfts nur relativ ist? Was bedeutet dies?
Antwort: Im Gegensatz zur absoluten Unwirksamkeit von Rechtsgeschäften (bei Verstößen gegen Formvorschriften, gesetzliche Verbote oder die guten Sitten) besteht die relative Unwirksamkeit eines Rechtsgeschäfts darin, dass sie nur einer bestimmten Person gegenüber wirkt. Dies bezweckt den Schutz dieser Person. Das Gesetz kennt solche Fälle bei den Veräußerungsverboten nach §§ 135 f. BGB. Hauptfall sind die von Gerichten oder Behörden erlassenen Verfügungsverbote, z.B. das im Wege der

einstweiligen Verfügung erwirkte Verbot (§ 938 ZPO), über sein Vermögen weiter verfügen zu dürfen. Da die Wirkung der Verbote relativ ist, wird der Erwerber Eigentümer gegenüber jedermann mit Ausnahme des durch das Erwerbsverbot Geschützten. Allerdings greifen in diesen Fällen die Vorschriften über den Schutz des guten Glaubens ein (§ 135 Abs. 2 BGB), so dass bei Unkenntnis über das bestehende Verbot trotzdem ein voll wirksamer Erwerb möglich ist (sofern die übrigen Voraussetzungen des Erwerbs vom Nichtberechtigten zutreffen und nicht die Eintragung in die Register den guten Glauben ausschließt, wie z.b. die Eintragung der Eröffnung des Insolvenzverfahrens in das Grundbuch).

Frage 98:
Was versteht man unter rechtsgeschäftlichen Verfügungsverboten? Sind sie zulässig?

Antwort: Unter rechtsgeschäftlichen Verfügungsverboten versteht man Vereinbarungen, über bestimmte Gegenstände nicht zu verfügen. Dingliche Wirkung können solche Abreden nicht erzeugen. Die Vertragspartner können sich allerdings (schuldrechtlich) verpflichten, über einen Gegenstand nicht zu verfügen, was bei einer Verletzung dieser Verpflichtung Schadensersatzansprüche auslösen würde. Eine Ausnahme kennt § 399 BGB: Für Forderungen und sonstige Rechte kann ein Abtretungsverbot vereinbart werden (wobei dahingestellt bleiben kann, ob man § 399 BGB als Ausnahme von § 137 BGB auffasst oder im Abtretungsausschluss eine Veränderung des Forderungsinhalts sieht). Eine Ausnahme von dieser Ausnahme findet sich wiederum in § 354 a HGB.

Fälle

Fall 30:
V in Stuttgart ist Eigentümer eines Hamburger Geschäftshauses. Er hat dort an M ein Ladengeschäft vermietet. Im Mietvertrag heißt es u.a.: „...
die Kündigung des Mietverhältnisses ist beiderseits zum Schluss eines Kalenderjahres zulässig und muss bis zum 30. September erklärt sein". V führt Mitte des Jahres mit dem Interessenten I Verhandlungen über die Neuvermietung dieser Räume zu einem wesentlich höheren Preis. Als sich eine Einigung zwischen V und I abzeichnet, will V das Mietverhältnis mit M kündigen. Er schickt am 27. September einen eingeschriebenen Brief an M, der in Hamburg am 30. September eingeht. M hat ein Postfach, in das die Benachrichtigung über die eingegangene Einschreibesendung am 30. September eingelegt wird. Am Abend des 27. September teilt I dem V mit, er habe kein weiteres Interesse an der Anmietung des Hamburger Geschäftslokals. Jetzt reut V die Kündigung. Er sendet per Eilboten einen zweiten Brief an M, in welchem er ausführt, „er nehme die Kündigung mit

Bedauern zurück". Dieser Brief wird als Eilzustellung nicht im Postfach eingelegt, sondern an die Privatadresse des M expediert. Er kommt in Hamburg am 28. September an und wird am selben Tag durch einen Briefträger mit Motorrad nachweislich gegen 17 Uhr bei der Haushälterin von M abgegeben. M selbst war in den betreffenden Tagen wegen auswärtiger Geschäfte abwesend und nur am 30. September kurz u.a. bei seinem Postfach in Hamburg. Dabei nahm er den Einschreibebrief mit der Kündigungserklärung in Empfang. Die im Eilbrief enthaltene Rücknahme der Kündigung erfuhr er erst bei seiner Rückkehr am 3. Oktober. Da M die Miete ohnehin zu hoch erschien, kam ihm die Kündigung gerade recht. Er vertritt die Auffassung, das Mietverhältnis werde zum Ende des Jahres aufgelöst. Wie ist die Rechtslage?

Lösung: Das Mietverhältnis zwischen V und M endigt mit Ablauf des Jahres, wenn es fristgemäß gekündigt wurde. Die Kündigung müsste laut Vertrag spätestens bis zum 30. September erklärt sein. Bei der Kündigungserklärung handelt es sich um eine empfangsbedürftige ("einem anderen gegenüber abzugebende") Willenserklärung. Diese wird gem. § 130 Abs. 1 S. 1 BGB, wenn sie in Abwesenheit des Erklärungsgegners abgegeben wird, in dem Zeitpunkt wirksam, in welchem sie ihm zugeht. Die Kündigungserklärung des V wurde deshalb dem abwesenden M gegenüber wirksam, sobald sie so in dessen Machtbereich gelangte, dass dieser bei gewöhnlichen Verhältnissen von ihr Kenntnis nehmen konnte. Die Kündigung ging in Hamburg am 30. September ein und wurde wirksam, als M den Einschreibebrief an diesem Tag bei der Post in Empfang nahm. Es fragt sich jedoch, ob die Kündigung nicht rechtzeitig widerrufen worden ist. Nach § 130 Abs. 1 S. 2 BGB wird eine Willenserklärung nicht wirksam, wenn dem Erklärungsgegner vorher oder gleichzeitig ein Widerruf zugeht. Der später abgesandte Eilbrief könnte einen solchen Widerruf beinhalten. Der Wortlaut der Erklärung, wonach V „die Kündigung zurücknehme", ist nach § 133 BGB als ein Widerruf der zuvor erfolgten Kündigung auszulegen. Diese Erklärung ging bereits am 28. September und damit zwei Tage vor dem Zugang der Kündigung bei M ein. Allerdings wurde der Eilbrief nicht dem M selbst, sondern dessen Haushälterin als Mittelsperson übergeben. Die Frage ist, ob dadurch der Zugang im Sinne von § 130 BGB bewirkt wurde. Dabei muss man unterscheiden: Handelt es sich bei der Empfangsperson um einen (Empfangs-)Vertreter (dann müsste dieser aber Vertretungsmacht haben), ist der Zugang beim Vertreter entscheidend. Ist die Empfangsperson jedoch lediglich ein (Empfangs-)Bote, erfolgt der Zugang in dem Zeitpunkt, in welchem nach dem regelmäßigen Verlauf der Dinge die Weiterleitung an den Adressaten zu erwarten war. Im vorliegenden Fall ist nicht davon auszugehen, dass die Haushaltshilfe Vertretungsmacht zum Empfang von an den Hausherrn gerichteten Sendungen hatte. Sie könnte jedoch Empfangsbotin gewesen sein. Empfangsbote ist, wer entweder zur Entgegennahme von Erklärungen bestellt wurde oder nach der Verkehrsauffassung als zur Annahme für den Empfänger ermächtigt gilt. Dies trifft auf Familienangehörige und Haushälterinnen zu. Bei einem Empfangsboten ist der Zugang an den Empfänger grundsätzlich anzunehmen, wenn unter normalen Umständen der Empfänger die theoretische Möglichkeit hat, von der Erklärung Kenntnis zu nehmen, beispielsweise mit der Weiterleitung an ihn zu rechnen ist. Befindet sich der Empfangsbote zum Zeitpunkt des Empfangs der Erklärung bereits im Machtbereich des Empfängers, z.b. in dessen Wohnung, so ist der Zugang schon mit der Übergabe an den Empfangsboten anzunehmen. Der Widerruf ist somit am 28. September, also vor dem Zugang der Kündigungserklärung erfolgt. Dass M vom Widerruf erst am 3. Oktober erfuhr, ist unbeachtlich. Die Wirksamkeit einer Erklärung setzt nicht voraus, dass der Empfänger vom Zugang tatsächlich Kenntnis erlangt. Die Möglichkeit hierzu genügt. Als Ergebnis ist deshalb festzuhalten: Da der Widerruf vor der Kündigung zugegangen ist, konnte diese nicht wirksam werden. Das Mietverhältnis muss deshalb von M auch über den 31. Dezember hinaus fortgesetzt werden.

Fall 30 a:
Vertreter Listig schiebt Sportler Schnell bei einer Autogrammstunde einen Kaufvertrag über 50000 Büroklammern unter, der von Schnell nichtsahnend unterschrieben wird. Kann Listig von Schnell Bezahlung der Büroklammern verlangen?
Lösung: Ein Kaufpreisanspruch nach § 433 Abs. 2 BGB setzt voraus, dass ein Kaufvertrag vorliegt. Für einen wirksamen Kaufvertrag bedarf es einer Willenserklärung des Schnell. Vorliegend handelte Schnell aber ohne jedes Erklärungsbewusstsein, da er weder wusste, noch wissen konnte, dass seine Unterschrift auf einen rechtlichen Erfolg (Abschluss eines Kaufvertrags) gerichtet war. Da S hierbei auch nicht etwa sorgfaltswidrig handelte und keinerlei schutzwürdiges Vertrauen des arglistig handelnden Listig vorliegt, bewirkt das Fehlen des Erklärungsbewusstseins hier (anders als beim berühmten „Trierer Weinversteigerungsfall"), dass keine Willenserklärung des Schnell vorliegt. Ein Kaufvertrag wurde nicht geschlossen. Damit entfällt der Kaufpreisanspruch.

Fall 31:
M hat bei V eine Garage gemietet. Im Mietvertrag war vereinbart, dass M bis zum dritten Werktag eines Monats für den übernächsten Monat kündigen kann. M findet am 3. April eine günstigere Garage und setzt sofort ein Kündigungsschreiben auf, welches er um 23.30 Uhr des 3. April in den Briefkasten des V einwirft. V entdeckt den Brief erst am nächsten Morgen. Hat M fristgerecht zum 30. Juni gekündigt?
Lösung: Die Kündigung des M erfolgte rechtzeitig, wenn dem V das Kündigungsschreiben spätestens am 3. April zuging. Der Zugang setzt voraus, dass die Willenserklärung so in den Machtbereich des Empfängers gelangt ist, dass dieser unter regelmäßigen Umständen die Möglichkeit der

Kenntnisnahme hat. Mit dem Einwurf der Kündigung in den Briefkasten des V ist die Erklärung zwar in seinen Machtbereich gelangt; es fehlt jedoch an der Voraussetzung, dass der Empfänger die Möglichkeit der Kenntnisnahme unter regelmäßigen Umständen haben muss. Briefkästen werden gewöhnlicherweise nicht um 23.30 Uhr geleert. Eine wirksame Kündigung zum 30. Juni liegt daher nicht vor.

Fall 32:
Angenommen, M habe das Kündigungsschreiben als Einschreiben mit Rückschein verschickt, um die Kündigung besser beweisen zu können. V hatte auch bereits mit einer Kündigung des M gerechnet. Als am 3. April der Postbote zu ihm kommt, verweigert er die Annahme des Briefes, weil er noch keinen Nachmieter gefunden hatte. Hat M wirksam gekündigt?
Lösung: Das Kündigungsschreiben ist in diesem Fall nicht in den Machtbereich des Empfängers gelangt. Damit würde an sich die Zugangsvoraussetzung fehlen. Da V jedoch den Zugang wider Treu und Glauben vereitelt hat, kann er sich nicht darauf berufen. Einen Parallelfall hat das Gesetz in § 162 Abs. 1 BGB geregelt, dessen analoge Anwendung sich anbietet: Bei treuwidriger Vereitelung des Bedingungseintritts gilt die Bedingung als eingetreten.

Fall 33:
V möchte seinen Pkw an K verkaufen und macht diesem ein entsprechendes Angebot. Für die Annahme hat er ihm eine Frist bis zum 15. Juli gesetzt. An diesem Tage kommt K am Haus des V vorbei und möchte die Gelegenheit wahrnehmen, V mitzuteilen, dass er auf das Angebot eingehe. Ist der Vertrag zustande gekommen, wenn (a) die Ehefrau des V die Erklärung des K entgegennimmt, (b) K die Annahme gegenüber dem zufälligerweise zu Reparaturzwecken im Hause anwesenden Handwerker H erklärt?
In beiden Fällen erfährt V erst am nächsten Tag von der Vertragsannahme durch K, obwohl er wie immer auch am 15. Juli gegen Abend nach Hause gekommen war.
Lösung: Ein wirksamer Vertrag wäre dann zustande gekommen, wenn zwei sich entsprechende Willenserklärungen, der Antrag und die Annahme, vorlägen und jeweils (rechtzeitig) zugegangen wären. V hat K gegenüber ein Angebot zum Verkauf seines Pkw abgegeben. Es war zulässig, für die Annahme eine Frist zu bestimmen, § 148 BGB. Fraglich ist allerdings, ob die Annahme durch K rechtzeitig erfolgte. Dann müsste sie V noch am 15. Juli zugegangen sein. In beiden Fällen hatten aber andere Personen die Erklärung entgegengenommen.
Im Fall (a) könnte die Ehefrau des V Empfangsbotin gewesen sein. Wird die Erklärung einem Empfangsboten gegenüber abgegeben, so erfolgt der Zugang, wenn mit der Weitergabe an den eigentlichen Empfänger zu rechnen ist. Dies wäre hier der Abend des 15. Juli gewesen. Empfangsbo-

te ist derjenige, der zur Entgegennahme von Erklärungen vom Empfänger ermächtig wurde oder der nach der Verkehrsanschauung als zur Entgegennahme geeignet anzusehen ist. Dies ist bei Ehegatten der Fall, somit war die Erklärung rechtzeitig zugegangen und der Vertrag zwischen V und K ist zustande gekommen.

Anders ist es im Fall (b): Der zufällig anwesende Handwerker H wurde weder von V zur Entgegennahme von Erklärungen bestellt, noch war er hierzu geeignet. Er ist demnach nicht Empfangsbote des V, sondern Erklärungsbote des K. Das Risiko des Zugangs liegt hier bei K. Da V erst am 16. Juli von der Annahme erfuhr, kam diese zu spät. Ein Vertrag kam nicht zustande.

Fall 34:
Deutschlehrer D möchte für die anstehende Lektüre seiner Schulklasse bei einem auswärtigen Buchversand 20 Bücher eines bestimmten Autors bestellen. Er füllt die für Kunden portofreie Bestellkarte aus, bekommt aber am selben Tag noch einen Anruf von einem befreundeten Buchhändler, der ihm ein besseres Angebot macht. Daraufhin wirft D die Bestellkarte in den Papierkorb. Am nächsten Morgen fischt Putzfrau P diese Karte aus dem Papierkorb und wirft sie in den nächstgelegenen Briefkasten. Kurz darauf erfolgt die Lieferung. Muss D die Bücher abnehmen und bezahlen?
Lösung: D müsste die Bücher gem. § 433 Abs. 2 BGB abnehmen und bezahlen, wenn zwischen ihm und dem Buchversand ein wirksamer Kaufvertrag zustande gekommen wäre. Dazu müsste D ein Angebot abgegeben haben. Die Abgabe einer Willenserklärung ist jedoch erst dann erfolgt, wenn die Willenserklärung erkennbar und endgültig mit Willen des Erklärenden auf den Weg gebracht wurde. Dies ist hier nicht der Fall, denn D wollte nicht, dass die Bestellkarte abgesendet wird. Es liegt keine Willenserklärung des D vor und somit ist auch kein Kaufvertrag zustande gekommen. D muss die Bücher weder abnehmen noch bezahlen. Zu einem anderen Ergebnis kommt man mit der Rechtsprechung, wenn D das „In-Verkehr-Bringen" der Erklärung zu vertreten hätte. Allerdings könnte D sich auch in diesem Fall von dem Vertrag lösen, da es sich bei dem Geschäft um einen Fernabsatzvertrag i.S.d. § 312 b Abs. 1 BGB handelt. Bei solchen Verträgen steht dem Verbraucher (auch ein Lehrer der für seine Schüler einkauft ist Verbraucher i.S.d. § 13 BGB, da er weder gewerblich, noch selbständig tätig ist) ein Widerrufsrecht nach §§ 312 d, 355 BGB zu, das D schon durch Rücksendung der Bücher ausüben könnte.

Fall 35:
Die Nordsee-Fischverwertungs-GmbH N bestellt beim Importeur I eine größere Menge „Haakjöringsköd". Sowohl I als auch N gehen davon aus, dass Walfischfleisch gemeint ist. Es wird auch Walfischfleisch geliefert. In Wirklichkeit bedeutet jedoch Haakjöringsköd Haifischfleisch. Ist der Irrtum der Parteien über diesen Punkt rechtserheblich?

Lösung: Nein, beide Parteien haben unter der falschen Bezeichnung etwas Übereinstimmendes gemeint. Es liegt deshalb lediglich eine falsche Bezeichnung vor, die auf die Wirksamkeit des Rechtsgeschäfts keinen Einfluss hat („falsa demonstratio non nocet"). Es wurde daher Walfischfleisch ge- bzw. verkauft.

Fall 35 a:
K kauft beim Juwelier einen Brillantring, den er seiner langjährigen Freundin im Zuge einer geplanten Verlobung schenken möchte. Einen Tag nach Vertragsabschluss und vor Bezahlung des Kaufpreises gibt ihm seine Braut den Laufpass. Muss K dennoch bezahlen?
Lösung: Der in Betracht kommende Kaufpreisanspruch nach § 433 Abs. 2 BGB setzt einen wirksamen Kaufvertrag voraus. Ein solcher könnte jedoch gem. § 142 Abs. 1 BGB nichtig sein, wenn K den Kaufvertrag gem. § 119 Abs. 1 BGB anfechten kann. Er wollte einen „Verlobungsring" kaufen, es findet aber keine Verlobung statt. Jedoch fallen Erklärung und Wille des K nicht auseinander, da die vermeintliche Verlobung lediglich ein Motiv für die Willenserklärung war. Grundsätzlich berechtigt ein solcher Motivirrtum aber (von Ausnahmen abgesehen, wie z.b. in § 2078 BGB) nicht zur Anfechtung. Der Juwelier kann somit von K die Zahlung des Kaufpreises verlangen.

Fall 36:
K bestellt bei V „25 Gros Rollen WC-Papier" in der Annahme, es handle sich um 25 große Rollen. In Wirklichkeit sind darunter 3600 Rollen zu verstehen (1 Gros = 12 Dutzend). K beruft sich auf seine Fehlvorstellung; V verlangt (a) den Kaufpreis, (b) hilfsweise Schadenersatz. Wie ist die Rechtslage?
Lösung:
(a) Als Anspruchsgrundlage für den Zahlungsanspruch kommt in Betracht § 433 Abs. 2 BGB. Dies setzt voraus, dass zwischen K und V ein Kaufvertrag über die Lieferung von 3600 Rollen WC-Papier abgeschlossen wurde. Für einen objektiven Empfänger der von K abgegebenen Willenserklärung hat dieser erklärt, er bestelle „25 Gros" und damit $25 \times 12 \times 12 = 3600$ Rollen. Mit der Annahme dieser Erklärung durch V kam ein entsprechender Kaufvertrag zustande. Dieser könnte jedoch nachträglich gem. § 142 Abs. 1 BGB entfallen, wenn K seine Erklärung anfechten kann. Als Anfechtungsgrund kommt § 119 Abs. 1 1. Alt. BGB in Betracht. K befand sich über den Inhalt (genauer: den Bedeutungsgehalt) seiner Erklärung im Irrtum. Er hat zwar gewusst, was er sagte, jedoch seiner Erklärung einen anderen Sinngehalt beigelegt (er hat nicht gewusst, was er damit sagte). In diesen Fällen liegt ein Inhaltsirrtum nach § 119 Abs. 1 1. Alt. BGB vor. Dieser berechtigt zur Anfechtung. Mit der Anfechtung durch K entfällt der Kaufvertrag und damit die Zahlungspflicht des K.
(b) V könnte jedoch als Anfechtungsgegner gem. § 122 Abs. 1 BGB Schadenersatz verlangen.

Fall 37:
V bietet seinem Geschäftspartner K die Lieferung eines bestimmten Artikels zum Stückpreis von 9,80 Euro an. K hält diesen Preis für äußerst günstig und will 1000 Stück ordern. Er diktiert seiner Sekretärin eine entsprechende Bestellung. Diese verschreibt sich und fügt statt 1000 die Zahl 10 000 ein. Als K kurz vor Geschäftsschluss neben verschiedenen anderen Schriftstücken in der ihm überreichten Unterschriftenmappe auch die betreffende Bestellung unterzeichnet, entgeht ihm dieses Versehen. V erhält die Order über 10 000 Stück und bestätigt entsprechend. Erst jetzt stellt sich das Versehen heraus. Nunmehr weigert sich K, mehr als die ursprünglich gewollten tausend Stück zu bezahlen. Wie ist die Rechtslage?
Lösung: V kann von K die Bezahlung von 10 000 Stück nach § 433 Abs. 2 BGB verlangen, wenn ein wirksamer Kaufvertrag über diese Stückzahl geschlossen wurde. Der Vertrag setzt übereinstimmende Willenserklärungen der beiden Vertragspartner voraus. Diese liegen vor. Zu prüfen ist jedoch, ob K seine Willenserklärung anfechten kann und somit der Kaufvertrag nach § 142 Abs. 1 BGB entfallen würde. Eine Willenserklärung ist u. a. anfechtbar, wenn der Erklärende eine Erklärung dieses Inhalts nicht abgeben wollte (§ 119 Abs. 1 2. Alt.). In diese Kategorie fällt das Versprechen und Verschreiben des Erklärenden. Die Bestellung über 10 000 Stück wurde zwar von der Sekretärin gefertigt, jedoch von K unterschrieben, so dass es seine eigene Erklärung ist. Er wollte aber keine Erklärung über 10 000, sondern eine über 1000 Stück abgeben und ist deshalb zur Anfechtung berechtigt. Dabei ist aber die in § 119 Abs. 1 a. E. BGB normierte Einschränkung zu beachten: Die Anfechtung ist nur insoweit gegeben, als die Willenserklärung des K auf seinem Irrtum beruhte (insoweit also der Irrtum kausal war). K wollte 1000 Stück bestellen, insoweit beruhte seine Erklärung nicht auf dem Irrtum. Ob das gesamte Rechtsgeschäft gem. § 142 Abs. 1 BGB nichtig ist, beurteilt sich entsprechend § 139 BGB danach, ob V auch lediglich 1000 Stück verkauft hätte. Davon ist in der Regel auszugehen, so dass V von K Abnahme und Zahlung von 1000 Stück verlangen kann. Im übrigen kann V von K gem. § 122 Abs. 1 BGB den Ersatz des Vertrauensschadens verlangen.

Fall 38:
Unternehmer U bestellt bei der Firma F einen Massenartikel zum Preise von 2,80 Euro bei Abnahme von 1000 Stück. Nach Vertragsabschluss erkennt U, dass seine Kalkulation von unrichtigen Voraussetzungen ausging: Die von ihm hergestellte Ware kann bei einem Stückpreis von 2,80 Euro für das betreffende Materialteil nicht am Markt abgesetzt werden. Er will den Auftrag stornieren lassen und beruft sich u.a. auf seinen Irrtum. F verlangt Abnahme und Zahlung. Mit Recht?
Lösung: Als Anspruchsgrundlage kommt § 433 Abs. 2 BGB in Betracht. Der laut Sachverhalt abgeschlossene Kaufvertrag könnte aber nach § 142 Abs. 1 BGB entfallen. Dies würde voraussetzen, dass U sich auf einen Anfechtungsgrund berufen kann. U hat sich bei der Kalkulation geirrt. Ein normaler „ver-

deckter Kalkulationsirrtum" ist im Regelfall ein unbeachtlicher Motivirrtum, der nicht zur Anfechtung berechtigt. Anders ist dies nach Auffassung der Rechtsprechung – gegen die h.M. in der Literatur – beim „offenen Kalkulationsirrtum", also bei einem solchen Irrtum, bei dem die Preisgestaltung für den Gegner ersichtlich ist und zur Vertragsgrundlage gemacht wird. Das ist im vorliegenden Fall nicht geschehen. U kann deshalb nicht anfechten und muss die bestellten Teilstücke zum Preis von 2,80 Euro abnehmen.

Fall 39:
S erhält von der Bank B die Zusage über die Gewährung eines Darlehens in Höhe von 10 000 Euro. Vor Darlehensauszahlung wird dieser bekannt, dass S kurze Zeit vor dem Vertragsschluss den „Offenbarungseid" leisten musste. Welche Rechte hat die Bank B? Wie wäre es, wenn sich die Vermögensverhältnisse des S erst nach Abschluss des Darlehensvertrages, aber vor Auszahlung der Darlehensvaluta rapide verschlechtern?
Lösung: Im Ausgangsfall kann B die Darlehenszusage nach § 119 Abs. 2 BGB anfechten. Sie hat sich über eine bei Kreditgeschäften verkehrswesentliche Eigenschaft einer Person, nämlich die Bonität des Schuldners, geirrt. In Betracht kommt auch eine Anfechtung wegen arglistiger Täuschung nach § 123 Abs. 1 BGB. Im abgewandelten Fall ist eine Anfechtung nach §§ 119 Abs. 2, 123 BGB nicht möglich, da im Zeitpunkt des Vertragsschlusses bei B Wille und Wirklichkeit noch übereinstimmten. Dann hat B jedoch nach § 490 BGB die Möglichkeit, den Darlehensvertrag fristlos zu kündigen (Anwendungsfall der sog. „clausula rebus sic stantibus").

Fall 39 a:
V ist Eigentümer eines mit einem Einfamilienhaus bebauten Grundstücks, das er an M vermietet hat. V veräußert das Grundstück an K. Nachdem der beurkundende Notar einen diesbezüglichen Hinweis unterlassen hatte, wird K erst später darüber aufgeklärt, dass er als Erwerber gem. § 566 BGB in die rechtliche Stellung des Vermieters eintritt und das bestehende Mietverhältnis mit ihm fortgeführt wird. K wusste zwar, dass das Haus vermietet war, die Rechtslage bezüglich der Fortgeltung des Mietvertrages war ihm aber unbekannt. Kann er anfechten?
Lösung: Als Anfechtungsgrund kommt § 119 Abs. 1 1. Alt. BGB in Betracht. K kann anfechten, wenn er sich über den Inhalt seiner Erklärung irrte. Die Rechtsfolgen, die eine Willenserklärung auslöst, sind aber nur dann Inhalt dieser Erklärung, wenn sie unmittelbar Gegenstand dieser Erklärung sind (z.B. die Verwendung eines Rechtsbegriffs wie „gesetzliche Erben"). In diesen Fällen liegt ein relevanter Rechtsfolgenirrtum vor. Wird eine Rechtsfolge dagegen unabhängig vom Willen des Erklärenden an eine Willenserklärung geknüpft, gehört sie nicht zum Inhalt der Erklärung. Solche Irrtümer sind unbeachtlich. Die Rechtsfolge des § 566 BGB gehört nicht zum Inhalt der Erklärung, die zum Kaufvertrag führte, sondern wird vom Gesetz zwingend an die Veräußerung geknüpft. Daher kann K nicht anfechten.

Fall 40:

K kauft einen von V angebotenen Gebrauchtwagen zum Preis von 5000 Euro. V hatte ausdrücklich versichert, dass der auf dem Tachometer abzulesende Kilometerstand in Höhe von 69000 km der Wahrheit entspreche. Später stellt sich heraus, dass das Fahrzeug in Wirklichkeit bereits 169000 km gefahren war. V war dies bekannt gewesen. Bei einer anschließenden Inspektion werden außerdem Schweißstellen festgestellt, aus denen hervorgeht, dass das Fahrzeug in einen schweren Unfall mit Rahmenbruch verwickelt gewesen ist, was V wusste. Hierüber hatte man nicht gesprochen, K war jedoch davon ausgegangen, dass das Fahrzeug unfallfrei ist. Ist K zur Anfechtung berechtigt?

Lösung:

(a) § 119 Abs. 2 BGB scheidet als Anfechtungsgrund aus, weil die in § 437 BGB normierten kaufrechtlichen Gewährleistungsvorschriften (nach ständiger Rechtsprechung und einhelliger Meinung im Schrifttum) die Anfechtbarkeit wegen eines Irrtums über verkehrswesentliche Eigenschaften ausschließen, wenn der diesen betreffende Sachmangel bereits im Zeitpunkt des Gefahrübergangs vorhanden war.

(b) Es ist jedoch zu prüfen, ob K wegen arglistiger Täuschung nach § 123 Abs. 1 BGB anfechten kann. V hatte wahrheitswidrig einen falschen Tachostand versichert, um K zum Kauf des Wagens zu bewegen. Hierin liegt eine arglistige Täuschung, die K nach § 123 Abs. 1 BGB zur Anfechtung berechtigt. Darüber hinaus war er im Hinblick auf die erheblichen Unfallschäden auch ohne Nachfrage zur Offenbarung dieses Unfalls verpflichtet. Die Unterlassung dieser Pflicht steht einer positiven Täuschung gleich. K kann auch deswegen nach § 123 Abs. 1 BGB wegen arglistiger Täuschung anfechten. Dies führt nach § 142 Abs. 1 BGB zur Nichtigkeit der abgegebenen Willenserklärung und damit zur Nichtigkeit des Kaufvertrages. Weiterführender Hinweis: Als weitere Anspruchsmöglichkeiten des K kommen in Betracht die Rechte aus § 437 BGB (insbesondere Rücktritt, Minderung, Schadenersatz), ein etwaiger Anspruch aus culpa in contrahendo gem. §§ 311 Abs. 2, 241 Abs. 2, 280 Abs. 1 BGB (gerichtet auf Vertragsauflösung) sowie ein deliktischer Schadenersatzanspruch aus § 823 Abs. 2 BGB i. V. m. § 263 StGB (Betrug).

Fall 40 a:

Wie Fall 40, gehen Sie jedoch davon aus, dass K bei seiner Bank ein Finanzierungsdarlehen nach § 488 BGB aufgenommen hat. Kann er auch den Darlehensvertrag auf Grund der arglistigen Täuschung anfechten?

Lösung: In diesem Fall liegt ein Dreipersonenverhältnis vor. Die Täuschung wurde nicht vom Vertragspartner des Darlehensvertrags, sondern vom Verkäufer V verübt. Dann ist nach § 123 Abs. 2 BGB die Erklärung nur anfechtbar, wenn der Dritte die Täuschung kannte oder kennen musste. Entscheidend ist somit, ob die Bank seine Täuschung kannte oder nicht. Anmerkung: In diesen Fällen ist aber immer zu prüfen, ob der Täuschende auch wirklich „Dritter" ist. Dritter ist nur der am Geschäft Unbeteilig-te. Dritter ist dagegen nicht, wer „auf Seiten des Erklärungsempfängers steht und maßgeblich am Zustandekommen des Vertrags mitgewirkt hat". Dritter ist z.b. nicht der Lieferant, der für den Leasinggeber verhandelt oder ein Makler, der nur die Interessen einer Partei vertritt.

Beachten Sie weiterhin: Das Vorgenannte gilt nur, wenn es sich um eine empfangsbedürftige Willenserklärung handelt. Nicht empfangsbedürftige Willenserklärungen sind beim Vorliegen der sonstigen Voraussetzungen nach § 123 Abs. 1 BGB anfechtbar unabhängig davon, wer die Täuschung verübt hat.

Fall 41:

G verpflichtet sich seinem Freund S gegenüber, ein privates Darlehen über 5000 Euro zu gewähren, unter der Voraussetzung, dass S einen Bürgen beibringen kann. Nach längerem Zureden erklärt sich dessen vermögen-de Tante B hierzu bereit. Als sie zu Besuch ist, wird das Geschäft perfekt gemacht: S erhält die 5000 Euro in bar und B erklärt sich unter Zeugen be-reit, hierfür die Bürgschaft zu übernehmen. Außer einer von S unterzeich-neten Empfangsbestätigung wird nichts Schriftliches festgehalten. Sind die Rechtsgeschäfte wirksam abgeschlossen?

Lösung: Zwischen G und S wurde ein „rein privater" Darlehensvertrag ab-geschlossen, auf den das Schriftformerfordernis nach §§ 491 Abs. 1, 492 BGB keine Anwendung findet. Der Darlehensvertrag ist damit wirksam zustande gekommen. Für die Bürgschaftsverpflichtung seitens B gilt: Nach § 766 BGB bedarf es zur Gültigkeit des Bürgschaftsvertrags der schriftli-chen Erteilung der Bürgschaftserklärung. Die nur mündliche Erklärung verstößt gegen das gesetzliche Formerfordernis und ist deshalb nach § 125 S. 1 BGB nichtig (anders, wenn der Bürge Kaufmann ist, §§ 350 f. HGB).

Fall 42:

Wie wäre es im vorausgegangenen Fall, wenn S bei Fälligkeit das Darle-hen nicht zurückbezahlt und B, um den guten Ruf der Familie zu wahren, auf Drängen des G geleistet hätte?

Lösung: Hier greift § 766 S. 3 BGB ein: Soweit der Bürge die Hauptver-bindlichkeit erfüllt, wird der Mangel der Form geheilt.

Fall 43:

M möchte auf einem günstig gelegenen Grundstück des V einen Ge-brauchtwagenhandel eröffnen. Um langfristig disponieren zu können, soll der Mietvertrag über fünf Jahre abgeschlossen werden. Unter Zeugen er-klärt sich V schließlich bei einem Glas Wein mündlich bereit, das Grund-stück an M für die Dauer von fünf Jahren zu vermieten. Als die Konkurrenz von M dies erfährt, interveniert sie bei V und überredet diesen, den Vertrag zu annullieren. V beruft sich M gegenüber auf das Fehlen der Schriftform und weigert sich, das Grundstück zur Verfügung zu stellen. Mit Recht?

Lösung: M hat gegen V einen Anspruch auf Überlassung des Grundstücks gemäß § 535 Abs. 1 S. 1 BGB, wenn ein wirksamer Mietvertrag abgeschlossen wurde. Ein Mietvertrag über ein Grundstück, der für längere Zeit als ein Jahr abgeschlossen wird, bedarf nach §§ 550, 578 BGB eigentlich der schriftlichen Form. V hat M das Grundstück auf fünf Jahre mündlich vermietet. Die hierzu erforderliche Form wurde somit nicht eingehalten. Der Formmangel führt im Allgemeinen nach § 125 BGB zur Nichtigkeit des Rechtsgeschäfts. Für den langfristigen Grundstücksmietvertrag ist aber in §§ 550, 578 BGB etwas anderes bestimmt: Wird die erforderliche Form nicht beachtet, ist der Vertrag nicht etwa nichtig, vielmehr gilt er auf unbestimmte Zeit geschlossen. Die Kündigung ist allerdings frühestens zum Ablauf eines Jahres nach Überlassung des Grundstücks zulässig. Demzufolge hat sich V nicht für fünf Jahre gebunden, wohl jedoch mindestens bis zum Schluss des ersten Mietjahres. Er müsste deshalb kündigen und könnte dann – erst nach Ablauf des ersten Jahres – das Grundstück an die Konkurrenz des M vermieten.

Fall 44:
K bestellt beim Online-Shop O-GmbH eine CD-Kollektion zum Preis von 99 Euro. Über sein Widerrufsrecht wird er – inhaltlich entsprechend den Anforderungen des § 355 Abs. 2 S. 1 BGB – auf der Homepage belehrt; die Informationspflichten des § 312 c Abs. 2 BGB werden ebenfalls erfüllt. Drei Wochen nach Erhalt der CDs schickt er die CD-Kollektion original verpackt zurück und will sein Geld zurück. Die O-GmbH hält den Widerspruch für verspätet. Zu Recht?
Lösung: Eine Bestellung über das Internet ist ein Fernabsatzvertrag i.S.d. § 312 b BGB, bei dem dem Verbraucher ein Widerrufsrecht nach §§ 312 d Abs. 1, 355 BGB zusteht. Die Widerrufsfrist beträgt gem. § 355 Abs. 1 S. 2 BGB zwei Wochen. Sie begann hier gem. § 355 Abs. 3 S. 2 BGB an sich mit dem Empfang der Ware (vgl. §§ 312 c Abs. 2, 312 d Abs. 2 BGB) zu laufen. Nach § 355 Abs. 2 BGB beginnt der Fristlauf jedoch nur, wenn der Verbraucher über sein Widerrufsrecht in Textform belehrt wurde. Das Formerfordernis der Textform gibt es erst seit 2001 im BGB und es erfordert, dass die Erklärung in einer Urkunde oder auf andere zur dauerhaften Wiedergabe in Schriftzeichen geeigneten Weise übermittelt wird, die Person des Erklärenden genannt und der Abschluss der Erklärung deutlich gemacht wird (§ 126 b BGB). Die Belehrung erfolgte auf der Internetseite. Da der Betreiber einer solchen Seite deren Inhalt jederzeit ändern kann, stellt diese – anders als beim Senden einer E-Mail – keine Übermittlung in zur dauerhaften Wiedergabe geeigneten Weise dar. Damit liegt mangels Einhaltung der Textform keine ordnungsgemäße Belehrung i.S.d. § 355 Abs. 2, Abs. 3 S. 3 BGB vor, weshalb die 2-Wochen-Frist des § 355 Abs. 1 BGB nicht in Gang gesetzt wurde. Der Widerruf konnte daher noch wirksam erklärt werden. Die O-GmbH ist daher zur Rückzahlung verpflichtet.

Fall 45:

Käufer K interessiert sich für den Bauplatz des Verkäufers V. Nach längeren Vertragsverhandlungen werden K und V handelseinig. Der Kaufpreis, den K entrichten soll, wird auf 200000 Euro festgesetzt. K jammert über den hohen Preis und die daraus zu erwartende Grunderwerbsteuer. Schließlich kommen V und K überein, dem Notar gegenüber lediglich einen Kaufpreis von 100000 Euro zu deklarieren. Ein dahingehender Kaufvertrag wird beurkundet. Später erfolgt die Auflassung und K wird als Erwerber im Grundbuch eingetragen. Ist das ganze Geschäft überhaupt gültig?

Lösung: V und K haben einen notariell beurkundeten Kaufvertrag abgeschlossen über die Veräußerung des Grundstücks zu 100000 Euro. Dieser Vertrag genügt der nach § 311 b Abs. 1 S. 1 BGB erforderlichen Form. Er ist jedoch von beiden nicht gewollt und deshalb als Scheingeschäft nach § 117 Abs. 1 BGB nichtig. Wird durch ein Scheingeschäft ein anderes Rechtsgeschäft verdeckt, so finden die für das verdeckte Rechtsgeschäft geltenden Vorschriften Anwendung (§ 117 Abs. 2 BGB). Verdeckt werden sollte ein Kaufvertrag über das Grundstück zu 200000 Euro. Dieser Vertrag war wirklich gewollt. Er wurde jedoch nicht in der erforderlichen Form (notarielle Beurkundung nach § 311 b Abs. 1 S. 1 BGB) abgeschlossen und ist deshalb nach § 125 BGB wegen Formmangels nichtig. Es liegt somit eine für den Laien zunächst verwirrende Situation vor: Der wirklich beurkundete Kaufvertrag ist als Scheingeschäft, der wirklich gewollte Kaufvertrag wegen Formmangels nichtig. Hier greift § 311 b Abs. 1 S. 2 BGB ein: Ein ohne Beachtung der notariellen Form geschlossener Grundstücksveräußerungsvertrag wird seinem gesamten Inhalt nach gültig, wenn die Auflassung und die Eintragung in das Grundbuch erfolgt sind. Mit der Eintragung des K als neuer Eigentümer im Grundbuch wird der Formmangel des nur mündlich abgeschlossenen Kaufvertrags über 200000 Euro geheilt. K ist deshalb Eigentümer geworden.

Fall 46:

V verpachtet seinen Betrieb an M. Nach Betriebsübergabe und Inventarfeststellung wird der Pachtvertrag unterzeichnet, in welchem es u.a. heißt: „Nebenabreden bedürfen der Schriftform". Nach Vertragsunterzeichnung führen V und M noch ein abschließendes Gespräch, in dem M schließlich auf Wunsch des V (mündlich) unter Zeugen einwilligt, anfallende Reparaturen anteilig in Höhe von 50 % zu bezahlen. Eine entsprechende Aufnahme in den Vertragstext unterbleibt. Bei der ersten fällig werdenden Reparatur weigert sich M, die Kosten in Höhe von 50 % zu übernehmen und verweist auf den Pachtvertrag, wonach Nebenabreden der Schriftform bedürfen. Muss M dennoch bezahlen?

Lösung: Der von V gegen M geltend gemachte Zahlungsanspruch könnte sich aus der zwischen ihnen vereinbarten Nebenabrede ergeben. Voraussetzung ist, dass die Vereinbarung wirksam getroffen worden ist. Zweifel an der Wirksamkeit bestehen im Hinblick darauf, dass eine schriftliche

Fixierung nicht erfolgt ist (§ 125 BGB). Die Regelung über eine Reparaturkostentragung würde zwar nach dem Gesetz nicht der Schriftform bedürfen; der Pachtvertrag enthält jedoch eine Schriftformklausel. Aus
§ 127 BGB ergibt sich, dass ein nach dem Gesetz nicht vorgesehenes Erfordernis der Schriftform durch Rechtsgeschäft eingeführt werden kann.
Wird die vereinbarte Form von den Vertragspartnern nicht beachtet, so hat
dies „im Zweifel" die Nichtigkeit des Rechtsgeschäftes zur Folge (§ 125 S. 2
BGB; Regelfall: „konstitutives Formerfordernis"). Anderes gilt nur dann,
wenn sich aus der Vereinbarung ergibt, dass die besondere Form nur der
Beweissicherung zwischen den Parteien dienen sollte („deklaratorisches
Formerfordernis"). Im vorliegenden Fall ist offen, ob ein deklaratorisches
oder konstitutives Formerfordernis vereinbart worden ist; nach der gesetzlichen Vermutung des § 125 S. 2 BGB ist daher im Grundsatz von der
Unwirksamkeit der Reparaturkostenregelung auszugehen. Die Vereinbarung über die Reparaturkosten ist jedoch gleichwohl wirksam getroffen
worden, wenn V und M zugleich – mündlich – den rechtsgeschäftlich bestimmten Formzwang wieder aufgehoben haben. Da es den Vertragsparteien freisteht, ein Formerfordernis einzuführen, sind sie genauso frei, die
Vereinbarung jederzeit wieder aufzuheben. Dies ist sowohl ausdrücklich
als auch stillschweigend möglich. Wenn die Parteien ein Rechtsgeschäft
formlos abschließen, liegt darin regelmäßig insoweit die Aufhebung des
Formerfordernisses. Da M sich mündlich einverstanden erklärt hat, 50 %
der Reparaturkosten zu übernehmen, war er insoweit mit V einig, in diesem Punkt das Schriftformerfordernis des Pachtvertrages aufzuheben. Die
mündliche Vereinbarung ist daher wirksam. M ist verpflichtet, 50 % der
Reparaturkosten zu tragen.

Hinweis: Man erkennt, dass im Ergebnis der vereinbarte Formzwang gegenüber späteren mündlichen Abreden oft wirkungslos ist und § 125 S. 2
BGB weitgehend leerläuft. Allerdings bleibt das Beweisrisiko: Wer sich auf
die (mündliche) Aufhebung des Formzwangs beruft, ist dafür beweispflichtig.

Fall 47:
Der siebzigjährige, verheiratete und sehr vermögende O erlebt einen dritten Frühling mit der Schauspielerin S, die er durch wertvolle Geschenke
„verwöhnt". Um sich die Gunst von S zu erhalten, setzt er sie in einem privatschriftlichen Testament als Alleinerbin ein. Nach dem Tode von O weigern sich die gesetzlichen Erben, S das Vermögen des O herauszugeben.
Mit Recht?

Lösung: S hat einen Anspruch auf Herausgabe der Erbschaft nach § 2018
BGB, wenn ihr die Erbschaftsgegenstände zu Unrecht vorenthalten werden. Dies hängt von der Wirksamkeit des Testaments ab. Bedenken könnte man haben im Hinblick auf § 138 BGB: Rechtsgeschäfte sind nichtig,
wenn sie gegen die guten Sitten verstoßen. Das Reichsgericht hat die guten Sitten definiert als das „Anstandsgefühl aller billig und gerecht Den

kenden". Das von O errichtete Testament ist sicher nicht schon deshalb sittenwidrig, weil es die gesetzlichen Erben nicht berücksichtigt. Die im Erbrecht geltende Testierfreiheit lässt es zu, den Erben frei auszuwählen; die Existenz des Pflichtteilsrechts zeigt, dass auch das Übergehen von nahen Familienangehörigen zulässig ist. Die Rechtsprechung hat aber im Falle des „Mätressentestaments" die Sittenwidrigkeit letztwilliger Verfügungen in bestimmten Fällen bejaht, wenn die Erbeinsetzung auf sittenwidrigen Motiven beruhte („Hingabe gegen Hergabe"). Wer die Sittenwidrigkeit behauptet, ist dafür aber beweispflichtig.

Fall 48:
Unternehmer S benötigt für die Anschaffung einer Maschine 1 Mio. Euro. Er wendet sich an die G-Bank mit der Bitte um ein Darlehen. Nach längeren Verhandlungen kommen S und der Vertreter der G überein, dass das gewünschte Darlehen gewährt wird, innerhalb von zwei Jahren in gleichmäßigen Raten zurückgezahlt und mit einem effektiven Zinssatz von jährlich 25 % verzinst werden soll. Als die G später die Zahlung der vereinbarten Zinsen von S verlangt, weigert sich dieser mit der Begründung, die Zinsvereinbarung verstoße gegen die guten Sitten; inzwischen habe er erfahren, dass der marktübliche Effektivzins für vergleichbare Kredite bei 14 % liegt. Kann G die Zinsen verlangen?
Lösung: G könnte aus dem mit S geschlossenen Darlehensvertrag gem. § 488 Abs. 1 S. 2 BGB einen Anspruch auf Zinszahlung haben. Dies setzt die Wirksamkeit der Vereinbarung voraus: (1) Da es sich bei S nicht um einen „Verbraucher" i.S.d. § 13 BGB handelt, scheidet eine etwaige Unwirksamkeit der Vereinbarung nach Regeln des Verbraucherkreditrechts aus. (2) Die Zinsabsprache ist aber nichtig, wenn sie den Tatbestand des Wuchers erfüllt (§ 138 Abs. 2 BGB). Wucher liegt vor, wenn zwischen Leistung und Gegenleistung ein auffälliges Missverhältnis besteht (objektiver Tatbestand) und das Geschäft unter Ausbeutung – d.h. bewusster Ausnutzung – einer Zwangslage, der Unerfahrenheit, des Mangels an Urteilsvermögen oder der erheblichen Willensschwäche eines anderen abgeschlossen wird (subjektiver Tatbestand). Im vorliegenden Fall scheitert die Annahme eines Wuchergeschäftes – wie häufig – an den Voraussetzungen des subjektiven Tatbestandes: Allein aus dem Abschluss eines ungünstigen Rechtsgeschäftes lässt sich noch nicht auf die „Unerfahrenheit" oder den „Mangel an Urteilsvermögen" des U schließen. Auch für das Bestehen einer „Zwangslage" ergeben sich aus dem Sachverhalt keine Anhaltspunkte.
Entsprechendes gilt hinsichtlich der Motivation der G („Ausbeutung"). Die Zinsvereinbarung ist daher nicht nach § 138 Abs. 2 BGB unwirksam.
(3) Schließlich bleibt zu prüfen, ob das Rechtsgeschäft wegen Verstoßes gegen die guten Sitten nach § 138 Abs. 1 BGB nichtig ist (allgemeiner Sittenverstoß). Ein Ratenkreditvertrag ist nach der Rechtsprechung des BGH (BGHZ 104, 102) gem. § 138 Abs. 1 BGB nichtig, wenn ein sog. „wucher-

ähnliches Geschäft" vorliegt. Die Voraussetzungen eines „wucherähnlichen Geschäftes" sind erfüllt, wenn zwischen Leistung und Gegenleistung ein auffälliges Missverhältnis besteht (objektiver Tatbestand) und der Kreditgeber die schwächere Lage des anderen Teils bewusst zu seinem Vorteil ausnutzt oder sich leichtfertig der Erkenntnis verschließt, dass der Kreditnehmer sich nur wegen seiner schwächeren Lage auf die drückenden Bedingungen einlässt (subjektiver Tatbestand). Liegt der objektive Tatbestand des wucherähnlichen Ratenkredites vor, so werden die persönlichen, subjektiven Voraussetzungen des § 138 Abs. 1 BGB vermutet. Die Frage, ob ein „auffälliges Missverhältnis" im oben genannten Sinne zwischen Leistung und Gegenleistung besteht, bedarf einer umfassenden Würdigung des Einzelfalles. Als wichtigste Bewertungsgrundlage hat der BGH hierbei den Vergleich des effektiven Vertragszinses mit dem marktüblichen Effektivzins herangezogen: Ein auffälliges Missverhältnis sei demnach zu bejahen, wenn der „relative Zinsunterschied" zwischen Vertrags- und Marktzins 100 % überschreitet; bei einem relativen Zinsunterschied von weniger als 90 % sei ein auffälliges Missverhältnis dagegen regelmäßig zu verneinen. Im Bereich zwischen 90 % und 100 % sei zu prüfen, ob die Belastung des Kreditnehmers aufgrund der Gesamtheit der Kreditbedingungen untragbar ist. Einem „absoluten Zinsunterschied" von ca. 12 % komme eine ähnliche Richtwertfunktion wie dem relativen Unterschied von 100 % zu. Im vorliegenden Fall übersteigt der effektive Vertragszins (25 %) den effektiven Marktzins (14 %) „relativ" um nur ca. 78 %; die kritische 100 %-Marke wäre erst mit einem effektiven Jahreszins von 28 % erreicht. Bei einem „absoluten" Vergleich liegt der effektive Vertragszins um 11 Prozentpunkte über dem effektiven Marktzins; die insofern relevante 12 %-Marke wird daher ebenfalls nicht überschritten. Besondere Umstände, die ein Abweichen von den dargestellten Grundsätzen nahe legen, sind nicht ersichtlich. Der objektive Tatbestand eines wucherähnlichen Geschäftes ist somit nicht erfüllt. Die Vereinbarung verstößt folglich nicht gegen § 138 Abs. 1 BGB. Als Ergebnis lässt sich festhalten, dass U verpflichtet ist, die vereinbarten Zinsen zu zahlen.

Fall 49:
S ist wegen geschäftlicher Misserfolge in einer prekären Situation und benötigt dringend zur Überbrückung 20 000 Euro. Da er keine Sicherheiten bieten kann, lehnen die Banken eine weitere Kreditierung ab. In seiner Not wendet er sich an den Geldvermittler G, der sich schließlich bereit erklärt, gegen einen monatlichen Zins von 10 % 20 000 Euro an S auszubezahlen. Später weigert sich S, die angefallenen Zinsen zu leisten. Welche Rechte hat G?

Lösung: G hat gegen S einen Anspruch auf Zinszahlung gem. § 488 Abs. 1 S. 2 BGB, wenn ein wirksamer Darlehensvertrag vereinbart wurde. An der Wirksamkeit könnte man im Hinblick auf § 138 BGB Bedenken haben. Ein Vertrag, der gegen die guten Sitten verstößt, ist nichtig. Hier liegt der Sittenverstoß im Verhalten des einen Vertragspartners gegenüber dem anderen. Überhöhte Zinssätze können gegen die guten Sitten verstoßen. Nach § 138 Abs. 2 BGB ist insbesondere das wucherische Rechtsgeschäft nichtig, also eines, durch das jemand unter Ausbeutung der Zwangslage, der Unerfahrenheit, des Mangels an Urteilsvermögen oder der erheblichen Willensschwäche eines anderen sich oder einem Dritten für eine Leistung Vermögensvorteile versprechen oder gewähren lässt, die in einem auffälligen Missverhältnis zu der Leistung stehen. Ein Zinssatz von monatlich 10 % verstößt gegen die guten Sitten; die Abrede hierüber ist nichtig. Man kann im vorliegenden Fall § 138 Abs. 2 BGB direkt anwenden, da sich (1.) S in einer ausgesprochenen Zwangslage befand, (2.) diese von G ausgebeutet wurde und (3.) die von S versprochenen Vermögensvorteile in einem auffälligen Missverhältnis zur Leistung standen. Es könnte jedoch letztlich dahinstehen, ob G die Notlage des S ausgebeutet hat: Das wucherische Geschäft ist nur ein Spezialfall des allgemeinen Tatbestandes der Sittenwidrigkeit, sodass bei der Darlehensgewährung mit weit überhöhtem Zins auf jeden Fall der Grundtatbestand des § 138 Abs. 1 BGB eingreift. Es ist weiter zu prüfen, ob G die ausbezahlten 20 000 Euro nach § 812 Abs. 1 S. 1 1. Alt. BGB zurückverlangen kann. G hat die Darlehensvaluta wegen der Unwirksamkeit des Darlehensvertrages ohne Rechtsgrund geleistet. S ist insofern bereichert. Der Anspruch könnte aber nach § 817 S. 2 BGB ausgeschlossen sein. Zwar greift die Vorschrift auch dann ein, wenn nur der Leistende gegen die guten Sitten verstößt. „Geleistet" i. S. dieser Vorschrift hat G aber nur die Überlassung des Gebrauchs am Geld, nicht jedoch die Darlehensvaluta selbst. S kann die Herausgabe also nur solange verweigern, wie er das Geld bei wirksamem Darlehensvertrag hätte behalten dürfen.

Fall 50:
A braucht für seinen Betrieb einen Kredit i.H.v. 1 Mio. Euro. Da seine Hausbank B Sicherheiten verlangt, erklärt sich die 19-jährige Tochter T des A auf Vorschlag der B bereit, sich dieser gegenüber für den Kredit des A zu verbürgen. Dabei bezeichnet der zuständige Sachbearbeiter der B das Ganze als „reine Formalität". Ihm ist bekannt, dass T noch zur Schule geht und kein eigenes Vermögen hat. Ein Jahr später wird über das Vermögen des A das Insolvenzverfahren eröffnet. Die Bank will jetzt die T in Anspruch nehmen. Wie ist die Rechtslage?
Lösung: B könnte gegen T einen Anspruch aus § 765 BGB haben. Voraussetzung wäre das Vorliegen einer wirksamen Bürgschaft. Eine Nichtigkeit der Bürgschaftserklärung nach § 311 b Abs. 2 BGB scheidet aus, da sich T für einen konkreten Betrag, nicht generell für ihr künftiges Vermögen, verpflichtet hat. Die Bürgschaft der T könnte aber gem. § 138 BGB wegen Sittenwidrigkeit unwirksam sein. Zwar gestattet der Grundsatz der Privatautonomie einem Volljährigen den Abschluss riskanter, übermäßig belastender Geschäfte, so dass sich aus diesem Umstand alleine die Sittenwidrigkeit nicht

ergibt. Hier liegen jedoch besondere Umstände vor, die die Annahme der Sittenwidrigkeit rechtfertigen. So hat die Bank von vorn herein gewusst, dass T die Bürgenschuld nicht erfüllen kann und sich dem Risiko lebenslanger Haftung aussetzt. Weiter hat B die Unerfahrenheit der T sowie die Tatsache, dass T sich ihrem Vater gegenüber in besonderem Maße verpflichtet fühlte, ausgenutzt. Die für T bestehende Gefahr hat der Angestellte der Bank sogar noch bagatellisiert. Demnach ist die Nichtigkeit der Bürgschaft gem. § 138 BGB hier zu bejahen. Die Bank hat keinen Anspruch gegen T.

Fall 51:
K will am nächsten Tag in Urlaub fahren und stellt abends nach Ladenschluss fest, dass er noch Proviant braucht. Er klingelt bei dem ihm bekannten Lebensmittelhändler L, der ihm das Gewünschte verkauft. Ist der Vertrag wirksam?
Lösung: Der Kaufvertrag könnte gem. § 134 BGB nichtig sein. (1) Dies setzt zunächst voraus, dass er unter Verstoß gegen ein gesetzliches Verbot zustande gekommen ist. Der Kaufvertrag wurde nach Ladenschluss, somit unter Verstoß gegen die Bestimmungen des Ladenschlussgesetzes geschlossen. (2) Ein Gesetzesverstoß führt aber nur dann zur Nichtigkeit gem. § 134 BGB, wenn sich „aus dem Gesetz nichts anderes ergibt". Entscheidend sind also Sinn und Zweck des Gesetzes. In Rechtsprechung und Literatur sind zur Beurteilung dieser Frage folgende Grundsätze entwickelt worden (vgl. insbes. BGHZ 89, 372 und BGHZ 111, 311): Richtet sich ein Verbotsgesetz nur gegen die Art und Weise des Abschlusses des Rechtsgeschäftes, so führt ein Verstoß gegen eine solche Ordnungsvorschrift regelmäßig nicht zur Nichtigkeit des Geschäftes. Dagegen ist von Nichtigkeit auszugehen, wenn das Verbotsgesetz den Abschluss des Geschäftes bzw. den Leistungsaustausch überhaupt unterbinden soll. Weitere Anhaltspunkte ergeben sich daraus, ob das Rechtsgeschäft nur für einen der Vertragspartner verboten ist oder ob das Gesetz sein Verbot gegen beide Parteien richtet. Im ersten Fall ist das verbotswidrig abgeschlossene Geschäft im Zweifel gültig; im zweiten Fall wird häufiger angenommen, dass das Rechtsgeschäft nichtig sein soll. Mit dem im Ladenschlussgesetz normierten Verbot missbilligt der Gesetzgeber nicht den Abschluss von Kaufverträgen überhaupt; vielmehr werden nur die äußeren Umstände reglementiert, unter denen im geschäftlichen Verkehr Verträge geschlossen werden sollen. Zudem richtet sich das Verbot allein an L. Folglich ist davon auszugehen, dass der Verstoß gegen das Ladenschlussgesetz nicht zur Unwirksamkeit des Vertrages gem. § 134 BGB führt.

Fall 52:
A lässt sich von Malermeister M seine Wohnung am Wochenende „schwarz" streichen. Beide hatten eine Vergütung i.H.v. 300 Euro vereinbart. Nach getaner Arbeit verlangt M seinen Lohn. A wendet ein, M könne nichts verlangen, es bestände doch nicht einmal ein wirksamer Vertrag. Wie ist die Rechtslage?

Lösung: M könnte gegen A einen Anspruch auf Werklohn aus § 631 Abs. 1, 2. Halbs. BGB haben. Dann müsste ein wirksamer Werkvertrag vorliegen. Dem könnte hier § 134 BGB entgegenstehen. A und M haben mit der Vereinbarung der Schwarzarbeit gegen das SchwarzarbeitsG verstoßen. Da sich das Verbot der Schwarzarbeit gerade auf den Inhalt des Geschäfts bezieht, liegt ein Verstoß gegen ein gesetzliches Verbot gem. § 134 BGB vor. Ein Anspruch aus § 631 BGB scheidet deshalb aus. Es könnte aber ein Anspruch des M aus § 812 Abs. 1 S. 1 1. Alt BGB bestehen. M hat dem A die Malarbeit ohne rechtlichen Grund geleistet. Der Anspruch ist aber möglicherweise wegen § 817 S. 2 BGB, dessen Voraussetzungen eigentlich erfüllt sind, ausgeschlossen. Einer Anwendung von § 817 S. 2 BGB könnte aber hier der Grundsatz von Treu und Glauben gem. § 242 BGB entgegenstehen. Das SchwarzarbeitsG will derartige Verträge verhindern, nicht jedoch den meist wirtschaftlich stärkeren Auftraggeber gegenüber dem vorleistenden Handwerker übervorteilen. Die Versagung des Bereicherungsanspruchs wäre vorliegend grob unbillig. Daher besteht ein Anspruch des M aus § 812 BGB; dieser geht gem. § 818 Abs. 2 BGB auf Wertersatz.

IV. Das Allgemeine Vertragsrecht

Übersicht

Vertragsfreiheit	• Abschlussfreiheit (Ausnahme: Kontrahierungszwang) • Inhaltsfreiheit (Grenzen: §§ 134, 138, 242, 305 ff. BGB) • Formfreiheit (Ausnahme: Formstrenge)
Vertragsabschluss	Unbedingtes Übereinstimmen zweier korrespondierender Willenserklärungen; dem Angebot (das Gesetz spricht vom „Antrag") und der Annahme
	Bindung an das Angebot: grundsätzlich ja, Bindungsausschluss möglich (§ 145 BGB).
	Annahmefrist: Bei einem unbefristeten Angebot muss Annahme erklärt werden • gegenüber Anwesenden: sofort (§ 147 Abs. 1 BGB) • gegenüber Abwesenden: bis zum Zeitpunkt, in welchem der Eingang der Antwort unter regelmäßigen Umständen erwartet werden darf (§ 147 Abs. 2 BGB)
	Verspätete Annahme: Angebot erlischt, verspätete Annahme gilt als neuer Antrag (§§ 146, 150 Abs. 1 BGB) Modifizierte Annahme: Ablehnung, verbunden mit neuem Antrag (§ 150 Abs. 2 BGB)

Dissens beim Vertragsabschluss	● *Offener Dissens* (Kenntnis des Einigungsmangels): Parteien wissen, dass sie sich noch nicht (voll) geeinigt haben; Vertrag ist im Zweifel nicht geschlossen (§ 154 BGB). ● *Versteckter Dissens* (Unkenntnis des Einigungsmangels): Parteien glauben irrtümlich, sie hätten sich (schon) geeinigt bzw. merken nicht, dass Antrag und Annahme nicht (voll) deckungsgleich sind. (a) Wenn der Vertrag auch ohne die divergierenden Punkte geschlossen worden wäre, liegt eine wirksame Einigung bezüglich des deckungsgleichen Inhalts vor; (b) jedoch keine wirksame Einigung insoweit, als die divergierenden Punkte (auch nur) für eine der Parteien unverzichtbar sind (§ 155 BGB).
Allgemeine Geschäftsbedingungen	*Begriff:* Alle für eine Vielzahl von Verträgen vorformulierten Vertragsbedingungen, die eine Vertragspartei („Verwender") der anderen Vertragspartei bei Abschluss eines Vertrages stellt (§ 305 Abs. 1 BGB). *Wirksamwerden:* durch Einbeziehung in den Vertrag. Notwendig ist gem. § 305 Abs. 2 BGB (a) der ausdrückliche Hinweis (in Ausnahmefällen genügt der sichtbare Aushang), (b) die Möglichkeit zumutbarer Kenntniserlangung, (c) das Einverständnis der anderen Vertragspartei. Ferner muss beachtet werden: (d) Unbeachtlichkeit von Überraschungsklauseln (§ 305 c BGB), (e) Vorrang der Individualabrede (§ 305 b BGB), (f) eingeschränkte Voraussetzungen für die Einbeziehung bei Unternehmern (§ 310 Abs. 1 BGB), (g) Besonderheiten bei Verbraucherverträgen (§ 310 Abs. 3 BGB). *Inhaltskontrolle:* (a) *Generalklausel:* Unwirksamkeit von Klauseln nach § 307 BGB bei treuwidriger, unangemessener Benachteiligung (b) *Enumeration:* Unwirksamkeit spezieller Klauseln nach §§ 308, 309 BGB. Eingeschränkte Inhaltskontrolle bei Unternehmern (§ 310 Abs. 1 BGB) *Klausurtaktischer Hinweis:* In Gutachten sind zunächst die enumerativ in §§ 308, 309 BGB aufgezählten speziellen Klauselverbote zu prüfen und dann erst der Auffangtatbestand des § 307 BGB!

Fragen

Frage 99:
Was versteht man unter der Vertragsfreiheit?
Antwort: Die Vertragsfreiheit ist die Voraussetzung, um die Lebens- und Rechtsverhältnisse privatautonom zu gestalten. Die Freiheit besteht (1.) darin, frei zu entscheiden, ob und zwischen wem es zum Abschluss eines Vertrages kommt (Abschlussfreiheit, Vertragseingehungsfreiheit), (2.) zu bestimmen, welche Bedingungen durch den Vertragsabschluss gelten sollen (Inhaltsfreiheit, Vertragsgestaltungsfreiheit), und dass man (3.) die prinzipielle Möglichkeit hat, sich ohne Formzwang zu einigen (Formfreiheit).

Frage 100:
Können Sie Grenzen für die Vertragsfreiheit nennen?
Antwort:
(a) Die grundsätzliche Abschlussfreiheit ist ausnahmsweise eingeschränkt durch den Kontrahierungszwang bei Monopolunternehmen (Wasserversorgungs-, Transportunternehmen). Teilweise hat das Gesetz selbst einen Kontrahierungszwang ausgesprochen (so für die entgeltliche Personenbeförderung (§ 22 PersBefG) oder im Bereich des Kartellrechts zur Verhinderung von Liefersperren, § 26 GWB). In Ausnahmefällen kann eine Ablehnung des Vertragsabschlusses nach §§ 138, 242 BGB sittenwidrig sein und nach Treu und Glauben einen Kontrahierungszwang begründen. Der Grund ist einleuchtend: Leistungen im Bereich der Daseinsvorsorge sollen jedermann zugänglich sein (Beispiel: Theater, Museen, kommunale Einrichtungen).
(b) Die Inhaltsfreiheit ist dadurch eingeschränkt, dass die Parteien nicht von zwingenden Gesetzesnormen abweichen können. Außerdem darf der Inhalt eines Rechtsgeschäfts nicht gegen die guten Sitten oder ein gesetzliches Verbot verstoßen (§§ 138, 134 BGB).
(c) Die Formfreiheit der Parteien endet dort, wo das Gesetz eine zwingende Form vorschreibt (z.B. §§ 311 b, 518, 623, 766, 2276 BGB).

Frage 101:
Wie lautet die Definition des Vertrags und wie kommt er zustande?
Antwort: Ein Vertrag ist ein Rechtsgeschäft, das aus zwei deckungsgleichen Willenserklärungen, dem Antrag und der Annahme, besteht. Er kommt zustande durch die rechtzeitige, unbedingte Annahme eines Antrags. Verträge können aber auch mehrseitige Rechtsgeschäfte sein (Beispiel: Gesellschaftsverträge).

Frage 102:
Ist der von einem Vertragspartner gemachte Antrag bindend?
Antwort: Grundsätzlich ja, es sei denn, der Erklärende hat die Bindung ausgeschlossen (§ 145 BGB).

Frage 103:
Scheitert das Zustandekommen eines Vertrags daran, dass der Antragende vor der Annahme stirbt oder geschäftsunfähig wird?
Antwort: Nein, gem. § 153 BGB haben diese Umstände im Zweifel keinen Einfluss auf das Zustandekommen eines Vertrages. Beachten Sie den Zusammenhang zwischen § 153 BGB und § 130 Abs. 2 BGB: § 130 Abs. 2 BGB erhält die weitere „Zugangsfähigkeit", § 153 BGB garantiert die fortdauernde „Annahmefähigkeit".

Frage 104:
Was versteht man unter einer „invitatio ad offerendum"?
Antwort: Bei der „Einladung zum Angebot" macht nicht der Erklärende das Angebot, vielmehr fordert er den Erklärungsgegner auf, selbst ein Angebot zu machen. Dadurch bleibt es dem Auffordernden überlassen, ob er das vom Erklärungsgegner gemachte Angebot annimmt oder ablehnt.

Frage 105:
Wie kann die Bindung an ein Angebot ausgeschlossen werden?
Antwort: Durch entsprechende Vorbehaltsklauseln („unverbindlich", „Zwischenverkauf vorbehalten", „solange Vorrat reicht").

Frage 106:
Was gilt, wenn der Antragende „freibleibend" offeriert?
Antwort: Im Einzelnen ist die Bedeutung dieser Klausel umstritten. Teils wird die Meinung vertreten, es liege überhaupt kein Angebot vor, sondern lediglich eine invitatio ad offerendum. Teils wird die Klausel so verstanden, der Antragende behalte sich den Widerruf des Angebots vor. Und schließlich wird die Formulierung dahingehend interpretiert, bei einem solchen Antrag fehle es am Bindungswillen. Im jeweiligen Einzelfall ist die Entscheidung durch Auslegung zu ermitteln.

Frage 107:
Innerhalb welcher Frist muss ein Vertragsangebot angenommen werden? Was ist, wenn die Frist versäumt wird?
Antwort:
(a) Man muss unterscheiden zwischen Angeboten gegenüber Anwesenden und gegenüber Abwesenden. Der einem Anwesenden gemachte Antrag kann nach § 147 Abs. 1 BGB nur sofort angenommen werden. Dasselbe gilt für telefonische Angebote.
Ein Angebot, das einem Abwesenden gegenüber gemacht wird, kann nach § 147 Abs. 2 BGB nur bis zu dem Zeitpunkt angenommen werden, in welchem der Anbietende den Eingang der Antwort unter regelmäßigen Umständen erwarten darf (es ist also auf die Orts- bzw. Branchenüblichkeit abzustellen). Allerdings kann der Anbietende auch eine Frist für die Annahme setzen (§ 148 BGB).

(b) Ein Antrag erlischt, wenn er nicht rechtzeitig angenommen wird (§ 146 BGB). Die verspätete Annahme ist nach § 150 Abs. 1 BGB als neuer Antrag zu behandeln. Nunmehr ist es dem Empfänger der verspäteten Annahme (also demjenigen, der das erste, durch Fristablauf erledigte Angebot gemacht hat) überlassen, ob er annimmt oder ablehnt.

Frage 107 a:
Was gilt, wenn ein potentieller Verkäufer zwischen Abgabe seines Angebots und Erklärung der Annahme durch den potentiellen Käufer verstirbt oder geschäftsunfähig wird?
Antwort: Gem. § 153 BGB bleibt im Zweifel sein Angebot in beiden Fällen bestehen. Die Annahme ist dann gegenüber den Erben bzw. dem gesetzlichen Vertreter zu erklären. § 153 BGB steht in engem Zusammenhang zu § 130 Abs. 2 BGB, wonach der spätere Tod oder die eintretende Geschäftsunfähigkeit keinen Einfluss auf die Wirksamkeit der zuvor abgegebenen Willenserklärung haben.

Frage 108:
Was ist, wenn der Annehmende nicht nur „ja" sagt, sondern „ja, aber", das Angebot also modifiziert?
Antwort: Ein Angebot kann nur unbedingt angenommen werden; die Annahme unter Erweiterungen, Einschränkungen oder sonstigen Änderungen gilt nach § 150 Abs. 2 BGB als Ablehnung verbunden mit einem neuen Antrag. Es ist dann wiederum der Gegenseite überlassen, ob sie auf die Modifikation per Annahme eingeht.

Frage 109:
Was gilt, wenn der Adressat auf einen Antrag schweigt?
Antwort: Schweigen gilt im Rechtsverkehr weder als Zustimmung noch als Ablehnung; vielmehr hat das Schweigen in der Regel überhaupt keinen Erklärungswert: Wer schweigt, sagt nichts. Dies bedeutet aber, dass ein Antrag beim Schweigen des Adressaten nicht rechtzeitig angenommen wird und somit nach §§ 146 ff. BGB erlischt. Rechtliche Bedeutung erlangt das Schweigen als Willenserklärung dort, wo das Gesetz ausnahmsweise an das Schweigen Rechtsfolgen knüpft (Beispiele: §§ 416 Abs. 1 S. 2, 516 Abs. 2 S. 2 BGB, 362 HGB).

Frage 110:
Was gilt, wenn jemand auf eine unbestellte Lieferung nicht reagiert?
Antwort: Durch die Lieferung unbestellter Sachen durch einen Unternehmer an einen Verbraucher wird gem. § 241 a BGB ein Anspruch gegen diesen nicht begründet.

Frage 111:
Was gilt, wenn sich die Vertragsparteien nicht über alle Punkte geeinigt haben?

Antwort:
(a) Wissen die Parteien, dass sie sich (noch) nicht über alle Punkte eines Vertrags geeinigt haben, über die nach der Erklärung wenigstens einer Partei eine Vereinbarung getroffen werden soll, so liegt ein „offener Einigungsmangel" (offener Dissens) vor. In diesem Fall ist nach § 154 BGB im Zweifel anzunehmen, dass der Vertrag noch nicht geschlossen ist.

(b) Haben sich die Parteien bei einem Vertrag, den sie als geschlossen ansehen, in Wirklichkeit über einen Punkt, über den eine Vereinbarung getroffen werden sollte, noch nicht geeinigt, so spricht man vom „versteckten Einigungsmangel" (versteckter Dissens). In diesem Fall bestimmt § 155 BGB, dass das Vereinbarte (nur) gilt, wenn anzunehmen ist, dass der Vertrag auch ohne eine Bestimmung über diesen Punkt geschlossen sein würde. Fehlt dieser Wille, ist der Vertrag unwirksam.

Frage 112:
Muss bei einer Versteigerung dem Meistbietenden der Zuschlag erteilt werden?
Antwort: Nein: § 156 BGB stellt klar, dass der Vertrag nicht bereits mit dem Meistgebot, sondern durch den Zuschlag zustande kommt. Das Gebot aus dem Publikum ist also lediglich ein Angebot.

Fragen 113:
Was sind Allgemeine Geschäftsbedingungen?
Antwort: Allgemeine Geschäftsbedingungen sind gem. § 305 Abs. 1 BGB alle für eine Vielzahl von Verträgen vorformulierten Vertragsbedingungen, die eine Vertragspartei bei Abschluss eines Vertrags stellt. § 310 Abs. 3 BGB erweitert den Anwendungsbereich der §§ 305 ff. BGB für Verträge zwischen einem Unternehmer und einem Verbraucher auch auf vorformulierte Vertragsbedingungen, die nur zur einmaligen Verwendung bestimmt sind, soweit der Verbraucher auf ihren Inhalt keinen Einfluss nehmen konnte.

Frage 114:
Wie werden Allgemeine Geschäftsbedingungen Bestandteil eines Vertrages?
Antwort: § 305 Abs. 2 BGB verlangt den ausdrücklichen Hinweis auf die Geschäftsbedingungen (in Einzelfällen genügt der deutlich sichtbare Aushang am Ort des Vertragsabschlusses), die Möglichkeit, sich in zumutbarer Weise vom Inhalt der AGB Kenntnis zu verschaffen und das Einverständnis der anderen Vertragspartei mit der Geltung der AGB.

Frage 115:
Was versteht man unter „Überraschungsklauseln" in Allgemeinen Geschäftsbedingungen?
Antwort: Darunter versteht man Bestimmungen, die für den Gesamttypus des Vertrages so ungewöhnlich sind, dass der Vertragspartner nicht mit

ihnen zu rechnen brauchte. Beispiele: Miete einer Sache mit Erwerbsverpflichtung bei Beendigung der Mietzeit; Kauf einer Sache mit nicht besonders kenntlich gemachter Verpflichtung zum weiteren Warenbezug; Gehaltsabtretungsklauseln bei Kaufverträgen.

Frage 116:
Welche Rechtsfolge greift beim Vorliegen einer Überraschungsklausel ein?
Antwort: Überraschungsklauseln werden nach § 305 c BGB nicht Vertragsbestandteil.

Frage 117:
Was gilt, wenn beim Vertragsabschluss beide Seiten Allgemeine Geschäftsbedingungen verwenden, die sich in einzelnen Punkten widersprechen („überkreuzte AGB")?
Antwort: Man könnte daran denken, auf diese Fälle § 150 Abs. 2 BGB anzuwenden (Ablehnung des gegnerischen Angebots mit dem Angebot, den Vertrag zu den eigenen Bedingungen zu schließen; daran anschließend die Annahme der „letztgestellten Bedingung" durch Ausführung des Vertrags). Diese „Theorie des letzten Wortes" (so früher die Rechtsprechung) würde die Vertragspartner aber ständig zu neuen Protesten gegen die AGB des Partners zwingen, obwohl beide letztendlich einen wirksamen Vertragsabschluss wollen. Heute wird das Problem über den Dissens mit einer Umkehrung der Auslegungsregel des § 154 Abs. 1 BGB gelöst: Danach liegt ein offener, zur Unwirksamkeit des Vertrags führender Dissens nur vor, wenn eine Partei ausdrücklich auf die Geltung ihrer AGB bestanden hat. Andernfalls kommt der Vertrag zustande unter Einbeziehung der übereinstimmenden und unwidersprochenen Klauseln. Soweit sich die Klauseln widersprechen, gilt dispositives Recht („Theorie der Kongruenzgeltung").

Frage 118:
Was versteht man unter der „Unklarheitenregel" bei Allgemeinen Geschäftsbedingungen?
Antwort: Nach § 305 c Abs. 2 BGB gehen Zweifel bei der Auslegung Allgemeiner Geschäftsbedingungen zu Lasten des Verwenders.

Frage 119:
Welche Techniken der Inhaltskontrolle kennt das BGB für Allgemeine Geschäftsbedingungen?
Antwort: Das BGB kennt eine Generalklausel mit dem Verbot der unangemessenen Benachteiligung (§ 307 BGB). Daneben enthält das Gesetz Klauselverbote mit Wertungsmöglichkeit (§ 308 BGB) sowie Klauselverbote ohne Wertungsmöglichkeit (§ 309 BGB). Hinsichtlich der Prüfungsreihenfolge ist eine AGB-Klausel zunächst auf ihre Vereinbarkeit mit den §§ 308, 309 BGB zu überprüfen, bevor der Auffangtatbestand des § 307 BGB heranzuziehen ist.

Frage 120:
Gilt das Recht der Allgemeinen Geschäftsbedingungen auch gegenüber Unternehmern?
Antwort: § 310 Abs. 1 BGB schränkt die Anwendung ein. Das Erfordernis der ausdrücklichen Bezugnahme nach § 305 Abs. 2 BGB entfällt und die enumerativen Klauselverbote der §§ 308 und 309 BGB kommen nicht zur Anwendung, wohl jedoch bleibt es bei der Inhaltskontrolle anhand der Generalklausel nach § 307 BGB.

Frage 121:
Wie verhalten sich Allgemeine Geschäftsbedingungen zu den zwischen den Vertragsparteien ausgehandelten Vereinbarungen?
Antwort: Individualabreden gehen Allgemeinen Geschäftsbedingungen grundsätzlich vor (§ 305 b BGB).

Frage 121 a:
Was gilt, wenn nur einzelne AGB-Klauseln eines Vertrages unwirksam sind?
Antwort: Nach § 306 Abs. 1 u. 2 BGB bleibt in diesen Fällen der Vertrag wirksam, entstandene Lücken sind durch das dispositive Recht zu schließen (insoweit liegt eine Annahme von §§ 139, 154 BGB vor).

Frage 122:
Gelten die §§ 305 ff. BGB auch für gesellschaftsrechtliche Verträge und Arbeitsverträge?
Antwort: Diese Frage ist in § 310 Abs. 4 BGB geregelt. Während die §§ 305 ff. BGB auf Gesellschaftsverträge generell keine Anwendung finden, sind sie auf Arbeitsverträge seit der Schuldrechtsreform grundsätzlich anwendbar. Allerdings sind bei der AGB-Kontrolle die im Arbeitsrecht geltenden Besonderheiten angemessen zu berücksichtigen (§ 310 Abs. 4 S. 2 BGB). Tarifverträge unterliegen ebenfalls keiner AGB-Kontrolle.

Fälle

Fall 53:
In der Schaufenster-Auslage des Pelzfachgeschäftes V ist u.a. ein Nerzmantel zum Preis von 2000 Euro ausgestellt. Die Passantin K erkennt die günstige Gelegenheit und will den Mantel sofort kaufen und bar bezahlen. Jetzt stellt sich heraus, dass bei der Schaufensterdekoration irrtümlich ein Preisschild vertauscht wurde. Der Nerzmantel soll nicht 2000 Euro sondern 20000 Euro kosten. K erklärt, das gehe sie nichts an und verlangt von V die Übereignung des Mantels. Mit Recht?
Lösung: K hat gegen V einen Anspruch auf Übereignung des Mantels nach § 433 Abs. 1 BGB, wenn zwischen V und K ein wirksamer Kaufver-

trag zustande kam. Der Abschluss eines Vertrages setzt zwei übereinstimmende Willenserklärungen, Angebot und Annahme, voraus. Die Auslage
im Schaufenster müsste demnach ein (bindendes) Angebot darstellen, das
durch die Erklärung der K wirksam angenommen wurde. Schaufen-
sterangebote stellen jedoch rechtlich lediglich eine „invitatio ad offerendum" (also eine „Einladung zur Abgabe eines Angebots") dar, da ansonsten mit allen Kunden, die dieses „Angebot" annähmen, Kaufverträge
zustande kämen, deren Erfüllung dem Ladeninhaber wegen der Be-
grenztheit der Artikelmenge unmöglich wäre und ihn deshalb schadenersatzpflichtig machen würde. Ein Angebot i.S.d. § 145 BGB ist also erst in
der Erklärung der K, den Mantel für 2000 Euro erwerben zu wollen, zu
sehen. Dieses Angebot wurde von V nicht angenommen. Der Kaufvertrag
ist deshalb nicht zustande gekommen, ein Anspruch aus § 433 Abs. 1 BGB
besteht nicht.

Fall 54:
Im Supermarkt sieht K ein einmaliges Angebot eines spanischen Spitzen-
weins „gran reserva". Mit insgesamt vier Einkaufswagen voller Flaschen
dieses Weines erreicht er die Kasse. Doch in dem Moment, als er die Flaschen auf das Laufband legt, kommt der Marktleiter und erklärt ihm, dass
pro Person nur maximal 10 Flaschen dieses Jahrgangs verkauft würden. K
verlangt Übereignung aller von ihm eingeladenen Weinflaschen. Zu
Recht?
Lösung: K könnte einen Anspruch auf Übereignung der Weinflaschen
nach § 433 Abs. 1 S. 1 BGB haben, wenn ein wirksamer Kaufvertrag zustande gekommen wäre. Fraglich ist, ob durch das Aufstellen der Ware im
Supermarkt ein Angebot gemacht wurde. Die h.M. geht hier jedoch nur
vom Vorliegen einer invitatio ad offerendum aus. Argumentiert wird damit, dass der Kunde – läge in der Aufstellung schon ein Angebot – mit
Einladen der Ware in seinen Einkaufswagen dieses Angebot konkludent
annähme und dadurch schon im Markt an diesen Kaufvertrag gebunden
wäre, ohne die Möglichkeit zu haben, die Ware wieder zurück ins Regal
zu legen. Darum ist das Ausstellen der Ware eine bloße Aufforderung zur
Abgabe eines Angebots, dieses äußert der Kunde in dem Moment, in dem
er die Ware auf das Band der Kasse legt. Mit Eintippen des Preises nimmt
die Kassiererin das Angebot dann an. Da jedoch hier der Marktleiter einer
Annahme zuvorkam, ist eine Annahme des Angebots von K nicht erfolgt.
Ein Vertrag wurde demnach nicht geschlossen. K kann die Übereignung
sämtlicher Weinflaschen nicht verlangen.

Fall 54 a:
A bestellt im Nobelrestaurant des R telefonisch einen Tisch für vier Personen am Muttertag um 12.00 Uhr. Dort eingetroffen müssen A und seine
Familie feststellen, dass R lediglich ein „Muttertagsmenü" anbietet, beste-
hend aus zwei Vor- und drei Hauptspeisen zur Auswahl. Keines der drei

Hauptgerichte sagt A zu. Daraufhin wollen sie das Lokal verlassen. R stellt sich ihnen in den Weg und besteht auf einer Abstandssumme von € 15 pro Person mit der Begründung, dass er den Tisch – was zutrifft – an diesem Tag hätte mehrfach reservieren können (Sachverhalt nach AG Siegburg, NJW 1991, 1385).

Lösung: R kann gegen A einen Anspruch auf Zahlung einer Abstandssumme (ggf. aus dem Gesichtspunkt des Schadenersatzes) nur geltend machen, wenn A eine zuvor begründete Verpflichtung verletzt hat. Eine solche könnte sich nur aus dem Abschluss eines entsprechenden Vertrages ergeben. Dann müsste A eine vertragliche Verpflichtung zur Bestellung eines Mittagsmenüs für vier Personen eingegangen sein. In der telefonischen Tischbestellung durch A könnte ein entsprechendes Angebot liegen, welches von R durch die Reservierung angenommen wurde. Bei unbefangener Auslegung unter Beachtung der Verkehrsauffassung lässt sich die Vorbestellung jedoch anhand der §§ 133, 157 BGB gerade nicht in diesem Sinne interpretieren. Ein Gastwirt kann unter den angegebenen Umständen eine Tischreservierung nicht als feste Zusage verstehen, dass der Gast bei seinem Besuch ein auf der Karte angebotenes Gericht wählen würde. Wer in einem Speiselokal einen Tisch bestellt, verpflichtet sich zwar zum angegebenen Zeitpunkt zu erscheinen und grundsätzlich ein Menü einzunehmen, insbesondere, wenn der Gast weiß, dass infolge begrenzter Räumlichkeiten vorwiegend mit Vorbestellungen gearbeitet wird. Bei der Vorbestellung eines Tisches steht jedoch noch nicht fest, was und wie viel der Gast verzehren wird. Der Gastwirt kann nicht erwarten, dass der Gast auch dann bestellt, wenn im das Speiseangebot überhaupt nicht zusagt. Durch die Reservierung sichert sich der Gast in dem von ihm gewählten Lokal einen freien Tisch und damit die Möglichkeit, dort speisen zu können. Mit der Reservierung hat sich ein Gast nicht auf ein bestimmtes Menü festgelegt und dessen konkrete Zubereitung verlangt. Wenn ein Gastronom an einem bestimmten Tag nur eine eingeschränkte Speiseauswahl anbietet, trägt er insofern das unternehmerische Risiko, wenn dies dem Gast im Einzelfall nicht zusagt.

Da somit keine Vertragsorder für ein bestimmtes Menü vorlag, kam ein entsprechender Vertrag nicht zustande und wurde deshalb auch keine Pflicht begründet, welche R verletzt haben könnte.

Fall 55:
Unternehmer U will eine Fachmesse besuchen und bestellt im Hotel Excelsior unter Verwendung seines Firmenbogens ein Zimmer vom 1. auf 2. September. Der Brief geht beim Hotelier H ein. Das entsprechende Zimmer wird durch den Eintrag in die Hotelliste reserviert. Kurz vor dem 1. September entschließt sich U, doch nicht zur Messe zu fahren. Da das Zimmer infolge der Reservierung nicht anderweitig vermietet werden konnte, verlangt der Hotelier von U den Zimmerpreis. Mit Recht?

Lösung: H hat gegen U einen Anspruch auf Bezahlung des Mietpreises nach § 535 Abs. 2 BGB, wenn ein entsprechender Mietvertrag zustande kam. Das bei H eingegangene Schreiben des U ist als Antrag auf Abschluss eines Mietvertrages zu werten. Eine Annahme des H ist dem U aber nicht zugegangen. Die Erklärung der Annahme könnte jedoch gem. § 151 BGB entbehrlich sein, wenn sie nach der Verkehrssitte nicht zu erwarten ist oder der Antragende darauf verzichtet hat. Davon ist im vorliegenden Fall auszugehen. Zur Annahme des Vertrags genügt im Hotelgewerbe eine sog. „Willensbetätigung" des Vertragsgegners. Diese ist durch die Eintragung ins Übernachtungsverzeichnis erfolgt. Ihr Zugang beim Vertragspartner ist nicht erforderlich. Der Vertrag kam also zustande, U muss den Mietpreis bezahlen.

Fall 56:
K bestellt beim Versandhaus V nach der Zusendung eines Katalogs eine Polstergarnitur im Wert von 2000 Euro. Wie sind die einzelnen Vorgänge rechtlich unter dem Gesichtspunkt des Vertragsabschlusses zu werten?
Lösung: Die Zusendung des Katalogs ist kein bindendes Angebot, sondern nur eine Aufforderung zur Abgabe eines Angebots. Das eigentliche Angebot ist die Bestellung seitens des K. Das Versandhaus V nimmt dieses Angebot an durch eine Willensbetätigung im Sinne des § 151 BGB (Bereitstellung und Versendung der Ware o.dgl.). Der Versandhandel ist ein weiterer Fall für den Verzicht auf den Zugang der Annahmeerklärung nach § 151 BGB.

Fall 56 a:
Kunstliebhaber K interessiert sich für ein bei Galerieinhaber V befindliches Originalgemälde eines aufstrebenden jungen Künstlers. V macht daraufhin K mit Schreiben vom 1. Juli ein bis 1. August befristetes Kaufangebot zum Preis von 5.000 €, welches bei K am 3. Juli eingeht. Wie das Schicksal will: V erleidet am 2. Juli einen tödlichen Herzinfarkt, K einen ebensolchen am 4. Juli. Der aktuelle Marktwert des Gemäldes ist am 5. Juli auf 10.000 € gestiegen. Aus diesem Grunde entschließen sich die Erben des K für die Annahme des Vertragsangebots und verlangen von den Erben des V Lieferung. Diese vertreten die Auffassung, „mit dem Tod sei alles zu Ende". Wer hat Recht?
Lösung: Die Erben des K haben gegen die Erben des V (jeweils infolge der Gesamtrechtsnachfolge nach § 1922 Abs. 1 BGB) gem. § 433 Abs. 1 S. 1 BGB einen Anspruch auf „Lieferung", wenn ein rechtsgültiger Kaufvertrag zustande kam. Ein Angebot des V lag vor, dieses wurde auch innerhalb der Frist rechtzeitig angenommen. Die Frage ist, wie sich die beiden Todesfälle auf das Zustandekommen des Vertrages auswirken. Einschlägig dafür sind §§ 130 Abs. 2, § 153 Abs. 2 BGB.
Nach § 130 Abs. 2 BGB hat es auf die Wirksamkeit einer Willenserklärung keinen Einfluss, wenn der Erklärende nach der Abgabe stirbt. Das von V dem K gemachte Angebot konnte deshalb mit dem am 3. Juli erfolgten Zugang bei K wirksam werden. Die Erben des V sind deshalb an die von V

bereits abgegebene Erklärung gebunden. Ob dieses Angebot vom anderen Teil noch angenommen werden konnte, ist in § 153 Abs. 2 BGB geregelt. Danach wird das Zustandekommen eines Vertrages nicht dadurch gehindert, dass der Antragende vor der Annahme stirbt, sofern nicht ein anderer Wille des Antragenden anzunehmen ist. § 153 Abs. 2 BGB führt somit den Gedanken des § 130 Abs. 2 BGB in dem Sinne fort, dass der vom zwischenzeitlich Verstorbenen gemachte Vertragsantrag weiterhin annahmefähig bleibt. Die Annahme muss in diesem Fall gegenüber den Erben des V erklärt werden. Dies ist lt. Sachverhalt erfolgt. Ein abweichender Wille des V ist lt. Sachverhalt nicht anzunehmen. Etwas anderes würde gelten, bei Bestellungen zum persönlichen Bedarf oder Angeboten zu persönlichen Leistungen. Im vorliegenden Fall kommt die Besonderheit dazu, dass der Antragsempfänger nach Zugang des Antrags, aber vor Absendung der Annahmeerklärung ebenfalls verstorben ist. Dann ist durch Auslegung zu ermitteln, ob der Antrag auch für die Erben gelten soll. Erfolgt die Absendung der Annahmeerklärung dann nach dem Tod, ist dies wiederum gem. § 130 Abs. 2 BGB unschädlich, da (in unserem Fall nunmehr zu Gunsten des K bzw. seiner Erben) § 130 Abs. 2 BGB wirkt. Da dem Sachverhalt keine speziellen Umstände zu entnehmen sind, liegen somit Antrag und Annahme und damit ein wirksamer Kaufvertrag vor. Deshalb machen die Erben des K den Anspruch auf „Lieferung" gem. § 433 Abs. 1 S. 1 BGB zurecht geltend.

Fall 57:
Das Versandhaus V schickt dem K im Glauben, noch weitere Geschäfte mit ihm machen zu können, eine zur Polstergarnitur passende Stehlampe zum Preis von 150 Euro. Dem Paket liegt die Rechnung bei mit dem Vermerk: „Sollten Sie die Lampe nicht innerhalb von einer Woche an uns zurückschicken, gehen wir von einem Vertragsschluss aus und bitten Sie, den Rechnungsbetrag an uns zu überweisen". Hat das Versandhaus nach einer Woche einen Zahlungsanspruch gegen K, wenn dieser (a) das Paket nach Ansicht sogleich wieder verpackt im Keller deponierte; (b) Gefallen an der Lampe fand und sie in Betrieb nahm?
Lösung:
(a) Ein Anspruch nach § 433 Abs. 2 BGB setzt das Bestehen eines Kaufvertrags voraus, der durch zwei sich deckende Willenserklärungen, Angebot und Annahme zustande kommt. Das Angebot des Versandhauses liegt im Zuschicken der Stehlampe. K hat sich daraufhin nicht gerührt. Obwohl dem Schweigen im Rechtsverkehr schon grundsätzlich kein Erklärungswert beigemessen wird, bestimmt zusätzlich § 241 a BGB für den Fall, dass es sich bei den Parteien um Unternehmer (§ 14 BGB) und Verbraucher (§ 13 BGB) handelt, ausdrücklich, dass jener bei Lieferung unbestellter Sachen keinen Anspruch gegen den Verbraucher erhält.
(b) Durch die Inbetriebnahme der Lampe könnte K damit konkludent die Annahme erklärt haben. Diese bedürfte grundsätzlich eines Zugangs

beim Vertragspartner, der hier nicht erfolgt war. Nun könnte aber § 151 S. 1 2. Alt. BGB greifen, wonach es ausreicht, wenn eine nach außen hervortretende eindeutige Betätigung des Annahmewillens vorliegt, sofern der Vertragspartner auf den Zugang verzichtet hat (hier: im Schreiben des Versandhauses). Da somit ein Vertrag geschlossen wäre, wäre K einem Zahlungsanspruch ausgesetzt. Bei § 241 a BGB besteht aber die Besonderheit, dass durch die Lieferung unbestellter Sachen der Unternehmer keine Ansprüche gegen den Verbraucher hat und deshalb Gebrauchshandlungen, abweichend von § 151 BGB, keine Vertragsannahme begründen. Zustande kommt der Vertrag nur dann, wenn der Verbraucher zahlt oder ausdrücklich die Annahme erklärt, was hier nicht der Fall war. Somit kann auch in diesem Fall das Versandhaus keine Zahlung von K verlangen.

Fall 58:
V in Hamburg bietet K in Stuttgart am 1. September per E-Mail die Lieferung eines größeren Postens frisch eingetroffener Tomaten zu einem Sonderpreis an. Bei K bleibt dieses Angebot bis zum 3. September aus Versehen unbeachtet. Am 4. September nimmt K das Angebot brieflich an. Der Brief geht am 6. September (einem Samstag) im Postfach des V ein und wird am darauffolgenden Montag, 8. September, dort der Verkaufsabteilung vorgelegt. Diese hatte jedoch bereits am 5. September anderweitig über die Ware verfügt. K besteht nunmehr auf Lieferung zum angegebenen Sonderpreis. Mit Recht?

Lösung: Als Anspruchsgrundlage kommt § 433 Abs. 1 BGB in Betracht. Voraussetzung ist, dass V und K einen Kaufvertrag geschlossen haben. V hat mit E-Mail vom 1. September ein entsprechendes Angebot zum Vertragsschluss abgegeben. Dieses Angebot könnte jedoch gem. § 146 BGB wieder erloschen sein, wenn seitens K die Annahme nicht rechtzeitig erklärt worden ist. Vorschriften über die Annahmefrist finden sich in den §§ 147 bis 149 BGB. Nach § 147 Abs. 2 BGB kann der einem Abwesenden gemachte Antrag nur bis zu dem Zeitpunkt angenommen werden, in welchem der Antragende den Eingang der Antwort „unter regelmäßigen Umständen" erwarten darf. Als Kriterium für die Bestimmung der „regelmäßigen Umstände" kommen u.a. in Betracht: die Distanz zwischen dem Geschäftsort des Anbietenden und dem des Empfängers, die normale Beförderungsdauer für die jeweiligen Erklärungen, die Möglichkeit des Eingangs der Erklärung an arbeitsfreien Tagen, eine je nach Wichtigkeit und Umfang des Angebotes zu beurteilende Überlegungszeit, die etwaige Verderblichkeit der Ware sowie sonstige Branchenüblichkeiten. Das per E-Mail gemachte Angebot über die Lieferung leicht verderblicher Lebensmittel unterliegt demgemäß einer sehr kurzen Annahmefrist. K hätte die Mail nicht unbearbeitet liegen lassen dürfen und außerdem eine schnellere Übermittlungsart (z.B. Telefon, Fax, E-Mail) wählen müssen. Seine Annahmeerklärung erfolgte nicht rechtzeitig; das Angebot des V ist gem. § 146 BGB wieder erloschen. Mit dem frühestens am 6. September erfolgten Zugang des Schreibens vom 4. September ist daher kein Kaufvertrag geschlossen worden. Zu einem entsprechenden Vertragsschluss ist es auch nicht in der nachfolgenden Zeit gekommen. Die verspätete Annahmeerklärung des K gilt gem. § 150 Abs. 1 BGB zwar als neues Angebot zum Abschluss eines Kaufvertrages. Dieses Angebot hat V jedoch nicht angenommen. Ein Anspruch des K auf Lieferung der Tomaten besteht daher nicht.

Fall 59:
V bietet K den Kauf einer Maschine zum Barzahlungspreis von 30 000 Euro an. K ist im Moment nicht liquide und sendet ein Telefax an V: „Nehmen das Angebot mit Zahlungsziel 60 Tage nach Empfang der Ware an." Tags darauf verbessert sich unerwartet die Liquidität des K. Er faxt nun eine zweite Nachricht an V: „Nehmen die Barzahlungsbedingung an." Ist K berechtigt, die Lieferung der Maschine von V zu verlangen?
Lösung: K kann gem. § 433 Abs. 1 BGB von V die Lieferung der Maschine verlangen, wenn ein entsprechender Kaufvertrag zustande gekommen ist. Voraussetzung ist, dass sich V und K über den Abschluss des Vertrages geeinigt haben. V hat dem K den Kauf der Maschine zum Barzahlungspreis angeboten. Dieses Angebot ist von K zwar angenommen worden, jedoch nur mit der Einschränkung der Gewährung eines Zahlungszieles von 60 Tagen. Gem. § 150 Abs. 2 BGB gilt die Erklärung der Annahme unter Einschränkungen als Ablehnung des Angebotes – verbunden mit der Abgabe eines neuen Angebotes; dieses Angebot des K ist von V jedoch nicht angenommen worden. Der Vertrag ist auch nicht mit Zugang des zweiten Telefax geschlossen worden. Die zweite Annahmeerklärung entsprach zwar dem Angebot des V; dieses war jedoch bereits zuvor durch Ablehnung endgültig erloschen (§§ 146, 150 Abs. 2 BGB). Ein Anspruch aus § 433 Abs. 1 BGB besteht daher nicht.

Fall 60:
Die Globalplan GmbH (G) betreibt ein Dienstleistungsunternehmen und berät andere Firmen über Möglichkeiten der Rationalisierung. Sie steht in Kontakt mit der Firma Schludri (S), die sich für den Abschluss eines Beratungsvertrages interessiert. Zwischen G und S finden im weiteren Verlauf mehrere Besprechungen statt, bei denen G Möglichkeiten einer rationelleren Arbeits- und Materialplanung aufzeigt. Bei der Fixierung des einheitlichen Beratungsvertrages kommen die Verhandlungen ins Stocken. Über die Vergütung hat man sich bereits geeinigt: Es soll ein Einmalhonorar von 10 000 Euro für einen von G auszuarbeitenden Einsatzplan und ein monatliches Honorar von 1000 Euro für allgemeine Beratungsleistungen gezahlt werden. Dagegen wird kein Einvernehmen über die Fälligkeit des Einmalhonorars und die Laufzeit des Vertrages erzielt. Schließlich „vertagt" man sich „auf später". Als S längere Zeit nichts mehr von sich hören lässt, übersendet G den mittlerweile fertiggestellten Einsatzplan und verlangt von S das Einmalhonorar in Höhe von 10 000 Euro. S will nicht bezahlen. Wie ist die Rechtslage?

Lösung: G hat einen Anspruch auf Zahlung des Einmalhonorars, wenn sie mit S den im Sachverhalt bezeichneten Beratungsvertrag geschlossen hat. Hiervon ist auszugehen, wenn sich G und S über den Abschluss des Vertrages geeinigt haben. Dies ist zweifelhaft. Im vorliegenden Fall könnte ein „offener Dissens" i.S.d. § 154 Abs. 1 BGB zur Unwirksamkeit des Rechtsgeschäfts geführt haben. Gem. § 154 Abs. 1 BGB ist im Zweifel davon auszugehen, dass ein Vertrag noch nicht geschlossen ist, solange sich die Parteien nicht über alle Punkte des Vertrages geeinigt haben, über die nach der Erklärung auch nur einer Partei eine Vereinbarung getroffen werden soll. Die Verhandlungspartner G und S sind sich zwar hinsichtlich mehrerer Punkte (Vertragsgegenstand, Höhe des Honorars) einig geworden, andere Fragen, die nach Bekunden der Parteien geregelt werden sollten (Fälligkeit des Honorars, Vertragsdauer), sind dagegen offen geblieben. Es liegt damit ein offener Dissens vor; Anhaltspunkte, dass der Vertrag trotz dieses Dissenses wirksam werden sollte („im Zweifel"), sind nicht ersichtlich. Mangels Vertragsschlusses hat daher G gegen S keinen Anspruch auf Zahlung des Honorars.

Fall 61:
A möchte von Stuttgart nach Seelbach (bei Siegen) ziehen. Er vereinbart mit Transportunternehmer U, dass dieser seine „gesamte Wohnungseinrichtung von Stuttgart nach Seelbach zum Festpreis von 1500 Euro" verbringen soll. U war davon ausgegangen, dass A die Gemeinde Seelbach im Westerwald meint. Als sich das Missverständnis herausstellt, weigert sich U, den nunmehr erheblich weiteren Transport zum vereinbarten Festpreis auszuführen; A besteht dagegen auf Vertragserfüllung. Wie ist die Rechtslage?

Lösung: Ein Anspruch des A auf Transport seiner Wohnungseinrichtung nach Seelbach (Siegen) könnte sich aus der mit U getroffenen Transportvereinbarung ergeben, sofern mit ihr ein wirksamer Vertrag zustande gekommen ist. Dies trifft nur zu, wenn sich die Vertragspartner über alle wesentlichen Fragen des Vertrages einig geworden sind. An einer Einigung der Parteien fehlt es aber regelmäßig, wenn sich in die von ihnen getroffene Vereinbarung ein sog. „versteckter Dissens" eingeschlichen hat. Ein versteckter Dissens liegt vor, wenn beide Parteien irrtümlich glauben, dass sie sich über alle Punkte, über die eine Vereinbarung stattfinden sollte, geeinigt haben, während in Wirklichkeit eine Frage offengeblieben ist. Einer der Hauptanwendungsfälle des versteckten Dissenses ist die Abgabe mehrdeutiger Erklärungen; hier gebrauchen die Vertragspartner zwar den gleichen Begriff, verkennen aber die unterschiedliche Bedeutung, die der jeweils andere dem Begriff beilegt. Hiervon ist im vorliegenden Fall auszugehen: A und U sind zwar beide von dem – objektiv mehrdeutigen – Begriff „Seelbach" ausgegangen, hatten aber jeweils unterschiedliche Vorstellungen, welche Gemeinde gemeint war. Eine Einigung über das Ziel des Transportes ist also in Wirklichkeit nicht getroffen worden. Ein –

hypothetisch von beiden Seiten gewünschter – Zielort lässt sich auch nicht im Wege der ergänzenden Vertragsauslegung ermitteln. Gem. § 155 BGB ist somit nur dann von der Wirksamkeit der Vereinbarung auszugehen, wenn sich aus den Umständen ergibt, dass die Parteien den Vertrag auch ohne Regelung über den Zielort geschlossen hätten; diese Möglichkeit wird man jedoch nicht ernstlich in Betracht ziehen können. Zwischen A und U ist folglich kein Transportvertrag geschlossen worden.

Hinweis: Die Unwirksamkeit des Vertrages wegen eines versteckten Dissenses ist von der bloßen Anfechtbarkeit nach § 119 BGB zu unterscheiden. In beiden Fällen werden zwar äußerlich übereinstimmende Erklärungen abgegeben. Während jedoch im Rahmen des § 119 BGB der Wille zumindest einer Partei von ihrer tatsächlichen Erklärung abweicht, liegt beim versteckten Dissens das Problem darin, dass Wille und Erklärung übereinstimmen, die Erklärung selbst jedoch mehrdeutig ist und von der jeweiligen Gegenseite falsch verstanden wird.

Fall 62:
Autofahrer A sucht im innerstädtischen Bereich einen Parkplatz. Schließlich stellt er seinen Wagen auf einem Platz ab, dessen Eingang wie folgt beschildert ist: „Bewachter Parkplatz, Parkgebühr pro angefangene Stunde 1 Euro". Als A später wegfahren will, weigert er sich die Parkgebühr zu bezahlen mit der Begründung, er sei mit dem Abschluss eines Vertrages nicht einverstanden gewesen. Wie ist die Rechtslage?

Lösung: Dem Parkplatzbetreiber könnte ein Zahlungsanspruch aus § 699 BGB zustehen. Dies setzt voraus, dass er mit A einen wirksamen Verwahrungsvertrag geschlossen hat. Fraglich ist, ob zwischen A und dem Parkplatzbetreiber überhaupt eine vertragliche Bindung zustande gekommen ist, obwohl A nicht die Absicht hatte, einen Vertrag zu schließen. Früher wurde z.T. angenommen, dass in Fällen der vorliegenden Art ein Vertragsverhältnis auch ohne Abgabe von Willenserklärungen allein dadurch zustande kommen kann, dass ein bestimmtes „sozialtypisches" Verhalten an den Tag gelegt wird („Lehre vom faktischen Vertrag"). Diese Lehre wird heute jedoch zu recht nicht mehr vertreten. Mit dem Bundesgerichtshof und der herrschenden Meinung in der Literatur ist vielmehr davon auszugehen, dass sich die Frage der „Haftung für sozialtypisches Verhalten" mit Mitteln der Rechtsgeschäftslehre und des Bereicherungsrechtes angemessen lösen lässt (die Details sind hierbei allerdings umstritten). Im vorliegenden Fall lässt sich die Entstehung eines Vertrages folgendermaßen begründen: Durch das Aufstellen des Schildes unterbreitet der Betreiber des Parkplatzes der interessierten Verkehrsgemeinschaft eine „invitatio ad offerendum". Mit Abstellen seines Kfz auf dem Parkplatz machte A – konkludent – dem Parkplatzbetreiber ein Angebot zum Abschluss eines Vertrages. Hierbei spielt der innere Vorbehalt des A gegen den Vertragsschluss nach § 116 S. 1 BGB keine Rolle (ein geheimer Vorbehalt ist unbeachtlich); maßgeblich ist vielmehr, wie der Parkplatzbetreiber das Verhalten des A bei verständiger Würdigung auffassen durfte (Maßgeblichkeit des „objektiven Empfängerhorizontes" – §§ 133, 157 BGB). Selbst wenn A aber deutlich gemacht hätte, dass er keinen Vertrag schließen möchte, wäre sein Wille insofern unbeachtlich; er würde sich dem Einwand des „widersprüchlichen Verhaltens" aussetzen (§ 242 BGB; vgl. BGHZ 95, 399 m.w.N.). Die Annahme des Angebotes erfolgte ebenfalls konkludent mit der Gewährung einer Parkmöglichkeit (§ 151 BGB). Es ist daher ein Vertrag geschlossen worden. Hierbei müsste es sich um einen Verwahrungsvertrag handeln: Beim Abstellen von Kfz auf fremdem Raum hängt es von den Umständen im Einzelfall ab, ob Miet- oder Verwahrungsrecht zur Anwendung kommt. Beschränkt sich die Leistung des Parkplatzinhabers auf die bloße Gewährung eines Abstellplatzes, so beurteilt sich das Rechtsverhältnis in der Regel nach Mietrecht. Werden darüber hinaus Obhutspflichten übernommen, so entsteht ein Verwahrungsverhältnis. Im vorliegenden Fall wurde neben der Möglichkeit zur Raumnutzung die Bewachung des Kfz geboten; daher sind die Regeln über die Verwahrung anwendbar. A ist nach § 699 BGB verpflichtet, die Parkgebühr zu zahlen.

Fall 63:
J beauftragt Malermeister M, die Heizkörper in seiner Wohnung neu zu streichen. Dieser lässt den Auftrag von seinem Gesellen G erledigen. Bei Ausführung der Arbeiten kippt G leicht fahrlässig seinen Farbeimer um, so dass sich die Farbe weit über den Teppichboden des J ergießt. Als J daraufhin Schadenersatz von M verlangt, weigert sich dieser mit der Begründung, dass man ihm das Verhalten seines Gesellen nicht zurechnen könne. Er habe seither keinen Anlass gehabt, an der Sorgfalt des G zu zweifeln; dieser sei vielmehr seit Jahren einer seiner zuverlässigsten Mitarbeiter. Zudem verweist M auf eine Klausel seiner „Allgemeinen Vertragskonditionen", die auf dem von J unterzeichneten Auftragsformular abgedruckt sind; danach ist eine Haftung des M für Verschulden seiner Erfüllungsgehilfen ausgeschlossen. Wie ist die Rechtslage?
Lösung: (1) Ein Schadensersatzanspruch des J gegen M aus § 831 BGB scheidet aus, da dem M die Exkulpationsmöglichkeit nach § 831 Abs. 1 S. 2 BGB offen steht. (2) In Betracht kommt dagegen ein Schadenersatzanspruch (vgl. unten A. IX Leistungsstörungen) in Bezug auf den zwischen J und M geschlossenen Werkvertrag gem. §§ 631, 280 BGB. Ein solcher Anspruch aus Pflichtverletzung gem. §§ 280 Abs. 1, 241 Abs. 2 BGB besteht u.a. dann, wenn M die sich für ihn aus dem Vertrag mit J ergebenden Nebenpflichten schuldhaft verletzt hat. Zu den Nebenpflichten des Unternehmers im Rahmen eines Werkvertrages gehört es, bei Erstellung des versprochenen Werkes die Rechtsgüter des Bestellers nicht zu verletzen (§ 241 Abs. 2 BGB). M hat die Beschädigung des Teppichbodens zwar nicht selbst herbeigeführt; er muss sich jedoch – ohne Exkulpationsmöglichkeit – das schuldhafte Verhalten des G gem. § 278 BGB zurechnen lassen. An-

deres gilt nur dann, wenn M seine Haftung von vornherein auf eigenes Verschulden beschränkt hat. Dies setzt voraus, dass die „Allgemeinen Vertragskonditionen" des M Vertragsinhalt geworden sind und die Haftungsausschlussklausel wirksam ist. Bei den „Allgemeinen Vertragskonditionen" handelt es sich um Allgemeine Geschäftsbedingungen i.S.d. § 305 Abs. 1 BGB. Diese wurden gem. § 305 Abs. 2 BGB Vertragsinhalt, da sie J mit dem Auftragsformular vorgelegt und von diesem durch Unterzeichnung akzeptiert worden sind. Die Haftungsausschlussklausel ist jedoch nicht wirksam vereinbart worden: Nach §§ 276 Abs. 3 i.V.m. 278 S. 2 BGB ist ein vertraglicher Ausschluss der Haftung für fremdes Verschulden zwar prinzipiell möglich. § 309 Nr. 7 b BGB schränkt diesen Grundsatz jedoch erheblich ein. Danach sind Klauseln unwirksam, die einen Ausschluss oder die Begrenzung der Haftung für einen Schaden vorsehen, der auf einer vorsätzlichen oder grob fahrlässigen Vertragsverletzung des Erfüllungsgehilfen des Verwenders beruht. Da im vorliegenden Fall die Haftung für jegliches, also auch vorsätzliches und grob fahrlässiges Verhalten des G ausgeschlossen wurde, ist die Klausel insgesamt unwirksam, der Inhalt des Vertrages richtet sich gem. § 306 Abs. 2 BGB nach den gesetzlichen Vorschriften; eine „geltungserhaltende Reduktion" der AGB-Klausel auf das zulässige Maß wird von der Rechtsprechung abgelehnt (BGHZ 106, 267). J ist daher berechtigt, einen Schadensersatzanspruch gegen M geltend zu machen.

Fall 64:
B sucht ein Grundstück für den Bau eines Hauses zum Preis von bis zu 200 000 Euro. Da ihm die Zeit zur Suche fehlt, beauftragt er Makler M. Nachdem sich B und M über die Wünsche des B unterhalten haben, legt M dem B einen Formularvertrag zur Unterschrift vor. M ergänzt – wie bei ihm üblich – das Feld „zusätzliche Abreden" handschriftlich um den folgenden Passus: „Der Auftraggeber verpflichtet sich, auch im Fall des Widerrufs des Auftrags die vereinbarte Provision aus 200 000 Euro zu bezahlen.". Dann unterschreiben B und M den Vertrag. Nach 2 Monaten erbt B ein passendes Grundstück und widerruft den Auftrag. M verlangt 3,1 % „Provision" aus 200 000 Euro. B hält die entsprechende Klausel für unwirksam, da sie mit wesentlichen Grundgedanken der gesetzlichen Regelung unvereinbar sei. M dagegen ist der Ansicht, die §§ 305 ff. BGB seien auf diese Klausel nicht anwendbar, da es sich nicht um eine vorformulierte Klausel handle. Wer hat Recht?
Lösung: Der Makler hat gem. § 652 BGB grundsätzlich nur dann Anspruch auf eine Vergütung, wenn ein von ihm vermitteltes Geschäft zustande kommt. M kann daher 3,1 % aus 200 000 Euro nur dann verlangen, wenn die entsprechende Klausel wirksam vereinbart wurde. Klauseln, die einen erfolgsunabhängigen Provisionsanspruch des Maklers begründen, stellen eine unangemessene Benachteiligung i.S.d. § 307 Abs. 1, 2 Nr. 1 BGB dar: Die Besonderheit des Maklervertrages gem. §§ 652 ff. BGB liegt gerade in

der erfolgsabhängigen Provision, weshalb eine erfolgsunabhängige Provision nicht mit den wesentlichen Grundgedanken der §§ 652 ff. BGB vereinbar ist. Die Klausel wäre daher gem. § 307 Abs. 1 BGB unwirksam, wenn die §§ 305 ff. BGB auch auf diese Klausel anwendbar wären. Auf den von M verwendeten Formularvertrag sind die §§ 305 ff. BGB unproblematisch anwendbar, da es sich dabei um für eine Vielzahl von Verträgen vorformulierte und von einer Partei gestellte Vertragsbedingungen handelt. Soweit eine Klausel jedoch zwischen den Parteien ausgehandelt wurde, liegen gem. § 305 Abs. 1 S. 3 BGB keine AGBs vor. Um Umgehungen der § 305 ff. BGB zu verhindern, stellt die Rechtsprechung strenge Anforderungen an das „Aushandeln" i.s.d. § 305 Abs. 1 S. 3 BGB: Der Verwender muss verhandlungsbereit sein und es muss zu einem wirklichen Aushandeln kommen, wobei der Verwender den gesetzesfremden Inhalt ernsthaft zur Disposition stellen muss. Dafür gibt es hier keine Anhaltspunkte: Allein das handschriftliche Einfügen einer Klausel bedeutet noch nicht, dass sie auch ausgehandelt ist; M hat die Klausel vielmehr eingefügt, ohne sie vorher zum Gegenstand von Verhandlungen zu machen. Auch steht die Handschriftlichkeit nicht der Annahme entgegen, dass es sich um eine vorformulierte Klausel handelt: Dies erfordert nämlich nicht, dass die Klausel schriftlich niedergelegt ist, es reicht auch, dass sie im Kopf des Verwenders vorformuliert ist. Daher unterliegt auch diese Klausel der Inhaltskontrolle nach § 307 Abs. 1 BGB und ist folglich unwirksam. Dies führt gem. § 306 Abs. 2 BGB zur Geltung der gesetzlichen Vorschriften. Mangels Zustandekommen eines vermittelten Geschäfts scheidet daher ein Vergütungsanspruch des M aus (§ 652 Abs. 1 BGB).

Fall 65:
K kauft bei V 10 Feuerlöscher für seinen Betrieb unter ausdrücklicher Bezugnahme auf die Geschäftsbedingungen des V. Diese sehen u.a. einen 20-jährigen Wartungsvertrag vor. K lehnt die Wartung ab. V beruft sich auf den unterzeichneten Vertrag. Wer hat Recht?
Lösung: V kann von K die Bezahlung der Wartung nur dann verlangen, wenn die entsprechende Vertragsklausel Bestandteil des seinerzeit abgeschlossenen Vertrages wurde. Dem könnte § 305 c BGB entgegenstehen. Danach werden Überraschungsklauseln nicht Vertragsbestandteil. Es handelt sich dabei um Klauseln, die nach den Umständen, insbesondere nach dem äußeren Erscheinungsbild des Vertrages, so ungewöhnlich sind, dass der Vertragspartner des Verwenders mit ihnen nicht zu rechnen braucht. Eine solche Klausel liegt hier vor. Wer Feuerlöscher bestellt, wird in aller Regel nicht vermuten, dass er sich nach den Geschäftsbedingungen seines Vertragspartners zugleich langfristig zur Abnahme von Wartungsleistungen verpflichtet; dies gilt um so mehr, wenn die Verpflichtung unter „falscher Überschrift" oder im Kleingedruckten versteckt ist. V hat somit keinen Anspruch gegen K auf Durchführung und Entlohnung der Wartungsarbeiten.

Fall 65 a:
V vermietet gewerblich Kraftfahrzeuge an Privatleute. In seinen allgemeinen Geschäftsbedingungen sind u. a. folgende Klauseln enthalten:

1.) Mündliche Nebenabreden bedürfen zu ihrer Wirksamkeit der schriftlichen Bestätigung.

2.) Der Vermieter hat jederzeit das Recht, den Vertrag fristlos zu kündigen und das vermietete Kraftfahrzeug zurückzufordern.

3.) Das Kündigungsschreiben gilt mit dem dritten Tage ab Aufgabe zur Post als zugegangen.

4.) Kommt der Mieter mit den Mietzahlungen in Rückstand, so kann der Vermieter den Vertrag fristlos kündigen.

5.) Der Mieter hat in diesem Falle das 2 1/2-fache der Restmietraten als Schadenersatz zu leisten.

6.) Der Vermieter haftet nur insoweit, als eine Haftungsbegrenzung gesetzlich nicht möglich ist.

7.) Mängel hat der Mieter dem Vermieter sofort anzuzeigen; andernfalls ist er seiner Rechte verlustig. Die Anzeige hat mittels Einschreiben zu erfolgen.

Die ortsansässige Verbraucherzentrale e.V. (Z) will gegen die Verwendung der AGB durch V vorgehen. Kann sie dies mit Aussicht auf Erfolg tun?

Lösung: Das Unterlassungsklagengesetz enthält in § 3 Abs. 1 Satz 1 Nr. 1 i.V.m. § 1 die seltene Möglichkeit einer Verbandsklage. Danach können Verbraucherschutzverbände die Unwirksamkeit von allgemeinen Geschäftsbedingungen geltend machen und Unterlassung der Verwendung allgemeiner Geschäftsbedingungen fordern. Voraussetzung für den Erfolg einer Klage ist, dass die angegriffenen Klauseln gem. § 307–309 BGB unwirksam sind. Klausel Nr. 1 enthält die allgemeine Schriftformklausel. Eine solche Klausel kann zwar nicht den Vorrang einer Individualabrede (§ 305 b BGB) außer Kraft setzen; sie kann aber klarstellen, dass der Vertragspartner nachweisen muss, dass eine Abrede, die nicht schriftlich festgehalten wurde, auch tatsächlich verbindlich sein soll. Eine solche Auslegung einer Nachweispflicht stellt keine unangemessene Benachteiligung dar und ist daher nicht gem. § 307 BGB unwirksam. Klausel Nr. 2 verstößt zwar nicht gegen § 308 Nr. 3 BGB, weil diese Vorschrift auf Dauerschuldverhältnisse, wie z.B. die Miete, nicht anwendbar ist. Da aber die Bedingung dem Vermieter das Recht einräumt, bei einer fest vereinbarten Mietzeit ohne wichtigen Grund sich von dem Vertrag zu lösen, wird der Vertragszweck insgesamt durch diese Klausel gefährdet. Es liegt daher eine unangemessene Benachteiligung i.S.d. § 307 BGB vor. Klausel Nr. 3 verstößt gegen § 308 Nr. 6 BGB, weil der Zugang einer wichtigen Erklärung fingiert wird (Zugang setzt das „Gelangen der Erklärung in den Machtbereich des Adressaten und die Möglichkeit der Kenntnisnahme" voraus). Gleichzeitig verstößt die Klausel gegen § 309 Nr. 12 BGB, weil die sonst übliche Beweislastverteilung (der Kündigende muss den Zugang des Kündigungsschreibens beweisen) zum Nachteil des Partners verändert wird. Klausel Nr. 4 des Vertrages ist wiederum „unangemessen" und damit ein Verstoß gegen § 307 BGB, weil der Zahlungsrückstand des Mieters auf berechtigten Gründen beruhen kann (z.B.

auf einem Zurückbehaltungsrecht des Mieters). Mit Klausel Nr. 4 wäre aber eine „Kündigungsmöglichkeit" auch ohne Vorliegen eines wichtigen Grundes eröffnet. Klausel Nr. 5 könnte gegen § 309 Nr. 5 oder 6 BGB verstoßen. Es ist zu prüfen, ob hier eine Schadenspauschale oder eine Vertragsstrafe vorliegt. Die Abgrenzung wird danach vorgenommen, ob die Klausel eigene Ansprüche schaffen will oder lediglich vorhandene Ansprüche pauschaliert. Da sich Klausel Nr. 5 auf Klausel Nr. 4 bezieht, die als auslösendes Merkmal lediglich den Rückstand mit Mietzahlungen vorsieht, ohne dass ein Vertrag vorliegen müsste, will die Klausel Nr. 5 dem Verwender zusätzliche Ansprüche verschaffen. Sie ist daher gem. § 309 Nr. 6 BGB unwirksam. Klausel Nr. 6 enthält keinen Verstoß gegen die §§ 307 ff. BGB. Zwar ist bei einem Haftungsausschluss in allgemeinen Geschäftsbedingungen besonders auf § 309 Nr. 7 BGB zu achten, der einen Ausschluss der Haftung für Verletzungen des Lebens, des Körpers, der Gesundheit oder bei grobem Verschulden für unwirksam erklärt, jedoch verweist die Klausel auf das gesetzlich Zulässige und ist daher wirksam. Klausel Nr. 7 verstößt gegen § 309 Nr. 13 BGB, weil sie für eine Anzeige mit dem Erfordernis des „Einschreibens" strengere Anforderungen als die Schriftform aufstellt.

Fall 66:
K bestellt bei V die Lieferung einer neuen Küchenmaschine für den Privatgebrauch unter Bezugnahme auf die Allgemeinen Geschäftsbedingungen des V. Diese sehen u.a. den völligen Ausschluss der Gewährleistung vor. Ist diese Klausel wirksam?
Lösung: Nein: Es handelt sich hier um eine Klausel im Sinne von § 309 Nr. 8 b aa BGB. Danach sind Bedingungen unwirksam, die bei Verträgen über die Lieferung neu hergestellter Sachen den völligen Ausschluss von Gewährleistungsansprüchen vorsehen. Zudem verstößt diese Klausel gegen § 475 BGB: Beim Kauf für den Privatgebrauch des K liegt ein Verbrauchsgüterkauf vor (V ist Unternehmer und K ist Verbraucher, vgl. §§ 13, 14 BGB); in diesem Fall ist das Gesetz zwingend, d.h. die Vertragsfreiheit bzgl. der Abweichung von der gesetzlichen Gewährleistung ausgeschlossen. bzw. eingeschränkt.

Fall 66 a:
V stellt Druckmaschinen her und bietet dem Druckereibetrieb K die Lieferung einer Druckmaschine zum Preis von € 5000 an. Dem Angebot fügt er seine „Verkaufsbedingungen" an, in denen u.a. folgender Passus enthalten ist: „Erfüllungsort ist der Betrieb des Verkäufers. Lieferung erfolgt ausschließlich auf Gefahr des Käufers." K ist wegen des günstigen Preises interessiert und nimmt dieses Angebot schriftlich an. Er bittet aber um Versendung zu seinem Betrieb. Dem Annahmeschreiben fügt er seine eigenen „Einkaufsbedingungen" bei, die u.a. die nachstehende Klausel enthalten: „ Erfüllung tritt erst bei Erhalt der Ware ein. Erfüllungsort ist der Sitz unserer Firma". Nach Eingang der vorerwähnten Annahmeerklärung

wird die Maschine durch V an K mittels eines Frachtführers versandt. Auf dem Transport wird der LKW samt der verkauften Maschine gestohlen. V pocht auf Zahlung des Kaufpreises. K ist der Ansicht, er müsse nicht zahlen, da V noch nicht erfüllt habe. Rechtslage?

Lösung: V kann gem. § 433 Abs. 2 BGB von K den Kaufpreis verlangen, wenn ein entsprechender Kaufvertrag geschlossen wurde. Ein Kaufvertrag setzt zwei sich deckende Willenserklärungen, den Antrag und die Annahme, voraus. Im vorliegenden Fall hatte V unter Bezugnahme auf seine Verkaufsbedingungen ein Angebot gemacht, welches von K durch Bezugnahme auf seine Einkaufsbedingungen angenommen wurde. Beide Geschäftsbedingungen widersprechen sich. Es liegt ein Fall der sogenannten „sich überkreuzenden Geschäftsbedingungen" vor. Für die Lösung dieses Problems kommen verschiedene Ansätze in Betracht: Man könnte an eine Anwendung des § 150 Abs. 2 BGB denken. Danach gilt die Annahme eines Antrags unter Einschränkungen und Modifikationen als Ablehnung verbunden mit einem neuen Antrag. Da K die Annahme unter Ablehnung der Gefahrtragungsklausel des V und dem Verweis auf einen anderen Erfüllungsort erklärt hatte, hätte er damit V gegenüber ein neues Angebot gemacht. Durch die Lieferung wäre der Vertrag vollzogen und damit stillschweigend das Angebot des K von V angenommen worden. Um dies zu vermeiden, hätte V dem Angebot des K widersprechen müssen. Dies hätte dann wieder zu einer Ablehnung des Angebots des K verbunden mit einem neuen Angebot durch V geführt und es wäre nunmehr an K gewesen, seinerseits zu widersprechen. Diese „Theorie des letzten Wortes" geht von der Maßgeblichkeit der Allgemeinen Geschäftsbedingungen aus, auf die zuletzt hingewiesen wurde. Damit würden aber die Parteien zu ständigen Protesten gegen die gegnerischen Geschäftsbedingungen gezwungen werden mit der Folge, dass letztlich der hartnäckigere unbilligerweise bevorzugt werden würde. Deshalb hat die Rechtsprechung die von ihr zunächst vertretene „Theorie des letzten Wortes" aufgegeben. Die neuere Rechtsprechung vertritt einen anderen Ansatz: Zunächst muss festgestellt werden, ob die Parteien ausdrücklich und unmissverständlich zum Ausdruck bringen, den Vertrag nur zu ihren Bedingungen abzuschließen. In diesem Fall spricht man von „Abwehrklauseln". Dann kommt kein Vertrag mit den Klauseln der einen und auch nicht mit den Klauseln der anderen Partei zustande. Wenn die Parteien aber trotzdem erfüllen, bringen sie zum Ausdruck, dass sie den Vertrag nicht am Widerspruch der gegensätzlichen Geschäftsbedingungen scheitern lassen wollen. In diesem Fall werden die allgemeinen Geschäftsbedingungen nur insoweit Vertragsbestandteil, als sie übereinstimmen („Prinzip der Kongruenzgeltung"). Im übrigen läge an sich ein offener Dissens vor (§ 154 Abs. 1 BGB). Durch die Ausführung des Vertrages ist jedoch die Auslegungsregel des § 154 Abs. 1 BGB entkräftet: An die Stelle der nicht einbezogenen Geschäftsbedingungen tritt das dispositive Recht.

V und K haben den Vertrag durchgeführt. Soweit sich die Geschäftsbedingungen hinsichtlich der Gefahrtragung und des Erfüllungsortes widersprechen, gelten weder die Einkaufsbedingungen des K noch die Verkaufsbedingungen des V. Vielmehr verbleibt es beim dispositiven Recht. Somit gilt § 447 Abs. 1 BGB i.V.m. § 269 Abs. 1 und 2 BGB. Erfüllungsort war somit der Betrieb des V. Da dieser die Maschine auf Verlangen des K an einen anderen Ort versandt hatte, ging die Gefahr gem. § 447 Abs. 1 BGB mit der Übergabe an den Frachtführer auf K über. V hat somit erfüllt. K muss den Kaufpreis zahlen.

V. Das Recht der Stellvertretung

Übersicht

Stellvertretung	*Kurzformel*: rechtsgeschäftliches Handeln für einen anderen (Abgabe oder Empfang von Willenserklärungen im Namen des Vertretenen innerhalb der Vertretungsmacht)
Arten	*gesetzliche Stellvertretung*: Familienrecht (Eltern (§ 1629 BGB), Vormund (§ 1773 BGB), Betreuer (§ 1896 BGB)), Gesellschaftsrecht (Vorstand, Geschäftsführer) *rechtsgeschäftliche Stellvertretung („Vollmacht", vgl. § 166 Abs. 2 S. 1 BGB)*: Die Vertretungsmacht wurde durch Rechtsgeschäft erteilt, § 167 BGB *direkte („offene", unmittelbare) Stellvertretung*: Handeln in fremdem Namen für fremde Rechnung *indirekte („verdeckte", mittelbare) Stellvertretung*: Handeln in eigenem Namen für fremde Rechnung
Vollmacht	*Begriff*: Durch Rechtsgeschäft erteilte Vertretungsmacht *Handelsrechtliche Sonderformen*: Prokura (§§ 48 ff. HGB), Handlungsvollmacht (§ 54 HGB), *Innenvollmacht*: Vollmachtserteilung durch Erklärung gegenüber dem zu Bevollmächtigenden *Außenvollmacht*: Vollmachtserteilung durch Erklärung gegenüber dem Dritten (Geschäftspartner) *Duldungsvollmacht*: Der Vertretene weiß („duldet"), dass ein anderer für ihn auftritt und unternimmt nichts dagegen *Anscheinsvollmacht*: Der Vertretene weiß nichts vom Auftreten des anderen für ihn, hätte dies aber bei pflichtgemäßem Handeln verhindern können, sodass ihm der „Anschein" nach Treu und Glauben zugerechnet wird

Missbrauch der Vertretungsmacht	(a) *Kollusion* Vertreter und Dritter wirken einverständlich zur Schädigung des Vertretenen zusammen (Kollusion): Geschäft ist nach § 138 BGB nichtig (b) *Treuwidrige Berufung auf die Vertretungsmacht* Vertreter überschreitet die ihm im Innenverhältnis gesetzten Schranken im Außenverhältnis bewusst zum Nachteil des Vertretenen: Bei „Evidenz des Missbrauchs" verstößt die Inanspruchnahme des Vertretenen gegen Treu und Glauben (§ 242 BGB).
Vertretung ohne Vertretungsmacht	(a) *Verträge (§ 177 BGB):* • *schwebende Unwirksamkeit*, Genehmigung des Vertretenen erforderlich, mit Verweigerung Nichtigkeit • *Haftung des Vertreters (§ 179 BGB):* Erfüllung oder Schadensersatz *Haftungsausschluss (§ 179 Abs. 3 BGB):* – Kenntnis bzw. fahrlässige Nichtkenntnis des Dritten – Minderjährigkeit des Vertreters (bei fehlender Zustimmung des gesetzlichen Vertreters) *Haftungsbeschränkung (§ 179 Abs. 2 BGB):* Unkenntnis des Vertreters vom Mangel der Vertretungsmacht (b) *einseitige Rechtsgeschäfte (§ 180 BGB):* Vertretung ohne Vertretungsmacht „unzulässig" (= nichtig). Bei empfangsbedürftigen Willenserklärungen gelten jedoch die §§ 177–179 BGB entsprechend, wenn der Gegner die behauptete Vertretungsmacht nicht beanstandet hat. Beachte auch § 174 BGB: Unwirksamkeit einseitiger Rechtsgeschäfte, wenn sie vom Bevollmächtigten ohne Vollmachtsurkunde vorgenommen werden und der andere sie zurückweist
Insichgeschäfte (§ 181 BGB)	(a) *Selbstkontrahieren (§ 181 1. Alt. BGB)* Vertreter schließt im Namen des Vertretenen ein Rechtsgeschäft mit sich selbst ab (b) *Doppelvertretung (§ 181 2. Alt. BGB)* Vertreter handelt als Vertreter der einen und zugleich als Vertreter der anderen Partei
Grenzen der gesetzlichen Stellvertretung	(a) Höchstpersönliche Rechtsgeschäfte (Eheschließung, Verfügungen von Todes wegen usw.) (b) Stellvertretung der Eltern für ihre Kinder bei bestimmten Rechtsgeschäften (§§ 1629 II, 1795 BGB) (c) Familien- bzw. vormundschaftsgerichtliche Genehmigung bei Rechtsgeschäften nach §§ 1821, 1822, 1643 BGB

Verwandte Tatbestände	*Ermächtigung*: rechtsgeschäftliche Verfügung (im eigenen Namen) über ein fremdes Recht (§ 185 BGB)
	Haftung für Dritte: Zugerechnetes Handeln im Bereich des vertraglichen und deliktischen Schadensersatzrechts (Erfüllungsgehilfe § 278 BGB, Verrichtungsgehilfe § 831 BGB, Organhaftung nach § 31 BGB).

Fragen

Frage 123:
Können Sie den Tatbestand und die Rechtsfolge der Stellvertretung erklären?
Antwort: Durch die Stellvertretung wird eine Willenserklärung, die jemand innerhalb der ihm zustehenden Vertretungsmacht im Namen des Vertretenen abgibt, unmittelbar für und gegen den Vertretenen wirksam (§ 164 Abs. 1 BGB).

Frage 124:
Muss die Tatsache der Stellvertretung bei der Abgabe der Willenserklärung ausdrücklich kundgetan werden?
Antwort: Nein, es genügt, wenn sich aus den Umständen ergibt, dass die Erklärung im Namen des Vertretenen erfolgen soll (§ 164 Abs. 1 Satz 2 BGB). So wird beispielsweise aus den Umständen deutlich, dass eine Verkäuferin im Kaufhaus nicht für sich selbst, sondern für den Ladeninhaber handelt.

Frage 125:
Was gilt, wenn die Stellvertretung nicht hinreichend erkennbar wird?
Antwort: Dann kommt gem. § 164 Abs. 2 BGB der Mangel des Willens, im eigenen Namen zu handeln, nicht in Betracht. Mit anderen Worten: Der Stellvertreter wird selbst verpflichtet und kann seine Erklärung nicht mit dem Argument anfechten, er habe sich nicht selbst verpflichten wollen.

Frage 126:
Welche Arten der Stellvertretung kennen Sie?
Antwort:
(a) Gesetzliche und rechtsgeschäftliche Stellvertretung, je nachdem, ob die Vertretungsmacht auf Gesetz (so im Familienrecht und Gesellschaftsrecht) oder auf einem Rechtsgeschäft beruht (im letzteren Fall spricht das Gesetz von der „Vollmacht").
(b) Direkte und indirekte Stellvertretung, je nachdem, ob der Vertreter in fremdem Namen oder in eigenem Namen für fremde Rechnung handelt.

Bei der indirekten Stellvertretung wird der „Vertreter" selbst Vertragspartner. Das BGB kennt nur die direkte Stellvertretung. Fälle der indirekten Stellvertretung kennen wir im Handelsrecht, z.b. beim Kommissionär (§§ 383 ff. HGB).

Frage 127:
In welchen Fällen ist eine Stellvertretung nicht möglich?
Antwort:
(a) Wenn keine rechtsgeschäftliche Handlung vorliegt, z.b. bei Realakten.
(b) Wenn das Gesetz eine Stellvertretung verbietet und die „höchstpersönliche" Erklärung des Betroffenen vorschreibt (z.b. Eheschließung).

Frage 127 a:
Ist Stellvertretung zulässig, wenn das Gesetz (wie z.b. im § 925 BGB bei der Auflassung) die „gleichzeitige Anwesenheit beider Teile" verlangt?
Antwort: Stellvertretung ist hier möglich. „Gleichzeitige Anwesenheit" ist nicht im Sinne von persönlicher Anwesenheit zu verstehen; es genügt, wenn anwesende Vertreter die Erklärung abgeben. Es genügt sogar, dass ein anwesender Vertreter die Erklärung gem. § 181 BGB (gestattet) für beide Vertragsparteien abgibt (was in der Notariatspraxis häufig vorkommt).

Frage 128:
Wie unterscheiden sich Stellvertreter und Bote?
Antwort: Der Stellvertreter gibt eine eigene Erklärung für den Vertretenen ab; der Bote überbringt eine fremde Erklärung. Beide Konstellationen gibt es auch für die Entgegennahme von Erklärungen: Wenn eine Erklärung dem Vertreter gegenüber abgegeben wird, spricht man von „passiver Stellvertretung"; wenn der Bote eine Erklärung für den Geschäftsherrn entgegennimmt, spricht man vom „Empfangsboten" (aktiv ist der Bote „Sprachrohr", passiv ist er „Hörrohr").

Frage 129:
Was ist das entscheidende Kriterium für die Abgrenzung von Stellvertreter und Bote?
Antwort: Entscheidendes Kriterium ist das Auftreten nach außen, nicht das zwischen Geschäftsherrn und Mittler bestehende Innenverhältnis.

Frage 130:
Was versteht man unter dem Offenkundigkeitsprinzip bei der Stellvertretung nach BGB? Gibt es Ausnahmen?
Antwort:
(a) Das Offenkundigkeitsprinzip bedeutet, dass der Stellvertreter das Handeln für einen anderen deutlich machen muss.
(b) Eine Ausnahme vom Offenkundigkeitsprinzip wird beim „Geschäft für den, den es angeht" gemacht: Wo es bei Barzahlungsgeschäften des

täglichen Lebens dem Geschäftspartner gleichgültig ist, wer Vertragspartner wird, kommt der Vertrag mit dem, den es angeht, zustande, auch wenn der Vertreter beim Abschluss dies nicht ausdrücklich betont (z.b. Kauf einer Zeitung am Kiosk oder Erwerb einer Kinokarte für einen anderen).

Frage 131:
Was gilt beim „Handeln unter fremdem Namen"?
Antwort: Das Gesetz regelt diesen Fall nicht ausdrücklich. Man muss nach der Interessenlage des Geschäftsgegners differenzieren:
(a) Kommt es dem Geschäftspartner entscheidend darauf an, mit dem wirklichen Namensträger zu kontrahieren, finden die §§ 164 ff., 179 BGB analog Anwendung: Der Vertrag kommt mit dem Namensträger zustande, wenn Vertretungsmacht vorliegt oder dieser später genehmigt.
(b) Ruft die Benutzung des fremden Namens beim Geschäftspartner keine Identitätstäuschung hervor (z.b. beim Auftreten unter einem Allerweltsnamen), und will er mit dem Benutzer des fremden Namens abschließen, kommt das Geschäft mit dem letzteren zustande. Der Name ist insofern dann Nebensache. Hier spricht man vom „Handeln unter fremder Namensangabe".
(c) Ist es dem Geschäftspartner gleichgültig, mit wem er den Vertrag abschließt, liegt ein „Geschäft mit dem, den es angeht" vor: Das Stellvertretungsrecht findet Anwendung, der Vertrag kommt mit dem Namensträger zustande, wenn Vertretungsmacht vorliegt.

Frage 132:
Wie unterscheiden sich Duldungs- und Anscheinsvollmacht?
Antwort: Bei der Duldungsvollmacht weiß der Geschäftsherr, dass ein anderer für ihn auftritt (Vollmacht durch konkludentes Verhalten). Bei der Anscheinsvollmacht liegt kein Duldungstatbestand vor, wohl aber Nachlässigkeit des Vertretenen mit der Folge, dass ihm das Auftreten zugerechnet wird.

Frage 132 a:
Was kennzeichnet die mittelbare Stellvertretung?
Antwort: Das Handeln im eigenen Namen, aber für fremde Rechnung. Dann wird durch das Rechtsgeschäft allein der Handelnde berechtigt und verpflichtet, nicht der Hintermann auf dessen Rechnung gehandelt wird. Das BGB kennt wegen des Offenkundigkeitserfordernisses in § 164 Abs. 1 BGB die mittelbare Stellvertretung nicht, wohl jedoch das HGB: Wichtigster Fall ist die in §§ 383 ff. HGB geregelte Kommission.

Frage 133:
Kann ein Minderjähriger Stellvertreter sein?
Antwort: Ja, wenn er wenigstens beschränkt geschäftsfähig ist (§ 165 BGB).

Frage 134:
Widerspricht dies nicht dem Minderjährigenschutz?

Antwort: Nein, den Prinzipien der Stellvertretung entsprechend kommt das Rechtsgeschäft ja nicht mit dem Minderjährigen, sondern mit dem Vertretenen zustande. Überschreitet der Minderjährige seine Vertretungsmacht, würde er möglicherweise Ansprüchen ausgesetzt sein; § 179 Abs. 3 S. 2 BGB hat diesen Fall jedoch besonders im Auge und gibt auch hier dem Minderjährigenschutz Vorrang gegenüber den Interessen des Vertragspartners.

Frage 134 a:
Auf welche Weise kann eine Vollmacht erteilt werden?

Antwort:
a) § 167 I Alt. 1: Erklärung gegenüber dem zu Bevollmächtigenden (Innenvollmacht)
b) § 167 I Alt. 2: Erklärung gegenüber dem Vertragspartner (Außenvollmacht)
c) §§ 171, 172: Kundgabe einer Innenvollmacht nach außen

Frage 135:
Wann ist bei Erteilung einer Vollmacht die für das Rechtsgeschäft erforderliche Form zu beachten?

Antwort: Nach § 167 Abs. 2 BGB bedarf die Vollmachtserteilung nicht der Form, welche für das Rechtsgeschäft bestimmt ist, auf das sich die Vollmacht bezieht. Ausnahmen gelten jedoch unter dem Gesichtspunkt des Übereilungsschutzes, wenn der Vertretene durch die Erteilung der Vollmacht rechtlich und tatsächlich in gleicher Weise gebunden wird, wie durch den Abschluss des formbedürftigen Rechtsgeschäfts selbst (z.B. unwiderrufliche Vollmacht zur Veräußerung von Grundstücken).

Frage 136:
Kann die Vollmachtserteilung angefochten werden?

Antwort: Die Vollmachtserteilung ist eine Willenserklärung, die grundsätzlich angefochten werden kann. Unproblematisch ist dies, wenn der Bevollmächtigte von der Vollmacht noch keinen Gebrauch gemacht hat. Strittig ist die Anfechtungsmöglichkeit nach Gebrauch der Vollmacht. Die rückwirkende Vernichtung der Vollmacht würde ja auch die Bindung an das aufgrund der Vollmacht abgeschlossene Rechtsgeschäft entfallen lassen. Während deshalb die rückwirkende Anfechtung von manchen für unzulässig gehalten wird, lässt die h.M. die Anfechtung auch nach Gebrauch der Vollmacht zu. Allerdings muss nach dieser Ansicht die Vollmacht gegenüber dem Partner des mit ihr abgeschlossenen Geschäfts angefochten werden. Wirtschaftlich wird ja gerade dieses Geschäft zu Fall gebracht. Der Geschäftspartner erhält auf diesem Wege auch einen Schadenersatzanspruch gegen den Anfechtenden aus § 122 BGB.

Frage 137:
Wann erlischt eine Vollmacht?
Antwort: Die Vollmacht erlischt mit der Beendigung des ihr zugrunde liegenden Rechtsverhältnisses, sie hängt also vom Innenverhältnis ab (§ 168 BGB). Soweit sie nicht unwiderruflich erteilt wurde, kann sie aber auch jederzeit schon vor Beendigung des Grundgeschäfts widerrufen werden.

Frage 138:
Ist der gute Glaube an das Fortbestehen einer erloschenen Vollmacht geschützt?
Antwort: Grundsätzlich nicht, es gibt jedoch Ausnahmetatbestände nach §§ 170 ff. BGB, wenn ein bestimmter Rechtsschein erzeugt wurde.

Frage 139:
Wie sind die Interessen des Vertretenen und des Vertragsgegners bei der Vertretung ohne Vertretungsmacht geschützt?
Antwort:
(a) Die Interessen des Vertretenen sind insofern geschützt, als die Wirksamkeit des vom Vertreter ohne Vertretungsmacht abgeschlossenen Vertrags von seiner Genehmigung abhängt, ihm also der Vertrag nicht „aufgedrängt" werden kann (§ 177 BGB).
(b) Die Interessen des Vertragsgegners sind insoweit geschützt, als dieser im Falle der Ablehnung des Vertrags durch den Vertretenen Ansprüche gegen den Vertreter ohne Vertretungsmacht nach § 179 BGB geltend machen kann.

Frage 140:
Wie kann sich ein Vertreter ohne Vertretungsmacht gegen die möglichen Regressansprüche seitens des Geschäftsgegners schützen?
Antwort: Indem er den Mangel der Vertretungsmacht dem Dritten gegenüber offen legt. In diesem Fall haftet der Vertreter nach § 179 Abs. 3 BGB nicht.

Frage 141:
Gilt § 179 BGB auch für einseitige Rechtsgeschäfte eines Vertreters ohne Vertretungsmacht?
Antwort: Grundsätzlich nicht: Nach § 180 S. 1 BGB sind einseitige Rechtsgeschäfte eines Vertreters ohne Vertretungsmacht nichtig. Gem. § 180 S. 2 BGB sind die §§ 177 bis 179 BGB jedoch – mit der Folge der schwebenden Unwirksamkeit – auch auf einseitige Rechtsgeschäfte entsprechend anwendbar, wenn es sich um ein empfangsbedürftiges Rechtsgeschäft handelt und der andere Teil die behauptete Vertretungsmacht nicht beanstandet hat oder mit dem Handeln ohne Vertretungsmacht einverstanden war.

Frage 142:
Entfällt die Vertretungsmacht, wenn der Vertreter seine Befugnisse aus dem Innenverhältnis zum Vollmachtgeber überschreitet (Missbrauch der Vertretungsmacht)?

Antwort: Grundsätzlich ist die Vollmacht abstrakt und wird daher durch Pflichtverletzungen im Innenverhältnis nicht berührt. Ausnahmsweise wird der Vollmachtgeber aber dann nicht gebunden, wenn der Vertreter mit dem Geschäftspartner kollusiv zusammengewirkt hat oder der Missbrauch der Vertretungsmacht evident war.

Frage 143:
Welche beiden Fälle sind in § 181 BGB geregelt?

Antwort:
(a) Das „Insichgeschäft": Der Vertreter schließt im Namen des Vertretenen das Geschäft mit sich selbst ab.
(b) Die „Mehrfachvertretung": Ein Vertreter handelt als Vertreter sowohl für die eine als auch für die andere Partei.

Frage 144:
Welche rechtlichen Konsequenzen hat das Selbstkontrahieren?

Antwort: Das Gesetz spricht zwar davon, dass ein Vertreter dies – soweit es ihm nicht gestattet ist bzw. es sich nicht lediglich um die Erfüllung einer Verbindlichkeit handelt – „nicht kann". Man ist sich jedoch einig, dass bei Verstößen hiergegen keine Nichtigkeit, sondern lediglich schwebende Unwirksamkeit eintritt: Die Wirksamkeit der abgeschlossenen Geschäfte hängt von der Genehmigung des Betroffenen ab.

Frage 145:
Welche Schwierigkeiten ergeben sich bei § 181 BGB im Fall der gesetzlichen Vertretung?

Antwort: § 181 BGB gilt über § 1629 Abs. 2 i.V.m. § 1795 Abs. 2 BGB ausdrücklich auch für die Eltern als gesetzliche Vertreter des Kindes bzw. für den Vormund nach § 1795 Abs. 2 BGB. Bei einem Rechtsgeschäft mit den Eltern bzw. dem Vormund kann das Kind wegen § 181 BGB von diesen Personen nicht gleichzeitig noch vertreten werden mit der Folge der schwebenden Unwirksamkeit analog § 177 Abs. 1 BGB. Eine Genehmigung des Rechtsgeschäftes durch den Minderjährigen kommt wegen § 107 BGB nicht in Betracht, wenn es für ihn nicht lediglich rechtlich vorteilhaft ist. Da die Eltern bzw. der Vormund somit von der gesetzlichen Vertretung ausgeschlossen sind, bedarf es insoweit der Bestellung einer Pflegschaft nach § 1909 BGB für die Vornahme eines derartigen Rechtsgeschäftes (Fall der „Ergänzungspflegschaft").

Frage 146:
Wann ist § 181 BGB über seinen Wortlaut hinaus anwendbar? Wann ist § 181 BGB entgegen dem Wortlaut nicht anwendbar?

Antwort: Ein unzulässiges Insichgeschäft liegt auch dann vor, wenn der Vertreter, um nicht mit sich als Vertreter eines anderen abschließen zu müssen, einen Vertreter für sich selbst oder einen Untervertreter für den anderen bestellt. Dies wäre eine unzulässige Umgehung des § 181 BGB. Zulässig ist ein Insichgeschäft immer dann, wenn das Geschäft dem Vertretenen lediglich einen rechtlichen Vorteil bringt, da hier ein Interessenkonflikt ausgeschlossen ist.

Fälle

Fall 67:
Zoohändler A beauftragt seinen Sohn S, der an diesem Tag einen Ausflug in die Großstadt unternimmt, beim Großhändler G eine Bestellung über 50 Kanarienvögel aufzugeben, die A später in seinem Laden verkaufen will. S fährt bei G im väterlichen Firmenwagen mit der Aufschrift „Zoohandlung A" vor und lässt sich die Bestellung auf einem Rechnungsblock der Zoohandlung A quittieren. Als G wenige Tage später liefern will und von A Zahlung verlangt, meint dieser, mit ihm sei kein Kaufvertrag zustande gekommen, er habe wegen mangelnder Nachfrage nach Kanarienvögeln bereits bei einem anderen Großhändler Wellensittiche geordert. Wie ist die Rechtslage?
Lösung: G könnte von A gem. § 433 Abs. 2 BGB Zahlung und Abnahme der Kanarienvögel verlangen, wenn zwischen ihm und A ein Kaufvertrag abgeschlossen wurde. A selbst war bei Vertragsschluss nicht beteiligt. Es könnte jedoch S als sein Stellvertreter i.S.d. § 164 BGB gehandelt haben. S hat zunächst eine eigene Willenserklärung abgegeben. Ferner müsste er in fremdem Namen gehandelt haben. Ob er dies ausdrücklich getan hat, ist dem Sachverhalt nicht zu entnehmen. Nach § 164 Abs. 1 S. 2 BGB ist es aber ausreichend, wenn aus den Umständen ersichtlich wird, dass die Willenserklärung für den Vertretenen abgegeben wurde. Hier hatte S erkennbar den Firmenwagen und den Rechnungsblock der Zoohandlung A benutzt. Letztendlich müsste S noch Vertretungsmacht gehabt haben. Diese lag in der durch A erteilten Vollmacht. Da die Voraussetzungen der Stellvertretung erfüllt sind, wurde ein wirksamer Kaufvertrag zwischen A – gem. § 164 Abs. 1 S. 1 BGB vertreten durch S – und G geschlossen. G hat einen Anspruch auf Zahlung des Kaufpreises gem. § 433 Abs. 2 BGB.

Fall 68:
S bekommt die Kanarienvögel von G gleich ausgehändigt. Auf der Heimfahrt kommt ihm die Idee, die Tiere selbst gewinnbringend zu veräußern. Deshalb deponiert er die Käfige in seiner Wohnung. A verlangt Herausgabe. Zu Recht?
Lösung: A könnte einen Anspruch auf Herausgabe der Kanarienvögel gem. § 985 BGB haben. Dann müsste er Eigentümer derselben sein. Ur-

sprünglich war Großhändler G Eigentümer. Fraglich ist, ob G sein Eigentum auf A übertragen hat. Gem. § 929 BGB ist dazu Einigung und Übergabe zwischen A und G erforderlich. Die zur Einigung notwendigen Willenserklärungen wurden von G und S abgegeben, wobei S, wie bereits im obigen Fall festgestellt, als Stellvertreter des A handelte. Eine wirksame Einigung lag demnach vor. Stellvertretung ist allerdings nur bei Willenserklärungen möglich, nicht bei Realakten. Für die Übergabe gilt aber § 855 BGB: S war bei diesem Geschäft Besitzdiener des A, d.h. mit Aushändigung der Vögel an S erfolgte die Übereignung an A; S selbst wurde nie Eigentümer. Folglich hat eine Eigentumsübertragung an A stattgefunden. Zudem ist S Besitzer der Vögel, ohne ein Recht zum Besitz zu haben, so dass die Voraussetzungen des § 985 BGB vorliegen. A kann von S Herausgabe verlangen. Weiter zu prüfen wäre ein Anspruch aus ungerechtfertigter Bereicherung nach § 812 BGB.

Fall 69:
B bittet ihre Freundin F, ihr vom Stadtbummel „irgendeine CD mit Volksmusik" mitzubringen. F wählt eine CD aus, erwähnt jedoch gegenüber der Verkäuferin mit keinem Wort, dass diese CD nicht für sie selbst, sondern für B erworben werden soll. Lag eine wirksame Stellvertretung vor?
Lösung: Es müssten die Voraussetzungen des § 164 BGB vorliegen. Zunächst müsste F eine eigene Willenserklärung abgegeben haben. Dies war der Fall, da sie bei der Wahl der CD Spielraum hatte. Des Weiteren müsste in fremdem Namen gehandelt worden sein. F gab jedoch nicht zu erkennen, für wen sie die CD erwerben wollte. Eine Ausnahme vom Erfordernis des Offenkundigkeitsprinzips wird allerdings beim sogenannten „Geschäft für den, den es angeht" gemacht. Dies sind Bargeschäfte des täglichen Lebens, bei denen es dem anderen Vertragsteil gleichgültig ist, wer sein Vertragspartner ist. Der Vertrag kommt mit demjenigen zustande, „den es angeht". Bei einem Geschäft wie dem Kauf einer CD ist es dem Verkäufer gleichgültig, wer sein Vertragspartner ist (so ist z.B. später zur Reklamation auch derjenige berechtigt, der einen Kassenzettel vorweisen kann, ob er tatsächlich Eigentümer ist, spielt keine Rolle). Dass F nicht ausdrücklich erwähnte, die CD sei für B, ist also unschädlich; das Geschäft „geht die B an". Da B der F auch Vollmacht erteilt hatte, lag eine wirksame Stellvertretung vor.

Fall 70:
V beschäftigt sich mit der Errichtung seines Einfamilienhauses. Er beauftragt den ortsansässigen Handwerker Stanislaus (St) mit dem Fenstereinbau. Laut Vereinbarung soll St – auf Namen und Rechnung des V – die Fenster selbst beim Hersteller Darius (D) besorgen. St gibt daraufhin folgende Bestellung bei D in Auftrag: „Hiermit bestelle ich 25 Fenster der Größe ..., Artikelnummer ...; bitte liefern Sie die Fenster am ... auf die Baustelle des V in ... Unterschrift St". Die Fenster werden bei V angeliefert und

eingebaut. Die Rechnung des D bleibt dagegen offen – V ist inzwischen zahlungsunfähig geworden. Als D St auf Zahlung in Anspruch nimmt, weigert sich dieser mit der Begründung, er habe nur in Vertretung des V gehandelt; sollte er dies nicht deutlich gemacht haben, so fechte er vorsorglich jede Willenserklärung an, die er abgegeben hat. Wie ist die Rechtslage?

Lösung: D hat gegen St einen Anspruch auf Zahlung des Kaufpreises nach § 433 Abs. 2 BGB, wenn zwischen D und St ein entsprechender Kaufvertrag geschlossen worden ist. Dies ist insofern zweifelhaft, als St zwar eine auf den Abschluss eines Kaufvertrages gerichtete Willenserklärung abgegeben hat, hiermit aber in Vertretung für V handeln und nicht etwa sich selbst verpflichten wollte. Nach § 164 Abs. 1 BGB setzt eine wirksame Stellvertretung voraus, dass die Willenserklärung erkennbar „im Namen des Vertretenen" abgegeben wird („Offenkundigkeitsprinzip"). Hierbei ist auf allgemeine Auslegungsgrundsätze zurückzugreifen: Empfangsbedürftige Willenserklärungen sind so auszulegen, wie sie der Erklärungsempfänger nach Treu und Glauben unter Berücksichtigung der Verkehrssitte verstehen musste (Maßgeblichkeit des „objektiven Empfängerhorizontes"; §§ 133, 157 BGB). Im vorliegenden Fall durfte D davon ausgehen, dass St selbst Vertragspartner werden wollte: Die Bestellung wurde von St ausdrücklich im eigenen Namen aufgegeben („Hiermit bestelle ich… Unterschrift St"); Hinweise auf den Vertretungswillen des St wie etwa der Zusatz „im Auftrag" oder „für V" finden sich nicht. Auch aus den äußeren Umständen (vgl. § 164 Abs. 1 S. 2 BGB) ergibt sich nicht, dass die Erklärung im Namen des V erfolgen sollte; allein aus dem Hinweis auf den Zielort der Lieferung ließ sich dies für D nicht erkennen. Der Kaufvertrag ist daher zwischen D und St geschlossen worden. Ansprüche des D aus § 433 Abs. 2 BGB bestehen dennoch nicht, wenn St seine Willenserklärung wirksam angefochten hat und damit das Rechtsgeschäft gem. § 142 Abs. 1 BGB von Anfang an nichtig wäre. Als Anfechtungsgrund kommt ein Inhaltsirrtum des St nach § 119 Abs. 1, 1. Fall BGB in Betracht. Die Möglichkeit zur Anfechtung wird jedoch im Bereich des Stellvertretungsrechtes durch die (sprachlich schwer verständliche) Vorschrift des § 164 Abs. 2 BGB eingeschränkt: Dem St ist der Einwand abgeschnitten, er habe sich nicht selbst verpflichten wollen, wenn er dies bei Abgabe seiner Willenserklärung nicht hinreichend deutlich macht. Eine wirksame Anfechtung des Rechtsgeschäftes liegt daher nicht vor. St ist demzufolge verpflichtet, den Kaufpreis an D zu zahlen.

Fall 71:

E ist Inhaberin eines Baugeschäfts. Um die geschäftlichen Angelegenheiten kümmert sich ausschließlich ihr Ehemann M, der allgemein von der örtlichen Geschäftswelt als Inhaber des Betriebes angesehen wird. M bestellt für das Geschäft bei Ölhändler Ö 30000 l Heizöl. Als Ö von M Zahlung verlangt, stellt sich heraus, dass M völlig mittellos ist. Kann Ö von E Bezahlung verlangen?

Lösung: Ein Anspruch des Ö gegen E kann sich aus § 433 Abs. 2 BGB ergeben, wenn M die E wirksam vertreten hat. Dies könnte daran scheitern, dass M nicht nach außen kundgetan hat, dass er für E handele (Offenkundigkeitsprinzip). Wenn aber jemand für ein Unternehmen Bestellungen tätigt, ergibt es sich aus den Umständen, dass der Betriebsinhaber verpflichtet werden soll. Das Offenkundigkeitsprinzip ist deshalb gewahrt. Die Vertretungsmacht des M ergibt sich entweder aus einer durch E tatsächlich erteilten Vollmacht oder aus dem Gesichtspunkt der Duldungsvollmacht.

Fall 72:
A ist als Autoverkäufer beim Gebrauchtwagenhändler V beschäftigt. Als sich K für einen bestimmten Gebrauchtwagen interessiert, versichert ihm A wahrheitswidrig in Kenntnis der Sachlage, dass es sich nicht um einen Unfallwagen handle. Ein entsprechender Kaufvertrag wird abgeschlossen. Danach erfährt K, dass der Wagen einen schweren Unfall hatte. V verlangt trotzdem die Bezahlung des vereinbarten Kaufpreises. Zum Einwand des K meint er, dies gehe ihn nichts an, man könne ihm nicht nachweisen, dass er vom Unfall Kenntnis hatte. Muss K bezahlen?
Lösung: Als Anspruchsgrundlage des V gegen K kommt § 433 Abs. 2 BGB in Betracht. Dies setzt voraus, dass ein wirksamer Kaufvertrag abgeschlossen wurde. A hat nach § 164 Abs. 1 S. 1 BGB als Stellvertreter für V gehandelt, so dass zwischen K und V ein Vertrag über den Verkauf des betreffenden Gebrauchtwagens zustande kam. Der Vertrag könnte jedoch gem. § 142 Abs. 1 BGB nach erfolgter Anfechtung durch K rückwirkend unwirksam geworden sein. Als Anfechtungsgrund kommt arglistige Täuschung nach § 123 Abs. 1 BGB in Betracht. In der wahrheitswidrigen Versicherung, es handle sich um ein unfallfreies Fahrzeug, liegt eine arglistige Täuschung. Dass die Täuschung nicht vom Vertragsgegner V, sondern von dessen Stellvertreter A verübt wurde, ist ohne Belang, da hierbei nach § 166 Abs. 1 BGB auf die Kenntnis des Vertreters abzustellen ist. Da A als Vertreter auch nicht „Dritter" im Sinne des § 123 Abs. 2 BGB ist, kann K wegen der von A verübten, dem V zuzurechnenden Täuschung nach § 123 Abs. 1 BGB anfechten, so dass nach § 142 BGB das Rechtsgeschäft als von Anfang an nichtig anzusehen ist und mangels wirksamen Kaufvertrages die Anspruchsgrundlage für die Bezahlung des Kaufpreises entfällt. *Hinweis:* Weitere Möglichkeiten des K aus kaufrechtlicher Gewährleistung sowie Deliktsrecht bleiben unberührt. Eine Anfechtung wegen Eigenschaftsirrtums nach § 119 Abs. 2 BGB ist jedoch wegen des Vorrangs der Mängelrechte ausgeschlossen.

Fall 72 a:
G will bei einer Auktion eine Vase des D ersteigern. Er schickt seinen Vertreter V, um für ihn mitzubieten. G will keinesfalls mehr als 2.000 € ausgeben. Als er V die Vollmacht erteilt, verspricht (bzw. verschreibt) er sich

und formuliert: „Maximal 20.000 €". V ersteigert die Vase für 15.000 €, weshalb G den ganzen Kaufvertrag mit D anfechten will. Kann er das? **Lösung:** G kann den Kaufvertrag nur anfechten, wenn ein Anfechtungsgrund vorliegt. In Betracht kommt eine Anfechtung wegen Irrtums nach § 119 Abs. 1 2. Alt. (Erklärungsirrtum). Gem. § 166 Abs. 1 BGB ist im Falle der Stellvertretung darauf abzustellen, ob sich der Vertreter beim Vertragsschluss irrte, was vorliegend nicht der Fall war. Allerdings irrte sich G als er D Vollmacht erteilte. Bei dieser Willenserklärung unterlag er einem Erklärungsirrtum gem. § 119 Abs. 1, 2. Alt. BGB. Dies berechtigt ihn nach h.M. zur Anfechtung der Vollmachtserteilung. Zum Schutz des D muss V diese Anfechtung aber entgegen § 143 Abs. 3 BGB auch gegenüber D erklären, da durch die Anfechtung ja letztlich der Kaufvertrag zu Fall gebracht werden soll. Die Interessen des D werden dadurch gewahrt, dass er gem. § 122 Abs. 1 BGB gegen G einen Anspruch auf Ersatz seines Vertrauensschadens hat.

Fall 73:
V beauftragt seinen Angestellten A, von D ein Gemälde zu erwerben. A kauft daraufhin im Namen des V das Bild, lässt es sich von D aushändigen und liefert es bei seinem Auftraggeber ab. Ist V Eigentümer des Bildes geworden, wenn (a) zwar A, nicht jedoch V wusste, dass D nicht Eigentümer des Gemäldes war? (b) Wie ist die Rechtslage, wenn zwar V, nicht jedoch A wusste, dass D nicht Eigentümer des Gemäldes war?
Lösung: Da D nicht Eigentümer war, konnte V nur kraft guten Glaubens nach § 932 BGB Eigentum erwerben. Dies setzt seine Gutgläubigkeit voraus. Im Fall (a) greift § 166 Abs. 1 BGB ein: Die Kenntnis des Stellvertreters von der wahren Eigentumslage macht auch den Vertretenen bösgläubig, so dass ein gutgläubiger Eigentumserwerb scheitert. Im Fall (b) greift § 166 Abs. 2 BGB ein: Wenn der Vertreter nach Weisungen des Vollmachtsgebers gehandelt hat (dieser Begriff ist weit auszulegen und findet im vorliegenden Fall auf die Beauftragung des A Anwendung), kann sich der Vertretene nicht auf die Unkenntnis des Vertreters berufen. Auch im zweiten Fall war deshalb kein gutgläubiger Erwerb möglich.

Fall 74:
Unternehmer U beschäftigt mehrere Handelsvertreter für den Vertrieb seiner Waren. Diese unternehmen ihre Geschäftsfahrten mit dem eigenen PKW. U kommt aber für die Benzinkosten auf. Aus Gründen der Verwaltungsvereinfachung hat U dem Tankstelleninhaber T eine Liste seiner Handelsvertreter übergeben und mit ihm vereinbart, dass die Vertreter an seiner Tankstelle bargeldlos tanken dürfen. Nach dem Auftanken der Wagen wird der geschuldete Betrag von T jeweils in eine Liste eingetragen und am Monatsende mit U abgerechnet. Eines Tages muss U feststellen, dass sein Handelsvertreter H ihm anvertraute Waren unterschlagen hat. Empört kündigt er dem H fristlos. Auf dem Weg nach Hause beschließt H,

ein letztes Mal „kostenlos" zu tanken und füllt seinen Tank bei T nach dem bekannten Verfahren. T war von U über die Kündigung des H noch nicht informiert worden. Muss U für diese Tankfüllung aufkommen?

Lösung: T könnte ein Anspruch aus § 433 Abs. 2 BGB zustehen. Dies setzt voraus, dass H bei Abschluss des Kaufvertrages über das Benzin den U wirksam vertreten hat. Nach § 164 Abs. 1 BGB müsste H daher im Namen des U und mit Vertretungsmacht gehandelt haben. Da H im üblichen Verfahren getankt hat, ergibt sich aus den äußeren Umständen, dass er im Namen des U aufgetreten ist (§ 164 Abs. 1 Satz 2 BGB). Fraglich ist, ob H mit Vertretungsmacht gehandelt hat: U hat H mit Übergabe der Namensliste an T die Vertretungsmacht zum Abschluss von Kaufverträgen in der speziellen Form der „Außenvollmacht" erteilt (vgl. § 166 Abs. 2 i.V.m. § 167 Abs. 1, 2. Fall BGB). Diese Vollmacht war an sich mit der fristlosen Kündigung des der Vollmachtserteilung zugrunde liegenden Rechtsverhältnisses erloschen (§ 168 BGB). U kann sich auf das Erlöschen der Vollmacht aber nicht berufen, wenn einer der Fiktionstatbestände der §§ 170 ff. BGB eingreift. Im vorliegenden Fall kommt § 170 BGB zur Anwendung: Gegenüber T bleibt die dem H erteilte Außenvollmacht wirksam, bis ihm das Erlöschen von U angezeigt wird. Eine solche Anzeige war jedoch im Zeitpunkt des Vertragsschlusses noch nicht erfolgt. Somit ist ein Kaufvertrag zwischen U und T geschlossen worden; U muss das Benzin bezahlen.

Fall 75:
M ist Sammler ausländischer Briefmarken. Um ihm eine Freude zu bereiten, bestellt seine Freundin F in seinem Namen bei Briefmarkenhändler B einmal jährlich die Neuerscheinungen auf dem deutschen Philatelie-Markt. Bisher hatte M diese Lieferungen, von denen er wusste, dass sie durch seine Freundin veranlasst waren, immer freudig entgegengenommen und die Rechnungen bezahlt. Nach einigen Jahren bemerkt er jedoch, dass seine Sammlerleidenschaft bezüglich der deutschen Marken endgültig erloschen ist und verweigert, als B ihm für eine erneute Lieferung die Rechnung zuschickt, die Zahlung. Kann B von M Zahlung der Lieferung verlangen?

Lösung: B könnte von M Zahlung gem. § 433 Abs. 2 BGB verlangen, wenn zwischen ihnen ein wirksamer Kaufvertrag zustande gekommen wäre. M selbst hat keine Willenserklärung hinsichtlich des Vertragsschlusses abgegeben; es könnte jedoch F als seine Stellvertreterin i.S.d. § 164 BGB gehandelt haben. F hat eine eigene Willenserklärung in fremdem Namen abgegeben. Fraglich ist jedoch, ob sie Vertretungsmacht hatte. Eine ausdrückliche Vollmachtserteilung durch M lag nicht vor. Da M wusste, dass F für ihn handelte und dies über Jahre hinweg geduldet hatte, liegt eine Duldungsvollmacht vor. F handelte somit als Stellvertreterin des M, so dass ein Vertrag zwischen M und B zustande kam, aufgrund dessen B von M Bezahlung verlangen kann.

Fall 76:
S ist Angestellter bei der F-Bau GmbH. Er wird von der Geschäftsleitung
zur Baumaschinenausstellung nach München geschickt, um sich über die
Neuerungen zu informieren und der Geschäftsleitung Bericht zu erstatten. Eine Vollmacht zum Ankauf von Maschinen wird ihm nicht erteilt.
Auf der Messe entdeckt S eine äußerst günstige Gelegenheit zum Erwerb
einer Asphaltiermaschine. Da er annimmt, die Geschäftsleitung werde mit
einem Ankauf einverstanden sein, schließt er im Namen seiner Firma mit
dem Baumaschinenverkäufer B einen diesbezüglichen Vertrag ab, erklärt
jedoch ausdrücklich, dass er „im Moment noch keine Legitimation habe".
F beurteilt die technischen Möglichkeiten der Maschine skeptisch und will
von einem Ankauf Abstand nehmen. Nunmehr verlangt B entweder von
F Abnahme oder von S Schadensersatz. Wie ist die Rechtslage?

Lösung:
(a) B könnte von F Bezahlung und Abnahme der Maschine nach § 433
Abs. 2 BGB verlangen, wenn zwischen B und F ein entsprechender Kaufvertrag abgeschlossen wurde. Für F hat S gehandelt, so dass ein Vertrag
zwischen F und B von einer wirksamen Stellvertretung des S abhängt. S
hat beim Kauf der Maschine gem. § 164 Abs. 1 BGB eine eigene Willenserklärung im Namen der F abgegeben. Es fehlte ihm aber die erforderliche
Vertretungsmacht. Schließt jemand ohne Vertretungsmacht im Namen
eines anderen einen Vertrag, so hängt die Wirksamkeit des Vertrags für
und gegen den Vertretenen nach § 177 Abs. 1 BGB von dessen Genehmigung (vgl. § 184 BGB) ab. Da F die Genehmigung verweigert, wird der
Vertrag zwischen F und B endgültig unwirksam. Somit hat B keine Ansprüche gegen F.
(b) Zu prüfen sind Ansprüche des B gegen S. Als Anspruchsgrundlage
kommt § 179 Abs. 1 BGB in Betracht. Danach wäre S als Vertreter ohne Vertretungsmacht B gegenüber nach dessen Wahl zur Erfüllung oder zum
Schadensersatz verpflichtet, wenn die Vertretene (F) die Genehmigung
des Vertrages verweigert. Jedoch haftet der Vertreter gem. § 179 Abs. 3 S. 1
BGB nicht, wenn der andere Teil den Mangel der Vertretungsmacht kannte oder kennen musste. S hat deutlich erklärt, dass er keine Abschluss-
vollmacht habe. B war somit der Mangel der Vertretungsmacht bekannt.
B kann also von S weder Abnahme noch Schadenersatz verlangen.

Fall 77:
Geschäftsmann G aus Stuttgart hält sich beruflich öfter in Hamburg auf.
Daher entschließt er sich, dort eine kleine Wohnung anzumieten. Zu diesem Zweck hinterlässt er vor einer mehrwöchigen Geschäftsreise seiner
Sekretärin S eine schriftliche Nachricht, in der er sie beauftragt, in Hamburg ein Appartement für ihn anzumieten. Die Höhe des noch akzepta-
blen Mietpreises gibt er mit 2000 Euro an. Beim Notieren dieses Betrages
hatte G sich jedoch verschrieben; er wollte nur bis 1000 Euro gehen. S
schließt mit einem Hamburger Vermieter V einen Mietvertrag ab zu einem

Preis von 1950 Euro monatlich. G erfährt nach seiner Rückkehr davon und möchte vom Mietvertrag Abstand nehmen. Muss G die Miete bezahlen? **Lösung:** V könnte gegen G einen Anspruch auf Mietzahlung haben, wenn ein entsprechender Mietvertrag zustande kam. Dieser wurde zwischen V einerseits und G, vertreten durch S, andererseits abgeschlossen. Der Vertrag könnte jedoch gem. § 142 Abs. 1 BGB nichtig sein. Dies setzt voraus, dass G anfechtungsberechtigt ist. Zu denken ist an eine Anfechtung des Mietvertrages, da G sich bei der Preisangabe geirrt hatte. Gem. § 166 Abs. 1 BGB kommt es jedoch für einen Irrtum nicht auf die Person des Vertretenen, sondern auf die Person des Vertreters an. Die Sekretärin des G hatte sich aber nicht geirrt. Zu prüfen ist deshalb, ob G die Vollmachtserteilung anfechten kann. Ein Anfechtungsgrund liegt vor, denn G war einem Erklärungsirrtum unterlegen, § 119 Abs. 1 2. Alt. BGB. Umstritten ist jedoch, ob die Anfechtung einer bereits ausgeübten Innenvollmacht, wie sie hier vorlag, überhaupt möglich ist. Während eine Meinung in der Literatur dies mit dem Argument verneint, der Partner des Vertretergeschäfts, der nichts von etwaigen Irrtümern bei der Beauftragung wissen könne, sei zu schützen, lässt die überwiegende Meinung die Anfechtung zu. Anfechtungsgegner ist in einem solchen Fall aber nicht allein der Bevollmächtigte, sondern auch der Geschäftspartner, da Ziel der Anfechtung in erster Linie die Aufhebung des mit diesem geschlossenen Vertrags ist. G müsste demnach die Anfechtung gegenüber S und dem Vermieter V erklären. *Hinweis*: G wäre dann dem V gegenüber aus § 122 Abs. 1 BGB schadenersatzpflichtig.

Fall 77 a:
Opa O schickt den ihn betreuenden Zivildienstleistenden Z in den nahegelegenen Tabakwarenladen des T mit dem Auftrag, ihm zwei Zigarren einer gängigen Marke zum Preis von je 5 Euro zu besorgen. Zu diesem Zweck gibt er Z einen Zehn-Euro-Schein mit auf den Weg. Angesichts des vielfältigen Angebots im Tabakwarenladen kann sich Z nicht zurückhalten und kauft „für den O auf dessen ausdrücklichen Wunsch hin" fünf Cohiba-Zigarren und zwei Päckchen Edel-Zigarillos. Wegen des Restgeldes solle T sich an O selbst wenden. Da O öfter anschreiben lässt, ist T einverstanden. Als Z zurückkommt, verweigert O seine Zustimmung zu den Eskapaden des Z. Kann T von O Bezahlung verlangen?
Lösung: T könnte gegen O einen Anspruch auf Zahlung des Kaufpreises gem. § 433 Abs. 2 BGB haben, wenn ein wirksamer Kaufvertrag zustande gekommen ist. Beim Vertragsabschluss trat Z als Bote auf. Eine Stellvertretung durch Z i.S.v. § 164 BGB scheidet hier aus, da Z keine *eigene*, sondern eine *fremde* Willenserklärung geäußert hat. Die Frage ist aber, wie es sich auswirkt, dass Z den Einkauf gegen den Willen des O getätigt hat. Man könnte daran denken, O ein Anfechtungsrecht nach § 120 BGB zuzugestehen, da seine Willenserklärung unrichtig übermittelt wurde. Nach h.M. ist jedoch § 120 BGB nicht auf den Fall anzuwenden, in dem der Bote die Erklärung bewusst falsch übermittelt. Eine solche Verfälschung der Willens-

erklärung könne seinem Auftraggeber nicht zugerechnet werden und daher fehle es schon am Zugang der durch den Auftraggeber abgegebenen Erklärung. Somit ist kein Kaufvertrag zwischen T und O zustande gekommen. T hat gegen O keinen Anspruch auf Bezahlung. T kann sich jedoch nach den Regeln über die Vertretung ohne Vertretungsmacht an Z halten, da §§ 177 ff. BGB auf den Exzess des Boten analog anwendbar sind.

Fall 78:
Stanislaus (St) ist als kaufmännischer Angestellter bei der Firma Veronika-Moden (V) beschäftigt. Er erhält den Auftrag, für V ein attraktives Verkaufslokal anzumieten. Trotz mehrerer Inserate und verschiedener Besuche bei Maklerbüros gelingt es ihm nicht, ein entsprechendes Objekt ausfindig zu machen. In dieser Situation kommt ihm ein Zufall zur Hilfe: Durch einen Erbfall wird er Eigentümer eines Hauses, das sich für die gewünschten Zwecke bestens eignen würde und sich in hervorragender Geschäftslage befindet. Da ihm die Firma V einen vorgefertigten Mietvertrag ausgestellt hatte, bei dem nur noch Name und Unterschrift des Vermieters einzusetzen waren, setzt er als Namen des Vermieters seinen eigenen Namen ein und unterschreibt an der vorbezeichneten Stelle als Vermieter. Muss V die Miete bezahlen?
Lösung: Als Anspruchsgrundlage kommt § 535 Abs. 2 BGB in Betracht. Dies setzt den Abschluss eines wirksamen Mietvertrages voraus. Fraglich ist, ob St als Vertreter der V mit sich selbst in eigenem Namen den Vertrag abschließen konnte. Es liegt ein Fall des Selbstkontrahierens nach § 181 1. Alt. BGB vor. § 181 BGB bestimmt, dass ein Vertreter unter diesen Umständen ein Rechtsgeschäft nicht vornehmen „kann". Man ist sich jedoch einig, dass ein Verstoß hiergegen nicht zur Nichtigkeit des Vertrages, sondern lediglich zur schwebenden Unwirksamkeit führt. V kann also den von St abgeschlossenen Vertrag – je nach Geeignetheit des Objekts und der Miethöhe – genehmigen und wird dann aus diesem Vertrag berechtigt und verpflichtet.

Fall 79:
Die Eltern E räumen auf Anraten ihres Steuerberaters ihrem 6-jährigen Sohn S eine stille Beteiligung an ihrem Geschäftsbetrieb ein. Ein entsprechendes Schriftstück wird aufgesetzt und von beiden Eltern unterschrieben. Später will das zuständige Finanzamt bei der Einkommensteuerveranlagung diesen Vertrag nicht anerkennen. Was ist hierzu zu sagen?
Lösung: Ein Rechtsgeschäft unter Familienangehörigen wird in der Finanzrechtsprechung nur dann steuervermeidend berücksichtigt, wenn bei seinem Abschluss die Vorschriften des Zivilrechtes eingehalten worden sind. Dies ist im vorliegenden Fall zweifelhaft. Die Eltern haben auf der einen Seite für sich selbst und auf der anderen Seite als Vertreter für den minderjährigen Vertragspartner S gehandelt (§ 1629 BGB). Hierin liegt ein Verstoß gegen § 181 BGB. Im Gegensatz zum Fall der rechtsgeschäftlich er-

teilten Vertretungsmacht kann aber bei der gesetzlichen Vertretung Minderjähriger der Vertretene (mangels Geschäftsfähigkeit) das Insichgeschäft nicht selbst genehmigen. Eine Genehmigung wiederum durch die Eltern würde zu einem erneuten Insichgeschäft führen. Daher kann die Genehmigung allein von einem Ergänzungspfleger des Minderjährigen erteilt werden (§ 1909 BGB). Da es an dieser Voraussetzung fehlt, ist der Vertrag nicht nach den Erfordernissen des bürgerlichen Rechts abgeschlossen worden und kann insoweit vom Finanzamt nicht steuerbegünstigend berücksichtigt werden. Ggf. wären auch §§ 1643, 1822 Nr. 3 BGB einschlägig: Wenn durch den Gesellschaftsvertrag eine Verlustbeteiligung des Minderjährigen vorgesehen ist, muss zusätzlich die Genehmigung des Familiengerichts eingeholt werden.

VI. Bedingung, Zustimmung, Zeitbestimmung, Fristen, Verjährung, Verwirkung

Übersicht

Bedingung	*Begriff*: Bestimmung, wonach die Wirksamkeit des Rechtsgeschäfts von einem ungewissen, zukünftigen Ereignis abhängen soll.
	Arten: ● *aufschiebende Bedingung* (§ 158 Abs. 1 BGB): Rechtswirksamkeit des bedingten Rechtsgeschäfts tritt (erst) ein mit Bedingungseintritt ● *auflösende Bedingung* (§ 158 Abs. 2 BGB): Rechtswirksamkeit endigt mit Bedingungseintritt ● *echte Bedingung*: Bedingungstatbestand ist objektiv („echt") ungewiss ● *unechte Bedingung*: Bedingungstatbestand liegt bereits objektiv vor, ist aber den Parteien noch unbekannt.
Zustimmung	*Arten*: ● Einwilligung (vorherige Zustimmung, § 183 BGB) ● Genehmigung (nachträgliche Zustimmung, § 184 Abs. 1 BGB)
Zeitbestimmung (= Befristung)	*Anfangstermin*: Regeln über die aufschiebende Bedingung analog (§ 163 BGB) *Endtermin*: Regeln über die auflösende Bedingung analog (§ 163 BGB)

Fristen	*Fristbeginn*: § 187 Abs. 1, aber § 187 Abs. 2 BGB! *Fristende*: Ablauf des letzten Tages maßgebend (§ 188 BGB)

Verjährung	*Rechtsfolge*: Leistungsverweigerungsrecht (Einrede), § 214 BGB – Prozesspartei muss sich auf Einrede berufen –
	
	 Verjährungsfristen:
	 (a) allgemeine Verjährungsfrist: 3 Jahre (§ 195 BGB)
	 (b) andere Verjährungsfristen:
	 • 10 Jahre bei Rechten an einem Grundstück (§ 196 BGB)
	 • 30 Jahre bei (§ 197 BGB):
	   – Herausgabeansprüchen aus Eigentum und anderen dinglichen Rechten;
	   – familien- und erbrechtlichen Ansprüchen;
	   – rechtskräftig festgestellten Ansprüchen;
	   – Ansprüchen aus vollstreckbaren Vergleichen oder vollstreckbaren Urkunden;
	   – Ansprüche, die durch die im Insolvenzverfahren erfolgte Feststellung vollstreckbar geworden sind.
	
	 Verjährungsbeginn:
	 (a) *bei regelmäßiger Verjährung*: mit Jahresschluss nach Entstehung des Anspruchs und Kenntnis der anspruchsbegründenden Umstände und der Person des Schuldners (§ 199 Abs. 1 BGB)
	 (b) *bei anderer Verjährung*:
	   – mit Entstehung des Anspruchs (§ 200 BGB), soweit nicht ein anderer Verjährungsbeginn bestimmt ist (z.B. § 852 S. 2 BGB; 12 Abs. 3 PflVG)
	   – mit Rechtskraft der Entscheidung (§ 201 BGB)
	 Neubeginn der Verjährung (Verjährung beginnt erneut, § 212 BGB)
	 • bei Anerkenntnis
	 • bei Beantragung oder Vornahme einer gerichtlichen oder behördlichen Vollstreckungshandlung

	Hemmung der Verjährung (Zeitraum der Hemmung wird nicht eingerechnet, §§ 203–208 BGB), z.B.: • Verhandlungen zwischen Schuldner und Gläubiger über den Anspruch (§ 203 BGB) • Erhebung von Leistungs- und Feststellungsklage (§ 204 Abs. 1 Nr. 1 BGB) • Zustellung des Mahnbescheids im Mahnverfahren (§ 204 Abs. 1 Nr. 3 BGB) • Geltendmachung der Aufrechnung des Anspruchs im Prozess (§ 204 Abs. 1 Nr. 5 BGB) • mit dem Gläubiger vereinbarte vorübergehende Leistungsverweigerung (Stundung; § 205 BGB)

	● höhere Gewalt (§ 206 BGB) ● familiäre und ähnliche Gründe (§ 207 BGB)
Verwirkung	Unterfall des Rechtsmissbrauchs (§ 242 BGB): 2 *Tatbestandserfordernisse:* ● Durch die Nichtausübung eines Rechts hat der Berechtigte beim Anspruchsgegner den Eindruck erweckt, den Anspruch nach Zeitablauf nicht mehr geltend machen zu wollen. ● Der Anspruchsgegner hat sich hierauf eingerichtet. *Rechtsfolge:* Anspruch erlischt (Einwendung, d.h. von Amts wegen im Prozess zu berücksichtigen).

Fragen

Frage 147:
Was ist das Kennzeichen eines bedingten Rechtsgeschäfts i.S.d. § 158 BGB?
Antwort: Das bedingte Rechtsgeschäft ist tatbestandlich vollendet und voll gültig, seine Rechtswirkungen sind jedoch bis zum Eintritt (aufschiebende Bedingung, § 158 Abs. 1 BGB) oder Ausfall (auflösende Bedingung, § 158 Abs. 2 BGB) in der Schwebe.

Frage 147 a:
Welche Formen der Bedingung unterscheidet § 158 BGB?
Antwort:
a) Abs. 1 (aufschiebende Bedingung): Das Wirksam*werden* des Rechtsgeschäfts ist vom Eintritt eines künftigen, ungewissen Ereignisses abhängig.
b) Abs. 2 (auflösende Bedingung): Das Wirksam*bleiben* des Rechtsgeschäfts ist vom Eintritt eines künftigen, ungewissen Ereignisses abhängig.

Frage 148:
Was versteht man unter einer „Rechtsbedingung"?
Antwort: Es werden solche Umstände zur Bedingung gemacht, die schon kraft Gesetzes für den Eintritt der Rechtsfolge erforderlich sind (z.B. eine behördliche Genehmigung). Die §§ 158 ff. BGB gelten für die Rechtsbedingung daher nicht.

Frage 149:
Ist folgender Schenkungsvertrag bedingt oder befristet: Für den Fall meines Todes schenke ich dem X bzw. seinen Erben meine goldene Uhr.
Antwort: Eine Bedingung liegt nur vor, wenn auf ein zukünftiges, ungewisses Ereignis abgestellt wird. Da die Schenkung nicht davon abhängt, dass der X den Schenker überlebt (dies wäre eine Bedingung), wird die Schenkung lediglich an den Tod des Schenkers geknüpft. Da der Tod des

Schenkers gewiss ist (mors certa, hora incerta) handelt es sich mangels Ungewissheit des Ereignisses im vorliegenden Fall um keine Bedingung sondern um eine Befristung.

Frage 150:
Können die Parteien jedes Rechtsgeschäft bedingt abschließen?
Antwort: Nein, es gibt bedingungsfeindliche Rechtsgeschäfte, insbesondere unter dem Gesichtspunkt der Rechtsklarheit (vgl. z.B. § 388 S.2 BGB: Bedingungsfeindlichkeit der Aufrechnungserklärung; § 1750 Abs.2 BGB: Bedingungsfeindlichkeit der Einwilligungserklärung zur Adoption). Grundsätzlich bedingungsfeindlich ist auch die Ausübung von Gestaltungsrechten (z.B. Anfechtung, Rücktritt, Kündigung). Der Erklärungsempfänger soll vor einer ungewissen Lage geschützt werden. Dagegen sind Bedingungen zulässig, deren Eintritt vom Willen des Erklärungsempfängers abhängig sind (sog. „Potestativbedingungen").

Frage 151:
Welchen Schutz gewährt das BGB, wenn eine Partei den Eintritt der Bedingung wider Treu und Glauben verhindert?
Antwort: In diesem Fall gilt nach § 162 Abs.1 BGB die Bedingung als eingetreten.

Frage 152:
Welche Verfügung ist wirksam, wenn jemand unter einer Bedingung verfügt hat und vor Eintritt der Bedingung noch einmal über denselben Gegenstand verfügt?
Antwort: Hat jemand unter einer aufschiebenden Bedingung über einen Gegenstand verfügt, so ist nach § 161 Abs.1 BGB jede weitere Verfügung, die er während der Schwebezeit über den Gegenstand trifft, insoweit unwirksam, als sie die von der Bedingung abhängige Wirkung vereiteln oder beeinträchtigen würde. Dasselbe gilt für auflösende Bedingungen, § 161 Abs.2 BGB. Rechtsgeschäftlichen Verfügungen stehen solche gleich, die während der Schwebezeit im Wege der Zwangsvollstreckung, der Arrestvollziehung oder durch den Insolvenzverwalter erfolgen.

Frage 153:
Wie werden in diesen Fällen gutgläubige Dritte geschützt?
Antwort: Nach § 161 Abs.3 BGB finden die Vorschriften über den gutgläubigen Erwerb entsprechende Anwendung. Es ist also der Erwerb vom Zwischenverfügenden möglich, wenn der Geschäftsgegner hinsichtlich der vorausgegangenen Verfügung gutgläubig war (vgl. §§ 932 ff., 891 f. BGB).

Frage 154:
Wird ein durch einen Nichtberechtigten vorgenommenes Verfügungsgeschäft durch Zustimmung des Berechtigten wirksam?

Antwort: Die Verfügung eines Nichtberechtigten ist wirksam, wenn der Berechtigte zugestimmt hat. Die Zustimmung kann vor der Verfügung (§ 185 Abs. 1 BGB) oder danach (§ 185 Abs. 2 1. Alt. BGB) erfolgen.

Frage 155:
Gegenüber wem muss die Zustimmung erklärt werden? Wie wirkt sich die fehlende Zustimmung bis zu ihrer Erklärung oder Verweigerung aus?
Antwort:
(a) Die Zustimmung kann sowohl gegenüber demjenigen erklärt werden, dessen Willenserklärung zustimmungsbedürftig ist, als auch gegenüber dem Erklärungsempfänger (§ 182 Abs. 1 BGB).
(b) Solange die Zustimmung oder ihre Verweigerung nicht erklärt wurde, ist das Rechtsgeschäft schwebend unwirksam. Das heißt, dass es zunächst unwirksam ist und mit der Erklärung der Genehmigung nachträglich von Anfang an wirksam wird (§ 184 Abs. 1 BGB).

Frage 156:
Wird bei der Fristberechnung jeweils der erste Tag mitgerechnet?
Antwort: Man muss unterscheiden: Ist für den Anfang einer Frist ein Ereignis oder ein in den Lauf eines Tages fallender Zeitpunkt maßgebend, so wird bei der Berechnung der Frist der Tag nicht mitgerechnet, in welchen das Ereignis oder der Zeitpunkt fällt (§ 187 Abs. 1 BGB). Ist aber der Beginn eines Tages der für den Anfang einer Frist maßgebende Zeitpunkt, so wird dieser Tag bei der Berechnung der Frist mitgerechnet (§ 187 Abs. 2 BGB).

Frage 157:
Wie wird eine Frist berechnet, die nach Tagen, Wochen oder Monaten bestimmt ist?
Antwort: Für die nach Tagen bestimmte Frist gilt § 188 Abs. 1 BGB: Die Frist endet mit Ablauf des letzten Tages der Frist. Eine nach Wochen, Monaten oder Jahren bestimmte Frist endet gem. § 188 Abs. 2 BGB mit dem Ablauf desjenigen Tages der letzten Woche oder des letzen Monats, der durch seine Benennung oder Zahl dem Tag vorhergeht, der durch seine Benennung oder seine Zahl dem Anfangstag der Frist entspricht.

Frage 158:
Wie viele Tage sind bei einer Monatsfrist zugrunde zu legen?
Antwort: Nach § 191 BGB umfasst ein Monat 30 Tage, wenn der Monatszeitraum „nicht zusammenhängend zu verlaufen braucht".

Frage 159:
Können Sie ein Beispiel für eine Fristberechnung angeben, bei dem der Zeitraum der Frist „nicht zusammenhängend zu verlaufen braucht"?
Antwort: Wenn im Arbeitsvertrag des Arbeitnehmers A vereinbart ist, dass er einen „Jahresurlaub von einem Monat" habe, so sind unter einem Monat gem. § 191 BGB dreißig Tage zu verstehen.

Frage 160:
Welche Wirkung hat die Verjährung eines Anspruchs?
Antwort: Nach § 194 Abs. 1 BGB unterliegen Ansprüche der Verjährung. Nach Eintritt der Verjährung ist der Verpflichtete berechtigt, die Leistung zu verweigern (§ 214 Abs. 1 BGB). Die Verjährung gewährt also eine „Einrede", ein „Leistungsverweigerungsrecht" und zwar auf Dauer („peremtorische Einrede"). Hat der Schuldner trotz Verjährung geleistet, kann er die Leistung nicht mehr zurückfordern (vgl. § 214 Abs. 2 S. 1 BGB als Ausnahme zu § 812 Abs. 1 BGB).

Frage 161:
Ist die Verjährung im Prozess von Amts wegen zu berücksichtigen?
Antwort: Nein, es handelt sich um keine Einwendung, sondern um eine Einrede: Der Anspruch als solcher bleibt bestehen, es hängt vom Schuldner ab, ob er sich auf die Verjährung beruft („ein feiner Mann beruft sich nicht auf die Einrede der Verjährung"). Etwas anderes gilt für Ausschlussfristen (z.B. § 121 Abs. 1 BGB). Ihr Ablauf führt zum Erlöschen des Rechts und ist daher im Prozess von Amts wegen zu beachten.

Frage 162:
Welche Verjährungsfristen kennen Sie?
Antwort:
(a) Die regelmäßige Verjährungsfrist beträgt 3 Jahre (§ 195 BGB).
(b) Daneben kennt der Gesetzgeber andere Verjährungsfristen:
(aa) Nach § 196 BGB verjähren Ansprüche auf Übertragung des Eigentums an einem Grundstück sowie auf Begründung, Übertragung oder Aufhebung eines Rechts an einem Grundstück oder auf Änderung des Inhalts eines solchen Rechts sowie die Ansprüche auf die Gegenleistung in 10 Jahren.
(bb) In 30 Jahren verjähren Herausgabeansprüche aus Eigentum und anderen dinglichen Rechten (§ 197 Abs. 1 Nr. 1 BGB).
(cc) Ebenfalls 30 Jahre beträgt die Verjährungszeit u.a. bei rechtskräftig festgestellten Ansprüchen (§ 197 Abs. 1 Nr. 3 BGB).
(dd) Daneben kennt das Gesetz an verschiedenen Stellen gesonderte Verjährungsfristen für einzelne Ansprüche: so beträgt z.B. bei Mängelansprüchen im Kaufrecht die Verjährungszeit gem. § 438 Abs. 1 Nr. 3 BGB grundsätzlich 2 Jahre (diese Frist kann nach § 475 Abs. 2 BGB bei einem Verbrauchsgüterkauf nur bei gebrauchten Sachen auf 1 Jahr herabgesetzt werden. Im Übrigen bestehen folgende abweichende Verjährungsfristen: 3 Jahre bei Mängeln, die der Verkäufer arglistig verschwiegen hat (§ 438 Abs. 3 S. 1 BGB); 5 Jahre bei Bauwerken (§ 438 Abs. 1 Nr. 2 BGB); 30 Jahre bei Mängeln bzgl. eines dinglichen Rechts, auf Grund dessen Herausgabe der Kaufsache verlangt werden kann (§ 438 Abs. 1 Nr. 1 BGB). Weitere Beispiele: Ersatzansprüche nach Beendigung eines Mietverhältnisses verjähren in sechs Monaten. Ansprüche im Falle eines Verlöbnisbruchs verjähren nach § 1302 BGB in 2 Jahren, Pflichtteilsansprüche in 3 Jahren.

Frage 163:
Wann beginnt die Verjährungsfrist?
Antwort: Man muss unterscheiden:
(a) Bei Ansprüchen, die unter die regelmäßige Verjährungsfrist von 3 Jahren fallen, beginnt die Verjährung gem. § 199 Abs. 1 BGB mit dem Schluss des Jahres, in dem der Anspruch entstanden ist, und der Gläubiger von den den Anspruch begründenden Umständen und der Person des Schuldners Kenntnis erlangt oder ohne grobe Fahrlässigkeit erlangen müsste.
(b) Bei Ansprüchen, die nicht der regelmäßigen Verjährungsfrist unterliegen, beginnt die Verjährung mit der Entstehung des Anspruchs, soweit nicht ein anderer Verjährungsbeginn bestimmt ist (§ 200 BGB).
(c) Etwas anderes bestimmt ist z.b. in § 201 BGB, wonach rechtskräftig festgestellte Ansprüche, Ansprüche aus vollstreckbaren Vergleichen oder vollstreckbaren Urkunden und Ansprüche, die durch die im Insolvenzverfahren erfolgte Feststellung vollstreckbar geworden sind, gem. § 201 BGB mit der Rechtskraft der Entscheidung, der Errichtung des vollstreckbaren Titels oder der Feststellung im Insolvenzverfahren verjähren.
(d) Abweichend von § 200 BGB beginnt die Verjährung etwa im Kaufrecht bei Grundstücken mit der Übergabe, ansonsten mit der Übergabe der Sache (§ 438 Abs. 2 BGB). Im Werkvertragsrecht richtet sich der Beginn der Verjährung bei Ansprüchen, die nicht der regelmäßigen Verjährung unterliegen, nach der Abnahme (§ 634 a Abs. 2 BGB).

Frage 164
Welche Verjährungshöchstfristen kennen Sie?
Antwort:
(a) Schadenersatzansprüche, die auf der Verletzung des Lebens, des Körpers, der Gesundheit oder der Freiheit beruhen, verjähren ohne Rücksicht auf ihre Entstehung und die Kenntnis oder grob fahrlässige Unkenntnis in (spätestens) 30 Jahren von der Begehung der Handlung, der Pflichtverletzung oder dem sonstigen, den Schaden auslösenden Ereignis an (§ 199 Abs. 2 BGB).
(b) Sonstige Schadenersatzansprüche verjähren entweder ohne Rücksicht auf die Kenntnis oder grob fahrlässige Unkenntnis in (spätestens) 10 Jahren von ihrer Entstehung an, oder ohne Rücksicht auf ihre Entstehung und die Kenntnis oder grob fahrlässige Unkenntnis in (spätestens) 30 Jahren von der Begehung der Handlung, der Pflichtverletzung oder dem sonstigen, den Schaden auslösenden Ereignis an (§ 199 Abs. 3 BGB).
(c) Andere Ansprüche als Schadenersatzansprüche verjähren ohne Rücksicht auf die Kenntnis oder grob fahrlässige Unkenntnis in (spätestens) 10 Jahren von ihrer Entstehung an (§ 199 Abs. 4 BGB).

Frage 165:
Können Sie Beispiele von Umständen aufzählen, die zu einer Hemmung der Verjährung führen?

Antwort: Die Verjährung wird z.b. gehemmt durch Erhebung einer Klage auf Leistung oder Feststellung, auf Erteilung der Vollstreckungsklausel oder auf Erlass eines Vollstreckungsurteils (§ 204 Abs. 1 Nr. 1 BGB), durch die Zustellung eines Mahnbescheids im Mahnverfahren (§ 204 Abs. 1 Nr. 3 BGB), durch die Geltendmachung der Aufrechnung des Anspruchs im Prozess (§ 204 Abs. 1 Nr. 5 BGB), durch die Zustellung der Streitverkündung (§ 204 Abs. 1 Nr. 6 BGB), durch die Anmeldung des Anspruchs im Insolvenzverfahren (§ 204 Abs. 1 Nr. 10 BGB), durch eine Vereinbarung mit dem Gläubiger zur vorübergehenden Leistungsverweigerung (§ 205 BGB) sowie durch das Bestehen der Ehe bzw. Lebenspartnerschaft bei Ansprüchen zwischen den Ehegatten bzw. Lebenspartnern (§ 207 Abs. 1 S. 1 und 2 Nr. 1).

Frage 166:
Welche Wirkung hat die Verjährungshemmung?
Antwort: Nach § 209 BGB wird der Zeitraum, während dessen die Verjährung gehemmt ist, in die Verjährungsfrist nicht eingerechnet.

Frage 167:
Was versteht man unter der „Ablaufhemmung"?
Antwort: Die Ablaufhemmung tritt in 2 Fällen ein:
(a) Ist eine geschäftsunfähige oder in der Geschäftsfähigkeit beschränkte Person ohne gesetzlichen Vertreter, so tritt nach § 210 Abs. 1 BGB eine für oder gegen sie laufende Verjährung nicht vor dem Ablauf von 6 Monaten nach dem Zeitpunkt ein, in welchem die Person unbeschränkt geschäftsfähig wird oder der Mangel der Vertretung behoben wird.
(b) Die Ablaufhemmung bei Nachlasssachen bewirkt, dass die Verjährung eines Anspruchs, der zu einem Nachlass gehört oder sich gegen einen Nachlass richtet, nicht vor dem Ablauf von 6 Monaten nach dem Zeitpunkt eintritt, in welchem die Erbschaft von dem Erben angenommen oder das Insolvenzverfahren über den Nachlass eröffnet wird oder von welchem an der Anspruch von einem Vertreter oder gegen einen Vertreter geltend gemacht werden kann (§ 211 BGB).

Frage 168:
Wodurch erfolgt ein Neubeginn der Verjährung und welche Wirkung hat er?
Antwort:
(a) Die Verjährung beginnt erneut, wenn der Schuldner dem Gläubiger gegenüber den Anspruch durch Abschlagszahlung, Zinszahlung, Sicherheitsleistung oder in anderer Weise anerkennt oder eine gerichtliche oder behördliche Vollstreckungshandlung vorgenommen oder beantragt wird (§ 212 Abs. 1 BGB)
(b) Der Neubeginn hat die Wirkung, dass die Verjährungszeit erneut von vorne zu laufen beginnt, d.h. die „Verjährungsuhr" wird wieder auf „Null" gestellt.

Frage 169:
Wann verjährt ein durch rechtskräftiges Urteil festgestellter Anspruch?
Antwort: Nach § 197 Abs. 1 Nr. 3 BGB verjährt ein rechtskräftig festgestellter Anspruch in 30 Jahren.

Frage 170:
Welche Wirkung hat es, wenn der Gläubiger dem Schuldner zwar einen Mahnbescheid zustellen lässt, ansonsten aber nichts weiter unternimmt?
Antwort: Der Mahnbescheid hemmt nach § 204 Abs. 1 Nr. 3 BGB die Verjährung. Allerdings fällt die Wirkung des Mahnbescheids weg, wenn nicht binnen 6 Monaten nach Zustellung des Mahnbescheids der Vollstreckungsbescheid beantragt wird (§ 701 ZPO).

Frage 171:
Sind Vereinbarungen über die Verjährung zulässig?
Antwort: Grundsätzlich sind Vereinbarungen über die Verjährung zulässig. Es gibt jedoch Einschränkungen durch das Gesetz: Nach § 202 Abs. 1 BGB kann die Verjährung bei Haftung wegen Vorsatzes nicht im Voraus durch Rechtsgeschäft erleichtert werden; auch kann gem. § 202 Abs. 2 BGB keine längere Verjährungsfrist als 30 Jahre vereinbart werden. Bei Vereinbarungen über die Verjährung von Mängelrechten sind die §§ 309 Nr. 8 b) ff.) BGB zu beachten. Auch beim Verbrauchsgüterkauf gibt es eine Sonderregelung für die Verjährung der Mängelrechte in § 475 Abs. 2 BGB, wonach die Verjährung nicht weniger als 2 Jahre und beim Verkauf gebrauchter Sache nicht unter einem Jahr betragen darf.

Frage 172:
Kann auch das Recht zur Ausübung eines Gestaltungsrechts verjähren?
Antwort: Gestaltungsrechte können nicht verjähren, da die Wirkung der Verjährung abhängig davon ist, ob sich die andere Seite darauf beruft, was mit der gestaltenden Wirkung dieser Rechte nicht vereinbar wäre. Es gibt jedoch Ausschlussfristen, nach deren Ablauf das betreffende Gestaltungsrecht nicht mehr wirksam ausgeübt werden kann (z.B. §§ 121, 124, 532 BGB). Außerdem erstreckt § 218 BGB die Wirkung der Verjährung im Ergebnis auch auf das – als Gestaltungsrecht an sich unverjährbare – Rücktrittsrecht, wenn der Leistungs- oder Erfüllungsanspruch ausgeschlossen ist. Dies gilt gem. §§ 438 Abs. 4 und 634 a Abs. 4 BGB auch für das Recht zum Rücktritt aufgrund von Mängeln beim Kauf- oder Werkvertrag.

Frage 173:
Wie wirkt sich die Verjährung eines Anspruchs aus, für den eine Hypothek oder ein Pfandrecht bestellt wurde?
Antwort: Nach § 216 Abs. 1 BGB hindert die Verjährung des Anspruchs den Gläubiger nicht, seine Befriedigung aus dem belasteten Gegenstand zu suchen.

Fälle

Fall 80:

V liefert an K Waren im Wert von 50 000 Euro. Die Vertragspartner hatten vereinbart, dass „der Verkäufer bis zur Bezahlung des Kaufpreises sich das Eigentum vorbehält". Wie ist diese Klausel zu verstehen?

Lösung: V hat unter Eigentumsvorbehalt geliefert. Es liegt ein Kaufvertrag vor, mit dem die Regelung der §§ 433, 320 BGB in der Weise abgeändert worden ist, dass der Verkäufer seiner Pflicht zur Übereignung der Kaufsache erst nach vollständiger Kaufpreiszahlung nachkommen muss. Die Lieferung der Kaufsache an K hat nach der Auslegungsregel („im Zweifel") des § 449 Abs. 1 BGB folglich nicht die Wirkung einer Erfüllung der Verkäuferpflichten durch Übereignung der Kaufsache nach § 929 BGB. Die gem. § 929 BGB erforderliche Erklärung des Verkäufers über die Einigung hinsichtlich des Eigentumsüberganges steht vielmehr unter der aufschiebenden Bedingung (§ 158 Abs. 1 BGB) der vollständigen Kaufpreiszahlung. Bis zu diesem Zeitpunkt bleibt V Eigentümer der gelieferten Waren.

Fall 81:

Zwischen V und K kommt es im vorerwähnten Fall nach der Lieferung zu Meinungsverschiedenheiten. K ist daran interessiert, das Eigentum an den gelieferten Waren zu erlangen. Er übersendet V einen bestätigten Scheck über den noch ausstehenden Kaufpreis. V weigert sich, den (unstreitig gedeckten) Scheck anzunehmen. Später pfändet ein Gläubiger des K die bei diesem eingelagerten Waren. Kann V dagegen etwas unternehmen?

Lösung: V kann Zwangsvollstreckungsmaßnahmen von dritter Seite dann entgegentreten, wenn er noch Eigentümer der Ware ist. Prozessual müsste dies über die Drittwiderspruchsklage nach § 771 ZPO erfolgen, die u.a. voraussetzt, dass V ein „die Veräußerung hinderndes Recht" (hier: das Eigentum) hat. V war aufgrund des Eigentumsvorbehalts und damit der aufschiebend bedingten Übereignung Eigentümer geblieben. Mit der Bezahlung des Restkaufpreises tritt beim Eigentumsvorbehaltskauf die Bedingung ein. Vorliegend ist mangels Scheckannahme der Bedingungseintritt nicht erfolgt. Die Bedingung könnte jedoch gem. § 162 BGB als eingetreten gelten. V hat sich geweigert, den Scheck anzunehmen. Er hat damit den Bedingungseintritt vereitelt. Da dies ohne Grund und in Anbetracht der Umstände treuwidrig erfolgte, ist die Bedingung nach § 162 BGB eingetreten. K wurde Eigentümer der Ware. Eine Drittwiderspruchsklage des V hätte somit keine Aussicht auf Erfolg.

Fall 82:

Käufer K kauft beim Verkäufer V eine Video-Anlage unter Eigentumsvorbehalt. Noch vor Zahlung der letzten Kaufpreisrate moniert K die etwas mangelhafte Qualität beim Abspielen von Bändern und bringt das Gerät zum Zwecke der Nacherfüllung in Form der Mangelbeseitigung in das Geschäft des V zurück. Dort wird es aus Versehen als gebrauchtes Gerät an den Erwerber E verkauft, der das Gerät bar bezahlt und mitnimmt. K bietet die Zahlung der restlichen Rate an und ist der Meinung, dass er dann von E Herausgabe verlangen kann. Mit Recht?

Lösung: Als Anspruchsgrundlage kommt § 985 BGB in Betracht. Sie greift durch, wenn K Eigentümer des Gerätes wurde. Mit der Zahlung des Restkaufpreises wäre die Bedingung eingetreten und K Eigentümer geworden. Er könnte dann das Gerät von jedem herausverlangen, der ihm den Besitz unberechtigt vorenthält. Die Frage ist jedoch, ob nicht E Eigentümer wurde. K war Eigentumsvorbehaltskäufer und konnte deshalb nicht das Eigentum, sondern lediglich ein Anwartschaftsrecht erlangen. Die Eigentumsübertragung erfolgt entsprechend der Auslegungsregel des § 449 BGB gem. §§ 929 S. 1, 158 Abs. 1 BGB aufschiebend bedingt. Während der Schwebezeit bis zum Eintritt der Bedingung ist der bedingt Berechtigte nach § 161 BGB geschützt. Eine erneute Verfügung über den Gegenstand ist während des Schwebezustandes insoweit unwirksam, als sie im Fall des Eintritts der Bedingung die von dieser abhängige Wirkung vereiteln oder beeinträchtigen würde. Dieser Schutz vor Zwischenverfügungen ist jedoch nach § 161 Abs. 3 BGB eingeschränkt: Es greifen die Vorschriften über den Gutglaubenserwerb ein. Wenn der durch die zweite Verfügung begünstigte Dritte von der vorausgegangenen bedingten Verfügung keine Kenntnis hatte, greifen §§ 932 ff. BGB ein: Der Schutz des Dritten geht vor, wenn er gutgläubig war. Dabei wird nach § 932 BGB zu Gunsten des Erwerbers vermutet, dass er gutgläubig ist! Da man unterstellen darf, dass E von dem vorausgegangenen Eigentumsvorbehaltskauf des K (und der insoweit zutreffenden bedingten Übereignung von V auf K) nichts wusste, erwirbt er das Eigentum an der Video-Anlage und verliert es auch nicht, wenn durch die Zahlung seitens K die Bedingung eintritt. Das Anwartschaftsrecht ist somit untergegangen. K kann von E die Anlage nicht nach § 985 BGB herausverlangen.

Fall 83:
Dem Sonntagsmaler E wird ein Bild gestohlen, dessen Wert in Fachkreisen auf allenfalls 1000 Euro geschätzt wird. Einige Zeit später taucht es beim Kunsthändler N auf, der das Gemälde in Unkenntnis seiner Herkunft an einen reichen Amerikaner zum Preise von 10 000 Euro veräußert. Der Erlös befindet sich noch bei N. E beauftragt einen Rechtsanwalt, von N die 10 000 Euro zu verlangen. Hat dieses Ansinnen Aussicht auf Erfolg?

Lösung: Als Anspruchsgrundlage kommt § 816 Abs. 1 S. 1 BGB in Betracht. Danach ist zur Herausgabe des Erlangten verpflichtet, wer als Nichtberechtigter über einen Gegenstand eine Verfügung trifft, die dem Berechtigten gegenüber wirksam ist. N hat als „Nichtberechtigter" gehandelt, da er weder vom Eigentümer E zur Verfügung ermächtigt wurde noch selbst Eigentümer war. Dabei spielt es keine Rolle, ob N selbst bei Erwerb des

Bildes gutgläubig war oder nicht; da dem E das Gemälde gestohlen worden war, konnte N auch nach §§ 932 ff. BGB nicht Eigentümer werden (§ 935 BGB). Aber: Die Verfügung des N wäre E gegenüber „wirksam geworden", wenn aufgrund der Veräußerung (= Übereignung) des Bildes A Eigentümer geworden ist. Ein Eigentumserwerb nach § 932 BGB kraft guten Glaubens kommt wiederum im Hinblick auf § 935 BGB nicht in Betracht. Denkbar ist jedoch eine wirksame Verfügung nach § 929 BGB. Dies setzt zwar grundsätzlich voraus, dass der Verfügende Eigentümer der Sache ist. Nach § 185 Abs. 2 BGB wird die Verfügung eines Nichtberechtigten jedoch wirksam, wenn der Berechtigte sie genehmigt. E könnte also die Veräußerung genehmigen und von N den erzielten Kaufpreis herausverlangen. Dabei würde die Genehmigung konkludent mit dem Herausgabeverlangen erfolgen.

Fall 84:
Kaufmann K schließt mit V am 3. September einen Kaufvertrag über die Lieferung eines größeren Warenpostens zum Preise von 50 000 Euro. Da K erst noch in Erfahrung bringen muss, ob er ausreichende Verarbeitungs- und Abnehmerkapazitäten hat, kommen beide Vertragsparteien überein, dass dem K ein Rücktrittsrecht zustehen soll, das „binnen einer Frist von 10 Tagen, vom Eingang der Auftragsbestätigung bei K an gerechnet" ausgeübt werden kann. Die Auftragsbestätigung geht bei K nachweislich am 4. September ein. Dort bedarf es verschiedener Klärungen, sodass K schließlich am Montag, 15. September, telegrafisch den Rücktritt vom Vertrag erklärt. V ist der Meinung, K müsse abnehmen, weil die Rücktrittserklärung zu spät erfolgt und der Vertrag daher nicht annulliert worden sei. Trifft dies zu?

Lösung: Als Anspruchsgrundlage kommt § 433 Abs. 2 BGB in Betracht. K muss abnehmen, wenn der Vertrag nicht rechtzeitig annulliert wurde. Vertraglich war ein Rücktrittsrecht binnen 10 Tagen ab Zugang der Vertragsbestätigung vereinbart. Ist für den Anfang einer Frist ein bestimmtes Ereignis maßgebend, so wird bei der Berechnung der Frist der Tag nicht mitgerechnet, in welchen das Ereignis fällt (§ 187 BGB). Hier war der Zugang der Bestätigungserklärung das betreffende „Ereignis". Deshalb wird dieser Tag nicht mitgerechnet. Die Frist begann also erst ab dem 5. September zu laufen. Fristende wäre nach § 188 Abs. 1 BGB an sich mit Ablauf des 14. Septembers anzunehmen. Dieser war jedoch ein Sonntag, und wenn der Ablauf der Frist, innerhalb derer eine Willenserklärung abzugeben ist, auf einen Samstag, Sonntag oder Feiertag fällt, ist nach § 193 BGB der nächste Werktag maßgebend. K hat somit rechtzeitig annulliert.

Fall 85:
M mietet von V Ausstellungsräume vom „1. März bis 15. April" zu einem täglichen Mietzins von 500 Euro. Ist M verpflichtet, auch für den 1. März 500 Euro zu bezahlen?

Lösung: V hat einen Anspruch auf Mietzahlung nach § 535 Abs. 2 BGB, wenn der 1. März eingerechnet werden muss. Der zwischen V und M geschlossene Mietvertrag erfasst bereits den 1. März. Wenn der Beginn eines Tages für den Anfang einer Frist maßgebender Zeitpunkt sein soll, wird dieser Tag bei der Berechnung der Frist nach § 187 Abs. 2 BGB mitgerechnet. Der Unterschied zu § 187 Abs. 1 BGB (vorerwähnter Fall) liegt darin, dass bei einer Frist, die an ein Ereignis anknüpft, regelmäßig nur nach vollen Tagen gerechnet werden soll, nicht dagegen jeweils ab der betreffenden Stunde oder Minute, in der das Ereignis eintritt. Anders ist es, wenn der Beginn eines Tages für den Fristbeginn maßgebend sein soll wie im Falle der Anmietung von Räumen.

Fall 86:
Die alleinstehende Witwe Käthe (K) kaufte am 23. September 2004 vom Elektrohändler Vinzenz einen elektrischen Heizofen zum Preis von 100 Euro. V mahnte den ausstehenden Kaufpreis verschiedene Male an. K zeigt keine Reaktion. Bis zu welchem Datum hat ein Prozess gegen K in den Folgejahren Aussicht auf Erfolg?
Lösung: V hat gegen K einen Kaufpreisanspruch nach § 433 Abs. 2 BGB. Zu prüfen ist, ob K im Hinblick auf die möglicherweise eintretende Verjährung ein Leistungsverweigerungsrecht nach § 214 Abs. 1 BGB geltend machen kann. Da die Einrede der Verjährung nicht von Amts wegen zu berücksichtigen ist, müsste diese von K ausdrücklich im Prozess erklärt werden. Der Kaufvertrag wurde am 23. September 2004 abgeschlossen. Der Kaufpreisanspruch verjährt innerhalb der regelmäßigen Verjährungsfrist des § 195 BGB in drei Jahren. Nach § 199 Abs. 1 BGB beginnt die Frist mit dem Schluss des Jahres zu laufen, in dem der Anspruch entstanden ist, und der Gläubiger von den den Anspruch begründenden Umständen und der Person des Schuldners Kenntnis erlangt hat, also am 31. Dezember 2004 um 24.00 Uhr. Abgelaufen ist die Verjährungsfrist drei Jahre später, am 31.12.2007 um 24.00 Uhr. Die Verjährung wird nicht gem. § 204 Abs. 1 Nr. 3 BGB durch die Mahnungen des V gehemmt, da die lediglich privatschriftliche Mahnung, auch wenn sie mit eingeschriebenem Brief erfolgt, im Gegensatz zur gerichtlichen Mahnung (durch „Mahnbescheid") keinen Einfluss auf die Verjährung hat. V müsste also die Klage bis zum 31.12.2005 einreichen.

Fall 87:
Professor P gibt seinen Studenten folgende Aufgaben zu lösen:
(a) Fußgänger F wurde am 30.12.2002 von einem unbekannten Autofahrer angefahren und leicht verletzt. Obwohl der Fahrer zunächst Unfallflucht begeht, kann er aufgrund von Zeugenaussagen vier Tage später ermittelt werden. Wann verjähren die Schadenersatzansprüche des F?
(b) Gleicher Fall wie unter (a). Diesmal sind Fahrer und Fahrzeug des Schädigers jedoch nicht zu ermitteln. Gibt es für F eine Möglichkeit, trotz

Unkenntnis von der Person des Schädigers zu einem Schadenersatz zu kommen?

(c) Bei einem Überfall auf eine Bank am 6.8.2002 wurden der Kassierer erschossen und Kunde K angeschossen. Dem Bankräuber gelingt die Flucht. Erst am 7.8.2032 erfährt K aus der Zeitung, dass der Täter ermittelt und wegen Mordes angeklagt wurde. K fragt, ob er jetzt noch Ersatz seiner damaligen Heilungskosten gegenüber dem Schädiger geltend machen kann.

(d) Unbekannte warfen in der Nacht des 11.9.2002 von einer Autobahnbrücke einen Pflasterstein auf das von O gesteuerte Fahrzeug, was zu einem schweren Unfall führt. Dabei erleidet nicht nur das Auto einen Totalschaden, sondern O wird auch erheblich verletzt. Außerdem zeigt sich bei O im Jahr 2032 ein aus dem Unfall resultierender, nicht vorhersehbarer Spätschaden, der eine erneute Heilbehandlung notwendig macht. Bis wann spätestens müsste O Kenntnis von den Tätern erlangen und Klage erheben, damit seine Ansprüche aus § 823 BGB noch nicht verjährt sind?

(e) Sekretärin S hat ein Verhältnis mit dem verheirateten Geschäftsmann G. Eines Tages entwendet sie aus dem Büro eine wertvolle Skulptur und stellt sie bei sich zuhause auf. Als G ihr mit einer Anzeige droht und Rückgabe verlangt, entgegnet sie, dass sie dann ihre Beziehung Frau G offenbaren würde. Daher sieht G von einer Klage gegen S ab. Nachdem die Ehe der G's fünf Jahre später geschieden wird, fragt G, ob er jetzt noch von S die Skulptur zurückverlangen kann.

Lösung:

(a) Schadenersatzansprüche des F ergeben sich aus § 823 Abs. 1 BGB, § 823 Abs. 2 BGB i.V.m. § 229 StGB, § 7, § 18 StVG. Diese verjähren innerhalb der regelmäßigen Verjährungsfrist des § 195 BGB (i.V.m. § 14 StVG bei den Ansprüchen aus dem StVG) in drei Jahren. Zu prüfen ist, wann die Frist zu laufen beginnt. Die regelmäßige Verjährungsfrist beginnt nach § 199 Abs. 1 BGB mit dem Schluss des Jahres, in dem der Anspruch entstanden ist, und der Gläubiger Kenntnis von den den Anspruch begründenden Umständen und der Person des Schuldners erlangt hat. Der Anspruch des F gegen den Autofahrer ist mit dem Unfall im Jahr 2002 entstanden. Kenntnis von der Person des Schädigers hat F jedoch erst im Jahr 2003 erlangt. Demnach lagen erst im Jahr 2003 die Voraussetzungen von § 199 Abs. 1 Nr. 1 und Nr. 2 BGB zusammen vor, weshalb die Verjährungsfrist erst am 31.12.2003, um 24.00 Uhr, zu laufen begann. F muss also seinen Anspruch spätestens bis zum 31.12.2006, um 24.00 Uhr, gerichtlich geltend gemacht haben.

(b) Wenn dem Geschädigten die Person, gegen die sich die Schadenersatzansprüche richten, nicht bekannt ist, kann er die Ansprüche nicht gerichtlich geltend machen. Nach 30 Jahren werden diese gem. § 199 Abs. 2 BGB verjährt sein und der Geschädigte bleibt auf seinem Schaden sitzen. Bei von Kraftfahrzeugen verursachten Schäden gilt allerdings eine Besonderheit: F könnte nämlich einen Anspruch aus § 12 des Pflichtversicherungsgesetzes haben. Danach kann derjenige, der durch den Gebrauch eines Kraftfahrzeugs einen Personen- oder Sachschaden erleidet, und dem wegen dieser Schäden Ersatzansprüche gegen den Halter, den Eigentümer oder den Fahrer des Fahrzeugs zustehen, diese Ersatzansprüche auch gegen den „Entschädigungsfonds für Schäden aus Kraftfahrzeugunfällen" geltend machen, wenn das Fahrzeug, durch dessen Gebrauch der Schaden verursacht worden ist, nicht ermittelt werden kann. Allerdings gilt dies nur, wenn der Ersatzberechtigte weder vom Halter, Eigentümer oder Fahrer des Fahrzeugs noch von sonst jemandem Schadenersatz erlangen kann. Dieser Anspruch verjährt in drei Jahren, wobei die Verjährung mit dem Zeitpunkt beginnt, in dem der Ersatzberechtigte vom Schaden und von den Umständen Kenntnis erlangt, aus denen sich ergibt, dass er seinen Ersatzanspruch gegen den Entschädigungsfonds geltend machen kann. Die Voraussetzungen für einen Anspruch des F gegen den Entschädigungsfonds aus § 12 PflVG sind gegeben.

(c) K kann Ersatz seiner Heilungskosten verlangen, sofern er seine Ansprüche aus § 823 Abs. 1 BGB und § 823 Abs. 2 BGB i.V.m. § 224 Nr. 2 StGB, die innerhalb der Dreijahresfrist (§ 195 BGB) verjähren, noch mit Aussicht auf Erfolg geltend machen kann. Dies hängt vom Beginn der regelmäßigen Verjährungsfrist ab, der sich nach dem Schluss des Jahres richtet, in dem zum ersten Mal alle in § 199 Abs. 1 Nr. 1 und 2 BGB aufgeführten Voraussetzungen vorliegen. Der Anspruch des K ist im Jahr 2002 entstanden; zu diesem Zeitpunkt hat K auch Kenntnis von den anspruchbegründenden Umständen erlangt. Kenntnis von der Person des Täters bekam K jedoch erst im Jahr 2032. Demnach würde die Verjährungsfrist nach den allgemeinen Regeln am 31.12.2032 um 24.00 Uhr beginnen und am 31.12.2035 um 24.00 Uhr enden. Allerdings sieht das Gesetz, um irgendwann einmal Rechtsfrieden eintreten zu lassen, bestimmte Höchstfristen vor, innerhalb derer ein Anspruch geltend gemacht werden muss. Nach § 199 Abs. 2 BGB verjährt ein Schadenersatzanspruch, der auf der Verletzung des Körpers bzw. der Gesundheit beruht, ohne Rücksicht auf die Entstehung und die Kenntnis in 30 Jahren von der Begehung der Handlung an. Die den K schädigende Handlung wurde am 6.8.2002 begangen. Fristbeginn ist nach § 187 Abs. 1 BGB der 7.8.2002, 0.00 Uhr. Das Fristende ist 30 Jahre später, also am 6.8.2032, 24.00 Uhr (vgl. § 187 Abs. 2 BGB). Somit ist der Anspruch des K verjährt.

(d) Das Ende der Verjährungsfrist hängt von der Art des geltend gemachten Anspruchs ab: (aa) Die Höchstfrist bzgl. des Anspruchs auf Ersatz der Heilungskosten, die im Jahr 2002 aufgrund der Körper- und Gesundheitsverletzung entstanden sind, richtet sich, da ein Anspruch aus § 823 BGB innerhalb der regelmäßigen Verjährungszeit nach § 195 BGB verjährt, nach § 199 Abs. 2 BGB. Daher muss O spätestens bis zum 11.9.2032, 24.00 Uhr Klage bei Gericht eingereicht haben. (bb) Die Höchstfrist hinsichtlich des Schadens am Auto berechnet sich nach § 199 Abs. 3 Nr. 1 BGB, da der Anspruch mit dem Unfall entstanden ist und nur die Person des Schädigers noch unbekannt ist. Somit verjährt der Anspruch des O spätestens am 11.9.2012, um 24.00 Uhr. (cc) Bei dem Spätschaden aus dem Jahr 2035 handelt es sich um einen Anspruch, der aufgrund einer Körper- bzw. Gesundheitsverletzung entstanden ist. Einschlägig ist wiederum § 199 Abs. 2 BGB mit einer 30-Jahre-Höchstfrist. Fristbeginn ist auch hier das den Schaden auslösende Ereignis (der Unfall im Jahr 2002) und nicht etwa die Entstehung des Schadens selbst (Heilbehandlung im Jahr 2032). Daher müsste O spätestens bis zum 11.9.2032, 24.00 Uhr, Kenntnis von den Tätern erlangt und Klage erhoben haben.

Sofern O diese Kenntnis früher erlangt, muss er innerhalb der dann ab dem Schluss des Jahres der Kenntniserlangung laufenden regelmäßigen Verjährungsfrist von drei Jahren Klage erheben. Bei Spätschäden besteht jedoch das Problem, dass diese vorher gar nicht bekannt sind. Da es auf den Zeitpunkt der Entstehung des Schadens im Jahr 2032 gerade nicht ankommt, wären die Ansprüche des O gegen die Schädiger drei Jahre nach dem Schluss des Jahres, in dem O Kenntnis von den Tätern erlangt hat, verjährt. Um seine Rechte zu wahren, muss O daher noch innerhalb der dreijährigen Verjährungsfrist Feststellungsklage bei Gericht erheben mit dem Antrag, dass alle weiteren sich aus dem Unfall ergebenden Spätschäden von den Schädigern zu ersetzen sind. Auf diese Weise erreicht O, dass die Verjährung seiner Ansprüche bis zu einem Urteil gem. § 204 Abs. 1 Nr. 1 Alt. 2 BGB erst einmal gehemmt ist. Hat er dann ein zusprechendes Urteil erhalten, verjährt der Anspruch hieraus dann nach § 197 Abs. 1 Nr. 3 BGB in dreißig Jahren.

(e) Zunächst kommen Ansprüche des G gegen S aus § 823 Abs. 1 BGB sowie § 823 Abs. 2 BGB i.V.m. § 242 StGB in Betracht. Da diese jedoch der regelmäßigen Verjährungszeit des § 195 BGB unterliegen, sind sie nach 3 Jahren bereits verjährt. Weiterhin könnte dem G ein Anspruch aus § 812 Abs. 1 S. 1 Alt. 2 BGB zustehen. Grundsätzlich verjährt auch dieser innerhalb der regelmäßigen Verjährungsfrist. Hier ist jedoch § 852 BGB zu beachten: Sofern nämlich der Ersatzpflichtige durch eine unerlaubte Handlung auf Kosten des Verletzten etwas erlangt hat, ist er auch nach Eintritt der Verjährung des Anspruchs auf Ersatz des aus einer unerlaubten Handlung entstandenen Schadens zur Herausgabe nach §§ 812 ff. BGB verpflichtet. Da dieser Anspruch erst in zehn Jahren von seiner Entstehung an verjährt (§ 852 BGB), kann G von S die Herausgabe der Skulptur verlangen. Ein weiterer Herausgabeanspruch ergibt sich für G aus § 985 BGB, der gem. § 197 Abs. 1 Nr. 1 BGB einer 30-jährigen Verjährungsfrist unterliegt. Dagegen sind die Besitzansprüche aus § 861, 862 BGB gem. § 864 BGB verjährt; auch die Verjährung des Anspruchs aus § 1007 Abs. 1 BGB, die der regelmäßigen Verjährungsfrist nach § 195 BGB unterfällt, ist bereits eingetreten. Somit kann G die Skulptur nach § 812 Abs. 1 S. 1 2. Alt. und nach § 985 BGB von S herausverlangen.

Fall 88:

K hatte von V vor mehr als 5 Jahren eine Büromaschine gekauft. Durch ein Versehen war seinerzeit die Bezahlung unterblieben. Nachdem V 5 Jahre später den Kaufpreis anmahnt, bezahlt K. Kurz darauf wird er vom Jura-studenten J darüber aufgeklärt, dass er eigentlich wegen der zwischen-zeitlich eingetretenen Verjährung die Zahlung hätte verweigern können. Kann er das Geld zurückverlangen?

Lösung: Als Anspruchsgrundlage kommt § 813 Abs. 1 BGB in Betracht. Nach dieser Vorschrift kann eine Leistung zurückgefordert werden, wenn sie in Erfüllung eines Anspruches erbracht wird, dem dauerhaft ein Leis-tungsverweigerungsrecht entgegensteht. Im Falle der Verjährung liegt zwar ein dauerndes Leistungsverweigerungsrecht vor. Nach § 813 Abs. 1 S. 2 i. V. m. § 214 Abs. 2 BGB ist die Verjährungseinrede vom Anwendungs-bereich des § 813 Abs. 1 BGB jedoch ausgenommen. Das zur Befriedigung eines verjährten Anspruches Geleistete kann demnach nicht mehr zurück-gefordert werden. Dies gilt unabhängig davon, ob der Schuldner in Kenntnis der Verjährung gehandelt hat oder nicht.

VII. Arten und Inhalt des Schuldverhältnisses

Übersicht

Begriff des Schuldverhältnisses	Rechtsverhältnis zwischen Gläubiger und Schuldner, kraft dessen der Gläubiger vom Schuldner eine Leistung verlangen kann (§ 241 Abs. 1 BGB).
Arten des Schuldverhältnisses	(1) *Gesetzliche Schuldverhältnisse:* Die Gläubiger-/Schuldnerbeziehung entsteht ohne Rechtsgeschäft allein durch Verwirklichung des gesetzlichen Tatbestandes. Beispiele: Geschäftsfüh-rung ohne Auftrag (§§ 677 ff. BGB), ungerechtfertigte Bereicherung (§§ 812 ff. BGB), unerlaubte Hand-lung (§§ 823 ff. BGB); Eigentümer-Besitzer-Verhältnis (§§ 987 ff. BGB). (2) *Rechtsgeschäftliche Schuldverhältnisse:* (a) *einseitige Rechtsgeschäfte:* *(vertragliche Schuldverhältnisse)* In der Regel kann ein rechtsgeschäftliches Schuldverhältnis nur durch Vertrag begründet werden (§ 311 Abs. 1 BGB!), durch einseitiges Rechtsgeschäft nur aus-nahmsweise. Beispiele: Auslobung (§ 657 BGB), Vermächtnis (§ 1939 BGB). (b) *Zweiseitige Rechtsgeschäfte:* *(vertragliche Schuldverhältnisse)* Man unterscheidet: • gegenseitige Verträge (die Leistung erfolgt um der Gegenleistung willen, „synallagmatische Verträge");

	● unvollkommen zweiseitig verpflichtende Verträge (Verpflichtungen ergeben sich hauptsächlich für eine Vertragspartei, Beispiel: der Auftrag nach §§ 662 ff. BGB verpflichtet den Beauftragten zum Tätigwerden, den Auftraggeber zum Aufwendungsersatz nur dann, wenn der Beauftragte tatsächlich Aufwendungen gemacht hat).
	● einseitig verpflichtende Verträge (nur eine Vertragspartei hat die Verpflichtungen). Beispiele: Schenkungsversprechen (§ 516 BGB), Bürgschaft (§ 765 BGB).
	(3) *vorvertragliche Schuldverhältnisse:* Bereits aus der Anbahnung eines rechtsgeschäftlichen Schuldverhältnisses ergeben sich für die Vertragsparteien zusätzliche Pflichten (Obhuts-, Sorgfalts- und Offenbarungspflichten), deren Verletzung aus dem Gesichtspunkt des „Verschuldens bei Vertragsverhandlungen" („culpa in contrahendo") schadenersatzpflichtig macht (§ 311 Abs. 2 i.V.m. § 241 Abs. 2 BGB). Im Schadenersatzrecht sind diese Ansprüche den vertraglichen Ansprüchen gleichgestellt (Folge: Anwendung des § 278 BGB!).
Leistungspflicht	(1) *allgemeine Leistungspflicht nach § 241 BGB* (a) Leistung des Schuldners selbst oder durch Dritte (§§ 267, 268 BGB) (b) Leistung an den Gläubiger oder an einen Dritten (mit Zustimmung des Gläubigers §§ 362 Abs. 2, 185 BGB) (c) Kein Recht zu Teilleistungen (§ 266 BGB) (2) *spezielle Leistungspflichten:* (a) Pflicht zur Rücksichtnahme (§ 241 Abs. 2 BGB) (b) Leistung nach Treu und Glauben (§ 242 BGB) – Konkretisierung der Art und Weise der Leistung, – Begründung von Nebenpflichten – Verbot der unzulässigen Rechtsausübung – Verwirkung – allgemeiner Rechtsgrundsatz in der gesamten Rechtsordnung (c) *Störung (Wegfall) der Geschäftsgrundlage:* Anpassung an unvorhergesehene Umstände (§ 313 BGB)
Stück- und Gattungsschulden	*Stückschuld:* Die geschuldete Leistung ist nach individuellen Merkmalen konkret bestimmt („Speziesschuld"). *Gattungsschuld:* Die geschuldete Leistung ist nur nach Gattungsmerkmalen bestimmt („Genussschuld", § 243 Abs. 1 BGB). *Konkretisierung:* Aus der Gattungsschuld wird eine Stückschuld, wenn der Schuldner „das zur Leistung seinerseits Erforderliche getan hat" (§ 243 Abs. 2 BGB).

Wahlschuld	Es werden verschiedene Leistungen in der Weise geschuldet, dass entweder nur die eine oder die andere zu bewirken ist (§ 262 BGB).
Ersetzungsbefugnis	Es ist nur eine Leistung geschuldet. Vom Gläubiger kann jedoch eine andere Leistung verlangt (Ersetzungsbefugnis des Gläubigers) oder vom Schuldner kann eine andere Leistung erbracht werden (Ersetzungsbefugnis des Schuldners).
Geldschulden	*Geldwertschuld*: Geschuldet ist nicht eine Anzahl von Münzen oder Scheinen einer bestimmten Sorte, sondern eine Geldsumme („Geldsummenschuld"), also der durch die Geldsumme ausgedrückte wirtschaftliche Wert. *Geldsortenschuld*: Geschuldet ist die Lieferung von Münzen oder Scheinen einer bestimmten Sorte (§ 245 BGB).
Leistungsort (Erfüllungsort)	*Begriff*: Der Ort, an dem die Leistungshandlung erbracht werden muss („Erfüllungsort"). Zu unterscheiden hiervon ist der „Erfolgsort" (Ort, an dem der Erfolg der Erfüllung eintritt) *Arten:* *Holschulden:* Erfüllungsort ist am Ort des Schuldners (Gläubiger muss die Leistung holen) *Bringschulden:* Erfüllungsort ist am Ort des Gläubigers (Schuldner muss die Leistung bringen) *Schickschulden:* Erfüllungsort ist am Ort des Schuldners, dieser muss jedoch dem Gläubiger die Leistung schicken (Leistungs- und Erfolgsort fallen auseinander). *Regelmäßiger Erfüllungsort*: Ort des Schuldners (§ 269 BGB).
Leistungszeit	Maßgeblich: Parteivereinbarung bzw. die Umstände des Einzelfalls. Im Zweifel: Gläubiger kann die Leistung sofort verlangen, Schuldner kann sie sofort bewirken (§ 271 BGB).
Leistungs-verweigerung	(1) *Zurückbehaltungsrecht nach § 273 BGB* *Voraussetzungen:* • *Gegenseitigkeit* (beide Vertragsparteien erheben Ansprüche gegeneinander) • *Fälligkeit* (der Gegenanspruch des Schuldners muss fällig sein) • *Konnexität* (die Ansprüche müssen auf demselben rechtlichen Verhältnis beruhen, wobei ein „einheitlicher Lebensvorgang" genügt). • *Wirkung* Leistungsverweigerungsrecht (aufschiebende Einrede); im Prozess Verurteilung „zur Leistung Zug um Zug". (2) *Einrede des nichterfüllten Vertrages (§ 320 BGB)* *Voraussetzungen*: • gegenseitiger Vertrag (Leistung um Gegenleistung) • Fälligkeit der Gegenforderung • Schuldner darf nicht vorleistungspflichtig sein.

Haftung für Dritte	*Erfüllungsgehilfe* (§ 278 BGB): Wer mit Wissen und Wollen des Schuldners in dessen Pflichtenkreis tätig ist. *Merke zum Erfüllungsgehilfen:* ● Es liegt ein Vertrag (oder gleichgestellter Kontakt i.S.v. § 311 Abs. 2 i.V.m. § 241 Abs. 2 BGB) zwischen Geschädigtem und Geschäftsherrn vor ● Haftung für fremdes Verschulden (nämlich des Erfüllungsgehilfen) ● keine Exkulpationsmöglichkeit ● keine Weisungsgebundenheit zwischen Erfüllungsgehilfen und Geschäftsherrn erforderlich *Verrichtungsgehilfe* (§ 831 BGB): Wer als Weisungsgebundener vom Geschäftsherrn zu einer Verrichtung bestellt wurde *Merke zum Verrichtungsgehilfen:* ● Ein Vertrag ist hier nicht erforderlich ● Der Verrichtungsgehilfe selbst braucht nicht schuldhaft zu handeln ● Haftung des Geschäftsherrn für eigenes (Auswahl- und Überwachungs-)Verschulden ● Exkulpation möglich (§ 831 Abs. 1 S. 2 BGB)
Vertrag zugunsten Dritter	(a) *echter* (berechtigender) Vertrag zugunsten Dritter: Der Dritte erwirbt aus dem Vertragsabschluss einen Anspruch gegen den Schuldner (§ 328 Abs. 1 BGB). (b) *unechter* (ermächtigender) Vertrag zugunsten Dritter: Schuldner soll an den Dritten leisten, ohne dass dem Dritten ein Anspruch eingeräumt wird.
Vertrag mit Schutzwirkung zugunsten Dritter	Den in den Schutzbereich des Vertrages einbezogenen Dritten stehen zwar keine primären vertraglichen Ansprüche zu, jedoch können sie bei Verletzung von Obhuts- und Sorgfaltspflichten vertragliche Schadenersatzansprüche geltend machen. Der Vorteil gegenüber deliktischen Ansprüchen besteht in der Anwendbarkeit des § 278 BGB. *Voraussetzungen:* ● Leistungsnähe des Dritten ● Interesse des Gläubigers am Schutz des Dritten ● Erkennbarkeit für den Schuldner ● Schutzbedürftigkeit des Dritten
Schadenersatz	Kurzformel: Ausgleich für schädigende Ereignisse
Anspruchsgrundlagen	(a) Schadenersatzansprüche aus Vertragsverletzungen (b) Quasivertragliche Schadenersatzansprüche (culpa in contrahendo) (c) Gesetzliche Schadenersatzansprüche, z.B. aus §§ 823 ff., 989 f. BGB, § 1 ProdHG, §§ 7, 18 StVG.

subjektive Voraussetzungen	(a) Schadenersatzansprüche bei *Verschuldenshaftung* (Normalfall) (b) Schadenersatzansprüche aus (verschuldensunabhängiger) *Gefährdungshaftung*, also Haftung ohne Verschulden (ausnahmsweise; z.b. beim Betrieb „gefährlicher Anlagen", vgl. Straßenverkehrsgesetz, Luftverkehrsgesetz, Haftpflichtgesetz, Produkthaftungsgesetz, Umwelthaftungsgesetz).
Schadensbegriff	„Unfreiwillige Einbuße an Gütern"
Schadensarten	(a) *materieller* Schaden (Vermögensschaden) und *immaterieller* Schaden (Nichtvermögensschaden) (b) *Erfüllungsschaden* (positives Interesse): Der Geschädigte hat einen Anspruch, so gestellt zu werden, wie er bei Erfüllung des Vertrages gestanden hätte und *Vertrauensschaden* (negatives Interesse): Es ist nur der Schaden zu ersetzen, der dem Vertragsgegner durch das Vertrauen auf die Gültigkeit des Rechtsgeschäfts entstanden ist. (c) *unmittelbarer* Schaden (Schaden am verletzten Rechtsgut selbst) und *mittelbarer* Schaden (Folgeschaden) (d) *Drittschaden* (außer dem unmittelbar Geschädigten bzw. Vertragspartner erleidet auch eine dritte Person Einbußen).
Haftungsmaßstab	In der Regel nur Vorsatz und Fahrlässigkeit, § 276 BGB *Vorsatz:* Wissen und Wollen der Tat bzw. Inkaufnehmen des Erfolges *Fahrlässigkeit:* Außerachtlassung der im Verkehr erforderlichen Sorgfalt (§ 276 Abs. 2 BGB)
Umfang der Schadenersatzverpflichtung	(a) grundsätzliche Verpflichtung zur Naturalrestitution (Herstellung des Zustandes, der bestehen würde, wenn das schädigende Ereignis nicht eingetreten wäre) (aa) durch Wiederherstellung (§ 249 Abs. 1 BGB) (bb) durch Geldersatz (§§ 249 Abs. 2 S. 1, 250 BGB) (b) ansonsten Wertersatz (§ 251 BGB) (aa) Vermögensschäden (bb) grundsätzlich kein Ersatz für immaterielle Schäden (§ 253 Abs. 1 BGB)
Mitverschulden	Mitverschulden führt zur Herabsetzung oder zum Ausschluss des Schadenersatzanspruchs. Gleichgestellt ist das Unterlassungsverschulden (§ 254 Abs. 2 S. 1 BGB): ● Schädiger wurde nicht auf die Gefahr eines ungewöhnlich hohen Schadens aufmerksam gemacht, ● Geschädigter versäumt die Schadensabwendungs- bzw. Minderungspflicht

Fragen

Frage 174:
Welche Systematik liegt dem 2. Buch des BGB zugrunde?
Antwort: Im 2. Buch ist das „Recht der Schuldverhältnisse" geregelt. In den von der Rechtswissenschaft als „allgemeines Schuldrecht" bezeichneten Abschnitten 1–7 sind die allgemeinen Vorschriften über die Schuldverhältnisse abgehandelt. Im 8. Abschnitt (von der Rechtswissenschaft als „besonderes Schuldrecht" bezeichnet) werden einzelne besonders häufige vertragliche Schuldverhältnisse (Kauf, Tausch, Miete usw.) sowie gesetzliche Schuldverhältnisse (Geschäftsführung ohne Auftrag, ungerechtfertigte Bereicherung, unerlaubte Handlung) geregelt. Die Regeln über die rechtsgeschäftlichen Schuldverhältnisse sind weitestgehend dispositiv, greifen also nur insoweit ein, als die Parteien durch Vertrag nichts Abweichendes vereinbaren.

Frage 175:
Was versteht man unter der „Relativität des Schuldverhältnisses"?
Antwort: Das Schuldverhältnis ist insofern „relativ", als sich seine Rechtswirkung auf das Verhältnis zwischen Gläubiger und Schuldner beschränkt. Der schuldrechtliche Anspruch unterscheidet sich insoweit vom sachenrechtlichen, als dieser wegen des im Sachenrecht geltenden „Absolutheitsgrundsatzes" gegenüber jedermann wirkt.

Frage 176:
Was versteht man unter den Begriffen „Schuld" und „Haftung"?
Antwort: Unter der „Schuld" versteht man die Leistungspflicht (das „Verpflichtetsein") des Schuldners; unter der „Haftung" versteht man das „Einstehenmüssen" für die übernommene Verpflichtung („haften" = Objekt des Zugriffs in der Zwangsvollstreckung sein).

Frage 177:
Wie „haftet" der Schuldner?
Antwort: In der Regel mit seinem gesamten Vermögen (unbeschränkte Vermögenshaftung), mit der Person nur ausnahmsweise (so z.B. bei Haft- und Beugestrafen im Zwangsvollstreckungsverfahren zur Erzwingung bestimmter Handlungen). Das Gesetz kennt die beschränkte Vermögenshaftung nur in Ausnahmefällen (so kann z.B. der Erbe eines überschuldeten Nachlasses durch Beantragung des Nachlassinsolvenzverfahrens die Haftung auf den Nachlass beschränken).

Frage 178:
Gibt es eine „Haftung ohne Schuld" und eine „Schuld ohne Haftung"?
Antwort: Ja, „Haftung ohne Schuld" bedeutet, dass jemand mit seinem Vermögen einstehen muss, ohne Schuldner zu sein; diese Fälle kennen wir

aus dem Bereich des Realkredits: An einem Grundstück kann ein Grundpfandrecht bestellt werden zur Sicherung einer Forderung gegenüber einem andern. Hier haftet der Eigentümer mit dem Grundstück, ohne zugleich aus der schuldrechtlichen Verbindlichkeit verpflichtet zu sein. „Schuld ohne Haftung" bedeutet, dass die Erfüllung einer Verbindlichkeit nicht erzwungen werden kann. Man spricht insofern von unvollkommenen Verbindlichkeiten (Naturalobligationen). Beispiele: Spiel, Wette (§ 762 BGB), Ehemäklerlohn (§ 656 BGB).

Frage 179:
Was versteht man unter einem „Gefälligkeitsverhältnis". Ergeben sich hieraus Rechtsverbindlichkeiten?
Antwort: Das Gefälligkeitsverhältnis unterscheidet sich vom (vertraglichen) Schuldverhältnis dadurch, dass bei ihm der rechtliche Verpflichtungswille (Rechtsbindungswille) fehlt. Es bestehen deshalb keine Ansprüche auf Erfüllung bzw. Schadenersatz wegen Nicht- oder Schlechterfüllung. Allerdings ist auch beim Gefälligkeitsverhältnis ein Anspruch aus anderen Tatbeständen denkbar (z.B. aus Delikt, wenn etwa im Rahmen einer Gefälligkeit fremdes Eigentum beschädigt wird).

Frage 180:
Welches ist die Rechtsgrundlage für den Schadenersatzanspruch aus „culpa in contrahendo" (Verschulden beim Vertragsabschluss)?
Antwort: Die culpa in contrahendo ist seit der Schuldrechtsreform in § 311 Abs. 2 i.V.m. § 241 Abs. 2 BGB geregelt. Zu beachten ist, dass die Bejahung dieses Anspruchs nicht davon abhängt, ob es tatsächlich zum Abschluss eines Vertrags gekommen wäre. Entscheidend ist vielmehr der „soziale Kontakt", sodass ein Anspruch aus culpa in contrahendo auch dann zu bejahen ist, wenn jemand, der zwar keine Kaufabsicht hat, aber vom Äußeren her als möglicher Kunde einzuordnen ist (was bei einem erkennbar mittellosen Obdachlosen, der sich nur aufwärmen will, nicht der Fall wäre), im Warenhaus zu Fall kommt, weil der Inhaber oder sein Personal eine auf dem Boden liegende Bananenschale nicht rechtzeitig weggeräumt haben (BGHZ 66, 54).

Frage 181:
Welche rechtspolitische Bedeutung hat die „culpa in contrahendo" im Bereich des Schadenersatzrechts?
Antwort: Die Einführung eines zusätzlichen Haftungstatbestandes neben der vertraglichen und der deliktischen Haftung und ihre Gleichstellung mit der vertraglichen Haftung verbessert die Position des Geschädigten erheblich: Sie ermöglicht die Anwendung des § 278 BGB. Der Anspruchsgegner kann sich also nicht, wie bei der deliktischen Haftung nach § 831 Abs. 1 S. 2 BGB, exkulpieren, wenn nicht er, sondern seine Gehilfen die schädigende Handlung begangen haben.

Frage 182:
Welche Umstände bestimmen die Leistungspflicht aus dem einzelnen Schuldverhältnis?
Antwort: Der Inhalt des einzelnen Schuldverhältnisses ergibt sich entweder aus der von den Parteien getroffenen Abrede (ggf. unter Heranziehung der ergänzenden Vertragsauslegung nach § 157 BGB) oder unmittelbar aus dem Gesetz. Bei vertraglichen Schuldverhältnissen muss der Leistungsinhalt wenigstens bestimmbar sein. In manchen Fällen ergänzt das Gesetz die fehlende Parteivereinbarung (vgl. z.b. §§ 269, 271 Abs. 1, 612 Abs. 2, 632 Abs. 2 BGB).

Frage 183:
Ist es zulässig, die Bestimmung der Leistungspflicht einer Partei oder einem Dritten zu überlassen?
Antwort: Ja, nach §§ 315 ff. BGB. Dies wird allerdings die Ausnahme sein.

Frage 184:
Wann darf die Leistung von einem anderen als dem Schuldner erbracht werden?
Antwort: Wenn das Gesetz oder der Vertrag dies zulässt. Nach § 267 BGB ist die Leistung durch einen Dritten zulässig, wenn der Schuldner „nicht in Person zu leisten hat". Nach § 267 Abs. 2 BGB kann allerdings der Gläubiger die Leistung des Dritten ablehnen, wenn der Schuldner widerspricht. Beim Dienstvertrags- und Auftragsrecht ist allerdings „im Zweifel" (wenn also nichts Gegenteiliges gesagt ist) in Person zu leisten (vgl. §§ 613, 664 BGB).

Frage 185:
Was versteht man unter einer „beschränkten Gattungsschuld" im Gegensatz zu einer „normalen" Gattungsschuld?
Antwort: Bei einer beschränkten Gattungsschuld („Vorratsschuld") ist vereinbart, dass der Schuldner die geschuldete Leistung nur aus bestimmten Mengen (in der Regel aus seinem Vorrat) zu liefern hat; bei einer „normalen" Gattungsschuld dagegen ist der Schuldner verpflichtet, sich die Waren, wenn sein Vorrat nicht reicht, von einem Dritten zu besorgen (sog. „Beschaffungsschuld").

Frage 186:
Können Sie ein Beispiel für eine beschränkte Gattungsschuld nennen?
Antwort: Die Lieferung von 100 Flaschen Wein eines bestimmten Jahrgangs aus einem ausgewählten Anbaugebiet.

Frage 187:
Wie kann ermittelt werden, ob eine „normale" oder eine „beschränkte" Gattungsschuld vorliegt?

Antwort: Aus den Parteivereinbarungen: Bestellt X beim Produzenten Y 50 Zentner Äpfel „Granny Smith", so folgt aus der Produzenteneigenschaft, dass die Leistungspflicht auf den Warenvorrat des Y beschränkt sein soll. Wird hingegen dasselbe beim Großhändler Z bestellt, muss sich dieser die erforderliche Menge besorgen, wenn er sie nicht vorrätig hat, da aus der Distributionsfunktion des Handelns eine Beschaffungspflicht folgt. Ist aber die betreffende Menge beim Großhändler K aus einer konkreten Schiffsladung bestellt worden, ergibt sich unmittelbar aus der Parteivereinbarung eine Beschränkung auf die Schiffsladung.

Frage 188:
Können Sie die wichtigsten Vorschriften für die Gattungsschuld nennen?
Antwort:
(a) Bei der Gattungsschuld muss der Schuldner nach § 243 Abs. 1 BGB nur Sachen „mittlerer Art und Güte" leisten.
(b) Sofern der Schuldner ein Beschaffungsrisiko (entspricht der Gattungsschuld) übernommen hat, haftet er verschuldensunabhängig (§ 276 Abs. 1 S. 1 a.E. BGB).

Frage 189:
Was bedeutet die Klausel: „Selbstbelieferung vorbehalten"?
Antwort: Mit dieser Klausel schließt der Verkäufer die Beschaffungspflicht, die sich bei einer Gattungsschuld ergibt, aus: Er ist von der Leistungs- bzw. Schadenersatzpflicht bei Nichtlieferung befreit, wenn er nachweist, dass er entsprechende Gattungssachen gekauft hat und von seinem Lieferanten im Stich gelassen wurde. Weiterer Gesichtspunkt: In Betracht kommt dann ein Anspruch des Käufers gegen den Verkäufer aus § 285 BGB auf Abtretung der Ersatzansprüche des Verkäufers gegen dessen Schuldner. Mit einer Selbstbelieferungsklausel ist aber im Endergebnis die Gattungsschuld des Verkäufers auf die Ware beschränkt, die er von seinem Lieferanten aus dem mit ihm abgeschlossenen Liefergeschäft verlangen kann. Damit könnte aber § 308 Nr. 3 BGB relevant sein: Klauseln in allgemeinen Geschäftsbedingungen sind unwirksam, wenn sich der Verwender ohne sachlich gerechtfertigten und im Vertrag angegebenen Grund von seiner Leistungspflicht lösen kann. Gleichwohl sieht die Rechtsprechung (vgl. BGHZ 92, 396 ff.) in der Vereinbarung einer Selbstbelieferungsklausel in der Regel keinen Verstoß gegen § 308 Nr. 3 BGB.

Frage 190:
Wann hat der Schuldner i.S.v. § 243 Abs. 2 BGB „das zur Leistung seinerseits Erforderliche" getan? Welche Konsequenzen hat dies?
Antwort:
(a) Dies hängt von der konkreten Parteivereinbarung ab. Der Schuldner muss sämtliche Handlungen vornehmen, zu denen er vertraglich oder gesetzlich verpflichtet ist, was u.a. vom Erfüllungsort abhängt. Liegt eine

Holschuld vor, genügt zur Konkretisierung die Aussonderung und Bereitstellung bestimmter Stücke aus der Gattung und die Benachrichtigung des Gläubigers. Bei einer Schickschuld müssen für die Konkretisierung Aussonderung und ordnungsgemäße Versendung der Ware erfolgt sein. Eine Konkretisierung bei der Bringschuld tritt schließlich ein, wenn die Ware ausgesondert wurde und der Schuldner sie termingerecht beim Gläubiger anbietet.

(b) Mit der Konkretisierung wandelt sich die ursprüngliche Gattungsschuld um in eine Stückschuld mit der Folge, dass nunmehr § 275 BGB Anwendung finden kann.

Frage 191:
Welcher Unterschied besteht zwischen der „Wahlschuld" und der Gattungsschuld?
Antwort: Bei der Wahlschuld werden mehrere verschiedene Leistungen in der Weise geschuldet, dass entweder die eine oder die andere zu bewirken ist (§ 262 BGB); bei der Gattungsschuld liegt dagegen eine Verpflichtung zur Leistung einer von mehreren gleichartigen Leistungsmöglichkeiten vor.

Frage 192:
Können Sie Beispiele für das Vorliegen einer Wahlschuld nennen?
Antwort: Beispiele für vereinbarte Wahlschulden: Wahlrecht zwischen verschiedenen Sicherheiten oder Zahlung in verschiedenen Währungen. Gesetzliche Wahlschulden sind selten. Ob die oft als Beispiele genannten §§ 179, 546 a BGB wirklich Anwendungsfälle der Wahlschuld sind, ist strittig. Z.T. wird auch „elektive Konkurrenz" angenommen: dem Gläubiger stehen wahlweise mehrere, inhaltlich verschiedene Rechte zu.

Frage 193:
Welcher Unterschied besteht zwischen der Wahlschuld und der „Ersetzungsbefugnis"?
Antwort: Im Gegensatz zur Wahlschuld wird bei der Schuld mit Ersetzungsbefugnis von Anfang an nur eine Leistung geschuldet, eine andere kann jedoch ohne Zustimmung des anderen Teils verlangt (Ersetzungsbefugnis des Gläubigers) oder statt der Erfüllung (Ersetzungsbefugnis des Schuldners) erbracht werden.

Frage 194:
Kennen Sie Beispiele für die Ersetzungsbefugnis?
Antwort: Das Gesetz kennt viele Fälle für die Ersetzungsbefugnis des Schuldners, z.B. die Möglichkeit, statt der geschuldeten Leistung eine entsprechende Geldsumme zu zahlen (vgl. § 251 Abs. 2 BGB). Eine Ersetzungsbefugnis des Gläubigers nennt z.B. § 249 Abs. 2 S. 1 BGB: Ist wegen Verletzung einer Person oder wegen Beschädigung einer Sache Schaden-

ersatz zu leisten, kann der Gläubiger statt Naturalrestitution auch den dazu erforderlichen Geldbetrag verlangen.

Frage 195:
Sind nach deutschem Recht Wertsicherungsklauseln zulässig?
Antwort: Teilweise sind sie frei vereinbar, teilweise bedürfen sie der Genehmigung durch das Bundesamt für Wirtschaft. „Leistungsvorbehaltsklauseln" (bei ihnen besteht keine Automatik, vielmehr verpflichten sich die Parteien, bei Erreichung eines bestimmten Tatbestandes den Preis einer Leistung erneut auszuhandeln) sind genehmigungsfrei, ebenso sog. „Spannungsklauseln" (bei ihnen wird der Preis für wiederkehrende Leistungen an eine „Spanne" zu einem anderen Entgelt für gleichartige oder vergleichbare Leistungen, z.B. Beamtengehalt, festgesetzt). Genehmigungsbedürftig sind dagegen reine „Indexklauseln", bei denen die Gegenleistung von einem Lebenshaltungskostenindex abhängt. Für die Genehmigungsfähigkeit derartiger Klauseln ist u.a. Voraussesetzung, dass es sich um langfristige Verträge (bei Mietverträgen Mindestlaufzeit 10 Jahre) handelt; vgl. § 1 PreisKlauselVO und § 2 Preisangaben- und Preisklauselgesetz.

Frage 196:
Ist die spätere Vereinbarung zulässig, dass rückständige Zinsen wieder Zinsen bringen sollen?
Antwort: Ja, es handelt sich hierbei nicht um einen nach § 248 BGB verbotenen Zinseszins (eine im voraus getroffene Vereinbarung, dass fällige Zinsen wieder Zinsen tragen sollen).

Frage 197:
Welche Umstände entscheiden, wo der Erfüllungsort liegt?
Antwort: In erster Linie wird die Parteivereinbarung darüber entscheiden; des weiteren ist dies „aus den Umständen, insbesondere aus der Natur des Schuldverhältnisses" zu entnehmen; kann auf diese Weise der Erfüllungsort nicht ermittelt werden, entscheidet der Wohnort des Schuldners (vgl. § 269 BGB).

Frage 198:
Welcher Erfüllungsort gilt für Geldschulden?
Antwort: Nach § 270 BGB hat der Schuldner Geld im Zweifel auf seine Gefahr und Kosten dem Gläubiger an dessen Wohnsitz zu übermitteln. Die Vorschriften über den Leistungsort bleiben aber unberührt (vgl. § 270 Abs. 1 und Abs. 4 BGB). Die Geldschuld ist damit eine qualifizierte Schickschuld, da der Leistungsort zwar beim Schuldner bleibt, er jedoch auch die Gefahr für die Versendung trägt. Man sagt: „Geld reist auf Kosten des Schuldners".

Frage 199:
Welche Bedeutung hat die Leistung am richtigen Ort für den Schuldner-
bzw. Gläubigerverzug?
Antwort: Der Schuldner hat das seinerseits Erforderliche nur getan, wenn
er die Leistung am richtigen Ort erbringt; das heißt, der Gläubiger kommt
vorher nicht in Annahmeverzug; der Schuldner kann dagegen in Schuldnerverzug kommen, wenn er die Leistung nicht rechtzeitig am richtigen
Ort erbringt.

Frage 200:
Worin unterscheiden sich die Voraussetzungen beim Zurückbehaltungsrecht nach § 273 BGB von denen bei der Aufrechnung?
Antwort: Bei der Aufrechnung muss es sich um gleichartige Ansprüche
handeln, beim Zurückbehaltungsrecht können die Ansprüche verschie-
denartig sein. Dafür müssen die Ansprüche beim Zurückbehaltungsrecht
dem selben rechtlichen Verhältnis entspringen. Dies wird schon dann bejaht, wenn ein natürlicher und wirtschaftlicher Zusammenhang zwischen
beiden Ansprüchen besteht, somit ein „einheitlicher Lebensvorgang" vorliegt (sog. „Konnexität").

Frage 201:
Handelt es sich bei den §§ 278, 831 BGB um selbständige Anspruchsgrundlagen?
Antwort: § 831 Abs. 1 S. 1 BGB ist eine selbständige Anspruchsgrundlage,
nicht dagegen § 278 BGB. Bei der letzteren handelt es sich um eine Zurechnungsnorm für fremdes Verschulden. Hinzutreten muss eine Anspruchsgrundlage (z.b. ein Anspruch nach §§ 280 ff. BGB). Demgegenüber
begründet § 831 Abs. 1 S. 1 BGB eine Haftung für eigenes Verschulden
(Auswahl- oder Organisationsverschulden).

Frage 202:
Überwiegt im deutschen Schadenersatzrecht die Verschuldens- oder die
Gefährdungshaftung?
Antwort: Grundsätzlich kann für einen Schaden nur haftbar gemacht werden, wer für die schädigende Handlung verantwortlich ist. Nur ausnahmsweise haftet man auch ohne Verschulden im Rahmen der Gefährdungshaftung (das Risiko des Schädigers ist dann jedoch regelmäßig
durch das Bestehen von Pflichtversicherungen gedeckt) bzw. bei der
Übernahme einer Garantie oder eines Beschaffungsrisikos.

Frage 203:
Welchen zusätzlichen Begriff neben dem Verschulden als dem gemeinsa-
men Oberbegriff für Vorsatz und Fahrlässigkeit führt das Gesetz ein?
Antwort: Das „Vertretenmüssen", weil der Schuldner neben Vorsatz und
Fahrlässigkeit in bestimmten Fällen auch den Zufall zu vertreten hat (Bei-
spiele: §§ 287 S. 2, 848 BGB).

Frage 204:
Was versteht das Gesetz unter dem „Zufall"?
Antwort: Unter „Zufall" versteht das Gesetz schädigende Ereignisse, die keine Partei verschuldet hat, z.b. die Zerstörung einer Sache infolge Blitzeinschlages.

Frage 205:
Was ist der Unterschied zwischen „Zufall" und „höherer Gewalt"?
Antwort: Von „Zufall" spricht man, wenn keinen der Beteiligten ein Verschulden trifft; „höhere Gewalt" erfordert darüber hinaus ein „außergewöhnliches Ereignis, das unter den gegebenen Umständen auch bei äußerster nach Sachlage zu erwartender Sorgfalt nicht verhindert werden konnte".

Frage 206:
Welche Einschränkung gilt für den Schadenersatz bei immateriellen Schäden?
Antwort: Bei immateriellen Schäden (Nichtvermögensschäden) kann nach § 253 Abs. 1 BGB Geldersatz nur in den vom Gesetz besonders genannten Fällen verlangt werden. Schulbeispiele sind der Schmerzensgeldanspruch (§ 253 Abs. 2 BGB), sowie der Anspruch auf Entschädigung wegen nutzlos aufgewendeter Urlaubszeit (§ 651 f. Abs. 2 BGB).

Frage 207:
In welchen Fällen hat die Rechtsprechung entgegen der Regelung des § 253 Abs. 1 BGB bei immateriellen Schäden dennoch einen Schadenersatzanspruch in Geld gewährt und warum?
Antwort: Bei Verletzungen des allgemeinen Persönlichkeitsrechtes (Art. 2 Abs. 1, 1 GG); wobei § 823 Abs. 1 BGB dahingehend verfassungskonform ausgelegt wurde, dass unter den sonstigen Rechten auch das allgemeine Persönlichkeitsrecht zu verstehen ist, was zu einem Anspruch nach (dem damaligen § 847 a.F. jetzt) § 253 Abs. 2 BGB führt. Weitere Grenzfälle sind solche, bei denen die Rechtsprechung beim Nutzungsausfall eines wichtigen Konsumgutes Ersatz gewährt hat, obwohl dem Geschädigten keine Aufwendungen entstanden sind, weil er sich keinen Ersatz für das ausgefallene Konsumgut besorgte (z.B. kein Ersatzfahrzeug angemietet hatte).

Frage 208:
Was bedeuten im Schadenersatzrecht die Begriffe „negatives Interesse", „positives Interesse" und „Schadenersatz statt der Leistung"?
Antwort: Das negative Interesse wird auch als Vertrauensschaden bezeichnet. Hier ist der Geschädigte so zu stellen, als ob er nicht auf die Gültigkeit des Geschäfts vertraut hätte. Der Geschädigte steht damit im Ergebnis so, wie er auch stünde, wenn er an dem Geschäft nie beteiligt gewesen wäre. Beim positiven Interesse dagegen hat der Schädiger den

Geschädigten so zu stellen, als ob er ordnungsgemäß erfüllt hätte. Der Schadenersatz statt der Leistung (früher: Schadenersatz wegen Nichterfüllung) ist eine Sonderform des positiven Interesses: Er tritt nicht neben den Erfüllungsanspruch, sondern an dessen Stelle.

Frage 209:
In welchen Fällen haftet der Schadenersatzpflichtige auf das negative und auf das positive Interesse, wann kann der Gläubiger Schadenersatz statt der Leistung verlangen?
Antwort: Der Schadenersatzpflichtige haftet grundsätzlich auf das positive Interesse, wenn das Gesetz nichts anderes anordnet. So geht der Anspruch des Gläubigers auf Schadenersatz nach § 280 Abs. 1 BGB i.d.R. auf das positive Interesse. Ist der Gläubiger dagegen durch die Pflichtverletzung, die die Haftung nach § 280 Abs. 1 BGB begründet, zum Abschluss eines nachteiligen Vertrags (z.B. wegen mangelhafter Beratung) oder zu anderen nachteiligen Dispositionen veranlasst worden, dann ist der Vertrauensschaden (negatives Interesse) zu ersetzen. Der Schadenersatzpflichtige haftet außerdem auf das negative Interesse, wenn es im Gesetz ausdrücklich angeordnet wird (z.B. der Schadenersatz des Anfechtungsgegners nach § 122 BGB). Schadenersatz statt der Leistung kann nur in den ausdrücklich im Gesetz geregelten Fällen verlangt werden (§§ 281ff. BGB). Üblicherweise setzt der Schadenersatz statt der Leistung voraus, dass der Gläubiger ausdrücklich eine weitere Frist zur Erfüllung setzt; dieses Erfordernis kann jedoch im Einzelfall auch entfallen (z.B. bei Unmöglichkeit, § 283 BGB).

Frage 210:
Muss in den vorgenannten Fällen der gesamte Vertrauensschaden ersetzt werden, auch wenn er größer ist als das Erfüllungsinteresse?
Antwort: Nein: Das negative Interesse wird begrenzt durch das positive, wenn dies – wie in § 122 Abs. 1 BGB – gesetzlich angeordnet ist.

Frage 211:
Kennen Sie Fälle, bei denen ein mittelbar Geschädigter Schadenersatzansprüche gegen den Schädiger geltend machen kann?
Antwort: In den Fällen der §§ 844, 845 BGB (u.a. wenn der Getötete oder Verletzte einem Dritten kraft Gesetzes unterhaltspflichtig war bzw. werden konnte).

Frage 212:
Wie stellt man fest, ob überhaupt ein Schaden entstanden ist?
Antwort: Es gilt in der Regel die „Differenzmethode": Es ist ein Vermögensvergleich zwischen dem Wert des Vermögens vor und dem nach dem schädigenden Ereignis vorzunehmen. Daneben hat die Rechtsprechung den „normativen Schadensbegriff" entwickelt, wonach ein Schaden nicht

nur bei tatsächlichen Vermögenseinbußen, sondern in Ausnahmefällen schon dann vorliegt, wenn nach einer wertenden Betrachtung trotz rechnerisch gleichen Vermögenslagen ein Nachteil entstanden ist.

Frage 213:
Was versteht man unter Naturalrestitution?
Antwort: Nach § 249 Abs. 1 BGB ist der Schadenersatzpflichtige verpflichtet, den Zustand herzustellen, der bestehen würde, wenn der zum Ersatz verpflichtende Umstand nicht eingetreten wäre. Diese Form des Schadenersatzes nennt man Naturalrestitution: Bei ihr wird der Geschädigte grundsätzlich nicht durch die Zahlung einer Geldsumme entschädigt, sondern durch die Wiederherstellung des ursprünglichen Zustandes. Diese Form des Schadenersatzes ist geschuldet, wenn im Gesetz nichts anderes angeordnet ist. Da die Naturalrestitution aber nicht in jedem Fall möglich und zumutbar ist, enthalten die §§ 249 ff. BGB eine Reihe von Ausnahmen von diesem Grundsatz.

Frage 214:
In welchen Fällen ist ein Schaden nicht durch Naturalrestitution sondern durch Geld auszugleichen?
Antwort:
(a) Bei Verletzung einer Person und bei Sachbeschädigungen nach § 249 Abs. 2 S. 1 BGB kann der Gläubiger den zur Herstellung erforderlichen Betrag verlangen;
(b) nach § 250 BGB, wenn der Schuldner eine vom Gläubiger gesetzte, angemessene Frist zur Herstellung verstreichen lässt;
(c) nach § 251 BGB, soweit Naturalrestitution nicht möglich oder nicht genügend ist;
(d) nach § 251 Abs. 2 BGB, wenn Naturalrestitution nur mit unverhältnismäßigen Aufwendungen möglich ist.

Frage 215:
Ist beim Schadenersatz auch der entgangene Gewinn zu berücksichtigen?
Antwort: Ja, nach § 252 BGB umfasst der zu ersetzende Schaden auch den entgangenen Gewinn. Insoweit stellt die Vorschrift lediglich klar, was sich bereits aus dem Grundsatz der Naturalrestitution ergibt.

Frage 216:
Was ist ein Vertrag zugunsten Dritter und wo ist er im Gesetz geregelt?
Antwort: Beim Vertrag zugunsten Dritter (§§ 328 ff. BGB) schließen zwei Parteien einen Vertrag ab, nach dessen Inhalt ein Dritter aus diesem Vertrag einen unmittelbaren Anspruch gegen eine der Vertragsparteien erlangt.

Frage 217:
Wie nennt man beim Vertrag zugunsten Dritter (§ 328 BGB) die Rechtsbeziehung zwischen dem Versprechenden und dem Versprechensempfänger und die zwischen dem Versprechensempfänger und dem Dritten?

Antwort: Das Rechtsverhältnis zwischen dem Versprechenden und dem Versprechensempfänger nennt man „Deckungsverhältnis", das zwischen dem Versprechensempfänger und dem Dritten das „Zuwendungs- oder Valutaverhältnis".

Frage 218:
Was versteht man unter einem Vertrag mit Schutzwirkung zugunsten Dritter und welches sind die Motive dieser Rechtsinstitution?

Antwort: Die Konstruktion des Vertrags mit Schutzwirkung für Dritte gewährt einen vertraglichen Schadenersatzanspruch auch den Personen, die zwar nicht selbst Vertragsparteien wurden, wohl jedoch in einem ähnlichen Näheverhältnis wie der Vertragspartner zur vertraglichen Hauptleistung stehen. Anders als bei § 823 BGB muss dann kein absolutes Recht verletzt sein. Auch ist § 278 BGB anwendbar.

Frage 219:
Was setzt die Einbeziehung eines Dritten in den Schutzbereich eines Vertrags voraus?

Antwort: Es gibt 3 Voraussetzungen:
(a) Leistungsnähe: Der Dritte muss bestimmungsgemäß mit der Leistung in Berührung kommen und der Gefahr einer Pflichtverletzung des anderen Teils in gleicher Weise ausgesetzt sein, wie der Vertragspartner.
(b) Gläubigernähe: Der Vertragspartner muss dem Dritten Schutz und Fürsorge schulden oder ein besonderes Interesse an dessen Einbeziehung in den Schutzbereich haben.
(c) Erkennbarkeit: Leistungs- und Gläubigernähe müssen dem anderen Teil erkennbar sein; Name und Zahl der zu schützenden Dritten muss er aber nicht erkennen können.

Frage 220:
Nennen Sie ein typisches Beispiel des Vertrags mit Schutzwirkung zugunsten Dritter!

Antwort: Ein typischer Fall ist die Einbeziehung der Familienangehörigen des Mieters in den Schutzbereich des Mietvertrags. Damit können z.b. auch die Kinder, die nicht Mietvertragspartei sind, vertragliche Schadenersatzansprüche gegen den Vermieter geltend machen, wenn dieser seine (z.B. Instandhaltungs-)Pflichten nicht erfüllt und sie dadurch zu Schaden kommen.

Frage 221:
Was ist folglich der entscheidende Unterschied zwischen dem Vertrag zugunsten Dritter und dem Vertrag mit Schutzwirkung zugunsten Dritter?

Antwort: Beiden Instituten ist gemeinsam, dass der Dritte vertragliche Ansprüche aus einem Vertrag erlangen kann, an dem er nicht beteiligt ist. Beim Vertrag zugunsten Dritter erwirbt der Dritte einen eigenen Leistungsanspruch. Beim Vertrag mit Schutzwirkung zugunsten Dritter dagegen werden die vertraglichen Nebenpflichten einer Vertragspartei i.S.d. § 241 Abs. 2 BGB auch auf einen Dritten ausgedehnt, der in einem engen Verhältnis zur anderen Vertragspartei steht. Die Verletzung dieser Pflichten kann zu einem vertraglichen Schadenersatzanspruch des Dritten gegen den Pflichtigen führen.

Fälle

Fall 89:
Neffe Nino hilft während eines Verwandtschaftsbesuchs seiner Tante beim Rasenmähen. Er stellt sich etwas ungeschickt an, sodass das Kabel des elektrischen Rasenmähers vom Rotationsmesser zerschnitten wird. Der Schaden beträgt 50 Euro. Kann T gegen N Ansprüche geltend machen?
Lösung: Vertragliche Ansprüche könnte die T gegen N nur dann geltend machen, wenn es sich bei der Erledigung der Gartenarbeiten um eine vertragliche Beziehung und nicht um ein bloßes Gefälligkeitsverhältnis handelte. Es ist also danach zu fragen, ob die Parteien einen rechtlichen Bindungswillen hatten. Meistens wird in solchen Fällen nicht über die rechtliche Natur der Beziehung nachgedacht, sodass der Bindungswille anhand von Indizien, wie der Art und dem Ausmaß der Leistung, der möglichen Gefahrbezogenheit der Leistung etc. zu ermitteln ist. Bei einem einmaligen Rasenmähen anlässlich eines Verwandtschaftsbesuchs liegt wegen der vorgenannten Kriterien nur ein Gefälligkeitsverhältnis vor, sodass vertragliche Schadenersatzansprüche der T ausscheiden. In Betracht kommt dagegen ein Schadenersatzanspruch aus unerlaubter Handlung nach § 823 Abs. 1 BGB wegen fahrlässiger Verletzung des Eigentums der T. Häufig wird jedoch eine volle deliktische Haftung im Rahmen eines Gefälligkeitsverhältnisses für unbillig gehalten. Deshalb nimmt man teilweise in solchen Fällen einen konkludenten Haftungsausschluss an. Möglich wäre aber auch die Beschränkung der Haftung auf grobe Fahrlässigkeit, soweit das Gesetz bei bestehendem Vertrag eine Haftungsreduzierung vorsehen würde (z.b. in §§ 521, 599, 690 BGB).

Fall 90:
Student S lädt nach einer feuchtfröhlichen Examensfeier seine Freundin F zu einer Spazierfahrt mit seinem Auto ein. Beide sind sich darüber im klaren, dass S infolge des vorausgegangenen Alkoholgenusses angeheitert ist. Wegen einer alkoholbedingten Unachtsamkeit von S kommt es zu einem Unfall, bei dem F verletzt wird. Kann F gegen S Ansprüche geltend machen?

Lösung: Zunächst ist zu prüfen, ob F gegen S vertragliche Schadenersatzansprüche zustehen. Dazu wäre erforderlich, dass zwischen F und S ein Beförderungsvertrag geschlossen worden ist. Im vorliegenden Fall handelt es sich jedoch nicht um ein vertragliches Schuldverhältnis, sondern um ein reines Gefälligkeitsverhältnis. Vertragliche Schadenersatzansprüche sind daher nicht gegeben. Möglicherweise steht F jedoch ein Schadenersatzanspruch aus § 823 Abs. 1 BGB (Verletzung der Gesundheit) bzw. aus § 823 Abs. 2 BGB i.V.m. § 315 c StGB zu. Die tatbestandlichen Voraussetzungen liegen vor. Gleichwohl könnte die Geltendmachung eines Schadenersatzanspruches wegen der besonderen Umstände der Gefälligkeitsfahrt eingeschränkt oder sogar ausgeschlossen sein. Die Unentgeltlichkeit der Fahrt allein rechtfertigt zwar noch nicht die Annahme eines Haftungsausschlusses. Beim Vorliegen besonderer, erkennbarer Gefährdungsmomente ist man sich in Rechtsprechung und Literatur aber weitgehend einig, dass eine uneingeschränkte Haftung des Schädigers i.d.R. nicht besteht. Zur Begründung einer Haftungsbeschränkung oder eines Haftungsausschlusses kommen vor allem drei Ansatzpunkte in Betracht: die Annahme (1.) eines – i.d.R. konkludent geschlossenen – Haftungsausschlussvertrages, (2.) einer rechtfertigenden Einwilligung des Verletzten in die Gefährdung oder (3.) eines im Rahmen des § 254 BGB relevanten „Handelns auf eigene Gefahr". Hierbei kommt dem „Handeln auf eigene Gefahr" besondere Bedeutung zu, da die Rechtsprechung hinsichtlich der Alternativen (1) und (2) strenge Anforderungen an den Nachweis eines entsprechenden Willens der Beteiligten stellt. Bei Minderjährigen ergeben sich dabei zusätzliche Probleme: Der Haftungsausschlussvertrag bedarf der Genehmigung des gesetzlichen Vertreters, die Einwilligung in die Gesundheitsgefährdung ist nach § 111 BGB bei einem beschränkt Geschäftsfähigen als einseitige Erklärung ohne Einwilligung nichtig. Im vorliegenden Fall lassen die geschilderten Umstände nur auf eine Haftungsbeschränkung nach § 254 BGB aufgrund „Handelns auf eigene Gefahr" schließen.

Fall 91:

K bestellt bei Winzer W 12 Flaschen Rotwein Jahrgang 2000 aus eigener Herstellung des W. W teilt K mit, er könne die Flaschen im Lauf des Tages abholen, verpackt sie in Holzkisten und stellt sie bereit. Als K am übernächsten Tag die Kisten abholen will, sind die Flaschen zerstört, da die Kisten von einem unachtsamen Kunden des W umgestoßen wurden. W hat zwar noch 50 Flaschen dieses Jahrgangs, will diese aber für besondere Anlässe aufbewahren. K besteht auf Lieferung. Zu Recht?

Lösung: K und W haben einen Kaufvertrag geschlossen; W ist daher gem. § 433 Abs. 1 BGB zur Lieferung verpflichtet. Der Anspruch könnte jedoch gem. § 275 Abs. 1 BGB untergegangen sein. Hier liegt eine (beschränkte) Gattungsschuld vor: Da W noch über weitere Flaschen desselben Weins verfügt, ist ihm die Leistung an sich nicht unmöglich, da er zunächst nicht zur Lieferung bestimmter Flaschen verpflichtet war. Nach § 243 Abs. 2

BGB beschränkt sich das Schuldverhältnis aber auch bei einer Gattungsschuld auf eine bestimmte Sache, wenn der Schuldner das seinerseits zur Erfüllung Erforderliche getan hat. Was erforderlich ist, hängt davon ab, ob die Parteien eine Schick-, Hol- oder Bringschuld vereinbart haben. Hier handelt es sich um eine Holschuld. Bei ihr tritt die Konkretisierung i.S.d. § 243 Abs. 2 BGB ein, wenn der Schuldner die für den Gläubiger vorgesehenen Stücke aus dem Vorrat aussondert und dem Gläubiger anbietet. Das war hier der Fall, da W die Flaschen für K in Kisten verpackte und ihm das mitteilte. Damit wurde die Gattungsschuld gem. § 243 Abs. 2 BGB auf die verpackten Flaschen konkretisiert. Damit war W nicht mehr zur Lieferung irgendwelcher Flaschen dieses Jahrgangs, sondern zur Lieferung dieser ausgesonderten Flaschen verpflichtet. Diese Verpflichtung wurde ihm durch deren Zerstörung unmöglich, was zum Untergang des Erfüllungsanspruchs gem. § 275 Abs. 1 BGB führte. An sich führt die Unmöglichkeit gem. § 326 Abs. 1 BGB zum Erlöschen des Gegenanspruchs auf Bezahlung; da K jedoch gem. §§ 293, 295 BGB im Annahmeverzug war, behält W gem. § 326 Abs. 2 S. 1 BGB den Anspruch auf die Gegenleistung. K muss daher den Kaufpreis bezahlen, obwohl er seinen Anspruch auf Lieferung verloren hat.

Fall 92:
A beschädigt bei einem Verkehrsunfall schuldhaft das Auto des B. Die Reparatur des Wagens beansprucht zehn Tage. B nimmt sich während dieser Zeit keinen Mietwagen, möchte aber von A neben den Reparaturkosten einen Ersatz dafür, dass er auf das Auto zehn Tage lang verzichten musste.
Lösung: Als Anspruchsgrundlage kommt § 823 Abs. 1 BGB in Betracht. Deren Voraussetzungen liegen laut Sachverhalt vor. Fraglich ist aber die Höhe des zu ersetzenden Schadens. Nach der Differenzhypothese ist B so zu stellen, wie er ohne das schädigende Ereignis gestanden wäre. In jedem Fall muss A demnach die Reparaturkosten ersetzen. Schwieriger ist die Frage nach dem Ersatz für den Nutzungsausfall. Das Vermögen des B hat sich ja durch die Nichtnutzung des Autos eigentlich nicht vermindert (anders wäre es, wenn B einen Mietwagen genommen hätte). Um eine unbillige Entlastung des Schädigers zu vermeiden, nimmt die Rechtsprechung aber eine Kommerzialisierung der Gebrauchsmöglichkeit bei Gütern an, auf deren ständige Verfügbarkeit der einzelne für die eigenwirtschaftliche Lebensführung typischerweise angewiesen ist. Dies ist bei einem Auto der Fall. Aus der Kommerzialisierung des Gebrauchs ergibt sich ein Schaden nach der Differenzhypothese. Der Anspruch wegen des Nutzungsausfalls beläuft sich dabei auf einen prozentualen Anteil (ca. 30–40 %) der Kosten, die für einen Mietwagen entstanden wären.

Fall 93:
(1) Passantin P kommt beim „window-shopping" vor dem Kaufhaus des K auf einer vereisten Fläche zu Fall und verletzt sich erheblich. Später

stellt sich heraus, dass der von K hierfür angestellte Hausmeister H an diesem Tag vergessen hatte, den Bürgersteig zu streuen. P verlangt von K Schadenersatz. Zu Recht?

(2) Wie ist die Rechtslage, wenn P in das Kaufhaus hineingegangen und beim Aussuchen von Bodenbelägen (aus Unachtsamkeit der Verkäuferin V) durch eine herabfallende Linoleumrolle am Kopf verletzt worden ist?

Lösung:
(1) Vertragliche Schadenersatzansprüche bestehen mangels Vertragsschlusses nicht. Auch ein Anspruch aus culpa in contrahendo (cic) gem. § 311 Abs. 2 i.V.m. § 241 Abs. 2 BGB liegt nicht vor, da sich beim Betrachten einer Schaufensterauslage der soziale Kontakt zwischen P und K noch nicht in einer Weise verdichtet hatte, dass bereits besondere Obhuts- und Sorgfaltspflichten begründet worden wären. Es handelt sich vielmehr um eine Schädigung bei der Teilnahme am „allgemeinen Verkehr". Insofern ist K nur im Rahmen der §§ 823 ff. BGB verantwortlich. Zunächst ist an einen Anspruch aus § 823 Abs. 1 BGB wegen Verletzung der dem K obliegenden Verkehrssicherungspflichten zu denken. Dieser Pflicht genügte K nicht bereits, indem er H zur Ausführung von Sicherungsmaßnahmen anstellte. Vielmehr war es auch weiterhin Aufgabe des K, hinreichende organisatorische Maßnahmen zur Überwachung des H zu treffen. Das Bestehen eines Anspruches aus § 823 Abs. 1 BGB hängt somit davon ab, ob K seinen Hausmeister in ausreichendem Maße kontrolliert hat. Entsprechendes gilt für einen möglichen Anspruch der P aus § 831 BGB (H war als Verrichtungsgehilfe des K zur Beachtung der Streupflicht eingesetzt). K ist insofern nicht zum Schadenersatz verpflichtet, wenn er den Exkulpationsbeweis nach 831 Abs. 1 S. 2 BGB führen kann.

(2) Im zweiten Fall kommt ein Schadenersatzanspruch der P aus culpa in contrahendo in Betracht. Bereits dann, wenn ein Kunde den Eingangsbereich von Verkaufsräumen zur Anbahnung geschäftlicher Kontakte betreten hat, entsteht entsprechend § 311 Abs. 2 BGB ein vorvertragliches, gesetzliches Schuldverhältnis, das gegenseitige Informations-, Obhuts- und Sorgfaltspflichten mit sich bringt. Schuldhafte Verletzungen dieser Pflichten führen zum Anspruch aus culpa in contrahendo; die §§ 276, 278 BGB finden hierbei Anwendung. Da V als Erfüllungsgehilfin des K anzusehen ist, wird ihr Verschulden dem K nach § 278 BGB wie eigenes Verschulden zugerechnet; anders als im Fall des § 831 BGB besteht hier also keine Exkulpationsmöglichkeit. K ist somit zur Schadenersatzleistung verpflichtet.

Fall 94:
Tochter T begleitet ihre Mutter beim Einkauf im Gemüseladen des G. Dort rutscht T auf einer Bananenschale aus und wird verletzt. Hat sie (eigene) Ansprüche gegen G?

Lösung: In Betracht kommt ein Schadenersatzanspruch der T aus culpa in contrahendo. Dem steht zunächst entgegen, dass T nur ihre Mutter begleitet hat und beim Betreten des Gemüseladens selbst nicht die Absicht hatte, einen Vertrag mit G zu schließen. Nach der Rechtsprechung des BGH schadet dieser Umstand jedoch nicht, wenn zumindest die Mutter der T das Geschäft betreten hat, um einen Vertragsschluss mit G anzubahnen und wenn dieser anvisierte Vertrag hinsichtlich der mit ihm verbundenen Obhuts- und Sorgfaltspflichten auch Schutzwirkungen gegenüber T entfaltet hätte („Vertrag mit Schutzwirkung zugunsten Dritter"; vgl. BGHZ 66, 51; vgl. auch §311 Abs.3 i.V.m. §241 Abs.2 BGB). Für die Einbeziehung Dritter in den Schutzbereich eines Schuldverhältnisses gelten folgende Voraussetzungen: (1.) Der Dritte muss in vergleichbarer Nähe wie der Gläubiger zur geschuldeten Hauptleistung stehen; (2.) der Gläubiger muss gegenüber dem Dritten schutz- bzw. fürsorgepflichtig sein; (3.) weiter müssen beide Umstände für den Schuldner erkennbar und die Einbeziehung zumutbar sein. Diese Voraussetzungen sind im vorliegenden Fall erfüllt: T war den Gefahren einer Schlechtleistung durch G ebenso ausgesetzt wie ihre Mutter; die Mutter ist ihrer Tochter gegenüber nach §§1626, 1631 BGB zum Schutz und zur Fürsorge verpflichtet. Beides war für G erkennbar. Anhaltspunkte, die Zweifel an der Zumutbarkeit der Einbeziehung begründen, liegen nicht vor. Da der angestrebte Vertrag Schutzwirkungen gegenüber T entfaltet hätte, war G bereits im Vorfeld zur Sorgfalt verpflichtet. G hat diese Pflicht zumindest fahrlässig (§276 BGB) verletzt. Der cic-Anspruch ist daher begründet. Des weiteren hat sich G nach §823 Abs.1 BGB aufgrund Verletzung der ihm in Bezug auf seinen Laden obliegenden Verkehrssicherungspflichten schadenersatzpflichtig gemacht.

Fall 95:
Stadtstreicher S will sich wegen der grimmigen Kälte im Kaufhaus K etwas aufwärmen. Dort kommt er zu Fall. Liegen die Voraussetzungen für die culpa in contrahendo vor?
Lösung: Damit Ansprüche aus culpa in contrahendo entstehen können, muss ein geschäftlicher Kontakt vorliegen. Das Verhalten des S müsste auf die Anbahnung eines Vertragsschlusses gerichtet sein. Eine Anwendungsmöglichkeit für die culpa in contrahendo scheidet aus in Fällen, bei denen von vornherein feststeht, dass es zu keinem Vertragsschluss kommen wird. Da sich S im Kaufhaus nur aufwärmen wollte, kann er keine Ansprüche aus culpa in contrahendo geltend machen, wenn er dort einen Schaden erleidet. Es verbleibt dann bei den Ansprüchen aus unerlaubter Handlung.

Fall 96:
V schuldet K die Lieferung von 20000l Heizöl. Zum Liefertermin verständigt V den K telefonisch, dass er im Laufe des Tages noch vorbeikomme, um „wenigstens 5000l zu liefern". Den Rest werde er in den nächsten Wochen nachliefern.
(1) Muss K die Teillieferung annehmen?
(2) Käme er bei Zurückweisung in Gläubigerverzug?

(3) Wie wäre es, wenn V in vollem Umfang geliefert hätte, K jedoch nur einen Teilbetrag zahlen könnte?

(4) Wie wäre es, wenn K dem V aus einem Wechsel zur Zahlung von 2000 Euro verpflichtet wäre, jedoch nur 500 Euro zur Verfügung hat?

Lösung:

(1) Nach § 266 BGB ist der Schuldner zu Teilleistungen nicht berechtigt. K muss die angebotene Lieferung daher nicht abnehmen.

(2) Gem. §§ 293, 294 BGB tritt Gläubigerverzug nur ein, wenn der Gläubiger eine Leistung nicht annimmt, die ihm vom Schuldner so, wie sie zu bewirken ist, angeboten wurde. Da der Schuldner zu Teilleistungen nicht berechtigt ist, gerät der Gläubiger auch nicht in Annahmeverzug, wenn er ein entsprechendes Angebot ablehnt.

(3) § 266 BGB gilt auch für Zahlungsschulden. V ist daher berechtigt, angebotene Anzahlungen abzulehnen und stattdessen Klage gegen K in Höhe des gesamten Kaufpreises zu erheben. Diese Vorgehensweise bietet sich mitunter an, um die Streitwertgrenze für die sachliche Zuständigkeit der Landgerichte zu erreichen (§§ 23 Nr. 1, 71 Abs. 1 des Gerichtsverfassungsgesetzes).

(4) Anderes gilt für Zahlungsverpflichtungen aus Wechseln. Nach Art. 39 Abs. 2 des Wechselgesetzes darf der Inhaber eines Wechsels Teilzahlungen nicht zurückweisen. Die Teilzahlung wird auf dem Wechsel vermerkt; dem Zahlenden wird eine Quittung über die erbrachte Leistung erteilt.

Fall 97:

Der private Darlehensschuldner S hat in Erwartung eines steigenden Kapitalzinses von seiner Sparkasse ein Darlehen abgerufen mit einem Festzinssatz von 9 % jährlich. Als der Kapitalzins auf 7 % absinkt, möchte er das Darlehen kündigen. Die Sparkasse will die Kündigung nicht gelten lassen und verweist auf einen Passus im Darlehensvertrag, wonach die vorzeitige Kündigung ausgeschlossen sei. Wer hat Recht?

Lösung: Einschlägig ist § 489 BGB. Danach kann der Schuldner ein Darlehen, bei dem für einen bestimmten Zeitraum ein fester Zinssatz vereinbart ist, u.a. nach Ablauf von 6 Monaten nach dem vollständigen Empfang unter Einhaltung einer Frist von 3 Monaten kündigen, wenn das Darlehen einem Verbraucher gewährt und nicht durch ein Grund- oder Schiffspfandrecht gesichert ist (vgl. § 489 Abs. 1 Nr. 2 BGB). Nach § 489 Abs. 1 Nr. 3 kann ein solches Festzinsdarlehen in jedem Fall nach Ablauf von 10 Jahren gekündigt werden. Das Kündigungsrecht des Schuldners kann nicht durch Vertrag ausgeschlossen oder erschwert werden, § 489 Abs. 4 BGB (Ausnahme: Darlehen an Bund, Länder und Gemeinden).

Fall 98:

Häuslebauer H will sich von Bauunternehmer B ein Haus bauen lassen. B ist der Ansicht, H müsse zunächst zahlen, H ist der Meinung, B müsse zunächst bauen. Wie ist die Rechtslage nach den dispositiven Regeln des BGB?

Lösung: H ist aus dem zwischen dem B und dem H geschlossenen Werkvertrag zur Zahlung verpflichtet und B grundsätzlich zur Erstellung des Hauses. Die Zahlungspflicht des H wird jedoch gem. § 641 Abs. 1 S. 1 BGB erst bei Abnahme des Hauses fällig. B wäre insoweit vorleistungspflichtig. Die Konsequenz dieser Regelung wäre, dass B das Haus fertig bauen müsste, ohne zunächst einen Cent zu erhalten. In der Baubranche wird seit jeher von der Regelung des § 641 BGB abgewichen: Es wird vereinbart, dass H mit dem Erreichen bestimmter Bauabschnitte Teilzahlungen leisten muss. Diese Praxis hat der Gesetzgeber aufgegriffen und in § 632 a BGB normiert: Der Unternehmer kann für abgeschlossene Teile des Werkes Abschlagszahlungen verlangen.

Fall 99:
Häuslesbauer H bestellt im Januar bei B 150 m² Teppichböden für seinen Neubau; als fester Liefertermin wird der 1. September vereinbart. Als B die Teppichböden bereits im April liefert, ist – erwartungsgemäß – nicht einmal der Rohbau fertiggestellt. Kommt H in Annahmeverzug, wenn er mangels ausreichenden Lagerplatzes die Annahme der Lieferung verweigert?

Lösung: H gerät nur dann in Annahmeverzug, wenn ihm die vereinbarte Leistung von B „so, wie sie zu bewirken ist" angeboten worden ist (§ 294 BGB). Die Leistung müsste also vollständig, in der richtigen Qualität, am richtigen Ort und zur richtigen Zeit angeboten worden sein. Im vorliegenden Fall ist zweifelhaft, ob die Teppichböden zur richtigen Zeit angeboten worden sind. Für die Bestimmung der richtigen Leistungszeit ist § 271 BGB maßgeblich. In Betracht kommt die Regelung des § 271 Abs. 2 BGB; demnach ist im Zweifel anzunehmen, dass der Gläubiger die Leistung zwar nicht vor der vereinbarten Zeit verlangen, der Schuldner sie aber vorher bewirken kann. Dies gilt jedoch nur „im Zweifel". § 271 Abs. 2 BGB ist dagegen unanwendbar, wenn der Gläubiger durch die vorzeitige Leistung ein vertragliches Recht verliert oder wenn seine geschützten Interessen beeinträchtigt werden. Von letzterem wird man im vorliegenden Fall ausgehen können. Annahmeverzug würde demzufolge nicht eintreten.

Fall 100:
Wohnungseigentümer W im 15. Stock eines Hochhauses beauftragt den Klempnermeister K, eine Reparatur im Badezimmer vorzunehmen. Anstelle des Meisters erscheint der kurz vor der Gesellenprüfung stehende Lehrling L, der wegen einer Unachtsamkeit eine Überschwemmung in der Wohnung des W und in der darunter liegenden Wohnung des U verursacht. Gegen wen und mit welcher Aussicht auf Erfolg können W und U Schadenersatzansprüche stellen?

Lösung:
(1) Ansprüche des W gegen L:
Vertragliche Ansprüche des W gegen L bestehen nicht. Dagegen könnte W ein Schadenersatzanspruch nach § 823 Abs. 1 BGB zustehen, wenn L durch

seinen Missgriff rechtswidrig und schuldhaft das Eigentum des W verletzt hat. Diese Voraussetzungen liegen vor. Allerdings ist der Wert dieses Anspruches im Hinblick auf die voraussichtlich geringe Zahlungskraft des L zweifelhaft.

(2) Ansprüche des W gegen K:
W könnte gem. § 280 Abs. 1 S. 1 BGB einen Anspruch auf Schadenersatz gegen K geltend machen, weil er die ihm aus dem Reparaturauftrag obliegenden Nebenpflichten verletzt hat. Zu den Nebenpflichten des K aus dem zwischen ihm und W geschlossenen Werkvertrag (§ 631 BGB) gehört es gem. § 241 Abs. 2 BGB, die Rechtsgüter des W bei Ausführung des bestellten Werkes nicht zu verletzen. Die vorliegende Rechtsgutsverletzung ist zwar nicht von K, sondern von seinem Lehrling L in schuldhafter Weise begangen worden; K hat sich dieses Verschulden seines Erfüllungsgehilfen jedoch nach § 278 BGB zurechnen zu lassen. Ferner kommt ein Schadenersatzanspruch aus § 831 Abs. 1 S. 1 BGB in Betracht, da L als Verrichtungsgehilfe des K dem W widerrechtlich Schaden zugefügt hat. Der Erfolg dieses Anspruches hängt jedoch davon ab, ob dem K der Nachweis gelingt, dass er seinen Lehrling gut ausgewählt und überwacht hat bzw. dass der Schaden auch bei Anwendung dieser Sorgfalt entstanden sein würde (§ 831 Abs. 1 S. 2 BGB).

(3) Ansprüche des U gegen L:
Auch gegenüber U ist L nach § 823 Abs. 1 BGB zum Schadenersatz verpflichtet (siehe oben (1)).

(4) Ansprüche des U gegen K:
Mangels Vereinbarungen zwischen U und K bestehen keine vertraglichen Schadenersatzansprüche. U ist auch nicht in den Schutzbereich des Vertrages zwischen W und K miteinbezogen worden. Gegen die Annahme eines solchen Vertrages mit Schutzwirkung zugunsten des U spricht, dass W dem U nicht zu besonderer Fürsorge oder Sorgfalt verpflichtet ist. Zudem wäre die Einbeziehung sämtlicher Mitbewohner des Hochhauses für K auch nicht zumutbar. U kann sich daher nur auf einen Anspruch aus § 831 Abs. 1 S. 1 BGB stützen, dessen Erfolgsaussichten davon abhängen, ob es dem K gelingt, sich nach § 831 Abs. 1 S. 2 BGB zu exkulpieren.

(5) Ansprüche des U gegen W:
Vertragliche Ansprüche bestehen nicht, da keine Vereinbarungen zwischen U und W getroffen worden sind; L ist nicht gem. § 278 BGB in Erfüllung einer Verpflichtung des W gegenüber U tätig geworden. Im übrigen kommt nur ein Schadenersatzanspruch des U aus § 831 Abs. 1 S. 1 BGB in Betracht. Dieser setzt allerdings voraus, dass L und K als Verrichtungsgehilfen des W anzusehen sind. Verrichtungsgehilfe ist, wer „weisungsgebunden" ist, also im Blick auf eine bestimmte Tätigkeit generell den Weisungen eines anderen unterliegt. Dies trifft auf K als selbständigen Unternehmer nicht zu. L ist als Arbeitnehmer des K zwar dessen Verrichtungsgehilfe; im Verhältnis zu W fehlt es dagegen ebenfalls an einer allgemeinen Weisungsgebundenheit. Dem U stehen daher keine Ansprüche gegen W zu.

Fall 101:
L nutzt die im vorangegangenen Fall geschilderte Situation und entwendet einen wertvollen Gegenstand. Hat W auch hier einen Schadenersatzanspruch gegen K?
Lösung: Wieder kommen Ansprüche aus § 831 Abs. 1 S. 1 BGB und aus § 280 Abs. 1 i.V.m. § 278 BGB in Frage. § 831 BGB greift jedoch nur, wenn der Schaden „in Ausführung der Verrichtung" verursacht wird. Das erfordert einen inneren Zusammenhang mit der übertragenen Tätigkeit und gilt nicht, wenn der Schaden „nur gelegentlich" der Verrichtung verursacht wird. Bei der Zurechnung nach § 278 BGB wird entsprechend danach differenziert, ob die schuldhafte Handlung des Gehilfen in einem „inneren sachlichen Zusammenhang" mit den Aufgaben steht, die der Schuldner im Hinblick auf die Vertragserfüllung zugewiesen hatte oder nur bei Gelegenheit der Erfüllung erfolgt. Demzufolge besteht im vorliegenden Fall kein Anspruch gegen K.

Fall 102:
X bestellt für seine Freundin F in der Gärtnerei G einen Blumenstrauß, der direkt an F geliefert werden soll. Kann F von G Lieferung verlangen?
Lösung: Es kommt ein Anspruch der F aus § 433 Abs. 1 BGB in Betracht. Sie selbst hat keinen Vertrag mit G geschlossen, jedoch sollte sie die Leistung des Vertrags zwischen X und G erhalten. Einen eigenen Lieferanspruch hätte sie allerdings nur dann, wenn G und X gem. § 328 Abs. 1 BGB einen echten (berechtigenden) Vertrag zugunsten Dritter geschlossen hätten. Dies ist im Zweifel durch Auslegung zu ermitteln, § 328 Abs. 2 BGB. Da die Blumen für F ein Geschenk des X waren, konnte nach der allgemeinen Lebensauffassung nur X als Besteller vom G Lieferung verlangen. Es handelt sich um einen unechten Vertrag zugunsten Dritter, aufgrund dessen F nicht berechtigt wird; sie hat daher keinen eigenen Anspruch gegen G auf Lieferung der Blumen.

Fall 103:
Die 16-jährige Tochter T des Mieters M kommt im Hausflur zu Fall, weil das Treppenhauslicht defekt ist. Der von der Vermietungsgesellschaft V angestellte Hausmeister Hugo hatte die schadhafte Birne nicht rechtzeitig ausgewechselt. Kann T mit Aussicht auf Erfolg gegen V klagen?
Lösung: Vertragliche Schadenersatzansprüche gegen V setzen ein Vertragsverhältnis zwischen T und V voraus. T hat den Mietvertrag nicht selbst abgeschlossen. Sie könnte jedoch in den Schutzbereich des Mietvertrages ihrer Eltern einbezogen sein, wenn ein Vertrag mit Schutzwirkung zugunsten Dritter vorliegt. Dies setzt voraus, dass T in gleicher Weise den Gefahren von Schutzpflichtverletzungen ausgesetzt ist wie der Vertragspartner M. Weiter ist Gläubigernähe der T erforderlich; Gläubiger M muss für ihr „Wohl und Wehe" verantwortlich sein. Schließlich muss dem Dritten dieser Zustand erkennbar sein. Dies alles ist vorliegend der Fall, T ist

in den Schutzbereich des Mietvertrags einbezogen. V hat die sich aus dem Mietvertrag gem. § 241 Abs. 2 BGB ergebende Nebenpflicht, für Sicherheit im Treppenhaus zu sorgen, verletzt. V muss sich das Verschulden des H gem. § 278 BGB zurechnen lassen. Somit besteht ein Schadenersatzanspruch aus § 280 Abs. 1 BGB. In Betracht kommt auch ein Anspruch aus § 831 Abs. 1 S. 1 BGB, der jedoch wegen der Exkulpationsmöglichkeit nicht sehr erfolgversprechend ist.

Fall 104:
A und B entschließen sich im Sommer 2000, zusammen ein Hausgrundstück zu erwerben, zunächst kauft jedoch nur A das ausgewählte Objekt. Am 1.3.2001 schließt er mit P, dem Vater von B – der diesen vertritt – einen Vertrag über die Übereignung der Hälfte des Grundstücks an B. Als B im Februar 2002 Übereignung verlangt, weigert sich A mit der Begründung, der Vertrag mit P sei unter Drohungen zustande gekommen, was auch bewiesen werden kann. Ist A im Recht? (Fall nach BGH NJW 1979, 1983 f.).
Lösung: B hat einen Anspruch auf Übereignung des Hausgrundstückes aus dem Vertrag, der zwischen A und P als Vertreter des B geschlossen wurde. Fraglich ist, ob A die Übereignung verweigern kann. Man könnte zunächst an eine Anfechtung des A gem. § 123 BGB denken, da er den Vertrag mit P (der im übrigen kein Dritter i.S.d. § 123 Abs. 2 BGB ist) unter Drohungen schließen musste. Diese Anfechtung ist jedoch wegen Ablaufs der Jahresfrist nach § 124 BGB ausgeschlossen. In Betracht kommt allerdings die Möglichkeit einer Verweigerung der Vertragserfüllung aus culpa in contrahendo. A und P hatten Vertragsverhandlungen geführt. Während solchen ist jede Partei verpflichtet, auf die Interessen des anderen Rücksicht zu nehmen, es besteht eine allgemeine Schutzpflicht für die Person des Vertragspartners. Durch die Drohung wurde das Recht zur freien Willensbestimmung des A verletzt. B selbst traf hieran zwar kein Verschulden, er muss sich allerdings das Verschulden seines Vaters nach § 278 BGB zurechnen lassen. Die Voraussetzungen für einen Anspruch aus culpa in contrahendo liegen demnach vor, sodass A aus diesem Grunde einen Schadenersatzanspruch auf Schuldbefreiung hat. Er muss nicht an B übereignen. *Beachten Sie*: Die Möglichkeit einer Anfechtung schließt nach h.M. den Anspruch aus culpa in contrahendo nicht aus.

Fall 105:
Unternehmer U beauftragt Handwerksmeister H mit der Durchführung verschiedener Schweißarbeiten in seiner Fabrikationshalle. Durch ein Versehen des Gesellen G, der seit mehreren Jahren bei H angestellt ist, kommt es bei den Arbeiten zu einer Explosion, die unter anderem folgende Schäden verursacht:
(1) In eine Mauer ist ein Loch gerissen worden; zudem sind sämtliche Fenster in der Halle zu Bruch gegangen. Durch Sachverständigengutachten wird ein voraussichtlicher Reparaturaufwand i.H.v. 60000 Euro ermittelt.

(2) In der Halle kann drei Tage lang nicht produziert werden. U sieht sich hierdurch gezwungen, eine Bestellung zurückzuweisen, die ihm einen Gewinn i.H.v. 150 000 Euro eingebracht hätte. (3) U ist bei der Explosion selbst verletzt worden. Die Kosten der ärztlichen Behandlung betragen 8000 Euro. (4) Sowohl die Verletzung als auch die Behandlung war für U sehr schmerzhaft. Als U den H zur Zahlung von 218 000 Euro nebst einem angemessenen Schmerzensgeld auffordert, wendet H ein, dass ihn für das Verhalten seines Gesellen keine Verantwortung treffe. G sei seit Jahren sein zuverlässigster Mitarbeiter. Selbst wenn er aber zum Schadenersatz verpflichtet sei, sehe er nicht ein, weshalb er die Reparaturen bezahlen müsse; er sei vielmehr gerne bereit, die Arbeiten selbst durchzuführen. Wäre eine Zahlungsklage des U begründet?

Lösung: Eine Klage des U wäre begründet, wenn er berechtigt ist, von H die Zahlung von 218 000 Euro nebst einem angemessenen Schmerzensgeld zu verlangen. Dem U könnte zunächst ein Schadenersatzanspruch gem. § 280 Abs. 1 BGB zustehen. H war aus dem zwischen ihm und U bestehenden Werkvertrag (§ 631 BGB) verpflichtet, bei Ausführung des bestellten Werkes sorgfältig vorzugehen und die Rechtsgüter des U nicht zu beeinträchtigen; hierbei hat er gem. § 278 BGB für schuldhafte Pflichtverletzungen seiner Erfüllungsgehilfen einzustehen. G hat den U bei Ausführung des bestellten Werkes fahrlässig geschädigt. Der Schadenersatzanspruch ist daher dem Grunde nach gerechtfertigt. Fraglich ist, ob er auch in der von U angegebenen Höhe besteht. Die Art und der Umfang des von H zu leistenden Schadenersatzes ergibt sich aus den §§ 249 ff. BGB. Hinsichtlich der einzelnen Schadenspositionen ist demnach zu differenzieren:

(1) Nach § 249 Abs. 1 BGB ist H grundsätzlich verpflichtet, denjenigen Zustand herzustellen, der bestehen würde, wenn die Pflichtverletzung nicht begangen worden wäre („Naturalrestitution"). Das Gesetz geht also im Grundsatz von der Verpflichtung des H aus, die Reparatur der Fabrikationshalle selbst zu bewirken. Nach § 249 Abs. 2 S. 1 BGB steht dem U jedoch im Falle einer Sachbeschädigung das Recht zu, statt der Reparatur den für die Herstellung erforderlichen Geldbetrag zu verlangen. Der Anspruch ist daher i.H.v. 60 000 Euro begründet.

(2) Der Schadenersatzanspruch des U erfasst gem. § 252 BGB auch den entgangenen Gewinn i.H.v. 150 000 Euro.

(3) Die Heilungskosten i.H.v. 8000 Euro sind ebenfalls nach § 249 Abs. 2 S. 1 BGB ersatzfähig.

(4) Bei den von U erlittenen Schmerzen handelt es sich um einen immateriellen Schaden. Dieser ist laut § 253 Abs. 1 BGB von H nur dann auszugleichen, wenn dies im Gesetz besonders angeordnet wird. Im Falle der Körper- und Gesundheitsverletzung kann nach § 253 Abs. 2 BGB auch ein angemessenes Schmerzensgeld verlangt werden. Nach früherem Recht war Grundlage für einen Schmerzensgeldanspruch der inzwischen aufgehobene § 847 BGB. Aus der Stellung des § 847 BGB im Abschnitt „Unerlaubte Handlun-

gen" ergab sich, dass ein Schmerzensgeldanspruch nur bestehen konnte, wenn einer der Tatbestände der §§ 823 ff. BGB erfüllt war. Der Anspruch des U aus vertraglicher Pflichtverletzung rechtfertigte folglich nicht die geltend-gemachte Schmerzensgeldforderung. U hätte nur ein angemessenes Schmerzensgeld beanspruchen können, wenn H eine unerlaubte Handlung nach § 831 BGB zu verantworten gehabt hätte. Hiervon wird man aber kaum ausgehen können: Nach dem Vorbringen des H liegt es nahe, dass ihm der Entlastungsbeweis des § 831 Abs. 1 S. 2 BGB gelingen wird. Mit der Neure-gelung des Schmerzensgeldanspruchs (und dessen Zubilligung auch im Fal-le der Verletzung vertraglicher Pflichten) ist diese „Achillesferse" beseitigt.

VIII. Beendigung des Schuldverhältnisses

Übersicht

Erfüllung §362 Abs.1 BGB	Bewirken der geschuldeten Leistung (§ 362 Abs. 1 BGB): „Erfüllung ist der natürliche Tod des Schuldverhältnisses".
Leistung an Erfüllungs statt §364 Abs.1 BGB	Bewirken einer anderen als der geschuldeten Leistung: Schuldverhältnis erlischt, wenn Gläubiger die Ersatz-leistung als Erfüllung annimmt.
Leistung erfüllungshalber §364 Abs.2 BGB	Schuldner übernimmt zum Zwecke der Befriedigung des Gläubigers diesem gegenüber eine neue Verbindlichkeit: Das ursprüngliche Schuldverhältnis erlischt im Zweifel nicht.
Hinterlegung §§372ff. BGB	*Begriff:* Deponierung des geschuldeten Gegenstandes für den Gläubiger bei der Hinterlegungsstelle.
	Voraussetzungen: (a) *Hinterlegungsgrund* (§ 372 BGB): <ul><li>Gläubiger ist im Annahmeverzug oder</li><li>Schuldner kann aus Gründen, die in der Person des Gläubigers liegen oder infolge einer Unge-wissheit über die Person des Gläubigers seine Ver-bindlichkeit nicht erfüllen</li></ul> (b) *Hinterlegungsstelle:* Amtsgericht (§ 1 HinterlegungsO) (c) *Hinterlegungsfähigkeit:* Geld, Wertpapiere, Urkunden, Kostbarkeiten („großer Wert auf kleinem Raum")
	Wirkungen: Hinterlegung wirkt gem. § 378 BGB schuldbefreiend (so-bald der Schuldner den hinterlegten Gegenstand nicht mehr zurücknehmen kann. Ansonsten kann der Schuld-ner den Gläubiger gem. § 379 BGB auf die hinterlegte Sa-che verweisen, er erwirbt also eine Einrede).

Aufrechnung §§ 387 ff. BGB	*Begriff*: Tilgung von Forderungen durch Aufrechnungserklärung
	Voraussetzungen: (1) *Gegenseitigkeit* (Forderung und Gegenforderung müssen zwischen denselben Personen bestehen) (2) *Gleichartigkeit* (Forderung und Gegenforderung müssen ihrem Gegenstand nach gleichartig sein) (3) *Fälligkeit* (die Gegenforderung muss fällig sein) (4) *Einredefreiheit* (der – zur Aufrechnung gestellten – Gegenforderung darf keine Einrede entgegenstehen, § 390 BGB) (5) *Zulässigkeit* (die Aufrechnung darf nicht vertraglich oder gesetzlich ausgeschlossen sein) (6) *Aufrechnungserklärung* (einseitige, empfangsbedürftige, bedingungsfeindliche Willenserklärung; § 388 BGB)
	Wirkung: Forderungen erlöschen, soweit sie sich decken, rückwirkend auf den Zeitpunkt, zu dem sie sich aufrechenbar gegenüberstanden (§ 389 BGB).
Erlass § 397 BGB	*Begriff*: Vertraglicher Verzicht des Gläubigers auf die Leistung (§ 397 Abs. 1 BGB) *Negatives Schuldanerkenntnis*: Anerkenntnisvertrag zwischen Gläubiger und Schuldner über das Nichtbestehen einer Forderung (§ 397 Abs. 2 BGB) *Aufhebungsvertrag*: Beendigung der Rechtsbeziehungen zwischen Gläubiger und Schuldner *insgesamt* durch Vertrag
Schuldumwandlung	*Begriff*: Ersetzung des ursprünglichen Schuldverhältnisses durch ein neues („Novation").
Konfusion	Zusammentreffen von Forderung und Schuld in derselben Person (im Sachenrecht bezeichnet man den vergleichbaren Fall des Zusammentreffens von Eigentum und beschränktem dinglichen Recht als „Konsolidation")
Zweckerreichung	Leistungserfolg tritt ein ohne Zutun des Schuldners
Rücktritt (§§ 346 ff. BGB)	*Begriff*: Rückgängigmachung eines Schuldverhältnisses durch einseitige, empfangsbedürftige Willenserklärung (Gestaltungsrecht)
	Voraussetzungen: (a) Berechtigung zum Rücktritt (vertraglich oder gesetzlich) (b) Rücktrittserklärung (bedingungsfeindliche Willenserklärung)

	Rechtsfolgen: Das ursprüngliche Schuldverhältnis wandelt sich um in ein Rückabwicklungsschuldverhältnis. (a) Verpflichtung zur Rückgewähr der empfangenen Leistungen (§ 346 Abs. 1 BGB) (b) Hilfsweise: Wertersatz (§ 346 Abs. 2 BGB)
Kündigung	Beendigung (namentlich von Dauerschuldverhältnissen) durch einseitige, empfangsbedürftige, bedingungsfeindliche Willenserklärung

Fragen

Frage 222:
Welche Umstände können zum Erlöschen des Schuldverhältnisses führen?
Antwort: Das Schuldverhältnis erlischt durch Erfüllung, einschließlich der Annahme einer Leistung an Erfüllungs statt. Es erlischt weiter durch Hinterlegung, Aufrechnung und Erlass. Die Kündigung beendet das Schuldverhältnis für die Zukunft, der Rücktritt wandelt das bisherige Schuldverhältnis in ein Rückabwicklungsverhältnis um.

Frage 223:
Kann auch gegenüber einem beschränkt Geschäftsfähigen wirksam erfüllt werden?
Antwort: Das Gesetz regelt diese Frage in den §§ 362 ff. BGB nicht. Auch die §§ 106 ff. BGB sind nicht unmittelbar anwendbar, da sie nur für Willenserklärungen gelten. Für den Eintritt der Erfüllung ist dagegen nach h.M. keine Willenserklärung erforderlich, sie tritt ein, wenn die geschuldete Leistung vom Schuldner bewirkt wird. Da jedoch auch die Erfüllung für den beschränkt Geschäftsfähigen nicht nur rechtlich vorteilhaft ist, wendet die h.M. § 108 BGB analog an. Damit fehlt dem Minderjährigen ohne die Einwilligung des gesetzlichen Vertreters die Empfangszuständigkeit und der Anspruch erlischt nicht schon mit der Erfüllung, sondern erst mit der Genehmigung. Von der Erfüllungswirkung ist der Erwerb des Eigentums an der geleisteten Sache zu unterscheiden: Der Eigentumserwerb ist rechtlich vorteilhaft und daher ohne Einwilligung des gesetzlichen Vertreters möglich.

Frage 224:
Kann ein Anspruch auch durch die Leistung an eine andere Person als den Gläubiger selbst erlöschen?
Antwort: Ja, dies ist in drei Konstellationen möglich:
(a) Nach §§ 362 Abs. 2, 185 BGB führt die Leistung an einen Dritten zur Erfüllung, wenn er durch den Gläubiger zum Empfang ermächtigt ist oder der Gläubiger die Annahme nachträglich genehmigt.

(b) Auch die Leistung an den Empfangsvertreter oder Empfangsboten führt gem. § 362 Abs. 1 BGB zur Erfüllung.

(c) Außerdem gibt es noch einige gesetzlich geregelte Fälle, in denen trotz Fehlen der Voraussetzungen von (a) und (b) Erfüllung eintritt, weil der Dritte durch einen Rechtsscheinstatbestand als Gläubiger legitimiert ist: So bewirkt gem. § 851 BGB eine Leistung des Schädigers an den Besitzer der beschädigten Sache auch gegenüber dem Eigentümer dieser Sache ein Erlöschen des Schadenersatzanspruchs. Weitere Fälle sind die §§ 370 (Überbringer einer echten Quittung), 407–409 BGB (Forderungsabtretung).

Frage 225:
Entfällt mit der Erfüllung die Existenz des Schuldverhältnisses vollständig?
Antwort: Nein, das Schuldverhältnis bleibt insoweit noch existent, als sich der Erfüllungsanspruch umwandelt in einen Rechtsgrund für das Behaltendürfen im Sinne von § 812 BGB (andernfalls wäre ja die Vermögensverschiebung ohne Schuldverhältnis, also „sine causa" erfolgt!). Außerdem können Schuldverhältnisse neben den Hauptpflichten noch weitere Rechte und Pflichten begründen, die über die Erfüllung der Hauptpflicht hinaus fortdauern – z.b. die Mängelrechte oder auch nachvertragliche Pflichten.

Frage 225 a:
Wie unterscheiden sich die beiden Absätze des § 364 BGB?
Antwort: Bei der Leistung an Erfüllungs Statt (Abs. 1) erlischt die Forderung sofort mit Hingabe des geleisteten Gegenstandes.
Bei der Leistung erfüllungshalber (Abs. 2) erhält der Gläubiger lediglich ein Befriedigungsrecht am geleisteten Gegenstand. Die Forderung erlischt erst, wenn er sich tatsächlich hieraus (z.B. durch Verkauf) befriedigen konnte.

Frage 226:
Spielt die Hinterlegung im Rechtsleben eine große Rolle?
Antwort: Im bürgerlichen Recht nicht oder nur in Ausnahmefällen. Es dürfte selten sein, dass ein Gläubiger die Annahme von Geld u. dergl. verweigert (denkbar jedoch z.B. bei einer unmittelbar bevorstehenden Währungsreform). Eher dürfte es vorkommen, dass Ungewissheit über die Person des Gläubigers besteht. So ist es bei Insolvenz von gewerblichen Zwischenvermietern im Falle von sog. Bauherrenmodellen zu der kuriosen Konstellation gekommen, dass die Eigentümer der an den gewerblichen Zwischenvermieter vermieteten Wohnung in Sorge um ihre Einnahmen die Wohnung an weitere gewerbliche Zwischenvermieter weitervermietet hatten, obwohl das erste Zwischenmieterverhältnis nicht beendet war. Die Folge davon war, dass sämtliche eingeschalteten Zwischenvermieter und teilweise auch die Eigentümer selbst von den End-

mietern Zahlungen verlangten. Größere Bedeutung hat die Hinterlegung dagegen im Handelsrecht, weil dort die Voraussetzungen und Wirkungen der Hinterlegung wesentlich erweitert sind (vgl. §§ 373 ff. HGB).

Frage 227:
Setzt die Gleichartigkeit bei der Aufrechnung voraus, dass Forderung und Gegenforderung aus dem gleichen Rechtsgrund (z.B. jeweils aus Kaufvertrag) herrühren?
Antwort: Nein, Gleichartigkeit i.S.d. § 387 BGB liegt bereits vor, wenn Forderung und Gegenforderung ihrem Gegenstand nach gleichartig sind, z.b. Aufrechnung einer Geldforderung aus Darlehen gegenüber einer solchen aus Werkvertrag.

Frage 228:
Kann eine Geldforderung über 5000 Euro gegen eine Forderung über 10000 Euro aufgerechnet werden oder fehlt es an der Gleichartigkeit?
Antwort: Die Aufrechnung ist ohne weiteres möglich. Gleichartigkeit setzt nicht gleiche Höhe der Forderungen voraus, sondern Gleichartigkeit des Leistungsgegenstands. Im vorliegenden Fall erlischt die Hauptforderung in Höhe von 5000 Euro (vgl. § 389 BGB: „soweit sie sich decken").

Frage 229:
Ist die Eventualaufrechnung im Prozess (also die hilfsweise Aufrechnung gegen eine bestrittene Klageforderung) zulässig?
Antwort: Da die Aufrechnung ein Gestaltungsrecht ist, ist sie an sich bedingungsfeindlich. Eine Ausnahme gilt jedoch für die Eventualaufrechnung im Prozess: Hier erklärt der Beklagte die Aufrechnung nur für den Fall („hilfsweise"), dass das Gericht die Forderung des Klägers für begründet hält. Der Eintritt der Bedingung ist daher von der Entscheidung des Gerichts über den eingeklagten Anspruch abhängig, weshalb im Zeitpunkt der gerichtlichen Entscheidung feststeht, ob die Bedingung eingetreten ist oder nicht. Daher ist die Eventualaufrechnung als sog. „Potestativbedingung" zulässig.

Frage 230:
Ist zu einem negativen Schuldanerkenntnis im Sinne von § 397 Abs. 2 BGB Schriftform erforderlich?
Antwort: Nein, im Gegensatz zum abstrakten Schuldanerkenntnis nach § 781 BGB bedarf es zum Forderungsverzicht nach § 397 Abs. 2 BGB nicht der Schriftform.

Frage 231:
Können Sie ein Beispiel für eine Novation nennen?
Antwort: Käufer K kann den zunächst gestundeten Kaufpreis nicht bezahlen. Verkäufer und Käufer vereinbaren daraufhin, dass der geschulde-

te Betrag als Darlehen mit Zins und Tilgungsraten zurückzuzahlen ist. Als Novation werden von der Rechtsprechung bewertet: die Anerkennung des Saldos beim Kontokorrent sowie der Prolongationswechsel.

Frage 232:
Können Sie ein Beispiel für die Konfusion nennen?
Antwort: Der Schuldner beerbt den Gläubiger oder umgekehrt.

Frage 233:
Wie nennt man den der „Konfusion" entsprechenden Begriff im Sachenrecht?
Antwort: Konsolidation.

Frage 234:
Sind die Voraussetzungen des Rücktritts in den §§ 346 ff. BGB geregelt?
Antwort: Nein, in den §§ 346 ff. BGB sind nur die Rechtsfolgen geregelt, die mit der Ausübung eines bestehenden Rücktrittsrechts entstehen. Das Recht einer Vertragspartei zum Rücktritt kann sich aus einer vertraglichen Vereinbarung oder aus Gesetz (z.B. §§ 281 Abs. 5, 326 Abs. 4 und 5, 437 Nr.3 i.V.m. 440, 634 Nr. 3 i.V.m. 636 BGB) ergeben. In beiden Fällen richtet sich die Rückabwicklung des Vertragsverhältnisses nach den §§ 346 ff. BGB, die damit die zentralen Rückabwicklungsregeln des Schuldrechts sind.

Frage 235:
Können nach der Erklärung des Rücktritts noch Schadensersatzregelungen geltend gemacht werden, wenn deren tatbestandliche Voraussetzungen erfüllt sind?
Antwort: Im Gegensatz zur Rechtslage vor der Schuldrechtsreform ist die Geltendmachung von Schadensersatzansprüchen gem. § 325 BGB nicht ausgeschlossen, nachdem der Rücktritt erklärt wurde.

Frage 236:
Kann ein Rücktrittsrecht noch ausgeübt werden, wenn der vom Rücktrittsberechtigten empfangene Gegenstand untergegangen ist?
Antwort: Bis zur Schuldrechtsreform 2002 war dies nur bei zufälligem Untergang möglich (§ 350 BGB a.F.). Nach § 346 BGB in der jetzigen Fassung kann das Rücktrittsrechts unabhängig davon ausgeübt werden, ob der empfangene Gegenstand noch existiert: Nach Erklärung des Rücktritts sind die Parteien zwar gem. § 346 Abs. 1 BGB verpflichtet, die empfangenen Leistungen herauszugeben. An die Stelle dieser Verpflichtung tritt jedoch gem. § 346 Abs. 2 BGB die Wertersatzpflicht, wenn nicht einer der Ausnahmetatbestände des § 346 Abs. 3 BGB eingreift. Damit entspricht die Rückabwicklung nach den §§ 346 ff. BGB im Grundsatz der Rückabwicklung nach Bereicherungsrecht (§§ 812, 818 BGB).

Frage 237:
Wie wäre es im vorausgegangenen Fall, wenn durch ein Verschulden des Gläubigers die Rückgabe unmöglich geworden wäre? **Antwort:** In diesem Fall entfiele gem. § 346 Abs. 3 Nr. 2 BGB die Pflicht zum Wertersatz, da der Gläubiger den Untergang zu vertreten hat.

Fälle

Fall 106:
S schuldet G aus Darlehen 5000 Euro. Wie muss die Leistung zum Fälligkeitszeitpunkt bewirkt werden, damit man (a) von Erfüllung, (b) von einer Leistung an Erfüllungs statt, (c) von einer Leistung erfüllungshalber sprechen kann?
Lösung:
(a) Wenn S bei Fälligkeit des Darlehens 5000 Euro an G oder eine von G bezeichnete Person bezahlt, bewirkt er die geschuldete Leistung (§§ 488 Abs. 1 S. 2, 362 BGB). Das Schuldverhältnis erlischt; es ist „Erfüllung" eingetreten.
(b) Kann oder möchte S nicht zahlen, so hat er die Möglichkeit, dem G statt der Zahlung eine andere Leistung (z.b. die Übereignung eines Kraftfahrzeuges) anzubieten. Nimmt G das Angebot an, so erlischt das Schuldverhältnis mit der Erbringung der anderen Leistung (§ 364 Abs. 1 BGB; „Leistung an Erfüllungs Statt"). Lehnt er es ab, so bleibt es bei der Zahlungsschuld des S.
(c) Verfügt S weder über Barmittel noch über Sachen bzw. Rechte, um sie dem G an Erfüllungs Statt anzubieten, kann er versuchen, den G in der Weise zum „Stillhalten" zu bewegen, dass er mit dessen Einverständnis eine neue Verbindlichkeit gegenüber G eingeht (z.B. durch Begebung eines Schecks oder Wechsels). Anders als in den beiden vorangegangenen Fällen erlischt das Schuldverhältnis bei einer solchen „Leistung erfüllungshalber" im Zweifel nicht (§ 364 Abs. 2 BGB); der Gläubiger erhält vielmehr neben seiner bisherigen Forderung eine zusätzliche Befriedigungsmöglichkeit. Für den Schuldner wirkt sich das Rechtsgeschäft regelmäßig als Stundung der ursprünglichen Schuld aus, da der Gläubiger verpflichtet ist, zunächst aus der neuen – i.d.R. später fälligen – Verbindlichkeit Befriedigung zu suchen. Hat der Gläubiger hiermit Erfolg (wird etwa der erfüllungshalber begebene Scheck von der Bank des S eingelöst), so erlischt das gesamte Schuldverhältnis. Im anderen Falle steht es dem Gläubiger offen, aus der ursprünglichen Verbindlichkeit gegen den Schuldner vorzugehen. Hinweis: Beim Verbraucherdarlehen ist § 496 Abs. 2 BGB zu beachten.

Fall 107:
S schuldet G aus Darlehen 500 Euro. Als dieser trotz verschiedener Mahnungen nicht leistet, wird G rabiat und wirft am Hause des S eine Fens-

terscheibe ein. G erklärt, „die Schuld sei damit getilgt". Kann S von G Schadensersatz verlangen?

Lösung: Als Anspruchsgrundlage des S gegen G für die Geltendmachung von Schadenersatz kommt u.a. § 823 Abs. 1 BGB in Betracht; laut Sachverhalt liegen die Voraussetzungen dafür vor. Der Anspruch könnte jedoch durch Aufrechnung mit der Darlehensforderung untergegangen sein (§§ 387 ff. BGB). Eine wirksame Aufrechnung setzt Folgendes voraus: Abgabe einer Aufrechnungserklärung durch G, Gegenseitigkeit und Gleichartigkeit der aufzurechnenden Forderungen, Durchsetzbarkeit der Gegenforderung (hier: der Darlehensforderung), Erfüllbarkeit der Hauptforderung (hier: der Schadensersatzforderung) und Fehlen von Aufrechnungshindernissen. Im vorliegenden Fall besteht ein Aufrechnungshindernis nach § 393 BGB: Die Aufrechnung *gegen* eine Forderung aus einer vorsätzlich begangenen unerlaubten Handlung i.S.d. §§ 823 ff. BGB ist unzulässig. Der Anspruch ist folglich nicht durch Aufrechnung untergegangen. Dem G steht auch kein Zurückbehaltungsrecht nach § 273 BGB zu; insofern fehlt es an der erforderlichen Konnexität der beiden Forderungen („aus demselben rechtlichen Verhältnis"). S ist folglich berechtigt, Schadensersatz von G zu verlangen. (Lernhinweis: Der Grund für das Aufrechnungsverbot des § 393 BGB liegt darin, dass der Täter eines vorsätzlich begangenen Deliktes auch tatsächlich Schadensersatz leisten soll und sich nicht durch Aufrechnung von seiner (durch Selbstjustiz begründeten) Leistungspflicht befreien darf („Der Schuft darf nicht aufrechnen"). Umgekehrt verbietet § 393 BGB nicht die Aufrechnung *mit* einer Forderung aus unerlaubter Handlung: S könnte also sehr wohl gegenüber G mit seiner Schadensersatzforderung gegen die Darlehensforderung aufrechnen).

Fall 108:
Im Jahr 2006 stellt G fest, dass ihm S noch aus einem am 23.09.2002 abgeschlossenen Kauf über ein Farbfernsehgerät 2000 Euro schuldet. Trotz mehrfacher Mahnungen wurde noch nicht bezahlt. Als S am Haus des G im September 2005 Reparaturarbeiten ausführte, deren Abnahme noch im gleichen Monat erfolgte, und S dem G am 7. Januar 2006 eine Rechnung über 3000 Euro zukommen ließ, erklärt G noch am selben Tag, er rechne gegen diese Forderung mit der Kaufpreisforderung aus dem Jahre 2002 in Höhe von 2000 Euro auf. S meint, mit verjährten Forderungen könne man nicht aufrechnen, G müsse also die gesamten 3000 Euro bar bezahlen. Wer hat Recht?

Lösung: Es trifft zu, dass die Aufrechnung nur zulässig ist, wenn der Gegenforderung keine Einrede entgegensteht. G hat mit einer Forderung aufgerechnet, die im Jahre 2002 entstanden ist und deshalb im Jahr 2006 verjährt sein konnte. Ansprüche aus einem Kaufvertrag verjähren innerhalb der regelmäßigen Verjährungsfrist des § 195 BGB in 3 Jahren. Die Verjährungsfrist beginnt gem. § 199 Abs. 1 BGB mit dem Schluss des Jahres, in dem der Anspruch entstanden ist, und der Gläubiger von den den Anspruch begründenden Umständen und der Person des Schuldners Kenntnis erlangt hat, also am 31. 12. 2002, um 24.00 Uhr. Die Verjährung ist drei Jahre später, am 31.12.2005 um 24.00 Uhr, eingetreten. Die Aufrechnung durch G am 07.01.2006 erfolgte also zu einem Zeitpunkt, als die Forderung bereits verjährt war. Nun ist jedoch § 215 BGB zu beachten: Die Verjährung schließt die Aufrechnung nicht aus, wenn die verjährte Forderung zu der Zeit, zu welcher sie gegen die andere Forderung aufgerechnet werden konnte, noch nicht verjährt war. Entscheidend ist also, ob die Kaufpreisforderung von G gegen S und die Werklohnforderung von S gegen G sich vor Eintritt der Verjährung einmal gegenüberstanden und aufgerechnet hätten werden können. Dies ist der Fall: Die Werklohnforderung des S gegen G ist im September 2005 mit der Abnahme entstanden (also noch vor dem 31. Dezember 2005) und damit zu einer Zeit, zu der die Kaufpreisforderung noch nicht verjährt war. G kann deshalb in Höhe von 2000 Euro aufrechnen. Der Grund für § 215 BGB ist der, dass das Gesetz den Gläubiger nicht dafür bestrafen will, dass er seine Forderung nicht rechtzeitig eingeklagt hat.

Fall 109:
A hat gegen S eine Forderung aus Kaufvertrag in Höhe von 1400 Euro. S seinerseits hat gegen A eine Forderung in Höhe von 800 Euro. A tritt die Forderung an N ab. Als N von S Zahlung verlangt, erklärt dieser die Aufrechnung mit der Forderung, die er gegen A hat. Mit Recht?
Lösung: N hat von A durch die Abtretung die Forderung gegen S in Höhe von 1400 Euro gem. § 398 BGB erworben. Die Forderung könnte jedoch in Höhe von 800 Euro durch Aufrechnung gem. § 389 BGB untergegangen sein. Voraussetzung dafür ist u. a. eine Aufrechnungslage. Fraglich ist dabei, ob S gegen jemanden aufrechnen kann, gegen den er keine Forderung hat. Normalerweise ist für die Aufrechnung Gegenseitigkeit Voraussetzung. Einen Ausnahmefall regelt jedoch § 406 BGB. Danach kann der Schuldner unter bestimmten Voraussetzungen auch dem neuen Gläubiger gegenüber mit seiner Forderung gegen den Altgläubiger aufrechnen. S hat also dem Grundsatz nach Recht, wobei noch weitere Sachverhaltsangaben erforderlich wären.

Fall 110:
G teilt seinem Schuldner S mit, er verzichte auf die Leistung der geschuldeten 1000 Euro, weil er „von Hungerleidern nichts verlangen wolle". S will dies nicht auf sich sitzen lassen und besteht darauf, G die 1000 Euro zu bezahlen. Wie ist die Rechtslage?
Lösung: Die Forderung könnte durch Erlass erloschen sein. Ein Erlass ist nach § 397 BGB nur durch Vertrag, also mit Zustimmung des Schuldners möglich. G konnte daher einseitig das Schuldverhältnis nicht zum Erlöschen bringen.

Fall 111:
G gewährt S am 1. Januar und am 1. März jeweils ein Darlehen über 10 000 Euro zu 6 % Zins und am 1. Juli ein drittes Darlehen ebenfalls über 10 000 Euro zu einem Zinssatz von 12 %. Alle drei Darlehen sind am 1. Dezember zurückzuzahlen. S bezahlt am 1. Dezember 20 000 Euro zurück. G meint, S schulde die weiteren 10 000 Euro zu 12 % Zinsen. Rechtslage? **Lösung:** Als Anspruchsgrundlage kommt in Betracht § 488 Abs. 1 S. 2 BGB. S könnte mit der Rückzahlung von 20 000 Euro das Darlehensverhältnis zum Erlöschen gebracht haben (§ 362 Abs. 1 BGB). S und G haben nicht vereinbart, welche der Darlehensforderungen erloschen sind. Hier greift § 366 Abs. 2 BGB ein. Nach dieser gesetzlichen Tilgungsreihenfolge sind alle drei Forderungen gleich fällig (1. Dezember) und gleich gesichert (keine Grundschuld o.ä.). Jedoch ist die Darlehensforderung mit dem Zinssatz von 12 % die lästigere der gleich fälligen. Damit wird sie zuerst getilgt. Übrig bleiben zwei Forderungen, die gleich lästig sind (6 %). Davon wird zunächst die ältere Schuld getilgt. S hat also mit den 20 000 Euro die Darlehen vom 1. Juli und 1. Januar zurückbezahlt. Damit schuldet S die noch ausstehenden 10 000 Euro für das Darlehen vom 1. März mit einem Zinssatz von 6 %.

IX. Leistungsstörungen im Schuldverhältnis

Übersicht

Unmöglichkeit die verschiedenen Alternativen	Kurzformel: Nichterbringbarkeit der Leistung
	ursprüngliche (= anfängliche) Unmöglichkeit: Unmöglichkeit liegt schon bei Begründung des Schuldverhältnisses vor (§ 311 a Abs. 1 BGB).
	nachträgliche Unmöglichkeit: Unmöglichkeit tritt erst nach Begründung des Schuldverhältnisses ein (§ 275 Abs. 1 BGB).
	subjektive Unmöglichkeit (= „Unvermögen"): Leistung kann lediglich vom Schuldner nicht erbracht werden (§ 275 Abs. 1 Alt. 1 BGB).
	objektive Unmöglichkeit: Leistung kann von niemandem erbracht werden (§ 275 Abs. 1 Alt. 2 BGB).
	faktische Unmöglichkeit: Grobes Missverhältnis zwischen objektivem Aufwand des Schuldners und Leistungsinteresse des Gläubigers (§ 275 Abs. 2 BGB).

| | *Unmöglichkeit aus persönlichen Gründen:* Unzumutbarkeit der Erbringung einer persönlichen Leistung (§ 275 Abs. 3 BGB).

zu vertretende Unmöglichkeit: Schuldner hat die Unmöglichkeit durch Vorsatz oder Fahrlässigkeit zu vertreten, hat eine Garantie oder ein Beschaffungsrisiko übernommen, oder ist (ausnahmsweise) auch ohne eigenes oder für fremdes Verschulden verantwortlich (§§ 276–278 BGB).

nicht zu vertretende Unmöglichkeit: Dem Schuldner können die zur Unmöglichkeit führenden Umstände nicht vorgeworfen werden, und er ist auch nicht ohne Verschulden verantwortlich.

Nicht von § 275 BGB erfasst ist: Wirtschaftliche Unmöglichkeit = "Wegfall" bzw. "Störung der Geschäftsgrundlage": Vertragsumstände haben sich nach Vertragsschluss schwerwiegend verändert und die Parteien hätten bei Kenntnis den Vertrag so nicht abgeschlossen: hier kann Vertragsanpassung oder Rücktritt verlangt werden, wenn einem Teil das Festhalten am unveränderten Vertrag nicht zugemutet werden kann. |
| **Rechtsfolgen**
(§ 275 Abs. 4 BGB) | (1) *ursprüngliche subjektive und objektive Unmöglichkeit*
● Vertrag ist gem. § 311 a Abs. 1 BGB gültig;
● Schuldner wird gem. § 275 Abs. 1–3 BGB von der Leistung frei;
● Schuldner schuldet gem.
  – § 311 a Abs. 2 BGB Schadenersatz statt der Leistung oder Aufwendungsersatz (Ausnahme: er kannte das Leistungshindernis nicht und hatte seine Unkenntnis auch nicht zu vertreten);
  – § 285 BGB Herausgabe des Ersatzes;
● Gläubiger eines gegenseitigen Vertrags wird gem. § 326 Abs. 1 BGB von der Gegenleistungspflicht frei (Ausnahmen: § 326 Abs. 2, 3 BGB).
● Gläubiger kann gem. § 326 Abs. 5 BGB vom Vertrag zurücktreten

(2) *nachträgliche subjektive und objektive Unmöglichkeit*
● Vertrag ist gültig;
● Schuldner wird gem. § 275 Abs. 1–3 BGB von der Leistung frei;
● Schuldner schuldet gem.
  – §§ 280 Abs. 1, 3, 283 BGB Schadenersatz statt der Leistung oder Aufwendungsersatz (§ 284 BGB), wenn er die Unmöglichkeit gem. § 276 BGB *zu vertreten* hat;
  – § 285 BGB Herausgabe des Ersatzes; |

	• Gläubiger eines gegenseitigen Vertrags wird gem. § 326 Abs. 1 BGB von der Gegenleistungspflicht frei, Ausnahmen:
	  – § 326 Abs. 2 BGB: Gläubiger ist überwiegend für die Unmöglichkeit verantwortlich (= hat sie *zu vertreten*);
	  – § 326 Abs. 2 BGB: Schuldner hat die Unmöglichkeit *nicht zu* vertreten, Gläubiger war jedoch bei Eintritt der Unmöglichkeit in Annahmeverzug;
	  – § 446, 447 BGB: die Preisgefahr ist bereits auf den Gläubiger übergegangen (Kaufrecht);
	  – § 644 BGB: es erfolgte bereits die Abnahme (Werkvertragsrecht);
	  – Lehre vom Betriebsrisiko (Arbeitsrecht).
	• Gläubiger kann gem. § 326 Abs. 5 BGB vom Vertrag zurücktreten

Anspruch aus § 311 a Abs. 2 BGB	Schadenersatz statt der Leistung: (1) Vertrag (2) *anfängliche* Unmöglichkeit gem. § 275 Abs. 1–3 BGB (3) kein Schadenersatz wenn Schuldner das Leistungshindernis nicht kannte und seine Unkenntnis auch nicht zu vertreten hatte
Anspruch aus §§ 280 Abs. 1, 3, 283 BGB	Schadenersatz statt der Leistung: (1) Pflicht aus einem Schuldverhältnis (2) Verletzung dieser Pflicht (3) Vertretenmüssen (4) *nachträgliche* Unmöglichkeit gem. § 275 Abs. 1–3 BGB
Verzug des Schuldners nach § 286 BGB	Kurzformel: schuldhafte Verzögerung der Leistung
Rechtsfolgen	(1) Schadenersatz **neben** dem fortbestehenden Leistungsanspruch: §§ 280 Abs. 1, 2, 286 BGB: (2) Verzugszinsen, § 288 Abs. 1 BGB (3) Haftungsverschärfung: Schuldner haftet für jede Fahrlässigkeit und für Zufall (§ 287 BGB)

Voraussetzungen gem. § 286 BGB	(1) Schuldner leistet nicht, obwohl die Leistung möglich (nachholbar) ist
	(2) Fälligkeit und Durchsetzbarkeit (Einredefreiheit) des Anspruchs
	(3) Mahnung oder 30-Tage-Frist (je nachdem, was früher eintritt)
	• Mahnung, entbehrlich gem. § 286 Abs. 2 BGB bei:
	  – kalendermäßiger Bestimmung
	  – kalendermäßige Bestimmbarkeit

	– ernsthafter und endgültiger Leistungsverweigerung durch den Schuldner – besonderen Abwägungsgründen • 30 Tage-Frist: Bei Entgeltforderungen ist Verzugeintritt spätestens 30 Tage nach Fälligkeit und Zugang einer Zahlungsaufstellung (z.B. Rechnung) (4) Schuldner hat die Nichtleistung zu vertreten (§ 280 Abs. 1 bzw. § 286 Abs. 4 BGB)
Verzögerung der Leistung durch den Schuldner nach §§ 281 und 323 BGB	Kurzformel: schuldhafte Verzögerung der Leistung
Rechtsfolgen	• Schadenersatz **statt** der Leistung: §§ 280 Abs. 1, 2, 283 BGB. • Rücktritt vom Vertrag: § 323 BGB => beide Ansprüche können nebeneinander geltend gemacht werden (§ 325 BGB)
Voraussetzungen von § 281 BGB	(1) Schuldner leistet nicht, obwohl die Leistung möglich (nachholbar) ist (2) Fälligkeit der Leistung (3) Fristsetzung, entbehrlich gem. § 281 Abs. 2 BGB bei: – ernsthafter und endgültiger Leistungsverweigerung durch den Schuldner – besonderen Abwägungsgründen (4) Schuldner hat die Nichtleistung zu vertreten (§ 280 Abs. 1 BGB)
Voraussetzungen von § 323 BGB	(1) gegenseitiger Vertrag (2) Schuldner leistet nicht, obwohl die Leistung möglich (nachholbar) ist (3) Fälligkeit und Durchsetzbarkeit (Einredefreiheit) des Anspruchs (4) Fristsetzung, entbehrlich gem. § 323 Abs. 2 BGB bei: – ernsthafter und endgültiger Leistungsverweigerung durch den Schuldner – relativem Fixgeschäft: Gläubiger hat den Fortbestand seines Leistungsinteresses an die Rechtzeitigkeit der Leistung gebunden – besonderen Abwägungsgründen
Schlechtleistung des Schuldners Pflichtverletzung (früher: positive Forderungs-/ Vertragsverletzung)	Kurzformel: Schlechterfüllung, soweit nicht Unmöglichkeit oder Verzug vorliegt

Rechtsfolgen	● Schadenersatz:
	   – neben dem Leistungsanspruch wegen Verletzung einer Nebenpflicht: § 280 Abs. 1 i.V.m. § 241 Abs. 2 BGB
	   – statt der Leistung wegen:
	   – Verletzung einer Hauptleistungspflicht: §§ 280 Abs. 1, 3, 281 Abs. 1 BGB
	   – Verletzung einer Nebenpflicht: §§ 280 Abs. 1, 3, 282 BGB
	● Rücktritt (§ 323 Abs. 1 BGB)

Voraussetzungen	● *einfacher* Schadenersatz **neben** dem Leistungsanspruch wegen Nebenpflichtverletzung gem. § 280 Abs. 1 i.V.m. § 241 Abs. 2 BGB:
	  1. Nebenpflicht aus einem Schuldverhältnis
	  2. Verletzung dieser Pflicht
	  3. Vertretenmüssen
	
	● Schadenersatz **statt** der Leistung wegen Schlechterfüllung gem. §§ 280 Abs. 1, 3, 281 BGB:
	  1. Pflicht aus einem Schuldverhältnis
	  2. Verletzung dieser Pflicht i.S. einer Schlechterfüllung
	  3. Vertretenmüssen
	  4. Fristsetzung zur Nacherfüllung, entbehrlich bei:
	    – ernsthafter und endgültiger Leistungsverweigerung durch den Schuldner
	    – besonderen Abwägungsumständen
	
	● Schadenersatz **statt** der Leistung wegen Nebenpflichtverletzung gem. §§ 280 Abs. 1, 3, 282 BGB:
	  1. Nebenpflicht aus einem Schuldverhältnis
	  2. Verletzung dieser Pflicht
	  3. Vertretenmüssen
	  4. Unzumutbarkeit der weiteren Leistungserbringung für den Gläubiger
	
	● Rücktritt gem. § 323 BGB:
	  1. gegenseitiger Vertrag
	  2. Schlechterfüllung durch den Schuldner
	  3. Fristsetzung zur Nacherfüllung, entbehrlich bei:
	    – ernsthafter und endgültiger Leistungsverweigerung durch den Schuldner
	    – relativem Fixgeschäft
	    – besonderen Abwägungsumständen

Sondertatbestände der Schlechtleistung, die zum Teil auf das allgemeine Leistungsstörungsrecht verweisen	Gewährleistungsansprüche beim Kauf (§ 437 BGB) Gewährleistungsansprüche beim Werkvertrag (§ 634 BGB) Gewährleistungsansprüche beim Mietvertrag (§ 536a BGB)

Gläubigerverzug	Kurzformel: Nichtannahme der vom Schuldner angebotenen Leistung
Voraussetzungen	(1) tatsächliches, ordnungsgemäßes Angebot des Schuldners (§ 294 BGB) wörtliches Angebot genügt, wenn (a) Gläubiger die Ablehnung der Leistung erklärt hat oder (b) Gläubiger die Vornahme einer zur Leistung erforderlichen Handlung ablehnt (§ 295 BGB) (2) Nichtannahme der (dem Schuldner möglichen) Leistung Beachte: Der Eintritt des Gläubigerverzugs setzt kein Verschulden voraus!
Rechtsfolgen	(1) *Hinterlegung*: Schuldner kann bei hinterlegungsfähigen Gegenständen nach §§ 372 ff. BGB hinterlegen (2) *Haftungserleichterung*: Schuldner hat nur noch Vorsatz und grobe Fahrlässigkeit zu vertreten (§ 300 Abs. 1 BGB) (3) *Gefahrübergang bei Gattungsschulden*: Nach § 300 Abs. 2 BGB geht bei Gattungsschulden die Leistungsgefahr auf den Gläubiger über (4) *Preisgefahr beim gegenseitigen Vertrag*: Schuldner wird bei einer nach Gläubigerverzug eintretenden, von ihm nicht zu vertretenden Unmöglichkeit von seiner Leistung frei (§§ 300 Abs. 1, 275 BGB), behält jedoch nach § 324 Abs. 2 BGB den Anspruch auf die Gegenleistung (s.o.).

Fragen

Frage 238:
Welche Fälle von Leistungsstörungen kennen Sie?
Antwort: Eine Leistungsstörung kann in der Form vorliegen, dass die geschuldete Leistung nicht möglich ist (Unmöglichkeit), verspätet (Verzug) oder schlecht erbracht wird (positive Vertragsverletzung). Seit der Schuldrechtsmodernisierung spricht das Gesetz in § 280 Abs. 1 BGB generell von der „Pflichtverletzung".

Frage 239:
Was ist hinsichtlich der Verantwortlichkeit bei Leistungsstörungen zu sagen?
Antwort: Verantwortlich, d.h. schadenersatzpflichtig ist bei Leistungsstörungen grundsätzlich nur derjenige, der den zur Leistungsstörung führende Umstand „zu vertreten" hat. Was man zu vertreten hat, besagen §§ 276–278 BGB. Der Schuldner hat in der Regel Vorsatz und Fahrlässig-

keit zu vertreten, wobei man unter Fahrlässigkeit die „Außerachtlassung der im Verkehr erforderlichen Sorgfalt" versteht (§ 276 Abs. 2 BGB). Besonders zu betonen ist, dass im Rahmen vertraglicher Schuldverhältnisse (und bei Verschulden beim Vertragsabschluss) auch das fremde Verschulden des Erfüllungsgehilfen im Rahmen des § 278 BGB zu vertreten ist. In bestimmten Fällen reduziert der Gesetzgeber die Haftung auf grobe Fahrlässigkeit (= die „besonders schwerwiegende Außerachtlassung der im Verkehr erforderlichen Sorgfalt") sowie auf diejenige Sorgfalt, die man „in eigenen Angelegenheiten anzuwenden pflegt" (= diligentia quam in suis). Beispiele für die Reduzierung der Haftung auf grobe Fahrlässigkeit: Schenker, Verleiher (§§ 521, 599 BGB). Beispiele für die diligentia quam in suis: Gesellschafter, Ehegatten und Eltern (§§ 708, 1359, 1664 BGB).

Frage 240:
Welche Fälle nennt das Gesetz für ein über Vorsatz und Fahrlässigkeit des Schuldners hinausgehendes Vertretenmüssen?
Antwort: Nach § 276 Abs. 1 BGB haftet der Schuldner über Vorsatz und Fahrlässigkeit hinaus, wenn er eine Garantie (d. h. die Zusicherung einer Eigenschaft) oder ein Beschaffungsrisiko (d. h. aus einer Gattungsschuld verpflichtet ist) übernommen hat.

Frage 241:
Wie unterscheiden sich Verzug und Verzögerung der Leistung?
Antwort: Beide Begriffe betreffen zwar die verspätete Leistung durch den Schuldner, sie unterscheiden sich jedoch sowohl in den Voraussetzungen als auch in den Rechtsfolgen.
(a) Mit „Verzug" meint das Gesetz ausschließlich § 286 BGB, wonach der Schuldner eine fällige Leistung schuldhaft verspätet erbracht hat und der Gläubiger die Leistung angemahnt hat bzw. die 30-Tage-Frist verstrichen ist. Als Rechtsfolge kann der Gläubiger gem. § 280 Abs. 1, 2 i.V.m. § 286 BGB Schadenersatz neben dem fortbestehenden Leistungsanspruch verlangen.
(b) Eine Verzögerung der Leistung kann es beim Schadenersatz statt der Leistung oder beim Rücktritt geben. Beim Schadenersatz statt der Leistung verlangt § 280 Abs. 1, 3 i.V.m. § 281 BGB, dass die Voraussetzungen fällige, schuldhaft nicht erbrachte Leistung, (grundsätzlich) Fristsetzung durch den Gläubiger erfüllt sind. Beim Rücktritt nach § 323 Abs. 1 BGB muss es sich um einen gegenseitigen Vertrag handeln, bei dem der Schuldner die fällige Leistung nicht erbracht hat, obwohl ihm vom Gläubiger – soweit keine Ausnahmetatbestände greifen – eine Frist zur Leistungserbringung gesetzt wurde.

Frage 242:
Ist ein Fall denkbar, bei dem die Voraussetzungen des Verzugs gem. §§ 280 Abs. 1 u. 2 i.V.m. § 286 BGB vorliegen, die der Leistungsverzögerung nach §§ 280 Abs. 1 u. 3 i.V.m. 281 BGB aber nicht?

Antwort: Wenn der Schuldner einer Entgeltforderung die fällige Leistung schuldhaft 30 Tage nach dem Zugang einer Rechnung nicht erbringt, kann der Gläubiger Schadenersatz neben dem Leistungsanspruch verlangen. Ein Anspruch auf Schadenersatz statt der Leistung ist ihm aber soweit kein Ausnahmetatbestand des § 281 Abs. 2 BGB eingreift – mangels Fristsetzung (entspricht einer Mahnung i.S.d. § 286 BGB) verwehrt.

Frage 243:
Was unterscheidet die Nicht- bzw. Schlechterfüllung beim Schadenersatz und beim Rücktritt?
Antwort: Beim Rücktritt ist nicht vorausgesetzt, dass der Schuldner die Nicht- bzw. Schlechtleistung zu vertreten hat.

Frage 244:
Sofern der Gläubiger bei einer Schlecht- oder Nichterfüllung des Schuldners als Rechtsfolge Rücktritt wählt, kann er dann trotzdem noch Schadenersatz geltend machen?
Antwort: Ja, dies sieht § 325 BGB ausdrücklich vor.

Frage 245:
In welchen Fällen wird der Schuldner einer Gattungsschuld von seiner Leistungsverpflichtung frei?
Antwort:
(a) Wenn er erfüllt hat (§ 362 Abs. 1 BGB);
(b) wenn die gesamte Gattung untergeht;
(c) wenn es sich um eine beschränkte Gattungsschuld (= Vorratsschuld) handelt und diese insgesamt untergegangen ist;
(d) wenn sich die Gattungsschuld bereits zur Stückschuld konkretisiert hat und letztere untergegangen ist;
(e) wenn der Schuldner ein Leistungsverweigerungsrecht aufgrund faktischer Unmöglichkeit nach § 275 Abs. 2 BGB hat;
(f) wenn dem Schuldner die Leistungserbringung aus persönlichen Gründen gem. § 275 Abs. 3 BGB unmöglich ist;
(g) wenn der Leistungsgegenstand durch Zufall untergegangen ist, während sich der Gläubiger in Annahmeverzug befand (§ 300 Abs. 2 BGB).

Frage 246:
Wer ist bei Leistungsstörungen für den Verschuldenstatbestand beweispflichtig und warum?
Antwort: Nicht der Gläubiger ist beweispflichtig, dass der Schuldner die Leistungsstörung zu vertreten hat; dessen Verschulden wird vielmehr vermutet (vgl. § 280 Abs. 1 S. 2 BGB). Der Grund für diese Beweislastumkehr liegt darin, dass es dem Schuldner ungleich leichter, dem Gläubiger dagegen ungleich schwerer fällt, die näheren Umstände für die Bejahung oder Verneinung des Verschuldenstatbestands darzulegen.

Frage 247:
Warum billigt das Gesetz dem Gläubiger im Falle des § 275 BGB den Anspruch auf das „stellvertretende commodum" nach § 285 BGB zu?
Antwort: Es entspricht der Billigkeit, dass der Schuldner das herausgeben muss, was er anstelle des untergegangenen Gegenstandes erhält, wenn er von seiner ursprünglichen Verpflichtung zur Leistung frei wird.

Frage 248:
Welche Verpflichtung hat der Gläubiger, wenn er nach § 285 BGB die Ersatzleistung verlangt?
Antwort: Er muss dann selbst auch leisten (§ 326 Abs. 3 BGB).

Frage 249:
Kennen Sie Ausnahmen vom Prinzip, dass im Falle von Unmöglichkeit der Anspruch auf die Gegenleistung nach § 326 Abs. 1 BGB entfällt?
Antwort: Der Anspruch auf die Gegenleistung entfällt nicht, wenn der Gläubiger den Untergang der Sache überwiegend zu verantworten hat (§ 326 Abs. 2 Alt. 1 BGB), wenn der Gläubiger in Annahmeverzug ist und danach die Sache ohne Verschulden des Schuldners untergeht (§ 326 Abs. 2 Alt. 2 BGB), wenn der Gläubiger die Ersatzherausgabe nach § 285 BGB verlangt hat (§ 326 Abs. 3 BGB). Ferner geht im Kaufrecht die Gefahr nach § 446 BGB bereits mit der Übergabe der verkauften Sache über; beim Versendungskauf ist der Gefahrübergang nach § 447 BGB sogar auf den Zeitpunkt der Auslieferung an die Transportperson vorverlegt. Weitere Ausnahmen gelten im Werkvertragsrecht (Gefahrübergang mit Abnahme; § 644 BGB) und im Arbeitsrecht (dort ist § 326 Abs. 1 BGB durch die Lehre vom Betriebsrisiko ersetzt, s.u.).

Frage 250:
Wie unterscheiden sich kurz gesagt Unmöglichkeit und Verzug?
Antwort: Beim Verzug ist die Leistung noch erbringbar.

Frage 251:
Zahnarzt Z hat Privatpatient P am 22. August einen Weisheitszahn gezogen und ihm am 13. September die Rechnung geschickt. Da es ihm auf eine möglichst schnelle Zahlung ankommt, schlägt er im „Kurzrechtsratgeber" nach und entnimmt diesem, dass er vor der Anmeldung von Verzugsansprüchen immer 30 Tage zu warten habe. Ist dies richtig?
Antwort: Es ist richtig, dass der Schuldner einer Entgeltforderung spätestens dann in Verzug kommt, wenn er nicht innerhalb von 30 Tagen nach Fälligkeit und Zugang einer Rechnung leistet (§ 286 Abs. 3 BGB; sofern es sich um einen Verbraucher handelt, muss er auf die Folgen der 30-Tage-Frist in der Rechnung hingewiesen worden sein). Allerdings geht aus dem Wörtchen „spätestens" hervor, dass es dem Gläubiger freisteht, den Schuldner mittels einer Mahnung nach § 286 Abs. 1 BGB schon früher in Verzug zu setzen.

Frage 252:
Wie lässt es sich rechtfertigen, dass der Schuldner nach Eintritt des Verzugs gem. § 287 BGB auch für Zufall haftet?
Antwort: Die erweiterte Haftung ist damit zu erklären, dass die Unmöglichkeit bei rechtzeitiger Leistung des Schuldners (so) nicht eingetreten wäre.

Frage 253:
Wie lautet die Zentralnorm für Schadenersatzansprüche im Leistungsstörungsrecht?
Antwort: § 280 Abs. 1 BGB.

Frage 254:
Gibt es zur Zentralnorm für Schadenersatzansprüche (§ 280 BGB) eine Ausnahme?
Antwort: Ja, im Fall anfänglicher Unmöglichkeit lautet die Anspruchsgrundlage § 311 a Abs. 2 BGB.

Frage 255:
Wonach bestimmt sich bei einem Schadenersatzanspruch, welche zusätzlichen Voraussetzungen neben § 280 Abs. 1 BGB vorliegen müssen?
Antwort: Die zusätzlichen Voraussetzungen richten sich nach der Art der Pflichtverletzung sowie dem Begehren des Gläubigers: geht es diesem nur um einen einfachen Schadenersatz neben dem Leistungsanspruch, kann § 280 Abs. 1 BGB alleine oder § 280 Abs. 1, 2 i.V.m. § 286 BGB einschlägig sein. Sofern der Gläubiger Schadenersatz statt der Leistung geltend machen will, ist § 280 Abs. 1, 3 i.V.m. § 281 BGB im Falle der Schlechtleistung bzw. Verzögerung der Leistung, § 280 Abs. 1, 3 i.V.m. § 282 BGB bei Nebenpflichtverletzungen und § 280 Abs. 1, 3 i.V.m. § 283 BGB bei Unmöglichkeit einschlägig.

Frage 256:
Wird der Schuldner durch den Gläubigerverzug von der Leistungspflicht befreit?
Antwort: Nein, der Gläubigerverzug befreit den Schuldner grundsätzlich nicht von seiner Leistungspflicht (Ausnahme: § 615 BGB, wonach der Dienstleistungsverpflichtete nicht zur Nachleistung der infolge Annahmeverzugs des Arbeitgebers ausgefallenen Dienste verpflichtet ist).

Frage 257:
§ 300 Abs. 2 BGB ist eine schwer verständliche Vorschrift, ist ihr Anwendungsbereich sehr groß?
Antwort: Nach § 300 Abs. 2 BGB geht bei Gattungsschulden mit Annahmeverzug die Gefahr des zufälligen Untergangs auf den Gläubiger über. Es findet § 275 Abs. 1 BGB Anwendung mit der Folge, dass beim zufälligen

Untergang der Sache der Schuldner (auch bei der Gattungsschuld!) frei wird. Da nun aber der Gläubigerverzug voraussetzt, dass der Schuldner die geschuldete Leistung dem Gläubiger so, wie sie zu bewirken ist, tatsächlich anbietet (vgl. § 294 BGB), wird in den allermeisten Fällen der Schuldner mit dieser Leistungshandlung zugleich das „seinerseits Erforderliche" getan haben, was wiederum nach § 243 Abs. 2 BGB zur Konkretisierung und damit zum Übergang der Gattungsschuld in eine Stückschuld führt (dies ermöglicht ohnehin schon die Anwendung von § 275 BGB). Der Anwendungsbereich des § 300 Abs. 2 BGB ist somit nicht sehr groß. Die Regelung wird lediglich in den Fällen der §§ 295, 296 BGB bedeutsam: Hier bedarf es keines bzw. nur eines wörtlichen Angebots des Schuldners. Eine Konkretisierung nach § 243 Abs. 2 BGB tritt daher regelmäßig nicht ein.

Fälle

Fall 112:
K aus Stuttgart entdeckt in Hamburg im Urlaub anlässlich einer einwöchigen Städtetour bei Gebrauchtwagen- und Reifenhändler V am 7. April sein Traumauto. Schnell ist man sich handelseinig und schließt einen Kaufvertrag über 10 000 Euro ab. Um auch für den Winter gerüstet zu sein, erwirbt K noch 4 herkömmliche neue Winterreifen zum Preis von 400 Euro. Anschließend entdeckt er einen gebrauchten CD-Wechsler für 200 Euro, den er für seinen Zweitwagen ersteht. K vereinbart mit V, dass er alles am 12. April nach seiner Reise abholen werde, wobei er betont, dass dann auch alles abholbereit sein müsse, ein zweites Mal werde er den Weg von Stuttgart nicht machen; sollte etwas Unvorhergesehenes eintreten, solle V anrufen. Am 9. April brechen Unbekannte in das ordnungsgemäß verschlossene Geschäftsanwesen des V ein und entwenden dabei auch den an K verkauften Wagen. Um ihre Spuren zu verwischen, legen sie anschließend Feuer, bei dem alle Waren des V vernichtet werden. Den Wagen verschieben sie sofort ins Ausland, wo er unauffindbar bleibt. Als K am vereinbarten Termin, nach einer Anreise mit dem Zug, bei V den Wagen nebst CD-Wechsler und Reifensatz abholen will, muss er einsehen, dass er umsonst gekommen ist. Dies ärgert ihn umso mehr, als er nicht nur 150 Euro für die Zugfahrt zu V bezahlt hat, sondern auch schon einen Interessenten für den Oldtimer gefunden hatte, der bereit war, dafür 15 000 Euro zu bezahlen. Zudem ist ein vergleichbarer CD-Wechsler nur für 250 Euro zu bekommen. Für den Rückweg ist K nun gezwungen, einen Mietwagen zum (angemessenen) Preis von 170 Euro zu nehmen. Er will von V nichts mehr wissen und fragt nach der Rechtslage.
Lösung:
(1) Bei der Prüfung der Ansprüche des K gegen V ist getrennt auf den CD-Wechsler, den Wagen, die Mietwagen- und die Zugkosten einzugehen.

(a) Hinsichtlich des CD-Wechslers ist zunächst zu fragen, ob K noch einen Übereignungsanspruch gegen V gem. § 433 Abs. 1 BGB hat. Dieser ist zwar am 7. April entstanden, könnte jedoch gem. § 275 Abs. 1 BGB untergegangen sein, wenn es sich um einen Fall von Unmöglichkeit handelt. Da das Gerät unwiederbringlich durch den Brand zerstört wurde, liegt nachträgliche objektive Unmöglichkeit vor. Demnach kann K zwar von V keine Übereignung mehr verlangen, im Gegenzug braucht er aber gem. § 326 Abs. 1 BGB auch keine Gegenleistung zu erbringen. Fraglich ist jedoch, ob K für die angefallenen Mehrkosten von 50 Euro nicht Schadenersatz statt der Leistung nach § 280 Abs. 1, 3 i.V.m. § 283 BGB fordern kann. Zwar liegt eine Pflichtverletzung (nicht übereignen können) des Schuldverhältnisses (Kaufvertrag) vor, jedoch hat V weder den Einbruch noch die Brandstiftung noch die daraus resultierende Zerstörung der Sache gem. § 276 BGB zu vertreten. Ansprüche wegen des CD-Wechslers stehen K nicht zu.

(b) Auch im Hinblick auf den Wagen ist zu prüfen, ob der Anspruch aus dem Kaufvertrag nach § 433 Abs. 1 BGB nicht wegen Unmöglichkeit untergegangen ist. In Betracht kommt diesmal nachträgliche subjektive Unmöglichkeit, da zwar V dem K den Wagen nicht übereignen kann, die Diebe aber schon. Nun gilt vor einer Bejahung des Unvermögens zwar, dass der Schuldner Wiederbeschaffungsversuche zu unternehmen hat, jedoch nur, wenn diese theoretisch möglich sind. Hier ist bei dem ins Ausland verschobenen, gestohlenen Wagen die Wiederbeschaffung ausgeschlossen. Daher ist gem. § 275 Abs. 1 Alt. 1 BGB der Anspruch aus dem Kaufvertrag untergegangen. Jedoch wird auch hier K gem. § 326 Abs. 1 BGB von der Verpflichtung zur Zahlung des Kaufpreises frei. Ein Anspruch auf Schadenersatz statt der Leistung wegen des entgangenen Gewinns von 5000 Euro scheitert erneut am fehlenden Verschulden des V.

(c) (aa) Ein Anspruch auf Erstattung der Mietwagenkosten für die Rückfahrt könnte sich zum einen aus § 280 Abs. 1, 3 i.V.m. § 283 BGB (Schadenersatz statt der Leistung) ergeben. Fraglich ist zunächst, ob die Mietwagenkosten einen Schaden darstellen. K hat dieses unfreiwillige Vermögensopfer erbracht, weil er infolge der Unmöglichkeit nicht wie geplant mit dem neu erworbenen Auto heimfahren konnte. Ein Schaden liegt daher vor. Obwohl auch die weiteren Voraussetzungen Pflichtverletzung eines Schuldverhältnisses und Unmöglichkeit nach § 275 Abs. 1 BGB gegeben sind, scheitert auch dieser Anspruch am fehlenden Verschulden des V.

(bb) Es ist aber zu prüfen, ob die Mietwagenkosten nicht aus einem anderen Grund als unmöglich gewordener Kaufvertragsverpflichtung zu erstatten sind, mit folgender Überlegung: V hat am 9. April Kenntnis davon erlangt, dass er seiner Verpflichtung aus dem mit K abgeschlossenen Kaufvertrag nicht würde nachkommen können. Ferner wusste er, dass K nur wegen ihm am 12. April die weite Reise antreten würde. Hier wäre seine (Neben-)Pflicht aus dem Kaufvertrag gewesen, dem K telefonisch mitzuteilen, dass dieser die Reise nicht anzutreten brauche. Anspruchsgrundlage für den (einfachen) Schadenersatz auf Erstattung der Mietwagenkosten ist daher § 280 Abs. 1 i.V.m. § 241 Abs. 2 BGB wegen Verletzung einer Nebenpflicht aus dem Kaufvertrag (positive Vertragsverletzung). Durch das Unterlassen der gebotenen Information hat V eine Nebenpflicht nach § 241 Abs. 2 BGB schuldhaft verletzt, wodurch dem K in Höhe der Mietwagenkosten ein Schaden entstanden ist. Damit hat K gegen V einen Anspruch auf (einfachen) Schadenersatz nach § 280 Abs. 1 i.V.m. § 241 Abs. 2 BGB. Dieser umfasst allerdings nicht die Benzin- und Abnutzungskosten für die Rückfahrt nach Stuttgart, denn diese wären auch mit dem neu erworbenen Wagen entstanden.

(d) (aa) Bei den Anreisekosten in Höhe von 150 Euro ist ebenfalls zunächst an einen Anspruch auf Schadenersatz statt der Leistung nach § 280 Abs. 1, 3 i.V.m. § 283 BGB zu denken. Zu prüfen ist aber, ob die Zugkosten einen aus der Unmöglichkeit resultierenden Schaden darstellen. Dies ist nicht der Fall, da diese Kosten für K auch dann entstanden wären, wenn es zu einer Übereignung des Wagens gekommen wäre. Demnach handelt es sich um von K erbrachte freiwillige Vermögensopfer, mithin um Aufwendungen. Diese sind zwar grundsätzlich über § 284 BGB als Alternativanspruch zum Schadenersatz statt der Leistung erstattungsfähig, allerdings müssten dann alle Voraussetzungen von § 280 Abs. 1, 3 i.V.m. § 283 BGB vorliegen, was mangels Vertretenmüssens des V gerade nicht der Fall ist. Demnach scheidet ein Anspruch nach § 284 i.V.m. §§ 280 Abs. 1, 3, 283 BGB aus.

(bb) Die Anreisekosten könnten aber, wie die Mietwagenkosten, einen nach § 280 Abs. 1 i.V.m. § 241 Abs. 2 BGB erstattungsfähigen Schaden im Hinblick auf die von V begangene Nebenpflichtverletzung darstellen: aufgrund der Tatsache, dass V den K schuldhaft nicht über den Diebstahl und den Brand informiert hat, hat K 150 Euro an Anreisekosten bezahlt, die bzgl. der Nebenpflichtverletzung einen Schadensposten darstellen. K kann daher (einfachen) Schadenersatz wegen Verletzung einer Nebenpflicht von V verlangen. (Bei den Anreisekosten ist zu beachten, dass sie hinsichtlich der Unmöglichkeit (der Eigentumsverschaffung) als „Aufwendungen", hinsichtlich der Nebenpflichtverletzung (unterlassene Benachrichtigung) als „Schaden" anzusehen sind.)

(2) V kann, wie gezeigt, von K gem. § 326 Abs. 1 BGB weder für den CD-Wechsler noch für den Wagen eine Gegenleistung verlangen. Er könnte aber einen Anspruch auf Bezahlung der Winterreifen aus § 433 Abs. 2 BGB haben. Dieser ist am 7. April entstanden. Fraglich ist, ob der Anspruch gem. § 326 Abs. 1 BGB untergegangen ist. Dies wäre dann der Fall, wenn V seinerseits gem. § 275 BGB nicht zu leisten bräuchte. Zu prüfen ist demnach, ob hinsichtlich des Lieferungsanspruchs des K gegen V Unmöglichkeit vorliegt. V hat sich zur Übereignung von vier herkömmlichen Reifen, also einer Gattungsschuld, verpflichtet. Da es auf dem freien Markt noch Winterreifen gibt und sich die Leistungsverpflichtung auch nicht nur auf die bei V erhältlichen Reifen beschränkte (Vorratsschuld), trifft den V eine Beschaffungsverpflichtung, d.h. er muss sich bei einem Großhändler vier neue Reifen besorgen – eventuelle höhere Händlerkosten sind von V zu

tragen –, die er dem K übereignen kann, um seiner Verpflichtung aus dem Kaufvertrag nachzukommen. Die Beschaffungsverpflichtung trifft V auch dann, wenn diese den mit K vereinbarten Verkaufspreis übersteigen; eine Grenze würden hier nur § 275 Abs. 2 und § 313 BGB ziehen, die aber im vorliegenden Fall nicht erreicht wird. Damit liegen die Voraussetzungen von § 326 Abs. 1 BGB nicht vor, mit der Folge, dass der Zahlungsanspruch des V gegen K nicht untergegangen ist. Fraglich ist jedoch, ob V den Anspruch auch durchsetzen kann. Hier könnte sich nämlich eine Einrede aus § 242 BGB ergeben: es verstößt gegen die Gebote von Treu und Glauben, wenn der Gläubiger eine Sache verlangt, die vom Schuldner sofort wieder herausverlangt werden kann. K hat gesagt, dass er mit V nichts mehr zu tun haben will. Fraglich ist daher, ob er nicht vom Vertrag zurücktreten kann, was zur Folge hätte, dass die Vertragsparteien die geschuldeten Leistungen gem. § 346 BGB einander zurückzugeben hätten. Würde also V von K Zahlung verlangen, könnte K infolge des Rücktritts das Geld sofort wieder von V zurückfordern. Zu prüfen ist daher ein Rücktritt des K nach § 323 Abs. 1 BGB (nicht nach § 326 Abs. 5 BGB, da bzgl. der Reifen gerade keine Unmöglichkeit vorliegt, s. o.). Ein gegenseitiger Vertrag liegt vor; zudem hat V die fällige Leistung nicht – i. S. v. nicht rechtzeitig – am 12. April erbracht, wobei es nicht auf ein Verschulden ankommt. Allerdings hätte K dem V eine Frist zur Leistung setzen müssen, was er nicht getan hat. Eine Fristsetzung könnte jedoch nach § 323 Abs. 2 Nr. 2 BGB entbehrlich sein, wenn es sich bei dem Vertrag zwischen V und K um ein (relatives) Fixgeschäft gehandelt hätte. Da K deutlich gemacht hat, dass er die Leistung des V wegen der weiten Anreise unbedingt am 12. April erwartet, liegt ein solches Fixgeschäft vor, mit der Folge, dass K dem V keine Frist zu setzen brauchte. Da die Voraussetzungen des § 323 Abs. 1 BGB gegeben sind, kann K vom Vertrag mit V zurücktreten. Dies hat zur Folge, dass V seinen Zahlungsanspruch bzgl. der Winterreifen aufgrund der Einrede des K aus § 242 BGB nicht durchsetzen kann.

Fall 113:
K aus Köln will sich eine neue Trompete kaufen. Im Musikgeschäft des M entdeckt er ein Einzelstück zum Preis von 5000 Euro, das ihm zusagt. Um jedoch vor einem Kauf noch andere Instrumentenhersteller zu testen, will er sich vorher auf der Musikmesse in Frankfurt umsehen, wo auch M ausstellt. Da K andere Instrumente nicht gefallen, schließt er vor Ort mit M einen Kaufvertrag über die im Geschäft des M befindliche Trompete ab und bezahlt sogleich den Kaufpreis. Einen Tag zuvor jedoch war T, einer der Mitarbeiter im Geschäft des M, kurzfristig gebeten worden, am wenige Meter entfernten Flussufer anlässlich einer Feier „Die Wacht am Rhein" zu blasen, wozu sich T des von K ausgeguckten Instrumentes bediente. Während des Spielens wurde er derart von einer Gruppe fotografierbegeisterter Touristen bedrängt, dass ihm das Instrument ohne sein Verschulden in das gleich am Rand sehr tiefe, strömungsreiche Wasser fiel.

Diesen Vorfall hatte T dem M zwar mitgeteilt, allerdings hatte M es unterlassen zu fragen, ob es sich dabei um das für K bestimmte Instrument handelte. Als K wenige Tage später seine Trompete abholen will, meint M nur, ihm sei nichts vorzuwerfen; K könne sich ja das Instrument von einem Bergungsteam (Kosten: 200 000 Euro) aus dem Wasser fischen lassen. K ist empört und verlangt von M die Übereignung (s)einer Trompete; hilfsweise fordert er von M sowohl die für ein bei einem anderen Händler vergleichbares Instrument anfallenden Mehrkosten in Höhe von 500 Euro als auch die Kosten von 100 Euro für die Hin- und Rückreise nach Frankfurt; außerdem will er die Rückerstattung der bereits bezahlten 5000 Euro.

Lösung:
(a) Zunächst ist zu prüfen, ob K gegen M ein Anspruch auf Übereignung der von ihm gekauften Trompete nach § 433 Abs. 1 BGB zusteht. Dies könnte zu verneinen sein, wenn die von M versprochene Leistung nach § 275 Abs. 1 BGB unmöglich wurde. Da die Leistung des M dadurch, dass die Trompete noch auf dem Grund des Rheins liegt, nicht objektiv unmöglich ist, ist zu prüfen, ob eine subjektive Unmöglichkeit gegeben ist. Dies wäre jedoch nur dann zu bejahen, wenn dem M eine Wiederbeschaffung der Trompete theoretisch unmöglich wäre. Hier könnte das wasserbeständige Blechblasinstrument von einem Spezialtauchteam im Fluss gesucht und geborgen werden; subjektive Unmöglichkeit liegt daher nicht vor. Damit ist der Anspruch des K gegen M nicht untergegangen. Allerdings könnte dem M eine Einrede aus § 275 Abs. 2 BGB zustehen. Bei der hierbei vorzunehmenden Abwägung sind objektiver Aufwand des Schuldners und Leistungsinteresse des Gläubigers einander gegenüber zu stellen. Bei dem dem Schuldner zuzumutenden Aufwand kann es allerdings, wie ein Blick auf § 439 BGB zeigt, nicht nur auf die anfallenden enormen Bergungskosten ankommen, da ansonsten § 439 Abs. 3 S. 1 BGB, der neben der Erwähnung von § 275 Abs. 2 BGB alleine auf die unverhältnismäßigen Kosten abstellt, überflüssig wäre. Hier müsste von Tauchern oder U-Booten das trübe Rheinwasser mit Sonden in einem breiten Fluss mit hohen Strömungsgeschwindigkeiten nach dem Instrument abgesucht werden, ein Aufwand, der Wochen dauern kann. Demgegenüber steht das Leistungsinteresse des K an einem nicht außergewöhnlichen Instrument. In diesem Fall ist ein grobes Missverhältnis zwischen Aufwand und Leistungsinteresse zu bejahen. An diesem Ergebnis kann auch § 275 Abs. 2 S. 2 BGB nichts ändern, da T, dessen Verschulden dem M über § 278 BGB zugerechnet werden könnte, beim Versenken der Trompete kein Vorwurf zu machen ist. Wenn sich M auf faktische Unmöglichkeit nach § 275 Abs. 2 BGB beruft, kann K seinen Leistungsanspruch aus § 433 Abs. 1 BGB nicht durchsetzen.

(b) Eine andere, vergleichbare Trompete kann K von M aus § 433 Abs. 1 BGB auch nicht verlangen, da es sich bei dem Einzelstück um eine Stückschuld und nicht um eine Gattungsschuld handelte.

(c) Ein Anspruch auf Ersatz der Mehrkosten für eine bei einem anderen Händler zu erwerbende vergleichbare Trompete könnte sich für K aus § 311 a Abs. 2 BGB ergeben. Da M gem. § 275 Abs. 2 BGB nicht zu leisten braucht und das Instrument bereits vor Vertragsschluss in den Fluten des Rheins versunken war, liegt eine anfängliche Unmöglichkeit vor, bei der § 311 a Abs. 2 BGB (und nicht § 280 Abs. 1, 3 i.V.m. § 283 BGB) für den Schadenersatz statt der Leistung bzw. Aufwendungsersatz die richtige Anspruchsgrundlage ist. Der Schadenersatzanspruch auf Ersatz der 500 Euro ist auch nicht gem. § 311 a Abs. 2 S. 2 BGB ausgeschlossen, da M im Zeitpunkt des Vertragsschlusses zwar nicht gewusst hat, dass T die Trompete des K versenkt hat, eine diesbezügliche Nachfrage jedoch fahrlässig unterlassen hat und daher seine Unkenntnis gem. § 276 Abs. 1 BGB zu vertreten hat.

(d) K könnte von M Ersatz für die in Höhe von 100 Euro entstandenen Fahrtkosten verlangen, wenn er einen Aufwendungsersatz nach § 311 a Abs. 2 i.V.m. § 284 BGB geltend machen kann. Dann müsste es sich bei den Fahrtkosten zunächst um Aufwendungen handeln, die K im Vertrauen auf den Erhalt der Leistung gemacht hat. Da K jedoch unabhängig vom Vertragsschluss zur Musikmesse gereist ist, liegen die Voraussetzungen von § 284 BGB nicht vor. Im übrigen ist zu beachten, dass K ohnehin nicht Schadenersatz statt der Leistung und gleichzeitig Aufwendungsersatz geltend machen kann, da § 284 BGB nach seinem eindeutigen Wortlaut ein Alternativanspruch ist.

(e) Anspruchsgrundlage für die Rückzahlung der von K bereits an M gezahlten 5000 Euro für die Trompete könnte § 326 Abs. 4 i.V.m. § 346 BGB sein. Dann müsste K eine Gegenleistung bewirkt haben, die nach § 326 BGB nicht geschuldet war. Da K die 5000 Euro bereits gezahlt hat, ist zu fragen, ob M gegen K überhaupt einen Zahlungsanspruch aus § 433 Abs. 2 BGB gehabt hat. Gem. § 326 Abs. 1 BGB entfällt der Gegenleistungsanspruch, wenn der Schuldner nach § 275 BGB nicht zu leisten braucht. Da M dem Leistungsanspruch des K ein Leistungsverweigerungsrecht nach § 275 Abs. 2 BGB entgegensetzen kann (s.o.), hätte K den Kaufpreis gem. § 326 Abs. 1 BGB nicht zu erbringen brauchen. Daher steht ihm ein gesetzliches Rücktrittsrecht zu, mit der Folge, dass er von M die Rückzahlung der 5000 Euro nach § 346 BGB verlangen kann. K braucht übrigens nicht zu überlegen, ob er alternativ Schadenersatz oder Rücktritt wählen soll, da gem. § 325 BGB die Geltendmachung beider Ansprüche nebeneinander zulässig ist.

Fall 114:
O will ihrem Enkel zum Geburtstag ein Cello schenken. Daher besucht sie die Musikalienhandlung des M und entschließt sich für ein Instrument mit einzigartiger Holzmaserung für den angemessenen Preis von 10 000 Euro. Der vertretungsberechtigte Verkäufer V hatte jedoch bei einer zeitweiligen Abwesenheit des M dasselbe Instrument bereits drei Stunden

zuvor an Stammkunden S verkauft und übereignet. S bezahlte sofort, wollte das Cello jedoch erst ein paar Stunden später abholen. Ohne M etwas von diesem Geschäft mitzuteilen, war V in die Pause gegangen. O hat gerade ihren Namen unter den Vertrag gesetzt, als S zur Türe hereinkommt. Sowohl S als auch O bestehen nun darauf, das Cello mitzunehmen. S beruft sich darauf, bereits Eigentümer des Instrumentes zu sein und weigert sich, zugunsten der O zurückzutreten. In diesem Moment betreten Sie das Musikaliengeschäft und werden von den Parteien gefragt, welche Ansprüche sie gegeneinander haben.

Lösung:
(1) Der Übereignungsanspruch des S gegen M ergibt sich aus § 433 Abs. 1 BGB, nachdem S mit dem vertretungsberechtigten V den Kaufvertrag abgeschlossen hatte. Nach § 433 Abs. 2 BGB kann im Gegenzug M von S Zahlung des Kaufpreises verlangen. Beide Ansprüche sind durch Erfüllung nach § 362 BGB erloschen.

(2) Aus § 433 Abs. 1 BGB ergibt sich auch der Übereignungsanspruch der O gegen M. Dieser könnte jedoch gem. § 275 Abs. 1 Alt. 1 BGB untergegangen sein, da M infolge der Übereignung an S gar nicht mehr Eigentümer ist. Folglich kann er der O das Cello auch nicht mehr übereignen. Ein möglicher Rückkauf des M von S scheitert an dessen Weigerung. Somit hat M mangels Eigentums am Instrument keine Möglichkeit mehr, seiner Eigentumsverschaffungspflicht gegenüber O nachzukommen. Es liegt subjektive Unmöglichkeit vor, infolge derer M hinsichtlich seiner Pflicht aus § 433 Abs. 1 BGB freigeworden ist. Aufgrund der Unmöglichkeit verliert er allerdings gegen O gem. § 326 Abs. 1 BGB auch den Zahlungsanspruch.

(3) O könnte gegen M einen Anspruch auf Schadenersatz statt der Leistung nach § 311 a Abs. 2 BGB geltend machen, wenn sie etwa dadurch einen Schaden erleidet, dass sie nun ein vergleichbares Cello in einem anderen Geschäft zu einem teureren Preis erwerben muss. Die Voraussetzungen nach § 311 a Abs. 1 BGB liegen vor. Eventuell entfiele jedoch gem. § 311 a Abs. 2 S. 2 BGB ein Schadenersatzanspruch, wenn M das Leistungshindernis nicht kannte und seine Unkenntnis auch nicht zu vertreten hatte. Zwar hatte M keine Kenntnis von der Veräußerung des Cellos durch V, jedoch muss er seinen Betrieb so organisieren, dass beim Verkauf von Waren die anderen Mitarbeiter bzw. der Chef unverzüglich informiert werden. Daher ist eine fahrlässige Unkenntnis bei M zu bejahen. Zusätzlich muss sich M auch die Kenntnis seines Verkäufers V nach § 278 BGB zurechnen lassen. Somit steht O ein Anspruch gegen M aus § 311 a Abs. 2 BGB zu.

(4) Alternativ zum Anspruch auf Schadenersatz statt der Leistung kann O gem. § 284 i.V.m. § 311 a Abs. 2 BGB auch Aufwendungsersatz verlangen.

(5) O könnte auch gem. § 326 Abs. 5 i.V.m. § 323 BGB vom Vertrag mit M zurücktreten. Dieser Anspruch, der gem. § 325 BGB auch neben einem Schadenersatzverlangen geltend gemacht werden kann, bringt hier der O jedoch keine zusätzlichen Vorteile, da der Zahlungsanspruch des M gegen O bereits nach § 326 Abs. 1 BGB untergegangen ist.

Fall 115:

Pianist P erhält ein Engagement von Veranstalter V, an einem bestimmten Termin ein Konzert vor 500 Leuten zu spielen. Wenige Stunden vor der Aufführung fährt P mit seinem Wagen zum Konzertsaal, wobei ihn seine Frau begleitet. Infolge leichter Fahrlässigkeit des P kommt es zu einem schweren Unfall, bei dem zwar nicht P, jedoch seine Frau schwer verletzt wird. P begleitet seine Frau im herbeigerufenen Krankenwagen zum Krankenhaus, wo sofort eine Operation durchgeführt wird. Da P bei seiner Frau sein will, ruft er V an und teilt diesem mit, dass er nicht auftreten werde. V entsteht durch den Ausfall ein enormer Schaden, da auch eine Verschiebung des Konzerttermins nicht möglich ist. Wie ist die Rechtslage?

Lösung:

(a) Zu prüfen ist zunächst, ob V ein Anspruch auf den Auftritt des P zusteht. Dieser ergibt sich aus dem mit P abgeschlossenen Werkvertrag nach § 631 Abs. 1 1. Halbs. BGB. Der Anspruch könnte aber infolge von nachträglicher Unmöglichkeit gem. § 275 Abs. 1 BGB untergegangen sein. Da jedoch der Auftritt weder objektiv unmöglich noch P subjektiv (i.S.v. theoretisch) unmöglich geworden ist, besteht mangels Vorliegens der Voraussetzungen des § 275 Abs. 1 BGB der Anspruch des V gegen P weiter fort. Allerdings könnte P ein Leistungsverweigerungsrecht aus § 275 Abs. 3 BGB zustehen, wenn er die Leistung persönlich zu erbringen hat und sie ihm unter Abwägung des seiner Leistung entgegenstehenden Hindernisses mit dem Leistungsinteresse des Gläubigers nicht zugemutet werden kann. Dies ist bei einer kurzfristig anberaumten Operation des Ehegatten der Fall. Somit hat V zwar einen Anspruch gegen P, dieser ist jedoch einredebehaftet.

(b) Fraglich ist, ob P von V, auch wenn er nicht auftreten muss, seine Gage verlangen kann. Anspruchsgrundlage hierfür ist § 631 Abs. 1 2. Halbs. BGB. Dieser Anspruch ist jedoch gem. § 326 Abs. 1 BGB untergegangen, da P nach § 275 Abs. 3 BGB nicht zu leisten braucht.

(c) Da dem V durch die Absage des P ein großer Schaden entstanden ist, stellt sich die Frage, ob P hierfür Ersatz zu leisten hat. Dies richtet sich nach § 280 Abs. 1, 3 i.V.m. § 283 BGB, deren Voraussetzungen vorliegen: P hat es schuldhaft zu vertreten, dass eine Situation entstanden ist, die es ihm ermöglichte, sich auf § 275 Abs. 3 BGB zu berufen. Daher muss er für den Schaden des V aufkommen.

Fall 116:

Wie wäre es im vorangegangenen Fall, wenn P den Auftritt deswegen hätte absagen müssen, weil er sich tags zuvor unverschuldet die Hand gebrochen hatte?

Lösung: Fraglich ist auch hier, ob der bestehende Anspruch des V gegen P aus dem Werkvertrag infolge von Unmöglichkeit nach § 275 Abs. 1 BGB untergegangen ist. Diesmal ist der Auftritt dem P nicht einmal theoretisch möglich, weshalb jetzt subjektive Unmöglichkeit gem. § 275 Abs. 1 Alt. 1 BGB vorliegt, wodurch der Anspruch des V gegen P untergegangen ist. Allerdings hat dies nach § 326 Abs. 1 BGB auch hier ein Erlöschen des Gagenanspruchs zufolge. Da P die Unmöglichkeit nicht zu vertreten hat, scheidet ein Anspruch des V auf Schadenersatz statt der Leistung nach § 280 Abs. 1, 3 i.V.m. § 283 BGB aus.

Fall 117:
K schließt bei einer Gemäldeausstellung einen Kaufvertrag über den Erwerb eines „alten Meisters". Vor Lieferung wird das Gemälde durch einen in der Galerie entstandenen Brand zerstört. Es lässt sich nicht mit letzter Sicherheit klären, ob die veräußernden Gemäldeaussteller den Brand durch unfachmännisch gelegte Elektrokabel verschuldet hatten. (a) Wie ist die Rechtslage, wenn K bereits einen Interessenten gefunden hatte, der für das Bild das Doppelte des von K bezahlten Preises geboten hatte? (b) Wie wäre es, wenn das Bild über den erzielten Kaufpreis hinaus versichert gewesen wäre?

Lösung:
(a) Der Anspruch des K gegen die veräußernden Galeristen auf Lieferung des Gemäldes nach § 433 Abs. 1 BGB ist infolge nachträglicher objektiver Unmöglichkeit gem. § 275 Abs. 1 Alt. 2 BGB wegen des Brandes untergegangen. Zu prüfen ist ein Anspruch auf Schadenersatz statt der Leistung gem. § 280 Abs. 1, 3 i.V.m. § 283 BGB wegen des entgangenen Gewinns. Fraglich ist hier allein das Verschulden, da der Urheber des Brandes nicht mit letzter Sicherheit ermittelt werden kann. Dies ist für K jedoch unschädlich, da das Gesetz hinsichtlich des Vertretenmüssens die Beweislast gem. § 280 Abs. 1 S. 2 BGB zu Lasten des Schuldners umkehrt. Dies führt dazu, dass K im vorliegenden Fall einen Schadenersatzanspruch hat, wenn seine Vertragspartner nicht beweisen können, dass sie den Untergang des Bildes nicht zu vertreten haben.
(b) Wenn das Bild hoch versichert war, lohnt sich für K der Anspruch nach § 285 Abs. 1 BGB auf Herausgabe der Versicherungssumme; er muss dann allerdings nach § 326 Abs. 3 S. 1 BGB auch die Gegenleistung erbringen, d.h. den Kaufpreis bezahlen. Der Anspruch nach § 285 BGB ist unabhängig davon, ob die Unmöglichkeit zu vertreten oder nicht zu vertreten ist. Zu beachten ist allerdings, dass K, sofern K neben § 285 BGB auch Schadenersatz statt der Leistung verlangt, sich dieser gem. § 285 Abs. 2 BGB um den Wert der Versicherungssumme mindert, d.h. im vorliegenden Fall auf Null zurückginge.

Fall 118:
K schließt bei Antiquitätenhändler A einen Kaufvertrag über eine Vase aus der Mingzeit ab. Weil K unmittelbar eine Geschäftsreise antreten will, kommt man überein, dass K die Vase eine Woche später abholt. Beim Verlassen des Gebäudes stößt K die Vase aus Unachtsamkeit vom Tisch, so

dass sie in tausend Stücke zerschellt. Kann A die Bezahlung des Kaufpreises verlangen?
Lösung: Zu prüfen ist, ob A gegen K ein Anspruch auf Kaufpreiszahlung aus § 433 Abs. 2 BGB zusteht. Zwar haben die Parteien einen Kaufvertrag abgeschlossen, der sich daraus ergebende Zahlungsanspruch des A könnte jedoch gem. § 326 Abs. 1 BGB untergegangen sein, da A aufgrund nachträglich objektiver Unmöglichkeit nach § 275 Abs. 1 Alt. 2 BGB von seiner Leistungspflicht frei geworden ist. Allerdings enthält § 326 Abs. 2 Alt. 1 BGB eine Ausnahme zu § 326 Abs. 1 BGB in den Fällen, in denen der Gläubiger für den Untergang der Sache verantwortlich ist. Hier hat K die Mingvase fahrlässig zerstört, was er nach § 276 Abs. 2 BGB zu vertreten hat. Somit behält A trotz Zerstörung der Vase seinen Zahlungsanspruch gegen K.

Fall 118 a:
Nehmen Sie an, die Scherben der zerstörten Vase hätten einen Materialwert von 5 % des Kaufpreises gehabt. Welchen Einfluss hat dies auf den Kaufpreisanspruch des A?.
Lösung: A muss sich auf den von ihm geltend gemachten Kaufpreisanspruch gem. § 326 Abs. 2 S. 1 BGB dasjenige anrechnen lassen, was er infolge der Befreiung von der Leistung erspart. Er muss sich also die durch den Wegfall der eigenen Leistungspflicht entstehenden Vorteile anrechnen lassen. Das gilt z. B. für die vom Verkäufer ersparten Aufwendungen der Nacherfüllung, wenn der Käufer den Mangel durch Selbstvornahme beseitigt hat. Für den konkreten Fall gilt: Anzurechnen ist auch der etwaige Rest des Leistungsgegenstands oder ein Erlös aus seiner Verwertung. Wenn somit A den Materialwert der Scherben verwerten kann, mindert sich der Kaufpreis entsprechend um 5 %.

Fall 119:
Nehmen Sie an, dass die obige Vase vertragsgemäß am 23. September von K nach der Glasur hätte abgeholt werden müssen und zu diesem Zeitpunkt von A auch bereitgestellt wurde. Trotz verschiedener Telefonanrufe und eines eingeschriebenen Briefes holt K die Vase jedoch nicht ab. Am 30. September kommt es bei A durch leichte Fahrlässigkeit seines Gehilfen G zu einem Brand, bei dem sämtliche im Geschäft des A lagernden Gegenstände zerstört werden. Wie ist die Rechtslage?
Lösung: A könnte ein Anspruch auf Bezahlung des Kaufpreises gegen K aus § 433 Abs. 2 BGB zustehen. Zwar ist dieser nach Abschluss des Kaufvertrags entstanden, fraglich ist jedoch, ob er nicht nach § 326 Abs. 1 BGB untergegangen ist. Grundsätzlich würden die Voraussetzungen von § 326 Abs. 1 BGB vorliegen, zu prüfen ist jedoch, ob nicht die Ausnahmevorschrift des § 326 Abs. 2 Alt. 2 BGB vorliegt: K kam infolge der Nichtabholung der Vase in Annahmeverzug (§§ 293 ff. BGB). Fraglich ist nun noch, ob A den Untergang der Vase zu vertreten hat. Zwar entstand der Brand

durch leichte Fahrlässigkeit des G, dessen Verschulden dem A über § 278 BGB zugerechnet wird; jedoch hat der Schuldner im Fall des Annahmeverzugs gem. § 300 Abs. 1 BGB nur Vorsatz und grobe Fahrlässigkeit zu vertreten. Damit hat A den Untergang der Vase nicht im Sinne von § 326 Abs. 2 Alt. 2 BGB zu vertreten und kann von K den Kaufpreis verlangen.

Fall 120:
Tourist T ist begeisterter Fan der englischen Royals. So bemüht er sich, eines der wenigen Zimmer mit Blick auf den Paradeplatz anlässlich des Festumzuges zum fünfzigsten Thronjubiläum der englischen Königin im Jahr 2002 zu mieten. Endlich wird er fündig und schließt mit M einen Mietvertrag ab, wobei die Geltung deutschen Rechts vereinbart wird. Er macht M klar, dass er nur zum Zwecke dieser Feier am 10. Mai nach London fliegt, die Parade vom Zimmer des M aus verfolgen will und bereits einen Tag später wieder nach Deutschland reisen muss, da er nur zwei Tage Urlaub bekommt. M gibt ihm die Adresse der Wohnung und vereinbart mit T die Schlüsselübergabe um 8.00 Uhr früh. Als T am ausgemachten Termin vor Ort ist, wartet er mehrere Stunden vergeblich auf M. Wütend darüber, dass er nun aufgrund der Menschenmengen in den Straßen vom Spektakel überhaupt nichts mitbekommt, muss er auch noch eine teure Übernachtung in einem der wenigen noch freien Hotels bezahlen. Nach der Rückkehr nach Deutschland verlangt T von M die Kosten für die Hin- und Rückreise nach London sowie die Übernachtungskosten. M erklärt, er habe zwar T in der Tat vergessen, jedoch werde er für T's Kosten nicht aufkommen. Er bietet T jedoch an, ihm zu einem anderen Termin das Zimmer zur Verfügung zu stellen. Wie ist die Rechtslage?
Lösung: Hinsichtlich der Erstattung der Übernachtungskosten kommt als Anspruchsgrundlage § 280 Abs. 1, 3 i.V.m. § 283 BGB in Betracht. M hat seine Pflicht aus dem Mietvertrag dadurch verletzt, dass er am vereinbarten Termin dem T nicht den Zutritt zu dem vermieteten Zimmer verschafft hat, was M gem. § 276 Abs. 2 BGB zu vertreten hat. Gem. § 283 BGB ist jedoch zu prüfen, ob eine Unmöglichkeit nach § 275 Abs. 1 Alt. 2 BGB vorliegt oder ob es sich nur um eine nachholbare Leistungsverzögerung handelt. Für letzteres spricht, dass T von M angeboten bekommt, das Zimmer zu einem anderen Termin zur Verfügung gestellt zu bekommen. Dabei würde aber verkannt, dass es dem T darauf ankam, das Zimmer gerade anlässlich der einmaligen Festparade als Aussichtspunkt zu erhalten, was er mit M auch so abgesprochen hatte. Den Beteiligten war klar, dass das Geschäft mit dem vereinbarten Termin stehen und fallen sollte. Damit liegt ein absolutes Fixgeschäft vor, bei dem es sich nicht um eine nachholbare Leistung, sondern um Unmöglichkeit handelt. Somit liegen die Voraussetzungen für einen Schadenersatz statt der Leistung vor.
Sofern T die Reisekosten ersetzt verlangt, ist zu beachten, dass diese keinen Schaden, sondern Aufwendungen darstellen, da sie auch entstanden wären, wenn M dem T den Zutritt in das Zimmer verschafft hätte. Auf-

wendungen können gem. § 284 i.V.m. § 280 Abs. 1, 3 i.V.m. § 283 BGB nur alternativ zum Schadenersatz statt der Leistung verlangt werden.

Fall 121:
Lieferant L verpflichtet sich zur Lieferung eines größeren Postens Rohmaterial zum 26. September. Die Lieferung trifft erst am 16. Oktober ein. Besteller B ist zwar mit der Qualität des Rohmaterials zufrieden, erleidet aber wegen der zeitlichen Verzögerung einen Schaden in Höhe von 3000 Euro. Welche Ansprüche kann er umgehend, ohne weitere Maßnahmen zu ergreifen, geltend machen?
Lösung: In Betracht kommt ein Anspruch auf Schadenersatz neben dem fortbestehenden Leistungsanspruch nach § 280 Abs. 1, 2 i.V.m. § 286 BGB. Dies setzt zunächst voraus, dass L eine Pflicht aus einem Schuldverhältnis schuldhaft verletzt hat, was hier der Fall ist, da L verspätet geliefert hat. Gem. § 280 Abs. 2 BGB müssen zusätzlich die Voraussetzungen von § 286 vorliegen: Nichtleistung trotz Fälligkeit, in der Regel eine Mahnung sowie Verschulden. L hat verspätet geleistet; einer Mahnung bedurfte es nach § 286 Abs. 2 Nr. 1 BGB wegen des kalendermäßig bestimmten Datums nicht; das Verschulden gem. § 286 Abs. 4 BGB muss bei der Prüfung von Schadenersatzansprüchen nicht doppelt festgestellt werden, da hierauf regelmäßig bereits im Rahmen von § 280 Abs. 1 S. 2 BGB eingegangen wird. Somit kann B von L seinen Verzugsschaden ersetzt verlangen.

Fall 122:
(a) Unter welchen Voraussetzungen hätte B im vorangegangenen Fall vom Vertrag zurücktreten können, wenn er an der verspäteten Leistung kein Interesse mehr gehabt hätte und auch die Gegenleistung (Kaufpreiszahlung) nicht hätte erbringen wollen? (b) Hätte B auch Schadenersatz statt der Leistung verlangen können, um etwa einen Ersatzlieferanten einzuschalten?
Lösung:
(a) Damit B vom Vertrag zurücktreten kann, müssen die Voraussetzungen von § 323 BGB vorliegen. Im vorliegenden Fall hat L die aus einem gegenseitigen Vertrag geschuldete, fällige Leistung nicht (i.S.v. nicht rechtzeitig) erbracht. Bevor der Gläubiger zurücktreten kann, muss er allerdings dem Schuldner zunächst erfolglos eine angemessene Frist zur Leistung bestimmen. Entbehrlich wäre die Fristsetzung nur im Falle des relativen Fixgeschäftes nach § 323 Abs. 2 Nr. 2 BGB, für das jedoch im Sachverhalt keine Anhaltspunkte vorliegen.
(b) Anspruchsgrundlage für einen Schadenersatz statt der Leistung ist § 280 Abs. 1, 3 i.V.m. § 281 BGB. Danach müsste L eine Pflicht aus einem Schuldverhältnis schuldhaft in der Weise verletzt haben, dass er eine fällige Leistung nicht (i.S.v. nicht rechtzeitig) erbracht hat. Dies ist hier der Fall. Als weitere Voraussetzung setzt jedoch auch § 281 BGB voraus, dass der Gläubiger dem Schuldner vor der Geltendmachung des Schadener-

satzes eine angemessene Frist zur Leistung setzt. Erst nach Ablauf der Frist ist B berechtigt, von L Schadenersatz statt der Leistung zu verlangen.

Fall 123:
Privatkunde S schuldet G aus einem Kaufvertrag 5000 Euro, fällig und angemahnt zum 8. August. Die Zahlung geht bei G jedoch erst 6 Wochen später ein. G hat in der Zwischenzeit bei seiner Bank einen Kontokorrentkredit in dieser Höhe zu 9 % Zinsen über dem Basiszinssatz in Anspruch genommen. (a) Kann er sich wegen der Zinsen an S schadlos halten? (b) Wie wäre es, wenn S und G Kaufleute wären?
Lösung:
(a) G hat gegen S einen Anspruch auf Zahlung von Verzugszinsen nach § 288 Abs. 1 BGB in Höhe von fünf Prozentpunkten über dem Basiszinssatz, da die Voraussetzungen des Verzugs gem. § 286 BGB vorliegen. Den Differenzbetrag von weiteren 4 Prozentpunkten kann er als Verzugsschaden nach § 288 Abs. 4 i.V.m. § 280 Abs. 1, 2 i.V.m. § 286 BGB geltend machen.
(b) Bei Kaufleuten beträgt der Verzugszinssatz gem. § 288 Abs. 2 BGB (i.V.m. § 352 Abs. 1 HGB) acht Prozentpunkte über dem Basiszinssatz. Die Geltendmachung des Differenzbetrages muss auch hier nach § 288 Abs. 4 BGB verlangt werden.

Fall 124:
Kunde K will bei der Bank B einen prämienbegünstigten Sparvertrag abschließen. Er wird am Schalter vom Angestellten A beraten. Dabei übersieht dieser die Rechtsfolgen eines auf K zutreffenden steuerlichen Tatbestandes, der wesentliche finanzielle Nachteile für K zur Folge hat. K will die diesbezüglichen Einbußen von der Bank ersetzt haben. Mit Recht?
Lösung: In Betracht kommt ein (einfacher) Schadenersatzanspruch neben dem Leistungsanspruch nach § 280 Abs. 1 i.V.m. § 241 Abs. 2 BGB bzw. i.V.m. § 242 BGB (positive Forderungsverletzung). Dazu müsste A eine (Neben-)Pflicht aus einem Schuldverhältnis schuldhaft verletzt haben. Nach §§ 241 Abs. 2, 242 BGB hat der Schuldner neben seiner Hauptpflicht noch Nebenpflichten, insbesondere Aufklärungs- und Auskunftspflichten. Von der Rechtsprechung ist mehrfach entschieden worden, dass eine Bank den Kunden beim Abschluss steuerbegünstigter Sparverträge über steuerschädliche Verfügungen belehren muss. Diese Pflicht hat der Angestellte A schuldhaft verletzt. Die Bank B muss hierfür nach § 278 BGB einstehen (kann sich also beim Vorliegen vertraglicher Beziehungen nicht, wie im Fall des Verrichtungsgehilfen nach § 831 Abs. 1 S. 2 BGB, exkulpieren).

X. Gläubigerwechsel, Schuldnerwechsel, Mehrheit von Gläubigern und Schuldnern

Übersicht

Gläubigerwechsel (Zession) §§ 398 ff BGB	*Kurzformel:* Übertragung einer Forderung vom bisherigen Gläubiger („Zedent") auf den neuen Gläubiger („Zessionar"), § 398 BGB.
	Voraussetzungen: (1) Gültiger Abtretungsvertrag: regelmäßig formfrei, die Abtretung selbst ist als abstraktes Verfügungsgeschäft unabhängig vom zugrundeliegenden Kausalgeschäft (Kauf, Schenkung). (2) Bestehen der Forderung (kein gutgläubiger Erwerb möglich). (3) Bestimmtheit der Forderung (wobei Bestimmbarkeit genügt). (4) Übertragbarkeit der Forderung (grundsätzlich sind alle Forderungen übertragbar, sofern keine gesetzlichen oder vertraglichen Abtretungsverbote bestehen).
Arten	offene Zession: Schuldner wird benachrichtigt stille Zession: Schuldner wird nicht benachrichtigt
	Sicherungszession: Abtretung dient der Kreditsicherung Inkassozession: Durch die Abtretung soll der neue Gläubiger für den alten Gläubiger die Forderung einziehen
	Globalzession: Abtretung sämtlicher Forderungen des Schuldners
	Factoring: Abtretung der Außenstände eines Betriebs an ein Dienstleistungsunternehmen (Factor, in der Regel Bank) aus Kostenersparnisgründen gegen Kostenersatz, Verdienstspanne und Berücksichtigung eines Bonitätsabschlags
	„cessio legis": gesetzlicher Forderungsübergang (§ 412 BGB). Regeln über die Forderungsabtretung finden entsprechende Anwendung.
Schutz des Schuldners	(1) Schuldner kann Einreden und Einwendungen auch dem neuen Gläubiger entgegenhalten (§ 404 BGB) (2) Schuldner kann (unter bestimmten Voraussetzungen) auch dem neuen Gläubiger gegenüber aufrechnen (§ 406 BGB) (3) Schuldner wird von seiner Leistungspflicht frei, wenn er in Unkenntnis der Abtretung an den alten Gläubiger leistet (§§ 407, 408 BGB)

	(4) Schuldner hat ein Leistungsverweigerungsrecht gegenüber dem neuen Gläubiger, wenn keine Abtretungsurkunde vorgelegt wird (§ 410 BGB)
Schuldnerwechsel (Schuldübernahme) §§ 414 ff. BGB	*Vorgang:* Es bestehen zwei Möglichkeiten: (a) Vertrag zwischen Gläubiger und Neuschuldner („Übernehmer"), § 414 BGB, (b) Vertrag zwischen Altschuldner und Neuschuldner mit Genehmigung des Gläubigers, § 415 BGB.
Arten	*privative Schuldübernahme* (befreiende Schuldübernahme): Übernehmer tritt an Stelle des alten Schuldners *kumulative Schuldübernahme* (Schuldmitübernahme): Übernehmer tritt als Gesamtschuldner neben den bisherigen Schuldner (Altschuldner wird nicht befreit) „Hypothekenübernahme" (§ 416 BGB): Erleichterung der Schuldübernahme bei hypothekarisch gesicherter Forderung
Schutz des Schuldners	Übernehmer kann dem Gläubiger die Einwendungen des bisherigen Schuldners entgegenhalten (§ 417 BGB)
Sicherungsrechte	Sicherheiten erlöschen durch die Schuldübernahme (§ 418 BGB)
Gläubigermehrheit	*Teilgläubiger:* Jeder von mehreren Gläubigern kann einen Teil einer teilbaren Leistung verlangen (§ 420 BGB) *Gesamtgläubiger:* Jeder von mehreren Gläubigern kann vom Schuldner die gesamte Leistung fordern; die Leistung an einen Gläubiger befreit von der Leistung gegenüber allen Gläubigern (§ 428 BGB) *Gesamthandsgläubiger:* Die Forderung steht den Gläubigern nur gemeinschaftlich zu (z.B. Erbengemeinschaft, Personengesellschaft) *Bruchteilsgläubiger:* Jedem von mehreren Gläubigern steht ein Recht zu ideellen Bruchteilen zu (z.B. Bruchteilsgemeinschaft nach §§ 741 ff. BGB)
Schuldnermehrheit	*Teilschuldner:* Jeder von mehreren Schuldnern ist nur zu einem Teil der Leistung verpflichtet (§ 420 BGB) *Gesamtschuldner:* Jeder von mehreren Schuldnern muss die ganze Leistung erbringen, der Gläubiger kann sie aber nur einmal verlangen (§ 421 BGB)

Fragen

Frage 258:
Handelt es sich bei der Abtretung um ein kausales oder ein abstraktes
Rechtsgeschäft? Welche Konsequenzen ergeben sich hieraus?
Antwort: Die Abtretung ist eine „Verfügung", also abstrakt. Dies hat zur
Folge, dass bei Nichtigkeit des der Abtretung zugrundeliegenden Rechts-
geschäfts die Zession gleichwohl gültig ist. Die Rückabwicklung erfolgt
dann über das Rechtsinstitut der ungerechtfertigten Bereicherung nach
§§ 812 ff. BGB.

Frage 259:
Welche Fälle der Zession kennt die Rechtsordnung?
Antwort: Neben der vertraglichen Zession gibt es den Forderungsübergang kraft Gesetzes („cessio legis"): Nach § 412 BGB sind auf den gesetzlichen Forderungsübergang die Vorschriften über die vertragliche Forderungsabtretung entsprechend anzuwenden. Daneben gibt es die Forde-
rungsübertragung kraft Hoheitsakts, namentlich in der Zwangsvollstreckung (Pfändung und Überweisung einer Forderung an Zahlung statt
gem. § 835 Abs. 1, 2. Alt. ZPO = Zwangsabtretung).

Frage 260:
Ist bei der Forderungsabtretung die Zustimmung des Schuldners erforderlich, und wenn nicht, bedeutet dies nicht eine wesentliche Verschlechterung seiner Position?
Antwort: Die Zustimmung des Schuldners ist zur Abtretung nicht erforderlich. Eine Verschlechterung seiner rechtlichen Position erleidet der
Schuldner nicht, weil er durch die §§ 404, 406, 407 BGB geschützt ist. Freilich kann der Wechsel des Gläubigers eine tatsächliche Benachteiligung
darstellen, wenn der neue Gläubiger die Forderung aggressiver verfolgt.

Frage 261:
Wie kann sich ein Schuldner gegen die Abtretung schützen?
Antwort: Indem er mit dem Gläubiger ein nach § 399 BGB zulässiges Abtretungsverbot vereinbart. Ein solches Abtretungsverbot wirkt dinglich.
§ 399 BGB ist insoweit eine Ausnahme von § 137 BGB (der solche rechtsgeschäftlichen Verfügungsbeschränkungen gerade verbieten möchte). Beachten Sie aber, dass § 399 BGB im Handelsrecht durch § 354 a HGB wiederum eingeschränkt wird.

Frage 262:
Kann der Zessionar im Wege der Abtretung auch eine Forderung erwerben, die dem Zedenten nicht zusteht?
Antwort: Grundsätzlich nicht, da es bei einer Forderung keinen Rechtsscheinstatbestand gibt, der (wie etwa der Besitz beim gutgläubigen Eigen-

tumserwerb nach den §§ 932 ff. BGB) einen gutgläubigen Erwerb und den damit verbundenen Rechtsverlust des wahren Inhabers rechtfertigen würde. Eine eng begrenzte Ausnahme von diesem Grundsatz ist in § 405 BGB geregelt, wonach bei einer verbrieften Forderung die Einwände des Scheingeschäfts und der vereinbarten Unabtretbarkeit zugunsten des gutgläubigen Zessionars ausgeschlossen sind.

Frage 263:
Welcher Grundsatz gilt, wenn der Forderungsinhaber dieselbe Forderung mehrmals abtritt?
Antwort: Es gilt der Prioritätsgrundsatz, wonach nur der Zessionar die Forderung erwirbt, dem sie zuerst abgetreten wurde.

Frage 264:
Warum wählt die Wirtschaftspraxis als Kreditsicherung nicht die Forderungsverpfändung, sondern die (stille) Zession?
Antwort: Forderungen können nach § 1280 BGB (nur) dadurch verpfändet werden, dass die Verpfändung dem Drittschuldner angezeigt wird. Dies könnte sich auf die Bonität des Schuldners negativ auswirken. Von der (stillen) Zession braucht die Außenwelt nichts zu erfahren.

Frage 265:
Können zukünftige Forderungen abgetreten werden und welche Problematik verbirgt sich dahinter?
Antwort: Die Abtretung zukünftiger Forderungen ist möglich, sofern sie hinreichend bestimmbar sind. Dies führt jedoch dazu, dass späteren Gläubigern das Kreditpotential des Schuldners bereits entzogen ist.

Frage 266:
Wer erwirbt die Forderung, wenn Globalzession und verlängerter Eigentumsvorbehalt zusammentreffen?
Antwort: Sowohl Globalzession als auch verlängerter Eigentumsvorbehalt sind Fälle der Abtretung zukünftiger Forderungen. Die Globalzession ist ein Sicherungsmittel, bei der der Sicherungsgeber z.B. sämtliche zukünftigen Forderungen aus bestimmten Geschäften im Voraus an den Sicherungsnehmer abtritt. Beim verlängerten Eigentumsvorbehalt gestattet der Lieferant dem Käufer, die unter Eigentumsvorbehalt verkaufte Sache weiter zu veräußern und lässt sich dafür die (zukünftige) Forderung des Käufers gegen seinen Abnehmer abtreten. Auch hier greift der Prioritätsgrundsatz: Da die Globalzession i.d.R. vereinbart wird, bevor der Sicherungsgeber von Lieferanten Waren unter verlängertem Eigentumsvorbehalt erhält, sind die Forderungen des Sicherungsgebers aus einem eventuellen Weiterverkauf zu diesem Zeitpunkt bereits an den Sicherungsnehmer abgetreten. Der Lieferant kann diese Forderungen daher nicht erwerben, was dazu führt, dass der verlängerte Eigentumsvorbehalt ins Leere läuft, wenn zuvor eine wirksame Globalzession vereinbart wurde.

Frage 267:
Wie entscheidet die Rechtsprechung die Kollision zwischen Globalzession und verlängertem Eigentumsvorbehalt?
Antwort: Nach der Rechtsprechung ist eine Globalzession gem. §§ 138 Abs. 1 bzw. 307 BGB unwirksam wegen Verleitung zum Vertragsbruch, soweit sie sich auf Forderungen erstreckt, die vom verlängerten Eigentumsvorbehalt erfasst werden. Die Unwirksamkeit kann der Sicherungsgeber dadurch vermeiden, dass in die Vereinbarung der Globalzession eine sog. dingliche Teilverzichtsklausel aufgenommen wird, nach der Forderungen, die Gegenstand eines verlängerten Eigentumsvorbehalts werden, von der Globalzession nicht erfasst sind. Dieser Schutz des Lieferanten ist auch gerechtfertigt, da andernfalls Schuldner mit fragwürdiger Liquidität nur noch gegen Barzahlung beliefert würden und auch der durch eine Globalzession gesicherte Gläubiger ein Interesse daran hat, dass der Schuldner seine Geschäfte weiter betreiben kann.

Frage 267 a:
Welche Vorgehensweisen sieht das BGB für die Schuldübernahme vor?
Antwort:
a) § 414 BGB: Vertrag zwischen Gläubiger und Übernehmer
b) § 415 BGB: Vertrag zwischen Schuldner und Übernehmer plus Zustimmung des Gläubigers

Frage 268:
Warum ist – im Gegensatz zum Gläubigerwechsel, bei dem die Mitwirkung des Schuldners nicht erforderlich ist – bei der Schuldübernahme die Beteiligung des Gläubigers stets erforderlich?
Antwort: Dem Gläubiger ist es im Hinblick auf die Bonität niemals gleichgültig, wer sein Schuldner ist.

Frage 269:
Warum erlöschen bei der Schuldübernahme im Gegensatz zur Forderungsabtretung die Sicherheiten?
Antwort: Der Sicherungsgeber (z.B. Bürge) hat seine Sicherheit stets im Hinblick auf die konkrete Person des Schuldners gegeben; man kann von ihm nicht verlangen, dass er für einen möglicherweise weniger solventen Dritten ebenso einsteht.

Frage 270:
Können Sie kurz die Interessenlage der „Hypothekenübernahme" nach § 416 BGB schildern?
Antwort: § 416 BGB behandelt die Übernahme einer hypothekarisch gesicherten Schuld. Ein Fall aus der Praxis: V hatte ein Grundstück im Wert von 300 000 Euro erworben und hierzu von seiner Bank einen hypothekarisch gesicherten Kredit in Höhe von derzeit noch 50 000 Euro erhalten. Er

will das Grundstück verkaufen. Er könnte deshalb das Grundpfandrecht löschen lassen und würde dann von K den vollen Kaufpreis erhalten. Möglicherweise müsste jedoch K selbst einen Kredit aufnehmen und das Grundstück erneut belasten. Der Einfachheit halber übernimmt K die bestehende Belastung unter Anrechnung auf den Kaufpreis und zahlt deshalb lediglich 250000 Euro. Die restliche Summe von 50000 Euro wird durch die Übernahme der Darlehensverbindlichkeit „geleistet". Während nun die hypothekarische Belastung auf dem Grundstück selbst ruht und deshalb vom Eigentümerwechsel unabhängig ist, bedarf die Schuldübernahme hinsichtlich des Darlehens der Genehmigung des Gläubigers, also der darlehensgewährenden Bank (um nicht nur Innenwirkung zwischen V und K zu entfalten, sondern auch gegenüber dem Gläubiger, also der Bank, auszulösen). Ihre Zustimmung müsste nach § 415 BGB ausdrücklich erteilt werden. § 416 BGB erleichtert diese Schuldübernahme durch Einführung einer Fiktion: Der Veräußerer teilt die Schuldübernahme der Bank mit; sind daraufhin seit dem Empfang der Mitteilung 6 Monate verstrichen, so gilt die Genehmigung als erteilt, wenn nicht der Gläubiger sie dem Veräußerer gegenüber vorher verweigert. Dies ist auch eine Vereinfachung zugunsten des Darlehensgebers; wenn er mit der Schuldübernahme einverstanden ist, braucht er sich überhaupt nicht zu rühren (Hier haben Sie ein Beispiel dafür, dass Schweigen ausnahmsweise als Zustimmung gilt).

Frage 271:
Können Sie ein Beispiel für einen gesetzlichen Schuldbeitritt nennen?
Antwort: § 25 Abs. 1 S. 1 HGB. Der Erwerber eines Handelsgeschäfts haftet bei Firmenfortführung neben dem Veräußerer für die bisherigen Verbindlichkeiten.

Frage 272:
Welche Anspruchsgrundlagen kommen für den Regressanspruch des neuen gegen den alten Gläubiger in Betracht, wenn der Schuldner an den Altgläubiger (nach Abtretung der Forderung an den Neugläubiger) gem. § 407 BGB befreiend geleistet hat und nun der neue vom alten Gläubiger das Geleistete herausverlangt?
Antwort: In Betracht kommen Ansprüche nach § 816 Abs. 2 BGB; §§ 687 Abs. 2, 681 S. 2, 667 BGB; § 280 Abs. 1 BGB (Pflichtverletzung des Abtretungsvertrags) und § 823 Abs. 1 BGB (Eingriff in die „Forderungszuständigkeit").

Frage 273:
Was versteht man unter einer Vertragsübernahme?
Antwort: Bei der Vertragsübernahme wird die Stellung eines Vertragspartners von einem Dritten übernommen. Dieser erwirbt sämtliche Rechte und Pflichten des übertragenden Teils. Den Fall einer gesetzlichen Vertragsübernahme findet man z.B. in §§ 571, 613a BGB. Eine rechtsge-

schäftliche Vertragsübernahme ist zwar im Gesetz nicht geregelt, wird aber dennoch für zulässig erachtet. Dabei ist die Mitwirkung sowohl der alten Vertragsparteien als auch des Eintretenden erforderlich.

Frage 274:
Ist bei mehreren Schuldnern die Teilschuld oder Gesamtschuld häufiger?
Antwort: Das Gesetz begünstigt das Entstehen einer Gesamtschuld. Nach § 427 BGB entsteht im Zweifel eine Gesamtschuld, wenn sich mehrere durch Vertrag gemeinschaftlich zu einer teilbaren Leistung verpflichten.

Frage 275:
Können Sie ein Beispiel für das Vorliegen von Teilschuldnerschaft i.S.d. § 420 BGB nennen, bei dem die Auslegungsregel des § 427 BGB nicht eingreift?
Antwort: Verpflichten sich mehrere künftige Wohnungseigentümer durch Bauverträge zur Errichtung eines Hauses mit Eigentumswohnungen, sind sie nach der Rechtsprechung nur Teilschuldner, da das mit der gesamtschuldnerischen Haftung verbundene Wagnis regelmäßig über das dem einzelnen wirtschaftlich und sozial Zumutbare hinausginge (vgl. BGHZ 75, 28). Deshalb liegt im Zweifel keine Gesamtschuld vor.

Frage 276:
Welchen Vorteil hat die Gesamtschuldnerschaft für den Gläubiger?
Antwort: Dadurch, dass der Gläubiger bei der Gesamtschuld von jedem Schuldner das Ganze verlangen kann, trägt er, solange wenigstens ein Gesamtschuldner solvent ist, nicht das Risiko, dass ein Schuldner ausfällt.

Frage 277: Wie werden dann die Interessen der Gesamtschuldner untereinander geregelt?
Antwort: Die Gesamtschuldner sind nach § 426 Abs. 1 BGB untereinander zur Ausgleichung verpflichtet; soweit ein Gesamtschuldner den Gläubiger befriedigt, geht nach § 426 Abs. 2 BGB die Forderung des Gläubigers gegen die übrigen Schuldner auf ihn über (Beispiel für eine „cessio legis"). Beachten Sie: Bei § 426 Abs. 1 BGB und § 426 Abs. 2 BGB handelt es sich um zwei verschiedene Anspruchsgrundlagen!

Fälle

Fall 125:
S schuldet G aus Darlehen 10000 Euro, für das sich B selbstschuldnerisch verbürgt hat. Nachdem G die Forderung an X abgetreten hatte, verlangt dieser von B Zahlung. Mit Recht?
Lösung: X kann B aus der Bürgschaft in Anspruch nehmen, wenn die Voraussetzungen der §§ 765 ff. BGB vorliegen und die Bürgschaft infolge der

Abtretung mit überging. Dies ist nach § 401 BGB der Fall. Danach gehen mit Zession sämtliche für die Forderung bestellten Sicherheiten auf den Erwerber über.

Fall 126:
K hat bei V im Jahr 2002 eine Waschmaschine auf Kredit gekauft. Der Kaufpreis ist noch offen. Angenommen, V würde im Jahr 2006 den Kaufpreisanspruch an das Inkassobüro I abtreten und dieses würde von K Zahlung verlangen. Könnte K die Zahlung verweigern?
Lösung: I könnte aufgrund der Abtretung gegen K den Kaufpreisanspruch nach § 433 Abs. 2 i.V.m. § 398 S. 2 BGB geltend machen. Zu prüfen ist jedoch, ob K die Einrede der Verjährung erheben kann. Der im Jahr 2002 entstandene Kaufpreisanspruch verjährt nach § 195 BGB innerhalb der regelmäßigen Verjährungsfrist von 3 Jahren. Somit wird der Anspruch am 31.12.2005 verjährt sein. Die Verjährungseinrede kann K nach § 404 BGB auch dem neuen Gläubiger I entgegenhalten.

Fall 127:
S schuldet G aus Darlehen 5000 Euro. Diesen Darlehensanspruch tritt G an X ab. S leistet in Unkenntnis der Forderungsabtretung an G. Nunmehr wendet sich X an S und verlangt Zahlung. Von G ist nichts mehr zu holen, nachdem über dessen Vermögen das Insolvenzverfahren eröffnet wurde. Muss S noch einmal bezahlen?
Lösung: Normalerweise befreit nur die Leistung an den wirklichen Gläubiger, es sei denn, die Leistung an den Dritten erfolgt mit Einwilligung des Gläubigers, vgl. § 362 Abs. 2 BGB (im vorliegenden Fall also an X). § 407 BGB schützt jedoch im Fall der Zession den Schuldner, wenn er in Unkenntnis der Abtretung an den alten Gläubiger leistet. Dies trifft im vorliegenden Fall zu. S braucht nicht noch einmal zu bezahlen.

Fall 128:
S steht mit der A-GmbH in ständiger Geschäftsbeziehung. Die A-GmbH hat sämtliche gegenwärtigen und zukünftigen Forderungen gegen ihre Schuldner im Rahmen eines Factoring-Vertrags an die F-Factoring-AG abgetreten. 1999 unterrichtete die F sämtliche Geschäftspartner der A, darunter auch S, dass die A sämtliche gegenwärtigen und zukünftigen Forderungen an die F abgetreten habe. Die F verlangt von S unter Berufung auf die Abtretung die Zahlung von 30 000 Euro, die auf einer Lieferung der A an S vom Juni 2002 beruht. Gegen diese Forderung rechnet die S mit einer Schadensersatzforderung in Höhe von 40 000 Euro auf, die ihr gegenüber der A seit 2001 zusteht. Die F hält diese Aufrechnung für unwirksam, da die Forderung der A an F abgetreten wurde und S dies auch wusste. Muss S an F 30 000 Euro bezahlen?
Lösung: Die an sich der A zustehende Forderung auf Kaufpreiszahlung aus § 433 Abs. 2 BGB ging aufgrund der wirksamen Vorausabtretung gem.

§ 398 BGB unmittelbar nach ihrer Entstehung auf F über. Sie könnte durch Aufrechnung gem. § 387 BGB erloschen sein. § 387 BGB setzt jedoch voraus, dass zwei Personen einander Leistungen schulden. An dieser Gegenseitigkeit fehlt es hier, da zwar S einen Anspruch gegen die A hat, der Gegenanspruch aber mittlerweile der F zusteht. Zum Schutz des Schuldners einer abgetretenen Forderung regelt jedoch § 406 BGB, dass der Schuldner mit einer ihm gegen den ursprünglichen Gläubiger zustehenden Forderung auch gegenüber dem neuen Gläubiger aufrechnen kann. Dies gilt jedoch nicht, wenn der Schuldner beim Erwerb der Gegenforderung von der Abtretung Kenntnis hatte. Das Problem liegt nun darin, dass S zwar bei Erwerb seiner Schadenersatzforderung gegen die A von der Vorausabtretung Kenntnis hatte, die Forderung der A gegen S zu diesem Zeitpunkt aber noch nicht bestand. Es stellt sich daher die Frage, ob auch die Kenntnis von einer Vorausabtretung die Möglichkeit der Aufrechnung nach § 406 a.E. BGB ausschließt. Der BGH bejaht dies. Dafür spricht, dass § 406 BGB dem Schutz des Schuldners dienen soll, der beim Erwerb einer Gegenforderung damit rechnet, sich durch Aufrechnung von der inzwischen ohne sein Wissen abgetretenen Forderung befreien zu können. Der Schuldner ist jedoch nicht schutzwürdig, wenn er beim Erwerb der Gegenforderung von der Vorausabtretung weiß, da er dann auch nicht damit rechnen kann, sich durch Aufrechnung von der gegen ihn gerichteten Forderung zu befreien (BGHZ 66, 384; ZIP 2002, 1488). Da S aufgrund der Mitteilung der F von der Vorausabtretung wusste, ist § 406 BGB ausgeschlossen. Die Erklärung der Aufrechnung führt damit nicht zum Erlöschen der Forderung der F, deren Zahlungsbegehren damit berechtigt ist.

Fall 129:
S schuldet G aus Darlehen 5000 Euro. G tritt dem X die Forderung ab und teilt dies dem S mit. Daraufhin leistet S an X. Wenig später ficht G die Abtretung gegenüber X erfolgreich an. Kann G von S nochmals Zahlung verlangen?
Lösung: Der Anspruch auf Rückzahlung aus § 488 Abs. 1 S. 2 BGB ist untergegangen, wenn S wirksam erfüllt hat. Durch die Anfechtung wird die Abtretung rückwirkend unwirksam. X war also nicht Gläubiger, S hat an den Falschen geleistet. Doch muss G die Leistung an X gem. § 409 Abs. 1 BGB gegen sich gelten lassen, weil er dem S die Abtretung mitgeteilt hat. S muss also nicht noch einmal an G zahlen. G kann das dem X gezahlte Geld von diesem gem. § 816 Abs. 2 BGB herausverlangen.

Fall 130:
Fabrikant F hat zum Zwecke der Betriebserweiterung von der Bank B ein größeres Darlehen aufgenommen. Zur Sicherung musste F sämtliche gegenwärtigen und zukünftigen Forderungen aus seiner Produktion auf B übertragen („Globalzession"). Später bestellt und erhält F von Warenlieferant W eine Lieferung vorgefertigter Rohlinge. W hat sich an der Liefe-

rung bis zur Begleichung des Kaufpreises das Eigentum vorbehalten; die Zustimmung zur Verarbeitung der Rohlinge und zu deren anschließendem Verkauf hat W nur gegen Abtretung der zukünftigen Kaufpreisforderungen erteilt („verlängerter Eigentumsvorbehalt"). F verarbeitet nunmehr einen Teil der Rohlinge zu Werkzeugen und veräußert diese an seinen Kunden K. Wenig später – noch vor Begleichung der Kaufpreisschuld gegenüber W und vor Tilgung des Darlehens der B – wird über das Vermögen des F das Insolvenzverfahren eröffnet. W fordert daraufhin K unter Vorlage der Abtretungsurkunde auf, den Kaufpreis für die Werkzeuge an ihn zu bezahlen. K, dem die vorangegangene Globalzession zugunsten der B nicht bekannt ist, überweist an W den geforderten Betrag. In der Rechtsabteilung der B überlegt man sich nun, ob es erfolgversprechend ist, Ansprüche gegen K oder W geltend zu machen.

Lösung:
(1) Ansprüche der B gegen K:
Als Anspruchsgrundlage kommt in Betracht § 433 Abs. 2 i.V.m. § 398 BGB. Da aber F seine Kaufpreisforderung gegen K mehrfach abgetreten hat und K von der Zession zugunsten B nicht in Kenntnis gesetzt worden ist, kann K – unabhängig von der Wirksamkeit dieser Forderungsabtretung – in jedem Fall den Erfüllungseinwand erheben (§§ 362, 408 Abs. 1, 407 BGB).
(2) Ansprüche der B gegen W:
Als Anspruchsgrundlage kommt § 816 Abs. 2 BGB in Betracht. Dies setzt voraus, dass B im Zeitpunkt der Zahlung durch K „Berechtigter", d.h. tatsächlicher Inhaber der Kaufpreisforderung war. F hat seine zukünftigen Kaufpreisforderungen an B abgetreten; die Abtretung zukünftiger Forderungen ist möglich, wenn – wie hier – die zedierte Forderung im Zeitpunkt der Abtretung zumindest „bestimmbar", im Zeitpunkt ihrer Entstehung aber „bestimmt" ist. Es soll auch unterstellt werden, dass durch die Globalzession der sachenrechtliche „Bestimmtheitsgrundsatz" gewahrt worden ist. Die spätere Abtretung derselben Forderung an W schadet ebenfalls grundsätzlich nicht: Forderungen können vom Zedenten nur einmal wirksam abgetreten werden; der gute Glaube des Erwerbers bei der zweiten, unwirksamen Abtretung ist nicht geschützt („Prioritätsprinzip"). Nach der Rechtsprechung des BGH scheitert jedoch der Forderungserwerb durch B an § 138 Abs. 1 BGB: Die zwischen B und F vereinbarte Globalzession verstößt insoweit gegen die guten Sitten, als von ihr auch solche Forderungen erfasst werden, die unter den verlängerten Eigentumsvorbehalt eines Warenlieferanten fallen. Der Grund für die Annahme der Sittenwidrigkeit liegt darin, dass die Bank ihren Partner zum fortwährenden Vertragsbruch verleitet: Sie weiß, dass Warenlieferungen auf Kredit regelmäßig nur unter Eigentumsvorbehalt und gegen Abtretung zukünftiger Kundenforderungen geleistet werden. Greift die Bank per Globalzession auf sämtliche Kundenforderungen zu, so zwingt sie ihren Partner, entweder auf Warenkreditgeschäfte ganz zu verzichten oder die vorangegangene Zession in pflichtwidriger Weise vor den Wa-

renlieferanten geheim zu halten („Vertragsbruchstheorie"; BGHZ 30, 152; 72, 310). Mangels wirksamer Abtretung ist B somit nicht Inhaber der Kaufpreisforderung gegen K geworden. Ein Anspruch gegen W aus § 816 Abs. 2 BGB besteht nicht. Hinweis: Die Sittenwidrigkeit einer Globalzession kann die Bank durch eine dingliche Teilverzichtsklausel vermeiden. Dann erstreckt sich die Globalzession nicht auf Forderungen, die vom verlängerten Eigentumsvorbehalt erfasst werden.

Fall 131:
A, B und C besuchen gemeinsam das Münchner Oktoberfest. Nach reichlichem Alkoholgenuss kommt es zu einer Schlägerei zwischen den dreien einerseits und dem unschuldigen Passanten P andererseits. A reicht B einen Bierkrug, C ruft „hau ihm eine drauf", B schlägt P nieder. Die von P persönlich zu tragenden Arztkosten betragen 900 Euro. Wie ist die Rechtslage?

Lösung: P könnte Schadenersatzansprüche gegen A, B und C nach § 823 Abs. 1 BGB und § 823 Abs. 2 BGB i.V.m. § 224 StGB geltend machen. Die tatbestandlichen Voraussetzungen liegen laut Sachverhalt vor. Die Verantwortlichkeit des B als Täter der Körperverletzung ist nach der Sachverhaltsschilderung eindeutig. C (als Anstifter) und A (als Gehilfe) haben die Rechtsgutsverletzung zwar nicht eigenhändig herbeigeführt, werden gem. § 830 Abs. 2 BGB aber wie Mittäter des B behandelt. Als Mittäter sind sie ebenso wie B für den eingetretenen Schaden verantwortlich (§ 830 Abs. 1 S. 1 BGB). Nach § 840 Abs. 1 BGB haften A, B und C für den Schadenersatzanspruch des P als Gesamtschuldner. Dies bedeutet, dass jeder der drei Schläger verpflichtet ist, die ganze Leistung zu bewirken, P aber die Leistung nur einmal zu fordern berechtigt ist (§ 421 S. 1 BGB). Hierbei steht es im Belieben des P, welchen der Schuldner er in Anspruch nimmt: er kann auch frei darüber entscheiden, ob er die Schuld aufteilt oder den Gesamtbetrag von nur einem Schädiger fordert. Soweit ein Schuldner die gesamte Summe von 900 Euro erbracht hat, befreit dies nach § 422 Abs. 1 S. 1 BGB auch die übrigen. In diesem Fall steht ihm der Regress nach § 426 BGB offen: Zum einen ist er berechtigt, den originären Ausgleichsanspruch nach § 426 Abs. 1 BGB geltend zu machen; da A, B und C mangels anderweitiger Bestimmung im Innenverhältnis zu gleichen Anteilen haften (§ 426 Abs. 1 S. 1 BGB), kann er also von den beiden anderen jeweils die Zahlung von 300 Euro verlangen. Zum anderen geht der Schadenersatzanspruch des P aus § 823 BGB auf den erfüllenden Schuldner über, soweit er dessen Anteil übersteigt (§ 426 Abs. 2 BGB; Fall einer „cessio legis"). Letzterer ist also berechtigt, die übrigen Gesamtschuldner aus eigenem und abgetretenem Recht in Regress zu nehmen.

Fall 131 a:
Vermieter V vermietet ein Appartement an Paul und Paula. Den Mietvertrag hatten sowohl Paul als auch Paula unterschrieben. Als sich die beiden

nicht mehr vertragen, zieht Paula aus. Daraufhin überweist Paul lediglich noch die Hälfte der Miete und fordert V auf, die restliche Summe gegenüber Paula geltend zu machen. Kann V von Paul weiterhin die volle Miete verlangen?

Lösung: Der Anspruch auf Zahlung des Mietpreises ergibt sich aus § 535 Abs. 2 BGB. Der dazu erforderliche Mietvertrag liegt vor. V kann von Paul die gesamte Mietsumme verlangen, wenn eine Gesamtschuld im Sinne des § 421 BGB vorliegt. Im vorliegenden Fall wird als Miete ein bestimmter Geldbetrag gefordert, somit eine teilbare Leistung. Schulden mehrere eine teilbare Leistung, so ist nach § 420 BGB im Zweifel jeder Schuldner nur zu einem gleichen Anteil verpflichtet. Diese Aussage wird jedoch durch § 427 BGB verdrängt: Verpflichten sich mehrere durch Vertrag gemeinschaftlich zu einer teilbaren Leistung, so haften sie im Zweifel doch als Gesamtschuldner. Paul und Paula hatten beide den Mietvertrag unterschrieben und sich damit „im Zweifel" (= wenn nichts anderes geregelt ist) gemeinschaftlich verpflichtet. Beide sind V gegenüber Gesamtschuldner. Paul muss deshalb die gesamte Miete bezahlen und kann ggf. von Paula nach § 426 BGB Regress verlangen.

Fall 132:
A, B und C sind Gesamtschuldner des Gläubigers G in Höhe von 9000 Euro. C, der gerade flüssig ist, zahlt auf Drängen des G den gesamten Betrag. Kann C von A und B Ausgleich verlangen?

Lösung: Zunächst kommt ein Ausgleichsanspruch aus einem möglicherweise zwischen A, B und C vorliegenden Schuldverhältnis in Betracht. Ein solches ist im vorliegenden Fall jedoch nicht näher spezifiziert. Deshalb ist an einen Anspruch aus § 426 BGB zu denken. C hat einen Ausgleichsanspruch gegen A und B aus § 426 Abs. 1 S. 1 BGB. Im Zweifel kann er demnach von beiden jeweils 3000 Euro verlangen (beachte § 426 Abs. 1 S. 2 BGB!). Außerdem ist nach § 426 Abs. 2 BGB der Anspruch des Gläubigers G auf C übergegangen, so dass er auch diesen geltend machen kann (cessio legis). Dieser Anspruch aus der Legalzession kann insoweit günstiger sein, als die bestehenden Sicherungsrechte gem. §§ 401, 412 BGB auf den Zessionar übergehen.

Fall 133:
E bittet Kraftfahrer K, auf einer Fahrt für ihn ein Porzellan-Service nach Hamburg mitzunehmen. Sie vereinbaren einen Haftungsausschluss. Durch Verschulden des K und eines Dritten D wird das Service bei einem Unfall zerstört. Von wem kann E Schadenersatz verlangen?
Lösung: Ohne die Haftungsfreistellung hätte E gegen K und D einen Anspruch aus § 823 Abs. 1 BGB und könnte gemäß den §§ 840 Abs. 1, 421 BGB von jedem den vollen Betrag verlangen. Hier jedoch besteht an sich wegen des zwischen E und K vereinbarten Haftungsausschlusses kein Anspruch des E gegen K und damit kein Gesamtschuldverhältnis. Es wäre jedoch

unbillig, den D voll haften zu lassen – dann würde die Vereinbarung zwischen K und E zu seinen Lasten wirken. Der Bundesgerichtshof gibt dem E in diesen Fällen der „gestörten Gesamtschuld" einen vollen Anspruch gegen D, der im Innenverhältnis bei K Regress nehmen kann. Gegen diese Lösung spricht, dass K dann schlechter gestellt wäre, als wenn er den Unfall alleine verursacht hätte. Deshalb vertritt die h.M. in der Literatur die Auffassung, dass dem E von vornherein nur ein (um den auf den freigestellten K entfallenden Anteil) gekürzter Anspruch gegen D zusteht.

Fall 134:
M, der in der Regel sämtliche Kreuzungen überfährt, ohne sich um die Vorfahrt zu kümmern, fährt mit seiner Frau F spazieren. Kurze Zeit später nimmt ihm X die Vorfahrt. Es kommt zum Zusammenstoß, bei dem F erheblich verletzt wird. M ist wegen unvorsichtigen Fahrens, das aber den Grad der groben Fahrlässigkeit noch nicht erreicht hat, zu einem Drittel an dem Unfall schuld. Als F von X Ersatz ihrer Behandlungskosten in Höhe von 9000 Euro verlangt, will X nur 6000 Euro zahlen. Wer hat Recht?
Lösung: F könnte gegen X einen Anspruch u.a. aus § 823 Abs. 1 BGB haben. Problematisch könnte die Höhe des Anspruchs sein, weil M den Unfall schuldhaft mitverursacht hat. Damit ist er normalerweise einem Anspruch der F aus § 823 Abs. 1 BGB ebenso ausgesetzt, der auf vollen Schadenersatz gehen würde. Wenn X folglich an F Schadenersatz leistet, hätte er einen Ausgleichsanspruch gegen M aus § 426 Abs. 1 und Abs. 2 BGB. § 1359 BGB legt aber fest, dass Ehegatten nur mit eigenüblicher Sorgfalt haften. Da M normalerweise unvorsichtig fährt und sein Verschulden die Grenze zur groben Fahrlässigkeit nicht überschritten hat (vgl. § 277 BGB), würde er nach § 1359 BGB F als seiner Ehefrau nicht haften. Damit hätte X gegen den M keinen Regressanspruch aus § 426 Abs. 1 und 2 BGB und somit wäre das ohne die Privilegierung vorhandene System der gesamtschuldnerischen Haftung von M und X gestört. Dies könnte u.U. zu einer Verminderung des Anspruches der F gegen X führen. Die Rechtsprechung hat jedoch entschieden, dass § 1359 BGB bei Verletzungen von Vorschriften des Straßenverkehrsrechts unanwendbar sei, weil niemand sich darauf berufen könne, normalerweise die Verkehrsvorschriften zu verletzen. Daher ist der Ausgleich unter den Gesamtschuldnern M und X unproblematisch. F kann daher vollen Schadenersatz verlangen.

XI. Vertragliche Schuldverhältnisse

Übersicht

Umsatzverträge	Kennzeichen: Veräußerung eines Vermögensgegenstandes
Kaufvertrag §§ 433 ff. BGB	*Wesen:* Veräußerung von Gegenständen gegen Entgelt
Rechte und Pflichten	*Pflichten des Verkäufers:* (1) Hauptpflichten beim Verkauf von Sachen und Rechten: Übergabe und Eigentumsverschaffung bei gleichzeitiger Sach- und Rechtsmängelfreiheit (§ 433 Abs. 1 BGB) (2) Nebenpflichten: gesetzliche (z.b. Kostentragungspflicht für Übergabe der Sache gem. § 448 Abs. 1 BGB) sowie nach § 241 Abs. 2 und § 242 BGB *Pflichten des Käufers:* (1) Hauptpflicht: Kaufpreiszahlung, § 433 Abs. 2 BGB (Abnahme dagegen nur bei entsprechender Interessenlage oder ausdrücklicher Vereinbarung) (2) Nebenpflichten: gesetzliche (z.b. Kostentragungspflicht für Abnahme, Versendung, Beurkundung gem. § 448 Abs. 1, 2 BGB) sowie nach § 241 Abs. 2 und § 242 BGB
Gefahrtragung	(1) *Leistungsgefahr:* bestimmt sich nach § 275 Abs. 1–3 BGB (2) *Preisgefahr* (§§ 446, 447 ergänzen § 326 BGB): (a) Gefahr geht auf den Käufer über mit Übergabe der Sache (b) Sonderregelung beim Versendungskauf (Versendung der Sache auf Verlangen des Käufers an einen anderen Ort als den Erfüllungsort): Gefahr geht über mit Übergabe an die Transportperson
Vorliegen von Mängeln	*Sachmängel sind gegeben bei:* • Nichtvorliegen der vereinbarten Beschaffenheit (§ 434 Abs. 1 S. 1 BGB) • keine Eignung für die vertraglich vorausgesetzte Verwendung (§ 434 Abs. 1 S. 2 Nr. 1 BGB) • keine Eignung für die gewöhnliche Verwendung und Nichtvorliegen üblicher bzw. in der Werbung angepriesener Beschaffenheit (§ 434 Abs. 1 S. 2 Nr. 2, Abs. 1 S. 3 BGB) • nicht sachgemäß durchgeführter vereinbarter Montage durch den Verkäufer (§ 434 Abs. 2 S. 1 BGB) • Mangelhaftigkeit der Montageanleitung (§ 434 Abs. 2 S. 2 BGB)

	• Lieferung einer anderen Sache oder einer zu geringen Menge (§ 434 Abs. 3 BGB)
	Rechtsmängel: Rechte Dritter bezüglich der gekauften Sache (§ 435 BGB)

Gewährleistung
§ 437 BGB
	Voraussetzung:
	Mangelhaftigkeit der Sache
	
	Rechtsfolgen:
	• **Nacherfüllung** (§ 437 Nr. 1 BGB): Nachbesserung oder Nachlieferung
	• **Rücktritt** (§ 437 Nr. 2 Alt. 1 BGB): grds. Fristsetzung erforderlich
	• **Minderung** (§ 437 Nr. 2 Alt. 2 BGB): Herabsetzung des Kaufpreises, grds. Fristsetzung erforderlich; Formel für den geminderten Kaufpreis (M):
	
	$$M = \frac{\text{Wert mit Mangel} \times \text{Kaufpreis}}{\text{Wert ohne Mangel}}$$
	
	• **Schadenersatz** (§ 437 Nr. 3 Alt. 1 BGB): grds. Fristsetzung erforderlich
	• **Aufwendungsersatz** (§ 437 Nr. 3 Alt. 2 BGB): grds. Fristsetzung erforderlich
	
	Ausschluss von Gewährleistungsrechten (§ 442 BGB) bei:
	• Kenntnis vom Mangel oder
	• grob fahrlässiger Unkenntnis, es sei denn der Verkäufer hat den Mangel arglistig verschwiegen oder eine Beschaffenheitsgarantie übernommen
	
	Fristen für die Geltendmachung von Gewährleistungsrechten:
	(1) Nacherfüllung, Schadens- und Aufwendungsersatz:
	  • grds. 2 Jahre (§ 438 Abs. 1 Nr. 3 BGB), **außer**
	  • 3 Jahre (bei Bauwerken und für solche verwendeten Sachen mind. 5 Jahre) bei arglistigem Verschweigen des Mangels (§ 438 Abs. 3 i.V.m. § 195 BGB)
	  • 30 Jahre bei Mangel in einem dinglichen Recht, auf Grund dessen Herausgabe der Kaufsache verlangt werden kann, oder bei Mangel in einem sonstigen, im Grundbuch eingetragenen Recht (§ 438 Abs. 1 Nr. 1 BGB)
	  • 5 Jahre bei einem Bauwerk oder bei einer für ein Bauwerk verwendeten Sache, die dessen Mangelhaftigkeit verursacht hat (§ 438 Abs. 1 Nr. 2 BGB)
	(2) Rücktritt und Minderung:
	  • Geltendmachung gem. § 218 i.V.m. § 438 Abs. 4, 5 BGB vor Verjährung des Nacherfüllungsanspruchs

	Fristbeginn: ● grds. mit Ablieferung der Sache (§ 438 Abs. 2 BGB) ● bei Grundstücken mit der Übergabe (438 Abs. 2 BGB) ● bei Arglist mit Schluss des Jahres, in dem der Anspruch entstanden ist, und der Gläubiger von den den Anspruch begründenden Umständen und der Person des Schuldners Kenntnis erlangt oder ohne grobe Fahrlässigkeit hätte erlangen müssen (§ 199 Abs. 1 BGB)
Sonderformen des Kaufs	*Handelskauf:* §§ 373–382 HGB, s. u. *Verbrauchsgüterkauf* (§§ 474 ff. BGB): Kaufvertrag zwischen Verbraucher und Unternehmer über den Kauf einer beweglichen Sache: (1) Keine Abweichung von den §§ 433–435, 437, 439 bis 443 BGB zum Nachteil des Verbrauchers zulässig (§ 475 Abs. 1 BGB). (2) Beim Kauf neu hergestellter Sachen ist die Verkürzung der Verjährung unzulässig; bei gebrauchten Sachen nur Verkürzung auf 1 Jahr zulässig (§ 475 Abs. 2 BGB). (3) Beweislastumkehr während der ersten 6 Monate für das Vorliegen des Mangels bei Gefahrübergang (§ 476 BGB). (4) Rückgriffsrecht des Verkäufers gegen seinen Lieferanten (§§ 478, 479 BGB). *Kauf unter Eigentumsvorbehalt* (§ 449 BGB): Unbedingt abgeschlossener Kaufvertrag mit aufschiebend bedingter Übereignung. Vorbehaltskäufer erwirbt ein „Anwartschaftsrecht" und kann die Sache nur herausverlangen, wenn er vom Vertrag zurückgetreten ist. *Kauf unter verlängertem Eigentumsvorbehalt:* Eigentumsvorbehaltsverkäufer lässt sich im voraus die Forderungen des Eigentumsvorbehaltskäufers gegen dessen Kunden abtreten. *Teilzahlungsgeschäfte* (§§ 499, 501–504 BGB): Verträge, die die Lieferung einer bestimmten Sache oder die Erbringung einer bestimmten anderen Leistung gegen Teilzahlungen zum Gegenstand haben (früher Abzahlungskauf genannt). Es gelten besondere verbraucherschützende Vorschriften: (1) Schriftformerfordernis (§§ 501, 492 Abs. 1 BGB), (2) darin enthaltene Angaben: Barzahlungspreis; Teilzahlungspreis, Betrag, Zahl und Fälligkeit der einzelnen Teilzahlungen; effektiver Jahreszins; Kosten einer Versicherung; Vereinbarung eines Eigentumsvorbehalts u. a. (§ 502 BGB)

	(3) Widerrufsrecht des Käufers grds. binnen 2 Wochen (§§ 501, 495 Abs. 1, 355 BGB), (4) alternativ dazu: Rückgaberecht grds. binnen 2 Wochen (§§ 503, 356 BGB)
	Verbundene Geschäfte (§ 358 BGB): Kaufvertrag bildet mit einem Verbraucherdarlehensvertrag (§§ 491, 488 BGB) eine wirtschaftliche Einheit, wobei letzterer der Finanzierung des Kaufvertrags dient. (1) Hat der Verbraucher (§ 13 BGB) die auf den Abschluss des Kaufvertrages gerichtete Willenserklärung wirksam widerrufen, ist er auch an seine auf Abschluss eines mit diesem Vertrag verbundenen Verbraucherdarlehensvertrags gerichtete Willenserklärung nicht mehr gebunden, und umgekehrt (§ 358 Abs. 1, 2 BGB). (2) Der Verbraucher kann gem. § 359 BGB die Rückzahlung des Darlehens verweigern, soweit Einwendungen aus dem verbundenen Vertrag ihn gegenüber dem Unternehmer, mit dem er den verbundenen Vertrag geschlossen hat, zur Verweigerung seiner Leistung berechtigen würden („Einwendungsdurchgriff").
	Kauf auf Probe (§§ 454, 455 BGB): Kauf unter der aufschiebenden Bedingung, dass der Käufer den gekauften Gegenstand billigt (akzeptiert)
	Vorkauf (§§ 463 ff. BGB) *Wesen:* „doppelt bedingter Kauf": Kauf kommt zustande, wenn der Vorkaufsverpflichtete an einen Dritten verkauft (1. Bedingung) und Vorkaufsberechtigter sein Vorkaufsrecht ausübt (2. Bedingung). Dingliche Sicherung im Grundbuch möglich nach §§ 1094 ff. BGB (Wirkung gegenüber jedermann!).
	Wiederkauf (§§ 456 ff. BGB): Vereinbarung eines Rückkaufrechts
Tausch **§ 480 BGB**	*Wesen:* Austausch von Ware gegen Ware *rechtliche Behandlung:* analoge Anwendung des Kaufrechts
Schenkung **§§ 516 ff. BGB**	*Wesen:* unentgeltliche Veräußerung von Gegenständen (einseitig verpflichtender Schuldvertrag) *Form:* notarielle Beurkundung des Schenkungs*versprechens* (§ 518 Abs. 1 BGB); Heilung des Formmangels nach § 518 Abs. 2 BGB Rückforderungs- bzw. Widerrufsrecht des Schenkers bei: (1) Verarmung des Schenkers (§ 528 BGB) (2) grobem Undank des Beschenkten (§ 530 BGB)

Gebrauchsüber- **lassungsverträge**	Miete, Pacht, Leihe, Geld- bzw. Sachdarlehen
Miete **§§ 535 ff. BGB**	Kurzformel: Entgeltliche Gebrauchsüberlassung *Pflichten des Vermieters:* (1) Gebrauchsüberlassungspflicht (§ 535 Abs. 1 S. 1 BGB) (2) Gebrauchserhaltungs- und Instandsetzungspflicht (§ 535 Abs. 1 S. 2 BGB) (3) Pflicht zum Ersatz von bestimmten Aufwendungen nach den Grundsätzen der Geschäftsführung ohne Auftrag (§ 539 BGB) *Pflichten des Mieters:* (1) Zahlung des Mietzinses (§ 535 Abs. 2 BGB) (2) Anzeige- und Sorgfaltspflichten (§ 536 c BGB) (3) Rückgabe der Mietsache (§ 546 Abs. 1 BGB) (4) Verbot der Gebrauchsüberlassung an Dritte (§§ 540, 553 BGB) *Gewährleistung bei mangelhafter Mietsache:* Bei Sach- und Rechtsmängeln hat der Mieter die Rechte aus §§ 536, 536 a BGB *Voraussetzungen:* • Mangel (subj. Fehlerbegriff: Abweichung von der vereinbarten Beschaffenheit und dadurch Aufhebung oder Minderung der Tauglichkeit zum vertragsgemäßen Gebrauch) liegt bereits bei Vertragsabschluss vor oder entsteht während der Mietzeit (§ 536 Abs. 1 BGB); • zugesicherte Eigenschaft fehlt oder fällt später weg (§ 536 Abs. 2 BGB); • dem Mieter wird der vertragsgemäße Gebrauch der Mietsache durch das Recht eines Dritten ganz oder teilweise entzogen *Rechtsfolgen:* (1) Minderung bzw. Wegfall des Mietzinses (§ 536 Abs. 1 BGB) (2) Schadenersatz (§ 536 a Abs. 1 BGB), wenn • Mangel bei Vertragsschluss bereits vorhanden, oder • Mangel später entsteht und vom Vermieter verschuldet wurde, oder • Vermieter mit der Beseitigung eines Mangels in Verzug kommt (3) Selbstbeseitigung des Mangels und Aufwendungsersatz (§ 536 a Abs. 2 BGB), bei

	• Verzug des Vermieter bzgl. der Beseitigung des Mangels, oder • Notwendigkeit der umgehenden Beseitigung des Mangels *Ausschluss von Gewährleistungsrechten* (§ 536 b BGB) bei: • Kenntnis vom Mangel oder • grob fahrlässiger Unkenntnis, wenn der Vermieter den Mangel nicht arglistig verschwiegen hat • Annahme einer mangelhaften Sache in Kenntnis der Mangelhaftigkeit und Versäumnis, sich die Gewährleistungsrechte vorzubehalten *Beendigung des Mietverhältnisses (durch Mieter oder Vermieter):* (1) vertraglich festgelegter Endtermin (§ 542 Abs. 2 BGB) (2) ordentliche Kündigung (§§ 542 Abs. 1 , 573, 573 c, 574–574 c BGB) (3) außerordentliche Kündigung: • mit gesetzlicher Frist (§§ 540, 544, 561, 563 Abs. 4, 563 a Abs. 2, 564, 573 d, 575 a) • fristlos (§§ 543, 569 BGB)
Pacht §§ 581 ff. BGB	Kurzformel: Entgeltliche Überlassung von Sachen und Rechten mit dem Recht zur Fruchtziehung
	Rechtslage: Weitgehend entsprechende Anwendung des Mietrechts (§ 581 Abs. 2 BGB), Sonderregeln für die Landpacht (§§ 585 ff. BGB)
Leihe §§ 598 ff. BGB	Kurzformel: Unentgeltliche Gebrauchsüberlassung von Sachen
Darlehen §§ 488 ff. und §§ 607 ff. BGB	Kurzformel: Entgeltliche oder unentgeltliche Überlassung von (1) beim *Gelddarlehen*: Geld gegen Rückerstattung (Überlassung von Kapital mit zeitlich begrenzter Nutzung) (2) beim *Sachdarlehen*: vereinbarten vertretbaren Sachen gegen Rückerstattung
Tätigkeit für andere	Dienstvertrag, Werkvertrag, Reisevertrag, Maklervertrag, Auftrag, Verwahrung
Dienstvertrag §§ 611 ff. BGB	Kurzformel: Leistung von Diensten gegen Entgelt (Tätigkeitszeit wird geschuldet); Grundlage des Arbeitsrechts (s.u.)
Werkvertrag §§ 631 ff. BGB	Kurzformel: Herstellung eines versprochenen Werkes (Tätigkeitserfolg wird geschuldet)

Abnahme beim Werkvertrag (§ 640 BGB):
Begriff: Reale Entgegennahme mit Billigung des Werkes als vertragsgemäß
Konsequenzen:
(1) Vergütungsanspruch wird fällig (§ 641 BGB)
(2) Gewährleistungsfristen laufen (vgl. § 634 a Abs. 2 BGB)
(3) Übergang der Preisgefahr vom Unternehmer auf den Besteller (§ 644 Abs. 1 S. 1 BGB)
(4) Anspruch des Unternehmers auf Verzinsung des Werklohns (§ 641 Abs. 4 BGB)

Rechte des Unternehmers:
(1) Zahlungsanspruch (§ 631 Abs. 1 BGB)
(2) Anspruch auf Abschlagszahlungen (§ 632 a BGB)
(3) Anspruch auf Abnahme (§ 640 Abs. 1 BGB); bei Weigerung des Bestellers kann der Unternehmer eine Frist setzen mit der Folge des Eintritts einer Abnahmefiktion (§ 640 Abs. 2 BGB) oder sich von einem Gutachter eine Fertigstellungsbescheinigung erteilen lassen (§ 641 a BGB)
(4) Unternehmerpfandrecht (§ 647 BGB)
(5) Anspruch auf Entschädigungszahlung, wenn Besteller mit einer Mitwirkungspflicht in Verzug gerät (§ 642 Abs. 1 BGB)
(6) Kündigungsrecht nach Fristsetzung, wenn Besteller seiner Mitwirkungspflicht nicht nachkommt (§ 643 BGB)
(7) Anspruch auf Teilvergütung oder Ersatz der Auslagen (§ 645 BGB), wenn
(a) Werk vor Abnahme wegen vom Besteller gelieferten mangelhaften Stoffes oder vom Besteller erteilten Ausführungsanweisung ohne Verschulden des Unternehmers untergegangen, verschlechtert oder unausführbar wurde, oder
(b) Vertrag wegen unterlassener Mitwirkung aufgehoben wurde
(8) Anspruch auf Einräumung einer Sicherungshypothek (§ 648 BGB)
(9) Anspruch auf Sicherheitsleistung (§ 648 a BGB)

Rechte des Bestellers:
(1) Anspruch auf Herstellung eines sach- und rechtsmängelfreien Werkes (§§ 631 Abs. 1, 633 Abs. 1 BGB)
(2) Gewährleistungsansprüche (§ 634 BGB)
(3) Verweigerung der Abnahme bei wesentlichen Mängeln (§ 640 Abs. 1 BGB)
(4) Verweigerung eines angemessenen Teils der Vergütung bei Mängeln nach Abnahme (§ 641 Abs. 3 BGB)

Vorliegen von Mängeln	*Sachmängel sind gegeben bei:* • Nichtvorliegen der vereinbarten Beschaffenheit (§ 633 Abs. 2 S. 1 BGB) • keine Eignung für die vertraglich vorausgesetzte Verwendung (§ 633 Abs. 2 S. 2 Nr. 1 BGB) • keine Eignung für die gewöhnliche Verwendung und Fehlen üblicher Beschaffenheit (§ 633 Abs. 2 S. 2 Nr. 2 BGB) • Herstellung eines anderen als des bestellten Werkes oder einer zu geringen Menge (§ 633 Abs. 2 S. 3 BGB) *Rechtsmängel:* Rechte Dritter in Bezug auf das hergestellte Werk
Gewährleistung, § 634 BGB	*Voraussetzung:* Mangelhaftigkeit des Werkes *Rechtsfolgen:* • **Nacherfüllung** (§ 634 Nr. 1 BGB): Nachbesserung oder Nachlieferung • **Selbstbeseitigung des Mangels und Aufwendungsersatz** (§ 634 Nr. 2 BGB) • **Rücktritt** (§ 634 Nr. 3 Alt. 1 BGB): grds. Fristsetzung erforderlich • **Minderung** (§ 634 Nr. 3 Alt. 2 BGB): Herabsetzung des Kaufpreises, grds. Fristsetzung erforderlich; Formel für den geminderten Kaufpreis (M): $$M = \frac{\text{Wert mit Mangel} \times \text{Vergütung}}{\text{Wert ohne Mangel}}$$ • **Schadenersatz** (§ 634 Nr. 4 Alt. 1 BGB): grds. Fristsetzung erforderlich • **Aufwendungsersatz** (§ 634 Nr. 4 Alt. 2 BGB): grds. Fristsetzung erforderlich
	Ausschluss von Gewährleistungsrechten (§ 640 Abs. 2 BGB) bei: • Abnahme trotz Kenntnis vom Mangel und Versäumnis, sich die Gewährleistungsrechte vorzubehalten (gilt nicht bei Schaden- und Aufwendungsersatz nach § 634 Nr. 4 BGB)
	Fristen für die Geltendmachung von Gewährleistungsrechten: (1) Nacherfüllung, Aufwendungsersatz bei Selbstvornahme, Schadens- und Aufwendungsersatz: • grds. regelmäßige Verjährungsfrist von 3 Jahren (§§ 634 a Abs. 1 Nr. 3, 195 BGB), **außer** • 5 Jahre bei einem (Bau-)Werk, dessen Erfolg in der Erbringung von Planungs- oder Überwachungsleistungen hierfür besteht (§ 634 a Abs. 1 Nr. 2 BGB); Ausnahme: bei Arglist regelmäßige Verjährungsfrist (§§ 634 a Abs. 3, 195 BGB)

	• 2 Jahre bei einem herzustellenden, zu wartenden oder zu verändernden Werk bzw. bei dessen Planung oder Überwachung (§ 634 a Abs. 1 Nr. 1 BGB); Ausnahme: bei Arglist: regelmäßige Verjährungsfrist (§§ 634 a Abs. 3, 195 BGB) (2) Rücktritt und Minderung: • Geltendmachung gem. § 218 i.V.m. § 634 a Abs. 4, 5 BGB vor Verjährung des Nacherfüllungsanspruchs *Fristbeginn*, richtet sich nach: • Abnahme des Werkes (§ 634 a Abs. 2 BGB) bei Ansprüchen, die **nicht** der regelmäßigen Verjährung unterliegen • § 199 Abs. 1 BGB bei Ansprüchen, die der regelmäßigen Verjährung unterliegen; *Besonderheit*: im Falle von Arglist bei der Planung und Überwachung von (Bau-) Werken kein Verjährungseintritt vor Ablauf von 5 Jahren (§ 634 a Abs. 3 S. 2 BGB)
„Werklieferungsvertrag" § 651 BGB	*Wesen:* Vertrag mit Elementen aus Werkvertrag und Kaufvertrag: • **ausschließlich Kaufrecht** findet Anwendung bei Verträgen über die Lieferung herzustellender oder zu erzeugender beweglicher *vertretbarer* Sachen (§ 651 S. 1 BGB) • neben Kaufrecht sind auch **bestimmte Werkvertragsvorschriften** anwendbar bei Verträgen über die Lieferung herzustellender oder zu erzeugender beweglicher *nicht vertretbarer* Sachen (§ 651 S. 3 BGB)
Reisevertrag §§ 651 a ff. BGB	Kurzformel: Erbringung einer Gesamtheit von Reiseleistungen durch einen Reiseveranstalter
Auftrag §§ 662 ff. BGB	Kurzformel: Unentgeltliches Tätigwerden für einen anderen
	Pflicht des Beauftragten: • Besorgung des ihm übertragenen Geschäftes (§ 662 BGB) • Herausgabe des Erlangten (§ 667 BGB) • Auskunft und Rechenschaft (§ 666 BGB) *Pflicht des Auftraggebers:* • Aufwendungsersatz (§ 670 BGB), erforderlichenfalls Vorschusspflicht
Geschäftsbesorgungsvertrag, §§ 675 ff. BGB	Kurzformel: Dienst- oder Werkvertrag mit Geschäftsbesorgungscharakter
	Sonderfälle: Überweisungsvertrag, Zahlungsvertrag, Girovertrag (§§ 676 a ff. BGB)

Verwahrung **§§ 688 ff. BGB**	*Begriff:* Vertrag, durch den sich der „Verwahrer" verpflichtet, eine ihm vom „Hinterleger" übergebene bewegliche Sache aufzubewahren *Arten:* (a) entgeltliche Verwahrung (b) unentgeltliche Verwahrung (Haftungsbeschränkung gem. § 690 BGB) (c) unregelmäßige Verwahrung (§ 700 BGB) *Kennzeichen:* Verwahrer wird Eigentümer der hinterlegten Gegenstände mit der Verpflichtung, Sachen gleicher Art, Güte und Menge zurückzugeben.
Verträge über die **Klärung,** **Bestärkung oder** **Sicherung einer** **Schuld**	Vergleich, Schuldversprechen, Schuldanerkenntnis, Bürgschaft
Vergleich **§ 779 BGB**	Kurzformel: Vertragliche Beilegung von Ungewissheit oder Streit im Wege gegenseitigen Nachgebens
	Rechtsfolge: kein erneutes Aufgreifen bisher strittiger Punkte; Auslegung entscheidet darüber, ob (a) neben Vergleich das alte Rechtsverhältnis bestehen bleibt oder (b) Schuldersetzung (Novation) gewollt ist Bei Irrtum über die Vergleichsgrundlage: Nichtigkeit nach § 779 BGB
Schuldanerkenntnis, **Schuldversprechen** **§§ 780, 781 BGB**	*Deklaratorisches Schuldanerkenntnis:* Bestätigung einer bestehenden Verpflichtung Einwendungen aus der bisherigen Verpflichtung können weiterhin erhoben werden
	Konstitutives Schuldanerkenntnis bzw. -versprechen: Schuldner anerkennt (bzw. verpflichtet sich zu) eine(r) Leistung *unabhängig* von einer bestehenden Verpflichtung. Hierzu nach § 780 BGB Schriftform erforderlich (nicht unter Kaufleuten, § 350 HGB) => Konsequenz: Verpflichtung wird abstrakt begründet, also keine Einwendungen aus dem Kausalverhältnis möglich, aber u.U. Bereicherungseinrede nach § 821 BGB
Bürgschaft **§§ 765 ff. BGB**	Kurzformel: Haftung gegenüber dem Gläubiger eines Dritten („Hauptschuldner")
	Erscheinungsformen: Kulanzbürgschaft, Bankbürgschaft, Exportbürgschaft, Höchstbetragsbürgschaft, Ausfallbürgschaft

Sonderform: Kreditauftrag (§ 778 BGB)
Form: Schriftform des Bürgschaftsversprechens nach § 766 BGB (nicht bei Kaufleuten, § 350 HGB)

Einreden des Bürgen:
(1) Bürge hat sämtliche Einreden des Hauptschuldners (§ 768 BGB)
(2) Einrede der Vorausklage (§ 771 BGB)
Einrede der Vorausklage entfällt:
  (a) bei selbstschuldnerischer Bürgschaft (§ 773 BGB)
  (b) wenn Rechtsverfolgung gegen Hauptschuldner wenig aussichtsreich ist (§ 773 BGB)
  (c) generell im Handelsrecht für Kaufleute als Bürgen (§ 349 HGB)
(3) Einreden bei Anfechtungs- bzw. Aufrechnungslagen (§ 770 BGB)

Fragen

Frage 278:
Welche Funktionen haben die im „besonderen Teil" des Schuldrechts ab §§ 433 ff. BGB enthaltenen Vorschriften über die vertraglichen Schuldverhältnisse?
Antwort: Es handelt sich weitgehend um dispositives Recht, das nur eingreift, wenn die Parteien entweder nichts oder nicht alles im Detail geregelt haben. Darüber hinaus haben es die Vertragspartner über die im Schuldrecht geltende „Typenfreiheit" in der Hand, andere Verträge abzuschließen. Die §§ 433 ff. BGB haben also weitgehend „Lückenbüßerfunktion". Dieser Grundsatz wird jedoch für den Rechtsverkehr zwischen Unternehmer und Verbraucher zunehmend dadurch eingeschränkt, dass verbraucherschützende Vorschriften unabdingbare Mindeststandards setzen – das zeigt sich insbesondere am Beispiel des in den §§ 474 ff. BGB geregelten Verbrauchsgüterkaufs.

Frage 279:
Was kann Gegenstand eines Kaufvertrags sein?
Antwort: Sachen (bewegliche Sachen und Grundstücke), Forderungen (so z.B. beim „Factoring"), Rechte (z.B. Veräußerung eines Patents), Sachgesamtheiten (Unternehmen, Arztpraxen, Erbschaft) und sonstige Gegenstände des wirtschaftlichen Tauschverkehrs (z.B. Strom und Wärme, Herstellungsverfahren, Know-how, EDV-Programme).

Frage 280:
Welche Hauptpflichten übernehmen Käufer und Verkäufer mit dem Abschluss des Kaufvertrags?

Antwort: Die Hauptpflichten der Kaufvertragsparteien sind in § 433 BGB geregelt: Der Verkäufer muss dem Käufer die Sache frei von Sach- und Rechtsmängel übergeben und ihm das Eigentum daran verschaffen. Der Käufer ist verpflichtet, den Kaufpreis zu bezahlen und die Sache abzunehmen (wobei letzteres nur ausnahmsweise Hauptpflicht ist).

Frage 281:
Wie erfüllt der Verkäufer beim Unternehmensverkauf seine Verpflichtung nach § 433 Abs. 1 BGB?

Antwort: Zunächst ist noch einmal klarzustellen, dass die schuldrechtliche Verpflichtung zur Veräußerung einer Sachgesamtheit in einem Kaufvertrag global erfolgen kann; im Schuldrecht gilt also nicht das im Sachenrecht vorherrschende „Spezialitätsprinzip". Dagegen muss die Erfüllung dieser Verpflichtung in der jeweiligen Form geschehen, welche die Rechtsordnung hierfür vorsieht: Bewegliche Sachen werden übertragen durch Einigung und Übergabe (ggf. Übergabesurrogate), Grundstücke durch Auflassung und Eintragung im Grundbuch, Forderungen und Rechte werden abgetreten.

Frage 282:
Was versteht man bei Austauschverträgen unter der „Gefahrtragung"?
Antwort: Die Frage, wer das Risiko des zufälligen Untergangs trägt. Die Frage stellt sich aus zwei Blickwinkeln: Muss z.B. der Verkäufer noch leisten („Leistungsgefahr", wegen § 275 BGB in der Regel nicht); muss der Käufer bezahlen, auch wenn er die Leistung nicht erhält („Preisgefahr" = Gegenleistungsgefahr, § 326 BGB wird bei Umsatzverträgen modifiziert: z.B. im Kaufrecht durch §§ 446, 447 BGB).

Frage 282 a:
Ab wann trägt der Käufer die Preisgefahr?
Antwort: Die Gefahr des zufälligen Untergangs geht mit der Übergabe der verkauften Sache auf den Käufer über (§ 446 S. 1 BGB).

Frage 282 b:
Wie wirkt sich der zufällige Untergang einer Sache auf die Gefahrtragung aus, wenn der Käufer im Verzug der Annahme ist?
Antwort: Nach § 446 S. 3 BGB steht es der Übergabe gleich, wenn der Käufer im Verzug der Annahme ist. Das bedeutet: Der Käufer trägt die Preisgefahr, wenn er in Gläubigerverzug kommt.

Frage 282 c:
Wie verhalten sich Satz 3 von § 446 und die 2. Alt. von § 326 Abs. 2 S. 1. BGB zueinander?
Antwort: Auch nach § 326 Abs. 2 S. 1 2. Alt. BGB geht die Gegenleistungsgefahr auf den Käufer über, so dass § 446 S. 3 BGB für das Kaufrecht die

sich schon nach allgemeinem Schuldrecht ergebende Rechtsfolge wiederholt. Eigenständige Bedeutung hat § 446 S. 3 BGB in so fern, als dann auch Nutzungen und Lasten der verkauften Sache übergehen. Außerdem ist zu beachten, dass § 434 BGB für das Vorliegen von Sachmängeln in zeitlicher Hinsicht auf den Gefahrübergang abstellt.

Frage 282 d:
Wie sind §§ 275, 326 Abs. 1, 326 Abs. 2, 446 S. 3, 447 BGB klausurtechnisch einzuordnen?
Antwort: § 275 BGB betrifft die Leistungsgefahr, ist also eine Einwendung des Verkäufers gegen den Anspruch des Käufers aus § 433 Abs. 1 S. 1 BGB. § 326 Abs. 1 betrifft die Preisgefahr, ist also eine Einwendung des Käufers gegen den Kaufpreisanspruch des Verkäufers aus § 433 Abs. 2 BGB. §§ 326 Abs. 2 bzw. 446 S. 3 BGB betreffen ebenfalls die Preisgefahr und sind (als Ausnahme von der Ausnahme) jeweils eine Replik des Verkäufers gegen die Einwendung des Käufers zur Abwehr des Kaufpreisanspruches nach § 433 Abs. 2 BGB. Auch § 447 BGB betrifft die Preisgefahr und ist (wiederum als Ausnahme von der Ausnahme) eine Replik des Verkäufers, wenn sich der Käufer aus oben genannten Gründen gegen den Zahlungsanspruch wehrt.

Frage 283:
Wann liegt ein Sachmangel vor?
Antwort: Seit der Schuldrechtsreform 2002 ist der Sachmangel-Begriff ausdrücklich in § 434 BGB geregelt:
(1) Maßgeblich für das Vorliegen eines Mangels ist primär, ob die Sache die vereinbarte Beschaffenheit aufweist.
(2) Wenn die Kaufvertragsparteien keine Vereinbarung über die Beschaffenheit getroffen haben, kommt es auf die Eignung für die nach dem Vertrag vorausgesetzte Verwendung an.
(3) Gibt es auch keine vertraglich vorausgesetzte Verwendung, ist die Eignung zur gewöhnlichen Verwendung und die Beschaffenheit, die bei Sachen gleicher Art üblich ist, maßgeblich.
(4) Bei der Bestimmung der üblichen Beschaffenheit gleichartiger Sachen sind insbesondere Werbeäußerungen des Herstellers zu berücksichtigen.
(5) Gem. § 434 Abs. 2 BGB werden auch die fehlerhafte Montage durch den Verkäufer und eine mangelhafte Montageanleitung („IKEA-Klausel") als Sachmangel behandelt.
(6) Das gilt gem. § 434 Abs. 3 BGB auch für die Lieferung einer anderen als der geschuldeten Sache sowie einer zu geringen Menge.

Frage 284:
Was versteht das Gesetz unter einem Rechtsmangel? Nennen Sie Beispiele!
Antwort: Der Begriff des Rechtsmangels ist in § 435 BGB geregelt: Danach liegt ein Rechtsmangel vor, wenn ein Dritter in Bezug auf die verkaufte Sa-

che Rechte gegen den Käufer geltend machen kann, die der Käufer nicht im Kaufvertrag übernommen hat. Solche Rechte können absolute (z.b. dingliches Vorkaufsrecht, Unterlassungsanspruch aus dem Persönlichkeitsrecht), obligatorische (z.b. bestehendes Mietverhältnis) oder Öffentliche Rechte (z.b. Sozialbindung einer Wohnung) sein.

Frage 285:
In welchem Zeitpunkt muss der verkaufte Gegenstand frei von Rechts- und Sachmängeln sein?
Antwort: Für den Bereich der Sachmängel ist diese Frage ausdrücklich geregelt: Maßgeblich ist gem. § 434 Abs. 1 S. 1 BGB der Zeitpunkt des Gefahrübergangs, somit im Normalfall der Zeitpunkt der Übergabe der Sache an den Käufer. Die hier gemeinte Gegenleistungsgefahr geht im Normalfall mit der Übergabe der Sache auf den Käufer über; eine Ausnahme von dieser Grundregel stellt der Versendungskauf dar (§ 447 BGB). Beim Rechtsmangel ist der maßgebliche Zeitpunkt nicht ausdrücklich in § 435 BGB geregelt. Entscheidend ist der Zeitpunkt des Erwerbs des verkauften Gegenstandes; bei beweglichen Sachen ist dies der Eigentumsübergang nach §§ 929 ff. BGB, bei Grundstücken die Vollendung des Eigentumserwerbs infolge Auflassung und Eintragung (§§ 873, 925 BGB).

Frage 286:
Gelten die Vorschriften über die Sachmängelhaftung nur für den Kauf einer Sache?
Antwort: Auch wenn das Gesetz in den §§ 434 ff. BGB jeweils nur von der verkauften „Sache" spricht, beschränkt sich ihr Anwendungsbereich nicht auf den Sachkauf: Nach § 453 Abs. 1 BGB finden die Vorschriften über den Kauf von Sachen auf den Kauf von Rechten und sonstigen Gegenständen entsprechende Anwendung.

Frage 287:
Welche Rechte stehen dem Käufer bei Vorliegen von Mängeln zu? Stehen diese Rechte gleichrangig nebeneinander oder ergibt sich aus dem Gesetz der Vorrang eines dieser Rechte?
Antwort: Die Mängelrechte des Käufers sind in § 437 BGB aufgezählt: Er kann Nacherfüllung verlangen, vom Vertrag zurücktreten oder den Kaufpreis mindern sowie Schadenersatz verlangen, wenn die jeweiligen Voraussetzungen vorliegen. Dass das Gesetz die Nacherfüllung als das vorrangige Mängelrecht des Käufers ansieht, ergibt sich zwar nicht ausdrücklich aus dem Gesetzeswortlaut, aber aus den Voraussetzungen der jeweiligen Rechte: Während für den Nacherfüllungsanspruch das Vorliegen eines Mangels ausreicht, setzen Rücktritt, Minderung und Schadenersatz in der Regel das erfolglose Setzen einer Frist oder das Fehlschlagen der Nacherfüllung voraus.

Frage 288:
Unter welchen Voraussetzungen kann der Käufer Schadenersatz verlangen?

Antwort: § 437 Nr. 3 BGB verweist hinsichtlich des Schadenersatzanspruchs auf die Vorschriften des allgemeinen Schuldrechts, insbesondere auf die §§ 280, 281 und 283 BGB. Daraus folgt zunächst, dass der Anspruch auf Schadenersatz auch im Rahmen der Mängelhaftung Verschulden voraussetzt, wie sich aus § 280 Abs. 1 S. 2 BGB ergibt. Im Übrigen muss auch für die Voraussetzungen zwischen den verschiedenen Arten des Schadenersatzes unterschieden werden:

(a) § 437 Nr. 3 BGB verweist auf § 280 Abs. 1 BGB und damit auf den sog. „einfachen" Schadenersatz. Der einfache Schadenersatz umfasst nur diejenigen Schäden, die nicht die Mangelhaftigkeit der Sache selbst betreffen, sondern an anderen Rechtsgütern des Käufers entstehen (sog. Mangelfolgeschäden). Die Beschränkung des Schadenersatzanspruchs aus § 280 Abs. 1 BGB auf den Mangelfolgeschaden ergibt sich daraus, dass § 437 Nr. 3 BGB auch auf die §§ 281, 283 BGB verweist und deren besondere Voraussetzungen für den Schadenersatz statt der Leistung umgangen würden, wenn nach § 280 Abs. 1 BGB (ohne Fristsetzung) auch der Mangelschaden verlangt werden könnte.

(b) § 437 Nr. 3 BGB verweist zudem auf §§ 280 Abs. 3 und 281 BGB und ermöglicht damit den Schadenersatz statt der Leistung. Dieser Begriff ist mit der Schuldrechtsreform 2002 an die Stelle des „Schadenersatzes wegen Nichterfüllung" getreten und führt zum Ersatz des eigentlichen Mangelschadens. Schadenersatz statt der Leistung kann der Käufer grundsätzlich erst verlangen, wenn er dem Verkäufer erfolglos eine Frist zur Nacherfüllung gesetzt hat. Entbehrlich ist die Fristsetzung in den Fällen der §§ 281 Abs. 2, 283 und 440 BGB.

Frage 289:
Warum wird in § 437 Nr. 3 BGB für den Schadenersatz auf vier verschiedene Vorschriften, nämlich § 280, 281, 283 und § 311 a BGB verwiesen?
Antwort: Die Verweisung richtet sich nach der Art des Mangels und des Schadenersatzes. § 311 a BGB ist einschlägig, wenn es sich um Mangelschäden mit anfänglich unbehebbaren Mängeln handelt, d.h. eine Nacherfüllung von vornherein unmöglich ist (Bsp.: Verkauf eines Neuwagens, geliefert wird ein Unfallwagen). § 283 BGB (i.V.m. § 280 Abs. 1, 3 BGB) findet Anwendung, wenn es sich um Mangelschäden mit nachträglich unbehebbaren Mängeln handelt, d.h. eine Nacherfüllung später unmöglich wird (Bsp.: Verkauf eines Neuwagens mit Bremsschaden; bei der Reparatur durch den Händler erfolgt ein Kurzschluss, bei dem der Wagen zerstört wird). § 281 BGB (i.V.m. § 280 Abs. 1, 3 BGB) ist einschlägig, wenn Schadenersatz statt der Leistung gefordert wird und der Mangel darin besteht, dass sich entweder die Leistungserbringung verzögert hat (Bsp.: bei einer Sitzgarnitur wurde ein Sessel nicht mitgeliefert), oder dass infolge

einer Schlechtleistung durch den Verkäufer ein behebbarer Mangel gegeben ist, bei dem vom Verkäufer nach Fristsetzung keine Nacherfüllung vorgenommen wird (Bsp.: Lieferung eines defekten Rasenmähers, den der Verkäufer nicht repariert, so dass der Kunde ihn entweder selbst reparieren lässt und die Reparaturkosten ersetzt verlangt, oder in einem anderen Geschäft einen teureren kauft). § 280 BGB alleine ist anzuwenden, wenn der Käufer (einfachen) Schadenersatz geltend macht, weil ein Mangelfolgeschaden eingetreten ist (Bsp.: Verkauf eines kranken Huhns, das den gesamten Bestand des Käufers ansteckt).

Frage 290:
Was ist Kennzeichen der Nacherfüllung?
Antwort:
(a) Bei der Nacherfüllung des Kaufrechts kann der *Käufer* nach seiner Wahl Beseitigung des Mangels oder die Lieferung einer mangelfreien Sache verlangen (§ 439 BGB).
(b) Bei der Nacherfüllung des Werkvertragsrechts kann der *Unternehmer* nach seiner Wahl den Mangel beseitigen oder ein neues Werk herstellen (§ 635 BGB).

Frage 291:
Warum sieht das Gesetz vor der Geltendmachung von Rücktritt und Schadenersatz eine Fristsetzung durch den Gläubiger vor?
Antwort: Dem Schuldner soll mit der Fristsetzung eine letzte Chance eingeräumt werden, seine Leistung vertragsgemäß zu erbringen, bevor gegen den Schuldner für ihn nachteiligere Rechte geltend gemacht werden. Insoweit ist die Nacherfüllung grundsätzlich das vorrangige Gewährleistungsrecht, das dem Verkäufer auch dann eingeräumt wird, wenn der Käufer nicht von selbst § 437 Nr. 1 BGB geltend macht.

Frage 292:
Ist bei der Minderung ebenfalls grundsätzlich eine Fristsetzung verlangt?
Antwort: Ja! Das Erfordernis der Fristsetzung ist zwar nicht in § 441 BGB direkt niedergeschrieben, ergibt sich aber aus der Verweisung „statt zurückzutreten". Damit hat der Gesetzgeber festgelegt, dass die Voraussetzungen für die Minderung die gleichen sind wie beim Rücktritt, bei dem das Erfordernis der Fristsetzung ausdrücklich in § 323 Abs. 1 BGB enthalten ist.

Frage 293:
Setzt auch der Aufwendungsersatz nach § 437 Nr. 3 Alt. 2 BGB voraus, dass der Käufer dem Verkäufer vorher eine Frist zur Nacherfüllung setzt?
Antwort: Grundsätzlich ergibt sich beim Aufwendungsersatz nach § 284 BGB aufgrund des Einleitungswortes „anstelle des Schadenersatzes", dass für den Aufwendungsersatz die gleichen Voraussetzungen wie für den

Schadenersatz statt der Leistung gelten. Ob hierfür eine Fristsetzung erforderlich ist, richtet sich nach der Art der Pflichtverletzung und den dadurch bedingten anzuwendenden Vorschriften: bei Unmöglichkeit der Leistung ist gem. §283 BGB keine Fristsetzung erforderlich, bei Verzögerung bzw. Schlechterfüllung der Leistung ist gem. §281 BGB grundsätzlich eine Fristsetzung vorgeschrieben, von der nur in Einzelfällen abgewichen werden kann.

Frage 294:
In welchen Fällen sieht das Gesetz im Kaufrecht vom Erfordernis einer Fristsetzung ab?
Antwort: Einer Fristsetzung bedarf es nicht, wenn
(1) gem. §440 BGB der Verkäufer beide Arten der Nacherfüllung nach §439 Abs.3 BGB verweigert oder wenn die dem Käufer zustehende Art der Nacherfüllung fehlgeschlagen oder dem Verkäufer unzumutbar ist. Dabei gilt eine Nachbesserung nach dem erfolglosen zweiten Versuch grundsätzlich als fehlgeschlagen;
(2) gem. §281 Abs.2 (i.V.m. §437 Nr. 3 Alt. 1) BGB der Verkäufer die Nacherfüllung ernsthaft und endgültig verweigert oder wenn besondere Umstände vorliegen, die eine sofortige Geltendmachung des Schadenersatzanspruchs rechtfertigen;
(3) gem. §323 Abs.2 (i.V.m. §437 Nr. 2) BGB der Schuldner die Leistung ernsthaft und endgültig verweigert, oder wenn ein relatives Fixgeschäft zwischen Käufer und Verkäufer vereinbart ist, oder wenn besondere Umstände vorliegen, die einen sofortigen Rücktritt rechtfertigen;
(4) gem. §283 (i.V.m. §437 Nr. 3 Alt. 1) BGB bzw. §326 Abs.5 (i.V.m. §437 Nr. 2) BGB die Nacherfüllung dem Verkäufer nach §275 Abs.1 BGB nachträglich unmöglich geworden ist oder ihm bzgl. der Nacherfüllung ein Leistungsverweigerungsrecht nach §275 Abs.2 und 3 bzw. §439 Abs.3 BGB zusteht;
(5) gem. §311a Abs.2 (i.V.m. §437 Nr. 3 Alt. 1) BGB es sich um einen anfänglich nicht behebbaren Mangel handelt, bei dem die Nacherfüllung dem Verkäufer nach §275 Abs.1 BGB von vornherein unmöglich ist, oder schon vor dem Kauf feststeht, dass sich der Verkäufer im Falle eines Mangels und Nacherfüllungsverlangens auf ein Leistungsverweigerungsrecht nach §275 Abs.2 und 3 bzw. §439 Abs.3 BGB berufen können wird.

Frage 295:
Welches Recht hat der Verkäufer bzgl. der mangelhaften Sache, wenn er dem Käufer zum Zweck der Nacherfüllung eine neue mangelfreie Sache geliefert hat?
Antwort: Der Verkäufer kann vom Käufer die Rückgewähr der mangelhaften Sache nach §439 i.V.m. §§346–348 BGB verlangen.

Frage 296:
Welche Rechte hat der Käufer, wenn durch die gelieferte mangelhafte Sache ein Begleit- oder Folgeschaden eintritt (z.B. steckt das gelieferte Schaf die übrigen Tiere an)?

Antwort: Hinsichtlich des Mangelschadens „krankes Schaf" kann der Käufer Nacherfüllung in Form der Nachlieferung verlangen. Sofern der Verkäufer diese verweigert, kann der Käufer anschließend Schadenersatz statt der Leistung nach § 437 Nr. 3 Alt. 1 i.V.m. §§ 280 Abs. 1, 3, 281 BGB verlangen – wobei nach § 440 S. 1 BGB in diesem Fall aufgrund der Weigerung des Verkäufers eine Fristsetzung entbehrlich ist (Hinweis: Auf dasselbe liefe es hinaus, wenn der Käufer vom Verkäufer sofort Schadenersatz statt der Leistung nach § 437 Nr. 3 Alt. 1 i.V.m. §§ 280 Abs. 1, 3, 281 BGB verlangt, allerdings muss dann dem Verkäufer ausdrücklich eine Frist zur Nacherfüllung eingeräumt werden). Der Schaden, der dem Käufer hinsichtlich der eigenen angesteckten Schafe entstanden ist (Mangelfolgeschaden), kann über § 280 Abs. 1 i.V.m. § 241 Abs. 2 BGB ohne Fristsetzung liquidiert werden. Wenn der Käufer vom Vertrag nach § 323 BGB zurücktritt, braucht er den Kaufpreis für das gekaufte Tier nicht zu entrichten. Minderung und Aufwendungsersatz dürften dagegen hier wohl nicht im Interesse des Käufers liegen. Ein Anspruch aus § 823 BGB scheidet aus, da der Käufer nie mangelfreies Eigentum erworben hatte und auch die Voraussetzungen für einen „Weiterfresserschaden" nicht vorliegen.

Frage 296 a:
Nehmen Sie an, die vom Verkäufer gelieferte Sache führt auf Grund eines Mangels zu einem Schaden beim Käufer, den der Verkäufer jedoch mangels Verschuldens nicht zu vertreten hat. Bleibt dann der Käufer auf seinem Schaden sitzen?

Antwort: Nach § 437 Nr. 3 1. Alt. i.V.m. § 280 BGB entfällt der Schadenersatzanspruch, wenn der Verkäufer (als Schuldner der mangelfreien Lieferung) die Pflichtverletzung nicht zu vertreten hat. In diesen Fällen kommt eine Haftung nach § 1 Produkthaftungsgesetz in Betracht. Hier handelt es sich um eine verschuldensunabhängige Haftung. Der Anspruch geht jedoch gegen den „Hersteller". Darunter ist nach § 4 Produkthaftungsgesetz zunächst der eigentliche Hersteller zu verstehen. Der Herstellerbegriff ist jedoch auf den „Quasi-Hersteller" erweitert: Als Hersteller gilt auch, wer sich durch das Anbringen seines Namens, seiner Marke und dgl. ausgibt. Weiter gilt als Hersteller der Importeur und schließlich haftet der Lieferant, wenn er dem Geschädigten u.a. nicht den Hersteller benennt. Unter diesem Gesichtspunkt kann somit auch ein Verkäufer für von ihm nicht zu vertretende Schäden haftbar gemacht werden.

Frage 297:
Wie ist die Verjährung der Mängelansprüche geregelt?
Antwort: Gem. § 438 Nr. 3 BGB beträgt die Verjährung im Normalfall 2 Jahre und bei einem Bauwerk 5 Jahre. Für den Sonderfall, dass der Mangel in einem im Grundbuch eingetragenen Recht oder darin besteht, dass ein Dritter Herausgabe der Kaufsache vom Käufer verlangen kann, gilt eine Verjährung von 30 Jahren. Die Verjährung beginnt mit der Ablieferung der Sache und bei Grundstücken mit der Übergabe.

Frage 298:
Warum bestimmt § 438 Abs. 3 S. 2 BGB, dass im Falle der Arglist des Verkäufers etwa bei Bauwerksmängeln die regelmäßige Verjährungsfrist nicht vor Ablauf der fünfjährigen Frist nach § 438 Abs. 1 Nr. 2 BGB eintritt?
Antwort: Der Eintritt der regelmäßigen Verjährungsfrist richtet sich nach § 199 Abs. 1 BGB und erfolgt, wenn der Anspruch entstanden ist und der Gläubiger von der Person des Schuldners und den den Anspruch begründenden Umständen Kenntnis erlangt bzw. grob fahrlässig nicht erlangt hat. Gesetzt den Fall, der Käufer hätte am 29.12.2002 ein Bauwerk, dessen Mängel der Verkäufer arglistig verschwiegen hat, erworben und diese Mängel bereits einen Tag später entdeckt, wären die Ansprüche des Käufers am 31.12.2005, 24.00 Uhr, verjährt, obwohl § 438 Abs. 1 Nr. 2 BGB bei Bauwerksmängeln eine Verjährungszeit von fünf Jahren vorsieht. Die Regelung des § 438 Abs. 3 S. 2 BGB will vermeiden, dass ein arglistig handelnder Verkäufer auch noch mit einer schneller eintretenden Verjährung belohnt wird.

Frage 299:
Wann liegt ein Verbrauchsgüterkauf vor und welche Vorschriften finden hierauf Anwendung?
Antwort: Der Verbrauchsgüterkauf ist gem. § 474 Abs. 1 BGB ein Kaufvertrag, bei dem ein Verbraucher (Definition in § 13 BGB) von einem Unternehmer (Definition in § 14 BGB) eine bewegliche Sache kauft. Für den Verbrauchsgüterkauf gelten die §§ 433 ff. BGB unter Berücksichtigung der Sonderregelungen der §§ 474 bis 479 BGB.

Frage 300:
Was sind die Besonderheiten des Verbrauchsgüterkaufs?
Antwort: Beim Verbrauchsgüterkauf ist gem. § 475 Abs. 1 BGB keine Vereinbarung zulässig, die zum Nachteil des Verbrauchers von den §§ 433 bis 435, 437, 439 bis 443 BGB abweicht, was vor allem den vertraglichen Ausschluss der Mängelrechte des Käufers verbietet. Die Verjährung der Mängelansprüche darf gem. § 475 Abs. 2 BGB beim Verkauf neu hergestellter Sachen nicht kürzer als 2 Jahre sein und bei gebrauchten Sachen 1 Jahr nicht unterschreiten. Eine weitere Besonderheit ist die Beweislastumkehr des § 476 BGB: Während beim Kauf an sich der sich auf die Mängelrechte

berufende Käufer beweisen muss, dass der Mangel bereits bei Gefahrübergang vorlag, bestimmt § 476 BGB, dass beim Verbrauchsgüterkauf in
den ersten 6 Monaten vermutet wird, dass die Sache schon bei Gefahrübergang mangelhaft war. Die §§ 478, 479 BGB eröffnen dem Verkäufer
Rückgriffsansprüche gegen seine Lieferanten, wenn er von seinem Kaufer
wegen Mängeln in Anspruch genommen wird. Diese Rückgriffsansprüche
des Verkäufers gegen seine Lieferanten sind gem. § 478 Abs. 4 BGB nur
abdingbar, wenn dem Verkäufer ein gleichwertiger Ausgleich (z.b. Preis-
nachlass) gewährt wird.

Frage 300 a:
Was gilt beim Versendungskauf, wenn zugleich ein Verbrauchsgüterkauf
vorliegt?
Antwort: Dann findet gem. § 474 Abs. 2 BGB der für den Versendungskauf
relevante § 447 BGB keine Anwendung. Das heißt: Auch wenn der Verkäufer auf Verlangen des Käufers die verkaufte Sache nach einem anderen Ort
als dem Erfüllungsort versendet, geht gleichwohl die Preisgefahr nicht
schon mit der Auslieferung der Sache an die Transportperson auf den Käufer über. Bis zur Ablieferung trägt noch der Verkäufer die Gefahr. Beim Verbrauchsgüterkauf „reist das Gut auf Gefahr des Verkäufers". Es bleibt somit beim Grundsatz des § 326 Abs. 1 BGB: Ohne Ware kein Geld! Erst mit
der Übergabe der Sache an den Käufer geht die Preisgefahr, also das Risiko zahlen zu müssen, obwohl er die Ware nicht erhält, auf ihn über.

Frage 301:
Wann verliert ein Käufer seine Gewährleistungsrechte?
Antwort: (a) Wenn sie vertraglich wirksam ausgeschlossen wurden (be-
achte etwa §§ 444 und 305 ff. BGB); (b) wenn sie verjährt sind; (c) wenn der
Käufer den Mangel bei Vertragsschluss kennt oder wenn der Käufer den
Mangel infolge grober Fahrlässigkeit nicht kennt und der Verkäufer den
Mangel weder arglistig verschwiegen hat noch eine Beschaffenheitsgaran-
tie übernommen hat (§ 442 BGB).

Frage 302:
Wie lautet im Kaufrecht die Formel zur Errechnung des Minderwerts?
Antwort: Der Minderwert errechnet sich aus dem Wert mit Mangel multi-
pliziert mit dem Kaufpreis geteilt durch den Wert ohne Mangel (vgl. § 441
Abs. 3 BGB).

Frage 303:
Wann geht beim Versendungskauf die Preisgefahr auf den Käufer über?
Antwort: Die Gefahr geht nach § 447 BGB dann über, wenn der Verkäufer
die zu transportierende Sache dem Spediteur, dem Frachtführer oder der
sonst zur Versendungsausführung bestimmten Person oder Anstalt übergeben hat.

Frage 304:
Liegt beim verlängerten Eigentumsvorbehalt eine offene oder stille Zession vor?
Antwort: Stille Zession (aus Bonitätsgründen), gekoppelt mit einer Einziehungsermächtigung zugunsten des Vorbehaltskäufers.

Frage 305:
Was sind die wichtigsten Besonderheiten des Verbraucherdarlehensvertrags zum Schutz des Darlehensnehmers?
Antwort: Die zentrale Vorschrift der §§ 491 ff. ist § 492 BGB, der für solche Verträge Schriftform vorschreibt und festlegt, welche Angaben die vom Darlehensnehmer zu unterzeichnende Vertragserklärung mindestens enthalten muss. Die Nichteinhaltung der Schriftform führt gem. § 494 Abs. 1 BGB zur Nichtigkeit des Vertrages. Die Nichtigkeit wird jedoch gem. § 494 Abs. 2 BGB geheilt, wenn der Verbraucher das Darlehen empfängt; allerdings ermäßigt sich beim Fehlen wesentlicher Angaben der Zinssatz auf den gesetzlichen Zinssatz – dieser beträgt gem. § 246 BGB 4 Prozent.

Frage 306:
Spielt der Wiederkauf eine praktische Rolle?
Antwort: Die Vereinbarung von Wiederkaufsrechten erfolgt nicht selten bei der Veräußerung von Grundstücken durch öffentliche Körperschaften (eine Gemeinde) an bauwillige Bürger: Wenn bis zu einem bestimmten Zeitpunkt mit dem Bau nicht begonnen wurde, kann die Gemeinde das Rückkaufsrecht ausüben!

Frage 307:
In welchem Bereich spielt die Schenkung eine überragende Rolle?
Antwort: Im Steuerrecht: Die Übertragung von Vermögensgegenständen vom Senior auf den Junior ist sowohl einkommensteuerrechtlich als auch erbschaftsteuerrechtlich günstig. Die Übertragung von Einkommensquellen mindert die Progression beim Schenker; die auf Grund der übertragenen Einkommensquellen erlangten Erträge schlagen sich nicht als Substanz bei einer späteren Erbschaftsteuer nieder.

Frage 308:
Welches Formerfordernis ist bei einer Schenkung zu beachten?
Antwort: Gem. § 518 Abs. 1 BGB muss das Schenkungsversprechen notariell beurkundet werden. Dieses Formerfordernis gilt daher nur für die Erklärung des Schenkers, während die Annahme des Versprechens auch mündlich wirksam erfolgen kann.

Frage 309:
Was versteht man unter einer „Handschenkung"?
Antwort: Die sofortige Vollziehung des Schenkungsversprechens. Durch die Vollziehung wird die mangelnde Form des Schenkungsversprechens

geheilt (§ 518 Abs. 2 BGB). Dies ist der Grund, weshalb Schenkungen in aller Regel formlos erfolgen und trotzdem gültig sind.

Frage 310:
Entspricht es der gesetzlichen Rechtslage, dass man „einem geschenkten Gaul nicht ins Maul schaut"?
Antwort: Ja, der Schenker haftet in der Regel nicht für Sach- und Rechtsmängel (aus §§ 523, 524 BGB abzuleiten); im übrigen hat der Schenker nach § 521 BGB nur Vorsatz und grobe Fahrlässigkeit zu vertreten.

Frage 311:
Was versteht man unter einer „gemischten Schenkung"?
Antwort: Eine Zuwendung, die teils entgeltlich, teils unentgeltlich erfolgt („halb geschenkt"). Es findet sowohl Kauf- als auch Schenkungsrecht Anwendung. Die Einzelheiten sind äußerst umstritten (was gilt hinsichtlich der Formbedürftigkeit, der Gewährleistungsansprüche, der Rückforderungsmöglichkeiten?).

Frage 312:
Wie unterscheiden sich Miete, Pacht, Leihe und Darlehen voneinander?
Antwort: Es handelt sich bei allen Vertragstypen um Verträge mit Gebrauchsüberlassung. Während jedoch bei Miete, Pacht und Leihe nach Beendigung der Vertragszeit die ursprünglichen Gegenstände zurückgewährt werden müssen, werden beim Darlehen die überlassenen Sachen mit der Pflicht übereignet, später Sachen von gleicher Art, Güte und Menge zurückzuerstatten. Miete und Pacht sind entgeltliche, die Leihe ist unentgeltliche Gebrauchsüberlassung. Miete und Leihe gewähren lediglich den Gebrauch der Sache, bei der Pacht kommt das Recht der Fruchtziehung hinzu. Während bei Miete und Leihe nur Sachen überlassen werden, können bei der Pacht auch Rechte Vertragsgegenstand sein.

Frage 313:
Welche Rechte stehen dem Mieter bei Mängeln der Mietsache zu?
Antwort: Der Mieter kann
(a) für die Zeit, in der die Nutzung der Mietsache wegen des Mangels nur eingeschränkt möglich ist, die Miete mindern (§ 536 BGB);
(b) gem. § 536a Abs. 1 BGB Schadenersatz verlangen, wenn der Vermieter den Mangel zu vertreten hat oder der Vermieter mit der Mängelbeseitigung in Verzug kommt;
(c) den Mangel selbst beseitigen und vom Vermieter Ersatz der Kosten dafür verlangen, wenn der Vermieter mit der Mängelbeseitigung in Verzug ist und die umgehende Beseitigung des Mangels notwendig ist (§ 536a Abs. 2 BGB) und außerdem
(d) außerordentlich fristlos kündigen, wenn die Voraussetzungen des § 543 BGB gegeben sind.

Frage 314:
Zu wessen Lasten gehen „Schönheitsreparaturen" an der Mietsache?
Antwort: Das Gesetz geht gem. § 535 Abs. 1 S. 2 BGB davon aus, dass der Vermieter die erforderlichen Erhaltungs- und Reparaturarbeiten vorzunehmen hat, wobei § 538 BGB klarstellt, dass die durch den normalen Gebrauch herbeigeführte Abnutzung nicht vom Mieter zu vertreten ist (da der Vermieter gem. § 535 Abs. 1 S. 2 BGB die Pflicht hat, die Mietsache in einem zum vertragsgemäßen Gebrauch geeigneten Zustand zu erhalten, muss er also diese Lasten selbst übernehmen). Nach der gesetzlichen Lage würde also der Vermieter die Schönheitsreparaturen tragen. Freilich wird in der Vertragspraxis von dieser dispositiven Regelung meist zu Lasten des Mieters abgewichen.

Frage 315:
Was muss der Vermieter bei der ordentlichen Kündigung von Wohnraum vor allem beachten?
Antwort:
(a) Gem. § 568 Abs. 1 BGB muss jede Kündigung von Wohnraum schriftlich erfolgen.
(b) Die Kündigungsfrist des Vermieters beträgt gem. § 573 c BGB bis zu 9 Monate – abhängig von der Dauer des Mietverhältnisses.
(c) Der Vermieter muss gem. § 573 BGB ein berechtigtes Interesse an der Beendigung des Mietverhältnisses haben (z.B. Eigenbedarf).
(d) Die Gründe für das berechtigte Interesse muss der Vermieter im Kündigungsschreiben angeben, da andere Gründe nur berücksichtigt werden, wenn sie nachträglich entstanden sind (§ 573 Abs. 3 BGB).

Frage 316:
Darf der Mieter beim Auszug das von ihm beim Einzug angebrachte Waschbecken mitnehmen?
Antwort: Grundsätzlich ja; nach § 539 Abs. 2 BGB darf der Mieter eine Einrichtung wegnehmen, mit der er die Mietsache versehen hat. Der Vermieter kann allerdings die Ausübung des Wegnahmerechts gem. § 552 BGB durch Zahlung einer angemessenen Entschädigung abwenden, sofern nicht der Mieter ein berechtigtes Wegnahmeinteresse hat. In der Praxis wird sich der Mieter eine Wegnahme jedoch gut überlegen, da er nach einer Wegnahme verpflichtet ist, den alten Zustand der Mietsache wiederherzustellen (§ 258 BGB). M kann also das Waschbecken wegnehmen, er muss dann jedoch die erforderlichen Gipser- bzw. Maler- und Tapezierarbeiten auf seine Kosten durchführen (lassen).

Frage 317:
Darf der Mieter ohne Zustimmung des Vermieters die Sache einem anderen überlassen?
Antwort: Nein, es gilt das Verbot der Untervermietung (§ 540 BGB).

Frage 318:
Was versteht man unter dem „Leasing"?
Antwort: Leasing ist eine besondere Gebrauchsüberlassung (to lease = mieten). Der Leasingvertrag enthält mietrechtliche Elemente mit Besonderheiten. Beim „Hersteller-Leasing" liefert der Hersteller Anlageguter an den Mieter, beim „Finanzierungsleasing" wird zwischen Produzenten und Erwerber eine Leasinggesellschaft eingeschaltet. Im Gegensatz zum Kauf ist in der Regel der Erwerb des Eigentums nicht beabsichtigt, jedoch kann dem Leasingnehmer ein Optionsrecht eingeräumt sein. Dann ist zu prüfen, ob nicht ein Mietkauf vorliegt (Mietzins = Kaufpreisraten).

Frage 319:
Bei einem Verkehrsunfall wird das Kraftfahrzeug von Ludwig beschädigt. Auf die Frage, wie er seinem Beruf als Handelsvertreter während der Reparaturzeit werde nachkommen können, meint er: „Dann nehme ich mir eben einen Leihwagen". Ist dieser Ausdruck korrekt?
Antwort: Nur dann, wenn er für die Benutzung des Ersatzfahrzeugs kein Entgelt zahlen muss. In der Regel wird es sich dagegen um einen „Mietwagen" (entgeltliche Gebrauchsüberlassung) handeln.

Frage 320:
Nachdem der Schreck des Verkehrsunfalls verdaut ist, will sich Ludwig zum Abendbrot Spiegeleier braten. Da sein Eiervorrat aufgebraucht ist, bittet er seine Nachbarin, ihm zwei Eier „zu leihen". Ist dieser Ausdruck korrekt?
Antwort: Der Ausdruck ist zwar insofern korrekt, als zwischen Nachbarn von einer unentgeltlichen Überlassung ausgegangen werden kann. Allerdings muss der Entleiher bei der Leihe genau die Sache zurück geben, die er vom Verleiher empfangen hat. Da dies hier nicht möglich ist (schließlich werden die von der Nachbarin übergebenen Eier verbraucht), liegt ein Sachdarlehensvertrag i.S.d. §§ 607 ff. BGB vor: Beim Sachdarlehen muss der Darlehensnehmer nicht dieselben Sachen, sondern Sachen gleicher Art und Güte zurückerstatten. Das von § 607 Abs. 1 S. 2 BGB vorgesehene Darlehensentgelt ist in solchen Fällen stillschweigend abbedungen.

Frage 321:
Wie sind Dienstvertrag, Werkvertrag und Auftrag voneinander abzugrenzen?
Antwort: Dienst- und Werkvertrag liegen vor bei entgeltlicher Tätigkeit, Auftrag dagegen bei unentgeltlichem Tätigwerden. Der Dienstvertrag unterscheidet sich vom Werkvertrag dadurch, dass bei ihm lediglich die Dienstleistung als solche, beim Werkvertrag jedoch das Arbeitsergebnis (der Erfolg) geschuldet wird (der Dienstvertrag ist „zeitbetont" und verpflichtet zum „Wirken", der Werkvertrag ist „erfolgsbetont" und verpflichtet zum „Werk").

Frage 322:
Durch welche Sonderregelungen wird das Recht des Werkvertrags in der Praxis verdrängt?
Antwort: Zum Teil durch gesetzliche Sonderregelungen z.b. für Kommission, Fracht und Spedition (vgl. §§ 383 ff., 407 ff., 453 ff. HGB); zum Teil durch die Verwendung Allgemeiner Geschäftsbedingungen (z.b. ADSp – Allgemeine Deutsche Spediteurbedingungen –, VOB-Verdingungsordnung für Bauleistungen –).

Frage 323:
Wie heißen beim Werkvertrag die Vertragsparteien?
Antwort: Unternehmer und Besteller.

Frage 324:
Welche Pflichten haben beim Werkvertrag Unternehmer und Besteller?
Antwort: Der Unternehmer hat das versprochene Werk herzustellen, der Besteller ist zur Zahlung des Werklohns verpflichtet (vgl. § 631 Abs. 1 BGB).

Frage 325:
Welche Vergütung gilt, wenn die Vertragspartner darüber keine ausdrückliche Abrede getroffen haben?
Antwort: Grundsätzlich gilt eine Vergütung als stillschweigend vereinbart. Sofern allerdings über deren Höhe nichts abgesprochen wurde, gilt bei Bestehen einer Taxe die taxmäßige Vergütung, ansonsten die übliche Vergütung als stillschweigend vereinbart (vgl. § 632 BGB).

Frage 326:
Wie kann in einem Prozess, der eine nicht vereinbarte Vergütungshöhe zum Gegenstand hat, vom Besteller bestritten werden, dass die vom Werkunternehmer behauptete Vergütung üblich ist?
Antwort: Der Besteller kann mit Hilfe eines Sachverständigen zu belegen versuchen, dass die vom Unternehmer in Rechnung gestellte Vergütung das übliche Maß übersteigt.

Frage 327:
Häufig wendet ein Besteller gegen eine vom Werkunternehmer nach Leistungserbringung gestellte Einzelpostenrechnung (Material, Anfahrtszeit, Arbeitslohn usw.) ein, dass eine niedrigere Pauschalabrechnung bei Auftragserteilung mündlich vereinbart worden sei. Wer muss in einem Prozess über die vom Besteller noch nicht bezahlte Werklohnforderung das Bestehen bzw. Nichtbestehen einer Pauschalabrede beweisen?
Antwort: Entgegen der grundsätzlichen Regelung, dass jede Partei für die ihr günstigen Tatsachen beweispflichtig ist, muss im Werkvertragsrecht der Werkunternehmer (!) beweisen, dass keine Pauschalabrechnung sondern eine Einzelpostenabrechnung vereinbart war – vorausgesetzt, der

Besteller trägt substantiiert Ort, Zeit und Umstände der Pauschalabrechnungsabrede vor. Der Grund hierfür ist der, dass davon ausgegangen wird, dass ein ordentlicher Handwerker dafür Sorge zu tragen hat, dass Zahlungsmodalitäten vor Beginn der werkunternehmerischen Tätigkeit schriftlich niedergelegt werden; wenn er dies nicht beachtet, muss er auch das Beweisrisiko tragen.

Frage 328:
Welche „Handlung" des Bestellers ist Voraussetzung, damit der Werkunternehmer den Zahlungsanspruch geltend machen kann?
Antwort: Der Besteller muss das Werk abgenommen haben.

Frage 329:
Was versteht man unter der Abnahme und welche Bedeutung hat sie?
Antwort: Nach § 640 BGB ist der Besteller verpflichtet, das vertragsmäßig hergestellte Werk abzunehmen, sofern nicht nach der Beschaffenheit des Werks die Abnahme ausgeschlossen ist (z.b. Taxifahrt). Abnahme bedeutet die körperliche Entgegennahme verbunden mit der Anerkennung als vertragsgemäße Leistung. Sie hat im Werkvertragsrecht zentrale Bedeutung: Mit der Abnahme erlischt der Erfüllungsanspruch und beschränkt sich auf die Mängelbeseitigung, wodurch auch die Beweislast umgekehrt wird: Bis zur Abnahme muss der Hersteller beweisen, dass das Werk mängelfrei ist, während nach der Abnahme der sich auf Mängelrechte berufende Besteller das Vorliegen eines Mangels beweisen muss. Die Abnahme führt in der Regel zur Fälligkeit des Vergütungsanspruchs (Ausnahme: Abschlagszahlungen, § 632a BGB), zum Gefahrübergang (§ 644 BGB) und zum Beginn der Verjährung (§ 634a Abs. 2 BGB).

Frage 330:
Welche Möglichkeiten hat ein Unternehmer, wenn sich der Besteller weigert, ein Werk abzunehmen?
Antwort: Er kann dem Besteller gem. § 640 Abs. 1 S. 3 BGB eine Frist zur Abnahme setzen, nach deren Ablauf das Werk als abgenommen gilt („fingierte Abnahme"). Er kann sich aber von einem Gutachter auch eine Fertigstellungsbescheinigung nach § 641a BGB erteilen lassen, die einer Abnahme gleich steht.

Frage 331:
Wird der Vergütungsanspruch immer nur als Ganzes und erst bei Abnahme fällig?
Antwort: Nein. Nach § 641 Abs. 2 BGB wird er auch dann fällig, wenn der Besteller die Herstellung des Werkes einem Dritten versprochen hat und von diesem seine Vergütung erhalten hat („Durchgriffsfälligkeit"). Nach § 632a BGB können für in sich abgeschlossene Teile des Werkes Abschlagszahlungen verlangt werden.

Frage 332:
Welche Rechte hat der Besteller bei Mängeln?
Antwort: Die Mängelrechte des Bestellers sind in § 634 BGB aufgezählt und entsprechen im Grundsatz den Mängelrechten im Kaufrecht. Der Besteller kann
(a) Nacherfüllung verlangen,
(b) unter den Voraussetzungen des § 637 BGB den Mangel selbst beseitigen und Ersatz der erforderlichen Aufwendungen verlangen,
(c) vom Vertrag zurücktreten (§§ 636, 323, 326 Abs. 5 BGB) oder die Vergütung mindern (§ 638 BGB) sowie
(d) Schadenersatz nach §§ 636, 280, 281, 283, und 311 a BGB verlangen, wenn die jeweiligen Voraussetzungen vorliegen.
Wie im Kaufrecht ergibt sich auch im Werkvertragsrecht aus den Voraussetzungen der jeweiligen Rechte, dass das Gesetz die Nacherfüllung als das vorrangige Mängelrecht des Bestellers ansieht.

Frage 333:
Welche Möglichkeiten zur Durchführung der Nacherfüllung gibt es im Werkvertragsrecht? Wer hat das Wahlrecht?
Antwort: Wie im Kaufrecht kann der Unternehmer seiner Pflicht zur Nacherfüllung dadurch nachkommen, dass er den Mangel beseitigt oder ein neues Werk herstellt. Im Gegensatz zum Kaufrecht (§ 439 Abs. 1 BGB) kann hier aber der Unternehmer wählen, auf welche Art er die Nacherfüllung durchführt.

Frage 334:
Unterscheiden sich die Gewährleistungsansprüche von Werk- und Kaufvertrag?
Antwort: Ja, beim Werkvertrag hat der Besteller bei einem mangelhaften Werk nach § 634 Nr. 2 BGB die zusätzliche Möglichkeit, nach Fristsetzung den Mangel selbst zu beseitigen und Ersatz der dafür erforderlichen Aufwendungen zu verlangen.

Frage 335:
Unter welchen Voraussetzungen kann der Besteller den Werkvertrag kündigen?
Antwort: Nach § 649 BGB kann der Besteller bis zur Vollendung des Werks jederzeit den Vertrag kündigen. Allerdings steht dem Hersteller gem. § 649 S. 2 BGB dennoch die vereinbarte Vergütung abzüglich seiner ersparten Aufwendungen zu.

Frage 336:
Was ist das Kennzeichen eines „Werklieferungsvertrags"?
Antwort: Beim Werkvertrag geht das Gesetz davon aus, dass der Unternehmer das Werk aus einem vom Besteller zu liefernden Gegenstand her-

stellt (z.B. Anfertigung eines Maßanzugs aus Stoffen, die der Kunde selbst mitbringt). Bei einem Vertrag, der die Lieferung herzustellender oder zu erzeugender beweglicher, vertretbarer Sachen durch den Unternehmer zum Gegenstand hat („Werklieferungsvertrag"), findet ausschließlich Kaufrecht Anwendung. Soweit es sich bei den herzustellenden oder zu erzeugenden beweglichen Sachen allerdings um nicht vertretbare Sachen handelt, sind neben dem Kaufrecht auch bestimmte Vorschriften des Werkvertragrechts anwendbar.

Frage 337:
Für welche Verschuldensgrade haftet der Beauftragte nach Auftragsrecht?
Antwort: Der Beauftragte hat jede Fahrlässigkeit zu vertreten. Eine Haftungsminderung kommt ihm nach der dispositiven gesetzlichen Rechtslage nicht zu Gute. Dies ist insofern erstaunlich, als der Gesetzgeber bei anderen unentgeltlichen Verpflichtungen (z.B. bei der unentgeltlichen Verwahrung oder der Schenkung) die Haftung auf Vorsatz und grobe Fahrlässigkeit beschränkt hat.

Frage 338:
Warum sind viele Tätigkeiten im Dienstleistungsgewerbe „Geschäftsbesorgungsverträge" nach § 675 BGB?
Antwort: Reines Auftragsrecht scheidet wegen des entgeltlichen Charakters aus. Dienstvertragsrecht kommt deshalb nicht zur Anwendung, weil es namentlich bei freien Berufen an der Weisungsunterworfenheit fehlt. Werkvertragsrecht scheidet dort aus, wo nicht der Erfolg, sondern lediglich die Tätigkeit geschuldet ist.

Frage 339:
Welchen Sinn haben Schuldanerkenntnisse?
Antwort: Sie verstärken die Position des Gläubigers. Bei deklaratorischen Schuldanerkenntnissen wird dem Gläubiger der Nachweis eines bestehenden Schuldverhältnisses erleichtert, bei konstitutiven Schuldanerkenntnissen wird die Position des Gläubigers verstärkt, weil der Schuldner sich losgelöst von der alten Verbindlichkeit neu verpflichtet.

Frage 340:
Nach § 768 BGB kann der Bürge sämtliche Einreden des Hauptschuldners geltend machen. Was ist aber, wenn der Hauptschuldner gegenüber dem Gläubiger aufrechnen oder anfechten könnte, die entsprechende Erklärung jedoch nicht abgibt?
Antwort: Dann ist eine Einwendung nicht entstanden, da die bloße Aufrechnungs- bzw. Anfechtungslage noch keine Rechtswirkungen hat. Um die Unbilligkeit dieser Situation zu beseitigen, bestimmt § 770 BGB, dass der Bürge die Leistung an den Gläubiger verweigern kann, wenn der Hauptschuldner entweder aufrechnen oder anfechten könnte.

Frage 341:
Was versteht man unter einer selbstschuldnerischen Bürgschaft?

Antwort: An sich kann der Bürge, der vom Gläubiger in Anspruch genommen wird, die Befriedigung des Gläubigers verweigern, solange nicht der Gläubiger erfolglos die Zwangsvollstreckung gegen den Hauptschuldner versucht hat (sog. „Einrede der Vorausklage", § 771 BGB). Bei der selbstschuldnerischen Bürgschaft ist diese Einrede gem. § 773 Abs. 1 Nr. 1 BGB ausgeschlossen.

Frage 342:
In welchen Fallkonstellationen muss bei der Bürgschaft an eine Sittenwidrigkeit nach § 138 Abs. 1 BGB gedacht werden?

Antwort: Auf der Grundlage der Rechtsprechung des Bundesverfassungsgerichts kommt die Sittenwidrigkeit der Bürgschaftserteilung insbesondere bei der Heranziehung einkommens- und vermögensloser naher Angehöriger in Betracht. Voraussetzung der Unwirksamkeit ist, dass zwischen den Vertragspartnern ein ausgeprägtes strukturelles Ungleichgewicht und zwischen der übernommenen Verpflichtung und der Leistungsfähigkeit des Bürgen ein krasses Missverhältnis besteht. Außerdem ist die Kenntnis des Gläubigers hiervon und das Fehlen eines berechtigten Interesses des Gläubigers (z.B. vor Vermögensverschiebungen) erforderlich.

Fälle

Fall 135:
V verkauft K von „Privat zu Privat" einen mit einer Sonderanfertigung der Sitze ausgestatteten, ein halbes Jahr alten Sportwagen. Dabei erklärt V, er habe den Wagen selbst erst als Geburtstagsgeschenk für seine Freundin erworben, dieser gefalle jedoch die Farbe nicht, weshalb er zum Weiterverkauf gezwungen sei. Nach dem Kauf stellt K das Auto zunächst eine Woche in die Garage. Als er das erste Mal losfahren will, stellt er fest, dass sich unter dem Wagen eine kleine Benzinpfütze gebildet hat, was auf eine undichte Stelle im Tank zurückzuführen ist. Von diesem nur vom Fachmann zu entdeckenden, sich an unzugänglicher Stelle befindlichen Leck konnten weder V noch K bei Vertragsschluss etwas wissen. K verlangt von V „die Lieferung eines neuen Wagens ohne Defekt".
Lösung: Anspruchsgrundlage für ein Nachlieferungsverlangen ist § 437 Nr. 1 i.V.m. § 439 Abs. 1 Alt. 2 i.V.m. §§ 434, 433 BGB. Dies setzt voraus, dass zum einen ein Kaufvertrag geschlossen wurde, der mit einer mangelhaften Sache erfüllt wurde. Ein Kaufvertrag nach § 433 BGB liegt vor. Zu prüfen ist, ob ein Sachmangel vorliegt, was sich nach § 434 BGB richtet. Zunächst ist Sachmängelfreiheit dann gegeben, wenn die Sache bei

Gefahrübergang die vereinbarte Beschaffenheit aufweist (§ 434 Abs. 1 S. 1 BGB). Da zwischen V und K jedoch keine bestimmte Beschaffenheit vereinbart wurde, könnte sich ein Sachmangel dann ergeben, wenn der Wagen sich gem. § 434 Abs. 1 S. 2 Nr. 1 BGB nicht für die nach dem Vertrag vorausgesetzte Verwendung eignet. Dies würde allerdings voraussetzen, dass im Vertrag ausdrücklich eine bestimmte Verwendung beschrieben worden wäre, was vorliegend jedoch auch nicht der Fall war. Allerdings liegt auch dann ein Mangel vor, wenn sich die Sache nicht für die gewöhnliche Verwendung eignet und keine solche Beschaffenheit aufweist, die bei Sachen der gleichen Art üblich ist und die der Käufer nach der Art der Sache erwarten kann (vgl. § 434 Abs. 1 S. 2 Nr. 2 BGB). Ein Kraftfahrzeug mit defektem Tank eignet sich nicht für die gewöhnliche Verwendung; üblich und vom Käufer zu erwarten ist vielmehr ein Wagen mit dichtem Tank. Somit ist ein Sachmangel gegeben, der dem Käufer die in § 437 BGB enthaltenen Gewährleistungsrechte gibt. In unserem Fall hat K Nacherfüllung (§ 437 Nr. 1 BGB) in Form der Nachlieferung (§ 439 Abs. 1 Alt. 2 BGB) gewählt, womit der Gewährleistungsanspruch entstanden ist. Dieser könnte allerdings nach § 275 Abs. 1 BGB untergegangen sein. Da es sich bei dem verkauften Wagen um ein Gebrauchsfahrzeug mit Sonderausstattung handelt, liegt keine Gattungsschuld sondern eine Stückschuld vor, bei der dem Verkäufer eine Nachlieferung objektiv unmöglich ist. Somit ist der Anspruch des K gegen V nach § 275 Abs. 1 Alt. 2 BGB untergegangen.

Fall 136:
Fortsetzung des obigen Falles: Nun verlangt K die Reparatur des Wagens. V wiegelt aber sofort ab: er selbst habe keine Werkstatt und werde sich bei den heutigen Mechanikerkosten hüten, einer Kfz-Werkstatt einen Reparaturauftrag zu erteilen. Daraufhin fragt K bei einer Werkstatt nach und erfährt, dass die Kosten für eine Tankreparatur nicht das üblicherweise zu erwartende Maß übersteigen. Hat K einen Anspruch auf Reparatur des Autos?

Lösung: Anspruchsgrundlage für ein Verlangen nach Beseitigung des Mangels ist § 437 Nr. 1 i.V.m. § 439 Abs. 1 Alt. 1 i.V.m. §§ 434, 433 BGB, wonach der Anspruch entstanden ist (s.o.). Zu prüfen ist weiter, ob dieser nicht nach § 275 BGB untergegangen ist. Grundsätzlich ist eine Reparatur durch eine Werkstatt möglich, weshalb kein Fall einer objektiven Unmöglichkeit gegeben ist. Fraglich ist allerdings, ob sich V darauf berufen kann, dass es ihm subjektiv mangels eigener Werkstatt unmöglich ist, die Reparatur durchzuführen. Da jedoch der Verkäufer die Nacherfüllung nicht in eigener Person zu bewirken hat, kann bzw. muss er sich in Fällen, in denen ihm selbst, nicht aber anderen die Nacherfüllung unmöglich ist, anderer Personen bei der Erfüllung bedienen. Daher ist der Anspruch des K nicht wegen subjektiver Unmöglichkeit nach § 275 Abs. 1 Alt. 1 BGB untergegangen.

Zu untersuchen ist nun, ob V dem Begehren des K eine Einrede entgegensetzen kann. Da jedoch weder ein Fall des § 275 Abs. 2 (faktische Unmöglichkeit), noch des § 275 Abs. 3 (Unzumutbarkeit aus persönlichen Gründen), noch des § 439 Abs. 3 BGB (unverhältnismäßige Kosten) gegeben ist, steht dem V kein Leistungsverweigerungsrecht zu, weshalb K einen Anspruch auf Reparatur des Autos hat.

Fall 137:
Fortsetzung des obigen Falles: Nachdem sich V geweigert hat, den Wagen zu reparieren, überlegt K tags darauf, ob er auf eigene Kosten den Wagen in eine Werkstatt bringen und die Reparaturkosten von V erstattet verlangen kann.
Lösung: K macht einen (kleinen) Schadenersatzanspruch statt der Leistung geltend, dessen Voraussetzungen sich nach § 437 Nr. 3 Alt. 1 i.V.m. § 280 Abs. 1, 3 i.V.m. § 281 Abs. 1 Alt. 2 i.V.m. §§ 434, 433 BGB richten. Nachdem oben bereits festgestellt wurde, dass der Wagen mangelhaft ist, sind nun zunächst die Merkmale von § 280 Abs. 1 BGB zu prüfen. Es liegt eine Pflichtverletzung eines Schuldverhältnisses vor. Fraglich ist, ob V diese zu vertreten hat, was sich nach § 276 BGB richtet. V konnte von dem Mangel laut Sachverhalt nichts wissen, weil er an einer unzugänglichen Stelle war. Somit scheidet eine Haftung wegen Fahrlässigkeit aus. Da V auch keine Garantie gem. § 276 Abs. 1 S. 1 BGB übernommen hat, liegen die Voraussetzungen des § 276 BGB nicht vor. Damit hat V die Pflichtverletzung nicht zu vertreten, weshalb der Schadenersatzanspruch des K gegen V ausscheidet. K kann von V nicht die Reparaturkosten ersetzt verlangen.

Fall 138:
Fortsetzung des Falles: K will wissen, ob er wenigstens eine Wertminderung durchsetzen kann.
Lösung: Anspruchsgrundlage für den Minderungsanspruch ist § 437 Nr. 2 Alt. 2 i.V.m. § 441 i.V.m. §§ 434, 433 BGB. Hinsichtlich der Voraussetzungen der Minderung verweist § 441 Abs. 1 BGB auf den Rücktritt, was sich aus den ersten beiden Wörtern „statt zurückzutreten" ergibt. Würde ein Rücktrittsanspruch geprüft, wäre durch die Verweisung in § 437 Nr. 2 Alt. 1 BGB § 323 BGB einschlägig (hätte V die Nacherfüllung nach § 275 Abs. 1 bis 3 BGB verweigern können, wäre für den Rücktritt bzw. die Minderung § 326 Abs. 5 BGB einschlägig gewesen). Danach ist ein Rücktritt (bzw. eine Minderung) erst dann möglich, wenn dem Schuldner eine angemessene Frist zur Nacherfüllung gesetzt worden ist. In unserem Fall hat K den V zwar tags zuvor zur Reparatur aufgefordert, eine angemessene Frist ist damit jedoch noch nicht abgelaufen. Allerdings ist eine Fristsetzung bzw. das Warten auf den Ablauf der Frist nach § 323 Abs. 2 BGB entbehrlich, wenn der Gläubiger die Erbringung der Nacherfüllungsleistung ernsthaft und endgültig verweigert, was hier der Fall war. Damit liegen die Vor-

aussetzungen des Rücktritts und damit zugleich die der Minderung vor.
K kann von V die Herabsetzung des Kaufpreises verlangen.

Fall 139:

Abwandlung des Falles: V repariert in seiner Freizeit Autos. Nachdem K
Mängelbeseitigung verlangt hat, hat sich V zweimal vergeblich um die Reparatur bemüht. K reicht es; er will von V nichts mehr wissen und fragt,
ob er vom Vertrag loskommen kann.
Lösung: K könnte vom Vertrag nach § 437 Nr. 2 Alt. 1 i.V.m. § 323 i.V.m.
§§ 434, 433 BGB zurücktreten, wenn die Voraussetzungen von § 323 BGB
vorliegen. K hat dem V keine angemessene Frist gesetzt (s.o.). Die Fristsetzung ist auch nicht gem. § 323 Abs. 2 BGB entbehrlich. Jedoch erklärt
§ 440 BGB, auf den in § 437 Nr. 2 BGB ebenfalls verwiesen wird, eine Fristsetzung auch dann für entbehrlich, wenn die dem Käufer zustehende Art
der Nacherfüllung fehlgeschlagen ist, was in der Regel nach dem zweiten
erfolglosen Versuch anzunehmen ist. Damit kann K vom Vertrag mit V
zurücktreten, womit er den Kaufpreis zurückerhält; allerdings muss er
dann seinerseits nach § 346 BGB auch den Wagen zurückgeben.

Fall 140:
Der in Stuttgart wohnende K ersteht bei Instrumentenbauer V in München einen wertvollen Konzertflügel zum Preis von 100 000 Euro. Auf
Wunsch von K erklärt sich V bereit, unter Einschaltung des hierauf spezialisierten Frachtführers F, der auch Halter des Fahrzeugs ist, den Flügel
nach Stuttgart zu schicken. Bezahlt werden soll nach Ablieferung. Auf der
Fahrt von München nach Stuttgart kommt es zu einem schweren Verkehrsunfall, weil der Sportwagenfahrer S, der auch Halter des Fahrzeugs
ist, riskant überholt und so F von der Fahrbahn abgedrängt hat, was dieser auch bei Anwendung der größten Sorgfalt nicht hätte vermeiden können. Das Instrument wird vollständig zerstört; ein vergleichbares kostet
20 000 Euro mehr. Wie ist die Rechtslage?
Lösung:
(1) Zunächst ist der Lieferungsanspruch des K gegen V aus § 433 Abs. 1
BGB zu prüfen. Dieser könnte gem. § 275 BGB untergegangen sein. Bei
Konzertflügeln wird es sich aufgrund des individuellen Klangs um eine
Stückschuld handeln, so dass die Leistungsverpflichtung des V mit der
Zerstörung durch den Unfall nach § 275 Abs. 1 BGB nachträglich unmöglich geworden ist, womit der Anspruch untergegangen ist. Hätte es sich
um eine Gattungsschuld gehandelt, wäre das Ergebnis gleich, da sich bei
einer vereinbarten Schickschuld die Gattungsschuld gem. § 243 Abs. 1
BGB zu einer Stückschuld konkretisiert, wenn der Schuldner die Sache
dem Frachtführer aushändigt.
(2) Wenn V von seiner Lieferverpflichtung frei wird, ist zu fragen, ob er
trotzdem von K Zahlung gem. § 433 Abs. 2 BGB verlangen kann. Dies richtet sich zunächst nach § 326 Abs. 1 BGB. Dessen Voraussetzungen liegen

vor, so dass der Zahlungsanspruch entfiele. Hier könnte jedoch die Ausnahmevorschrift des § 447 BGB einschlägig sein, wenn es sich um einen Versendungskauf handelt. Erfüllungsort war nach der Auslegungsregel des § 269 BGB der Ort des Schuldners, also der des Verkäufers V in München. V hat sich auf Bitten des Gläubigers K bereit erklärt, die verkaufte Sache an einen anderen als den Erfüllungsort, nämlich an den Wohnort des Käufers nach Stuttgart zu versenden. In diesem Fall geht die Preisgefahr, also das Risiko, trotz Untergangs der Sache den Kaufpreis entrichten zu müssen, mit der Übergabe der Sache an die Transportperson auf den Käufer über. Damit behält V den Zahlungsanspruch gegen K, obwohl das Instrument zerstört worden ist.

Wenn es sich bei V um einen Unternehmer i.s.v. § 14 BGB und bei K um einen Verbraucher i.s.v. § 13 BGB handelt, sind zusätzlich die zwingenden Vorschriften des Rechts über den Verbrauchsgüterkauf zu beachten. Nach § 474 Abs. 2 BGB findet auf den Verbrauchsgüterkauf u.a. § 447 BGB gerade keine Anwendung. In diesem Fall bliebe es also bei § 326 Abs. 1 BGB mit der Folge, dass K den Kaufpreis nicht zu bezahlen braucht.

(3) Fraglich ist, ob K von V die Mehrkosten für ein vergleichbares Instrument in Höhe von 20 000 Euro nach § 437 Nr. 3 Alt. 1 i.V.m. §§ 280 Abs. 1, 3, 283 BGB ersetzt verlangen kann. Hierbei ist jedoch festzustellen, dass V den Untergang des Instruments mangels Beteiligung am Unfall nicht zu vertreten hat; auch wäre ihm ein (ohnehin hier nicht vorliegendes) Verschulden des F nicht gem. § 278 BGB zurechenbar, da die Transportpersonen beim Versendungskauf in der Regel keine Erfüllungsgehilfen des Verkäufers sind (die Pflichten des Verkäufers umfassen beim Versendungskauf nicht den Transport, sondern lediglich die Auswahl der Transportperson). Obwohl dem K ein Schaden entstanden ist, steht ihm kein vertraglicher Schadenersatzanspruch gegen V zu.

(4) Zu prüfen ist ein Anspruch des K gegen V nach § 823 Abs. 1 BGB. Dann müsste K jedoch bereits Eigentümer des Flügels geworden sein. Eigentümer im Zeitpunkt des Unfalls war jedoch (noch) V, da die Übergabe noch nicht erfolgt war. Außerdem würde es ebenfalls am Verschulden des V mangeln. Daher ergibt sich für K auch kein gesetzlicher Schadenersatzanspruch.

(5) Als Anspruchsgrundlagen für einen Schadenersatz des K gegen S kommen § 823 Abs. 1 BGB, § 823 Abs. 2 BGB i.V.m. § 303 StGB, sowie §§ 7 Abs. 1 und 18 Abs. 1 StVG in Betracht. Alle Ansprüche scheitern jedoch daran, dass K zum Unfallzeitpunkt nicht Eigentümer des Konzertflügels war (s.o.).

(6) K könnte eventuell einen Schadenersatz gegen den Frachtführer F aus §§ 421, 407 HGB geltend machen. Allerdings ist der Frachtführer nach § 426 HGB von der Haftung befreit, wenn die Beschädigung des Frachtguts auf Umständen beruht, die der Frachtführer auch bei größter Sorgfalt nicht vermeiden konnte, was hier der Fall war. Auch die Schadenersatzansprüche wegen Eigentumsverletzung scheitern am fehlenden Verschulden des F.

Damit bleibt festzuhalten, dass K zwar einen Schaden erlitten hat (Zahlungsverpflichtung, obwohl er die Sache nicht erhält; Mehrkosten für einen Ersatzflügel), er diesen jedoch selbst von niemandem liquidieren kann.

(7) Zu prüfen ist aber, ob K nicht gegen V einen Anspruch aus § 285 BGB auf Ersatzherausgabe oder Abtretung hat. V brauchte seine Leistung aufgrund nachträglich eingetretener Unmöglichkeit nach § 275 Abs. 1 BGB nicht zu erbringen. Er müsste weiterhin infolge dieses Umstandes für den geschuldeten Gegenstand einen Ersatz oder einen Ersatzanspruch erlangt haben. Fraglich ist daher, ob V gegen F oder S ein Anspruch zusteht.

(a) Gegen F sind Ansprüche aus §§ 421 Abs. 1, 407 HGB, sowie aus § 823 Abs. 1 BGB, § 7 und § 18 StVG denkbar. Für § 823 Abs. 1 BGB sowie §§ 7 und 18 StVG muss V bei der Zerstörung des Instruments noch Eigentümer gewesen sein. Mangels Übergabe an den K ist er dies geblieben. Weiterhin erfordern § 823 Abs. 1 BGB sowie § 18 StVG jedoch ein Verschulden des F, das gerade nicht vorliegt. Einem Anspruch aus §§ 421 Abs. 1, 407 HGB kann F den mangels Verschulden vorliegenden Haftungsausschluss nach § 426 HGB entgegenhalten. Folglich könnte V den F ausschließlich aus § 7 StVG (verschuldensunabhängige Gefährdungshaftung aufgrund der Betriebsgefahr eines Kraftfahrzeugs) in Anspruch nehmen. Voraussetzung ist allerdings, dass er auch einen Schaden erlitten hat. Da K jedoch weiterhin zur Zahlung des Kaufpreises verpflichtet bleibt, ist V trotz der Eigentumsverletzung gerade kein Schaden entstanden. Sein Vermögen ist nach der Differenzmethode vor und nach dem schädigenden Ereignis gleich geblieben.

(b) Bei den Schadenersatzansprüchen des V gegen S aus § 823 Abs. 1 BGB, § 7 und § 18 StVG fehlt es hinsichtlich der Voraussetzungen ausschließlich daran, dass bei V kein Schaden eingetreten ist.

(c) Als Zwischenergebnis bleibt daher festzuhalten, dass V auf den ersten Blick weder einen Schadenersatzanspruch gegen F noch gegen S hat, da er zwar einen Anspruch hätte, bei ihm jedoch kein Schaden eingetreten ist. Umgekehrt hat K einen Schaden erlitten, hat aber keinen Anspruch. Aus dieser unbefriedigenden Situation hilft die Lehre von der „Schadensliquidation im Drittinteresse" („Drittschadensliquidation"): dem Schädiger darf aus dem frühzeitigen Gefahrübergang beim Versendungskauf kein ungerechtfertigter Vorteil erwachsen. Deshalb kann in einer solchen Situation der Schaden desjenigen, der keinen Anspruch hat, von demjenigen gegenüber dem Schädiger geltend gemacht werden, der zwar den Anspruch, aber keinen Schaden hat. Es wird also der Schaden zum Anspruch gezogen, wodurch V die ihm zustehenden Ansprüche (mit dem Schaden des K) gegen S und F als Gesamtschuldner (§ 840 BGB) geltend machen kann.
K hat gem. § 285 Abs. 1 BGB gegen V entweder einen Anspruch auf Abtretung der Ansprüche, die V gegen F und S hat, oder Anspruch auf Herausgabe der von F und S erhaltenen Summe, sofern diese bereits an V gezahlt haben.

Fall 141:

Lehrer L kauft vom Gebrauchtwarenhändler H ein 3 Jahre altes Fahrzeug. Der von H vorgelegte Formkaufvertrag enthält die Klausel „gekauft wie besehen unter Ausschluss jeglicher Gewährleistung". Nach einem Monat erleidet das Auto einen Motorschaden, dessen Grundlage bereits bei der Übergabe bestand. L verlangt von H, den Motor auszutauschen. H lehnt jegliche Ansprüche mit Hinweis auf den Gewährleistungsausschluss ab; auch die Herstellergarantie sei im Übrigen abgelaufen. Zu Recht?

Lösung: Ein defekter Motor ist ein Sachmangel i.S.d. § 434 Abs. 1 BGB. L hat daher an sich gem. § 437 Nr. 1 BGB einen Anspruch auf Nacherfüllung, der gem. § 439 Abs. 1 BGB auch die Mängelbeseitigung umfasst. Die Gewährleistung könnte jedoch ausgeschlossen sein, wenn die zitierte Klausel wirksam wäre. Aus § 444 BGB ergibt sich, dass der Ausschluss der Mängelrechte grundsätzlich möglich ist. Auch aus den Regelungen über die Gestaltung rechtsgeschäftlicher Schuldverhältnisse durch allgemeine Geschäftsbedingungen (AGBs) ergibt sich nichts anderes, da § 309 Nr. 8 BGB den Ausschluss der Mängelrechte nur bei Verträgen über neu hergestellte Sachen untersagt. Da L Verbraucher und H Unternehmer i.S.d. §§ 13, 14 BGB ist, liegt hier jedoch gem. § 474 Abs. 1 BGB ein Verbrauchsgüterkauf vor. Beim Verbrauchsgüterkauf können gem. § 475 Abs. 1 BGB die Mängelrechte vertraglich nicht völlig ausgeschlossen werden. Die Klausel ist daher unwirksam und L verlangt zu Recht den Austausch des Motors.

Fall 142:

Die KFZ-Werkstätte W erwirbt von V eine neue Hebebühne. Nach einer Woche sackt die Hebebühne wegen eines Defekts an der Hydraulik plötzlich ab. Dabei entsteht an einem mit der Hebebühne angehobenen und im Eigentum des W stehenden Fahrzeug ein Schaden von 5000 Euro. W lässt die Hebebühne reparieren und verlangt die dafür aufgewendeten Kosten in Höhe von 1500 Euro von V. Außerdem will er seinen Betriebsausfallschaden in Höhe von 1000 Euro ersetzt bekommen, weil er die Hebebühne wegen der Reparaturarbeiten 2 Tage lang nicht nutzen konnte. V ist der Ansicht, dass W ihm zunächst eine Chance zur Reparatur hätte geben müssen. Schadenersatz schulde er als Verkäufer erst recht nicht. Wie ist die Rechtslage?

Lösung: Die defekte Hydraulik stellt einen Mangel i.S.d. § 434 Abs. 1 BGB dar. W stehen daher die in § 437 BGB genannten Mängelrechte zu. Er hätte daher gem. §§ 437, 439 BGB von V Nachbesserung verlangen können. (a) Dies hat er jedoch nicht getan, sondern er ließ die Hebebühne selbst reparieren und verlangt von V Ersatz der dafür aufgewendeten Kosten. Die Selbstvornahme ist im Kaufrecht im Gegensatz zum Werkvertragsrecht (§ 637 BGB) nicht als Mängelrecht ausdrücklich geregelt. Dies schließt jedoch eine Ersatzpflicht des Verkäufers hinsichtlich der Kosten für die Selbstvornahme nicht aus: Ein solcher Anspruch kann nämlich auch vom Schadenersatzanspruch umfasst sein, wenn die Voraussetzungen der

§§ 437 Nr. 3, 280 Abs. 1 bzw. 280 Abs. 3, 281, 283 BGB vorliegen. Damit stellt sich die Frage, ob dieser Schaden vom einfachen Schadenersatz nach § 280 Abs. 1 BGB umfasst ist oder zum Schadenersatz statt der Leistung (§§ 280 Abs. 1, 3, 281, 283 BGB) gehört. Aus der gesamten Systematik der Mängelrechte ergibt sich, dass Mangelschäden, also solche Schäden, die sich in der Mangelhaftigkeit der Sache selbst erschöpfen, ohne sich auf andere Rechtsgüter des Käufers als die gekaufte Sache zu erstrecken, nur unter den Voraussetzungen der §§ 281, 283, 440 BGB ersetzt werden. Die Kosten für die Beseitigung eines Mangels sind der typische Fall des Mangelschadens und daher im Normalfall nur unter den Voraussetzungen des § 281 Abs. 1 BGB nach erfolgloser Fristsetzung zur Nacherfüllung ersatzfähig. Da W dem V keine Frist gesetzt hat und auch die Ausnahmen der §§ 283, 440 BGB nicht gegeben sind, hat W keinen Anspruch auf Ersatz der Reparaturkosten.

(b) Der Schaden an dem Fahrzeug auf der Hebebühne ist demgegenüber ein Schaden, der bei Verwendung der gekauften Sache an einem anderen Rechtsgut entstand. Da hinsichtlich solcher Mangelfolgeschäden eine Nacherfüllung keine Abhilfe schaffen kann, gehören sie zum einfachen Schadenersatz nach § 280 Abs. 1 BGB und können nach §§ 437 Nr. 3, 280 Abs. 1 BGB ersetzt verlangt werden. Die Lieferung einer mangelhaften Sache ist eine Pflichtverletzung (vgl. § 433 Abs. 1 S. 2 BGB) i.S.d. § 280 Abs. 1 S. 1 BGB. Da keine Anhaltspunkte dafür vorliegen, dass V den Mangel nicht zu vertreten hat, ist er zum Ersatz des Schadens an dem beschädigten Fahrzeug in Höhe von 5000 Euro verpflichtet.

(c) W verlangt außerdem Ersatz des Betriebsausfallschadens für die Zeit der Reparatur. Da § 437 Nr. 3 BGB auch auf § 280 Abs. 2 BGB verweist, könnte man meinen, dass der Betriebsausfallschaden ein Verzögerungsschaden ist, der nur unter den Voraussetzungen des § 286 BGB (Verzug) zu ersetzen ist. Der Gesetzgeber hat jedoch in der Gesetzesbegründung zum Schuldrechtsreformgesetz 2002 ausdrücklich klar gestellt, dass der Betriebsausfallschaden bereits von § 280 Abs. 1 BGB erfasst wird, wenn sich die Pflichtverletzung auf die Lieferung einer mangelhaften Sache beschränkt. V muss daher auch den Betriebsausfallschaden in Höhe von 1000 Euro ersetzen.

Fall 143:

V ist Eigentümer eines Baugrundstücks im Sanierungsgebiet und verkauft dieses an seinen Bekannten K zu einem Freundschaftspreis, der mindestens 50000 Euro unter dem Verkehrswert liegt. Sie vereinbaren gleichzeitig, im Falle der Ausübung eines Vorkaufsrechts den Vertrag rückgängig zu machen. Nach Mitteilung des Vertrags übt die Stadtgemeinde das gesetzliche Vorkaufsrecht nach § 24 BauGB aus. V und K berufen sich auf ihre Unkenntnis vom Bestehen des gemeindlichen Vorkaufsrechts und denken außerdem an eine Rückgängigmachung des Vertrags. Was ist hierzu zu sagen?
Lösung: Das gesetzliche Vorkaufsrecht der Gemeinden (§ 24 BauGB) wird nicht im Grundbuch eingetragen und wirkt auch gegenüber gutgläubigen

Erwerbern. Eine Rückgängigmachung könnte das Vorkaufsrecht nicht vereiteln (§ 465 BGB).

Fall 143 a:

Bank B gewährt Rentner R einen Kredit über 2 400 Euro zur Finanzierung einer Urlaubsreise. Vereinbarungsgemäß steht in der von R unterschriebenen Vertragsurkunde, dass B verpflichtet sei, an R 2 400 Euro auszuzahlen und dass R den Kredit in zwölf Monatsraten zu je 220 Euro abzutragen habe. Später weigert sich R, den vollen Betrag der einzelnen Raten zu zahlen; B besteht auf Zahlung. Wer hat Recht?

Lösung: Als Anspruchsgrundlage für das Begehren der B kommt § 488 Abs. 1 Satz 2 BGB in Verbindung mit dem Darlehensvertrag in Betracht. R ist danach grundsätzlich verpflichtet, die Darlehensvaluta an B zurückzuzahlen und entsprechend der vertraglichen Vereinbarung zu verzinsen. Gegen eine Verpflichtung des R zur Zahlung von zwölf Monatsraten zu je 220 Euro könnte jedoch § 484 Abs. 1 BGB sprechen; die Vorschriften über den Darlehensvertrag (§§ 488 ff. BGB) werden durch die zwingenden Regelungen der §§ 491 ff. BGB aus Gründen des Verbraucherschutzes z.T. erheblich modifiziert. Ein Ausschluss der Pflicht des R zur vertragsgemäßen Verzinsung besteht gem. § 494 Abs. 1 BGB allerdings nur, wenn überhaupt ein Verbraucherdarlehensvertrag i.S.d. § 491 Abs. 1 BGB vorliegt und somit die §§ 491 ff. BGB Anwendung finden. B hat das Darlehen in Ausübung ihrer gewerblichen Tätigkeit und somit als „Unternehmer" i.S.d. §§ 491 Abs. 1, 14 Abs. 1 BGB gewährt. R hat das Darlehen zu privaten Zwecken, d.h. als „Verbraucher" i.S.d. §§ 491 Abs. 1, 13 BGB erhalten. Ein Darlehensvertrag i.S.d. § 491 Abs. 1 BGB ist abgeschlossen worden. Da eine Ausnahme nach § 491 Abs. 2, 493 BGB nicht vorliegt, bestimmt sich folglich die Wirksamkeit der Vereinbarung nach den Vorschriften der §§ 491 ff. BGB. Nach § 492 Abs. 1 Satz 1 BGB bedarf der Darlehensvertrag der Schriftform; diese ist eingehalten. Gem. § 492 Abs. 1 Satz 5 Nr. 1 bis 7 BGB müssen in der Vertragsurkunde zudem eine Reihe von Angaben über die Vertragsabwicklung enthalten sein (Nettodarlehensbetrag, Gesamtbetrag aller vom Darlehensnehmer zu entrichtenden Teilzahlungen einschließlich der Zinsen und Kosten, Art und Weise der Rückzahlung des Darlehens, Zinssatz und alle sonstigen Kosten des Darlehens, effektiver Jahreszins, Kosten einer Restschuldversicherung, zu bestellende Sicherheiten). Die von R unterzeichnete Vertragsurkunde entspricht diesen Anforderungen nicht; es fehlen z.B. die Angaben des Gesamtbetrages der Teilzahlungen und des effektiven Jahreszinses. Ein unter Verstoß gegen § 492 Abs. 1 Satz 5 Nr. 1 bis 6 BGB geschlossener Darlehensvertrag ist gem. § 494 Abs. 1 BGB grundsätzlich nichtig. § 494 Abs. 2 BGB macht von diesem Grundsatz eine Ausnahme, sofern die Darlehensvaluta an den Verbraucher bereits ausgezahlt worden ist. In diesem Fall ist der Vertrag zwar wirksam, wird kraft Gesetzes jedoch inhaltlich zugunsten des Verbrauchers umgestaltet. Im vorliegenden Fall führt die Anwendung von § 494

Abs. 2 BGB dazu, dass sich der zwischen B und R vereinbarte Zinssatz i.h.v. 10 % auf den gesetzlichen Zinssatz i.H.v. 4 % (vgl. § 246 BGB) vermindert und dass die vereinbarten Teilzahlungen unter Berücksichtigung der verminderten Zinsen neu zu berechnen sind.

Fall 144:
K kauft von V ein Kraftfahrzeug, dessen Finanzierung die Bank B nach dem Modell des „B-Geschäfts" übernimmt. Das Fahrzeug stellt sich als ausgesprochene „Montagsproduktion" heraus. Nachdem auch verschiedene Nachbesserungsversuche keine Abhilfe brachten, will K die Ratenzahlung an die Bank im Hinblick auf die Mängel einstellen. Kann er dies?
Lösung: Bei einem „verbundenen Vertrag" gemäß § 358 BGB, wozu auch das sog. „B-Geschäft" gehört, wird zusätzlich zum Kaufvertrag ein Darlehensvertrag zur Finanzierung des Kaufpreises geschlossen, der mit dem Kaufvertrag eine wirtschaftliche Einheit bildet (§ 358 Abs. 3 BGB). Wegen dieser wirtschaftlichen Einheit kann der Käufer die Rückzahlung des Kredits verweigern, soweit Einwendungen aus dem verbundenen Kaufvertrag ihn dem Verkäufer gegenüber zur Verweigerung seiner Leistung berechtigen würden (§ 359 BGB, sog. „Einwendungsdurchgriff").

Fall 145:
Vater V schenkt seinen Kindern je eine Kommanditbeteiligung an der XY-KG. In der notariellen Urkunde wurde ausdrücklich festgehalten, dass „V zum jederzeitigen Widerruf der Schenkung berechtigt ist". Ist die Schenkung wirksam, wird sie einkommensteuerrechtlich anerkannt?
Lösung: Die Schenkung ist zivilrechtlich wirksam; die Vertragsfreiheit lässt die Schenkung unter einer Auflage, auch der des jederzeitigen Widerrufs, zu. Einkommensteuerrechtlich ist sie jedoch nur dann zu beachten, wenn eine wirkliche Entäußerung der Einkunftsquelle gewollt und vollzogen wurde. Die Finanzrechtsprechung anerkennt nur solche Vertragsgestaltungen, die auch unter Fremden üblich sind. Auflagen der vorliegenden Art sind in der Regel einkommensteuerschädlich, da Schenkungen mit derartigen Einschränkungen von der Rechtsprechung als nicht ernsthaft gewollt und nicht tatsächlich durchgeführt angesehen werden.

Fall 146:
V vermietet sein unbebautes Grundstück an den Gebrauchtwagenhändler M, der dort die zu verkaufenden Kraftfahrzeuge abstellt. M bezahlt eine Jahresmiete im Voraus und erklärt dem V unter Zeugen schulterklopfend: „Das Ganze hat natürlich nur einen Sinn, wenn der Mietvertrag auf 5 Jahre abgeschlossen ist, einverstanden?"; V sagt: „Ja!" Später will V das Grundstück bebauen und kündigt den Mietvertrag auf Ende des zweiten Jahres. Geht das?
Lösung: V kann kündigen, wenn er nicht an die vereinbarte 5-jährige Laufzeit gebunden ist. Im vorliegenden Fall handelt es sich um einen

Mietvertrag über ein Grundstück mit einer Laufzeit von mehr als 1 Jahr.
Dieser bedarf nach § 550 Abs. 1 (i.V.m. § 578 Abs. 1) BGB zwar nicht ausdrücklich der Schriftform. Fehlt diese, so gilt er nach § 550 Abs. 1 BGB als
auf unbestimmte Zeit geschlossen; seine Kündigung ist aber nicht für eine frühere Zeit als für den Schluss des ersten Jahres zulässig. Da V erst für
den Schluss des zweiten Jahres gekündigt hat, ist diese Kündigung wirksam. M muss also das Grundstück zum genannten Zeitpunkt räumen.

Fall 147:
V vermietet an M Räume zum Betrieb einer Gaststätte. Im Vertrag ist bestimmt, dass sich die Kostentragungspflicht für Reparaturen nach der gesetzlichen Lage bestimme. M lässt den seit geraumer Zeit funktions-
schwachen Ventilator reparieren und schickt V die Rechnung. Muss dieser
bezahlen?
Lösung: Ja, die gesetzliche Kostentragungspflicht folgt aus § 535 Abs. 1 S. 2
BGB, wonach der Vermieter verpflichtet ist, die Sache in gebrauchsfähi-
gem Zustand zu erhalten. Außerdem hat im vorliegenden Fall M Aufwendungen getätigt, die nicht nach § 536a Abs. 2 BGB zu ersetzen sind,
weshalb ihm gem. § 539 Abs. 1 BGB ein Aufwendungsersatzanspruch nach
den Vorschriften über die Geschäftsführung ohne Auftrag gem. §§ 683,
670, 677 BGB zusteht.

Fall 148:
Student S ist seiner Zimmerwirtin V die Miete schuldig. Sie entdeckt im
Zimmer des S eine wertvolle Stereoanlage, die diesem von seinem Freund
leihweise überlassen worden war. Die Vermieterin will notfalls das ihr zustehende Vermieterpfandrecht geltend machen. Kann sie das?
Lösung: Nach § 562 BGB hat der Vermieter ein Pfandrecht an den einge-
brachten Sachen des Mieters. Im vorliegenden Fall kann V jedoch kein
Vermieterpfandrecht ausüben, da die Stereoanlage nicht dem Mieter
gehört und damit die Grundvoraussetzung des § 562 BGB entfällt. V konnte dieses Pfandrecht auch nicht gutgläubig erwerben. Es ist ohnehin strittig, ob und inwieweit gesetzliche Pfandrechte gutgläubig erworben werden können. Soweit nicht ein gesetzlicher Ausnahmefall vorliegt (z.B.
§ 366 Abs. 3 HGB), wird dies von der Rechtsprechung z.b. beim Werkun-
ternehmerpfandrecht nach § 647 BGB verneint (BGHZ 34, 125 f.; 34, 153 ff.);
im Schrifttum wird z.T. die Möglichkeit des gutgläubigen Erwerbs von gesetzlichen Besitzpfandrechten bejaht; nicht dagegen beim „besitzlosen"
Pfandrecht des Vermieters.

Fall 149:
V hat an M ein Einfamilienhaus mit einer Laufzeit von 5 Jahren vermietet.
Später veräußert er das Grundstück an E. E will selbst einziehen und kündigt M unter Einhaltung der gesetzlichen Kündigungsfrist. Muss M aus-
ziehen? Wie wäre es bei der Vermietung einer beweglichen Sache?

Lösung: Unabhängig davon, ob nach dem für Wohnraum geltenden sozialen Mietrecht wirksam gekündigt werden darf (nur bei berechtigtem Interesse z.b. Eigenbedarf), greift hier § 566 BGB ein: Der Erwerber des Grundstücks tritt an die Stelle des Vermieters in die sich aus dem Mietverhältnis ergebenden Rechte und Pflichten („Kauf bricht nicht Miete"). E ist also gleichfalls an die 5-jährige Mietdauer gebunden. Bei der Vermietung einer beweglichen Sache greift § 566 BGB nicht ein. Hier ergibt sich jedoch dasselbe Ergebnis aus § 986 Abs. 2 BGB (vgl. dazu unten im Abschnitt Sachenrecht).

Fall 150:
Bauherr Benno erstellt ein Mehrfamilienhaus. Nach Abschluss der Installationsarbeiten trifft er sich mit Flaschnermeister Ulli am Bau zur Abnahme, die ohne Beanstandung vermerkt wird. In der Nacht darauf entwenden Unbekannte sämtliche Waschbecken. U verlangt von B dennoch vollständige Bezahlung. Mit Recht?
Lösung: Mit Abnahme der Leistung durch den Besteller geht die Gegenleistungsgefahr vom Unternehmer auf den Besteller über (§ 644 Abs. 1 S. 1 BGB). B muss also den Werklohn (auch hinsichtlich der Waschbecken) bezahlen.

Fall 151:
Die Z-GmbH produziert und vertreibt Werbemittel. Mit der Schreinerei S einigt sie sich auf die Lieferung von 5000 Werbezündholzbriefchen mit dem aufgedruckten Firmenlogo der S zum Preis von 300 Euro pro tausend Stück. Nachdem Z an S 2000 Stück geliefert hat, kündigt S den Auftrag im Übrigen. Z verlangt für die restlichen – noch nicht produzierten – 3000 Zündholzbriefchen die vereinbarte Vergütung. Welche Ansprüche hat Z, wenn sie die Zündholzbriefchen für 100 Euro per tausend Stück herstellen lässt?
Lösung: Der Anspruch auf die vereinbarte Vergütung wäre erloschen, wenn die Kündigung wirksam wäre. Nach § 649 BGB kann der Besteller beim Werkvertrag bis zur Vollendung jederzeit den Vertrag kündigen. Dazu müsste jedoch auf diesen Vertrag Werkvertragsrecht anwendbar sein. Nach § 651 S. 1 BGB findet auf einen Vertrag, der die Lieferung herzustellender oder zu erzeugender beweglicher Sachen zum Gegenstand hat, Kaufrecht Anwendung. § 651 S. 3 BGB erklärt jedoch einige Vorschriften des Werkvertragsrechts für anwendbar, wenn es sich bei den herzustellenden Sachen um nicht vertretbare Sachen handelt. Werbematerial, das auf die Bedürfnisse eines bestimmten Unternehmers hin produziert wird, hebt sich von anderen Sachen der gleichen Art durch ausgeprägte Individualisierungsmerkmale derart ab, dass es nicht austauschbar ist und ist daher keine vertretbare Sache i.s.d. § 91 BGB. Damit ist § 649 BGB gem. § 651 S. 3 BGB anwendbar. Die Kündigung war daher wirksam. Allerdings kann Z gem. § 649 S. 2 BGB die vereinbarte Vergütung abzüglich der er-

sparten Aufwendungen verlangen. Da als Vergütung 300 Euro pro tausend Stück vereinbart waren und Z für die Herstellung von tausend Stück 100 Euro hätte aufwenden müssen, kann Z für die restlichen 3000 Stück die Differenz von 200 Euro pro 1000 Stück, also insgesamt 600 Euro von S verlangen.

Fall 152:

H lässt von M die Fassade seines Einfamilienhauses neu streichen. 3 Jahre nach Fertigstellung und Abnahme beginnt die Farbe abzubröckeln. H setzt M eine Frist von einem Monat zur Nachbesserung. Nachdem die Frist fruchtlos verstrichen ist, lässt H den Anstrich von einem anderen Unternehmen ausbessern und verlangt von M Erstattung der dafür aufgewendeten Kosten. M beruft sich auf die Verjährung. Wer hat Recht?
Lösung: Das Abbröckeln der Farbe stellt einen Sachmangel i.s.d. § 633 Abs. 2 BGB dar. H hat daher die Rechte aus § 634 BGB und kann insbesondere gem. § 634 Nr. 2 BGB unter den Voraussetzungen des § 637 BGB den Mangel selbst beseitigen und Ersatz der dafür erforderlichen Kosten verlangen. Die Voraussetzungen des § 637 Abs. 1 BGB sind auch erfüllt, da H erfolglos eine Frist zur Nacherfüllung gesetzt hat. M beruft sich jedoch auf die Verjährung (§ 214 Abs. 1 BGB). Die Dauer der Verjährung der werkvertraglichen Mängelrechte hängt gem. § 634 a Abs. 1 Nr. 1 und 2 BGB davon ab, ob es sich bei dem Werk um ein Bauwerk handelt, da in diesem Fall die Verjährungszeit 5 Jahre beträgt. Reparatur- und Umbauarbeiten fallen nach der Rechtsprechung nur dann unter § 634 a Abs. 1 Nr. 2 BGB, wenn sie für Konstruktion, Bestand, Erhaltung oder Benutzbarkeit des Gebäudes von wesentlicher Bedeutung sind. Da dies bei der Erneuerung des Hausanstrichs nicht der Fall ist, verjähren die entsprechenden Mängelansprüche gem. § 634 a Abs. 1 Nr. 1 BGB in 2 Jahren. M beruft sich daher zu Recht auf die Verjährung.

Fall 153:

Benno lässt die Gartenanlagen des Mehrfamilienhauses von Gärtnermeister Gernot ausführen. Bei der Abnahme stellt sich heraus, dass bei einem der kleinen Kieswege auf einer Länge von zehn Metern der Kies fehlt. Benno verweigert die Abnahme. Zu Recht?
Lösung: Grundsätzlich ist der Besteller nur verpflichtet, ein vertragsmäßig hergestelltes Werk abzunehmen. Wenn auf einem Kiesweg das Gestein fehlt, liegt ein Mangel vor. Sofern es sich dabei aber, wie hier, um einen unwesentlichen Mangel handelt, kann die Abnahme nicht verweigert werden (§ 640 Abs. 1 S. 2 BGB). Obwohl mit der Abnahme der Vergütungsanspruch des Gernot fällig wird, kann Benno jedoch gem. § 641 Abs. 3 BGB die Zahlung eines angemessenen Teils der Vergütung verweigern – mindestens in Höhe des Dreifachen der für die Mangelbeseitigung erforderlichen Kosten –, da ihm gegen Gernot ein Mängelbeseitigungsanspruch nach § 634 i.V.m. § 633 BGB zusteht.

Fall 154:
S schuldet G aus Darlehen, für das sich B verbürgt hat, 10 000 Euro. Gegen S wird das Insolvenzverfahren eröffnet. G verlangt von B Bezahlung. Rechtslage?

Lösung: Anspruchsgrundlage ist § 765 BGB. B könnte nach § 768 BGB die dem S gegen G zustehenden Einreden entgegenhalten (aus dem Sachverhalt sind keine ersichtlich). Die normalerweise B zustehende Einrede der Vorausklage (also das Recht, die Leistung abzulehnen, solange nicht der Gläubiger gegen den Hauptschuldner erfolglos die Zwangsvollstreckung versucht hat) scheidet im vorliegenden Fall nach der Eröffnung des Insolvenzverfahrens über das Vermögen des Hauptschuldners gem. § 773 Abs. 1 Nr. 3 BGB aus. B muss also leisten und erwirbt dadurch im Wege des gesetzlichen Forderungsübergangs nach § 774 Abs. 1 S. 1 BGB einen Regressanspruch gegen S (der allerdings wenig Aussicht auf Erfolg verspricht).

XII. Gesetzliche Schuldverhältnisse

Übersicht

Geschäftsführung ohne Auftrag (GoA) §§ 677 ff. BGB	*Kurzformel:* Tätigwerden im Interesse eines anderen, ohne dazu von ihm beauftragt zu sein. Man unterscheidet die berechtigte und unberechtigte GoA.
Arten der GoA	(I) *Echte Geschäftsführung ohne Auftrag:* (es liegt ein objektiv und subjektiv fremdes Geschäft vor) ● objektiv: Führung eines fremden Geschäfts („fremd" ist ein Geschäft, wenn es objektiv zum Pflichtenkreis eines anderen gehört) ● subjektiv: mit Fremdgeschäftsführungswillen (Fremdgeschäftsführungswille liegt vor, wenn der Geschäftsführer das Geschäft für einen anderen führen will) ● ohne Auftrag oder sonstige Berechtigung (keine Verpflichtung aus Vertrag oder Gesetz) (1) *berechtigte Geschäftsführung ohne Auftrag:* (a) GoA entspricht dem Interesse und dem wirklichen oder mutmaßlichen Willen des Geschäftsherrn (§ 683 S. 1 BGB) (b) GoA widerspricht zwar dem Willen des Geschäftsherrn, liegt aber im öffentlichen Interesse (§ 679 BGB) (c) Geschäftsherr genehmigt eine zunächst unberechtigte Geschäftsführung (§ 684 S. 2 BGB) (2) *unberechtigte Geschäftsführung ohne Auftrag:* Geschäftsführung widerspricht dem Interesse und/oder Willen des Geschäftsherrn (§ 684 S. 1 BGB)

	(II) *Eigengeschäftsführung* (§ 687 BGB): Jemand führt ein fremdes Geschäft als eigenes (1) *irrtümliche Eigengeschäftsführung* (§ 687 Abs. 1 BGB): Geschäftsführer glaubt irrtümlich, er besorge ein eigenes Geschäft; (2) *unerlaubte Eigengeschäftsführung* (§ 687 Abs. 2 BGB): Wissentliche Behandlung eines fremden Geschäfts als eigenes zum eigenen Vorteil.

Rechtsfolgen	(I) *Berechtigte Geschäftsführung ohne Auftrag*:
	(1) *Ansprüche des Geschäftsherrn*
	● Anspruch auf ordnungsgemäße Ausführung der GoA (§ 677 BGB);
	● Anzeige der Geschäftsführung (§ 681 S. 1 BGB);
	● Verweisung auf Ansprüche beim (echten) Auftrag (§ 681 S. 2 BGB):
	  – Auskunfts- und Rechenschaftspflicht (§ 666 BGB),
	  – Anspruch auf Herausgabe des Erlangten (§ 667 BGB);
	● Schadenersatzansprüche bei schuldhafter Pflichtverletzung (vgl. § 678 BGB).
	(2) *Ansprüche des Geschäftsführers*
	● Anspruch auf Aufwendungsersatz (§§ 683 S. 1, 670 BGB).
	(II) *Unberechtigte Geschäftsführung ohne Auftrag*:
	Das Rechtsverhältnis zwischen Geschäftsherrn und Geschäftsführer regelt sich grundsätzlich nach den Vorschriften über die unerlaubte Handlung (§§ 823 ff. BGB) sowie über die ungerechtfertigte Bereicherung (§§ 812 ff. BGB).
	Daneben selbständiger Schadenersatzanspruch des Geschäftsherrn nach § 678 BGB.
	(III) *Eigengeschäftsführung*:
	(1) *irrtümliche Eigengeschäftsführung* (§ 687 Abs. 1 BGB):
	Keine Anwendung der Vorschriften über die GoA, vielmehr Bereicherungs- und Schadenersatzrecht.
	(2) *unerlaubte Eigengeschäftsführung* (§ 687 Abs. 2 BGB):
	Geschäftsherr kann nach § 687 Abs. 2 S. 1 BGB die Ansprüche aus §§ 677, 678, 681, 682 BGB geltend machen. Tut er dies, kann der Geschäftsführer Ansprüche aus § 684 S. 1 BGB geltend machen (Aufwendungsersatz, § 687 Abs. 2 S. 2 BGB).

Ungerechtfertigte Bereicherung §§ 812 ff. BGB	*Kurzformel*: Ausgleichung eines ungerechtfertigten Vermögenszuwachses; Kondiktion (lat.: „condictio")

Arten der **ungerechtfertigten** **Bereicherung**	(I) *Leistungskondiktion* Merke drei Voraussetzungen: Jemand erlangt (1) eine Bereicherung (d.h. „ein vermögenswertes Etwas") (2) durch die von einem anderen erbrachte Leistung („jede bewusste und zweckgerichtete Mehrung fremden Vermögens") (3) ohne rechtlichen Grund Merke für den fehlenden Rechtsgrund 4 Fälle: (a) Die schuldrechtliche Verbindlichkeit besteht nicht (römisch-rechtliche Bezeichnung: condictio indebiti bzw. condictio sine causa, § 812 Abs. 1 S. 1 1. Alt. BGB) *Schulbeispiel*: Eigentumsübertragung aufgrund eines nichtigen Kaufvertrags. (b) Rechtsgrund fällt später weg (condictio ob causam finitam, § 812 Abs. 1 S. 2 1. Alt. BGB) *Schulbeispiel*: Bestohlener Eigentümer erhält von der Versicherung die Versicherungssumme ausbezahlt, später wird das Diebesgut unversehrt zurückgebracht. (c) Der mit der Leistung bezweckte Erfolg tritt nicht ein (römisch-rechtliche Bezeichnung: condictio ob rem bzw. condictio causa data causa non secuta, § 812 Abs. 1 S. 2 2. Alt. BGB) *Schulbeispiel*: Schuldner unterzeichnet dem Gläubiger einen Schuldschein, um ein Darlehen zu erlangen, das aber dann doch nicht ausbezahlt wird. (d) Annahme der Leistung verstößt gegen ein gesetzliches Verbot oder die guten Sitten (römisch-rechtliche Bezeichnung: condictio ob turpem vel iniustam causam, § 817 S. 1 BGB) *Schulbeispiel*: Ein Erpresser erhält vom Opfer 10 000 Euro ausbezahlt. (II) *Bereicherung in sonstiger Weise* Es liegt keine bewusste und zweckgerichtete Vermögensvermehrung (Leistung) vor, sondern die Erlangung einer vermögenswerten Position in sonstiger Weise ohne Rechtsgrund. *Merke folgende Fälle*: (1) *Eingriffskondiktion* (§ 812 Abs. 1 S. 1 2. Alt. BGB) Eingriff auf Kosten eines anderen in den Zuweisungsgehalt eines Rechts *Schulbeispiel*: Eigenmächtiger Ge- und Verbrauch fremder Sachen Daneben Rückgriffskondiktion (Tilgung fremder Schuld) sowie Verwendungskondiktion (Verwendungen auf fremdes Gut)

	(2) *Verfügung eines Nichtberechtigten*, die dem Berechtigten gegenüber wirksam ist (§ 816 Abs. 1 BGB) (a) entgeltliche Verfügung eines Nichtberechtigten (§ 816 Abs. 1 BGB) Der Anspruch richtet sich gegen den Verfügenden auf Herausgabe des Erlangten *Schulbeispiel*: Anspruch des Eigentümers gegen den Mieter, der die Mietsache nach § 932 BGB an einen gutgläubigen Dritten veräußert, auf Herausgabe des Erlöses. (b) Unentgeltliche Verfügung eines Nichtberechtigten (§ 816 Abs. 1 S. 2 BGB) Der Anspruch richtet sich gegen den Beschenkten auf Herausgabe des geschenkten Gegenstandes (3) *Leistung an einen Nichtberechtigten, die dem Berechtigten gegenüber wirksam wird* (§ 816 Abs. 2 BGB) *Schulbeispiel*: Schuldner leistet in Unkenntnis der Abtretung nach § 407 befreiend an den alten Gläubiger.
Verhältnis von Leistungs- und Eingriffskondiktion	Es gilt der Grundsatz der Subsidiarität der Eingriffskondiktion: Solange ein Bereicherungsanspruch aufgrund rechtsgrundloser Leistung in Betracht kommt, hat dieser Vorrang vor einem etwaigen Anspruch aus Eingriffskondiktion, d.h. sofern etwas durch Leistung erlangt wurde, ist § 812 Abs. 1. S. 1 2. Alt. BGB nicht anwendbar!
Umfang des Bereicherungs-anspruchs	Herausgabe des Erlangten (§ 818 Abs. 1 BGB) notfalls Wertersatz (§ 818 Abs. 2 BGB) *Herausgabepflicht entfällt* wenn Empfänger nicht mehr bereichert ist (§ 818 Abs. 3 BGB) *Herausgabepflicht entfällt nicht wegen „Wegfalls der Bereicherung"* (a) bei Bösgläubigkeit des Empfängers (§ 819 BGB) (b) ab Rechtshängigkeit des Bereicherungsanspruchs (§ 818 Abs. 4 BGB)
Unerlaubte Handlung §§ 823 ff. BGB	Kurzformel: Delikt; Wiedergutmachung von Schäden
Einteilung nach subjektiven Komponenten	*Verschuldenshaftung (Schädiger handelt vorwerfbar)*: Vorsätzliches Handeln: ● *Vorsatz*: Wissen und Wollen des rechtswidrigen Erfolges. ● Es genügt *bedingter Vorsatz*: billigendes Inkaufnehmen des Erfolges. Fahrlässigkeit: Außerachtlassung der im Verkehr erforderlichen Sorgfalt (§ 276 Abs. 2 BGB). Im Privatrecht gilt in der Regel das Verschuldensprinzip.

	Gefährdungshaftung (Haftung ohne Verschulden): Im BGB als Ausnahme (z.B. im Rahmen der Tierhalter- haftung §833 S.1 BGB bei „Luxustieren") sowie außer- halb des BGB beim Betrieb gefährlicher Anlagen: §7 Straßenverkehrsgesetz, §?? Wasserhaushaltsgesetz, §§25ff. Atomgesetz, §33 LuftVG und in anderen Fällen (z.B. bei der Produkthaftung, §1 ProdHaftG). *Haftung mit Beweislastumkehr für das Verschulden*: Verschulden erforderlich, wird jedoch zu Lasten des Schuldners bis zum Beweis des Gegenteils vermutet. Fälle: (1) Haftung des Tierhalters bei Nutztieren (§833 S.2 BGB) (2) Haftung des Gebäudebesitzers bzw. Gebäudeunter- haltungspflichtigen (§§836–838 BGB) (3) Haftung für den Verrichtungsgehilfen (§831 Abs.1 S.2 BGB) (4) Haftung des Führers eines Kraftfahrzeuges gem. §18 Abs.1 S.2 StVG
Grundtatbestände	(I) *Verletzung absoluter Rechte* (§823 Abs.1 BGB) (1) *Tatbestandsmäßigkeit*: (a) Verletzung eines absoluten Rechts (b) Schädigungshandlung (c) Kausalität zwischen Schädigungshandlung und Verletzungserfolg *(haftungsbegründende Kausalität)* (aa) Äquivalenz (Handlung ist nicht wegzu- denken, ohne dass der Erfolg entfiele) (bb) Adäquanz (es darf kein atypischer Kausal- verlauf vorliegen) (cc) Schutzzweck der Norm (erfasst ist nur die Schadensfolge, vor deren Eintritt die ver- letzte Norm schützen soll) (2) *Rechtswidrigkeit*: wird durch Tatbestandserfüllung indiziert; liegt also vor, wenn Rechtfertigungs- gründe fehlen. (3) *Verschulden*: Vorsatz bzw. Fahrlässigkeit (4) *Rechtsfolge*: Ersatz des Schadens, den der Verlet- zungserfolg kausal verursacht hat *(haftungsausfül- lende Kausalität)* (aa) Äquivalenz (s.o.) (bb) Adäquanz (s.o.) (cc) Schutzzweck der Norm (s.o.) (II) *Verletzung von Schutzgesetzen (§823 Abs.2 BGB)* *Voraussetzungen*: Schädiger verletzt den Tatbestand eines Gesetzes, das (wenigstens auch!) zugunsten des Geschädigten erlas- sen wurde. Schulbeispiel: Ein Schläger verletzt das Opfer (Kör- perverletzung ist nach §§223ff. StGB zum Schutze des Geschädigten unter Strafe gestellt)

	(III)*Sittenwidrige vorsätzliche Schädigung* (§ 826 BGB) *Voraussetzungen:* Vorsätzliche Schädigung eines anderen in einer gegen die guten Sitten verstoßenden Weise (Generalklausel!) Schulbeispiele: • Täuschung des Vertragspartners • Kollusion zu Lasten eines Dritten • Ausnützung wirtschaftlicher Machtstellungen
Sondertatbestände	(1) Kreditgefährdung (§ 824 BGB) (2) Sexueller Missbrauch (§ 825 BGB) (3) Haftung des Tierhalters bzw. Tieraufsehers (§§ 833, 834 BGB) (4) Haftung des Gebäudebesitzers bzw. -unterhaltungspflichtigen (§§ 836–838 BGB) (5) Haftung des Geschäftsherrn für den Verrichtungsgehilfen (§ 831 BGB) (6) Haftung der Aufsichtspflichtigen (§ 832 BGB) (7) Haftung öffentlich rechtlicher Körperschaften für Amtspflichtverletzungen (§ 839 BGB i.V.m. Art. 34 GG) (8) Billigkeitshaftung nach § 829 BGB.

Fragen

Frage 343:
Können Sie die Interessenlage schildern, die der Geschäftsführung ohne Auftrag (abgekürzt: „GoA") zugrunde liegt?

Antwort: Normalerweise ist die Einmischung in fremde Angelegenheiten unerwünscht, unberechtigt und ggf. verboten. Denkbar sind jedoch Sachverhalte, in denen von fremden Personen Handlungen vorgenommen werden, die zwar zur Interessensphäre eines anderen gehören, von diesem aber momentan nicht vorgenommen werden können. In diesen Fällen muss einerseits das Interesse des für den Geschäftsherrn tätigen Geschäftsführers berücksichtigt werden (er muss zumindest seine Aufwendungen ersetzt erhalten). Andererseits ist es erforderlich, den Geschäftsherrn zu schützen (er muss einen Anspruch auf Herausgabe des vom Geschäftsführer durch die Besorgung des fremden Geschäfts Erlangten erhalten) und er muss vor Aufdringlichkeiten unerbeten handelnder Personen geschützt werden (dies geschieht dadurch, dass die Vorschriften über die Geschäftsführung ohne Auftrag zwischen der berechtigten und unberechtigten Geschäftsführung unterscheiden und das Gesetz einen Anspruch auf Aufwendungsersatz nur vorsieht, wenn der Geschäftsführer zur Geschäftsführung berechtigt war). Bei der eigenmächtigen Ausführung eines fremden Geschäfts als eigenes musste der Gesetzgeber klarstellen, dass die hieraus erzielten Nutzungen dem Geschäftsherrn zustehen (§ 687 Abs. 2 BGB).

Frage 343 a:
In welchen Fällen erfolgt die Übernahme eines fremden Geschäfts berechtigt?
Antwort:
a) § 683 S. 1 BGB: Die Geschäftsübernahme entspricht dem objektiven Interesse und dem wirklichen oder mutmaßlichen Willen des Geschäftsherrn.
b) §§ 683 S. 2, 679 BGB: Die Geschäftsübernahme erfolgt gegen den Willen des Geschäftsherrn, liegt aber in seinem objektiven Interesse und dient der Erfüllung einer im öffentlichen Interesse liegenden Pflicht oder einer gesetzlichen Unterhaltspflicht;
c) § 684 S. 2 BGB: Der Geschäftsherr genehmigt eine unberechtigte Geschäftsführung nachträglich.

Frage 344:
In welchem Verhältnis steht die Geschäftsführung ohne Auftrag zu anderen Schuldverhältnissen?
Antwort: Gesetzliche Sonderregelungen gehen der GoA vor (z.B. die Regeln über den Fund, §§ 965 ff. BGB). Im übrigen ist nach berechtigter bzw. unberechtigter GoA zu differenzieren. Die Vorschriften über die ungerechtfertige Bereicherung (§§ 812 ff. BGB) sind neben der berechtigten GoA nicht anwendbar, weil das berechtigte Tätigwerden des Geschäftsführers insofern den rechtlichen Grund für Leistung bzw. Eingriff darstellt. Neben der unberechtigten GoA sind §§ 812 ff. BGB dagegen anwendbar.
Auch im Verhältnis zur unerlaubten Handlung ist zwischen berechtigter und unberechtigter GoA zu differenzieren. §§ 823 ff. BGB scheiden bei berechtigter GoA mangels Rechtswidrigkeit aus; bei unberechtigter GoA sind dagegen auch Ansprüche aus unerlaubter Handlung zu prüfen. Die Vorschriften über das Eigentümer/Besitzer Verhältnis (§§ 987 ff. BGB) sind bei berechtigter GoA nicht anzuwenden, weil letztere ein Recht zum Besitz begründet.

Frage 344 a:
Was ist der grundlegende Unterschied zwischen Bereicherungs- und Deliktsrecht?
Antwort: Das Deliktsrecht stellt auf den Gläubiger ab und will dessen erlittenen Schaden ausgleichen (vgl. dazu die §§ 249 ff. BGB). Das Bereicherungsrecht will dagegen ungerechtfertigte Vermögensvorteile des Schuldners abschöpfen.

Frage 345:
Ist die ungerechtfertigte Bereicherung eine Generalklausel zur Ausgleichung sämtlicher als ungerecht empfundener Vermögensverhältnisse?
Antwort: Nein, das Gesetz kennt keine Generalklausel der ungerechtfertigten Bereicherung, vielmehr verschiedene Einzeltatbestände mit eng ab-

gegrenzten Voraussetzungen. Die §§ 812 ff. BGB sind also kein taugliches
Mittel, jedwede als ungerecht betrachtete Vermögensverschiebung zu kor-
rigieren.

Frage 346:
Können Sie an Hand der Leistungskondiktion den Zusammenhang zwischen Verpflichtungs- und Erfüllungsgeschäft und dem Abstraktionsprinzip erklären?

Antwort: Das Bürgerliche Gesetzbuch trennt bei Vermögensübertragungen
zwischen dem schuldrechtlichen Verpflichtungsgeschäft („Kausalgeschäft") und dem Erfüllungsgeschäft. So begründet z.b. der Kaufvertrag
nach § 433 Abs. 1 BGB lediglich die Verpflichtung zur Eigentumsübertragung, die durch die sachenrechtlichen Übertragungsakte erfüllt wird. Verpflichtungsgeschäft und Erfüllungsgeschäft sind voneinander losgelöst
(die Eigentumsübertragung oder die Abtretung der Forderung aufgrund
des Kaufvertrags über eine Sache bzw. über ein Recht ist „abstrakt", d.h. die
Unwirksamkeit des Kaufvertrags hat keinen – bzw. nur in Ausnahmefällen
– Einfluss auf das Erfüllungsgeschäft). Aufgrund dieses „Abstraktionsprinzips" würden sich jedoch bei Nichtigkeit des Kausalgeschäfts und der
gleichwohl unberührt bleibenden Wirksamkeit des Erfüllungsgeschäfts
unbillige Vermögensverschiebungen ergeben. Hier greift die Leistungskondiktion ein: Die wegen des fehlenden Kausalgeschäfts („sine causa", also
ohne Rechtsgrund) erfolgte Vermögensverschiebung wird nach den Vorschriften über die ungerechtfertigte Bereicherung rückgängig gemacht.

Frage 347:
Was kann bei der Leistungskondiktion Gegenstand der „erlangten" Bereicherung sein?
Antwort: Jede Verbesserung der Vermögenslage, d.h. jeder Vermögensvorteil für den Bereicherten (Formel: „ein vermögenswertes Etwas"); etwa
der Erwerb von Rechten (z.B. Eigentum), der Erwerb von Gebrauchsvor-
teilen, die Befreiung von einer Schuld.

Frage 348:
Welche Fälle erfasst die „Kondiktion in sonstiger Weise"?
Antwort: Solche Fälle, bei der die Bereicherung nicht durch eine bewusste
und zweckgerichtete Vermögensverschiebung („Leistung"), sondern „auf
andere Weise" herbeigeführt wurde, z.b. durch Handlungen des Bereicherten selbst oder durch Naturereignisse.

Frage 349:
Welcher Grundgedanke liegt den Regelungen der §§ 816 Abs. 1 S. 2 und
822 BGB zu Grunde?
Antwort: Das Gesetz geht im Bereicherungsrecht davon aus, dass derjenige, der einen Gegenstand durch Leistung erhält, nur Bereicherungsan-

sprüchen des unmittelbar Zuwendenden ausgesetzt sein soll, während Bereicherungsansprüche Dritter gegen den Empfänger ausgeschlossen sind. Im Leistungsverhältnis gilt daher der Grundsatz des Vorrangs der Leistungskondiktion gegenüber der Eingriffskondiktion. Von diesem Grundsatz machen die angesprochenen Regelungen eine Ausnahme, da hier der Empfänger einer unentgeltlichen Leistung auch Bereicherungsansprüchen Dritter ausgesetzt sein kann. Dahinter steckt die Überlegung, dass derjenige, der einen Gegenstand unentgeltlich zugewendet bekommt, weniger schutzwürdig ist als derjenige, der für die empfangene Leistung eine Gegenleistung erbringt.

Frage 350:
Warum kann sich der gutgläubige Empfänger auf den Wegfall der Bereicherung berufen (§ 818 Abs. 3 BGB)?
Antwort: Die Vorschriften über die ungerechtfertigte Bereicherung wollen nur den beim Empfänger noch bestehenden Vermögensvorteil abschöpfen; eine Vermögensminderung des Bereicherungsschuldners (um den Schaden des Entreicherten auszugleichen) ist nicht Aufgabe des Bereicherungsrechts. Hierin unterscheiden sich §§ 812 ff. BGB grundsätzlich von den Schadenersatzverpflichtungen aus unerlaubter Handlung nach §§ 823 ff. BGB (die ja aber auch eine rechtswidrige, schuldhafte Handlung des Schädigers voraussetzen).

Frage 351:
Nach § 818 Abs. 3 BGB ist der Bereicherungsschuldner nur zur Herausgabe verpflichtet, wenn er tatsächlich bereichert ist. In welchen Fällen ist die Berufung auf den Wegfall der Bereicherung ausgeschlossen?
Antwort: Die Berufung auf § 818 Abs. 3 BGB ist vor allem in folgenden Fällen ausgeschlossen:
(a) Gem. § 818 Abs. 4 BGB haftet der Empfänger ab Rechtshängigkeit (die z.B. mit der Erhebung einer Klage vor Gericht eintritt) nach den „allgemeinen Vorschriften". Diese Formulierung ist so zu verstehen, dass bei der Haftung des Empfängers die Besonderheiten des Bereicherungsrechts (und damit insbesondere die Berufung auf den Wegfall der Bereicherung) außer Betracht bleiben.
(b) § 819 Abs. 1 BGB verweist für den Fall auf § 818 Abs. 4 BGB, dass der Empfänger beim Empfang den Mangel des rechtlichen Grundes kennt oder ihn später erfährt. Damit kann sich auch derjenige, der weiß, dass er etwas ohne Rechtsgrund erhält, nicht auf den Wegfall der Bereicherung berufen.

Frage 351 a:
Sowohl § 816 Abs. 1 S. 2 BGB als auch § 822 BGB regeln den Fall, dass ein Dritter, der einen Gegenstand unentgeltlich erlangt hat, einem Bereicherungsanspruch ausgesetzt ist. Was unterscheidet diese beiden Normen?

Antwort: Grundgedanke beider Normen ist, dass der Dritte als unentgeltlicher Erwerber weniger schutzwürdig ist, da er kein eigenes Opfer erbracht hat. Im Falle des § 816 Abs. 1 S. 2 BGB verfügt ein Nichtberechtigter, in § 822 BGB dagegen ein Berechtigter, gegen welchen aufgrund seiner Entreicherung (§ 818 Abs. 3 BGB) ein Bereicherungsanspruch nicht besteht.

Frage 352:
Regeln die §§ 823 ff. BGB das deliktische Schadenersatzrecht erschöpfend?
Antwort: Nein, abgesehen davon, dass sich in vielen weiteren Gesetzen außerhalb des BGB Schadenersatzansprüche finden, sind im allgemeinen Schuldrecht in den §§ 249 ff. BGB ergänzend der Umfang sowie die Art und Weise des Schadenersatzes geregelt.

Frage 353:
Warum sind Entstehung und Umfang von Schadenersatzansprüchen an verschiedenen Stellen im BGB geregelt? Wie lässt sich das allgemeine Schadensrecht kurz zusammenfassen?
Antwort: Die §§ 249 ff. BGB gelten als allgemeines Schadensrecht grundsätzlich für sämtliche Ansprüche auf Schadenersatz (z.B. aus Delikt, Vertrag, Geschäftsführung ohne Auftrag, Sachenrecht). Nach § 249 Abs. 1 BGB muss der Schädiger den Zustand herstellen, der ohne das schädigende Ereignis bestanden hätte. Ausnahmen von diesem „Grundsatz der Naturalrestitution" sind in den §§ 249 Abs. 2, 250, 251 BGB geregelt. Zum Schadenersatz gehört gemäß § 252 BGB auch der entgangene Gewinn, während andere Schäden als Vermögensschäden nach § 253 BGB nur zu ersetzen sind, wenn dies ausdrücklich im Gesetz geregelt ist.

Frage 353 a:
Was versteht man im Schadenersatzrecht unter dem „Schutzzweck der Norm"?
Antwort: Nach § 249 BGB ist „der Zustand herzustellen, der bestehen würde, wenn der zum Ersatz verpflichtende Umstand nicht eingetreten wäre". Dabei sind nach der sog. Adäquanztheorie alle Umstände kausal, die nach einer Wahrscheinlichkeitsbetrachtung geeignet sind, einen solchen Erfolg (also den Schaden) herbeizuführen. Dies kann zu nicht mehr hinnehmbaren Ausuferungen führen. Deshalb muss die Adäquanztheorie durch ein einschränkendes Werturteil korrigiert werden: Die Schadenersatzpflicht besteht nur, wenn der geltend gemachte Schaden nach Art und Entstehungsweise unter den sog. „Schutzzweck der verletzten Norm" fällt. Es muss sich um solche Nachteile handeln, die aus dem Bereich der Gefahren stammen, zu deren Abwendung die verletzte Norm erlassen wurde oder die verletzte vertragliche oder vorvertragliche Pflicht übernommen worden ist. Man kann auch so formulieren: Der entstandene Nachteil muss zu der vom Schädiger geschaffenen Gefahrenlage in einem „inneren Zusammenhang stehen"; eine bloß zufällig äußere Verbindung genügt nicht.

Frage 353 b:
Können Sie ein Schulbeispiel für einen außerhalb des Schutzzwecks der Norm liegenden und damit nicht zu ersetzenden Schaden nennen?

Antwort: Infolge eines von Kraftfahrer K schuldhaft verursachten Unfalls wird der Geschädigte G verletzt. Im Zuge der notwendig werdenden ärztlichen Behandlung wird bei G eine Hirnarteriosklerose entdeckt, die zu seiner frühzeitigen Pensionierung führt. § 823 Abs. 1 BGB bzw. § 7 StVG schützen nicht gegen diesen in der Einkommensminderung liegenden Schaden.

Frage 354:
Können vertragliche und deliktische Schadenersatzansprüche nebeneinander bestehen?

Antwort: Ja, es können auch mehrere deliktische Schadenersatzansprüche gleichzeitig zutreffen. Man spricht von der „Anspruchskonkurrenz".

Frage 355:
Welchen Sinn hat das gleichzeitige Nebeneinander verschiedener Schadenersatzansprüche?

Antwort: Man muss dies vor dem Hintergrund des Prozesses sehen: Möglicherweise kann der Kläger die Voraussetzungen des einen Schadenersatzanspruches besser beweisen als die des anderen; außerdem sind vertragliche Ansprüche wegen der Einbeziehung des fremden Verschuldens eines Erfüllungsgehilfen nach § 278 BGB für den Geschädigten günstiger als deliktische Schadenersatzansprüche (wegen der dort vorgesehenen Exkulpationsmöglichkeit des Schuldners nach § 831 Abs. 1 S. 2 BGB).

Frage 356:
Weshalb ist das Risiko der Gefährdungshaftung überhaupt erträglich?

Antwort: Die Haftung ohne Verschulden (Gefährdungshaftung) ist zunächst die Ausnahme und auf solche Fälle beschränkt, bei denen sich besondere Gefahren aus dem Betrieb von Anlagen o.a. ergeben. Der Gesetzgeber beschränkt die Verantwortlichkeit meist durch einen Höchstbetrag (vgl. z.B. § 12 Straßenverkehrsgesetz); außerdem ist in den meisten Fällen zugleich eine Pflichtversicherung eingeführt (dies schützt den Schädiger und garantiert dem Geschädigten im Schadensfall auch die tatsächliche Realisierung seines Anspruchs).

Frage 357:
Können Sie Voraussetzungen und Besonderheiten der Haftung nach dem Produkthaftungsgesetz kurz skizzieren?

Antwort: Die Haftung nach § 1 PHG setzt voraus, dass ein Produktfehler (§§ 2, 3 PHG) für die Tötung oder Verletzung eines Menschen oder für die Beschädigung einer anderen Sache ursächlich ist. Haftpflichtig ist der Hersteller (vgl. § 4 PHG). Besonderheiten der Haftung: Der für eine Gefährdungshaftung typische Haftungshöchstbetrag, sowie die Selbstbeteiligung bei Sachbeschädigungen (§§ 10, 11 PHG); kein Ersatz für im betrieblichen Bereich entstandene Sachschäden.

Frage 358:
Können Sie Fälle eines „sonstigen Rechts" nach § 823 Abs. 1 BGB nennen?
Antwort: Das Namensrecht, das allgemeine Persönlichkeitsrecht, das Recht am „eingerichteten und ausgeübten Gewerbebetrieb", beschränkt dingliche Rechte, rechtmäßiger Besitz, Immaterialgüterrechte (z.b. Urheber- und Patentrechte).
Beachten Sie: Das „Vermögen" als solches ist nicht Schutzobjekt des deliktischen Schadenersatzanspruchs nach § 823 Abs. 1 BGB.

Frage 359:
Kann auch ein Unterlassen eine tatbestandlich relevante Verletzungshandlung i.S.d. § 823 Abs. 1 BGB sein?
Antwort: Ja, wenn der Unterlassende eine Pflicht zu der entsprechenden Handlung hat. Solche Pflichten können sich aus Gesetz, Vertrag, gefährlichem Vorverhalten (sog. Ingerenz) oder aus einer Verkehrssicherungspflicht ergeben. Entscheidend ist dabei, dass die verletzte Pflicht gerade gegenüber dem Verletzten besteht.

Frage 359 a:
Aus welchen Normen kann sich die Rechtfertigung eines deliktischen Handelns ergeben?
Antwort:
a) § 227 BGB, Notwehr;
b) § 228 BGB, defensiver Notstand;
c) § 904 BGB, aggressiver Notstand;
d) §§ 229, 230 BGB, Selbsthilfe;
e) §§ 677 ff. BGB, berechtigte GoA;
f) § 127 StPO, Festnahmerecht;
g) (mutmaßliche) Einwilligung (vgl. § 228 StGB).

Frage 359 b:
Was versteht man unter einem Schutzgesetz i.S.v. § 823 Abs. 2 BGB?
Antwort: Jede Rechtsnorm (auch Verordnung oder Satzung), die nach dem Willen des Gesetzgebers nicht *nur* im Interesse der Allgemeinheit erlassen wurde (z.B. Staatsschutzdelikte), sondern auch dem Schutz der Interessen Einzelner dient (z.B. die Strafbestimmungen bei Körperverletzungs- und Vermögensdelikten).

Frage 360:
Worin liegen die Unterschiede zwischen §§ 831 und 278 BGB?
Antwort: Der Regelungsgegenstand beider Normen gleicht sich insofern, als es um das Einstehenmüssen einer Person (i.d.R. des Haftenden) für das

Verhalten bzw. das Verschulden Dritter geht. Sie unterscheiden sich jedoch grundlegend, weshalb sie streng von einander getrennt werden müssen!

(a) Es handelt sich schon vom Grundtyp her um völlig verschiedene Normen: § 831 BGB ist eine eigene Anspruchsgrundlage, bei der der in Anspruch Genommene für die deliktische Handlung seines Verrichtungsgehilfen haftet. Es handelt sich um eine Haftung für eigenes Verschulden (nämlich Auswahl- und Überwachungsverschulden). § 278 BGB dagegen ist keine eigene Anspruchsgrundlage. Diese Vorschrift kommt vielmehr im Rahmen einer Anspruchsgrundlage, die Verschulden voraussetzt (z.B. § 280 Abs. 1 BGB), zur Anwendung und rechnet dem in Anspruch Genommenen das Verschulden seines Erfüllungsgehilfen zu.

(b) § 278 BGB setzt ein bestehendes Schuldverhältnis voraus und kommt nur im Rahmen vertraglicher Anspruchsgrundlagen zur Anwendung. § 831 BGB gilt unabhängig vom Bestehen vertraglicher Bindungen und ist eine deliktische Anspruchsgrundlage.

(c) Die Anforderungen an den in Bezug genommenen Dritten unterscheiden sich: Verrichtungsgehilfe i.S.d. § 831 BGB ist, wer mit Wissen und Wollen des Geschäftsherrn tätig wird, weisungsverpflichtet und sozial abhängig ist. Der Erfüllungsgehilfe i.S.d. § 278 BGB dagegen braucht nicht sozial abhängig zu sein: Erfüllungsgehilfe ist, wer mit dem Willen des Schuldners bei der Erfüllung einer diesem obliegenden Verbindlichkeit als seine Hilfsperson tätig wird.

(d) Ein weiterer wesentlicher Unterschied ergibt sich aus § 831 Abs. 1 S. 2 BGB: Danach ist die Haftung aus § 831 Abs. 1 BGB ausgeschlossen, wenn der Geschäftsherr bei der Auswahl und Überwachung des Verrichtungsgehilfen die im Verkehr erforderliche Sorgfalt beachtet. Eine solche sog. Exkulpationsmöglichkeit gibt es bei § 278 BGB nicht, was auch der Grund für die wesentlich höhere Bedeutung des § 278 BGB in der Praxis ist.

Fälle

Fall 155:
A ist Zeuge, wie Rentner B beim Überqueren einer vielbefahrenen, öffentlichen Straße von einem Auto erfasst und lebensgefährlich verletzt wird. Als A erkennt, dass der bewusstlos auf der Straße liegende B Gefahr läuft, durch nachfolgende Kfz erneut überfahren zu werden, packt er ihn am Arm, zerrt ihn von der Straße und verständigt einen Notarzt. B überlebt, erweist sich jedoch als undankbar: So weigert er sich, für die Reinigung des Anzuges von A aufzukommen, auf dem sich mehrere Blutflecken befinden. Stattdessen verlangt er von A Schadenersatz, da dieser im Verlauf der Rettungsaktion versehentlich die am Boden liegende Brille des B zertreten hatte.
Wie ist die Rechtslage zwischen A und B?

Lösung:

(1) Anspruch des A gegen B auf Ersatz der Reinigungskosten:
Da vertragliche Beziehungen zwischen A und B nicht bestehen, kommt ein Anspruch des A aus berechtigter Geschäftsführung ohne Auftrag nach den §§ 683, 670 BGB in Betracht („berechtigte GoA"). Dieser hat folgende Voraussetzungen: (a) Ausführung eines zumindest auch fremden Geschäftes, (b) mit Fremdgeschäftsführungswillen und (c) ohne Legitimation aus einem Rechtsverhältnis zum Geschäftsherrn. Ferner muss die Übernahme des Geschäftes (d) objektiv dem Interesse und (e) dem wirklichen oder mutmaßlichen Willen des Geschäftsherrn entsprechen. Im vorliegenden Fall diente die Rettungsaktion allein dem B („objektiv fremdes Geschäft"). Der Fremdgeschäftsführungswille des A wird bei Ausführung objektiv fremder Geschäfte generell vermutet. A war auch nicht aufgrund eines Rechtsverhältnisses zwischen ihm und B berechtigt oder verpflichtet, diesen vor Gefahren zu schützen; die allgemeine Pflicht des A zur Hilfeleistung aus § 323 c StGB spielt hierbei keine Rolle. Die Rettungsaktion lag ferner objektiv im Interesse des B. Da B seinen tatsächlichen Willen nicht geäußert hat, ist auf seinen mutmaßlichen Willen abzustellen; dieser entspricht im Zweifel dem objektiven Interesse des B. Die Frage nach dem Willen des B kann aber letztlich offen bleiben, zumal ein entgegenstehender Wille des B gem. §§ 683 S. 2, 679 BGB unbeachtlich wäre: An der Bergung eines Schwerverletzten von einer verkehrreichen Straße besteht grundsätzlich auch ein öffentliches Interesse. Dem A steht somit ein Aufwendungsersatzanspruch nach §§ 683 S. 1, 670 BGB zu. Da unter „Aufwendungen" i.S.d. § 670 BGB nicht nur freiwillige Vermögenseinbußen, sondern auch Schäden des A fallen, die in innerem Zusammenhang mit der Geschäftsführung stehen, ist B zur Erstattung der Reinigungskosten verpflichtet.

(2) Anspruch des B gegen A im Hinblick auf den Verlust der Brille:
Mit der unbeauftragten Übernahme eines fremden Geschäftes entsteht gem. § 677 BGB ein gesetzliches Schuldverhältnis; dieses begründet für den Geschäftsführer die Pflicht, das Geschäft so zu führen, wie das Interesse des Geschäftsherrn mit Rücksicht auf dessen wirklichen oder mutmaßlichen Willen es erfordert. Lag bereits die Übernahme des Geschäftes erkennbar nicht im Interesse oder Willen des Geschäftsherrn („unberechtigte GoA"), so haftet der Geschäftsführer für jeden Schaden, den er bei der Ausführung verursacht; dies gilt selbst dann, wenn ihn kein Verschulden trifft (§ 678 BGB). Im Falle einer berechtigten GoA haftet der Geschäftsführer für jede schuldhafte (§§ 276, 278 BGB) Pflichtverletzung im Zusammenhang mit der Ausführung des Geschäftes. Diese Haftung beschränkt sich nach § 680 BGB jedoch auf Vorsatz und grobe Fahrlässigkeit, wenn die Geschäftsführung der Abwendung einer dem Geschäftsherrn drohenden dringenden Gefahr dient. Die berechtigte GoA des A erfolgte zur Abwehr einer dem B unmittelbar drohenden Lebensgefahr. A hat daher nicht für die nur fahrlässig begangene Schädigung des B einzustehen.

Entsprechendes gilt im Hinblick auf einen Anspruch des B aus § 823 Abs. 1 BGB; auch insofern kommt die Haftungsbeschränkung nach § 680 BGB zum Tragen. Ein Schadenersatzanspruch des B besteht somit nicht.

Fall 156:
Wie wäre es im vorangegangenen Fall, wenn bei den Rettungsmaßnahmen der neue Anzug des A derart verschmutzt würde, dass eine Reinigung nicht mehr möglich ist?
Lösung: Nach §§ 683, 670 BGB hat A einen Anspruch auf Aufwendungsersatz. Aufwendungen sind an sich freiwillige Vermögensopfer, was auf einen Schaden nicht zutrifft. Unter den Begriff der Aufwendungen i.S.d. § 683 BGB fallen jedoch auch solche Schäden, in denen sich ein spezifisches Risiko der betreffenden Tätigkeit verwirklicht. Das ist auch gerechtfertigt, weil der ohne Auftrag Tätige in diesem Fall zwar kein freiwilliges Vermögensopfer erbringt, aber ein bestimmtes Risiko freiwillig auf sich nimmt. Die Gefahr der Beschmutzung von Kleidung besteht typischerweise bei Rettungsmaßnahmen, wie sie A hier durchgeführt hat, insbesondere beim Anlegen von Verbänden und bei Löscharbeiten. B muss daher auch den Anzug ersetzen.

Fall 156 a:
Abschleppunternehmer U schleppt nach Beauftragung durch die Polizei das Auto des D aus der Brandschutzzone. Kann er von D die Abschleppkosten nach den Regeln der Geschäftsführung ohne Auftrag (§§ 683, 670 BGB) verlangen?
Lösung: Einerseits schleppt U ein fremdes Auto ab und führt so ein objektiv fremdes Geschäft. Andererseits erfüllt er durch das Abschleppen eine eigene Verpflichtung gegenüber der Polizei aus Werkvertrag und handelt diesbezüglich im eigenen Interesse. Letztlich liegt ein sog. „auch fremdes Geschäft" vor, welches zur Bejahung von Ansprüchen aus GoA genügt. Auch das Vorliegen eines Fremdgeschäftsführungswillen wird von der Rechtsprechung beim „auch fremden Geschäft" vermutet.

Fall 157:
Der in der Einkaufsabteilung der Firma F tätige Angestellte A nimmt vom Lieferanten L Schmiergelder in Höhe von 10 000 Euro an. Als die Sache herauskommt, verlangt F von A Herausgabe der 10 000 Euro. Anspruchsgrundlage?
Lösung: Die Rechtsprechung löst diese Frage über § 687 Abs. 2 BGB. Nach dieser Vorschrift hat der Geschäftsherr das Recht, das unerlaubt eigengetätigte Geschäft „an sich zu ziehen". Er kann dann u.a. nach § 681 S. 2 i.V.m. § 667 BGB das durch die Geschäftsführung Erlangte, im vorliegenden Fall also die Schmiergelder, herausverlangen.

Fall 158:
K erwirbt bei Gebrauchtwagenhändler V einen Wagen; V hatte ihm vor Abschluss des Vertrages ausdrücklich zugesichert, dass das Fahrzeug „absolut unfallfrei" ist. Wenig später stellt sich heraus, dass der Wagen in einen schweren Unfall verwickelt war. Welche Rechte hat K, wenn feststeht, dass V von dem Unfall gewusst hatte?
Lösung: Zunächst stehen dem K Sachmangelgewährleistungsansprüche nach den §§ 437 ff. BGB zu. Er kann daher etwa vom Vertrag zurücktreten, Minderung oder Schadenersatz verlangen. Der im Grundsatz ebenfalls verwirklichte Schadenersatzanspruch aus culpa in contrahendo (cic) wird durch die spezielleren Gewährleistungsansprüche aus den §§ 437 ff. BGB verdrängt. Entsprechendes gilt für das Recht des K, den Vertrag wegen Irrtums über eine verkehrswesentliche Eigenschaft der Kaufsache anzufechten (§ 119 Abs. 2 BGB). Dagegen besteht das Anfechtungsrecht wegen arglistiger Täuschung (§ 123 BGB) auch dann, wenn der Anwendungsbereich der §§ 437 ff. BGB eröffnet ist. K ist daher im Hinblick auf die von V verübte arglistige Täuschung berechtigt, seine auf Abschluss eines Kaufvertrages gerichtete Willenserklärung anzufechten. Diese Anfechtung vernichtet das Kausalgeschäft (§ 142 Abs. 1 BGB), lässt die Wirksamkeit der Eigentumsübertragung nach § 929 BGB jedoch unberührt („Abstraktionsprinzip"). Die Rückabwicklung der aufgrund des Kaufvertrages erbrachten Leistungen (Rückübereignung des Wagens und Erstattung der Kaufpreiszahlung) kann von K und V nach bereicherungsrechtlichen Grundsätzen verlangt werden; insofern ist § 812 Abs. 1 S. 1, 1. HS BGB einschlägig („Leistungskondiktion").
Hinweis: Vorliegend war gefragt, welche Rechte K hat. Dann darf in der Lösung der Aufbau nach den in Betracht kommenden Rechten erfolgen. Wäre pauschal nach der „Rechtslage" gefragt worden, hätte man nach Anspruchsgrundlagen aufbauen müssen. Dann wäre der „Problembereich Anfechtung" ein „Mosaikstein" des Anspruchs aus ungerechtfertigter Bereicherung: Anspruchsgrundlage ist dann § 812 Abs. 1 S. 1 1. Alt. BGB. Dazu ist u.a. Voraussetzung, dass ohne Rechtsgrund geleistet wurde. Rechtsgrund ist der Kaufvertrag; dieser entfällt jedoch nach erklärter Anfechtung (§ 142 Abs. 1 BGB).
Zu beachten ist weiterhin, dass die Rechte aus § 437 BGB (z.B. Rücktritt) nicht mehr geltend gemacht werden können, da die Anfechtung den Kaufvertrag rückwirkend (ex tunc) beseitigt.

Fall 159:
A besticht den Leiter des Baurechtsamtes B mit 10 000 Euro und erhält auf diese Weise die Baugenehmigung für ein an sich nicht genehmigungsfähiges Bauvorhaben. Kurze Zeit später wird die Straftat aufgedeckt und die erteilte Baugenehmigung zurückgenommen. A überlegt sich nun, ob er von B die gezahlten 10 000 Euro zurückverlangen kann.
Lösung: Als Anspruchsgrundlage kommt § 812 Abs. 1 S. 1, 1. Alt. BGB (Leistungskondiktion) in Betracht. Die Leistungskondiktion ist gegeben, wenn

B etwas durch rechtsgrundlose Leistung des A erlangt hat. Diese Voraussetzungen sind im vorliegenden Fall erfüllt: B hat durch Leistung des A das Eigentum an 10 000 Euro erlangt; diese Leistung erfolgte ohne Rechtsgrund, da die der Zahlung zugrundeliegende Bestechungsvereinbarung nach § 134 BGB i.V.m. §§ 332, 334 StGB nichtig war.

Die Rückforderung des Geldes ist jedoch nach § 814 BGB ausgeschlossen, wenn A wusste, dass er zur Leistung nicht verpflichtet war. Hiervon wird man im vorliegenden Fall ausgehen können. Die Rückzahlung des Geldes kann daher nicht mit der Leistungskondiktion durchgesetzt werden. Stattdessen kommt ein Kondiktionsanspruch des A nach § 817 S. 1 BGB in Betracht; § 814 BGB ist auf diese Vorschrift nicht anwendbar. Nach der Vereinbarung zwischen A und B war der Zweck der Zahlung in der Weise bestimmt, dass B durch die Annahme des Geldes den Tatbestand der Bestechlichkeit (§ 332 StGB) verwirklichen, d.h. gegen ein gesetzliches Verbot i.S.d. §§ 134, 817 S. 1 BGB verstoßen würde.

Der Anspruch aus § 817 S. 1 BGB entsteht jedoch nicht, wenn der Leistende durch Erbringung der Leistung selbst gegen ein gesetzliches Verbot oder die guten Sitten verstößt (§ 817 S. 2 BGB). A hat sich u.a. mit der Zahlung des Geldes an B wegen Bestechung nach § 334 StGB strafbar gemacht. Da es sich bei dem Tatbestand des § 334 StGB ebenfalls um ein gesetzliches Verbot i.S.d. §§ 134, 817 BGB handelt, kann sich A nicht mit Erfolg auf § 817 S. 1 BGB stützen. In solchen Fällen begünstigt das Gesetz den Leistungsempfänger („wer hat, der hat – unter Gaunern bleibt es beim status quo"). Schließlich besteht auch kein Anspruch des A aus § 823 Abs. 2 BGB i.V.m. § 334 StGB; Zweck des § 332 StGB ist es nicht, den Bestecher vor Vermögensnachteilen zu schützen, sondern die Gesetzmäßigkeit der Verwaltung abzusichern.

A ist daher nicht berechtigt, die gezahlten 10 000 Euro zurückzufordern.

Fall 160:
Benno leiht Nino einen Laptop, den dieser für 1000 Euro an den nichtsahnenden Emil weiterveräußert. (1) Wie ist die Rechtslage? (2) Wie wäre es, wenn Emil den Laptop schenkweise von Nino erhalten hat? (3) Wie wäre es, wenn Emil in Fallvariante (2) den Laptop seiner Freundin F weiterverschenkt? Skizzieren Sie kurz die auftretenden Problemlagen.

Lösung:
(1) (a) Ansprüche des B gegen E auf Herausgabe des Laptops bestehen nicht: Ein Vindikationsanspruch aus § 985 BGB scheitert am fehlenden Eigentum des B; E hat das Eigentum an dem Laptop durch gutgläubigen Erwerb erlangt (§ 932 BGB). Bereicherungsansprüche des B liegen ebenfalls nicht vor, zumal E das Eigentum „mit Rechtsgrund" erworben hat. Der Rechtsgrund des Eigentumserwerbes liegt in der Erfüllung eines Gutglaubenstatbestandes, der nach dem Willen des Gesetzgebers zu einer endgültigen Güterumverteilung führen soll. Ansprüche aus Delikt

(§§ 823 ff. BGB) kommen nicht in Betracht; insofern fehlt es sowohl an der Rechtswidrigkeit des Eigentumseingriffes als auch am Verschulden des E. B ist daher nicht berechtigt, den Laptop von E herauszuverlangen. Auch sonstige Ansprüche des B gegen E bestehen nicht.

(b) Ansprüche des B gegen N: Zunächst steht dem B ein Schadenersatzanspruch aus §§ 275 Abs. 4, 280 Abs. 1, 283 BGB zu, da es dem N durch eigenes Verschulden unmöglich geworden ist, seiner Rückgabepflicht aus § 604 BGB nachzukommen. N ist ferner nach § 816 Abs. 1 S. 1 BGB zur Herausgabe der 1000 Euro verpflichtet. Er hat als Nichtberechtigter Verfügungen getroffen, die es dem E ermöglicht haben, kraft seines guten Glaubens (mit Wirkung auch gegenüber B) das Eigentum an dem Laptop zu erwerben. Schließlich hat sich N auch nach § 823 Abs. 1 BGB (Eigentumsverletzung) und § 823 Abs. 2 BGB i.V.m. § 246 Abs. 1 StGB (veruntreuende Unterschlagung) schadenersatzpflichtig gemacht. Die Fallvariante (2) unterscheidet sich von (1) insofern, als es dem B nun gem. § 816 Abs. 1 S. 2 BGB möglich ist, von E die Rückübereignung des Laptops zu verlangen: E hat das Eigentum am Laptop unentgeltlich erlangt. Der unentgeltliche, wenn auch gutgläubige, Erwerb soll nach dem Willen des Gesetzgebers nicht dauerhaft zu Lasten des Entreicherten aufrechterhalten werden. (3) In der letzten Fallvariante ist dem E die Rückübereignung des Laptops subjektiv unmöglich geworden. Er haftet dem B daher grundsätzlich auf Wertersatz (§§ 816 Abs. 1 S. 2 BGB, 818 Abs. 2 BGB). Auch dieser Anspruch ist jedoch ausgeschlossen, wenn sich E mit Erfolg auf den Wegfall der Bereicherung berufen kann, wenn er also „nicht mehr bereichert ist" (§ 818 Abs. 3 BGB). Von ganzer oder teilweiser Entreicherung ist regelmäßig auszugehen, wenn der Bereicherungsschuldner Aufwendungen getätigt hat, auf die er ohne die Bereicherung voraussichtlich verzichtet hätte und die seinem Vermögen kein der Bereicherung entsprechendes Äquivalent zugeführt haben. Der klassische Fall ist hierbei die schenkweise Weggabe des Erlangten an einen Dritten.

E hat den Laptop an F verschenkt und übereignet, ist also in vollem Umfang entreichert. Da auch die §§ 818 Abs. 4, 819 BGB der Erhebung des Entreicherungseinwandes nicht entgegenstehen, wird eine Inanspruchnahme des E durch B keinen Erfolg haben.

Stattdessen ist B nunmehr nach § 822 BGB berechtigt, von F die Übereignung des Laptops an ihn zu verlangen: E hat der F den Gegenstand seiner eigenen Bereicherung unentgeltlich zugewendet und hierdurch dem Bereicherungsanspruch des B aus § 816 Abs. 1 S. 2 BGB die Grundlage entzogen. F ist daher zur Herausgabe des von E Erlangten verpflichtet.

Fall 161:
S schuldet G aus Kaufvertrag 5000 Euro. G tritt diese Forderung an X ab. In Unkenntnis der Abtretung leistet S an G. (a) Welche Ansprüche stehen dem X zu? (b) Welche Vorgehensweise ist dem S zu empfehlen, wenn diesem gegen X selbst ein Anspruch über 5000 Euro zusteht und über das

Vermögen des X kurze Zeit später das Insolvenzverfahren eröffnet wird? Skizzieren Sie kurz die auftretenden Problemlagen!

Lösung:
(a) X kann seinen Kaufpreisanspruch gegen S aus §§ 433 Abs. 2, 398 BGB nicht mehr durchsetzen, da er die Zahlung an G gegen sich gelten lassen muss (§§ 362, 407 BGB).
Er ist jedoch berechtigt, gegen G einen Anspruch aus § 816 Abs. 2 BGB geltend zu machen: G hat mit der Abtretung seine Rechtsstellung als Inhaber der Forderung verloren (§ 398 S. 2 BGB), war also Nichtberechtigter i.S.d. § 816 Abs. 2 BGB. Die Zahlung an G gilt aber gem. § 407 BGB im Verhältnis zum Berechtigten X als wirksame Erfüllung, wurde also dem Berechtigten gegenüber wirksam. G ist daher verpflichtet, den von S gezahlten Betrag an X herauszugeben.
(b) Nach Eröffnung des Insolvenzverfahrens können Zahlungsansprüche gegen den Gemeinschuldner (X) grundsätzlich nur noch als Insolvenzforderungen geltendgemacht werden; Befriedigung ist auf diese Weise – wenn überhaupt – nur in Höhe der in der Regel geringen Insolvenzquote zu erreichen. Anderes gilt, wenn sich dem Insolvenzgläubiger die Möglichkeit der Aufrechnung bietet (§ 94 InsO): Er kann eigene Forderungen gegen Forderungen des Gemeinschuldners in voller Höhe aufrechnen, wenn keiner der Ausschlussgründe des § 96 InsO eingreift.
Für S wäre es deshalb günstig, wenn er von dieser Möglichkeit Gebrauch machen könnte. Die Rechtsprechung eröffnet ihm hierbei folgenden Weg: Da § 407 BGB eine reine Schuldnerschutzvorschrift ist, kann S auf diesen Schutz verzichten. Verzichtet er, so entfaltet die Zahlung an G keine Erfüllungswirkung gegenüber dem Zessionar (§ 362 BGB). Dies hat zur Folge, dass S dem X zwar zur Zahlung verpflichtet bleibt, diese Schuld aber durch Aufrechnung mit seiner eigenen Forderung gegen X tilgen kann; ungeachtet des Insolvenzverfahrens wird die Forderung des S also in vollem Umfang realisiert. Die an G erbrachte Leistung erfolgte nunmehr ohne rechtlichen Grund und kann von S nach § 812 Abs. 1 S. 2, 1. Alt. BGB im Wege der Leistungskondiktion zurückverlangt werden.

Fall 162:
A und B sind Eigentümer zweier benachbarter Grundstücke. Beide erstellen zur selben Zeit, aber mit getrennter Bauleitung, jeweils eine Doppelhaushälfte. Als A eines Tages zur Baustelle kommt, entdeckt er auf dem Vorplatz eine Ladung Zementsäcke. Da er glaubt, dass es sich um die angekündigte Lieferung seines Baustoffhändlers X handelt, verarbeitet er den Zement noch am selben Tag in seiner Doppelhaushälfte. Später stellt sich heraus, dass es in Wirklichkeit der Zement des B war, den dieser für seine Baustelle erworben hatte. Welche Ansprüche stehen dem B nun gegen A zu?
Lösung: Ein Anspruch des B aus § 985 BGB auf Herausgabe des Zementes besteht nicht. Insofern fehlt es an dem für die Vindikationslage erforderli-

chen Eigentum des B am Zement. B war zwar ursprünglich Eigentümer, hat seine Rechtsposition jedoch mit der Verarbeitung des Zementes nach den §§ 946, 93, 94 BGB an A verloren.

Dem B könnte jedoch ein Zahlungsanspruch aus § 951 Abs. 1 S. 1 BGB (Rechtsgrundverweisung) i. V. m. § 812 Abs. 1 S. 1, 2. Alt. BGB (Eingriffskondiktion) zustehen: B hat sein Eigentum an dem Zement durch Verbindung mit dem Grundstück des A nach § 946 BGB verloren. Er ist daher berechtigt, von A Ausgleich nach Bereicherungsrecht zu verlangen. Ein Anspruch aus ungerechtfertigter Bereicherung i. d. F. der Eingriffskondiktion ist gegeben, wenn jemand ohne Rechtsgrund in den „Zuweisungsgehalt" eines fremden Rechtes eingreift, d. h. Gebrauchsvorteile an sich zieht, die nach der Rechtsordnung allein dem Inhaber des Rechtes zugewiesen sind. Die vollständige Entziehung der Rechtsposition ist hierbei die schwerste Form des Eingriffes. A hat den B vollständig aus seiner Eigentümerposition verdrängt. Der Tatbestand der Eingriffskondiktion nach § 812 Abs. 1 S. 1, 2. Alt. BGB ist daher erfüllt. A ist somit verpflichtet, B den Wert des Zementes in Geld zu vergüten (§ 818 Abs. 2 i. V. m. § 951 Abs. 1 S. 1 BGB). Schließlich kommt auch ein Schadenersatzanspruch nach § 823 Abs. 1 BGB in Betracht (vgl. § 951 Abs. 2 S. 1 BGB). A hat durch Verarbeitung des Zementes den B rechtswidrig in seinem Rechtsgut Eigentum verletzt. Ob A auch schuldhaft gehandelt hat, lässt sich nach dem geschilderten Sachverhalt nicht abschließend beurteilen. Die Frage nach einer deliktsrechtlichen Haftung des A muss daher offen bleiben.

Fall 163:
Sigi leiht sich von seinem Vater dessen Wagen, um mit Kuno eine Spritztour zu unternehmen. Unterwegs kommt es zu einem Unfall, bei dem Kuno verletzt wird. Er verlangt nun von Sigi – der am Steuer gesessen hatte – Ersatz für die Kosten seiner Heilbehandlung. Wie ist die Rechtslage, wenn nicht geklärt werden kann, ob Sigi ein Verschulden an dem Unfall trifft? Wie wäre es, wenn Sigi selbst Halter des Kraftfahrzeugs war?
Lösung: Vertragliche Ansprüche des Kuno (K) scheiden aus, da es sich bei der „Spritztour" um ein reines Gefälligkeitsverhältnis gehandelt hat. Ein Schadenersatzanspruch aus dem Gesichtspunkt der Halterhaftung nach § 7 StVG besteht nicht; Halter des Wagens ist der Vater des S.
S könnte jedoch als Fahrer nach § 18 StVG haften: § 18 StVG setzt voraus, dass S als Fahrer den B beim Betrieb eines Kraftfahrzeuges rechtswidrig verletzt hat; die Ersatzpflicht ist jedoch ausgeschlossen, wenn der Schaden nicht durch ein Verschulden des Führers verursacht worden ist (§ 18 Abs. 1 S. 2 StVG). Weiter kommt ein Schadenersatzanspruch aus § 823 Abs. 1 BGB und § 823 Abs. 2 BGB i. V. m. § 229 StGB in Betracht. Beide Anspruchsgrundlagen greifen aber nur ein, wenn S den Unfall schuldhaft verursacht hat. Da es sich bei der Frage des Verschuldens um eine Anspruchsvoraussetzung handelt, trägt – anders als i. R. d. § 18 StVG – der Anspruchsteller insofern die Beweislast. Wenn S selbst Halter ist, kommt ein Anspruch aus § 7

Straßenverkehrsgesetz in Betracht. Dieser begründet die Haftung des Kraftfahrzeughalters auch ohne Verschulden. Dieser Gefährdungshaftungsanspruch ist gem. § 7 Abs. 2 StVG nur dann ausgeschlossen, wenn der Unfall durch höhere Gewalt verursacht wurde, was vorliegend nicht der Fall war. Auch die Ausnahmevorschriften des § 8 StVG sind nicht einschlägig. Daher steht Kuno bei dieser Sachverhaltsalternative ein Anspruch auf Schadenersatz gegen Sigi aufgrund der Halterhaftung des § 7 StVG zu.

Fall 164:
P beauftragt Maler M, der das Wohnzimmer streichen soll. M schickt den Gesellen Z, der aus Unachtsamkeit den Farbeimer umstößt und dadurch den Teppichboden beschädigt. P verlangt von M Ersatz, da er sich von einer Inanspruchnahme des Z keinen Erfolg verspricht. M beruft sich jeweils darauf, dass er Z nachweislich sorgsam ausgewählt und überwacht habe und so etwas noch nie vorgekommen sei. Welche Ansprüche bestehen? Welche Ansprüche bestehen gegen M, wenn er statt seines Gesellen den selbständigen Subunternehmer S schickt und dieser den Teppich beschädigt?
Lösung:
(a) Da zwischen P und M ein Werkvertrag besteht, kommt zunächst ein vertraglicher Anspruch aus § 280 Abs. 1 BGB in Betracht, da die Beschädigung des Teppichs bei der Durchführung der vereinbarten Malerarbeiten eine Pflichtverletzung i.S.d. § 280 Abs. 1 BGB darstellt. § 280 Abs. 1 S. 2 BGB setzt allerdings voraus, dass M die Vertragsverletzung zu vertreten hat. Das setzt gem. § 276 Abs. 1 BGB Fahrlässigkeit oder Vorsatz bei M voraus, wofür keine Anhaltspunkte vorliegen. Allerdings kommt eine Zurechnung des Verschuldens des Z nach § 278 BGB in Betracht: M hat Z bei der Erfüllung seiner Verpflichtung, das Zimmer zu streichen, eingesetzt. Z hat fahrlässig den Eimer umgeworfen und dieses Verschulden hat M gem. § 278 BGB in gleichem Umfang zu vertreten, wie eigenes Verschulden. Der Anspruch aus §§ 280 Abs. 1 i.V.m. 278 BGB besteht daher. Außerdem kommt ein (deliktischer) Anspruch aus § 831 Abs. 1 BGB in Betracht: Z ist als Arbeitnehmer des M diesem gegenüber sozial abhängig und weisungsgebunden. Er ist daher Verrichtungsgehilfe i.S.d. § 831 Abs. 1 BGB. Der Haftungstatbestand des § 831 BGB ist daher an sich erfüllt. Allerdings ist der Anspruch hier gem. § 831 Abs. 1 S. 2 BGB ausgeschlossen, wenn M nachweist, dass er Z sorgsam ausgewählt und überwacht hat. P hat daher nur einen Anspruch aus § 280 BGB (was im Ergebnis keinen Unterschied macht, da beide Ansprüche inhaltlich identisch sind).
(b) Auch der eingeschaltete Subunternehmer S war mit Wissen und Wollen des M bei der Durchführung der Malerarbeiten tätig. Er ist daher ebenfalls Erfüllungsgehilfe des M, weshalb M sich nach § 278 BGB auch das Verschulden des S zurechnen lassen muss. Daher besteht auch bei Einschaltung des S ein Anspruch gegen M aus §§ 280 Abs. 1 i.V.m. 278 BGB. Auch hier kommt ein Anspruch aus § 831 BGB in Betracht, wenn S Ver-

richtungsgehilfe des M war. Dies setzt jedoch voraus, dass die betreffende Person weisungsgebunden und sozial abhängig ist. S ist zwar weisungsgebunden, nicht aber sozial abhängig von M. Dass er möglicherweise wirtschaftlich von ihm abhängig ist, spielt dagegen keine Rolle. Da S kein Verrichtungsgehilfe des M ist, besteht auch kein Anspruch aus § 831 BGB.

Fall 165:

Welche Ansprüche bestehen im vorangegangenen Fall gegen M, wenn Z die Gelegenheit nutzt und den Videorekorder des P klaut?

Lösung: Auch hier kommen Ansprüche aus §§ 280, 278 sowie aus 831 BGB in Betracht. § 278 BGB greift jedoch nur, wenn die schuldhafte Handlung des Erfüllungsgehilfen in sachlichem Zusammenhang mit seinen Aufgaben steht. § 278 BGB greift dagegen nicht, wenn die schuldhafte Handlung „nur bei Gelegenheit" erfolgt. So war es hier: Z sollte das Zimmer streichen, was zwingend die Nebenpflicht mit sich bringt, dabei keine Gegenstände des P zu beschädigen. Der Diebstahl steht zu diesen Pflichten in keinerlei Zusammenhang, weshalb § 278 BGB nicht eingreift (anders wäre es dagegen, wenn ein Wachmann sich am zu bewachenden Gut vergreift, da die schuldhafte Handlung in diesem Fall in sachlichem Zusammenhang mit seiner Tätigkeit steht!). Eine entsprechende Einschränkung besteht auch bei Anwendung des § 831 BGB: Der Schaden muss in Ausführung der Verrichtung und nicht bei Gelegenheit verursacht werden. Daher hat P wegen des Diebstahls keine Ansprüche gegen M; er muss sich somit an Z halten.

Fall 166:

Passant P wird durch einen herabstürzenden Dachziegel verletzt. Wie ist die Rechtslage, (1) wenn der Ziegel durch einen Windstoß gelockert wurde, (2) wenn der vom Meister Gustav beauftragte Dachdeckergeselle Vinzenz den Ziegel aus Unachtsamkeit fallen ließ?

Lösung:

(1) (a) Zunächst kommt ein Schadenersatzanspruch gegen den Eigentümer des Gebäudes nach § 823 Abs. 1 BGB und § 823 Abs. 2 BGB i.V.m. § 229 StGB in Betracht. P müsste insofern allerdings darlegen und ggf. beweisen, dass der Eigentümer schuldhaft seiner Verkehrssicherungspflicht nicht nachgekommen ist.

(b) § 836 Abs. 1 BGB begründet die Haftung des jetzigen, § 836 Abs. 2 BGB die Haftung des früheren Eigenbesitzers für schuldhafte Verletzungen der Verkehrssicherungspflicht; Eigenbesitzer ist, wer das Grundstück als ihm gehörend besitzt (vgl. § 836 Abs. 3 BGB i.V.m. § 872 BGB). Der Anspruch aus § 836 BGB bietet dem Geschädigten gegenüber § 823 BGB insofern einen Vorteil, als hier dem Eigenbesitzer der Nachweis obliegt, dass er die zum Zwecke der Abwendung der Gefahr im Verkehr erforderliche Sorgfalt beobachtet hat (§ 836 Abs. 1 S. 2 BGB).

(c) Hat der Eigenbesitzer des Grundstückes einem anderen den (Fremd-)Besitz an einem auf dem Grundstück befindlichen Gebäude eingeräumt, z.B.

ein Haus vermietet, so haftet nun der Fremdbesitzer an Stelle des Eigenbesitzers (§ 837 BGB). Die Haftung des Grundstückseigenbesitzers beschränkt sich in diesem Fall auf die §§ 823, 840 Abs. 1, 421 BGB (vgl. oben (a)).

(d) Schließlich haftet auch derjenige nach Maßgabe der §§ 836, 837 BGB, der sich durch Vertrag gegenüber dem Gebäudebesitzer zur Unterhaltung des Gebäudes verpflichtet hat (§ 838 BGB; z.B. der Hausmeister). Dieser Gebäudeunterhaltspflichtige und der nach § 836 BGB oder § 837 BGB haftende Besitzer können vom Geschädigten nach §§ 840 Abs. 1, 421 BGB als Gesamtschuldner in Anspruch genommen werden.

(2) Im zweiten Fall stehen dem P Schadenersatzansprüche nach § 823 Abs. 1 BGB und § 823 Abs. 2 BGB i.V.m. § 229 StGB gegen den Gesellen V zu.

Da V als Verrichtungsgehilfe des G anzusehen ist, haftet grundsätzlich auch G für den Schaden (§ 831 Abs. 1 BGB). Dies gilt allerdings nur, wenn es dem G nicht gelingt, sich nach § 831 Abs. 1 S. 2 BGB zu exkulpieren. Schlägt die Exkulpation fehl, haften V und G als Gesamtschuldner (§§ 840 Abs. 1, 421 BGB).

Fall 167:
Der sechsjährige S verursacht beim Zündeln einen Scheunenbrand. Das Unglück konnte sich nur deshalb ereignen, weil er von einem Unbekannten Streichhölzer bekam und von diesem mit der Bemerkung über den Zaun gehoben wurde, dass er sie „ruhig in der Scheune ausprobieren" solle. An wen kann sich der Geschädigte G halten, wenn er erfährt, dass Vater V für seinen Sohn eine Haftpflichtversicherung abgeschlossen hat?
Lösung: Direkte Ansprüche des G gegen die Haftpflichtversicherung bestehen nicht; § 3 des Pflichtversicherungsgesetzes gewährt einen solchen Direktanspruch nur bei Schädigungen im Straßenverkehr.
In Betracht kommt eine Inanspruchnahme der Eltern des S nach §§ 832 Abs. 1, 1626, 1631 Abs. 1 BGB. Dies verspricht aber keinen Erfolg: Eltern haften für die von ihren minderjährigen Kindern verursachten Schäden nur, wenn ihnen der Nachweis misslingt, dass sie ihrer Aufsichtspflicht genügt haben oder dass der Schaden auch bei gehöriger Aufsichtsführung entstanden sein würde (§ 832 Abs. 1 S. 2 BGB). Auch sorgfältig aufsichtsführende Eltern müssen in der Regel nicht damit rechnen, dass ihre Kinder von Dritten zur Begehung von Straftaten missbraucht werden; eine Verschärfung der Aufsichtspflicht tritt erst ein, wenn konkrete Verdachtsmomente auf einen solchen Missbrauch hindeuten. Es ist folglich damit zu rechnen, dass die Eltern des S den Entlastungsbeweis nach § 832 Abs. 1 S. 2 BGB führen können.
Ein Schadenersatzanspruch gegen S aus § 823 BGB scheitert im Hinblick auf die Deliktsunfähigkeit des Minderjährigen (§ 828 Abs. 1 BGB).
Schließlich ist noch eine evtl. bestehende Billigkeitshaftung des S nach § 829 BGB (sog. „Millionärsparagraph") zu prüfen: Wer eine begangene Rechtsgutsverletzung aufgrund eigener Deliktsunfähigkeit nicht zu verantwor-

ten hat, ist – wenn auch keine aufsichtspflichtigen Dritten belangt werden können – insoweit zum Schadenersatz verpflichtet, als es die Billigkeit erfordert und ihm nicht die Mittel entzogen werden, die er zum angemessenen Unterhalt sowie zur Erfüllung seiner gesetzlichen Unterhaltspflicht benötigt. Die Frage der Billigkeit beurteilt sich hierbei insbes. nach den persönlichen Verhältnissen der Beteiligten. Die Rechtsprechung verlangt „ein wirtschaftliches Gefälle" zwischen den Vermögensverhältnissen des Schädigers und des Geschädigten. Eine für den Schädiger bestehende Haftpflichtversicherung kann dabei zwar von Bedeutung sein, genügt aber allein noch nicht zur Bejahung der Billigkeitshaftung, wenn dies zur Zubilligung von Beträgen führt, welche die finanziellen Möglichkeiten des Schädigers sonst schlechthin überschreiten würden (BGHZ 76, 279).

XIII. Grundbegriffe des Sachenrechts

Übersicht

Grundprinzipien	*Absolutheitsgrundsatz*: Dingliche Rechte wirken gegenüber jedermann *Publizitätsgrundsatz*: Dingliche Rechte sind nach außen erkennbar, Publizitätsmittel ist bei beweglichen Sachen der Besitz, bei Grundstücken das Grundbuch. Das Publizitätsmittel ist Grundlage für (a) die Eigentumsübertragung (Übergabe der Sache bzw. Eintragung im Grundbuch; §§ 929, 873 BGB) (b) die Vermutung für die Innehabung des Eigentums oder anderer Rechte (§§ 891, 1006 BGB) (c) den Eigentumserwerb kraft guten Glaubens (§§ 892 ff., 932 ff. BGB) *Bestimmtheitsgrundsatz („Spezialität")*: Dingliche Rechte können nur an bestimmten einzelnen Sachen, nicht dagegen an Sachgesamtheiten begründet werden. *Abstraktionsprinzip*: Das dingliche Rechtsgeschäft ist von dem ihm zugrundeliegenden, kausalen (schuldrechtlichen) Rechtsvorgang getrennt. Mängel des Kausalgeschäfts lassen die Gültigkeit des dinglichen Rechtsgeschäfts in der Regel unberührt, die Nichtigkeit des Kausalgeschäfts führt jedoch zu Ansprüchen aus ungerechtfertigter Bereicherung nach §§ 812 ff. BGB (Leistung sine causa).
Besitz	Kurzformel: Tatsächliche Herrschaft über eine Sache (auf die Berechtigung zum Besitz kommt es hierbei nicht an)

Arten des Besitzes	*unmittelbarer Besitz:* unmittelbare, tatsächliche Herrschaft über eine Sache (§ 854 Abs. 1 BGB) *mittelbarer Besitz:* die durch ein Besitzmittlungsverhältnis nach § 868 BGB vermittelte Sachherrschaft *Besitzdiener:* Ausübung der tatsächlichen Sachherrschaft für einen anderen (z.b. im Haushalt oder Geschäft u.ä.) mit Weisungsgebundenheit (§ 855 BGB) Konsequenz: Besitzdienerschaft begründet keinen Besitz *Eigenbesitz:* Der Besitzer besitzt eine Sache „als ihm gehörend", § 872 BGB (Beispiel: Der Eigentümer oder der, der sich für den Eigentümer hält) *Fremdbesitz:* Der Besitzer übt den Besitz aus, ohne dass er die Sache als ihm gehörend besitzen will (Beispiel: der Mieter für den Vermieter) *Alleinbesitz:* Nur ein Besitzer übt die Sachherrschaft aus *Mitbesitz:* Mehrere besitzen eine Sache (a) schlichter Mitbesitz: Die Sache ist jedem Mitbesitzer alleine zugänglich (Beispiel: gemeinsame Waschküche) (b) qualifizierter Mitbesitz: Die Sache ist den Mitbesitzern nur gemeinsam zugänglich (Beispiel: Gemeinsames Schließfach, das nur mit den verschiedenen Schlüsseln aller Mitbesitzer geöffnet werden kann) *Teilbesitz:* Besitz über den Teil einer Sache, insbesondere abgesonderte Wohnräume (§ 865 BGB)
Funktionen des Besitzes	*Schutzfunktion:* (a) Schutzansprüche nach §§ 858 ff. BGB gegen Besitzstörung u. -entziehung; (b) Schutzanspruch nach § 1007 BGB des früheren Besitzers gegen den jetzigen; (c) Schadenersatzanspruch nach § 823 Abs. 1 BGB (Besitz als „sonstiges Recht"); (d) Anspruch aus § 812 BGB (Besitz als Leistungsgegenstand) *Kontinuitätsfunktion:* (a) Besitz ist Grundlage der Ersitzung (§§ 900, 937 ff. BGB) (b) Übereignung bricht nicht Mietbesitz (§ 566 BGB) *Publizitätsfunktion* (s.o.)

Eigentum	Kurzformel: Rechtliche Herrschaft über eine Sache (§ 903 BGB: Der Eigentümer einer Sache kann, soweit nicht das Gesetz oder Rechte Dritter entgegenstehen, mit der Sache nach Belieben verfahren und andere von jeder Einwirkung ausschließen).

Erwerb des Eigentums	(A) *Eigentumserwerb an beweglichen Sachen*
	 (I) *Originärer Eigentumserwerb*
	   (1) Verbindung, Vermischung, Verarbeitung, §§ 946 bis 951 BGB
	   (2) Ersitzung (Voraussetzung: 10-jährige ununterbrochene Innehabung der Sache als gutgläubiger Eigenbesitzer), §§ 937 ff. BGB
	   (3) Okkupation (Aneignung herrenloser Sachen), § 958 Abs. 1 BGB
	   (4) Fund (zunächst nur Ablieferungspflicht; Eigentumserwerb nach 6 Monaten, wenn sich der Empfangsberechtigte nicht meldet), § 973 BGB
	 (II) *Abgeleiteter Eigentumserwerb*
	   (1) durch Einigung und Übergabe gem. §§ 929 ff. BGB
	     (a) Einigung: dinglicher Vertrag des Veräußerers mit dem Erwerber darüber, dass Eigentum an der Sache übergehen soll
	     (b) Übergabe bzw. Übergabesurrogate: verschiedene Möglichkeiten eines Publizitätsbestandes, der für den Eigentumsübergang erforderlich ist
	     (aa) § 929 S. 1 BGB
	     Setzt die Übergabe voraus; hierunter ist zu verstehen
	     ● Verlust der Besitzposition auf Seiten des Veräußerers
	     ● Erwerb der Besitzposition auf Seiten des Erwerbers
	     ● Einverständnis über den Besitzwechsel zwischen Veräußerer und Erwerber
	     (bb) § 929 S. 2 BGB
	     Wenn sich der Erwerber bereits im Besitz der Sache befindet, ist kein zusätzlicher Publizitätstatbestand notwendig („Übergabe kurzer Hand")
	     (cc) § 930 BGB („Besitzkonstitut")
	     Statt der Übergabe wird ein Übergabesurrogat vereinbart, nämlich ein Besitzmittlungsverhältnis (vgl. § 868 BGB), durch das der Erwerber den mittelbaren Besitz erlangt. Hauptanwendungsfall: Sicherungsübereignung

	(dd) § 931 BGB Abtretung des Herausgabeanspruchs (wenn ein Dritter im Besitz der Sache ist) (2) über den Erwerb eines Anwartschaftsrecht (a) Einigung unter der aufschiebenden Bedingung der vollständigen Bezahlung des Kaufpreises (§§ 449, 925, 158 Abs. 1 BGB) (b) Übergabe bzw. Übergabesurrogate gem. §§ 929 ff. BGB (c) Anwartschaftsrecht erstarkt zum Vollrecht Eigentum, wenn der Kaufpreis bezahlt wird, bei demjenigen, der Inhaber des Anwartschaftsrechtes ist (es wird wie das Vollrecht gem. §§ 929 ff. BGB übertragen). (B) *Eigentumserwerb an Grundstücken* (I) *Originärer Eigentumserwerb:* Ersitzung, § 900 BGB. Voraussetzung: „Buchbesitz" (Grundbucheintragung des Nichteigentümers) seit 30 Jahren. (II) *Abgeleiteter Eigentumserwerb* (Auflassung und Grundbucheintragung) (1) Einigung über den Eigentumserwerb (= „Auflassung"), § 925 BGB (2) Eintragung des Erwerbers in das Grundbuch (§ 873 BGB) Sicherung des Eigentumserwerbs: Eintragung einer Vormerkung, §§ 883, 888 BGB
Gutgläubiger Eigentumserwerb	(A) *Gutgläubiger Erwerb bei beweglichen Sachen* Voraussetzungen: Erwerber muss nach §§ 932, 933, 934 BGB beim Besitzerwerb gutgläubig sein (es schadet bereits die grobfahrlässige Nichtkenntnis; vgl. § 932 Abs. 2 BGB) und es muss der in diesen Vorschriften vorausgesetzte Publizitätstatbestand vorliegen. Ausschluss des Gutglaubenserwerbs: Bei gestohlenen oder sonst abhanden gekommenen Sachen, § 935 BGB (Ausnahme: Geld, Inhaberpapiere, durch öffentliche Versteigerung veräußerte Sachen) (B) *Gutgläubiger Erwerb bei Grundstücken* Voraussetzung: Erwerber muss den im Grundbuch eingetragenen Veräußerer für den Eigentümer halten (§ 892 BGB). Schädlich ist nur die positive Kenntnis von der Unrichtigkeit des Grundbuchs bzw. ein eingetragener Widerspruch gegen die Grundbuchrichtigkeit.
Ansprüche aus dem Eigentum	*Herausgabeanspruch* („rei vindicatio"), § 985 BGB: Der Eigentümer kann von jedem nichtberechtigten Besitzer die Herausgabe nach § 985 BGB verlangen (An-

	sprüche wegen Schadensersatz, Nutzungsherausgabe und Aufwendungsersatz regeln sich im Eigentümer/Besitzer-Verhältnis ausdrücklich nach §§ 987 ff. BGB). *Unterlassungsanspruch* („actio negatoria"), § 1004 BGB: Eigentümer kann gegen Handlungs- bzw. Zustandsstörer mit Beseitigungs- bzw. (bei Gefahr weiterer Beeinträchtigungen) Unterlassungsklage vorgehen, sofern keine Duldungspflicht besteht (zur Duldungspflicht vgl. §§ 906, 907 BGB). *Hinweis*: § 1004 BGB hat auch darüber hinaus Bedeutung. Zum einen wird in vielen Normen seine entsprechende Anwendung angeordnet, zum anderen ist seine analoge Anwendung die Rechtsgrundlage für Abwehransprüche gegenüber der Beeinträchtigung sonstiger absoluter Rechte und Rechtsgüter (sog. „quasi-negatorische Ansprüche").
Sonderformen des Eigentums	*Wohnungseigentum:* Die Verbindung von Miteigentum (nach Bruchteilen) am gemeinschaftlichen Grundstück mit dem Sondereigentum an der Wohnung (§ 1 Abs. 2 und 3 WEG). *Erbbaurecht* (Trennung von Grund- und Gebäudeeigentum): Das „veräußerliche und vererbliche Recht, auf oder unter der Erdoberfläche des belasteten Grundstücks ein Bauwerk zu haben" (§ 1 Abs. 1 ErbbauVO).
Nutzungsrechte am Eigentum	*Nießbrauch* (dingliches Nutzungsrecht), §§ 1030 ff. BGB: Das unveräußerliche und unvererbliche Recht, die Nutzungen einer Sache zu ziehen. *Grunddienstbarkeit* (§§ 1018 ff. BGB): Die Belastung eines Grundstückes zugunsten des jeweiligen Eigentümers eines anderen Grundstückes mit dem Inhalt, dass der Berechtigte das Grundstück in einzelnen Beziehungen benutzen darf oder dass auf dem Grundstück gewisse Handlungen nicht vorgenommen werden dürfen oder dass der Eigentümer bestimmte Rechte gegenüber dem herrschenden Grundstück nicht ausüben darf. *Beschränkte persönliche Dienstbarkeit* (§§ 1090 ff. BGB): Die Belastung eines Grundstückes zugunsten einer bestimmten Person mit derselben Befugnis, die sich aus einer Grunddienstbarkeit ergeben kann. *Reallast* (§ 1105 BGB): Die Belastung eines Grundstücks in der Weise, dass an den Berechtigten wiederkehrende Leistungen aus dem Grundstück zu entrichten sind.
Sicherungsrechte an Grundstücken (Grundpfandrechte)	*Hypothek* (§§ 1113 ff. BGB): Die Belastung eines Grundstücks in der Weise, dass an den Berechtigten eine bestimmte Geldsumme wegen einer ihm zustehenden Forderung aus dem Grundstück zu zahlen ist.

	Grundschuld (§§ 1191 ff. BGB): Belastung eines Grundstücks in der Weise, dass zugunsten des Berechtigten eine bestimmte Geldsumme aus dem Grundstück zu zahlen ist (die Grundschuld ist im Gegensatz zur Hypothek nicht an das Bestehen einer Forderung gebunden). *Rentenschuld* (§§ 1199 ff. BGB): Bestellung einer Grundschuld in der Weise, dass eine bestimmte Geldsumme aus dem Grundstück in regelmäßig wiederkehrenden Zeitabständen zu zahlen ist.
Sicherungsrechte an beweglichen Sachen	*Pfandrecht* (§§ 1204 ff. BGB): Begründung setzt die Übergabe voraus („Faustpfand"), daher in der Kreditpraxis unbedeutend und ersetzt durch die *Sicherungsübereignung:* Treuhänderische Eigentumsübertragung durch Besitzkonstitut nach § 930 BGB (s.o.) *Eigentumsvorbehalt:* (Sicherung des Lieferantenkredits) Aufschiebend bedingte Übereignung bis zur vollständigen Bezahlung des Kaufpreises (§ 449 BGB).
Sicherungsrechte an Rechten	*Pfandrecht* (§§ 1273 ff. BGB): Begründung erfolgt nach den Vorschriften für die Übertragung des Rechts (§ 1274 BGB). Sonderfall: Verpfändung von Forderungen (§§ 1279–1290 BGB). Beachte: Wirksame Verpfändung einer Forderung setzt nach § 1280 BGB Anzeige an den Schuldner voraus. *Sicherungszession:* Abtretung einer Forderung gem. § 398 BGB zu Sicherungszwecken. Vorteil: Keine Anzeige an den Drittschuldner gem. § 1280 BGB erforderlich (Umgehung des Publizitätsgrundsatzes!).

Fragen

Frage 361:

Können Sie die Begriffspaare „absolut/relativ" und „Schuldrecht/Sachenrecht" zuordnen und erläutern?

Antwort: Dingliche Rechte, also sachenrechtliche Ansprüche, wirken gegenüber jedermann (also „absolut"). Demgegenüber herrscht im Schuldrecht der Relativitätsgrundsatz: Das Schuldverhältnis ist eine „Rechtsfessel" (iuris vinculum) zwischen Gläubiger und Schuldner, schuldrechtliche Ansprüche sind daher auf dieses Rechtsverhältnis beschränkt, sie wirken „inter partes" (also nur „relativ").

Frage 362:
Was versteht man unter dem „numerus clausus" der Sachenrechte?
Antwort: Dies bedeutet, dass die Anzahl und der jeweilige Inhalt der verschiedenen dinglichen Rechte im BGB abschließend aufgeführt sind. Der Privatautonomie bleibt es verwehrt, neue Formen dinglicher Rechte zu schaffen. Anders im Schuldrecht: Hier können die Parteien gem. §§ 241, 311 BGB den Inhalt des Schuldverhältnisses frei bestimmen, was das Entstehen neuer Vertragsformen, wie z.B. des Leasings, ermöglicht.

Frage 363:
Was versteht man unter den „beschränkt dinglichen Rechten"?
Antwort: Die beschränkt dinglichen Rechte gewähren dem Berechtigten Rechtsmacht über einen Teil des Eigentums. „Dinglich" sind sie, da sie gegenüber jedermann wirken (Absolutheitsgrundsatz im Sachenrecht!), „beschränkt", weil sie dem Inhaber nicht die gleiche umfassende Rechtsmacht gewähren wie das Eigentum. Beispiele für dingliche Rechte sind Pfandrecht, Hypothek und Grundschuld.

Frage 364:
Was versteht man unter einer „Verfügung"?
Antwort: Unter einer „Verfügung" versteht man jede Veräußerung, Aufgabe, Belastung oder Inhaltsänderung eines Rechts, nicht dagegen dessen Erwerb.

Frage 365:
Ist der Ausdruck korrekt, jemand sei „Eigentümer seines Vermögens"?
Antwort: Nein, denn der im Sachenrecht geltende Spezialitätsgrundsatz besagt, dass Eigentum jeweils nur an konkreten Gegenständen besteht. Man ist also nicht Eigentümer „eines Vermögens", sondern Eigentümer eines Grundstücks, eines Kraftfahrzeugs, einer Maschine, eines Gemäldes usw.

Frage 366:
Was versteht man unter unmittelbarem und was unter mittelbarem Besitz?
Antwort: Besitz wird definiert als „tatsächliche Sachherrschaft". Unmittelbarer Besitzer ist jeder, der nach der Verkehrsanschauung in einer unmittelbaren räumlichen Beziehung zur Sache steht und einen allgemeinen Beherrschungswillen hat (§ 854 BGB). Mittelbarer Besitzer dagegen ist derjenige, der die Sachherrschaft durch einen anderen (den „Besitzmittler") für sich ausüben lässt (§ 868 BGB). Besitzmittler und mittelbarer Besitzer sind beide Besitzer, wobei der Besitzmittler unmittelbarer Besitzer ist.

Frage 367:
Was versteht man unter einem Besitzdiener und wie sind die Besitzverhältnisse in diesem Fall ausgestaltet?

Antwort: Besitzdiener ist gem. § 855 BGB, wer die tatsächliche Gewalt über eine Sache für einen anderen in dessen Haushalt oder Erwerbsgeschäft oder in einem ähnlichen sozialgebundenen Abhängigkeitsverhältnis mit Weisungsgebundenheit ausübt. Der Besitzdiener selbst hat keine besitzrechtliche Position; ihm stehen – im Gegensatz zum mittelbaren und unmittelbaren Besitzer – keine Rechte aus dem Besitz zu. Besitzer im Sinne des Gesetzes ist bei der Besitzdienerschaft nur der Besitzherr: Er ist unmittelbarer Besitzer, da er zwar nicht selbst die Gewalt über die Sache ausübt, aber wegen seines Weisungsrechts gegenüber dem Besitzdiener eine entsprechende Position inne hat. Wichtige Konsequenz der Besitzdienerschaft: In der Weggabe der dem Besitzdiener überlassenen Sache an Dritte liegt ein den gutgläubigen Erwerb ausschließendes „Abhandenkommen" i.S.d. § 935 BGB.

Frage 368:
Wie wird der mittelbare Besitz übertragen?

Antwort: Nach § 870 BGB durch Abtretung des Herausgabeanspruchs aus dem Besitzmittlungsverhältnis (Beispiel: Der Vermieter tritt seinen Anspruch auf Herausgabe der Mietsache gegen den Mieter ab).

Frage 369:
Können Sie ein Beispiel für die Rechtsfigur des offenen Besitzes geben (vgl. § 854 Abs. 2 BGB)?

Antwort: A gehört ein Holzstapel von 4 Festmetern Buchenholz im Gemeindewald. Er erlaubt im Büro seinem Arbeitskollegen B, den Holzstapel nach Büroschluss abzuholen. In diesem Falle genügt für den Besitzerwerb die Einigung zwischen A und B, ohne dass erforderlich ist, dass B jetzt schon die unmittelbare Sachherrschaft über den Holzstapel hat.

Frage 370:
Was geschieht mit dem Besitz beim Tode einer Person?

Antwort: Nach § 857 BGB geht der Besitz auf den Erben über (bevor der Erbe die tatsächliche Sachherrschaft ausüben kann, wird sein Besitz durch § 857 BGB fingiert).

Frage 371:
Welche Konsequenzen hat dies bei beweglichen Sachen bzw. Grundstücken?

Antwort: Die Besitzstellung des Erben bewirkt, dass bei Verfügungen anderer über bewegliche Nachlassgegenstände ein Abhandenkommen gem. § 935 BGB vorliegt, ein gutgläubiger Erwerb also ausscheidet. Bei Grundstücken führt der Besitzübergang zur Gebäudehaftung nach §§ 836, 837 BGB.

Frage 372:
Kann derjenige gutgläubig Eigentum erwerben, dem der Besitz von einem veruntreuenden Besitzdiener verschafft wird?

Antwort: Nein, bei der Besitzdienerschaft ist gem. § 855 BGB nur der Besitzherr der (unmittelbare) Besitzer. Deshalb liegt in der Weggabe der Sache durch den Besitzdiener aus Sicht des Besitzherrn ein unfreiwilliger Verlust des unmittelbaren Besitzes, also ein Abhandenkommen im Sinne von § 935 BGB.

Frage 373:
Können Sie die Voraussetzungen für das Vorliegen eines Besitzmittlungsverhältnisses schildern?
Antwort: Als erstes muss zwischen den beteiligten Personen ein Rechtsverhältnis i.S.d. § 868 BGB vorliegen, zweitens ein Herausgabeanspruch des mittelbaren Besitzers und drittens das Vorliegen eines Fremdbesitzerwillens beim unmittelbaren Besitzer.

Frage 374:
Können Sie die Besitzverhältnisse anhand eines Mietverhältnisses definieren?
Antwort: Der Mieter einer Sache ist aufgrund der von ihm tatsächlich ausgeübten Sachherrschaft über die Mietsache unmittelbarer Besitzer. Das Mietverhältnis ist ein Besitzmittlungsverhältnis im Sinne von § 868 BGB. Der Vermieter ist mittelbarer Besitzer. Nach der Willensrichtung ist noch zu differenzieren: Der Mieter ist unmittelbarer Fremdbesitzer, der Vermieter mittelbarer Eigenbesitzer.

Frage 375:
Was haben die Ansprüche aus den §§ 987 ff. BGB gemeinsam?
Antwort: Sie setzen alle das Bestehen eines Eigentümer-Besitzer-Verhältnisses (EBV) voraus: Der Anspruchsteller muss Eigentümer sein, der Anspruchsgegner unberechtigter Besitzer.

Frage 376:
Wie unterscheidet sich nach den §§ 987 ff. BGB die Rechtsstellung des bösgläubigen oder verklagten Besitzers von der des gutgläubigen, unverklagten Besitzers?
Antwort: Der bösgläubige/verklagte Besitzer haftet für die verschuldete Unmöglichkeit der Herausgabe der Sache auf Schadenersatz (§§ 989, 990 Abs. 1 BGB) und auf Herausgabe gezogener oder schuldhaft nicht gezogener Nutzungen (§§ 987, 990 Abs. 1 BGB). Verwendungen, die er auf die Sache macht, bekommt er nach den Regeln der Geschäftsführung ohne Auftrag ersetzt, wenn sie notwendig waren (§§ 994 Abs. 2, 996 BGB). Die Haftung des gutgläubigen Besitzers auf Schadenersatz ist nach § 993 Abs. 1 BGB ausgeschlossen – das gilt auch für deliktische Ansprüche. Nutzungen hat er nur herauszugeben, wenn er die Sache unentgeltlich erlangt hat (§ 988 BGB). Er kann für notwendige und nützliche (wertsteigernde) Verwendungen Ersatz verlangen (§§ 994 Abs. 1, 996 BGB).

Frage 377:

Unter welchen Voraussetzungen wird nach § 950 BGB durch Verarbeitung an einer neuen Sache Eigentum erworben, welche rechtspolitische Bedeutung hat diese Vorschrift und wie kann der Voreigentümer seine Interessen schützen?

Antwort: Vorausgesetzt ist, dass durch die Verarbeitung oder Umbildung eine neue bewegliche Sache entsteht und der Wert der Verarbeitung nicht erheblich geringer ist als der Wert des Stoffes. Diese Vorschrift hat große Bedeutung im Rahmen der Kreditsicherung: Durch die Verarbeitung erlischt der Eigentumsvorbehalt des Zulieferanten (§ 950 Abs. 2 BGB). Dieser ist auf Ersatzansprüche nach § 951 BGB beschränkt. In der Praxis schützt sich der Vorbehaltsverkäufer (Zulieferer) durch zwei Vereinbarungen. Zum einen wird eine „Herstellerklausel" vereinbart: Zwischen Lieferant und Hersteller wird vereinbart, dass der Lieferant Hersteller der Ware i.S.v. § 950 BGB ist; eine solche Vereinbarung über die Herstellereigenschaft ist nach der Rechtsprechung zulässig. Zum anderen wird ein „verlängerter Eigentumsvorbehalt" vereinbart: Soweit der Verarbeitende durch die Veräußerung der von ihm produzierten Sachen Forderungen gegen seine Abnehmer erhält (z.b. Kaufpreisforderungen nach § 433 Abs. 2 BGB), werden diese im Voraus an den Zulieferer abgetreten.

Frage 378:

Spielt der Eigentumserwerb durch Ersitzung im deutschen Recht eine große Rolle? Welches sind die Gründe?

Antwort: Nein, weil ja nach deutschem Recht (im Gegensatz zum römischen Recht, wo die Ersitzung eine große Rolle spielte) die Möglichkeit des gutgläubigen Erwerbs besteht. Ersitzung ist nur dort erforderlich, wo nicht bereits durch wirksame Eigentumsübertragung kraft guten Glaubens eine Rechtsänderung erfolgte (Beispiel: Nichtigkeit der Eigentumsübertragung wegen Geisteskrankheit des Veräußerers).

Frage 379:

Nennen Sie die Voraussetzungen für eine Übereignung nach § 929 S. 1 BGB!

Antwort: Veräußerer und Erwerber müssen sich einig sein, dass das Eigentum auf den Erwerber übergehen soll. Diese sog. dingliche Einigung darf nicht mit der Einigung über ein der Übereignung zugrunde liegendes Kausalgeschäft – z.B. ein Kaufvertrag – verwechselt werden (Abstraktionsprinzip!). Außerdem ist die Übergabe der zu übereignenden Sache erforderlich. Übergabe i.S.d. § 929 BGB ist das einverständliche Geben und Nehmen, wobei der Veräußerer jegliche Besitzposition verliert und der Erwerber zumindest mittelbaren Besitz erlangt. Schließlich muss der Veräußerer zur Übereignung der Sache berechtigt sein: Dies ist der verfügungsberechtigte Eigentümer oder der Nichteigentümer, dem kraft Gesetzes das Verfügungsrecht zusteht oder der mit Einwilligung des Berechtigten handelt (§ 185 BGB).

Frage 380:
Wann ist der Erwerber gutgläubig i.S.d. §§ 932 ff.?
Antwort: Die Gutgläubigkeit ist in § 932 Abs. 2 BGB (negativ) definiert: Danach ist der Erwerber nicht in gutem Glauben, wenn ihm bekannt oder infolge grober Fahrlässigkeit unbekannt ist, dass die Sache nicht dem Veräußerer gehört. Die negative Formulierung des Gesetzes begründet eine Beweislastumkehr: Der gute Glaube des Erwerbers wird vermutet.

Frage 381:
Ist der Erwerber auch gutgläubig i.S.d. § 932 Abs. 2 BGB, wenn er zwar weiß, dass der Veräußerer nicht Eigentümer ist, aber glaubt, dass er zu der Verfügung vom Berechtigten ermächtigt ist?
Antwort: Da es bei § 932 Abs. 2 BGB schon dem Wortlaut nach nur darauf ankommt, ob die Sache „dem Veräußerer gehört", schützen die §§ 932 ff. BGB nur den guten Glauben an die Rechtsinhaberschaft. Daher ist der Erwerber, der weiß, dass der Veräußerer nicht Eigentümer ist, nicht gutgläubig. Der gute Glaube an die Verfügungsbefugnis ist im bürgerlichen Recht nicht geschützt, sondern nur im Handelsrecht im Rahmen des § 366 HGB.

Frage 382:
Wie erfolgt die Übereignung eines Fernsehapparates, den der Erwerber beim Fernsehhändler zunächst gemietet hatte?
Antwort: Nach § 929 S. 2 BGB durch sogenannte „schlichte Einigung": Der Erwerber ist bereits im Besitze der Sache, so dass die Einigung über den Übergang des Eigentums genügt.

Frage 383:
Wie sind die Eigentums- und Besitzverhältnisse bei der Sicherungsübereignung und warum ist dieser Übereignungstatbestand in der Kreditsicherungspraxis so häufig?
Antwort: Der Kreditnehmer übereignet der Bank die Sache nach §§ 929, 930 BGB. Der Kreditnehmer bleibt unmittelbarer Besitzer, die Bank (= neue Eigentümerin) wird mittelbare Besitzerin. Eine Übergabe des Sicherungsgutes wäre in doppeltem Sinne unerwünscht: Einmal würde die Verwahrung des Sicherungsgutes Lagerprobleme bei der Bank verursachen, zum anderen wäre das Sicherungsgut (Maschinen!) dem Produktionsprozess des Sicherungsgebers entzogen, was dem Kreditzweck genau entgegenlaufen würde. Im Grunde bleibt bei der Sicherungsübereignung für den Nichteingeweihten alles beim alten. Es kommt allerdings zu einer Änderung der Rechtszuständigkeit, die im Sicherungsfall (z.B. Eröffnung des Insolvenzverfahrens) von erheblicher Bedeutung ist.

Frage 384:
Der Verkäufer einer beweglichen Sache kann sich bis zur endgültigen Bezahlung des Kaufpreises nach § 449 BGB das Eigentum vorbehalten. Geht dies auch beim Verkauf eines Grundstücks?

Antwort: Nein, die Auflassung ist nach § 925 Abs. 2 BGB bedingungs-feindlich, kann also nicht, wie bei beweglichen Sachen, unter der aufschiebenden Bedingung der Kaufpreiszahlung erfolgen.

Frage 385:
Wie kann sich dann der Verkäufer eines Grundstücks schützen?
Antwort: Indem er die Auflassung erst nach vollständiger Bezahlung des Kaufpreises erklärt.

Frage 386:
Welche Gefahr ergibt sich daraus für den Käufer und wie schützt sich dieser dagegen?
Antwort: Zunächst einmal besteht das Risiko, dass der Verkäufer vor der Erfüllung des Kaufvertrags (vertragswidrig) über das Grundstück zu Gunsten eines Dritten verfügt. Außerdem läuft der Käufer Gefahr, zu bezahlen, ohne letztlich Eigentümer zu werden: Wenn der Verkäufer nach Kaufpreiszahlung aber vor Übertragung des Eigentums die Eröffnung des Insolvenzverfahrens beantragt und daraufhin seine Verfügungsbefugnis verliert (§ 21 Abs. 2 Nr. 2 InsO). Der Käufer kann dann seinen Anspruch auf Rückzahlung des Kaufpreises lediglich als Insolvenzforderung anmelden. Er schützt sich hiergegen durch die Eintragung einer Vormerkung gem. § 883 BGB. Diese sichert den Käuferanspruch auf Eigentumsübertragung, was dazu führt, dass der Käufer gem. § 106 Abs. 1 InsO für seinen Anspruch Befriedigung aus der Insolvenzmasse verlangen kann.

Frage 387:
Können Sie anhand eines Beispiels erläutern, was der in § 888 BGB beschriebene Anspruch bewirkt?
Antwort: Wenn V dem K 1 ein Grundstück verkauft und für K 1 eine Vormerkung eingetragen wird, V aber nun dem K 2 das Grundstück verkauft (weil der einen höheren Kaufpreis geboten hat) und K 2 in das Grundbuch eingetragen wird, nachdem V dem K 2 das Grundstück aufgelassen hat, kann K 1 von V (trotz der Tatsache, dass K 2 Eigentümer geworden ist) die Übereignung des Grundstückes fordern: Denn gem. § 883 Abs. 2 BGB ist K 2 zwar Eigentümer geworden, nicht aber dem K 1 gegenüber; ihm gegenüber ist V noch Eigentümer, so dass V den Anspruch auf Übereignung des Grundstückes noch erfüllen kann. Hierzu ist aber, weil das Grundbuchrecht für eine Eintragung des K 1 die Voreintragung des Betroffenen voraussetzt, erforderlich, dass K 2 der Eintragung des K 1 zustimmt. § 888 BGB gibt K 1 einen Anspruch darauf, dass K 2 als Voreingetragener der Eintragung des K 1 zustimmt. Damit kann K 1 Eigentum erlangen.

Frage 388:
Wird ein Dieb Eigentümer, wenn er eine Sache 10 Jahre lang in Besitz hatte?

Antwort: Nein, der Dieb ist im Sinne des § 937 Abs. 2 BGB stets bösgläubig, kann also nicht ersitzen. Allerdings verjährt der Eigentumsherausgabeanspruch (auch gegenüber dem Dieb) nach allgemeinen Vorschriften mit Ablauf von 30 Jahren. Selbst dadurch erwirbt der Dieb aber kein Eigentum, so dass in diesem Fall Eigentum und Besitz dauerhaft „auseinander fallen".

Frage 389:
Welche Möglichkeit besteht, wenn man als Betroffener den Eintrag im Grundbuch für falsch hält?
Antwort: Aus § 894 BGB ergibt sich ein Anspruch auf Grundbuchberichtigung gegen den zu Unrecht Eingetragenen. Dieser Anspruch kann gem. § 899 BGB durch die Eintragung eines Widerspruchs gesichert werden.

Frage 390:
Welche Kurzformel gibt es für die Unterscheidung zwischen Vormerkung und Widerspruch?
Antwort: Die Vormerkung „prophezeit" (weist auf eine künftige Rechtsänderung hin), der Widerspruch „protestiert" (wendet sich gegen die gegenwärtige Eintragung).

Frage 391:
Welche Vorschriften finden auf das Wohnungseigentum und das Erbbaurecht Anwendung?
Antwort: Begründung, Übertragung, Belastung und Aufhebung erfolgen grundsätzlich in den für das Grundeigentum geltenden Formen (z.B. wird Wohnungseigentum übertragen durch Auflassung und Eintragung in das Wohnungsgrundbuch). Daneben bringen das Wohnungseigentumsgesetz sowie die Erbbaurechtsverordnung spezielle Vorschriften, beim Wohnungseigentum namentlich für das Verhältnis der Wohnungseigentümer untereinander.

Frage 392:
Inwiefern gleicht sich (und worin unterscheidet sich) die Rechtsstellung des Eigentümers und die des Nießbrauchers?
Antwort: Der Nießbrauch ist in der Regel als sogenannter „Versorgungsnießbrauch" das umfassende Nutzungsrecht einer Person an einer Sache (oder an einem Recht). Insofern hat der Nießbraucher dieselbe Stellung wie der Eigentümer; sein Recht ist genauso geschützt wie das Eigentum (vgl. § 1065 BGB, der auf die Herausgabeklage des § 985 BGB und die Abwehrklage des § 1004 BGB verweist). Der Nießbrauch ist aber unveräußerlich (§ 1059 BGB) und unvererblich (§ 1061 BGB), also „personenbezogen".

Frage 393:
Wie lassen sich Nießbrauch, Grunddienstbarkeit und beschränkt persönliche Dienstbarkeit voneinander abgrenzen?
Antwort: Der Nießbrauch ist das umfassende dingliche Nutzungsrecht. Die Grunddienstbarkeit und die beschränkt persönliche Dienstbarkeit haben gemeinsam, dass sich das Nutzungsrecht des Berechtigten (im Gegensatz zum umfassenden Nießbrauch) auf die Grundstücksnutzung „in einzelnen Beziehungen" (§ 1018 BGB) beschränkt. Die „normale" Grunddienstbarkeit steht dem jeweiligen Eigentümer eines Grundstücks (man nennt dieses das „herrschende Grundstück") zu (es handelt sich ja um die „Belastung eines Grundstücks" zugunsten des jeweiligen Eigentümers eines anderen Grundstücks); die beschränkt persönliche Dienstbarkeit steht dagegen einer bestimmten Person zu und ist deshalb (wie der Nießbrauch, im Gegensatz zur Grunddienstbarkeit) unvererblich und unveräußerlich.

Frage 394:
Können Sie ein Beispiel für eine Grunddienstbarkeit nennen?
Antwort: Die Berechtigung der Gemeinde, einen Abwasserkanal durch ein fremdes Grundstück zu führen.

Frage 395:
Kann ein Grundstück mit einer Grunddienstbarkeit belastet werden, wonach auf dem Grundstück bestimmte wirtschaftliche Betätigungen verboten werden?
Antwort: Es ist in der Rechtsprechung immer wieder strittig, inwieweit derartige Wettbewerbsverbote dinglich gesichert werden können. Entscheidend ist, dass die Grunddienstbarkeit dem Grundstück, so wie es ist, nützen kann. Die Rechtsprechung lässt es zu, ein Grundstück zugunsten eines mit einem Warenhaus errichteten Nachbargrundstücks in der Weise zu belasten, dass kein Warenhaus errichtet werden darf. Zulässig ist auch die Belastung eines Grundstücks mit einem Wettbewerbsverbot zugunsten einer Konkurrenztankstelle, nicht dagegen das Verbot, keine anderen Erzeugnisse als die des Dienstbarkeitsberechtigten zu vertreiben (BGHZ 29, 244). Grund: Erlaubt ist die Einschränkung der tatsächlichen, nicht jedoch der rechtlichen Verfügungsfreiheit.

Frage 396:
Was ist der Sinn der in §§ 1105 ff. BGB geregelten Reallast? Wie muss man den Begriffsteil verstehen, dass die Reallast „wiederkehrende Leistungen, die aus dem Grundstück zu entrichten sind" voraussetzt?
Antwort: Die Reallast soll den Anspruch auf wiederkehrende Leistungen in der Weise sichern, dass notfalls die Zwangsvollstreckung in das Grundstück betrieben werden kann. Keinesfalls muss es sich bei den Leistungen um solche handeln, die das Grundstück produziert.

Frage 397:
Wie unterscheidet sich die Hypothek von der Grundschuld?
Antwort: Die Hypothek ist vom Bestehen der gesicherten Forderung abhängig („akzessorisch"); die Grundschuld setzt im Prinzip keine Forderung voraus.

Frage 398:
Bedeutet das, dass mit der Grundschuld keine Forderung abgesichert werden kann?
Antwort: Nein. Das Fehlen der Akzessorietät bedeutet lediglich, dass die Grundschuld in ihrer Entstehung und in ihrem Bestand vom Bestehen und von der Höhe einer zu sichernden Forderung unabhängig ist. Dadurch kann sie flexibler eingesetzt werden, weshalb die Sicherungsgrundschuld in der Kreditsicherungspraxis eine wesentliche größere Bedeutung hat als die Hypothek. Bei der Sicherungsgrundschuld werden Grundschuld und zu sichernde Forderung dadurch (allerdings im Gegensatz zur Hypothek nur mit schuldrechtlicher Wirkung) verknüpft, dass Gläubiger und Eigentümer einen Sicherungsvertrag schließen, in dem vor allem geregelt wird, unter welchen Voraussetzungen der Gläubiger die Grundschuld verwerten kann (Sicherungsfall).

Frage 399:
Wie viele Rechtsverhältnisse bestehen daher bei einer Sicherungsgrundschuld?
Antwort: Es bestehen 3 Rechtsverhältnisse: Die zu sichernde Forderung, der Sicherungsvertrag und die Bestellung der Grundschuld.

Frage 400:
Welches Grundpfandrecht ist für den Gläubiger günstiger?
Antwort: Die Grundschuld, weil bei ihr die Akzessorietät fehlt.

Frage 401:
Welche Vorschriften finden auf die Grundschuld Anwendung?
Antwort: Soweit nach §§ 1192 ff. BGB nichts Besonderes gilt, finden die Vorschriften über die Hypothek entsprechende Anwendung.

Frage 402:
Welches Recht steht dem Hypotheken- bzw. Grundschuldgläubiger zu, wenn der Sicherungsfall eintritt und der Eigentümer des belasteten Grundstücks nicht freiwillig zahlt?
Antwort: Die zentrale Anspruchsgrundlage des Hypothekenrechts ist § 1147 BGB: Danach kann der Gläubiger den Eigentümer auf Duldung der Zwangsvollstreckung verklagen und mit dem entsprechenden Urteil als Vollstreckungstitel die Zwangsvollstreckung betreiben. Auf die Grundschuld findet diese Vorschrift gem. § 1192 Abs. 1 BGB entsprechende An-

wendung. Allerdings muss der Grundschuldgläubiger gem. § 1193 Abs. 1 BGB die Grundschuld kündigen, bevor das Kapital fällig wird.

Frage 403:
Welche Einwendungen kann der vom Hypothekar in Anspruch genommene Eigentümer geltend machen?

Antwort: Der Eigentümer kann dem Hypothekar sowohl die gegen die Hypothek bestehenden Einwendungen (§ 1157 BGB) als auch die gegen die gesicherte Forderung bestehenden Einreden (§ 1137 BGB) entgegenhalten.

Frage 404:
Wie wird die Hypothekenhaftung realisiert?

Antwort: Der Gläubiger hat gem. § 1147 BGB gegen den Eigentümer des belasteten Grundstückes einen Anspruch auf Duldung der Zwangsvollstreckung. Diesen Anspruch setzt er mittels einer sogenannten „dinglichen Klage" durch. Durch das obsiegende Urteil hat der Gläubiger den für die Zwangsvollstreckung notwendigen Titel. In der Praxis wird das Erfordernis einer dinglichen Klage dadurch umgangen, dass sich der Eigentümer des belasteten Grundstücks schon bei Bestellung der Hypothek in einer notariellen Urkunde der sofortigen Zwangsvollstreckung unterwirft, die gem. § 794 Abs. 1 Ziff. 5 ZPO ebenfalls einen Titel darstellt. Die Zwangsvollstreckung in das Grundstück selbst erfolgt mittels Zwangsversteigerung oder Zwangsverwaltung (näher geregelt im ZVG).

Frage 405:
Wie wird die Hypothek übertragen?

Antwort: Durch Übertragung (Abtretung) der Forderung (§ 1153 BGB). Bei der Briefhypothek ist die Abtretung der Forderung nur wirksam, wenn die Abtretungserklärung in schriftlicher Form erteilt und der Hypothekenbrief übergeben worden ist (§ 1154 BGB). Bei der Buchhypothek wird nach Grundbuchrecht übertragen: Einigung plus Eintragung im Grundbuch, vgl. §§ 1154 Abs. 3, 873 BGB.

Frage 406:
Wie wird eine Grundschuld übertragen?

Antwort: Gem. § 1192 Abs. 1 BGB wird auf die Grundschuld das Hypothekenrecht angewendet, soweit sich nicht aus der fehlenden Akzessorietät etwas anderes ergibt. Dementsprechend ist § 1153 BGB auf die Grundschuld nicht entsprechend anwendbar: Da die Grundschuld nicht an eine zu sichernde Forderung gekoppelt ist, kann ihre Übertragung auch nicht durch Abtretung der gesicherten Forderung erfolgen. Vielmehr erfordert die Übertragung der Grundschuld eine Abtretung der Grundschuld selbst analog § 1154 Abs. 1 BGB. Dementsprechend muss die Abtretung schriftlich und bei der Briefgrundschuld unter Übergabe des Grundschuldbriefs erfolgen. Soll die durch die Grundschuld gesicherte Forderung ebenfalls übertragen werden, muss sie nach § 398 BGB abgetreten. Die Übertragung der Grundschuld ist aber (jedenfalls in dinglicher Hinsicht) von der Abtretung der schuldrechtlichen Forderung unabhängig. Es ist jedoch üblich, dass sich der Gläubiger verpflichtet, Grundschuld und gesicherte Forderung nicht isoliert abzutreten.

Frage 407:
Welche Arten von Grundpfandrechten kennen Sie im Einzelnen? Erklären Sie die Unterschiede!

Antwort: Die „Briefhypothek" (entsprechend Briefgrundschuld) ist dadurch charakterisiert, dass für sie ein Hypotheken- bzw. Grundschuldbrief ausgestellt wird; dies ermöglicht die leichtere Übertragung „außerhalb des Grundbuchs" (also ohne Eintragung: Zur Abtretung genügen (1) Einigung, (2) schriftliche Abtretungserklärung sowie (3) Briefübergabe, vgl. § 1154 Abs. 1 BGB). Bei der „Buchhypothek" ist die Erteilung des Briefes ausgeschlossen, die Übertragung dadurch nur im Wege des Grundbucheintrags nach §§ 873 ff. BGB möglich. Von einer „Sicherungshypothek" spricht man, wenn das Recht des Gläubigers aus der Hypothek sich nur nach der Forderung bestimmt und der Gläubiger sich zum Beweise der Forderung nicht auf die Eintragung berufen kann (§ 1184 BGB); das heißt, dass es einen gutgläubigen Erwerb der Hypothek im Falle fehlender Forderung der Sicherungshypothek nicht gibt (es gilt hier die strenge Akzessorietät). Die Sicherungshypothek ist nur als Buchhypothek möglich (vgl. § 1185 BGB). Da die Übertragung entsprechend erschwert und vor allen Dingen der Erwerb kraft guten Glaubens eingeschränkt ist (vgl. §§ 1185 Abs. 2 i.V.m. 1138, 1139 BGB), ist die „Sicherungs"-Hypothek eine besondere Sicherung für den Schuldner, nicht dagegen für den Gläubiger!

Frage 408:
Was geschieht bei der Hypothek, wenn der Schuldner zahlt und die Forderung erlischt?
Antwort: Aus der Fremdhypothek wird eine „Eigentümerhypothek" (§ 1163 Abs. 1 S. 2 BGB) und schließlich „Eigentümergrundschuld" nach § 1177 BGB. Das Grundpfandrecht erlischt also nicht (Grund: Dem Schuldner wird die Rangstelle erhalten, sofern nicht zugunsten der nachfolgenden Rechte eine Löschungsvormerkung eingetragen war bzw. andere Hypothekengläubiger ihre Rechte aus § 1179 a BGB geltend machen).

Fälle

Fall 168:

Eigentümer E vermietet in seinem von ihm bewohnten Gebäude eine Wohnung an die Familie F und eine weitere Raumeinheit als Bankfiliale an die Sparkasse S. S richtet in ihrer Raumeinheit Schließfächer ein, die nur gemeinsam von S und deren Kunden geöffnet werden können. Kunde K deponiert in seinem Schließfach Wertpapiere. Wie sind die besitzrechtlichen Verhältnisse zu qualifizieren?

Lösung: Bezüglich des ganzen Gebäudes ist E als Eigentümer unmittelbarer Eigenbesitzer. Die Mieter F und S sind unmittelbare Fremdteilbesitzer bezüglich der von ihnen genutzten Raumeinheiten, hinsichtlich der gemeinsam benutzten Flächen sind sie unmittelbare Fremdmitbesitzer, wobei schlichter Mitbesitz vorliegt. E ist mittelbarer Eigenbesitzer der vermieteten Räume. Was das Schließfach betrifft, so sind S und der Kunde K unmittelbare Fremdbesitzer, wobei qualifizierter Mitbesitz vorliegt. Bezüglich des im Schließfach befindlichen Inhalts ist K alleiniger unmittelbarer Eigenbesitzer.

Fall 169:

V hat seinen PKW dem B für eine sechswöchige Urlaubsfahrt unentgeltlich zur Verfügung gestellt. Einen Tag, nachdem B das Fahrzeug abgeholt hat, veräußert V den Wagen an E. E verlangt nun von B, den PKW sofort an ihn herauszugeben. Wie ist die Rechtslage?

Lösung: E kann sein Herausgabeverlangen möglicherweise auf § 985 BGB stützen. Dies setzt das Bestehen einer „Vindikationslage" voraus: (a) E müsste Eigentümer und (b) B Besitzer des Wagens sein. Ferner dürfte (c) dem B gegenüber E kein Recht zum Besitz zustehen (§ 986 BGB). E hat von V das Eigentum an dem Wagen erlangt. Die Übereignung erfolgte nach §§ 929, 931 BGB durch Einigung und – als Übergabeersatz – Abtretung des dem V gegen B zustehenden Herausgabeanspruches (§§ 604, 398 BGB). B ist Besitzer des Wagens (§ 854 Abs. 1 BGB). Der Herausgabeanspruch scheitert jedoch daran, dass B ein Recht zum Besitz zusteht: Nach § 986 Abs. 2 BGB kann der Besitzer im Falle der Eigentumsübertragung nach § 931 BGB dem neuen Eigentümer sämtliche Einwendungen entgegenhalten, die ihm gegen den abgetretenen Anspruch zustehen. Da V seinen Wagen für die Dauer von sechs Wochen an B verliehen hat, ist der an E abgetretene Herausgabeanspruch noch nicht fällig (vgl. § 604 Abs. 1 BGB). Der Leihvertrag ist von V auch nicht wegen Eigenbedarfs nach § 605 Nr. 1 BGB gekündigt worden; eine Kündigung durch E wäre unerheblich, da E nicht Vertragspartner des B ist. B ist folglich auch weiterhin berechtigt, den Wagen für die Urlaubsfahrt zu nutzen.

Fall 169 a:
Der private Porschefahrer V bietet auf dem Gebrauchtwagenmarkt per Inserat seinen gebrauchten Porsche zum Preis von 50 000 € an. Käufer Kuno meldet sich und wird mit V handelseinig. Auf einem vorgedruckten Kaufvertragsformular werden die erforderlichen Punkte des Kaufvertrags notiert. U.a. enthält das Kaufvertragsformular auch folgende beiden Passagen: (1) „Die Lieferung erfolgt unter Ausschluss jeglicher Gewährleistung." (2) „Das Fahrzeug wird unter Eigentumsvorbehalt geliefert, es bleibt bis zur Zahlung des Kaufpreises im Eigentum des Verkäufers."
Frage 1: Nehmen Sie an, das Fahrzeug habe schon bei Kaufabschluss wegen eines Materialschadens (für V nicht erkennbar) Defekte bei der Kolbenschmierung gehabt, so dass es bei Kuno binnen kurzem zu einen Kolbenfraß kommt. Kuno verlangt daraufhin den Kaufpreis zurück. Mit Recht?
Frage 2: Nehmen Sie an, das Fahrzeug habe keine Mängel gehabt und der Sachverhalt stelle sich wie folgt dar: Bei der unter Eigentumsvorbehalt erfolgten Lieferung des erwähnten Porsche erhält Kuno auch den Kfz-Brief ausgehändigt. Der Kaufpreis ist bis heute noch nicht bezahlt. Kurz nach Kaufvertragabschluss kommt Kuno in Liquiditätsschwierigkeiten und nimmt bei der Bank B ein Darlehen über 30 000 € auf. Zur Sicherheit übereignet Kuno das Eigentum an dem erwähnten Porsche und übergibt dazu den Kfz-Brief, verschweigt dabei aber, dass er den Kaufpreis noch gar nicht bezahlt hat. Kurze Zeit später wird seine Finanzlage dramatisch, so dass er sich entschließt, den Porsche zum Preis von 25 000 € an den Käufer Kasimir zu veräußern. Kasimir weiß von den vorerwähnten Vorgängen nichts und hält Kuno für den Eigentümer, auf entsprechende Nachfragen nach dem fehlenden Kfz-Brief wird er von Kuno mit Ausreden beschwichtigt. Wer ist Eigentümer des Porsche:
(a) Kuno, (b) die Bank B, (c) Kasimir oder (d) V?
Lösung: Frage 1: Als Anspruchsgrundlage für die Rückzahlung des Kaufpreises kommt in Betracht § 346 BGB i.V.m. § 437 Nr. 2, 1. Alternative BGB. Die setzt voraus, dass ein Sachmangel vorliegt. Lt. Sachverhalt war die Ölschmierung mangelhaft, mit der Folge eines Kolbenfraßes. Ein Sachmangel im Sinne des § 434 BGB liegt deshalb vor. Der Anspruch könnte jedoch auf Grund der vertraglichen Abrede ausgeschlossen sein. Grundsätzlich sind solche Abreden zulässig, aus § 444 BGB folgt im Umkehrschluss, dass die gesetzliche Regelung dispositiver Natur ist. Da laut Sachverhalt der Mangel für V nicht erkennbar war, liegt keine zur Unwirksamkeit des Gewährleistungsausschlusses führende Arglist vor. Auch § 475 Abs. 1 BGB steht dem nicht entgegen, da kein Verbrauchsgüterkauf vorliegt. Es fehlt an der Unternehmereigenschaft des Verkäufers im Sinne von § 14 BGB. Der Gewährleistungsausschluss könnte weiter nach § 309 Nr. 8 (b) BGB unwirksam sein. Die Vertragsparteien haben einen Formularvertrag benutzt. Somit ist das Recht der Allgemeinen Geschäftsbedingungen einschlägig. Es ist jedoch zu beachten, dass es sich um einen Gebrauchtwagen gehandelt hat. Das Klauselverbot nach § 309 Nr. 8 (b) BGB greift aber nur ein bei

„neu hergestellten Sachen". Ergebnis: Der Gewährleistungsausschluss ist wirksam. Kuno kann von V den Kaufpreis nicht zurückverlangen. Frage 2: V hat den Porsche an Kuno unter Eigentumsvorbehalt verkauft. Damit erfolgt gemäß § 449 BGB die Übereignung unter der aufschiebenden Bedingung der Kaufpreiszahlung. Diese ist jedoch noch nicht erfolgt und somit die Bedingung noch nicht eingetreten. Kuno ist nicht Eigentümer geworden. V könnte jedoch das Eigentum auf Grund der Weiterübereignung des Porsches von Kuno an die Bank verloren haben. Diese Übereignung erfolgte nach den Grundsätzen der Sicherungsübereignung, die Übergabe wurde somit nach § 930 BGB durch Vereinbarung eines Besitzmittlungsverhältnisses ersetzt. Da jedoch Kuno nicht Eigentümer war, konnte die Bank B, wenn überhaupt, nur unter den Voraussetzungen des § 933 BGB Eigentum erlangen. Dies setzt zunächst voraus, dass sie gutgläubig war. Davon kann man ausgehen, da sie Kuno für den Eigentümer hielt und sich den Kfz-Brief aushändigen ließ. Nach allgemeiner Ansicht und Auffassung der Rechtsprechung ist derjenige bösgläubig, der sich den Kfz-Brief nicht aushändigen lässt. Allerdings fehlt es an der nach § 933 BGB geforderten Übergabe der Sache. Die Bank B wird erst dann gutgläubig Eigentümer, wenn ihr der Porsche übergeben wird und sie zu diesem Zeitpunkt noch gutgläubig ist. Somit ist auch B nicht Eigentümerin geworden. Zum Zeitpunkt der Übereignung des Porsches von Kuno auf Kasimir war Kuno nicht Eigentümer. Somit konnte auch Kasimir lediglich nach den Vorschriften über den Gutglaubenserwerb Eigentum erlangen. Das Fahrzeug wurde ihm zwar übergeben, jedoch scheidet § 929 BGB mangels Berechtigung des Kuno aus. In Betracht kommt ein gutgläubiger Erwerb nach § 932 BGB. Dies scheitert aber daran, dass Kuno lt. Sachverhalt dem Kasimir nicht den Kfz-Brief ausgehändigt hat und somit Kasimir nicht in seinem Vertrauen geschützt ist, Kuno sei der Eigentümer. Er war im Sinne des § 932 Abs. 2 BGB nicht im guten Glauben, weil ihm bei Nichtaushändigung des Kfz-Briefes in Folge grober Fahrlässigkeit unbekannt war, dass die Sache nicht Kuno gehörte. Auch Kasimir ist nicht Eigentümer geworden. Nach alledem ist der Verkäufer V Eigentümer des Porsches geblieben.

Fall 170:
K erwirbt von V in der Stuttgarter Fußgängerzone ein tragbares Fernsehgerät zum Preis von 100 Euro, nachdem ihm dieses von V als „außerordentlich günstige Gelegenheit" angeboten worden ist. Später stellt sich heraus, dass V das Gerät bei Elektrohändler E gestohlen hatte. E überlegt sich nun, (1) ob er das Fernsehgerät von K herausverlangen kann; bzw. (2) ob er eine Möglichkeit hat, stattdessen an den von V erzielten Kaufpreis heranzukommen.

Lösung:
(1) E könnte nach § 985 BGB berechtigt sein, den Fernseher von K herauszuverlangen, wenn die Voraussetzungen einer Vindikationslage erfüllt sind. Dies trifft zu: (a) E war Eigentümer und er hat sein Eigentum auch nicht an K verloren. Ein Eigentumserwerb vom Berechtigten durch K ent-

fällt laut Sachverhalt. K konnte das Eigentum an dem Fernsehgerät auch nicht kraft seines guten Glaubens nach § 932 BGB erwerben, da gem. § 935 BGB an gestohlenen Sachen ein gutgläubiger Erwerb nicht möglich ist. (b) K ist Besitzer des Fernsehgerätes (§ 854 Abs. 1 BGB). (c) Ihm steht auch kein Recht zum Besitz gegenüber E zu; das aus dem Kaufvertrag mit V abgeleitete Besitzrecht des K (vgl. § 433 Abs. 1 S. 1 BGB) spielt im Verhältnis zu E laut § 986 BGB keine Rolle. (2) Als Anspruchsgrundlage bezüglich des von V erlangten Kaufpreises i.H.v. 100 Euro kommt § 816 Abs. 1 S. 1 BGB in Betracht: V hat als Nichtberechtigter eine Verfügung über das Fernsehgerät des E getroffen. Diese Verfügung war allerdings gegenüber E nicht wirksam (§ 935 BGB, siehe oben (1)). E hat jedoch die Möglichkeit, das Rechtsgeschäft zu genehmigen (§§ 184, 185 Abs. 2 BGB), um auf diese Weise selbst rückwirkend die Wirksamkeit des Rechtsgeschäftes herbeizuführen. Entscheidet er sich hierfür, so verliert er sein Eigentum und den damit verbundenen Herausgabeanspruch. Zum Ausgleich ist er aber nach § 816 Abs. 1 S. 1 BGB berechtigt, den V auf Herausgabe des durch die Verfügung Erlangten in Anspruch zu nehmen. In der Geltendmachung des Bereicherungsanspruchs nach § 816 Abs. 1 S. 1 BGB liegt konkludent die Genehmigung der Verfügung des V.

Fall 171:
Wie Fall zuvor. K lässt jedoch, bevor er den wahren Sachverhalt erfährt, das defekte Netzgerät für 40 Euro reparieren und für 50 Euro eine bessere Antenne einbauen, obwohl die vorhandene noch funktionstüchtig war. Außerdem fällt ihm die Fernbedienung auf den Fußboden und ist nun defekt. Welche Rechte haben K und E gegeneinander?
Lösung: Auch hier stehen E die gleichen Rechte zu wie im Fall zuvor. Wenn er das Gerät herausverlangt, stellt sich die Frage, ob E Schadenersatz für die defekte Fernbedienung und K die Reparaturkosten verlangen kann. Da E Eigentümer ist und K unberechtigter Besitzer, richten sich diese Ansprüche nach den §§ 987 ff. BGB. Zwar hat K das Gerät durch Beschädigung der Fernbedienung schuldhaft verschlechtert. Der Anspruch auf Schadenersatz nach den §§ 989, 990 BGB setzt jedoch die Rechtshängigkeit oder Bösgläubigkeit des K voraus. Das ist nicht der Fall, da K gutgläubig und nicht verklagt war. Ansprüche auf Schadenersatz aus anderem Rechtsgrund sind durch § 993 Abs. 1 BGB ausgeschlossen. Ob K die 90 Euro von E verlangen kann, richtet sich nach den §§ 994 ff. BGB: Verwendungen sind Vermögensaufwendungen, die der Sache zugute kommen. Da die Reparatur des Netzgerätes zur Erhaltung der Sache erforderlich war, ist sie eine notwendige Verwendung, für die nach § 994 BGB Ersatz verlangt werden kann. Der Einbau der Antenne ist eine nützliche Verwendung. Da sie noch wertsteigernd vorhanden ist, kann K als gutgläubiger Besitzer hierfür nach § 996 BGB Ersatz in Höhe des tatsächlichen Werts verlangen. Bis zum Ersatz der Verwendungen kann er gem. § 1000 BGB die Herausgabe des Geräts verweigern.

Fall 172:

Maurer M1 und M2 wollen gerade Bier besorgen, als ein Bierwagen vor der Haustüre von H (dessen Haus sie gerade renovieren) einen Bierkasten abstellt. Nach kurzer Überlegung kommen sie zum Ergebnis, dass es sich um Bier für sie handeln muss. Als H, für den regelmäßig Kästen angeliefert werden, zurückkommt und nur einen leeren Kasten vorfindet, verlangt er erbost Ersatz.

Lösung: Ein Schadenersatzanspruch des H ergibt sich möglicherweise aus §§ 989, 990 BGB. Dazu müsste zunächst ein Eigentümer-Besitzer-Verhältnis im Zeitpunkt des Bierverbrauchs bestanden haben. Es ist davon auszugehen, dass H bereits mit dem Abstellen des Kastens vor seinem Haus („antizipierte Einigung") Eigentümer geworden ist. M1 und M2 waren Besitzer, ohne dass ein Recht zum Besitz (§ 986 BGB) erkennbar war. Weiterhin verlangt § 990 BGB Bösgläubigkeit i.S.v. § 932 Abs. 2 BGB. Auch diese ist gegeben, da die beiden Maurer zumindest grob fahrlässig handelten. Dadurch wurde das Bier verbraucht. Schließlich ist auch ein Verschulden i.s. des § 989 BGB zu bejahen, da es nur im technischen Sinne, also bei Fiktion eines Wissens, dass der Kasten den beiden nicht zusteht, zu verstehen ist. Somit kann H aus §§ 989, 990 BGB Ersatz für das Bier verlangen. Denselben Anspruch hat er auch aus § 823 Abs. 1 BGB, da bei verbotener Eigenmacht (§ 858 Abs. 1 BGB) § 823 Abs. 1 BGB nicht durch das Vorliegen eines Eigentümer-Besitzer-Verhältnisses gesperrt ist. Endlich kann er sein Begehren auch auf § 812 Abs. 1 S. 1 2. Alt. BGB (Eingriffskondiktion) stützen, da Sachverbrauch gerade nicht durch § 993 Abs. 1 a.E. BGB gesperrt ist.

Fall 173:

K meldet sich auf eine Zeitungsanzeige bei V, der ein gebrauchtes Kraftfahrzeug zum Verkauf angeboten hat. Beim Besichtigungstermin wird man sich handelseinig. Als K allerdings auf den Kfz-Brief zu sprechen kommt, weicht V aus, verspricht aber, das Dokument nachzureichen, sobald er es in seinen Unterlagen gefunden hat. K gibt sich damit zufrieden, zahlt den Kaufpreis in bar und nimmt den Wagen mit. In Wirklichkeit hatte V das Kraftfahrzeug bereits der Bank B zur Sicherung eines Darlehens übereignet; der Kfz-Brief liegt im Safe der Bank. Als V mit der Tilgung des Darlehens und mit den Zinszahlungen in Verzug gerät, verlangt B von K die Herausgabe des PKW. Mit Recht?

Lösung: In Betracht kommt ein Herausgabeanspruch der B aus § 985 BGB: Dies setzt voraus, dass B Eigentümer des Kraftfahrzeugs ist. V hat seinen Wagen an B nach §§ 929, 930 BGB übereignet. B könnte das Eigentum jedoch an K durch Erwerb kraft guten Glaubens wieder verloren haben (§ 932 BGB). Dies hängt davon ab, ob K beim Eigentumserwerb gutgläubig war. Gem. § 932 Abs. 2 BGB ist der Erwerber nicht in gutem Glauben, wenn ihm bekannt oder infolge grober Fahrlässigkeit unbekannt ist, dass die Sache nicht dem Veräußerer gehört. Nach der Rechtsprechung handelt der Erwerber eines gebrauchten PKW zumindest grob fahrlässig, wenn er sich nicht anhand des Kfz-Briefes von der Verfügungsbefugnis des Veräußerers überzeugt. Ein gutgläubiger Erwerb des Fahrzeuges durch K ist daher nicht eingetreten; B ist Eigentümer geblieben. Die übrigen Voraussetzungen des Vindikationsanspruches liegen unproblematisch vor: K ist Besitzer des Wagens. Ein Recht zum Besitz steht ihm gegenüber B nicht zu; auch auf ein Besitzrecht des V kann er sich nicht nach § 986 Abs. 1 S. 1 2. Halbs. BGB berufen. Zum einen hat V jeden Besitz an dem Wagen verloren, ist also nicht „mittelbarer Besitzer" (§ 868 BGB); zum anderen wäre auch V nach der zwischen ihm und der Bank getroffenen Sicherungsabrede im Falle des Zahlungsverzuges zur Herausgabe des PKW verpflichtet gewesen. Das Herausgabeverlangen der B ist daher berechtigt.

Fall 174:
X handelt nach dem Motto: „Ist der Ruf erst ruiniert, lebt sich's gänzlich ungeniert" und mietet von Fernsehhändler F ein Farbfernsehgerät und verpfändet es an P. Später überredet er P zur Herausgabe des Gerätes „für die Zeit der Fußballweltmeisterschaft". Entgegen der getroffenen Vereinbarung bringt X den Fernseher jedoch nicht zurück, sondern veräußert ihn an K, der von allen Vorgängen keine Ahnung hat. Sowohl F als auch P verlangen nun von K die Herausgabe des Fernsehgerätes. Wie ist die Rechtslage?

Lösung:
(1) F könnte von K die Herausgabe nach § 985 BGB verlangen, wenn er Eigentümer des Apparates geblieben ist. Fraglich ist, ob er sein ursprüngliches Eigentum verloren hat. Ein Verlust an P ist nicht ersichtlich, da zwischen X und P eine Einigung nur über die Bestellung eines Pfandrechts, nicht jedoch über die Eigentumsübertragung stattgefunden hat. Es könnte jedoch ein Eigentumsübergang an K erfolgt sein. X und K hatten sich geeinigt, dass das Eigentum am Fernseher auf K übergehen solle; auch eine Übergabe lag vor, so dass die Voraussetzungen von § 929 BGB erfüllt sind. Zu beachten ist jedoch, dass X als Nichtberechtigter verfügte. Dies ist dann unschädlich, wenn die andere Partei bezüglich der Eigentümerstellung gutgläubig ist (§ 932 BGB), wie es hier bei K der Fall war. Ein gutgläubiger Eigentumserwerb scheitert auch nicht an § 935 BGB, denn mit der Vermietung des Fernsehgeräts war dieses dem F nicht abhanden gekommen. Demnach hat K wirksam Eigentum am Fernseher erworben, ein Anspruch des F gem. § 985 BGB besteht nicht.
(2) P könnte das Gerät als Pfandgläubiger nach § 1227 i. V. m. § 985 BGB herausverlangen. Dies setzt voraus, dass er Pfandgläubiger wurde und später das Pfandrecht nicht unterging. X und P hatten sich über die Entstehung eines Pfandrechts am Fernseher geeinigt, auch die Übergabe lag vor, § 1205 BGB. Dass X nichtberechtigt war, ist wegen §§ 1207, 932 BGB und der vorliegenden Gutgläubigkeit des P unschädlich. Demnach hatte P ein Pfandrecht am Fernsehgerät erworben. Dieses ist jedoch durch Rückgabe der Sache an X gem. § 1253 Abs. 1 S. 1 BGB erloschen (letzteres wäre auch

der Fall, wenn sich P das Pfandrecht vorbehalten hätte, § 1253 Abs. 1 S. 2 BGB). Da K beim Erwerb des Fernsehers auch hinsichtlich der dinglichen Belastung gutgläubig war, hätte zudem das Pfandrecht des P auch ohne Rücksicht auf die Vorschrift des § 1253 Abs. 1 BGB keinen Bestand gehabt (§ 936 Abs. 1 S. 1 BGB). K muss daher das Fernsehgerät nicht herausgeben.

Fall 175:

V verkauft an K einen PKW unter Eigentumsvorbehalt. Nach einem Unfall gibt K den Wagen bei W in Reparatur, danach wird K zahlungsunfähig und kann weder die Raten aus dem Kaufvertrag, noch die Rechnung der Reparaturwerkstätte bezahlen. V verlangt vom Werkstatteigentümer W Herausgabe des PKW. Zu Recht?

Lösung: V könnte gegen W einen Anspruch aus § 985 BGB haben. Eine vollständige Übereignung des PKW an K hat wegen des Eigentumsvorbehalts (gem. § 449 BGB aufschiebend bedingte Übereignung bis zur vollständigen Zahlung des Kaufpreises) nicht stattgefunden, so dass V noch Eigentümer ist. Auch ist W Besitzer. Fraglich ist aber, ob W ein Recht zum Besitz i.S.d. § 986 BGB zusteht. Man könnte an den Erwerb eines Unternehmerpfandrechts gem. § 647 BGB denken. Ein solches entsteht jedoch nur „an den Sachen des Bestellers", K – mit dem W den Werkvertrag geschlossen hatte – war aber nicht Eigentümer des PKW. Zu fragen ist daher, ob W das Unternehmerpfandrecht gutgläubig erwerben konnte. Dies ist strittig. Während ein Teil der Literatur diese Frage bejaht, wird sie von einem anderen Teil verneint. Die letztere Ansicht argumentiert damit, dass § 1257 BGB (der in diesem Falle auf § 1207 BGB verweisen würde) nur für „bereits entstandene" Pfandrechte gelte, um ein solches handele es sich aber nicht. Ebenso schlage die Argumentation fehl, dass auch § 366 Abs. 3 HGB den gutgläubigen Erwerb eines gesetzlichen Pfandrechts zulasse, denn dies sei eine Spezialvorschrift des Handelsrechts. Auch der BGH lehnt den gutgläubigen Erwerb eines Unternehmerpfandrechts ab. Demnach könnte V gem. § 985 BGB den Herausgabeanspruch geltend machen. W könnte jedoch ein Zurückbehaltungsrecht aufgrund seiner unstreitig gemachten Verwendungen zustehen, §§ 994, 1000 BGB. Hier stellt sich allerdings das Problem, dass ein solcher Verwendungsanspruch nur dem unrechtmäßigen Besitzer zusteht; im Zeitpunkt der Verwendungen war aber W (wegen des Werkvertrags) rechtmäßiger Besitzer. Laut BGH ist es allerdings ausreichend, wenn das Besitzrecht im Zeitpunkt des Herausgabeverlangens erloschen ist. Dem W steht demnach gegen den Herausgabeanspruch des V ein Zurückbehaltungsrecht nach §§ 1000, 994 BGB zu.

Fall 176:

S betreibt eine Diskothek, von der sich die Nachbarn belästigt fühlen. Welche zivilrechtlichen Möglichkeiten haben die Nachbarn, um übermäßige Lärmbelästigungen zu verhindern?

Lösung: Die Nachbarn können von S die Beseitigung aktueller (§ 1004 Abs. 1 S. 1 BGB) und die Unterlassung zukünftiger Lärmbelästigungen (§ 1004 Abs. 1 S. 2 BGB) verlangen, wenn S bezüglich der Beeinträchtigung ihres Eigentums Störer ist (was laut Sachverhalt zutrifft) und sie nicht zur Duldung der Geräuscheinwirkungen verpflichtet sind (§ 1004 Abs. 2 BGB). In § 906 BGB wird umschrieben, welche Einwirkungen der Eigentümer zu dulden hat. Hinzunehmen sind demnach unwesentliche Immissionen und solche, die zwar wesentlich, aber auch ortsüblich sind. Letzteres gilt jedoch nur, wenn die Belästigungen nicht auf zumutbare Weise verhindert werden können und wenn die ortsübliche Nutzung des beeinträchtigten Grundstückes nicht praktisch ausgeschlossen wird. Wesentliche Beeinträchtigungen, die der Eigentümer nach § 906 Abs. 2 BGB zu dulden hat, begründen einen Ausgleichsanspruch in Geld gegen den Störer (§ 906 Abs. 2 S. 2 BGB).

Fall 177:
X hat an seinem Briefkasten einen Aufkleber mit der Aufschrift „Bitte keine Werbung einwerfen" angebracht. Dennoch erhält er immer wieder Werbung des Supermarktes S. Dies ändert sich auch nicht nach mehrmaligen Anrufen des X bei der Marktleitung, die sich darauf beruft, dass sie die Verteilerfirma V bereits mehrmals auf den Sachverhalt hingewiesen habe. Welche rechtlichen Möglichkeiten hat X?
Lösung: X könnte ein Unterlassungsanspruch gem. § 823 Abs. 1 i.V.m. § 1004 BGB zustehen. Als sog. „quasi-negatorischer Anspruch" schützt § 1004 BGB außer dem Eigentum auch noch andere absolute Rechte. Hier kommt eine Verletzung des allgemeinen Persönlichkeitsrechts durch das Aufdrängen unerwünschter Werbung in Betracht. Nach Auffassung des Bundesgerichtshofs ist „der Wille des Bürgers, insoweit seinen Lebensbereich von jedem Zwang zur Auseinandersetzung mit Werbung nach Möglichkeit freizuhalten, (...) als Ausfluss seines personalen Selbstbestimmungsrechts schutzwürdig". Wird die Zustellung von Werbung ausdrücklich abgelehnt, dann überwiegt in diesem Falle das Selbstbestimmungsrecht des Betroffenen im Verhältnis zum Interesse des Unternehmens an der Werbung. Da hier auch Wiederholungsgefahr bestand (trotz der Abmahnungen des X wurde weiterhin Werbung zugestellt), steht dem X ein Anspruch aus § 823 Abs. 1 i.V.m. § 1004 BGB zu. Dieser Anspruch richtet sich gegen den Supermarkt als mittelbaren und an das Verteilerunternehmen als unmittelbaren Störer. Des Weiteren hat X einen Abwehranspruch aus §§ 903, 1004, 862 BGB. Diese Normen schützen seine räumlich-gegenständliche Sphäre vor dem unerwünschten Aufdrängen von Werbung.

Fall 178:
Sigi (S) hat bei Hugo (H) ein Darlehen über 20 000 Euro aufgenommen; die Darlehensforderung wird durch eine am Grundstück seines Schwiegerva-

ters Emil (E) bestellte Briefhypothek gesichert. Später tritt Hugo die Forderung an die Z-Bank ab; er erklärt die Abtretung in schriftlicher Form und übergibt der Z-Bank den Hypothekenbrief. Nach Ablauf der vereinbarten Laufzeit bezahlt Sigi die Darlehensvaluta an Hugo zurück; von der Zession an die Z-Bank hatte er keine Kenntnis. Z verlangt nun von Sigi die Zahlung der Darlehenssumme und droht Emil mit der Zwangsvollstreckung in sein Grundstück. Zu Recht?

Lösung: Ein Zahlungsanspruch der Z gegen S könnte sich aus §§ 488 Abs. 1 S. 2, 398 BGB ergeben. Z ist durch Zession Inhaber der Forderung des H gegen S geworden; die besonderen Formvorschriften für die Abtretung einer hypothekarisch gesicherten Forderung wurden beachtet (§ 1154 Abs. 1 BGB). S kann sich jedoch mit Erfolg auf den Einwand der Erfüllung berufen (§ 362 Abs. 1 BGB). Er hat zwar nicht an den wirklichen Gläubiger geleistet; Z muss die Zahlung an H aber gegen sich gelten lassen, da S von der Zession nicht informiert worden ist (§ 407 BGB). Ansprüche der Z gegen S bestehen daher nicht. Die Bank kann jedoch möglicherweise nach § 1113 BGB i.V.m. § 1147 BGB vorgehen und Befriedigung aus dem Grundstück des E erlangen. An der Wirksamkeit der Hypothekenbestellung zugunsten des H bestehen keine Zweifel. Die Hypothek ist automatisch mit Abtretung der Forderung auf Z übergegangen (§ 1153 BGB). Es ist aber zu prüfen, ob sich auch E darauf berufen kann, dass die Darlehensforderung für Z aufgrund §§ 407, 362 Abs. 1 BGB gegenüber S undurchsetzbar geworden ist. Gem. §§ 1137 Abs. 1, 1163 Abs. 1 S. 2 BGB ist der Eigentümer (E) grundsätzlich berechtigt, alle Verteidigungsrechte gegen die Hypothek geltend zu machen, die dem persönlichen Schuldner (S) gegen die Forderung zustehen. Diese Regel wird jedoch durch § 1156 S. 1 BGB durchbrochen: Die §§ 406 bis 408 BGB finden auf das Rechtsverhältnis zwischen dem Eigentümer und dem Zessionar „in Ansehung der Hypothek" keine Anwendung. E ist daher verpflichtet, die Zwangsvollstreckung in sein Grundstück zu dulden, wenn er nicht von seinem Befriedigungsrecht nach § 1142 BGB Gebrauch macht.

Fall 179:

Dieb D stiehlt Bauer B zwei Jungbullen und verkauft sie an X, der diese in seinem Betrieb verarbeitet. B verlangt von X Wertersatz.

Lösung: B könnte einen Anspruch aus §§ 951 Abs. 1 S. 1, 812 BGB haben. Dann müsste er einen Rechtsverlust infolge der §§ 946–950 BGB erlitten haben. Hier kommt § 950 BGB in Betracht, da X die Jungbullen verarbeitet hat und auch davon auszugehen ist, dass der Wert der Verarbeitung nicht wesentlich geringer ist als der Wert des Stoffes. Ein solcher Eigentumserwerb käme allerdings nur dann in Betracht, wenn X nicht schon durch eine Übereignung von D Eigentümer der Tiere geworden wäre. Eine Übereignung scheitert hier allerdings an § 935 BGB. Die Voraussetzungen des § 951 Abs. 1 S. 1 BGB liegen demnach vor, so dass B Wertersatz nach den Vorschriften über die Herausgabe einer ungerechtfertigten Bereicherung von X verlangen kann. Nach h. M. enthält § 951 Abs. 1 S. 1 BGB eine Rechtsgrundverweisung, so dass ein Bereicherungstatbestand erfüllt sein müsste. In Bezug auf B ist an eine Eingriffskondiktion (§ 812 Abs. 1 S. 1 2. Alt. BGB) durch X zu denken. X hat das Eigentum an den Jungbullen nicht durch Leistung des B, sondern in „sonstiger Weise" erlangt und dies ohne Rechtsgrund (ein Kaufvertrag zwischen B und X liegt nicht vor, auch dienen die §§ 946 ff. BGB hier nicht als Rechtsgrund). Problematisch ist allerdings, dass die Eingriffskondiktion subsidiär zur Leistungskondiktion ist; eine solche liegt aber im Verhältnis zu D vor. Hier ist jedoch zu unterscheiden: D hatte an X nur den Besitz geleistet, das Eigentum konnte er ihm wegen § 935 BGB nicht verschaffen. Darum ist eine Eingriffskondiktion des B (die sich auf das durch § 950 BGB erlangte Eigentum bezieht) hier nicht ausgeschlossen. X kann diesem Anspruch auch nicht § 818 BGB (wegen des an D bezahlten Kaufpreises) entgegenhalten, denn der Bereicherungsanspruch ist an die Stelle des Herausgabeanspruchs getreten, diesem gegenüber könnte sich X aber auch nicht auf die an D erbrachte Leistung berufen. B kann daher von X gem. §§ 951 Abs. 1, 812 Abs. 1 S. 1, 2. Alt. BGB den Wert der Tiere ersetzt verlangen.

Fall 179 a:
In einem vielbesuchten Kurstädtchen gehört es zur Tradition, dass Touristen in den berühmten Brunnen Münzen hineinwerfen, weil man der Sage nach dann „drei Wünsche" frei hat. Auch Tourist T wirft eine 2-Euro-Münze in den Brunnen. Stadtstreicher S zieht sich die Schuhe aus und fischt die Münze, zusammen mit anderen Geldstücken aus dem Wasser. Jetzt will T von S die 2-Euro-Münze zurück. Rechtslage?
Lösung: T könnte sein Herausgabeverlangen auf § 985 BGB stützen. Dies setzt voraus, dass er Eigentümer des Geldstücks ist. T war zunächst Eigentümer, er könnte es jedoch in Folge der Aufgabe des Eigentums daran (man nennt diesen Vorgang „Dereliktion") verloren haben. Wer ein Geldstück in der im Sachverhalt geschilderten Weise in einen Brunnen wirft, gibt daran nach § 959 BGB das Eigentum auf. Die Sache wird dadurch „herrenlos". Wer eine herrenlose bewegliche Sache in Eigenbesitz nimmt, erwirbt daran nach § 958 Abs. 1 BGB das Eigentum, sofern er nicht das Aneignungsrecht eines anderen verletzt. S hat das Geldstück in Eigenbesitz genommen; ein Aneignungsrecht Dritter bestand nicht. Er hat damit Eigentum erworben (ob durch öffentlich-rechtliche Bestimmungen, etwa eine einschlägige städtische Satzung, die Gemeinde sich ein Erwerbsrecht ausbedingen kann, mag dahinstehen).

XIV. Vermögensrechtliche Grundbegriffe des Familienrechts

Übersicht

Ehewirkungen	Eheliche Lebensgemeinschaft (§ 1353 BGB) Haushaltsführung und Erwerbstätigkeit (§ 1356 BGB) Schlüsselgewalt (§ 1357 BGB) Haftungsmaßstab (§ 1359 BGB) Unterhaltspflicht (§§ 1360 ff. BGB)

Güterrecht	*Güterstand:* Status der Vermögensverhältnisse zwischen Ehegatten
	Arten:
	(1) gesetzlicher Güterstand: „Zugewinngemeinschaft" (§§ 1363 ff. BGB)
	(2) vertragliche Güterstände (§§ 1408 ff. BGB):
	   (a) Gütergemeinschaft (§§ 1415 ff. BGB)
	   (b) Gütertrennung (§ 1414 BGB)

Zugewinnge- meinschaft §§ 1363 ff. BGB	*Kennzeichen:* Güterstand der „Gütertrennung mit Zugewinnausgleich"
Vermögens- verwaltung	(1) Das Vermögen des Mannes und das der Frau bleiben getrennt (§ 1363 Abs. 2 BGB). (2) Das hinzuerworbene Vermögen gehört jeweils dem Ehegatten, der es erwirbt. (3) Jeder Ehegatte verwaltet sein Vermögen selbständig und kann frei darüber verfügen (§ 1364 BGB). *Ausnahmen:* Verfügungen über das Vermögen im ganzen sowie über Gegenstände des ehelichen Haushaltes bedürfen der Zustimmung des anderen Ehegatten (§§ 1365, 1369 BGB)
Zugewinnausgleich bei Beendigung der Ehe	(1) *Zugewinnausgleich unter Lebenden* (§§ 1372 ff. BGB) Durchführung eines Vermögensvergleiches: Endvermögen Mann minus Anfangsvermögen Mann = Zugewinn Mann Endvermögen Frau minus Anfangsvermögen Frau = Zugewinn Frau Zugewinnausgleichsforderung (§ 1378 Abs. 1 BGB): Die Hälfte der Differenz zwischen Zugewinn Ehegatte 1 und Zugewinn Ehegatte 2. Bereinigung der Vermögensmassen bei Schenkungen u.a. (a) Schenkungen und Erwerb von Todes wegen erhöhen das Anfangsvermögen (§ 1374 Abs. 2 BGB)

	(b) (Weg-) Schenkungen erhöhen das Endvermögen (§ 1375 Abs. 2 BGB) (2) *Zugewinnausgleich im Todesfall* Ehegatte hat ein Wahlrecht: (a) *Pauschalierter Zugewinnausgleich:* Der gesetzliche Erbteil des überlebenden Ehegatten (neben Kindern 1/4) erhöht sich pauschal um ein Viertel (§ 1371 Abs. 1 BGB); sog. „erbrechtliche Lösung". (b) *Realer Zugewinnausgleich + Pflichtteil:* Ehegatte kann nach Ausschlagung der Erbschaft den Pflichtteil (neben Kindern 1/8) und zusätzlich Durchführung des realen Zugewinnausgleichs verlangen (§ 1371 Abs. 3 BGB); sog., güterrechtliche Lösung".
Gütertrennung **§ 1414 BGB**	*Kennzeichen:* Getrennte Vermögensverwaltung, freie Verfügung, kein Vermögensausgleich bei Beendigung der Ehe *Tatbestände, die den Güterstand der Gütertrennung nach sich ziehen:* (a) Ausschluss oder Aufhebung des gesetzlichen Güterstands, sofern keine abweichende Vereinbarung, (b) Aufhebung der Gütergemeinschaft, (c) Ausschluss des Zugewinnausgleichs, (d) Ausschluss des Versorgungsausgleichs.
Gütergemeinschaft **§§ 1415 ff. BGB**	*Es bestehen fünf Vermögensmassen* (1) *Gesamtgut:* Gemeinschaftliches Vermögen beider Ehegatten (§ 1416 BGB) (2) *Sondergut des Mannes:* Gegenstände, die nicht durch Rechtsgeschäft übertragen werden können (§ 1417 BGB) (3) *Sondergut der Frau* (s.o.) (4) *Vorbehaltsgut des Mannes:* Gegenstände, die durch Ehevertrag zum Vorbehaltsgut eines Ehegatten erklärt sind und gleichgestellte Tatbestände (§ 1418 BGB) (5) *Vorbehaltsgut der Frau* (s.o.)
Vermögens- **verwaltung**	*Gesamtgut:* Ein Ehegatte kann nicht über seinen Anteil am Gesamtgut und an den einzelnen Gegenständen verfügen und nicht Teilung verlangen (gesamthänderische Bindung); § 1419 BGB. Verwaltung des Gesamtgutes: Entweder durch den Mann oder die Frau oder gemeinschaftlich (§ 1421 BGB; bei Verwaltung durch einen Ehegatten allein ist dieser – ähnlich wie bei der Zugewinngemeinschaft – Verfügungsbeschränkungen unterworfen; §§ 1422 ff. BGB). *Sondergut:* Jeder Ehegatte verwaltet sein Sondergut selbständig, aber für Rechnung des Gesamtgutes (§ 1417 Abs. 1 BGB). *Vorbehaltsgut:* Jeder Ehegatte verwaltet das Vorbehaltsgut selbständig für eigene Rechnung (§ 1418 Abs. 3 BGB).

Fragen

Frage 409:
Was versteht man unter der „Schlüsselgewalt"?
Antwort: Nach § 1357 BGB ist jeder Ehegatte berechtigt, Geschäfte zur angemessenen Deckung des Lebensbedarfs der Familie mit Wirkung auch für den anderen Ehegatten zu besorgen. Das bedeutet, dass aus solchen Geschäften beide Ehegatten berechtigt und verpflichtet werden. Diese Möglichkeit, Geschäfte mit Wirkung für den anderen Ehegatten zu tätigen, nennt man Schlüsselgewalt. Auf dingliche Rechtsgeschäfte (Übereignung) hat § 1357 BGB dagegen keine Auswirkung.

Frage 410:
Welchen Sinn verfolgt diese Regelung?
Antwort: § 1357 BGB geht – was auch an vielen anderen familienrechtlichen Vorschriften erkennbar ist – von der Vorstellung der „Hausfrauenehe" aus. Diese Regelung sollte bei ihrer Einführung eine Besserstellung des nicht verdienenden und haushaltsführenden Ehepartners dadurch zu bewirken, dass er in die Lage versetzt wird, seine Aufgaben mit der nötigen wirtschaftlichen Bewegungsfreiheit erfüllen zu können. Allerdings führt die Regelung auch zur Ausweitung des Gläubigerschutzes zum Nachteil des mitverpflichteten Ehegatten – schließlich gilt sie auch in Doppelverdienerehen, wo der eigentliche Sinn des § 1357 BGB keine Rolle spielt.

Frage 411:
Wozu dient die Eigentumsvermutung aus § 1362 BGB?
Antwort: Die Regelung dient dem Gläubigerschutz: Die Ehegatten sollen nicht die Möglichkeit haben, sich durch Verschleierung der Eigentumslage einer Zwangsvollstreckung zu entziehen. § 1006 BGB tritt hinter § 1362 BGB zurück.

Frage 412:
Inwieweit ist im Güterrecht die Vertragsfreiheit eingeschränkt?
Antwort: Güterverträge können zunächst nur von Ehegatten abgeschlossen werden. Es besteht nur die Möglichkeit, die vorhandenen vertraglichen Güterstände zu wählen, also entweder Gütertrennung oder Gütergemeinschaft oder den gesetzlichen Güterstand zu variieren. Nicht dagegen ist es möglich, ausländische oder zwischenzeitlich außer Kraft gesetzte Güterstände zu wählen (§ 1409 BGB).

Frage 413:
Wenn man rechtsunkundige Ehegatten nach ihrem Güterstand fragt, erhält man meist die Antwort, man lebe „in keinem Güterstand". Ist dies richtig?

Antwort: Nein, die Ehegatten leben dann im gesetzlichen Güterstand der Zugewinngemeinschaft (§ 1363 BGB), wenn nicht durch Ehevertrag anderes vereinbart wird.

Frage 414:
Welche Einschränkungen der Verfügungsmacht gibt es bei der Zugewinngemeinschaft und wo sind sie im Gesetz geregelt?
Antwort: Nach § 1365 BGB kann ein Ehegatte nur mit Einwilligung des anderen Ehegatten über sein Vermögen im Ganzen verfügen oder sich dazu verpflichten. Dies gilt nach § 1368 BGB auch für die Verfügung über Haushaltsgegenstände.

Frage 415:
Welchen Sinn haben die Verfügungsverbote bei der Zugewinngemeinschaft?
Antwort: Das Verbot, über Gegenstände des ehelichen Haushaltes zu verfügen (§ 1369 BGB), will die Grundlage des ehelichen Zusammenlebens schützen. Mit dem Verbot, über das Vermögen im ganzen zu verfügen (§ 1365 BGB), sollen die wirtschaftliche Grundlage der Familie und der spätere Zugewinnausgleich des anderen Ehegatten gesichert werden.

Frage 416:
Wann liegt eine „Verfügung über das Vermögen im Ganzen" vor?
Antwort: Nicht nur, wenn der Ehegatte tatsächlich über das gesamte Vermögen verfügt, sondern nach der Rechtsprechung bereits dann, wenn das Rechtsgeschäft „nahezu das ganze Vermögen" betrifft (Richtschnur: 85 % des Gesamtvermögens); insbesondere, wenn der Ehegatte über einzelne Gegenstände verfügt, die praktisch das gesamte Vermögen darstellen (Beispiel: einziges Grundstück). Nach der Rechtsprechung findet § 1365 BGB bei Verfügungen über einzelne Gegenstände nur dann Anwendung, wenn der Erwerber weiß, dass der Vertragspartner praktisch über sein gesamtes Vermögen verfügt oder er zumindest die Verhältnisse kennt, aus denen sich dies ergibt.

Frage 417:
Welchen Sinn hat der in § 1371 Abs. 1 BGB geregelte „pauschalierte Zugewinnausgleich von Todes wegen"?
Antwort: Dem überlebenden Ehegatten soll aus Pietätsgründen die „Rechnerei" erspart werden.

Frage 418:
Ist dieser Gedanke vom Gesetzgeber konsequent durchgeführt worden?
Antwort: Nein, lediglich für den Regelfall. Da der Ehegatte aber wählen kann zwischen dem pauschalierten Ausgleich einerseits und dem Pflichtteilsanspruch plus realem Zugewinnausgleich andererseits, wird er zumindest grob abschätzen müssen, welche Möglichkeit günstiger ist.

Frage 419:
Wann wird ein Ehegatte pauschal, wann real den Zugewinnausgleich verlangen?
Antwort: Es hängt davon ab, was für ihn günstiger ist: die um 1/4 erhöhte Erbquote oder der Pflichtteil plus realem Zugewinnausgleich. Die güterrechtliche Lösung ist insbesondere dann interessant, wenn einer der Ehegatten keinen Zugewinn erzielt hat (z.b.: die „Nur-Hausfrau") und der andere Ehegatte bei geringem Anfangsvermögen bis zu seinem Tode einen erheblichen Zugewinn erwirtschaftet hatte, so dass sein Nachlass mehr oder weniger mit dem Zugewinn identisch ist.

Frage 420:
Kann man den pauschalierten Zugewinnausgleich auch verlangen, wenn der Verstorbene nicht real ausgleichspflichtig gewesen wäre?
Antwort: Ja, der pauschalierte Zugewinnausgleich ist unabhängig von einem tatsächlich gemachten Zugewinn des Verstorbenen. Grotesk wird die gesetzliche Regelung, wenn der überlebende Ehegatte den erhöhten Erbteil geltend macht, obwohl er bei lebzeitigem Ausgleich seinerseits ausgleichspflichtig gewesen wäre.

Frage 421:
Fällt ein Grundstück in den Zugewinnausgleich, das einer der Ehegatten von seinen Eltern unentgeltlich erworben hat?
Antwort: Nein: Unentgeltlich erworbenes Vermögen wird dem Anfangsvermögen zugerechnet und fällt „aus dem Zugewinnausgleich heraus" (§ 1374 Abs. 2 BGB).

Frage 422:
Wie haften die Ehegatten bei der Zugewinngemeinschaft für ihre jeweiligen Schulden?
Antwort: Jeder Ehegatte haftet für seine Schulden getrennt: Das gesetzliche Güterrecht führt jedenfalls zu keiner Gemeinsamkeit der Schuldenhaftung. Zu beachten ist in diesem Zusammenhang aber § 1357 BGB, wonach aus Geschäften zur angemessenen Deckung des Lebensbedarfs der am Vertragsschluss nicht beteiligte Ehegatte automatisch mitverpflichtet wird.

Frage 423:
Welche Konsequenzen haben die in Lokalzeitungen manchmal zu lesenden Anzeigen: „Für die Schulden meiner Frau komme ich nicht mehr auf"?
Antwort: Solche Anzeigen machen rechtlich keinen Sinn. Zwar kann ein Ehegatte die Berechtigung des anderen Ehegatten, Geschäfte mit Wirkung für ihn zu besorgen, nach § 1357 Abs. 2 BGB beschränken oder ausschließen. Dritten gegenüber wäre dies aber nur nach der Eintragung in das beim Amtsgericht geführte Güterrechtsregister wirksam (vgl. §§ 1357 Abs. 2, 1412 BGB). Deshalb gilt: Entweder es handelt sich um ein Geschäft

zur Deckung des angemessenen Lebensbedarfs, dann entfällt die Verpflichtung nur bei entsprechender Güterregistereintragung, oder es handelt sich nicht um ein solches Geschäft, dann ist der andere Ehegatte ohnehin nicht verpflichtet.

Frage 424:
Wie werden bei der Berechnung des Zugewinnausgleichs die Schulden behandelt?
Antwort: Anfangs- und Endvermögen werden jeweils um die Schulden bereinigt. Ein Schuldenabzug findet in der Regel jedoch nur bis Null statt (§§ 1374 f. BGB).

Frage 425:
Welche Auswirkungen hat der Grundsatz, dass das Anfangsvermögen bei der Zugewinngemeinschaft nicht negativ sein kann?
Antwort: Es werden durch die Beiträge der Ehegatten zunächst die vorehelichen Schulden eines Ehegatten getilgt, ohne dass dies bei der späteren Ausgleichung berücksichtigt wird. Benachteiligt wird also derjenige Ehegatte, der bei der Eheschließung keine Schulden hatte.

Frage 426:
Kann man die Ausgleichsforderung bei der Zugewinngemeinschaft variieren?
Antwort: Ja, z.b. durch die Herabsetzung auf 1/3 oder 1/4 in einem formbedürftigen Ehevertrag.

Frage 427:
Welches Leitbild liegt der Zugewinngemeinschaft zugrunde?
Antwort: Die Hausfrauenehe: Jeder Ehegatte erbringt gleichwertige Beiträge.

Frage 428:
Was ist, wenn durch Vertrag die Geltendmachung des Zugewinnausgleichs ausgeschlossen wird?
Antwort: Es tritt Gütertrennung ein (§ 1414 S. 2 BGB).

Frage 429:
Warum sagt man, bei der Gütertrennung seien „Mann und Frau güterrechtlich nicht verheiratet"?
Antwort: Weil die Vermögen von Mann und Frau getrennt bleiben, getrennt verwaltet werden und kein Zugewinnausgleich bei unterschiedlicher Vermögensmehrung stattfindet.

Frage 430:
Kann es auch bei der Gütertrennung gemeinsames Vermögen der Ehegatten geben?

Antwort: Ja, z.B. Miteigentum zu Bruchteilen beim gemeinsamen Erwerb von Gegenständen oder gesamthänderisches Vermögen etwa bei Gründung einer Ehegattengesellschaft. Entscheidend ist aber, dass güterrechtlich keine Vergemeinschaftung des Vermögens stattfindet.

Frage 431:
Ist die Gütertrennung ein „gerechter" Güterstand?
Antwort: Es kommt auf den jeweiligen Fall an. Die Gütertrennung benachteiligt den Ehegatten, der kein Vermögen besitzt oder keine eigenen Einkünfte hat (z.B. die Hausfrau/den Hausmann).

Frage 432:
Welches sind die gesellschaftsrechtlichen Vorzüge der Gütertrennung?
Antwort: Es bestehen keine Verfügungshindernisse der einzelnen Gesellschafter. Auch besteht keine Gefahr, dass die Gesellschaft durch Ansprüche von Gesellschafterehegatten „gestört" wird.

Frage 433:
Wie unterscheiden sich die Gütertrennung und die Zugewinngemeinschaft erbschaftsteuerlich?
Antwort: Die Zugewinngemeinschaft ist erbschaftsteuerlich günstiger: Das zusätzliche Viertel nach § 1371 Abs. 1 BGB fällt insofern nicht unter die Erbschaftsteuerpflicht, als auch in dieser Höhe ein lebzeitiger Zugewinnausgleichsanspruch geltend gemacht werden könnte.

Frage 434:
Ist die Begründung der Gütergemeinschaft ein erbschaftsteuerlicher Tatbestand?
Antwort: Ja!

Frage 435:
Gehört zum Gesamtgut auch das von den Ehegatten während der Gütergemeinschaft erworbene Vermögen? Wem gehören die Erträge aus dem Gesamtgut?
Antwort: Zum Gesamtgut gehört auch das Vermögen, das der Mann oder die Frau während der Gütergemeinschaft erwerben, wenn es nicht zum Sondergut oder zum Vorbehaltsgut gehört! Die Erträge werden ebenfalls Gesamtgut. Sie gehören den Ehegatten zur gesamten Hand.

Fälle

Fall 180:
Adam und Amalie werden nach mehrjähriger Ehe (im gesetzlichen Güterstand) rechtskräftig geschieden. Berechnen Sie den Zugewinnausgleichsanspruch der Amalie unter Zugrundelegung der nachfolgend dargestellten Vermögensverhältnisse: Adam hat in die Ehe ein Grundstück im Wert von 200000 Euro eingebracht; auf dem Grundstück lastet eine Grundschuld, die im Zeitpunkt der Eheschließung i.H.v. 100000 Euro valutiert war. Das Endvermögen des Adam beträgt 200000 Euro. Amalie hat kein Vermögen in die Ehe eingebracht, später aber einen Bausparvertrag abgeschlossen. Auf diesem Bausparvertrag waren im Zeitpunkt der Rechtshängigkeit des Scheidungsantrages 10000 Euro angespart.
Lösung: Als Anspruchsgrundlage für den Zugewinnausgleich bei Scheidung der Ehe kommen die §§ 1372, 1378 BGB in Betracht. Amalie kann demnach Zugewinnausgleich von Adam verlangen, wenn ihr Zugewinn geringer als der des Adam ist. Unter Zugewinn ist hierbei der Betrag zu verstehen, um den das Endvermögen eines Ehegatten das Anfangsvermögen übersteigt (§ 1373 BGB). Endvermögen ist grundsätzlich das Vermögen, das einem Ehegatten nach Abzug der Verbindlichkeiten im Zeitpunkt der Rechtshängigkeit des Scheidungsantrages gehört (§§ 1375 Abs. 1 S. 1, 1384 BGB). Anfangsvermögen ist das Vermögen, das einem Ehegatten nach Abzug der Verbindlichkeiten im Zeitpunkt der Eheschließung gehört (§ 1374 Abs. 1 BGB). Für Adam errechnet sich danach folgender Zugewinn: Sein Anfangsvermögen beträgt 100000 Euro; vom Wert des Grundstückes (200000 Euro) ist die Belastung i.H.v. 100000 Euro in Abzug zu bringen. Das Endvermögen ist mit 200000 Euro vorgegeben. Insgesamt hat Adam daher einen Zugewinn i.H.v. 100000 Euro erwirtschaftet.
Amalie hatte kein Anfangsvermögen; ihr Endvermögen beträgt 10000 Euro. Hieraus ergibt sich ein Zugewinn i.H.v. 10000 Euro.
Da Adam einen höheren Zugewinn erzielt hat, ist er gegenüber Amalie zugewinnausgleichspflichtig; der Zugewinnausgleichsanspruch besteht i.H.d. Hälfte der Differenz zwischen dem Zugewinn des Adam und dem der Amalie (§ 1378 Abs. 1 BGB). Der Zugewinn des Adam übertrifft den der Amalie um 90000 Euro; die Zugewinnausgleichsforderung der Amalie beträgt demnach 45000 Euro.

Fall 181:
In welcher Höhe ist ein Zugewinnausgleichsanspruch entstanden, wenn Sie den vorausgehenden Sachverhalt um folgende Angaben ergänzen: Adam hatte im Zeitpunkt der Eheschließung neben der durch Grundschuld gesicherten Darlehensverbindlichkeit noch weitere Schulden i.H.v. 400000 Euro. Amalie hat nach der Eheschließung mit Adam aus dem Erbfall ihrer Mutter Bargeld i.H.v. 100000 Euro erlangt; dieser Betrag findet sich unangetastet in ihrem Endvermögen.

Lösung: Ausgangspunkt sind wiederum die §§ 1372, 1378 Abs. 1 BGB: Im Anfangsvermögen von Adam stehen einem Wert i.H.v. 200 000 Euro Verbindlichkeiten i.H.v. 500 000 Euro gegenüber; das Vermögen ist daher rechnerisch negativ (–300 000 Euro). Gem. § 1374 Abs. 1, 2. HS BGB sind Verbindlichkeiten bei der Berechnung des Anfangsvermögens aber nur bis zur Höhe des Vermögens in Abzug zu bringen; voreheliche Schulden bleiben unberücksichtigt, soweit sie zu einem negativen Anfangsvermögen führen würden. Das Anfangsvermögen des Adam ist daher mit Null anzusetzen. Das Endvermögen des Adam entspricht folglich seinem Zugewinn: 200 000 Euro.

Amalie hatte tatsächlich kein Anfangsvermögen. Nach § 1374 Abs. 2 BGB sind dem Anfangsvermögen aber Vermögenswerte zuzurechnen, die Amalie von Todes wegen – d.h. als gesetzliche Erbin, durch Testament, Vermächtnis oder Erbvertrag (§§ 1922, 1937, 1939, 1941 BGB) – erworben hat. Ihr Anfangsvermögen beträgt daher 100 000 Euro, ihr Endvermögen 110 000 Euro. Hieraus ergibt sich ein Zugewinn i.H.v. 10 000 Euro.

Da der Zugewinn des Adam den der Amalie um 190 000 Euro übersteigt, ist ein Zugewinnausgleichsanspruch der Amalie i.H.v. 95 000 Euro entstanden.

XV. Grundbegriffe des Erbrechts

Übersicht

erbrechtliche Universalsukzession	Mit dem Tod einer Person („Erblasser") geht deren Vermögen („Nachlass") auf eine oder mehrere andere Person(en) („Erben") über (vgl. § 1922 Abs. 1 BGB).
gesetzliche Erben §§ 1924 ff. BGB	*Verwandte*: Das Gesetz teilt in Erbenordnungen ein. 1. Ordnung: Abkömmlinge, 2. Ordnung: Eltern und deren Abkömmlinge, 3. Ordnung: Großeltern und deren Abkömmlinge usw. Rangfolge der Ordnungen: Ist ein Repräsentant einer näheren Ordnung vorhanden, schließt er alle Repräsentanten fernerer Ordnungen aus (vgl. § 1930 BGB). *Ehegatte* (§ 1931 BGB): Die Erbquote hängt davon ab, wer sonst noch als Erbanwärter in Betracht kommt; sie beträgt: neben Verwandten 1. Ordnung 1/4, neben Verwandten 2. Ordnung oder Großeltern 1/2, neben sonstigen Verwandten 1/1.
Ausschlagung der Erbschaft §§ 1942 ff. BGB	Binnen 6 Wochen (bei Auslandsaufenthalt 6 Monate) durch Erklärung gegenüber dem Nachlassgericht zur dortigen Niederschrift oder in öffentlich beglaubigter Form (§ 1945 BGB) „Annahme" der Erbschaft = Verzicht auf Ausschlagung

Nachlassverbindlich- keiten §§ 1967 ff. BGB	Der Erbe haftet für Nachlassverbindlichkeiten unbe- schränkt, aber auf den Nachlass beschränkbar (§§ 1975 ff. BGB).
Erbengemeinschaft §§ 2032 ff. BGB	Gesamthänderische Bindung, gemeinsame Verwaltung und Verfügungsbefugnis, keine Verfügung über einzelne Nachlassgegenstände, wohl jedoch – abweichend von den gesamthänderischen Grundsätzen – über den Erban- teil als solchen (weil die Erbengemeinschaft von vorn her- ein auf Liquidation ausgelegt ist; die Miterben haben dann allerdings ein Vorkaufsrecht). Jeder Erbe kann je- derzeit die Nachlassauseinandersetzung beantragen (so- fern der Erblasser keine anderweitige Anordnung getrof- fen hat).
Pflichtteil §§ 2303 ff. BGB	*Pflichtteilsberechtigte*: Abkömmlinge, Eltern und Ehegat- ten, wenn sie durch Verfügung von Todes wegen von der Erbfolge ausgeschlossen wurden. *Höhe des Pflichtteils*: Geldanspruch in Höhe der Hälfte des gesetzlichen Erbteils *Pflichtteilsergänzungsanspruch*: wenn Erblasser innerhalb der letzten 10 Jahre Schenkungen gemacht hatte (§ 2325 BGB).
Erbunwürdigkeit und Pflichtteils- entziehung	Bei schwerwiegenden Handlungen gegen den Erblasser §§ 2339 ff., 2333 ff. BGB.
Erbschein §§ 2353 ff. BGB	Vom Nachlassgericht auf Antrag erteiltes Zeugnis über Bestehen und Höhe des Erbteils. Legitimationswirkung und Gutglaubensschutz (vgl. §§ 2365, 2366 BGB)! Die Rechtslage ist zu Gunsten Dritter so zu beurteilen, als sei der Erbscheinserbe rechtmäßiger Erbe.
Gewillkürte Erbfolge §§ 1937, 2064 ff. BGB §§ 1941, 2274 ff. BGB	Entweder durch Testament (einseitig) oder Erbvertrag (zweiseitig) – Oberbegriff: „Verfügung von Todes wegen". *Testament*: jederzeit widerruflich (durch Errichtung eines neuen oder Vernichtung eines bestehenden Testaments). Errichtung entweder notariell oder eigenhändig, bei Ehe- gatten auch „gemeinschaftliches Testament". *Erbvertrag*: notariell, bindend.
Vermächtnis §§ 1939, 2147 ff. BGB	Zuwendung eines Vermögensvorteils an einen anderen als den Erben. Ob Erbeinsetzung oder Vermächtnis anzu- nehmen ist, muss durch Auslegung entschieden werden. Das Vermächtnis begründet im Gegensatz zur Erbeinset- zung lediglich einen schuldrechtlichen Anspruch gegen den mit einem Vermächtnis Beschwerten.

Auflage §§ 1940, 2192 ff. BGB	Erblasser verpflichtet den Erben oder Vermächtnisnehmer zu einer Leistung, ohne dem Leistungsempfänger einen Anspruch auf die Leistung zu verschaffen.
Vor- und Nacherbschaft §§ 2100 ff. BGB	Einsetzung eines Erben, der erst Erbe wird, nachdem ein anderer zunächst Erbe geworden ist. Verfügungsbeschränkung des Vorerben (im Normalfall keine Grundstücksgeschäfte, Erblasser kann jedoch weitgehend befreien).
Testamentsvollstrecker § 2197 ff. BGB	Rechtsmacht: Verwaltung, Verfügung, Vollstreckung, Teilung

Fragen

Frage 436:
Wann tritt die gesetzliche Erbfolge ein?
Antwort: Wenn der Erblasser keine (wirksame) Verfügung von Todes wegen errichtet hatte.

Frage 437:
Wer kommt als Erbe zum Zuge, wenn in den einzelnen Erbenordnungen jeweils mehrere Personen vorhanden sind?
Antwort: Zunächst gilt das Prinzip, dass Verwandte einer ferneren Ordnung nicht zum Zuge kommen, solange ein Verwandter einer vorhergehenden Ordnung vorhanden ist (§ 1930 BGB, Parentelsystem). Sind in einer vorhergehenden Ordnung mehrere Abkömmlinge vorhanden, so schließt ein zur Zeit des Erbfalls lebender Abkömmling die durch ihn mit dem Erblasser verwandten Abkömmlinge (also seine Kinder und Kindeskinder) von der Erbfolge aus (Linearsystem). An die Stelle eines zur Zeit des Erbfalls nicht mehr lebenden Abkömmlings (z.B. des verstorbenen Sohnes) treten die durch ihn mit dem Erblasser verwandten Abkömmlinge, also z.B. seine Kinder; man spricht von der „Erbfolge nach Stämmen" oder dem „Repräsentationssystem".

Frage 438:
Was gilt bei der gesetzlichen Erbfolge, wenn der Erblasser mehrere Kinder hinterlässt?
Antwort: Kinder erben zu gleichen Teilen (§ 1924 Abs. 4 BGB „Erbteilung nach Köpfen").

Frage 439:
Wer erbt, wenn keine gesetzlichen oder testamentarischen Erben vorhanden sind? Und mit welcher Besonderheit?
Antwort: In diesem Fall erbt der Fiskus (§ 1936 BGB), dessen Haftung stets beschränkt ist, vgl. § 2011 BGB.

Frage 440:
Wenn die Begriffsbestimmung der erbrechtlichen Auflage gem. § 1940 BGB darin besteht, dem Begünstigten keinen eigenen Anspruch einzuräumen, wie kann dann der Erblasser sichern, dass der Erbe die Auflage überhaupt erfüllt?
Antwort: Anders als beim Vermächtnis (§ 2174 BGB) erhält der Begünstigte einer Auflage keinen Erfüllungsanspruch gegen den Erben. Der Erblasser kann die Erfüllung aber sichern, indem er gem. §§ 2197 ff. BGB einen Testamentsvollstrecker einsetzt, der die Vollziehung der Auflage überwacht. Des weiteren räumt § 2194 BGB bestimmten Personen einen Anspruch auf Vollziehung der Auflage ein.

Frage 441:
Wie lange kann im Normalfall der Erblasser eine Vor- und Nacherbschaft, Testamentsvollstreckung oder den Ausschluss der Erbauseinandersetzung anordnen?
Antwort: Im Regelfall auf die Dauer von 30 Jahren.

Frage 442:
Wie kann sich der Erbe gegen den Testamentsvollstrecker wehren?
Antwort: Er kann beim Nachlassgericht Antrag auf Entlassung des Testamentvollstreckers stellen. Hierzu ist aber ein wichtiger Grund erforderlich, insbesondere grobe Pflichtverletzung oder Unfähigkeit zur ordnungsgemäßen Geschäftsführung (§ 2227 BGB).

Fälle

Fall 182:
Emil hinterlässt seiner Ehefrau Emma als Alleinerbin u.a. ein Grundstück. Emma überlegt sich nun, ob sie bereits mit dem Tod des Emil Eigentümerin und Besitzerin des Grundstückes geworden ist oder ob sie hierfür ihre Eintragung in das Grundbuch herbeiführen muss.
Lösung: Für den Erwerb eines Grundstückes ist grundsätzlich die Eintragung des Erwerbers in das Grundbuch erforderlich (§ 873 Abs. 1 BGB). Anderes gilt jedoch für den Erwerb von Todes wegen: Nach § 1922 Abs. 1 BGB geht mit dem Todesfall das Vermögen des Erblassers automatisch und als Ganzes auf die Erben über („Universalsukzession"). Zusätzlicher Recht-

sakte bedarf es für den Eigentumserwerb nicht. Deshalb ist die Eintragung im Grundbuch lediglich Grundbuchberichtigung. Emma ist schon mit dem Erbfall Eigentümerin geworden. Nach § 857 BGB wird Emma mit dem Erbfall Besitzerin.

Fall 183:
Emil hinterlässt neben seiner Ehefrau Emma das gemeinsame Kind Benno. (1) Wie hoch sind die Erbquoten, wenn Emil und Emma im gesetzlichen Güterstand der Zugewinngemeinschaft gelebt haben? (2) Wie wäre es, wenn Emil und Emma Gütertrennung vereinbart hätten?
Lösung:
(1) Das gesetzliche Ehegattenerbrecht beträgt gem. § 1931 Abs. 1 BGB 1/4, wenn Erben der ersten Ordnung (d.h. Abkömmlinge des Erblassers; vgl. § 1924 Abs. 1 BGB) vorhanden sind. Emma erhielte demnach 1/4, Benno 3/4 der Erbschaft. Da Emil und Emma aber im gesetzlichen Güterstand der Zugewinngemeinschaft gelebt haben, erhöht sich Emmas Erbteil um ein weiteres Viertel: Nach §§ 1931 Abs. 3, 1371 Abs. 1 BGB wird durch Gesetz fingiert, dass Emil während der Zeit seiner Ehe einen auszugleichenden Zugewinn i.H.v. 1/4 seines Vermögens erwirtschaftet hat. Dies gilt selbst dann, wenn feststeht, dass tatsächlich kein Zugewinn entstanden ist. Emma und Benno werden folglich Erben zu jeweils 1/2.
(2) Im Falle vereinbarter Gütertrennung (§§ 1408, 1414 BGB) kommt es nicht zu einem Zugewinnausgleich; die Grundregel des § 1931 Abs. 1 BGB wird aber durch § 1931 Abs. 4 BGB modifiziert: Danach erbt der überlebende Ehegatte neben einem Kind 1/2, neben zwei Kindern 1/3; sind mehr Kinder vorhanden, bleibt es bei dem 1/4 nach § 1931 Abs. 1 BGB. Emma und Benno werden auch in dieser Fallvariante Erben zu jeweils 1/2.

Fall 184:
Erblasser Emil hinterlässt 2 Kinder und seine Ehefrau, mit der er im Güterstand der Zugewinngemeinschaft lebte. 5 Jahre vor seinem Tod hatte er ein privatschriftliches Testament aufgesetzt, wonach sein Freund Konrad sein Alleinerbe werden solle. 2 Jahre später zerriss er das Testament nach einem heftigen Streit mit Konrad. Wer ist Erbe?
Lösung: Zwar wurde Konrad zunächst durch ein wirksames Testament als Erbe eingesetzt. In dem Zerreißen dieses Testaments 2 Jahre später könnte jedoch ein Widerruf des Testaments liegen. Nach § 2253 BGB kann der Erblasser ein Testament jederzeit widerrufen. Der Widerruf erfolgt gem. § 2254 BGB grundsätzlich durch Testament, er kann jedoch gem. § 2255 BGB auch durch Vernichtung des Testaments erfolgen. Emil hat hier das Testament zerrissen; in diesem Fall wird vermutet, dass er damit die Aufhebung des Testaments beabsichtigt habe (§ 2255 S. 2 BGB). Mangels wirksamen Testaments kommt es daher zur gesetzlichen Erbfolge. Gem. § 1931 Abs. 1 i.V.m. § 1371 Abs. 1 BGB erbt die Ehefrau zu 1/2 und die Kinder erben gem. § 1924 BGB je zu 1/4.

Fall 185:
Benno und Balduin sind gesetzliche Erben zu je 1/2. Ein Testament ist vom Erblasser Emil nicht errichtet worden. Bei der gemeinsamen Durchsicht des Nachlasses finden Benno und Balduin u.a. Bargeld i.H.v. 10 000 Euro. Benno möchte sofort 5000 Euro an sich nehmen. Balduin widerspricht; er will zunächst abwarten, ob sich noch Gläubiger des Emil melden. Wie ist die Rechtslage?

Lösung: B könnte die 5000 Euro an sich nehmen, wenn er mit dem Erbfall Eigentümer des Geldes geworden ist (vgl. §§ 903, 985, 1004 BGB). Mit dem Erbfall tritt der Erbe grundsätzlich automatisch und uneingeschränkt in die Rechtsstellung des Erblassers ein (§ 1922 Abs. 1 BGB). Während aber der Alleinerbe (Voll-)Eigentum an der Erbschaft erlangt, geht die Erbschaft bei einer Mehrheit von Erben als Ganzes zu Gesamthandseigentum auf die Miterbengemeinschaft über (§§ 1922, 2032 BGB). Beim Gesamthandseigentum der Miterbengemeinschaft bleibt es, bis die einzelnen Gegenstände und Rechte des Nachlasses i.r.d. Auseinandersetzung nach §§ 398, 929 ff. oder § 873 BGB von der Miterbengemeinschaft auf die einzelnen Erben übertragen werden (§ 2032 Abs. 2 BGB). Bis zur Auseinandersetzung wird der Nachlass von der Erbengemeinschaft gemeinsam verwaltet (§ 2038 BGB); Verfügungen über Nachlassgegenstände – etwa die Auszahlung von Bargeld an einen Miterben – bedürfen der Einwilligung aller Mitglieder der Erbengemeinschaft (§ 2040 BGB). Benno durfte das Geld folglich nur mit Zustimmung des Balduin an sich nehmen. Ihm bleibt aber die Möglichkeit, von Balduin die Zustimmung zur Auseinandersetzung (§§ 2042 ff. i.V.m. §§ 749 Abs. 2, 3 und 750 ff. BGB) und – nach Ermittlung und Befriedigung der Nachlassgläubiger – die Verteilung des Nachlassüberschusses zu verlangen (§§ 2045–2047 BGB).

Fall 186:
Als E stirbt, beantragt und erhält seine einzige gesetzliche Erbin T einen Erbschein; in dem Erbschein wird T als Alleinerbin des E ausgewiesen. Unter Vorlage des Erbscheines veräußert und übergibt T nun „die gesamte Wohnungseinrichtung des E" an Gebrauchtwarenhändler D. Ein halbes Jahr später wird ein Testament des E gefunden, in dem er den W zum Alleinerben einsetzt, T dagegen ausdrücklich enterbt. Da bei T nichts mehr zu holen ist, verlangt W von D die Herausgabe der Wohnungseinrichtung. Ist D zur Herausgabe verpflichtet, wenn er beim Erwerb der Nachlassgegenstände keine Kenntnis von dem Testament hatte?

Lösung: Dem W könnte ein Herausgabeanspruch nach § 985 BGB zustehen, wenn er Eigentümer der Wohnungseinrichtung ist. Das Eigentum an den Nachlassgegenständen ist mit dem Tod des E auf W übergegangen (§§ 1922 Abs. 1, 1937 BGB). W könnte das Eigentum jedoch infolge gutgläubigen Erwerbes seitens des D wieder verloren haben. In Betracht kommt zunächst ein Eigentumserwerb nach § 932 BGB. Insofern greift jedoch § 935 BGB ein: W ist mit dem Erbfall automatisch Besitzer des Nachlasses geworden (§ 857 BGB); er hat diese Besitzposition ohne seinen Willen durch Eingriff der T verloren. Die Wohnungseinrichtung ist daher „abhanden gekommen".

D ist aber im Hinblick auf den öffentlichen Glauben des Erbscheines nach §§ 929, 2366, 2365 BGB Eigentümer geworden: Da T im Erbschein als Alleinerbin ausgewiesen ist und D keine Kenntnis von der Unrichtigkeit des Erbscheines hatte, gilt ihm gegenüber T als wirkliche Erbin des E. Er hat also vom Berechtigten erworben. Ein Herausgabeanspruch des W gegen D besteht folglich nicht.

W hat nur die Möglichkeit, T im Hinblick auf den Veräußerungserlös nach §§ 2018, 2019 und § 816 Abs. 1 BGB in Anspruch zu nehmen.

Fall 187:
Emil hat seinen Sohn Benno durch Erbvertrag zum Alleinerben eingesetzt. (1) Kann er später seinen Sohn Balduin durch Testament wirksam zum Miterben bestimmen? (2) Hat er die Möglichkeit, noch zu Lebzeiten seinem Sohn Balduin schenkweise ein Grundstück zu übertragen?

Lösung:
(1) Der Erbvertrag hindert die spätere Errichtung einer wirksamen Verfügung von Todes wegen, soweit hierdurch die Rechtsposition des Vertragserben beeinträchtigt würde (§ 2289 Abs. 1 S. 2 BGB). Das spätere Testament wäre daher unwirksam.

(2) Dagegen wird Emil durch den Erbvertrag nicht daran gehindert, wirksame Rechtsgeschäfte unter Lebenden zu tätigen (§ 2286 BGB). Unter der Voraussetzung, dass Emil die Grundstücksschenkung in der Absicht gemacht hat, seinen Vertragserben zu beeinträchtigen, kann Benno aber von Balduin die Rückübereignung des Grundstückes nach den Vorschriften über die Herausgabe einer ungerechtfertigten Bereicherung verlangen, sobald der Erbfall eingetreten ist (§ 2287 Abs. 1 i.V.m. §§ 812 ff. BGB; Fall einer Rechtsfolgeverweisung).

Fall 188:
Kann der Erblasser den Nacherben auf das einsetzen, was der Vorerbe noch „übrig lässt"? Welchen Sinn hätte dann überhaupt noch die Vor- und Nacherbschaft?

Lösung: Ja, der Erblasser kann den Nacherben auf den „Überrest" einsetzen, den Vorerben also von den Verfügungsbeschränkungen der §§ 2113 ff. BGB weitgehend befreien (§ 2136 BGB; sog. „befreiter Vorerbe").
Die Rechtsstellung des befreiten Vorerben ist dennoch schwächer als die eines Vollerben: Zum einen hat der befreite Vorerbe keine Möglichkeit, über das geerbte Vermögen von Todes wegen zu verfügen. Zum anderen bleiben schenkweise Verfügungen des Vorerben und Zwangsverfügungen gegen den Vorerben auch im Falle befreiter Vorerbschaft gegenüber dem

Nacherben regelmäßig wirkungslos (vgl. §§ 2113 Abs. 2, 2115 BGB, die in
§ 2136 BGB nicht erwähnt werden).

Fall 189:
Erna hat bei der Bank ein Sparbuch angelegt. Mit der Bank war vereinbart,
dass es nach Ernas Tod der Dörte gehören soll. Dörte erfährt davon erst
durch die Bank nach dem Tod der Erna. Sie lässt sich das Geld auszahlen.
Die Erben verlangen das Geld von Dörte heraus. Darf Dörte es behalten?
Lösung: Dörte darf das Geld behalten, wenn sie es mit Rechtsgrund erhalten hat. Dann ist ein Anspruch aus ungerechtfertigter Bereicherung
ausgeschlossen. Rechtsgrund für das Behaltendürfen ist nicht der Vertrag
zugunsten Dritter (§§ 328, 331 BGB) zwischen der Bank und Erna
(Deckungsverhältnis), sondern die Schenkung der Erna an Dörte (Valutaverhältnis). Fraglich ist, ob diese Schenkung wirksam ist. Das hängt davon
ab, ob eine Schenkung unter Lebenden auf den Todesfall (dann gelten
§§ 516 ff. BGB mit der Heilungsmöglichkeit aus § 518 Abs. 2 BGB, also
durch Auszahlung durch die Bank) oder eine Schenkung von Todes wegen (dann gilt § 2301 Abs. 2 BGB, ohne Heilungsmöglichkeit) vorliegt. Die
Rechtsprechung und herrschende Lehre nimmt eine Schenkung unter Lebenden an. § 331 BGB sehe eine Abweichung von der Formvorschrift des
§ 2301 Abs. 2 BGB vor (sehr strittig). Da § 331 BGB das Valutaverhältnis
nicht berührt, können die Erben die Schenkung der Erna an Dörte widerrufen, allerdings nur, bis sie durch Ausführung durch die Bank wirksam
wird.

HANDELSRECHT

I. Begriff, Wesensmerkmale und Rechtsquellen

Übersicht

Begriff	Handelsrecht ist das Sonderprivatrecht der Kaufleute, das spezielle Vorschriften für einen bestimmten Personenkreis, die Kaufleute, aufstellt und dem allgemeinen bürgerlichen Recht als spezielle Regelung vorgeht, von ihm jedoch (subsidiär) ergänzt wird
Wesensmerkmale	• Gewinnerzielungsabsicht des kaufmännischen Handelns führt zum Prinzip der Entgeltlichkeit • Wegen der Geschäftserfahrenheit von Kaufleuten treten Schutzvorschriften des BGB außer Kraft • Schutz des kaufmännischen Geschäftsverkehrs bedingt typisierte Rechtsinstitute • Rechtsklarheit verlangt Offenlegung der kaufmännischen Organisation nach außen • Bedürfnis nach zusätzlichem Vertrauensschutz im kaufmännischen Geschäftsverkehr erweitert die Möglichkeit des gutgläubigen Erwerbs • Schnelligkeit des Güteraustausches verlangt beschleunigte Geschäftsabwicklung • Grenzüberschreitender Geschäftsverkehr erfordert internationale Übereinkommen
Rechtsquellen	• Verfassung, Gesetze (BGB, HGB, kaufmännische Nebengesetze) • Handelsgewohnheitsrecht • Handelsbrauch („kaufmännische Verkehrssitte") • Allgemeine Geschäftsbedingungen („selbstgeschaffenes Recht der Wirtschaft")

Fragen

Frage 1:
Warum spricht man vom Handelsrecht als einem „Sonderrecht der Kaufleute"?
Antwort: Handelsrecht enthält gegenüber dem bürgerlichen Recht spezielle Vorschriften, die für einen speziellen Berufsstand, den der Kaufleute, gelten („subjektives System").

Frage 2:
Wann findet im kaufmännischen Geschäftsverkehr Handelsrecht, wann bürgerliches Recht Anwendung?
Antwort: Rechtsgeschäfte, die ein Kaufmann tätigt („Handelsgeschäfte"), fallen unter das Handelsrecht. Handelsgeschäfte sind nach § 343 HGB alle Geschäfte eines Kaufmanns, die zum Betriebe seines Handelsgewerbes gehören. Gem. § 344 HGB wird vermutet, dass die von einem Kaufmann vorgenommenen Rechtsgeschäfte im Zweifel zum Betriebe seines Handelsgewerbes gehören.

Frage 3:
Welche Konsequenz hat das?
Antwort: In der Regel sind Rechtsgeschäfte eines Kaufmanns nach Handelsrecht zu beurteilen.

Frage 4:
Können Sie je ein Beispiel für die nachfolgend genannten Besonderheiten des Handelsrechts nennen:
(a) Prinzip der Entgeltlichkeit
(b) Verzicht auf bürgerlich-rechtliche Schutzvorschriften
(c) Typisierung von Rechtsinstituten
(d) Offenlegung der kaufmännischen Organisation
(e) Erweiterung des gutgläubigen Erwerbs
(f) Beschleunigung der kaufmännischen Geschäftsabwicklung
(g) Internationalität des Handelsrechts
Antwort:
(a) Die kaufmännische Geschäftsbesorgung begründet gem. § 354 HGB auch ohne besondere Vereinbarung einen Provisionsanspruch.
(b) Kaufleute haben für die im Betriebe des Handelsgewerbes versprochenen Vertragsstrafen nach § 348 HGB nicht die Möglichkeit der richterlichen Herabsetzung; Bürgschaftsversprechen sind nach § 350 HGB formlos gültig, die Einrede der Vorausklage entfällt (§ 349 HGB); das Verbot der Gerichtsstandsvereinbarung entfällt (§ 38 Abs. 1 ZPO).
(c) Die kaufmännischen Vertretungsverhältnisse sind dem Umfang nach standardisiert (§§ 49, 54 HGB) und im Außenverhältnis unbeschränkbar (§§ 50 Abs. 1, 54 Abs. 3 HGB).
(d) Durch die Einrichtung und Publizität des Handelsregisters werden die wichtigsten Tatbestände des kaufmännischen Unternehmens nach außen hin transparent.
(e) § 366 HGB erweitert den Vertrauensschutz insofern, als beim Erwerb vom Nichtberechtigten der gute Glaube an die Verfügungsmacht ausreicht.
(f) Beim Handelskauf ist der Käufer zur unverzüglichen Untersuchung und Rüge der gelieferten Ware verpflichtet, wenn er nicht die Gewährleistungsansprüche verlieren will (§ 377 HGB).

(g) Internationale Regelungen finden sich in kaufmännischen Nebengesetzen, so im Wechsel- und Scheckrecht, aber auch in Form internationaler Handelsklauseln.

Frage 5:
Was versteht man unter dem „Handelsbrauch", wann findet er Anwendung?
Antwort: Handelsbrauch wird nach § 346 HGB als „die im Handelsverkehr geltenden Gewohnheiten und Gebräuche" umschrieben. Es handelt sich also um die spezielle kaufmännische Verkehrssitte.

Frage 6:
Welchen Rang hat der Handelsbrauch gegenüber zwingendem, welchen gegenüber nachgiebigem Recht?
Antwort: Handelsbräuche gelten nicht gegenüber zwingendem Recht, sie gehen jedoch nachgiebigem Recht in der Regel vor.

Frage 7:
Können Sie ein besonders bekanntes Beispiel des kaufmännischen Handelsbrauchs nennen?
Antwort: Aus dem Handelsbrauch ist abgeleitet, dass Schweigen auf ein kaufmännisches Bestätigungsschreiben als Zustimmung gilt.

Frage 8:
Wie verhalten sich die verbraucherschützenden Regelungen des BGB zum Handelsrecht?
Antwort: Das Verbraucherschutzrecht ist von dem Gegensatz Verbraucher – Unternehmer geprägt. Sinn und Zweck der verbraucherschützenden Regelungen ist der Schutz des Verbrauchers gegenüber dem Unternehmer. Verbraucher ist nach der Legaldefinition des § 13 BGB „jede natürliche Person, die ein Rechtsgeschäft zu einem Zweck abschließt, der weder ihrer gewerblichen, noch ihrer selbständigen beruflichen Tätigkeit zugerechnet werden kann". Unternehmer ist gem. § 14 BGB, wer bei Abschluss eines Rechtsgeschäfts in Ausübung seiner gewerblichen oder selbständigen beruflichen Tätigkeit handelt. Da die von einem Kaufmann vorgenommenen Rechtsgeschäfte im Zweifel als zu seinem Gewerbe gehörend angesehen werden (§ 344 Abs. 1 HGB), wird er von den Verbraucherschutzregeln nicht geschützt, sondern fällt unter die Definition des Unternehmers. Auf Rechtsgeschäfte zwischen Kaufmann und Verbraucher findet das Verbraucherschutzrecht daher Anwendung. Es gibt allerdings Ausnahmen, in denen das Gesetz Rücksicht auf „unerfahrene" Kaufleute nimmt: Unter bestimmten Voraussetzungen gelten die Schutzvorschriften des Verbraucherdarlehens (§§ 491 ff. BGB) gem. § 507 BGB auch für (kaufmännische) Existenzgründer.

Frage 9:
Aus welchen Gründen werden „Allgemeine Geschäftsbedingungen" geschaffen?
Antwort: Zum einen aus Gründen der Rationalisierung, um eine Vielfalt von Geschäftsvorfällen einheitlich zu gestalten; zum anderen aber auch in der Absicht, das eigene Risiko zu begrenzen, was naturgemäß die Gefahr einer Verbraucherbenachteiligung in sich schließt.

Frage 10:
Wie werden Allgemeine Geschäftsbedingungen wirksam?
Antwort: Durch Einbeziehung in den konkreten Vertragsabschluss gem. § 305 Abs. 1 BGB, also nicht bereits durch ihre bloße Existenz (insofern sind sie eben kein „Recht" der Wirtschaft).

Frage 11:
Gelten die Regelungen über Allgemeine Geschäftsbedingungen auch für die Verwendung von AGB gegenüber Kaufleuten?
Antwort: Die §§ 305 bis 310 BGB sind grundsätzlich auch auf diesen Fall anwendbar. Nach § 310 Abs. 1 BGB gelten jedoch die §§ 305 Abs. 2 und 3 sowie 308 und 309 BGB nicht für AGB, die gegenüber einem Unternehmer und damit auch gegenüber Kaufleuten verwendet werden. Es findet damit nur eine eingeschränkte AGB-Kontrolle statt: Die Klauselverbote der §§ 308 und 309 BGB gelten in diesem Fall nicht. Allerdings werden die in den §§ 308 und 309 BGB geregelten Klauselverbote unter Berücksichtigung der im Handelsverkehr geltenden Gewohnheiten und Gebräuche bei der Inhaltskontrolle nach § 307 Abs. 1 und 2 BGB herangezogen.

Fälle

Fall 1:
Kaufmann K in München betreibt einen seit geraumer Zeit als Einzelfirma im Handelsregister eingetragenen Großhandelsvertrieb von Zeitschriften und sonstigen Druckerzeugnissen. Er bestellt am 1. Februar bei der V-GmbH in Augsburg einen Klein-Transporter zum Preis von 25 000 Euro, zahlbar in fünf vierteljährlichen Raten; hinsichtlich der Ratenzahlung wird ein Zinssatz von 7 % p.a. vereinbart. Der Bestellschein enthielt die Klausel: „Für Rechtsstreitigkeiten aus diesem Vertrag ist der Gerichtsort des Verkäufers zuständig". Zwei Tage später reut K die Bestellung, er geht zu einem Rechtsanwalt und fragt, welche Möglichkeiten er habe.
Lösung:
(a) Widerruf?
Da K von V eine bestimmte Sache gegen Teilzahlung gekauft hat, liegt ein Teilzahlungskauf i.S.d. § 499 Abs. 2 BGB vor, auf den gem. § 501 S. 1 BGB

u.a. §495 Abs.1 BGB anwendbar ist, der wiederum auf das Widerrufsrecht des §355 BGB verweist. Die Anwendung des §501 BGB setzt jedoch voraus, dass der entsprechende Vertrag zwischen einem Verbraucher und einem Unternehmer geschlossen wird. K ist jedoch kein Verbraucher i.S.d. §13 BGB, da er in Ausübung seiner gewerblichen Tätigkeit handelte. Ihm steht daher kein Widerrufsrecht nach den §§355, 495 Abs.1, 501 BGB zu.

(b) Wirksamkeit der Gerichtsstandsvereinbarung?
Bei Streitigkeiten ist in der Regel der Gerichtsstand des Schuldners, also des Käufers, begründet. Abweichende Gerichtsstandsvereinbarungen können von Privatleuten nicht getroffen werden. Auch hier gilt für Kaufleute eine Sonderregelung: §38 ZPO erlaubt die abweichende Vereinbarung eines Gerichtsstands unter Kaufleuten. Da K als Inhaber eines Großhandelsvertriebs Kaufmann nach §1 HGB (in jedem Fall aber kraft Eintragung Kaufmann nach §2 HGB) ist, muss er bei etwaigen Streitigkeiten die im Bestellschein enthaltene Gerichtsstandsklausel hinnehmen. V kann deshalb gegen K am vereinbarten Gerichtsort Augsburg auf Zahlung und Abnahme klagen.

II. Die Kaufleute

Übersicht

Bezeichnung	Begriffsmerkmale	Registeranmeldung und -eintragung	Beginn und Ende der Kaufmannseigenschaft
Kaufmann kraft Gewebebetriebs (Muss-, Istkaufmann), §1 HGB	Betrieb eines Handelsgewerbes, wobei das Unternehmen nach Art und Umfang einen in kfm. Weise eingerichteten Geschäftsbetrieb erfordert, §1 Abs.2 HGB	zwingend, §29 HGB; deklaratorischer Charakter	mit Aufnahme der gewerblichen Tätigkeit; (1) *Firma ist nicht im Handelsregister eingetragen*: (a) Betriebsaufgabe (b) Umstellung auf Tätigkeit, die kein Gewerbe ist (c) Herabsinken auf Kleingewerbe (2) *Firma ist im Handelsregister eingetragen (§29 HGB)*: (a) Ende der Gewerbetätigkeit (b) Löschung im HR nach §2 S.3 und §3 Abs.2 HGB

Kaufmann kraft freiwilliger Eintragung (Options-, Kannkaufmann), § 2 HGB	Kleingewerbe (auch kleingewerbliche land- und forstwirtschaftliche Betriebe), d.h. das Unternehmen erfordert keinen nach Art und Umfang in kfm. Weise eingerichteten Geschäftsbetrieb, Firma ist aber im Handelsregister eingetragen, § 2 S. 1 HGB	freiwillig, § 2 S. 2 HGB; Eintragung ist konstitutiv	mit Eintragung im Handelsregister -------------------- (a) Betriebsaufgabe (b) Antrag auf Löschung der Firma im Handelsregister, § 2 S. 3 HGB, wenn Unternehmer nicht inzwischen Istkaufmann nach § 1 Abs. 2 HGB ist
Kaufmann mit land- oder forstwirtschaftlichen Tätigkeit kraft freiwilliger Eintragung (Options-, Kannkaufmann), § 3 HGB	land- oder forstwirtschaftliche Tätigkeit, wobei das Unternehmen einen in kfm. Weise eingerichteten Geschäftsbetrieb aufweist; es besteht die Möglichkeit, wenn mit dem Betrieb der Land- oder Forstwirtschaft ein Unternehmen verbunden ist, das nur ein Nebengewerbe des land- oder forstwirtschaftlichen Unternehmens darstellt, Haupt- und Nebenbetrieb getrennt einzutragen, § 3 Abs. 3 HGB	freiwillig, § 3 Abs. 2 i.V.m. § 2 HGB; Eintragung ist konstitutiv	mit Eintragung im Handelsregister -------------------- Betriebsaufgabe; ansonsten keine Möglichkeit, Löschungsantrag (wie bei § 2 HGB) zu stellen, § 3 Abs. 2 HGB
Kaufmann kraft Rechtsform (Formkaufmann), § 6 HGB	juristische Personen (AG, KGaA, GmbH, eG, EWIV)	zwingend; konstitutiv (in der Regel zugleich Voraussetzung für Entstehen der Gesellschaft)	mit Eintragung -------------------- mit Löschung

Kaufmann kraft Rechtsscheins (Scheinkaufmann), §§ 5, 15 HGB, § 242 BGB	Erzeugung eines Vertrauenstatbestandes (a) speziell: Eintragung im Handelsregister trotz fehlender Voraussetzungen (b) allgemein: Auftreten als Kaufmann	**Erscheinungsformen:** (a) Scheinkaufmann kraft Eintragung: Kann sich nach § 5 HGB nicht darauf berufen, dass sein Gewerbe kein Handelsgewerbe sei oder dass er Minderkaufmann sei. Andere Einwendungen sind zulässig. (b) Scheinkaufmann kraft Handelsregisterpublizität: ● Firma bestand zur Zeit der Eintragung, ist aber später erloschen. ● Firma bestand nie, ist aber dennoch bekannt gemacht worden. In beiden Fällen entsprechende Anwendung von § 15 Abs. 1–3 HGB. (c) Scheinkaufmann kraft Auftretens: „Gerieren als Kaufmann" ohne Handelsregistereintragung. Schutz gutgläubiger Dritter (zu deren Gunsten).

Fragen

Frage 12:
Warum ist es überhaupt erforderlich, den Begriff des Kaufmanns gesetzlich festzulegen?

Antwort: Das HGB geht vom „subjektiven System" aus: Handelsrecht findet Anwendung für Rechtsgeschäfte, die eine bestimmte Person, der „Kaufmann", tätigt. Deshalb ist es erforderlich, den Kaufmannsbegriff genau zu definieren.

Frage 13:
Wie erlangt ein Unternehmer die Kaufmannseigenschaft?
Antwort:
(1) Wenn der Unternehmer ein Gewerbe betreibt, das nach Art und Umfang einen in kaufmännischer Weise eingerichteten Geschäftsbetrieb erfordert, gilt er nach § 1 Abs. 1 und 2 HGB als Kaufmann, auch wenn er unter Verstoß gegen die sich aus § 29 HGB ergebende Pflicht sich nicht im Handelsregister eintragen lässt.
(2) Wenn der Unternehmer ein Gewerbe betreibt, das nach Art oder Umfang einen in kaufmännischer Weise eingerichteten Geschäftsbetrieb nicht erfordert, steht es ihm frei, die Kaufmannseigenschaft dadurch zu erlangen, dass er sich ins Handelsregister eintragen lässt (§ 2 HGB).

Frage 14:
Was ist die Grundvoraussetzung für das Vorliegen eines kaufmännischen Betriebs?
Antwort: Die Anwendung der §§ 1 bis 5 HGB setzt voraus, dass überhaupt ein Gewerbe betrieben wird. Ein Gewerbe liegt vor bei „einer selbständigen, nach außen erkennbaren, legalen Tätigkeit, die auf Dauerhaftigkeit und Gewinnerzielung angelegt ist und nicht zu den freien Berufen gehört".

Frage 15:
Wer ist Musskaufmann nach § 1 HGB?
Antwort: Nach § 1 HGB ist Kaufmann, wer ein Handelsgewerbe betreibt, es sei denn, sein Unternehmen benötigt nach Art oder Umfang keinen in kaufmännischer Weise eingerichteten Geschäftsbetrieb. Der Betrieb eines Gewerbes erfordert eine selbständige, nach außen erkennbare, legale Tätigkeit, die auf Dauerhaftigkeit und Gewinnerzielung ausgerichtet ist. Diese Form des Kaufmanns wird auch als „Muss-" oder „Istkaufmann" bezeichnet, da er die Kaufmannseigenschaft mit Eröffnung seines Handelsgewerbes erwirbt. Die Eintragung ins Handelsregister wirkt in diesem Fall nur deklaratorisch, d.h. sie ist für den Erwerb der Kaufmannseigenschaft nicht erforderlich.

Frage 16:
Wonach beurteilt die Rechtsprechung, ob ein Unternehmen einen nach Art und Umfang eingerichteten Geschäftsbetrieb erfordert?
Antwort: Sie stellt auf „das Gesamtbild des Betriebes" ab.

Frage 17:
Welche Kriterien sind bei der Beurteilung heranzuziehen?
Antwort: Zu berücksichtigen sind etwa: die Zahl der Betriebsstätten, die Vielfalt der Erzeugnisse, die Höhe des Umsatzes, die Höhe des Anlage- und Betriebskapitals, die Höhe des Gewerbeertrags- bzw. des Gewerbekapitals, die Zahl der Beschäftigten, die Art der Buch- und Kontenführung, die Art und Gestaltung von Bankverbindungen, der Umfang und die Art der Geschäftsbeziehungen.

Frage 18:
Wann spricht man vom „Kannkaufmann"?
Antwort: Kannkaufmann ist nach § 2 HGB zunächst der Kleingewerbetreibende: Gewerbebetriebe, deren Unternehmen nach Art oder Umfang einen in kaufmännischer Weise eingerichteten Geschäftsbetrieb nicht erfordern, können durch Eintragung die Kaufmannseigenschaft erlangen. Da § 1 HGB gem. § 3 Abs. 1 HGB nicht auf Betriebe der Land- und Forstwirtschaft anwendbar ist, ist Kannkaufmann nach § 3 HGB auch, wer ein land- oder forstwirtschaftliches Unternehmen betreibt, das nach Art und

Umfang einen in kaufmännischer Weise eingerichteten Geschäftsbetrieb erfordert, wenn der Unternehmer (freiwillig) die Eintragung in das Handelsregister bewirkt. Diese Personen werden vom Gesetz als Kannkaufleute bezeichnet, weil der Erwerb der Kaufmannseigenschaft fakultativ ist. Dieser Personenkreis erwirbt die Kaufmannseigenschaft erst mit der Eintragung, die folglich konstitutiv wirkt.

Frage 19:
Wer ist „Formkaufmann"?
Antwort: Kaufleute kraft Rechtsform sind nach § 6 Abs. 2 HGB Vereine, denen das Gesetz ohne Rücksicht auf den Gegenstand des Unternehmens die Eigenschaft eines Kaufmanns verleiht. Da der Verein in gesellschaftsrechtlicher Hinsicht die Grundform der juristischen Person ist, gilt diese Vorschrift für alle Handelsgesellschaften, die juristische Personen sind. Danach sind die Aktiengesellschaft (§ 3 AktG), die Kommanditgesellschaft auf Aktien (§ 278 Abs. 3 AktG), die GmbH (§ 13 Abs. 3 GmbHG) und die eingetragene Genossenschaft (§ 17 Abs. 2 GenG) Formkaufleute.

Frage 20:
Können Sie sich unter dem Begriff „Teils-doch-Kaufmann" etwas vorstellen?
Antwort: Die früher gebräuchliche Figur des Minderkaufmanns wurde mit dem Handelsrechtsreformgesetz 1998 abgeschafft. Während der Minderkaufmann von handelsrechtlichen Vorschriften teilweise befreit war, sind heute in Ausnahmefällen trotz Fehlens jeglicher Kaufmannseigenschaft bestimmte handelsrechtliche Vorschriften anwendbar. Solche Personen (z.B. Handelsvertreter, § 84 Abs. 4 HGB; Spediteur, § 453 Abs. 3 HGB) kann man als „Teils-doch-Kaufleute" bezeichnen.

Frage 21:
Wann spricht man vom „Kaufmann Kraft Rechtschein"?
Antwort: Der Scheinkaufmann kann in zwei Fällen auftreten:
(a) Wer im Handelsregister mit seiner Firma eingetragen ist, gilt gem. § 5 HGB als Kaufmann (Fiktivkaufmann).
(b) Wer im kaufmännischen Rechts- und Geschäftsverkehr als Kaufmann auftritt, ohne es tatsächlich zu sein, wird entsprechend §§ 242, 157 BGB als Kaufmann behandelt (Scheinkaufmann).
(c) Außerdem gibt es den Scheinkaufmann kraft Handelsregisterpublizität nach § 15 HGB, wenn eine zu Recht eingetragene Firma inzwischen nicht mehr existent ist oder die Eintragung einer Firma bekannt gemacht wurde, obwohl die Firma nie bestand.

Frage 22:
Wer ist verpflichtet, sich ins Handelsregister eintragen zu lassen?
Antwort: Eintragungspflichtig ist
(a) der Kaufmann kraft Gewerbebetriebs („Ist- oder Musskaufmann")
gem. §§ 1, 29 HGB.
(b) Für die in der Rechtsform von Gesellschaften geführten Unternehmen
ergibt sich die Eintragungspflicht aus dem Gesellschaftsrecht.

Frage 23:
Ist die Eintragung in das Handelsregister für den Erwerb der Kaufmannseigenschaft konstitutiv?
Antwort: Das hängt von der jeweiligen Kaufmannseigenschaft ab. In § 1 HGB wird die Kaufmannseigenschaft bereits durch den Betrieb des Handelsgewerbes begründet; beim Kannkaufmann wirkt die Eintragung konstitutiv. Bei den Formkaufleuten fällt die konstitutive Handelsregistereintragung mit dem Entstehungszeitpunkt der Gesellschaft zusammen.

Frage 24:
§ 6 HGB ist eine auf den ersten Blick schwer verständliche Vorschrift. Welches sind die dort genannten „Handelsgesellschaften"? Was bedeutet die Aussage im § 6 Abs.1 HGB, was die in § 6 Abs.2 HGB?
Antwort: Unter die „Handelsgesellschaften" fallen die oHG, die KG, die AG, die KGaA und die GmbH. Der Grund für den Erwerb der Kaufmannseigenschaft ist bei den Handelsgesellschaften allerdings unterschiedlich: oHG und KG sind Handelsgesellschaften infolge ihres Gewerbes, die anderen sind es wegen ihrer besonderen Rechtsform. § 6 Abs.1 HGB bestimmt für Handelsgesellschaften, dass die für Kaufleute bedeutenden Vorschriften Anwendung finden, und zwar nicht nur §§ 1 bis 5 HGB, sondern das gesamte Handelsrecht. § 6 Abs.2 HGB bezieht sich auf die Handelsgesellschaften, die es wegen ihrer Rechtsform sind, also die AG, die KGaA, die GmbH, die EWIV und die eingetragene Genossenschaft. Für diese Unternehmensformen bestimmt § 6 Abs.2 HGB, dass sie immer Istkaufleute sind, auch wenn die Voraussetzungen des § 1 Abs.2 HGB nicht vorliegen, das Unternehmen also ein Kleingewerbe betreibt. § 6 Abs.2 HGB ist allerdings, seitdem im Wege des Handelsrechtsreformgesetzes von 1998 der Minderkaufmann abgeschafft wurde, eine überflüssige Vorschrift, weil bei Kapitalgesellschaften bzw. eingetragenen Genossenschaften schon die jeweiligen gesellschaftsrechtlichen Spezialgesetze die Kaufmannseigenschaft unabhängig von Art oder Umfang des Geschäftsbetriebs anordnen (Beispiel: § 13 Abs.3 GmbHG, § 3 Abs.1 und § 278 Abs.3 AktG, § 17 Abs.2 GenG, § 1 2. Halbs. EWIVG). Und da bei diesen „Vereinen" zu ihrer Existenz ohnehin die Eintragung ins Handelsregister in den jeweiligen Gesellschaftsrechtsgesetzen zwingend vorgeschrieben ist, würden sie die Kaufmannseigenschaft, auch wenn diese nicht schon durch die jeweiligen Gesellschaftsgesetze festgeschrieben

würde, selbst bei kleinumfänglichen Betrieben auch dann erlangen, wenn sich alles ausschließlich nach dem HGB richten würde, denn mit der für die Existenz zwingend erforderlichen Eintragung sind auch immer gleichzeitig die Voraussetzungen von § 2 HGB gegeben.

Fälle

Fall 2:
Bauunternehmer B hatte sein Geschäft nach dem Kriege aus kleinen Anfängen heraus zum führenden Unternehmen einer süddeutschen Mittelstadt ausgebaut. Er beteiligt sich an Ausschreibungen zur Übernahme der Rohbauarbeiten privater und öffentlicher Bauvorhaben. Sein Betrieb ist nach Kapitalausstattung, Beschäftigtenzahl, Umsatz und Ertrag in kaufmännischer Weise eingerichtet. Muss sich B in das Handelsregister eintragen lassen?
Lösung: Nach § 29 HGB ist jeder Kaufmann verpflichtet, seine Firma zur Eintragung ins Handelsregister anzumelden. B ist daher zur Anmeldung verpflichtet, wenn er (Ist-)Kaufmann i.S.d. § 1 HGB ist. Während ein Gewerbe nach der vor dem Handelsrechtsreformgesetz geltenden Regelung einem der im Gesetz aufgezählten Grundhandelsgewerbe zugeordnet werden musste, um ein Handelsgewerbe zu sein, stellt § 1 Abs. 2 HGB in der jetzigen Form nur noch darauf ab, ob das Unternehmen nach Art und Umfang einen in kaufmännischer Weise eingerichteten Geschäftsbetrieb erfordert. Da diese Voraussetzung hier gegeben ist, ist B Kaufmann i.S.d. § 1 HGB und muss sich gem. § 29 HGB eintragen lassen. Die Eintragung wirkt beim Istkaufmann jedoch nur deklaratorisch. Das bedeutet, dass die strengeren Vorschriften des Handelsrechts für B unabhängig von der Eintragung gelten.

Fall 3:
Instrumentenbauer I hatte im Jahr 1999 mit großen Investitionen eine Produktionsstätte für Streichinstrumente nebst vier Zweigstellen mit 20 Angestellten sowie einem Zwischenlager aufgebaut. Ab dem Jahr 2001 laufen seine Geschäfte immer schlechter, so dass er seinen Betrieb immer mehr verkleinern muss und diesen ab Anfang des Jahres 2002 nur noch alleine führt. Am 7.4.2002 erhält er vom Großbetrieb G, einer GmbH, Rohmaterial nebst einer Rechnung geliefert. I vergisst, die Rechnung zu begleichen. Am 27.4.2002 erhält er von G ein Mahnschreiben, in dem dieser neben der ursprünglichen Rechnungssumme auch noch Zinsen in Höhe von 5 % seit dem 7.4.2002 fordert. I, der sich nie hat ins Handelsregister eintragen lassen, ist über das Zinsverlangen empört. Wie ist die Rechtslage?
Lösung: Nach § 353 HGB sind Kaufleute untereinander berechtigt, für ihre Forderungen aus beiderseitigen Handelsgeschäften vom Tage der Fäl-

ligkeit an – abweichend von der im Bürgerlichen Gesetzbuch gem. §§286, 288 BGB üblichen Regelung, dass eine Zinsforderung nicht allein die Fälligkeit, sondern darüber hinaus auch noch eine Mahnung bzw. den Ablauf der 30-Tage-Frist nach Rechnungszugang voraussetzt – Zinsen in Höhe von 5% nach §352 Abs.1 HGB zu verlangen. Zu prüfen ist daher, ob ein beiderseitiges Handelsgeschäft vorliegt, was gem. §343 HGB dann der Fall ist, wenn beide Vertragspartner Kaufleute sind. Der Großbetrieb ist nach §6 Abs.2 HGB i.V.m. §13 Abs.3 GmbHG Formkaufmann. Fraglich ist, ob auch I Kaufmannseigenschaft hat. Nach §1 HGB ist Kaufmann, wer ein Handelsgewerbe betreibt, wobei Handelsgewerbe jeder Gewerbebetrieb ist, der nach Art und Umfang einen in kaufmännischer Weise eingerichteten Geschäftsbetrieb erfordert. Im Jahr 1999 hatte I auch ohne Eintragung ins Handelsregister nach §1 HGB die Kaufmannseigenschaft allein aufgrund der Größe seines Betriebes erlangt. Nachdem sich allerdings seit dem Jahr 2002 sein Geschäft soweit verkleinert hatte, dass es nicht mehr in kaufmännischer Weise geführt zu werden braucht, hat I automatisch die Kaufmannseigenschaft wieder verloren. Er könnte sie nun nur noch durch Eintragung gem. §2 HGB wieder herbeiführen, was er aber nicht getan hat. Mangels Kaufmannseigenschaft des I liegt daher kein beiderseitiges Handelsgeschäft vor, so dass G Verzugszinsen in Höhe von 5% gem. §§286, 288 Abs.1 BGB erst nach einer Mahnung oder nach Ablauf der 30-Tage-Frist verlangen kann.

Fall 4:
Harro Hansmann (H) hatte vor Jahren eine mechanische Werkstätte eingerichtet, in der er bei geringem Jahresumsatz unter anderem Pumpen, die nach Patenten von P hergestellt waren, in Stand setzte oder Pumpen dieser Art unter Einfügung neuer Ersatzteile zusammenbaute. Eine Eintragung in das Handelsregister ist nicht erfolgt. Im Betrieb waren außer H noch sein Sohn sowie Lehrlinge und weitere Hilfskräfte mit der Verrichtung dieser Arbeiten betraut. Als es zu Streitigkeiten zwischen H und P wegen eigenmächtiger Patentverwertung kommt, unterzeichnet H eine Verpflichtungserklärung, bei jeder Patentverletzung eine Vertragsstrafe in Höhe von 40000 Euro zu zahlen. Als H von P wegen einer erneuten Patentverletzung in Anspruch genommen wird, will dieser die Vertragsstrafe nach §343 BGB herabsetzen lassen. Mit Recht?
Lösung: Nach §343 BGB kann eine unverhältnismäßig hohe Strafe auf Antrag des Schuldners durch Urteil auf den angemessenen Betrag herabgesetzt werden. Diese Möglichkeit entfällt, wenn es sich um eine „von einem Kaufmann im Betriebe seines Handelsgewerbes versprochene" Vertragsstrafe handelt (§348 HGB). Entscheidend ist dafür, ob H Kaufmann im Rechtssinne ist. Da er im Handelsregister nicht eingetragen war, kommt nur §1 HGB in Betracht. H wäre danach Kaufmann, wenn sein Betrieb nach Art und Umfang einen in kaufmännischer Weise eingerichteten Geschäftsbetrieb erforderte. Ob das der Fall ist, ist nach dem Gesamtbild des

Betriebes zu beurteilen. Hier sprechen insbesondere die wenigen Beschäftigten und der geringe Jahresumsatz dafür, dass hier keine kaufmännische Buchhaltung erforderlich ist. H ist daher kein Musskaufmann nach § 1 HGB. Daher entfällt die Kaufmannseigenschaft und damit eine wesentliche Voraussetzung für die Anwendung des § 348 HGB. Es bleibt deshalb die nach allgemeinem bürgerlichen Recht vorgesehene Möglichkeit, die Vertragsstrafe bei unverhältnismäßiger Höhe nach § 343 BGB herabsetzen zu lassen.

Fall 5:
Käthe Schleicher (K) betreibt einen im Handelsregister als Einzelfirma eingetragenen Wäsche- und Trikot-Stoffe-Großhandel. Ihr lediglich angestellter Ehemann Schorsch Schleicher (S) besuchte am 7. Oktober die Firma „Kuschel-Trikotwaren-Fabrikation V" und knüpfte Geschäftsverbindungen für die Firma seiner Frau an. Dem stellvertretenden Verkaufsleiter von V gegenüber gab er sich als vertretungsberechtigter Teilhaber seiner Frau aus. V wurde dadurch über den Kreis der haftenden Personen und die Bonität der K getäuscht. Mitte November beendete S seine Tätigkeit für die Firma K. Im Dezember lieferte V einen größeren Posten Trikotwaren zum Preise von 50 000 Euro an K, über deren Vermögen alsbald das Insolvenzverfahren eröffnet wurde. Der Kaufpreis ist noch nicht bezahlt. V beruft sich auf die von S vorgetäuschte Teilhaberschaft und macht geltend, nur wegen der dadurch ausreichend erscheinenden Bonität habe man sich entschlossen, mit der K Geschäfte auf Kreditbasis abzuschließen. V nimmt demzufolge S persönlich in Anspruch. Dieser verweigert die Bezahlung mit der Begründung, er sei nicht Vertragspartner und auch nicht Gesellschafter und zudem habe er bereits im November, also noch vor der Entstehung des Kaufpreisanspruchs, seine Tätigkeit für die Firma seiner Frau beendigt. Wie ist die Rechtslage?
Lösung: Eine Haftung von S kann nur unter dem Gesichtspunkt des „Scheinkaufmanns" in Betracht kommen. Es ist ein feststehender Grundsatz, dass derjenige, der durch sein Auftreten im Geschäftsverkehr den Anschein erweckt, er sei persönlich haftender Gesellschafter einer Handelsgesellschaft, für die Verbindlichkeiten aus Geschäften haftet, die ein Dritter im Vertrauen auf diesen Rechtsschein abschließt. S hatte den Eindruck erweckt, er sei vertretungsberechtigter Teilhaber in der Firma seiner Frau. Im Vertrauen auf den erweiterten Haftungskreis und die größere Bonität hatte V das Geschäft abgeschlossen. Insoweit greifen die Grundsätze über die Haftung des Scheinkaufmanns durch. Die Besonderheit des Falles liegt jedoch darin, dass S nach Erwecken des Rechtsscheins, aber noch vor dem infolge des Anscheins getätigten Geschäft, seine Tätigkeit bei der Firma K beendigt hatte. Wäre S tatsächlich Gesellschafter gewesen, würde er für die nach seinem Ausscheiden begründeten Neuverbindlichkeiten nicht mehr haften. Es ist deshalb der Einwand erhoben worden, die Haftung des Scheingesellschafters könne nicht weiter gehen als die eines aus-

geschiedenen Gesellschafters. Da der Scheingesellschafter nicht die Möglichkeit habe, sein Ausscheiden im Handelsregister eintragen zu lassen,
müsse für die Beendigung seiner Haftung der Zeitpunkt maßgeblich sein,
in welchem er aufhöre, diesen Rechtsschein zu erzeugen. Nach dieser Ansicht würde die Haftung aus Rechtsscheinsgesichtspunkten mit dem Austritt des S aus der Firma enden. Der Bundesgerichtshof (BGHZ 17, 13)
lehnt diese Auffassung ab: Wenn auch der Scheingesellschafter keine
Möglichkeit habe, sein Ausscheiden aus einem Handelsunternehmen im
Handelsregister eintragen zu lassen, befreie ihn das nicht von der Verpflichtung, den durch ein früheres Auftreten im geschäftlichen Verkehr erzeugten Rechtsschein in anderer Weise zu beseitigen. Dies könne etwa
durch Einzelerklärungen den Betroffenen gegenüber oder durch öffentliche Verlautbarung geschehen. Zumindest müsse das gelten, wenn es sich
um die Haftung für Geschäfte handle, die innerhalb eines verhältnismäßig
kurzen Zeitraumes nach Abgabe der den Rechtsschein begründenden Erklärung abgeschlossen worden sind. Auf den vorliegenden Fall trifft diese Argumentation zu. S hätte zur Vermeidung seiner Haftung nach Beendigung seiner Tätigkeit die Firma V über den wahren Sachverhalt aufklären und den damit erzeugten Rechtsschein zerstören müssen.

Fall 6:
Bauunternehmer B steht mit der Globalhausbau GmbH (G) in ständiger
Geschäftsbeziehung. Als Bauherr X in Zahlungsschwierigkeiten gerät,
weigert sich B, die bereits begonnenen Erdaushubarbeiten auf einem
Grundstück des X fortzusetzen. Da die G das Vorhaben voran treiben will,
meldet sich der Geschäftsführer der G bei B und erklärt, die G werde für
die Verpflichtungen des X „per selbstschuldnerischer Bürgschaft" einstehen. B setzt darauf die Arbeiten fort. Nach Abschluss klagt B gegen X auf
Zahlung des Werklohns und obsiegt; die Zwangsvollstreckung bei X
bleibt jedoch erfolglos. B verlangt nun den Werklohn von der G; sie habe
schließlich für die Verbindlichkeiten des X gebürgt. Der Geschäftsführer
hält die Erklärung für unwirksam, da die Bürgschaft nicht schriftlich erteilt worden sei. Zu Recht? Wie wäre es, wenn es sich bei G um eine Bau-
betreuungs-GmbH gehandelt hätte, die lediglich für einen zeitlich limi-
tierten Zweck, nämlich der Erstellung eines Sportstättenzentrums, gegründet worden wäre und nach Zweckerreichung wieder liquidiert werden sollte?
Lösung:
(a) B hat einen Zahlungsanspruch gegen G aus § 765 Abs. 1 BGB, wenn
zwischen B und G ein wirksamer Bürgschaftsvertrag vorliegt. Die Einigung muss inhaltlich dahin gehen, dass sich der Bürge verpflichtet, für die
Verbindlichkeit eines Dritten einzustehen, was der Geschäftsführer in Vertretung der G (§ 35 GmbHG) auch erklärt hat. Gem. § 766 BGB muss die
Erteilung der Bürgschaft schriftlich erfolgen, was hier nicht geschehen ist.
Diese Vorschrift findet jedoch gem. § 350 HGB keine Anwendung, wenn

die Erteilung der Bürgschaft für den Bürgen ein Handelsgeschäft war. Die G ist als GmbH gem. §13 Abs.3 GmbHG schon kraft ihrer Rechtsform Handelsgesellschaft. Auf die Handelsgesellschaften finden gem. §6 HGB die für die Kaufleute geltenden Vorschriften Anwendung und damit auch §350 HGB. Die Bürgschaft konnte daher auch mündlich wirksam erteilt werden; die G ist daher zur Zahlung verpflichtet.

(b) Wenn die Globalbau-GmbH nur für einen einmaligen Zweck errichtet wurde, fehlt es am Merkmal des „Gewerbes". Hiervon kann man nur sprechen, wenn mit dem Unternehmen eine auf Gewinn gerichtete, dauernde und berufsmäßige Erwerbsquelle beabsichtigt ist. Bei einer von vornherein nur zeitlich begrenzten, die Gewinnerzielung ausdrücklich ausschließenden Aufgabe fehlt es hieran (so entschieden von BGHZ 66, 48 ff. im Fall der „Olympischen Spiele München 1972 GmbH"). Dies ist jedoch unschädlich. Zwar ist für das Vorliegen der Kaufmann-Eigenschaft nach den §§1 bis 5 HGB der Betrieb eines Gewerbes unabdingbare Voraussetzung. Für den Formkaufmann nach §6 Abs.2 HGB gilt das jedoch nicht: Auf die GmbH werden ohne Rücksicht auf den Gegenstand des Unternehmens gem. §§13 Abs.3 GmbHG i.V.m. 6 HGB die für die Kaufleute geltenden Vorschriften angewendet. Dann kommt es auch nicht darauf an, ob Gegenstand des Unternehmens die Ausübung eines Gewerbes ist oder nicht. Die Bürgschaft wäre daher auch in diesem Fall wirksam erteilt worden.

Fall 7:
K aus Stuttgart ist Kommanditist der XY-Kommanditgesellschaft, München. Die Gesellschaft verklagt ihn vor dem Landgericht München auf Zahlung seiner rückständigen Einlage in Höhe von 10 000 Euro und beruft sich auf eine Klausel im Gesellschaftsvertrag, nach der als Gerichtsstand München vereinbart war. Der Rechtsanwalt des K rügt die örtliche Unzuständigkeit des LG München. Ist die Klage zulässig?
Lösung: Das LG München wäre zuständig, wenn ein gesetzlicher Gerichtsstand bestünde oder eine entsprechende Gerichtsstandvereinbarung getroffen wäre. Der gesetzliche Gerichtsstand richtet sich nach den §§12 ff. ZPO: Danach hat K seinen allgemeinen Gerichtsstand in Stuttgart (§§12, 13 ZPO). Auch der besondere Gerichtsstand des Erfüllungsortes (§29 ZPO) ist Stuttgart: Erfüllungsort für Geldschulden ist nach §§270 Abs.4, 269 Abs.1 BGB der Wohnort des Schuldners. Daher kann sich die Zuständigkeit des LG München nur auf die Gerichtsstandvereinbarung begründen. Deren Wirksamkeit setzt jedoch gemäß §38 Abs.1 ZPO voraus, dass die Vertragsparteien Kaufleute sind. Es stellt sich deshalb die Frage, ob der Kommanditist einer Kommanditgesellschaft Kaufmann im Rechtssinne ist. Diese Frage wird von der Rechtsprechung verneint (vgl. BGHZ 45, 282). Es entspricht ständiger Rechtsprechung, dass Kommanditisten nicht schon durch die Beteiligung an der KG Kaufleute werden, wenn nicht besondere Umstände hinzutreten. Der Kommanditist kann nicht den Gesell-

schaftern einer oHG gleichgesetzt werden, die ebenso wie die Komplementäre einer KG schon durch die Aufnahme des Geschäftsbetriebs Kaufleute werden. Die Kommanditistenstellung unterscheidet sich in wesentlichen Punkten von der des Komplementärs: Die Gesellschaft wird nicht auf den Namen des Kommanditisten geführt, er haftet nur beschränkt für die Verbindlichkeiten der KG, er ist weder geschäftsführungs- noch vertretungsberechtigt und unterliegt keinem Wettbewerbsverbot. Da K kein Kaufmann ist, war die Gerichtsstandsvereinbarung gemäß § 38 Abs. 1 ZPO unwirksam. Der Rechtsanwalt des K hat die örtliche Unzuständigkeit gerügt, deshalb ist die Klage der XY-KG vor dem LG München als unzulässig abzuweisen, wenn die Klägerin keinen Antrag gem. § 281 Abs. 1 ZPO auf Verweisung an das zuständige Gericht stellt.

III. Die Handelsfirma

Übersicht

Begriff	Die Firma ist der Name eines Kaufmanns, unter dem er seine Geschäfte betreibt und seine Unterschrift abgibt. Ein Kaufmann kann unter seiner Firma klagen und verklagt werden (§ 17 HGB)
Sachfirma/ **Personenfirma/** **Phantasiefirma**	Sachfirmen sind dem Gegenstand des Unternehmens entnommen; Personenfirmen lehnen sich an den bürgerlichen Namen des Firmeninhabers an; Phantasiefirmen liegen vor bei Aufnahme willkürlich gewählter Phantasiebezeichnungen in die Firma.
Eigenschaften der Firma	<ul><li>die Firma muss zur Kennzeichnung des Kaufmanns geeignet sein und Unterscheidungskraft besitzen (§ 18 Abs. 1 HGB);</li><li>sie darf keine irreführenden Angaben über die geschäftlichen Verhältnisse enthalten (§ 18 Abs. 2 HGB);</li><li>sie muss sich von anderen ortsansässigen ins Handelsregister eingetragenen Firmen unterscheiden (§ 30 HGB);</li><li>die Firma einer eingetragenen Genossenschaft darf keinen Zusatz enthalten, der auf die Verpflichtung der Genossen zur Leistung von Nachschüssen hindeutet (§ 3 Abs. 2 GenG)</li></ul>
Firmenwortlaut	Die Sach-, Personen- oder Phantasiefirma muss enthalten: *bei Einzelkaufleuten (Einzelfirma)*: die Bezeichnung „eingetragener Kaufmann" oder „eingetragene Kauffrau" oder

eine allgemein verständliche Abkürzung dieser Bezeichnung, insbesondere „e.K.", „e.Kfm." oder „e.Kfr." (§ 19 Abs. 1 Nr. 1 HGB);

bei einer offenen Handelsgesellschaft: die Bezeichnung „offene Handelsgesellschaft" oder eine allgemein verständliche Abkürzung dieser Bezeichnung (§ 19 Abs. 1 Nr. 2 HGB);

bei einer Kommanditgesellschaft: die Bezeichnung „Kommanditgesellschaft" oder eine allgemein verständliche Abkürzung dieser Bezeichnung (§ 19 Abs. 1 Nr. 3 HGB);

bei einer Aktiengesellschaft: die Bezeichnung „Aktiengesellschaft" oder eine allgemein verständliche Abkürzung dieser Bezeichnung (§ 4 AktG);

bei einer GmbH: die Bezeichnung „Gesellschaft mit beschränkter Haftung" oder eine allgemein verständliche Abkürzung dieser Bezeichnung (§ 4 GmbHG);

bei einer Genossenschaft: die Bezeichnung „eingetragene Genossenschaft" oder die Abkürzung „e.G." (§ 3 Abs. 1 GenG).

Firmenfortführung	*Einzelfirma*: ● Fortführung bei Namensänderung: zulässig, wenn keine Änderung der Person erfolgt (§ 21 HGB); ● Fortführung mit oder ohne Nachfolgezusatz: zulässig bei Erwerb eines bestehenden Handelsgeschäftes mit Einwilligung des bisherigen Inhabers oder dessen Erben (§ 22 HGB). *Gesellschafterwechsel*: ● Ein- oder Austritt neuer Gesellschafter hindert Firmenfortführung nicht – bei Personengesellschaft Zustimmung des ausscheidenden, firmenprägenden Gesellschafters erforderlich (§ 24 HGB).
Konsequenzen der Firmenfortführung	*Schulden*: Haftung für alle im Betrieb des Geschäfts begründeten Verbindlichkeiten des Inhabers, bei Fortführung der bisherigen Firma (§ 25 Abs. 1 S. 1 HGB). *Forderungen*: Die im Betrieb begründeten Forderungen gelten den Schuldnern gegenüber als auf den Erwerber übergegangen, falls der bisherige Inhaber oder seine Erben in die Fortführung eingewilligt haben (§ 25 Abs. 1 S. 2 HGB).
Leitprinzipien des Firmenrechts	*Firmeneinheit*: Jeweils eine Firma für ein Unternehmen. *Firmenwahrheit*: Keine Täuschung über Art und Umfang des Unternehmens. *Firmenöffentlichkeit*: Eintragungspflicht für firmenrelevante Vorgänge.

| Firmenausschließlichkeit: Jede Firma muss sich von anderen am selben Ort oder in derselben Gemeinde bereits bestehenden Firmen deutlich unterscheiden. |
| Firmenbeständigkeit: Möglichkeit der Firmenfortführung. |

Fragen

Frage 25:
Was versteht man unter der „Handelsfirma"?
Antwort: Nach § 17 HGB versteht man unter der Firma eines Kaufmanns den Namen, unter dem er seine Geschäfte betreibt und die Unterschrift abgibt.

Frage 26:
Welche grundsätzlichen Möglichkeiten bestehen für die Bildung einer Firma?
Antwort:
(a) Die Firma kann einmal dem Gegenstand des Unternehmens entnommen sein („Sachfirma") – Beispiel: Flughafen Tegel BetriebsGmbH Berlin oder
(b) sich an den Namen des Inhabers bzw. der Gesellschafter anlehnen („Personenfirma") – Beispiel: „Johann Jakob Seidelbast e.K." oder
(c) Bezeichnungen enthalten, die sich nicht an den Gegenstand des Unternehmens oder den Namen des Inhabers anlehnen („Phantasiefirma") – Beispiel: „Schöne Neue Welt AG".

Frage 27:
Ist es Kaufleuten freigestellt, welche Firma sie wählen?
Antwort: Grundsätzlich sind, unabhängig von der Rechtsform, Personen-, Sach- und Phantasiefirmen zulässig, soweit die gewählte Firma zur Kennzeichnung geeignet ist, Unterscheidungskraft besitzt und keine irreführenden Angaben enthält. In jedem Fall muss aber ein Rechtsformzusatz enthalten sein (z.B. § 19 HGB).

Frage 28:
Inwiefern ist die Firma von entscheidender Bedeutung im Hinblick auf die Beschreitung des Rechtsweges?
Antwort: Ein Kaufmann kann nach § 17 Abs. 2 HGB unter seiner Firma klagen und verklagt werden.

Frage 29:
Was versteht man unter „originären", was unter „derivativen" Firmen?
Antwort: Von einer „originären Firma" spricht man bei der Unternehmensgründung, von der „derivativen Firma" spricht man bei der Fortführung eines Unternehmens unter der Firma des früheren Inhabers.

Frage 30:
Welches sind die verschiedenen Prinzipien des Firmenrechts und was versteht man darunter?
Antwort:
(a) Prinzip der Firmeneinheit: Ein Kaufmann darf für ein Unternehmen nur eine Firma führen;
(b) Prinzip der Firmenwahrheit: Die Firma darf keine Angaben enthalten, die geeignet sind, über geschäftliche Verhältnisse, die für die angesprochenen Verkehrskreise wesentlich sind, irrezuführen (§ 18 Abs. 2 S. 1 HGB);
(c) Prinzip der Firmenöffentlichkeit: Die Firma muss in das Handelsregister eingetragen werden, ebenso jede Veränderung (§§ 29, 31 Abs. 1 HGB);
(d) Prinzip der Firmenausschließlichkeit: Jede Firma muss sich von anderen an demselben Ort oder in derselben Gemeinde bereits bestehenden und in das Handelsregister eingetragenen Firmen deutlich unterscheiden (§ 30 Abs. 1 HGB);
(e) Prinzip der Firmenbeständigkeit: Unter bestimmten Voraussetzungen darf bei der Veräußerung eines Unternehmens die frühere Firma vom Erwerber fortgeführt werden (insofern handelt es sich bei diesem Prinzip also um eine Einschränkung der Firmenwahrheit) §§ 21, 22, 24 HGB.

Frage 31:
Wie lautet die originäre Firma des Einzelunternehmens, der oHG, der KG, der AG, der KGaA, der GmbH, der eingetragenen Genossenschaft?
Antwort:
Die Firma kann unter Beachtung von §§ 18, 30 HGB sowie § 3 Abs. 2 GenG grundsätzlich jeden Sach-, Personen- oder Phantasienamen tragen, allerdings sind die gesetzlich vorgeschriebenen Zusätze zu beachten. Danach muss die Firma
(a) bei Einzelkaufleuten (Einzelfirma) die Bezeichnung „eingetragener Kaufmann" oder „eingetragene Kauffrau" oder eine allgemein verständliche Abkürzung dieser Bezeichnung, insbesondere „e.K.", „e.Kfm." oder „e.Kfr." (§ 19 Abs. 1 Nr. 1 HGB),
(b) bei einer offenen Handelsgesellschaft die Bezeichnung „offene Handelsgesellschaft" oder eine allgemein verständliche Abkürzung dieser Bezeichnung (§ 19 Abs. 1 Nr. 2 HGB),
(c) bei einer Kommanditgesellschaft die Bezeichnung „Kommanditgesellschaft" oder eine allgemein verständliche Abkürzung dieser Bezeichnung (§ 19 Abs. 1 Nr. 3 HGB),

(d) bei einer Aktiengesellschaft die Bezeichnung „Aktiengesellschaft" oder eine allgemein verständliche Abkürzung dieser Bezeichnung (§ 4 AktG),

(e) bei einer GmbH die Bezeichnung „Gesellschaft mit beschränkter Haftung" oder eine allgemein verständliche Abkürzung dieser Bezeichnung (§ 4 GmbHG),

(f) bei einer Genossenschaft: die Bezeichnung „eingetragene Genossenschaft" oder die Abkürzung „e.G." (§ 3 Abs. 1 GenG) aufweisen.

Frage 32:
Wie lautet die Firma der stillen Gesellschaft?
Antwort: Die stille Gesellschaft tritt nach außen hin nicht in Erscheinung, führt also keine Firma. Entscheidend ist die Firma desjenigen, bei dem sich der stille Gesellschafter mit einer Einlage beteiligt.

Frage 33:
Wie lautet die Firma der GmbH & Co. KG?
Antwort: Die GmbH & Co. KG ist rechtlich gesehen eine Kommanditgesellschaft, für die grundsätzlich jeder Sach-, Personen- oder Phantasiename, der zusätzlich die Bezeichnung „Kommanditgesellschaft" oder eine allgemein verständliche Abkürzung dieser Bezeichnungen enthält, möglich ist. Allerdings enthält § 19 Abs. 2 HGB für Personengesellschaften, bei denen keine natürliche Person haftet (was bei der GmbH & Co. KG regelmäßig der Fall ist), eine etwas strengere Regelung: eine solche Firma muss eine die Haftungsbeschränkung kenntlich machende Bezeichnung enthalten. Allerdings muss sich wegen der Firmenausschließlichkeit der Name der Komplementär-GmbH deutlich von der Firma der GmbH & Co. KG unterscheiden. Der bloße Zusatz „& Co. KG" reicht nach der Rechtsprechung nicht aus, es muss ein verdeutlichender (Tätigkeits-)Zusatz enthalten sein.

Frage 34:
Wann und unter welchen Voraussetzungen darf eine bisherige Firma von einem anderen fortgeführt werden?
Antwort: Nach § 22 HGB darf ein bestehendes Handelsgeschäft beim Erwerb unter Lebenden oder von Todes wegen fortgeführt werden, wenn der bisherige Geschäftsinhaber oder dessen Erben in die Fortführung der Firma ausdrücklich einwilligen.

Frage 35:
Muss bei der Firmenfortführung ein verdeutlichender Zusatz aufgenommen werden?
Antwort: Nein, die bisherige Firma kann mit oder ohne Beifügung eines das Nachfolgeverhältnis andeutenden Zusatzes fortgeführt werden (§ 22 Abs. 1 HGB).

Frage 36:
Gilt dies auch für den Pächter?
Antwort: Ja, nach § 22 Abs. 2 HGB gelten die Grundsätze über die Firmenfortführung auch für Pachtverträge und ähnliche Rechtsgeschäfte.

Frage 37:
Darf eine Firma auch ohne Unternehmen veräußert werden?
Antwort: Nein, insoweit besteht ein Veräußerungsverbot nach § 23 HGB.

Frage 38:
Wie wirkt sich der Ein- oder Austritt von Gesellschaftern firmenrechtlich aus?
Antwort: Nach § 24 Abs. 1 HGB kann eine Firma grundsätzlich ohne Rücksicht auf den Gesellschafterwechsel fortgeführt werden.

Frage 39:
Kann ein ausscheidender Gesellschafter die Fortführung der Firma verbieten?
Antwort: Nach § 24 Abs. 2 HGB kann die Fortführung der Firma vom ausscheidenden Gesellschafter untersagt werden, wenn dessen Name in der Firma enthalten ist (sofern er nicht durch Gesellschaftsvertrag vorher seine Einwilligung zur Fortführung erteilt hatte). Dies gilt nach h.M. jedoch nur für Personengesellschaften.

Frage 40:
Ist es denkbar und zulässig, dass ein in der Rechtsform der GmbH & Co. KG betriebenes Unternehmen nach außen hin als Einzelfirma auftritt?
Antwort: Ein solches Auftreten wäre firmenrechtlich unzulässig: § 19 Abs. 2 HGB verlangt, dass die Firma einer Personenhandelsgesellschaft, in der keine natürliche Person persönlich haftet, eine Bezeichnung enthalten muss, die die Haftungsbeschränkung kennzeichnet. Diese Vorschrift kann auch nicht dadurch umgangen werden, dass in einer Kommanditgesellschaft mit einer natürlichen Person als Komplementär eine GmbH als weiterer Komplementär ein- und die natürliche Person später aus der Gesellschaft austritt: In dieser Konstellation wäre zwar nach den §§ 22 und 24 HGB eine Fortführung des ursprünglichen Firmennamens an sich zulässig. § 19 Abs. 2 HGB verlangt jedoch einen die Haftungsbeschränkung kennzeichnenden Zusatz ausdrücklich auch im Fall einer Fortführung der Firma nach den §§ 21, 22 oder 24 HGB.

Frage 41:
Welche Möglichkeiten bestehen bei unzulässigem Firmengebrauch?
Antwort:
(a) Nach § 37 Abs. 1 HGB kann das Registergericht, also das zuständige Amtsgericht, durch Festsetzung von Ordnungsgeld den unzulässigen Firmengebrauch unterbinden.

(b) Darüber hinaus kann jeder, der durch den unzulässigen Firmengebrauch in seinen Rechten verletzt wird, Unterlassungsklage erheben und darüber hinaus nach den allgemeinen Vorschriften Schadenersatz verlangen (§ 37 Abs. 2 HGB).

(c) Außerdem kann ein Verstoß gegen das Firmenrecht haftungsrechtliche Folgen nach sich ziehen. Insbesondere kann das Weglassen von Zusätzen, die Haftungsbeschränkungen kennzeichnen (z.B. §§ 19 Abs. 2 HGB, 4 GmbHG), nach allgemeinen Rechtsscheinsgrundsätzen zu einer persönlichen Haftung der beteiligten natürlichen Personen führen.

Frage 42:
Wie verhält sich das Firmenrecht zum Gesetz über den unlauteren Wettbewerb (UWG)?
Antwort: § 1 UWG verbietet Handlungen im geschäftlichen Verkehr zu Zwecken des Wettbewerbs, die gegen die guten Sitten verstoßen. Da das Firmenrecht des HGB insbesondere nach der Liberalisierung durch das Handelsrechtsreformgesetz von einer Firma primär die Eignung zur Kennzeichnung und Unterscheidung verlangt, kann bereits ein Wettbewerbsverstoß vorliegen, wenn die Vorschriften des Firmenrechts noch nicht verletzt sind. Das Firmenrecht kann daher durch das Wettbewerbsrecht überlagert werden.

Frage 43:
Kann eine Firma auch nach dem Markengesetz geschützt sein?
Antwort: Der Anwendungsbereich des Markengesetzes umfasst auch geschäftliche Bezeichnungen (§§ 1 Nr. 2, 5 MarkenG); darunter fallen auch Unternehmenskennzeichen, die wiederum die Firma umfassen. Der Erwerb des Schutzes einer solchen geschäftlichen Bezeichnung gewährt dem Inhaber gem. § 15 MarkenG ein ausschließliches Recht, dessen Verletzung zu Unterlassungs- und Schadenersatzansprüchen führen kann. Das MarkenG ist neben den handels- und bürgerlich-rechtlichen Vorschriften zum Firmen- und Namensschutz anwendbar.

Frage 44:
Welche haftungsrechtlichen Konsequenzen sind mit der Firmenfortführung verbunden?
Antwort: Nach § 25 Abs. 1 HGB haftet der Firmenfortführer für alle im Betrieb des Geschäfts begründeten Verbindlichkeiten des früheren Inhabers.

Frage 45:
Laufen Schuldner des früheren Inhabers Gefahr, noch einmal zahlen zu müssen, wenn sie in Unkenntnis der Geschäftsveräußerung an die „frühere Adresse" leisten?
Antwort: Nach § 25 Abs. 1 S. 2 HGB sind Schuldner geschützt. Die im Betrieb begründeten Forderungen gelten als auf den Erwerber übergegan-

gen, wenn der bisherige Inhaber oder seine Erben in die Fortführung der Firma eingewilligt haben. Daher tritt mit der Zahlung an den neuen Inhaber Erfüllung ein, auch wenn der alte Inhaber die Forderungen nicht an den neuen Inhaber abgetreten hatte (es finden §§ 404 ff. BGB entsprechende Anwendung, insbesondere § 407 BGB).

Frage 46:
Ist die im § 25 Abs. 1 HGB getroffene Regelung mit den Bedürfnissen des Wirtschaftsverkehrs in Einklang zu bringen?
Antwort: Ja, bei der Veräußerung eines Handelsgeschäfts werden die Parteien die ausstehenden Forderungen und Verbindlichkeiten feststellen und beim Ansatz des Kaufpreises berücksichtigen: Verbindlichkeiten mindern, ausstehende Forderungen erhöhen den Kaufpreis. Insoweit ist also die aus dem Verkehrsschutz getroffene Anordnung des § 25 Abs. 1 HGB in den meisten Fällen zugleich identisch mit den Interessen der Vertragsbeteiligten. Sollte dies ausnahmsweise nicht der Fall sein, können die Beteiligten abweichende Vereinbarungen treffen. Diese sind jedoch nach § 25 Abs. 2 HGB Dritten gegenüber nur wirksam, wenn sie entweder in das Handelsregister eingetragen und bekannt gemacht oder von dem Erwerber oder dem Veräußerer dem Dritten mitgeteilt worden sind.

Frage 47:
Haftet jemand als Erwerber eines Unternehmens für frühere Verbindlichkeiten, wenn er die frühere Firma nicht fortführt?
Antwort: Nach § 25 Abs. 3 HGB haftet er nicht nach den in § 25 Abs. 1 HGB genannten Grundsätzen, sondern nur dann, wenn er sich zur Übernahme der Verbindlichkeit besonders verpflichtet, vor allem die Übernahme der Verbindlichkeiten in handelsüblicher Weise von dem Erwerber bekannt gemacht worden ist.

Frage 48:
Inwieweit haftet jemand für frühere Verbindlichkeiten, wenn er in das Geschäft eines Einzelkaufmanns eintritt?
Antwort: Nach § 28 HGB haftet die durch den Eintritt entstehende Gesellschaft für alle im Betrieb des Geschäfts entstandenen Verbindlichkeiten des früheren Inhabers. Die Haftung der Gesellschafter selbst ergibt sich aus den Grundsätzen des Gesellschaftsrechts (§§ 128, 161 Abs. 2, 171 HGB).

Frage 48 a:
Welche arbeitsrechtlichen Besonderheiten sind bei der Unternehmensveräußerung zu beachten?
Antwort: Geht ein Betrieb oder Betriebsteil durch Rechtsgeschäft auf einen anderen Inhaber über, so tritt dieser nach näherer Maßgabe des § 613 a BGB in die Rechte und Pflichten aus den im Zeitpunkt des Übergangs bestehenden Arbeitsverhältnissen ein. Der bisherige Arbeitgeber

haftet neben dem neuen Inhaber, soweit die Verpflichtungen aus den Arbeitsverhältnissen vor dem Zeitpunkt des Übergangs entstanden sind und vor Ablauf von einem Jahr nach diesem Zeitpunkt fällig werden, als Gesamtschuldner. Die Kündigung des Arbeitsverhältnisses eines Arbeitnehmers durch den bisherigen Arbeitgeber oder durch den neuen Inhaber wegen des Übergangs eines Betriebs oder Betriebsteils ist unwirksam. Das Recht zur Kündigung des Arbeitsverhältnisses aus anderen Gründen bleibt allerdings unberührt. Mit dieser Bestimmung wird der Schutz von Arbeitnehmern verstärkt, die Attraktivität der Unternehmensveräußerung, etwa im Vorfeld von Sanierungen, dagegen vermindert.

Fälle

Fall 8:
Bei einem auf Wettbewerbsfragen spezialisierten Rechtsanwalt sind an einem Tag folgende Fälle zu überprüfen:
(a) Eine Spirituosenfabrik nennt ihr Erzeugnis „Scharlachberg Meisterbrand".
(b) Ein Filmtheater wird unter der Bezeichnung „Sexi I" geführt.
(c) Eine Fahrschule nennt sich in Anzeigen „Karo-As".
(d) Die Aktiengesellschaft Kleinschmidt-Schänzlin-Becker ist weithin unter dem Kürzel KSB bekannt. Kann sie sich gegen den KSB (Kommunistischer Studentenbund) wegen unbefugter Benutzung des Kürzels zur Wehr setzen?
Untersuchen Sie, ob jeweils eine geschützte Firma vorliegt.
Lösung: Im Fall „Meisterbrand" handelt es sich um ein Warenzeichen, das im Verkehr als Kennzeichen des Unternehmens verstanden wird und nicht um eine Firma. Gleiches gilt beim Filmtheaterbetrieb „Sexi I" – hier liegt eine Geschäftsbezeichnung (Etablissements-Namen) vor. Die Bezeichnung Karo-As für die Fahrschule ist ein sog. „Phantasiename". Solche Firmen sind seit der Handelsrechtsreform 1998 firmenrechtlich zulässig. Im Falle (a) und (b) greift zwar mangels Firma nicht der Firmenschutz, jedoch der jeweilige besondere Schutz entweder nach Warenzeichenrecht oder der Schutz des Namens nach § 12 BGB ein. Dies kann auch für Kurzbezeichnungen gelten, wurde jedoch im Fall KSB vom Bundesgerichtshof verneint.

Fall 9:
Johann Jakob Farina betreibt eine Fabrikation zur Herstellung kosmetischer Erzeugnisse. Was muss bei der Firmierung beachtet werden?
Lösung: Ein Kaufmann kann zwar grundsätzlich jeden Sach-, Personen- oder Phantasienamen für seine Firma wählen, er muss ihn allerdings nach § 19 Abs. 1 Nr. 1 HGB mit dem Zusatz „eingetragener Kaufmann" oder einer allgemein verständlichen Abkürzung dieses Begriffes, wie etwa „e.K." versehen.

Fall 10:
Könnte der Kaufmann Johann Jakob Farina auch mit dem Zusatz „e.K., oHG" firmieren?

Lösung: Nein, bei diesem Zusatz erschließt sich dem Betrachter nicht, ob es sich bei dem Unternehmen um das eines Einzelkaufmanns oder um eine – für Gläubiger infolge der größeren Absicherung durch Zugriff auf das Vermögen mehrerer Gesellschafter interessantere – offene Handelsgesellschaft handelt. Damit liegt ein Verstoß gegen § 18 Abs. 2 HGB vor.

Fall 11:
Johann Jakob Farina betreibt in Köln eine seit Jahrzehnten ansässige Fabrikation zur Herstellung von Kölnisch Wasser und anderen kosmetischen Erzeugnissen in Form einer GmbH. Dabei verwendet er in der Firma den Namen „Johann Jakob Farina, GmbH". Nehmen Sie an, ein mit dem Firmeninhaber nicht verwandter und nicht verschwägerter Kaufmann hieße ebenfalls Johann Jakob Farina. Dürfte auch er „Johann Jakob Farina, e.K." firmieren?

Lösung: Nach § 30 Abs. 1 HGB muss sich jede neue Firma von allen an demselben Ort bereits bestehenden und in das Handelsregister eingetragenen Firmen deutlich unterscheiden. Hat ein Kaufmann mit einem bereits eingetragenen Kaufmann den gleichen Vor- und Familiennamen, den er in die Firma aufnehmen will, so muss er seiner Firma einen Zusatz beifügen, durch den sie sich von der bereits eingetragenen Firma deutlich unterscheidet (§ 30 Abs. 2 HGB). Die Rechtsprechung hat mehrere dieser Fälle entschieden. Nach BGHZ 46, 12 liegt noch keine deutliche Unterscheidung vor, wenn bei identischem Namen nur eine andere Gesellschaftsform an den Namen angehängt wird. Das spätere Unternehmen müsste also entweder einen Vornamen weglassen oder einen entsprechenden Zusatz aufnehmen, aus dem hervorgeht, dass es nicht identisch ist mit der bereits eingeführten Kosmetikfirma gleichen Namens. Dabei muss der Zusatz nach BGHZ 14, 155 seiner Funktion als Namen entsprechen, also aus Worten bestehen. Die Beifügung eines Bildzeichens, etwa zu einem von mehreren Firmen benutzten Firmenbestandteil, genügt selbst bei Verkehrsgeltung des Zeichens nicht zur namensmäßigen Unterscheidung. Sofern Einzelkaufmann Farina einen entsprechenden Zusatz nicht anbringt, besteht für die bereits seit Jahren eingeführte Firma ein Unterlassungsanspruch in entsprechender Anwendung des bürgerlich-rechtlichen Namensschutzes nach § 12 BGB sowie aus § 15 MarkenG.

Fall 12:
Abis Zett betreibt unter der Firma „Zett-Blitz e.K." einen Kurierdienst in einer Großstadt und ist im Handelsregister eingetragen. Weil er sich darüber ärgert, in den Gelben Seiten unter Kurierdienste an letzter Stelle zu stehen, will er sein Unternehmen in „A.A.A.A.A.A" umbenennen, um sich den „Platz an der Sonne" im Branchenverzeichnis zu sichern. Ist eine solche Handelsfirma zulässig?

Antwort: Die Firma ist der Name, unter dem ein Kaufmann seine Geschäfte betreibt; der Kaufmann kann unter seiner Firma klagen und verklagt werden (§ 17 HGB). Folglich liegt die Hauptfunktion der Firma darin, das Unternehmen des Kaufmanns zu kennzeichnen und von anderen Betrieben abzugrenzen. Dazu muss die Firma Unterscheidungskraft besitzen (§ 18 Abs. 1 HGB). Zwar wurde das Firmenrecht durch die Handelsrechtsreform 1998 weitgehend liberalisiert und die namensrechtliche Gestaltungsfreiheit des Kaufmanns erweitert. Eine aus der sechsmaligen Aneinanderreihung des Großbuchstabens A gebildete Firma ist jedoch weder einprägsam noch vernünftig aussprechbar und daher zur Individualisierung eines Unternehmens nicht geeignet. Sie ist zudem wegen des verfolgten Zwecks der Erstnennung in sämtlichen Verzeichnissen rechtsmissbräuchlich und damit unzulässig (OLG Frankfurt NJW 2002, 2400).

Fall 13:
Die „K E GmbH" hat ihren Sitz in einer politisch selbständigen Gemeinde in der Nähe von Stuttgart und hat Kunden in ganz Europa. Gegenstand des Unternehmens ist die Erbringung von Ingenieur-Dienstleistungen, insbesondere auf dem Gebiet der Entwicklung und Konstruktion im Bereich der Fahrzeugtechnik, des Maschinenbaus, der Gebäudetechnik sowie der Elektrotechnik und der Elektronik. Die Gesellschafter der GmbH haben beschlossen, die Firma in „K E Stuttgart GmbH" zu ändern und stellen beim zuständigen Registergericht Antrag auf Eintragung der neuen Firma. Das Registergericht hat Bedenken, weil die Gesellschaft ihren Sitz nicht in Stuttgart hat. Zu Recht?
Lösung: In Betracht kommt ein Verstoß gegen das Täuschungsverbot des § 18 Abs. 2 HGB. Vor der Handelsrechtsreform 1998 wurde eine solche Firma tatsächlich als mit dem Täuschungsverbot nicht vereinbar gesehen, da ein Ortsname nur dann in einer Firma geführt werden durfte, wenn die Gesellschaft ihren Sitz auch in dem entsprechenden Ort hatte. Mit der Handelsrechtsreform strebte der Gesetzgeber jedoch die weitgehende Liberalisierung des „veralteten und verkrusteten Firmenrechts" an. Die früher der Firma als Name des Kaufmanns zugedachte Funktion, den Rechtsverkehr über Organisation, Zusammensetzung oder Gegenstand des Unternehmens möglichst zutreffend zu informieren, nimmt nunmehr der gem. § 19 HGB für alle Kaufleute obligatorische Rechtsformzusatz wahr; den übrigen Bestandteilen der Firma kommt damit primär Kennzeichnungsfunktion zu. Die angesprochene Liberalisierung kommt auch im Wortlaut des § 18 Abs. 2 HGB zum Ausdruck, der in der heutigen Fassung verlangt, dass die Firma nicht zur Irreführung über für die angesprochenen Verkehrskreise wesentlichen Verhältnisse geeignet ist. Da die Frage, ob das Unternehmen in Stuttgart selbst oder in dem umliegenden Ballungsraum liegt, für die angesprochenen Verkehrskreise nicht wesentlich ist, besitzt Firma „K E Stuttgart GmbH" keine ersichtliche Irre-

führungseignung. Das gilt um so mehr, als „einer genauen Bezeichnung des Sitzes eines Unternehmens innerhalb eines Ballungsraums für die angesprochenen Verkehrskreise regelmäßig keine wesentliche Bedeutung mehr zukommt, zumal angesichts der tatsächlich vorhandenen Infrastruktur im Bereich Verkehr und Telekommunikation die politischen Gemeindegrenzen vielfach als zufällig und wirtschaftlich bedeutungslos erscheinen" (OLG Stuttgart NJW-RR 2001, 755). Das gilt erst recht für international tätige Unternehmen. Auch der Grundsatz des früheren Firmenrechts, dass die Verwendung eines Ortsnamens in einer Handelsfirma nur zulässig war, wenn dies durch eine Sonderstellung des Unternehmens am betreffenden Ort gerechtfertigt war, ist nach der Neuregelung nicht mehr haltbar. Das Registergericht muss die neue Firma daher eintragen.

Fall 14:
Der Einzelkaufmann Martin Molton will die Firma „Meditec Martin Molton. e.K." zur Eintragung ins Handelsregister anmelden, für die er als Gegenstand des Unternehmens den Handel mit Computern, EDV-Hard- und Software sowie die Bereitstellung der dazugehörigen Dienstleistungen angibt. Nachdem ihn ein Freund gefragt hat, wofür denn „Meditec" überhaupt stehe, denkt er über seine Namenskreation nach und ihm kommen Bedenken, weil diese Firma nicht nur als Hinweis auf den Medienbereich, sondern auch auf Medizintechnik verstanden werden könnte. Verstößt die Firma deshalb gegen das Täuschungsverbot des § 18 Abs. 2 HGB?

Lösung: Wesentlich bezüglich geschäftlicher Verhältnisse sind Angaben über Art und Größe, Branchenbezug und die Struktur des Betriebes. Da das Registergericht die Eignung zur Irreführung gem. § 18 Abs. 2 S. 2 HGB nur berücksichtigt, wenn sie ersichtlich ist, muss die in Betracht kommende Irreführung von gewisser Bedeutung für die angesprochenen Verkehrskreise sein. Dabei muss berücksichtigt werden, dass „Meditec" ersichtlich eine Phantasiebezeichnung ist, deren inhaltliche Aussagekraft mit der einer echten Sachfirma, die dem Unternehmensgegenstand entlehnt sein muss, nicht verglichen werden kann. Das Firmenrecht erlaubt nämlich auch Phantasiefirmen, die nicht dem Unternehmensgegenstand entnommen sein müssen. Der angesprochene Adressat wird daher nicht allein wegen des Phantasiezusatzes ein abschließendes Urteil über den Gegenstand des Unternehmens fällen. Eine dennoch möglicherweise hervorgerufene Irreführung hält das Bayrische Oberste Landesgericht, das mit diesem Fall befasst war, für unwesentlich, „weil der Nachteil nur darin bestünde, dass der Anmelder mit seiner Firma die Verkehrskreise nicht vollständig erreicht, die er ansprechen will" (BayObLG NJW-RR 2000, 111). Die Bedenken des M sind daher unbegründet.

Fall 15:
Rudolf Röhre handelt mit Fernsehern. Darf er firmieren „Rudolf Röhre, Fernseh-Haus e.K."?

Lösung: Fraglich ist die Verwendung des Firmenbestandteils „Haus". Damit wird in der Geschäftswelt eine überdurchschnittliche Größe und Bedeutung behauptet. Vor der Liberalisierung des Firmenrechts wurde eine solche Firma nur akzeptiert, wenn das Unternehmen eine im Vergleich zu seinen Wettbewerbern überdurchschnittliche Größe und Bedeutung aufwies, was insbesondere bei der Verbindung mit Ortsnamen galt. Da § 18 Abs. 2 HGB die Eignung zur Täuschung über für die angesprochenen Verkehrskreise wesentliche geschäftliche Verhältnisse verlangt, ist die bisherige Beurteilung nunmehr fraglich geworden. Teilweise wird der Zusatz „Haus" grundsätzlich als zulässig angesehen. In bestimmten Branchen galten schon immer weniger strenge Anforderungen – z.b. waren „Blumenhaus", „Zigarrenhaus" oder „Reformhaus" schon vor der Reform auch dann zulässig, wenn das Unternehmen keine überdurchschnittliche Bedeutung hatte.

Fall 16:
Rudolf Röhre hatte früher einmal Medizin studiert und sogar mit dem „Dr. med." abgeschlossen. Darf er firmieren „Dr. Rudolf Röhre, Fernsehgeschäft e.K."?

Lösung: Die Aufnahme des Doktor-Titels in die Firma ist eine Angabe im Sinne von § 18 Abs. 2 HGB. Gegen seine Aufnahme können firmenrechtliche Bedenken nur erhoben werden, wenn er geeignet ist, über geschäftliche Verhältnisse, die für die angesprochenen Verkehrskreise wesentlich sind, irrezuführen. Da Rudolf Röhre als Träger eines akademischen Grades zur Führung des Doktor-Titels berechtigt ist, bestünden unter diesem Gesichtspunkt Bedenken nur insofern, als er lediglich die Bezeichnung „Dr.", nicht jedoch die Fakultätsbezeichnung hinzugefügt hatte. Eine Täuschung könnte damit nur bejaht werden, wenn die Verkehrsauffassung mit der Aufnahme eines Doktor-Titels in eine Firma die Vorstellung verbindet, dass der Firmeninhaber mit Rücksicht auf die Art des konkreten Geschäftsbetriebes den Doktor-Titel einer bestimmten Fakultät hat, und wenn die Verkehrsauffassung deshalb besondere wissenschaftliche Kenntnisse und Fähigkeiten des Geschäftsinhabers auf dem Fachgebiet seines Geschäftsbetriebes voraussetzt, also etwa bei Rudolf Röhre unterstellt, er habe nicht den „Dr. med.", sondern den „Dr. ing.". Der Bundesgerichtshof, dem dieser Fall zur Entscheidung vorlag, hat die Täuschung verneint. Es sei zu berücksichtigen, dass es sich bei einem Fernsehhandel nicht um die Produktion, sondern um den Vertrieb von Artikeln der Rundfunk- und Fernsehbranche handle. Die fachkundige Beratung der Kunden durch den Einzelhandel beschränke sich aber auf Hinweise und Belehrungen über die besonderen Eigenschaften der einzelnen in Betracht kommenden Markenartikel, die eine besondere wissenschaftlich einschlägige Ausbildung nicht erfordere. Insofern werde der Konsument durch die Weglassung der Fakultätsbezeichnung nicht irregeführt. Rudolf Röhre darf also seinen Titel ohne Fakultätsbezeichnung anfügen.

Fall 17:
Max Maier und Siegfried Schmitt wollen eine Gesellschaft gründen.
(a) Maier will das Geschäft nach außen allein betreiben und Schmitt als stillen Gesellschafter aufnehmen.
(b) Maier und Schmitt wollen eine oHG gründen.
(c) Maier und Schmitt wollen eine Kommanditgesellschaft gründen, bei der Schmitt sich mit einer Einlage in Höhe von 10000 Euro als Kommanditist beteiligen will.
Wie kann/muss jeweils firmiert werden?
Lösung:
(a) Da die hier beabsichtigte stille Gesellschaft eine reine Innengesellschaft ist, führt sie als solche keine eigene Firma. Damit ändert sich an der Firma des Unternehmens, an dem sich der stille Gesellschafter beteiligen will, nichts. Ob im vorliegenden Fall Maier für seine Firma einen Personen-, Sach- oder Phantasienamen wählt, bleibt ihm überlassen; gesetzlich vorgeschrieben ist in § 19 Abs. 1 Nr. 1 HGB nur, dass die Firma eines Einzelkaufmanns die Bezeichnung „eingetragener Kaufmann" oder eine Abkürzung dieser Bezeichnung enthält. Also könnte hier beispielsweise unter der Personenfirma „Max Maier, e.K." firmiert werden.
(b) Im Falle der oHG kann – unter Berücksichtigung von § 19 Abs. 1 Nr. 2 HGB – ebenfalls jeder Personen-, Sach- oder Phantasiename gewählt werden, also bei einer Personenfirma etwa „Maier & Schmitt, offene Handelsgesellschaft".
(c) Eine Kommanditgesellschaft kann als Personen-, Sach- oder Phantasiefirma geführt werden, solange sie den Erfordernissen des § 19 Abs. 1 Nr. 3 HGB genügt und den dort enthaltenen Zusatz in die Firma aufnimmt. Als Personenfirma könnte die Kommanditgesellschaft z. B. „Max Maier, KG" heißen.

Fall 18:
Hugo Hammer betreibt eine Metallwarenfabrik unter der Firma „Hugo Hammer, Metallwaren e.K.". Er veräußert den gesamten Betrieb an den Erwerber Samuel Sanft. Darf Sanft den Betrieb unter der Firma „Hugo Hammer, Metallwaren e.K." weiter betreiben?
Lösung: Ja, § 22 Abs. 1 HGB gestattet die Fortführung der seitherigen Firma mit oder ohne Nachfolgezusatz, wenn der bisherige Geschäftsinhaber der Fortführung ausdrücklich zustimmt.

Fall 19:
Dr. rer. pol. Moritz Makel betreibt zusammen mit einem Kompagnon ein Maklerunternehmen unter der Firma „Dr. Makel & Co. Immobilien oHG". Er veräußert das Unternehmen mit dem Recht der Firmenfortführung an den nicht promovierten Kaufmann Simon Simpel. Darf Simpel das Geschäft unter der Firma „Dr. Makel und Co. oHG" fortführen?

Lösung: Bedenken gegen die Firmenfortführung ergeben sich aus zwei Gründen: einmal hinsichtlich der Verwendung des Doktortitels und zum anderen hinsichtlich des Firmenbestandteils „& Co. oHG". Die Rechtsprechung hat entschieden, dass ein selbst nicht promovierter Erwerber eines Maklergeschäfts, auch wenn er vom Veräußerer das Recht zur Firmenfortführung erhalten hat, einen in der übernommenen Firmenbezeichnung enthaltenen Doktortitel ohne Nachfolgezusatz nicht beibehalten darf. Hierin liegt eine unzulässige Täuschung, weil der Doktortitel nach der Verkehrsauffassung eine bestimmte Wertschätzung verleiht und damit einer Maklerfirma besondere Zugkraft gibt. Simpel müsste also durch einen Nachfolgezusatz klarstellen, dass „das Publikum mit einer akademischen Vorbildung des jetzigen Geschäftsinhabers nicht rechnen kann" (BGHZ 53, 68). Den Zusatz „& Co. oHG" muss Simpel auf jeden Fall löschen lassen und statt dessen den Zusatz „eingetragener Kaufmann" in die Firma aufnehmen, weil zum einen der Grundsatz der Firmenwahrheit bei der Übertragung des Geschäfts von einer Personenhandelsgesellschaft auf einen Einzelkaufmann die Klarstellung verlangt, dass es sich fortan nicht mehr um ein von einer Personenmehrheit geführtes Geschäft handelt und zum anderen in § 19 Abs. 1 Nr. 1 HGB vorgeschrieben ist, dass auch im Fall einer Firmenfortführung die Firma eines Einzelkaufmanns die Bezeichnung „eingetragener Kaufmann" oder eine Abkürzung dieser Bezeichnung (z.B. „e.K.") enthalten muss.

Fall 20:
Gustav Gurke betreibt eine Gießerei unter der Firma „Gustav Gurke, Gießerei e.K.". Er nimmt seine volljährigen Kinder als Kommanditisten in den Betrieb auf. Gleichzeitig gründet er mit ihnen eine GmbH, die als Komplementärin in das Unternehmen eintritt; schließlich wandelt er seine Gesellschafterstellung in die eines Kommanditisten um. Darf weiterhin firmiert werden „Gustav Gurke, Gießerei e.K."?
Lösung: Das wäre nicht zulässig. Zwar erlaubt § 24 HGB die Fortführung einer bestehenden Firma auch nach Änderungen im Gesellschafterbestand. Eine Firmierung in dieser Weise verstößt jedoch gegen § 19 HGB: Nach Abs. 1 Nr. 3 muss die Firma einer Kommanditgesellschaft die Bezeichnung „Kommanditgesellschaft" oder eine entsprechende Abkürzung enthalten. Hier ist zudem ein Zusatz nach § 19 Abs. 2 HGB erforderlich, da es um eine Gesellschaft geht, bei der keine natürliche Person persönlich haftet. Beide Absätze des § 19 HGB gelten schon ihrem Wortlaut nach auch für Fortführungen nach § 24 HGB. Diese Einschränkungen rechtfertigen sich aus dem Gesichtspunkt des Gläubigerschutzes, weil bei der GmbH die Realisierung der Haftung letztlich beschränkt ist und deshalb die juristische Person als Komplementärin der natürlichen Person nicht gleichgestellt werden kann. Eine zulässige Firma könnte z.B. „Gustav Gurke Gießerei GmbH & Co. KG" lauten.

Fall 21:

In der „Gustav Gurke, Gießerei GmbH & Co. KG" ist mittlerweile lediglich noch die GmbH als Komplementärin und Gurke als Kommanditist vorhanden. Gurke, zugleich Alleingesellschafter der GmbH, übernimmt das Unternehmen, nachdem die GmbH ausgeschieden ist und führt dieses als Einzelfirma fort. Kann er weiterhin firmieren „Gustav Gurke, Gießerei GmbH & Co. KG"?

Lösung: Zwar ist es nach § 24 HGB grundsätzlich möglich, dass die bisherige Firma weitergeführt wird, wenn aus einer Gesellschaft ein Gesellschafter ausscheidet. Allerdings geht dieser Regelung § 19 Abs. 1 Nr. 1 HGB vor, wonach auch bei einer Firmenfortführung nach § 24 HGB die Firma eines Einzelkaufmanns die Bezeichnung „eingetragener Kaufmann" oder eine Abkürzung dieser Bezeichnung enthalten muss. Die Öffentlichkeit darf nicht im Unklaren darüber gelassen werden, ob man es mit einer bestimmten Gesellschaft, etwa einer GmbH oder einer oHG oder einer GmbH & Co. KG zu tun hat. Es entspricht dem Gesichtspunkt der Firmenwahrheit, den Gesellschaftszusatz zu streichen, wenn aus der Gesellschaft eine Einzelfirma wurde. Gustav muss also den Zusatz „GmbH & Co. KG" streichen und gem. § 19 Abs. 1 Nr. 1 HGB den Zusatz „e.K." o.ä. aufnehmen. Gustav muss also firmieren: „Gustav Gurke, Gießerei, e.K.".

Fall 22:

Gustav Gurke betreibt eine Gießerei als Einzelunternehmen unter der Firma „Gustav Gurke, Gießerei e.K.". Er nimmt den Kapitalgeber Kuno Klotz als weiteren voll haftenden Gesellschafter auf. Muss die Firma geändert werden?

Lösung: Durch die Aufnahme von Kuno Klotz als Gesellschafter entsteht eine oHG. Zwar läge, wenn die Firma nicht geändert würde, keine den Rechtsverkehr benachteiligende Täuschung vor, weil das Haftungspotential der Gläubiger durch den weiteren Komplementär nicht geschmälert, sondern verstärkt wird. Dennoch ist die gesetzgeberische Regelung des § 19 Abs. 1 Nr. 2 HGB eindeutig, wonach die Firma bei einer offenen Handelsgesellschaft die Bezeichnung „offene Handelsgesellschaft" oder eine Abkürzung dieser Bezeichnung enthalten muss; danach ist, wenn der Firmenname im übrigen gleich bleiben soll, zu firmieren: „Gustav Gurke, Gießerei, oHG".

Fall 23:

Gurke und Klotz betreiben die Gießerei unter der Firma „Klotz oHG". Klotz scheidet nach einiger Zeit aus, dafür tritt der Geldgeber Siegfried Still als Kommanditist in das Unternehmen ein. Muss die Firma geändert werden? Könnte der Name des Still in die Firma aufgenommen werden?

Lösung: Die Firma müsste hinsichtlich des Rechtsformzusatzes geändert werden, weil die oHG in eine Kommanditgesellschaft umgewandelt wurde. Der entsprechende Firmenzusatz „oHG" ist deshalb gem. § 19 Abs. 1 Nr. 3

HGB durch den Zusatz „KG" zu ersetzen. Dagegen kann der Name „Klotz" in der Firma beibehalten werden, sofern Klotz ausdrücklich einwilligt (§ 24 HGB). Die Aufnahme des Namens des Kommanditisten in die Firma der KG ist problematisch: Zwar wurde § 19 Abs. 4 a.f. HGB, der dies ausdrücklich untersagte, durch das Handelsrechtsreformgesetz 1998 ersatzlos gestrichen. Die Aufnahme des Kommanditisten in die Firma ist daher nunmehr am Täuschungsverbot des § 18 Abs. 2 HGB zu messen. Ein Verstoß wird in der Lit. teilweise mit dem Argument verneint, dass die Streichung des § 19 Abs. 4 a.F. HGB im Zuge einer generellen Liberalisierung des Firmenrechts – auch hinsichtlich § 18 Abs. 2 HGB – erfolgte. Nach anderer Ansicht ist die Aufnahme des Kommanditisten unzulässig, da die Verkehrserwartung voraussetze, dass die in der Firma einer KG genannte Person auch persönlich haftet. Die Rspr. hat diese Frage noch nicht entschieden.

Fall 24:
Gurke und Klotz betreiben eine oHG. Nachdem sie auch noch den Rettich aufgenommen haben, wollen sie als „Gurke & Partner oHG" firmieren. Wäre das zulässig? Wie wäre die Rechtslage, wenn es sich um eine GmbH handelt?
Lösung: Der Zusatz „& Partner" war früher üblich und zulässig. Das hat sich jedoch mit der Einführung der Partnerschaftsgesellschaft nach dem Partnerschaftsgesellschaftsgesetz (PartGG) geändert. Da eine Partnerschaftsgesellschaft gem. § 2 PartGG den Zusatz „und Partner" oder „Partnerschaft" enthalten muss, bestimmt § 11 Abs. 1 PartGG, dass diese Zusätze nur von Partnerschaftsgesellschaften geführt werden dürfen. Damit verstößt die Firma „Gurke & Partner oHG" gegen diese Vorschrift. Bei der GmbH wurde teilweise dahin gehend argumentiert, dass bei dieser durch den zwingenden Zusatz „GmbH" die Haftungs- und sonstigen Rechtsverhältnisse für den Rechtsverkehr eindeutig erkennbar sind. Der Bundesgerichtshof hat einer einschränkenden Auslegung des § 11 PartGG jedoch eine Absage erteilt: „Die Bezeichnungen ,Partnerschaft' bzw. ,und Partner' waren in der Vergangenheit weder nach dem allgemeinen Sprachgebrauch, noch in der Rechts- oder Gesetzessprache einer bestimmten Gesellschaftsform zugeordnet. Da sie nun als Bezeichnung der neu geschaffenen besonderen Gesellschaftsform für die freien Berufe technische Bedeutung erlangen, will das Gesetz ihre untechnische Verwendung durch andere Gesellschaften auch dann ausschließen, wenn wegen eines zwingenden Rechtsformzusatzes keine Verwechslungsgefahr besteht, weil die untechnische Verwendung einer Einbürgerung der Begriffe als spezifische Bezeichnung der neuen Gesellschaftsform entgegen stünde" (BGHZ 135, 257).

Fall 25:
Dr. pharm. Bruno Brühe gründet mit zwei weiteren Gesellschaftern die „Dr. Brühe Arzneimittelfabrik Gesellschaft mit beschränkter Haftung". Nach Meinungsverschiedenheiten unter den Gesellschaftern scheidet Dr.

Brühe aus der Gesellschaft aus. Er will die Fortführung der Firma in ihrer bisherigen Form verbieten. Mit Recht?

Lösung: Ein derartiger Anspruch könnte sich aus § 24 Abs. 2 HGB ergeben. Danach ist beim Ausscheiden eines Gesellschafters, dessen Name in der Firma enthalten ist, zur Firmenfortführung die ausdrückliche Einwilligung des Gesellschafters erforderlich. Im vorliegenden Fall findet § 24 Abs. 2 HGB jedoch keine Anwendung, weil Inhaber des von einer GmbH betriebenen Handelsgeschäfts nicht deren Gesellschafter, sondern die von einem Wechsel ihres Mitgliederbestandes unabhängige GmbH selbst ist. Die Rechtsprechung und herrschende Ansicht wenden deshalb § 24 Abs. 2 HGB nur auf die Personen-, nicht aber auch auf die Kapitalgesellschaft an (vgl. BGHZ 58, 322; 85, 221). Brühe kann also die Fortführung seines Namens in der Firma nicht verbieten.

Fall 26:
Maier verkauft sein als Einzelfirma betriebenes Unternehmen mit dem Recht der Firmenfortführung an Müller zu einem Kaufpreis von 1 200 000 Euro. Was ist, wenn noch Schulden in Höhe von 200 000 Euro bestehen?

Lösung: Man muss unterscheiden: Entweder Müller bezahlt den vollen Kaufpreis unter der Abrede, dass der Veräußerer seine Verbindlichkeiten selbst tilgt. Er läuft aber dann nach § 25 Abs. 1 S. 1 HGB Gefahr, dass Gläubiger des Maier sich wegen der ausstehenden 200 000 Euro an ihn als Firmenfortführenden halten. Diese Gefahr besteht nicht, wenn er die Firma nicht fortführt, also den Namen Maier weg lässt und dafür unter seinem Namen – Müller – firmiert. Müller könnte die Haftung für die Altschulden gem. § 25 Abs. 2 HGB auch dadurch vermeiden, dass er mit Maier eine Vereinbarung trifft, wonach ausschließlich Maier für die Altschulden haftet. Die Wirksamkeit dieser Vereinbarung den Gläubigern gegenüber setzt aber voraus, dass sie ins Handelsregister eingetragen und bekannt gemacht oder den Gläubigern auf andere Weise mitgeteilt wird.

Fall 27:
Wie wäre es, wenn bei der vorerwähnten Unternehmensveräußerung Maier noch Forderungen gegen Kunden in Höhe von 100 000 Euro hätte und diese in Unkenntnis der Unternehmensveräußerung Zahlungen an die alte Adresse leisten?

Lösung: Hier greift § 25 Abs. 1 S. 2 HGB ein: Die im Betrieb begründeten Forderungen gelten den Schuldnern gegenüber als auf den Erwerber übergegangen, wenn der bisherige Inhaber in die Fortführung der Firma eingewilligt hat. Durch diese Vorschrift wird der Schuldner geschützt, der an den neuen Inhaber leistet. Hier hat der Kunde jedoch an den früheren Inhaber geleistet. Da § 25 Abs. 1 S. 2 HGB einen gesetzlichen Forderungsübergang zugunsten des Schuldners fingiert, ist auf diesen Fall § 412 BGB anwendbar, der auf die §§ 399 ff. BGB verweist. Nach § 407 BGB kann der Schuldner bei einem Forderungsübergang mit befreiender Wirkung an den ursprünglichen Gläubiger zahlen, wenn er bei der Leistung von der Abtretung nichts wusste. Müller müsste daher die Zahlung an Maier gegen sich gelten lassen, wenn der Zahlende von der Unternehmensveräußerung keine Kenntnis hat.

Fall 28:
Hat Müller Ansprüche gegen Maier, wenn Maier Zahlungen seiner früheren Kunden annimmt?
Lösung: § 25 Abs. 1 S. 2 HGB regelt diese Frage nicht: Diese Vorschrift bewirkt keinen Forderungsübergang, sondern stellt lediglich den Schuldner so, als wäre die Forderung auf den neuen Inhaber übergegangen („gelten den Schuldnern gegenüber als auf den Erwerber übergegangen"). Es kommt daher auf die vertragliche Vereinbarung zwischen Müller und Maier im Unternehmenskaufvertrag an: Wenn die Forderungen nach dem Vertrag nicht auf den Erwerber übergehen sollten, hat Müller keinen Anspruch. Wurden die im Handelsgeschäft begründeten Forderungen dagegen nach dem Vertrag an Müller abgetreten, ist die Zahlung an Maier eine Leistung an einen Nichtberechtigten i.S.d. § 816 Abs. 2 BGB. Da diese Leistung gem. §§ 407, 412 BGB dem Müller gegenüber wirksam ist, kann er von Maier nach § 816 Abs. 2 BGB Herausgabe des Geleisteten verlangen. Da die Entgegennahme von Zahlungen früherer Kunden auch die vertraglichen Pflichten des Maier verletzt, hat Müller auch einen Ersatzanspruch gem. §§ 280 Abs. 1, 241 Abs. 2 BGB.

Fall 29:
A übernimmt das Unternehmen des B unter Fortführung der seitherigen Firma. Angenommen, der Unternehmenserwerb sei mangels devisenrechtlicher Genehmigung oder aus anderen Gründen nichtig, greift dann auch die Haftung nach § 25 Abs. 1 S. 1 HGB ein?
Lösung: Der Rechtsgrund für die Haftung aus § 25 HGB ist die in der Fortführung des Geschäfts unter der bisherigen Firma liegende an die Öffentlichkeit gerichtete Erklärung, für die bisherigen Geschäftsschulden haften zu wollen, verbunden mit dem Erwerb der Grundlage für diese Schuldenhaftung, des Geschäftsvermögens (RGZ 149, 25; BGHZ 18, 250; BGH NJW 84, 1187). Deshalb wird auch bei Unwirksamkeit des Veräußerungsvertrages die an die bloße Tatsache der Geschäftsfortführung geknüpfte Rechtsfolge der Haftung nach § 25 HGB nicht berührt.

IV. Die besonderen handelsrechtlichen Vollmachten

Übersicht

	Prokura	Handlungsvollmacht
pos. Umfang der Vollmacht	alle Arten von gerichtl. u. außergerichtl. Geschäften u. Rechtshandlungen, die der Betrieb eines Handelsgewerbes mit sich bringt (§ 49 Abs. 1 HGB)	alle Geschäfte und Rechtshandlungen, die der Betrieb e. derartigen Handelsgewerbes o. die Vornahme derartiger Geschäfte gewöhnlich mit sich bringt (§ 54 Abs. 1 HGB)
Grenzen der Vollmacht	Veräußerung u. Belastung von Grundstücken setzt besondere Ermächtigung voraus. Aus allg. Überlegungen folgt, dass der Prokurist das Geschäft als solches nicht veräußern oder einstellen, nicht selbst Prokura erteilen und den Jahresabschluss nicht unterzeichnen kann.	Veräußerung u. Belastung von Grundstücken, Eingehen v. Wechselverbindlichkeiten, Darlehensaufnahmen und Prozessführung setzt besondere Ermächtigung voraus
Einschränkung der Vollmacht	im Innenverhältnis möglich; im Außenverhältnis unwirksam (§ 50 Abs. 1 u. 2 HGB); bei der Filialprokura lokale Beschränkung möglich (§ 50 Abs. 3 HGB).	im Innenverhältnis möglich; über § 54 Abs. 2 HGB hinausgehende Beschränkungen braucht ein Dritter nur gegen sich gelten zu lassen, wenn er sie kannte o. kennen musste (§ 54 Abs. 3 HGB)
Vollmachtgeber	Kaufmann	Kaufmann
Erteilung der Vollmacht	ausdrücklich (§ 48 Abs. 1 HGB)	ausdrücklich oder stillschweigend
Übertragbarkeit der Vollmacht	nicht übertragbar (§ 52 Abs. 2 HGB)	nur mit Zustimmung des Geschäftsinhabers übertragbar (§ 58 HGB)

Zeichnung	ppa	ein das Vollmachtsver- hältnis ausdrückender Zusatz (i.V., per o.ä.)
Handelsregister	Prokura ist eine einzutra- gende Tatsache (§ 53 HGB)	keine Eintragung ins Handelsregister
Sonderfälle	*Gesamtprokura*: Erteilung an mehrere Personen ge- meinschaftlich (§ 48 Abs. 2 HGB); *Filialprokura*: Beschrän- kung der Prokura auf den Betrieb einer von mehreren Niederlassun- gen (§ 50 Abs. 3 HGB).	*Generalhandlungsvollmacht*: Vollmacht für den gesam- ten Unternehmensbereich; *Arthandlungsvollmacht*: Beschränkung auf be- stimmte Geschäftsarten; *Spezialhandlungsvollmacht*: Beschränkung auf die Vornahme einzelner Ge- schäfte
		Abschlussvertreter: Anzu- wend. § 54 HGB auf Handlungsbevollmäch- tigte, die Handelsvertre- ter sind o. die als Hand- lungsgehilfen damit be- traut sind, außerhalb des Betriebs Geschäfte abzu- schließen.
		Ladenangestellte: (§ 56 HGB) Ermächtigung zu Verkäufen und Emp- fangnahmen, die in ei- nem derartigen Laden oder Warenlager ge- wöhnlich vorkommen.

Fragen

Frage 49:
Was versteht man unter der Prokura; was unter der Handlungsvollmacht?
Antwort: Prokura und Handlungsvollmacht sind besondere handels-
rechtliche Vollmachten mit gesetzlich definiertem Umfang (vgl. §§ 49, 54
HGB).

Frage 50:
Können Prokura und Handlungsvollmacht auch stillschweigend erteilt werden?
Antwort: Die Prokura kann nach § 48 Abs. 1 HGB nur durch ausdrückliche Erklärung erteilt werden; die Handlungsvollmacht dagegen auch stillschweigend.

Frage 51:
Welchen Umfang hat die Prokura?
Antwort: Die Prokura ermächtigt zu „allen Arten von gerichtlichen und außergerichtlichen Geschäften und Rechtshandlungen, die der Betrieb eines Handelsgewerbes mit sich bringt". Zur Veräußerung und Belastung von Grundstücken ist der Prokurist allerdings nur ermächtigt, wenn ihm diese Befugnis besonders erteilt ist.

Frage 52:
Welche Fälle der Handlungsvollmacht kennen Sie?
Antwort: Die Generalvollmacht ermächtigt zum Betrieb eines Handelsgewerbes; die Arthandlungsvollmacht zur Vornahme einer bestimmten zu einem Handelsgewerbe gehörenden Art von Geschäften; die Spezialhandlungsvollmacht zur Vornahme einzelner zu einem Handelsgeschäft gehörender Geschäfte (vgl. § 54 Abs. 1 HGB).

Frage 53:
Welchen Umfang hat die Handlungsvollmacht jeweils?
Antwort: In allen Fällen erstreckt sich die Vollmacht auf alle Geschäfte und Rechtshandlungen, die der Betrieb eines derartigen Handelsgewerbes oder die Vornahme derartiger Geschäfte gewöhnlich mit sich bringt.

Frage 54:
Wie unterscheiden sich Prokura und Handlungsvollmacht?
Antwort: Zunächst einmal durch den Umfang des „Negativkatalogs": Die Prokura umfasst nicht die Veräußerung und Belastung von Grundstücken, die Handlungsvollmacht umfasst zudem nicht die Eingehung von Wechselverbindlichkeiten, die Aufnahme von Darlehen und die Prozessführung. Davon abgesehen ermächtigt die Prokura zu allen Arten von gerichtlichen und außergerichtlichen Geschäften und Rechtshandlungen, die der Betrieb eines (beliebigen) Handelsgewerbes mit sich bringt; die Handlungsvollmacht dagegen nur zu Geschäften und Rechtshandlungen, die der Betrieb eines „derartigen" Handelsgewerbes „gewöhnlich" mit sich bringt.

Frage 55:
Kann ein Prokurist
(a) ein Grundstück erwerben;

(b) ein Grundstück belasten;
(c) ein belastetes Grundstück erwerben;
(d) beim Erwerb eines Grundstücks eine Restkaufpreishypothek bestellen;
(e) ein Grundstück veräußern?

Antwort:
(a) Die „Immobilienklausel" nach § 49 Abs. 2 HGB verbietet dem Prokuristen nicht, ein Grundstück zu erwerben, wohl jedoch, es zu veräußern.
(b) Der Prokurist kann ein Grundstück nur belasten, wenn ihm eine zusätzliche Befugnis dazu erteilt wird.
(c) Er kann aber ein belastetes Grundstück erwerben.
(d) Dies (c) ist der Grund, weshalb man dem Prokuristen qua Prokura auch die Rechtsmacht zugesteht, zur Finanzierung eines Grundstückserwerbs eine Restkaufpreishypothek zu bestellen.
(e) Nein, § 49 Abs. 2 HGB.

Frage 56:
Kann die Prokura beschränkt werden? Wie stellt sich das Problem bei der Handlungsvollmacht dar?
Antwort: Man muss grundsätzlich das Außen- vom Innenverhältnis unterscheiden. Im Außenverhältnis ist entscheidend, was der Prokurist tun kann, im Innenverhältnis geht es darum, was der Prokurist tun darf. Eine Beschränkung von Prokura und Handlungsvollmacht ist grundsätzlich zulässig; es ist nur die Frage, inwieweit die Beschränkung nach außen hin wirksam ist. § 50 Abs. 1 HGB bestimmt hierzu, dass eine Beschränkung des Umfangs der Prokura Dritten gegenüber unwirksam ist. Im Innenverhältnis ist die Beschränkung gleichwohl wirksam. Sie führt dazu, dass sich der Prokurist bei Nichtbeachtung der Beschränkung dem Vollmachtgeber gegenüber schadensersatzpflichtig macht. Außerdem wären beharrliche Verstöße gegen interne Weisungen arbeitsrechtliche Kündigungsgründe im Sinne von § 626 BGB und § 1 KSchG. Bei der Handlungsvollmacht verhält es sich ähnlich: Nach § 54 Abs. 3 HGB braucht ein Dritter andere Beschränkungen als die nach § 54 Abs. 2 HGB (also der Negativkatalog im Rahmen der Handlungsvollmacht) nicht bzw. nur dann gegen sich gelten zu lassen, wenn er sie kannte oder kennen musste. Die Rechtsprechung schränkt den Vertrauensschutz bei der Prokura ähnlich der gesetzlichen Lösung bei der Handlungsvollmacht ein: Weil die Typisierung der Vollmacht und ihre Loslösung vom Innenverhältnis dem Vertrauensschutz im kaufmännischen Geschäftsverkehr dienen, dieses Vertrauen aber nur der Gutgläubige verdient, kann sich der Geschäftspartner in den sog. „Missbrauchsfällen" nicht auf die Unbeschränkbarkeit der Prokura berufen.

Frage 57:
Wie zeichnet der Prokurist; wie der Handlungsbevollmächtigte?
Antwort: Der Prokurist hat nach § 51 HGB in der Weise zu zeichnen, dass er der Firma seinen Namen mit einem die Prokura andeutenden Zusatz

beifügt, in der Regel also „ppa". Der Handlungsbevollmächtigte hat ebenfalls seinem Namen einen das Vollmachtsverhältnis zum Ausdruck bringenden Zusatz beizufügen; dabei ist eine Verwechslung mit dem Prokuristen zu vermeiden.

Frage 58:
Welche Bedeutung hat die Handelsregistereintragung für die Prokura?
Antwort: Nach § 53 HGB ist, im Gegensatz zur Handlungsvollmacht, sowohl die Erteilung der Prokura als auch ihr Erlöschen zur Eintragung in das Handelsregister anzumelden. Der Eintragungsakt hat jedoch lediglich deklaratorische Bedeutung. Konsequenzen ergeben sich jedoch über die positive und negative Publizität des Handelsregisters nach § 15 HGB.

Frage 59:
Sind Prokura und Handlungsvollmacht übertragbar?
Antwort: Die Prokura ist nicht übertragbar (§ 52 Abs. 2 HGB), die Handlungsvollmacht kann nur mit Zustimmung des Geschäftsinhabers übertragen werden (§ 58 HGB).

Fälle

Fall 30:
In der Maschinenfabrik Maier GmbH überlegt die Geschäftsleitung, ob dem langjährigen kaufmännischen Angestellten A Prokura erteilt werden soll. Der nicht rechtskundige A will wissen, ob hierzu seine Eintragung in das Handelsregister erforderlich ist?
Lösung: Die Prokura wird bestellt durch die ausdrückliche Erklärung des Geschäftsinhabers, im vorliegenden Fall (bei einer GmbH) auf Beschluss der Gesellschafterversammlung (§ 46 Nr. 7 GmbHG). Sie ist nach § 53 Abs. 1 S. 1 HGB eine „in das Handelsregister einzutragende Tatsache". Die Eintragung hat aber nur deklaratorische Bedeutung, d.h. A erlangt die Prokura auch ohne Eintragung.

Fall 31:
Paul ist Prokurist und als Abteilungsleiter in einem mittelständischen Betrieb für den Unternehmensbereich „Verkauf" zuständig. Könnte P auch Einkäufe tätigen?
Lösung: Die Prokura ermächtigt nach § 49 Abs. 1 HGB zu allen gerichtlichen und außergerichtlichen Geschäften und Rechtshandlungen, die der Betrieb eines Handelsgewerbes mit sich bringt. Demzufolge ist P rechtlich gesehen nicht nur in der Lage, Geschäfte des Verkaufs, sondern auch solche des Einkaufs zu tätigen.

Fall 32:
Nehmen Sie an, Prokurist P sei die selbständige Leitung der Einkaufsabteilung übertragen worden. Gleichzeitig wurde ihm jedoch eine betriebsinterne Weisung erteilt, bei Einkäufen über 10 000 Euro erst die Genehmigung der Geschäftsleitung einzuholen. Eines Tages befindet sich P im Außendienst und erhält Kenntnis von einem seines Erachtens günstigen Angebot der Lieferfirma D. Eine telefonische Rückfrage hält er für überflüssig, da er glaubt, wegen der günstigen Konditionen im Interesse der Geschäftsleitung zu handeln. Er schließt deshalb das Geschäft namens der Firma in Höhe von 25 000 Euro ab. Nachträglich stellt sich heraus, dass P eine ganze Reihe nachteiliger Gesichtspunkte übersehen hatte. Ist die von P vertretene Firma an das abgeschlossene Geschäft gebunden, selbst wenn sie die Genehmigung verweigert?
Lösung: Einschlägig ist § 50 Abs. 1 HGB. Danach ist die Beschränkung des Umfangs der Prokura Dritten gegenüber unwirksam. Die interne Weisung konnte P zwar im Innenverhältnis binden, hatte aber für seine Vertretungsmacht im Außenverhältnis keine Bedeutung. Die von P vertretene Firma ist deshalb an das abgeschlossene Rechtsgeschäft gebunden.

Fall 33:
Unterstellen Sie, dass P schon verschiedene Male gegen die vorerwähnte Weisung verstoßen hat. Was könnte die Unternehmensleitung tun?
Lösung: Zunächst könnte sie die Prokura entziehen (§ 52 Abs. 1 HGB); daneben wären Regressansprüche wegen Verletzung der Pflichten aus dem Anstellungsvertrag zu prüfen. In arbeitsrechtlicher Hinsicht wäre an eine Kündigung zu denken; vor Ausspruch einer verhaltensbedingten Kündigung ist jedoch grundsätzlich eine Abmahnung erforderlich. Das Erfordernis einer Abmahnung entfällt nur bei sehr schweren Verstößen.

Fall 34:
Könnte P die Prokura auch entzogen werden, wenn er nicht gegen Weisungen verstoßen hätte?
Lösung: Ja, die Prokura ist frei widerruflich; ein bestimmter Grund ist deshalb nicht erforderlich. Unbeschadet bleiben die vertragsgemäßen Ansprüche auf Vergütung aus dem Arbeitsvertrag (§ 52 Abs. 1 HGB).

Fall 35:
Die V-GmbH ist ein größeres Unternehmen der metallverarbeitenden Branche. Vor geraumer Zeit wurde den beiden langjährigen Angestellten Plisch und Plumm gemeinschaftlich Prokura erteilt. Die erforderlichen Anmeldungen zum Handelsregister waren erfolgt; die Prokuren wurden als Gesamtprokuren bekannt gemacht. Später erteilte der Geschäftsführer der V „Weisungen", deren Kenntnisnahme von Plisch und Plumm durch Gegenzeichnung bestätigt wurde. Darin hieß es unter anderem: „... die Prokuristen bedürfen für Einkäufe über 20 000 Euro der Zustimmung der

Geschäftsleitung ... die Prokuristen sind nur nach gegenseitiger Absprache berechtigt, Geschäfte für und gegen das Unternehmen zu tätigen ...". Als sich Plisch auf einer Geschäftsreise befindet, erfährt er von der günstigen Möglichkeit, von der Dreher-GmbH (D) eine gebrauchte Fertigungsmaschine zum Vorzugspreis von 50 000 Euro zu erwerben. Er glaubt, im Interesse des Unternehmens zu handeln und unterzeichnet, ohne Rücksprache mit Plumm zu nehmen, einen entsprechenden Kaufvertrag mit seiner Unterschrift und dem Zusatz: „per Prokura". Die Geschäftsleitung beurteilt den Ankauf pessimistisch und ist nicht bereit, den Kaufpreis zu bezahlen; sie verweist u.a. auf die in der „Weisung" enthaltenen Klauseln. D verlangt von V 50 000 Euro. Wie ist die Rechtslage?

Lösung: D könnte V gem. § 433 Abs. 2 BGB auf Zahlung des Kaufpreises in Anspruch nehmen. Das setzt voraus, dass zwischen V und D ein Kaufvertrag über die Lieferung der Maschine in Höhe von 50 000 Euro zustande kam. Da der Kaufvertrag nicht direkt von V, sondern vom Prokuristen Plisch abgeschlossen wurde, kommt es darauf an, ob die Vertretungsmacht des Plisch auch den Abschluss dieses Kaufvertrages deckt. An sich ist der Prokurist gem. § 49 HGB zu derartigen Rechtsgeschäften befugt. Die interne Zustimmungspflicht bei Geschäften über 20 000 Euro, wie sie in der „Weisung" zum Ausdruck gebracht wurde, ist Dritten gegenüber gem. § 50 HGB unwirksam. Dennoch konnte das Rechtsgeschäft nicht wirksam werden, weil der andere Gesamtprokurist nicht zugestimmt hatte. Diese Beschränkung war zwar ebenfalls in der internen Weisung enthalten, sie ist jedoch kein Internum, sondern eine Auswirkung der Gesamtprokura. Ist Gesamtprokura erteilt, können die Prokuristen nur gemeinschaftlich abschließen. Einzelnes Handeln eines Prokuristen ist von der Genehmigung des Mitprokuristen abhängig. Da diese verweigert wurde, ist der zwischen D und V von Plisch abgeschlossene Kaufvertrag schwebend unwirksam und nach Verweigerung durch V nichtig. D kann sich also nicht an V halten.

Fall 36:
Peter ist Prokurist und Hugo Handlungsbevollmächtigter einer größeren Brauerei. Im Zusammenhang mit einer Betriebserweiterung soll von der Bank B ein Darlehen aufgenommen werden. Ist hierfür die Unterschrift von Peter oder Hugo ausreichend?

Lösung: Es ist die Unterschrift von Peter erforderlich, da seine Vertretungsmacht auch die Darlehensaufnahme umfasst. Hugo unterliegt als Handlungsbevollmächtigter den Beschränkungen des § 54 Abs. 2 HGB, der die Darlehensaufnahme von der gesetzlich umschriebenen Vertretungsmacht ausdrücklich ausnimmt. Selbstverständlich könnte auch Hugo die Vereinbarung unterschreiben, wenn der Geschäftsinhaber eine (insoweit unter das BGB fallende) besondere Ermächtigung ausspricht.

Fall 37:
Könnte Hugo kraft seiner Handlungsvollmacht dem Gastwirt G ein Brauereidarlehen zusagen?
Lösung: Ja, § 54 Abs. 2 HGB verbietet lediglich die Darlehensaufnahme, nicht dagegen die Darlehensgewährung.

Fall 38:
P ist als Prokurist bei der Firma V angestellt. Die Prokura wurde ordnungsgemäß ins Handelsregister eingetragen und bekannt gemacht. V erwägt, das Betriebsgelände durch Zukauf weiterer Grundstücke zu arrondieren und weiht in diese Pläne auch P ein. Wegen gewisser Unsicherheiten weist er P an, noch nichts zu unternehmen, jedenfalls nicht vor seiner Rückkehr von einer längeren Geschäftsreise. Während der Abwesenheit des V bietet Angrenzer A sein Grundstück zum Verkauf an zu einem, wie P meint, besonders günstigen Kaufpreis. P entschließt sich deshalb, für V das Grundstück unter Berufung auf seine Prokura zu erwerben und weist die Buchhaltung an, 20 000 Euro als Anzahlung auf den Kaufpreis zu bezahlen; der Rest wird von A kreditiert, zur Sicherung dieses Anspruchs soll eine Restkaufpreishypothek bestellt werden. Kann P das Grundstücksgeschäft auf die geschilderte Weise abwickeln?
Lösung: Es kommt darauf an, ob P die Rechtsmacht hatte zum Erwerb von Grundstücken bei gleichzeitiger Bestellung einer Restkaufpreishypothek. An sich kann ein Prokurist nach § 49 Abs. 2 HGB Grundstücke nur dann belasten, wenn ihm hierzu eine besondere Befugnis erteilt wurde. Dies war vorliegend nicht der Fall. Trotzdem ist es in Rechtsprechung und Literatur anerkannt, dass die Immobilienklausel des § 49 Abs. 2 HGB hier keine Anwendung findet. Eine Gesamtbetrachtung des Vorgangs ergibt, dass es nicht um die Belastung des Grundstückes schlechthin geht, sondern um den Erwerb eines Grundstücks, das zur Vermehrung des vorhandenen Vermögens führt und das Reinvermögen bei preiswertem Erwerb unverändert lässt.

Fall 39:
Wie wäre es im vorhergehenden Fall, wenn der veräußernde Angrenzer die interne Beschränkung des P gekannt hätte, der Kaufpreis zudem besonders hoch gewesen wäre und der Veräußerer an den Prokuristen Schmiergelder ausbezahlt hätte, um ihn zu dem raschen Verkauf in Abwesenheit des V zu bewegen?
Lösung: Hier liegt ein typischer Fall des kollusiven Missbrauchs der Vertretungsmacht vor (Kollusion = arglistiges Zusammenspielen zum Nachteil anderer Beteiligter). Es ist anerkannt, dass insoweit § 50 Abs. 1 HGB eingeschränkt ist, der arglistige Dritte sich also nicht auf die Unbeschränkbarkeit der Prokura nach außen berufen kann. V wäre in diesem Fall an das Geschäft nicht gebunden.

Fall 40:

A und B gründen eine Kommanditgesellschaft, bei der A Komplementär, B Kommanditist wird. Gleichzeitig wurde dem B Einzelprokura erteilt. Wenige Zeit später kommt es zu erheblichen Meinungsverschiedenheiten. Schließlich entzieht A unter Berufung auf § 52 HGB dem B die Prokura. Dieser will sich damit nicht abfinden und fragt einen Rechtsanwalt, ob er sich dies gefallen lassen müsse.

Lösung: Nach § 52 HGB ist die Prokura jederzeit, d.h. ohne Angabe eines Grundes widerruflich. Auch die dem Kommanditisten im Gesellschaftsvertrag erteilte Prokura kann ihm jederzeit durch einfache Erklärung mit Wirkung nach außen entzogen werden. Im Innenverhältnis ist dafür aber ein wichtiger Grund nötig, was auch dann gilt, wenn der Kommanditist – wie es das Gesetz als Regelfall in § 164 HGB (allerdings abdingbar) festgeschrieben hat – von der Geschäftsführung ausgeschlossen ist. Ein wichtiger Grund liegt etwa vor, wenn sich der Kommanditist schwerer Verstöße gegen seine Gesellschafterpflichten schuldig gemacht hat. Da im vorliegenden Fall bei B kein schwerer Verstoß gegen die Gesellschafterpflichten erkennbar ist, verliert B die Prokura zwar nicht im Innen-, wohl aber im für den Abschluss von Geschäften bedeutsameren Außenverhältnis.

V. Kooperationsformen im außerbetrieblichen Bereich

Übersicht

Absatzform	Wesensmerkmale	Erkennbarkeit nach außen	Rechtsgrundlagen
Handelsvertreter	selbstständige Vermittlung und Abschluss von Geschäften bei ständiger Betreuung durch den Kaufmann	Tätigkeit in fremdem Namen für fremde Rechnung	§§ 84 ff. HGB
Handelsmakler	selbstständige Vermittlung von Verträgen ohne ständige Betreuung	in fremdem Namen für fremde Rechnung	§§ 93 ff. HGB

Kommissionär	An- und Verkauf von Waren oder Wertpapieren	in eigenem Namen für fremde Rechnung	§§ 383 ff. HGB
	Uneigentliche Kommission: auch andere Geschäfte und andere Personen als Kommissionäre	in eigenem Namen für fremde Rechnung	§§ 406, 383 ff. HGB
Kommissionsagent	ständige Betrauung mit Kommissionsgeschäften für einen bestimmten Unternehmer	in eigenem Namen für fremde Rechnung	teilweise §§ 84 ff.; 383 ff. HGB analog
Vertragshändler	Vertrieb von Waren eines Herstellers bei organisatorischer Eingliederung in die Verkaufsorganisation des Herstellers	in eigenem Namen für eigene Rechnung	mangels gesetzlicher Regelung gilt allgemeines Vertragsrecht: Geschäftsbesorgungsrecht, tw. §§ 84 ff. HGB analog
Franchisenehmer	Vertrieb von Waren/Dienstleistungen unter der Marke des Franchisegebers unter starker Eingliederung in dessen Organisation	in eigenem Namen für eigene Rechnung	wie beim Vertragshändler

Fragen

Frage 60:
Nehmen Sie an, Sie müssten für ein Unternehmen Vorschläge zum Vertrieb eines Produktes entwerfen. Welche grundsätzlichen Möglichkeiten gibt es?

Antwort: Es wäre zunächst eine Entscheidung darüber zu treffen, ob der Vertrieb durch „unternehmenseigene Abteilungen" oder von selbständigen Unternehmen übernommen wird. Im ersteren Fall wäre an eigene Verkaufsniederlassungen, Filialen oder an fest angestellte Reisende zu denken. Wird dies aus Kostengründen nicht gewünscht, müsste man die Vermittlung durch Handelsvertreter, Handelsmakler, Kommissionäre, Kommissionsagenten, Vertragshändler oder Franchisenehmer erwägen.

Frage 61:
Was versteht man unter
(a) Handelsvertretern,
(b) Handelsmaklern,
(c) Kommissionären,
(d) Kommissionsagenten,
(e) Vertragshändlern und
(f) Franchisenehmern?
Antwort:
(a) Handelsvertreter ist nach § 84 Abs. 1 HGB, wer als selbständiger Gewerbetreibender ständig damit betraut ist, für einen anderen Unternehmer Geschäfte zu vermitteln oder in dessen Namen abzuschließen.
(b) Handelsmakler ist nach § 93 Abs. 1 HGB, wer gewerbsmäßig für andere Personen, ohne von ihnen aufgrund eines Vertragsverhältnisses ständig damit betraut zu sein, die Vermittlung von Verträgen über Anschaffung oder Veräußerung von Waren oder Wertpapieren, über Versicherungen, Güterbeförderungen, Schiffsmiete oder sonstige Gegenstände des Handelsverkehrs übernimmt.
(c) Kommissionär ist nach § 383 HGB, wer gewerbsmäßig Waren oder Wertpapiere für Rechnung eines anderen im eigenen Namen kauft oder verkauft.
(d) Kommissionsagent ist ein Kommissionär, der ständig damit betraut ist, für einen bestimmten Unternehmer tätig zu werden.
(e) Vertragshändler (auch „Eigenhändler" genannt) ist, wer sich durch einen auf gewisse Dauer angelegten Rahmenvertrag verpflichtet, Waren des Herstellers in eigenem Namen und auf eigene Rechnung zu vertreiben und in die Verkaufsorganisation des Herstellers eingegliedert ist.
(f) Beim Franchising wird eine Kette rechtlich selbständiger Franchisenehmer (oder Franchaisees) vom Franchisegeber (Franchaisor) gegen Zahlung einer Gebühr damit betraut, unter einheitlicher Geschäftsbezeichnung Waren oder Leistungen am Markt anzubieten, wobei die Geschäftskonzeption bis ins Detail vom Franchisegeber vorgeschrieben wird.

Frage 62:
Wie unterscheiden sich Handelsvertreter, Handelsmakler, Kommissionär, Kommissionsagent, Vertragshändler und Franchisenehmer?
Antwort: Typisch ist für alle derartigen Absatzformen, dass es sich um selbständige Unternehmer handelt. Der Handelsvertreter unterscheidet sich vom Handelsmakler darin, dass er ständig, der Handelsmakler dagegen nur gelegentlich mit der Interessenwahrnehmung für einen anderen Unternehmer betraut ist. Der Kommissionsagent unterscheidet sich vom

Kommissionär dadurch, dass der Kommissionsagent im Gegensatz zum Kommissionär ständig für einen bestimmten Unternehmer tätig ist; er kommt deshalb begrifflich in die Nähe des Handelsvertreters. Der Vertragshändler wird im Gegensatz zum Handelsvertreter in eigenem Namen für eigene Rechnung tätig (der Kommissionär in eigenem Namen für fremde Rechnung), ist jedoch (ähnlich wie der Handelsvertreter) organisatorisch in die Verkaufsorganisation des Herstellers eingegliedert und aufgrund eines speziellen Vertragsverhältnisses verpflichtet, den Vertrieb der Herstellerprodukte in einem von diesem vorgeschriebenen Konzept zu fördern und dessen Interessen am Markt wahrzunehmen. Der Franchisenehmer ist noch stärker als der Vertragshändler in die Organisation des Franchisegebers eingebunden, da letzterer die Geschäftskonzeption bis ins Detail vorschreibt.

Frage 63:
In welchen Bereichen spielt im modernen Wirtschaftsleben das Kommissionsgeschäft eine Rolle?
Antwort: Das Kommissionsgeschäft hat im modernen Güterverkehr zunehmend an Bedeutung verloren; der wichtigste Fall ist die „Effektenkommission" im Wertpapierhandel. Daneben hat die Kommission noch im Kunst-, Antiquitäten- und Gebrauchtwarenhandel sowie beim Export und Import eine gewisse Bedeutung.

Frage 64:
Wo spielt der Handelsmakler eine Rolle, wie ist dabei der Immobilienbereich zu beurteilen?
Antwort: Handelsmakler haben im modernen Wirtschaftsverkehr nur noch an der Waren- und Effektenbörse eine größere Bedeutung. Das Immobiliengeschäft fällt nicht hierunter. Immobilienmakler sind keine Handelsmakler, da sie nicht, wie in § 93 HGB vorausgesetzt, „Verträge über Gegenstände des Handelsverkehrs" vermitteln: Grundstücke und Grundpfandrechte fallen nicht hierunter.

Frage 65:
In welchen Bereichen hat sich das Vertragshändler-System durchgesetzt?
Antwort: Der Absatz durch Vertragshändler (es findet sich auch die Bezeichnung „Eigenhändler") erfolgt vor allem bei hochwertigen Produkten, die eine verstärkte Wartung voraussetzen. Durchgesetzt hat sich dieses System vor allem in der Kraftfahrzeugbranche, im Land- und Büromaschinenbereich sowie bei Produkten der Haushaltstechnik.

Frage 66:
Welche Funktionen übernimmt bei diesem System der Vertragshändler, welche der Hersteller?

Antwort: Herkömmlicherweise übernimmt der Vertragshändler die wesentlichen Absatzfunktionen wie Lagerhaltung, Kundenberatung und Kundendienst, Verteilung und Transport der Waren zum Kunden sowie Garantie. Der Hersteller behält sich insbesondere die überregionale Produktwerbung vor.

Frage 67:
Welche rechtlichen Möglichkeiten bestehen, um Rechtsfragen im Vertragshändlersystem zu lösen?
Antwort: Da dieses System gesetzlich nicht geregelt ist, bleibt zur Lösung von Rechtsfragen nur der Rückgriff auf parallele Gesetzestatbestände (Analogie). Hierbei sind vor allem die Bestimmungen über den Handelsvertreter heranzuziehen, da die starke Eingliederung des Vertragshändlers eine Parallele zur Situation beim Handelsvertreter aufweist. Deshalb ist es auch konsequent, dass der Bundesgerichtshof in gewissen Fällen dem Vertragshändler einen Ausgleichsanspruch nach § 89 b HGB zubilligt.

Frage 68:
Was sind die wirtschaftlichen Vorteile des Franchising?
Antwort: Der Franchisegeber hat den Vorteil, dass er sich mit relativ geringen Kosten schnell eine leistungsfähige Absatzorganisation aufbauen kann, während für den Franchisenehmer im Idealfall die Möglichkeit besteht, sich ohne große Vorkenntnisse an einem erfolgreichen Absatzsystem zu beteiligen.

Frage 69:
Welche Vorschriften werden auf Franchise-Verträge angewandt?
Antwort: Auch das Franchising ist nicht gesetzlich geregelt. Daher wird, je nach Ausgestaltung, auf pacht- und mietrechtliche Vorschriften zurückgegriffen. Aufgrund der Verwandtschaft zum Vertragshändlersystem werden in gewissen Fällen auch die §§ 84 ff. HGB angewandt, insbesondere § 89 b HGB.

Frage 70:
Sind die Vorschriften über Handelsvertreter und Handelsmakler nur auf Kaufleute im Sinne der §§ 1 und 2 HGB anwendbar?
Antwort: Nein, das Gesetz erklärt in den §§ 84 Abs. 4 und 93 Abs. 3 HGB ausdrücklich, dass diese Vorschriften auch auf Personen anzuwenden sind, deren Unternehmen einen in kaufmännischer Weise eingerichteten Geschäftsbetrieb nach Art oder Umfang nicht erfordert und die nicht aufgrund des § 2 HGB als Kaufmann eingetragen sind. Der Grund dafür ist, dass die §§ 84 ff. HGB überwiegend Schutzvorschriften sind (z.B. § 89 b HGB).

Frage 71:
Welche Formen der Handelsvertretung kennen Sie?

Antwort: Man unterscheidet den „Einfirmenvertreter" und den „Mehrfirmenvertreter", je nachdem ob der Handelsvertreter ausschließlich für einen oder für mehrere Unternehmer tätig ist.

Frage 72:
Nach welchen Kriterien entscheidet sich, ob jemand selbständiger Handelsvertreter oder nicht selbständiger Angestellter ist?

Antwort: Entscheidend ist, ob der Betroffene im wesentlichen frei seine Tätigkeit gestalten und seine Arbeitszeit bestimmen kann (§ 84 Abs. 1 Satz 2 HGB). Liegen diese Voraussetzungen nicht vor, so ist der Betreffende lediglich Arbeitnehmer, auch wenn er ständig damit betraut ist, für einen Unternehmer Geschäfte zu vermitteln oder in dessen Namen abzuschließen (§ 84 Abs. 2 HGB).

Frage 73:
Ist ein Handelsvertreter Kaufmann?

Antwort: Für einen Handelsvertreter gelten die allgemeinen Regeln über die Kaufmannseigenschaft nach §§ 1 ff. HGB. Wenn das Unternehmen des Handelsvertreters allerdings nach Art oder Umfang einen in kaufmännischer Weise eingerichteten Geschäftsbetrieb nicht erfordert und der Handelsvertreter sich auch nicht nach § 2 HGB in das Handelsregister hat eintragen lassen, ist er kein Kaufmann. Dennoch sind gem. § 84 Abs. 4 HGB auch in einem solchen Fall die Vorschriften der §§ 84 ff. HGB anwendbar. Ein Handelsvertreter muss also nicht zwingend ein Kaufmann im Rechtssinne sein.

Frage 74:
Was versteht man unter einem „Generalvertreter"?

Antwort: Dem im Wirtschaftsleben häufig anzutreffenden Begriff „Generalvertreter", „Generalagentur" liegt keine einheitliche juristische Konstruktion zugrunde. Wirtschaftlich erklärt sich diese Erscheinung aus dem Bedürfnis bestimmter Wirtschaftszweige nach einem weit verzweigten und engmaschigen Betriebsnetz, bei dem zwischen dem Hersteller und dem Vertreter eine weitere Instanz, die Generalagentur, eingeschaltet wird.

Frage 75:
Welche Rechtskonstruktion liegt der Generalvertretung zugrunde?

Antwort:
(a) Es kann sich um einen Fall der echten Untervertretung handeln, wenn die Handelsvertreterverträge vom Unternehmer nur mit dem Generalvertreter, nicht jedoch mit den weiteren Untervertretern abgeschlossen werden. Das Gesetz erklärt dieses System nach § 84 Abs. 3 HGB ausdrücklich

für zulässig, wonach „der Unternehmer auch ein Handelsvertreter sein kann".

(b) Denkbar ist auch der Fall der unechten Untervertretung, bei der eine territoriale Dezentralisation bezweckt wird. Hier werden lediglich einzelne Aufgaben des Unternehmers, etwa die Überwachung und Fortbildung, auf die Generalagenturen delegiert, direkte Vertragsbeziehungen zwischen dem Produzenten und dem Untervertreter jedoch beibehalten.

Frage 76:
Welche Pflichten hat (a) der Handelsvertreter, (b) der Unternehmer?

Antwort:
(a) Der Handelsvertreter hat sich nach § 86 HGB um die Vermittlung oder den Abschluss von Geschäften zu bemühen und muss dabei das Interesse des Unternehmers wahrnehmen. Er hat diesem die erforderlichen Nachrichten zu geben, ihm namentlich von jeder Geschäftsvermittlung und von jedem Geschäftsabschluss unverzüglich Mitteilung zu machen.
(b) Der Unternehmer hat dem Handelsvertreter die zur Ausübung seiner Tätigkeit erforderlichen Unterlagen, wie Muster, Zeichnungen, Preislisten, Werbedrucksachen, Geschäftsbedingungen, zur Verfügung zu stellen. Außerdem hat er ihm unverzüglich die Annahme oder Ablehnung eines vermittelten oder ohne Vertretungsmacht abgeschlossenen Geschäftes mitzuteilen und ihn zu unterrichten, wenn er Geschäfte voraussichtlich nur in erheblich geringerem Umfange abschließen kann oder will, als nach den Umständen zu erwarten ist (§ 86 a HGB).

Frage 77:
Welche Geschäfte sind provisionspflichtig?
Antwort: Der Handelsvertreter hat nach § 87 Abs. 1 HGB Anspruch auf Provision für alle während des Vertragsverhältnisses abgeschlossenen Geschäfte, die auf seine Tätigkeit zurückzuführen sind oder mit Dritten abgeschlossen werden, die er als Kunden für Geschäfte der gleichen Art geworben hat. Voraussetzung ist also die Kausalität zwischen der Tätigkeit des Vertreters und dem Geschäftsabschluss. Nach der Rechtsprechung genügt eine Mitverursachung.

Frage 78:
Was versteht man unter einer „Delkredereprovision"?
Antwort: Wenn der Handelsvertreter sich verpflichtet, für die Erfüllung der Verbindlichkeiten aus einem von ihm vermittelten Geschäft einzustehen, kann er nach § 86 b HGB hierfür eine gesonderte Vergütung verlangen.

Frage 79:
Ist es für den Handelsvertreter nicht leichtsinnig, sich zu einem Delkredere-Geschäft zu verpflichten?

Antwort: An sich ja, weil der Handelsvertreter ja im Voraus nicht weiß, ob das von ihm vermittelte Geschäft auch ordnungsgemäß erfüllt wird. Aus diesem Grunde bestimmt § 86 b Abs. 1 Satz 2 HGB zum Schutz des Handelsvertreters, dass derartige Verpflichtungen nur für ein bestimmtes Geschäft oder für solche Geschäfte mit bestimmten Dritten übernommen werden können, die der Handelsvertreter vermittelt oder abschließt. Zusätzlich unterliegt eine derartige Verpflichtung der Schriftform (§ 86 b Abs. 1 S. 3 HGB).

Frage 80:
Hat ein Handelsvertreter auch nach Beendigung des Vertragsverhältnisses mit dem Unternehmer noch Ansprüche auf Provision?
Antwort: Nach § 87 Abs. 3 HGB hat der Handelsvertreter für ein Geschäft, das erst nach Beendigung des Vertragsverhältnisses abgeschlossen ist, Anspruch auf Provision, wenn er es vermittelt, eingeleitet oder so vorbereitet hat, dass der Abschluss überwiegend auf seine Tätigkeit zurückzuführen ist, und das Geschäft innerhalb einer angemessenen Frist nach Beendigung des Vertragsverhältnisses abgeschlossen wurde.

Frage 81:
Wie berücksichtigt der Gesetzgeber die Tatsache, dass es nach Ausscheiden des Handelsvertreters immer noch zu Abschlüssen kommt, die in irgendeiner Weise durch seine Tätigkeit veranlasst wurden?
Antwort: Im Gesetz ist hierfür der Ausgleichsanspruch des Handelsvertreters nach § 89 b HGB eingeführt.

Frage 82:
Welche Voraussetzungen gelten für den Ausgleichsanspruch?
Antwort: Der Handelsvertreter kann gem. § 89 b HGB einen angemessenen Ausgleich verlangen, wenn und soweit
(a) der Unternehmer aus der Geschäftsverbindung mit neuen Kunden, die der Handelsvertreter geworben hat, auch nach Beendigung des Vertragsverhältnisses erhebliche Vorteile hat,
(b) der Handelsvertreter infolge der Beendigung des Vertragsverhältnisses Ansprüche auf Provision verliert, die er bei Fortsetzung desselben aus bereits abgeschlossenen oder künftig zustande kommenden Geschäften mit den von ihm geworbenen Kunden hätte, und
(c) die Zahlung eines Ausgleichs unter Berücksichtigung aller Umstände der Billigkeit entspricht.

Frage 83:
Welche Kriterien gelten für die „Billigkeit" des Ausgleichsanspruchs?
Antwort: Es sind zunächst die Umstände der Vertragsbeendigung heranzuziehen (Verschulden, Krankheit, Unfall), daneben auch die materielle Sicherung des Handelsvertreters nach Beendigung des Vertragsverhält-

nisses (insbesondere wären Leistungen des Unternehmens zur Altersversorgung des Handelsvertreters zu berücksichtigen).

Frage 84:
Wann ist ein Ausgleichsanspruch des Handelsvertreters ausgeschlossen?
Antwort: Der Ausgleichsanspruch entfällt gem. § 89 b Abs. 3 HGB,
(a) wenn der Handelsvertreter das Vertragsverhältnis selbst gekündigt hat, es sei denn, dass ein Verhalten des Unternehmers hierzu begründeten Anlass gab oder dem Handelsvertreter eine Fortsetzung seiner Tätigkeit wegen Alters oder Krankheit nicht zugemutet werden kann;
(b) wenn der Unternehmer das Vertragsverhältnis gekündigt hatte und für die Kündigung ein wichtiger Grund wegen schuldhaften Verhaltens des Handelsvertreters vorlag;
(c) und außerdem, wenn aufgrund einer Vereinbarung zwischen Unternehmer und Handelsvertreter ein Dritter in das Vertragsverhältnis eintritt und diese Vereinbarung nicht vor Beendigung des Vertragsverhältnisses getroffen wurde.

Frage 85:
Ist es möglich über den Ausgleichsanspruch abweichende vertragliche Vereinbarungen zu treffen?
Antwort: Der Ausgleichsanspruch kann nach § 89 b Abs. 4 HGB nicht im voraus ausgeschlossen werden. Es handelt sich also insofern um zwingendes Recht. Abreden zugunsten des Handelsvertreters oder der Verzicht auf einen entstandenen Ausgleichsanspruch (also nachträglich) sind dagegen zulässig.

Frage 86:
Unterliegt der Handelsvertreter einem Wettbewerbsverbot?
Antwort: Im Gegensatz zum kaufmännischen Angestellten unterliegt der Handelsvertreter bei andauerndem Vertragsverhältnis nicht schon kraft Gesetzes einem Wettbewerbsverbot. Nach ständiger Rechtsprechung muss der Handelsvertreter jedoch auf die Wahrung von Geschäfts- und Betriebsgeheimnissen Rücksicht nehmen und darf seinem Unternehmen nicht durch die Tätigkeit für Konkurrenzbetriebe schaden. Wettbewerbsvereinbarungen, die erst nach Beendigung des Vertragsverhältnisses eingreifen sollen, sind nach § 90 a HGB zulässig, bedürfen jedoch der Schriftform und der Aushändigung einer vom Unternehmer unterzeichneten, die vereinbarten Bestimmungen enthaltenden Urkunde an den Handelsvertreter. Wie beim kaufmännischen Angestellten kann das Wettbewerbsverbot nur für längstens zwei Jahre von der Beendigung des Vertragsverhältnisses an getroffen werden und setzt eine angemessene Entschädigung für die Dauer der Wettbewerbsbeschränkung voraus.

Frage 87:
Nehmen Sie an, es wurde ein formgültiges Wettbewerbsverbot mit dem Handelsvertreter vereinbart. Später erkennt der Unternehmer, dass dieses Verbot für ihn „nichts bringt". Könnte er sich nunmehr vor der Zahlung einer Entschädigung „drücken"?
Antwort: Die Entschädigung entfällt, wenn der Unternehmer auf die Wettbewerbsbeschränkung verzichtet. Dies setzt jedoch nach § 90 a Abs. 2 HGB voraus, dass der Verzicht bis zum Ende des Vertragsverhältnisses schriftlich erklärt wird, was zur Folge hat, dass der Unternehmer mit dem Ablauf von 6 Monaten seit der Erklärung von der Verpflichtung zur Zahlung der Entschädigung frei wird.

Frage 88:
Welchen Einfluss hat die Kündigung des Handelsvertreterverhältnisses für die Entschädigung bei Wettbewerbsabreden?
Antwort:
Kündigt ein Teil das Vertragsverhältnis aus wichtigem Grund wegen schuldhaften Verhaltens des anderen Teils, kann sich jener nach § 90 a Abs. 3 HGB durch schriftliche Erklärung binnen einem Monat nach der Kündigung von der Wettbewerbsabrede lossagen, womit dann aber auch die Entschädigungszahlung entfällt.

Frage 89:
Welche Vertragstypen des Maklergeschäfts kennen Sie?
Antwort: Das Gesetz nennt die wichtigsten Arten des Maklergeschäfts (§ 93 Abs. 1 HGB): Warenmakler, Börsenmakler, Versicherungsmakler, Schiffsmakler und Finanzmakler. Im Versicherungsgeschäft treten Makler vorwiegend bei der Seeversicherung auf, wohingegen bei den sonstigen Versicherungen in aller Regel der Vertrieb über Handelsvertreter erfolgt.

Frage 90:
Was versteht man unter der „Schlussnote"?
Antwort: Hierunter versteht man das vom Makler unterzeichnete Schriftstück, welches die Parteien, den Gegenstand und die Bedingungen des Geschäfts, insbesondere bei Verkäufen von Waren oder Wertpapieren, deren Gattung und Menge sowie den Preis und die Zeit der Lieferung, enthält. Diese Schlussnote muss der Handelsmakler unverzüglich nach Geschäftsabschluss jeder Partei zustellen, es sei denn die Parteien hätten hierauf verzichtet (§ 94 HGB).

Frage 91:
Hat der Handelsmakler normalerweise Inkassovollmacht?
Antwort: Nach § 97 HGB gilt der Handelsmakler nicht als ermächtigt, eine Zahlung oder eine andere im Vertrag bedungene Leistung in Empfang zu nehmen. Abweichende Vereinbarungen sind zulässig.

Frage 92:
Wem gegenüber hat der Makler Anspruch auf Provision?
Antwort: Zunächst gehen die Vereinbarungen vor; ist nichts vereinbart, so kann der Makler von jeder Partei die Hälfte verlangen (§ 99 HGB).

Frage 93:
Welche „Registrierpflicht" hat der Handelsmakler nach den Bestimmungen des HGB?
Antwort: Nach § 100 HGB ist der Handelsmakler verpflichtet, ein Tagebuch zu führen und in dieses alle abgeschlossenen Geschäfte täglich einzutragen. Für „Krämermakler", also solche Personen, welche die Vermittlung von Warengeschäften im Kleinverkehre besorgen, gilt diese Verpflichtung nicht (§ 104 HGB).

Frage 94:
Wie heißen die Parteien beim Kommissionsgeschäft?
Antwort: Kommissionär einerseits und Kommittent andererseits (vgl. § 383 Abs. 1 HGB).

Frage 95:
Welcher Vertragstypus liegt der Kommission zu Grunde?
Antwort: Die Kommission ist ein Geschäftsbesorgungsvertrag.

Frage 96:
Warum ist das Kommissionsgeschäft ein Fall der mittelbaren Stellvertretung? Gibt es so etwas auch im BGB?
Antwort:
(a) Kennzeichnend für die Kommission ist das Handeln im eigenen Namen für fremde Rechnung.
(b) Bei der bürgerlich rechtlichen Stellvertretung handelt der Vertreter in fremdem Namen für fremde Rechnung. Die mittelbare Stellvertretung ist dem BGB nicht bekannt.

Frage 97:
Welche Fälle der Kommission kennen Sie?
Antwort:
(a) Einkaufskommission (der Kommissionär kauft für den Kommittenten Waren oder Wertpapiere),
(b) Verkaufskommission (der Kommissionär verkauft für den Kommittenten Waren oder Wertpapiere), sowie
(c) die uneigentliche Kommission nach § 406 HGB. Danach finden die Vorschriften des Kommissionsrechts in zwei Fällen entsprechende Anwendung:
aa) wenn ein Kommissionär im Betrieb seines Handelsgewerbes ein Geschäft anderer als der in § 383 HGB bezeichneten Art (also An- bzw. Ver-

kauf) für Rechnung eines anderen in eigenem Namen abschließt (sog. Geschäftsbesorgungskommission) und
bb) auf Kommissionsgeschäfte eines Kaufmanns, der nicht Kommissionär ist (sog. Gelegenheitskommission).

Frage 98:
Welche Fälle von „ähnlichen Geschäften" des Kommissionsrechts im Sinne von § 406 HGB kennen Sie?

Antwort: Aufführungs-, Anzeigen-, Filmverleih- und Werbungskommission; Kommissionsverlag; Inkassokommission; Konsignations- und Exportkommission.

Frage 99:
Welche Pflichten hat der Kommissionär?

Antwort:
(a) Sorgfalts- und Mitteilungspflichten: Der Kommissionär ist verpflichtet, das übernommene Geschäft mit der Sorgfalt eines ordentlichen Kaufmanns auszuführen und dabei das Interesse des Kommittenten wahrzunehmen. Außerdem hat er Rechenschaft abzulegen und das aus der Geschäftsführung Erlangte herauszugeben (§ 384 Abs. 1 und 2 HGB).
(b) Weisungsunterworfenheit: Der Kommissionär muss die Weisungen des Kommittenten befolgen, widrigenfalls er sich schadenersatzpflichtig macht (§ 385 HGB).
(c) Interessenwahrnehmung: Der Kommissionär muss das Interesse des Kommittenten wahrnehmen, beispielsweise die vom Kommittenten gesetzten Preislimits beachten (§§ 386, 387 HGB).
(d) Delkrederehaftung: Bei besonderer Abrede bzw. entsprechender Ortsüblichkeit muss der Kommissionär für die Erfüllung der Verbindlichkeit des Dritten, mit dem er das Geschäft für Rechnung des Kommittenten abschließt, einstehen (§ 394 HGB), erhält hierfür aber eine gesonderte Delkredereprovision.
(e) Haftung für Verlust: Der Kommissionär haftet nach § 390 HGB für den Verlust und die Beschädigung des in seiner Verwahrung befindlichen Gutes.

Frage 100:
Welche Rechte hat der Kommissionär?

Antwort:
(a) Der Kommissionär kann die Provision fordern, wenn das Geschäft zur Ausführung gekommen ist (§ 396 Abs. 1 HGB).
(b) Er hat darüber hinaus Anspruch auf Ersatz seiner Aufwendungen (§ 396 Abs. 2 HGB).
(c) Wegen der auf das Kommissionsgut verwendeten Kosten, der Provision, der Vorschüsse und Darlehen sowie anderer Verbindlichkeiten und wegen aller Forderungen aus laufender Rechnung im Kommissionsgeschäft hat der Kommissionär ein Pfandrecht am Kommissionsgut (§ 397 HGB).

(d) Der Kommissionär hat das Recht auf „Selbsteintritt", kann also nach näherer Maßgabe des § 400 HGB in das Geschäft „selbst einsteigen". Bei der Einkaufskommission erfolgt dies, indem er als Verkäufer liefert, bei der Verkaufskommission, indem er als Käufer bezieht.

Frage 101:
Welche Voraussetzungen gelten für den Selbsteintritt des Kommissionärs nach § 400 HGB?
Antwort:
(a) Der Kommittent darf nicht etwas anderes bestimmt haben;
(b) das Kommissionsgut muss einen Börsen- oder Marktpreis haben;
(c) der Kommissionär muss mit der Ausführungsanzeige ausdrücklich den Selbsteintritt erklären.

Frage 102:
Wer ist Gläubiger der Forderungen aus einer vom Kommissionär abgeschlossenen Verkaufskommission?
Antwort: Wirtschaftlich gesehen ist die Kaufpreisforderung ein Surrogat des Kommissionsguts. Rechtlich tritt aber der Kommissionär im eigenen Namen auf und erwirbt somit die Kaufpreisforderung selbst. Demzufolge kann nach § 392 Abs. 1 HGB eine Forderung aus einem Geschäft, das der Kommissionär abgeschlossen hat, vom Kommittenten dem Schuldner gegenüber erst nach der Abtretung geltend gemacht werden.

Frage 103:
Welche Rechte hat der Kommittent, wenn Gläubiger des Kommissionärs auf die bei Verkaufskommissionen erzielten Kaufpreisforderungen zugreifen wollen?
Antwort: Rechtlich gesehen handelt es sich um Forderungen des Kommissionärs, die jedoch wirtschaftlich dem Kommittenten zustehen. Aus diesem Grunde bestimmt § 392 Abs. 2 HGB, dass derartige Forderungen, auch wenn sie nicht abgetreten sind, im Verhältnis zwischen dem Kommittenten und dem Kommissionär oder dessen Gläubigern als Forderungen des Kommittenten gelten. Die zwangsvollstreckungsrechtliche Konsequenz ist, dass der Kommittent im Falle der Insolvenz des Kommissionärs ein Aussonderungsrecht nach § 47 InsO hat und im Falle der Einzelzwangsvollstreckung gegen den Gläubiger die Drittwiderspruchsklage nach § 771 ZPO erheben kann.

Frage 104:
Gilt § 392 Abs. 2 HGB auch für das Kommissionsgut?
Antwort: Nein, die Rechtsprechung lehnt es ab § 392 Abs. 2 HGB auf das Kommissionsgut anzuwenden. Selbst auf den durch das Ausführungsgeschäft bereits erlangten Kaufpreis soll § 392 Abs. 2 HGB unanwendbar sein (BGHZ 79, 94, str.).

Fälle

Fall 41:
Kalinke betreibt unter anderem eine Lottoannahmestelle des Berliner Zahlenlottos. Als dieses ihm kündigt, will er Schadensersatzansprüche geltend machen. Welche Rechtsvorschriften sind heranzuziehen?
Lösung: Es ist anerkannt, dass der Inhaber einer Lotto-Annahmestelle Handelsvertreter sein kann (BGHZ 43, 108). Die Tatsache, dass es sich beim Berliner Zahlenlotto um eine Anstalt des öffentlichen Rechts und nicht um einen Gewerbebetrieb handelt, ist unschädlich. § 84 HGB erfordert im Interesse des Handelsvertreters eine weite Auslegung des Unternehmerbegriffs. Nicht entscheidend ist die zufällige Rechtsform, sondern die Frage, ob sich der Unternehmer im rechtsgeschäftlichen Verkehr in der Form des Privatrechts betätigt. Die Lottounternehmen schließen dem Privatrecht zuzurechnende Spielverträge ab und sind deshalb Unternehmer i.S.d. § 84 HGB. Da auch der Lottounternehmer nicht Angestellter, sondern selbständiger Gewerbetreibender ist, findet das Recht der Handelsvertreter Anwendung. Im vorliegenden Falle wären also bei den Kündigungsvorschriften und einer etwaigen Schadenersatzpflicht §§ 89, 89 a HGB heranzuziehen.

Fall 42:
Hugo ist Handelsvertreter der Polifax-Poliermittel-GmbH. Nach mehreren Informationsgesprächen gelingt es ihm, den Kunden K zu einer umfangreichen Bestellung zu veranlassen. K bestellt nach einem halben Jahr weitere Poliermittel, was Hugo erst später und nur nebenbei erfährt. Zahlungen hat er von Polifax bisher noch nicht erhalten. Was kann er tun?
Lösung: Hugo hat als Handelsvertreter einen Provisionsanspruch nach § 87 Abs. 1 S. 1 HGB. Dies gilt auch für die später getätigten Geschäfte. Darüber hinaus hat er nach § 87 c Abs. 3 HGB Anspruch auf Auskunft über alle Umstände, die für den Provisionsanspruch, seine Fälligkeit und seine Berechnung wesentlich sind.

Fall 43:
Wie wäre es, wenn die Bestellung von K erst erfolgte, nachdem Hugo das Vertragsverhältnis mit der Polifax beendet hatte? Wie wäre es, wenn K die Bestellung nicht auf die Bemühungen von Hugo hin, sondern wegen anderweitiger Überlegungen getätigt hätte?
Lösung: Auch für Geschäfte, die erst nach Beendigung des Vertragsverhältnisses abgeschlossen werden, behält der Handelsvertreter nach § 87 Abs. 3 HGB den Provisionsanspruch, sofern er es vermittelt, eingeleitet oder so vorbereitet hat, dass der Abschluss überwiegend auf seine Tätigkeit zurückzuführen ist, und das Geschäft innerhalb einer angemessenen Frist nach Beendigung des Vertragsverhältnisses abgeschlossen wurde.

Wenn die Bestellung des Kunden ohne kausale Tätigkeit des Handelsvertreters erfolgte, scheidet der Provisionsanspruch aus.

Fall 44:

Nachdem Hugo fast drei Jahre für die Polifax tätig war, wird ihm ohne Angabe von Gründen mit einer Frist von drei Monaten gekündigt. Hugo versteht die Welt nicht mehr und verweist darauf, dass er – was zutrifft – in der Zeit seiner Tätigkeit einen ansehnlichen Kundenstamm aufgebaut hat, was zu einer starken Umsatzbelebung bei Polifax führte. Außerdem verweist er auf sein fortgeschrittenes Alter und dass ihm eine anderweitige Tätigkeit bzw. ein Neuanfang in seinem angestammten Beruf nur schwer möglich ist. Welche Rechte hat Hugo?
Lösung: Hugo kann einen Ausgleichsanspruch nach § 89 b HGB geltend machen. Die Kündigung des Vertrages ist in der Frist des § 89 HGB erfolgt, die Voraussetzungen des Ausgleichsanspruchs dürften vorliegen: Vorteile des Unternehmers aus der Geschäftsverbindung mit den vom Handelsvertreter geworbenen Kunden, Verlust des Provisionsanspruchs, Billigkeit der Ausgleichszahlung.

Fall 45:

H hatte sieben Jahre lang an einer von ihm gepachteten Tankstelle in Frankfurt als Handelsvertreter einer Mineralölfirma deren Treibstoffe und Schmiermittel verkauft. Als bekannt wird, dass H in der näheren Umgebung ohne Einwilligung der Lieferfirma die Tankstelle einer Konkurrenzfirma betreibt, kündigt die Mineralölfirma den Tankstellen-Vertrag fristlos. H verlangt nun einen Ausgleich in Höhe von 30 000 Euro dafür, dass er während seiner Pachtzeit Stammkunden geworben hat, die den von ihnen benötigten Treibstoff auch nach Beendigung seiner Tätigkeit weiter von seiner ehemaligen Tankstelle beziehen. Die Höhe entspräche der in den letzten fünf Jahren seiner Pachtzeit erzielten durchschnittlichen Jahresprovision.
Lösung: H ist Handelsvertreter und macht einen Ausgleichsanspruch nach § 89 b HGB geltend. Die Voraussetzungen des § 89 b Abs.1 S. 1 Nr. 1 bis 3 HGB liegen wohl vor. Auch wäre der Ausgleichsanspruch nach § 89 b Abs. 2 HGB angesichts der durchschnittlichen Jahresprovision der Höhe nach angemessen. Trotzdem entfällt ein Ausgleichsanspruch wegen der Besonderheit des Sachverhalts: Wenn eine Mineralölfirma ein Tankstellennetz unterhält, dann hat sie ein für ihre Vertragspartner ersichtliches Interesse daran, dass ihre Pächter nicht zugleich gegen sie konkurrieren. Aus diesem Grunde war die Mineralölfirma zur Kündigung des Handelsvertretervertrages aus wichtigem Grund wegen schuldhaften Verhaltens des Handelsvertreters berechtigt. Damit entfiel aber nach § 89 b Abs. 3 Nr. 2 HGB zugleich der Ausgleichsanspruch.

Fall 46:
H ist Handelsvertreter einer Tuchwarenfabrik, die Damen- und Herren-stoffe herstellt. Nachdem die Fabrik von einer Großfirma aufgekauft wur-de, stellte sie sich ausschließlich auf die Belieferung der Aufkäuferfirma ein. Der Verkauf an andere Kunden wurde eingestellt, das Handelsvertre-terverhältnis mit H gekündigt. Dieser verlangt nunmehr Ausgleich nach § 89 b HGB, hilfsweise Schadenersatz.

Lösung: Ein Anspruch auf Ausgleich nach § 89 b HGB scheidet aus: Dieser setzt voraus, dass der Unternehmer aus dem von dem Handelsvertreter geworbenen Kundenstamm auch nach Beendigung des Vertragsverhält-nisses erhebliche Vorteile hat (§ 89 b Abs. 1 Nr. 1 HGB). Das war nicht der Fall, weil die früheren Kunden nicht mehr beliefert wurden. In Betracht kommt jedoch ein Schadensersatzanspruch aus positiver Vertragsverlet-zung, wenn der Unternehmer den Handelsvertreter nicht unverzüglich und klar von der geplanten Umstellung seines Vertriebssystems unter-richtet hatte.

Fall 47:
Hans Otto war für eine namhafte Versicherungsgesellschaft als Versiche-rungsvertreter tätig. Außer den üblichen Provisionen erhielt er eine mo-natliche „Inkassoprovisionspauschale". Dazu wurde vereinbart, dass bei einer Kündigung durch die Versicherungsgesellschaft Hans Otto einen Teil dieser Pauschale zurückzuzahlen habe, sofern er innerhalb eines Jah-res nach Vertragsbeendigung für eine andere Versicherungsgesellschaft tätig werden würde. Als es tatsächlich später zu einer Kündigung durch die Versicherungsgesellschaft kommt und Hans Otto für ein anderes Un-ternehmen tätig wird, verlangt seine frühere Firma unter Berufung auf die vorerwähnte Vereinbarung die Rückzahlung der gewährten Inkassoprovi-sionspauschalen, die sich auf mittlerweile 3000 Euro addiert haben. Zu Recht?

Lösung: Dem Rückzahlungsanspruch könnte entgegenstehen, dass die Vereinbarung gegen ein gesetzliches Verbot verstößt und damit nach § 134 BGB nichtig ist. Nach der zwingenden Vorschrift des § 90 a Abs. 4 i.V.m. § 90 a Abs. 1 S. 3 HGB hat der Unternehmer dem Vertreter im Fall eines Wettbewerbsverbots für die Zeit nach der Vertragsbeendigung eine Ent-schädigung zu bezahlen. Zwar war im vorliegenden Fall ein derartiges Verbot nicht ausgesprochen, Hans Otto konnte also, ohne seine vertragli-chen Pflichten zu verletzen, sofort für die Konkurrenz tätig werden. Er stand dabei aber unter dem Druck, dass er dann einen nicht unerheblichen Teil seiner Inkassoprovisionspauschale würde zurückzahlen müssen. Das läuft wirtschaftlich gesehen auf dasselbe hinaus wie ein Verbot oder eine Beschränkung des Wettbewerbs, also auf eine Umgehung der zwingenden Vorschrift des § 90 a Abs. 4 HGB. Die Versicherungsgesellschaft kann des-halb die Rückzahlung der gewährten Pauschale nicht verlangen.

Fall 48:

Erich hat in einer aufstrebenden Mittelstadt eine Reparaturwerkstätte aus kleinen Anfängen zu einem vorbildlichen Mittelbetrieb ausgebaut und seit fünf Jahren die Gebietsvertretung für Personenwagen der Marke Opel erhalten. Sein Vertrag mit der Adam Opel AG sieht vor, dass er laufend Bericht zu erstatten und sich hinsichtlich des äußeren Erscheinungsbildes, der Werbung, des Auftretens, der Preisgestaltung bis hin zur Büro- und Werkstättenorganisation an die von der Zentrale gegebenen Richtlinien zu halten hat. Wegen einiger unliebsamer Vorkommnisse wird ihm die Opel-Vertretung entzogen. Er überlegt, ob ihm für seine „Aufbauarbeit" nicht eine Entschädigung zusteht.

Lösung: Erich ist nicht Handelsvertreter, weil er die Fahrzeuge nicht in fremdem Namen, sondern im eigenen Namen und auf eigene Rechnung verkauft. Trotzdem ist nicht zu verkennen, dass wegen der besonderen Beziehungen zum Unternehmen eine Parallelität zum Handelsvertreter vorliegt. Man bezeichnet seine, im Gesetz nicht ausdrücklich geregelte Position als „Eigenhändler" bzw. „Vertragshändler". Der Bundesgerichtshof hat dazu in mehreren Entscheidungen Stellung genommen und vor allem die analoge Anwendung des § 89 b HGB geprüft. Ob im vorliegenden Fall ein Ausgleichsanspruch eingreift, kann nur nach der Beurteilung konkreter Sachverhaltsumstände gesagt werden. Diese setzen nach der ständigen Rechtsprechung des Bundesgerichtshofs voraus, dass zwischen dem Vertragshändler und dem Lieferanten „ein Rechtsverhältnis besteht, das sich nicht in einer bloßen Käufer-Verkäufer-Beziehung erschöpft, sondern den Eigenhändler aufgrund vertraglicher Abmachungen so in die Absatzorganisation seines Lieferanten eingliedert, dass er wirtschaftlich in erheblichem Umfang dem Handelsvertreter vergleichbare Aufgaben zu erfüllen hat und er verpflichtet ist, bei Vertragsbeendigung seinem Lieferanten seinen Kundenstamm zu übertragen, so dass sich der Lieferant die Vorteile des Kundenstamms sofort und ohne weiteres nutzbar machen kann" (vgl. BGHZ 29, 83; 43, 282; 68, 340; 93, 59).

Fall 49:

Kunstmäzen Konzelmann beauftragt den Auktionator A, ein wertvolles Gemälde zum Preis von 100 000 Euro zu verkaufen. A nimmt das Gemälde in Kommission und findet nach geraumer Zeit in dem Kunstliebhaber L einen Abnehmer. Nach Veräußerung des Gemäldes will Gläubiger X wegen einer Forderung, die er aus einer Warenlieferung gegenüber A hat, den Kaufpreisanspruch des A gegen L pfänden lassen. Ist das zulässig?

Lösung: Grundsätzlich kann ein vollstreckender Gläubiger im Wege der Zwangsvollstreckung nur auf Vermögenswerte zugreifen, die zum Vermögen seines Schuldners gehören. Die gepfändete Forderung müsste daher dem A zustehen. Die Besonderheit des Kommissionsgeschäfts liegt nun aber darin, dass der Kommissionär zwar in eigenem Namen, aber für fremde Rechnung handelt. Daraus folgt zunächst, dass er selbst Vertragspartner der von ihm abgeschlossenen Verträge und daher juristisch Inhaber der hieraus resultierenden Forderungen ist. In wirtschaftlicher Hinsicht gehören diese Forderungen jedoch zum Vermögen des Kommittenten, für dessen Rechnung der Kommissionär tätig ist. Wegen dieser Diskrepanz gibt es die Sonderregelung des § 392 Abs. 2 HGB: Nach ihr gelten die Forderungen aus einem Geschäft, das der Kommissionär abgeschlossen hat, im Verhältnis zwischen dem Kommittenten und dem Kommissionär oder dessen Gläubigern als Forderungen des Kommittenten. Damit gilt der Zahlungsanspruch im Verhältnis von Konzelmann und X (als Gläubiger des Kommissionärs A) als Forderung des Konzelmann; X wird daher so behandelt, als hätte er nicht eine Forderung des A, sondern die Forderung eines Dritten gepfändet. Dementsprechend kann Konzelmann nach § 771 ZPO Drittwiderspruchsklage erheben.

Fall 50:
Wie wäre es im vorstehenden Fall, wenn nicht der Gläubiger X auf die Kaufpreisforderung zugegriffen hätte, sondern wenn L gegen A mit einer aus einer früheren Verkaufskommission resultierenden Forderung aufrechnen will?

Lösung: Die Voraussetzungen der bürgerlich-rechtlichen Aufrechnung (Gegenseitigkeit, Gleichartigkeit, Fälligkeit und Einredefreiheit) liegen vor: Der Kommissionär schließt den Vertrag mit dem Käufer in eigenem Namen ab, daher steht die Kaufpreisforderung an sich ihm und nicht dem Kommittenten zu. Es ist jedoch auch hier zu prüfen, ob der Aufrechnung im konkreten Fall nicht § 392 Abs. 2 HGB entgegensteht. Danach gelten Forderungen aus einem Geschäft, das der Kommissionär abgeschlossen hat, im Verhältnis zwischen dem Kommittenten und dem Kommissionär oder dessen Gläubigern als Forderungen des Kommittenten. Dieser Fall wird daher vom Wortlaut des § 392 Abs. 2 BGB erfasst, da L nicht nur Vertragspartner des A, sondern auch sein Gläubiger ist. Dieses Ergebnis wäre jedoch bedenklich, weil der L darauf vertraut, dass A sein Vertragspartner ist. Dieses Vertrauen ist auch schutzwürdig, weil der Gläubiger Beziehungen seines Vertragspartners zu Dritten grundsätzlich nicht berücksichtigen muss. Daher darf das Geschäft, das der Kommissionär mit einem Vertragspartner schließt, nicht durch das Verhältnis zwischen Kommissionär und Kommittent beeinträchtigt werden. Die Rechtsprechung legt daher § 392 Abs. 2 HGB dahin aus, dass diese Bestimmung nicht für solche Gläubiger des Kommissionärs gilt, die zugleich Schuldner des Kommissionärs sind. L war Gläubiger hinsichtlich der Forderung aus dem mit A vereinbarten Kommissionsauftrag und zugleich Schuldner hinsichtlich der Veräußerung des Gemäldes. Es ist also anders, als wenn ein außenstehender Dritter als Gläubiger Forderungen gegenüber dem Kommissionär erhebt und auf Surrogate des Kommissionsgeschäfts zugreift. L kann mit seiner Forderung aufrechnen.

Fall 51:

Autonarr A ist in finanziellen Schwierigkeiten und will deshalb seinen Sportwagen verkaufen. Der Gebrauchtwagenhändler „H e.k." lehnt einen Ankauf ab, da es sich um ein exotisches und damit schwer verkäufliches Modell handelt. H bietet jedoch an, das Fahrzeug in Kommission zu nehmen. A ist einverstanden und legt als Mindestverkaufspreis 25 000 Euro fest. Als Provision wird 3 % des Verkaufspreises vereinbart. H holt das Fahrzeug ab und stellt es auf seinem Betriebsgelände zum Verkauf aus; auf dem im Fahrzeug ausgehängten Datenblatt ist deutlich der Vermerk „in Kommission" zu erkennen. Wenig später meldet sich ein Interessent direkt bei A, der das Fahrzeug für 30 000 Euro kaufen will. A teilt H mit, das Fahrzeug nicht mehr verkaufen zu wollen und verlangt es zurück. Bevor A das Fahrzeug wieder abholen kann, verkauft H das Fahrzeug für 25 000 Euro an B, dem bewusst ist, dass H als Kommissionär nicht Eigentümer des Fahrzeugs ist. B bezahlt und fährt mit dem Sportwagen davon. A ist erbost und will „sein" Fahrzeug zurück oder 30 000 Euro von H. H bietet ihm 25 000 Euro abzüglich der vereinbarten Provision an. Wer hat Recht?

Lösung:

(1) Da zwischen A und B keine vertraglichen Beziehungen bestehen, kommt nur ein Herausgabeanspruch aus § 985 BGB in Betracht. Dazu müsste A noch Eigentümer sein. Er war ursprünglich Eigentümer des Autos und hat das Eigentum auch nicht durch die Übergabe an H verloren: Der Verkaufskommissionär wird nicht Eigentümer in Kommission genommener Gegenstände, sondern nur zur Übereignung ermächtigt i.S.d. § 185 Abs. 1 BGB. A könnte das Eigentum jedoch durch die Übergabe von H an B an diesen verloren haben nach § 929 S. 1 BGB. H war zwar nicht Eigentümer, aber (zunächst) zur Verfügung ermächtigt gem. § 185 BGB. Da eine solche Ermächtigung – unabhängig von dem zwischen Ermächtigenden und Ermächtigten bestehenden Vertragsverhältnis – jederzeit widerruflich ist und der Widerruf vor der Übergabe von H an B erfolgte, war H im Zeitpunkt der Übergabe nicht mehr ermächtigt und konnte nicht nach §§ 929 S. 1, 185 Abs. 1 BGB übereignen. Ein gutgläubiger Erwerb nach § 932 BGB scheitert an der Bösgläubigkeit des B, da dieser wusste, dass H nicht Eigentümer des Fahrzeugs war. Hier greift jedoch § 366 HGB ein: Während §§ 932 ff. BGB nur den guten Glauben an die Rechtsinhaberschaft schützen, wird von § 366 HGB auch der gute Glaube an die Verfügungsbefugnis geschützt. Diese Vorschrift gilt auch für den Kommissionär, der Kaufmann ist. B ging davon aus, dass H das Fahrzeug in Kommission verkaufte und wusste nichts von dem Widerruf des A gegenüber H. B war daher gutgläubig hinsichtlich der Verfügungsbefugnis des H und wurde somit gem. §§ 929 S. 1, 932 BGB, 366 Abs. 1 HGB Eigentümer. A hat daher keinen Herausgabeanspruch.

(2) A könnte jedoch ein Zahlungsanspruch gegen H zustehen. Da H als Nichtberechtigter über das im Eigentum des A stehende Fahrzeug verfüg-

te und diese Verfügung gegenüber A wirksam ist, ist H gem. § 816 Abs. 1 BGB zur Herausgabe des Erlangten, also hier 25 000 Euro, verpflichtet. Darüber hinaus kommt ein Anspruch auf Schadensersatz aus §§ 280, 283 BGB in Betracht: Die Mitteilung, dass H das Fahrzeug nicht mehr verkaufen sollte, war eine Kündigung des Kommissionsvertrags. Eine solche Kündigung ist gem. § 649 BGB jederzeit möglich, da ein Kommissionsvertrag bei einem Einzelgeschäft ein Werkvertrag mit Geschäftsbesorgungscharakter i.S.d. §§ 631, 675 BGB ist – bei dauerhafter Geschäftsbeziehung handelt es sich dagegen um einen Dienstvertrag. Aufgrund der somit wirksamen Kündigung war H zur Rückgabe des Fahrzeugs verpflichtet. Diese Pflicht wurde ihm durch die Übergabe an B unmöglich i.S.d. § 275 Abs. 1 BGB. Da H die Unmöglichkeit auch zu vertreten hat, ist er gem. §§ 280 Abs. 1, 283 BGB zum Schadensersatz statt der Leistung verpflichtet. Dieser umfasst gem. § 252 BGB auch den entgangenen Gewinn; H kann daher 30 000 Euro verlangen.

(3) H verlangt die vereinbarte Provision gem. § 396 HGB. Als H den Kaufvertrag mit B schloss, hatte A jedoch den Kommissionsvertrag bereits wirksam gekündigt; der Verkauf an B begründet daher keinen Provisionsanspruch. H hat jedoch gem. § 649 BGB Anspruch auf die vereinbarte Vergütung; ersparte Aufwendungen sind nicht ersichtlich. Er hat daher einen Gegenanspruch in Höhe von 3 % des Mindestverkaufspreises, also 750 Euro. Mit diesem Anspruch kann er gem. §§ 387 ff. BGB gegen den Schadensersatzanspruch aufrechnen, wonach A von ihm noch 29 250 Euro verlangen kann.

VI. Das Handelsregister

Übersicht

Rechtsgrundlagen	§§ 8–16 HGB, §§ 125–158 FGG, Handelsregisterverfügung vom 12.8.1937
Aufgaben des Handelsregisters	*Publikationsfunktion*: Verlautbarung sämtlicher im kaufmännischen Rechts- und Geschäftsverkehr bedeutsamen Vorgänge durch die Bekanntmachung von Handelsregistereintragungen und durch Gestattung der jederzeitigen Einsicht in das Handelsregister sowie der zum Register eingereichten Schriftstücke (§ 9 Abs. 1 HGB). *Beweisfunktion*: Behörden gegenüber kann die Inhaberschaft und die Vertretungsbefugnis durch ein Zeugnis über die Eintragung erbracht werden. *Kontrollfunktion*: Wichtige Vorgänge des kaufmännischen Geschäftsverkehrs werden vor ihrer Eintragung den Or-

ganisationen des Handelsstandes zur Begutachtung vorgelegt und damit von sachkundiger Seite überprüft.

Schutzfunktion: Auf bekanntgemachte Eintragungen des Handelsregisters kann man sich im Rahmen der Registerpublizität des § 15 HGB verlassen.

Zuständigkeit	Sachlich zuständig ist das Amtsgericht (§ 125 Abs. 1 FGG), funktionell der Rechtspfleger (§ 3 Nr. 2 d RPflG).
Äußere Aufmachung	Das Handelsregister gliedert sich in zwei Abteilungen: *Abt. A*: Einzelkaufleute, oHG, KG, Unternehmen von Gebietskörperschaften ohne eigene Rechtspersönlichkeit des Unternehmens *Abt. B*: Aktiengesellschaften, KGaA, GmbH, Versicherungsvereine auf Gegenseitigkeit.
Verfahrensablauf bei der Eintragung	Man unterscheidet eintragungspflichtige und eintragungsmögliche Tatsachen sowie nicht eintragungsfähige Tatsachen. Das Gesetz trifft die Entscheidung hierüber jeweils beim einzelnen Regelungsbereich. Form der Anmeldung: öffentliche Beglaubigung (§ 12 HGB). Eintragung bestimmt sich nach der Handelsregisterverfügung. Löschungen sind durch „Röten" kenntlich zu machen. Bekanntmachung: Durch den Bundesanzeiger und mindestens ein anderes Blatt. Zeitpunkt der Bekanntmachung: Mit Ablauf des Tages, an welchem das letzte der die Bekanntmachung enthaltenen Blätter erschienen ist (§ 10 Abs. 2 HGB).
Wirkung der Eintragung	*Negative Publizität*: Wenn eine eintragungspflichtige Tatsache nicht eingetragen und bekanntgemacht ist, kann sie einem Dritten nicht entgegengesetzt werden, es sei denn, der Dritte habe die Tatsache gekannt (§ 15 Abs. 1 HGB). *Wirkung eingetragener Tatsachen*: Eine Tatsache, die eingetragen und bekanntgemacht wurde, muss ein Dritter gegen sich gelten lassen; dies ist für den Zeitraum von 15 Tagen nach der Eintragung insofern eingeschränkt, als der Dritte hier vorbringen kann (und auch beweisen muss), er habe die Tatsache weder gekannt noch kennen müssen; § 15 Abs. 2 HGB. *Positive Publizität*: Auf unrichtige Bekanntmachungen kann sich nach § 15 Abs. 3 HGB ein Dritter berufen, es sei denn, er habe die Unrichtigkeit gekannt.

Fragen

Frage 105:
Wo befindet sich das Handelsregister?
Antwort: Das Handelsregister wird von den Amtsgerichten geführt. Zuständig für das Handelsregister eines Landgerichtsbezirks ist nach § 125 Abs. 1 FGG grundsätzlich das Amtsgericht, in dessen Bezirk das Landgericht seinen Sitz hat. Funktionell zuständig ist in der Regel der Rechtspfleger, § 3 Nr. 2 d RPflG.

Frage 106:
Wie ist das Handelsregister aufgebaut?
Antwort: Das Handelsregister gliedert sich in mehrere Abteilungen: In Abteilung A werden Einzelkaufleute, die offenen Handelsgesellschaften, die Kommanditgesellschaften und die Unternehmen öffentlicher Körperschaften eingetragen.
In Abteilung B werden Aktiengesellschaften, Kommanditgesellschaften auf Aktien, Gesellschaften mit beschränkter Haftung sowie Versicherungsvereine auf Gegenseitigkeit eingetragen.

Frage 107:
Wird die Genossenschaft in das Handelsregister eingetragen?
Antwort: Nein, die Genossenschaft wird im Genossenschaftsregister geführt.

Frage 108:
Welche Funktion hat das Handelsregister?
Antwort: Das Handelsregister übernimmt eine allgemeine Publikationsfunktion für solche Tatsachen, die im kaufmännischen Rechts- und Geschäftsverkehr von Bedeutung sind; auf die Eintragungen in das Handelsregister kann man sich in gewissem Umfang (vgl. § 15 HGB) verlassen (Schutzfunktion); mit Handelsregisterauszügen kann der Nachweis rechtserheblicher Tatsachen geführt werden (Beweisfunktion); durch die Beteiligung der Organe des Handelsstandes (Industrie- und Handelskammer) bei Handelsregistereintragungen erhält das Handelsregister eine Kontrollfunktion gegenüber wichtigen Vorgängen im kaufmännischen Geschäftsverkehr.

Frage 109:
Darf in das Handelsregister nur einsehen, wer ein rechtliches Interesse nachweist?
Antwort: Nein, die Einsicht in das Handelsregister sowie der zum Handelsregister eingereichten Schriftstücke ist jedermann ohne Angabe von Gründen gestattet (§ 9 Abs. 1 HGB).

Frage 110:
Sind alle im kaufmännischen Geschäftsverkehr denkbaren Vorgänge im Handelsregister eintragungsfähig?
Antwort: Nein, man muss die eintragungsfähigen von den nicht eintragungsfähigen Tatsachen unterscheiden. Was in das Handelsregister eingetragen wird, bestimmt das Gesetz an der jeweils zuständigen Stelle bei der Regelung eines entsprechenden Sachkomplexes.

Frage 111:
Nennen Sie Beispiele für eintragungsfähige und nicht eintragungsfähige Tatsachen.
Antwort: Nicht eingetragen werden können die Eigentumsverhältnisse an Geschäftsgrundstücken, der Güterstand, stille Beteiligungen oder Angaben über das Haftungskapital eines Einzelkaufmanns oder einer Personengesellschaft. Eintragungsfähige Tatsachen sind die Kaufmannseigenschaft, die Firmenbezeichnung (einschließlich Änderung und Erlöschen), Erteilung und Widerruf der Prokura sowie die wichtigsten Vorgänge bei den Handelsgesellschaften.

Frage 112:
Überlässt das Gesetz die Anmeldung dem Betroffenen?
Antwort: Man muss eintragungspflichtige und eintragungsmögliche Tatsachen unterscheiden. In der Regel geht das Gesetz davon aus, dass eine Tatsache auch einzutragen ist, wie z.B. die Kaufmannseigenschaft, die Firma sowie das Erteilen und das Erlöschen der Prokura. In diesem Fall spricht man von „einzutragenden Tatsachen".

Frage 113:
Inwiefern wird beim Handelsregister zwischen konstitutiven und deklaratorischen Eintragungen unterschieden?
Antwort: Diese Unterscheidung zielt auf die Wirkung einer Eintragung: Wenn eine bestimmte Rechtsfolge erst mit der Eintragung eintritt, hat die Eintragung konstitutive Wirkung. Tritt die Rechtsfolge unabhängig von der Eintragung ein, spricht man von deklaratorischer Wirkung der Eintragung. Es gibt sowohl Tatsachen, deren Eintragung konstitutiv wirkt, als auch Tatsachen, deren Eintragung nur deklaratorische Wirkung hat: z.B. wirkt die Eintragung des Kannkaufmanns (§§ 2, 3 HGB) konstitutiv, die des Istkaufmanns (§ 1 HGB) dagegen deklaratorisch.

Frage 114:
In welcher Form sind Handelsregistereintragungen einzureichen?
Antwort: Das Gesetz schreibt öffentlich beglaubigte Form vor (§ 12 HGB).

Frage 115:
Wie sind Handelsregistereintragungen zu veröffentlichen?

Antwort: Eintragungen in das Handelsregister sind gem. § 10 HGB vom Gericht durch den Bundesanzeiger und durch mindestens ein anderes Blatt bekanntzumachen.

Frage 116:
Wann gilt eine Handelsregisterbekanntmachung als erfolgt?
Antwort: Nach § 10 Abs. 2 HGB mit dem Ablauf des Tages, an welchem das letzte der die Bekanntmachung enthaltenden Blätter erschienen ist.

Frage 117:
Welche Wirkung hat die Eintragung in das Handelsregister für die Öffentlichkeit?
Antwort:
(a) Ist eine in das Handelsregister einzutragende Tatsache nicht eingetragen und bekanntgemacht worden, so kann diese Tatsache nach § 15 Abs. 1 HGB einem Dritten nicht entgegengehalten werden; auf das Schweigen des Handelsregisters kann man sich also verlassen (negative Publizität).
(b) Ist eine Tatsache eingetragen und bekanntgemacht worden, muss sie ein Dritter gegen sich gelten lassen, sofern sie richtig ist (§ 15 Abs. 2 HGB).

Frage 118:
Wie ist die Publizität des Handelsregisters mit dem Prinzip des Vertrauensschutzes verknüpft?
Antwort: Im Hinblick auf den Vertrauensschutz ist sowohl die negative als auch die positive Publizität eingeschränkt:
(a) Auf die negative Publizität des Handelsregisters kann sich nicht berufen, wer die nicht eingetragenen Tatsachen gekannt hat (§ 15 Abs. 1 a.E. HGB);
(b) Auf die positive Publizität braucht sich nicht verweisen zu lassen, wer nachweist, dass er die Tatsache weder kannte noch kennen musste, allerdings nur für den Zeitraum von 15 Tagen nach der Bekanntmachung (§ 15 Abs. 2 S. 2 HGB).

Frage 119:
Was ist, wenn eine einzutragende Tatsache unrichtig bekanntgemacht wurde?
Antwort: Nach § 15 Abs. 3 HGB kann sich ein Dritter auf die (unrichtig) bekanntgemachte Tatsache berufen, es sei denn, dass der Dritte die Unrichtigkeit kannte. Nach herrschender Meinung trifft diese Rechtsscheinshaftung jedoch nur denjenigen, dem die Eintragung zurechenbar ist. Dies ist jeder, der einen Eintragungsantrag gestellt hat, auch wenn der Antrag richtig und nur die nachfolgende Eintragung falsch war.

Frage 120:
Gibt es über den Wortlaut des § 15 HGB hinausgehend weitere Aussagen zu dieser Frage?

Antwort: Es gibt zwei Erweiterungen über den Wortlaut der Vorschrift hinaus:

(a) An sich ist in § 15 Abs. 3 HGB nur der Fall ausdrücklich geregelt, dass die Bekanntmachung, nicht aber die Eintragung unrichtig ist. Diese Vorschrift wird jedoch auch auf den Fall angewendet, dass schon die – vom Betroffenen zurechenbar veranlasste – Eintragung falsch war.

(b) Darüber hinaus ist noch der Fall denkbar, dass ein Betroffener eine unrichtige Eintragung und ihre Bekanntmachung zwar nicht veranlasst hat, es aber zurechenbar versäumt hat, die unrichtige Eintragung rückgängig zu machen. In diesem Fall haftet er gutgläubigen Dritten zwar nicht nach § 15 Abs. 3 HGB, aber nach allgemeinen Rechtsscheinsgrundsätzen für die Maßgeblichkeit der Eintragung.

Frage 121:
Setzt die Anwendung des § 15 Abs. 1 und 3 HGB voraus, dass der Dritte die betreffende Eintragung im Handelsregister gekannt hat?
Antwort: Nein, § 15 HGB schützt bereits das abstrakte Vertrauen in die Richtigkeit des Handelsregisters. Der Dritte muss keinerlei Einsicht in das Handelsregister genommen haben, um sich auf § 15 HGB berufen zu können. Dies ist auch der entscheidende Unterschied zur Rechtsscheinshaftung nach allgemeinen Grundsätzen: Auf sie kann sich nur berufen, wer tatsächlich auf den Rechtsscheinstatbestand vertraut hat.

Frage 122:
Greift die Publizitätsfunktion des Handelsregisters auch gegenüber Minderjährigen durch?
Antwort: Nein, der Minderjährigenschutz geht – wie immer im Rechtsverkehr – auch der Schutzfunktion des Handelsregisters vor.

Fälle

Fall 52:
Beim Amtsgericht Wuppertal werden nachfolgende Unternehmen zur Eintragung in das Handelsregister angemeldet: „Karl Maier, Tuchfabrik e.K."; „Josef Schwarz Großhandel – offene Handelsgesellschaft"; „Wuppertaler Construkt-Bau Gesellschaft mit beschränkter Haftung". In welche Abteilung ist jeweils einzutragen?
Lösung: Einzelfirmen (Karl Maier e.K.) und Personenhandelsgesellschaften (Josef Schwarz oHG) werden in Abteilung A des Handelsregisters eingetragen, Kapitalgesellschaften (Wupp. C.-Bau GmbH) dagegen in Abteilung B.

Fall 53:
A und B wollen eine GmbH & Co. KG gründen. In welche Abteilung ist jeweils einzutragen?
Lösung: Die GmbH und Co. KG ist eine Kommanditgesellschaft, bei der der persönlich haftende Gesellschafter eine GmbH ist. Daher ist die GmbH im Handelsregister in Abteilung B, die GmbH & Co. KG dagegen in die Abteilung für die Personenhandelsgesellschaften, also Abteilung A, einzutragen.

Fall 54:
Kaufmann K erteilt seinem langjährigen Mitarbeiter Hugo Handlungsvollmacht. Sicherheitshalber, und um die Position von H zu verbessern, will er die Vollmachtserteilung in das Handelsregister eintragen lassen. Geht dies?
Lösung: Nein, die Handlungsvollmacht ist keine in das Handelsregister eintragungsfähige Tatsache.

Fall 55:
Kuno Krösus legt sein Geld wie folgt an: Mit 500 000 Euro beteiligt er sich als Kommanditist bei einer „Abschreibungsgesellschaft", mit 200 000 Euro als stiller Gesellschafter an einem „Eros-Center", für 50 000 Euro kauft er Aktien der Deutschen Bank-AG, und schließlich erwirbt er durch notariellen Vertrag den GmbH-Anteil des Gesellschafters G an der X-GmbH. Muss, darf bzw. kann die jeweilige Beteiligung von Kuno in das Handelsregister eingetragen und bekanntgemacht werden?
Lösung: Die Beteiligung als Kommanditist ist in das Handelsregister zwar einzutragen, bei der Bekanntmachung sind jedoch gem. § 162 Abs. 2 HGB keine Angaben zu den Kommanditisten zu machen. Die Beteiligung als stiller Gesellschafter ist nicht eintragungsfähig, ebensowenig der Aktienerwerb. Für die Beteiligung an der GmbH gilt § 40 GmbHG: Die Geschäftsführer einer GmbH haben nach jeder Veränderung in den Personen der Gesellschafter oder des Umfangs ihrer Beteiligung unverzüglich eine von ihnen unterschriebene Liste der Gesellschafter, aus welcher Name, Vorname, Geburtsdatum und Wohnort der letzteren sowie ihre Stammeinlagen zu entnehmen sind, zum Handelsregister einzureichen.

Fall 56:
Kaufmann Sigi Sparig bestellt seinen Angestellten Paul zum Prokuristen. Er fährt zum Amtsgericht, um gleich alles mündlich an Ort und Stelle zu erledigen. Wird er unverrichteter Dinge wieder heimkommen?
Lösung: Ja, Anmeldungen zur Eintragung in das Handelsregister sind nach § 12 HGB in öffentlich-beglaubigter Form einzureichen.

Fall 57:

Max Maier betreibt eine in das Handelsregister eingetragene mechanische Werkstätte unter der Firma „Max Maier, Metallfabrikation, e.K.". Im Laufe der Zeit ist der Umsatz stetig gesunken und der Betriebszuschnitt reduziert worden, so dass nunmehr das Unternehmen nach Art oder Umfang keinen in kaufmännischer Weise eingerichteten Geschäftsbetrieb mehr erfordert. Bei einem größeren Auftrag verspricht Maier die pünktliche Fertigstellung mit einer Vertragsstrafe in Höhe von 500 Euro pro angefangener Woche. Als er den Lieferzeitpunkt nicht einhalten kann und aus der Vertragsstrafe in Anspruch genommen werden soll, verlangt er entsprechend den Vorschriften des Bürgerlichen Gesetzbuches die Herabsetzung der Vertragsstrafe. Ist dies möglich?

Lösung: Die Möglichkeit der Herabsetzung der Vertragsstrafe nach § 343 BGB hängt davon ab, ob Maier trotz der Reduzierung seines Betriebs noch Kaufmann ist. In diesem Fall würde § 348 HGB den Vorschriften des Bürgerlichen Gesetzbuchs vorgehen. Grundsätzlich bestimmt sich die Kaufmannseigenschaft nach § 1 ff. HGB. Wenn sich das Unternehmen so verkleinert hat, dass es einen in kaufmännischer Weise eingerichteten Geschäftsbetrieb nicht mehr erfordert, besteht für den eingetragenen Kaufmann die Möglichkeit, sich gem. § 2 S. 3 HGB auf Antrag wieder aus dem Handelsregister löschen zu lassen. Solange Maier diesen Antrag nicht gestellt hat, gilt er ausweislich des Handelsregisters weiterhin als eingetragener Kaufmann. Daher hat Maier keinen Anspruch auf Herabsetzung der Vertragsstrafe.

Fall 58:

Alfons schied am 15. Januar aus der XY-oHG aus. Eine diesbezügliche Handelsregistereintragung unterblieb. Am 20. Januar kauft die Gesellschaft Rohmaterial zum Preis von 10 000 Euro. Muss Alfons befürchten, für diese Bestellung mit in Anspruch genommen zu werden? Wie wäre es, wenn der geschäftsführungsbefugte Gesellschafter X am 21. Januar auf einer Geschäftsfahrt schuldhaft einen Verkehrsunfall verursacht und dabei den G schwer verletzt hätte?

Lösung: Das Ausscheiden eines Gesellschafters aus der oHG ist eine einzutragende Tatsache (§ 143 Abs. 2 HGB). Solange diese Tatsache nicht eingetragen ist, „schweigt das Handelsregister", so dass gutgläubige Dritte nach § 15 Abs. 1 HGB geschützt sind. Alfons läuft also Gefahr, auch für die Verbindlichkeiten aus dem nach seinem Ausscheiden getätigten Geschäft zu haften. Für die Schadenersatzansprüche auf Grund des Verkehrsunfalles am 21.1. gilt dies jedoch nicht. Es ist zwar anerkannt, dass in entsprechender Anwendung des § 31 BGB auf die oHG deliktische Ansprüche gegen die Gesellschaft gerichtet werden können, jedoch gilt § 15 HGB in der Regel nur für rechtsgeschäftliche Vorgänge (RGZ 93, 238, st. Rspr.): Der Sinn und Zweck des § 15 HGB liegt darin, das (abstrakte) Vertrauen in die Richtigkeit des Handelsregisters zu schützen. Außerhalb des rechtsgeschäftlichen Verkehrs spielt das Vertrauen in das Handelsregister jedoch keine Rolle.

Fall 59:
Alfons war vor geraumer Zeit in die XY-oHG eingetreten, ohne dass sein Beitritt zum Handelsregister angemeldet und bekanntgemacht worden war. Später scheidet er aus der Gesellschaft aus; auch sein Ausscheiden wurde nicht angemeldet und bekanntgemacht. Gilt auch in diesem Fall die vorangehende Feststellung, nämlich dass Alfons befürchten muss, für Geschäfte nach seinem Ausscheiden aus der Gesellschaft zu haften?
Lösung: Dies wird von der Rechtsprechung bejaht. § 15 HGB findet danach nicht nur Anwendung, wenn eine im Register eingetragene Tatsache nicht berichtigt wird, sondern auch dann, wenn die zu berichtigende Tatsache ihrerseits zwar eintragungspflichtig, aber selbst nicht eingetragen war, wenn also die zu berichtigende Voreintragung unterblieben war. Alfons müsste, um ganz sicher zu gehen, sein Ausscheiden zum Handelsregister anmelden.

Fall 60:
Häberle verkauft sein als Einzelfirma betriebenes Unternehmen an Pfleiderer unter Fortführung der Firma, jedoch mit der Abrede, dass Pfleiderer für die Geschäftsschulden des Häberle nicht zu haften habe. Die Eintragung dieser Vereinbarung in das Handelsregister unterbleibt. Gläubiger Gustav kennt die interne Vereinbarung zwischen Häberle und Pfleiderer, verlangt jedoch von Pfleiderer die Bezahlung von 10 000 Euro aus einem noch mit Häberle getätigten Geschäft, als dieser nicht zahlen kann. Mit Recht?
Lösung: Nach § 25 Abs. 1 S. 1 HGB haftet der Firmenfortführer für alle im Betrieb des Veräußerers begründeten Verbindlichkeiten. Abweichende Vereinbarungen sind Dritten gegenüber nach § 25 Abs. 2 HGB nur wirksam, wenn sie entweder in das Handelsregister eingetragen und bekanntgemacht oder von dem Erwerber oder dem Veräußerer dem Dritten mitgeteilt worden sind. Dies war laut Sachverhalt nicht der Fall. Allerdings hatte Gustav von der abweichenden Vereinbarung gewusst. Wenn man nun § 15 Abs. 1 HGB auf diesen Tatbestand anwenden würde, wäre Gustav wegen seiner Kenntnis von den internen Vorgängen nicht geschützt. Die herrschende Meinung verneint jedoch die Anwendbarkeit des § 15 Abs. 1 HGB auf § 25 Abs. 2 HGB. Begründung: § 15 Abs. 1 HGB gilt nur für Tatsachen, deren Eintragung gesetzlich vorgeschrieben ist. Besondere Abreden nach § 25 Abs. 2 HGB im Rahmen der Unternehmensveräußerung sind jedoch nicht eintragungspflichtig, sondern lediglich eintragungsfähig. Solange dann die Eintragung und Bekanntmachung nicht erfolgt ist, kann die Abrede auch Dritten gegenüber – trotz deren Kenntnis – nicht entgegengesetzt werden. Gustav kann daher von Pfleiderer die Bezahlung der 10 000 Euro verlangen.

Fall 61:
P ist Prokurist der X-GmbH. Als gegen ihn der begründete Verdacht einer Unterschlagung aufkommt, wird die Prokura sofort widerrufen und dies am 1. Februar zur Eintragung in das Handelsregister angemeldet. Die entsprechende Eintragung erfolgt am 2. Februar, die letzte Bekanntmachung in den Gesellschaftsblättern am 10. Februar. Am 27. Februar schließt P im Namen der X-GmbH mit der Firma F ein Geschäft ab, ohne die zwischenzeitlichen Veränderungen offenzulegen. Ist F im Vertrauen auf den Fortbestand der Prokura geschützt?
Lösung: Diese Frage beurteilt sich nach § 15 Abs. 2 HGB: Ist eine Tatsache eingetragen und bekanntgemacht worden, so muss ein Dritter sie gegen sich gelten lassen. Der Widerruf der Prokura wurde in das Handelsregister eingetragen und bekanntgemacht, deshalb muss ihn F gegen sich gelten lassen. Allerdings gilt dies nicht bei Rechtshandlungen, die innerhalb von 15 Tagen nach der Bekanntmachung vorgenommen werden, sofern der Dritte beweist, dass er die Tatsache weder kannte noch kennen musste. Selbst wenn dieser Beweis gelänge, wäre F nicht geschützt, weil der Widerruf der Prokura am 10. Februar bekanntgemacht wurde und die 15-Tage-Frist am 27. Februar bereits abgelaufen war.

Fall 62:
A, B und C waren Gesellschafter einer offenen Handelsgesellschaft. Später wandelten sie diese in eine Kommanditgesellschaft um, indem eine gleichfalls aus den oHG-Gesellschaftern bestehende GmbH als Komplementärin eintrat und die Gesellschafter der oHG ihre Beteiligung in eine Kommanditistenstellung überführten. Die erforderliche Firmenänderung wurde durchgeführt, die Änderung im Handelsregister am 11. Februar eingetragen sowie in der „Neuen Presse" und der „Frankfurter Rundschau" am 24. Februar, in der „Frankfurter Allgemeinen" am 1. März und im „Bundesanzeiger" am 5. März veröffentlicht. Seit Jahren stand die seinerzeitige oHG in ständiger Geschäftsbeziehung mit dem Lieferanten L. Diesem gegenüber taten A, B und C so, als habe sich am früheren Rechtsstatus der oHG nichts geändert. Im Mai hatte L einen größeren Posten Waren geliefert und verlangt nunmehr, nachdem die GmbH & Co. KG insolvent wurde, von A, B und C persönlich die Bezahlung. Mit Recht?
Lösung: Der Kaufvertrag wurde erst im Mai abgeschlossen. Zu diesem Zeitpunkt waren die haftungsbeschränkenden Umgründungen bereits durchgeführt, sowie im Handelsregister eingetragen und bekanntgemacht worden. Infolgedessen müsste an sich der Lieferant diese Tatsachen nach § 15 Abs. 2 HGB gegen sich gelten lassen, auch wenn er die Eintragung nicht kannte. Trotzdem hat die Rechtsprechung für den vorliegenden Fall (BGH NJW 1972, 1418) die Haftung der früheren oHG-Gesellschafter bejaht. Die Berufung auf eingetragene Haftungsbeschränkungen kann in Einzelfällen rechtsmissbräuchlich sein. Abgesehen von der Handelsregistereintragung und der Bekanntmachung in den entsprechenden Blättern

ergaben sich für den Lieferanten keinerlei Anzeichen, dass sich die Rechtsverhältnisse des Geschäftspartners grundlegend geändert haben könnten. Denn nach außen hin hatten A, B und C auch nach der Umwandlung ebenso wie vorher die Verhandlungen für ihre Gesellschaft im wesentlichen persönlich geführt und in der Korrespondenz die schon früher benutzte abgekürzte Firmenbezeichnung unverändert beibehalten. „Unter diesen Umständen setzten sich die Beklagten in einer mit Treu und Glauben nicht zu vereinbarenden Weise zu ihrem eigenen Verhalten in Widerspruch, wenn sie sich auf den Wegfall ihrer unbeschränkten Haftung und das Handelsregister berufen. Denn wer erst im Verlauf einer ständigen Geschäftsverbindung und hier zudem noch während der Verhandlungen über das Geschäft, um dessen Abwicklung es geht, seine Haftung beschränkt und dennoch seinem Geschäftspartner gegenüber so auftritt, als habe sich nichts geändert, verhindert es geradezu, dass dieser auf den Gedanken kommt, es bedürfe zum Schutz seiner Interessen auch hier noch der sonst für einen Kaufmann im allgemeinen gebotenen Registernachprüfung" (BGH aaO). Für dieses Ergebnis sprechen heute zudem die §§ 125a Abs. 1 S. 1, 161 Abs. 2, 177a S. 1 HGB. Diese verpflichten zu bestimmten Angaben auf Geschäftsbriefen der Gesellschaft. Dazu zählt auch die Rechtsform.

VII. Handelsgeschäfte

Übersicht

Begriff des Handelsgeschäfts	Alle Geschäfte eines Kaufmanns, die zum Betriebe seines Handelsgewerbes gehören (§ 343 HGB). Die Betriebszugehörigkeit wird bei kaufmännischen Rechtsgeschäften vermutet (§ 344 Abs. 1 HGB) und bei Schuldscheinen unterstellt (§ 344 Abs. 2 HGB).
Einseitige Handelsgeschäfte	Rechtsgeschäfte, die nur für einen der beiden Teile Handelsgeschäfte sind. Bei ihnen kommen die Vorschriften des HGB (nur) zur Anwendung, soweit nichts Abweichendes bestimmt ist (§ 345 HGB).
Sorgfaltspflichten	Bürgerliches Recht: § 276 BGB („die im Verkehr erforderliche Sorgfalt"). Handelsrecht: § 347 HGB (besondere „Sorgfalt eines ordentlichen Kaufmanns").
Vertragsstrafe	Bürgerliches Recht: Herabsetzung durch Urteil auf Antrag des Schuldners bei unverhältnismäßig hoher Strafe auf den angemessenen Betrag (§ 343 BGB).

	Handelsrecht: Keine Herabsetzung der Vertragsstrafe (§ 348 HGB).
Bürgschaft	Bürgerliches Recht: Schriftform (§ 766 BGB), Einrede der Vorausklage (§ 771 BGB). Handelsrecht: Formfreiheit (§ 350 HGB); keine Einrede der Vorausklage (§ 349 HGB).
Abstraktes Schuldanerkenntnis bzw. Schuldversprechen	Bürgerliches Recht: Schriftform nach §§ 780, 781 BGB. Handelsrecht: Formfreiheit nach § 350 HGB.
Gesetzlicher Zinssatz	Bürgerliches Recht: vier vom Hundert (§ 246 BGB). Handelsrecht: fünf vom Hundert (§ 352 HGB).
Gutgläubiger Erwerb	Bürgerliches Recht: §§ 932 ff. BGB (guter Glaube an das Eigentum des Besitzers). Handelsrecht: §§ 366 f HGB (guter Glaube an die Verfügungsbefugnis ausreichend).
Zurückbehaltungsrecht	Bürgerliches Recht: § 273 BGB (Gegenseitigkeit, Fälligkeit, Konnexität – Gewährung einer Einrede). Handelsrecht: §§ 369 ff. HGB (keine Konnexität – Gewährung eines Verwertungsrechts).
Handelskauf	Allgemeines Kaufrecht: §§ 433 ff. BGB Handelsrecht: spezielle Vorschriften für Annahmeverzug des Käufers (§§ 373, 374 HGB), Spezifikationskauf (§ 375 HGB), Fixhandelskauf (§ 376 HGB) sowie die besondere Untersuchungs- und Rügepflicht beim beiderseitigen Handelskauf (§ 377 HGB).
Fracht-, Speditions- und Lagergeschäft	Rechtsgrundlagen: §§ 407–452 d HGB (Frachtgeschäft), §§ 453–466 HGB (Speditionsgeschäft), §§ 467–475 h HGB (Lagergeschäft) sowie nationale und internationale Übereinkommen und Allgemeine Geschäftsbedingungen.

Fragen

Frage 123:

Was versteht man unter einem „Handelsgeschäft"?

Antwort: Die gesetzliche Terminologie ist nicht einheitlich: Einmal versteht das Gesetz unter dem „Handelsgeschäft" das Unternehmen (so im ersten Buch des HGB). Zum anderen spricht es im vierten Buch von den Handelsgeschäften als den „Geschäften eines Kaufmanns, die zum Betriebe seines Handelsgewerbes gehören" (§ 343 HGB), also den kaufmännischen Rechtsgeschäften.

Frage 124:
Wie lässt sich abgrenzen, ob ein Geschäft zum Betrieb des Handelsgewerbes gehört oder nicht?

Antwort: Das Gesetz stellt eine Vermutung auf: Nach § 344 HGB gelten im Zweifel die von einem Kaufmann vorgenommenen Rechtsgeschäfte als zum Betriebe seines Handelsgewerbes gehörig.

Frage 125:
Wie unterscheidet sich die Vermutung nach § 344 Abs. 1 HGB von der nach § 344 Abs. 2 HGB?

Antwort: Die Vermutung nach § 344 Abs. 1 HGB ist widerleglich, die nach Abs. 2 unwiderleglich. Die von einem Kaufmann gezeichneten Schuldscheine gelten als im Betriebe seines Handelsgewerbes gezeichnet. Eine Ausnahme wird nur dann gemacht, wenn sich aus der Urkunde selbst das Gegenteil ergibt.

Frage 126:
Was versteht man unter einseitigen, was unter beiderseitigen Handelsgeschäften und welche Bedeutung hat die Unterscheidung?

Antwort:
(a) Ein beiderseitiges Handelsgeschäft liegt vor, wenn das Rechtsgeschäft für beide Teile ein Handelsgeschäft ist (also beide Partner Kaufleute sind); ein einseitiges Handelsgeschäft liegt vor, wenn das Rechtsgeschäft nur für einen der beiden Teile ein Handelsgeschäft ist (wenn also der andere Partner nicht Kaufmann ist oder zwar Kaufmann ist, das Geschäft aber nicht zum Betriebe seines Handelsgewerbes gehört).
(b) Die Unterscheidung ist insofern wichtig, als manche Vorschriften des HGB nur auf beiderseitige Handelsgeschäfte Anwendung finden, andere wiederum bereits beim Vorliegen eines einseitigen Handelsgeschäftes zum Zuge kommen.

Frage 127:
Können Sie Beispiele dafür nennen, dass Vorschriften nur beim Vorliegen eines beiderseitigen Handelsgeschäfts Anwendung finden?
Antwort: Die Vorschriften über den Handelsbrauch (§ 346 HGB), den erhöhten Zinssatz (§ 352 HGB), die frühzeitige Verzinsungspflicht (§ 353 HGB), das besondere kaufmännische Zurückbehaltungsrecht (§§ 369 ff. HGB) sowie die besondere Untersuchungs- und Rügepflicht beim Handelskauf (§ 377 HGB).

Frage 128:
Was versteht man unter dem Handelsbrauch?
Antwort: Das Gesetz definiert diesen Begriff nicht, es spricht von den „im Handelsverkehre geltenden Gewohnheiten und Gebräuchen". Handelsbrauch ist die kaufmännische Verkehrssitte.

Frage 129:
Welche Bedeutung hat der Handelsbrauch?
Antwort: Handelsbrauch ist, wie auch die Verkehrssitte nach bürgerlichem Recht, zunächst für die Auslegung von Willenserklärungen heranzuziehen. Darüber hinaus geht Handelsbrauch dem nachgiebigen Recht vor. Nicht dagegen ist der Handelsbrauch in der Lage, zwingendes Recht außer Kraft zu setzen.

Frage 130:
Können Sie einen besonders typischen Fall für den Handelsbrauch nennen?
Antwort: Kraft Handelsbrauch gilt unter Kaufleuten das Schweigen auf ein Bestätigungsschreiben als Zustimmung (wohingegen nach allgemeinem bürgerlichem Recht Schweigen nicht als Willenserklärung zu behandeln ist).

Frage 131:
Sind Handelsklauseln zugleich Handelsbrauch?
Antwort: Nein, es handelt sich um Abkürzungen, die bestimmte Regelungskomplexe bezeichnen. Handelsklauseln sind wiederum nach Handelsbrauch auszulegen und können sich auch zum Handelsbrauch entwickeln.

Frage 132:
Was versteht man unter den „Incoterms"?
Antwort: Bei den internationalen Regeln für die Auslegung handelsüblicher Vertragsformeln (Incoterms) handelt es sich um die Kodifizierung von Handelsklauseln durch die Internationale Handelskammer. Über die Bezugnahme auf kodifizierte Handelsklauseln wird die Bedeutung einer Abrede verbindlich festgehalten, namentlich im internationalen Rechts- und Geschäftsverkehr.

Frage 133:
Welcher Sorgfaltsmaßstab gilt für Kaufleute?
Antwort: Das Handelsgesetzbuch stellt einen über das allgemeine bürgerliche Recht hinausgehenden Sorgfaltsmaßstab auf: Nach § 347 HGB ist bei Handelsgeschäften für die Sorgfalt eines ordentlichen Kaufmanns einzustehen.

Frage 134:
Handelt es sich im Falle von § 347 HGB um eine Anspruchsgrundlage?
Antwort: Nein, § 347 HGB setzt – wie übrigens auch § 276 BGB – eine Anspruchsgrundlage (aus Gesetz oder Vertrag bzw. vorvertraglichen Schuldverhältnissen) voraus.

Frage 135:
Können Sie Beispiele nennen für den besonderen kaufmännischen Sorgfaltsmaßstab?

Antwort: Zur Sorgfaltspflicht gehört, Telegramme brieflich zu bestätigen, wichtige Briefe per Einschreiben zu versenden sowie besondere Sorgfalt bei Abkürzungen zu verwenden. Sie umfasst die besondere Pflicht zur Information sowie die Missbrauchsvorsorge bei der Verwendung von Firmenstempeln oder Geschäftsformularen. Besondere Sorgfalt gilt im Bankbereich für Empfehlungen und Auskünfte.

Frage 136:
Gibt es eine gesetzliche Grundlage für die Behauptung, dass Kaufleute „nichts umsonst tun"?

Antwort: Nach § 354 HGB kann derjenige, der in Ausübung seines Handelsgewerbes einem anderen Geschäfte besorgt oder Dienste leistet, hierfür auch ohne Verabredung Provision nach den am Ort üblichen Sätzen verlangen. Das Handelsrecht erweitert die ähnlich gelagerten bürgerlichrechtlichen Fälle (vgl. §§ 612 Abs. 1, 632 Abs. 1, 653 Abs. 1, 689 BGB) auf jede Art von Geschäftsbesorgung oder Dienstleistung für andere.

Frage 137:
Inwieweit unterscheidet sich die Verzinsungspflicht nach § 353 HGB von der des bürgerlichen Rechts?

Antwort: Nach § 353 HGB sind Kaufleute untereinander berechtigt, für ihre Forderungen aus beiderseitigen Handelsgeschäften vom Tag der Fälligkeit an Zinsen zu fordern. Nach bürgerlichem Recht genügt die Fälligkeit noch nicht. Dort können Zinsen erst nach Eintritt des Verzugs verlangt werden. Dieser setzt in der Regel Mahnung bzw. Ablauf der 30-Tage-Frist und Verschulden voraus.

Frage 138:
Nach § 352 HGB beträgt der gesetzliche Zinssatz, mit Ausnahme der Verzugszinsen, 5 v.H. jährlich; ist bei diesem Zinssatz der Grundsatz des Handelsrechts als eines schärferen Rechts nicht ad absurdum geführt?

Antwort: Nein, der gesetzliche Zinssatz ist nur ein Mindestsockel; im Fall des Schuldnerverzugs mit einer Geldschuld können gem. § 288 Abs. 2 BGB Zinsen in Höhe von 8 Prozentpunkten über dem Basiszinssatz nach § 247 BGB geltend gemacht werden, wenn an dem betreffenden Rechtsgeschäft kein Verbraucher beteiligt ist. Ein darüber hinaus gehender Schaden kann gem. §§ 280, 286 BGB als Verzugsschaden geltend gemacht werden.

Frage 139:
Welche Besonderheiten gelten im Handelsrecht für die vereinbarte Vertragsstrafe?

Antwort: Nach § 348 HGB kann die von einem Kaufmann in seinem Betriebe versprochene Vertragsstrafe nicht nach den Grundsätzen des bürgerlichen Rechts herabgesetzt werden.

Frage 140:
Welche Besonderheiten kennt das Handelsrecht für die Bürgschaft?

Antwort: Dem Bürgen steht, wenn die Bürgschaft für ihn ein Handelsgeschäft ist, nach § 349 HGB die Einrede der Vorausklage nicht zu. Das Handelsrecht verzichtet weiterhin auf die Formvorschriften bei der Eingehung der Bürgschaft; nach § 350 HGB kann eine Bürgschaft auch mündlich wirksam erklärt werden, aber auch hier nur, wenn die Bürgschaft auf der Seite des Bürgen ein Handelsgeschäft ist.

Frage 141:
Inwiefern erweitert das Handelsrecht die Möglichkeit des gutgläubigen Erwerbs?

Antwort: Während nach bürgerlichem Recht nur der gute Glaube an die Rechtsinhaberschaft geschützt ist (§§ 932 ff. BGB), genügt nach § 366 HGB der gute Glaube an die Verfügungsbefugnis und zwar sowohl hinsichtlich des gutgläubigen Eigentums- bzw. Pfandrechtserwerbs (§ 366 Abs. 1 HGB) als auch hinsichtlich des lastenfreien Erwerbs einer mit dem Recht eines Dritten belasteten Sache (§ 366 Abs. 2 HGB). Außerdem ermöglicht § 366 Abs. 3 HGB dem Kommissionär, dem Frachtführer, dem Spediteur und dem Lagerhalter den gutgläubigen Erwerb gesetzlicher Pfandrechte (im BGB ist strittig, ob und inwieweit dies möglich ist).

Frage 142:
Wo ist das allgemeine Zurückbehaltungsrecht, wo das kaufmännische Zurückbehaltungsrecht geregelt?
Antwort:
(a) Das allgemeine Zurückbehaltungsrecht ist in § 273 BGB geregelt, Sonderfälle finden wir im Recht des gegenseitigen Vertrages (§ 320 BGB) sowie im Eigentümer-Besitzer-Verhältnis (§ 1000 BGB).
(b) Das handelsrechtliche Zurückbehaltungsrecht ist in den §§ 369 bis 372 HGB geregelt.

Frage 143:
Welche Voraussetzungen hat das Zurückbehaltungsrecht nach § 273 BGB und wie unterscheidet sich hiervon das kaufmännische Zurückbehaltungsrecht?
Antwort:
(a) Die Ausübung eines Zurückbehaltungsrechts nach § 273 BGB setzt Gegenseitigkeit, Fälligkeit des Gegenanspruchs und Konnexität voraus.
(b) Das kaufmännische Zurückbehaltungsrecht nach § 369 HGB ist in seinen Voraussetzungen großzügiger: Das ordentliche Zurückbehaltungs-

recht verlangt ein beiderseitiges Handelsgeschäft, eine fällige Gegenforderung sowie bewegliche Sachen oder Wertpapiere, die mit Willen des Schuldners in den Besitz des Gläubigers gelangt sind und dem Schuldner gehören müssen. Im übrigen wird jedoch auf Konnexität verzichtet.

Frage 144:
Wie unterscheiden sich die Wirkungen des Zurückbehaltungsrechts im BGB und im HGB?
Antwort:
(a) Das bürgerlich-rechtliche Zurückbehaltungsrecht verschafft ein Leistungsverweigerungsrecht, also eine Einrede.
(b) Das kaufmännische Zurückbehaltungsrecht gibt dem Gläubiger zudem nach § 371 HGB ein Verwertungsrecht. Die Verwertung erfolgt nach den für das Pfandrecht geltenden Vorschriften.

Frage 145:
Enthält das HGB in den §§ 373 ff. HGB eine umfassende Regelung des Handelskaufs?
Antwort: Nein, es handelt sich hierbei nur um sporadische Ergänzungen des bürgerlichen Rechts, das Kaufrecht des BGB (§§ 433 ff. BGB) findet also auch hier Anwendung.

Frage 146:
In welchen Fällen finden die Sondervorschriften für den Handelskauf Anwendung?
Antwort: Die handelsrechtlichen Kaufvorschriften kommen zur Anwendung beim Kauf von Waren (§§ 373 ff. HGB), beim Kauf von Wertpapieren (§ 381 Abs. 1 HGB), bei einem Vertrag, der die Lieferung herzustellender oder zu erzeugender beweglicher Sachen zum Gegenstand hat („Werklieferungsvertrag" § 381 Abs. 2 HGB) und beim Tausch (§ 480 BGB).

Frage 147:
Was ist ein Fixhandelskauf und welche Besonderheiten gelten hierfür im Handelsrecht?
Antwort:
(a) Der Fixhandelskauf ist in § 376 HGB geregelt und dadurch gekennzeichnet, dass „die Leistung des einen Teiles genau zu einer fest bestimmten Zeit oder innerhalb einer fest bestimmten Frist bewirkt werden soll".
(b) Wenn die Leistung nicht zu der fest bestimmten Zeit oder nicht innerhalb der bestimmten Frist erfolgt, hat der andere Teil das Recht zum Rücktritt vom Vertrag. Dieses Rücktrittsrecht kann, wie auch beim relativen Fixgeschäft nach § 323 Abs. 2 Nr. 2 BGB, ohne weitere Fristsetzung ausgeübt werden. Der Unterschied zwischen § 376 HGB und § 323 Abs. 2 Nr. 2 BGB liegt hinsichtlich des Rücktrittsrechts allein darin, dass beim Fixhandelskauf keine ausdrückliche Fixabrede erforderlich ist; ein Fix-

handelskauf liegt schon bei Vereinbarung einer bestimmten Leistungszeit oder eines bestimmten Leistungszeitraums vor. Außerdem kann der Käufer im Fall des Verzugs Schadenersatz verlangen.

Frage 148:
Welche Besonderheiten gelten hinsichtlich des Schadenersatzanspruchs beim Fixhandelskauf?

Antwort:
(a) Befindet sich der Verkäufer im Verzug, kann der Käufer Schadenersatz wegen Nichterfüllung verlangen, ohne dass es – wie im bürgerlichen Recht nach §§ 280 Abs. 1, 3, 281, 286 BGB – einer Fristsetzung zur Nacherfüllung bedarf.

(b) § 376 HGB gewährt einen Anspruch auf „Schadenersatz wegen Nichterfüllung", während die §§ 281 ff. BGB von „Schadenersatz statt der Leistung" reden. In der Sache macht dies jedoch keinen Unterschied: Mit der Schuldrechtsreform hat der Begriff „Schadenersatz statt der Leistung" im BGB den „Schadenersatz wegen Nichterfüllung" abgelöst, ohne dass hiermit eine sachliche Änderung verbunden wäre.

(c) Hinsichtlich der Schadensberechnung hat der Käufer zwei Möglichkeiten:

(aa) Wenn die Ware einen Börsen- oder Marktpreis hat, kann der Unterschied zwischen Kaufpreis und Börsen- oder Marktpreis zur Zeit und am Orte der geschuldeten Leistung als Schadenersatz gefordert werden (abstrakte Schadensberechnung, § 376 Abs. 2 HGB).

(bb) Der Käufer kann aber auch das Ergebnis seines anderweitig vorgenommenen Verkaufs oder Kaufs (Deckungskauf/-verkauf) zugrundelegen und den Unterschied zwischen dem Kaufpreis des „Deckungsgeschäftes" und dem vertraglichen Kaufpreis als Schaden verlangen (konkrete Schadensberechnung, § 376 Abs. 3 HGB). Dies ist jedoch nur in den Grenzen des § 376 Abs. 3 HGB möglich.

Frage 149:
Behält der Käufer beim Fixhandelskauf in jedem Falle den Erfüllungsanspruch?

Antwort: Nein, § 376 Abs. 1 S. 2 HGB schränkt ein: Erfüllung kann der Käufer nur beanspruchen, wenn er sofort nach dem Ablauf der Zeit dem Gegner anzeigt, dass er auf Erfüllung bestehe.

Frage 150:
Was versteht man unter einem handelsrechtlichen Spezifikationskauf?

Antwort: Unter dem Spezifikationskauf, auch „Bestimmungskauf" genannt, versteht man nach § 375 HGB den Kauf einer beweglichen Sache, bei der sich der Käufer die nähere Bestimmung über Form, Maß oder ähnliche Verhältnisse vorbehalten hat.

Frage 151:
Welche Besonderheiten gelten hinsichtlich des Spezifikationskaufes?

Antwort: Das Handelsrecht macht die Pflicht zur Spezifikation zur Hauptpflicht: Ist der Käufer mit der Spezifikation im Verzug, so kann der Verkäufer die Bestimmung (Spezifikation) statt des Käufers vornehmen oder gemäß den §§ 280, 281 BGB Schadenersatz statt der Leistung verlangen oder gemäß § 323 BGB vom Vertrag zurücktreten. Im ersteren Fall hat der Verkäufer die von ihm getroffene Bestimmung dem Käufer mitzuteilen und ihm zugleich eine angemessene Frist zur Vornahme einer anderweitigen Bestimmung zu setzen. Wird eine solche innerhalb der Frist von dem Käufer nicht vorgenommen, so ist die von dem Verkäufer getroffene Bestimmung maßgebend.

Frage 152:
Welche besonderen Vorschriften gelten im Handelsrecht für den Gläubigerverzug?

Antwort:
(a) Das Handelsrecht erweitert die Hinterlegungsmöglichkeit insoweit, als jede Ware auf Gefahr und Kosten des Käufers in einem öffentlichen Lagerhaus oder sonst in sicherer Weise hinterlegt werden kann (§ 373 Abs. 1 HGB).
(b) Das Handelsrecht erweitert die Verwertungsmöglichkeit des hinterlegten Gutes: Gem. § 373 Abs. 2 HGB kann der Verkäufer nach vorgängiger Androhung die Ware öffentlich versteigern lassen. Hat die Ware einen Börsen- oder Marktpreis, so kann der Verkauf auch aus freier Hand durch einen öffentlich ermächtigten Handelsmakler o.a. erfolgen.

Frage 153:
Welche Besonderheiten gelten im Handelsrecht hinsichtlich der Mängelhaftung?

Antwort: Nach § 377 HGB obliegt es dem Käufer, die Ware unverzüglich nach der Ablieferung durch den Verkäufer zu untersuchen und bei etwaigen Mängeln dem Verkäufer Anzeige zu machen.

Frage 154:
Welche Voraussetzung muss vorliegen, damit die kaufmännische Untersuchungs- und Rügepflicht eingreift?

Antwort: Es muss ein beiderseitiges Handelsgeschäft vorliegen. Das heißt: Käufer und Verkäufer müssen Kaufleute im Rechtssinne sein und der Kauf muss für den Gewerbebetrieb erfolgen.

Frage 155:
Welche rügepflichtigen Vorgänge kennt das Gesetz?

Antwort: Die Rügepflicht besteht dann, wenn sich ein Mangel zeigt. Wann ein solcher Mangel vorliegt, ergibt sich aus § 434 BGB. Danach liegt ein Sachmangel vor,

(a) wenn die Sache bei Gefahrübergang nicht die vereinbarte Beschaffenheit hat, oder

(b) wenn sie sich nicht für die nach dem Vertrag vorausgesetzte Verwendung eignet, oder

(c) wenn sie sich nicht für die gewöhnliche Verwendung eignet und keine Beschaffenheit aufweist, die bei Sachen der gleichen Art üblich ist und die der Käufer nach der Art der Sache erwarten kann, oder

(d) wenn eine vereinbarte Montage durch den Verkäufer oder dessen Erfüllungsgehilfen unsachgemäß durchgeführt worden ist, oder

(e) wenn bei einer zur Montage bestimmten Sache die Montageanleitung mangelhaft ist, es sei denn, die Sache ist fehlerfrei montiert worden, oder

(f) wenn der Verkäufer eine andere Sache liefert (qualitatives aliud), oder

(g) wenn der Verkäufer eine zu geringe Menge liefert (quantitatives aliud).

Da der Begriff des Sachmangels seit der Schuldrechtsreform nunmehr gem. § 434 Abs. 3 BGB auch die Lieferung einer anderen Sache oder einer zu geringen Menge umfasst, war § 378 HGB a.f. überflüssig geworden und wurde daher gestrichen.

Frage 156:
Gilt die Rügepflicht auch bei einer Zuviellieferung?
Antwort: Während § 378 HGB a.f. auch diesen Fall erfasste, gilt das heute nicht mehr: § 377 HGB verweist auf den Mängelbegriff des § 434 BGB, der gem. seinem Absatz 3 zwar Falsch- und Zuwenig-, nicht aber Zuviellieferungen erfasst. Im Ergebnis ergibt sich dadurch jedoch keine Änderung, da im Handelsrecht zumindest bei einer offenen Mehrlieferung hinsichtlich der zu viel gelieferten Menge von einer stillschweigenden Vertragserweiterung ausgegangen werden kann. Bei Beteiligung eines Verbrauchers wäre dagegen eine solche Konstruktion wegen § 241a BGB ausgeschlossen, der bei der Erbringung unbestellter Leistungen jegliche Ansprüche gegen den Verbraucher ausschließt.

Frage 157:
Wie hat die Untersuchung und Rüge zu erfolgen?
Antwort:
(a) Die Untersuchung hat zu erfolgen, soweit dies „nach ordnungsgemäßem Geschäftsgang tunlich ist". Es ist also auf die branchenspezifischen Gegebenheiten abzustellen.

(b) Untersuchung und Rüge müssen „unverzüglich", also gem. § 121 BGB „ohne schuldhaftes Zögern" erfolgen.

(c) Die Rüge hat konkret unter Darlegung der gerügten Mängel zu erfolgen.

Frage 158:
Welche Konsequenzen hat die rechtzeitige Mängelanzeige?
Antwort: Der Käufer erhält sich die bürgerlich-rechtlichen Gewährleistungsrechte nach § 437 BGB. Er kann also Nacherfüllung verlangen, vom

Vertrag zurücktreten, den Kaufpreis mindern, sowie Schadenersatz oder Aufwendungsersatz geltend machen.

Frage 159:
Was ist, wenn die Rüge verspätet erfolgt?
Antwort: § 377 Abs. 2 HGB bestimmt, dass die Ware „als genehmigt" gilt. Der Käufer verliert also seine Gewährleistungsrechte nach BGB, es sei denn, der Mangel war bei der Untersuchung nicht erkennbar.

Frage 160:
Kann sich auch ein arglistig handelnder Verkäufer auf § 377 HGB berufen?
Antwort: Nein, im Falle der Arglist ist der Verkäufer nicht schutzwürdig (vgl. § 377 Abs. 5 HGB).

Frage 161:
Handelt es sich beim Recht des Fracht-, Speditions- und Lagergeschäfts um dispositive Vorschriften?
Antwort: Ja, auch und gerade im Handelsrecht gilt Vertragsfreiheit, insbesondere bei den vom Gesetz geregelten Geschäftstypen. Das Gesetz beschränkt die Vertragsfreiheit allerdings in den §§ 449, 466, 475 h HGB. Im Übrigen greift es nur hilfsweise ein, wenn keine anderweitigen Abreden getroffen sind. Letzteres ist vor allem durch Allgemeine Geschäftsbedingungen geschehen (vgl. etwa die Allgemeinen Deutschen Spediteurbedingungen (ADSp) oder das „Übereinkommen über den Beförderungsvertrag im internationalen Straßengüterverkehr (CMR)").

Frage 162:
Was kennzeichnet den Frachtvertrag?
Antwort: Durch den Frachtvertrag wird der Frachtführer gem. § 407 HGB verpflichtet, das Gut zum Bestimmungsort zu befördern und dort an den Empfänger abzuliefern; der Absender wird verpflichtet, die vereinbarte Fracht zu zahlen. Frachtgeschäfte setzen allerdings voraus, dass das Gut zu Lande, auf Binnengewässern oder mit Luftfahrzeugen befördert werden soll und die Beförderung zum Betrieb eines gewerblichen Unternehmens gehört.

Frage 163:
Welche Pflichten treffen den Absender?
Antwort: Der Absender hat das Gut, soweit dessen Natur unter Berücksichtigung der vereinbarten Beförderung eine Verpackung erfordert, so zu verpacken, dass es vor Verlust und Beschädigung geschützt ist und dass auch dem Frachtführer keine Schäden entstehen. Er muss das Gut ferner, soweit dessen vertragsgemäße Behandlung dies erfordert, kennzeichnen (§ 411 HGB). Außerdem hat der Absender das Gut grundsätzlich beförderungssicher zu laden, zu stauen und zu befestigen sowie zu entladen

(§ 412 Abs. 1 S. 1 HGB). Der Absender hat dem Frachtführer Urkunden zur Verfügung zu stellen und Auskünfte zu erteilen, die für eine amtliche Behandlung, insbesondere eine Zollabfertigung vor der Ablieferung des Gutes erforderlich sind (§ 413 Abs. 1 HGB). Zu beförderndes gefährliches Gut muss er dem Frachtführer rechtzeitig samt Vorsichtsmaßnahmen anzeigen (§ 410 Abs. 1 HGB).

Frage 164:
In welchen Fällen haftet der Absender dem Frachtführer verschuldensunabhängig?

Antwort: Der Absender hat dem Frachtführer verschuldensunabhängig Schäden und Aufwendungen zu ersetzen, die durch ungenügende Verpackung oder Kennzeichnung, Unrichtigkeit oder Unvollständigkeit der in den Frachtbrief aufgenommenen Angaben, Unterlassen der Mitteilung über die Gefährlichkeit eines Gutes oder Fehlen, Unvollständigkeit oder Unrichtigkeit der Begleitpapiere verursacht werden (§ 414 Abs. 1. S. 1 HGB).

Frage 165:
Was kann ein Frachtführer tun, wenn der Absender das Gut nicht innerhalb der Ladezeit zur Verfügung stellt bzw., sofern er es zu verladen hat, dies nicht innerhalb der Ladezeit tut?

Antwort: In diesem Fall kann ihm der Frachtführer gem. § 417 Abs. 1 und 2 HGB eine angemessene Frist setzen, innerhalb derer das Gut verladen oder zur Verfügung gestellt werden soll. Danach kann der Frachtführer den Vertrag kündigen.

Frage 166:
Welche Rechte ergeben sich für den Frachtführer bei einer Kündigung?

Antwort: Im Falle einer Kündigung, egal ob durch Absender oder Frachtführer, kann dieser entweder die vereinbarte Fracht, ein etwaiges Standgeld sowie zu ersetzende Aufwendungen unter Anrechnung dessen, was er infolge der Aufhebung des Vertrages an Aufwendungen erspart oder anderweitig erwirbt oder zu erwerben böswillig unterlässt, oder ein Drittel der vereinbarten Fracht (sog. Fautfracht) verlangen (§ 415 Abs. 2 (i.V.m. § 417 Abs. 2 HGB)).

Frage 167:
Wann ist die Fracht zu zahlen?

Antwort: Die Fracht ist grundsätzlich bei Anlieferung des Gutes zu zahlen.

Frage 168:
Wer kann im Fall einer Beschädigung, einer verspäteten Ablieferung oder eines Verlustes des Frachtgutes die Ansprüche aus dem Frachtvertrag gegen den Frachtführer geltend machen?

Antwort: Zur Geltendmachung von Ansprüchen aus dem Frachtvertrag sind nach § 421 Abs. 1 S. 2 HGB sowohl der Empfänger des Gutes in eigenem Namen als auch der Absender befugt.

Frage 169:
Wie ist die Haftung des Frachtführers geregelt?
Antwort: Der Frachtführer haftet für den Schaden, der durch Verlust oder Beschädigung des Gutes in der Zeit von der Übernahme zur Beförderung bis zur Ablieferung oder durch Überschreitung der Lieferfrist entsteht, wobei ein etwaiges Mitverschulden von Absender oder Empfänger den Haftungsumfang des Frachtführers mindert (vgl. § 425 HGB). Gänzlich von der Haftung befreit ist der Frachtführer nach § 426 HGB, soweit ein Verlust, eine Beschädigung oder die Überschreitung der Lieferfrist auf Umständen beruht, die der Frachtführer auch bei größter Sorgfalt nicht vermeiden und deren Folgen er nicht abwenden konnte. Schließlich enthält § 427 HGB noch weitere besondere Haftungsausschlussgründe.

Frage 170:
Wie ist beim Frachtgeschäft die Haftung des Frachtführers für Betriebszugehörige und andere Gehilfen geregelt?
Antwort: Der Frachtführer hat nach § 428 HGB Handlungen und Unterlassungen seiner Leute in gleichem Umfang zu vertreten wie eigene Handlungen oder Unterlassungen, wenn die Leute in Ausübung ihrer Verrichtungen handeln. Gleiches gilt für Handlungen und Unterlassungen anderer Personen, deren er sich bei Ausführung der Beförderung bedient.

Frage 171:
Welche Sicherheit hat der Frachtführer, dass ihm die Frachtkosten bezahlt werden?
Antwort: Der Frachtführer hat gem. § 441 Abs. 1 HGB wegen aller durch den Frachtvertrag begründeten Forderungen sowie wegen unbestrittener Forderungen aus anderen mit dem Absender abgeschlossenen Fracht-, Speditions- oder Lagerverträgen ein Pfandrecht an dem Gut.

Frage 172:
Was sind die Kennzeichen des Speditionsgeschäfts?
Antwort: Durch den Speditionsvertrag wird der Spediteur verpflichtet, die Versendung des Gutes zu besorgen. Der Versender wird verpflichtet, die vereinbarte Vergütung zu zahlen (§ 453 Abs. 1 und 2 HGB). Ein Speditionsgeschäft setzt dabei immer voraus, dass die Besorgung der Versendung zum Betrieb eines gewerblichen Unternehmens gehört.

Frage 173:
Was bedeutet die Verpflichtung des Spediteurs, „die Versendung des Gutes zu besorgen"?

Antwort: Die Pflicht, die Versendung zu besorgen, umfasst nach § 454 Abs. 1 und 2 HGB die Organisation der Beförderung, insbesondere die Bestimmung des Beförderungsmittels und des Beförderungsweges, die Auswahl ausführender Unternehmer, den Abschluss der für die Versendung erforderlichen Fracht-, Lager- und Speditionsverträge sowie die Erteilung von Informationen und Weisungen an die ausführenden Unternehmer und die Sicherung von Schadenersatzansprüchen des Versenders. Zu den Pflichten des Spediteurs zählt ferner die Ausführung sonstiger vereinbarter auf die Beförderung bezogener Leistungen wie die Versicherung und Verpackung des Gutes, seine Kennzeichnung und die Zollbehandlung.

Frage 174:
Auf welche zwei Arten kann ein Spediteur die erforderlichen Verträge abschließen?
Antwort: Er kann entweder in eigenem Namen oder – bei entsprechender Bevollmächtigung – auch im Namen des Versenders abschließen (§ 454 Abs. 3 HGB). Zu beachten ist, dass der Versender Forderungen aus einem Vertrag, den der Spediteur für Rechnung des Versenders im eigenen Namen abgeschlossen hat, erst nach der Abtretung geltend machen kann, wobei solche Forderungen sowie das in Erfüllung solcher Forderungen Erlangte jedoch im Verhältnis zu den Gläubigern des Spediteurs als auf den Versender übertragen gelten, um eine Zwangsvollstreckung auszuschließen (§ 457 HGB).

Frage 175:
Wann wird die für die Spedition zu zahlende Vergütung fällig?
Antwort: Die Vergütung ist gem. § 456 HGB zu zahlen, wenn das Gut dem Frachtführer oder Verfrachter übergeben worden ist.

Frage 176:
Wie ist der Spediteur im Hinblick auf seine Vergütung abgesichert?
Antwort: Er hat gem. § 464 HGB wegen aller durch den Speditionsvertrag begründeten Forderungen sowie wegen unbestrittener Forderungen aus anderen mit dem Versender abgeschlossenen Speditions-, Fracht- und Lagerverträgen ein Pfandrecht an dem Gut.

Frage 177:
Was versteht man unter dem „Selbsteintritt" des Spediteurs?
Antwort: Vom Selbsteintritt spricht man, wenn der Spediteur die Beförderung selbst ausführt. Hierzu ist er gem. § 458 HGB berechtigt. In diesem Fall hat er zugleich die Rechte und Pflichten eines Frachtführers bzw. Verfrachters, wobei er dann neben der Vergütung für seine Tätigkeit als Spediteur auch die gewöhnliche Fracht verlangen kann.

Frage 178:
Was versteht man unter einer Sammelladung?
Antwort: Bei einer Sammelladung erfolgt die Versendung des Gutes zusammen mit dem Gut eines anderen Versenders auf Grund eines für Rechnung des Spediteurs über eine Sammelladung geschlossenen Frachtvertrages (§ 460 Abs. 1 HGB).

Frage 179:
Was ist Kennzeichen eines Lagervertrages?
Antwort: Durch den Lagervertrag wird der Lagerhalter verpflichtet, das Gut zu lagern und aufzubewahren, wobei Lagerung und Aufbewahrung zum Betrieb eines gewerblichen Unternehmens gehören müssen. Der Einlagerer wird verpflichtet, die vereinbarte Vergütung zu bezahlen (§ 457 HGB).

Frage 180:
Welche Pflichten hat der Einlagerer vor der Übergabe des Gutes an den Lagerhalter?
Antwort: Das kommt darauf an, ob es sich bei dem Einlagerer um einen Unternehmer (§ 14 BGB) oder einen Verbraucher (§ 13 BGB) handelt. Im ersten Fall ist der Einlagerer gem. § 468 HGB verpflichtet, dem Lagerhalter, wenn gefährliches Gut eingelagert werden soll, rechtzeitig in Textform (§ 126 b BGB) die genaue Art der Gefahr und erforderlichenfalls zu ergreifende Vorsichtsmaßnahmen mitzuteilen. Soweit erforderlich, hat er das Gut zu verpacken, zu kennzeichnen, Urkunden zur Verfügung zu stellen sowie alle Auskünfte zu erteilen, die der Lagerhalter zur Erfüllung seiner Pflichten benötigt. Soweit es sich bei dem Einlagerer um einen Verbraucher handelt, obliegt es dem Lagerhalter, das Gut zu verpacken und zu kennzeichnen. Der Einlagerer ist lediglich verpflichtet, den Lagerhalter über die von dem Gut ausgehende Gefahr allgemein – es bedarf keiner Textform – zu unterrichten.

Frage 181:
Wie haftet der Einlagerer?
Antwort: Für Schäden und Aufwendungen, die durch ungenügende Verpackung oder Kennzeichnung, Unterlassen der Mitteilung über die Gefährlichkeit des Gutes oder Fehlen, Unvollständigkeit oder Unrichtigkeit von Urkunden oder Auskünften entstehen, haftet der unternehmerische Einlagerer verschuldensunabhängig. Ist der Einlagerer dagegen ein Verbraucher, haftet er nur, soweit ihn ein Verschulden trifft (§ 468 Abs. 3 u. 4 HGB).

Frage 182:
Ist der Lagerhalter zur Sammellagerung berechtigt?
Antwort: Der Lagerhalter ist nach § 469 Abs. 1 HGB nur dann berechtigt, vertretbare Sachen mit anderen Sachen gleicher Art und Güte zu vermischen, wenn die beteiligten Einlagerer ausdrücklich einverstanden sind.

Frage 183:
Weshalb bedarf es zur Sammellagerung des Einverständnisses der beteiligten Einlagerer?
Antwort: Die Einlagerer müssen sich damit einverstanden erklären, weil ab dem Zeitpunkt der gemeinsamen Einlagerung den Eigentümern der eingelagerten Sachen Miteigentum zu Bruchteilen zusteht (§ 469 Abs. 2 HGB). Allerdings kann der Lagerhalter jedem Einlagerer den ihm gebührenden Anteil ausliefern, ohne dass er hierzu die Genehmigung der übrigen Beteiligten einholen muss (§ 469 Abs. 3 HGB).

Frage 184:
In welchem Fall haftet der Lagerhalter?
Antwort: Der Lagerhalter haftet für den Schaden, der durch Verlust oder Beschädigung des Gutes in der Zeit von der Übernahme zur Lagerung bis zur Auslieferung entsteht. Die Haftung ist allerdings ausgeschlossen, wenn der Schaden durch die Sorgfalt eines ordentlichen Kaufmanns nicht abgewendet werden konnte (§ 475 HGB).

Frage 185:
Ist der Vergütungsanspruch des Lagerhalters abgesichert?
Antwort: Ja, der Lagerhalter hat wegen aller durch den Lagervertrag begründeten Forderungen sowie wegen unbestrittener Forderungen aus anderen mit dem Einlagerer abgeschlossenen Lager-, Fracht- und Speditionsverträgen ein Pfandrecht an dem Gut (§ 475 b Abs. 1 HGB).

Frage 186:
Was versteht man unter einem Orderlagerschein?
Antwort: Der Orderlagerschein ist gem. § 475 f HGB ein Lagerschein (§ 475 c HGB), der an Order lautet. Er ist ein Wertpapier über eingelagerte Güter, das der Lagerhalter ausstellt. Dieses Wertpapier (Orderpapier) kann durch Indossament übertragen werden. Ist ein Orderlagerschein ausgestellt, kann der Berechtigte die Auslieferung nur gegen Vorlage des Scheins fordern. Hinzu kommt die Legitimationsfunktion: Der förmlich ausgewiesene Inhaber kann die Auslieferung verlangen, der Lagerhalter mit befreiender Wirkung leisten.

Frage 187:
Nach welchen Vorschriften regelt sich die Wertpapierverwahrung?
Antwort: Sie ist geregelt im Depotgesetz.

Frage 188:
Welche Formen der Wertpapierverwahrung kennt das Depotgesetz?

Antwort:
(a) Sonderverwahrung (der Hinterleger behält Alleineigentum);
(b) Sammelverwahrung (durch gemeinsame Verwahrung wird Miteigentum am Sammelbestand begründet);
(c) Tauschverwahrung (im Gegensatz zur Sonderverwahrung ist dem Verwahrer gestattet, die Wertpapiere gegen gleichartige einzutauschen);
(d) unregelmäßige Verwahrung (der Verwahrer erwirbt Eigentum mit der schuldrechtlichen Verpflichtung zur Rückgabe gleichartiger Papiere).

Frage 189:
Was versteht man unter einer Kontokorrentbeziehung?

Antwort: Das Gesetz definiert das Kontokorrent in § 355 HGB als eine mit einem Kaufmann bestehende Geschäftsverbindung, aus der die sich ergebenden beiderseitigen Ansprüche und Leistungen nebst Zinsen in Rechnung gestellt und in regelmäßigen Zeitabschnitten durch Verrechnung und Feststellung des für den einen oder anderen Teil sich ergebenden Überschusses ausgeglichen werden.

Frage 190:
Wie wirkt die Anerkennung des Saldos, der sich aufgrund des Rechnungsabschlusses im Kontokorrentverhältnis ergibt?

Antwort: Die Anerkennung des Saldos wird rechtlich als abstraktes Schuldanerkenntnis im Sinne der §§ 780, 781 BGB angesehen.

Frage 191:
Wie ist der Girovertrag und die Banküberweisung rechtlich zu qualifizieren?

Antwort: Der Girovertrag ist Dienstvertrag mit Geschäftsbesorgungscharakter (§§ 675 Abs. 1, 611 BGB), für den die Sonderregelungen der §§ 676 f bis 676 h BGB gelten. Die Überweisung wurde ursprünglich als Weisung i.S. der §§ 675, 665 BGB angesehen. Seit Inkrafttreten des Überweisungsgesetzes ist sie jedoch in § 676 a BGB als besonderes Vertragsverhältnis ausgestaltet, wobei es sich um einen Geschäftsbesorgungsvertrag mit Werkvertragscharakter handelt (§§ 675 Abs. 1, 631 BGB).

Frage 192:
Wann gilt bei der Banküberweisung die Zahlung als erfolgt?

Antwort: Mit der Gutschrift auf dem Konto des Empfängers und nicht erst mit der Gutschriftsanzeige.

Frage 193:
Was versteht man unter einem Akkreditiv und wo liegt seine wirtschaftliche Bedeutung?

Antwort: Das Akkreditiv spielt eine große Rolle bei Außenhandelsgeschäften: Der ausländische Importeur garantiert dem inländischen Exporteur den Kaufpreis dadurch, dass er eine Bank beauftragt, dem Exporteur gegen Übergabe bestimmter Dokumente den Kaufpreis zu entrichten. Die Zahlung erfolgt nach Versendung der Ware gegen Präsentation der Verladedokumente.

Frage 194:
Was ist ein Wechsel?

Antwort: In erster Linie ist der Wechsel ein Kreditmittel: Zur Überbrückung vorübergehender Zahlungsschwierigkeiten wird ein Wechsel ausgestellt, was zur Aufschiebung des Zahlungstermins führt. Im Zweifelsfall erfolgt die Hingabe des Wechsels erfüllungshalber (vgl. § 364 Abs. 2 BGB), sodass dem Wechselgläubiger nunmehr zwei Ansprüche zustehen. Mit der Hingabe des Wechsels wird ein sog. „Begebungsvertrag" abgeschlossen. Das Wechselrecht richtet sich in erster Linie nach dem Wechselgesetz (WG).

Frage 195:
Welche Formen des Wechsels kennen Sie?
Antwort:
(a) Beim Warenwechsel wird zwischen Verkäufer und Käufer ein Kaufvertrag abgeschlossen. Weil der Käufer z.Zt. nicht zahlen kann, zieht der Verkäufer auf den Käufer einen Wechsel und stundet dadurch den Kaufpreis. Der Verkäufer hat die Möglichkeit, den Wechsel entweder als Sicherheit zu behalten und ihn bei Fälligkeit dem Käufer zu präsentieren, er kann den Wechsel aber auch vorzeitig zu Geld machen, indem er ihn zur Bezahlung einer eigenen Schuld weitergibt (indossiert) oder bei einer Bank einreicht, die die versprochene Summe unter Abzug eines Zwischenzinses (Diskont) auszahlt.
(b) Der Kautionswechsel wird zur Sicherheit gegeben mit der Abrede, den Wechsel zu verwahren und erst zu verwerten, wenn der Kautionsfall eintritt.
(c) Beim Finanzwechsel liegt im Gegensatz zum Warenwechsel kein Leistungsaustausch zugrunde. Hier verschafft sich der Aussteller des Wechsels Kredit, indem eine Bank ihm gestattet, bis zu einem bestimmten Betrag Wechsel auf sie zu ziehen.

Frage 196:
Was versteht man unter dem Aussteller, dem Bezogenen, dem Akzeptanten und dem Remittenten beim Wechsel?
Antwort:
(a) Der Aussteller eines Wechsels weist einen bestimmten Geldbetrag an,
(b) der Bezogene wird zur Zahlung angewiesen,
(c) der Bezogene wird zum Akzeptanten, wenn er die Zahlungspflicht mit seiner Unterschrift akzeptiert,
(d) als Remittenten bezeichnet man den ersten Wechselnehmer.

Frage 197:
Was versteht man unter einem „Sichtwechsel"?
Antwort: Ein Wechsel ohne Angabe der Verfallzeit gilt als Sichtwechsel, d.h. er ist bei Präsentation zu bezahlen.

Frage 198:
Was versteht man unter der Abstraktheit des Wechsels?
Antwort: Bei Geltendmachung der Wechselforderung können Einwendungen aus dem zugrunde liegenden Kausalgeschäft nur in beschränktem Umfang geltend gemacht werden. Vor allem können gem. Art. 17 WG persönliche Einwendungen aus dem der Wechselbegebung zugrunde liegenden Kausalverhältnis dem Wechselinhaber grundsätzlich nicht entgegengehalten werden. Es ist also damit die dem Schuldner nach bürgerlichem Recht gem. § 404 BGB zustehende Möglichkeit genommen, Einwendungen gegen spätere Wechselnehmer als den neuen Gläubigern vorzubringen.

Frage 199:
Was versteht man unter einer „Tratte"?
Antwort: Den gezogenen Wechsel.

Frage 200:
Was ist der Gegensatz zur Tratte?
Antwort: Der Eigenwechsel, bei dem es sich um ein wechselrechtlich verstärktes Schuldversprechen handelt. Zieht der Aussteller den Wechsel an die eigene Order, spricht man vom trassiert eigenen Wechsel.

Frage 201:
Wie wird ein Wechsel im Normalfall übertragen?
Antwort: Die Übertragung des Wechsels erfolgt gem. Art. 11 WG in der Regel durch Übereignung des Wechselpapiers nach § 929 BGB nebst Indossament, sofern der Aussteller nicht ausdrücklich bestimmt hat, dass die Zahlung nicht an Order erfolgen soll. Das Indossament ist eine auf die Rückseite des Wechsels geschriebene und vom Indossanten unterschriebene Übertragungserklärung.

Frage 202:
Welche besondere Möglichkeit gibt es für die Geltendmachung von Wechselansprüchen?
Antwort: Das Gesetz sieht ein besonderes prozessuales Verfahren, den Wechselprozess vor. Der Wechselprozess (§§ 602 ff. ZPO) ist ein Fall des Urkundenprozesses; dort gilt die Besonderheit, dass bestrittene Tatsachen nur durch Urkunden bewiesen werden können (§§ 592 ff. ZPO).

Frage 203:
Wie unterscheidet sich der Scheck hinsichtlich seiner Funktion vom Wechsel?
Antwort: Der Scheck ist im Gegensatz zum Wechsel an sich kein Kredit-, sondern Zahlungsmittel. Er beinhaltet die schriftliche Anweisung an ein Kreditinstitut, aus einem Guthaben bei Präsentation des Schecks eine bestimmte Geldsumme zu bezahlen.

Frage 204:
Was versteht man unter „bestätigten Schecks"?
Antwort: Von der Bundes- bzw. Landeszentralbank bestätigte Schecks garantieren dem Schecknehmer die Einlösung (vgl. § 23 Bundesbankgesetz).

Frage 205:
Welchen Rechtsschutz gewährt das UWG?
Antwort:
(a) Beseitigungsansprüche: Ein Mitkonkurrent kann die Beseitigung der wettbewerbsbeeinträchtigenden Maßnahme verlangen;
(b) Unterlassungsansprüche: Künftige Wiederholungen wettbewerbswidriger Verstöße können gerichtlich untersagt werden;
(c) Schadenersatzansprüche: Ein Mitkonkurrent kann von demjenigen Schadenersatz verlangen, der durch wettbewerbswidrige Maßnahmen Einbußen beim Kläger verursacht hat;
(d) Rücktrittsrecht für Abnehmer, die durch unwahre und zur Irreführung geeignete Werbeangaben im Sinne von § 4 UWG zur Abnahme bestimmt worden sind (§ 13 a UWG);
(e) Verbandsklage: Nach § 13 UWG sind auch bestimmte Vereinigungen klagebefugt, wenn sie sich satzungsgemäß die Verhinderung des unlauteren Wettbewerbs zum Ziel gesetzt haben.

Frage 206:
Wie ist das UWG tatbestandlich aufgebaut?
Antwort:
(a) Die Generalklausel nach § 1 UWG verbietet den unlauteren Wettbewerb generell;
(b) Spezialtatbestände (§§ 2 ff. UWG) vervollständigen den Rechtsschutz.

Fälle

Fall 63:
Der Bauunternehmer Bertram Bohrer e.K. bestellt bei der L-Baumaschinen-GmbH einen Bagger, der am 1. Mai angeliefert wird. Zugleich erhält B die Rechnung über 100 000 Euro. Nachdem die Rechnung trotz Mah-

nung im Juli und August auch im Oktober noch nicht bezahlt wurde, fragt sich der Geschäftsführer der L-GmbH, ob sie auch Zinsen verlangen kann. Wie wäre es außerdem, wenn die L-GmbH ständig Bankkredit zu 12 % p.a. in Anspruch nimmt?

Lösung: Nach bürgerlichem Recht können Zinsen ohne Eingreifen einer besonderen gesetzlichen oder vertraglichen Regelung grundsätzlich nur verlangt werden, wenn sich der Schuldner im Verzug befindet (§ 288 BGB). Kaufleute untereinander können gem. § 353 HGB für ihre Forderungen aus beiderseitigen Handelsgeschäften vom Tag der Fälligkeit an Zinsen verlangen. Der gesetzliche Zinssatz beträgt bei beiderseitigen Handelsgeschäften gem. § 352 Abs. 1 HGB 5 %. Da sowohl B als auch die L-GmbH (§ 1 HGB bzw. §§ 13 Abs. 3 GmbHG, 6 HGB) Kaufleute sind, ist schon aufgrund der Vermutung des § 344 HGB vom Vorliegen eines beiderseitigen Handelsgeschäfts auszugehen. Daher konnte die L-GmbH ab dem 2. Mai gem. §§ 353, 352 Abs. 1 HGB 5 % Zinsen verlangen. Dies schließt jedoch höhere Zinsen nach Verzugseintritt gem. § 288 BGB nicht aus, da die besonderen Vorschriften für Handelsgeschäfte die allgemeinen Vorschriften des bürgerlichen Rechts nicht ausschließen, sondern lediglich ergänzen. Der Eintritt des Verzugs setzt gem. § 286 Abs. 1 BGB grundsätzlich den Zugang einer Mahnung voraus, was hier erst im Juli erfolgte. Gem. § 286 Abs. 3 BGB kommt der Schuldner einer Entgeltforderung spätestens in Verzug, wenn er nach Zugang einer Rechnung nicht innerhalb von 30 Tagen leistet. Ist der Schuldner Verbraucher, muss auf diese Rechtsfolge gesondert hingewiesen werden. Da B als Kaufmann kein Verbraucher i.S.d. § 13 BGB ist, war ein solcher Hinweis hier nicht erforderlich. Die Rechnung ging B am 1. Mai zu; die 30-Tages-Frist begann daher gem. § 187 Abs. 1 BGB am 2. Mai zu laufen und endete gem. § 188 Abs. 1 BGB mit Ablauf des 31. Mai. B war daher ab 1. Juni im Schuldnerverzug. Die L-GmbH kann daher ab 1. Juni Verzugszinsen verlangen. Der Zinssatz beträgt bei Rechtsgeschäften, an denen ein Verbraucher nicht beteiligt ist gem. § 288 Abs. 2 BGB acht Prozentpunkte über dem Basiszins nach § 247 BGB. Dadurch wird jedoch gem. § 288 Abs. 4 BGB die Geltendmachung eines weiteren Schadens nicht ausgeschlossen. Wenn die L-GmbH ständig Bankkredit in Höhe von 12 % in Anspruch nimmt, erleidet sie durch die verspätete Zahlung des B einen Schaden in entsprechender Höhe und kann daher die Differenz gem. §§ 280 Abs. 1 und 2, 286 BGB als Verzugsschaden geltend machen.

Fall 64:

Hausfrau H interessiert sich beim Autohaus XY-GmbH für ein neues Auto. Bei einem Besuch von H in den Räumen des Autohauses wird von dessen Inhaber ein „einmaliger Rabatt in Höhe von 20 % auf den Neupreis" mündlich zugesichert. Nach einigen Tagen erhält H von der XY-GmbH ein Schreiben, in dem es u.a. heißt: „Wir bestätigen unsere mündliche Unterredung wie folgt … Preisnachlässe auf den Listenpreis können wir nicht

gewähren …". H reagiert nicht. Nach Lieferung weigert sich die GmbH, den mündlich zugesagten Rabatt zu gewähren. Wer hat Recht?
Lösung: Entscheidend ist, welche Abreden Vertragsbestandteil wurden. Die mündliche Vereinbarung zwischen H und der XY-GmbH war verbindlich. Das spätere Schreiben der XY-GmbH ist bürgerlich-rechtlich als nachträgliches Angebot zur Abänderung des Vertrages zu werten. Es bedurfte der Annahme durch H. Diese hat nicht reagiert. Schweigen gilt nach bürgerlichem Recht nicht als Zustimmung. Im Handelsrecht jedoch kann es in besonderen Fällen Zustimmung bedeuten. So entspricht es Handelsbrauch, dass das Schweigen auf ein kaufmännisches Bestätigungsschreiben als Zustimmung zu werten ist. Die Anwendung eines derartigen Handelsbrauchs setzt jedoch ein beiderseitiges Handelsgeschäft voraus. § 346 HGB gilt nur „unter Kaufleuten". Nach § 345 HGB kommen die Vorschriften über Handelsgeschäfte auf ein Rechtsgeschäft, das nur für einen der beiden Teile ein Handelsgeschäft ist, lediglich dann zur Anwendung, wenn sich aus den speziellen Vorschriften des Handelsrechts nichts Gegenteiliges ergibt. Da die Anwendung des Handelsbrauchs voraussetzt, dass beide Vertragspartner Kaufleute sind, H im vorliegenden Fall jedoch zweifelsfrei nicht unter §§ 1 ff. HGB fällt, war das Schweigen von H unbeachtlich. Die XY-GmbH ist an ihre Zusage gebunden und muss den Rabatt gewähren (H ist allerdings beweispflichtig, dass tatsächlich eine derartige mündliche Absprache getroffen wurde).

Fall 65:
Brauerei B möchte ihren Betrieb erweitern. Die A-Apparatebau-GmbH machte ihr per E-Mail ein Angebot für Lieferung eines Gegenstrom-Wärmeaustauschers. Nach verschiedenen Telefongesprächen zwischen B und A antwortete B mit Schreiben vom 26. November, das teilweise von der vorerwähnten E-Mail der A abwich. Daraufhin übersandte A der B unter dem 30. November eine „Auftragsbestätigung", die erstmalig den Vermerk enthielt: „Lieferungsbedingung: VDMA (Verband Deutscher Maschinenbauanstalten)". Nach der Lieferung des Wärmeaustauschers stellen sich erhebliche Mängel heraus. B verlangt Nacherfüllung und darüber hinaus Schadenersatz wegen entgangenen Gewinns. A beruft sich auf die Klausel „VDMA", wonach weitergehende Schadenersatzansprüche wegen Vermögensschäden, die nicht auf grober Fahrlässigkeit beruhen, ausdrücklich ausgeschlossen werden. Wer hat Recht?
Lösung: B kann von A bei Mangelhaftigkeit der Lieferung gem. §§ 437 Nr. 1, 439 BGB Nacherfüllung verlangen. Da die Geschäftsbedingungen hierüber nichts Abweichendes aussagen, bestimmt sich dies ausschließlich nach bürgerlichem Recht und ist soweit unstreitig. Der Anspruch auf Schadenersatz folgt an sich aus den §§ 437 Nr. 3, 280 Abs. 1 BGB. Der entgangene Gewinn ist kein Fall des Mangelschadens selbst, sondern ein sog. Mangelfolgeschaden, da es sich um einen Schaden an einem anderen Rechtsgut als der gelieferten Sache handelt. Er ist daher kein Fall des Scha-

denersatzes statt der Leistung (§ 281 BGB), sondern des einfachen Schadenersatzes i.S.d. § 280 Abs. 1 BGB und setzt daher keine Fristsetzung voraus. Die Frage ist jedoch, ob der Ausschluss eines weitergehenden Schadenersatzanspruchs durch die Bezugnahme auf die Lieferungsbedingung
„VDMA" wirksam wurde. Da davon auszugehen ist, dass eine Brauerei
nach Art und Umfang einen in kaufmännischer Weise eingerichteten Geschäftsbetrieb erfordert, sind A und B Kaufleute (vgl. §§ 1, 6 HGB). Es findet nach § 346 HGB Handelsbrauch Anwendung. Das Schweigen auf ein
kaufmännisches Bestätigungsschreiben ist nach Handelsbrauch als Zustimmung anzusehen. Der Grund für diese von der Rechtsprechung ent-
wickelte Auffassung ist, dass Abreden, die anders als beiderseits schriftlich getroffen werden, durch ein Bestätigungsschreiben klargestellt und
inhaltlich festgesetzt werden sollen, um Streitigkeiten zu vermeiden. Den
Inhalt eines solchen Bestätigungsschreibens muss der Vertragsgegner gegen sich gelten lassen, wenn er nicht widerspricht. Nun hat die Rechtsprechung ein kaufmännisches Bestätigungsschreiben zunächst nur dort
angenommen, wo mündliche, fernmündliche, telegrafische oder fern-
schriftliche Verhandlungen stattgefunden hatten. Nach Auffassung des
Bundesgerichtshofes (BGHZ 54, 236) gilt dies aber auch dann, wenn eine
telefonische Vertragsofferte schriftlich angenommen wird. Wegen der jedem Telefongespräch innewohnenden Unsicherheit über das tatsächlich
Vereinbarte hatte A allen Anlass, nach Empfang des Schreibens vom 26.
November, das teilweise von der E-Mail abwich, den Vertragsinhalt klarzustellen, wie das in ihrem Schreiben vom 30. November geschehen ist.
Da B dem Schreiben nicht unverzüglich widersprochen hat, muss sie sich
ihr Schweigen als Zustimmung entgegenhalten lassen. Weitergehende
Schadenersatzansprüche sind daher durch die wirksame Aufnahme der
haftungsbeschränkenden Lieferungsbedingungen VDMA ausgeschlossen.

Fall 66:
Die XY-GmbH produziert Schaltelemente und vergibt einfache Montage-
arbeiten u.a. an freie Mitarbeiter, die die Arbeiten in Heimarbeit verrichten. Um die Auftragnehmer zu einer pünktlichen Einhaltung der Abliefe-
rungsfristen anzuhalten, vereinbart sie Vertragsstrafen, die bei Überschreitung des Ablieferungstermins fällig werden. Heimarbeiterin H hat
einen derartigen Revers unterschrieben, der bei Nichteinhaltung der Ab-
lieferungsfrist einen 10 %-igen Einbehalt des vereinbarten Werklohns als
Vertragsstrafe vorsieht. Muss H dies hinnehmen?
Lösung: Wenn die Abrede über die Vertragsstrafe nicht unter dem Gesichtspunkt der Sittenwidrigkeit nach § 138 BGB nichtig ist, wozu allerdings nähere Anhaltspunkte fehlen, wäre an eine Herabsetzung nach § 343
BGB zu denken. Danach können unbillig hohe Vertragsstrafen durch gerichtliche Entscheidung herabgesetzt werden. Von dieser Möglichkeit
kann H Gebrauch machen. Zwar schließt § 348 HGB die Herabsetzung einer Vertragsstrafe aus. Dies setzt aber voraus, dass die Vertragsstrafe von

einem Kaufmann im Betrieb seines Handelsgewerbes versprochen wurde. Auf H findet diese Vorschrift jedoch keine Anwendung, da sie mit Sicherheit nicht Kaufmann i.S.d. § 1 HGB ist.

Fall 67:
Geschäftsmann H bemüht sich zur Finanzierung einer neuen Fabrikhalle um einen Kredit in Höhe von 200 000 Euro und gerät dabei an den als Kaufmann eingetragenen Makler M, der ihm schließlich 100 000 Euro als Darlehen verschafft. M hat diesen Betrag nicht aus eigenen Mitteln gewährt, sondern von der Bank B erhalten, dabei aber selbst die Haftung übernommen. M verlangt nun von H nicht nur die vereinbarten Darlehenszinsen, sondern – unter Hinweis auf die Vorschriften des Handelsrechts – auch Provision für die Beschaffung des Kredits. Mit Recht?
Lösung: Anspruchsgrundlage ist § 354 Abs. 1 HGB. Danach kann für die Geschäftsbesorgung auch ohne ausdrückliche Verabredung Provision verlangt werden. § 354 HGB setzt voraus, dass der Anspruchsberechtigte Kaufmann ist. Dies trifft für M zu. H fällt nicht unter den Schutzbereich der Vorschriften über das Verbraucherdarlehen (§§ 491 ff. BGB). Für die Provisionsberechtigung ist nun entscheidend, ob wirtschaftlich gesehen M selbst Darlehensgeber war oder die Bank B. Im letzteren Fall läge ein sog. „mittelbares Darlehen" vor, das M für H bei der Bank B vermittelt haben würde. Im ersteren Fall könnte M nur Darlehenszinsen nach § 354 Abs. 2 HGB beanspruchen, nicht daneben noch Provision nach § 354 Abs. 1 HGB. Im Ausgangssachverhalt (BGH NJW 1964, 2343) hatte M das Darlehen nicht aus eigenen Mitteln gewährt. Wirtschaftlich gesehen ist dann nicht M Kreditgeber, sondern die Bank. Bei der im Rahmen des § 354 HGB gebotenen wirtschaftlichen Betrachtungsweise war M, obwohl rechtlich selbst Darlehensgeber für H und Darlehensnehmer der Bank, doch praktisch nur Vermittler des Bankkredits an H unter Übernahme der Vollhaftung gegenüber der Bank. Bei dieser Sachlage kann M, obwohl rechtlich selbst Darlehensgeber, doch nach § 354 Abs. 1 HGB die übliche Vergütung dafür fordern, dass er bei eigener Haftung gegenüber der Bank dem H einen „mittelbaren Bankkredit" verschafft hat.

Fall 68:
K kauft beim Gebrauchtwagenhändler V ein Kraftfahrzeug, das dieser zuvor der Bank B zur Sicherung für einen Geschäftskredit übereignet hatte. Die Bank hatte sich bei Abschluss des Darlehensvertrags den Kraftfahrzeugbrief aushändigen lassen. Als V das Darlehen nicht zurückzahlen kann, verlangt die Bank von K das Fahrzeug heraus. Dieser bringt vor, er habe V zwar nicht für den Eigentümer, wohl jedoch als verfügungsberechtigt angesehen und sei deshalb geschützt. Trifft dies zu?
Lösung: B kann von K die Herausgabe des Kraftfahrzeugs nach § 985 BGB nur dann verlangen, wenn K nicht Eigentümer geworden ist. Da das Kraftfahrzeug der Bank sicherungsübereignet war, konnte K nur kraft gu-

ten Glaubens erwerben. Da er V nicht für den Eigentümer selbst hielt, scheiden die Vorschriften über den guten Glauben beim Erwerb des Eigentums nach §§ 932 ff. BGB aus. Es kommt jedoch § 366 Abs. 1 HGB in Betracht. Danach ist der gute Glaube an die Verfügungsbefugnis ausreichend, wenn ein Kaufmann im Betrieb seines Handelsgewerbes eine ihm nicht gehörige Sache veräußert. K ging von der Verfügungsbefugnis des V aus. Diese Annahme war jedoch grob fahrlässig. Wer ein gebrauchtes Fahrzeug kauft, muss wissen – so verlangt es die im Verkehr erforderliche Sorgfalt – dass in Deutschland zu einem Kraftfahrzeug ein Kraftfahrzeugbrief gehört, und dass dessen Fehlen gegen die Verfügungsbefugnis des Kfz-Besitzers spricht (BGH NJW 1965, 687). K ist also nicht kraft guten Glaubens Eigentümer geworden und muss das Fahrzeug an die Bank herausgeben.

Fall 69:
Großhändler K ist in momentanen Liquiditätsschwierigkeiten und kann seinen Lieferanten L nicht bar bezahlen. Bei einer Warenlieferung von L an K im Werte von 50 000 Euro zieht L einen Wechsel auf K, den dieser vereinbarungsgemäß akzeptiert. L überträgt den Wechsel an seinen Gläubiger R, der ihn bei seiner Bank einreicht. Nach Fälligkeit wird der Wechsel bei K präsentiert, dieser verweigert die Zahlung mit der Begründung, die von L gelieferte Ware sei mangelhaft gewesen, er habe L gegenüber bereits den Rücktritt erklärt. Wie ist die Rechtslage?
Lösung: Die Bank kann sich auf Art. 28 Abs. 1 WG als Anspruchsgrundlage berufen. Danach wird der Bezogene durch die Annahme verpflichtet, den Wechsel bei Verfall zu bezahlen. Diese Voraussetzung liegt vor, da K den Wechsel angenommen hat. Fraglich ist, ob er dem Wechselinhaber gegenüber Einwendungen erheben kann. Er beruft sich auf die Gewährleistungsrechte des bürgerlichen Rechts. Einwendungen, die sich auf die unmittelbaren Beziehungen von K gegenüber seinem Lieferanten L als Aussteller stützen, sind aber nach Art. 17 WG ausgeschlossen. K könnte zwar dem L die Mangelhaftigkeit der gelieferten Ware als Einwendung entgegenhalten, wenn dieser ihn nach § 433 Abs. 2 BGB aus dem Kaufvertrag in Anspruch nehmen würde. Dasselbe würde gem. § 404 BGB gelten, wenn L seine Ansprüche aus dem Kaufvertrag an den neuen Gläubiger abtreten und dieser den Schuldner in Anspruch nehmen würde. § 404 BGB ist jedoch für den Bereich des Wechselrechts durch Art. 17 WG eingeschränkt. Das Gesetz will im Interesse der Schnelligkeit des kaufmännischen Zahlungsverkehrs Einwendungen ausschließen, die sich auf die unmittelbare Beziehung des Wechselschuldners zu dem Aussteller oder zu einem früheren Inhaber stützen (dies gilt nicht, wenn der Wechselinhaber beim Erwerb des Wechsels bewusst zum Nachteil des Schuldners gehandelt hat). Als Ergebnis ist festzuhalten, dass K zur Zahlung verpflichtet ist.

Fall 70:
Kaufmann K betreibt einen Großhandel mit überseeischen Produkten. Einen Teil des Südamerika-Geschäfts lässt er über den Importeur I in Hamburg laufen, der ihm zugleich auch die Einlagerung von aus anderen Ländern bezogenen Produkten gestattet. Als K wegen Liquiditätsschwierigkeiten ins Gerede kommt, verlangt I Sicherheiten, die ihm verweigert werden. I hat gegen K eine Kaufpreisforderung in Höhe von derzeit 30 000 Euro. K hat in den Lagerhallen des I aus Drittländern Waren im Werte von derzeit 20 000 Euro gelagert, als Lagergeld steht noch ein Betrag von 2000 Euro offen. K möchte gegen Bezahlung der 2000 Euro die Waren abholen; I verlangt zuvor die Begleichung der Kaufpreisschuld. Mit Recht?
Lösung: I kann sich auf das kaufmännische Zurückbehaltungsrecht nach § 369 HGB berufen. Voraussetzung hierzu ist, dass (1) beide Partner Kaufleute im Sinne des HGB sind, (2) I gegen K eine fällige Geldforderung hat, (3) das Zurückbehaltungsrecht an Waren des K ausgeübt werden soll, die mit Willen des K aufgrund eines Handelsgeschäfts (Lagergeschäft) in den Besitz des I gelangt sind. Diese Voraussetzungen liegen vor. Nicht verlangt ist die nach bürgerlichem Recht erforderliche „Konnexität", also „dasselbe rechtliche Verhältnis", das nach der Rechtsprechung allerdings bereits bei einem „innerlich zusammengehörenden, einheitlichen Lebensverhältnis" zu bejahen ist. Ergebnis: I kann die Herausgabe der von K eingelagerten Waren bis zur Tilgung der Kaufpreisschuld verweigern.

Fall 71:
Welche Rechte hätte I, wenn K den Kaufpreis nicht bezahlt? Was wäre, wenn über das Vermögen des K das Insolvenzverfahren eröffnet wird?
Lösung: Nach § 371 HGB gewährt das kaufmännische Zurückbehaltungsrecht ein Befriedigungsrecht. Die Befriedigung erfolgt nach den „für das Pfandrecht geltenden Vorschriften des Bürgerlichen Gesetzbuches". I könnte also die von K eingelagerten Waren versteigern lassen und sich aus dem Erlös wegen seiner Kaufpreisforderung befriedigen. In der Insolvenz gewährt das kaufmännische Zurückbehaltungsrecht ein „Recht auf abgesonderte Befriedigung" gem. §§ 51 Nr. 3, 50 InsO.

Fall 72:
Gustav gewährt Siegfried ein Darlehen in Höhe von 20 000 Euro; beide sind Kaufleute. Siegfried verkauft an Gustav ein Gemälde und wird dabei getäuscht, er beruft sich erfolgreich auf die Anfechtungsvorschriften des bürgerlichen Rechts und ficht den Kaufvertrag mit Erfolg an. Als er von Gustav das bereits gelieferte Gemälde zurückverlangt, verweigert dieser die Herausgabe unter Berufung auf ein angebliches Zurückbehaltungsrecht wegen des fälligen Anspruchs auf Rückzahlung des Darlehens.
Lösung: Da Gustav und Siegfried Kaufleute sind, ist § 369 HGB zu prüfen. Die Besonderheit des vorliegenden Falles liegt darin, dass Gustav Gegenstände zurückhält, an denen er selbst (noch) Eigentum hat. Die Anfechtung

seitens Siegfried bewirkt nur die Nichtigkeit des schuldrechtlichen Geschäfts und löst einen Rückgewähranspruch nach § 812 BGB aus. Auch bei diesem Sachverhalt kann ein kaufmännisches Zurückbehaltungsrecht ausgeübt werden. § 369 Abs. 1 S. 2 HGB bringt eine Ausnahme von dem Grundsatz, dass die vom Gläubiger zurückbehaltenen Gegenstände dem Schuldner gehören müssen. Das Zurückbehaltungsrecht kann auch ausgeübt werden, wenn das Eigentum an dem Gegenstand vom Schuldner auf den Gläubiger (wie im vorliegenden Fall) übergegangen, aber auf den Schuldner (infolge der Anfechtung) zurückzuübertragen ist (nach den Vorschriften über die ungerechtfertigte Bereicherung – „Leistung sine causa").

Fall 73:
Wie wäre es, wenn Kaufmann K im oben geschilderten Fall die bei I eingelagerten Waren bereits nach § 931 BGB durch Abtretung des Herausgabeanspruchs an den Erwerber E übereignet hätte?
Lösung: Auch in diesem Falle würde I das Zurückbehaltungsrecht zustehen: Einem Dritten gegenüber kann nach § 369 Abs. 2 HGB das Zurückbehaltungsrecht insoweit ausgeübt werden, als dem Dritten die Einwendungen gegen den Anspruch des Schuldners auf Herausgabe des Gegenstandes entgegengesetzt werden können. Dies wäre nach § 986 Abs. 2 BGB der Fall.

Fall 74:
Gemüsegroßhändler K ordert beim Importeur V einen größeren Posten Endiviensalat zum Kaufpreis von 8000 Euro. Als die Lieferung im gekühlten Waggon am Handelsplatz von K eintrifft, weigert sich dieser ohne Grund, die Ware abzunehmen. Von welchen handelsrechtlichen Möglichkeiten kann V Gebrauch machen?
Lösung: Nach § 373 Abs. 1 HGB kann V die Ware in einem öffentlichen Lagerhaus oder in sonstiger Weise hinterlegen. Das Handelsrecht erweitert im Vergleich zu § 372 BGB insoweit den Kreis der hinterlegungsfähigen Gegenstände und der Hinterlegungsorte. Da die von V gelieferte Ware verderblich ist, kommt zudem § 373 Abs. 2 HGB in Betracht. Danach ist V befugt, die Ware öffentlich versteigern zu lassen, wobei er, da im vorliegenden Fall die Marktpreisklausel eingreift, den Verkauf auch aus freier Hand durch einen öffentlich ermächtigten Handelsmakler durchführen lassen kann. Einer vorherigen Androhung derartiger Maßnahmen bedarf es gemäß § 373 Abs. 2 S. 2 HGB wegen der Verderblichkeit der Salatlieferung nicht.

Fall 75:
Wie wäre es, wenn bei dem durchgeführten Selbsthilfeverkauf (a) ein Preis von 7000 Euro, (b) ein Preis von 10000 Euro erzielt worden wäre?
Lösung: Nach § 373 Abs. 3 HGB erfolgt der Selbsthilfeverkauf „für Rechnung des säumigen Käufers". Der erzielte Erlös ist also zugunsten des

Käufers erzielt. Bei einem Mehrerlös steht die Differenz zwischen der Kaufpreisforderung und dem Mehrerlös, im vorliegenden Fall (b) die 2000 Euro, dem K zu. Bei einem Mindererlös müsste K die Differenz, im vorliegenden Fall (a) die Differenz von 1000 Euro, nachschießen.

Fall 76:
Großhändler G bestellt beim Spielwarenhersteller S im Hinblick auf das Weihnachtsgeschäft Spielwarenartikel im Werte von 100 000 Euro mit der ausdrücklichen Vereinbarung, dass die Lieferung zwischen dem 5. und 10. September „fix" erfolgen müsse. Als die erwartete Lieferung mit Ablauf des 10. Septembers immer noch nicht eingetroffen ist, fragt G, was nun getan werden könne?

Lösung: Es handelt sich um einen Fixhandelskauf im Sinne von § 376 HGB. Das Datum ist kalendermäßig bestimmt, es wurde vereinbart, dass die Leistung zu einer fest bestimmten Zeit, nämlich zwischen dem 5. und 10. September, zu bewirken war. In diesem Fall kann G nach § 376 Abs. 1 S. 1 HGB vom Vertrag zurücktreten – seit der Schuldrechtsreform ergibt sich dieses Ergebnis allerdings auch schon aus § 323 Abs. 2 Nr. 2 BGB, da die nach Abs. 1 dieser Vorschrift grundsätzlich vor einem Rücktritt erforderliche Fristsetzung entbehrlich ist, wenn eine vereinbarte Frist nicht eingehalten wird und der Gläubiger im Vertrag den Fortbestand seines Leistungsinteresses an die Rechtzeitigkeit der Leistung gebunden hat. Letzteres ist hier wegen der ausdrücklichen Vereinbarung, dass die Lieferung „fix" zu erfolgen habe, der Fall. Er kann auch statt der Erfüllung Schadenersatz wegen Nichterfüllung verlangen. Dies setzt den Verzug des S voraus. Die Voraussetzungen des Schuldnerverzugs gem. § 286 BGB sind erfüllt, da trotz Fälligkeit nicht geleistet wurde, eine Mahnung gem. § 286 Abs. 2 Nr. 1 BGB entbehrlich ist und das Verschulden nach § 286 Abs. 4 BGB vermutet wird. Sollte G an der Erfüllung weiterhin interessiert sein, so setzt dies nach § 376 Abs. 1 S. 2 HGB voraus, dass er dies sofort nach dem Ablauf der Lieferfrist seinem Vertragsgegner S anzeigt.

Fall 77:
Getränkegroßhändler G bezieht unter anderem von der Früchte-Fabrikationsverwertungs-GmbH V Fruchtsäfte. Diese werden in durchsichtigen Glasbehältern geliefert. Am 10. April trifft vertragsgemäß ein größerer Posten Orangensaft bei G ein. Dieser lässt die in Kartons verschlossenen Flaschen im Lager abstellen, ohne den Inhalt zu überprüfen. Schon bei Lieferung war aufgrund einer Verfärbung äußerlich erkennbar, dass der Fruchtsaft wegen eines Fehlers beim Abfüllen verdorben war. Nach ca. 3 Wochen wird bei der ersten Auslieferung an Abnehmer des G die Fehlerhaftigkeit bemerkt. G schickt V sofort ein Telegramm in dem er „… die gelieferte Ware rüge und Nachlieferung verlange" und sich bis zur ordnungsgemäßen Erfüllung weigert, den noch offenen Kaufpreis zu bezahlen. Mit Recht?

Lösung: V kann gegen G einen Kaufpreisanspruch nach § 433 Abs. 2 BGB geltend machen. G kann allerdings die Zahlung des Kaufpreises verweigern, wenn ihm ein Anspruch auf Nacherfüllung gem. § 439 BGB zusteht. Diese „Mängeleinrede" folgt seit der Schuldrechtsreform aus § 320 BGB, da die Erfüllung des Anspruchs auf Lieferung gem. § 433 Abs. 1 S. 2 BGB die Lieferung einer mangelfreien Sache voraussetzt. Die Gewährleistungsrechte sind beim beiderseitigen Handelskauf nach §§ 377 ff. HGB zu beurteilen. Danach hat der Käufer die Ware unverzüglich nach Ablieferung durch den Verkäufer zu untersuchen und, wenn sich ein Mangel zeigt, dem Verkäufer unverzüglich Anzeige zu machen. Unterlässt der Käufer die Anzeige, so gilt die Ware als „genehmigt". Im vorliegenden Fall war eine Untersuchung der Ware nach dem ordnungsgemäßen Geschäftsgange tunlich. G hätte dies auf Grund eines einfachen Augenscheins infolge der Verfärbung erkennen können. Da er das unterlassen hat, gilt die Ware als genehmigt, er muss sie als ordnungsgemäße Lieferung akzeptieren. Mangels Nacherfüllungsanspruch steht ihm daher die Einrede aus § 320 BGB nicht zu; er muss daher den offenen Kaufpreis bezahlen.

Fall 78:

Wie wäre es im vorangegangenen Sachverhalt, wenn durch ein Versehen nicht der bestellte Orangensaft, sondern Ananassaft geliefert worden wäre?

Lösung: Auch in diesem Fall läge gem. § 434 Abs. 3 BGB wegen der Lieferung einer anderen als der vereinbarten Sache ein Sachmangel vor, der G grundsätzlich berechtigt, Gewährleistungsansprüche nach § 437 BGB gegen V geltend zu machen; allerdings ist das – da es sich um einen beiderseitigen Handelskauf handelt – nur dann möglich, wenn G seiner Rügepflicht aus § 377 HGB nachgekommen ist, er also die Ware unverzüglich untersucht und nach Feststellung der Verwechslung dem Verkäufer Anzeige gemacht hat.

Fall 79:

Wie wäre es, wenn 2000 Flaschen Orangensaft bestellt, durch ein Versehen (a) lediglich 1800 bzw. (b) 2200 Flaschen geliefert worden wären?

Lösung: In diesem Fall liegt ein quantitatives aliud vor, das früher ebenfalls in § 378 HGB a.F. geregelt war. Die Zuweniglieferung (a) ist mittlerweile jedoch auch gem. § 434 Abs. 3 BGB dem Sachmangel gleichgestellt, weshalb § 377 HGB anwendbar ist und die Sache daher aufgrund der unterlassenen Rüge als genehmigt gilt. Der Fall der Zuviellieferung (b) war zwar früher in § 378 HGB geregelt, wird aber vom Sachmängelbegriff nicht erfasst (§ 434 Abs. 3 BGB), weshalb § 377 HGB nicht mehr anwendbar ist. Die Behandlung der Mehrlieferung ist noch nicht endgültig geklärt. Zumindest im Fall einer offenen Mehrlieferung (die für den Empfänger aus dem Lieferschein o.ä. erkennbar ist) kann es jedoch im Einzelfall aufgrund Handelsbrauchs zu einer stillschweigenden Vertragsänderung kommen, wenn der Empfänger die Zuviellieferung nicht rügt. In diesem Fall wäre G auch zur Zahlung der zusätzlich gelieferten 200 Flaschen verpflichtet.

Fall 80:

Wie wäre es in den vorangegangenen Fällen, wenn statt des bestellten Orangensafts durch eine Verwechslung im Lagerhaus des V kandierte Trockenfrüchte geliefert worden wären?

Lösung: In diesem Fall handelt es sich um ein „offensichtliches aliud". Der gestrichene § 378 HGB a.f. schloss in diesem Fall die Anwendung des § 377 HGB aus. Der Gesetzgeber hat nunmehr zwar die Falschlieferung gem. § 434 Abs. 3 BGB dem Sachmangel gleichgestellt, die Unterscheidung zwischen genehmigungsfähigen und nicht genehmigungsfähigen Abweichungen aus § 378 HGB jedoch ausdrücklich nicht übernommen. Damit fällt grundsätzlich auch die Lieferung einer völlig anderen als der geschuldeten Sache unter die §§ 434 Abs. 3 BGB, 377 HGB. Voraussetzung ist nach der Gesetzesbegründung nur, dass der Verkäufer die Leistung als Erfüllung seiner Pflicht erbringt. Damit erfasst § 377 HGB auch den Fall des offensichtlichen aliuds – die Grenze liegt daher nicht mehr in der Genehmigungsfähigkeit, sondern im arglistigen Handeln des Verkäufers (§ 377 Abs. 5 HGB). Die Lieferung der Trockenfrüchte gilt daher gem. § 377 Abs. 2 HGB als genehmigt.

Fall 81:

Konrad Kammer (K) aus Hamburg kauft bei Viktor Viereck (V) in München eine speziell für das Unternehmen des K angefertigte Maschine. Nach den wirksam einbezogenen Lieferbedingungen des V ist Erfüllungsort München. Auf Wunsch des K wird vereinbart, dass V die Maschine durch das Transportunternehmen F e.K. nach Hamburg transportieren lassen soll. Welche Ansprüche des K bestehen, wenn die Maschine
(a) bei einem von Rudi Raser verursachten Unfall völlig zerstört wird;
(b) aufgrund eines von F fahrlässig verursachten Unfalls beschädigt bei K abgeliefert wird?
(c) Wie ist die Rechtslage, wenn im Fall (a) K Verbraucher ist?

Lösung:
(a) Zunächst sind Ansprüche gegen V zu prüfen. V ist von seiner Lieferpflicht nach § 275 Abs. 1 BGB frei geworden. Schadenersatzansprüche gegen ihn scheitern am fehlenden Verschulden des V, da er den Untergang der Sache selbst nicht zu vertreten hat. Da zwischen K und R keine vertraglichen Beziehungen bestehen, kommt als Anspruchsgrundlage des K gegen R nur § 823 Abs. 1 BGB in Betracht. Dieser setzt voraus, dass R das Eigentum des K verletzt hat. Die Sache war jedoch noch nicht an K übergeben worden, weshalb er im Zeitpunkt der schädigenden Einwirkung noch nicht Eigentümer war. Er hat daher keinen Anspruch aus § 823 Abs. 1

BGB. Damit käme man zu dem kuriosen Ergebnis, dass R zwar fahrlässig die Maschine zerstört hat, aber dafür nicht haften muss: Denn auch V kann keinen Schadenersatz verlangen: Zwar sind für ihn die haftungsbegründenden Voraussetzungen des § 823 Abs. 1 BGB (Eigentumsverletzung) erfüllt. Er hat jedoch keinen Schaden erlitten: Da er die Maschine auf Verlangen des K an einen anderen Ort als den Erfüllungsort versandte, ging gemäß § 447 Abs. 1 BGB die Gefahr mit Übergabe der Sache an den Frachtführer F auf K über, weshalb K den Kaufpreis bezahlen muss. Da dieses Ergebnis jedoch der Billigkeit grob widersprechen würde, greift im Falle einer zufälligen Schadensverlagerung die sog. „Schadensliquidation im Drittinteresse" ein, wonach der V gegenüber dem Schädiger auch den Schaden des Käufers geltend machen kann. Daher besteht ein Anspruch des V gegen R. K kann nach § 285 Abs. 1 BGB Abtretung dieses Anspruchs verlangen.

(b) Bei der Anlieferung der beschädigten Maschine ist zunächst an die Rechte des Käufers bei Mängeln aus § 437 BGB zu denken. Diese setzen jedoch nach § 434 Abs. 1 BGB einen Mangel im Zeitpunkt des Gefahrübergangs voraus. Nach § 447 Abs. 1 BGB ging die Gefahr jedoch bereits mit Übergabe an F auf K über, als die Maschine noch intakt und damit mangelfrei war. Auch der Schadenersatzanspruch aus §§ 280 Abs. 1, 241 Abs. 2 BGB scheidet aus: Er würde ein Verschulden des V voraussetzen. V hat den Schaden aber nicht verschuldet. Da die Versendung auf Verlangen des K erfolgte, kann dem V auch das Verschulden des F nicht nach § 278 BGB zugerechnet werden, da der Transport keine Pflicht des V war; seine vertraglichen Verpflichtungen waren mit der Übergabe an F erfüllt. Daher stellt sich die Frage nach Ansprüchen gegen F. Zwischen K und F bestehen keine vertraglichen Beziehungen. Hinsichtlich eines Anspruchs aus § 823 Abs. 1 BGB gilt das gleiche wie oben, da K auch hier im Zeitpunkt der Beschädigung noch nicht Eigentümer der Maschine war. Im Fall der Schädigung durch den Frachtführer ist jedoch die durch das Transportrechtsreformgesetz 1998 neu gefasste Vorschrift des § 421 Abs. 1 S. 2 HGB zu berücksichtigen, wonach im Falle einer beschädigten Anlieferung auch der Empfänger (obwohl er nicht Vertragspartei des Frachtvertrages ist) die aus der Beschädigung resultierenden Ansprüche geltend machen kann. K kann daher Schadenersatz von F verlangen. Ein Bedürfnis für die Anwendung der Grundsätze der Drittschadensliquidation besteht hier nicht, da K einen eigenen Anspruch hat.

(c) Wenn K Verbraucher ist im Sinne von § 13 BGB, ist § 474 Abs. 2 BGB zu beachten. Danach findet beim Verbrauchsgüterkauf § 447 BGB keine Anwendung. Damit wäre die Preisgefahr nicht auf K übergegangen mit der Folge, dass der Schaden bei V eintrat. Diesen kann V gem. § 823 Abs. 1 BGB von R ersetzt verlangen. K dagegen hätte keinen Schaden und demzufolge auch keinen Anspruch gegen R.

GESELLSCHAFTSRECHT

I. Einleitung

Übersicht

(I) Personengesellschaften

(1) BGB-Gesellschaft	*Rechtsgrundlage*: §§ 705 ff. BGB *Wesen*: beliebige Zweckverfolgung *Vermögensordnung*: Gesamthand *Haftung*: gesamtschuldnerische Haftung der Gesellschafter *Organe und Organschaft*: Selbstorganschaft der Gesellschafter
(2) offene Handelsgesellschaft	*Rechtsgrundlage*: §§ 105 ff. HGB, §§ 705 ff. BGB *Wesen*: Betrieb eines Handelsgewerbes *Vermögensordnung*: Gesamthand *Haftung*: gesamtschuldnerische Haftung der Gesellschafter *Organe und Organschaft*: wie BGB-Gesellschaft
(3) Kommanditgesellschaft	*Rechtsgrundlage*: §§ 161 ff. HGB, §§ 105 ff. HGB, §§ 705 ff. BGB *Wesen*: Betrieb eines Handelsgewerbes durch Komplementär und Kommanditist *Vermögensordnung*: Gesamthand *Haftung*: persönliche Haftung des Komplementärs, beschränkte Haftung des Kommanditisten *Organe und Organschaft*: Selbstorganschaft der Komplementäre
(4) stille Gesellschaft	*Rechtsgrundlage*: §§ 230 ff. HGB *Wesen*: interne Beteiligung durch Einlagen (Innengesellschaft) *Vermögensordnung*: Es entsteht kein gemeinsames Gesellschaftsvermögen. Die Einlage geht in das Vermögen des Geschäftsinhabers über *Haftung*: Haftung des Geschäftsinhabers *Organe und Organschaft*: Selbstorganschaft des Geschäftsinhabers
(5) Partnerschaftsgesellschaft	*Rechtsgrundlage*: Partnerschaftsgesellschaftsgesetz (PartGG); §§ 705 ff. BGB; einzelne Vorschriften der §§ 105 ff. HGB

	Wesen: Gesellschaft zur gemeinsamen Berufsausübung von Freiberuflern *Vermögensordnung*: Gesamthand *Haftung*: gesamtschuldnerische Haftung der Gesellschafter, aber Beschränkung der Haftung auf den mit der Ausführung befassten Gesellschafter (§ 8 PartGG) *Organe und Organschaft*: überwiegend wie oHG (§§ 6 Abs. 3, 7 Abs. 3 PartGG)

(II) Körperschaften

(1) eingetragener Verein (e.V.)	*Rechtsgrundlage*: §§ 21 ff. BGB *Wesen*: ideelle oder wirtschaftliche Zweckverfolgung *Vermögensordnung*: Inhaber des Vermögens ist die jeweilige juristische Person. Die Gesellschafter haben ein Mitgliedschaftsrecht (vermögensrechtlich = Anteilsquote am Grund- bzw. Stammkapital) *Haftung*: Haftung der jur. Person. Risiko des Mitgliedes auf Verlust der Einlage beschränkt *Organe und Organschaft*: Vorstand, Drittorganschaft zulässig
(2) Aktiengesellschaft (AG)	*Rechtsgrundlage*: Aktiengesetz *Wesen*: Kapitalansammlungsfunktion zur Durchführung von Großvorhaben *Vermögensordnung*: siehe oben bei e.V. *Haftung*: wie e.V. *Organe und Organschaft*: Vorstand (Drittorganschaft zulässig und die Regel), Aufsichtsrat, Hauptversammlung
(3) Kommanditgesellschaft auf Aktien (KGaA)	*Rechtsgrundlage*: §§ 278–290 AktG, §§ 161 ff. HGB *Wesen*: Kombination von AG und KG *Vermögensordnung*: wie oben bei e.V. *Haftung*: Kommanditaktionäre wie AG, Komplementär wie bei KG *Organe und Organschaft*: Selbstorganschaft des Komplementärs
(4) Gesellschaft mit beschränkter Haftung (GmbH)	*Rechtsgrundlage*: GmbH-Gesetz *Wesen*: beliebige Zweckverfolgung *Vermögensordnung*: wie oben bei e.V. *Haftung*: wie e.V. *Organe und Organschaft*: Geschäftsführer, Gesellschafterversammlung, Drittorganschaft zulässig
(5) Genossenschaft	*Rechtsgrundlage*: Genossenschaftsgesetz *Wesen*: Gesellschaften von nicht geschlossener Mitgliederzahl zur Förderung des Erwerbs oder der Wirtschaft ihrer Mitglieder durch gemeinschaftlichen Geschäftsbetrieb

	Vermögensordnung: wie oben bei e.V. *Haftung*: Mittelbare Haftung der Genossen gegenüber der Genossenschaft ohne etwaige Nachschusspflichten *Organe und Organschaft*: Vorstand, Aufsichtsrat, Genossen-/Vertreterversammlung, Selbstorganschaft
(6) Versicherungsverein auf Gegenseitigkeit	*Rechtsgrundlage*: Versicherungsaufsichtsgesetz *Wesen*: spezielle Unternehmensform für die Privatversicherung *Vermögensordnung*: wie oben bei e.V. *Haftung*: wie e.V. *Organe und Organschaft*: Vorstand, Aufsichtsrat, Mitgliederversammlung
(7) nicht rechtsfähiger Verein	*Rechtsgrundlage*: § 54 S. 1 BGB i.V.m. §§ 706 ff. BGB, §§ 21 ff. BGB *Wesen*: wie e.V. *Vermögensordnung*: Wegen fehlender Rechtsfähigkeit steht das Vermögen nicht dem Verein, sondern den Mitgliedern als Gesamthandsgemeinschaft zu. *Haftung*: Nichtrechtsfähiger Verein selbst, persönliche Haftung des „Handelnden" nach § 54 S. 2 BGB! *Organe und Organschaft*: wie e.V.

Fragen

Frage 1:
Was ist das gemeinsame Merkmal jeder Gesellschaft, wie würden Sie die Gesellschaft als solche definieren?
Antwort: Typisch für jede Gesellschaft ist der Zusammenschluss mehrerer zur Verfolgung eines gemeinsamen Zwecks. Unter den Gesellschaften im weitesten Sinne versteht man deshalb privatrechtliche Personengemeinschaften, die sich zur Verfolgung eines bestimmten gemeinsamen Zweckes rechtsgeschäftlich zusammengeschlossen haben.

Frage 2:
Welche grundsätzliche Einteilung nimmt man herkömmlicherweise bei den Gesellschaften vor und welche sind hierfür die Prototypen?
Antwort: Man unterteilt die Gesellschaften in die Personengesellschaften und in die Körperschaften. Der wesentliche Unterschied liegt darin, dass die Körperschaften im Gegensatz zu den Personengesellschaften rechtsfähig sind, also über eigene Rechtspersönlichkeit verfügen. Bei den Personengesellschaften ist dies für die Handelsgesellschaften zum Teil strittig (vgl. § 124 HGB!). Prototyp der Personengesellschaft ist die Gesellschaft bürgerlichen Rechts (§§ 705 ff. BGB), Prototyp der Körperschaft ist der rechtsfähige Verein (§§ 21 ff. BGB).

Frage 3:
Welche Bestimmungsfaktoren sind für die Wahl einer bestimmten Rechtsform maßgebend?

Antwort: Für die Wahl einer bestimmten Rechtsform sind sowohl betriebswirtschaftliche als auch unternehmensrechtliche Faktoren bestimmend: Haftungsverhältnisse (haftet der Gesellschafter unbeschränkt oder beschränkt?), Fragen der Organisationsstruktur im Unternehmen (wer übernimmt die Geschäftsführung und Vertretung – die Gesellschafter oder Dritte? Selbst- oder Fremdorganschaft?), welche Steuer- und Kostenbelastung folgt aus der gewählten Rechtsform (einmalige Kosten bei Neugründung des Unternehmens bzw. Umwandlung eines bestehenden Unternehmens; laufende Kosten in Form der periodisch anfallenden Steuern, z.b. Einkommensteuer/Körperschaftsteuer usw.). Fragen der Kapitalaufbringung (Eigenfinanzierung oder Fremdfinanzierung?), Überlegungen im Hinblick auf Publizitätserfordernisse und die Frage der Mit-/Fremdbestimmung im Unternehmen. Darüber hinaus kann eine Vielzahl einzelner Faktoren vor allem im Sonderfall Bedeutung gewinnen (Firmengebung, Kontrollmöglichkeiten, Nachfolge- und Wettbewerbsfragen).

Frage 4:
Besteht im Gesellschaftsrecht Vertragsfreiheit?
Antwort: Im Gesellschaftsrecht ist die Vertragsfreiheit eingeschränkt: Es besteht ein numerus clausus der möglichen Gesellschaftstypen. Die gesellschaftsrechtliche Praxis muss also unter den vom Gesetzgeber zur Verfügung gestellten Rechtsformen auswählen. Darüber hinaus ist die Vertragsfreiheit bei der Ausgestaltung des einzelnen Gesellschaftsvertrages teilweise eingeschränkt durch zwingende gesetzliche Vorschriften.

Frage 5:
Welche Faktoren rechtfertigen die eingeschränkte Vertragsfreiheit im Gesellschaftsrecht?
Antwort: Einer schrankenlosen Regelung gesellschaftsvertraglicher Verhältnisse steht vor allem das Interesse der Gläubiger entgegen. Sie müssen sich auf klare Verhältnisse verlassen können (so bei den Kapitalgesellschaften) oder doch durch die Haftung der Gesellschafter geschützt sein (so bei den Personengesellschaften, hier ist die persönliche Haftung der Gesellschafter der beste Gläubigerschutz, sodass es darauf, was diese im Einzelnen (intern) geregelt haben, nicht wesentlich ankommt). Daneben ist (bei Publikumsgesellschaften) auf den Schutz der Öffentlichkeit Rücksicht zu nehmen und schließlich sind die Interessen der Gesellschafter selbst, namentlich bei der Vielzahl von Minderheitsgesellschaftern, zu berücksichtigen (Problem der Kleinaktionäre).

Frage 6:
Was versteht man unter „Grundtypenverbindung" und „Grundtypenvermischung"?

Antwort: Unter Grundtypenvermischung versteht man die Möglichkeit,
verschiedene Strukturelemente von Gesellschaften durch eine entsprechende Gestaltung des Gesellschaftsvertrages zu verbinden. Möglich ist
auch, unterschiedliche Gesellschaftsformen dadurch zu verbinden, dass
Gesellschaften eines verschiedenen Typus sich zur Gründung einer neuen
Gesellschaft zusammenschließen. Beispiel: Die Gründung einer Kommanditgesellschaft, bei der eine Kapitalgesellschaft Komplementärin und eine
natürliche Person Kommanditist wird (GmbH & Co. KG); weitere Beispiele: die GmbH & Stille oder der Zusammenschluss mehrerer Kapitalgesellschaften zu einer Personengesellschaft (BGB-Gesellschaft, oHG oder
KG).

Frage 7:
Welche prinzipiell unterschiedliche Rechtsstellung hat ein Gesellschaftsgläubiger bei der Personengesellschaft einerseits und bei der Kapitalgesellschaft andererseits?

Antwort: Bei der Kapitalgesellschaft ist die Gesellschaft als juristische Person selbst Träger von Rechten und Pflichten. Schuldnerin der Verbindlichkeit ist die Gesellschaft und nicht der einzelne Gesellschafter. Der Gesellschaftsgläubiger kann deshalb lediglich die Gesellschaft selbst in Anspruch nehmen, nicht jedoch die Gesellschafter. Letzterer läuft nur Gefahr,
seine Einlage zu verlieren. Demgegenüber können sich die Gläubiger bei
den Personengesellschaften (zum Teil in unterschiedlicher Form) direkt an
die Gesellschafter halten.

Frage 8:
Was versteht man unter „Geschäftsführung", was unter „Vertretung" im
Gesellschaftsrecht?

Antwort: Die Geschäftsführung betrifft das organisatorische Innenverhältnis, die Vertretung das Außenverhältnis. Man sagt auch: Die Geschäftsführung gibt darüber Aufschluss, was ein Gesellschafter tun darf,
die Vertretung besagt, was ein Gesellschafter nach außen tun kann. Die
Art und Weise der Geschäftsführung und der Vertretung ist bei den einzelnen Gesellschaften unterschiedlich geregelt und kann auch – soweit
das Gesetz dispositiv ist – durch Gesellschaftsvertrag abweichend geregelt
werden. Denkbar sind mehrere Modelle: Gesamtgeschäftsführung aller
oder mehrerer, Einzelgeschäftsführung einzelner oder mehrerer. Dasselbe
gilt bei der Vertretung, wobei hier zusätzlich die Frage zu entscheiden ist,
ob und in welchem Umfang die Vertretungsbefugnis von der Geschäftsführungsbefugnis abhängen soll. Darüber hinaus stellt sich die Frage, ob
Geschäftsführung und Vertretung ausschließlich bei den Gesellschaftern
liegen oder ob sie auch Außenstehenden übertragen werden können. Für

das Recht der Personengesellschaften gilt grundsätzlich das Prinzip der Selbstorganschaft (nur die Gesellschafter können und müssen die organisatorischen Akte wahrnehmen), bei den Kapitalgesellschaften ist auch Drittorganschaft möglich (Übertragung des „Managements" auf sachkundige Dritte).

Frage 9:
Welche schuldrechtlichen Verpflichtungen können Gesellschafter haben?
Antwort: Hauptpflicht eines jeden Gesellschafters ist die durch Gesellschaftsvertrag festzulegende Beitragspflicht. Beiträge können erbracht werden durch Geldleistungen, Sachleistungen und Dienstleistungen. Darüber hinaus gilt für jede Gesellschaft, freilich in unterschiedlichem Maße (für die Personengesellschaft mehr als für die Kapitalgesellschaft), dass ein Gesellschafter zusätzlich zu seiner schuldrechtlichen Beitragspflicht auch eine allgemeine Treupflicht gegenüber den Interessen der Gesellschaft haben kann.

Frage 10:
Welche Form- und Genehmigungserfordernisse sind bei Gesellschaftsverträgen möglicherweise zu beachten?
Antwort:
(a) Formvorschriften: Während die Gründung von Personengesellschaften keiner besonderen Form bedarf, ist für AG und GmbH notarielle Beurkundung, für die eingetragene Genossenschaft und die Partnerschaftsgesellschaft Schriftform vorgeschrieben. Notarielle Erfordernisse können sich aber für die Personengesellschaft aus anderen Gründen ergeben, z.B. wenn sich ein Gesellschafter zur Einbringung eines Grundstückes in das Gesellschaftsvermögen verpflichtet. Dann bedarf der gesamte Vertrag nach §§ 311 b Abs. 1, 139 BGB der notariellen Beurkundung.
(b) Genehmigungserfordernisse: Bei Beteiligung Minderjähriger sind die Vorschriften des Pflegschafts- und Vormundschaftsrechts zu beachten: §§ 1643, 1822 Ziff. 3 BGB sowie §§ 1629 Abs. 2, 1795, 181, 1909 BGB. Bei Ehegatten, die im gesetzlichen Güterstand der Zugewinngemeinschaft leben, ist darüber hinaus das Verfügungsverbot nach § 1365 BGB zu beachten.

Frage 11:
Welcher Zeitpunkt ist maßgebend für die Entstehung einer Gesellschaft?
Antwort: Man muss hierbei zwischen den einzelnen Gesellschaften unterscheiden: BGB-Gesellschaft und stille Gesellschaft entstehen mit dem Abschluss des Gesellschaftsvertrages. Bei der oHG und KG ist zwischen dem Innen- und Außenverhältnis zu unterscheiden. Im Außenverhältnis entstehen oHG und KG erst mit der Eintragung in das Handelsregister (§ 123 HGB), bei Aufnahme des Geschäftsbetriebes vor Eintragung ins Handelsregister aber schon mit dem Zeitpunkt der Geschäftsaufnahme (§ 123 Abs. 2 HGB). Bei juristischen Personen ist die Gesellschaft als solche erst

mit der Eintragung in das Handelsregister entstanden (vgl. §§ 41 Abs. 1 AktG, 11 Abs. 1 GmbHG).

Frage 12:
Was versteht man unter einer „Vorgesellschaft", welche Gefahren für die Gesellschafter bestehen dabei?
Antwort: Von einer Vorgesellschaft spricht man bei einer Kapitalgesellschaft im Gründungsstadium. Wenn sie ein Handelsgewerbe betreibt, wird sie von der Rechtsprechung als oHG angesehen, andernfalls als BGB-Gesellschaft. Die Gefahr für Gesellschafter im Gründungsstadium besteht darin, dass sie für die vor Eintragung in das Handelsregister begründeten Verbindlichkeiten selbst haften.

Frage 13:
Welche Bedeutung hat die Frage der Rechtsfähigkeit im Gesellschaftsrecht?
Antwort: Allgemein ist Rechtsfähigkeit die Fähigkeit, Träger von Rechten und Pflichten zu sein. Bei der Frage nach der Rechtsfähigkeit der verschiedenen Gesellschaftsformen geht es darum, ob jeweils die Gesellschaft selbst Träger von Rechten und Pflichten sein kann, oder ob dies nur die Gesellschafter gemeinsam sind. Die Gesellschaftsformen, die kraft Gesetzes juristische Personen sind (e.V., AG, GmbH, KGaA, eG) sind schon deshalb unproblematisch rechtsfähig. Die Rechtsfähigkeit der Personengesellschaften ist nach wie vor umstritten, wird jedoch auch in der Rechtsprechung zunehmend anerkannt.

Frage 14:
Welche Rechtsstellung haben die Gesellschafter hinsichtlich des Gesellschaftsvermögens?
Antwort: Man muss hier zwischen den juristischen Personen (Kapitalgesellschaften) und den Personengesellschaften unterscheiden. Juristische Personen sind selbst Träger von Rechten und Pflichten und deshalb Inhaber des Gesellschaftsvermögens. Die Gesellschafter sind nur anteilsmäßig (mit einer Quote: GmbH-Anteil, Aktie) am Gesellschaftsvermögen beteiligt. Demgegenüber sind bei den Personengesellschaften die Gesellschafter selbst Träger des Gesellschaftsvermögens, das ihnen in der Regel gemeinschaftlich zusteht (gesamthänderische Bindung).

II. Die Gesellschaft Bürgerlichen Rechts

Übersicht

Begriff	Der vertraglich begründete Zusammenschluss mehrerer Personen ohne eigene Rechtspersönlichkeit zur Förderung des von den Gesellschaftern gemeinschaftlich verfolgten, beliebigen Zwecks.
Rechtsgrundlagen	§§ 705 bis 740 BGB sowie die allgemeinen Vorschriften (insbesondere §§ 320 ff. – eingeschränkt! –, §§ 420 ff., 427 BGB).
Erscheinungsformen	Zusammenschluss von Kleingewerbetreibenden, Kooperation von Freiberuflern, Gelegenheitsgesellschaften (Konsortien, Arbeitsgemeinschaften im Baugewerbe, Wettgemeinschaften, Mitfahrgemeinschaften); überbetriebliche Zusammenschlüsse (Kartelle, Konzerne, Interessengemeinschaften); Holding-Gesellschaften; Kapitalgesellschaften im Vorgründungsstadium; Kooperation in der Landwirtschaft; Ehegattengesellschaften.
Gründung	Keine besonderen Gründungsvorschriften, also Formfreiheit – lediglich die allgemeinen Vorschriften sind zu beachten (§§ 311 b Abs. 1, 1822, 1643 BGB).
Gesellschaftsvermögen	Gesamthänderische Bindung des Gesellschaftsvermögens (keine Verfügung über den Anteil am Gesellschaftsvermögen bzw. den Anteil an den einzelnen hierzu gehörenden Gegenständen, keine freie Teilung).
Geschäftsführung	Prinzip der Gesamtgeschäftsführung; vertragliche Abweichungen möglich, §§ 709, 710 BGB (Gesamtgeschäftsführung mehrerer, Einzelgeschäftsführung mehrerer oder einzelner – mit oder ohne Widerspruchsrecht).
Vertretung	Verkoppelung der Vertretung mit der Geschäftsführung (§ 714 BGB), also: Prinzip der Gesamtvertretung, sofern nicht Geschäftsführung abweichend geregelt.
Haftung	Für *Gesellschaftsschulden*: Gesamtschuldnerische Haftung der Gesellschafter; Klage gegen die Gesellschaft und Zwangsvollstreckung in das Gesellschaftsvermögen mit einem vollstreckbaren Schuldtitel gegen die Gesellschaft. Für *Privatschulden*: Haftung nur des betroffenen Mitgesellschafters, Pfändung des Gesellschaftsanteils durch Privatgläubiger möglich.

Gewinn und Verlust	Gesetz dispositiv: Im Zweifel gleicher Anteil am Gewinn und Verlust.
Gesellschafterwechsel	Gesellschafterstellung im Prinzip nicht übertragbar, beim Ausscheiden von Gesellschaftern und Fortführung der Gesellschaft Anwachsung und Abfindungsanspruch.
Auflösungsgründe	Vertragliche Vereinbarung, Kündigung durch Gesellschafter, Kündigung durch Privatgläubiger, Nichterreichung des Zwecks, Tod eines Gesellschafters, Insolvenz eines Gesellschafters, Zeitablauf bei befristeter Gesellschaft (§§ 723–728 BGB).
Liquidation	Dispositive Liquidationsregelung des Gesetzes (§§ 730–735 BGB): Rückgabe der zur Benutzung überlassenen Gegenstände, Berichtigung gemeinschaftlicher Schulden, Zurückerstattung von Einlagen, Verteilung des Überschusses; bei Fehlbeträgen Haftung nach dem Verhältnis der Verlustbeteiligung, also in der Regel nach Köpfen.

Fragen

Frage 15:
Wie lässt sich die BGB-Gesellschaft definieren?
Antwort: Die BGB-Gesellschaft ist eine auf Vertrag beruhende Personenvereinigung, die keine Haftungsbeschränkung der Gesellschafter gegenüber den Gesellschaftsgläubigern kennt. Eine BGB-Gesellschaft ist – wie jede andere Gesellschaft auch – auf die gemeinsame Verfolgung eines bestimmten Zwecks durch die Gesellschafter gerichtet. Bei der BGB-Gesellschaft kann der verfolgte Zweck grundsätzlich jeder beliebige Zweck sein; aus § 105 HGB ergibt sich jedoch, dass keine BGB-Gesellschaft, sondern eine oHG vorliegt, wenn der verfolgte Zweck in dem Betrieb eines Handelsgewerbes besteht.

Frage 16:
Wird die BGB-Gesellschaft als rechtsfähig angesehen?
Antwort: Die Frage nach der Rechtsfähigkeit der BGB-Gesellschaft war lange Zeit sehr umstritten, da das Gesetz diese Frage im Gegensatz zur oHG (§ 124 HGB) nicht regelt. Nach der „traditionellen Auffassung" ist die BGB-Gesellschaft nur in vermögensrechtlicher Hinsicht verselbständigt, kann aber nicht selbst Träger von Rechten und Pflichten sein – dies sind nur die einzelnen Gesellschafter. Nachdem der BGB-Gesellschaft die Fähigkeit zuerkannt worden war, Träger bestimmter Rechte und Pflichten zu sein, hatte die neuere Rechtsprechung anerkannt, dass die BGB-Außen-

Gesellschaft als Gesamthand grundsätzlich jede Rechtsposition einnehmen kann, wenn nicht spezielle Gesichtspunkte entgegenstehen. Ihren Abschluss fand diese Entwicklung mit der Entscheidung des Bundesgerichtshofs vom 29.1.2001 (BGHZ 146, 341), wonach die BGB-Gesellschaft in diesem Rahmen auch rechtsfähig ist. Für die Anerkennung der Rechtsfähigkeit führt der BGH unter anderem an, dass mittlerweile der Gesetzgeber in § 11 Abs. 2 Nr. 1 InsO die Insolvenzfähigkeit der BGB-Gesellschaft anerkannt hat und dass auch § 14 Abs. 2 BGB zeige, dass das Gesetz davon ausgeht, dass auch Personengesellschaften die Rechtsfähigkeit besitzen können.

Frage 17:
Kann eine BGB-Gesellschaft als solche verklagt werden?
Antwort: Bis zu der vorstehend erläuterten Entscheidung des Bundesgerichtshofs war in der Rechtsprechung die Ansicht vorherrschend, dass die BGB-Gesellschaft selbst nicht verklagt werden kann; danach konnten Ansprüche gegen eine BGB-Gesellschaft nur gerichtlich durchgesetzt werden, indem alle Gesellschafter gemeinsam verklagt wurden. Das war insbesondere bei Publikumsgesellschaften mit großem und ständig wechselndem Gesellschafterbestand oftmals praktisch kaum durchführbar. Mit der Anerkennung der Teilrechtsfähigkeit durch die genannte Entscheidung hat der BGH entschieden, dass die BGB-Gesellschaft im Prozess aktiv und passiv parteifähig ist, soweit sie rechtsfähig ist (vgl. § 50 ZPO).

Frage 18:
Wie unterscheiden sich BGB-Gesellschaft und Bruchteilsgemeinschaft voneinander?
Antwort: Die Bruchteilsgemeinschaft nach §§ 741 ff. BGB besteht, wenn „ein Recht mehreren gemeinschaftlich zusteht". Eine BGB-Gesellschaft liegt vor, wenn es sich um vertraglich entstandene Gemeinschaften handelt und nicht um gesetzliche (wie etwa bei Verbindung und Vermischung). Außerdem setzt die BGB-Gesellschaft eine über das „gemeinsame Interesse" hinausgehende Zweckverfolgung voraus. Die bloße Interessenübereinstimmung genügt nicht. Bei der BGB-Gesellschaft entsteht ein gemeinschaftliches, gesamthänderisch gebundenes Gesellschaftsvermögen; bei der Bruchteilsgemeinschaft eine ziffernmäßige Anteilsinnehabung an einem gemeinsamen Gegenstand durch mehrere Teilhaber. Demzufolge kann bei der Bruchteilsgemeinschaft jeder Teilhaber über seinen Anteil frei verfügen, bei der BGB-Gesellschaft dagegen nur, wenn die dispositive Vorschrift des § 719 Abs. 1 1. Alt. BGB abbedungen ist. Auch kann bei der Bruchteilsgemeinschaft im Gegensatz zur BGB-Gesellschaft jeder Teilhaber jederzeit die Aufhebung der Gemeinschaft verlangen.

Frage 19:
Welche Erscheinungsformen der BGB-Gesellschaft kennen Sie?
Antwort:
(a) Zunächst liegt die Bedeutung der BGB-Gesellschaft dort, wo keine Handelsgesellschaft gegründet werden kann. Seit 1995 steht aber Freiberuflern (Rechtsanwaltssozietäten, ärztliche Gemeinschaftspraxen), die mangels Ausübung eines Gewerbes keine Handelsgesellschaft gründen können, die Partnerschaft als eigenständige Gesellschaftsform offen (siehe Partnerschaftsgesellschaftsgesetz). Zudem wurde mit dem Handelsrechtsreformgesetz 1998 die Form der oHG auch Kleingewerbetreibenden und Gesellschaften zur Vermögensverwaltung eröffnet (vgl. §§ 105 Abs. 2, 1 Abs. 2 HGB).
(b) Häufig sind BGB-Gesellschaften auch Gelegenheitsgesellschaften: Konsortien, Wett- und Mitfahrgemeinschaften.
(c) Auch überbetriebliche Zusammenschlüsse organisieren sich in Form der BGB-Gesellschaft (Kartelle, Konzerne, Interessengemeinschaften).
(d) Oft, aber nicht notwendigerweise sind „Holding-Gesellschaften" als BGB-Gesellschaft organisiert (Besitz- und Verwaltungsgesellschaften).
(e) Große Bedeutung hat die BGB-Gesellschaft im Bereich der Bauherrenmodelle erlangt. Bei dieser besonderen Form der Kapitalanlage auf dem Immobiliensektor sind die Anleger häufig als Gesellschafter einer BGB-Gesellschaft an der zu erstellenden Immobilie beteiligt.

Frage 20:
Was versteht man unter einer „Arbeitsgemeinschaft" im Gesellschaftsrecht? Kennen Sie Beispiele?
Antwort:
(a) Große Bedeutung hat die BGB-Gesellschaft als Organisationsform im Baugewerbe für den Zusammenschluss mehrerer selbständiger Firmen zur Durchführung eines Großobjekts in Form von Arbeitsgemeinschaften.
(b) Beispiele finden sich im Hoch- und Tiefbau („ARGE Autobahn Lübeck/Stralsund, Streckenabschnitt Rostock"). Die ARD-Arbeitsgemeinschaft der Rundfunkanstalten in Deutschland ist gleichfalls ein auf der Basis der BGB-Gesellschaft erfolgter Zusammenschluss der deutschen Rundfunkanstalten.

Frage 21:
In welchem Verhältnis steht der nicht rechtsfähige Verein zur BGB-Gesellschaft?
Antwort: Der nicht rechtsfähige Verein ist von der Organisationsstruktur her dem rechtsfähigen Verein gleichzustellen. Das Gesetz bestimmt zwar in § 54 Satz 1 BGB, dass auf den nicht rechtsfähigen Verein die Vorschriften über die BGB-Gesellschaft Anwendung finden. Diese Vorschrift ist jedoch verfehlt und historisch überholt. Heute besteht Einigkeit, dass auch auf den nicht rechtsfähigen Idealverein die Vorschriften über den rechtsfähigen Verein Anwendung finden.

Frage 22:
Welche Bedeutung hat das Recht der BGB-Gesellschaft über die eigentlichen Erscheinungsformen dieser Gesellschaft hinaus?
Antwort: Besondere Bedeutung hat das Recht der BGB-Gesellschaft insofern, als gem. §§ 105 Abs. 3, 161 Abs. 2 HGB auf die offene Handelsgesellschaft und Kommanditgesellschaft ergänzend auch das Recht der BGB-Gesellschaft (§§ 705 ff. BGB) Anwendung findet.

Frage 23:
Was versteht man unter der gesamthänderischen Bindung des Gesellschaftsvermögens?
Antwort: Das Gesellschaftsvermögen, also die vertraglichen Beiträge der Gesellschafter sowie die durch die Geschäftsführung für die Gesellschaft erworbenen Gegenstände und alles, was aufgrund eines zum Gesellschaftsvermögen gehörenden Rechts bzw. als Ersatz für die Zerstörung, Beschädigung oder Entziehung eines zum Gesellschaftsvermögen gehörenden Gegenstandes erworben wird (vgl. im Einzelnen § 718 BGB), wird gemeinschaftliches Vermögen der Gesellschafter. Die Besonderheit der „gesamthänderischen Bindung" kommt darin zum Ausdruck, dass nach § 719 BGB ein Gesellschafter über seinen Anteil an den einzelnen zum Gesellschaftsvermögen gehörenden Gegenständen überhaupt nicht und über seinen Anteil am Gesellschaftsvermögen nur dann verfügen kann, wenn die dispositive Regelung des Gesetzes in § 719 Abs. 1 BGB abbedungen ist. Außerdem ist der BGB-Gesellschafter nicht berechtigt, Teilung zu verlangen.

Frage 24:
Wem steht in der BGB-Gesellschaft die Geschäftsführung zu?
Antwort: Man muss unterscheiden zwischen der gesetzlichen und einer etwaigen vertraglichen Regelung.
(a) Die gesetzliche Regelung sieht Gesamtgeschäftsführung sämtlicher Gesellschafter vor (§ 709 BGB).
(b) Der Gesellschaftsvertrag kann hiervon abweichen und sowohl die Gesamtgeschäftsführung mehrerer Gesellschafter als auch die Einzelgeschäftsführung einzelner Gesellschafter anordnen und dabei auch bestimmen, dass bei Einzelgeschäftsführungsbefugnis der Gesellschafter andere geschäftsführungsbefugte Gesellschafter ein Widerspruchsrecht gegen Einzelmaßnahmen haben sollen (§§ 710, 711 BGB).

Frage 25:
Wie ist bei der BGB-Gesellschaft die Vertretungsbefugnis geregelt?
Antwort: Das Gesetz löst diese Frage durch eine Verkoppelung von Geschäftsführung und Vertretung in § 714 BGB: Insoweit den Gesellschaftern die Geschäftsführung zusteht, haben sie auch die Vertretungsbefugnis.

Frage 26:
Welche Kontrollrechte haben Gesellschafter, die von der Geschäftsführung ausgeschlossen sind?

Antwort: Nach § 716 BGB kann sich ein Gesellschafter, auch wenn er von der Geschäftsführung ausgeschlossen ist, von den Angelegenheiten der Gesellschaft persönlich unterrichten, die Geschäftsbücher und die „Papiere der Gesellschaft" einsehen und sich aus den Unterlagen eine Übersicht über den Stand des Gesellschaftsvermögens anfertigen.

Frage 27:
Was versteht man unter Gesellschaftsschulden?

Antwort: Darunter versteht man im Gesellschaftsrecht solche Verbindlichkeiten, die im Rahmen des Gesellschaftsverhältnisses begründet werden und für die die Gesellschaft bzw. alle Gesellschafter haften.

Frage 28:
Wer haftet bei der BGB-Gesellschaft für die Gesellschaftsschulden?

Antwort: Nachdem der Bundesgerichtshof in BGHZ 146, 341 die Teilrechtsfähigkeit der BGB-Gesellschaft anerkannt hat, kommt als Haftungssubjekt für die Gesellschaftsschulden zunächst die Gesellschaft als solche in Betracht. Daneben haften für die Verbindlichkeiten der Gesellschaft auch die Gesellschafter mit ihrem Privatvermögen. Die Haftung der Gesellschafter richtet sich nach dem jeweiligen Bestand der Gesellschaftsschuld (akzessorische Haftung). Damit entspricht das Verhältnis von Gesellschafts- und Gesellschafterhaftung demjenigen bei der oHG, wo diese Frage allerdings in § 128 HGB ausdrücklich geregelt ist.

Frage 29:
Woraus ergibt sich die Haftung der Gesellschafter? Kann sie durch den Zusatz „BGB-Gesellschaft mit beschränkter Haftung" ausgeschlossen werden?

Antwort: Die Haftung der Gesellschafter für die Gesellschaftsschulden ergibt sich nicht ausdrücklich aus dem Gesetz. Nach der Rechtsprechung folgt sie aus dem „allgemeinen Grundsatz des bürgerlichen Rechts und des Handelsrechts, dass derjenige, der als Einzelperson oder in Gemeinschaft mit anderen Geschäfte betreibt, für die daraus entstehenden Verpflichtungen mit seinem gesamten Vermögen haftet, solange sich aus dem Gesetz nichts anderes ergibt oder mit dem Vertragspartner keine Haftungsbeschränkung vereinbart wird" (BGH NJW 1999, 3483). Daher kann die persönliche Haftung der Gesellschafter auch nicht durch den Zusatz „BGB-Gesellschaft mit beschränkter Haftung", sondern nur durch eine ausdrückliche Vereinbarung mit dem jeweiligen Vertragspartner ausgeschlossen werden.

Frage 30:
Wie haften die BGB-Gesellschafter im Verhältnis untereinander?
Antwort: Diese Frage ist in den §§ 705 ff. BGB nicht geregelt. Sie beantwortet sich nach allgemeinem Schuldrecht. Dort ist in § 427 BGB bestimmt, dass mehrere Schuldner im Zweifel als Gesamtschuldner haften. Diese gesamtschuldnerische Haftung besteht darin, dass Gläubiger sich wegen ihrer Forderungen voll an das gesamte Vermögen der einzelnen Gesellschafter halten können, denen dann untereinander eine etwaige Ausgleichung überlassen bleibt.

Frage 31:
Kann sich auch ein Privatgläubiger eines Mitgesellschafters an das Gesellschaftsvermögen halten?
Antwort: Ja, er muss jedoch bestimmte Formalitäten beachten: Nach §§ 859 Abs. 1 ZPO, 725 BGB muss ein Privatgläubiger den Gesellschaftsanteil seines Schuldners pfänden lassen, die Gesellschaft kündigen und kann dann den dadurch entstandenen Abfindungsanspruch verwerten.

Frage 32:
Inwieweit ist die Gesellschafterstellung eines BGB-Gesellschafters übertragbar?
Antwort: Die Gesellschafterstellung ist nach § 717 S. 1 BGB grundsätzlich nicht übertragbar (gesellschaftsvertragliche Abweichungen sind möglich). Der Gesellschafter kann aber nach § 717 S. 2 BGB ihm zustehende Ansprüche aus der Geschäftsführung, insbesondere Ansprüche auf seinen Gewinnanteil, übertragen.

Frage 33:
Was versteht man unter dem Prinzip der „Anwachsung"?
Antwort: Scheidet ein Gesellschafter aus, so „wächst sein Anteil am Gesellschaftsvermögen den übrigen Gesellschaftern zu" (§ 738 Abs. 1 S. 1 BGB). Es ist dies eine Gesamtrechtsnachfolge in die Rechtsstellung des ausscheidenden Gesellschafters. Einzelübertragungsakte sind nicht erforderlich.

Frage 34:
Können Sie ein Beispiel für die Anwachsung nennen?
Antwort: Wenn zum Gesellschaftsvermögen ein Grundstück gehört, sind die einzelnen Gesellschafter jeweils in Höhe ihres Gesellschaftsanteils gesamthänderische Miteigentümer dieses Grundstücks. Scheidet nun ein Gesellschafter aus, wächst sein Anteil am Grundstück den verbleibenden Gesellschaftern zu. Die nachfolgende Eintragung im Grundbuch ist lediglich Grundbuchberichtigung. Dasselbe gilt beim Eintreten eines Gesellschafters: Mit dem Eintritt wird er automatisch in Höhe seines Anteils gesamthänderischer Miteigentümer am Grundstück.

Frage 35:
Ist die für die BGB-Gesellschaft vorgesehene, gesetzliche Liquidationsregelung nach §§ 732 ff. BGB zwingendes oder nachgiebiges Recht?
Antwort: Es handelt sich um nachgiebiges Recht, die Gesellschafter können also Abweichendes entweder von vornherein im Gesellschaftsvertrag oder bei Liquidation vereinbaren.

Frage 36:
Wie verträgt sich dies mit den Interessen der Gläubiger?
Antwort: Im Gegensatz zu den Kapitalgesellschaften ist bei der BGB-Gesellschaft, wegen der auch über die Liquidation hinaus fortdauernden Haftung der Gesellschafter selbst, ein besonderer Schutz der Gläubiger durch starre Liquidationsregelungen entbehrlich.

Frage 37:
Was hat, grob gesagt, bei der Liquidation einer Gesellschaft zu geschehen?
Antwort: Nach § 730 Abs. 1 BGB findet unter den Gesellschaftern die Auseinandersetzung des Gesellschaftsvermögens statt. Dabei fallen folgende Vorgänge an:
(a) Gegenstände, die ein Gesellschafter der Gesellschaft nur zur Benutzung überlassen hat, sind zurückzugeben;
(b) gemeinschaftliche Schulden sind zu berichtigen;
(c) Einlagen sind aus dem berichtigten Gesellschaftsvermögen zurückzuerstatten;
(d) ein etwaiger Überschuss ist im Verhältnis der Gewinnanteile zu verteilen bzw. etwaige Fehlbeträge sind nach dem Verhältnis der Verlustbeteiligung zu tragen, wobei beim Ausfall eines Gesellschafters die restlichen anteilsmäßig verpflichtet bleiben.

Fälle

Fall 1:
Der nicht im Vereinsregister eingetragene „Vergnügungslustige Club Lustnau" will ein Vereinslokal mieten. Die zu einer außerordentlichen Versammlung einberufenen ca. 30 anwesenden Mitglieder beschließen einstimmig, den Vereinsvorstand Maier „zu allen hierzu erforderlichen Handlungen zu ermächtigen". Maier schließt daraufhin mit dem Vermieter V im Namen des Vereins einen Mietvertrag ab. Hinterher will niemand die Miete bezahlen. An wen kann sich V halten?
Lösung:
(a) Haftung der Mitglieder?
Der „Vergnügungslustige Club" ist nicht in das Vereinsregister eingetragen und somit nicht rechtsfähig. Auf ihn finden nach § 54 Satz 1 BGB die

Vorschriften über die BGB-Gesellschaft Anwendung. Die Folge wäre, dass nach §§ 705, 427 BGB die einzelnen Mitglieder gesamtschuldnerisch haften. Es besteht jedoch Einigkeit, dass sich im Gegensatz zum Gesetzestext die Haftung auf das Vereinsvermögen beschränkt. Ob man sich hierbei auf eine stillschweigende Beschränkung der Verpflichtungsvollmacht des Vereinsorgans, auf die körperschaftlich strukturierte Organisation oder auf die Bildung eines Sondervermögens beruft, ist hinsichtlich des Ergebnisses gleichgültig: Die Haftungsbeschränkung der Mitglieder und die weitgehende Anwendung des Rechts über den eingetragenen Verein auch auf den nicht eingetragenen Verein ist heute gewohnheitsrechtlich anerkannt. Demzufolge kann sich Vermieter V nicht an die Vereinsmitglieder persönlich, sondern nur an das Vereinsvermögen, soweit vorhanden, halten.

(b) Haftung von Maier persönlich?
Daneben haftet jedoch, und dies im Gegensatz zum rechtsfähigen Verein, der „Handelnde" nach § 54 Satz 2 BGB persönlich. Maier ist für seinen Club tätig geworden und muss demzufolge für die Ansprüche auf Zahlung des Mietzinses einstehen.

Fall 2:
Steuerberater S und Wirtschaftsprüfer B wollen ein gemeinsames Büro betreiben. Sie wollen wissen, in welcher Rechtsform dies zu geschehen habe, insbesondere ob dies in Form der oHG oder GmbH möglich sei?
Lösung: Steuerberater und Wirtschaftsprüfer sind Angehörige der sogenannten „freien Berufe". Sie betreiben kein Gewerbe, sodass die Gründung einer oHG schon aus begrifflichen Gründen ausscheidet (vgl. § 105 Abs. 1 HGB: „... Zweck auf den Betrieb eines Handelsgewerbes ... gerichtet ...”). Derartige Sozietäten sind nach §§ 705 ff. BGB als Gesellschaft bürgerlichen Rechts zu qualifizieren. Die Gründung einer GmbH wäre möglich, da diese nicht den Betrieb eines Handelsgewerbes voraussetzt, vielmehr nach § 1 GmbHG zu jedem gesetzlich zulässigen Zweck gegründet werden kann. Seit 1995 gibt es für Freiberufler die Rechtsform der Partnerschaftsgesellschaft nach dem Partnerschaftsgesellschaftsgesetz (PartGG). Charakteristisch für diese Gesellschaftsform ist insbesondere, dass die Haftung auf den Ausführenden beschränkt ist, wenn nur ein Partner mit der Bearbeitung eines Auftrags befasst ist (§ 8 Abs. 2 PartGG).

Fall 3:
A und B sind Fachärzte für innere Krankheiten. Sie betreiben eine Gemeinschaftspraxis in Form der BGB-Gesellschaft. A ist Magenspezialist und hat bei Praxisgründung auf seine Kosten, jedoch vereinbarungsgemäß zur gemeinsamen Benutzung, ein Endoskop angeschafft. Als es zu Meinungsverschiedenheiten kommt, will A das Endoskop unter anderem mit der Begründung veräußern, er habe es schließlich ja auch in die Gemeinschaft eingebracht. Geht dies?

Lösung: Nein, nach § 718 Abs. 1 BGB werden die Beiträge der Gesellschafter gemeinschaftliches Vermögen. Nach § 719 Abs. 1 BGB kann ein Gesellschafter u.a. nicht über seinen Anteil an den einzelnen zum Gesellschaftsvermögen gehörenden Gegenständen verfügen. Insofern ist es gleichgültig, wer das Gerät angeschafft hat, entscheidend ist vielmehr, dass es Gesellschaftsvermögen wurde und damit der gesamthänderischen Bindung unterliegt.

Fall 4:
Detlef und Erika betreiben gemeinschaftlich eine Partnervermittlung. Detlef will aus Rationalisierungsgründen einen Kopierautomaten anschaffen. Er kauft ein Gerät zum Preise von 3000 Euro, ohne Erika zu fragen. Kann sich der Verkäufer auch an Erika halten?
Lösung: Dies hängt davon ab, ob Detlef auch Erika verpflichten konnte. Zwischen beiden besteht eine Gesellschaft bürgerlichen Rechts. Wenn keine besonderen Abreden getroffen wurden, richtet sich die Vertretungsmacht eines Gesellschafters gem. § 714 BGB nach der zugrundeliegenden Geschäftsführungsbefugnis. In Ermangelung besonderer Absprachen gilt nach § 709 BGB das Prinzip der gemeinschaftlichen Geschäftsführung. Demzufolge hätte Erika dem von Detlef abgeschlossenen Kaufvertrag zustimmen müssen. Da dies nicht geschehen ist, konnte Detlef nur sich selbst verpflichten. V kann sich nur an Detlef, nicht aber an Erika halten.

Fall 5:
Die Rechtsanwälte Schnell und Scharf betreiben ein gemeinsames Büro. Die Rahmenbedingungen ihrer Zusammenarbeit sind in einer schriftlichen Vereinbarung fixiert; sonstige publizistische Akte erfolgten bei der Einrichtung der Sozietät nicht. In der Vereinbarung heißt es unter dem Abschnitt „Geschäftsführung" nur: „Zum Abschluss der mit der Sozietät zusammenhängenden Geschäfte ist jeder Rechtsanwalt allein zu handeln berechtigt." Schnell möchte einen telefonischen Anrufbeantworter anschaffen; Scharf hält dies nicht für erforderlich und ist dagegen. Schnell ist der Ansicht, er brauche Scharf nicht um seine Zustimmung zu bitten, der Passus im Gesellschaftsvertrag spreche eindeutig für ihn. Stimmt dies?
Lösung: Zunächst kommt es darauf an, welche Gesellschaftsform vorliegt. Da es sich bei Rechtsanwälten um Freiberufler handelt, kommt zwar prinzipiell eine Partnerschaftsgesellschaft nach dem PartGG in Betracht; diese entsteht jedoch gem. § 7 PartGG erst mit ihrer Eintragung. Da außer der schriftlichen Vereinbarung der Zusammenarbeit kein publizistischer Akt erfolgte, handelt es sich hier um eine BGB-Gesellschaft. Die gesetzliche Regelung, wonach die Geschäftsführung allen Gesellschaftern gemeinschaftlich zusteht, ist durch einzelvertragliche Abrede geändert. Schnell und Scharf sind jeweils einzeln geschäftsführungsbefugt. Da die Vertretung an die Geschäftsführung anknüpft, könnte normalerweise der geschäftsführungsberechtigte Gesellschafter auch nach außen hin entspre-

chende Geschäfte tätigen. Zu beachten ist jedoch das Widerspruchsrecht nach § 711 BGB: Selbst wenn nach dem Gesellschaftsvertrag Einzelgeschäftsführung vereinbart ist, kann jeder einzelgeschäftsführungsberechtigte Gesellschafter dem Geschäft des anderen widersprechen. Dies hat Scharf getan; Schnell darf demzufolge keinen Telefonanrufbeantworter einkaufen.

Fall 6:
Amalie und Berta bestreiten ihren Lebensunterhalt durch den gemeinschaftlichen Betrieb eines Kolonialwarengeschäfts mit typischem Zuschnitt eines „Tante-Emma-Ladens". Da sie sich immer gütlich geeinigt und alle auftauchenden Fragen im Sinne der Gleichberechtigung gelöst haben, sind besondere mündliche oder schriftliche Absprachen über das ihrer Tätigkeit zugrundeliegende Rechtsverhältnis unterblieben. Den Einkauf besorgt Amalie meist allein, wobei Berta ihr volles Vertrauen entgegenbringt. Aus einem derartigen Vertrag sind eines Tages Schulden in Höhe von 10 000 Euro angewachsen, die der Gläubiger G nunmehr sowohl von A als auch von B verlangt. Wie sind die Haftungsverhältnisse?

Lösung: A und B verfolgen aufgrund einer – wenn auch mündlichen – Vereinbarung einen gemeinsamen Zweck; zwischen ihnen besteht also ein Gesellschaftsverhältnis. Der Zusammenschluss von A und B ist nicht eingetragen. Da diese Gesellschaft kein Handelsgewerbe im Sinne des § 1 Abs. 2 HGB ist, wirkt eine Eintragung gemäß § 105 Abs. 2 HGB konstitutiv. Daraus folgt, dass bei unterbliebener Eintragung eine BGB-Gesellschaft vorliegt. Da sich A und B darüber einig waren, dass A die Einkäufe übernahm, war sie alleinvertretungsberechtigt und hat daher die Gesellschaft durch die jeweiligen Vertragsabschlüsse wirksam verpflichtet. Damit handelt es sich bei den Warenschulden um Gesellschaftsverbindlichkeiten. Nachdem nunmehr die Rechtsprechung die Teilrechtsfähigkeit der BGB-Gesellschaft anerkannt hat (BGHZ 146, 341), kann eine Gesellschaftsschuld zunächst gegen die Gesellschaft als solche geltend gemacht werden. Daneben haften für die Gesellschaftsschulden aber auch die Gesellschafter mit ihrem Privatvermögen. Die Höhe der persönlichen Haftung richtet sich dabei nach dem jeweiligen Bestand der Gesellschaftsverbindlichkeit. Als Konsequenz der gemeinsamen Zweckverfolgung haften die Gesellschafter für die Gesellschaftsschulden als Gesamtschuldner i.S.d. §§ 421 ff. BGB. Das bedeutet, dass A und B für die gesamten Verbindlichkeiten mit ihrem Privatvermögen haften. G kann daher wählen, ob er A, B oder die Gesellschaft als solche oder alle gemeinsam verklagt. Verklagt G nur die Gesellschaft, ist für die Zwangsvollstreckung in das Gesellschaftsvermögen zwar nach § 736 ZPO ein „gegen sämtliche Gesellschafter gerichteter Titel" erforderlich. Seit der Anerkennung der Teilrechtsfähigkeit der BGB-Gesellschaft ist als ein solcher Titel jedoch auch ein gegen die Gesellschaft selbst erwirkter Titel anzusehen, da mit dieser Entscheidung auch die Parteifähigkeit der BGB-Gesellschaft im Zivilprozess anerkannt wurde.

Fall 7:

Die Bauunternehmen A-GmbH, B-GmbH und C-AG haben sich im Rahmen eines Großprojekts zu einer Arbeitsgemeinschaft mit dem Namen „ARGE XY, Gesellschaft bürgerlichen Rechts mit beschränkter Haftung" zusammengeschlossen; alle Gesellschafter sind einzelvertretungsberechtigt. Nach Abschluss des Gesellschaftsvertrags leisten A, B und C Einlagen von jeweils 10 000 Euro. Die ARGE schließt einen Mietvertrag mit M über Büroräume ab; diesen Vertrag unterschreibt der Geschäftsführer der B und setzt den Stempel „ARGE XY, GbR mbH" auf das Vertragsformular. Nach Durchführung des Bauvorhabens werden die Büroräume aufgegeben und die ARGE aufgelöst. Nach dem Auszug kommt die ARGE ihrer Verpflichtung, die Räume durch einen Maler renovieren zu lassen, nicht nach. Nach fruchtloser Fristsetzung lässt M die Renovierungsarbeiten selbst vornehmen und verlangt die Kosten in Höhe von 3000 Euro von der B. Diese ist der Ansicht, ihre Haftung als Gesellschafterin sei durch die Verwendung des Zusatzes „GbR mbH" wirksam ausgeschlossen; im Übrigen hafte sie nur in Höhe eines Drittels und M müsse für den Rest die anderen beiden Gesellschafter in Anspruch nehmen. Wer hat Recht?

Lösung: Die ARGE hat die ihr nach dem Vertrag obliegende Renovierungspflicht auch nach Setzen einer Frist schuldhaft nicht erfüllt. Sie ist daher gem. §§ 280 Abs. 1 und 3, 281 Abs. 1 BGB zum Schadenersatz statt der Leistung verpflichtet; damit liegt eine Gesellschaftsverbindlichkeit vor. M will jedoch die Gesellschafterin B in Anspruch nehmen. Die unbeschränkbare Haftung der Gesellschafter für die Gesellschaftsschulden ergibt sich bei einer oHG ausdrücklich aus dem Gesetz, § 128 HGB. Eine ARGE ist jedoch in der Regel eine BGB-Gesellschaft. Zwar erfordern solche Zusammenschlüsse häufig nach Art und Umfang einen kaufmännisch eingerichteten Geschäftsbetrieb. Es liegt aber dennoch keine oHG vor, da der ARGE das für die Annahme eines Gewerbebetriebs notwendige Element der angestrebten Dauerhaftigkeit des Betriebs fehlt. Daher stellt sich die Frage, ob die Haftung für Gesellschaftsschulden durch die Verwendung des Zusatzes „mbH" wirksam auf das Gesellschaftsvermögen beschränkt werden kann. Die Haftung der Gesellschafter für die Gesellschaftsschulden folgt bei der BGB-Gesellschaft aus dem „allgemeinen Grundsatz des bürgerlichen Rechts und des Handelsrechts, dass derjenige, der als Einzelperson oder in Gemeinschaft mit anderen Geschäfte betreibt, für die daraus entstehenden Verpflichtungen mit seinem gesamten Vermögen haftet, solange sich aus dem Gesetz nichts anderes ergibt oder mit dem Vertragspartner keine Haftungsbeschränkung vereinbart wird" (BGH NJW 1999, 3483). Daher kann die persönliche Haftung der Gesellschafter auch nicht durch den Zusatz „mbH", sondern nur durch eine ausdrückliche Vereinbarung mit dem jeweiligen Vertragspartner ausgeschlossen werden. Allein durch die Verwendung des einschränkenden Zusatzes im Gesellschaftsnamen kommt eine solche Vereinbarung jedoch noch nicht zustande. Die B haftet daher – wie die anderen Gesellschafter auch –

für die Gesellschaftsschulden. M kann B auch in voller Höhe in Anspruch nehmen, da die Gesellschafter einer BGB-Gesellschaft bzgl. der Gesellschaftsschulden gem. § 427 BGB Gesamtschuldner sind und jeder Gesamtschuldner gem. § 421 BGB in voller Höhe in Anspruch genommen werden kann. Kommt die B ihrer Verpflichtung gegenüber M nach, kann sie jedoch von A und C gem. § 426 BGB Ausgleich entsprechend der Höhe der Gesellschaftsanteile verlangen.

Fall 8:
A, B und C gründen eine BGB-Gesellschaft. Während A und B jeweils Geld bzw. Sachleistungen einbringen wollen, hat C die Absicht, lediglich seine Arbeitskraft zur Verfügung zu stellen. A ist der Meinung, das sei nicht möglich, weil die Arbeitskraft ein „nicht bewertbarer und damit auch nicht bilanzierbarer Posten" sei. Wer hat Recht?
Lösung: Nach § 706 Abs. 3 BGB kann der Beitrag eines Gesellschafters auch in der Leistung von Diensten bestehen. Dies unterscheidet die Personengesellschaft von der Kapitalgesellschaft; bei letzterer müssen die Beiträge unter dem Gesichtspunkt des Gläubigerschutzes bewertbar und bilanzierbar sein, weshalb dort Dienstleistungen ausscheiden.

Fall 9:
A und B gründen eine BGB-Gesellschaft. Über die Kündigung bestimmt der Gesellschaftsvertrag: „Die Gesellschaft ist auf 5 Jahre eingegangen; eine vorherige Kündigung ist ausgeschlossen". Nach Ablauf von einem Jahr stellt sich heraus, dass B laufend Transaktionen vornimmt, die das Interesse der Gesellschaft schwer schädigen. A will nunmehr „nicht mehr mitmachen". Ein Rechtsanwalt rät ihm, die Gesellschaft zu kündigen. Steht der obige Passus entgegen?
Lösung: Nach § 723 Abs. 1 S. 2 BGB ist die Kündigung noch vor dem Ablauf der für die Gesellschaft vereinbarten Zeit zulässig, wenn ein „wichtiger Grund" vorliegt. Ein solcher setzt grundsätzlich voraus, dass es unzumutbar wäre, die Gesellschaft aufrechtzuerhalten (vgl. § 314 Abs. 1 S. 2 BGB) und ist insbesondere vorhanden, wenn ein anderer Gesellschafter eine ihm nach dem Gesellschaftsvertrag obliegende wesentliche Verpflichtung vorsätzlich oder aus grober Fahrlässigkeit verletzt. Dies ist anzunehmen, nachdem B durch Manipulationen das Interesse der Gesellschaft wesentlich geschädigt hat.

Fall 10:
Wie wäre es, wenn im zuvor erwähnten Fall der Gesellschaftsvertrag bestimmt hätte: „... wird die Gesellschaft vor Ablauf der Zeit gekündigt, verliert der kündigende Gesellschafter den ihm normalerweise bei Auflösung der Gesellschaft zustehenden Abfindungsanspruch"?
Lösung: Nach § 723 Abs. 3 BGB ist eine Vereinbarung, durch welche das Kündigungsrecht ausgeschlossen oder unzulässig beschränkt wird, nich-

tig. Eine derartige Beschränkung kann auch in der Vereinbarung unzumutbarer Kündigungsfolgen liegen. Der völlige Ausschluss eines Abfindungsanspruches für den Fall einer Kündigung aus wichtigem Grund fällt unter § 723 Abs. 3 BGB; eine derartige Klausel ist demzufolge nichtig.

Fall 11:
A, B und C sind Gesellschafter einer BGB-Gesellschaft. A will sich aus dem Geschäftsleben zurückziehen und macht infolgedessen von einer im Gesellschaftsvertrag vorgesehenen Kündigung seiner Mitgliedschaft Gebrauch. Als es um die Berechnung seines Abfindungsanspruches geht, wollen B und C ihm lediglich den sog. „Buchwert" seiner Beteiligung ausbezahlen. A will jedoch die Berechnung auf der Grundlage des Verkehrswerts. Der Gesellschaftsvertrag hat diesen Fall nicht geregelt. Wer hat Recht?
Lösung: Nach § 738 Abs. 1 S. 2 BGB müssen die verbleibenden Gesellschafter dem Ausscheidenden dasjenige zahlen, was er bei der Auseinandersetzung im Falle der Liquidation der Gesellschaft erhalten würde. Notfalls ist nach § 738 Abs. 2 BGB der Wert des Gesellschaftsvermögens durch Schätzung zu ermitteln. Wenn der Gesellschaftsvertrag keine Regelung enthält, ist von den tatsächlichen Werten, also vom Verkehrswert auszugehen. Der im Steuerrecht anzutreffende „Buchwert", also der in der Bilanz nach Berücksichtigung von Abschreibungen usw. eingesetzte – niedrigere – Betrag, ist für die gesellschaftsrechtliche Auseinandersetzung nicht oder nur dann maßgeblich, wenn dies im Gesellschaftsvertrag vereinbart wurde. A kann also den aufgrund der Schätzung ermittelten verkehrsgerechten Wert seiner Beteiligung bei der Abfindung zugrunde legen.

III. Die Offene Handelsgesellschaft

Übersicht

Begriff	Personengesellschaft, deren Zweck auf den Betrieb eines Handelsgewerbes unter gemeinschaftlicher Firma gerichtet ist, ohne Haftungsbeschränkung der Gesellschafter gegenüber den Gesellschaftsgläubigern (nicht juristische Person, aber gem. § 124 HGB rechtlich verselbständigt).
Rechtsgrundlagen	§§ 105–160 HGB, ergänzend §§ 705–740 BGB
Gründung	Beim Abschluss des Gesellschaftsvertrags gilt grundsätzlich Vertrags- und Formfreiheit. Anmeldung zum Handelsregister. Entstehung mit Eintragung bzw. Geschäftsbeginn (vgl. § 123 HGB).

Gesellschafts-vermögen	Gesamthandsgemeinschaft, die Beiträge der Gesellschafter werden gesamthänderisches Vermögen, (wie BGB-Gesellschaft). Kein vorgeschriebenes Mindestkapital, keine Mindesteinlagen.
Geschäftsführung	Prinzip der Einzelgeschäftsführung aller mit Widerspruchsrecht geschäftsführungsbefugter Gesellschafter, daneben vertragliche Abweichungen zulässig (§§ 114 ff. HGB): Gesamtgeschäftsführung aller oder mehrerer sowie Einzelgeschäftsführung einzelner. Nicht geschäftsführungsbefugte Gesellschafter haben Kontrollrechte nach § 118 HGB.
Vertretung	Prinzip der Einzelvertretung aller, vertragliche Abweichungen möglich, § 125 HGB (Gesamtvertretung aller oder mehrerer, unechte Gesamtvertretung, Einzelvertretung einzelner).
Gewinn und Verlust	Vertragsfreiheit; ergänzend §§ 120 ff. HGB: Gewinn 4 % des Kapitalanteils, darüber hinausgehender Gewinn sowie jeglicher Verlust nach Köpfen.
Haftung	Für *Gesellschaftsschulden*: gesamtschuldnerische Haftung aller Gesellschafter (§ 128 HGB). Klage gegen die Gesellschaft und Zwangsvollstreckung in das Gesellschaftsvermögen mit einem vollstreckbaren Schuldtitel gegen die Gesellschaft (§ 124 HGB). Für *Privatschulden*: Haftung nur des betroffenen Mitgesellschafters, jedoch Pfändung des Gesellschaftsanteils durch Privatgläubiger und Kündigung der oHG nach § 135 HGB. Haftung bei Gesellschafterwechsel: eintretende Gesellschafter haften für Alt- und Neuschulden, ausscheidende Gesellschafter für Altschulden nach § 159 HGB nur noch maximal 5 Jahre.
Gesellschafterwechsel	Gesellschaftsanteil prinzipiell unübertragbar (§ 105 Abs. 3 HGB i.V.m. § 717 BGB), vertragliche Abweichungen möglich. Eintritt von Gesellschaftern: unter Lebenden oder als Erben (beachte § 139 HGB!). Ausscheiden: freiwillig (Kündigung des Gesellschafters) oder unfreiwillig (Ausschließung §§ 140, 133 HGB).
Auflösung und Liquidation	Auflösungsgründe nach § 131 HGB teilweise dispositiv. Liquidation entweder nach den gesetzlichen Vorschriften oder abweichenden gesellschaftsvertraglichen Regelungen.

Fragen

Frage 38:
Welches sind die Kennzeichen der oHG?
Antwort: Die offene Handelsgesellschaft ist eine Gesellschaft
(a) zum Betrieb eines Handelsgewerbes
(b) unter gemeinschaftlicher Firma
(c) bei unbeschränkter Haftung der Gesellschafter.

Frage 39:
Ist die oHG juristische Person?
Antwort:
(a) Grundsätzlich nicht, sie ist vielmehr als Personenhandelsgesellschaft eine Gesamthandsgemeinschaft;
(b) das Gesetz hat die oHG jedoch durch eine gewisse rechtliche Verselbständigung den juristischen Personen angenähert (§ 124 HGB), indem sie unter ihrer Firma Rechte erwerben und Verbindlichkeiten eingehen, insbesondere Eigentum und andere dingliche Rechte an Grundstücken erwerben sowie vor Gericht klagen und verklagt werden kann. Darüber hinaus kann über das Vermögen der oHG selbständig das Insolvenzverfahren eröffnet (§ 11 Abs. 2 InsO) sowie die Zwangsvollstreckung in das Vermögen der oHG mit einem gegen die Gesellschaft gerichteten vollstreckbaren Schuldtitel durchgeführt werden. Außerdem wird auf das deliktische Verhalten der vertretungsberechtigten Gesellschafter die Organhaftung der juristischen Personen (§ 31 BGB) entsprechend angewandt.

Frage 40:
Wer kann Gesellschafter einer oHG sein?
Antwort: Alle natürlichen und juristischen Personen sowie sämtliche Personengesellschaften mit Ausnahme der BGB-Gesellschaft. Erbengemeinschaften und nicht rechtsfähige Vereine können nicht Gesellschafter einer oHG sein.

Frage 41:
Wann entsteht die offene Handelsgesellschaft?
Antwort: Man muss das Innen- und das Außenverhältnis unterscheiden:
(a) Im Verhältnis der Gesellschafter zueinander richtet sich der Entstehungszeitpunkt nach dem Gesellschaftsvertrag.
(b) Im Verhältnis zu Dritten entsteht die Gesellschaft nach § 123 Abs. 1 HGB mit der Eintragung in das Handelsregister. Beginnt die oHG jedoch ihre Geschäfte ausnahmsweise schon vor der Eintragung, so entsteht sie Dritten gegenüber bereits mit dem Zeitpunkt des Geschäftsbeginns (§ 123 Abs. 2 HGB). Dies gilt jedoch nicht für Gesellschaften, die kein Handelsgewerbe im Sinne des § 1 Abs. 2 HGB betreiben. Für sie wirkt die Eintragung gem. §§ 123 Abs. 2 i.V.m. den §§ 2, 105 Abs. 2 HGB konstitutiv. Im

Verhältnis zu Dritten entstehen solche kleingewerblichen Personenhandelsgesellschaften daher erst mit Eintragung; bis zur Eintragung liegt lediglich eine BGB-Gesellschaft vor.

Frage 42:
Warum verlangt der Gesetzgeber bei der oHG kein festes Mindestkapital bzw. keine Mindesteinlage?
Antwort: Dies ist unter dem Gesichtspunkt des Gläubigerschutzes im Gegensatz zu den Kapitalgesellschaften wegen der unbeschränkten Haftung der Gesellschafter mit ihrem Privatvermögen nicht erforderlich.

Frage 43:
Was kann bei der oHG Gegenstand der versprochenen Beiträge sein?
Antwort:
(a) Geldzahlungen,
(b) Einbringung von Sachen und Rechten,
(c) Dienstleistungen.

Frage 44:
Unterliegen die oHG-Gesellschafter einem Wettbewerbsverbot?
Antwort: Nach § 112 HGB darf ein Gesellschafter ohne Einwilligung der anderen Gesellschafter
(a) weder in dem Handelszweige der Gesellschaft Geschäfte machen noch
(b) an einer anderen gleichartigen Handelsgesellschaft als persönlich haftender Gesellschafter teilnehmen.

Frage 45:
Gibt es darüber hinaus weitere Treupflichten?
Antwort: Ja, bei personengebundenen Gemeinschaftsverhältnissen wird unter Anwendung des § 242 BGB vom Gesellschafter verlangt, die Interessen der Gesellschaft wahrzunehmen bzw. alles zu unterlassen, was diesen Interessen abträglich ist. Dies gilt vor allem für geschäftsführende Gesellschafter.

Frage 46:
Welche Rechtsfolgen hat ein Wettbewerbsverstoß bei der oHG?
Antwort: Die Gesellschaft kann nach § 113 HGB
(a) von dem Gesellschafter verlangen, dass er die für eigene Rechnung gemachten Geschäfte als „für Rechnung der Gesellschaft eingegangen gelten lässt, die aus den Geschäften für fremde Rechnung bezogene Vergütung herausgibt bzw. den Anspruch auf Vergütung abtritt" (man spricht vom „Eintrittsrecht").
(b) Weiter kann die Gesellschaft Schadenersatz verlangen;
(c) und schließlich ist die Geltendmachung weitergehender Rechte, etwa die Ausschließung eines Gesellschafters oder die Auflösung der Gesell-

schaft, insbesondere bei entsprechender Regelung im Gesellschaftsvertrag möglich.

Frage 47:
Wem obliegt bei der oHG die Geschäftsführung?
Antwort: Man muss unterscheiden:
(a) Nach dem gesetzlichen Leitbild sind zur Geschäftsführung alle Gesellschafter berechtigt und verpflichtet (§ 114 Abs. 1 HGB), wobei nach § 115 Abs. 1 HGB jeder allein handeln kann (Prinzip der „Einzelgeschäftsführung"). Die Geschäftsführungsbefugnis jedes einzelnen Gesellschafters ist allerdings nach § 115 Abs. 1 2. Halbsatz HGB durch das Widerspruchsrecht jedes anderen geschäftsführenden Gesellschafters eingeschränkt.
(b) Im Gesellschaftsvertrag können abweichende Regelungen vereinbart werden, so die Einzelgeschäftsführung eines einzigen, die Einzelgeschäftsführung mehrerer oder auch die Gesamtgeschäftsführung aller oder mehrerer Gesellschafter.

Frage 48:
Welchen sachlichen Umfang hat die Geschäftsführungsbefugnis?
Antwort: Die Befugnis zur Geschäftsführung erstreckt sich nach § 116 Abs. 1 HGB auf „alle Handlungen, die der gewöhnliche Betrieb des Handelsgewerbes der Gesellschaft mit sich bringt". Für außergewöhnliche Geschäfte ist ein Beschluss sämtlicher Gesellschafter erforderlich.

Frage 49:
Welche Kontrollrechte hat ein von der Geschäftsführung ausgeschlossener Gesellschafter einer oHG?
Antwort: Er kann sich nach § 118 HGB von den Angelegenheiten der Gesellschaft persönlich unterrichten, deren Handelsbücher und Papiere einsehen und sich aus ihnen eine Bilanz und einen Jahresabschluss anfertigen.

Frage 50:
Welche gesetzliche Regelung gilt für die Gewinn- und Verlustverteilung bei der oHG?
Antwort: Vom Jahresgewinn erhält jeder Gesellschafter zunächst einen Anteil in Höhe von 4 v.H. seines aktiven Kapitalanteils; ein überschießender Rest sowie der Verlust (§ 121 HGB) wird nach Köpfen verteilt. Vertragliche Regelungen können (und werden in der Regel) hiervon abweichen.

Frage 51:
Wie ist die Vertretung bei der oHG geregelt?
Antwort: Auch hier muss zwischen der gesetzlichen Regelung und vertraglichen Abweichungen unterschieden werden:

(a) Gesetzlich gilt nach § 125 Abs. 1 HGB das Prinzip der Einzelvertretung, d.h. jeder einzelne Gesellschafter kann Willenserklärungen mit Wirkung für und gegen die oHG abgeben.

(b) Im Gesellschaftsvertrag kann bestimmt werden, dass alle oder mehrere Gesellschafter nur gemeinschaftlich vertretungsberechtigt sein sollen (echte Gesamtvertretung); es ist auch möglich, dass zusätzlich ein Gesellschafter nur mit einem Prokuristen zusammen vertretungsberechtigt sein soll (unechte Gesamtvertretung, § 125 Abs. 3 HGB).

Frage 52:
Welchen sachlichen Umfang hat die Vertretungsmacht? Kann sie eingeschränkt werden?

Antwort:
(a) Die Vertretungsmacht eines oHG-Gesellschafters erstreckt sich nach § 126 HGB auf alle gerichtlichen und außergerichtlichen Geschäfte und Rechtshandlungen einschließlich der Veräußerung und Belastung von Grundstücken sowie der Erteilung und des Widerrufs der Prokura.
(b) Eine Beschränkung des Umfangs der Vertretungsmacht ist gem. § 126 Abs. 2 HGB Dritten gegenüber unwirksam. Eine beschränkende Abrede ist lediglich für das Innenverhältnis zulässig und macht den Gesellschafter, der sich darüber hinwegsetzt, schadenersatzpflichtig.

Frage 53:
Welche Möglichkeiten hat der Gläubiger einer oHG zur Realisierung seiner Forderungen (wie wird gehaftet)?
Antwort: Es haften für Gesellschaftsverbindlichkeiten
(a) die Gesellschaft nach § 124 Abs. 1 HGB sowie
(b) die Gesellschafter mit ihrem Privatvermögen nach § 128 HGB unmittelbar, unbeschränkt, unbeschränkbar, primär, gesamtschuldnerisch (allerdings akzessorisch).

Frage 54:
Wie lange haftet ein oHG-Gesellschafter nach seinem Ausscheiden für Verbindlichkeiten der Gesellschaft?
Antwort:
(a) Für Altschulden haftet er noch 5 Jahre (§ 160 HGB), sofern keine kürzeren Verjährungsfristen eingreifen.
(b) Für Neuschulden haftet er an sich nicht, höchstens noch im Rahmen des § 15 HGB aus Rechtsscheingrundsätzen, wenn sein Ausscheiden nicht zur Eintragung in das Handelsregister angemeldet worden ist.

Frage 55:
Kann ein Privatgläubiger in irgendeiner Weise auf das Vermögen der oHG „zugreifen"?

Antwort: Die oHG haftet nur für Gesellschaftsverbindlichkeiten. Da jedoch der Gesellschaftsanteil des Schuldners auch zum Schuldnervermögen gehört, gibt das Gesetz dem Privatgläubiger die Möglichkeit darauf zuzugreifen, indem er nach § 135 HGB die Gesellschaft mit 6-monatiger Frist zum Ende des Geschäftsjahrs kündigt und dann die Zwangsvollstreckung in das Abfindungsguthaben des ausscheidenden Gesellschafters betreibt. Diese Möglichkeit hat der Gläubiger allerdings nur, wenn zuvor ein erfolgloser Vollstreckungsversuch in das bewegliche Vermögen erfolgte.

Frage 56:
Welche Möglichkeiten bestehen beim Tod des Gesellschafters einer oHG?
Antwort:
(a) Die gesetzliche, aber dispositive Regelung sieht nach § 131 Abs. 3 Ziff. 1 HGB das Ausscheiden des Gesellschafters vor.
(b) Vertragliche Regelungen können vorsehen, dass die Gesellschaft mit den Erben (allen oder einzelnen) fortgesetzt wird, wobei nach § 139 Abs. 1 HGB jeder Erbe sein Verbleiben in der Gesellschaft davon abhängig machen kann, dass ihm unter Belassung des bisherigen Gewinnanteils die Stellung eines Kommanditisten eingeräumt wird.

Frage 57:
Wann kann bei der oHG ein Gesellschafter ausgeschlossen werden?
Antwort: Nach § 140 HGB kann statt der Auflösung der Gesellschaft auch die Ausschließung eines Gesellschafters verlangt werden, wenn hierfür in der Person des Auszuschließenden ein wichtiger Grund vorliegt, insbesondere wenn der Gesellschafter eine ihm nach dem Gesellschaftsvertrag obliegende wesentliche Verpflichtung vorsätzlich oder aus grober Fahrlässigkeit verletzt hat oder wenn die Erfüllung einer solchen Verpflichtung unmöglich wird.

Frage 58:
Was geschieht, wenn in einer zweigliedrigen Gesellschaft bei einem der Gesellschafter ein Ausschließungsgrund eintritt?
Antwort: Seit der Handelsrechtsnovelle 1998 kann nach § 140 Abs. 1 S. 2 HGB auch ein Gesellschafter einer zweigliedrigen Gesellschaft ausgeschlossen werden. In diesem Fall führt die Ausschließungsklage allerdings nicht etwa zur Entstehung einer Ein-Personen-Gesellschaft, sondern zum Übergang des Vermögens mit Aktiven und Passiven auf den Verbleibenden.

Frage 59:
Was ist die EWIV?
Antwort: EWIV steht für Europäische Wirtschaftliche Interessenvereinigung und ist eine supranationale Gesellschaftsform, die ihre Rechts-

grundlage in einer EG-Verordnung hat. Diese Verordnung ist als solche gem. Art. 249 Abs. 2 EG-Vertrag unmittelbar anwendbar; ergänzend gelten gemäß dem deutschen EWIV-Ausführungsgesetz die Vorschriften über die oHG. Die EWIV ersetzt nicht die wirtschaftliche Tätigkeit ihrer Mitglieder, sondern unterstützt diese und soll insbesondere die grenzüberschreitende Zusammenarbeit erleichtern. Die Vermögensordnung entspricht derjenigen der oHG mit unbeschränkter Haftung der Gesellschafter. Im Gegensatz zum Recht der oHG gilt der Grundsatz der Selbstorganschaft nicht für die EWIV.

Fälle

Fall 12:
Emil betreibt eine im Handelsregister als Einzelfirma eingetragene Futtermittelgroßhandlung. Zum Betrieb gehört ein Betriebsgrundstück mit Lagerhalle sowie ein Maschinen- und Kraftfahrzeugpark. Emil kommt mit seinem Konkurrenten Erich überein, die bisherigen Konkurrenzbetriebe gemeinsam als offene Handelsgesellschaft zu führen. Jeder der Beteiligten bringt seinen Betrieb im bisherigen Sachumfang in die zu gründende Gesellschaft ein. Ein entsprechender schriftlicher Vertrag wird aufgesetzt und die Handelsregisteranmeldung veranlasst. Ist der Vertrag wirksam?
Lösung: Zur Gründung einer offenen Handelsgesellschaft ist vom Gesetz eine bestimmte Form nicht vorgesehen. Im vorliegenden Fall soll jedoch der gesamte Betrieb, also auch das Betriebsgrundstück, „eingebracht" werden. Wenn hierunter die sachenrechtliche Übereignung auf die oHG (vgl. § 124 HGB) zu verstehen ist, wäre nach bürgerlich-rechtlichen Vorschriften (§ 311 b Abs. 1 BGB) notarielle Beurkundung erforderlich. Schriftform genügt nicht. Anders wäre es, wenn die Sacheinlagen nur mietweise eingebracht werden.

Fall 13:
Nehmen Sie an, Erich und Emil lebten jeweils im gesetzlichen Güterstand. Wäre zur Gründung der Gesellschaft die Zustimmung der Ehefrauen erforderlich?
Lösung: Ja, wenn § 1365 BGB eingreift. Danach ist die Zustimmung des anderen Ehegatten erforderlich bei Verfügungen „über das Vermögen im Ganzen". Derartige Verfügungen liegen nach der Rechtsprechung schon vor, wenn „praktisch das ganze Vermögen" betroffen ist. Wenn Emil und Erich jeweils ihren gesamten Betrieb einbringen und kein weiteres nennenswertes Vermögen besitzen, wäre die Zustimmung ihrer Ehegatten erforderlich.

Fall 14:

Erich will – im Einverständnis mit Emil – seinen minderjährigen Sohn Max in die Gesellschaft aufnehmen. Genügt hierfür ein schriftlicher Vertrag, bei dem Erich seinen Sohn vertritt? **Lösung:** Nein, Erich kann Max wegen § 181 BGB nicht vertreten, es muss nach § 1909 BGB ein Pfleger bestellt werden. Außerdem ist die vormundschaftsgerichtliche Genehmigung nach §§ 1915 Abs. 1, 1822 Nr. 3 BGB erforderlich.

Fall 15:

Emil, Erich und Max sind ordnungsgemäß Gesellschafter der oHG. Im Einvernehmen aller drei Gesellschafter soll der Gesellschaftsvertrag geändert werden. Ist hierzu die vormundschaftsgerichtliche Genehmigung notwendig? **Lösung:** Nein, die Rechtsprechung wendet § 1822 Nr. 3 BGB lediglich beim Abschluss eines Gesellschaftsvertrages an, durch den die Beteiligung des Minderjährigen an einem Erwerbsgeschäft beginnt, nicht dagegen bei jeder Änderung eines – früher schon vormundschaftsgerichtlich genehmigten – Vertrags.

Fall 16:

Erich hat seinem Sohn Max schenkweise eine Unterbeteiligung eingeräumt unter der Auflage „... durch einseitige Erklärung des Schenkers jederzeit die Schenkung fristlos widerrufen zu können". Welche steuerliche Absicht liegt einer derartigen Vermögensübertragung zugrunde und wird sie in dieser Form vom Finanzamt anerkannt? **Lösung:** Die Beteiligung Familienangehöriger an einem Unternehmen bzw. an einem Gesellschaftsanteil erfolgt in der verständlichen Absicht, dadurch der Progression des Einkommensteuertarifs (teilweise) zu entgehen. Die Übertragung eines Teils der Einkunftsquelle führt dazu, dass der Schenker in der „Spitze der Progression" entlastet und der Beschenkte – wegen regelmäßig niederer Einkünfte – entsprechend geringer besteuert wird. Die Finanzrechtsprechung anerkennt derartige Verträge unter Familienangehörigen jedoch nur bei Einhaltung sämtlicher zivilrechtlicher Formalitäten (Formvorschriften, Genehmigungserfordernisse) und verlangt darüber hinaus, dass die Übertragung „ernsthaft gewollt ist". Daran scheitert es, wenn Modalitäten gewählt werden, die unter Fremden unüblich sind. Vorliegend wurde dem Minderjährigen eine Unterbeteiligung mit der Auflage des jederzeitigen Widerrufs geschenkt. Hier nimmt die Rechtsprechung an, dass eine echte Übertragung der Einkunftsquelle nicht beabsichtigt war. Deshalb sind auch die Max zugeschriebenen Einkünfte weiterhin dem Erich als Schenker zuzurechnen.

Fall 17:
Nach einigen Jahren geht der Umsatz der Emil und Erich oHG rapide zurück. Schließlich wird die Futtermittelhandlung völlig eingestellt und das Betriebsgelände an eine Speditionsfirma verpachtet. Welche Konsequenzen hat dies gesellschaftsrechtlich?

Lösung: Seit der Handelsrechtsnovelle 1998 verliert eine eingetragene offene Handelsgesellschaft ihren Charakter als solche nur dann, wenn überhaupt kein Gewerbe mehr ausgeübt wird. Wird dagegen lediglich die Schwelle des in kaufmännischer Weise eingerichteten Gewerbebetriebs (§ 1 Abs. 2 HGB) unterschritten, so bleibt die Gesellschaft eine offene Handelsgesellschaft, sofern nicht nach den § 105 Abs. 2 S. 2, i.V.m. § 2 S. 3 HGB die Löschung beantragt wird. Es stellt sich also die Frage, ob Emil und Erich noch ein Gewerbe betreiben. Darunter fällt jedoch nicht die Verwaltung eigenen Vermögens. § 105 Abs. 2 S. 1 Alt. 2 HGB öffnet die Form der offenen Handelsgesellschaft jedoch auch für Gesellschaften, die nur ihr eigenes Vermögen verwalten. Allerdings sollen durch diese Erweiterung nicht völlig unbedeutende und wirtschaftlich nicht über den alltäglichen Bereich hinausreichende Betätigungen erfasst werden. Die Verpachtung eines Betriebsgrundstücks mit Lagerhalle und Maschinen- und Kraftfahrzeugpark überschreitet den Bereich des Alltäglichen. Daher bleibt die Gesellschaft auch nach Unterschreiten der Grenze des § 1 Abs. 2 HGB eine offene Handelsgesellschaft, sofern nicht die Löschung nach den § 105 Abs. 2 S. 2, i.V.m. § 2 Abs. 2 S. 3 HGB beantragt wird.

Fall 18:
Erich und Emil haben Meinungsverschiedenheiten, in deren Verlauf sich Emil zu nachfolgender Verpflichtung bereit erklärt: Er überträgt die ihm nach Gesetz und Gesellschaftsvertrag zustehenden Rechte an einen Treuhänder, auf dessen Auswahl, Tätigkeit und eventuelle Abberufung er keinen Einfluss hat. Geraume Zeit später reut Emil die Unterschrift, er will sich an die Abmachung nicht mehr halten und ist der Meinung, diese sei ohnehin unwirksam. Stimmt dies?

Lösung: Emil hat sich als Gesellschafter durch die vorerwähnte Vertragsklausel „in einem weiten Bereich der wirtschaftlichen Betätigung seiner freien Selbstbestimmung entäußert und sich insoweit auf Lebenszeit der Entscheidung eines Dritten, der nicht einmal eine Person seines Vertrauens zu sein braucht, unterworfen. Berücksichtigt man zudem, dass ihn als persönlich haftenden Gesellschafter eine unbeschränkte persönliche Haftung für die Gesellschaftsschulden trifft, so wird offenbar, dass diese Bindung für einen freien Mann unerträglich ist. Sie läuft darauf hinaus, dass sich der Gesellschafter in einem weiten Bereich seiner wirtschaftlichen Betätigung praktisch selbst entmündigt hat. Eine solche weitgehende Bindung, eine solche Aufgabe der eigenen freien Selbstbestimmung ist mit den Grundwerten unserer Rechtsordnung nicht zu vereinbaren, sie ist sittenwidrig und daher nichtig" gem. § 138 Abs. 1 BGB (BGHZ 44, 161).

Fall 19:
Erich ist auf einer Geschäftsreise, um Kunden zu betreuen. Dabei lädt er Geschäftsfreunde zum Essen ein, schenkt den Kunden-Ehegattinnen Blumensträuße und macht verschiedene Werbegeschenke. Die Beträge bezahlt er zunächst aus eigener Tasche. Kann er sie von der Gesellschaft ersetzt verlangen?

Lösung: Anspruchsgrundlage ist § 110 HGB. Hiernach ist die Gesellschaft zum Ersatz verpflichtet, wenn der Gesellschafter in Gesellschaftsangelegenheiten Aufwendungen macht, die er den Umständen nach für erforderlich halten darf.

Fall 20:
Die Erich und Emil oHG hat Gewerbesteuerschulden. Das zuständige Steueramt verlangt von Erich unter Hinweis auf seine persönliche Haftung als oHG-Gesellschafter die Zahlung rückständiger Gewerbesteuer in Höhe von 7800 Euro. Erich bezahlt und will nunmehr von Emil Ersatz. Geht dies?

Lösung: Es ist anerkannt, dass Ansprüche eines Gesellschafters wegen Aufwendungsersatz nach § 110 HGB während des Bestehens der Gesellschaft nur gegen diese, nicht auch gegen die einzelnen Gesellschafter geltend gemacht werden können. Hat demnach ein Gesellschafter auf Grund seiner persönlichen Haftung einen Gesellschaftsgläubiger befriedigt, so richtet sich sein Erstattungsanspruch in erster Linie gegen die Gesellschaft. Subsidiär kann er aber gem. § 426 BGB auch die einzelnen Mitgesellschafter in Anspruch nehmen, wenn die Gesellschaft entweder nicht in der Lage oder nicht bereit ist, den ihr gegenüber bestehenden Aufwendungsersatzanspruch nach § 110 HGB zu erfüllen. Dies ist nach der Rechtsprechung bereits dann anzunehmen, wenn die Gesellschaft auf Aufforderung nicht zahlt. Die Mitgesellschafter haften ihm dann nicht gesamtschuldnerisch, sondern einzeln in Höhe ihrer Verlustbeteiligung (Haftung pro rata); so die Lösung der Rechtsprechung in BGHZ 37, 299; WM 2002, 291.

Fall 21:
In der Emil und Erich oHG wird bekannt, dass Erich seit geraumer Zeit nebenher einen Futtermittelhandel auf eigene Faust betreibt. Ist Erich hierzu berechtigt? Der Gesellschaftsvertrag enthält keine dahingehende Aussage.

Lösung: Nach § 112 HGB unterliegen oHG-Gesellschafter einem Wettbewerbsverbot. Sie dürfen ohne Einwilligung der anderen Gesellschafter weder in dem Handelszweige der Gesellschaft Geschäfte machen noch an einer anderen gleichartigen Handelsgesellschaft als persönlich haftende Gesellschafter teilnehmen. Verletzen sie diese Verpflichtung, kann die Gesellschaft nach § 113 HGB entweder Schadensersatz fordern oder statt dessen „von dem Gesellschafter verlangen, dass er die für eigene Rechnung gemachten Geschäfte als für Rechnung der Gesellschaft eingegangen gelten lasse und die aus Geschäften für fremde Rechnung bezogene Vergütung herausgebe oder seinen Anspruch auf die Vergütung abtrete". Dabei wird die Gesellschaft nicht etwa Vertragspartner oder selbst Mitglied der Konkurrenzgesellschaft, sie hat vielmehr im Innenverhältnis einen Anspruch auf Herausgabe des vom wettbewerbswidrig handelnden Gesellschafter erzielten Gewinns.

Fall 22:
Erich, Emil und Ottilie sind Gesellschafter einer offenen Handelsgesellschaft, die ein Baugeschäft betreibt. Erich will einen weiteren Baukran kaufen. Emil und Ottilie sind damit nicht einverstanden. Gleichwohl schließt Erich einen dahingehenden Kaufvertrag ab. Wie ist die Rechtslage?
Lösung: Wenn der Gesellschaftsvertrag keine besonderen Vorschriften enthält, sind sowohl Emil, als auch Erich und Ottilie je einzeln geschäftsführungs- und vertretungsbefugt. Nach § 115 Abs. 1 a.E. HGB muss jedoch beim Widerspruch eines Gesellschafters das Geschäft unterbleiben. Dieser Widerspruch hat aber bei der oHG keine Außenwirkung. Somit war Erich in der Lage, die oHG rechtswirksam zu verpflichten. Die Gesellschaft kann gegen ihn jedoch Schadensersatzansprüche geltend machen, außerdem kann ihm unter den Voraussetzungen der §§ 117, 127 HGB die Geschäftsführungs- bzw. Vertretungsbefugnis entzogen werden; schließlich ist als ultima ratio an eine Ausschließung des Gesellschafters nach §§ 133, 140 HGB zu denken.

Fall 23:
Wie wäre es, wenn im Gesellschaftsvertrag der Emil, Erich und Ottilie oHG die Klausel enthalten wäre: „… die Geschäftsführungs- und Vertretungsbefugnis eines Gesellschafters ist unentziehbar"?
Lösung: Eine derartige gesellschaftsvertragliche Klausel wäre nichtig. Man kann zwar §§ 117, 127 HGB modifizieren; ein völliger Ausschluss der Entziehung im Falle eines wichtigen Grundes würde jedoch die Mitgesellschafter der Willkür eines interessenwidrig handelnden Gesellschafters aussetzen.

Fall 24:
In der Emil und Erich oHG wird Paul zum Prokuristen bestellt und folgende gesellschaftsvertragliche Vertretung vereinbart: „Zeichnungs- und vertretungsbefugt für die Gesellschaft ist lediglich der Gesellschafter Emil zusammen mit dem Prokuristen Paul. Erich ist von der Vertretung ausgeschlossen". Diese Veränderung wird zur Eintragung in das Handelsregister angemeldet. Was wird der Registerrichter sagen?
Lösung: Eine derartige Vertretungsregelung widerspricht den Prinzipien der offenen Handelsgesellschaft. Zwar lässt § 125 Abs. 3 S. 1 HGB für die

oHG auch die unechte Gesamtvertretung unter Hinzuziehung eines Prokuristen zu. Das kommt aber nur dann in Betracht, wenn eine Gesamtvertretung mehrerer persönlich haftender Gesellschafter vorgesehen ist; die unechte Gesamtvertretung dient also nur der Erleichterung einer ohnehin bestehenden Gesamtvertretung mehrerer Gesellschafter und ändert nichts an dem Grundsatz, dass in einer Personenhandelsgesellschaft stets eine Vertretung allein durch die persönlich haftenden Gesellschafter, durch einen oder durch mehrere, möglich sein muss (vgl. BGHZ 26, 330, 332 ff.). In der Emil und Erich oHG hätte deshalb neben der vorgesehenen unechten Gesamtvertretung (Emil und Paul zusammen) auch noch entweder Einzelvertretung (also Erich und Emil einzeln) oder echte Gesamtvertretung (also Erich und Emil zusammen) vereinbart werden müssen.

Fall 25:
Die Emil und Erich oHG hat beim Vermieter Viktor eine Lagerhalle gemietet. Viktor kündigt den Mietvertrag auf den 31. Dezember als dem nächstzulässigen Kündigungstermin. Das entsprechende Kündigungsschreiben geht bei Emil fristgerecht am 30. September ein. Erich erfährt davon erst am 5. Oktober. Ist die Kündigung wirksam erklärt, wenn der Gesellschaftsvertrag Gesamtvertretung von Emil und Erich vorsieht?
Lösung: Die Kündigung ist wirksam. Nach § 125 Abs. 2 S. 3 HGB genügt bei der passiven Gesamtvertretung die Abgabe der Willenserklärung gegenüber einem der zur Mitwirkung bei der Vertretung befugten Gesellschafter.

Fall 26:
Emil möchte eine Betriebsparzelle veräußern, um der oHG über augenblickliche Liquiditätsschwierigkeiten hinwegzuhelfen. Ist er dazu berechtigt, wenn der Gesellschaftsvertrag nichts vorsieht und auch keine Beschlüsse der Gesellschafter getroffen wurden?
Lösung: Ja, wenn der Gesellschaftsvertrag nichts vorsieht, greift die gesetzliche Regelung, somit Einzelvertretung jedes Gesellschafters ein. Sachlich umfasst die Vertretungsmacht, im Unterschied zur Prokura, auch die Veräußerung und Belastung von Grundstücken (§ 126 Abs. 1 HGB). Emil kann also das Grundstück veräußern.

Fall 27:
In der Emil und Erich oHG ist die Geschäftsführungs- und Vertretungsbefugnis nicht besonders geregelt. Es wurde jedoch unter den Gesellschaftern vereinbart, dass bei Ein- und Verkäufen über eine Summe von mehr als 20 000 Euro jeweils die Zustimmung des anderen Gesellschafters erforderlich sei. Emil setzt sich über diesen Beschluss hinweg und kauft Futtermittel im Gesamtwert von 25 000 Euro ein. Erich verkauft Waren in Höhe von 30 000 Euro und gewährt dabei dem Kunden K einen Sonderrabatt von 10 %, wobei K von der internen Beschränkung Kenntnis hatte.

Emils Geschäftspartner war die Beschränkung nicht bekannt. Sind die beiden Verträge wirksam?

Lösung: In beiden Fällen war unter den Gesellschaftern eine Beschränkung der Vertretungsbefugnis vereinbart. Nach außen hin haben solche Beschränkungen keine Wirkung (vgl. § 126 Abs. 2 HGB). Beim „Einkaufsgeschäft" greift § 126 Abs. 2 HGB durch. Beim „Verkaufsgeschäft" kann sich der Kunde K nicht auf die Unbeschränkbarkeit der Vertretungsmacht berufen, denn nach Treu und Glauben entfällt die Schutzbedürftigkeit, wenn der Geschäftspartner den Missbrauch der Vertretungsmacht kennt.

Fall 28:
In der Emil und Erich oHG ist Emil allein geschäftsführungs- und vertretungsbefugter Gesellschafter. Emil verstößt mehrfach und erheblich gegen gesellschaftsvertragliche Treupflichten. Kann ihm Erich die Vertretungsmacht entziehen lassen? Wird dadurch die oHG nicht „regierungsunfähig"?

Lösung: Auch in diesem Fall kann beim Vorliegen der tatbestandlichen Voraussetzungen des § 127 HGB dem alleinvertretungsberechtigten Gesellschafter die Vertretungsmacht entzogen werden. Dadurch wird die oHG nicht „regierungsunfähig", vielmehr tritt an Stelle der früheren Alleinvertretung eines Gesellschafters nunmehr die Gesamtvertretungsbefugnis aller Gesellschafter (BGHZ 33, 108).

Fall 29:
In der Emil und Erich oHG ist Erich allein geschäftsführungs- und vertretungsbefugt. Emil will wissen, welche Kontrollrechte er hat. Darf er die Geschäftsräume betreten, Betriebsanlagen und -einrichtungen besichtigen, die Handelsbücher, Korrespondenzen und Verträge sowie Aktenvermerke einsehen?

Lösung: Alle geschilderten Vorgänge fallen unter das Kontrollrecht des von der Geschäftsführung ausgeschlossenen Gesellschafters nach § 118 HGB.

Fall 30:
Darf Emil auch einen Wirtschaftsprüfer oder Rechtsanwalt zur Ausübung seines Informationsrechts mitnehmen?

Lösung: Ja. Zwar ist das Kontrollrecht dem Grundsatze nach nur persönlich auszuüben. Der einsichtsberechtigte Gesellschafter darf aber, wenn sonst eine sachgerechte Information nicht möglich ist, einen geeigneten Sachverständigen zuziehen, sofern dieser durch Standesrecht zur Verschwiegenheit verpflichtet ist (also Wirtschaftsprüfer, Rechtsanwalt, Steuerberater usw.).

Fall 31:
Emil ist aus der Gesellschaft ausgeschieden. Darf er nachträglich noch das Kontrollrecht nach § 118 HGB geltend machen?
Lösung: § 118 HGB gilt nicht für ausgeschiedene Gesellschafter. Trotzdem ist anerkannt, dass bis zur Erledigung der Auseinandersetzung das von der Rechtsprechung aus dem Grundsatz von Treu und Glauben gem. § 242 BGB abgeleitete allgemeine Auskunftsrecht für alle vertraglichen und gesetzlichen Schuldverhältnisse eingreift, somit auch für den ausgeschiedenen Gesellschafter einer oHG gilt.

Fall 32:
Die Emil und Erich oHG besteht mittlerweile aus sieben Gesellschaftern. Außerdem wurde der Gesellschaftsvertrag wie folgt geändert: „Die Beschlüsse der Gesellschaft sind mit Drei-Viertel-Mehrheit zu fällen, jeder Gesellschafter hat eine Stimme." Bei einer Gesellschafterversammlung beschließt die erforderliche Mehrheit gegen den Willen von Emil, jeden Gesellschafter zur Beitragserhöhung in Höhe von 10 000 Euro zu verpflichten. Ist der Beschluss auch für Emil bindend?
Lösung: Nach § 119 HGB sind Gesellschafterbeschlüsse einstimmig zu treffen, der Gesellschaftsvertrag kann aber das Mehrheitsprinzip einführen. Die Rechtsprechung hat hierzu mehrfach entschieden, dass die Vereinbarung des Mehrheitsprinzips nicht gilt für Vertragsänderungen und einschneidende Vorkommnisse, wie den Ausschluss von Gesellschaftern, Beitragserhöhungen, Schaffung von Sonderrechten und dergl. Hier ist das „Bestimmtheitsprinzip" zu beachten: Ungewöhnliche Änderungen des Gesellschaftsvertrages können mit Mehrheit nur dann wirksam beschlossen werden, wenn der jeweilige Beschlussgegenstand bereits im ursprünglichen Vertragstext für jeden Gesellschafter erkennbar formuliert wurde. Im vorliegenden Fall kommt hinzu, dass nach § 105 Abs. 3 HGB i.V.m. § 707 BGB die Gesellschafter zu Beitragserhöhungen grundsätzlich nicht verpflichtet sind, somit auch eine Mehrheitsentscheidung mangels tatbestandlicher Aufnahme in den Gesellschaftsvertrag nicht nachträglich zu Sonderleistungen verpflichten kann.

Fall 33:
Im Gesellschaftsvertrag der Emil und Erich oHG ist folgendes vereinbart: „Aus den den Gesellschaftern zustehenden Gewinnanteilen dürfen jährlich 20 % zuzüglich der auf die Beteiligung und die daraus fließenden Einkünfte entfallenden Steuern entnommen werden." Nachdem Emil in den ersten Jahren jeweils die ihm zustehenden Beträge entnommen hatte, ließ er sie in den darauffolgenden drei Jahren stehen. Er verlangt nunmehr rückwirkend auch die ihm nach dem gesellschaftsvertraglichen Entnahmerecht zustehenden Beträge. Mit Recht?
Lösung: Es ist unbestritten, dass die Ausübung des Entnahmerechts nach § 122 HGB erlischt, wenn es nicht bis zur Feststellung des nächsten Jah-

resabschlusses geltend gemacht worden ist. Der Grund liegt darin, dass die Gesellschaft ein schutzwürdiges Interesse daran hat, sich auf den Bestand des ihr zur Verfügung stehenden Kapitals verlassen zu können und sie deshalb nach Feststellung des nächsten Jahresabschlusses nicht mehr damit zu rechnen braucht, früher ausgewiesene Gewinne auszahlen zu müssen (sofern der Gesellschaftsvertrag nichts Gegenteiliges besagt). Emil kann also das Entnahmerecht nur für das laufende Geschäftsjahr ausüben.

Fall 34:
In der Emil, Erich und Ottilie oHG wird durch Mehrheitsbeschluss festgelegt, dass von dem jeweils für die Gesellschafter ermittelten Gewinn 30 % als offene Rücklagen auf ein Festkonto gebucht werden sollen. Außerdem wird bestimmt, dass ab dem nächsten Rechnungsjahr die Gewinnverteilung dahingehend zu ändern ist, dass Altgesellschafter einen „Bonus" in Höhe ihres halben Gewinnes zusätzlich erhalten sollen. Der als letzter eingetretene Gesellschafter Zacharias ist mit dieser Regelung nicht einverstanden. Wer hat Recht?
Lösung: Die Bildung offener Rücklagen ist möglich, wenn der Gesellschaftsvertrag dies vorsieht. Ohne eine vertragliche Regelung können offene Rücklagen durch Mehrheitsbeschluss nur dann gebildet werden, wenn der Gesellschaftsvertrag durch einen solchen Mehrheitsbeschluss geändert werden kann. Auch hier greift das Bestimmtheitsprinzip ein. Außerdem verlangt die Rechtsprechung, dass die Bildung offener Rücklagen notwendig ist, um das Unternehmen für die Zukunft lebens- und widerstandsfähig zu erhalten (BGH BB 1976, 948). Die Änderung der Gewinnverteilung bedarf der Zustimmung aller Gesellschafter. Auch hier kann nicht das Mehrheitsprinzip eingreifen, wenn dies im Gesellschaftsvertrag nicht besonders auch für den Gewinnverteilungsschlüssel vorgesehen ist.

Fall 35:
A und B betreiben gemeinsam eine KFZ-Reparatur-Werkstatt in der Form der oHG. Sie haben mit der Taxi-GmbH einen Rahmenvertrag über die Reparatur von Kraftfahrzeugen abgeschlossen, in dem unter anderem bestimmt ist, dass Mängelhaftungsansprüche innerhalb von 6 Monaten verjähren – als Gegenleistung für die Verkürzung der Verjährung gewährt die oHG besonders günstige Konditionen. An einem unter Geltung des Rahmenvertrags im Januar reparierten Taxi zeigen sich im Mai schwere Mängel, die auf einer nicht sachgerecht ausgeführten Reparatur beruhen. Da dies nicht der erste Auftrag ist, den die oHG nicht zur Zufriedenheit der Taxi-GmbH ausführt, will die Taxi-GmbH nunmehr A, der KFZ-Meister ist, persönlich in Anspruch nehmen. Da A dies ablehnt, erhebt die Taxi-GmbH Anfang Juni Klage auf Mängelbeseitigung gegen A. In der mündlichen Verhandlung im September erklärt A, er hafte zwar für die Verbindlichkeiten der Gesellschaft, zur Nacherfüllung sei er jedoch nicht verpflichtet. Außerdem erhebt er die Einrede der Verjährung. Zu Recht?

Lösung: Es stellt sich zunächst die Frage, ob die T-GmbH von A Nacherfüllung gem. §§ 634 Nr. 1, 635 BGB verlangen kann. Ein Werkvertrag zwischen A und der T-GmbH besteht nicht, sondern nur zwischen der oHG und der T-GmbH. Diese ist auch gem. §§ 634 Nr. 1, 635 BGB zur Nacherfüllung verpflichtet, da die Reparatur mangelhaft war. Nach § 128 HGB haftet der Gesellschafter für die Verbindlichkeiten der Gesellschaft persönlich. Es stellt sich nun die Frage, welchen Inhalt die unbeschränkte persönliche Haftung des Gesellschafters hat, wenn die Gesellschaftsschuld nicht auf Geld gerichtet ist. Der Bundesgerichtshof argumentiert in dieser Frage wie folgt: „Weil der Kredit der handelsrechtlichen Personengesellschaft, bei der es sonst keine gläubigersichernden Maßregeln gibt, auf der Person des Gesellschafters und seiner Haftung beruht, erfordert es der Zweck dieser Haftung, dass der Gesellschafter auch bei anderen als Geldverpflichtungen jedenfalls dann dasselbe schuldet wie die Gesellschaft, wenn die Erfüllung den Gesellschafter in seiner gesellschaftsfreien Privatsphäre nicht wesentlich mehr als eine Geldleistung beeinträchtigt" (BGHZ 73, 217). Der Gläubiger kann daher, wenn die Gesellschaft zu einer vertretbaren handwerklichen Leistung verpflichtet ist, bei der es – wie bei den hier geforderten Nachbesserungsarbeiten – nicht auf die Person des Ausführenden ankommt, auch den Gesellschafter persönlich auf Vornahme der Werkleistung in Anspruch nehmen. Dies beeinträchtigt den A auch nicht wesentlich mehr als eine Geldleistung, da er als KFZ-Meister zu der Nacherfüllung auch in der Lage ist. Der Anspruch auf Nacherfüllung besteht daher auch gegenüber ihm. A beruft sich jedoch zudem auf die Einrede der Verjährung, § 214 Abs. 1 BGB. Die Verjährung beträgt hier aufgrund der Vereinbarung zwischen der oHG und der Taxi-GmbH abweichend von § 634a BGB 6 Monate und trat daher spätestens Ende Juli ein. Zwar hemmt die Erhebung der Klage gem. §§ 209, 204 Abs. 1 Nr. 1 BGB die Verjährung. Die T-GmbH hat jedoch nur gegen A und nicht gegen ihren Vertragspartner Klage erhoben. Der Ablauf der Verjährung des Anspruchs gegen die oHG wird daher durch die Erhebung der Klage nicht gehindert. Nach § 129 HGB kann der nach § 128 HGB in Anspruch genommene Gesellschafter diejenigen Einwendungen erheben, die auch die Gesellschaft geltend machen könnte und damit sich an sich auch auf die Verjährung berufen. Sinn dieser Vorschrift ist, dass die persönliche Haftung des Gesellschafters mit der Haftung der Gesellschaft übereinstimmen soll. Allerdings muss dabei auch berücksichtigt werden, dass der Gläubiger frei wählen kann, ob er die Gesellschaft oder von vornherein nur den Gesellschafter in Anspruch nimmt. Dieses Wahlrecht würde entscheidend geschmälert, wenn der Gläubiger, wenn er einen Gesellschafter in Anspruch nehmen will, immer die Gesellschaft selbst mitverklagen müsste, weil er andernfalls den Eintritt der Verjährung befürchten müsste. Er müsste dann das volle Risiko der Inanspruchnahme der Gesellschaft selbst dann auf sich nehmen, wenn diese wegen Vermögenslosigkeit der Gesellschaft praktisch keine Aussicht auf Erfolg bietet. Da die „personenrechtliche

Handelsgesellschaft kein Haftungskapital besitzt, ihre Kreditfähigkeit vielmehr auf derjenigen ihrer Gesellschafter beruht und die Geschäftspartner darauf vertrauen, notfalls immer auf deren Privatvermögen zurückgreifen zu können, würde es dem Zweck der persönlichen Haftung eines jeden Gesellschafters widersprechen, wenn gerade im Falle der persönlichen Inanspruchnahme des Gesellschafters das Prozessrisiko des Gläubigers dadurch erhöht würde, dass er die Gesellschaft im Klagewege mit in Anspruch nehmen müsste, um einer Verjährungseinrede vorzubeugen" (BGHZ 104, 76). Die Verjährung dient der Rechtssicherheit und dem Rechtsfrieden. Der Gesellschafter ist aber nicht mehr schutzwürdig, wenn ihm gegenüber bereits verjährungshemmende Maßnahmen ergriffen wurden. In diesem Fall kann sich der Gesellschafter daher nicht gem. § 129 HGB auf die Einrede der Verjährung berufen. A ist daher zur Nacherfüllung verpflichtet.

Fall 36:
Die Emil und Erich oHG hat von V einen Lastwagen gekauft. Ein Teil des Kaufpreises in Höhe von 50 000 Euro steht noch offen. V verklagt die oHG und will in das Privatvermögen von Erich vollstrecken. Ist dies möglich?
Lösung: Nein, nach § 129 Abs. 4 HGB kann aus einem gegen die Gesellschaft gerichteten vollstreckbaren Schuldtitel (möglich nach § 124 Abs. 2 HGB) nicht die Zwangsvollstreckung gegen die Gesellschafter erfolgen. V hätte zweckmäßigerweise außer der oHG auch gleich die Gesellschafter persönlich verklagen sollen (was zulässig und üblich ist).

Fall 37:
Emil und Erich sind heillos zerstritten. Erich hat entgegen der gesellschaftsvertraglichen Treuepflicht einen Konkurrenzbetrieb eröffnet und verweigert konstant die Mitarbeit in der oHG. Kann Emil seinen Mitgesellschafter „hinauswerfen"?
Lösung: Nach § 140 HGB kann ein Gesellschafter ausgeschlossen werden, wenn in seiner Person ein Umstand eintritt, der nach § 133 HGB für die übrigen Gesellschafter das Recht zur Auflösung begründen würde (also die Verletzung wesentlicher Vertragspflichten oder Unmöglichkeit ihrer Erfüllung). Dieses Recht besteht seit der Handelsrechtsreform 1998 nach § 140 Abs. 1 S. 2 HGB auch bei einer zweigliedrigen Gesellschaft. Seine Ausübung führt aber nicht zur Entstehung einer Ein-Personen-Gesellschaft, sondern zum Übergang des Vermögens mit Aktiven und Passiven auf den Verbleibenden. Die Ausschließung muss aber stets das „letzte Mittel" sein – wenn also weniger gravierende Maßnahmen (z.B. Entzug der Geschäftsführungs- und Vertretungsbefugnis) nicht ausreichen.

Fall 38:
Welche Geschäftswerte gelten bei der Abfindungsregelung, wenn der Gesellschaftsvertrag keine Anordnung getroffen hat?

Lösung: Dem Ausscheidenden steht gem. §§ 105 Abs. 3 HGB, 738 Abs. 1 S. 2 BGB ein Abfindungsanspruch zu, der sich nach dem wirklichen Wert des Gesellschaftsvermögens am Tage des Ausscheidens bemisst. Zu beachten ist, dass (entgegen dem Wortlaut von § 738 BGB) bei der Bewertung nicht der Liquidationswert des Unternehmens, sondern der des lebenden Unternehmens heranzuziehen ist. Dieser bemisst sich danach, was im Falle eines Verkaufs des Unternehmens als Einheit, mit stillen (und offenen) Reserven einschließlich eines etwaigen Geschäftswerts anzusetzen ist. Einzelne Gegenstände werden mit dem „Teilwert" angesetzt, also mit dem Betrag, den ein Erwerber des ganzen Betriebs im Rahmen des Gesamtkaufpreises für das einzelne Wirtschaftsgut ansetzen würde, wobei davon auszugehen ist, dass der Erwerber den Betrieb fortführt (vgl. die Definition im § 6 EStG).

IV. Die Kommanditgesellschaft

Übersicht

Begriff	Personengesellschaft, deren Zweck auf den Betrieb eines Handelsgewerbes unter gemeinsamer Firma gerichtet ist, wenn bei einem oder bei einigen der Gesellschafter die Haftung gegenüber den Gesellschaftsgläubigern auf den Betrag einer bestimmten Vermögenseinlage beschränkt ist und mindestens eine Person unbeschränkt haftet (§ 161 HGB).
Rechtsgrundlagen	§§ 161–177 a HGB, ergänzend §§ 105–160 HGB, §§ 705–740 BGB
Gründung	Wie oHG; Besonderheit: Bei der Bekanntmachung sind keine Angaben zu den Kommanditisten zu machen, § 162 Abs. 2 HGB.
Gesellschafts-vermögen	wie oHG: gesamthänderische Bindung.
Geschäftsführung und Vertretung	Geschäftsführungs- und vertretungsbefugt sind lediglich die Komplementäre, nicht dagegen die Kommanditisten, §§ 164, 170 HGB. Durch Gesellschaftsvertrag können ihnen jedoch Geschäftsführungsbefugnisse übertragen werden, nicht dagegen die organschaftliche Vertretung; wohl jedoch Prokura.

Gewinnverteilung	Gesetzliche Faustformel: „4 Prozent, der Rest angemessen" (§§ 168 Abs. 1 u. 2, 121 Abs. 1 HGB); aber Vertragsfreiheit.
Entnahmerecht	Komplementären steht das Entnahmerecht wie bei der oHG zu, Kommanditisten dagegen nicht (§ 169 Abs. 1 HGB).
Wettbewerbsverbot	Bei Komplementären greift das Wettbewerbsverbot durch, nicht dagegen bei Kommanditisten (§ 165 HGB).
Haftung	Entscheidend für die Kommanditistenhaftung ist, ob die Einlage geleistet wurde oder nicht (§ 171 HGB). Ist sie geleistet, entfällt die persönliche Haftung. Ist sie nicht geleistet oder wird sie zurückgewährt, lebt die persönliche, unmittelbare, primäre und gesamtschuldnerische Haftung mit dem gesamten Vermögen des Kommanditisten wieder auf. Sie unterscheidet sich jedoch in einem Punkt wesentlich von der des Komplementärs: Sie ist ziffernmäßig auf die Höhe der Hafteinlage beschränkt. Dasselbe gilt, wenn Gewinn ausgeschüttet wird, obwohl der Kapitalanteil verlustbedingt unter der Einlage lag, sofern nicht ein gutgläubiger Gewinnbezug aufgrund einer gutgläubig errichteten Bilanz vorliegt.
Gesellschafter-wechsel, Auflösung und Liquidation	Wie bei der offenen Handelsgesellschaft, jedoch mit dem Unterschied, dass der Tod des Kommanditisten nicht zum Ausscheiden führt, sondern die Gesellschaft mit den Erben fortgesetzt wird (§ 177 HGB).

Fragen

Frage 60:
Was sind die Kennzeichen der Kommanditgesellschaft?
Antwort: Die Kommanditgesellschaft ist eine Personengesellschaft und zwar eine Sonderform der offenen Handelsgesellschaft. Sie liegt vor, wenn sich mehrere zu einer Gesellschaft zusammenschließen, deren Zweck auf den Betrieb eines Handelsgewerbes unter gemeinsamer Firma gerichtet ist (insofern wie bei der oHG) und wenn sich bei mindestens einem der Gesellschafter die Haftung gegenüber den Gesellschaftsgläubigern auf den Betrag einer bestimmten Vermögenseinlage beschränkt, während dies bei mindestens einem anderen Gesellschafter nicht der Fall ist (§ 161 Abs. 1 HGB).

Frage 61:
Welche Bedeutung hat die KG in der Praxis und in welchen Erscheinungsformen tritt sie auf?

Antwort: Die Kommanditgesellschaft ermöglicht ein kalkulierbares Beteiligungsrisiko. Sie ist häufig als Familiengesellschaft anzutreffen (Lösung des Generationenkonflikts durch frühzeitige Beteiligung sowie Abschwächung der Progression bei der Einkommensteuer durch Verlagerung von Einkunftsquellen). Noch häufiger dürfte die Kommanditgesellschaft in ihrer Form als GmbH & Co. KG sein, wobei man vielfach von einer „Publikumsgesellschaft" sprechen kann, die ähnlich wie die Aktiengesellschaft Kapitalansammlungsfunktion übernimmt.

Frage 62:
Welcher Unterschied ist bei der Gründung einer Kommanditgesellschaft im Vergleich zur oHG festzustellen?
Antwort: Die Anmeldung zum Handelsregister muss zwar gem. § 162 Abs. 1 HGB die Bezeichnung der Kommanditisten und den Betrag ihrer Einlage enthalten. Nach Abs. 2 dieser Vorschrift werden aber bei der Bekanntmachung der Eintragung der Gesellschaft keine Angaben zu den Kommanditisten gemacht – bis 2001 wurde noch die Zahl der Kommanditisten bekannt gemacht.

Frage 63:
Was versteht man unter der „Hafteinlage", was unter der „Pflichteinlage"?
Antwort: Die Hafteinlage bezeichnet den im Handelsregister als Einlage angegebenen Betrag, der für die Kommanditistenhaftung maßgeblich ist. Die Pflichteinlage bestimmt die Pflichtsumme, die vom Kommanditisten den Mitgesellschaftern im Innenverhältnis als Beitrag versprochen wird.

Frage 64:
Inwiefern unterscheidet sich die Rechtsstellung des Komplementärs von der des Kommanditisten?
Antwort: Der Kommanditist ist gem. §§ 164, 170 HGB nicht geschäftsführungs- und vertretungsbefugt. Nach § 165 HGB unterliegt er keinem Wettbewerbsverbot und hat gem. § 169 Abs. 1 HGB kein Entnahmerecht. Sein Tod führt nach der dispositiven Regelung des § 177 HGB zur Fortsetzung der Gesellschaft mit den Erben; für den Komplementär sieht § 131 Abs. 3 Nr. 1 i.V.m. § 161 Abs. 2 HGB dispositiv das Ausscheiden aus der Gesellschaft vor.

Frage 65:
Was umfasst das gesetzliche Kontrollrecht des Kommanditisten?
Antwort: Nach § 166 HGB ist der Kommanditist berechtigt, die abschriftliche Mitteilung des Jahresabschlusses zu verlangen und seine Richtigkeit unter Einsicht in die Bücher und Papiere zu prüfen. Bei Vorliegen eines wichtigen Grundes kann das zuständige Gericht jederzeit die Mitteilung einer Bilanz und eines Jahresabschlusses sowie sonstige Aufklärungen und die Vorlage der Bücher und Papiere anordnen.

Frage 66:
Ist es zulässig, einem Kommanditisten Prokura zu erteilen? Kann seine Vertretungsmacht mit der des Komplementärs so verknüpft werden, dass er die Vertretung der Gesellschaft „blockieren" könnte?
Antwort: Der Ausschluss des Kommanditisten von der Vertretung ist nach § 170 HGB zwingend. Dem Kommanditisten kann jedoch Prokura erteilt werden, auch in der Form, dass er zusammen mit einem Komplementär vertretungsbefugt ist (unechte Gesamtvertretung nach § 125 Abs. 3 i.V.m. 161 Abs. 2 HGB). Verboten ist jedoch die Drittorganschaft, auch in der Form, dass der Komplementär nur zusammen mit einem Prokuristen-Kommanditisten vertretungsbefugt ist. Deshalb muss neben der unechten Gesamtvertretung in der Kommanditgesellschaft eine weitere organschaftliche Vertretung durch Komplementäre möglich sein. Ein „Blockieren" der Vertretung durch die Übertragung der Prokura auf einen Kommanditisten ist deshalb nicht möglich.

Frage 67:
Wie „haftet" ein Kommanditist?
Antwort: Man muss hier mehrere Fälle unterscheiden: Für Geschäfte, die vor Handelsregistereintragung getätigt wurden, haftet der Kommanditist wie ein Komplementär, wenn er dem Geschäftsbeginn zugestimmt hat (§ 176 HGB). Nach der Eintragung der Gesellschaft in das Handelsregister ist entscheidend, ob die Einlage geleistet wurde: Solange und soweit sie noch nicht geleistet ist, haftet der Kommanditist den Gesellschaftsgläubigern unmittelbar, aber nur bis zur Höhe seiner Hafteinlage; hat er die Einlage geleistet, entfällt die Haftung (vgl. § 171 Abs. 1 HGB). Wird die Einlage später zurückgewährt, gilt sie als nicht geleistet (§ 172 HGB).

Frage 68:
Welches sind die Wesensmerkmale einer GmbH & Co. KG?
Antwort: Die GmbH & Co. KG ist eine Personengesellschaft des Handelsrechts (nämlich eine Kommanditgesellschaft), deren (in der Praxis meist einzige) Komplementärin eine Gesellschaft mit beschränkter Haftung ist.

Frage 69:
Welches sind die Gründungsmotive für die GmbH & Co. KG?
Antwort:
(a) Haftungsbeschränkung: Mit der Übernahme der Komplementärfunktion durch die GmbH wird das Haftungsrisiko wegen der faktischen Beschränkung des Gläubigerzugriffs auf das Gesellschaftsvermögen abgeschwächt: Die GmbH haftet – da Komplementärin – zwar unbeschränkt, jedoch als GmbH eben nur mit ihrem Vermögen. Bei den Kommanditisten entfällt die Haftung, soweit sie ihre Einlage geleistet haben.
(b) Möglichkeit der Drittorganschaft: Durch die Beteiligung einer GmbH als Komplementärin können Geschäftsführungs- und Vertretungsbefug-

nisse auch durch Nichtgesellschafter bzw. Kommanditisten ausgeübt werden.

(c) Unternehmenssicherung: Die Komplementär-GmbH ist vom Tode der Gesellschafter unabhängig.

(d) Früher spielten auch steuerliche Motive eine erhebliche Rolle, da die GmbH als Körperschaft hinsichtlich der Besteuerung schlechter gestellt war als die Personengesellschaften. Mit der Einführung des „Anrechnungsverfahrens" und mittlerweile durch das „Halbeinkünfteverfahren" sowie der Abschaffung der Vermögenssteuer spielen steuerliche Motive für die Gründung einer GmbH & Co KG praktisch keine Rolle mehr.

Frage 70:
Was versteht man unter einer „personengleichen GmbH & Co. KG"?
Antwort: Die personengleiche GmbH & Co. KG ist dadurch gekennzeichnet, dass die Gesellschafter der GmbH auch Kommanditisten der Kommanditgesellschaft sind, bei der nicht personengleichen GmbH & Co. KG treten zusätzlich nicht an der GmbH beteiligte Personen als Kommanditisten auf.

Frage 71:
Was ist das Kennzeichen einer Publikumsgesellschaft?
Antwort: Die Publikumsgesellschaft ist dadurch gekennzeichnet, dass sich an der GmbH & Co. KG eine Vielzahl von Kommanditisten durch Einlagen beteiligen. Hier übernimmt die GmbH & Co. KG ähnlich wie die Aktiengesellschaft Kapitalansammlungsfunktion.

Frage 72:
Was versteht man unter einer „Keinmann-GmbH"?
Antwort: Eine GmbH & Co. KG als Inhaberin sämtlicher Geschäftsanteile ihrer Komplementär-GmbH. Diese, auch als „Einheitsgesellschaft" bezeichnete Rechtsfigur, stößt jedoch auf Bedenken, da mit dem Erwerb der GmbH-Anteile durch die Kommanditgesellschaft den GmbH-Gesellschaftern unter Verstoß gegen §§ 30 ff. GmbHG Stammkapital zurückgewährt wird. Außerdem ist § 172 Abs. 6 HGB zu beachten.

Frage 73:
Was versteht man unter einer „mehrstufigen GmbH & Co. KG"?
Antwort: Eine GmbH & Co. KG bei der als Komplementärin wieder eine GmbH & Co. KG auftritt. Man würde also richtigerweise von einer „GmbH & Co. KG & Co. KG" sprechen. Gründungsmotiv war der Versuch, Kapitalverkehrsteuer zu sparen. Mit der Neufassung des KapitalverkehrsteuerG hat sich diese Konstruktion erledigt.

Fälle

Fall 39:
In der Kuckuck KG ist Kuno Kommanditist und Kuckuck Komplementär.
Die Hafteinlage Kunos beträgt 10 000 Euro. Als später über das Vermögen
der Kommanditgesellschaft das Insolvenzverfahren eröffnet wird, nimmt
der Insolvenzverwalter Kuno persönlich in Anspruch auf Zahlung von
100 000 Euro. Er begründet dies damit, dass die Gesellschaft in dieser
Höhe Zahlungen an das Finanzamt geleistet habe zur Tilgung von Steuerschulden, die Kuno persönlich betroffen hätten. Wie ist die Rechtslage?
Lösung: Eine Haftung des Kommanditisten Kuno kommt aus §§ 171, 172
Abs. 4 HGB in Betracht, wenn in der Zahlung der Kuno persönlich betreffenden Steuerschulden durch die Gesellschaft eine Rückgewähr der Einlage zu sehen ist. Eine Zurückzahlung i.S.d. § 172 Abs. 4 S. 1 HGB liegt im-
mer dann vor, wenn dem Gesellschaftsvermögen Werte zugunsten des
Kommanditisten entzogen werden; darunter fällt auch die Tilgung einer
Verbindlichkeit des Kommanditisten durch die KG. Nach § 172 Abs. 1
HGB haftet der Kommanditist jedoch nur in Höhe seiner Hafteinlage. Nur
in diesem Umfang kann eine Rückzahlung i.S.d. § 172 Abs. 4 HGB zum
Wiederaufleben der Haftung führen. Kuno kann also aus dem Gesichtspunkt der Kommanditistenhaftung nur in Höhe von 10 000 Euro, seiner
Hafteinlage, in Anspruch genommen werden. Die Gläubiger einer Kommanditgesellschaft haben grundsätzlich nur einen Anspruch darauf, dass
– außer dem jeweiligen Gesellschaftsvermögen und dem Privatvermögen
des persönlich haftenden Gesellschafters – die Haftbeiträge der Kommanditisten ihrem Zugriff zur Verfügung stehen. Ein bestimmtes Gesellschaftsvermögen, das zugunsten der Kommanditisten zu vermindern
schlechthin untersagt wäre und für dessen Schmälerung diese einzustehen hätten, wird den Gläubigern dagegen nicht garantiert. Die gesetzliche
Regelung geht davon aus, dass die Gesellschaftsgläubiger durch die unbeschränkte Haftung des persönlich haftenden Gesellschafters gegen eine
Aushöhlung des Gesellschaftsvermögens zugunsten der Kommanditisten
ausreichend gesichert sind. Kuno haftet daher nur bis zur Höhe seiner
Hafteinlage von 10 000 Euro aus §§ 171, 172 Abs. 4 HGB. Zwar stellt diese
Haftung eine Haftung im Außenverhältnis dar (Wortlaut des § 171 Abs. 1
HGB: „der Kommanditist haftet den Gläubigern der Gesellschaft"),
während der Insolvenzverwalter kraft seiner Verwaltungsbefugnis aus
§ 80 Abs. 1 InsO für die Gemeinschuldnerin (hier: die KG) handelt und daher an sich nur deren Forderungen geltend machen kann. In § 171 Abs. 2
HGB ist jedoch geregelt, dass dieser Anspruch während des Insolvenzverfahrens vom Insolvenzverwalter geltend gemacht wird. Der Insolvenzverwalter kann Kuno daher in Höhe seiner Hafteinlage in Anspruch
nehmen und die Zahlung von 10 000 Euro verlangen.

Fall 40:
Nehmen Sie an, dass im vorangegangenen Fall eine GmbH & Co KG vorliegt, in der Kuno Kommanditist ist und die Kuckuck-GmbH Komplementärin. Gesellschafter der GmbH ist unter anderem Kuno. Wiederum beträgt die Hafteinlage Kunos als Kommanditist 10 000 Euro. Nach Eröffnung des Insolvenzverfahrens nimmt der Insolvenzverwalter unter anderem Kuno in Anspruch. Zum Zeitpunkt der Zahlungen an das Finanzamt waren sowohl die GmbH & Co KG als auch die GmbH bereits überschuldet. Kann der Insolvenzverwalter von Kuno 100 000 Euro verlangen?

Lösung: Ihrer Konstruktion nach ist eine GmbH & Co KG eine Kommanditgesellschaft, bei der der persönlich haftende Gesellschafter (Komplementär) eine GmbH ist.

(a) Daher haftet Kuno wiederum wegen der in der Zahlung an das Finanzamt liegenden Rückzahlung der Einlage gem. §§ 171, 172 Abs. 4 HGB. Diese Haftung ist aber auf die Haftsumme von 10 000 Euro beschränkt.

(b) Im vorliegenden Fall ergibt sich aber eine weitere Anspruchsgrundlage aus dem Recht der GmbH: Nach § 30 Abs. 1 GmbHG darf das zur Erhaltung des Stammkapitals erforderliche Vermögen einer GmbH nicht an deren Gesellschafter ausgezahlt werden; Zuwendungen, die diesem Verbot zuwiderlaufen, müssen der GmbH erstattet werden, und zwar auch von einem gutgläubigen Empfänger, soweit das zur Befriedigung der Gesellschaftsgläubiger erforderlich ist. Nach Ansicht der Rechtsprechung (vgl. zu dem vorliegenden Fall BGHZ 60, 324; 110, 342) verstößt in der GmbH & Co. KG eine Auszahlung an einen Kommanditisten, selbst wenn er nicht zugleich der GmbH angehört, auch dann gegen das Verbot des § 30 Abs. 1 GmbHG, wenn sie aus dem Vermögen der Kommanditgesellschaft erbracht wird, soweit hierdurch mittelbar das Vermögen der GmbH unter den Nennwert des Stammkapitals herabsinkt. Die §§ 30 Abs. 1, 31 Abs. 1, 2 und 4 GmbHG sind entsprechend anzuwenden, wenn dem Gesellschafter etwas aus dem bereits überschuldeten GmbH-Vermögen ausbezahlt wird. Dasselbe gilt in der GmbH & Co. KG, wenn die Vermögen beider Gesellschaften überschuldet sind und dem Gesellschafter etwas aus dem Vermögen der Kommanditgesellschaft zugewandt wird. Soweit die verbotswidrige Zahlung aus dem Vermögen der Kommanditgesellschaft erbracht worden ist, gehören in der GmbH & Co. KG die Erstattungsansprüche der GmbH, die aus unmittelbarer oder entsprechender Anwendung des § 31 Abs. 1 und 2 GmbHG entstanden sind, zum Gesamthandsvermögen der GmbH & Co. KG. Der Insolvenzverwalter kann daher analog § 31 Abs. 1 GmbHG von Kuno 100 000 Euro verlangen.

Fall 41:
Die XY-GmbH befindet sich in Liquiditätsschwierigkeiten. Zum Zwecke der Sanierung beschließen die Gesellschafter der GmbH sowie einige Mitarbeiter und Lieferanten die Gründung einer GmbH & Co. KG. Dabei bringt die GmbH ihren laufenden Geschäftsbetrieb, ein Bauunternehmen,

mit allen Aktiven und Passiven in die Gesellschaft ein. Der Wert wird laut Vertrag mit 220 000 Euro festgelegt. Vereinbarungsgemäß leisten die Kommanditisten ihre Einlagen zum Teil durch Verrechnung mit Gehalts-, Darlehens- oder Kaufpreisforderungen gegen die GmbH. Diese Forderungen der Kommanditisten gegen die GmbH übernahm die GmbH & Co KG bei ihrer Gründung im Wege der Schuldübernahme. Das von der GmbH eingebrachte Bauunternehmen wird alsbald unter der neuen Firma fortgeführt, unter der auch in erheblichem Umfang Wechsel gezeichnet werden. Bald darauf bricht jedoch das Unternehmen zusammen. Kommanditist Kuno wird von Gläubigern bis zur Höhe seiner Einlage in Anspruch genommen. Er verteidigt sich damit, dass er seine Einlage wie vorerwähnt durch Aufrechnung mit einer Forderung aus Geschäften mit der GmbH erfüllt habe. Die Gläubiger teilen diese Ansicht nicht, weil die zur Aufrechnung gestellte Forderung wegen der unbestrittenermaßen „hoffnungslosen Lage der GmbH" wertlos gewesen sei. Wie ist die Rechtslage?
Lösung: Bringt ein Kommanditist kein Bargeld ein, sondern andere Gegenstände, so vermindert sich seine Haftung nach § 171 Abs. 1 HGB um den objektiven Wert des Geleisteten in dem Zeitpunkt, in dem es in das Gesellschaftsvermögen gelangt. Ist dies eine Forderung gegen einen Dritten, so hängt es von deren ordnungsgemäßer wirtschaftlicher Bewertung ab, ob sie mit dem vollen oder einem geringeren Betrag auf die Hafteinlage anzurechnen ist. Bei begründeten Zweifeln an der Zahlungsfähigkeit des Schuldners ist nach kaufmännischen Grundsätzen ein Abschlag vorzunehmen (BGHZ 61, 59, 71). Nicht anders ist es zu beurteilen, wenn ein Kommanditist eine Forderung im Wege der Aufrechnung „einbringt", die gegen einen anderen Gesellschafter (hier die GmbH) begründet und erst dadurch zu einer gegen die Gesellschaft selbst gerichteten Forderung geworden ist, dass diese nach dem Gesellschaftsvertrag die Verbindlichkeiten des anderen Gesellschafters als eigene übernommen hat. Das war hier durch Vereinbarung zwischen der GmbH und der werdenden Kommanditgesellschaft geschehen. Diese Forderung war jedoch wegen der wirtschaftlichen Lage des ursprünglichen Schuldners nicht vollwertig. Sie wird in der Hand des Kommanditisten dann auch nicht dadurch zu einer mit dem vollen Nennbetrag zu bewertenden Einlage, dass die Gesellschaft bei der Begründung die Schuld übernimmt und sie in ihrer Bilanz in voller Höhe als Passivposten ausweist. Die Rechtsprechung (BGHZ 95, 195) fordert nach dem Kapitalaufbringungsprinzip eine tatsächliche Wertzuführung an die Gesellschaft. Daran fehlt es hier. Kuno kann sich also nicht durch die Aufrechnung seiner Haftung nach § 171 HGB entziehen.

Fall 42:
Komplementärin der „Nord-Süd-Heide GmbH & Co. KG" ist die „Nord-Heide GmbH", Kommanditist ist Emil. Außerdem ist Emil zugleich neben seiner Ehefrau Emma Gesellschafter der Nord-Heide GmbH. Die KG veräußert an die „Elementbau GmbH" sämtliche Betriebsgrundstücke. Der

Kaufpreis ist noch offen. Die Elementbau GmbH erwirbt an der Nord-Heide GmbH von Emil und Emma sämtliche Geschäftsanteile. Schließlich erwirbt die Elementbau-GmbH auch den Kommanditanteil von Emil. Die Bezahlung wird wie folgt geregelt: Die KG tritt ihren Kaufpreisanspruch aus dem Grundstücksgeschäft (ohne Gegenleistung) an Emil ab, die Elementbau GmbH zahlt an Emil daraufhin per Tilgung des Kaufpreises für den Erwerb des Kommanditanteils. Als die Kommanditgesellschaft später in die Insolvenz fällt, nimmt der Insolvenzverwalter Emil unter Berufung auf § 172 Abs. 4 HGB bis zur Höhe der von der Elementbau GmbH geleisteten Zahlung in Anspruch. Mit Recht?

Lösung: Eine Haftung von Emil kommt nur in Betracht, wenn in den vorbezeichneten Transaktionen eine Rückgewähr der Kommanditeinlage zu sehen ist. Der Bundesgerichtshof sieht in diesem Fall (vgl. BGHZ 47, 149) eine mittelbare Rückgewähr der Einlage. Ein Kommanditist haftet mit seinem Privatvermögen den Gesellschaftsgläubigern bis zur Höhe seiner Einlage auch dann, wenn ihm die Gesellschaft die Einlage mittelbar zurückzahlt, indem sie das Gesellschaftsvermögen zugunsten eines Dritten verkürzt und der Dritte es dafür übernimmt, eine entsprechende Zahlung an den Kommanditisten zu leisten. Durch die Abtretung des Kaufpreisanspruchs aus dem Grundstücksgeschäft als Gegenleistung für den Verkauf des Kommanditanteils an die Elementbau GmbH erhielt der ausscheidende Kommanditist Emil Vermögenswerte aus der Kommanditgesellschaft, ohne dass dieser ein entsprechendes Surrogat zurückfloss. Zwar ist die Elementbau GmbH als Kommanditistin eingetreten, im Unterschied zum „problemlosen" Kommanditistenwechsel wurde die Einlage dem Vermögen der Kommanditgesellschaft hier entzogen. Der Insolvenzverwalter kann Emil deshalb persönlich in Anspruch nehmen.

Fall 43:
Kuno ist Kommanditist der XY-KG. Er möchte für private Zwecke ein Darlehen aufnehmen. Da er selbst der Bank keine Sicherheiten bieten kann, kommt ihm die Kommanditgesellschaft entgegen, indem sie eine an einem Gesellschaftsgrundstück bestehende Eigentümergrundschuld zugunsten von Kuno an die darlehensauszahlende Bank B abtritt. Später wird über das Vermögen der KG das Insolvenzverfahren eröffnet, der Insolvenzverwalter entdeckt den vorerwähnten Sachverhalt und möchte sich in Höhe der Hafteinlage direkt an Kuno halten. Mit Recht?

Lösung: Gem. § 171 Abs. 1 HGB haftet der Kommanditist nur bis zur Höhe seiner Einlage. Die Haftung ist ausgeschlossen, soweit der Kommanditist seine Einlage geleistet hat. Nach § 172 Abs. 4 HGB lebt diese Haftung jedoch wieder auf, wenn die Einlage an den Kommanditisten zurückbezahlt wird. Es kommt daher darauf an, ob Kuno seine Einlage zurück erhielt. In der Abtretung der Eigentümergrundschuld zugunsten eines Kommanditisten an dessen Kreditgeber liegt in Höhe des Grundschuldwertes die Rückgewähr der Einlage (BGH LM Nr. 16 zu § 171 HGB = BB 1976, 383).

Mit der Überlassung der Grundschuld für die Zwecke der Kreditbeschaffung ist dem Kommanditisten ein Vermögensanteil der KG zur Verfügung gestellt worden, der vorbehaltlich des Grundstückswerts und des Ranges der Grundschuld mit deren Nennwert übereinstimmt. Darin liegt die Rückgewähr der Einlage im Sinne von § 172 Abs. 4 HGB.

Fall 44:
Kommanditist Karl Keck scheidet aus der XY-Kommanditgesellschaft aus. Er erhält von der Gesellschaft seine Einlage in Höhe von 50 000 Euro ausbezahlt. Keck stand zugleich in Lieferverbindungen mit der Kommanditgesellschaft und hatte dieser Waren im Werte von ca. 60 000 Euro geliefert. Vor deren Bezahlung, aber nach Ausscheiden von Keck wird über das Vermögen der Kommanditgesellschaft das Insolvenzverfahren eröffnet. Der Insolvenzverwalter ist der Auffassung, Keck habe seine Einlage zurückerhalten und hafte deshalb nach § 172 Abs. 4 HGB persönlich. Mit Recht?

Lösung: K hat zwar einen Geldbetrag in Höhe seiner Hafteinlage ausbezahlt bekommen, was für ein Wiederaufleben der Haftung nach § 172 Abs. 4 HGB spricht. Allerdings hat er auch Waren an die KG geliefert, die ihm noch nicht bezahlt wurden. Ein Kommanditist, dem bei seinem Ausscheiden seine Einlage zurückgewährt wird, haftet den sogenannten Altgläubigern in Höhe seiner zurückgewährten Einlage deshalb persönlich, weil den Altgläubigern durch das Ausscheiden des Kommanditisten ihr Haftungsobjekt, nämlich das Gesellschaftsvermögen, nicht gegen ihren Willen verkürzt werden darf. Die Rechtsposition der Altgläubiger, die mit Rücksicht auf die Einlage des Kommanditisten der Gesellschaft Kredit gewährt haben mögen, soll also durch das Ausscheiden des Kommanditisten nicht geschmälert werden. Es kann daher eine Haftung des ausgeschiedenen Kommanditisten auch nur anerkannt werden, soweit und solange eine solche Schmälerung der Rechtsposition für Altgläubiger eingetreten ist. Wird eine solche eingetretene Schmälerung durch Leistungen des ausgeschiedenen Kommanditisten an die Gesellschaft wieder beseitigt, dann muss nach dem gesetzgeberischen Grundgedanken dieser Haftung der ausgeschiedene Kommanditist von seiner Haftung wieder frei werden. Dabei kann es grundsätzlich keinen Unterschied machen, auf welche Weise der ausgeschiedene Kommanditist das Gesellschaftsvermögen in Höhe der ihm zurückgewährten Hafteinlage wieder auffüllt. Für den Fortfall der Haftung ist es namentlich ohne Belang, ob der ausgeschiedene Kommanditist Barzahlungen an die Gesellschaftskasse leistet oder Sachlieferungen entrichtet. Der für die Kapitalgesellschaften geltende Grundsatz, dass die Bareinlageverpflichtungen einzelner Gesellschafter nicht nachträglich durch Sachlieferungen erfüllt werden können, gilt im Rahmen der Kommanditgesellschaft nicht; er kann daher auch in diesem Zusammenhang nicht zur Anwendung gebracht werden (BGHZ 39, 319). Daher wird ein ausgeschiedener Kommanditist, dem die Einlage zurückgewährt worden ist, von der Haftung gegenüber den Altgläubigern frei, wenn er Barzahlungen an die Gesellschaftskasse leistet oder Waren liefert, für die er keine Gegenleistung erhält.

Fall 45:

Nehmen Sie an, Karl Keck habe seine Einlage nicht zurückerhalten, vielmehr sei diese durch Gesellschafterbeschluss in ein Darlehen umgewandelt worden. Liegt hierin eine Rückzahlung der Einlage? Wie verhält es sich mit Zinsen, die aus diesem Darlehen an den ausgeschiedenen Kommanditisten geleistet werden?

Lösung: Auch die Umwandlung der Kommanditeinlage (gleiches gilt für das Auseinandersetzungsguthaben) in ein Darlehen ist nicht als Rückgewähr im Sinne von § 172 Abs. 4 Satz 1 HGB anzusehen. Eine Rückzahlung im Sinne des Rechts der Kommanditgesellschaft ist nur eine Zuwendung an den Kommanditisten, durch die dem Gesellschaftsvermögen Vermögenswerte ohne eine entsprechende Gegenleistung entzogen werden, weil nur eine solche Zuwendung die Fähigkeit der Gesellschaft zur Gläubigerbefriedigung mindert. Die Umwandlung der Einlage oder des Abfindungsanspruchs in eine Darlehensforderung mindert das haftende Gesellschaftsvermögen nicht (so h.L. und BGHZ 39, 319, 331). Die Zahlung der Zinsen auf die Kommanditeinlage ist eine Gewinnausschüttung. Eine Rückgewähr der Einlage liegt nur dann vor, wenn die Gesellschaft keine Gewinne erzielt hat und die Entnahme den Kapitalanteil eines Kommanditisten unter den Betrag der Einlage herabmindert (§ 172 Abs. 4 Satz 2 HGB). Dasselbe gilt für den ausgeschiedenen Kommanditisten, wenn seine Abfindungsforderung in ein Darlehen umgewandelt worden ist. Wenn aber die Umwandlung selbst schon nicht als Rückgewähr anzusehen ist, dann entfällt eine Sonderbehandlung auch hinsichtlich der Zinszahlung. Eine Haftung des ausgeschiedenen Kommanditisten Karl Keck entfällt somit.

Fall 46:

Kuno Kuckuck ist Komplementär, Karl Keck und Katarina Kolibri sind Kommanditisten der Kuno Kuckuck Fertigbau-KG. Als es zwischen den Gesellschaftern zu Zwistigkeiten kommt, übernimmt Kuckuck den Gesellschaftsanteil von Keck. Die Gesellschaft wird als Kommanditgesellschaft weitergeführt. Keck erhält für seinen Gesellschaftsanteil 50 000 Euro als Kaufpreis; diese Zahlung erfolgt nachgewiesenermaßen aus dem Privatvermögen des Kuckuck. Begründet diese Zahlungsmodalität ein Wiederaufleben der Haftung des Keck?

Lösung: Keck haftet, wenn er seine Einlage zurückerhalten hat (§ 172 Abs. 4 HGB). Kuckuck hat jedoch nicht aus dem Gesellschafts-, sondern aus seinem Privatvermögen geleistet. Zwar soll § 172 Abs. 4 HGB die Gesellschaftsgläubiger gegen eine Schmälerung der ihnen zur Verfügung stehenden Vermögensmasse schützen, wozu letztlich auch das Vermögen des persönlich haftenden Gesellschafters zählt. Die Rechtsprechung wendet

§ 172 Abs. 4 HGB jedoch nur dann an, wenn der betreffende Vorgang das Vermögen der Kommanditgesellschaft geschmälert hat; die Schmälerung des Vermögens des Komplementärs fällt danach nicht unter § 172 Abs. 4 HGB: Wenn der Kommanditist den Betrag seiner Hafteinlage vom Komplementär erhält, kann man nicht von einer Rückgewähr der Einlage sprechen, da die Einlage vom Kommanditisten an die Kommanditgesellschaft und nicht an den Komplementär geleistet wird. § 172 Abs. 4 HGB ist allerdings anwendbar, wenn zwar der Komplementär an den Kommanditisten leistet, er aber einen Aufwendungsersatzanspruch gegen die Gesellschaft aus § 110 HGB hat; ein solcher Vorgang schmälert das Vermögen der Kommanditgesellschaft zugunsten des Kommanditisten in demselben Maße, als wäre dieser unmittelbar von der Kommanditgesellschaft abgefunden worden (BGHZ 93, 249; 112, 31). Da hier jedoch Kuckuck den Gesellschaftsanteil des Keck selbst erworben hat (wodurch sich der erworbene Anteil mit dem bestehenden Anteil des Kuckuck vereinigt), liegt kein Handeln in Gesellschaftsangelegenheiten vor, weshalb Kuckuck auch keinen Aufwendungsersatzanspruch aus § 110 HGB gegen die Gesellschaft erworben hat. Damit erfolgte die Zahlung an Keck aus dem Vermögen des Kuckuck; folglich liegt auch keine Rückgewähr der Einlage i.S.d. § 172 Abs. 4 HGB vor. Keck muss daher kein Wiederaufleben seiner Haftung befürchten.

Fall 47:
Wie wäre es, wenn Karl Keck der einzige Kommanditist der Kuno Kuckuck Fertigbau-KG wäre und Kuno Kuckuck den Kaufpreis zwar wiederum aus seinem Privatvermögen erstattet, das Unternehmen dann aber als Einzelfirma weiterführt?
Lösung: Der entscheidende Unterschied zum vorhergehenden Fall liegt darin, dass im vorliegenden Fall eine Unterscheidung zwischen dem Privatvermögen und dem Gesellschaftsvermögen ohnehin nicht mehr durchführbar ist, weil ein rechtlich selbständiges Gesellschaftsvermögen infolge der Übernahme des Geschäfts und dessen Fortführung durch den verbleibenden Gesellschafter in Form der Einzelfirma nicht mehr vorhanden ist. Geschäfts- und Privatvermögen können zwar noch bilanzmäßig getrennt werden; dies bietet aber den Gesellschaftsgläubigern keine Gewähr für eine Verwendung des Geschäftsvermögens für Geschäftszwecke, wie das beim Gesellschaftsvermögen wegen der gesamthänderischen und der vom Gesellschaftszweck bestimmten Bindung in gewisser Weise der Fall ist. Der Geschäftsübernehmer kann über das Geschäftsvermögen jederzeit wie über sein sonstiges Vermögen verfügen und damit auch die Einlagenbeträge ohne weiteres privaten Zwecken zuführen, sei es zum Ausgleich der an die Kommanditisten geleisteten Abfindung, sei es aus anderen Gründen (BGHZ 61, 149). Daher kommt hier der Sinn des § 172 Abs. 4 HGB, die Gesellschaftsgläubiger vor einer Schmälerung der Vermögensmasse zu schützen, zum tragen. Die Leistung des Kuckuck an Keck ist da-

her als Rückzahlung der Einlage anzusehen. Die Haftung des Keck lebt daher wieder auf.

Fall 48:

A und B sind Kleingewerbetreibende und wollen sich in Form der Kommanditgesellschaft zusammenschließen, wobei auch durch den Zusammenschluss die Schwelle des § 1 Abs. 2 HGB nicht erreicht wird. A soll die Funktion des Komplementärs, B die des Kommanditisten übernehmen. Bevor es zur Eintragung in das Handelsregister kommt, tätigen A und B bereits im Namen der noch nicht entstandenen Kommanditgesellschaft Geschäfte mit Dritten. Dem Gläubiger G gegenüber treten sie als Gesellschafter der KG auf. Es kommt nicht zur Handelsregistereintragung. G möchte nun u.a. auch den Kommanditisten B in voller Höhe in Anspruch nehmen. Geht dies?

Lösung: Eine Haftung könnte sich aus § 176 Abs. 1 S. 1 HGB ergeben. Danach haftet jeder Kommanditist, der vor der Eintragung der Gesellschaft in das Handelsregister dem Geschäftsbeginn zugestimmt hat, für die bis zur Eintragung begründeten Verbindlichkeiten der Gesellschaft wie ein persönlich haftender Gesellschafter. Es ist jedoch zu beachten, dass im vorliegenden Fall ein Gewerbe im Sinne von § 2 HGB betrieben wird, das nach den §§ 2, 105, 161 Abs. 2 HGB erst mit der Eintragung in das Handelsregister kaufmännisch geworden wäre. Nach § 176 Abs. 1 S. 2 HGB findet S. 1 dieser Vorschrift auf Kleingewerbetreibende keine Anwendung. Allerdings liegt, solange die Gesellschaft nicht ins Handelsregister eingetragen ist, eine BGB-Gesellschaft vor, bei der alle Gesellschafter unbeschränkt haften. Folglich würde auch der noch nicht eingetragene Kommanditist an sich unbeschränkt haften. Der Bundesgerichtshof (BGHZ 61, 59, 65) lehnt dies jedoch ab. Er beruft sich auf Sinn und Zweck des § 176 Abs. 1 S. 2 HGB, demzufolge die Haftung eines Kommanditisten, der dem Geschäftsbeginn zugestimmt hat, entfallen soll, wenn es sich um ein Unternehmen handelt, das nach § 2 HGB erst durch Eintragung in das Handelsregister zu einer Handelsgesellschaft würde. Dieser Zweck würde nämlich ausgehöhlt, wollte man auch bei einem unter § 2 HGB fallenden und noch nicht eingetragenen, aber schon als Kommanditgesellschaft firmierenden Unternehmen alle Gesellschafter unbeschränkt haften lassen. Zudem kann eine Haftung kraft Rechtsscheins nur so weit gehen, wie es dem Schein der Rechtswirklichkeit entspricht. B hat als Kommanditist dem Geschäftsbeginn zwar zugestimmt, es handelte sich jedoch um ein Unternehmen nach § 2 HGB. Deshalb ist er aufgrund des durch das Auftreten der Gesellschaft als Kommanditgesellschaft gesetzten Rechtsscheins so zu behandeln, als ob die Kommanditgesellschaft bereits durch Eintragung nach außen wirksam geworden wäre; er haftet also nur bis zur Höhe seiner Einlage.

Fall 49:
Norbert Neureich ist an der Baufuchs Baustoff-KG als Kommanditist beteiligt. Seine Hafteinlage leistete er bereits bei seinem Eintritt. Als das Unternehmen in wirtschaftliche Schwierigkeiten geriet, bestellte er dem Giesbert Gierig, einem Gläubiger der KG, eine Grundschuld in Höhe von 100 000 Euro. Zur Abwendung der angedrohten Zwangsvollstreckung leistete er insgesamt 80 000 Euro an Gierig. Nachdem die KG inzwischen wieder Gewinne macht, verlangt Neureich von der KG Ersatz für die Zahlungen an Gierig. Zu Recht?
Lösung: In Betracht kommt ein Aufwendungsersatzanspruch aus § 110 HGB. Der Anwendung dieser Vorschrift steht nicht entgegen, dass N Kommanditist ist. Nach § 110 HGB kann jeder – und nicht nur ein zur Geschäftsführung befugter – Gesellschafter von der Gesellschaft Ausgleich dafür verlangen, dass er in ihrem Interesse ein Sonderopfer erbracht hat. Die Zahlungen an Gierig stellen an sich ein solches Sonderopfer im Interesse der Gesellschaft dar. Allerdings hat N zur Abwendung der Zwangsvollstreckung gezahlt. Er hat damit auf die Grundschuld geleistet und nicht auf die Schuld der Gesellschaft. Die Verbindlichkeit der Gesellschaft gegenüber G ist daher durch die Zahlung des N nicht erloschen. G kann diese Forderung gegen die Gesellschaft jedoch nicht mehr realisieren, da der B-KG aufgrund der Leistung des N eine dauernde Einrede gegen die Inanspruchnahme durch G zusteht. N ist daher bei der gebotenen wirtschaftlichen Betrachtungsweise hinsichtlich seines Aufwendungsersatzanspruchs nicht anders zu behandeln als hätte er – wie ein persönlich haftender Gesellschafter – eine Verbindlichkeit der Kommanditgesellschaft erfüllt (BGH WM 2002, 291). Er hat daher einen Aufwendungsersatzanspruch aus § 110 HGB und kann von der B-KG 80 000 Euro verlangen.

Fall 50:
Rudi Rettich gründet zusammen mit seiner Ehefrau Rosa die „Rettich-Strickwaren-Kommanditgesellschaft". Seine vermögenslose Ehefrau Rosa wird persönlich haftende Gesellschafterin; er beteiligt sich als Kommanditist mit einer Einlage in Höhe von 10 000 Euro. Seine Ehefrau bringt lediglich ihre Arbeitskraft als Einlage ein. Da Rudi selbst als Rektor im Schuldienst tätig ist, kommt für ihn die Beteiligung als persönlich haftender Gesellschafter nicht in Betracht. Nach geraumer Zeit gerät die Kommanditgesellschaft in Schwierigkeiten, der Großgläubiger G verlangt von Rudi persönlich die Begleichung einer noch offenen Forderung. Er meint, Rudi könne sich nicht auf die Kommanditistenstellung berufen, weil er durch die Gesellschaft seine eigenen Geschäfte habe betreiben lassen und seine mittellose Ehefrau nur vorgeschoben habe. Mit Recht?
Lösung: Gläubiger G beruft sich offensichtlich auf den Gedanken des Rechtsmissbrauchs. Er meint, dass jemand persönlich haften müsse, wenn er wirtschaftlich gesehen Alleininhaber des Handelsgeschäfts sei und als persönlich haftender Gesellschafter eine vermögenslose Person vorschie-

be. Ein solcher Rechtsgrundsatz lässt sich jedoch aus gesellschaftsrechtlichen Überlegungen nicht ohne weiteres ableiten. Ein Kommanditist haftet nicht schon dann unbeschränkt, wenn er wirtschaftlich gesehen der alleinige Inhaber des Handelsgeschäfts ist und der persönlich haftende Gesellschafter mittellos ist (BGHZ 45, 204). Das Gesetz geht in seiner dispositiven Regelung der Personengesellschaften sowie der stillen Gesellschaft zwar von dem Grundsatz aus, dass Unternehmensleitung und persönliche Haftung in einem inneren und unmittelbaren Zusammenhang stehen. Aus dieser gesetzlichen Regelung kann jedoch nicht die Folgerung gezogen werden, dass es sich hierbei um einen zwingenden wirtschaftsverfassungsrechtlichen Grundsatz handle, der bei einer andersartigen gesellschaftsvertraglichen Verteilung der Machtverhältnisse in einer dieser Gesellschaftsformen stets zu beachten sei. Der der dispositiven gesetzlichen Regelung zugrundeliegende Zusammenhang zwischen Handlungsbefugnis und Haftung in den genannten Gesellschaftsformen kann allein nicht dazu führen, dass ein Kommanditist, der gesellschaftsvertraglich mit der Machtfülle eines persönlich haftenden Gesellschafters ausgestattet ist, deshalb auch unbeschränkt haften müsse. Denn wie die gesetzliche Regelung klar erkennen lässt, handelt es sich insoweit nicht um zwingendes Recht, also auch nicht um einen zwingenden Rechtsgrundsatz, der deshalb bei jeder andersartigen gesellschaftsvertraglichen Gestaltung Berücksichtigung finden müsste. Die gesetzliche Typenregelung der genannten Gesellschaftsformen lässt der Parteidisposition in weitem Umfang freie Hand und gibt den Vertragsschließenden auch die Möglichkeit, den dispositiv zugrunde gelegten Zusammenhang zwischen Handlungsbefugnis und Haftung in mehr oder weniger starkem Umfang aufzulösen (BGH aaO.). Es müssen schon besondere Umstände vorliegen, wenn der Kommanditist in einem solchen Fall gehindert sein soll, sich auf die Haftungsbeschränkung zu berufen. Man kann einen Rechtsmissbrauch auch nicht schon deshalb bejahen, weil, wie im vorliegenden Fall, Rudi sich bei den Verhandlungen mit dem Gläubiger G auf seine eigene Kreditwürdigkeit, seine Stellung als Rektor sowie auf seinen guten Ruf und Namen berufen und damit wirtschaftlich den Eindruck erweckt hat, er sei der Inhaber der Gesellschaft und den Gläubiger zum Vertragsabschluss veranlasst hat. Es wäre auch ohne Belang, ob dem Gläubiger bekannt war, dass Rudi die entscheidenden Weisungen in der Gesellschaft treffen konnte. Welchen Bindungen ein persönlich haftender Gesellschafter im Innenverhältnis unterliegt, kann dem Gesellschaftsgläubiger gleichgültig sein; bedeutsam ist für ihn vielmehr nur, wer für die Gesellschaftsverbindlichkeiten haftet und welchen Umfang diese Haftung hat. Ohnehin muss wegen des dispositiven Charakters der internen Geschäftsverteilung nach § 164 HGB jeder Gesellschaftsgläubiger damit rechnen, dass der persönlich haftende Gesellschafter im Innenverhältnis irgendwelchen Bindungen seitens der Kommanditisten unterliegt.

Fall 51:
In der XY-Kommanditgesellschaft heißt es im Gesellschaftsvertrag u.a.: „… Aufgrund eines mit 3/4-Mehrheit gefassten Gesellschafterbeschlusses kann ein Gesellschafter jederzeit aus der Gesellschaft ausgeschlossen werden". Kommanditist Kuno macht sich bei den Mitgesellschaftern unbeliebt. In der darauf folgenden Gesellschafterversammlung wird sein Ausschluss mit der erforderlichen 3/4-Mehrheit beschlossen. Er will dieses Votum nicht anerkennen. Mit Recht?

Lösung: Es ist in der Rechtsprechung anerkannt, dass der Gesellschaftsvertrag das gesetzliche Ausschließungsverfahren abändern und auch materiell-rechtlich festlegen kann, dass nicht nur ein wichtiger Grund i.S.d. §§ 140, 133 HGB die Ausschließung eines Gesellschafters erlaubt. Der Vertragsfreiheit sind jedoch Grenzen gesetzt durch die allgemeinen Grundsätze der Rechtsordnung (§ 138 BGB) und durch die Grundprinzipien des Gesellschaftsrechts. Gegen die Zulässigkeit einer Klausel, die das Hinauskündigen eines Gesellschafters nach freiem Ermessen aufgrund Gesellschafterbeschlusses ermöglicht, spricht zunächst, dass sie auch einen Ausschluss aus sachfremden Gründen ermöglicht. Außerdem ermöglichen solche Klauseln eine Willkürherrschaft der Mehrheitsgesellschafter. Die hierdurch entstehende Machtposition kann wiederum dazu führen, dass die von einer solchen Klausel potentiell Betroffenen „von den ihnen eingeräumten Rechten nicht mehr Gebrauch machen und die ihnen obliegenden Pflichten nicht mehr ordnungsgemäß erfüllen, sich vielmehr den Wünschen der persönlich haftenden Gesellschafter selbst dann beugen, wenn sie nach sorgfältiger Abwägung zu der Auffassung kommen, das Vorgehen der persönlich haftenden Gesellschafter sei sachlich nicht zu rechtfertigen" (BGHZ 81, 263). Da die Freiheit der persönlichen Entschließung auch für den Kommanditisten für die sachgerechte Geltendmachung seiner Rechte eine erhebliche Rolle spielt, sieht die Rechtsprechung solche Klauseln im Gesellschaftsvertrag nur dann als wirksam an, wenn außergewöhnliche Umstände vorliegen, die ein solches Ausschließungsrecht sachlich rechtfertigen. Da solche Umstände hier nicht ersichtlich sind, ist die zitierte Klausel nach § 138 Abs. 1 BGB unwirksam. Folglich muss Kuno den Gesellschafterbeschluss auch nicht hinnehmen.

Fall 52:
Kuno und Kaspar sind die Komplementäre der Kaspar-Kommanditgesellschaft. Im Gesellschaftsvertrag ist Gesamtvertretung beider Komplementäre angeordnet. Beim Tode von Kuno treten entsprechend einer Klausel im Gesellschaftsvertrag seine Kinder Emil und Erich als Kommanditisten in die Gesellschaft ein. Kaspar bestellt im Namen der Kommanditgesellschaft einen Lastkraftwagen. Die Kommanditisten sind der Auffassung, der Vertrag sei nicht wirksam zustande gekommen. Inwiefern sind derartige Bedenken begründet?

Lösung: Bedenken könnten sich aus der Vertretungsbefugnis von Kaspar ergeben. Laut Gesellschaftsvertrag sollte die Kommanditgesellschaft von den beiden Komplementären nach § 125 Abs. 2 in Verbindung mit § 161 Abs. 2 HGB zusammen vertreten werden. Wenn der Gesellschaftsvertrag keine Regelung vorsieht, stellt sich die Frage, ob beim Tode eines gesamtvertretungsberechtigten Komplementärs der andere automatisch Alleinvertretung erhält (eine Vertretung durch die im vorliegenden Fall eintretenden Söhne von Kuno scheidet nach ausdrücklicher Bestimmung des § 170 HGB wegen deren Kommanditistenstellung von vornherein aus). Für die gestellte Frage muss man differenzieren: Fällt ein Gesamtvertreter fort, so erhält – wenn weitere Komplementäre vorhanden sind – nicht etwa der andere Gesellschafter, der mit ihm zusammen vertretungsberechtigt war, Alleinvertretungsmacht, denn ein solcher Zuwachs an Vertretungsmacht läge im Zweifel nicht im Sinne des Gesellschaftsvertrags, der die Einzelvertretung gerade ausgeschlossen hat. Etwas anderes muss aber gelten (vgl. BGHZ 41, 367, 369), wenn, wie im vorliegenden Fall, in einer Kommanditgesellschaft nach dem Ausscheiden des einen von (lediglich) zwei gesamtvertretungsberechtigten Gesellschaftern nur noch ein persönlich haftender Gesellschafter vorhanden ist. Hier ist aus Rechtsgründen keine andere Lösung denkbar, als die, dass der nunmehr einzig persönlich haftende Gesellschafter die Gesellschaft vertritt. Das ergibt sich aus nachfolgender Überlegung: Zum Wesen der Personengesellschaft gehört deren Selbstvertretung durch mindestens einen unbeschränkt haftenden Gesellschafter, der für die Handlungen der Gesellschaft persönlich die volle Verantwortung trägt; ein Nichtgesellschafter scheidet daher für die organschaftliche Vertretungsmacht ebenso aus, wie ein Kommanditist (vgl. § 170 HGB). Dies ist (nebenbei bemerkt) der Grund, weshalb der Gesellschaftsvertrag nicht alle persönlich haftenden Gesellschafter wirksam von der Vertretungsmacht ausschließen kann. Aus demselben Grund kann aber auch eine im Vertrag der Kommanditgesellschaft festgelegte Gesamtvertretung nicht die Wirkung haben, dass der einzige persönlich haftende Gesellschafter, der nach dem Ausscheiden aller anderen Gesamtvertreter noch in der Gesellschaft verbleibt, wegen der nunmehr fortfallenden Möglichkeit einer Gesamtvertretung von der Vertretung der Gesellschaft überhaupt ausgeschlossen oder an die Mitwirkung der Kommanditisten gebunden wäre. Vielmehr muss in einem solchen Fall zwangsläufig das Gesamtvertretungsrecht des einzigen persönlich haftenden Gesellschafters zur Alleinvertretungsmacht erstarken (BGH aaO.).

Fall 53:
Gesellschafter der „Walter Wirbelwind KG" sind Walter Wirbelwind als Komplementär sowie Henko, Pril und Propper als Kommanditisten. Der Gesellschaftsvertrag sieht unter anderem folgende Klausel vor: „Die Kommanditistenstellung ist vererblich; die Erben-Kommanditisten dürfen ihre Gesellschafterrechte nur durch einen gemeinsamen Vertreter wahrneh-

men". Es kommt zu Meinungsverschiedenheiten darüber, ob eine derartige Regelung gesellschaftsrechtlich überhaupt zulässig ist. Was meinen Sie?

Lösung: Derartige „Vertreterklauseln" sind zulässig (vgl. BGHZ 46, 291 ff.). Wenn der Gesellschaftsvertrag vorsieht, dass beim Tod eines der Gesellschafter die Erben als Kommanditisten in die Gesellschaft eintreten sollen, wird die Möglichkeit in Kauf genommen, dass sich die Zahl der Gesellschafter um eine nicht vorhersehbare, unter Umständen große Zahl von Erben-Kommanditisten erhöht. Diese werden dem Unternehmen oft fremd gegenüberstehen, Interessen und Ansprüche ohne ausreichende Sachkenntnis zu verfolgen suchen, aber kapitalmäßig möglicherweise nur gering beteiligt sein. Würde sich jeder von ihnen wegen seiner Rechte selbständig mit den geschäftsführenden Gesellschaftern auseinandersetzen, so könnte dies leicht die Geschäftsführung behindern. Außerdem steigt mit wachsender Gesellschafterzahl in der Regel die Zahl unterschiedlicher Meinungen und Interessen; Entscheidungen und Auseinandersetzungen, bei denen die Kommanditisten ein Mitspracherecht haben, werden in der Gesellschaft schwieriger. Von diesen Nachteilen die Geschäftsführung möglichst zu verschonen, ist das wesentliche praktische Bedürfnis, das einer Vertragsbestimmung zugrunde liegt, die die Erben-Kommanditisten auf einen gemeinsamen Vertreter verweist (BGH aaO.). Das Innenverhältnis kann bei der Kommanditgesellschaft abweichend vom Gesetz geregelt werden. Durch die Vertreterklausel wird das Mitgliedschaftsrecht der Kommanditisten zwar eingeschränkt, es bleibt der Substanz nach aber voll in der Hand der einzelnen Kommanditisten. Die zitierte Klausel im Gesellschaftsvertrag der Walter Wirbelwind KG ist deshalb rechtlich unbedenklich.

Fall 54:
In der Walter Wirbelwind KG wird die Kommanditistin Sunil aufgenommen mit der Abrede, dass „sich ihre Beteiligung auf eine bloße Kapitaleinlage beschränke und damit das Stimmrecht aus der Beteiligung ausgeschlossen sei". Nach dem Abschluss des ersten Geschäftsjahres ist Sunil nicht mit der Gewinnverteilung einverstanden. Sie vertritt die Auffassung, der Ausschluss des Stimmrechts sei rechtswidrig, weshalb sie in Zukunft unter Beibehaltung ihres Kommanditanteils das Stimmrecht an ihren Ehemann abtrete, damit dieser mit dem gebotenen Nachdruck ihre Interessen in der Gesellschafterversammlung wahrnehme. Was ist hierzu zu sagen?

Lösung: Man muss zwei Probleme unterscheiden: den Stimmrechtsausschluss und die Abtretung des Stimmrechts.

(a) Stimmrechtsausschluss: Dieser ist bei den einzelnen Gesellschaftsformen unterschiedlich zu beurteilen: Das Aktienrecht kennt die stimmrechtslose Aktie in § 12 AktG. Für die GmbH fehlt es an einer gesetzlichen Regelung, nach übereinstimmender Auffassung wird jedoch die Möglichkeit eines Stimmrechtsausschlusses bejaht. Bei der offenen Handelsgesellschaft besteht Streit über die Zulässigkeit des Stimmrechtsausschlusses durch Gesellschaftsvertrag, weil die stimmrechtslose Beteiligung in Widerspruch mit der unbeschränkten persönlichen Haftung der Gesellschafter steht. Bei der Kommanditgesellschaft greifen diese Bedenken nicht durch. Hier liegen die Verhältnisse ähnlich wie bei der GmbH; die nur beschränkte und daher übersehbare Haftung der Kommanditisten unterscheidet sich in wirtschaftlicher Hinsicht nicht wesentlich von der Zugriffsmöglichkeit der Gläubiger einer GmbH auf das Gesellschaftsvermögen, zu dem auch die beschränkte Einlagepflicht eines Gesellschafters einer GmbH gehört. Aus diesem Grunde erhebt die Rechtsprechung (BGHZ 20, 363, 368) keine Bedenken dagegen, dass ein Kommanditist vom Stimmrecht ausgeschlossen oder dass ihm das Stimmrecht mit seiner Zustimmung entzogen wird. Die Kommanditistin Sunil ist also an den im Gesellschaftsvertrag vorgesehenen Stimmrechtsausschluss zunächst gebunden. Allerdings kann dies nicht uneingeschränkt, sondern nur insoweit gelten, als es sich nicht um Gesellschafterbeschlüsse handelt, die in die Rechtsstellung des Kommanditisten als solche eingreifen. Dies ergibt sich wiederum durch einen Vergleich mit dem Recht der GmbH: Dort ist für die Sonderrechte eines Gesellschafters nach § 53 Abs. 3 GmbHG vorgesehen, dass wirksame Gesellschafterbeschlüsse nicht nur eine qualifizierte Mehrheit, sondern außerdem die Zustimmung des betroffenen Gesellschafters voraussetzen. Diese Zustimmung ist nicht eine Folge des Stimmrechts, deshalb auch nicht durch einen Gesellschafterbeschluss zu ersetzen, sie stellt vielmehr ein besonderes Erfordernis neben dem Gesellschafterbeschluss dar (BGH aaO.). Das bedeutet, dass ein Gesellschafterbeschluss zu seiner Wirksamkeit auch dann der Zustimmung des betroffenen Gesellschafters bedarf, wenn diesem das Stimmrecht in zulässiger Weise entzogen war. Die Kommanditistin Sunil ist demnach zwar bei den „normalen Gesellschafterbeschlüssen" nicht stimmberechtigt, wohl jedoch ist ihre Zustimmung dort erforderlich, wo in die Rechtsstellung des Kommanditisten eingegriffen wird, indem z.b. die Beteiligung als Kommanditist oder seine Haftsumme durch eine Neufassung des Gesellschaftsvertrages geändert oder die Gewinnbeteiligung oder die Höhe des Auseinandersetzungsguthabens neu festgelegt wird.

(b) Stimmrechtsabtretung: Die Rechtsprechung hat zur offenen Handelsgesellschaft entschieden, dass die Abtretung des Stimmrechts für den Anteil eines Gesellschafters nichtig ist (BGHZ 3, 354). Dies gilt für die Kommanditgesellschaften entsprechend und folgt aus dem Wesen der Personengesellschaft. Eine Abspaltung des Stimmrechts von dem Mitgliedschaftsrecht ist mit dem Charakter einer Personengesellschaft nicht vereinbar, weil sie die Grundlage der Gesellschaft antastet. Aus diesem Grunde unterliegt die Abtretung des Stimmrechts nicht der Disposition der Gesellschafter.

Fall 55:
An der A-KG sind A als Komplementär sowie B, C und D als Kommanditisten mit einer Einlage von jeweils 20 000 Euro beteiligt. Diese Beträge wurden in das Handelsregister eingetragen und bekannt gemacht. (a) Kommanditist B übereignet zur Erfüllung der Einlagenverpflichtung einen PKW im Wert von 15 000 Euro. Die Gesellschafter sind sich darüber einig, dass B der KG damit nichts mehr schulde. Gläubiger G 1, der gegen die KG eine Kaufpreisforderung in Höhe von 25 000 Euro hat, nimmt B auf Zahlung in Anspruch. Zu Recht?
(b) Kommanditist C, der seine Einlagenverpflichtung per Barzahlung erfüllt hatte, lässt sich von der KG für private Zwecke Waren im Wert von 30 000 Euro zum Vorzugspreis von 22 000 Euro liefern. Gläubiger G 2, der gegen die KG eine Forderung in Höhe von 14 000 Euro hat, nimmt C auf Zahlung in Anspruch. C macht geltend, das Liefergeschäft habe nichts mit seiner Außenhaftung zu tun. Muss C zahlen?
(c) Kommanditist D leistet 10 000 Euro auf seine Einlage in bar. Gläubiger G 3, der gegen die KG eine Darlehensforderung in Höhe von 16 000 Euro hat, nimmt D auf Zahlung in Anspruch. D lehnt dies ab mit dem Argument, er habe im letzten Jahr an die KG Waren im Wert von 70 000 Euro zum Vorzugspreis von 60 000 Euro geliefert. Muss D zahlen?
Lösung:
(a) Nach §§ 128, 171 Abs. 1 1. Halbs. HGB haftet der Kommanditist den Gläubigern der Gesellschaft bis zur Höhe seiner Einlage unmittelbar. Die Haftung ist ausgeschlossen, soweit die Einlage geleistet ist (§ 171 Abs. 1 2. Halbs. HGB). B hat seine Einlage nicht in bar, sondern durch eine Sacheinlage erbracht, was grundsätzlich zulässig ist. Die Einlagenschuld wird dann aber aus Gründen des Gläubigerschutzes nur in Höhe des objektiven Wertes der Sacheinlage getilgt. Der objektive Wert betrug hier 15 000 Euro. Danach besteht für B immer noch eine Außenhaftung in Höhe von 5000 Euro. Der Umstand, dass die Beteiligten sich darüber einig sind, B schulde der KG nichts mehr, ist für die Frage der Außenhaftung rechtlich unbeachtlich, weil eine Vereinbarung der Gesellschafter, durch die einem Kommanditisten die Einlage ganz oder teilweise erlassen wird, den Gläubigern gegenüber unwirksam ist (§ 172 Abs. 3 HGB). G 1 kann B somit in Höhe von 5000 Euro in Anspruch nehmen.
(b) Die für C an sich gegenüber G 2 bestehende Außenhaftung in Höhe von 20 000 Euro war erloschen, nachdem dieser seine Einlagenschuld in bar erbracht hatte (§ 171 Abs. 1 2. Halbs. HGB). Sie könnte aber nach § 172 Abs. 4 S. 1 HGB wieder aufgelebt sein, wenn die Warenlieferung rechtlich als Einlagenrückgewähr zu bewerten ist. An sich liegt in der Lieferung von Waren durch die KG an einen Kommanditisten keine Rückgewähr der Einlage. Wird dabei jedoch der Kaufpreis niedriger angesetzt als der objektive Warenwert, geht die h.M. davon aus, dass eine sog. verdeckte Gewinnausschüttung bzw. Einlagenrückgewähr vorliegt. Begründet wird dies mit dem Gläubigerschutz. C hat somit in außenhaftungsschädlicher

Weise 8000 Euro zurückerhalten und haftet in dieser Höhe dem Gläubiger G 2.

(c) Die an sich für D gegenüber G 3 bestehende Außenhaftung in Höhe von 20000 Euro ist in Höhe von 10000 Euro durch die Bareinlage erloschen (§ 171 Abs. 1 2. Halbs. HGB). Sie könnte auch in der restlichen Höhe erloschen sein, wenn in der Warenlieferung im Wert von 70000 Euro zum Preis von 60000 Euro eine verdeckte Einlagenerbringung liegt. Eine solche Art der Einlagenerbringung ist jedoch aus Gläubigerschutzgründen nicht zu akzeptieren. D kann von G 3 in Höhe von 10000 Euro in Anspruch genommen werden.

Fall 56:
Die Hafteinlage des Kommanditisten K beträgt 100000 Euro. Wegen einer ungünstigen Geschäftsentwicklung beträgt der Kapitalanteil des K 90000 Euro. Angenommen, das folgende Geschäftsjahr erbringt zu Gunsten des K einen Gewinnanteil in Höhe von 20000 Euro. Welchen Betrag kann K zur Auszahlung verlangen, wenn der Gesellschaftsvertrag nichts hierüber aussagt? Wie wäre es, wenn der Kapitalanteil des K negativ wäre und die Kommanditgesellschaft liquidiert würde? Müsste K befürchten, hinsichtlich seines passiven Kapitalanteils rückständige Beträge an die Gläubiger oder an die Gesellschaft zu zahlen?
Lösung: Einschlägig ist § 167 Abs. 2 HGB. Danach wird der einem Kommanditisten zukommende Gewinn seinem Kapitalanteil nur solange zugeschrieben, als dieser den Betrag der bedungenen Einlage nicht erreicht. K muss also von seinem Gewinnanteil in Höhe von 20000 Euro zunächst seine Einlage auf 100000 Euro aufstocken. Den überschießenden Anteil kann er zur Auszahlung fordern. Im Gesellschaftsvertrag könnte Abweichendes vereinbart werden. Im Falle der Liquidation bei passivem Kapitalanteil greift § 167 Abs. 3 HGB ein. Am Verlust nimmt der Kommanditist nur bis zum Betrag seines Kapitalanteils und seiner noch rückständigen Einlage teil. Wenn die Einlage geleistet ist, haftet er den Gläubigern gegenüber nicht. Sein Risiko beschränkt sich also darauf, die Einlage und den auf dem Kapitalkonto verbuchten etwaigen Gewinn zu verlieren.

Fall 57:
Kuno tritt als Kommanditist mit einer Kommanditeinlage von 20000 Euro in die Fritz Fimmel Filmvertriebs-KG ein. Er verspricht sich hierdurch bestimmte Vorzugsrechte beim Bezug von Filmen. Seine Beteiligung wird im Handelsregister ordnungsgemäß eingetragen. Kuno hat die Einlage noch nicht bezahlt, weil die Gesellschaft ihm gegenüber ihre vertraglichen Verpflichtungen verletzt hatte. Kuno errechnet hieraus einen von der KG unbestrittenen Schadenersatzanspruch in Höhe von 30000 Euro und erklärt die Aufrechnung mit dieser Forderung gegen den Anspruch der KG auf Leistung der Einlage. Ein Gläubiger der Kommanditgesellschaft nimmt Kuno unmittelbar als Gesellschafter in Anspruch mit der Begrün-

dung, er habe seine Einlage noch nicht erbracht und hafte demzufolge persönlich. Mit Recht?

Lösung: Kuno haftet nur, soweit er seine Einlage noch nicht geleistet hat (§ 171 Abs. 1 HGB). Entscheidend hierfür ist, ob die Aufrechnung des Kommanditisten gegenüber der Gesellschaft zur Haftungsbefreiung nach § 171 HGB führt. Dies wird von der Rechtsprechung bejaht (vgl. BGHZ 51, 391; 95, 195). Wenn ein Kommanditist einen Gesellschaftsgläubiger befriedigt, wird das Gesellschaftsvermögen gleichermaßen vermehrt, wie bei einer direkten Einlage in das Gesellschaftsvermögen selbst, wenn man berücksichtigt, dass das Gesellschaftsvermögen um den Betrag anwächst, um den die Summe der Verbindlichkeiten geringer wird. Dies gilt auch für die Aufrechnung des Kommanditisten mit einer eigenen Forderung gegen die Gesellschaft. Ein Gesellschafter, der außerhalb des Gesellschaftsverhältnisses eine Forderung gegen die Gesellschaft hat, steht dieser wie ein Dritter grundsätzlich gleichberechtigt mit sonstigen Gesellschaftsgläubigern gegenüber. Er braucht daher bei der Verfolgung seiner Ansprüche gegen die Gesellschaft im Allgemeinen nicht hinter andere Gläubiger zurückzutreten, sondern kann ohne Rücksicht auf diese durch Aufrechnung oder sonst in geeigneter Weise Befriedigung suchen (BGH aaO.). Wenn sich der Schadenersatzanspruch Kunos gegen die Gesellschaft auf 30 000 Euro beläuft, konnte er in Höhe der Einlagenforderung gegen diese aufrechnen und sich dadurch von der persönlichen Haftung nach § 171 Abs. 1 HGB befreien.

Fall 58:
Karl Keck tritt als Kommanditist in die Kuno Kuckuck Fertigbau KG ein. Er verpflichtet sich laut Gesellschaftsvertrag zu einer Kommanditeinlage in Höhe von 20 000 Euro. Dieser Betrag wird zur Eintragung ins Handelsregister angemeldet und bekannt gemacht. Bei Vertragsabschluss macht Keck den Vorschlag, die versprochene Einlage nicht in bar, sondern durch Sachwerte zu erbringen. Keck war früher Inhaber eines eigenen Baugeschäfts und bietet der KG an, von ihm einen älteren Schaufelbagger unter Anrechnung der Einlageverpflichtung im Wert von 20 000 Euro zu übernehmen. Sachverständige stellen später fest, dass der Wert des Baggers allenfalls noch mit 10 000 Euro angesetzt werden konnte. Als über das Vermögen der KG das Insolvenzverfahren eröffnet wird, verlangt der Insolvenzverwalter von Keck die Zahlung von 10 000 Euro. Mit Recht?

Lösung: Soweit der Insolvenzverwalter Rechte der Mitgesellschafter geltend macht, kommt es darauf an, ob diese mit der Unterbewertung einverstanden waren oder nicht. Für die Pflichteinlage steht es den Gesellschaftern frei, Sacheinlagen überzubewerten. Allerdings bleibt der Kommanditist den nicht mit der Überbewertung einverstandenen Gesellschaftern zur Leistung seiner vollwertigen Einlage in das Gesellschaftsvermögen verhaftet. Für Ansprüche der Gläubiger greift auch hier § 171 Abs. 1 1. Halbs. HGB ein. Für die Haftsumme ist im Gegensatz zur Pflichteinlage nicht die interne Bewertung nach dem Gesellschaftsvertrag verbindlich, vielmehr kommt es auf den objektiven Wert der Einlage an. Deshalb wird der Kommanditist so angesehen, als habe er die Differenz zwischen der Haftsumme und dem wirklichen Wert seiner Einlage nicht geleistet, was zu seiner unmittelbaren Haftung nach § 171 HGB führt.

Fall 59:
Kommanditist Karl Keck hat seine volle Einlage in bar geleistet. Nach geraumer Zeit veräußert er mit Zustimmung der übrigen Gesellschafter seinen Kommanditanteil an den neu eintretenden Gesellschafter Norbert Nachmann. Als die Gesellschaft einige Zeit später in Zahlungsschwierigkeiten gerät, will der Gläubiger Gierig sich zusätzlich an Keck halten mit der Begründung, man habe ihm seine Einlage zurückgewährt, was nach § 172 Abs. 4 HGB zum Wiederaufleben der Haftung führen müsse. Mit Recht?

Lösung: Dies wäre eine formalistische Betrachtungsweise. In Rechtsprechung und Literatur ist anerkannt, dass die bloße Umbuchung einer Einlage beim Aus- und Eintritt von Gesellschaftern keine Rückzahlung im Sinne von § 172 Abs. 4 HGB darstellt. Die Begründung ist nach wirtschaftlichen Überlegungen zu treffen: Dem Gläubiger soll die im Handelsregister eingetragene Haftsumme garantiert werden. Dies ist beim Wechsel von Gesellschaftern unter Beibehaltung der im Gesellschaftsvermögen verbleibenden Einlage der Fall. Bei einer zusätzlichen Verpflichtung des ausscheidenden Gesellschafters würde man dem Gläubiger eine doppelte Haftungsgrundlage verschaffen. Dies aber ist nicht Absicht des Gesetzgebers. Im Übrigen hat Karl den Kaufpreis für den Kommanditanteil nicht aus dem Gesellschaftsvermögen, sondern aus dem Vermögen des neu eintretenden Gesellschafters erhalten. Gierig hat daher keine Ansprüche gegen Karl Keck.

V. Die Stille Gesellschaft

Übersicht

Wesen	Beteiligung am Handelsgeschäft eines anderen mit einer in dessen Vermögen übergehenden Vermögenseinlage.
Rechtsgrundlagen	§§ 230–236 HGB, teilweise §§ 705–740 BGB entsprechend
Arten	Typische stille Gesellschaft und atypische stille Gesellschaft (dort im Innenverhältnis wirtschaftliche Beteiligung am Geschäftsvermögen/stille Reserven).

Geschäftsführung und Vertretung	Geschäftsführung und Vertretung liegen ausschließlich beim Inhaber des Handelsgeschäfts.
Haftung	Aus den im Betrieb abgeschlossenen Geschäften wird allein der Geschäftsinhaber berechtigt und verpflichtet (§ 230 Abs. 2 HGB).
Gewinn und Verlust	Gewinnverteilung vertraglich oder nach § 231 Abs. 1 HGB „angemessen". Verlusttragung des stillen Gesellschafters nach § 232 Abs. 2 HGB nur bis zum Betrag der eingezahlten oder rückständigen Einlage. Ausschluss der Verlusttragung zulässig.
Gesellschafterwechsel	Im Zweifel Zustimmung der Gesellschafter erforderlich (§ 717 BGB entsprechend).
Tod eines Gesellschafters	Tod des Geschäftsinhabers: Auflösungsgrund. Tod des stillen Gesellschafters: kein Auflösungsgrund (§ 234 Abs. 2 HGB).
Insolvenz	Stiller Gesellschafter haftet nicht, er kann vielmehr wegen seiner Einlage (als normaler Insolvenzgläubiger) Forderungen geltend machen (§ 236 HGB). Bei Manipulationen Insolvenzanfechtung nach § 136 InsO.

Fragen

Frage 74:
Wie unterscheidet sich die stille Gesellschaft von den sonstigen Personengesellschaften?
Antwort: Die stille Gesellschaft ist eine reine Innengesellschaft: Nach § 230 HGB geht die Einlage des stillen Gesellschafters in das Vermögen des Geschäftsinhabers über. Ein Gesellschaftsvermögen entsteht nicht.

Frage 75:
Führt die stille Gesellschaft eine Firma?
Antwort: Nein, es verbleibt nach außen bei der Firma des Geschäftsinhabers (§ 18 Abs. 1 HGB).

Frage 76:
Ist die stille Gesellschaft eine Handelsgesellschaft?
Antwort: Nein, die stille Gesellschaft ist schon von Gesetzes wegen keine Handelsgesellschaft, sie wird im zweiten Buch des HGB neben den Handelsgesellschaften als besonderer Typus geführt.

Frage 77:
Wie unterscheidet sich die stille Gesellschaft von der Kommanditgesellschaft?

Antwort:
(a) Unterschiede ergeben sich vor allem daraus, dass die Kommanditgesellschaft eine Außen- und die stille Gesellschaft eine reine Innengesellschaft ist: Der Kommanditist wird ins Handelsregister eingetragen, der stille Gesellschafter nicht; die Kommanditgesellschaft führt eine Firma, die stille Gesellschaft nicht; bei der Kommanditgesellschaft wird ein gemeinsames Gesellschaftsvermögen begründet, bei der stillen Gesellschaft nicht; die Kommanditgesellschaft kann gem. §§ 124, 161 Abs. 2 HGB nach außen hin selbständig am Rechtsverkehr teilnehmen, bei der stillen Gesellschaft wird der Geschäftsinhaber allein berechtigt und verpflichtet (§ 230 Abs. 2 HGB).
(b) Unterschiede bestehen namentlich auch in Bezug auf den Gläubigerzugriff: Der Kommanditist haftet im Rahmen der §§ 171 ff. HGB, der stille Gesellschafter im Hinblick auf § 230 Abs. 2 HGB überhaupt nicht. In der Insolvenz verliert der Kommanditist seine Einlage (Eigenkapital), der stille Gesellschafter dagegen hat einen Rückforderungsanspruch im Rahmen des § 236 HGB (seine Einlage wird also wie beim Darlehensgeber als Fremdkapital behandelt).

Frage 78:
Welches sind die Gründungsmotive für die stille Gesellschaft?
Antwort:
(a) Kreditpolitische Motive: Die stille Gesellschaft ist eine Form der Unterbeteiligung und damit mögliche Finanzierungsquelle.
(b) Wettbewerbsrechtliche Motive: Die Geheimhaltung von Unterbeteiligungen lässt wirtschaftliche Betätigungen in Bereichen zu, die möglicherweise aufgrund eines gesetzlichen oder vertraglichen Wettbewerbsverbots in offener Weise nicht durchführbar wären.
(c) Gewerberechtliche Motive: Der stille Gesellschafter kann in Bereichen aktiv werden, für die er keine Konzession besitzt.
(d) Steuerliche Motive: Durch die Beteiligung namentlich Familienangehöriger wird ein progressionsmindernder Effekt bei der Einkommensteuer erzielt und durch den Abfluss von Erträgen Substanzbildung bei der Erbschaftsteuer vermieden.

Frage 79:
Welche Berührungspunkte haben das Darlehen und die stille Gesellschaft?
Antwort: Bei Darlehen und stiller Gesellschaft gehen Vermögenswerte auf einen anderen über, beim Darlehen meist gegen einen festen Zinssatz, bei der stillen Gesellschaft gegen Gewinnbeteiligung. Abgrenzungsschwierigkeiten ergeben sich im Fall des „partiarischen Darlehens", bei dem das

Entgelt des Darlehensgebers in einer Gewinnbeteiligung besteht. Diese Darlehensform ist wegen ihrer variablen Beteiligung der stillen Gesellschaft angenähert. Sichere Abgrenzungskriterien sind jedoch bestehende Kontroll- und Überwachungsrechte nicht, da auch bei einem partiarischen Darlehen in der Praxis derartiges vereinbart wird (Vorlage von Bilanzen und dergl.). Negativ lässt sich jedoch sagen, dass wohl bei der stillen Gesellschaft, nicht dagegen beim partiarischen Darlehen eine Verlustbeteiligung möglich ist.

Frage 80:
Wie unterscheidet sich die typische von der atypischen stillen Gesellschaft?
Antwort:
(a) Bei der atypischen stillen Gesellschaft ist der Gesellschafter außer am Gewinn auch noch an den stillen Reserven beteiligt. Ob dies der Fall ist, hängt davon ab, ob er einen Anspruch auf ein etwaiges Auseinandersetzungsguthaben aufgrund einer Liquidationsbilanz hat.
(b) Bei der atypischen stillen Gesellschaft sind die Einkünfte des Stillen solche aus Gewerbebetrieb, bei der typischen stillen Gesellschaft dagegen Einkünfte aus Kapitalvermögen (§ 20 EStG). Bei der atypischen stillen Gesellschaft liegt im Gegensatz zur typischen eine Mitunternehmerschaft im Sinne von § 15 Abs. 1 Ziff. 2 EStG vor.

Frage 81:
Kann bei einer stillen Gesellschaft der Anteil des stillen Gesellschafters am (a) Gewinn (b) Verlust ausgeschlossen werden?
Antwort:
(a) Der Ausschluss des Gewinns ist nicht möglich (§ 231 Abs. 2 2. Halbs. HGB);
(b) der Ausschluss des Verlusts dagegen kann durch Vertrag vereinbart werden (§ 231 Abs. 2 1. Halbs. HGB).

Frage 82:
Sind Gewinnabreden zwischen Familienangehörigen in jedem Umfang zulässig?
Antwort: Einschränkungen bestehen aus dem Gesichtspunkt der Finanzrechtsprechung: Bei Familiengesellschaften wird der Umfang der Gewinnverteilung durch das Kriterium der"Angemessenheit" eingegrenzt; zulässig ist nur das, was in Verträgen mit Familienfremden üblich ist. Außerdem müssen Verträge unter Familienangehörigen wirklich gewollt und tatsächlich durchgeführt werden.

Frage 83:
Welche Kontrollrechte hat ein stiller Gesellschafter?

Antwort: Er kann die abschriftliche Mitteilung des Jahresabschlusses verlangen und dessen Richtigkeit unter Einsicht der Bücher und der Papiere prüfen. Wenn wichtige Gründe vorliegen, kann das zuständige Gericht auf Antrag weitere Aufklärungen sowie die Vorlage von Büchern und Papieren jederzeit anordnen (vgl. § 233 HGB).

Frage 84:
Ist der stille Gesellschafter an der Vertretung der Gesellschaft beteiligt?
Antwort: Kraft Gesellschaftsrechts nicht, da nach außen hin ausschließlich der Geschäftsinhaber auftritt. Möglich ist dagegen ein Tätigwerden des stillen Gesellschafters in Form der handelsrechtlichen Vollmachten, z.B. als Prokurist.

Frage 85:
Was geschieht, wenn bei der stillen Gesellschaft ein Gesellschafter stirbt?
Antwort:
(a) Gesetzlich: Nach § 234 Abs. 2 HGB wird durch den Tod des stillen Gesellschafters die Gesellschaft nicht aufgelöst, wohl jedoch durch den Tod des Geschäftsinhabers (Analogie zu § 727 BGB).
(b) Vertraglich sind abweichende Regelungen möglich.

Frage 86:
Welche Möglichkeiten haben Gläubiger gegen stille Gesellschafter, die in Voraussicht der Zahlungsunfähigkeit des Geschäftsinhabers ihre Einlage „rechtzeitig in Sicherheit bringen"?
Antwort: Nach § 136 InsO unterliegt die Einlagenrückgewähr ebenso wie der Verzicht auf die Verlusttragung der Insolvenzanfechtung. Als Karenzfrist gilt das letzte Jahr vor der Insolvenzeröffnung.

Frage 87:
Welche Konsequenzen hat in Fällen zweifelhafter Vertragsgestaltung die Entscheidung über die Frage, ob ein partiarisches Beteiligungsverhältnis oder eine stille Gesellschaft vorliegt?
Antwort:
(a) Wenn die entsprechende Beteiligungsabrede als stille Gesellschaft gewertet wird, ist der stille Gesellschafter grundsätzlich auch am Verlust beteiligt. Nach § 231 Abs. 2 HGB setzt der Verlustausschluss eine ausdrückliche Bestimmung im Gesellschaftsvertrag voraus. Ist die Beteiligung dagegen als Darlehen zu qualifizieren, kommt eine Verlustbeteiligung von vorn herein nicht in Betracht.
(b) Beim Darlehen ist die Abtretung des Darlehensanspruchs grundsätzlich zulässig, bei der stillen Gesellschaft dagegen in entsprechender Anwendung von § 717 BGB nicht.
(c) Bei der Darlehensgewährung unterliegt die Höhe des Zinsanspruchs einer Überprüfung auf die Sittenwidrigkeit nach § 138 BGB.

(d) Wird dem Geschäftsinhaber ein Patent gegen Gewinnbeteiligung überlassen, so wird die stille Gesellschaft durch die Insolvenz des Geschäftsinhabers ohne weitere Ansprüche des stillen Gesellschafters aufgelöst (abgesehen von der Einlagenrückgewähr), während dem Patentinhaber im Falle des partiarischen Pachtverhältnisses (Überlassung eines Patentes gegen Gewinnbeteiligung) für die Zeit nach der Insolvenzeröffnung Masseforderungen gegen den Insolvenzverwalter zustehen (RGZ 122, 70).

Frage 88:
Bestehen bei der stillen Gesellschaft Wettbewerbsverbote?
Antwort: Im Gesetz sind keine Wettbewerbsverbote festgelegt. Der Geschäftsinhaber ist jedoch regelmäßig verpflichtet, die in seinem Unternehmen erzielbaren Gewinne auf gemeinsame Rechnung zu tätigen, sodass er nicht auf eigene Rechnung im selben Bereich tätig werden darf. Ein Wettbewerbsverbot für den Stillen besteht grundsätzlich nicht. Allerdings kann ähnlich wie beim Kommanditisten ein Verbot im Ausnahmefall in Frage kommen, wenn der stille Gesellschafter besondere Informations- und Einflussmöglichkeiten hat, weil dann die Gefahr einer Ausnutzung dieser Möglichkeiten auf eigene Rechnung besteht.

Fälle

Fall 60:
Vater V hatte für seinen Sohn Max gleich nach dessen Geburt ein Sparbuch angelegt. Als sich auf dem Sparkonto im Laufe der Jahre ein Betrag von 10000 Euro angesammelt hat, will V dieses Geld gewinnbringend anlegen. Sein Geschäftspartner G bietet ihm eine stille Beteiligung an. Daraufhin überweist V vom Konto des M 10000 Euro an G. Vereinbarungsgemäß hatte man schriftlich festgehalten, dass M als stiller Gesellschafter am Geschäft des G beteiligt werden, es sich um eine einmalige Einlage handeln, M nicht am Verlust teilnehmen und auf die Betriebsführung keinerlei Einfluss haben sollte. Der Vertrag wird von V und G unterschrieben und einem Rechtsanwalt zur Begutachtung vorgelegt. Dieser meint, V könne in diesem speziellen Fall als gesetzlicher Vertreter nicht für M handeln. Trifft dies zu?
Lösung: Bedenken an der Rechtswirksamkeit des Vertrages könnten sich aus §§ 1643 Abs.1 i.V.m. 1822 Ziff.3 BGB ergeben. Hiernach bedarf der gesetzliche Vertreter zu Rechtsgeschäften für das Kind der familiengerichtlichen Genehmigung beim Abschluss eines Gesellschaftsvertrages, der „zum Betrieb eines Erwerbsgeschäfts" eingegangen wird. Nach herrschender Meinung entfällt jedoch die Genehmigungspflicht bei der Beteiligung eines minderjährigen stillen Gesellschafters, wenn der Minderjährige nur eine einmalige Kapitaleinlage leistet, ohne am Verlust, am Be-

trieb oder an der Geschäftsführung beteiligt zu sein (BGH JZ 57, 382; BFH DB 74, 365). Die Genehmigungspflicht dient dem Schutz des Minderjährigen und soll Schäden oder Nachteile verhindern, die sich aus seiner Beteiligung an einem Erwerbsgeschäft ergeben können. Nur wenn der Minderjährige am Geschäftsbetrieb selbst beteiligt ist, können sich für ihn über die Zahlung seines Kapitalanteils hinaus Verpflichtungen oder wirtschaftlich nachteilige Folgen ergeben. Bei der bloßen Leistung eines Kapitalanteils ohne Beteiligung am Betrieb und am Verlust ist die Ähnlichkeit mit den reinen Darlehensverträgen so groß und der Abstand von dem genehmigungsbedürftigen Betrieb oder der Beteiligung an Erwerbsgeschäften so weit, dass Sinn und Zweck des § 1822 Ziff. 3 BGB eine familiengerichtliche Genehmigung nicht erfordern (BGH LM Nr. 2 zu § 1643 BGB). Da im vorliegenden Fall jegliche Verlustbeteiligung ausgeschlossen und eine Beteiligung am Geschäftsbetrieb nicht vorgesehen ist, bedarf der Vertrag nicht der familiengerichtlichen Genehmigung. V konnte den Vertrag für M wirksam abschließen.

Fall 61:
Am 30. Juni schloss Y, der in dieser Zeit als Vertreter tätig war und wieder ein eigenes Geschäft gründen wollte, mit X, der die Vermittlung von Krediten betreibt, eine schriftliche Vereinbarung mit im wesentlichen folgendem Inhalt:
„X stellt Y 125 000 Euro für seinen Betrieb zur Verfügung. X gilt mit diesem Betrag als am Unternehmen von Y still beteiligt. Die Beteiligung erstreckt sich auf X selbst und auf seine Geldgeber, deren Vollmacht er besitzt, und zwar solange der Kredit besteht. Weiterhin finanziert X die Aufträge des Y bis auf weiteres mit der Maßgabe, dass die Finanzierung mit einer Frist von 1/4 Jahr aufgekündigt werden kann. Die Finanzierung erstreckt sich auf 120 Tage. Als Gegenleistung erhält X Provision in Höhe von 5 % für die Beschaffung und Bereitstellung der Gelder und für die stille Beteiligung eine monatliche Entschädigung von 5 % aus 125 000 Euro und aus den Auftragsfinanzierungen."
Aufgrund dieser Vereinbarung zahlte X an Y 125 000 Euro aus. Außerdem führte er in größerem Umfang eine Finanzierung der Aufträge von Y durch. Nachdem Y zunächst die laufenden Zahlungen an X geleistet hatte, kam es zwischen den Parteien zu Meinungsverschiedenheiten über die Abrechnung. Schließlich macht Y geltend, die Vereinbarung vom 30.6. sei unwirksam. Nach insoweit unbestrittener Berechnung sei er praktisch verpflichtet, jährlich mindestens 75 % Zinsen für die von X zur Verfügung gestellten Gelder zu zahlen. Er habe damals dem Vertrag nur zugestimmt, weil er sich in einer misslichen Lage insofern befand, als er nicht über das nötige Kapital verfüge, um sich wirtschaftlich selbständig zu machen. Diese vorübergehende wirtschaftliche Notlage habe X zu seinem Vorteil ausgenutzt. Im Laufe der Geschäftsverbindung habe X ihm insgesamt 440 000 Euro vorgestreckt, während er bereits 470 000 Euro bezahlt

habe. X bringt vor, Y sei bekannt gewesen, dass er das benötigte Kapital nicht selbst zur Verfügung gehabt habe, sondern sich von Geldgebern habe beschaffen müssen. Auf Befragen habe Y zudem erklärt, dass er die vereinbarten Zinsen und Provisionen leicht werde aufbringen können, weil er einen Gewinn von 300 % erwarten könne. Wie ist der vorliegende Vertrag zu werten?

Lösung: Entscheidend ist, welchen Rechtscharakter der Vertrag hat: Als Darlehen mit einem Zinssatz in dieser Höhe wäre der Vertrag zwischen X und Y nach § 138 BGB nichtig, nicht aber als Abschluss einer stillen Gesellschaft. Der Bundesgerichtshof, dem dieser Fall zur Entscheidung vorlag (BGH BB 1967, 349) sah die Vereinbarung vom 30.6. nicht als Begründung eines gesellschaftsähnlichen Rechtsverhältnisses, sondern als einen Darlehensvertrag an. Die Abgrenzung zwischen einer stillen Gesellschaft und einem partiarischen Rechtsverhältnis, wie beispielsweise einem Beteiligungsdarlehen, ist vielfach fließend und nicht allein anhand der von den Parteien gewählten Bezeichnung oder einzelner Vertragsbestimmungen zu treffen. Vielmehr setzt dies eine umfassende Würdigung von Vertragszweck und -inhalt sowie der wirtschaftlichen Ziele der Beteiligten voraus. Ein äußerlich klares Unterscheidungsmerkmal fehlt jedenfalls dann, wenn im einzelnen Fall, wie hier, für den Geldgeber eine Gewinnbeteiligung vorgesehen, von einer Verlustbeteiligung aber nicht die Rede ist. Dann muss die Unterscheidung auf den grundsätzlichen Unterschied zwischen beiden Vertragstypen abstellen, der darin liegt, dass die stille Gesellschaft auf die Bildung einer Zweckgemeinschaft abzielt, während der Zweck des Darlehens, auch bei einer vereinbarten Gewinnbeteiligung, stets der einer bloßen Kreditgewährung ist. Entscheidend ist, ob die Beteiligten sich durch den Vertrag zur Erreichung eines gemeinsamen Zieles verbunden haben und ihre schuldrechtlichen Beziehungen demgemäß ein gesellschaftsrechtliches Element in sich tragen oder ob die Beteiligten ohne jeden gemeinsamen Zweck lediglich ihre eigenen Interessen verfolgen und ihre Beziehungen zueinander ausschließlich durch die Verschiedenheit ihrer beiderseitigen Interessen bestimmt werden (BGH BB 67, 349; st. Rspr.). Der Hinweis, die Parteien hätten Kapital, Wissen und Arbeit zur Gründung eines neuen Unternehmens zusammengefügt, besagt für sich allein nicht, dass die Gründung des Unternehmens gemeinsamer Zweck beider gewesen ist. Auch der Geldgeber, dessen Mitwirkung sich in der Kreditgewährung erschöpft, steuert Mittel für ein neues Unternehmen bei, ohne Gesellschafter zu werden.

Im vorliegenden Fall ist entscheidend, dass die „Entschädigung" des X sich nicht nach der Höhe des Gewinns richtet, sondern ohne Rücksicht auf Erzielung und Höhe eines Gewinns fest einen bestimmten Prozentsatz des zur Verfügung gestellten Kapitals betragen sollte. Im Zusammenhang mit dem Ausschluss vom Verlust (§ 231 Abs. 2 HGB) ergibt sich, dass der Gewinn von X nicht mit den wechselnden Ergebnissen des Geschäftsbetriebs verknüpft und X somit hinsichtlich seines Gewinns an der Gefahr des Unternehmens unbeteiligt war. Er erhielt ohne Rücksicht auf Gedeih oder Verderb des Unternehmens jedenfalls laufend seine feste Entschädigung. Damit ist diese „Entschädigung" rechtlich gesehen nicht eine Gewinnbeteiligung, sondern Zins für das hingegebene Kapital. Eine derartige vertragliche Regelung ist mit der Annahme eines Gesellschaftsverhältnisses unvereinbar; sie macht deutlich, dass X sich nicht durch eine Einlage an einem gemeinsamen Unternehmen beteiligte, somit kein gemeinsamer Zweck der Parteien vorlag, vielmehr jede von ihnen ausschließlich ihre eigenen, von denen des Partners verschiedenen Interessen verfolgte. Legt man dies zugrunde, ist das Darlehen wegen seiner überhöhten Zinsen an § 138 BGB zu messen. Ein effektiver Zinssatz von 75 %, wie im vorliegenden Fall, ist sittenwidrig. Nach der feststehenden Rechtsprechung zum wucherischen Darlehen ist allerdings lediglich die Zinsgewährung sittenwidrig und damit nichtig, die Darlehenshingabe bleibt hiervon unberührt.

Fall 62:
Sofie und Gustav sind Geschwister und hatten als gesetzliche Erben das Handelsgeschäft ihres Vaters zunächst gemeinsam betrieben. Später einigen sich beide im Zuge einer Erbauseinandersetzung, dass Gustav gegen Abfindung von Sofie das Geschäft allein weiter führt. S und G schließen dabei einen Vertrag über die Gründung einer stillen Gesellschaft ab, wonach S von ihrer Abfindung 100 000 Euro als Einlage in das Handelsgeschäft des G gegen eine 20 %ige Gewinnbeteiligung leistet. Besonders vereinbart wird, dass die so gegründete Gesellschaft „auf Lebenszeit von Sofie läuft und solange die ordentliche Kündigung der Gesellschaft ausgeschlossen ist". Später kommt es zu Streitigkeiten, in deren Verlauf Gustav das Gesellschaftsverhältnis mit Schreiben vom 31. März auf 31. Dezember desselben Jahres kündigt. S verlangt auch über diesen Termin hinaus ihren prozentualen Anteil am Gewinn; sie ist der Meinung, die von G ausgesprochene Kündigung sei unwirksam. Wie ist die Rechtslage?
Lösung: S kann ihren Gewinnanspruch über den 31. Dezember hinaus nur dann geltend machen, wenn der Vertrag über die stille Gesellschaft durch die Kündigung nicht beendigt wurde. Im vorliegenden Fall wurde die Gesellschaft auf Lebenszeit eines Gesellschafters eingegangen und das ordentliche Kündigungsrecht vertraglich ausgeschlossen. S kann sich auf diese Klausel aber nur berufen, wenn sie gültig ist. Dies ist nicht der Fall. In einer stillen Gesellschaft, die auf unbestimmte Zeit oder auf Lebenszeit eines Gesellschafters eingegangen ist, kann das ordentliche Kündigungsrecht nicht durch eine gesellschaftsvertragliche Regelung ausgeschlossen werden (BGHZ 23, 10). Dies entspricht einer interessengerechten Auslegung des § 234 HGB. Dort ist zunächst bestimmt, dass auf die Kündigung der stillen Gesellschaft die Kündigungsvorschriften bei der oHG entsprechende Anwendung finden. § 234 Abs. 1 S. 2 HGB bestimmt weiter, dass die Vorschrift des § 723 BGB über das Recht, die Gesellschaft aus wichtigen Gründen ohne Einhaltung einer Frist zu kündigen, unberührt bleibt.

Aus dem letzten Satz könnte man formallogisch einen Umkehrschluss dahingehend ziehen, dass § 234 HGB auf die Kündigungsvorschriften bei der BGB-Gesellschaft nur insoweit verweist, als diese Vorschrift Bestimmungen über die Kündigung aus wichtigem Grund enthält und somit zu dem Ergebnis kommen, dass das Gleiche für die ordentliche Kündigung nicht gilt. In der Tat hatte das Reichsgericht in RGZ 156, 129 so argumentiert. Zutreffend stellt der Bundesgerichtshof (BGH aaO.) fest, dass diese formallogische Begründung nicht befriedigt. Sie lässt namentlich die Tatsache außer Acht, dass der klare Sinn des § 234 HGB darin besteht, bei der stillen Gesellschaft die ordentliche Kündigung nach den für die oHG geltenden Vorschriften, die außerordentliche Kündigung hingegen nach den für die bürgerlich-rechtliche Gesellschaft geltenden Vorschriften zu regeln. Bei der ordentlichen Kündigung soll, da die stille Gesellschaft mit dem Handelsgewerbe eines Kaufmanns in Beziehung steht, den kaufmännischen Erfordernissen, insbesondere der insoweit bestehenden Bedeutung des Geschäftsjahres Rechnung getragen werden, während bei der stillen Gesellschaft für die außerordentliche Kündigung kein ausreichendes Bedürfnis besteht, die bei der offenen Handelsgesellschaft notwendige erschwerende Form für die Durchsetzung des außerordentlichen Kündigungsrechts (vgl. § 133 HGB) Platz greifen zu lassen, so dass § 234 HGB aus diesem Grund auf die Regelung des § 723 BGB zurückgreift. Ein weiteres Argument spricht gegen die Einschränkung des ordentlichen Kündigungsrechts bei der stillen Gesellschaft: Bei jeder BGB-Gesellschaft ist der Ausschluss des ordentlichen Kündigungsrechts wegen § 723 Abs. 3 BGB unzulässig. Das bedeutet, dass etwa auf jede Innengesellschaft, bei der nicht alle Erfordernisse der §§ 230 ff. HGB gegeben sind, § 723 Abs. 3 BGB angewendet werden muss, weil diese in einem solchen Fall eine Gesellschaft bürgerlichen Rechts ist. Ist z.B. der an einer Gesellschaft beteiligte Gewerbetreibende kein Kaufmann und ist damit lediglich aus diesem Grunde die fragliche Innengesellschaft keine stille Gesellschaft, sondern eine Gesellschaft bürgerlichen Rechts, dann ist nach § 723 Abs. 3 BGB der Ausschluss des ordentlichen Kündigungsrechts unzulässig. Für eine solche Gesellschaft kann nun nichts anderes gelten, wenn der an ihr beteiligte Gewerbetreibende im Laufe der Zeit nach § 2 oder § 3 HGB Kaufmann wird und die Gesellschaft sich dann als eine stille Gesellschaft darstellt. Ein sachlich gerechtfertigter Grund für eine unterschiedliche Behandlung ist insoweit nicht ersichtlich. Es zeigt sich in dieser Hinsicht vielmehr bei einer solchen Betrachtung die allgemeine gesellschaftsrechtliche Bedeutung der zwingenden Vorschrift des § 723 BGB, die für die Personengesellschaften des Handelsrechts nur eine hier nicht interessierende Modifizierung durch die §§ 132 ff., 234 HGB erhält. Die ordentliche Kündigung ist bei den Personengesellschaften, die auf Lebenszeit eines Gesellschafters oder auf unbestimmte Zeit eingegangen werden, ein notwendiges Element im strukturellen Aufbau dieser Gesellschaften. Ihr zwingender Charakter muss daher auch für die stille Gesellschaft gelten (BGH aaO., h.M.). Im vorliegenden Fall ist die Abrede über den Kündigungsausschluss unwirksam, die von G erklärte Kündigung somit wirksam. Deshalb hat S über den 31. Dezember hinaus keinen Anspruch auf weitere Gewinnbeteiligung.

Fall 63:

G ist Gesellschafter einer oHG und räumt S an seinem Gesellschaftsanteil eine der oHG gegenüber geheimgehaltene Unterbeteiligung in Höhe von 50 000 Euro ein. Als es später zu Streitigkeiten kommt, verlangt S von G Einsicht in den seinen Gesellschaftsanteil betreffenden Jahresabschluss und darüber hinaus Vorlage der Steuer- und Handelsbilanz sowie der Gewinn- und Verlustrechnung der offenen Handelsgesellschaft. G lehnt dies ab, worauf S mit Klage droht. Mittlerweile haben die Mitgesellschafter der oHG von der Unterbeteiligung gehört und wollen wissen, ob sie hierzu nicht ihre Einwilligung hätten geben müssen. Wie ist die Rechtslage?
Lösung: S ist am Gesellschaftsanteil einer Personengesellschaft beteiligt. Auf dieses, im Allgemeinen als „Unterbeteiligung" bezeichnete Rechtsverhältnis sind, da es sich um eine „Innengesellschaft" handelt, die Vorschriften über die BGB-Gesellschaft sowie die der stillen Gesellschaft entsprechend heranzuziehen. Über die Art und Weise der vom Hauptgesellschafter zu erteilenden Rechnungslegung ergibt sich aus dem Recht der BGB-Gesellschaft (vgl. § 721 BGB) nichts. Da die Unterbeteiligung an einem Gesellschaftsanteil aber als eine Art von mittelbarer Beteiligung an einem Handelsgeschäft der stillen Gesellschaft angenähert ist, finden auf die Informationspflichten des Hauptgesellschafters die Vorschriften über die stille Gesellschaft entsprechend Anwendung. Nach § 233 Abs. 1 HGB kann demnach der Unterbeteiligte vom Hauptgesellschafter einen Jahresabschluss über dessen Gesellschaftsanteil verlangen, aus dem er insbesondere auch die auf diesen Anteil entfallenden Erträge und deren Zusammensetzung (Gewinnanteil, Kapitalzinsen, Geschäftsführergehalt usw.) sowie die Entwicklung des Kapitalkontos und seines Anteils ersehen kann. Damit wird seinem berechtigten Interesse entsprochen, die Grundlagen für die Berechnung seiner Gewinn- oder Verlustanteile und seiner kapitalmäßigen Beteiligung zu erfahren (BGHZ 50, 316, 323). S hat deshalb einen Anspruch auf Vorlage des Jahresabschlusses des Hauptgesellschafters G. Einen weitergehenden Rechnungslegungsanspruch hat S dagegen nicht. Er kann nicht die Steuer- und Handelsbilanzen sowie die Gewinn- und Verlustrechnung der offenen Handelsgesellschaft selbst verlangen. Derartige Unterlagen gehören zu den inneren Angelegenheiten der Hauptgesellschaft. Diese hat ein berechtigtes Interesse an der Geheimhaltung. Denn der Unterbeteiligte steht in der Regel zu der Hauptgesellschaft in keinen Rechtsbeziehungen, er schuldet ihr weder Verschwiegenheit noch Gesellschaftertreue und unterliegt keinem Wettbewerbsverbot. Einsicht in die Bilanzen und ähnliche Unterlagen kann deshalb der Unterbeteiligte nur verlangen, wenn die Hauptgesellschaft ihrem

Gesellschafter die Bekanntgabe gestattet hat und der Unterbeteiligungsvertrag dahingehend auszulegen ist, dass dem Unterbeteiligten ein Recht auf Bekanntgabe eingeräumt wird. Im Übrigen bedarf jedoch der Abschluss des Vertrags über die Unterbeteiligung nicht der Zustimmung der nichtbeteiligten Hauptgesellschafter. Das Recht des Hauptgesellschafters, eine Unterbeteiligung einzuräumen, ergibt sich aus der gesellschaftsrechtlichen Vertragsfreiheit. Auch die Nichtübertragbarkeit der Gesellschafterstellung (bei der oHG dispositiv im Gesetz so vorgesehen) steht dem Abschluss eines Unterbeteiligungsvertrages nicht entgegen, da die schuldrechtlichen Verpflichtungen des Hauptgesellschafters weiterhin möglich sind und die Unterbeteiligung sich auf eine reine Innenbeziehung zwischen Hauptbeteiligtem und Unterbeteiligtem beschränkt. Im Gesellschaftsvertrag der Hauptgesellschaft kann zwar eine Unterbeteiligung ausgeschlossen werden, der entgegen dem gesellschaftsvertraglichen Verbot abgeschlossene Unterbeteiligungsvertrag ist deshalb jedoch nicht unwirksam. Es können sich dann allerdings an die Verletzung dieses Verbots gesellschaftsrechtliche Folgen, wie Schadenersatz oder Ausschließung, knüpfen.

Fall 64:
S ist Fachmann auf dem Gebiete des Teppichhandels und schließt mit dem überregional tätigen Teppichfachgeschäft G einen Vertrag über die Gründung einer stillen Gesellschaft. Es wird vereinbart, dass S Verkaufsausstellungen mit Orientteppichen durchführt, wobei G die Geschäftseinrichtung und das Personal zur Verfügung stellt und die Einkäufe finanziert. S stellt seine besonderen Fachkenntnisse und Geschäftsbeziehungen zur Verfügung und wirkt maßgeblich an der Kundenberatung und am Verkauf mit. Hierfür erhält er eine Vorabvergütung und darüber hinaus eine Gewinnbeteiligung. S und G hielten besonders fest, dass die Einlage des S in Form von Dienstleistungen der geschilderten Art erbracht wird. Nach Zwistigkeiten und Auflösung der Gesellschaft verlangt S bei der Auseinandersetzung zusätzlich den Ersatz des Wertes seiner Dienstleistungen, die er als Einlage geleistet hatte. Mit Recht?
Lösung: Der stille Gesellschafter hat nach § 235 Abs. 1 HGB bei Auflösung der Gesellschaft einen Anspruch auf Berichtigung seines Guthabens. Dieses Guthaben besteht regelmäßig aus dem Buchwert seiner Vermögenseinlage, der sich am Auflösungstage aus dem Einlagekonto ergibt, und dem noch nicht ausgezahlten Gewinnanteil. In aller Regel ist dem stillen Gesellschafter in Ermangelung besonderer Vereinbarungen nicht zusätzlich noch der Wert seiner Dienste bei der Auseinandersetzung zu vergüten. Das ergibt sich aus nachfolgender Überlegung: Auch wenn sich Dienstleistungen unter Umständen über das Ende der Gesellschaft hinaus zugunsten des Unternehmens noch auswirken, schlagen sie sich in aller Regel im Geschäftsvermögen nicht in so bestimmter Weise nieder, dass sie dort bei Beendigung der Gesellschaft als fest umrissener und messbarer

Vermögenswert feststellbar wären. Deshalb muss regelmäßig die in der Dienstleistung bestehende Einlage aus praktischen Gründen als voll dem stillen Gesellschafter „zurückgewährt" angesehen werden, sobald dieser mit Auflösung der Gesellschaft wieder frei über den Einsatz seiner Arbeitskraft verfügen kann. Mit der Gewinnbeteiligung sind die Dienstleistungen abschließend berücksichtigt. Dies entspricht im Normalfall auch der für die stille Gesellschaft anwendbaren Vorschrift des § 733 Abs. 2 S. 3 BGB, nach der für Einlagen, die in der Leistung von Diensten bestehen, kein Ersatz verlangt werden kann (BGH LM Nr. 4 zu § 340 HGB a.F.). Allerdings macht die Rechtsprechung hiervon Ausnahmen: Wenn wegen der besonderen Ausgestaltung der Dienste und der Eigenart der für die Gewinnbeteiligung vereinbarten Berechnungsmethode die bis zum Ausscheiden geleisteten Dienste des stillen Gesellschafters durch den Gewinnanteil nicht voll abgegolten sind, und wenn insoweit der Erfolg dieser Dienste bei Auflösung der Gesellschaft im Geschäftsvermögen noch als greifbarer und messbarer Vermögenswert vorhanden ist, kann auch hinsichtlich der geleisteten Dienste ein weiterer Auseinandersetzungsanspruch gerechtfertigt sein. Ob dies im vorliegenden Fall zutrifft, lässt sich anhand der geschilderten Tatsachen nicht abschließend beurteilen. Dies müsste notfalls durch ein Sachverständigengutachten ermittelt werden.

Fall 65:
S beteiligt sich mit einer Einlage in Höhe von 200 000 Euro am Handelsgeschäft des G. Laut Gesellschaftsvertrag ist eine Verlusttragung des stillen Gesellschafters mit „maximal 50 % der Einlage" festgelegt. Über das Vermögen des G wird das Insolvenzverfahren eröffnet; der Insolvenzverwalter beziffert den vorläufigen Verlust auf 2 Mio. Euro und ermittelt eine Insolvenzquote in Höhe von 4 %. S verlangt seine Einlage zurück. Wie viel muss der Insolvenzverwalter ausbezahlen?
Lösung: S hat einen Anspruch auf Rückzahlung seiner Einlage nach näherer Maßgabe des § 236 HGB. Danach kann der stille Gesellschafter wegen der Einlage, soweit sie den Betrag des auf ihn fallenden Anteils am Verlust übersteigt, seine Forderung als Insolvenzgläubiger geltend machen. Da S den Verlust in Höhe von 50 % seiner Einlage mitzutragen hat, kann er von seiner Einlage in Höhe von 200 000 Euro lediglich 100 000 Euro zurückfordern. Bei einer Insolvenzquote von 4 % beträgt die vom Insolvenzverwalter auszuzahlende Summe 4000 Euro. Der gesamte Verlust des S beziffert sich deshalb auf 200 000 − 4000 = 196 000 Euro.

Fall 66:
Kapitalgeber S beteiligt sich an der G-Patentverwertungs-KG mit einer Einlage von 1 Mio. gegen Beteiligung am Gewinn und Verlust der Gesellschaft zu 1/3. Bald stellt sich heraus, dass die von G gemachten Versprechungen jeder Realität entbehren. Schließlich kommt S dahinter, dass er von den geschäftsführenden Gesellschaftern der G durch die Vorlage ge-

fälschter Unterlagen regelrecht betrogen wurde. Jetzt erklärt S die fristlose Kündigung der Gesellschaft aus wichtigem Grunde. Auf sein energisches Verlangen wird ihm die Einlage zurückgewährt. Drei Monate später wird über das Vermögen der G das Insolvenzverfahren eröffnet. Der zum Insolvenzverwalter bestellte K erklärt die Anfechtung der zurückgewährten Einlage und fordert von S Rückzahlung zur Insolvenzmasse. Der Rechtsanwalt von S bringt zwei Gesichtspunkte vor: Die Insolvenzanfechtung scheide im vorliegenden Fall aus, weil wegen der Täuschung durch G und der von S erklärten Täuschungsanfechtung der Gesellschaftsvertrag hinfällig sei, eine stille Gesellschaft zwischen G und S im Rechtssinne deshalb gar nicht bestanden habe. Außerdem komme § 136 InsO nicht zum Zuge, weil eine „Vereinbarung" in diesem Sinne zwischen G und S ja gar nicht Grundlage der Rückgewähr gewesen sei. Was ist hierzu zu sagen?

Lösung: Es ist zu prüfen, ob der Insolvenzverwalter nach § 136 InsO zur Anfechtung der Einlagerückgewähr berechtigt ist.

(a) Die Insolvenzanfechtung scheitert nicht daran, dass im vorliegenden Sachverhalt Anhaltspunkte bestehen, aus denen Nichtigkeits- bzw. Anfechtungsgründe abgeleitet werden können. Selbst wenn dem so wäre, wären nicht die allgemeinen Grundsätze des bürgerlichen Rechts, sondern die über die fehlerhafte Gesellschaft anzuwenden. In der Literatur werden die Grundsätze über die fehlerhafte Gesellschaft teilweise nur auf die atypische stille Gesellschaft übertragen. Der Bundesgerichtshof hat jedoch mit Recht betont (BGHZ 55, 5), dass auch bei der typischen stillen Gesellschaft die Grundsätze über die fehlerhafte Gesellschaft Anwendung finden können. Im Gesellschaftsrecht ist allgemein anerkannt, dass die Nichtigkeits- und Anfechtungsfolgen des bürgerlichen Rechts wegen ihrer Rückwirkung (vgl. § 142 BGB) auf den Abschluss des Rechtsgeschäfts für Gesellschaftsverhältnisse im Allgemeinen nicht passen. Es würde zu unerträglichen Ergebnissen führen, eine auf Dauer angelegte und tatsächlich vollzogene Leistungsgemeinschaft, für die die Beteiligten Beiträge erbracht und Werte geschaffen haben, die Gewinnchancen genützt und vor allem gemeinschaftlich das Risiko getragen haben, ohne weiteres mit rückwirkender Kraft zu streichen und damit so zu behandeln, als ob sie niemals bestanden hätte. Derartige Rechtsverhältnisse verdienen bis zu dem Zeitpunkt, in dem der Anfechtungs- oder Nichtigkeitsgrund geltend gemacht wird, im Interesse der Gesellschafter Bestandschutz, sofern nicht ausnahmsweise die rechtliche Anerkennung des von den Parteien gewollten und tatsächlich vorhandenen Zustands aus wichtigen Belangen der Allgemeinheit oder bestimmter besonders schutzwürdiger Personen unvertretbar ist. Deshalb gehört der Grundsatz, dass eine fehlerhafte Gesellschaft regelmäßig nicht von Anfang an nichtig, sondern wegen des Nichtigkeits- und Anfechtungsgrundes nur mit Wirkung für die Zukunft vernichtbar ist, heute zum gesicherten Bestandteil des Gesellschaftsrechts (BGH aaO.). Die rechtliche Anerkennung der fehlerhaften Gesellschaft findet allerdings dort ihre Grenze, wo gewichtige Interessen der Allgemeinheit oder einzelner schutzwürdiger Personen entgegenstehen (BGHZ 3, 285, 288; 26, 330, 334). Fälle dieser Art sind der Gesetzesverstoß, die besonders grobe Sittenwidrigkeit oder der Umstand, dass sich ein Gesellschafter durch Drohung oder Täuschung einen überaus günstigen Gewinn- und Liquidationsanteil zugestehen lässt und ein deswegen in die Auseinandersetzungsrechnung einzustellender Schadenersatzanspruch keinen genügenden Ausgleich ermöglicht (BGHZ 13, 320, 323). Ein solcher Fall liegt jedoch im Ausgangssachverhalt nicht vor. S macht zwar geltend, er sei durch betrügerisches Verhalten seitens G zum Abschluss des Gesellschaftsvertrags bestimmt worden. Der Vorteil für den Geschäftsinhaber aber, der in dem Abschluss des stillen Gesellschaftsvertrags selbst liegt, rechtfertigt es nicht, die durch die Invollzugsetzung des Gesellschaftsverhältnisses geschaffenen Rechtstatsachen rückwirkend zu beseitigen und statt des Gesellschaftsrechts die allgemeinen Regeln des bürgerlichen Rechts zur Anwendung zu bringen (BGHZ 13, 323). Der Schutz des Betrogenen wird hinreichend dadurch gewahrt, dass die arglistige Täuschung für ihn einen wichtigen Grund zur Auflösung der Gesellschaft bildet (BGHZ 3, 285) und sein insoweit etwa entstandener Schadenersatzanspruch bei der Auseinandersetzung zu berücksichtigen ist. Die Anfechtung der Rückgewähr durch den Insolvenzverwalter entfällt also nicht schon unter dem Gesichtspunkt des fehlerhaften Gesellschaftsvertrags.

(b) Allerdings ist das Anfechtungsrecht aus einem anderen Grund ausgeschlossen: § 136 InsO greift nur ein, wenn der Rückgewähr der Einlage eine Vereinbarung zugrunde liegt. Dies ist nicht der Fall, wenn es nicht vom freien Willen des Geschäftsinhabers abhängt, ob er die Einlage zurückzahlen will. Eine freiwillige Rückgewähr liegt nicht vor, wenn ein gesetzliches Kündigungsrecht, insbesondere das Recht zur fristlosen Kündigung aus wichtigem Grund ausgeübt wird und aus diesem Grunde die Rückzahlung erfolgen muss. So ist es im vorliegenden Fall: S war wegen der bekannt gewordenen Manipulation zur Kündigung aus wichtigem Grunde berechtigt. Es war ihm nicht mehr zuzumuten, das Vertragsverhältnis mit G weiter fortzusetzen. G musste deshalb gezwungenermaßen die Einlage zurückgewähren, von einer zwischen ihm und S getroffenen „Vereinbarung" als Grundlage der Rückgewähr kann deshalb keine Rede sein. Ergebnis: S muss die innerhalb einer Jahresfrist (vgl. § 136 Abs. 1 InsO) erfolgte Rückzahlung nicht wieder an den Insolvenzverwalter herausgeben.

VI. Die Aktiengesellschaft

Übersicht

Wesen	Juristische Person, Handelsgesellschaft, Kapitalgesellschaft, Formkaufmann. Rechtsform für Großunternehmen mit großem Kapitalbedarf (Kapitalansammlungsfunktion).
Vermögensordnung	*Grundkapital*: der bei Gründung aufzubringende Mindestkapitalbetrag (Mindestnennbetrag 50 000 Euro, § 7 AktG). *Aktie:* (a) ziffernmäßiger Teil des Grundkapitals; (b) Mitgliedschaftsrecht (Summe der Rechte und Pflichten zur Mitverwaltung und Ertragsbeteiligung); (c) Wertpapier (Inhaberaktien und Namensaktien). *Gesellschaftsvermögen*: tatsächliches Vermögen der Aktiengesellschaft, das sich mit der Gewinnentwicklung verändert.
Gründung	*Einfache Gründung:* (a) Feststellung der Satzung durch notarielle Beurkundung durch einen oder mehrere Gründer, §§ 23, 2 AktG; (b) Aufbringung des Grundkapitals (Verpflichtung der Gründer zur Einzahlung auf das übernommene Aktienpaket); (c) Bestellung der Organe, § 30 AktG; (d) Gründungsbericht und Gründungsprüfung, § 32 AktG; (e) Mindesteinzahlung auf das Aktienkapital, § 36 Abs. 2 AktG; (f) Handelsregisteranmeldung mit Überprüfung durch das Registergericht, §§ 37, 38 AktG; (g) Eintragung in das Handelsregister, § 39 AktG (Entstehung der Aktiengesellschaft). *Qualifizierte Gründung* (§§ 26, 27 AktG): (a) Einräumung von Sondervorteilen an einzelne Aktionäre; (b) Gründungsvergütungen; (c) Sacheinlagen; (d) Sachübernahmen.
Organe	*Vorstand*: Geschäftsführung und Vertretung der AG, Bestellung durch den Aufsichtsrat (§§ 76 ff. AktG). *Aufsichtsrat*: im Wesentlichen Überwachungsorgan, Wahl durch die Hauptversammlung (Arbeitnehmervertreter nach Mitbestimmungs- bzw. Betriebsverfassungsrecht), §§ 95 ff. AktG.

	Hauptversammlung: grundlegende Entscheidungen (§§ 118 ff. AktG).
Rechnungslegung und Gewinnverwendung, §§ 264 ff. HGB, 150 ff. AktG	(1) Aufstellung des Jahresabschlusses (Vorstand) (2) Vorlage des Jahresabschlusses und Lageberichts (Vorstand) (3) Prüfung des Jahresabschlusses, Lageberichts und Vorschlags für die Verwendung des Bilanzgewinns (Abschlussprüfer und Aufsichtsrat) (4) Feststellung des Jahresabschlusses (Billigung durch den Aufsichtsrat) (5) Beschluss über die Verwendung des im festgestellten Jahresabschluss ausgewiesenen Bilanzgewinns durch die Hauptversammlung (6) Offenlegung des Jahresabschlusses (Vorstand)
Satzungsänderungen, §§ 179 ff. AktG	(1) Allgemein: Notarielle Form, 3/4-Mehrheit, Handelsregistereintragung (2) Spezielle Satzungsänderungen: 　(a) Kapitalerhöhungen 　　● effektiv (gegen Einlagen, bedingte Kapitalerhöhung, genehmigtes Kapital) 　　● nominell (aus Gesellschaftsmitteln = Kapitalberichtigung) 　(b) Kapitalherabsetzung 　　● effektiv (Rückzahlung überflüssiger Kapitalbeträge an die Aktionäre) 　　● nominell (Beseitigung von Unterbilanzen durch rechnungsmäßige Herabsetzung des Grundkapitals)
Kommanditgesellschaft auf Aktien, §§ 278 ff. AktG	Juristische Person, Mischform aus Aktiengesellschaft und Kommanditgesellschaft, teilweise Anwendung des Aktienrechts sowie des Rechts der Kommanditgesellschaft (§§ 278 ff. AktG).
Umwandlung §§ 1 ff. UmwG	Arten der Umwandlung (1) Verschmelzung (2) Spaltung (Aufspaltung, Abspaltung, Ausgliederung) (3) Vermögensübertragung (4) Formwechsel

Fragen

Frage 89:
Wie ist die Aktiengesellschaft gesetzlich zu definieren?
Antwort: Die Aktiengesellschaft ist nach § 1 AktG eine Gesellschaft mit eigener Rechtspersönlichkeit und einem in Aktien zerlegten Grundkapital,

für deren Verbindlichkeiten den Gläubigern nur das Gesellschaftsvermögen haftet.

Frage 90:
Findet auf die Aktiengesellschaft die Organhaftung Anwendung?
Antwort: Ja, die Aktiengesellschaft ist juristische Person, sodass § 31 BGB entsprechend anzuwenden ist.

Frage 91:
Für welche Unternehmen eignet sich die Rechtsform der Aktiengesellschaft vornehmlich?
Antwort: Die Aktiengesellschaft ist wegen ihrer Kapitalansammlungsfunktion vornehmlich Organisationsform für Großunternehmen.

Frage 92:
Was versteht man unter dem Grundkapital?
Antwort: Das Grundkapital ist der von den Aktionären bei Gründung mindestens aufzubringende Kapitalbetrag, sein Mindestnennbetrag ist gem. § 7 AktG 50 000 Euro.

Frage 93:
Auf welche Weise garantiert das Gesetz den Gläubigern das Grundkapital?
Antwort: Da bei Kapitalgesellschaften für die Verbindlichkeiten den Gläubigern lediglich das Gesellschaftsvermögen haftet, soll wenigstens in Höhe des Grundkapitals ein Mindesthaftungsstock garantiert sein. Die Garantie erfolgt über das Verbot der Unterpari-Emission, die Pflicht zur vollständigen Aktienübernahme und zur Mindesteinzahlung, strenge Vorschriften über die Wertermittlungen bei Sachgründungen, beschränkte Zahlungsmodalitäten, das Verbot, die Einzahlungspflicht zu erlassen oder die Einlagen zurückzugewähren, den beschränkten Erwerb eigener Aktien, den Gläubigerschutz bei Kapitalherabsetzung u.a.

Frage 94:
Warum ist das Grundkapital bei der Aktiengesellschaft auf der Passivseite einzustellen?
Antwort: Es muss sichergestellt sein, dass aus dem Grundkapital keine Dividenden ausgeschüttet werden können, ein verteilbarer Gewinn bilanztechnisch also nur entsteht, solange das Gesellschaftsvermögen den Betrag des Grundkapitals übersteigt.

Frage 95:
In welchem Sinne wird der Begriff „Aktie" verwandt?
Antwort:
(a) Die Aktie ist zunächst ein Bruchteil des Grundkapitals,

(b) sie ist zugleich ein Mitgliedschaftsrecht und
(c) sie ist ein Wertpapier.

Frage 96:
Geht das Gesetz von der „Quotenaktie" oder „Nennwertaktie" aus?

Antwort: Obwohl die Aktie eine bestimmte Quote des Grundkapitals repräsentiert, kannte das deutsche Aktienrecht bis 1998 nur die „Nennwertaktie". Seit der Änderung des AktG durch das Stückaktiengesetz von 1998 gibt es nunmehr auch nennwertlose Aktien, sogenannte „Stückaktien", bei denen sich der Umfang der Beteiligung allein aus der Zahl der ausgegebenen Aktien ergibt. Bei Nennbetragsaktien ergibt sich der Umfang der Beteiligung dagegen aus dem Verhältnis des Nennbetrags zum Grundkapital (§ 8 Abs. 4 AktG). Eine Gesellschaft kann aber entweder nur Nennwertaktien oder nur Stückaktien ausgeben.

Frage 97:
Welche beiden Gründungsfälle sind bei der Aktiengesellschaft zu unterscheiden?
Antwort:
(a) Die einfache Gründung: sie setzt voraus: Feststellung der Satzung in notarieller Form, Aufbringung des Grundkapitals, Bestellung der Organe, Mindesteinzahlung auf das Aktienkapital, Gründungsbericht und Gründungsprüfung, Handelsregisteranmeldung und Eintragung.
(b) Qualifizierte Gründung: sie liegt vor bei für den Gläubiger riskanten Modalitäten: Einräumung von Sondervorteilen an einzelne Aktionäre, Gründungsvergütungen, Sacheinlagen und Sachübernahmen. Hier gibt es gesetzliche Zusatzerfordernisse zum Schutz der Gläubiger.

Frage 98:
Was versteht man unter einer „Nachgründung"?
Antwort: Hier handelt es sich um Umgehungstatbestände, die § 52 AktG verhindern will: Verträge der Gesellschaft mit Gründern oder mit Aktionären, die zu mehr als 10 % des Grundkapitals an der Gesellschaft beteiligt sind, nach denen sie vorhandene oder herzustellende Anlagen oder andere Vermögensgegenstände innerhalb der ersten zwei Jahre seit Eintragung der Gesellschaft in das Handelsregister erwerben soll, werden nur mit Zustimmung der Hauptversammlung und durch Eintragung in das Handelsregister wirksam, sofern die Vergütung ein Zehntel des Grundkapitals übersteigt. Damit soll verhindert werden, dass die strengen Prüfungsbestimmungen bei Sachgründungen durch rechtsgeschäftlichen Erwerb der betreffenden Gegenstände umgangen werden.

Frage 99:
Welche Organe hat die Aktiengesellschaft?
Antwort: Vorstand, Aufsichtsrat und Hauptversammlung.

484   *Gesellschaftsrecht*

Frage 100:
Welche Aufgaben hat der Vorstand einer Aktiengesellschaft?
Antwort: Der Vorstand hat unter eigener Verantwortung die Gesellschaft zu leiten (§ 76 Abs. 1 AktG).

Frage 101:
Welche Prinzipien gelten für Geschäftsführung und Vertretung der Vorstandsmitglieder einer Aktiengesellschaft?
Antwort: Es gilt der dispositive Grundsatz der Gesamtgeschäftsführung und Gesamtvertretung (§§ 77, 78 AktG).

Frage 102:
Ist die Vertretungsbefugnis des Vorstands nach außen beschränkbar, ist die Bestellung zum Vorstandsmitglied widerruflich?
Antwort: Die Vertretungsbefugnis ist nach außen unbeschränkbar (§ 82 Abs. 1 AktG). Die Bestellung zum Vorstandsmitglied kann widerrufen werden, wenn ein wichtiger Grund vorliegt (grobe Pflichtverletzung, Unfähigkeit zur ordnungsgemäßen Geschäftsführung und Vertrauensentzug durch die Hauptversammlung, § 84 Abs. 3 AktG).

Frage 103:
Welche Kompetenzen hat der Aufsichtsrat bei der Aktiengesellschaft?
Antwort:
(a) Bestellung und Abberufung des Vorstands,
(b) Überwachung der Geschäftsführung des Vorstands,
(c) Vertretung der Gesellschaft gegenüber Vorstandsmitgliedern,
(d) Prüfung des Jahresabschlusses samt Lagebericht und Vorschlag für die Verwendung des Bilanzgewinns,
(e) Feststellung des Jahresabschlusses,
(f) Einberufung von Hauptversammlungen, wenn das Wohl der Gesellschaft dies erfordert,
(g) Zustimmung zu bestimmten Arten von Geschäften, wenn die Satzung hierzu ermächtigt oder der Aufsichtsrat dies so bestimmt hat.

Frage 104:
Wie setzt sich der Aufsichtsrat zusammen?
Antwort: Man muss unterscheiden:
(a) Nach dem Betriebsverfassungsrecht wird der Aufsichtsrat bei mehr als 500 Arbeitnehmern zu zwei Dritteln aus Anteilseignern und zu einem Drittel aus Arbeitnehmervertretern bestellt (§ 76 Abs. 1 BetrVG 1952).
(b) Nach dem MitbestimmungsG 1976 (bei mehr als 2000 Arbeitnehmern) ist die Zahl der Aufsichtsratsmitglieder verschieden je nach Beschäftigtenzahl (bis 10 000 Arbeitnehmern: 12, zwischen 10 000 und 20 000 Arbeitnehmern: 16, ab 20 000 Arbeitnehmern: 20 Aufsichtsratsmitglieder). Hier wird der Aufsichtsrat paritätisch besetzt, allerdings mit der Besonderheit,

dass der Aufsichtsratsvorsitzende bei Stimmengleichheit den Stichentscheid hat und außerdem ein Platz auf Arbeitnehmerseite für einen Vertreter der leitenden Angestellten reserviert bleibt.

(c) Nach dem Montan-MitbestimmungsG (ab 1000 Arbeitnehmern in der Montanindustrie) wird der Aufsichtsrat aus je 5 Vertretern der Arbeitnehmer und der Anteilseigner gebildet, hinzu kommt der „elfte Mann" als neutraler Vertreter.

(d) In Betrieben, die dem MitbestimmungsergänzungsG unterliegen, ist der Aufsichtsrat aus je 7 Vertretern der Arbeitnehmer- und Anteilseignerseite sowie einem weiteren Mitglied als neutrale Person zu bilden.

Frage 105:
Welche Aufgaben hat die Hauptversammlung einer Aktiengesellschaft?
Antwort: Die Hauptversammlung ist gem. §§ 118 ff. AktG zuständig für die
(a) Bestellung der Aktionärsvertreter im Aufsichtsrat,
(b) Verwendung des Bilanzgewinns,
(c) Entlastung der Mitglieder des Vorstandes und des Aufsichtsrats,
(d) Bestellung der Abschlussprüfer,
(e) Änderung der Satzung,
(f) Maßnahmen der Kapitalbeschaffung und Kapitalherabsetzung,
(g) Bestellung von Prüfern zur Kontrolle von Vorgängen bei der Gründung oder der Geschäftsführung,
(h) Auflösung der Gesellschaft,
(i) Umwandlung,
(j) Zustimmung zu Unternehmensverträgen sowie
(k) anderen in der Satzung vorgesehenen Aufgaben.

Frage 106:
Kann die Hauptversammlung auch die Geschäftsführung in der Aktiengesellschaft übernehmen?
Antwort: Grundsätzlich nicht, ausnahmsweise kann aber der Vorstand nach § 119 Abs. 2 AktG der Hauptversammlung Fragen der Geschäftsführung zur Entscheidung vorlegen.

Frage 107:
Gibt es auch Fälle, in denen der Vorstand verpflichtet ist, eine Frage der Geschäftsführung nach § 119 Abs. 2 AktG der Hauptversammlung vorzulegen?
Antwort: Dem Wortlaut der Vorschrift nach an sich nicht. Der Bundesgerichtshof hat jedoch entschieden, dass der Vorstand ausnahmsweise „bei schwerwiegenden Eingriffen in die Rechte und Interessen der Aktionäre, wie z.B. der Ausgliederung eines Betriebs, der den wertvollsten Teil des Gesellschaftsvermögens bildet, auf eine dazu gegründete Tochtergesellschaft" verpflichtet sein kann, eine Entscheidung der Hauptversammlung herbeizuführen (BGHZ 83, 122).

Frage 108:
Wann ist eine außerordentliche Hauptversammlung einzuberufen?
Antwort: Wenn Aktionäre, deren Anteile zusammen ein Zwanzigstel des Grundkapitals erreichen, die Einberufung schriftlich unter Angabe des Zwecks und der Gründe verlangen (§ 122 AktG).

Frage 109:
In welchen Fällen kann der Vorstand das Auskunftsverlangen eines Aktionärs verweigern?
Antwort: Nach § 131 Abs. 3 AktG in folgenden Fällen:
(a) Soweit die Auskunftserteilung für die Gesellschaft einen nicht unerheblichen Nachteil zur Folge hätte,
(b) soweit sie sich auf steuerliche Wertansätze oder die Höhe einzelner Steuern bezieht,
(c) bei unterschiedlichen Wertansätzen,
(d) über Bilanzierungs- und Bewertungsmethoden,
(e) soweit sich der Vorstand durch die Auskunft strafbar machen würde und
(f) soweit bei einem Kreditinstitut bestimmte Angaben (§ 131 Abs. 3 Nr. 6 AktG) nicht gemacht werden müssen.

Frage 110:
Welche Grenzen kennt das Aktienrecht für das Depotstimmrecht?
Antwort: Die Ausübung des Depotstimmrechts ist in § 135 AktG ausführlich geregelt. Zu beachten ist insbesondere die jederzeitige Widerruflichkeit, worauf das bevollmächtigte Kreditinstitut jährlich hinweisen muss.

Frage 111:
Welche Möglichkeiten hat ein Aktionär, wenn er der Meinung ist, Beschlüsse der Hauptversammlung seien rechtswidrig?
Antwort: Er kann Klage beim zuständigen Landgericht erheben, wenn er zunächst die entsprechenden Formalitäten beachtet hat (Widerspruch zu Protokoll und Klage innerhalb eines Monats nach Beschlussfassung). Begründet ist die Klage, wenn entweder Nichtigkeitsgründe (§ 241 AktG – schwerste Verstöße) oder Anfechtungsgründe (§ 243 AktG – Gesetzes- oder Satzungsverletzungen) vorliegen.

Frage 112:
Welche Organe sind bei der Aktiengesellschaft für die Rechnungslegung und Gewinnverwendung kompetent?
Antwort:
(a) Der Vorstand stellt den Jahresabschluss (Jahresbilanz, Gewinn- und Verlustrechnung sowie Anhang) auf und legt den Lagebericht vor.
(b) Die Prüfung des Jahresabschlusses erfolgt durch die Abschlussprüfer und den Aufsichtsrat.

(c) Die Feststellung des Jahresabschlusses obliegt dem Aufsichtsrat, ausnahmsweise der Hauptversammlung.
(d) Die Hauptversammlung entscheidet über die Gewinnverwendung.
(e) Die Offenlegung des Jahresabschlusses erfolgt durch den Vorstand.

Frage 113:
Was umfasst der Jahresabschluss der Aktiengesellschaft?
Antwort: Bilanz, Gewinn- und Verlustrechnung, Anhang und Lagebericht.

Frage 114:
Welche Beträge sind als Kapitalrücklage auszuweisen?
Antwort: Gem. § 272 Abs. 2 Nr. 1–4 HGB sind auszuweisen:
(a) der Betrag, der bei Ausgabe von Anteilen (einschließlich Bezugsanteilen) über den Nennbetrag oder, falls ein Nennbetrag nicht vorhanden ist, über den rechnerischen Wert hinaus erzielt wird;
(b) der Betrag, der bei Ausgabe von Schuldverschreibungen für Wandlungs- und Optionsrechte zum Erwerb von Anteilen erzielt wird;
(c) der Betrag von Zuzahlungen, die Gesellschafter gegen Gewährung eines Vorzugs für ihre Anteile leisten;
(d) der Betrag von anderen Zuzahlungen, die Gesellschafter in das Eigenkapital leisten.

Frage 115:
Welcher Betrag ist in die gesetzliche Rücklage einzustellen?
Antwort: Gem. § 150 Abs. 2 AktG ist ein Zwanzigstel des um einen Verlustvortrag aus dem Vorjahr geminderten Jahresüberschusses einzustellen, bis die gesetzliche Rücklage und die Kapitalrücklagen nach § 272 Abs. 2 Nr. 1–3 HGB zusammen den zehnten oder den in der Satzung bestimmten höheren Teil des Grundkapitals erreichen.

Frage 116:
Welche Funktion hat der Lagebericht?
Antwort: Im Lagebericht sind der Geschäftsverlauf und die Lage der Kapitalgesellschaft so darzustellen, dass ein den tatsächlichen Verhältnissen entsprechendes Bild vermittelt wird (vgl. § 289 HGB).

Frage 117:
Welche Kompetenz hat die Hauptversammlung hinsichtlich der Gewinnverwendung?
Antwort: Die Hauptversammlung beschließt über die Verwendung des Bilanzgewinns, ist hierbei jedoch an den zuvor festgestellten Jahresabschluss gebunden (§ 119 Abs. 1 Nr. 2 AktG).

Frage 118:
Welche Unternehmen unterliegen der Rechnungslegung nach dem Publizitätsgesetz?

Antwort: Das Publizitätsgesetz erfasst Unternehmen, bei denen von nachfolgenden drei Merkmalen wenigstens zwei zutreffen:
(a) Bilanzsumme von mehr als 65 Mio. Euro
(b) Jahresumsatzerlöse von mehr als 130 Mio. Euro
(c) durchschnittliche Arbeitnehmerzahl von mehr als 5000.

Frage 119:
Welche Sonderformen der effektiven Kapitalerhöhung kennt das Aktienrecht neben der ordentlichen Kapitalerhöhung?

Antwort:
(a) Die bedingte Kapitalerhöhung nach §192 AktG (die Erhöhung des Grundkapitals soll nur insoweit durchgeführt werden, wie von einem Umtausch- oder Bezugsrecht Gebrauch gemacht wird, das die Gesellschaft auf die neuen Aktien einräumt);
(b) das genehmigte Kapital nach §202 AktG (hier wird der Vorstand ermächtigt, in den nächsten fünf Jahren mit Zustimmung des Aufsichtsrats das Grundkapital bis zu einem bestimmten Nennbetrag durch Ausgabe neuer Aktien gegen Einlagen zu erhöhen).

Frage 120:
Was versteht man unter einer Kapitalerhöhung aus Gesellschaftsmitteln?

Antwort: Hier handelt es sich um eine nominelle Kapitalerhöhung (nach §207 AktG: Umwandlung von Kapital- und Gewinnrücklagen in Grundkapital).

Frage 121:
Welche Fälle der Kapitalherabsetzung kennt das Aktienrecht?
Antwort: Die effektive Kapitalherabsetzung und die nominelle Kapitalherabsetzung.

Frage 122:
Welche Fälle der Umwandlung kennt das Aktienrecht?
Antwort: Das Umwandlungsrecht ist komplett im Umwandlungsgesetz geregelt. Dieses sieht vier Fälle der Umwandlung vor:
(a) Die in den §§2 bis 122 UmwG geregelte *Verschmelzung* ist die Übertragung des Unternehmensvermögens als Ganzes auf ein bereits bestehendes (Verschmelzung durch Aufnahme) oder auf ein neu zu gründendes (Verschmelzung durch Neugründung) Unternehmen.
(b) Bei der *Spaltung* (§§123 bis 173 UmwG) überträgt der übertragende Rechtsträger Teile seines Vermögens auf einen anderen Rechtsträger – hier liegt nur eine teilweise Gesamtrechtsnachfolge vor. §123 UmwG unterscheidet zwischen Aufspaltung, Abspaltung und Ausgliederung.

(c) Bei der in §§ 174 bis 189 UmwG geregelten *Vermögensübertragung* geht es um Sonderfälle der Spaltung und Verschmelzung, in denen die bisherigen Anteilseigner nicht in Kapitalanteilen am aufnehmenden Unternehmen, sondern auf andere Weise ausgezahlt werden.

(d) Der *Formwechsel* ist in den §§ 190 bis 304 UmwG geregelt und betrifft die Änderung der Rechtsform eines Unternehmens unter Beibehaltung seiner Identität.

Frage 123:
Was versteht man unter einer Kommanditgesellschaft auf Aktien?

Antwort: Die KGaA ist eine Gesellschaft mit eigener Rechtspersönlichkeit, bei der mindestens ein Gesellschafter den Gesellschaftsgläubigern unbeschränkt haftet und die übrigen an dem in Aktien zerlegten Grundkapital beteiligt sind, ohne persönlich für die Verbindlichkeiten der Gesellschaft zu haften (§§ 278 ff. AktG).

Frage 124:
Welche beiden Arten von Gesellschaftern gibt es demzufolge bei der KGaA?

Antwort: Den/die persönlich haftenden Gesellschafter und die Kommanditaktionäre.

Frage 125:
Welche Rechtsnatur hat die KGaA?

Antwort: Die KGaA ist eine Mischform aus Kommanditgesellschaft und Aktiengesellschaft. Sie ist jedoch nicht Personengesellschaft, sondern juristische Person.

Frage 126:
Welche Organe hat die Kommanditgesellschaft auf Aktien?

Antwort:
(a) Den/die persönlich haftenden Gesellschafter,
(b) den Aufsichtsrat,
(c) die Hauptversammlung.
Sie hat jedoch keinen Vorstand, seine Funktion übernimmt der persönlich haftende Gesellschafter.

Frage 127:
Welche Rechtsbeziehungen gelten in der Kommanditgesellschaft auf Aktien?

Antwort: Nach § 278 Abs. 2 AktG bestimmt sich das Rechtsverhältnis der persönlich haftenden Gesellschafter untereinander und gegenüber der Gesamtheit der Kommanditaktionäre sowie gegenüber Dritten nach dem Recht der Kommanditgesellschaft. Im Übrigen gelten die Vorschriften über das Aktienrecht vorbehaltlich der Sondervorschriften der §§ 279 ff. AktG.

Frage 128:
Wem obliegen Geschäftsführung und Vertretung in der KGaA?
Antwort: Dem persönlich haftenden Gesellschafter.

Frage 129:
Wer beschließt in der KGaA über die Feststellung des Jahresabschlusses?
Antwort: Nach § 286 Abs. 1 S. 1 AktG die Hauptversammlung, deren Beschluss jedoch der Zustimmung der persönlich haftenden Gesellschafter bedarf.

Frage 130:
Welche Fälle verbundener Unternehmen kennen Sie?
Antwort: Nach § 15 AktG sind zu unterscheiden:
(a) Mehrheitsbeteiligungen
(b) abhängige und herrschende Unternehmen
(c) Konzerne
(d) wechselseitige Beteiligungen
(e) Unternehmensverträge.

Frage 131:
Sind verbundene Unternehmen selbständig oder unselbständig?
Antwort: Bei verbundenen Unternehmen handelt es sich um rechtlich selbständige Unternehmen.

Frage 132:
Wann liegt eine Mehrheitsbeteiligung vor?
Antwort: Nach § 16 AktG, wenn die Mehrheit der Anteile eines rechtlich selbständigen Unternehmens einem anderen Unternehmen gehört oder die Mehrheit der Stimmrechte einem anderen Unternehmen zusteht.

Frage 133:
Wann spricht man von abhängigen Unternehmen?
Antwort: Abhängige Unternehmen sind rechtlich selbständige Unternehmen, auf die ein anderes Unternehmen als herrschendes Unternehmen unmittelbar oder mittelbar einen beherrschenden Einfluss ausüben kann (§ 17 AktG).

Frage 134:
In welchem Fall der Mehrheitsbeteiligung wird eine Abhängigkeit unterstellt?
Antwort: Nach § 17 Abs. 2 AktG wird von einem im Mehrheitsbesitz stehenden Unternehmen vermutet, dass es von dem an ihm mit Mehrheit beteiligten Unternehmen abhängig ist.

Frage 135:
Was ist das Typische beim Konzern?
Antwort: Die einheitliche Leitung des herrschenden Unternehmens (§ 18 AktG).

Frage 136:
Wann spricht man von wechselseitigen Beteiligungen?
Antwort: Als wechselseitig beteiligt bezeichnet das Aktiengesetz inländische Unternehmen in der Rechtsform einer Kapitalgesellschaft, die dadurch verbunden sind, dass jedem Unternehmen mehr als 25 Prozent der Anteile des anderen gehören (§ 19 AktG).

Frage 137:
Welche Fälle der Unternehmensverträge kennt das Aktiengesetz?
Antwort: §§ 291, 292 AktG:
(a) Den Beherrschungsvertrag: Die Leitung der Aktiengesellschaft wird anderen Unternehmen unterstellt.
(b) Den Gewinnabführungs- bzw. Teilgewinnabführungsvertrag: Der Gesamt- bzw. Teilgewinn wird abgeführt.
(c) Die Gewinngemeinschaft: Der Gewinn wird zusammengelegt.
(d) Die Betriebspacht bzw. -überlassung: Die Gesellschaft überlässt den Betrieb einem anderen Unternehmen durch Verpachtung oder auf andere Art.

Frage 138:
Wie werden bei der Verbindung von Unternehmen die Interessen der Beteiligten geschützt?
Antwort:
(a) Außenstehende Aktionäre haben einen Anspruch auf angemessenen Ausgleich nach §§ 304 ff. AktG, außerdem werden Unternehmensverträge erst mit Eintragung in das Handelsregister wirksam und bedürfen zuvor der Zustimmung der Hauptversammlung mit 3/4-Mehrheit.
(b) Zur Sicherung der Gläubiger sind in die gesetzliche Rücklage Zusatzbeträge nach § 300 Nr. 1 bis 3 AktG einzustellen; außerdem gelten für Gewinnabführungsverträge Höchstbeträge und Pflichten zur Verlustübernahme nach § 302 AktG, zudem muss den Gläubigern beim Ende von Beherrschungs- und Gewinnabführungsverträgen Sicherheit geleistet werden.
(c) Außerdem sind Beteiligungen offenzulegen nach §§ 20, 21 AktG. Konzernverhältnisse erfordern eine gesonderte Rechnungslegung (§§ 290 ff. HGB).

Fälle

Fall 67:
Kapitalanleger Krösus will in die XY-Aktiengesellschaft (Grundkapital 1 Mio. Euro) „einsteigen". Er fragt einen Wirtschaftsanwalt, ab welcher Beteiligungsquote er welchen Einfluss ausüben kann. Wie lautet die Antwort?

Lösung:
(1) Wenn K Aktien im Nennwert von 50000 Euro (5 % des Grundkapitals) erwirbt, kann er:
(a) nach § 122 Abs. 1 AktG die Einberufung einer Hauptversammlung verlangen;
(b) nach § 122 Abs. 2 AktG verlangen, dass Gegenstände zur Beschlussfassung einer Hauptversammlung bekannt gemacht werden;
(c) nach § 258 Abs. 2 S. 3 AktG eine Sonderprüfung wegen unzulässiger Unterbewertung verlangen.

(2) Wenn K Aktien im Nennbetrag von 100000 Euro (10 % des Grundkapitals) erwirbt, kann er verlangen, dass
(a) nach § 120 Abs. 1 S. 2 a.E. AktG über die Entlastung eines einzelnen Vorstands- oder Aufsichtsratsmitgliedes gesondert abgestimmt wird;
(b) durch gerichtliche Entscheidung beim Verdacht der Unredlichkeit Sonderprüfer bestellt werden, wenn die Hauptversammlung einen entsprechenden Antrag abgelehnt hat, § 142 Abs. 2 S. 1 AktG.
(c) Auch kann er nach § 318 Abs. 3 S. 1 HGB die gerichtliche Bestellung eines anderen Abschlussprüfers beantragen.

(3) Wenn K Aktien im Nennbetrag von 250000 Euro (25 % des Grundkapitals) erwirbt, liegt eine sog. „Sperrminorität" vor. Sobald die Beteiligung darüber liegt, können Satzungsänderungen blockiert werden (§ 179 Abs. 2 S. 1 AktG).

(4) Wenn K Aktien im Nennbetrag von mehr als 500000 Euro (50 % des Grundkapitals) erwirbt, hat er die Möglichkeit – vom Stimmrechtsausschluss abgesehen – sämtliche („normalen") Beschlüsse in seinem Sinne zu fassen.

(5) Wenn K Aktien im Nennwert von mindestens 750000 Euro (75 % des Grundkapitals) erwirbt, kann er
(a) satzungsändernde Beschlüsse fassen (§ 179 Abs. 2 AktG),
(b) gem. § 262 Abs. 1 Nr. 2 AktG die Auflösung der AG beschließen sowie
(c) nach § 233 Abs. 2 UmwG die Aktiengesellschaft in eine KG oder nach § 240 UmwG in eine andere Kapitalgesellschaft umwandeln, wenn die übrigen Voraussetzungen des UmwG erfüllt sind.

(6) Wenn eine andere Aktiengesellschaft XY-Aktien im Nennbetrag von mindestens 950000 Euro (95 % des Grundkapitals der XY-AG) erwirbt, könnte die Hauptversammlung der XY-AG nach § 320 AktG die Eingliederung in die erwerbende AG (Hauptgesellschaft) beschließen.

(7) Wenn K 100 % der Aktien erwirbt kann er nach § 233 Abs. 1 UmwG bei Vorliegen der übrigen Voraussetzungen nach dem UmwG die AG in eine GbR, oHG oder Partnerschaftsgesellschaft umwandeln.

Fall 68:
Nehmen Sie an, ein inländisches Unternehmen würde als Aufkäufer der XY-AG in Erscheinung treten. Wie lange könnte es dies geheim halten?

Lösung: Nach § 20 AktG müssen Beteiligungen über 25 % und Mehrheitsbeteiligungen der Aktiengesellschaft angezeigt werden, deren Aktien von einem anderen Unternehmen aufgekauft werden und sind von der AG in den Gesellschaftsblättern unverzüglich bekannt zu geben.

Fall 69:
Nehmen Sie an, Krösus sei Mehrheitsgesellschafter einer mit der XY-AG in Konkurrenz stehenden Z-Aktiengesellschaft. Durch die Vermittlung von Krösus gelingt es der Z, vom Mehrheitsgesellschafter M der XY-AG ein Aktienpaket von 75 % zu erwerben. Die XY-Aktie wird an der Börse zu diesem Zeitpunkt mit 220 Euro notiert. M lässt sich in Kenntnis des besonderen Interesses seitens Z pro Aktie 520 Euro bezahlen. Als dies bekannt wird, verlangt eine Aktionärssplittergruppe der XY-AG von M die Bezahlung von 300 Euro pro veräußerter Aktie. Was ist hierzu zu sagen?

Lösung: Ein Anspruch auf Herausgabe des Differenzbetrages zwischen dem Börsenwert einer Aktie und dem tatsächlich gezahlten Preis beim Erwerb eines Aktienpakets ist nach deutschem Recht nicht gegeben. Ein Anspruch aus ungerechtfertigter Bereicherung scheidet aus, auch wenn man bedenkt, dass der „Paketzuschlag" kein eigentlicher Verdienst des veräußernden Mehrheitsaktionärs ist. Der Paketzuschlag entspricht dem durch den Erwerb des Aktienpakets gestiegenen Unternehmenseinfluss. Auch die Geltendmachung von Schadenersatzansprüchen lässt sich jedenfalls nicht durch den Unterschiedsbetrag zwischen Börsenkurs und Kaufpreis rechtfertigen. Nur wenn die Aktionäre der Splittergruppe nachweisen können, dass durch den Pakethandel die Gesellschaft wegen schuldhafter Verletzung der Treuepflicht eines herrschenden Gesellschafters effektiv geschädigt wurde, wäre die Rechtslage anders zu beurteilen. Die bloße Gefährdung durch den Aktienerwerb eines Konkurrenzunternehmens reicht nicht aus.

Fall 70:
In der XY-Gesellschaft wird vorzeitig bekannt, dass ein fremder Aufkäufer versucht, Einfluss auf die Gesellschaft zu gewinnen. Welche Abwehrmaßnahmen wären denkbar?

Lösung: Zu denken wäre an die Einführung von Stimmrechtsbeschränkungen gem. § 134 Abs. 1 S. 2 AktG; dies ist jedoch nur bei nicht börsennotierten Gesellschaften möglich. Die Satzung kann einen Höchstbetrag für die Ausübung des Stimmrechts einführen. Hierzu ist jedoch die für Satzungsänderungen übliche 3/4-Mehrheit erforderlich. Die Ausgabe von Mehrstimmrechtsaktien ist nach § 12 Abs. 2 AktG unzulässig.

Fall 71:
Emil erbt von seinem Onkel u.a. eine Reihe von Namensaktien an der A-Aktiengesellschaft. Kann er damit die Rechte eines Aktionärs ausüben?
Lösung: Die Aktien sind auf Emil nach Erbrecht übergegangen. Im Gegensatz zu Inhaberaktien können bei Namensaktien allerdings Rechte gegenüber der Gesellschaft nur nach Eintragung in das Aktienbuch geltend gemacht werden. Im Verhältnis zur Gesellschaft gilt nach § 67 Abs. 2 AktG als Aktionär nur, wer als solcher im Aktienregister eingetragen ist.

Fall 72:
In der A-AG wird beschlossen, die Übertragung der Aktien an die Zustimmung der Gesellschaft zu binden. Ist dies zulässig?
Lösung: Ja, jedoch nur bei Namensaktien, § 68 Abs. 2 AktG.

Fall 73:
Die XY-Bank-AG in X-Stadt will das Kapital erhöhen. Im Aufsichtsrat schlägt ein Vertreter des örtlichen Gewerbes vor, für alteingesessene Aktionäre die neu zu zeichnenden Aktien (Nennwert 100 Euro) zu einem „Vorzugspreis" von 80 Euro abzugeben. Was ist hierzu zu sagen?
Lösung: Ein derartiger Vorschlag widerspricht dem Verbot der „Unterpari-Emission" nach § 9 Abs. 1 AktG. Zulässig und üblich dagegen ist die Ausgabe zu einem höheren Betrag als dem Nennwert (sog. „Überpari-Emission").

Fall 74:
Im Zuge einer Sanierung wird die Phoenix-Getreidehandel-AG mit einem Grundkapital von 1 Mio Euro gegründet. Bereits kurze Zeit später gibt es erhebliche Meinungsverschiedenheiten im Vorstand über die zukünftige Geschäftspolitik. 6 Monate nach der Gründung sieht der Vorstand für eine gedeihliche Zusammenarbeit nur noch die Möglichkeit, zwei strittige Fragen der Hauptversammlung zur Entscheidung vorzulegen. Sie lauten: Soll die Aktiengesellschaft ein Lagergelände mit vorhandenen Silos zum Kaufpreis von 500 000 Euro von dem mit 15 % am Aktienkapital beteiligten Aktionär Pfiffikus erwerben? Soll die Aktiengesellschaft in Erwartung einer zukünftigen Verknappung auf dem Weltmarkt von Pfiffikus Weizen im Werte von 200 000 Euro auf Vorrat einkaufen? In der daraufhin anberaumten Hauptversammlung erklärt der mit 26 % am Aktienkapital beteiligte Aktionär Argus kategorisch, er werde zu diesen Maßnahmen seine Zustimmung nicht geben. Alle übrigen Aktionäre bejahen die vom Vorstand vorgelegten Fragen. Argus ist zudem der Meinung, derartige Entscheidungen seien als Geschäftsführungsmaßnahmen der Hauptversammlung ohnehin entzogen. Wie ist die Rechtslage, wenn mit 74 % Mehrheit beide Fragen bejaht werden?

Lösung: Maßnahmen der Geschäftsführung können ausnahmsweise der Hauptversammlung zur Entscheidung vorgelegt werden, sofern es der Vorstand verlangt (§ 119 Abs. 2 AktG). Dies war im vorliegenden Fall geschehen. Für Entscheidungen der Hauptversammlung ist im Normalfall einfache Mehrheit ausreichend (§ 133 AktG). Im vorliegenden Fall könnten jedoch qualifizierte Mehrheiten erforderlich sein. Der Kaufpreis des Lagergeländes übersteigt mit 500 000 Euro ein Zehntel des Grundkapitals, und Verkäufer ist ein Aktionär, der zu mehr als 10 % am Grundkapital beteiligt ist. Damit greift hier § 52 Abs. 1 AktG ein, wonach Verträge mit derartigem Inhalt innerhalb der ersten 2 Jahre nach Gründung der Zustimmung der Hauptversammlung bedürfen. Nur so wird vermieden, dass die besonderen Schutzvorschriften für Sachgründungen umgangen werden. Nach § 52 Abs. 5 AktG bedarf der Hauptversammlungsbeschluss mindestens der 3/4-Mehrheit des bei Beschlussfassung vertretenen Grundkapitals, bei Verträgen im ersten Jahr nach der Eintragung der Gesellschaft im Handelsregister müssen zudem die Anteile der zustimmenden Mehrheit mindestens ein Viertel des gesamten Grundkapitals erreichen. Da Aktionär Argus mit 26 % Aktienbesitz gegen den Beschluss votiert, kann die erforderliche Mehrheit nicht erreicht werden. Damit ist der vom Vorstand zur Abstimmung gestellte Erwerb des Lagergeländes abgelehnt. Etwas anderes gilt für die Frage, Weizen im Werte von 200 000 Euro anzukaufen. Zwar liegt auch hier die Vergütung über dem 10 Prozent-Limit des Grundkapitals. Jedoch handelt es sich hier um den Erwerb von Vermögensgegenständen im Rahmen der laufenden Geschäfte der Gesellschaft, da der Unternehmensgegenstand bei einem Unternehmen, das mit Getreide handelt, naturgemäß den Erwerb von Weizen umfasst. Hier macht § 52 Abs. 9 AktG ausdrücklich eine Ausnahme. Einfache Mehrheit ist ausreichend, wobei der Beschluss auch vom Vorstand allein hätte getroffen werden können.

Fall 75:

In der Hauptversammlung der XY-Aktiengesellschaft wird auf Antrag des Minderheitsaktionärs Anton, der Aktien im Nennbetrag von 15 % des Grundkapitals besitzt, über die Entlastung des Vorstandsvorsitzenden V gesondert abgestimmt. Anton wirft diesem undifferenziert Manipulationen vor. Mit ca. 70 % des vertretenen Aktienkapitals wird die Entlastung erteilt. Als später im Zuge staatsanwaltlicher Ermittlungen erhebliche Manipulationen des Vorstandsvorsitzenden bekannt werden, beschließt die darauf folgende Hauptversammlung, gegen V Schadenersatzansprüche geltend zu machen. Ist dies im Hinblick auf die erfolgte Entlastung überhaupt noch möglich? V sieht hierin den Verzicht auf die Geltendmachung etwaiger Schadenersatzansprüche. Mit Recht? Wie wäre es, wenn V in Unkenntnis der näheren Umstände von der Hauptversammlung einstimmig Entlastung erteilt worden wäre?

Lösung: Nach § 120 Abs. 2 AktG „billigt die Hauptversammlung durch die Entlastung die Verwaltung der Gesellschaft durch die Mitglieder des Vorstands und des Aufsichtsrats". § 120 Abs. 2 S. 2 AktG stellt allerdings klar, dass die Entlastung keinen Verzicht auf Ersatzansprüche bedeutet. Schadenersatzansprüche gegen V können deshalb trotz der zuvor erfolgten Entlastung beim Vorliegen der erforderlichen Voraussetzungen geltend gemacht werden. Daran ändert sich auch nichts, wenn der Entlastungsbeschluss einstimmig erfolgt. Diese Frage war früher umstritten, ist aber nunmehr durch den eindeutigen Wortlaut des § 120 Abs. 2 S. 2 AktG geklärt. Der Gesetzgeber geht davon aus, dass der einzelne Aktionär im Zeitpunkt des Entlastungsbeschlusses, in Unkenntnis später bekannt werdender Umstände, sich der Tragweite seiner Entscheidung gar nicht bewusst ist.

Fall 76:
In der XY-Aktiengesellschaft wurde Viktor (V) durch Beschluss des Aufsichtsrats zum Vorstandsmitglied bestellt. Im Dienstvertrag war vorgesehen, dass sich die Bestellung automatisch um 5 Jahre verlängert, sofern nicht eine der beiden Seiten vor Ablauf der jeweils 5-jährigen Laufzeit mit halbjähriger Frist kündigt. Nach Ablauf der ersten 5 Jahre beschließt der Aufsichtsrat, das Vertragsverhältnis mit V zu widerrufen und ein anderes Vorstandsmitglied zu bestellen. V vertritt die Auffassung, die vereinbarte Kündigungsfrist sei abgelaufen, sodass ihm erst wieder zum Ablauf der zweiten 5-Jahresfrist gekündigt werden könne. Mit Recht?
Lösung: V hat Recht, wenn die mit der Aktiengesellschaft geschlossene Vereinbarung wirksam ist. Dies ist nicht der Fall. Nach § 84 AktG können Vorstandsmitglieder vom Aufsichtsrat auf höchstens 5 Jahre bestellt werden. Ist eine Verlängerung erwünscht, muss eine erneute Beschlussfassung durch den Aufsichtsrat erfolgen. Eine automatische Verlängerung ist dagegen nicht möglich. Das Gesetz beschränkt die Amtsdauer von Vorstandsmitgliedern, um eine wirksame und tatsächlich wahrgenommene Überwachung der Unternehmensleitung zu garantieren. Längere Verträge würden die Einflussnahme des Aufsichtsrats zu sehr einschränken, zumal während der (rechtmäßigen) Amtszeit des Vorstandsmitglieds eine Abberufung gem. § 84 Abs. 3 AktG in der Regel nur aus wichtigem Grund erfolgen kann (vgl. BGHZ 3, 90 ff.; 10, 187). Die ordnungsgemäße Bestellung von V zum Vorstandsmitglied hätte deshalb nach Ablauf von 5 Jahren erneuert werden müssen. Da es an einer wirksamen Beschlussfassung seitens des Aufsichtsrats fehlt, kann sich V nicht auf die Laufzeit der zweiten 5-Jahresperiode berufen.

Fall 77:
K war lange Jahre bei der B-Bank-AG beschäftigt. In den letzten Jahren bis zu seinem vorzeitigen Ausscheiden gehörte er dem Vorstand an. Danach bezog er Altersruhegeld. Dieses berechnet und zahlt die B auf der Grundlage von zwölf tariflichen Monatsgehältern, während der Kläger dreizehn Tarifgehälter zugrundegelegt wissen will. Er verklagt die B, vertreten

durch den Vorstand, auf Zahlung eines entsprechend errechneten Ruhegehalts. Wie wird das Gericht entscheiden?

Lösung: Wegen § 112 AktG ist schon die Zulässigkeit der Klage fraglich. Nach dieser Vorschrift vertritt der Aufsichtsrat die Gesellschaft gerichtlich und außergerichtlich gegenüber Vorstandsmitgliedern. K ist allerdings zum Zeitpunkt der Klagerhebung nicht mehr Vorstandsmitglied. Nach Ansicht des Bundesgerichtshofs lässt § 112 AktG zwar seinem Wortlaut nach die Auslegung zu, dass er nur für gegenwärtige Vorstandsmitglieder gilt; mit seinem Sinn und Zweck wäre das jedoch nicht zu vereinbaren. Dieser liegt nämlich darin, eine unbefangene Vertretung der Gesellschaft sicherzustellen, welche von sachfremden Erwägungen unbeeinflusst ist und sachdienliche Gesellschaftsbelange wahrt. Von diesem Zweck ist auch die Vertretung gegenüber ehemaligen Vorstandsmitgliedern umfasst: Gerade wenn es um grundsätzliche Entscheidungen wie hier die Berechnung von Ruhegehältern geht, müssten andernfalls die aktiven Vorstandsmitglieder die Gesellschaft in einer Angelegenheit vertreten, die sie später selbst in gleichem Maße betreffen kann. Damit liegt die abstrakte Gefahr einer nicht unbefangenen Entscheidung auf der Hand. Da § 112 AktG bereits die abstrakte Möglichkeit einer nicht unbefangenen Entscheidung vermeiden soll, greift er seinem Sinn und Zweck nach auch bei der Vertretung gegenüber ehemaligen Vorstandsmitgliedern (BGH ZIP 1991, 796). Da die beklagte B-Bank nicht ordnungsgemäß vertreten ist, wird das Gericht daher die Klage – unabhängig davon, ob sie in der Sache Erfolg hätte – als unzulässig abweisen.

Fall 78:
Die Absatzlage in der XY-Aktiengesellschaft ist ungünstig. Zur Hauptversammlung beantragt Aktionär A mit einem Aktienbesitz im Nennbetrag von 10 % des Grundkapitals, die Tagesordnung durch den Punkt „Misstrauensvotum gegen das Vorstandsmitglied V" zu ergänzen und zur Beschlussfassung bekannt zu machen. Die Hauptversammlung beschließt mit knapper Mehrheit, V das Vertrauen zu entziehen, da sie ihn für die verfehlte Absatzpolitik verantwortlich macht. In der darauffolgenden Aufsichtsratsitzung wird über die Abberufung von V beraten. Eingeladen ist auch B, der Aufsichtsratsvorsitzende einer Großbank, der jedoch nicht Mitglied des Aufsichtsrats der XY-Aktiengesellschaft ist. Die Aufsichtsratsmitglieder der XY sprechen sich einstimmig für die Abberufung von V aus; B beteiligt sich an der Beschlussfassung und stimmt dagegen. Der Aufsichtsratsvorsitzende verständigt den Vorstandsvorsitzenden der XY und bittet ihn, das Weitere zu veranlassen. Dieser teilt V „im Auftrag des Aufsichtsrats" mit, dass seine Vorstandsbestellung widerrufen sei. V hält den Widerruf für nicht wirksam und beruft sich insbesondere auf drei Punkte:
(1) für den Widerruf liege kein ausreichender Grund vor;
(2) der Beschluss des Aufsichtsrats sei unwirksam, weil ein Unberechtigter mitgestimmt habe;

(3) die Mitteilung der Kündigung durch den Vorstandsvorsitzenden sei unwirksam. Was ist hierzu zu sagen?

Lösung:

(1) Die Bestellung zum Vorstandsmitglied kann nach § 84 Abs. 3 S. 1 AktG widerrufen werden, wenn ein wichtiger Grund vorliegt. Es kann dahingestellt bleiben, ob man V die erfolglose Geschäftspolitik anlasten kann, da der Vertrauensentzug durch die Hauptversammlung nach § 84 Abs. 3 S. 2 AktG ausdrücklich als Beispiel eines wichtigen Grundes vom Gesetz angeführt wird. Dies gilt nur dann nicht, wenn das Vertrauen aus offenbar unsachlichen Gründen entzogen worden ist. Der Sachverhalt lässt eine derartige Deutung jedoch nicht zu.

(2) Die Mitwirkung Unbefugter bei Beschlüssen des Aufsichtsrats macht diese grundsätzlich rechtswidrig. Dies gilt jedoch nicht, wenn der Beschluss durch das Mitstimmen des Unbefugten nicht beeinflusst worden ist (BGHZ 12, 327). Es ist zwar richtig und liegt im Wesen einer gemeinschaftlichen Willensbildung mehrerer Personen, dass sich in der Regel die Willensbildung der einzelnen Teilnehmer bei einer Beschlussfassung wechselseitig beeinflusst. Dies gilt vor allem dann, wenn die Beschlussfassung in einem kleineren Gremium, wie beim Aufsichtsrat, aufgrund mündlicher Beratung erfolgt. Stimmt jedoch der Nichtberechtigte anders als die berechtigten Mitglieder, zeigt dies die mangelnde Kausalität seiner Mitwirkung. Es war deshalb unbeachtlich, dass die Aufsichtsratsmitglieder den nichtberechtigten B bei der Beschlussfassung mitwirken ließen.

(3) Die Mitteilung des Widerrufs durch den Vorstandsvorsitzenden war ausreichend. Es ist zwar richtig, dass der Abschluss und die Kündigung von Anstellungsverträgen mit Vorstandsmitgliedern in die Zuständigkeit des Aufsichtsrats gehören. Nicht ausgeschlossen ist dagegen, dass sich der Aufsichtsrat zur Erfüllung seiner Obliegenheit des Vorstands bedient (BGHZ 12, 327, 333). Insoweit hat der Vorstandsvorsitzende im Auftrag des Aufsichtsrats die Kündigung nur als Bote übermittelt, somit eine fremde Erklärung, nämlich die des Aufsichtsrats, an den Empfänger weitergegeben. Dies ist üblich und rechtlich unbedenklich. Die organschaftliche Stellung des Vorstands ist von der dienstvertraglichen zu trennen. Der Widerruf der organschaftlichen Vorstandsbestellung regelt sich nach § 84 Abs. 3 AktG, die vorzeitige Kündigung des Dienstvertrages setzt einen wichtigen Grund nach § 626 BGB voraus. Hierzu müssten entsprechende schwere Verfehlungen im Sinne des Arbeitsrechts dargelegt werden. Das Misstrauensvotum der Hauptversammlung reicht für sich allein nicht aus.

Fall 79:

In der Hauptversammlung der XY-Aktiengesellschaft gelingt es dem Minderheitsaktionär M, die Mehrheit des vertretenen Aktienkapitals von der Unwirtschaftlichkeit eines geplanten Lizenzvertrages zu überzeugen. Ist der Vorstand an eine derartige Beschlussfassung durch die Hauptversammlung gebunden?

Lösung: Einschlägig sind §§ 76 Abs.1, 119 Abs.2 AktG. Danach hat der Vorstand die Gesellschaft unter eigener Verantwortung zu leiten. Der Abschluss des Lizenzvertrages ist eine Maßnahme der Geschäftsführung. Diese ist grundsätzlich dem Vorstand vorbehalten. Allerdings kann die Hauptversammlung über Fragen der Geschäftsführung nach § 119 Abs.2 AktG entscheiden, wenn der Vorstand es verlangt. Dies war nicht der Fall, so dass die Entscheidung der Hauptversammlung an sich für den Vorstand belanglos wäre. Trotzdem wird er wegen der mittelbaren Abhängigkeit der Vorstandsbestellung von der Mehrheit des Aktienkapitals Beschlüsse der Hauptversammlung sicher berücksichtigen.

Fall 80:
Nachdem die Studenten Max und Moritz je eine Aktie der XY-Aktiengesellschaft erworben haben, besuchen sie die Hauptversammlung in der Absicht, zur weltpolitischen Lage das Wort zu ergreifen. Max spricht vor der Hauptversammlung 5 Minuten zur „politischen Lage", die auch bei wohlwollender Interpretation nicht mit dem Tagesordnungspunkt „Entlastung des Vorstands" in Zusammenhang gebracht werden kann. Nachdem der Vorstandsvorsitzende Max hierauf aufmerksam gemacht hat, gibt er ihm noch 3 Minuten, um zur Sache zu sprechen und entzieht ihm daraufhin das Wort. War diese Maßnahme zulässig?
Lösung: Dem Vorsitzenden der Hauptversammlung obliegt es, die Versammlung so zu leiten, dass die Tagesordnung sachgemäß abgewickelt werden kann. Hierzu kann er einem Redner das Wort entziehen, wenn dieser über Gebühr lang nicht zur Tagesordnung spricht. Nach der Rechtsprechung muss hierbei der Grundsatz der Verhältnismäßigkeit beachtet werden. Das ist im vorliegenden Fall zu bejahen.

Fall 81:
Wie wäre es, wenn Max noch die Frage nach den steuerlichen Wertansätzen in der Bilanz gestellt hätte, die Antwort jedoch verweigert worden wäre? Welche Rechte hätten Max und Moritz?
Lösung: Ob der Vorstand verpflichtet ist, Auskunft zu erteilen, entscheidet nach § 132 AktG das zuständige Landgericht. Antragsberechtigt ist jeder Aktionär, dem die verlangte Auskunft nicht gegeben worden ist, also in erster Linie Max. Wenn über den Gegenstand der Tagesordnung, auf den sich die Auskunft bezog, Beschluss gefasst worden ist, kann nach § 132 Abs.2 AktG auch jeder in der Hauptversammlung erschienene Aktionär die Auskunft beantragen, sofern er Widerspruch zu Protokoll erklärt hat. Der Antrag ist jedoch nicht begründet, da der Vorstand nach § 131 Abs.3 AktG zur Auskunftsverweigerung berechtigt war. Die Angabe steuerlicher Wertansätze gehört zu dem dort genannten Katalog von Auskunftsverweigerungstatbeständen.

Fall 82:

Bei der XY-AG wird beim Tagesordnungspunkt „Entlastung des Vorstands" wie folgt abgestimmt: Aktien im Nennbetrag von 100 000 Euro stimmen mit „ja", Aktien im Nennbetrag von 50 000 Euro stimmen mit „nein", bei Aktien im Nennbetrag von 200 000 Euro wird Enthaltung festgestellt. Ist die Entlastung erteilt?

Lösung: Die erforderliche einfache Mehrheit ist erreicht, wenn die Zahl der gültigen Ja-Stimmen die der gültigen Nein-Stimmen übertrifft. Enthaltungen werden nicht mitgezählt (BGHZ 129, 136, 153). Damit wurde die Entlastung mit 100 000 gegen 50 000 erteilt.

Fall 83:

S entschließt sich auf Hinweis seines Steuerberaters, zum Zwecke der Steuerersparnis an seinem Aktienpaket in Höhe von 100 000 Euro seinen beiden Kindern den Nießbrauch zu übertragen. Ist er dann noch stimmberechtigt?

Lösung: Der Nießbrauch gewährt nach bürgerlichem Recht das dinglich gesicherte Nutzungsrecht an einem Gegenstand. Rechtsinhaber bleibt jedoch nach wie vor der Nießbrauchsbesteller. S bleibt Aktionär und damit weiterhin Gesellschafter. Dies ist der Grund, weshalb die h.M. nicht dem Nießbraucher, sondern dem Nießbrauchsbesteller, im vorliegenden Fall also S, weiterhin das Stimmrecht belässt.

Fall 84:

In der XY-Aktiengesellschaft möchte der Großaktionär G eine Satzungsänderung „durchdrücken". Da er nur über 50 % des Grundkapitals verfügt, trifft er mit dem 25 % des Grundkapitals haltenden Aktionär A eine Vereinbarung, wonach A in der im Laufe der nächsten 6 Monate stattfindenden Hauptversammlung im Sinne der von G befürworteten Vorschläge stimmt. Kurze Zeit später hält A die Satzungsänderung für nicht mehr sachdienlich und teilt G mit, er werde dagegen stimmen. Kann sich G auf die Vereinbarung berufen?

Lösung: Obwohl das Aktiengesetz Stimmbindungsverträge nicht ausdrücklich behandelt, sind diese nach h.M. zulässig. § 136 Abs. 2 AktG bringt lediglich die Einschränkung, dass vertragliche Verpflichtungen nichtig sind, durch die sich Aktionäre binden, nach Weisung der Gesellschaft, des Vorstands oder des Aufsichtsrats das Stimmrecht auszuüben. Das Gleiche gilt für Verträge, durch die sich Aktionäre verpflichten, für die jeweiligen Vorschläge des Vorstands oder des Aufsichtsrats der Gesellschaft zu stimmen. Dadurch soll verhindert werden, dass die Verwaltung der Aktiengesellschaft das Stimmverhalten beeinflusst. Im vorliegenden Fall geht es jedoch nicht um eine Beeinflussung des A durch Vorstand oder Aufsichtsrat, sondern durch einen Mitaktionär. Derartige Stimmrechtsvereinbarungen sind wirksam und nach feststehender Rechtsprechung (BGHZ 48, 163) durch Klage durchsetzbar. Allerdings sind

Stimmrechtsvereinbarungen nach h.M. kündbar; bei unbefristeten Bindungen jederzeit, bei befristeten Stimmrechtsbindungen aus wichtigem Grunde. Dies ergibt sich aus § 723 Abs. 1 BGB, weil die Übereinkunft der Aktionäre zur gemeinsamen Stimmrechtsausübung die Begründung einer BGB-Gesellschaft beinhaltet. A könnte daher die Verpflichtung aus der Stimmrechtsvereinbarung mit der Klage auf Abgabe einer Willenserklärung durchsetzen, wobei nach § 894 ZPO die entsprechende Erklärung mit Rechtskraft des Urteils als abgegeben gilt. Zu prüfen wäre allerdings, was im vorliegenden Fall offen bleiben muss, ob A nicht wichtige Gründe für die Kündigung der Stimmrechtsvereinbarung vorbringen könnte.

Fall 85:
In der XY-Aktiengesellschaft wurden vor längerer Zeit Vorzugsaktien ausgegeben. Unter welchen Voraussetzungen könnten die Vorzugsaktien in „normale Aktien umgewandelt werden"?
Lösung: Zunächst ist zu beachten, dass nach § 141 Abs.1 AktG der Beschluss über die Aufhebung des Vorzuges die Zustimmung der Vorzugsaktionäre erfordert. Dieser bedarf nach § 141 Abs. 3 AktG einer Mehrheit von mindestens 3/4 der abgegebenen Stimmen. Außerdem muss die Entscheidung der Vorzugsaktionäre nach § 138 AktG als Sonderbeschluss in einer gesonderten Versammlung der Vorzugsaktionäre getroffen werden. Schließlich handelt es sich um eine Satzungsänderung, sodass der Hauptversammlungsbeschluss – aller Aktionäre – ebenfalls einer 3/4-Mehrheit des bei Beschlussfassung vertretenen Grundkapitals bedarf.

Fall 86:
Aktionär Anton ist bei der Hauptversammlung einer deutschen Großbank mit der Beschlussfassung über einen Tagesordnungspunkt nicht einverstanden. Was kann er tun?
Lösung: Nach § 243 AktG kann ein Hauptversammlungsbeschluss durch Klage angefochten werden, wenn er das Gesetz oder die Satzung verletzt. Das Anfechtungsrecht kann auch darauf gestützt werden, dass ein Aktionär Sondervorteile zum Schaden der Gesellschaft oder der anderen Aktionäre zu erlangen sucht und der Beschluss geeignet ist, diesem Zweck zu dienen. Hierfür sind im vorliegenden Fall keinerlei Anhaltspunkte gegeben. Zu beachten ist, dass die Anfechtungsbefugnis nach § 245 AktG bei in der Hauptversammlung erschienenen Aktionären voraussetzt, dass gegen den Beschluss Widerspruch zur Niederschrift erklärt wurde. Die Klage muss gem. § 246 AktG innerhalb eines Monats nach Beschlussfassung beim zuständigen Landgericht erhoben werden. Neben der Anfechtungsklage kommt die Nichtigkeitsklage nach § 249 AktG in Betracht; dann müsste es sich jedoch um schwerste Verstöße im Sinne des § 241 AktG handeln.

VII. Die Gesellschaft mit beschränkter Haftung

Übersicht

Wesensmerkmale	Handelsgesellschaft, Formkaufmann, juristische Person. Unternehmensform für jeden (beliebigen) gesetzlich zulässigen Zweck.
Haftung	Für Verbindlichkeiten der Gesellschaft haftet den Gesellschaftsgläubigern nur das Gesellschaftsvermögen (§ 13 Abs. 2 GmbHG, unbeschränkt), keine Haftung der Gesellschafter gegenüber den Gläubigern, es sei denn bei „Handlungen" vor Eintragung der Gesellschaft nach § 11 Abs. 2 GmbHG. Haftung der Gesellschafter der Gesellschaft gegenüber für die Leistung der Stammeinlagen.
Gesellschaftsvermögen	*Stammkapital:* Betrag, den die Gesellschafter bei Gründung (oder späterer Kapitalerhöhung) als Betriebsvermögen festlegen (= Summe aller Stammeinlagen), mind. 25 000 Euro, § 5 GmbHG. *Stammeinlagen:* Beitrag jedes Gesellschafters „auf das Stammkapital". *Geschäftsanteil:* Die Höhe der Stammeinlage bestimmt den Geschäftsanteil des Gesellschafters (maßgeblich für Stimmrecht, Gewinnverteilung, Liquidationserlös). *Gesellschaftsvermögen:* Tatsächliches Vermögen der GmbH (im Gründungsstadium mit dem Stammkapital identisch).
Gründung	(1) Notariell zu beurkundender Gesellschaftsvertrag mit Mindestinhalt durch eine oder mehrere Personen (§§ 1, 2, 3 GmbHG) (2) Bestellung der Geschäftsführer (3) Einzahlung von mindestens 1/4 der Bareinlagen (zus. mindestens 12 500 Euro, § 5 Abs. 1, 7 Abs. 2 GmbHG); Sacheinlagen müssen den Geschäftsführern voll zur freien Verfügung stehen. (4) Anmeldung zum Handelsregister, §§ 7, 8 GmbHG (Prüfungsrecht des Registerrichters) (5) Eintragung der Gesellschaft und damit Entstehen der GmbH (§ 11 Abs. 1 GmbHG).
Organe	*Geschäftsführer* (§§ 6, 35 ff. GmbHG): Fremdorganschaft zulässig; Bestellung durch Gesellschaftsvertrag oder besonderen Anstellungsvertrag; gesetzlicher Vertreter der GmbH; gesetzlich umschriebene Vertretungsmacht, interne Beschränkungen Dritten gegenüber unwirksam; jederzeitige Widerruflichkeit der Bestellung, auf wichtige Gründe beschränkbar.

	Gesellschafterversammlung: Gesamtheit der Gesellschafter, Aufgabenkatalog nach § 46 GmbHG umfangreicher als bei der Aktiengesellschaft (§ 119 AktG). Stimmrecht: einfache Mehrheit nach Geschäftsanteilen, bei Satzungsänderungen 3/4-Mehrheit, bei Auferlegung von Sonderleistungen Zustimmungspflicht der Betroffenen. *Aufsichtsrat*: Gesellschaftsrechtlich fakultativ, betriebsverfassungsrechtlich zwingend bei mehr als 500 Arbeitnehmern (nach dem MitbestimmungsG bei mehr als 2000 Arbeitnehmern). *Sonstige Gremien*: Satzungsrechtlich zulässig.
Rechtsstellung der Gesellschafter	*Gesellschafterrechte*: Mitverwaltungsrechte (Stimmrecht, Teilnahmerechte), Vermögensrechte (Dividende, Liquidationserlös), Informationsrechte. *Gesellschafterpflichten*: Pflicht zur Leistung der Einlage (bei Verzögerung Kaduzierung, Ausfallhaftung und kollektive Deckungspflicht nach §§ 21, 22, 24 GmbHG), Nachschusspflichten (beschränkt und unbeschränkt) nur bei besonderer Vereinbarung, bei unbeschränkter Nachschusspflicht „Abandon-Recht". Sonstige Pflichten können bei Gründung nach § 3 Abs. 2 GmbHG begründet, später durch Satzungsänderung nur mit Zustimmung festgelegt werden. *Erwerb und Verlust der Mitgliedschaft*: Originärer Erwerb durch Übernahme der Stammeinlage bei Gründung bzw. derivativ durch Gesamt- bzw. Einzelrechtsnachfolge (§§ 15, 16 GmbHG). Verlust der Mitgliedschaft durch Veräußerung, Kaduzierung, Einziehung sowie Auflösung der Gesellschaft (Ausschließung von der Rechtsprechung ebenfalls bei wichtigem Grund zugelassen).
Satzungsänderungen	Notarielle Beurkundung und 3/4-Mehrheit der abgegebenen Stimmen erforderlich (§ 53 Abs. 2 GmbHG). Eintragung in das Handelsregister. Sonderbestimmungen bei Kapitalveränderungen (§§ 55 ff. GmbHG, besonderer Gläubigerschutz bei Kapitalherabsetzung: 3-malige Bekanntmachung des Herabsetzungsbeschlusses, Befriedigung nicht zustimmender Gläubiger, Sperrjahr zwischen dritter Veröffentlichung des Herabsetzungsbeschlusses und Handelsregisteranmeldung).

Fragen

Frage 139:
Wie wird die Gesellschaft mit beschränkter Haftung definiert?
Antwort: Die GmbH ist eine Handelsgesellschaft mit eigener Rechtspersönlichkeit, die zu jedem gesetzlich zulässigen Zweck errichtet werden

kann und für deren Verbindlichkeiten den Gläubigern nur das Gesellschaftsvermögen haftet.

Frage 140:
Ist es zulässig, karitative, wissenschaftliche oder kulturelle Einrichtungen als GmbH zu betreiben?
Antwort: Ja, weil die GmbH nicht den Betrieb eines Handelsgewerbes voraussetzt, vielmehr zu jedem gesetzlich zulässigen Zweck betrieben werden kann.

Frage 141:
Ist es richtig, von der GmbH als der „kleinen Schwester der Aktiengesellschaft" zu sprechen und welche Strukturunterschiede bestehen?
Antwort:
(a) Wegen der Parallelen zur Aktiengesellschaft ist dieser Vergleich zulässig, wenn man bei der GmbH auf die Eigenschaft als juristische Person, Kapitalgesellschaft, Handelsgesellschaft, Formkaufmann und fehlende persönliche Haftung der Mitglieder abstellt.
(b) Die GmbH ist aber im Unterschied zur Aktiengesellschaft stärker personalistisch strukturiert, weshalb man zu Recht sagt, sie sei „nach außen Aktiengesellschaft, nach innen oHG".

Frage 142:
Wie hoch ist das Mindestkapital der GmbH, welche Vorschriften gelten für die Stammeinlagen?
Antwort:
(a) Das Mindestkapital der GmbH beträgt nach § 5 Abs. 1 GmbHG 25 000 Euro.
(b) Die Stammeinlage eines jeden Gesellschafters muss mindestens 100 Euro betragen, sie kann für die einzelnen Gesellschafter verschieden hoch sein, muss aber durch 50 teilbar sein und auf einen bestimmten Geldbetrag lauten, auch wenn sie nicht in Geld zu leisten ist.

Frage 143:
Wie garantiert der Gesetzgeber den Erhalt des Stammkapitals?
Antwort: Durch die Passivierungspflicht des Stammkapitals (§ 42 Abs. 1 GmbHG), die Ausfallhaftung der Mitgesellschafter (§ 24 GmbHG), durch das Verbot der Einlagenrückgewähr (§§ 30 ff. GmbHG) sowie durch den eingeschränkten Erwerb eigener Anteile (§ 33 GmbHG).

Frage 144:
Welchen obligatorischen Mindestinhalt muss bei Gründung der GmbH der Gesellschaftsvertrag aufweisen?
Antwort: Nach § 3 GmbHG sind notwendige Bestandteile: Firma und Sitz der Gesellschaft, Gegenstand des Unternehmens, Betrag des Stammkapi-

tals und der von jedem Gesellschafter zu leistenden Stammeinlagen, in Ausnahmefällen Angaben über die limitierte Dauer der Gesellschaft und über etwa zusätzliche übernommene Verpflichtungen gegenüber der Gesellschaft.

Frage 145:
Wie viel muss jeder Gesellschafter bei der Gründung mindestens auf seine Stammeinlage einbezahlen?
Antwort: Nach §7 Abs.2 GmbHG muss bei der Bargründung jeder Gesellschafter mindestens ein Viertel der Stammeinlage leisten. Sacheinlagen müssen voll erbracht werden. Die Summe der bei Gründung zu leistenden Einlagen muss in jedem Fall die Hälfte des Mindeststammkapitals nach §5 Abs.1 GmbHG erreichen. Besonderheiten gelten hier für die Ein-Mann-GmbH (siehe dazu unten).

Frage 146:
Was versteht man unter „Sacheinlagen"? Hat der Registerrichter ein Prüfungsrecht?
Antwort:
(a) Bei Sacheinlagen bringt der Gesellschafter Sachwerte ein.
(b) Der Registerrichter hat bei Sacheinlagen gem. §9c GmbHG ein Prüfungsrecht mit der Folge, dass bei Überbewertung von Sacheinlagen die Eintragung abgelehnt werden kann.

Frage 147:
Welches Risiko gehen Anmelder einer Gesellschaft ein, wenn sie unrichtige Angaben machen?
Antwort: Nach §9a GmbHG haften Gesellschafter und Geschäftsführer für die Richtigkeit ihrer Angaben über die auf die Stammeinlagen gemachten Leistungen persönlich.

Frage 148:
Was versteht man im GmbH-Recht unter der „Krise der Gesellschaft" und welche Besonderheiten gelten hierfür?
Antwort: §32a GmbHG definiert als „Krise der Gesellschaft" den „Zeitpunkt, in dem ihr die Gesellschafter als ordentliche Kaufleute Eigenkapital zugeführt hätten". Wenn in diesem Stadium der Unterkapitalisierung ein Gesellschafter der GmbH statt weiteres Eigenkapital ein Darlehen gewährt, kann er den Anspruch auf Rückgewähr des Darlehens nur als nachrangiger Insolvenzgläubiger geltend machen.

Frage 149:
Was versteht man im GmbH-Recht unter den Begriffen (a) „Kleinbeteiligungsprivileg" und (b) „Sanierungsprivileg"?

Antwort:
(a) § 32 a Abs. 3 S. 2 GmbHG bestimmt, dass die Regeln über den Eigenkapitalersatz nicht gelten, wenn ein Gesellschafter nur 10 % oder weniger am Stammkapital hält und nicht an der Geschäftsführung beteiligt ist. Die Regeln über den Eigenkapitalersatz sollen für die in § 32 a Abs. 3 S. 2 GmbHG genannten „Kleinbeteiligten" nicht greifen, weil diese nur eine relativ geringe Finanzierungsverantwortung haben. Diese Gesellschafter können also der GmbH auch in der Krise Darlehen gewähren ohne Gefahr zu laufen, dass ihre Darlehen wie haftendes Eigenkapital behandelt werden.

(b) Erwirbt ein Darlehensgeber in der Krise der Gesellschaft Geschäftsanteile zum Zwecke der Überwindung der Krise, so führt dies gem. § 32 a Abs. 3 S. 3 GmbHG für seine bestehenden oder neu gewährten (Krisen-) Darlehen nicht zur Anwendung der Regeln über den Eigenkapitalersatz. Ratio legis: Wer in der Krise der GmbH Geschäftsanteile erwirbt, übernimmt Voraushaftungsrisiken und hilft so effektiv bei der Sanierung. Zur „Belohnung" sollen seine Krisendarlehen nicht umqualifiziert werden. Das Gesetz geht also davon aus, dass derjenige, der in der Krise der GmbH nicht nur Darlehen, sondern auch Eigenkapital verschafft, dem Sanierungserfolg dient.

Frage 150:
Wann entsteht die GmbH rechtlich?
Antwort: Mit der Eintragung in das Handelsregister (§ 11 Abs. 1 GmbHG).

Frage 151:
Was ist eine „Ein-Mann-GmbH"?
Antwort: Es handelt sich um eine in der Praxis häufig vorkommende Form der GmbH. Eine GmbH kann auch durch eine Person allein gegründet werden. Dies stellt besondere Anforderungen an die Kapitalaufbringung (§ 7 Abs. 2 S. 3 GmbHG: Der Gesellschafter muss vor Anmeldung nicht nur die vorgeschriebenen Einzahlungen geleistet haben, sondern auch für den übrigen Teil der Geldeinlage eine Sicherung bestellen). Außerdem ist das Selbstkontrahierungsverbot des § 181 BGB zu beachten (vgl. § 35 Abs. 4 GmbHG).

Frage 152:
Was versteht man unter einem „Mantelkauf"?
Antwort: Unter einem Mantelkauf versteht man den Erwerb aller Geschäftsanteile an einer GmbH, die nicht mehr werbend tätig ist. Motive des Mantelkaufes sind: Einsparung von Gründungskosten und Gründungssteuern, die Erlangung einer für die Mantel-GmbH erteilten Konzession oder deren Goodwill sowie der Gesichtspunkt der Zeitersparnis.

Frage 153:
Welches sind die Organe der GmbH?

Antwort:
(a) Die Geschäftsführer als Vertreter der GmbH und die Gesellschafterversammlung als oberstes Willensorgan der GmbH.

(b) Fakultativ kann auch ein Aufsichtsrat bestellt werden, zwingend vorgeschrieben ist seine Bestellung nach § 77 BetrVG 1952 bei Gesellschaften mit in der Regel mehr als 500 Arbeitnehmern.

Frage 154:
Welche Rechtsstellung hat der Geschäftsführer einer GmbH?
Antwort: Die Geschäftsführer sind zuständig sowohl für die „Geschäftsführung" im eigentlichen terminologischen Sinn als auch für die Vertretung der Gesellschaft. Typisch ist die Unbeschränkbarkeit der Vertretungsbefugnis des Geschäftsführers im Außenverhältnis (§ 37 Abs. 2 GmbHG); nach § 38 Abs. 1 GmbHG kann die Bestellung der Geschäftsführer jederzeit widerrufen werden.

Frage 155:
Welche Mindestangaben sind auf Geschäftsbriefen einer GmbH zu machen?
Antwort: Nach § 35 a GmbHG sind aufzunehmen: die Rechtsform der Gesellschaft und deren Sitz, das zuständige Registergericht, die Handelsregisternummer der Eintragung, alle Geschäftsführer sowie bei Bestehen eines Aufsichtsrates der Name des Aufsichtsratsvorsitzenden. Werden Angaben über das Kapital der Gesellschaft gemacht, muss in jedem Fall das Stammkapital und, für den Fall, dass nicht alle in Geld zu leistenden Einlagen erbracht sind, der Gesamtbetrag der ausstehenden Einlagen angegeben werden.

Frage 156:
Welche Kompetenzen hat die Gesellschafterversammlung einer GmbH?
Antwort: Nach § 46 GmbHG beschließt die Gesellschafterversammlung über:
(a) die Feststellung des Jahresabschlusses und die Verwendung des Ergebnisses,
(b) die Einforderung von Einzahlungen auf die Stammeinlagen,
(c) die Rückzahlung von Nachschüssen,
(d) die Teilung sowie die Einziehung von Geschäftsanteilen,
(e) die Bestellung, Abberufung und Entlastung von Geschäftsführern,
(f) Maßnahmen zur Prüfung und Überwachung der Geschäftsführung,
(g) Bestellung von Prokuristen und Handlungsbevollmächtigten,
(h) Geltendmachung von Ersatzansprüchen gegen Geschäftsführer oder Gesellschafter,
(i) die Vertretung der Gesellschaft in Prozessen gegen die Geschäftsführer.

Frage 157:
Kann der Gesellschaftsvertrag abweichende Regelungen über die Kompetenz der GmbH-Gesellschafterversammlung aufnehmen?
Antwort: Ja, der gesetzliche Katalog ist nachgiebiges Recht (s. § 45 Abs. 2 GmbHG).

Frage 158:
Welche Abstimmungsverhältnisse gelten bei GmbH-Gesellschafterversammlungen?
Antwort: Es entscheidet grundsätzlich die Mehrheit der abgegebenen Stimmen, wobei jede 50 Euro eines Geschäftsanteils eine Stimme gewähren. Bei Satzungsänderungen ist, wie durchweg bei Kapitalgesellschaften, die qualifizierte Mehrheit von 3/4 der abgegebenen Stimmen erforderlich (§ 53 GmbHG).

Frage 159:
Welche Rechtsmittel bestehen gegen Gesellschafterbeschlüsse einer GmbH?
Antwort: Das Gesetz enthält hierüber keine Bestimmungen, die Rechtsprechung wendet jedoch die aktienrechtlichen Regeln über die Nichtigkeit und Anfechtbarkeit von Hauptversammlungsbeschlüssen entsprechend an (BGHZ 11, 231, 235).

Frage 160:
Was versteht man unter dem Kaduzierungsverfahren?
Antwort: Im Falle verzögerter Einzahlung der Stammeinlagen sieht das Gesetz in § 21 GmbHG das Kaduzierungsverfahren vor, wonach einem säumigen Gesellschafter zugleich mit einer erneuten Aufforderung zur Zahlung eine zu bestimmende Nachfrist unter Androhung seines Ausschlusses mit dem Geschäftsanteil, auf welchen die Zahlung zu erfolgen hat, gesetzt werden kann.

Frage 161:
Was versteht man unter dem „Abandon-Recht" und wann greift es ein?
Antwort:
(a) Durch das „Abandon-Recht" (Preisgaberecht) kann sich ein Gesellschafter von der Zahlung des auf den Geschäftsanteil eingeforderten Nachschusses dadurch befreien, dass er innerhalb eines Monats nach der Aufforderung zur Einzahlung „den Geschäftsanteil der Gesellschaft zur Befriedigung aus demselben zur Verfügung stellt".
(b) Dieses Abandon-Recht steht dem Gesellschafter nach § 27 GmbHG im Falle der unbeschränkten Nachschusspflicht zu.

Frage 162:
Lässt das GmbHG die Veräußerung und die Teilung eines Geschäftsanteils zu?

Antwort:

(a) Der Geschäftsanteil einer GmbH ist nach § 15 GmbHG veräußerlich und vererblich, es ist jedoch notarielle Beurkundung erforderlich.

(b) Die Veräußerung von Teilen eines Geschäftsanteils bedarf der Genehmigung der Gesellschaft (§ 17 Abs.1 GmbHG).

(c) Beide Bestimmungen sind nachgiebiges Recht, es kann also durch Gesellschaftsvertrag sowohl die Veräußerung eingeschränkt, als auch die Teilung erlaubt werden.

Fälle

Fall 87:
A, B und C gründen die A-GmbH. Jeder Gesellschafter verpflichtet sich, eine Stammeinlage in Höhe von 25000 Euro zu übernehmen. Ein diesbezüglicher Gesellschaftsvertrag wurde ordnungsgemäß notariell beurkundet. Am gleichen Tag trafen die Gesellschafter eine privatschriftliche Vereinbarung, wonach sich C verpflichtete, „... im Zuge der Gründung der GmbH in diese die unerledigten Aufträge, die Kundenkartei und die Geschäftskorrespondenz seiner früheren Firma sowie alle Marken- und Schutzrechte zusätzlich in die GmbH einzubringen". Später reut C die ganze Sache; er weigert sich, die von den Beteiligten als „Einbringungs-Vereinbarung" bezeichnete Verpflichtung zu erfüllen. Sehen Sie rechtliche Möglichkeiten für C, auf dem von ihm eingenommenen Standpunkt zu beharren?

Lösung: C muss die Verpflichtungen erfüllen, wenn ihnen eine wirksame Vereinbarung zugrunde liegt. Es könnten Formverstöße vorliegen. Die Verpflichtung, bestimmte Sachwerte in die Gesellschaft zusätzlich „einzubringen", hätte in den notariell beurkundeten Gesellschaftsvertrag dann aufgenommen werden müssen, wenn es sich entweder um eine Sacheinlage unter Anrechnung auf die Stammeinlage (§ 5 Abs.4 GmbHG) oder um gesellschaftliche Nebenleistungen im Sinne von § 3 Abs.2 GmbHG gehandelt hatte. Keiner dieser Gesichtspunkte kommt jedoch zum Zuge:
(1) Es liegt keine echte Sacheinlage „auf das Stammkapital" vor. § 5 Abs.4 GmbHG würde hierzu u.a. die Angabe des Betrags der Stammeinlage, auf die sich die Sacheinlage bezieht, verlangen. Das ist nicht geschehen. Würde man umgekehrt argumentieren, käme man zu dem unsinnigen Ergebnis, dass die Beteiligten eine GmbH gegründet hätten, deren Stammkapital wegen der nicht bezifferten Stammeinlage des C der Höhe nach nicht festgelegt worden wäre.
(2) Es handelt sich auch nicht um gesellschaftliche Nebenleistungen im Sinne von § 3 Abs.2 GmbHG. Entscheidend für die Anwendung des § 3 Abs.2 GmbHG ist, ob es sich um die Begründung einer gesellschaftsrechtlichen oder bloßen schuldrechtlichen Verpflichtung handelt. Nur die

gesellschaftsrechtliche, also auf die Rechtsstellung des Versprechenden als Gesellschafter bezogene Verpflichtung muss notariell beurkundet sein. Im vorliegenden Fall sind die von C eingegangenen Verpflichtungen nicht ihrer Art nach mit der Eigenschaft des C als Gesellschafter so eng verknüpft, dass sie mit dieser Eigenschaft stehen und fallen. Im Gegenteil, die von C eingegangenen Verpflichtungen betreffen ihn persönlich. Es ist rechtlich möglich und wirtschaftlich keineswegs selten, dass ein Gründer einer GmbH neben seiner Stammeinlage weitere Leistungen zugunsten der Gesellschaft übernimmt, deren wirtschaftlicher Wert, wie im vorliegenden Fall, höher ist als der auf das Stammkapital zu leistende Betrag und die dem Unternehmen in den Augen der Gründer erst sein eigentliches Gepräge geben (h.m., BGH BB 69, 1410). Nach alledem war für die von C eingegangene Einbringungsverpflichtung die Schriftform ausreichend. Damit liegt kein Formverstoß vor; die Vereinbarung ist gültig. C muss die versprochenen Leistungen erbringen. Die GmbH kann als Klägerin auftreten, da unter den Beteiligten ein schuldrechtlicher Vertrag zugunsten Dritter (§ 328 BGB), der GmbH, geschlossen wurde.

Fall 87 a:
In der XY-GmbH sind die Gesellschafter A und B am Stammkapital jeweils mit 45 % sowie C mit 10 % beteiligt. A und B sind zugleich Geschäftsführer. Im Laufe der Zeit kommt die GmbH in wirtschaftliche Schwierigkeiten. Da die finanzierenden Hausbanken nicht mehr bereit sind, Kredite zu marktüblichen Bedingungen zur Verfügung zu stellen droht Zahlungsunfähigkeit. A, B und C kommen überein, dass jeder von ihnen der GmbH ein Darlehen in Höhe von 100 000 € zur Verfügung stellt. Die entsprechenden Beträge werden auf ein Konto der Gesellschaft überwiesen. Trotz dieser Liquiditätsverbesserung wird kurz darauf über das Vermögen der GmbH das Insolvenzverfahren eröffnet und I zum Insolvenzverwalter bestimmt. A, B und C machen I gegenüber die Rückzahlung der gewährten Darlehen geltend. Wie wird I reagieren?
Lösung: A, B und C versuchen offensichtlich, ihre Forderungen wie Fremdkapitalgeber geltend zu machen. Dem könnte jedoch § 32 a GmbHG entgegen stehen. Danach können Gesellschafter den Anspruch auf Rückgewähr von Darlehen im Insolvenzverfahren über das Vermögen der Gesellschaft nur als nachrangige Insolvenzgläubiger geltend machen, wenn sie der Gesellschaft Darlehen „in der Krise" gewährt haben. Das Gesetz definiert die „Krise" als einen „Zeitpunkt, in dem die Gesellschafter als ordentliche Kaufleute der GmbH Eigenkapital zugeführt hätten". Dies gilt insbesondere, wenn die Gesellschaft überschuldet bzw. zahlungsunfähig ist oder den zur Fortführung der Geschäfte notwendigen Kapitalbedarf nicht mehr durch entsprechende Kredite von dritter Seite zu marktüblichen Bedingungen hätte decken können. Laut Sachverhalt befand sich die GmbH in wirtschaftlichen Schwierigkeiten, es drohte Illiquidität. Sie befand sich damit im Sinne des § 32 a Abs. 1 GmbHG „in der Krise". Dem-

zufolge können A und B ihren Anspruch auf Rückgewähr der Darlehen nur als nachrangige Insolvenzgläubiger geltend machen. Gem. § 39 Abs. 1 Nr. 5 InsO stehen sie dabei am Ende der Rangfolge, was praktisch einem Ausfall ihrer Forderungen gleich kommt. Für C gilt eine Besonderheit: Nach § 32 a Abs. 3 Satz 2 GmbHG gelten die Regeln über den Eigenkapitaleinsatz unter zwei Voraussetzungen nicht: Das Darlehen wird (1.) vom nicht geschäftsführenden Gesellschafter gewährt, wenn dieser (2.) mit 10 % oder weniger am Stammkapital beteiligt ist. Man spricht insofern vom „Kleinbeteiligungsprivileg". Maximal mit 10 % beteiligte GmbH-Gesellschafter haben eine relativ geringe Finanzierungsverantwortung und können deshalb der GmbH auch in der Krise Darlehen gewähren ohne Gefahr zu laufen, dass ihre Darlehen wie haftendes Eigenkapital behandelt werden. Laut Sachverhalt war C nicht Geschäftsführer und lediglich mit 10 % am Stammkapital der GmbH beteiligt. Er kann deshalb wie jeder Fremdkapitalgeber seine Forderung geltend machen und muss sich nicht als nachrangiger Insolvenzgläubiger im Sinne des § 35 Abs. 1 Nr. 5 InsO behandeln lassen.

Fall 88:
Kapitalgeber Tito (T) möchte sich im privatwirtschaftlichen Flugverkehr betätigen, besitzt dazu aber keine Konzession. Er gewinnt die flugtechnisch erfahrenen A und B dazu, eine entsprechende GmbH zu gründen und die erforderlichen Konzessionen einzuholen. Zwischen A und B als Gründer der GmbH einerseits und T andererseits wurde folgender Treuhandvertrag vereinbart: „Alle Rechte und Pflichten aus der treuhänderischen Tätigkeit gehen zugunsten und zu Lasten des Treugebers. Die Treuhänder haben auf Verlangen des Treugebers die übernommenen Geschäftsanteile an den Treugeber oder an von ihm bezeichnete Dritte herauszugeben, wogegen der Treugeber den Treuhändern alle zur Erfüllung dieser Verpflichtungen erforderlichen Mittel zur Verfügung zu stellen hat. Die Treuhänder dürfen die treuhänderischen Rechte nur im Benehmen mit dem Treugeber oder seinen Bevollmächtigten und nach deren Weisung ausüben. Die Treuhänder sind auf Verlangen verpflichtet, dem Treugeber oder einem von ihm bezeichneten Dritten Vollmacht zur Ausübung des Stimmrechts zu erteilen". Das satzungsgemäße Stammkapital in Höhe von 25 000 Euro wurde von T eingezahlt. Die Geschäftsentwicklung der GmbH war von Anfang an ungünstig. Zur Vermeidung der Illiquidität zahlte T immer wieder weitere Beträge, die schließlich die Summe von 50 000 Euro erreichten. Diese Zahlungen wurden als Darlehen bezeichnet und T teilweise zurückerstattet. Als über das Vermögen der GmbH das Insolvenzverfahren eröffnet wurde, verlangt der Insolvenzverwalter von T die zurückbezahlten Darlehensbeträge zurück. Aus welchem Rechtsgrund?

Lösung: Hier könnte der in § 32 a GmbHG geregelte Fall der unterkapitalisierten GmbH mit kapitalersetzenden Darlehen vorliegen. Diese Vorschrift setzt voraus, dass ein Gesellschafter seiner in einer Krise befindlichen Gesellschaft ein Darlehen gewährt hat, anstatt ihr Eigenkapital zuzuführen. Die gegründete GmbH war von Anfang an unterkapitalisiert. Ihr Geschäftsbetrieb konnte nur durch die von T zur Verfügung gestellten Darlehen aufrecht erhalten werden, daher lag die von § 32 a Abs. 1 GmbHG vorausgesetzte Situation vor: Mit der Formulierung, dass die Gesellschafter als „ordentliche Kaufleute Eigenkapital zugeführt hätten", ist gemeint, dass die GmbH von Dritten keine Kredite mehr zu marktüblichen Bedingungen erhalten hätte. § 32 a Abs. 1 GmbHG gilt allerdings nur für den Gesellschafter, während hier offiziell nur A und B Gesellschafter waren. Allerdings sollte der Betrieb der Gesellschaft treuhänderisch für T erfolgen. Nach der Rechtsprechung des Bundesgerichtshofs sind in einem solchen Fall die §§ 30 ff. GmbHG und damit auch § 32 a Abs. 1 GmbHG auf den Treugeber anzuwenden, der sich damit wie ein Gesellschafter behandeln lassen muss: In einer solchen Konstellation sind die offiziellen Gesellschafter nur vorgeschobene „Strohmänner", während bei wirtschaftlicher Würdigung des Treuhandvertrags der Treugeber T als Gesellschafter anzusehen ist (BGHZ 31, 258; NJW 1996, 1341, 1342). Damit ist T hier nicht Dritter i.S.d. § 32 a Abs. 3 GmbHG, sondern muss sich so behandeln lassen, als habe er das Darlehen als Gesellschafter zur Verfügung gestellt. Dies hat nach dem Gesetzeswortlaut zur Folge, dass der Gesellschafter die Rückgewähransprüche im Insolvenzverfahren nur als nachrangiger Insolvenzgläubiger i.S.d. § 39 InsO geltend machen kann. Hier wurde jedoch das als Darlehen gewährte Geld bereits an T zurück gezahlt und der Insolvenzverwalter verlangt von ihm diesen Betrag zurück. Die Rechtsprechung wendet im Fall des § 32 a Abs. 1 GmbHG die §§ 30, 31 GmbHG entsprechend an, daher werden die darlehensweise überlassenen Gelder wie haftendes Kapital behandelt (BGHZ 90, 370, 380). Der Insolvenzverwalter kann die an T gezahlten Beträge daher analog § 31 GmbHG zurückverlangen.

Fall 89:
Schnell und Scharf planen die Gründung einer Immobilienvertriebs-GmbH. Vor Eintragung der Gesellschaft in das zuständige Handelsregister erteilt Schnell für die GmbH bei der Druckerei D einen Auftrag zur Herstellung aufwendiger Prospekte für ein geplantes Bauvorhaben, dessen Vermittlung sich Schnell und Scharf für die zu gründende GmbH erhoffen. Scharf war über das von Schnell abgeschlossene Geschäft informiert, sein Einverständnis wurde von Schnell in einer Aktennotiz festgehalten. Der Druckerei gegenüber war Scharf nicht in Erscheinung getreten. Als sich das geplante Bauprojekt zerschlägt, kommt das Unternehmen in Schwierigkeiten, in deren Verlauf die Handelsregistereintragung unterbleibt. Die Druckerei will sich nunmehr persönlich an Schnell und Scharf halten. Kann sie das?
Lösung: Als Anspruchsgrundlage kommt § 11 Abs. 2 GmbHG in Betracht. Ist vor der Eintragung im Namen der Gesellschaft gehandelt worden, so haften die Handelnden persönlich und solidarisch.

(1) Schnell hatte vor Eintragung der GmbH in das Handelsregister den Druckauftrag erteilt. Auf ihn findet §11 Abs.2 GmbHG als Schutzvorschrift zugunsten der mit der GmbH im Gründungsstadium kontrahierenden Gläubiger Anwendung.

(2) Fraglich ist, ob auch Scharf haftet. Er hat nicht selbst „gehandelt", sondern dem Geschäft lediglich zugestimmt. Die Rechtsprechung hat ihre frühere weite Auslegung des §11 Abs.2 GmbHG später eingeschränkt (BGHZ 47, 26): Handelnder im Sinne des §11 Abs.2 GmbHG ist nicht schon, wer der bei der Eröffnung des Geschäftsbetriebs zwar schon gegründeten, aber noch nicht ins Handelsregister eingetragenen GmbH zugestimmt hat (BGH aaO.). Scharf haftet also nicht aus §11 Abs.2 GmbHG.

(3) Schnell und Scharf waren Gesellschafter der Vor-GmbH. Inwieweit dies zur persönlichen Haftung der Gründer führt, ist sehr umstritten. Nach der neueren Rechtsprechung des BGH ist die Gründer-Haftung nicht auf den Betrag der noch nicht eingezahlten Einlagen beschränkt, sondern umfasst die Verluste, die vom Gesellschaftsvermögen der Vor-GmbH nicht abgedeckt werden (BGHZ 80, 129; BGHZ 134, 333; sog. Unterbilanzhaftung). Allerdings sieht der BGH diese Haftung als reine Innenhaftung: Daher kann D Scharf nur mittelbar in Anspruch nehmen, indem er den Anspruch der Vor-GmbH gegen ihn pfändet (BGH aaO.).

Fall 90:
A und B gründen die A-GmbH mit einem Stammkapital von 200000 Euro. Jeder Gesellschafter verpflichtet sich, eine Stammeinlage in Höhe von 100000 Euro zu leisten. Nach Abschluss des notariellen Gesellschaftsvertrages zahlt A auf ein der GmbH zur Verfügung stehendes Konto den Betrag von 25000 Euro und B im Einverständnis mit A den gesamten Betrag von 100000 Euro ein. Alle Beträge werden vor der Eintragung von der Vorgesellschaft zur Deckung bereits vorhandener Schulden verwendet. Nach Eintragung der Gesellschaft zahlt A den restlichen Betrag seiner Stammeinlage. Kurze Zeit später wird über das Vermögen der GmbH das Insolvenzverfahren eröffnet. Der Insolvenzverwalter verlangt von B 75000 Euro mit der Begründung, dass diese Summe nicht in das Vermögen der erst nach Zahlung durch Eintragung entstandenen GmbH gelangt sei. B ist empört. Wer hat Recht?
Lösung: Nach §7 Abs.2 GmbHG darf die GmbH nur zur Eintragung ins Handelsregister angemeldet werden, wenn auf die übernommene Geldeinlage bereits 1/4 einbezahlt ist. Hieraus folgt, dass Bareinzahlungen, die zwischen Gründung und Eintragung der Gesellschaft geleistet werden, auf jeden Fall bis zu dieser Höhe wirksam sind. Ob über die Mindestleistung hinaus erfolgende Mehrleistungen den Gesellschafter von seiner Leistungspflicht befreien, war lange Zeit umstritten. Der Bundesgerichtshof war früher der Ansicht, dass hier der Schutz des Rechtsverkehrs den Vorzug vor den Gesellschafterinteressen verdiene. Damit sollte verhindert werden, dass große Teile der Stammeinlage schon bei Eintragung der

GmbH verbraucht waren. Mit der Anerkennung der Unterbilanzhaftung in BGHZ 80, 129 trägt dieses Argument jedoch nicht mehr: Wenn die Gesellschafter für die volle Kapitaldeckung ihrer Gesellschaft zum Zeitpunkt ihrer Entstehung haften, gilt dies naturgemäß auch für die Erstattung bereits aufgezehrter Mehrleistungen. Es gibt daher keinen sachlichen Grund, hinsichtlich der Befreiung von der Leistungspflicht gem. § 19 Abs. 1 GmbHG zwischen der Mindestleistung nach § 7 Abs. 2 GmbHG und freiwilligen Mehrleistungen zu unterscheiden (BGHZ 105, 300). Daraus folgt, dass die GmbH im Zeitpunkt ihrer Entstehung keine Forderungen auf Zahlung der Einlage gegen die Beklagten hatte, sondern Ansprüche auf Ausgleich einer Unterbilanz. Die Unterbilanzhaftung trifft die Gesellschafter jedoch nur anteilig. Der Insolvenzverwalter kann B daher nur in Höhe von 37500 Euro in Anspruch nehmen. Erst wenn A seinen Verlustanteil nicht aufbringen kann, haftet B analog § 24 GmbHG auch für dessen Anteil.

Fall 91:
Leicht und Lustig wollen ein Fertighaus-Unternehmen gründen und denken dabei auch an die Rechtsform der GmbH. Abgeschreckt durch das beim Kunden möglicherweise negative Image überlegen sie, ob sie den Zusatz „GmbH" in der Firma weglassen können. Geht das? Was wäre, wenn sie eine GmbH gründen, jedoch nach außen als „Leicht und Lustig Fertigbau-Unternehmen" auftreten würden? Könnten sie zunächst eine oHG gründen und diese anschließend in eine GmbH umwandeln unter Fortlassung des Zusatzes „GmbH"?
Lösung: Nach § 4 GmbHG muss die Firma der Gesellschaft in allen Fällen die zusätzliche Bezeichnung „mit beschränkter Haftung" enthalten. Wenn Leicht und Lustig unter Weglassung dieses Zusatzes Rechtsgeschäfte abschließen und einen entsprechenden Vertrauenstatbestand erwecken, haften sie nach Rechtsscheinsgrundsätzen persönlich. Die Umgründung aus einer oHG in eine GmbH löst das Problem für Leicht und Lustig auch nicht: In keinem Falle darf der frühere Zusatz „oHG" weiter geführt werden. Dies folgt aus §§ 19 Abs. 2 HGB, 4 GmbHG.

Fall 92:
A und B gründen die A-Malermeister GmbH. Das Stammkapital soll 25000 Euro betragen, je hälftig aufzubringen von den beiden Gesellschaftern. A leistet eine Bareinlage in Höhe von 12500 Euro. B hat ein selbständiges Malergeschäft betrieben und möchte dieses unter Anrechnung auf seine Stammeinlage in die GmbH einbringen. Da B nur jeweils kleinere Renovierungen durchgeführt hatte, genügte ihm in der Vergangenheit ein Kellerraum zur Aufbewahrung von Pinseln und Farben als Geschäftsraum. Der Wert dieser Gegenstände wird von Sachkundigen auf allenfalls 3000 Euro geschätzt. B bringt vor, im Übrigen stelle er seine Kenntnisse und Arbeit als Fachkraft zur Verfügung. Welche Rechtsprobleme ergeben

sich (a) bei Eintragung, (b) für den Fall, dass die GmbH nach Errichtung in die Insolvenz fällt und das vorhandene Stammkapital zur Deckung der Gläubigerforderungen nicht ausreicht? **Lösung:** Es ist zulässig, dass die Gesellschafter nicht in Geld bestehende Einlagen erbringen. Nach § 5 Abs. 4 GmbHG muss dann der Gegenstand der Sacheinlage und der Betrag der Stammeinlage, auf die sich die Sacheinlage bezieht, im Gesellschaftsvertrag festgesetzt werden. In einem Sachgründungsbericht sind die für die Angemessenheit der Leistungen wesentlichen Umstände darzulegen. Wenn der wahre Sachwert lediglich 3000 Euro beträgt, ein Betrag von 12500 Euro dagegen angesetzt wird, liegt eine klare Überbewertung der Sacheinlage vor.
(a) Hier hat der Registerrichter ein materielles Prüfungsrecht und könnte aus den oben genannten Gründen die Eintragung ablehnen. Die Differenz kann auch nicht durch das Angebot von Dienstleistungen ausgeglichen werden. Als Einlagen können bei der GmbH im Interesse der Gläubiger nur Bar- und Sacheinlagen akzeptiert werden.
(b) Wenn später über das Vermögen der GmbH das Insolvenzverfahren eröffnet wird, besteht für B gem. § 9 Abs. 1 GmbHG eine vom Verschulden des Gesellschafters unabhängige Pflicht zur Zahlung des Unterschiedes zwischen dem Nennbetrag der Stammeinlage und dem Wert des Einlagegegenstands. B müsste im vorliegenden Fall 9500 Euro an den Insolvenzverwalter nachzahlen.

Fall 93:
Anton ist Gesellschafter der XY-GmbH. Er überwirft sich mit seinen Mitgesellschaftern und schließt mit Z einen schriftlichen Vertrag über die Abtretung seines Geschäftsanteils. Ist dies wirksam? Wie wäre es, wenn Anton lediglich 50 % seines Geschäftsanteils an Z verkauft hätte und das notariell beurkundet worden wäre?
Lösung: Nach § 15 Abs. 3 und 4 GmbHG bedarf sowohl die Abtretung des Geschäftsanteils als auch eine Vereinbarung, durch welche die Verpflichtung eines Gesellschafters zur Abtretung eines Geschäftsanteils begründet wird, der notariellen Beurkundung. Daran fehlt es im vorliegenden Fall, sodass die Vereinbarung zwischen Anton und Z wegen Formmangels unwirksam ist. Dieser Formmangel kann jedoch nach § 15 Abs. 4 S. 2 GmbHG durch Vollzug des Kaufvertrags in Form der Abtretung geheilt werden. Die Teilung von Geschäftsanteilen kann dagegen nach § 17 Abs. 1 GmbHG nur mit Genehmigung der Gesellschaft stattfinden. Anton könnte also, wenn der Gesellschaftsvertrag nichts anderes besagt, gegen den Willen seiner Mitgesellschafter den gesamten Geschäftsanteil, nicht dagegen lediglich 50 % auf Z übertragen.

Fall 94:
Gustav ist Gesellschafter der XY-GmbH. Wegen riskanter privater Spekulationen kommt er in Schwierigkeiten, in deren Verlauf schließlich über

sein Privatvermögen das Insolvenzverfahren eröffnet wird. Der zum Insolvenzverwalter bestellte K möchte den G gehörenden GmbH-Anteil verwerten, dessen Verkehrswert auf annähernd 100 000 Euro geschätzt wird.

Die GmbH-Mitgesellschafter X, Y und Z machen postwendend von einer Satzungsbestimmung Gebrauch, die vorsieht, dass „bei Pfändung eines Geschäftsanteils durch Privatgläubiger eines Gesellschafters und bei Eröffnung des Insolvenzverfahrens über das Privatvermögen eines Gesellschafters dessen Geschäftsanteil eingezogen wird". Im Abschnitt „Ausscheiden eines Gesellschafters" heißt es hinsichtlich der Abfindungsregelung u.a.: „Scheidet ein Gesellschafter aus, so erhält er lediglich den Buchwert". Der Buchwert wird im Falle des G auf maximal 20 000 Euro beziffert. Als diese Klausel in den Gesellschaftsvertrag aufgenommen wurde, bestand nur eine geringfügige Differenz zwischen Buchwert und Verkehrswert von Gustavs Anteil. Muss sich K hiermit abfinden?

Lösung: Grundsätzlich ist davon auszugehen, dass etwaige Bestimmungen des Gesellschaftsvertrages über die Berechnung und Auszahlung des Abfindungsguthabens eines Gesellschafters auch für die Gläubiger verbindlich sind. Ein Gläubiger kann immer nur die Rechte seines Schuldners geltend machen. Erhält der Gesellschafter beim Ausscheiden aus der Gesellschaft grundsätzlich nur den Buchwert, muss sich der Gläubiger damit abfinden. Er kann durch die Pfändung bzw. in der Insolvenz nicht mehr Rechte erwerben als der Schuldner selbst hat. Im vorliegenden Fall ist K deshalb auf die Pfändung des Abfindungsanspruches in Höhe des Buchwertes beschränkt, wenn diese Klausel wirksam ist. „Die gesetzliche Regelung, wonach ein ausscheidender Gesellschafter nach dem tatsächlichen Wert seines Anteils abzufinden ist (§ 738 BGB), ist nicht zwingend; die Parteien können etwas anderes vereinbaren. Deshalb sind gesellschaftsvertragliche Abfindungsbeschränkungen, die im Allgemeinen den Bestand des Unternehmens durch Einschränkung des Kapitalabflusses sichern und die Berechnung des Abfindungsanspruchs vereinfachen sollen, grundsätzlich zulässig" (BGH WM 1993, 1412). Bei Aufnahme der Klausel in den Gesellschaftsvertrag bestand nur eine geringfügige Differenz zwischen Buchwert und Verkehrswert; die Klausel stellte damit keine unangemessene Benachteiligung des Gesellschafters dar und war folglich wirksam. Nachdem inzwischen der Verkehrswert auf das Fünffache des Buchwerts gewachsen ist, stellt sich die Frage, ob die Klausel dadurch unwirksam geworden ist. Da die objektive Wirksamkeit einer Klausel jedoch bereits bei ihrer Aufnahme in den Gesellschaftsvertrag feststehen muss, kann sie nicht durch nachträgliche Veränderungen unwirksam werden. Allerdings kann ein „im Laufe der Zeit eingetretenes, im Zeitpunkt des Vertragsschlusses noch nicht abzusehendes, außergewöhnlich weit gehendes Auseinanderfallen von vereinbartem Abfindungs- und tatsächlichem Anteilswert [...] ganz allgemein nach den Grundsätzen von Treu und Glauben, die im Gesellschaftsrecht durch die besondere Treuepflicht des Gesellschafters verstärkt sind, dazu führen, dass dem von dieser tatsächlichen Entwicklung betroffenen Gesellschafter das Festhalten an der vertraglichen Regelung auch unter Berücksichtigung des berechtigten Interesses der Mitgesellschafter nicht mehr ohne weiteres zugemutet werden kann" (BGH aaO.). Ob dies gegeben ist, hängt jedoch nicht allein vom zahlenmäßigen Verhältnis von Buch- und Verkehrswert ab; vielmehr sind nach der Rechtsprechung alle Umstände des konkreten Falles in die Betrachtung einzubeziehen. Dazu kann auch die Dauer der Mitgliedschaft zählen, der Beitrag des Gesellschafters am Aufbau der Gesellschaft, aber auch der Umstand, dass die Ausschließung des Gesellschafters auf einem wichtigen Grund (wie hier der Pfändung seines Geschäftsanteils durch einen Privatgläubiger) beruht. Damit ist hier keine abschließende Beurteilung möglich; das Verhältnis von 1:5 zwischen Buch- und Verkehrswert alleine ist noch nicht ausreichend. Nach der Rechtsprechung des BGH muss noch nicht einmal ein Verhältnis von 1:10 zwingend bedeuten, dass eine solche Klausel im Falle des Ausscheidens aus wichtigem Grund den betroffenen Gesellschafter unzumutbar benachteiligt. Liegt aber tatsächlich eine unzumutbare Beeinträchtigung vor, könnte der Gesellschafter bzw. der pfändende Gläubiger nicht in Anwendung des § 738 BGB den vollen Verkehrswert als Abfindung beanspruchen. Der Inhalt der vertraglichen Abfindungsregelung wäre vielmehr „durch ergänzende Vertragsauslegung nach den Grundsätzen von Treu und Glauben unter angemessener Abwägung der Interessen der Gesellschaft und des ausscheidenden Gesellschafters und unter Berücksichtigung aller Umstände des konkreten Falles entsprechend den veränderten Verhältnissen neu zu ermitteln" (BGHZ 123, 281).

Fall 95:
Anton ist Geschäftsführer der A-GmbH. Da er sich einerseits etwas aus dem Geschäftsleben zurückziehen, andererseits aber seine Geschäftsführerstellung nicht aufgeben will, erteilt er dem Diplomkaufmann Georg (G) Generalvollmacht mit folgendem Wortlaut: „Hiermit wird Herr G bevollmächtigt, die Firma A-GmbH allein zu vertreten und für die Gesellschaft in unbeschränkter Höhe bei Geschäften tätig zu werden". G nimmt seine Tätigkeit auf. Unter anderem akzeptiert er im Namen der GmbH einen Wechsel, den der Kaufmann K auf die A-GmbH gezogen hatte. Bei Fälligkeit wird der Wechsel von der GmbH nicht eingelöst. K überlegt sich, an wen er sich halten kann. Da über das Vermögen der GmbH kurze Zeit später das Insolvenzverfahren eröffnet wurde, konzentriert er seine Überlegungen auf eine Inanspruchnahme des G. Worauf könnte K einen solchen Anspruch stützen?
Lösung: Als Anspruchsgrundlage gegen G kommt Art. 28 WG in Betracht. Wer auf einen Wechsel seine Unterschrift als Vertreter eines anderen setzt, ohne hierzu ermächtigt zu sein, haftet nach Art. 8 WG selbst wechselmäßig. Die entscheidende Frage lautet deshalb, ob die Vollmacht von G wirksam war. Es ist anerkannt, dass die Befugnisse des Geschäftsführers

einer GmbH zur organschaftlichen Willensbildung und -erklärung und die damit verbundene Verantwortung nicht übertragbar ist (BGHZ 64, 72, 76; 13, 61, 65; LM Nr. 14 zu §35 GmbHG). Hieraus folgt, dass der Geschäftsführer seine Vertretungsmacht nicht im Ganzen durch einen anderen ausüben lassen kann. Genau das aber war geschehen: Anton hatte als Geschäftsführer der GmbH durch die dem G erteilte Generalvollmacht seine Rechtsstellung einem anderen übertragen wollen. Da eine derartige Übertragung der Vollmacht unzulässig ist, hatte G keine ausreichende Vertretungsmacht bei der Annahme des Wechsels für die GmbH. Er war deshalb im Sinne von Art. 8 WG nicht ermächtigt, seine Unterschrift als Vertreter der GmbH auf den Wechsel zu setzen. Damit haftet G dem K gegenüber selbst wechselmäßig. Etwas anderes würde nur dann gelten, wenn G über die Generalvollmacht hinaus für das spezielle Geschäft Einzelvollmacht zur Annahme des Wechsels für die GmbH erhalten hätte. Dann entfiele der Tatbestand des Art. 8 WG, weil G dann im Rahmen einer ihm tatsächlich zustehenden Vertretungsmacht nach §164 Abs. 1 BGB gehandelt hätte. Dafür gibt es hier jedoch keine Anhaltspunkte; G haftet daher nach Art. 8 WG.

Fall 96:
Gustav ist zusammen mit A und B Minderheitengesellschafter der A und B GmbH und zugleich deren Geschäftsführer. Die Bestellung Gustavs zum Geschäftsführer war in den Gesellschaftsvertrag mit aufgenommen worden. Später wurde der privatschriftliche Anstellungsvertrag mit Gustav um eine schriftliche Klausel dahingehend ergänzt, dass seine Bestellung zum Geschäftsführer nur aus wichtigem Grund widerrufen werden könne. Als es zu Meinungsverschiedenheiten über die zukünftige Geschäftspolitik der GmbH kommt, beschließen A und B mit ihrer Mehrheit, Gustav die Geschäftsführung zu entziehen. Dieser vertritt die Auffassung, ohne das Vorliegen eines wichtigen Grundes sei eine derartige Beschlussfassung nicht zulässig. Mit Recht?
Lösung: Ausgangspunkt ist §38 GmbHG. Danach ist die Bestellung des Geschäftsführers zu jeder Zeit widerruflich. Der Widerruf kann jedoch nach §38 Abs. 2 GmbHG auf das Vorliegen wichtiger Gründe beschränkt werden. §38 Abs. 2 GmbHG setzt jedoch voraus, dass die Beschränkung des Widerrufs im Gesellschaftsvertrag selbst enthalten ist. Es handelt sich insoweit um die Vereinbarung eines Sonderrechts für einen GmbH-Gesellschafter, das in entsprechender Anwendung des §35 BGB nicht ohne Zustimmung des Mitglieds durch Beschluss der Mitgliederversammlung beeinträchtigt werden kann. Allerdings setzt die wirksame Vereinbarung eines Sonderrechts die Einhaltung der für den Gesellschaftsvertrag vorgeschriebenen Form voraus. Die Einschränkung des Widerrufs war im vorliegenden Fall jedoch nicht im Gesellschaftsvertrag selbst, sondern in einer privatschriftlichen Zusatzvereinbarung enthalten. Sie ist deshalb wegen Formmangels nichtig. Allein die Tatsache, dass Gustav im Gesell-

schaftsvertrag zum Geschäftsführer bestellt wurde, lässt noch nicht den Schluss zu, man habe ihm dadurch ein unentziehbares Recht einräumen wollen. Der in der Gesellschafterversammlung ausgesprochene Widerruf der Geschäftsführerbestellung ist deshalb nicht durch § 38 Abs. 2 GmbHG eingeschränkt, vielmehr nach § 38 Abs. 1 GmbHG zu beurteilen und deshalb gültig.

Fall 97:
In der XY-GmbH wird Paul zum Prokuristen bestellt, allerdings in der Weise, dass der Prokurist berechtigt sein soll, die GmbH in Gemeinschaft mit einem alleinvertretungsbefugten Geschäftsführer zu vertreten. Das zuständige Handelsregister hält eine derartige Prokurabestellung für unzulässig. Stimmt dies?

Lösung: Es handelt sich bei der vorerwähnten Klausel um eine „gemischte Gesamtvertretung", also um das Zusammenwirken eines Prokuristen mit einem Gesellschaftsorgan. Außerdem liegt eine sog. „halbseitige Gesamtvertretung" vor, die dadurch gekennzeichnet ist, dass bei ihr der eine Vertreter bloße Gesamtvertretungsbefugnis hat, während der andere auch einzelvertretungsbefugt ist. Beide Arten der Vertretungsberechtigung sind nach bürgerlichem Recht und Handelsrecht zulässig. Die Zulässigkeit der gemischten Gesamtvertretung ergibt sich unmittelbar aus dem Gesetz (vgl. z.b. § 125 Abs. 3 HGB). Die Vertretungsbefugnis des Prokuristen ist in diesen Fällen auf den Umfang der gesetzlichen Vertretungsmacht des Gesellschaftsorgans erweitert (BGHZ 13, 61, 64). Im Ausgangssachverhalt handelt es sich jedoch um den umgekehrten Fall einer gemischten Gesamtvertretung, in dem nicht das Gesellschaftsorgan an die Mitwirkung des Prokuristen, sondern der Prokurist – ohne dass seine Vertretungsmacht erweitert wird – an die Mitwirkung des Gesellschaftsorgans gebunden ist. Auch diesen Fall hat die Rechtsprechung für zulässig erklärt (BGHZ 62, 166, 170 ff.). In beiden Fällen wirken das Gesellschaftsorgan als gesetzlich notwendiger Vertreter und der Prokurist als gewillkürter Vertreter zusammen, ohne dass der gesetzlich normierte Vertretungsumfang dem Inhalte nach beschränkt wäre. Nur in der personellen Ausübung ist die Prokura beschränkt. Dies ist zulässig.

Fall 98:
S ist Mitgesellschafter der XY-GmbH. Die Gesellschafterversammlung beschließt eine Erhöhung des Stammkapitals um 100 000 Euro. S verpflichtet sich in notarieller Form zur Übernahme einer Stammeinlage in Höhe von 30 000 Euro in bar. Einige Zeit später gerät die GmbH in Schwierigkeiten. Schließlich wird über ihr Vermögen das Insolvenzverfahren eröffnet. Insolvenzverwalter I verlangt von S die Bezahlung der noch ausstehenden 30 000 Euro auf die Stammeinlage. S weigert sich und bringt vor, er habe einen Kaufpreisanspruch gegenüber der GmbH aus einer – insoweit unbestritten – Lieferung von Fertigteilen. I ist der Auffassung, S könne die-

se Forderung nur als Insolvenzgläubiger geltend machen, müsse aber auf jeden Fall die noch ausstehenden 30 000 Euro an die GmbH leisten. Mit Recht? Könnte I gegenüber S mit der Einlageforderung aufrechnen? **Lösung:** Die Erhöhung des Stammkapitals ist in den §§ 55 ff. GmbHG geregelt. Da es auch bei der Erhöhung um die Stammeinlage geht, finden die Vorschriften über die Erbringung der Stammeinlagen entsprechende Anwendung. Nach § 19 Abs. 2 S. 2 GmbHG können die Gesellschafter der Gesellschaft gegenüber nicht aufrechnen. S kann also nicht mit einem etwaigen Kaufpreisanspruch gegenüber der von I geltend gemachten Forderung auf Zahlung der ausstehenden 30 000 Euro aufrechnen. Dieses Verbot ist gerechtfertigt, wenn man bedenkt, dass die Aufbringung des Stammkapitals im Interesse der Gesellschaft und ihrer Gläubiger auf jeden Fall gewährleistet sein muss. Würde man die Aufrechnung des einzelnen Gesellschafters gegenüber der Einbringungsforderung zulassen, wäre diese Gewähr in Frage gestellt, da im Einzelfall wegen der Insolvenz der Gesellschaft die zur Aufrechnung gestellte Forderung des Gesellschafters bei wirtschaftlicher Betrachtungsweise nicht vollwertig (Insolvenzquote!) zu sein braucht. Auch könnte die Kaufpreisforderung des S wegen etwaiger Mangelhaftigkeit der gelieferten Gegenstände minderwertig sein. Die Frage ist, ob umgekehrt I mit der Einlagenforderung gegenüber der Kaufpreisforderung aufrechnen könnte. Diesen Fall hat § 19 Abs. 2 GmbHG nicht ausdrücklich geregelt. Die Rechtsprechung (RG JW 38, 1400; BGHZ 15, 52) wendet diese Vorschrift dem Grundsatz nach auch auf diesen Fall an. Eine Ausnahme wird nur dann gemacht, wenn die Forderung des Gesellschafters gegen die Gesellschaft unzweifelhaft fällig und am Vermögensstand der Gesellschaft gemessen vollwertig ist – sie muss existent, fällig, liquide und vollwertig sein (BGHZ 125, 141). Nur in einem solchen Fall werden die Interessen der Gläubiger durch die Aufrechnung nicht beeinträchtigt, weil hier die Aufrechnung lediglich dazu dient, das zwecklose Hin- und Herschieben der Zahlungsmittel zu ersparen (RG JW 26, 1153; BGH 15, 52). Demzufolge könnte Insolvenzverwalter I für die Gesellschaft mit der Einlageforderung gegen die Kaufpreisforderung des S wirksam aufrechnen.

Fall 99:
Wie wäre es im vorherigen Fall, wenn S die aus der Kapitalerhöhung geschuldeten 30 000 Euro noch nicht bezahlt hätte und die Erfüllung dieser Verpflichtung wegen eines rapiden Vermögensverfalls immer zweifelhafter wird. Könnte nunmehr die GmbH gegenüber der Warenlieferung aufrechnen?
Lösung: Das Aufrechnungsverbot nach § 19 Abs. 2 S. 2 GmbHG ist von der Rechtsprechung, wie oben ausgeführt, gelockert für den Fall, dass die GmbH die Einlageforderung gegen eine Forderung, die einem ihrer Gesellschafter auf andere Weise als durch Überlassung von Vermögensgegenständen an sie erwachsen ist, grundsätzlich nur aufrechnen kann,

wenn die Gesellschafterforderung fällig, liquide und vollwertig ist. Der Bundesgerichtshof hat jedoch aus einleuchtenden Gründen ergänzt, dass dieses Erfordernis nicht zu einer Schädigung der Gesellschaft führen darf. Aus diesem Grunde kann die Gesellschaft auf jeden Fall aufrechnen, wenn die Einlageforderung gefährdet oder gar uneinbringlich ist (BGHZ 15, 52). Im vorliegenden Fall könnte sich die GmbH gegenüber der Kaufpreisforderung durch Aufrechnung mit der Einlageforderung in voller Höhe befriedigen. Würde sie zuwarten und S möglicherweise in die Insolvenz fallen, wäre die Forderung auf die Insolvenzquote beschränkt.

Fall 100:
Listig (L) und Gold (G) gründen eine Gesellschaft mit beschränkter Haftung zu dem Zweck, eine von Listig erworbene Lizenz gewinnbringend aber ohne Risiko zu verwerten. Das Stammkapital wird auf 50000 Euro festgesetzt, es soll durch Stammeinlagen in Höhe von jeweils 25000 Euro durch die beiden Gesellschafter aufgebracht werden. Listig verfügt nicht über ausreichendes Barkapital. Er will die Lizenz als Sacheinlage einbringen. G und L kommen jedoch bald Bedenken, ob die Lizenz wirklich mit 25000 Euro bewertet werden kann. Sie befürchten, dass der Registerrichter wegen einer möglichen Überbewertung bei der Errichtung der GmbH Schwierigkeiten macht. Aus diesem Grunde übernimmt auch L in notarieller Urkunde eine Bareinlage in Höhe von 25000 Euro, die er ordnungsgemäß mit Hilfe eines Bankkredits auf das Konto der gegründeten GmbH überweist. Sofort nach Errichtung der GmbH überweist Listig, nunmehr in seiner Eigenschaft als Geschäftsführer der GmbH, auf sein Privatkonto 25000 Euro als Entgelt für den zwischen der Gesellschaft und ihm vereinbarten Erwerb der Lizenz. Als die Gesellschaft später in die Insolvenz fällt, verlangt der Insolvenzverwalter I von Listig die Zahlung von 25000 Euro. Mit Recht?

Lösung: I kann von L 25000 Euro verlangen, wenn L in Wirklichkeit seine Einlage in dieser Höhe noch nicht erbracht hatte. Dies trifft zu. Die im Sachverhalt geschilderten Vorgänge sind nichts anderes als eine Umgehung des Aufrechnungsverbots nach § 19 Abs. 2 GmbHG und des Verbots verdeckter Sacheinlagen nach § 19 Abs. 5 GmbHG. Diese Vorschriften sollen über ihren Wortlaut hinaus jedes Leistungsverhalten verhindern, das ihrem Normzweck zuwiderläuft, die auf Publizität und Wertdeckungskontrolle zielenden Sacheinlageregelungen gegen Umgehungen abzusichern. Eine solche Umgehung liegt vor, wenn die bar eingezahlte Einlage an den Einlageschuldner sofort wieder zur Vergütung einer Sachübernahme zurückgezahlt wird. Hätte L die Bareinlage nicht gezahlt, vielmehr lediglich die dubiose Lizenz an die GmbH verkauft und dann den Kaufpreis mit der Einlage verrechnet, wäre der Verstoß gegen § 19 Abs. 5 GmbHG noch deutlicher. Die Schutzfunktion der §§ 5 Abs. 4 und 19 GmbHG verbietet die Anerkennung der im Sachverhalt genannten Manipulationen (BGH NJW 1959, 383; BGHZ 113, 355). Insolvenzverwalter I kann also von L die Zahlung von 25000 Euro verlangen.

Fall 101:
A, B und C sind Gesellschafter der A-GmbH. A und B beschließen in einer ordnungsgemäß einberufenen Gesellschafterversammlung, dass zur Überwindung von Liquiditätsschwierigkeiten jeder Gesellschafter weitere 10 000 Euro zu zahlen habe. C hält diesen Beschluss für unwirksam und weigert sich, Nachschüsse zu leisten. Wie ist die Rechtslage?
Lösung: Die Vereinbarung zur Leistung weiterer Einzahlungen ist im Recht der GmbH zulässig, setzt jedoch nach § 26 Abs. 1 GmbHG eine wirksame Vereinbarung im Gesellschaftsvertrag voraus. Ein lediglich in der Gesellschafterversammlung gefasster Beschluss genügt diesem Erfordernis nicht. Auch eine der notariellen Form genügende Satzungsänderung kann den Gesellschaftsvertrag insoweit nicht abändern: § 53 Abs. 3 GmbHG verlangt für die Vermehrung der den Gesellschaftern nach dem (ursprünglichen) Gesellschaftsvertrag obliegenden Leistungen die Zustimmung sämtlicher beteiligter Gesellschafter, also auch des C.

Fall 102:
Zwirn, Zwist und Furioso (F) sind Gesellschafter der Zwirn-GmbH. Nach einiger Zeit kommt es unter den Gesellschaftern zu erheblichen Meinungsverschiedenheiten. F blockiert schließlich jegliche Mitarbeit, erhebt beleidigende Vorwürfe gegen seine Mitgesellschafter und gerät auch in den Verdacht, Betriebsgeheimnisse zu verraten. An eine gedeihliche Zusammenarbeit ist nicht mehr zu denken. Daraufhin entscheiden Zwirn und Zwist in einer Gesellschafterversammlung mit der Mehrheit ihrer Stimmen, F aus der Gesellschaft auszuschließen. F hält diesen Beschluss für unwirksam, zumal eine entsprechende Bestimmung im Gesellschaftsvertrag nicht vorhanden ist. Was ist hierzu zu sagen?
Lösung: Das GmbHG trifft keine Bestimmung darüber, ob ein Gesellschafter aus wichtigem Grunde ausgeschlossen werden kann. Für die Zulassung der Ausschließung besteht jedoch ein starkes Bedürfnis. Ist ein Gesellschafter untragbar geworden, muss es eine Möglichkeit geben, den Störenfried aus der Gesellschaft auszuschließen und das Unternehmen, die Firma, den Betrieb mit allen darin steckenden Werten und die vorhandenen Arbeitsplätze zu erhalten (BGHZ 9, 157, 159; 80, 346, 349). Der Rechtsgrund für die Ausschließbarkeit eines GmbH-Gesellschafters aus wichtigem Grund ergibt sich aus dem sowohl im bürgerlichen Recht als auch im Handelsrecht durchgreifenden Grundsatz, dass ein in die Lebensbetätigung der Beteiligten stark eingreifendes Rechtsverhältnis vorzeitig gelöst werden kann, wenn ein wichtiger Grund vorliegt (vgl. dazu die Beispiele §§ 314, 737 BGB, 140 HGB, 68 GenG, 626 BGB, 89 a HGB, 117, 127 HGB, 723 BGB, 234 HGB usw.). Aus diesem Grund hat der Bundesgerichtshof in einer Grundsatzentscheidung (BGHZ 9, 157) die Ausschließung eines GmbH-Gesellschafters beim Vorliegen eines in seiner Person gegebenen wichtigen Grundes auch dann zugelassen, wenn die Satzung diese Möglichkeit nicht vorsieht. Allerdings genügt hierzu nicht

ein einfacher Gesellschafterbeschluss. Als Ausschließungsmittel ist in entsprechender Anwendung des § 140 HGB die Klage erforderlich. In dem daraufhin ergehenden Urteil muss die Bedingung enthalten sein, dass der betroffene Gesellschafter von der GmbH binnen einer für den Einzelfall angemessenen festzusetzenden Frist den im Urteil zu bestimmenden Gegenwert für seinen Geschäftsanteil erhält.

Fall 103:
Emil ist Alleingesellschafter und Geschäftsführer der Emil-GmbH. Er übereignet einen der Gesellschaft gehörenden Pkw an sich selbst und überträgt das Eigentum zur Sicherung einer persönlichen Verbindlichkeit der Bank B. Als später über das Vermögen der GmbH das Insolvenzverfahren eröffnet wird, verlangt der Insolvenzverwalter die Rückführung des Kfz zur Insolvenzmasse. Mit Recht?

Lösung: Der Insolvenzverwalter kann das Kfz nur dann herausverlangen, wenn die GmbH nach wie vor Eigentümerin ist. Dies wäre nur dann der Fall, wenn die Übertragung von der GmbH auf Emil unwirksam war. In diesem Fall hätte die Bank B auch nicht kraft guten Glaubens das Eigentum erlangen können, da bei der Sicherungsübereignung ein Besitzkonstitut nach § 930 BGB vereinbart wird, somit B den Besitz nicht unmittelbar erlangte, der gutgläubige Erwerb aber nur bei unmittelbarer Besitzverschaffung eintritt (vgl. § 933 BGB). Entscheidend ist also, ob Emil das Eigentum von der GmbH auf sich selbst übertragen konnte. Bedenken könnte man im Hinblick auf § 181 BGB haben. In der Tat hat die Rechtsprechung zunächst das Selbstkontrahierungsverbot auf diese Fälle angewandt. Diese Rechtsprechung hat der BGH später aufgegeben (vgl. BGHZ 56, 97) und betont, dass § 181 BGB im Interesse der Rechtssicherheit zwar nicht auf die Umstände des jeweiligen Einzelfalls abstellen könne, wenn jedoch der Gesetzeszweck in bestimmten Situationen nicht gefährdet werde, müsse die formale Betrachtungsweise des § 181 BGB ausscheiden. Da § 181 BGB die Interessenkollision zwischen Vertreter und Vertretenem im Auge habe, bei der Einmann-GmbH diese Interessenkollision wegen der Personenidentität zwischen Geschäftsführer und Alleingesellschafter dagegen grundsätzlich ausscheide, gelte das Selbstkontrahierungsverbot nicht für Rechtsgeschäfte des geschäftsführenden Alleingesellschafters einer GmbH mit sich selbst. Dieser Ansicht ist der Gesetzgeber jedoch nicht gefolgt. Nach § 35 Abs. 4 GmbHG findet § 181 BGB auf Insichgeschäfte des Einmann-Gesellschafter-Geschäftsführers ausdrücklich Anwendung! Demzufolge konnte Emil ohne Satzungsänderung das Eigentum am Betriebs-Pkw nicht auf sich selbst übertragen. Da er nicht wirksam Eigentümer wurde, konnte er auch nicht wirksam das Sicherungseigentum auf die Bank nach § 930 BGB übertragen.

Fall 104:

Fix ist Geschäftsführer der XY-Fertigbau-GmbH. Die Gesellschafter haben Fix auferlegt, bei der Begründung von Verbindlichkeiten über 20000 Euro zuvor die Zustimmung der Gesellschafter einzuholen. Fix kauft ohne Rückfrage bei den Gesellschaftern Fertigmaterialien im Wert von 50000 Euro. Ist die Gesellschaft hieran gebunden? Welche Rechte bestehen gegenüber Fix?

Lösung: Der Kaufvertrag ist wirksam abgeschlossen, da nach §37 Abs.2 GmbHG eine Beschränkung in der Vertretungsbefugnis des Geschäftsführers Dritten gegenüber unwirksam ist. Die Gesellschaft hat allerdings gegen Fix einen Schadenersatzanspruch nach §43 Abs.2 GmbHG. Er war nach §37 Abs.1 GmbHG verpflichtet, die im Innenverhältnis zulässigen Beschränkungen einzuhalten. Hierüber hat er sich schuldhaft hinweg gesetzt.

Fall 105:

A, B, C und D sind Gesellschafter der A-GmbH. Die Stammeinlagen betragen für A 50000, für B ebenfalls 50000, für C 30000 und für D 20000 Euro. In der Gesellschafterversammlung soll darüber beschlossen werden, den A, der im Einverständnis mit den Gesellschaftern noch einen selbständigen Zulieferbetrieb führt, für die GmbH vorgefertigte Halberzeugnisse im Werte von 200000 Euro liefern zu lassen. A, C und D stimmen für den Beschluss, B ist dagegen. Ist der Beschluss wirksam? Welche Rechtsmittel hat B?

Lösung: Die Abstimmung in der GmbH erfolgt nach Geschäftsanteilen, wobei jede 50 Euro eines Geschäftsanteils nach §47 Abs.2 GmbHG eine Stimme gewähren. Insofern haben A, C und D zusammen die Mehrheit. Allerdings ist zu beachten, dass A nach §47 Abs.4 GmbHG nicht stimmberechtigt war: Ein Gesellschafter darf u.a. bei der Beschlussfassung nicht mitwirken, die Rechtsgeschäfte gegenüber ihm selbst betreffen. Der Beschluss ist insoweit durch Anfechtungsklage angreifbar. Die Klage ist auch begründet. Wenn A nicht stimmberechtigt war, konnten C und D nur soviel Stimmen abgeben, wie auch B hatte. Bei Stimmengleichheit aber ist ein Antrag abgelehnt.

Fall 106:

In der vorerwähnten GmbH beschließen A, C und D gegen das Veto von B, die Satzung insoweit zu ändern, als jeweils vom jährlichen Reingewinn 10% des Gewinnes als offene Rücklagen einzustellen sind. Der Beschluss wird notariell beurkundet. Ist er wirksam? B meint, hierzu sei seine Zustimmung erforderlich.

Lösung: Die Satzungsänderung ist in der erforderlichen notariellen Form erfolgt. Es fehlt jedoch an der Mehrheit von 3/4 der abgegebenen Stimmen (§53 Abs.2 GmbHG). A, C und D verfügten zusammen über Stammeinlagen von insgesamt 100000 Euro, ihre Mehrheit macht deshalb nur

2/3 der abgegebenen Stimmen aus. B verfügt mit seiner Stammeinlage von 50000 Euro über eine ausreichende, über 25 % hinausgehende Sperrminorität. Dagegen wäre die Zustimmung seitens B nicht erforderlich gewesen. Es handelt sich bei dem Beschluss nicht um die Vermehrung der den Gesellschaftern nach dem Gesellschaftsvertrag obliegenden Leistungen, die nach § 53 Abs. 3 GmbHG nur mit Zustimmung des betroffenen B hätte beschlossen werden können. § 53 Abs. 3 GmbHG ist nicht einschlägig, da erst durch den Beschluss, den Gewinn an die Gesellschafter zu verteilen, der Gesellschafter ein Recht auf Auszahlung von Kapital erhält. In der Änderung der Gewinnverteilungsabrede als solcher liegt keine Vermehrung der gesellschaftsrechtlichen Pflichten eines Gesellschafters.

Fall 107:
X und Y gründen die XY-GmbH mit einem Stammkapital von 100000 Euro. X und Y haben jeweils auf ihre Stammeinlage von 50000 Euro 25000 Euro erbracht, der Rest ist noch nicht einbezahlt. Sie beschließen die Erhöhung des Stammkapitals um weitere 50000 Euro. Die neugeschaffene Stammeinlage übernimmt Z. Später wird über das Vermögen der GmbH das Insolvenzverfahren eröffnet. Als Insolvenzverwalter I feststellt, dass X und Y zahlungsunfähig sind, verlangt er von Z die Zahlung von weiteren 50000 Euro und begründet dies damit, dass Z für die noch ausstehenden Einlageschulden von X und Y (je 25000) selbst hafte. Trifft dies zu?
Lösung: Einschlägig ist § 24 GmbHG. Danach haften letztlich die übrigen Gesellschafter selbst, wenn Mitgesellschafter ihre Stammeinlage nicht voll leisten. Die Rechtsprechung wendet diese Ausfallhaftung auch im Falle der Kapitalerhöhung an, weil dies im Interesse der Gesellschaft und der Gesellschaftsgläubiger liegt und der eintretende Gesellschafter dieses Risiko durch entsprechende Information und Einsichtnahme in die Gesellschaftsunterlagen abschätzen kann. Demzufolge muss Z für die von X und Y noch nicht geleisteten Restzahlungen in Höhe von zweimal 25000 Euro aufkommen.

Fall 108:
Kaufmann K war ständiger Rohstofflieferant der XY-GmbH. Geschäftsführer der GmbH war ihr Mitgesellschafter Gustav. Durch eine Konjunkturflaute geriet die GmbH in Schwierigkeiten, was Gustav jedoch möglichst lange geheimzuhalten versuchte. Bei der Aufstellung der aktuellen Jahresbilanz wurde ersichtlich, dass das Vermögen der GmbH nicht mehr die Schulden deckte. Trotzdem unterließ es Gustav, die Eröffnung des Insolvenzverfahrens zu beantragen. Zu dieser Zeit schuldete die GmbH dem K aus Rohstofflieferungen schon den Betrag von 20000 Euro. In Unkenntnis dieser Sachlage liefert K noch weitere Waren im Werte von 10000 Euro. Ein Sachverständiger stellt später fest, dass zu diesem Zeitpunkt infolge der fortgeschrittenen Verschuldung eine Insolvenzquote in Höhe von 3 % hätte erzielt werden können, vorausgesetzt, der Insolvenzantrag

wäre bereits zu diesem Zeitpunkt gestellt worden. Als das Insolvenzverfahren schließlich beantragt wird, wird der Antrag vom Insolvenzgericht mangels Masse abgewiesen (§ 26 InsO). Da die XY-GmbH praktisch über kein verwertbares Vermögen verfügt, besteht keine Möglichkeit, ihr gegenüber noch Ansprüche durchzusetzen. K will nunmehr Gustav persönlich in Anspruch nehmen und begründet dies mit § 64 GmbHG, den er als Schutzgesetz i.S.d. § 823 Abs. 2 BGB ansieht. Er meint, wenn Gustav rechtzeitig bei Eintritt der Überschuldung Insolvenzantrag gestellt hätte, wäre die spätere Lieferung i.H.v. 10 000 Euro unterblieben. Außerdem fragt er, ob er auch hinsichtlich der Forderung von 20 000 Euro einen Anspruch gegen Gustav hat. Was ist hierzu zu sagen?

Lösung:
(1) Als Anspruchsgrundlage kommt § 823 Abs. 2 BGB in Betracht. Dies setzt voraus, dass § 64 GmbHG ein Schutzgesetz i.S. dieser Bestimmung ist. Dies wird von der Rechtsprechung (BGHZ 29, 100) grundsätzlich bejaht. § 64 GmbHG will die Gläubiger der Gesellschaft zumindest mit schützen, was um so mehr angebracht ist, als die Gesellschafter einer GmbH für die Verbindlichkeiten der Gesellschaft nicht persönlich haften.
(2) Dass die Lieferung des K erst nach Überschuldung erfolgte, ist unbeachtlich. § 64 GmbHG schützt sämtliche Gläubiger, unabhängig davon, wann deren Forderungen entstanden sind – also auch dann, wenn sie erst nach der „Insolvenzreife" begründet wurden. Für K ist diese Frage insoweit von Belang, als die Verbindlichkeiten der GmbH zum Zeitpunkt der Insolvenzreife 20 000 Euro betrugen und infolge der späteren Lieferung um 10 000 Euro auf 30 000 Euro angewachsen sind. Da die Pflicht eines GmbH-Geschäftsführers zur Stellung des Insolvenzantrags auch über den Zeitpunkt der Insolvenzreife hinaus weiter fortbesteht, wäre es nicht zu rechtfertigen, diese fortdauernde Antragspflicht lediglich auf Altgläubiger, also auf die Gläubiger zu beschränken, deren Forderungen schon zu dem Zeitpunkt bestanden haben, zu dem die Verzögerung des Insolvenzantrags begonnen hat. Vielmehr besteht die Verpflichtung zur Beantragung des Insolvenzverfahrens auch gegenüber einem Gläubiger, der nach diesem Zeitpunkt an die GmbH Waren auf Kredit liefert oder in anderer Weise die Stellung eines Gläubigers erwirbt (BGH aaO.).
(3) Der Schadenersatz aus § 823 Abs. 2 BGB aufgrund der Verletzung eines Schutzgesetzes geht allerdings nur so weit, wie auch der Zweck der verletzen Norm reicht. Dieser besteht hier nicht nur darin, dass das zur Befriedigung der Gläubiger erforderliche Gesellschaftsvermögen diesem Zweck nicht entzogen wird. Er liegt vielmehr auch darin, „insolvenzreife Gesellschaften mit beschränktem Haftungsfonds vom Geschäftsverkehr fernzuhalten, damit durch das Auftreten solcher Gebilde nicht Gläubiger geschädigt oder gefährdet werden" (BGHZ 126, 181). Entsprechend dieses Normzwecks differenziert die Rechtsprechung hinsichtlich des Umfangs des Schadenersatzes zwischen Alt- und Neugläubigern. Altgläubiger sind Gläubiger hinsichtlich der Forderungen, die zum Zeitpunkt des Eintritts

der Insolvenzantragspflicht bereits gegen die GmbH begründet sind; von Neugläubigern spricht man hinsichtlich der nach diesem Zeitpunkt begründeten Forderungen. Für die Altgläubiger ergibt sich aus dem Zweck der Norm, dass der Schadenersatz nur den (weiteren) Schaden umfasst, der durch die Verzögerung der Antragstellung entstanden ist. Hinsichtlich der Forderung in Höhe von 20000 Euro ist K Altgläubiger. Da hier im Zeitpunkt des Entstehens der Antragspflicht noch eine Insolvenzquote von 3 % (entspricht hier 600 Euro) zu erzielen gewesen wäre, K aber jetzt damit rechnen muss, mit dieser Forderung völlig auszufallen, hat er durch die Verzögerung einen Schaden in Höhe von 600 Euro erlitten. Hinsichtlich der später erworbenen Forderung i.H.v. 10000 Euro ist K Neugläubiger. Der Bundesgerichtshof argumentiert insofern wie folgt: Die Insolvenzantragspflicht „ergänzt [...] den mit den Kapitalaufbringungs- und -erhaltungsvorschriften bewirkten Gläubigerschutz; zusammen mit diesen stellt sie die Rechtfertigung für das Haftungsprivileg der Gesellschafter dar. [...] Als Instrument des Gläubigerschutzes muss das Gebot der rechtzeitigen Antragstellung schadenersatzrechtlich – und nicht nur strafrechtlich – so sanktioniert sein, dass dieser Schutz wirksam ist" (BGHZ aaO.). Der Neugläubiger muss daher nach allgemeinen schadensrechtlichen Gesichtspunkten so gestellt werden, als wäre der Antrag rechtzeitig gestellt worden. In diesem Fall wäre hier die zusätzliche Forderung über 10000 Euro nicht mehr entstanden. Da K mit dieser Forderung in voller Höhe ausfallen wird, kann er insofern von Gustav 10000 Euro verlangen.

VIII. Die Genossenschaft

Übersicht

Wesen	Juristische Person; Formkaufmann (§ 17 GenG); Gesellschaft von nicht geschlossener Mitgliederzahl zur Förderung des Erwerbs oder der Wirtschaft ihrer Mitglieder durch gemeinschaftlichen Geschäftsbetrieb (§ 1 GenG).
Einteilung nach Arten	(1) Einteilung nach der *wirtschaftlichen Zweckbestimmung*: Produktiv- und Distributivgenossenschaften. (2) Einteilung nach der *Nachschusspflicht*: Genossenschaften ohne Nachschusspflicht, Genossenschaften mit unbeschränkter Nachschusspflicht, Genossenschaften mit beschränkter Nachschusspflicht. (3) Einteilung nach dem *Genossenschaftsgesetz*: Vorschuss- und Kreditvereine, Rohstoffvereine, Vereine zum gemeinschaftlichen Verkauf landwirtschaftlicher oder gewerblicher Erzeugnisse (Absatzgenossenschaften,

	Magazinvereine), Vereine zur Herstellung von Gegenständen und zum Verkauf derselben auf gemeinschaftliche Rechnung (Produktivgenossenschaften), Vereine zum gemeinschaftlichen Einkauf von Lebens- oder Wirtschaftsbedürfnissen im Großen und Ablass im Kleinen (Konsumvereine), Vereine zur Beschaffung von Gegenständen des landwirtschaftlichen oder gewerblichen Betriebs und zur Benutzung derselben auf gemeinschaftliche Rechnung, Vereine zur Herstellung von Wohnungen.
Vermögensordnung	Kein ziffernmäßig festgelegtes Grund- oder Stammkapital! *Geschäftsanteil*: Höchstbetrag der erlaubten Kapitalbeteiligung. *Mindesteinlage*: Betrag, den ein Genosse auf den Geschäftsanteil einzahlen muss. *Geschäftsguthaben*: Das jeweilige effektive Guthaben (also die durch Gewinn und Verlust veränderte Einlage).
Gründung	(1) Schriftliche Feststellung des Statuts durch mindestens 7 Personen (§§ 4, 5 GenG), (2) Bestellung von Vorstand und Aufsichtsrat (§ 9 GenG), (3) Anmeldung und Eintragung in das Genossenschaftsregister (mit Bestätigung des genossenschaftlichen Prüfungsverbandes über die Zulassung der Genossenschaft zum Verband einschließlich einer gutachtlichen Äußerung über die persönlichen und wirtschaftlichen Verhältnisse der Genossenschaft), §§ 10, 11 GenG.
Organe	(1) *Vorstand* (Geschäftsführung und Vertretung, Prinzip der Gesamtvertretung, Wahl durch die Generalversammlung), §§ 24 ff. GenG, (2) *Aufsichtsrat* (Überwachungsfunktion), §§ 36 ff. GenG, (3) *Generalversammlung* (in der Regel einfache Stimmenmehrheit; pro Genosse eine Stimme, sofern nicht Mehrstimmrecht; bei Genossenschaften mit mehr als 1500 Mitgliedern fakultativ Vertreterversammlung), §§ 43 ff. GenG.
Rechte und Pflichten der Genossen	*Erwerb der Mitgliedschaft* entweder durch Gründung oder spätere schriftliche Beitrittserklärung. *Rechte*: Recht auf Teilnahme an den genossenschaftlichen Einrichtungen, Gewinnanspruch, Mitverwaltungsrechte. *Pflichten*: Zahlung der Mindesteinlage, gegebenenfalls Nachschusspflicht, Deckungspflicht bei etwaigen Fehlbeträgen.

Fragen

Frage 163:
Was ist der Grundgedanke des Genossenschaftswesens und welche Namen sind in diesem Zusammenhang zu nennen?
Antwort:
(a) In der Genossenschaftsidee kommt die Selbsthilfe, Selbstverwaltung und Selbstverantwortung ihrer Mitglieder zur Auswirkung. Die Genossenschaft bezweckt die Förderung des Erwerbes oder der Wirtschaft ihrer Mitglieder durch einen gemeinschaftlichen Geschäftsbetrieb.
(b) Raiffeisen und Schulze-Delitzsch.

Frage 164:
Wie definiert das Gesetz die Genossenschaft?
Antwort: Genossenschaften sind nach § 1 Abs. 1 GenG Gesellschaften von nicht geschlossener Mitgliederzahl, welche die Förderung des Erwerbes oder der Wirtschaft ihrer Mitglieder mittels gemeinschaftlichen Geschäftsbetriebes bezwecken.

Frage 165:
Wie lassen sich die Genossenschaften einteilen?
Antwort:
(a) Früher kannte das Gesetz die Unterscheidung zwischen Genossenschaften mit beschränkter und solchen mit unbeschränkter Haftpflicht. Seit der Genossenschaftsnovelle von 1933 besteht eine unmittelbare Haftung der Mitglieder den Gläubigern gegenüber nicht mehr. Zulässig ist aber die Vereinbarung von Nachschusspflichten.
(b) Daneben lassen sich die Genossenschaften nach der wirtschaftlichen Zweckbestimmung einteilen, so in § 1 GenG.

Frage 166:
Nennen Sie die Hauptarten der Genossenschaften nach ihrer wirtschaftlichen Zweckbestimmung.
Antwort: Vorschuss- und Kreditvereine, Rohstoffvereine, Absatzgenossenschaften und Magazinvereine, Produktivgenossenschaften, Konsumvereine, Werk- und Baugenossenschaften.

Frage 167:
Was versteht man unter einer Zentralgenossenschaft?
Antwort: Dabei handelt es sich um Großgenossenschaften, deren Mitglieder Einzelgenossenschaften sind. Ihrer Bildung liegt die Absicht zugrunde, durch die Großgenossenschaft anderen Großunternehmen ein entsprechendes wirtschaftliches Gewicht gegenüberzustellen. In neuerer Zeit wird hierzu auch die Rechtsform der Aktiengesellschaft gewählt.

Frage 168:
Was bedeutet bei der Genossenschaft der Geschäftsanteil, die Mindesteinlage, das Geschäftsguthaben, die Haftsumme?
Antwort:
(a) Der Geschäftsanteil (vgl. § 7 Nr. 1 GenG) ist der Höchstbetrag der möglichen Kapitalbeteiligung für den einzelnen Genossen.
(b) Die Mindesteinlage beziffert den Betrag der Einzahlung auf den Geschäftsanteil, zu welchem jeder Genosse verpflichtet ist (vgl. § 7 Nr. 1 GenG).
(c) Das Geschäftsguthaben beziffert das tatsächliche Guthaben des einzelnen Mitglieds, also die durch Gewinn und Verlust veränderte Einlage.
(d) Die Haftsumme (§ 119 GenG) spielt bei Genossenschaften mit (beschränkter) Nachschusspflicht eine Rolle und bezeichnet die Grenze, bis zu der die Genossen bei der Insolvenz der Genossenschaft Nachschusspflichten übernehmen.

Frage 169:
Welche Gründungsvorgänge sind bei der Genossenschaft festzuhalten?
Antwort: Diese Vorgänge sind in den §§ 4 bis 12 GenG geregelt:
(a) Feststellung des Statuts (von mindestens sieben Personen unter Beachtung eines Mindestinhalts und der Schriftform);
(b) Bestellung von Vorstand und Aufsichtsrat;
(c) Anmeldung und Eintragung in das Genossenschaftsregister.

Frage 170:
Wann entsteht die Genossenschaft als juristische Person?
Antwort: Nach den §§ 13, 17 GenG erst mit der Eintragung ins Genossenschaftsregister.

Frage 171:
Welche Organe hat die Genossenschaft?
Antwort: Vorstand, Aufsichtsrat und Generalversammlung.

Frage 172:
Welche Aufgaben hat der Vorstand der Genossenschaft und was gilt hinsichtlich seiner Vertretungsbefugnis?
Antwort: Der Vorstand ist gem. § 24 GenG gesetzlicher Vertreter der Genossenschaft und wird von der Generalversammlung gewählt. Er führt die Geschäfte der Genossenschaft und vertritt sie nach außen nach dem Prinzip der Gesamtvertretung (durch Statut abänderbar).

Frage 173:
Welche Besonderheit gilt bei Genossenschaften mit großer Mitgliederzahl für die Generalversammlung?

Antwort: Bei Genossenschaften mit mehr als 1500 Mitgliedern kann das Statut gem. §43a GenG bestimmen, dass an die Stelle der Generalversammlung eine Vertreterversammlung tritt.

Frage 174:
Was versteht man unter der genossenschaftlichen Pflichtprüfung?
Antwort: Genossenschaften unterliegen einer regelmäßigen Pflichtprüfung durch einen Prüfverband, der über das Ergebnis der Prüfung schriftlich Bericht erstattet, über den die Generalversammlung Beschluss fasst (§§ 53 ff. GenG).

Frage 175:
Welche Besonderheiten gelten bei der Insolvenz über das Vermögen einer Genossenschaft?
Antwort: Es gelten Besonderheiten hinsichtlich des Insolvenzgrundes. Bei juristischen Personen ist im Allgemeinen die Überschuldung ausreichender Insolvenzgrund. Dies trifft bei Genossenschaften lediglich zu, wenn eine Nachschusspflicht fehlt oder bei Genossenschaften mit beschränkter Nachschusspflicht die Überschuldung ein Viertel des Betrags aller Haftsummen übersteigt (§ 98 GenG). Im Gegensatz dazu ist bei Genossenschaften mit unbeschränkter Nachschusspflicht nur die Zahlungsunfähigkeit Insolvenzgrund (die Nachschusspflicht schützt die Gläubigerinteressen hinreichend).

Frage 176:
Auf welche Weise wird die Mitgliedschaft in der Genossenschaft erworben und wie endet sie?
Antwort: Die Mitgliedschaft kann erworben werden durch Teilnahme an der Gründung oder durch späteren Beitritt (§ 15 Abs. 1 GenG). Eine Übertragung der Mitgliedschaft ist nicht möglich, es kann jedoch das Geschäftsguthaben übertragen werden (§ 76 GenG). Beim Tod des Mitglieds geht die Mitgliedschaft bis zum Ende des Geschäftsjahres auf die Erben über und endet dann (§ 77 Abs. 1 GenG). Die Mitgliedschaft kann zudem durch ordentliche und außerordentliche Kündigung (§§ 65, 67a GenG) und durch den Ausschluss eines Genossen (§ 68 GenG) enden. Mit dem Ausscheiden kann der Genosse die Auszahlung seines Geschäftsguthabens verlangen (§ 73 Abs. 2 GenG).

Frage 177:
Wie ist die Förderbeziehung zwischen Genossenschaft und Mitglied ausgestaltet?
Antwort: Die Genossenschaft fördert nach § 1 Abs. 1 GenG den Erwerb oder die Wirtschaft ihrer Mitglieder, wofür die Mitglieder im Gegenzug eine Gegenleistung erbringen müssen. Bei der Förderung muss die Genossenschaft das Gleichheitsgebot wahren. Die Förderbeziehung kann

nach der Rechtsprechung des BGH auf mitgliedschaftlicher Basis oder durch individualrechtlichen Vertrag geregelt sein.

Frage 178:
Wer haftet für die Verbindlichkeit der Genossenschaft?
Antwort: Nach § 2 GenG haftet den Gläubigern nur das Vermögen der Genossenschaft. Eine mittelbare Inanspruchnahme der Genossen ist aber über die Nachschusspflicht (vgl. § 105 GenG) möglich, wenn sie nicht durch das Statut ausgeschlossen ist.

ARBEITSRECHT

I. Einteilung, Rechtsquellen und Grundbegriffe des Arbeitsrechts

Übersicht

Einteilung des Arbeitsrechts	*Kollektives Arbeitsrecht*: Mitbestimmungs-, Betriebsverfassungs-, Tarifvertrags-, Arbeitskampfrecht (Streik und Aussperrung). *Individualarbeitsrecht*: Arbeitsvertragsrecht. Einschlägig: §§ 611 ff. BGB, KSchG, EFZG usw. Regelungsbereiche: Abschluss des Arbeitsvertrages, Pflichten von Arbeitgeber und Arbeitnehmer aus dem Arbeitsverhältnis, Leistungsstörungen, Kündigung und Beendigung des Arbeitsverhältnisses. *Arbeitsschutzrecht*

Rechtsquellen und Gestaltungsfaktoren

	Verfassungsrecht	⎫
Normative	einfaches Gesetz	
Geltung:	Rechtsverordnung	
	Tarifvertrag	Günstigkeits-
	Betriebsver-	prinzip lässt
	einbarung	Hierarchie- ⎬
- -		verschiebungen
Geltung kraft	Arbeitsvertrag	zu!
Parteiwillens,	Betriebsübung	
bzw.	Weisungsrecht	
Faktizität:		⎭

Arbeitgeber und Arbeitnehmer

Arbeitgeber: Nat. und jur. Personen, die auf Grund eines Arbeitsverhältnisses weisungsgebundene, unselbständige Dienstleistungen fordern können.
Arbeitnehmer: Wer durch ein privatrechtliches Arbeitsverhältnis zur Leistung abhängiger, weisungsgebundener Arbeit verpflichtet ist.
Einteilung nach der historischen Überlieferung:
(a) Arbeiter
(b) Angestellter
(c) leit. Angestellter
Die Unterscheidung in Arbeiter und Angestellte ist heute praktisch nur noch im Sozialversicherungsrecht relevant.
Einteilung nach Berufszweigen:
(a) gewerbliche Arbeitnehmer,
(b) kaufmännische Arbeitnehmer,
(c) Arbeitnehmer des öffentlichen Dienstes

	Sonderfälle: Bergarbeiter, Schiffsbesatzung, sonstige Arbeitnehmer, arbeitnehmerähnliche Personen, Auszubildende, Heimarbeiter.
Besonderheiten für leitende Angestellte	Betriebsverfassung: § 5 Abs. 3 BetrVerfG; §§ 1 ff. SprAuG; Mitbestimmung: § 3 Abs. 1 Nr. 2 MitbestG; Arbeitsgerichtsbarkeit: § 22 Abs. 2 ArbGG; Arbeitszeit: § 18 ArbZG; Kündigungsschutz: § 105 BetrVerfG, §§ 14 Abs. 2, 17 Abs. 5 KSchG.

Fragen

Frage 1:
Wie definiert man den Begriff „Arbeitsrecht"?
Antwort: Arbeitsrecht ist das Sonderrecht der abhängigen, unselbständigen Arbeit, die aufgrund eines privatrechtlichen Vertrages erbracht wird.

Frage 2:
Welche Besonderheiten folgen aus der Definition des Arbeitsrechts?
Antwort: Weil Arbeitsrecht das Recht der „abhängigen Arbeit" ist, scheiden alle anderen Tätigkeitsformen aus, bei denen keine unselbständige Arbeit geleistet wird (Beispiele: Der Werkunternehmer aufgrund eines Werkvertrages, der Gesellschafter im Hinblick auf die gesellschaftsvertragliche Geschäftsführungspflicht). Weiterhin scheiden mangels privatrechtlicher Rechtsgrundlage die aufgrund der Beamtengesetze (öffentliches Recht) zu Dienstleistungen Verpflichteten aus. Die „Abhängigkeit" der Arbeit ergibt sich aufgrund des Weisungsrechts im Arbeitsverhältnis, mit dem der Arbeitgeber das Pflichtenverhältnis des Arbeitsvertrages konkretisiert. Außerdem ist für das Arbeitsrecht – wegen seines Charakters als Arbeitnehmerschutzrecht – seine zwingende Rechtsnatur kennzeichnend. Die Vertragsfreiheit wird durch die gesetzlichen Vorschriften weitgehend eingeschränkt (allerdings nur insoweit, als zum Nachteil des Arbeitnehmers abgewichen wird, Abweichungen zu seinen Gunsten sind zulässig).

Frage 3:
In welche beiden Bereiche wird das Arbeitsrecht herkömmlicherweise eingeteilt?
Antwort: Man unterscheidet das „kollektive" und das „individuelle" Arbeitsrecht. Das individuelle Arbeitsrecht, verständlicher mit dem Begriff „Arbeitsvertragsrecht" bezeichnet, regelt die rechtsgeschäftlichen Beziehungen zwischen dem Arbeitgeber und dem einzelnen Arbeitnehmer. Es geht hierbei um die Rechtsnormen, die für den Abschluss des Arbeitsver-

trages, für die durch ihn begründeten Rechte und Pflichten zwischen Arbeitgeber und Arbeitnehmer, für etwaige Leistungsstörungen im Arbeitsverhältnis sowie für die Auflösung des Arbeitsverhältnisses und aller damit zusammenhängenden Fragen gelten. Das kollektive Arbeitsrecht umfasst die Vorschriften, die sich mit der Organisation und Funktion der Arbeitgeber und Arbeitnehmerkollektive befassen. Einschlägig für das kollektive Arbeitsrecht sind demzufolge Betriebsverfassungs- und Mitbestimmungsrecht, Tarifvertragsrecht, Arbeitskampfrecht (Streik und Aussperrung) und dergleichen.

Frage 4:
Welche Rechtsquellen und Gestaltungsfaktoren beeinflussen das Arbeitsrecht?
Antwort: Im Arbeitsrecht gibt es kein einheitliches Arbeitsgesetzbuch, vielmehr eine Vielzahl von Sondergesetzen. Als Rechtsquellen kommen in Betracht: Verfassungsrecht, einfache Gesetze, Rechtsverordnungen, Tarifverträge, Betriebsvereinbarungen, Arbeitsvertrag, Betriebsübung und das Weisungsrecht des Arbeitgebers.

Frage 5:
Was versteht man unter einem Tarifvertrag, was unter einer Betriebsvereinbarung?
Antwort: Tarifverträge sind Verträge zur Regelung von Rechten und Pflichten der Tarifvertragsparteien (entweder Gewerkschaft und einzelner Arbeitgeber, man spricht dann vom Haus- oder Firmentarif, oder Gewerkschaft und Arbeitgebervereinigung). Betriebsvereinbarungen sind Absprachen zwischen dem Betriebsrat und dem Arbeitgeber. Sowohl Tarifverträge als auch Betriebsvereinbarungen bedürfen der Schriftform (vgl. § 1 TVG bzw. § 77 BetrVerfG).

Frage 6:
Was kann in einem Tarifvertrag, was in einer Betriebsvereinbarung geregelt werden? Kann eine Betriebsvereinbarung auch Punkte enthalten, die normalerweise durch Tarifvertrag geregelt werden?
Antwort: Der Tarifvertrag regelt die Rechte und Pflichten, die den Inhalt, den Abschluss und die Beendigung von Arbeitsverhältnissen sowie betriebliche und betriebsverfassungsrechtliche Fragen betreffen. Betriebsvereinbarungen regeln Angelegenheiten der konkreten betrieblichen Sphäre zwischen Arbeitgeber und Betriebsrat. § 77 Abs. 3 BetrVerfG bestimmt, dass Arbeitsentgelte und sonstige Arbeitsbedingungen, die durch Tarifvertrag geregelt sind oder üblicherweise durch Tarifvertrag geregelt werden, nicht Gegenstand einer Betriebsvereinbarung sein können. Dies gilt nur dann nicht, wenn ein Tarifvertrag den Abschluss ergänzender Betriebsvereinbarungen ausdrücklich zulässt.

Frage 7:
Welche beiden Teile sind bei einem Tarifvertrag zu unterscheiden?
Antwort: Man unterscheidet den schuldrechtlichen und den normativen
Teil eines Tarifvertrags. Der schuldrechtliche Teil beinhaltet das Rechts-
und Pflichtenverhältnis zwischen Arbeitgeberverband (bzw. einzelnem
Unternehmer beim Haustarifvertrag) und den Gewerkschaften. Hauptpflicht ist die Friedenspflicht, also der Verzicht auf Maßnahmen des Arbeitskampfs während der Laufzeit eines Tarifvertrags. Der normative Teil
enthält die für den Abschluss und die Beendigung von Arbeitsverhältnissen geltenden Normen.

Frage 8:
Was ist das besondere Kennzeichen bei arbeitsrechtlichen Kollektivverträ-
gen?
Antwort: Die arbeitsrechtlichen Kollektivverträge, also Tarifvertrag und
Betriebsvereinbarung, haben zugleich normative Wirkung: Nach § 4 Abs. 1
TVG gelten die Rechtsnormen des Tarifvertrags, die den Inhalt, den Abschluss oder die Beendigung von Arbeitsverhältnissen ordnen, unmittelbar und zwingend zwischen den beiderseits Tarifgebundenen (das sind
auf Arbeitnehmerseite die Gewerkschaftsmitglieder). Nach § 77 Abs. 4
BetrVerfG gelten Betriebsvereinbarungen ebenfalls unmittelbar und zwingend – allerdings gilt die normative Wirkung einer Betriebsvereinbarung
für sämtliche Arbeitnehmer des Betriebs, also nicht nur für die Tarifgebundenen.

Frage 9:
Was versteht man unter dem Weisungsrecht des Arbeitgebers?
Antwort: Das Weisungsrecht (auch „Direktionsrecht" genannt) gibt dem
Arbeitgeber das Recht, die Pflichten des speziellen Arbeitsverhältnisses zu
„konkretisieren". Das Weisungsrecht ergibt sich aus dem speziellen Arbeitsverhältnis, das seinerseits den Umfang des Weisungsrechts bestimmt
und begrenzt. Eine ausdrückliche gesetzliche Regelung des Weisungsrechts findet sich seit dem 1.1.2003 in § 106 GewO. Die §§ 105 bis 110 GewO
n.F. enthalten dann eine Reihe allgemeiner Regelungen, die für alle
Arbeitsverhältnisse gelten.

Frage 10:
Was versteht man unter einer Betriebsübung?
Antwort: Unter einer Betriebsübung versteht man eine lang andauernde
Handhabung gleich gelagerter Fälle im Betrieb, ohne dass diese im Ar-
beitsvertrag oder in Gesetzen ausdrücklich geregelt ist. Hauptbeispiel
hierfür ist die jahrelange vorbehaltlose Gewährung einer Gratifikation.

Frage 11:
Welche Konsequenzen kann eine Betriebsübung haben?

Antwort: Aus einer Betriebsübung können sich Leistungsansprüche ergeben (so bei der jahrelang ohne Vorbehalt gewährten Weihnachtsgratifikation).

Frage 12:
Finden für das Arbeitsverhältnis die Grundrechte unmittelbar Anwendung?
Antwort: Dass für das Arbeitsrecht auch die Grundrechte zu beachten sind, ist unbestritten. Die Frage ist nur, ob diese unmittelbar oder auf dem Umweg über die bürgerlich-rechtlichen Wertungsnormen (§§ 138, 242 BGB) Anwendung finden (Problem der sogenannten „Drittwirkung der Grundrechte"). Die Rechtsprechung des Bundesarbeitsgerichts wendet die Grundrechte teilweise direkt an; insbesondere kann aus dem aus Art. 3 Abs. 1 GG abzuleitenden Differenzierungsverbot die Pflicht zur Gleichbehandlung von Arbeitnehmern folgen. Das Benachteiligungsverbot ist nunmehr in § 611 a BGB, § 4 Abs. 1 TzBfG, § 81 Abs. 2 SGB IX geregelt.

Frage 13:
Was versteht man unter dem Günstigkeitsprinzip im Arbeitsrecht?
Antwort: Das Günstigkeitsprinzip will dem Arbeitnehmer, wie der Name sagt, die jeweils günstigere Möglichkeit gewährleisten, wenn entweder Tarifvertrag und Arbeitsvertrag oder Betriebsvereinbarung und Arbeitsvertrag unterschiedliche Leistungen vorsehen. Der Tarifvertrag regelt lediglich Mindestarbeitsbedingungen, einer übertariflichen Bezahlung steht der in der Rechtsquellenstufe höherrangige Tarifvertrag nicht entgegen (§ 4 Abs. 3 TVG). Das Gleiche gilt für die Betriebsvereinbarung; hier wird § 4 Abs. 3 TVG analog angewendet.

Frage 14:
Wie definieren Sie den Begriff des Arbeitnehmers, wie den des Arbeitgebers?
Antwort: Arbeitnehmer ist, wer durch ein privatrechtliches Arbeitsverhältnis zur Leistung abhängiger, weisungsgebundener Arbeit verpflichtet ist. Arbeitgeber sind alle natürlichen oder juristischen Personen, die aufgrund eines Arbeitsvertrages unselbständige, weisungsabhängige Dienstleistungen von einem anderen (einem Arbeitnehmer) fordern können.

Frage 15:
Wie wird der Arbeitnehmer vom Selbständigen abgegrenzt und in welchem Bereich ist diese Unterscheidung von besonderer Bedeutung?
Antwort: Diese Unterscheidung ist in der Praxis von großer Bedeutung, da nur für Arbeitnehmer die Besonderheiten des Arbeitsrechts gelten. Problematisch ist die Abgrenzung insbesondere bei sog. „freien Mitarbeitern": Durch solche Vertragsgestaltungen versuchen Arbeitgeber teilweise, die für sie unangenehmen Schutzvorschriften des Arbeitsrechts (insb. Kündigungs-

schutz, Entgeltfortzahlung bei Krankheit) zu umgehen. Als freie Mitarbeiter beschäftigte Personen sind häufig in ähnlicher Weise von ihrem Auftraggeber wirtschaftlich abhängig wie ein Arbeitnehmer. Für die Abgrenzung kommt es aber nicht auf die wirtschaftliche, sondern auf die persönliche Abhängigkeit an. Selbständig ist, wer im Wesentlichen seine Tätigkeit frei gestalten und seine Arbeitszeit bestimmen kann (vgl. § 84 HGB); Arbeitnehmer dagegen ist der Weisungsgebundene. Die im Vertrag verwendete Bezeichnung ist dabei nicht maßgeblich, sondern vielmehr die tatsächliche Durchführung des Vertragsverhältnisses. Die Rechtsprechung hat zur Abgrenzung eine Reihe von Kriterien entwickelt: Für die Selbständigkeit sprechen: unternehmerische Freiheit und freiwillige Übernahme eines unternehmerischen Risikos, Tätigkeit für mehrere Auftraggeber; dagegen sprechen: Eingliederung in einen fremden Produktionsbereich, Pflicht zur persönlichen Erbringung der Arbeitsleistung, Einsatz der gesamten Arbeitskraft für einen Arbeitgeber und die Vornahme der gleichen Tätigkeit wie andere Beschäftigte, die fest angestellt sind für die Arbeitnehmereigenschaft.

Frage 16:
Welche klassische Einteilung der Arbeitnehmer kennt das Arbeitsrecht?
Antwort: Historisch überliefert ist die Einteilung in Arbeiter und Angestellte (hier wiederum besonders erfasst die leitenden Angestellten). Diese Einteilung ist weitgehend überholt und auch rechtlich zusehends nivelliert, da die Vorstellung, dass Angestellte höherwertige Arbeit verrichten, nicht mehr angebracht ist (so gibt es z.b. hochqualifizierte Facharbeiter). Die Unterscheidung spielt heute praktisch nur noch im Sozialversicherungsrecht eine Rolle.

Frage 17:
Wie teilt man Arbeitnehmer nach Berufszweigen ein?
Antwort: Nach Berufszweigen unterscheidet man gewerbliche und kaufmännische Arbeitnehmer sowie solche des öffentlichen Dienstes.

Frage 18:
Was versteht man unter „arbeitnehmerähnlichen Personen"?
Antwort: Darunter versteht man solche Personen, die „wegen ihrer wirtschaftlichen Unselbständigkeit als arbeitnehmerähnlich anzusehen sind" (§ 5 ArbGG); z.b. kleine Handelsvertreter oder freie Mitarbeiter der Massenmedien. Sie sind jedoch keine Arbeitnehmer, sodass das Arbeitsrecht auf sie nur dort Anwendung findet, wo dies ausnahmsweise ausdrücklich angeordnet ist, z.B. in § 12a TVG.

Frage 19:
Wie erfasst das Betriebsverfassungsgesetz den leitenden Angestellten?
Antwort: Nach § 5 Abs. 3 findet das BetrVerfG keine Anwendung auf leitende Angestellte, wenn sie nach Dienststellung und Dienstvertrag ent-

weder zur selbständigen Einstellung und Entlassung von im Betrieb oder in der Betriebsabteilung beschäftigten Arbeitnehmern berechtigt sind oder Generalvollmacht bzw. Prokura haben oder im Wesentlichen eigenverantwortlich Aufgaben wahrnehmen, die ihnen regelmäßig wegen deren Bedeutung für den Bestand und die Entwicklung des Betriebs im Hinblick auf besondere Erfahrungen und Kenntnisse übertragen werden. Die betriebsverfassungsrechtliche Mitwirkung der leitenden Angestellten wird gewährleistet über die Bildung von Sprecherausschüssen, §1 Sprecherausschussgesetz (SprAuG).

Frage 20:
Wie sind die Mitglieder der Organe juristischer Personen arbeitsrechtlich zu qualifizieren?
Antwort: Soziologisch gesehen gehören sie zur Stufe der leitenden Angestellten. Im Arbeitsrecht werden sie jedoch überhaupt nicht zu den Arbeitnehmern gerechnet. Der Grund hierfür liegt darin, dass sie als Organe nicht weisungsgebunden sind, vielmehr die Weisungsbefugnis selbst ausüben.

Frage 21:
Nennen Sie gesetzlich geregelte Fälle leitender Angestellter.
Antwort: Die Gesetze enthalten keine einheitliche Definition. Regelungen finden sich in §§ 5 Abs. 3 BetrVerfG; 3 MitbestG; 22 Abs. 2 Ziff. 2, 37 Abs. 2, 43 Abs. 3 ArbGG; 16 Abs. 4 Ziff. 4 Sozialgerichtsgesetz; 100, 105 AktG; 18 Abs. 1 ArbZG; 14, 17 Abs. 5 KSchG.

Frage 22:
Welche rechtlichen Besonderheiten gelten im Hinblick auf die Rechtsprechung des Bundesarbeitsgerichts für die leitenden Angestellten?
Antwort:
(a) Bei leitenden Angestellten werden an das Vorliegen eines „wichtigen Grundes" zur fristlosen Kündigung oder (soweit das Kündigungsschutzgesetz Anwendung findet) an personen- oder verhaltensbedingte Gründe für die ordentliche Kündigung geringere Anforderungen gestellt.
(b) Leitende Angestellte unterliegen strengeren Rechenschafts-, Prüfungs- und Überwachungspflichten.
(c) Leitende Angestellte unterliegen einer stärkeren Treuepflicht.
(d) Leitende Angestellte unterliegen einer größeren Anforderung an die Arbeitsleistung; Vergütungsansprüche für Überstunden sind nur in Ausnahmefällen zu gewähren.
(e) Für leitende Angestellte gelten die Grundsätze über die beschränkte Arbeitnehmerhaftung nur eingeschränkt.

Fälle

Fall 1:
A ist im Auftrag der Z-GmbH, die Bürogeräte vertreibt, als Kundenbetreuerin tätig. A und Z schlossen einen „Honorarvertrag", der folgende Klausel enthält: „Der Berater ist selbständiger Gewerbetreibender und unterliegt keinen Weisungen durch Z für die konkrete Erbringung seiner Leistungen". A erhielt ihre vertragliche Pauschale auch bei Urlaub und Krankheit; die von ihr wahrzunehmenden Betreuungstermine wurden von der Z mit ihren Kunden abgesprochen und in den Kalender der A eingetragen; dabei wurde der A auch der jeweilige Beratungsbedarf mitgeteilt. Sie hatte auch einen Schreibtisch in den Betriebsräumen der Z. Im Zuge von Umstrukturierungsmaßnahmen kündigt Z der A fristgemäß entsprechend der im Vertrag enthaltenen Kündigungsklausel. A hält die Kündigung für unwirksam, da der Betriebsrat der Z nicht gem. § 102 BetrVerfG angehört wurde; sie ist der Ansicht, dass tatsächlich ein Arbeitsverhältnis vorliege. Zu Recht?
Lösung: Wenn zwischen A und Z ein Arbeitsverhältnis bestand, wäre die Kündigung aufgrund der fehlenden Anhörung des Betriebsrats gem. § 102 Abs. 1 S. 3 BetrVerfG unwirksam; ist das Vertragsverhältnis dagegen als Honorarvertrag einzustufen, finden die Regeln des Arbeitsrechts keine Anwendung. Das Bundesarbeitsgericht (BAG) hat hierzu ausgeführt: „Das Arbeitsverhältnis unterscheidet sich vom Rechtsverhältnis des freien Mitarbeiters durch den Grad der persönlichen Abhängigkeit, in der sich der zur Dienstleistung Verpflichtete gegenüber dem Berechtigten befindet. Arbeitnehmer ist, wer seine Dienstleistung im Rahmen einer von seinem Vertragspartner bestimmten Arbeitsorganisation erbringt. Die Eingliederung in die fremde Arbeitsorganisation zeigt sich insbesondere daran, dass der Beschäftigte einem umfassenden Weisungsrecht seines Vertragspartners (Arbeitgebers) unterliegt. Das Weisungsrecht kann Inhalt, Durchführung, Zeit, Dauer und Ort der Tätigkeit betreffen" (BAG AP Nr. 102 zu § 611 BGB Abhängigkeit). Dabei ist nicht die Bezeichnung des Vertragsverhältnisses im Vertrag, sondern die tatsächlichen Umstände, die die rechtliche Beziehung prägen und nach denen diese in Wirklichkeit durchgeführt wird, entscheidend. Entscheidend für das Vorliegen eines Arbeitsverhältnisses ist hier, dass die A keinerlei Spielraum für die Erbringung ihrer Leistung hat: Die Termine legt die Z fest, ohne dass A hierauf Einfluss hat; auch der Inhalt der Betreuungstermine wird von Z festgelegt. Sie ist daher in der tatsächlichen Vertragsdurchführung weisungsgebunden, auch wenn im Vertrag das Gegenteil steht. Für die Arbeitnehmereigenschaft spricht außerdem, dass A in den Betrieb eingegliedert ist und auch Entgeltfortzahlung und Urlaubsbezahlung erhält – diese Leistungen erhalten typischerweise Arbeitnehmer, während freie Mitarbeiter nur vergütet werden, wenn sie tatsächlich ihre Leistung erbringen. Daher

liegt hier ein Arbeitsverhältnis vor; die Kündigung ist somit gem. § 102 Abs. 1 BetrVerfG unwirksam.

II. Anbahnung und Abschluss des Arbeitsverhältnisses

Übersicht

allgemeine Rechtswirkungen	Mit Aufnahme von Vertragsverhandlungen entsteht ein gesetzliches Schuldverhältnis, das beiderseitige Obhuts-, Schutz- und Mitteilungspflichten begründet, deren schuldhafte Verletzung schadenersatzpflichtig macht („Verschulden beim Vertragsabschluss, „culpa in contrahendo" vgl. § 311 Abs. 2 i.V.m. §§ 241 Abs. 2, 280 Abs. 1 BGB).
Auskünfte, Gutachten, Untersuchungen	Einholung von Auskünften grundsätzlich zulässig, Gutachten und Untersuchungen beschränkt auf das in Aussicht genommene Arbeitsverhältnis.
Anspruch auf Freizeit zur Stellensuche	Rechtsgrundlage: § 629 BGB; Anspruch bejaht bei Kündigung eines dauernden (nicht nur auf kurze Zeit eingegangenen) Arbeitsverhältnisses. Umfang: „Angemessenheit" entscheidet. Lohnfortzahlung nach § 616 BGB.
Ersatz der Vorstellungskosten	Ersatzpflicht bei ausdrücklicher Aufforderung, keine Ersatzpflicht bei Zeitungsanzeigen.
Fragerecht des Arbeitgebers	Zulässig im Rahmen eines Einstellungsgesprächs bzw. bei Fragebögen, soweit Fragen mit dem Arbeitsplatz bzw. der zu leistenden Arbeit in Zusammenhang stehen. *zulässige Fragen:* <ul><li>beruflicher Werdegang, Zeugnisse, Prüfungsnoten</li><li>Wehrdienstzeiten, alsbaldige Einziehung zum Wehrdienst</li><li>Krankheiten, wenn daran ein besonderes betriebliches Interesse besteht (chronische Krankheiten)</li><li>Schwerbehinderteneigenschaft: Zulässigkeit fragwürdig, da seit 2002 auch § 81 Abs. 2 SGB IX ein Benachteiligungsverbot enthält.</li><li>Vermögensverhältnisse bei leitenden Angestellten und Arbeitnehmern in besonderer Vertrauensstellung</li><li>Vorstrafen nur, soweit einschlägig</li></ul>

	unzulässige Fragen: • Gewerkschaftszugehörigkeit • bevorstehende Eheschließung • Bestehen einer nichtehelichen Lebensgemeinschaft • Schwangerschaft: Nach der Rechtsprechung von BGH und EuGH ist die Frage nach einer bestehenden Schwangerschaft grundsätzlich unzulässig, weil sie in der Regel gegen das Diskriminierungsverbot des § 611 a BGB verstößt. Eine Ausnahme kommt allenfalls bei befristeten Arbeitsverhältnissen in Betracht. • Gehaltshöhe im bisherigen Beschäftigungsverhältnis – es sei denn, das bisherige Gehalt ist aufschlussreich bzgl. der Qualifikation des Bewerbers. • Krankheiten, sofern sie nicht chronisch sind oder die Leistung der Arbeit unmöglich machen • Religions- und Parteizugehörigkeit • Familienplanung/Einnahme empfängnisverhütender Mittel • Vermögensverhältnisse bei Arbeitnehmern ohne leitende Position bzw. ohne besondere Vertrauensstellung
Mitwirkung des Betriebsrats	nach §§ 92–95 BetrVerfG bei • Personalplanung und Ermittlung des Personalbedarfs • Ausschreibung von Arbeitsplätzen • Gestaltung von Personalfragebögen • Richtlinien über die personelle Auswahl bei Einstellungen und dergl. nach § 99 Abs. 1 BetrVerfG bei personellen Einzelmaßnahmen • Unterrichtung des Betriebsrats vor jeder Einstellung • Aushändigung der Bewerbungsunterlagen • Auskunft über die Person der Beteiligten Möglichkeit der vorläufigen personellen Maßnahme nach § 100 BetrVerfG
Begründung des Arbeitsverhältnisses	Grundsätzlich Abschlussfreiheit (Ausnahmen: SGB IX (Schwerbehinderte), Wiedereinstellungsklauseln nach Arbeitskämpfen) Grundsätzlich Formfreiheit (Ausnahmen: Berufsausbildungsvertrag, § 4 BBildG, befristete Verträge, § 14 Abs. 4 TzBfG) Grundsätzlich Inhaltsfreiheit (Ausnahmen: zwingende gesetzliche Regelungen, Mindestarbeitsbedingungen, Jugendarbeitsschutzgesetz, Mutterschutzgesetz, Arbeitszeitgesetz, usw.)
Nichtigkeit des Arbeitsvertrags	Die bürgerlich-rechtlichen Nichtigkeitsgründe werden durch die Personenbezogenheit des Arbeitsverhältnisses eingeschränkt. Teilnichtigkeitsregel nach § 139 BGB im Arbeitsrecht zu Gunsten des Arbeitnehmers umgekehrt. Wirkung der Anfechtung in der Regel ex nunc.

Probearbeits-verhältnisse	Zulässig bis zu 6 Monaten, § 622 Abs. 3 BGB.
Befristete Arbeits-verhältnisse	Zulässig im Rahmen des Teilzeit- und Befristungsgesetzes (TzBfG): Bis zu 2 Jahren ohne sachlichen Grund; ansonsten nur, wenn die Befristung durch einen sachlichen Grund gerechtfertigt ist.

Fragen

Frage 23:
Wie unterscheidet sich das „Arbeitsverhältnis" vom „Arbeitsvertrag"?
Antwort:
(a) Der Arbeitsvertrag ist ein privatrechtlicher Vertrag, durch den sich der Arbeitnehmer zur Leistung abhängiger Arbeit nach der Weisung des Arbeitgebers verpflichtet.
(b) Das Arbeitsverhältnis ist nach herrschender Meinung das Rechtsverhältnis, das zwischen dem einzelnen Arbeitnehmer und dem Arbeitgeber aufgrund des Arbeitsvertrages entsteht. Hiervon ist das ohne bzw. aufgrund eines nichtigen Vertrages bestehende tatsächliche Beschäftigungsverhältnis bzw. „faktische Arbeitsverhältnis" zu unterscheiden, auf das die Arbeitnehmerschutzvorschriften gleichfalls Anwendung finden.

Frage 23 a:
Wie ist eine Stellenausschreibung arbeitsrechtlich zu beurteilen, bei der ein „Vertriebsrepräsentant" gesucht wird?
Antwort: Eine solche Formulierung könnte u.U. gegen das Gebot der Geschlechtsneutralität verstoßen. Nach § 611 b BGB darf grundsätzlich ein Arbeitgeber einen Arbeitsplatz weder öffentlich noch innerhalb des Betriebs nur für Männer oder nur für Frauen ausschreiben. Dasselbe gilt nach § 611 a BGB auch für andere Vereinbarungen und Maßnahmen bei Begründung des Arbeitsverhältnisses, beim beruflichen Aufstieg, bei einer Weisung oder einer Kündigung. Etwas anderes gilt, wenn die unterschiedliche Behandlung des Geschlechts unverzichtbare Voraussetzung für die betreffende Tätigkeit ist. Beispiele: Die Stellenausschreibung für den Siegfried in den Nibelungen darf auf einen Mann, die Suche nach einem Model für Damenunterwäsche auf eine Frau beschränkt werden.

Frage 24:
Welche rechtlichen Beziehungen entstehen mit der Anbahnung eines Arbeitsverhältnisses?
Antwort: Bereits mit der tatsächlichen Aufnahme von Vertragsverhandlungen ergeben sich aufgrund des entstehenden Vertrauensverhältnisses Rechtsbeziehungen, die ein gesetzliches Schuldverhältnis begründen. Die-

se im allgemeinen Schuldrecht unter dem Stichwort „culpa in contrahendo" (Verschulden beim Vertragsabschluss) entwickelten und jetzt in § 311 Abs. 2 i.V.m. §§ 241 Abs. 2, 280 Abs. 1 BGB geregelten Grundsätze gelten auch für die Anbahnung eines Arbeitsverhältnisses.

Frage 25:
In welchen Fällen kann es zu Schadenersatzansprüchen bei der Anbahnung von Arbeitsverhältnissen kommen?
Antwort: Schadenersatzansprüche aus den §§ 280 Abs. 1, 241 Abs. 2, 311 Abs. 2 BGB können sich im Arbeitsverhältnis ergeben, wenn die Verhandlungen über den Abschluss eines Arbeitsvertrages ohne Veranlassung des Arbeitnehmers abgebrochen werden und der Arbeitgeber zuvor den Anschein auf das Zustandekommen des Vertrages erweckt hatte. So etwa, wenn ein Arbeitnehmer in Erwartung einer als sicher in Aussicht gestellten Stelle sein jetziges Arbeitsverhältnis gekündigt hatte, weil nach dem vom neuen Arbeitgeber veranlassten Eindruck der Vertragsabschluss als reine Formsache erschien.

Frage 26:
Können Sie weitere Fälle nennen, insbesondere auch Schadenersatzansprüche des Arbeitgebers gegen den Arbeitnehmer?
Antwort: Gesetzgeber und Rechtsprechung haben folgende Schadenersatzansprüche bei der Verletzung von Mitteilungs-, Obhuts-, Schutz- und Gleichbehandlungspflichten anerkannt:
(a) Schadenersatzpflicht des Arbeitgebers gegenüber dem Arbeitnehmer, wenn Hinweise auf die überdurchschnittlichen Anforderungen eines Arbeitsplatzes unterbleiben (BAG AP Nr. 2 zu § 276 BGB „Verschulden bei Vertragsabschluss");
(b) Schadenersatzanspruch des Arbeitgebers gegen den Arbeitnehmer, wenn dieser eine für ihn schlechterdings ungeeignete Stelle antritt;
(c) Schadenersatzanspruch des Arbeitgebers gegen den Arbeitnehmer, wenn dieser schon bei Vertragsabschluss weiß, dass er wegen einer bereits vorliegenden Krankheit die Stelle nicht zum vereinbarten Zeitpunkt antreten kann (BAG AP Nr. 6 zu § 276 BGB „Verschulden bei Vertragsabschluss");
(d) Schadenersatzanspruch des Arbeitnehmers gegen den Arbeitgeber bei unsorgfältiger Aufbewahrung der übersandten Arbeitspapiere, Zeugnisse und ihrem dadurch bedingten Verlust.
(e) Schadenersatzanspruch des Bewerbers aus § 611 a Abs. 2 BGB, wenn der Arbeitgeber bei der Begründung des Arbeitsverhältnisses gegen das Gleichbehandlungsgebot verstößt. Das Gleiche gilt gem. § 81 Abs. 2 SGB IX bei der Benachteiligung eines Schwerbehinderten.

Frage 27:
Darf der Arbeitgeber Auskünfte über einen Stellenbewerber einholen?

Antwort: Grundsätzlich ja, nicht jedoch beim derzeitigen Arbeitgeber des Bewerbers, wenn letzterer dies untersagt hat, weil er bei einer Bekanntgabe seiner Veränderungsabsicht möglicherweise berufliche Nachteile zu befürchten hat. Verstöße gegen den Wunsch des Bewerbers machen aus dem Gesichtspunkt des Verschuldens beim Vertragsabschluss schadenersatzpflichtig.

Frage 28:
Ist zur Einholung grafologischer Gutachten die Einwilligung des Bewerbers erforderlich?

Antwort: Ja, im Hinblick auf Art. 1 Abs. 1 GG (Menschenwürde) und 2 Abs. 1 GG (Persönlichkeitsentfaltung). Es ist umstritten, ob das Übersenden eines erbetenen handschriftlichen Lebenslaufs bereits die Zustimmung zur Einholung grafologischer Gutachten beinhaltet. Dessen ungeachtet erstreckt sich eine derartige Einwilligung nur auf den mit dem Arbeitsverhältnis zusammenhängenden Bereich; sie berechtigt nicht zur Erarbeitung einer allgemeinen Charakterstudie. Auch hier können Ansprüche auf Schadenersatz aus dem Gesichtspunkt des Verschuldens beim Vertragsabschluss (wenn es nicht zur Einstellung kommt) oder aus § 823 BGB folgen.

Frage 29:
Hat ein Arbeitnehmer Anspruch auf entsprechende Freizeit zur Wahrnehmung eines Vorstellungstermines?

Antwort: Nach § 629 BGB hat der Arbeitgeber dem Arbeitnehmer nach der Kündigung auf Verlangen angemessene Zeit zum „Aufsuchen eines anderen Dienstverhältnisses" zu gewähren.

Frage 30:
Welches sind die Voraussetzungen für einen solchen Freizeitanspruch?

Antwort: § 629 BGB nennt die einzelnen Tatbestandsmerkmale: Es muss sich um ein „dauerndes" Arbeitsverhältnis handeln, dieses muss von einem der beiden Vertragspartner bereits gekündigt sein und der Arbeitnehmer muss um Freistellung von der Arbeit nachgesucht haben.

Frage 31:
Besteht ein Lohnzahlungsanspruch hinsichtlich der Freizeit?

Antwort: Wenn ein Rechtsanspruch auf Gewährung der Freizeit zur Stellungssuche nach § 629 BGB vorliegt, bejaht die Rechtsprechung die Gehaltsfortzahlung auch für die Zeit der Vorstellung. Dies folgt aus § 616 BGB (BAG AP Nr. 1 zu § 629 BGB).

Frage 32:
Welche Möglichkeiten hat ein Arbeitnehmer, wenn ihm die Freizeit zur Stellungssuche verweigert wird?

Antwort:
(a) Klage auf Durchsetzung des Anspruchs nach § 629 BGB,
(b) fristlose Kündigung,
(c) Schadenersatz nach §§ 626, 628 BGB oder aus § 280 Abs. 1 i.V.m. § 241 Abs. 2 BGB,
(d) gegebenenfalls kann der Arbeitnehmer auch seine Arbeitsleistung nach § 320 BGB verweigern und dadurch selbst den zur Stellungssuche angemessenen Urlaub nehmen (LAG Baden-Württemberg DB 67, 1048; str.).

Frage 33:
Hat ein Arbeitnehmer gegen den zukünftigen Arbeitgeber Anspruch auf Ersatz der Vorstellungskosten?

Antwort: Man muss unterscheiden:
(a) Stellt sich ein Arbeitnehmer unaufgefordert oder lediglich aufgrund einer Zeitungsanzeige vor, so besteht kein Anspruch auf Ersatz der Vorstellungskosten.
(b) Wird der Arbeitnehmer dagegen ausdrücklich zur Vorstellung aufgefordert, so besteht aufgrund der entsprechenden Anwendung des Auftragsrechts (§§ 662 bis 676 BGB, insbesondere § 670 BGB) ein Anspruch auf Ersatz der Vorstellungskosten.
(c) Auch bei ausdrücklicher Aufforderung zur Vorstellung kann durch besonderen Hinweis der Ersatz ausgeschlossen werden.

Frage 34:
Welche Fragen sind bei Einstellungsgesprächen bzw. Einstellungsfragebogen zulässig bzw. unzulässig?

Antwort: Grundsätzlich sind nur solche Fragen gestattet, die mit dem Arbeitsverhältnis in Zusammenhang stehen.

Frage 35:
Welche Konsequenzen hat die wahrheitswidrige Beantwortung von (zulässigen) Fragen?

Antwort: Der Arbeitgeber kann das Arbeitsverhältnis über die Anfechtung seiner Erklärung wegen Irrtums oder arglistiger Täuschung (§§ 119, 123 BGB) rückgängig machen.

Frage 36:
Warum kommt es überhaupt auf eine Anfechtung des Arbeitsverhältnisses an, wo doch auch die Kündigung zur Lösung des Arbeitsverhältnisses führt?

Antwort: In manchen Fällen ist die Kündigung wegen bestehender Kündigungsverbote nicht möglich (so für Schwangere nach § 9 Mutterschutzgesetz und für Betriebsratsmitglieder nach § 15 Kündigungsschutzgesetz).

Die Anfechtung dagegen greift auch in diesen Fällen durch. Außerdem gibt es einen wichtigen grundsätzlichen Unterschied zwischen der Anfechtung und der Kündigung aus wichtigem Grund: Die Anfechtung zielt auf die Beendigung von Arbeitsverhältnissen, deren Zustandekommen von Willensmängeln beeinflusst war. Die außerordentliche Kündigung nach § 626 Abs. 1 BGB dagegen beendet ein zunächst fehlerfrei zustande gekommenes Arbeitsverhältnis, dessen Fortsetzung aufgrund später eingetretener Umstände für eine Partei unzumutbar wurde.

Frage 37:
Welche Besonderheiten gelten für die Anfechtung eines Arbeitsvertrages im Vergleich zur Kündigung?

Antwort: An sich wirkt die Anfechtung – im Gegensatz zur Kündigung – auf den Erklärungszeitpunkt zurück (ex tunc, § 142 Abs. 1 BGB), was regelmäßig zur bereicherungsrechtlichen Rückabwicklung bereits ausgetauschter Leistungen führt. Im Hinblick auf den Charakter des Arbeitsverhältnisses als personenrechtliches Gemeinschaftsverhältnis und nicht zuletzt wegen der praktischen Schwierigkeiten einer Rückabwicklung hatte sich – ebenso wie bei anderen Dauerschuldverhältnissen – die Meinung durchgesetzt, dass ein bereits in Vollzug gesetzter Arbeitsvertrag nicht mehr rückwirkend angefochten werden kann. Mittlerweile hat das BAG diesen „Grundsatz" aber wieder dahingehend eingeschränkt, dass das Regel-Ausnahme-Verhältnis berücksichtigt werden muss: Die Rückwirkung der Anfechtung stellt auch im Arbeitsrecht den Grundsatz dar, ihr Ausschluss dagegen ist die begründungsbedürftige Ausnahme (BAG NZA 1999, 584). Dies ändert allerdings nichts daran, dass Arbeitsverträge, die bereits in Vollzug gesetzt wurden, regelmäßig nur mit Wirkung für die Zukunft angefochten werden können, da hier die oben genannten Aspekte greifen, die gegen die Rückwirkung sprechen.

Frage 38:
Wann ist die Anfechtung überhaupt zulässig?

Antwort: Die Anfechtbarkeit eines Arbeitsvertrages steht in engem Zusammenhang mit der Beschränkung des Fragerechts auf Arbeitgeberseite und mit den Offenbarungspflichten des Arbeitnehmers. Daher kommt eine Anfechtung wegen arglistiger Täuschung nur dann in Frage, wenn der Arbeitnehmer eine Offenbarungspflicht verletzt hat oder auf eine zulässige Frage des Arbeitgebers bewusst unrichtig geantwortet hat. Zudem muss die verschwiegene Tatsache für den zukünftigen Arbeitgeber von Bedeutung und ihr Verschweigen für die Einstellung kausal gewesen sein.

Frage 39:
Wann kann ein Arbeitgeber wegen arglistiger Täuschung anfechten?

Antwort: Die Anfechtung nach § 123 Abs. 1 BGB setzt voraus, dass eine zulässige und für die Begründung des Arbeitsverhältnisses kausale Frage bewusst falsch beantwortet wurde in der Kenntnis, dass die verschwiegene Tatsache für die Entscheidung des Arbeitgebers wesentlich sein könnte. Dasselbe gilt, wenn der Arbeitnehmer ohne besondere Befragung eine Tatsache verschweigt, für die nach Treu und Glauben mit Rücksicht auf die Verkehrssitte eine Offenbarungspflicht besteht.

Frage 40:
Kennen Sie Fälle, bei denen die Anfechtung eines Arbeitsvertrages auf den Eigenschaftsirrtum gestützt werden kann?
Antwort: Nach § 119 Abs. 2 BGB kann eine Erklärung angefochten werden beim Irrtum über solche Eigenschaften einer Person, die im Verkehr als wesentlich anzusehen sind. Nach herrschender Meinung ist ein derartiger Anfechtungsgrund nur gegeben, wenn ganz bestimmte Eigenschaften des Arbeitnehmers vorliegen, die nach der objektiven Verkehrsgeltung den Arbeitnehmer für die vorgesehene Stelle ungeeignet machen.
(a) Anfechtung zulässig: Kassierer leidet an Kleptomanie, Arbeitnehmer ist rauschgiftsüchtig, Ausbildender ist mehrfach wegen Sexualdelikten gegenüber Jugendlichen vorbestraft, Arbeitnehmer kann infolge dauerhafter Krankheit von vornherein die im Vertrag vorausgesetzten Arbeiten nicht übernehmen, Bestehen von Beschäftigungsverboten; Vorstrafen nur, wenn sie für den Arbeitsplatz einschlägig sind (Betrug beim Buchhalter).
(b) Anfechtung unzulässig: Ganz allgemeine irrige Vorstellung des Arbeitgebers über die Leistungsfähigkeit des Arbeitnehmers, Krankheit, wenn sie nur vorübergehend ist, Gewerkschaftszugehörigkeit, Schwangerschaft allgemein, Schwerbehinderteneigenschaft, Vorstrafen, wenn sie für den Arbeitsplatz nicht einschlägig oder nur einmalig oder geringfügig sind.

Frage 41:
Gibt es Fälle, in denen trotz Vorliegens eines Anfechtungstatbestandes das Anfechtungsrecht nicht mehr Platz greift?
Antwort: Ja, wenn das Arbeitsverhältnis über Jahre hinweg bestanden hat und keine Veranlassung zur Beanstandung der erbrachten Arbeit vorliegt.

Frage 42:
Wie wirkt sich die Nichtigkeit des Arbeitsvertrages aus?
Antwort: Auch ein Arbeitsvertrag kann nichtig sein (z.B. nach §§ 105 a Abs. 1, 138 BGB). Ist das Arbeitsverhältnis jedoch bereits in Vollzug gesetzt, sind also bereits Leistungen erbracht worden, dann stellt sich das gleiche Problem wie bei der vollzogenen Anfechtung: Eine Nichtigkeit ex tunc würde zu erheblichen Schwierigkeiten bei der Rückabwicklung führen. Daher tritt eine rückwirkende Nichtigkeit in diesem Fall nicht ein, die Vertragsparteien können sich aber durch Erklärung vom Vertrag lösen. Voraussetzung ist allerdings, dass überhaupt eine arbeitsvertragliche Vereinbarung vorliegt und das Arbeitsverhältnis bereits in Vollzug gesetzt wurde, was mit der Arbeitsaufnahme der Fall ist.

Frage 43:
Inwieweit ist der Betriebsrat bei Einstellungen zu beteiligen?
Antwort:
(a) Nach § 92 Abs. 1 BetrVerfG hat der Arbeitgeber den Betriebsrat über die Personalplanung, insbesondere über den gegenwärtigen und zukünftigen Personalbedarf anhand von Unterlagen rechtzeitig und umfassend zu benachrichtigen. Der Betriebsrat ist bei Aufstellung von Einstellungsrichtlinien nach § 95 BetrVerfG zu beteiligen. Vor Neueinstellungen kann er eine innerbetriebliche Ausschreibung frei werdender Arbeitsplätze nach § 93 BetrVerfG verlangen.
(b) In Betrieben mit in der Regel mehr als 20 wahlberechtigten Arbeitnehmern ist der Betriebsrat vor jeder Einstellung nach § 99 BetrVerfG zu unterrichten. Ihm sind die erforderlichen Bewerbungsunterlagen vorzulegen und Auskunft über die Person der Beteiligten zu geben. Der Betriebsrat kann in bestimmten Fällen die Zustimmung zur Einstellung verweigern; hiergegen kann der Arbeitgeber beim Arbeitsgericht beantragen, die Zustimmung zu ersetzen (§ 99 Abs. 4 BetrVG).

Frage 44:
Welche Möglichkeiten hat der Arbeitgeber in dringenden Fällen, wenn sich die Zustimmung des Betriebsrates verzögert?
Antwort: Nach § 100 BetrVerfG kann der Arbeitgeber personelle Einzelmaßnahmen vorläufig durchführen, wenn dies aus sachlichen Gründen dringend erforderlich ist.

Frage 45:
Welche Papiere hat der Arbeitnehmer bei Begründung des Arbeitsverhältnisses vorzulegen, welche Pflichten übernimmt der Arbeitgeber dadurch?
Antwort:
(a) Der Arbeitnehmer hat dem Arbeitgeber die üblichen Arbeitspapiere auszuhändigen, insbesondere die Lohnsteuerkarte und das Versicherungsnachweisheft. In besonderen Fällen kommen hinzu: die Arbeitserlaubnis für ausländische Arbeitnehmer nach § 285 SGB III, die Gesundheitsbescheinigung für Jugendliche nach § 32 Jugendarbeitsschutzgesetz, die Lohnnachweiskarte nach dem Tarifvertrag über das Sozialkostenverfahren im Baugewerbe sowie das Gesundheitszeugnis nach § 18 Bundesseuchengesetz.
(b) Den Arbeitgeber trifft die Verwahrungspflicht hinsichtlich dieser Papiere, deren Verletzung schadenersatzpflichtig macht.

Frage 46:
Sind Arbeitsverhältnisse mit bestimmter Dauer zulässig?
Antwort: Zwar gilt die Vertragsfreiheit auch im Arbeitsrecht. Da durch die Begründung von befristeten Arbeitsverhältnissen jedoch eine Umgehung des Kündigungsschutzes droht. sind befristete Arbeitsverhältnisse gem.

§ 620 Abs. 3 BGB i.V.m. §§ 14 ff. Teilzeit- und Befristungsgesetz (TzBfG) nur in bestimmten Fällen zulässig. Sind die Voraussetzungen des TzBfG nicht erfüllt (sog. „unwirksame Befristung"), gilt der Arbeitsvertrag als auf unbestimmte Zeit geschlossen. Dann sind selbstverständlich auch die Kündigungsschutz-Vorschriften anwendbar.

Frage 47:
Welche Fälle der Zulässigkeit befristeter Arbeitsverhältnisse kennen Sie?
Antwort: Nach § 14 TzBfG gibt es drei Fälle der Zulässigkeit einer Befristung. Allen gemeinsam ist, dass der befristete Arbeitsvertrag gem. § 14 Abs. 4 TzBfG schriftlich geschlossen wird; die Nichteinhaltung dieser Formvorschrift führt dazu, dass der Vertrag gem. § 16 TzBfG als auf unbestimmte Zeit geschlossen gilt.
(a) Rechtfertigung der Befristung durch einen sachlichen Grund (§ 14 Abs. 1 TzBfG)
(b) Kalendermäßige Befristung bis zu zwei Jahren ohne sachlichen Grund; während dieses Zeitraums ist eine bis zu 3-malige Verlängerung zulässig (§ 14 Abs. 2 TzBfG).
(c) Nach § 14 Abs. 3 TzBfG sind Befristungen mit Arbeitnehmern, die älter als 58 Jahre sind, unter vereinfachten Voraussetzungen zulässig.

Frage 48:
Nennen Sie sachliche Gründe für zulässige bzw. unzulässige Befristungen von Arbeitsverhältnissen.
Antwort:
(a) Die wichtigsten anerkannten sachlichen Gründe ergeben sich aus der Aufzählung des § 14 Abs. 1 TzBfG. Diese Aufzählung ist aber nicht abschließend. Ein weiterer sachlicher Grund ergibt sich aus § 21 Bundeserziehungsgeldgesetz: Auch die Vertretung eines sich in Elternzeit (früher: Erziehungsurlaub) befindenden Arbeitnehmers begründet die Zulässigkeit einer Befristung.
(b) Nicht anerkannt werden:
– ungewisse Konjunkturlage;
– Verschlechterung der Auftragslage;
– Absicht, die Feiertagsbezahlung zu vermeiden;
– Möglichkeit der Stelleneinsparung im Haushaltsplan;
– Abhängigkeit von Drittzuschüssen.

Frage 49:
Welchen Sinn hat die Vereinbarung der Probezeit?
Antwort: Das Probearbeitsverhältnis soll sowohl dem Arbeitgeber als auch dem Arbeitnehmer eine Überlegungsfrist dafür geben, ob das begründete Arbeitsverhältnis beiden jeweils zusagt.

Frage 50:
Ist beim Probearbeitsverhältnis eine Kündigung erforderlich bzw. überhaupt möglich?

Antwort: Wenn das Probearbeitsverhältnis befristet abgeschlossen wurde, endet es mit Ablauf der Probezeit, ohne dass es einer Kündigung bedarf. In diesem Fall kann das Arbeitsverhältnis – wie bei jeder anderen Befristung auch (§ 15 Abs. 3 TzBfG) – bis zum Ablauf der Befristung nicht ordentlich gekündigt werden, sofern nichts anderes vereinbart ist.

Frage 51:
Was versteht man unter einem befristeten Probearbeitsverhältnis, was unter einer Probezeit als Mindestvertragszeit, was unter einem unbestimmten Arbeitsverhältnis mit vorgeschalteter Probezeit? Gibt es Fälle, bei denen eine Probezeit gesetzlich vorgeschrieben ist?

Antwort:
(a) Ein befristetes Probearbeitsverhältnis ist ein Arbeitsverhältnis, das nach Ablauf einer bestimmten Probezeit automatisch enden soll, sofern es nicht zuvor verlängert worden ist (vgl. § 14 Abs. 1 Nr. 6 TzBfG).

(b) Bei einer Probezeit als Mindestvertragszeit wird das Arbeitsverhältnis in der Weise begründet, dass eine gewisse Zeit am Anfang des Arbeitsverhältnisses als Probezeit im Sinne einer Mindestvertragszeit gelten soll.

(c) Ein unbestimmtes Arbeitsverhältnis mit vorgeschalteter Probezeit liegt vor, wenn die Auslegung des Arbeitsvertrages ergibt, dass ein Arbeitsverhältnis von unbestimmter Dauer gewollt ist und die Probezeit dazu dienen soll, zu prüfen, ob der Arbeitnehmer für die Arbeit geeignet ist. Ist eine solche Probezeit vereinbart, dann kann das Arbeitsverhältnis gem. § 622 Abs. 3 BGB – längstens für die Dauer von 6 Monaten – mit einer Frist von 2 Wochen gekündigt werden.

(d) Nach § 13 Berufsbildungsgesetz gilt für die Beschäftigung Auszubildender eine Mindestprobezeit von einem Monat, die bis zur Höchstdauer von drei Monaten verlängert werden kann. Nach § 15 Abs. 1 Berufsbildungsgesetz kann während der Probezeit das Ausbildungsverhältnis zu jeder Zeit ohne Einhaltung einer Frist gekündigt werden.

Fälle

Fall 2:
Arbeitnehmer A ist bei der XY-Aktiengesellschaft in Stuttgart als kaufmännischer Angestellter tätig. Aus Gründen, die in seiner Person liegen (insoweit unstreitig), wird ihm fristgerecht zum 30. September gekündigt. Nachdem A auf verschiedene Stellenanzeigen geschrieben hatte, erhält er Ende August die Aufforderung eines Hamburger Arbeitgebers, sich vorzustellen. Aus diesem Grunde stellt er bei seinem bisherigen Arbeitgeber

den Antrag auf Gewährung von zwei bis drei Tagen Sonderurlaub zur Wahrnehmung des Vorstellungstermines. Nachdem ihm dies verweigert wird, tritt er den Urlaub eigenmächtig an. Zuvor hatte er seinen Arbeitgeber von diesem Schritt verständigt. Als er am 30. August nach Ablauf von drei Tagen zurückkehrt, wird ihm fristlos gekündigt. Ist diese Kündigung wirksam? Kann A Lohnfortzahlung für die Zeit seiner Abwesenheit verlangen? Kann er von der Hamburger Firma Ersatz seiner Reisekosten beanspruchen?

Lösung: Die fristlose Kündigung ist nur dann wirksam, wenn ein wichtiger Grund vorliegt, somit die Fortsetzung des bisherigen Arbeitsverhältnisses unzumutbar ist (§ 622 BGB). Eigenmächtiger Urlaubsantritt ist nach ständiger Rechtsprechung eine beharrliche Arbeitsverweigerung, die wiederum eine fristlose Kündigung rechtfertigen kann. Dies gilt jedoch nicht für den vorliegenden Fall. Beim Urlaub zum Zwecke der Stellensuche besteht nach § 629 BGB die Pflicht des Arbeitgebers, dem Arbeitnehmer auf Verlangen angemessene Zeit zum Aufsuchen eines anderen Dienstverhältnisses zu gewähren. Allerdings muss auch hier der Arbeitnehmer den Urlaub „gewähren lassen", darf ihn also nicht eigenmächtig nehmen. Arbeitnehmer A hatte jedoch vergeblich um Urlaubsgewährung nachgesucht und die selbständige Wahrnehmung des Termins angekündigt. In diesem Sachverhalt liegt nach der Rechtsprechung (vgl. zu diesem Fall LArbG Baden-Württemberg DB 1967, 1048) keine beharrliche Arbeitsverweigerung, die zu einer fristlosen Kündigung berechtigen würde. Die Abwesenheit hält sich auch in der „Angemessenheitsgrenze" des § 629 BGB, wenn man bedenkt, dass schon aufgrund der räumlichen Entfernung je 1 Tag zur Hin- bzw. Rückfahrt erforderlich ist. Auf jeden Fall war das Verhalten des A nicht geeignet, die Fortsetzung des demnächst ohnehin auslaufenden, weil gekündigten Arbeitsverhältnisses als unzumutbar erscheinen zu lassen. A hat für die Zeit der Stellensuche Anspruch auf Fortzahlung des Lohns (§ 616 BGB). Dies entspricht ständiger Rechtsprechung. A hat auch Anspruch auf Ersatz der Vorstellungskosten, da er die Reise nach Hamburg auf Aufforderung der dortigen Firma zum Zwecke der Vorstellung unternommen hatte. Anders wäre es, wenn der Arbeitnehmer nur eine „unverbindliche Rücksprache" gewünscht hätte.

Fall 3:
Arbeitnehmer A bewirbt sich um die Stelle eines Fahrers für Möbelwagen bei der Möbelspedition M. Nach dem Vorstellungsgespräch mit dem Geschäftsführer der M macht A, der versichert hatte, bei seinem jetzigen Arbeitgeber als Lkw-Fahrer eingesetzt zu sein, eine Probefahrt, in deren Verlauf er beim Abbiegen auf einer verkehrsfreien Kreuzung über den Bordstein fährt und mit dem Möbelwagen gegen eine seitliche Straßenbegrenzung stößt. Am Möbelwagen entsteht ein Schaden von ca. 1000 Euro. A war seit 10 Jahren nicht mehr mit einem Lkw gefahren. M verlangt von A den Ersatz des Schadens. Mit Recht?

Lösung: Anspruchsgrundlage ist, da ein Arbeitsvertrag nicht zustande kam, § 823 Abs. 1 BGB. A hat das Eigentum von M tatbestandsmäßig, rechtswidrig und schuldhaft verletzt. Das Verschulden ergibt sich daraus, dass A zwar den Führerschein der Klasse 2 besitzt, jedoch in den letzten 10 Jahren nicht mehr mit einem Lastwagen gefahren war. Damit hat A die im Verkehr erforderliche Sorgfalt in besonders hohem Maße, also grob fahrlässig, außer Acht gelassen. Deshalb greifen auch die Grundsätze der beschränkten Arbeitnehmerhaftung nicht zu seinen Gunsten ein. A war beim Einbiegen in die Kreuzung nicht durch andere Kraftfahrer behindert. Wenn er nicht in einem normalen Bogen in die Kurve einfuhr, so kann das nur auf seine mangelnde Fahrpraxis zurückgeführt werden. Nach der Rechtsprechung des Bundesarbeitsgerichts zur beschränkten Arbeitnehmerhaftung ist selbst bei Vorliegen einer groben Fahrlässigkeit des Schädigers nicht in jedem Fall von dessen voller Haftung auszugehen. Der Arbeitgeber muss sich ein eigenes Verschulden entgegenhalten lassen, wenn dieses dazu geführt hat, das Betriebsrisiko zu erhöhen. Deshalb muss er sich die ihm bekannte mangelnde Fahrpraxis des Arbeitnehmers entgegenhalten lassen, soweit ein vom Arbeitnehmer verursachter Schaden auf einen typischen Anfängerfehler zurückzuführen ist (BAG AP Nr. 69 zu § 611 BGB Haftung des Arbeitnehmers). Im vorliegenden Fall scheiden solche Umstände jedoch aus, da Arbeitnehmer A unmittelbar vor der Probefahrt angegeben hatte, bei seinem letzten Arbeitgeber als Lkw-Fahrer tätig gewesen zu sein. Von dem Arbeitgeber zu verlangen, dass er nur nach Vorlage einer entsprechenden Bescheinigung des früheren Arbeitgebers eine Probefahrt gestattet, würde eine Überspannung der Aufmerksamkeit des Arbeitgebers bedeuten. Da A den Schaden somit grob fahrlässig verursacht hat, muss er nach § 823 BGB hierfür aufkommen. Zu prüfen wäre darüber hinaus, ob mit gleichem Ergebnis auch ein Anspruch aus Verschulden bei Vertragsabschluss (§ 311 Abs. 2 i.V.m. §§ 241 Abs. 2, 280 Abs. 1 BGB) in Betracht kommt. Das Verschulden des A wäre entweder mit gleicher Begründung wie zuvor zu bejahen oder darin zu sehen, dass er den Arbeitgeber bei Anbahnung des Vertragsverhältnisses über seine mangelnde Fahrpraxis getäuscht hat.

Fall 4:
Arbeitnehmerin Amalie (A) war als Verkäuferin in einem kleinstädtischen Computerfachgeschäft beschäftigt. Diese Stelle kündigte sie zum 1. April, um als Verkäuferin in die EDV-Abteilung des renommierten großstädtischen Elektronikfachgeschäfts B einzutreten. In den Einstellungsverhandlungen hatte A darauf hingewiesen, dass sie nur dann ihren Arbeitsplatz wechseln wolle, wenn ihr eine Dauerstellung übertragen werde. B hatte geantwortet, dass „die gesetzlichen Bestimmungen maßgebend sein sollen". A war klargemacht worden, dass B höher qualifizierte Arbeit erwarte. Bereits Ende April kündigte B das Arbeitsverhältnis mit der Begründung, dass A aufgrund der Leistungen, die sie bisher gezeigt habe, nicht

als die von B benötigte erfahrene Fachkraft für Computerverkauf angesehen werden könne. A erhebt Klage beim Arbeitsgericht und verlangt insbesondere Lohnausfall für die Zeit, bis zu der sie eine neue Arbeitsstelle antreten konnte. Was ist hierzu zu sagen?

Lösung:
(a) Kündigung: Zunächst ist zu prüfen, ob B das Arbeitsverhältnis kündigen konnte. Dies wäre nicht der Fall, wenn zwischen den Parteien ein Ausschluss der Kündigung vereinbart worden wäre. Ein Kündigungsausschluss folgt aber nicht bereits aus der in den Vorbesprechungen erzielten Einigung, dass A eine Dauerstellung übertragen werden sollte. Zwar muss eine solche Vereinbarung nicht ausdrücklich geschlossen werden, im vorliegenden Fall hatte B jedoch den Inhalt der mündlichen Vereinbarung schriftlich bestätigt und dort ganz allgemein erklärt, dass die „gesetzlichen Bestimmungen" gelten sollten. Damit wurde genügend deutlich zum Ausdruck gebracht, dass B die Bestätigung in den Vorbesprechungen, es handle sich um eine Dauerstellung, nicht als zeitweisen Ausschluss der Kündigung meinte, sondern die gesetzlichen Kündigungsfristen vereinbaren wollte (BAG AP Nr. 2 zu § 276 BGB Verschulden beim Vertragsschluss). Auch die Vorschriften des allgemeinen Kündigungsschutzes nach §§ 1 ff. KSchG sind hier nicht zu beachten, da der allgemeine Kündigungsschutz gem. § 1 Abs. 1 KSchG erst nach sechsmonatigem Bestehen des Arbeitsverhältnisses greift.

(b) Schadenersatzanspruch? Zu denken wäre an einen Schadenersatzanspruch aus culpa in contrahendo (§ 311 Abs. 2 i.V.m. §§ 241 Abs. 2, 280 Abs. 1 BGB). Dann müsste B anlässlich der Vertragsverhandlungen die Fürsorgepflicht gegenüber A schuldhaft verletzt haben. Nach ständiger Rechtsprechung obliegt dem Arbeitgeber auch schon bei Verhandlungen über den Abschluss eines Arbeitsvertrages eine Fürsorgepflicht gegen über dem zukünftigen Arbeitnehmer; er muss schon zu diesem Zeitpunkt auf die besonderen Interessen des späteren Arbeitnehmers Rücksicht nehmen und ihn insbesondere über die künftigen Verhältnisse aufklären, wenn er erkennt, dass der Arbeitnehmer besondere Wünsche und Erwartungen hat. Im vorliegenden Fall beruft sich A darauf, B habe es fahrlässig unterlassen, sie auf besonderen Anforderungen der Stelle und darauf, dass bei Nichtbewährung der baldige Verlust des Arbeitsplatzes wahrscheinlich sein würde, hinzuweisen. Eine solche Aufklärungspflicht kann den Arbeitgeber aber nur insoweit treffen, als es sich nicht um Umstände handelt, die sich aus der Sachlage von selbst ergeben. Dass der Arbeitnehmer den Anforderungen genügen sollte, die die ihm zu übertragende Tätigkeit in dem Betrieb des Arbeitgebers ihrer Art nach üblicherweise mit sich bringt, ist eine selbstverständliche Voraussetzung, auf die der Arbeitgeber nicht besonders hinzuweisen braucht. Anders wäre es nur dann, wenn seitens des Arbeitgebers an die Tätigkeit des Arbeitnehmers ganz besondere aus dem Rahmen fallende Anforderungen gestellt werden, mit denen dieser nicht rechnen konnte. A musste im vorliegenden Fall von vornherein damit rechnen, dass an sie in dem Geschäft der B größere Anforderungen als in ihrem bisherigen Betrieb gestellt werden. Nach Auffassung der Rechtsprechung trägt derjenige, der sich von seiner bisherigen Arbeitstelle abwerben lässt, grundsätzlich das mit der Übernahme der neuen Tätigkeit zwangsläufig verbundene Risiko. Anders als bei dem durch soziale Gesetze in der Kündigung beschränkten Arbeitgeber lässt unsere Rechtsordnung dem Arbeitnehmer die Freiheit der Kündigung. Ihm steht es frei, nach ordnungsmäßiger Kündigung seines bisherigen Arbeitsverhältnisses in einen anderen Betrieb einzutreten. Damit bürdet ihm die Rechtsordnung aber auch zugleich das sich daraus ergebende Wagnis auf. Macht der Arbeitnehmer von seinem Kündigungsrecht Gebrauch und nimmt er eine besser bezahlte Stellung in einem neuen Betrieb an, so geht er das Wagnis ein, dass der neue Arbeitgeber den Arbeitsvertrag bald wieder kündigt, weil der Arbeitnehmer den möglicherweise höheren Anforderungen der neuen Stelle nicht gewachsen ist, oder der Arbeitgeber aus anderen Gründen nicht mit ihm zufrieden ist. Scheut der Arbeitnehmer dieses Risiko, so muss er entweder in seiner bisherigen weniger gut bezahlten Stellung verbleiben oder er muss sich gegen eine baldige Kündigung durch den neuen Arbeitgeber dadurch sichern, dass die Kündigung für einen längeren Zeitraum vertraglich ausgeschlossen wird. Lässt sich, wie im vorliegenden Fall, der Arbeitgeber auf die Vereinbarung, dass die Kündigung für längere Zeit ausgeschlossen sein soll, nicht ein, sondern verweist er auf die gesetzlichen Bestimmungen, so muss der Arbeitnehmer das von ihm eingegangene Risiko in vollem Umfange tragen. Er kann es grundsätzlich nicht auf dem Umweg über einen Schadenersatz aus Verschulden beim Vertragsabschluss auf den neuen Arbeitgeber abwälzen (BAG aaO).

Fall 5:

Toni war als Tonmeister bei einer Sendeanstalt tätig und kündigte diese Stellung, um bei der städtischen Oper einer deutschen Großstadt ein neues Arbeitsverhältnis anzutreten. Er hatte hierzu Verhandlungen geführt, bei denen ihm der Abschluss des neuen Arbeitsverhältnisses als sicher in Aussicht gestellt worden war. Am 29. März rief ihn der für die Einstellung zuständige Direktor der städtischen Bühne an und bat ihn, zur Unterzeichnung des Anstellungsvertrages bei ihm vorzusprechen. Diese Besprechung wurde dann auf den 30. März verschoben. Am 30. März wurde Toni mitgeteilt, die Unterzeichnung müsse zurückgestellt werden, weil der neue Intendant ihn noch persönlich kennen lernen wolle. Später wurde dann die geplante Einstellung aus Etatgründen nicht vorgenommen. Toni hatte aber sein bisheriges Arbeitsverhältnis bereits gekündigt und verlangt nun Schadenersatz. Mit Recht?

Lösung: Unstreitig ist, dass mit Toni über eine Einstellung verhandelt wurde. Bereits bei solchen Vertragsverhandlungen stehen die Verhandlungspartner in einem Rechtsverhältnis, das sie unter voller Berücksichtigung ihres Rechts, die Vertragsverhandlungen bis zum Vertragsabschluss zu bringen oder auch scheitern zu lassen, verpflichtet, auf die Belange des anderen Vertragspartners Rücksicht zu nehmen (§§ 241 Abs. 2, 311 Abs. 2 Nr. 1 BGB), vor allem in diesem keine Vorstellung zu erwecken, die mit den tatsächlichen Möglichkeiten und Gegebenheiten in Widerspruch stehen. Der über den Vertragsabschluss Verhandelnde darf insbesondere in seinem Verhandlungspartner nicht leichtfertig die Vorstellung erwecken, er sei bereits jetzt zum Vertragsabschluss fest entschlossen, dieser Vertragsabschluss werde auch zustandekommen, der Verhandlungspartner könne sich auf einen solchen Vertragsabschluss einstellen. Dies ergibt sich aus der im Arbeitsrecht geltenden Treue- und Fürsorgepflicht, die auch in das Stadium der Vertragsverhandlungen ausstrahlt. Verletzt der verhandelnde Arbeitgeber schuldhaft die ihm insoweit obliegenden Pflichten bei der Führung der Vertragsverhandlungen, so haftet er dem Arbeitnehmer für den Schaden, der diesem daraus erwächst, dass er sich auf diese Verhandlungen und die dabei von dem Arbeitgeber abgegebenen Erklärungen einstellt, oder gar sein bisheriges Arbeitsverhältnis aufkündigt, um sich für den verhandelnden Arbeitgeber freizumachen. Toni kann daher Ersatz des Vertrauensschadens gem. § 311 Abs. 2 i.V.m. §§ 241 Abs. 2, 280 Abs. 1 BGB (culpa in contrahendo) verlangen. Der Anspruch orientiert sich der Höhe nach an dem gekündigten Arbeitsverhältnis.

Fall 6:
Arbeitnehmerin Cäcilie (C) bewarb sich auf eine Zeitungsanzeige der Firma K um die zum 1. Juli zu besetzende Stelle einer Chefsekretärin. Sie wurde in die engere Wahl gezogen und auf den 9. Mai zu einer Vorstellung gebeten. Dabei wurde ihr gesagt, sie werde bis zum 11. Mai Bescheid erhalten. Am 11. Mai teilte ihr ein Angestellter der Firma K in deren Auftrag fernmündlich mit, man habe sich für sie entschieden. C gab auf diese Mitteilung hin ihrer Freude Ausdruck. Sie wurde aufgefordert, am Nachmittag desselben Tages zur Unterzeichnung eines schriftlichen Vertrages vorzusprechen. C teilte jedoch mit, verhindert zu sein, und man einigte sich dahin, dass sie am 12. Mai kommen solle. Sie erschien aber auch an diesem Tage nicht. Am 14. Mai ging bei K ein Schreiben von C ein, in welchem sie mitteilte, sie sei aus persönlichen Gründen verhindert gewesen, am 12. Mai zu erscheinen, sie könne erst am 15. Mai vorbeikommen. Sie erschien aber auch am 15. Mai nicht, sondern schickte, nachdem ihr K am 16. Mai eine E-Mail geschickt hatte und ihre Verwunderung über ihr Nichterscheinen geäußert hatte, am 17. Mai eine SMS, worin sie mitteilte, dass sie die Position nicht annehmen könne. K nimmt C aus dem Gesichtspunkt des Vertragsbruchs, der arglistigen Täuschung und des Verschuldens bei Vertragsverhandlungen auf den Kostenersatz zweier Inserate in Anspruch, die K aufgeben musste, um eine neue Chefsekretärin zu finden. K verweist darauf, dass C wahrheitswidrig angegeben habe, sie sei gesund und im Urlaub, obwohl sie – wie sich herausstellte – schon seit et-

wa 4 Wochen krank war und aus diesem Grunde mit der Arbeit ausgesetzt hatte. Wie ist die Rechtslage?
Lösung: K kann Ersatz des ihm entstandenen Schadens gem. § 311 Abs. 2 i.V.m. §§ 241 Abs. 2, 280 Abs. 1 BGB verlangen, wenn C durch ihr Verhalten eine vorvertragliche Pflicht verletzt hat.

C hat die ihr obliegende Wahrheitspflicht schuldhaft verletzt: Sie hat auf Befragen ihre Krankheit nicht nur verschwiegen, sondern wahrheitswidrig angegeben, sie habe Urlaub oder „freie Tage", statt zu sagen, sie sei wegen Krankheit arbeitsunfähig. Gem. § 311 Abs. 2 Nr. 1 BGB entsteht bereits mit der Aufnahme von Vertragsverhandlungen ein Schuldverhältnis mit Pflichten nach § 241 Abs. 2 BGB. Die Wahrheitspflicht ist, insbesondere bei Verhandlungen über den Abschluss eines Arbeitsvertrags, eine solche Nebenpflicht, die insoweit schon für die Zeit der auf Abschluss eines Arbeitsvertrages gerichteten Verhandlungen besteht. Wird diese verletzt, ist der Arbeitgeber nicht auf das eine Arglist des Arbeitnehmers voraussetzende Recht zur Anfechtung des Vertrags beschränkt. Vielmehr erwirbt er einen Anspruch gegen den mit ihm in Verhandlungen stehenden Arbeitnehmer schon dann, wenn dieser auch nur fahrlässig handelt, wobei, wie stets nach § 276 BGB, leichte Fahrlässigkeit genügt. Dieser Anspruch aus § 311 Abs. 2 i.V.m. §§ 241 Abs. 2, 280 Abs. 1 BGB geht auf Ersatz des durch das Verhalten des Schädigers entstandenen Schadens. K kann daher grundsätzlich Ersatz für die Kosten der zwei Inserate von C verlangen. Es ist jedoch umstritten, ob C sich darauf berufen kann, dass die Kosten auch dann entstanden wären, wenn sie sich pflichtgemäß verhalten hätte („Berufung auf rechtmäßiges Alternativverhalten"). So wären Inseratkosten evtl. auch dann angefallen, wenn C die Arbeitsstelle zwar angetreten, jedoch zum nächstmöglichen Termin gekündigt hätte. Nach der Rechtsprechung des Bundesarbeitsgerichts (vgl. BAG DB 84, 1731 = WM 84, 1353) muss C keinen Kostenersatz leisten, sofern zumindest die hypothetische Möglichkeit besteht, dass K die Inserate auch bei pflichtgemäßem Verhalten der C aufgegeben hätte.

Fall 7:
Arbeitnehmerin Amalie (A) wurde vom Kaufhauskonzern K als Aushilfsverkäuferin eingestellt. Es wurde ausdrücklich und schriftlich vereinbart, dass die Anstellung vom 1. November bis Ende Februar im Hinblick auf den Weihnachtsverkauf und den anschließenden Saisonschlussverkauf befristet sei. Am 10. Januar teilt A der Personalabteilung mit, sie sei schwanger, weshalb eine Kündigung unzulässig sei und nach ihrer Auffassung das Arbeitsverhältnis nicht mit dem 28. Februar beendet sei. Rechtslage?
Lösung: Es handelt sich hier um einen Fall, der die typischen Probleme des befristeten Arbeitsverhältnisses zeigt. Es stellen sich mehrere Fragen: Darf ein Arbeitsverhältnis befristet werden? Wird damit nicht der besondere Kündigungsschutz umgangen? Geht der besondere Kündigungsschutz der Befristung eines Arbeitsverhältnisses vor? A beruft sich auf das

absolute Kündigungsverbot nach § 9 MuSchG. Diese Bestimmung greift unstreitig ein bei unbefristeten Arbeitsverhältnissen. Befristete Arbeitsverhältnisse bedürfen zu ihrer Beendigung keiner Kündigung. Früher war in solchen Fällen zu fragen, ob die Befristung nicht zu einer Umgehung des Kündigungsschutzes führte. Seit Einführung des TzBfG zum 1.1.2001 sind Befristungen gem. § 620 Abs. 3 BGB wirksam, wenn die Voraussetzungen der §§ 14 ff. TzBfG erfüllt sind. Dadurch wird sicher gestellt, dass die Regelungen des allgemeinen Kündigungsschutzes nicht durch Befristungen umgangen werden. Nach § 14 Abs. 1 TzBfG sind Befristungen insbesondere zulässig, wenn bei Abschluss des Arbeitsvertrages ein sachlicher Grund vorliegt. Ein solcher sachlicher Grund ist gem. § 14 Abs. 1 Nr. 1 TzBfG insbesondere das Bestehen eines nur vorübergehenden betrieblichen Bedarfs. Darunter fallen unter anderem Saisonarbeitsverträge, befristete Verträge im Baugewerbe, Verträge mit Künstlern, Musikern und Schauspielern. Auch ein Schlussverkauf ist ein vorübergehender betrieblicher Bedarf i.S.d. § 14 Abs. 1 Nr. 1 TzBfG; die Befristung war daher sachlich gerechtfertigt. Die Zulässigkeit der Befristung ergibt sich außerdem aus § 14 Abs. 2 TzBfG, wonach eine bis zu 2-jährige Befristung auch ohne Vorliegen eines sachlichen Grundes zulässig ist. Der Arbeitsvertrag war daher wirksam befristet, zumal auch die Schriftform des § 14 Abs. 4 TzBfG gewahrt ist. Ist ein Arbeitsvertrag rechtswirksam befristet, so hindert eine während des Arbeitsverhältnisses eingetretene Schwangerschaft den Arbeitgeber nicht, sich auf die durch den Fristablauf eintretende Beendigung des Arbeitsverhältnisses zu berufen. In diesem Fall endet das Arbeitsverhältnis mit Ablauf der Frist, ohne dass es einer Kündigung bedarf. Hierin liegt keine Umgehung des Kündigungsschutzes. A kann sich also nicht auf § 9 MuSchG berufen.

Fall 8:
A ist beim Kaufhaus K als Verkäufer beschäftigt. A und K haben mündlich vereinbart, dass A vom 1.1. bis 31.7. bei K arbeitet. Ein sachlicher Grund für eine Befristung liegt nicht vor. Überlegen Sie sich in den folgenden Alternativen jeweils, ob die Befristung wirksam ist und was A gegebenenfalls tun muss:

(a) K teilt A am 30.7. mit, dass er ihn ab 1.8. nicht mehr benötigt.

(b) Am 30.7. einigen sich A und K darauf, das Arbeitsverhältnis bis zum 30.11. zu verlängern und schließen einen dementsprechenden schriftlichen Vertrag. Danach kommt kein weiterer Vertrag mehr zustande.

(c) Im Fall (b) schließen A und K am 5.12. einen neuen Arbeitsvertrag, der vom 5.12. bis zum 31.3. des Folgejahres läuft. Im Anschluss daran hat K keine Verwendung mehr für A.

Abwandlung: A war bei K zunächst für 1 Jahr als Vertretung für einen Arbeitnehmer, der sich in Elternzeit befand, beschäftigt. Danach schlossen A und K einen schriftlichen Vertrag vom 1.1. bis zum 31.7; ein sachlicher Grund für diese Befristung lag nicht vor.

Lösung:

(a) Die Wirksamkeit der sog. kalendermäßigen Befristung, für deren Zulässigkeit kein sachlicher Grund erforderlich ist, richtet sich nach § 14 Abs. 2 TzBfG. Im Fall (a) sind zwar die Voraussetzungen des § 14 Abs. 2 TzBfG erfüllt, da die Dauer der Befristung 2 Jahre nicht überstieg und zuvor zwischen A und K kein Arbeitsverhältnis bestand. Der befristete Vertrag wurde jedoch entgegen § 14 Abs. 4 TzBfG nicht schriftlich geschlossen. Die Nichteinhaltung der Schriftform führt zur Unwirksamkeit der Befristung, was gem. § 16 TzBfG zur Folge hat, dass der Arbeitsvertrag als auf unbestimmte Zeit geschlossen gilt. Nach § 17 TzBfG muss der Arbeitnehmer diese Unwirksamkeit allerdings innerhalb von 3 Wochen nach dem vereinbarten Ende des befristeten Arbeitsvertrags durch Klage beim Arbeitsgericht geltend machen. Versäumt A diese Frist, kann er sich nicht mehr auf die Unwirksamkeit der Befristung berufen.

(b) Auch in diesem Fall ist die erste Befristung (1.1. bis 31.7.) mangels Schriftform unwirksam. Da A diese Unwirksamkeit aber nicht innerhalb der 3-Wochen-Frist des § 17 TzBfG geltend gemacht hat, kann er sich darauf nicht mehr berufen. Bei mehreren sich anschließenden Befristungen (sog. Kettenbefristungen) kommt es daher wegen § 17 TzBfG immer nur auf die Wirksamkeit der letzten Befristung an! Die anschließende Befristung dagegen ist wirksam, da sie eine nach § 14 Abs. 2 S. 1 TzBfG zulässige Verlängerung darstellt und das Schriftformerfordernis des § 14 Abs. 4 TzBfG gewahrt ist. A kann sich daher nicht dagegen wehren, dass das Arbeitsverhältnis gem. § 15 Abs. 1 TzBfG mit dem Ablauf der Befristung endete.

(c) Hier ist die letzte Befristung wirksam, wenn sie eine Verlängerung i.S.d. § 14 Abs. 2 S. 1 TzBfG darstellt. Den Begriff „Verlängerung" legt die Rechtsprechung jedoch sehr eng aus: Eine Verlängerung wird nur anerkannt, wenn die Fortsetzung noch während des Bestehens des zu verlängernden Arbeitsvertrages vereinbart wird und der Vertragsinhalt im Wesentlichen unverändert bleibt (BAG NZA 2001, 609). Danach liegt hier keine zulässige Verlängerung vor, da die Fortsetzung am 5.12. vereinbart wurde, während das vorhergehende Arbeitsverhältnis am 30.11. geendet hatte. Der Vertrag vom 5.12. ist auch nicht als Abschluss eines neuen befristeten Vertrags zulässig: Gem. § 14 Abs. 2 S. 2 TzBfG ist eine Befristung, die keine Verlängerung ist, nur zulässig, wenn mit demselben Arbeitgeber nicht bereits zuvor ein Arbeitsverhältnis bestand. Gerade das war hier aber aufgrund des vorhergehenden befristeten Vertrags der Fall. Damit ist die letzte Befristung hier unwirksam; A muss gem. § 17 TzBfG innerhalb von 3 Wochen Klage beim Arbeitsgericht erheben.

Abwandlung: Wiederum kommt es nur auf die Zulässigkeit der letzten Befristung an. Hier liegt keine zulässige Verlängerung nach § 14 Abs. 2 S. 1 TzBfG vor, da nach dieser Vorschrift nur kalendermäßige Befristungen verlängert werden können, während hier zunächst eine Befristung aufgrund sachlichen Grundes (§ 21 Abs. 1 Bundeserziehungsgeldgesetz) vorlag.

Auch eine zulässige neue kalendermäßige Befristung ist hier nicht gegeben, da bereits zuvor ein befristetes Arbeitsverhältnis bestand (§ 14 Abs. 2 S. 2 TzBfG). Damit ist die Befristung hier unzulässig, A muss dies rechtzeitig vor Gericht geltend machen. Merke: Zwar kann sich eine Befristung mit sachlichem Grund an eine kalendermäßige Befristung anschließen, umgekehrt ist das jedoch wegen § 14 Abs. 2 S. 2 TzBfG nicht zulässig!

Fall 9:
Nina (N) wurde am 18. März als Näherin in der Strickwarenfabrik S eingestellt. Bei der Einstellung hatte sie schriftlich bestätigt, dass sie nicht schwanger sei. Am 17. April kündigte S das Arbeitsverhältnis mit der Begründung, N habe während der Probezeit die gewünschte Arbeitsleistung nicht erbracht. Am 20. April legt N eine Bescheinigung vor, dass sie im 4. Monat schwanger sei. Sie vertritt die Auffassung, die Kündigung sei unwirksam; S erklärt, es liege eine arglistige Täuschung vor, weil N auf ausdrückliches Befragen bei der Einstellung wahrheitswidrig ihre Schwangerschaft trotz sicherer Kenntnis verschwiegen habe. S ficht deshalb den Arbeitsvertrag an. Wie ist die Rechtslage?
Lösung: Es ist in der Rechtsprechung anerkannt, dass auch ein Arbeitsvertrag sowohl nach § 119 BGB als auch nach § 123 BGB angefochten werden kann. Die Schwangerschaft ist in der Regel keine verkehrswesentliche Eigenschaft im Sinne von § 119 Abs. 2 BGB, sodass dieser Anfechtungsgrund entfällt. In Betracht kommt jedoch eine Anfechtung wegen arglistiger Täuschung nach § 123 BGB. Das bewusst wahrheitswidrige Verneinen einer bereits eindeutig festgestellten Schwangerschaft könnte eine Täuschung durch Verschweigen des wahren und Behaupten eines nicht gegebenen Sachverhalts im Sinne von § 123 BGB beinhalten. Zu prüfen ist, ob die Frage nach dem Bestehen einer Schwangerschaft überhaupt gestellt werden durfte. Denn nicht jede falsche Angabe gegenüber dem Arbeitgeber ist eine arglistige Täuschung, sondern nur die bewusst wahrheitswidrige Antwort auf eine zulässigerweise gestellte Frage. Das Bundesarbeitsgericht hat bis zur Entscheidung des EuGH v. 8.11.1990 (EuGHE 1990, 3941 = AP Nr. 23 zu Artikel 119 EWG-Vertrag = BB 1991, 1035) die Ansicht vertreten, der Arbeitgeber sei bei den Einstellungsverhandlungen mit einer Arbeitnehmerin (übrigens anders als im Fall der Vorstrafe eines Stellenbewerbers) grundsätzlich berechtigt, nach dem Bestehen einer Schwangerschaft zu fragen, und zwar ohne Rücksicht darauf, welchen Arbeitsplatz die Bewerberin einnehmen soll. Das ergebe sich vor allem aus der beiderseitigen Lage vor Vertragsschluss, da die Schwangerschaft einer Arbeitnehmerin dem Arbeitgeber nicht nur erhebliche finanzielle Lasten aufbürde, sondern auch den betrieblichen Ablauf (durch Beschäftigungsverbote, Schutzzeiten) erschwere. Im Übrigen ergebe sich schon aus dem Mutterschutzgesetz, dass durch dieses Gesetz nur Frauen geschützt werden, die sich bereits in einem rechtsfehlerfrei begründeten Arbeitsverhältnis befinden. Das BAG gab diese Ansicht dann jedoch unter dem Eindruck

der bereits genannten Entscheidung des EuGH auf, der in dieser Frage eine geschlechtsbezogene Diskriminierung sah, da diese Frage naturgemäß nur Frauen gestellt werden kann. Dieses Diskriminierungsverbot ergibt sich heute aus § 611a BGB und der EG-Richtlinie, auf der diese Vorschrift beruht. Im weiteren Verlauf sah das Bundesarbeitsgericht die Frage dann zwar als grundsätzlich unzulässig an (BAG BB 1993, 433; BB 1993, 1362). Ausnahmen – die folgerichtig zur Anfechtbarkeit des Arbeitsvertrags führten – wurden aber weiter anerkannt, wenn das eingegangene Arbeitsverhältnis wegen der Schwangerschaft überhaupt nicht realisiert werden konnte, weil die Bewerberin die angestrebte Arbeit schon gar nicht aufnehmen konnte (Mannequin, Tänzerin) oder wegen bestehender Beschäftigungsverbote zum Schutz der Schwangeren (z.b. Verbot der Nachtarbeit nach dem Mutterschutzgesetz) nicht aufnehmen durfte. Mittlerweile hat der EuGH (NJW 2000, 1019) entschieden, dass auch ein Schutzgesetz, das der Schwangeren die Aufnahme der vereinbarten Arbeit untersagt, nicht die Zulässigkeit der Schwangerschaftsfrage begründen kann. Der EuGH begründet dies damit, dass der Arbeitgeber generell das Risiko des Ausfalls einer schwangeren Arbeitnehmerin tragen müsse. Da ein Beschäftigungsverbot aufgrund des Mutterschutzgesetzes jedenfalls bei einem unbefristeten Arbeitsverhältnis im Verhältnis zur gesamten Beschäftigungsdauer nur einen geringen Zeitraum betrifft, kann es keinen Unterschied machen, ob dieser Zeitraum bereits zu Beginn des Arbeitsverhältnisses oder erst während dessen weiteren Verlaufs eintritt. Damit ist die Frage nach dem Bestehen einer Schwangerschaft im Ergebnis allenfalls beim Abschluss eines befristeten Arbeitsvertrags zulässig. Da zwischen N und S ein unbefristeter Arbeitsvertrag geschlossen wurde, war die Frage der S nach der Schwangerschaft unzulässig; dementsprechend begründet ihre falsche Beantwortung durch N auch kein Anfechtungsrecht der S.

Fall 10:
Hugo ist seit mehr als drei Jahren als Hilfsgalvaniseur bei der Metallfabrik M tätig. Bei der Einstellung füllte er einen Personalfragebogen aus. Dabei trug er in die Rubrik „bisherige Beschäftigungen" wahrheitswidrig andere Tätigkeiten ein und verschwieg dabei, dass er sich 9 Monate wegen politischer Delikte in Strafhaft befand. Als dies bekannt wurde, erklärte M die Anfechtung des Arbeitsvertrags unter Berufung auf §§ 119, 123 BGB. Zwischenzeitlich war Hugo als Betriebsrat gewählt worden. Greift die Anfechtung durch?

Lösung: Vorbemerkung: Ein Arbeitsverhältnis wird im Allgemeinen durch Kündigung beendet. Auch die Anfechtung wirkt im Regelfall, wegen der Einschränkung der Rückwirkung im Arbeitsrecht, wie eine Kündigung. Die in der Rechtsprechung entschiedenen Fälle zeigen jedoch sehr deutlich, dass die Anfechtung in der Praxis nur dann Rechtsgrundlage für die Beendigung eines Arbeitsverhältnisses ist, wenn Kündigungsverbote bestehen. Dies ist insbesondere der Fall bei bestehender Schwangerschaft

nach § 9 MuSchG, beim Kündigungsschutz nach dem SGB IX (Schwerbe-
hinderte) und wegen des Kündigungsschutzes von Betriebsratsmitgliedern nach § 15 KSchG. Die Rechtsprechung anerkennt, dass trotz der bestehenden Kündigungsverbote eine Anfechtung von Arbeitsverträgen
zulässig ist. Im Falle des Verschweigens von Vorstrafen kann jedoch die
Anfechtung wegen wahrheitswidriger Angaben im Personalfragebogen
nur durchgreifen, wenn es sich um zulässigerweise gestellte Fragen handelt. Zulässig sind nur solche (einschlägigen) Fragen, die mit der Tätigkeit
in Verbindung stehen, wie z.B. die Frage nach Vermögensdelikten beim
Buchhalter oder Kassierer. Im vorliegenden Fall hatte Hugo seine Strafhaft
wegen politischer Delikte verschwiegen. Diese waren für seine Tätigkeit
als Galvaniseur ohne Bedeutung. Schon aus diesem Grunde muss eine
Anfechtung ausscheiden. Hinzu kommt, dass seit der Einstellung mehrere Jahre verstrichen sind. Es ist aber in der Rechtsprechung anerkannt,
dass bei der Ausübung des Anfechtungsrechts auch die Entwicklung beachtet werden muss, die das Arbeitsverhältnis in der Zwischenzeit genommen hat. In solchen Fällen, in denen etwa nach jahrelanger Tätigkeit
der Umstand völlig bedeutungslos geworden ist, dass ein Vertragspartner
bei Eingehen des Arbeitsverhältnisses seine Willenserklärung irrtümlich
oder aufgrund einer Täuschung abgegeben hat, kann die Geltendmachung des Anfechtungsgrunds gegen Treu und Glauben verstoßen. Dies
ergibt sich aus dem Wesen des auf Dauer angelegten Arbeitsverhältnisses,
dem man im Bereich der Anfechtung nicht schon dadurch gerecht wird,
dass eine begründete Anfechtung das Arbeitsverhältnis nicht rückwirkend, sondern nur für die Zukunft beseitigt. Im vorliegenden Fall haben
die unrichtigen Angaben von Hugo nach seiner mehr als 3-jährigen Tätigkeit jegliche Bedeutung für das Vertragsverhältnis der Parteien verloren
(vgl. dazu BAG AP Nr. 46 zu § 123 BGB).

Fall 11:
Im Großbetrieb G sucht die Personalabteilung für den EDV-Bereich einen
qualifizierten Spezialisten. Eine Ausschreibung im Betrieb ist unterblieben. Als sich auf ein Inserat ein nach Ansicht der Personalabteilung hoch-
qualifizierter Bewerber meldet, der wegen anderweitiger Angebote eine
schnelle Entscheidung verlangt, wird die Einstellung vorgenommen, ohne die Äußerung des Betriebsrats abzuwarten. Wie ist die Rechtslage?
Lösung: Der Betriebsrat hat nach § 99 BetrVerfG ein Mitbestimmungsrecht
bei personellen Einzelmaßnahmen. Er ist vor jeder Einstellung zu hören.
Seine Zustimmung kann er nach § 99 Abs. 2 BetrVerfG unter anderem verweigern, wenn eine nach § 93 BetrVerfG erforderliche Ausschreibung im
Betrieb unterblieben ist. Verweigert der Betriebsrat seine Zustimmung, so
kann der Arbeitgeber beim Arbeitsgericht beantragen, die Zustimmung
zu ersetzen. Wenn es, wie im vorliegenden Fall vom Arbeitgeber geltend
gemacht, aus sachlichen Gründen dringend erforderlich ist, die personelle Maßnahme im Sinne des § 99 BetrVerfG (also hier die Einstellung) vor-

läufig durchzuführen, bevor der Betriebsrat sich geäußert hat, kann die Einstellung vom Arbeitgeber vorgenommen werden (§ 100 BetrVerfG). Er muss dann den Betriebsrat unverzüglich unterrichten. Bestreitet der Betriebsrat die Dringlichkeit der vorläufigen Maßnahme, muss wiederum er dies dem Arbeitgeber unverzüglich mitteilen. Der Arbeitgeber darf daraufhin diese vorläufige personelle Maßnahme nur aufrechterhalten, wenn er innerhalb von drei Tagen beim Arbeitsgericht die Ersetzung der Zustimmung des Betriebsrats und die Feststellung beantragt, dass die Maßnahme aus sachlichen Gründen dringend erforderlich war. Der einzustellende Arbeitnehmer muss vom Arbeitgeber über die Sach- und Rechtslage aufgeklärt werden.

III. Rechte und Pflichten im Arbeitsverhältnis

Übersicht

(I) Pflichten des Arbeitnehmers	Grundsatz der persönlichen Arbeitsverpflichtung (§ 613 BGB). Sonderfälle: Leiharbeitsverhältnisse, Betriebsnachfolge nach § 613 a BGB
(1) Hauptpflicht: Arbeitspflicht	*Art und Umfang*: bestimmt sich nach Gesetz, Kollektivvertrag (Tarifvertrag und Betriebsvereinbarung), Individualvertrag und Weisungsrecht („Das Weisungsrecht konkretisiert die Arbeitspflicht"). *Zeit*: Rahmenbedingungen durch Arbeitsschutzgesetze (ArbZG, JArbSchG, MuSchG); Modifikation durch Tarifvertrag, Betriebsvereinbarung (§ 87 Abs. 1 Nr. 2 BetrVerfG) sowie Weisungsrecht. *Ort*: Im Rahmen des nach §§ 157, 242 BGB auszulegenden Arbeitsvertrages und des zulässigen Weisungsrechts
Befreiung Von der Arbeitspflicht	(a) vereinbart: z.b. unbezahlter Sonderurlaub. (b) Urlaub: Erholungsurlaub, Mutterschutz, Stellungssuche. (c) Nach § 615 BGB: Befreiung von der Nacharbeit der durch Annahmeverzug des Arbeitgebers ausgefallenen Arbeitszeit. (d) Nach § 275 BGB: nicht vom Arbeitnehmer zu vertretende Unmöglichkeit. (e) § 273, 320 BGB: Arbeitsverweigerung infolge berechtigter Ausübung des Zurückbehaltungsrechts

(2) Neben- pflichten	(a) *allgemeine Treuepflicht* (§ 242 BGB) (b) *spezielle Treuepflichten*: Unterlassungspflichten (Unterlassung schädigender Handlungen, Verschwiegenheitspflicht, Wettbewerbs- verbote, Schmiergeldverbot), Handlungspflichten (z.b. Anzeigepflicht bei drohenden Schäden).
(II) Pflichten des Arbeitgebers **(1) Hauptpflicht: Lohnzah- lungspflicht**	*Höhe:* maßgebend ist Tarifvertrag, Einzelvertrag oder Üblichkeit (§ 612 BGB). *Art:* Geldlohn/Naturallohn, Zeitlohn/Akkordlohn (Zeit- bzw. Stückakkord), Zuschläge, Prämien, Tantiemen, Gratifikationen. *Sicherung der Lohnzahlung:* (a) Verbot des „Trucksystems", (§ 107 Abs. 2 GewO: Der Lohn muss grundsätzlich ausbezahlt, nicht in Form von Waren geleistet werden) (b) Pfändungsschutz (§§ 850 ff. ZPO), (c) Verfügungs-, Aufrechnungs- u. Zurückbehaltungs- verbote (d) (§§ 394, 400, 1274 Abs. 2, 242 BGB), (e) Sicherungen in der Insolvenz (Insolvenzforderungen, 38 InsO; Masseschulden, § 55 Abs. 1 Nr. 2 InsO; Insol- venzausfallgeld nach §§ 183 ff. SGB III).
(2) Neben- pflichten	(a) *Fürsorgepflichten*: ● für Leben und Gesundheit des Arbeitnehmers: ● §§ 617, 618 BGB, 62 HGB, 32 ff. JArbSchG u.a., ● für *eingebrachtes Arbeitnehmergut* (Pflicht zu si- chernden Maßnahmen, wenn Arbeitnehmer Klei- der u. Geräte/Fahrzeuge zur Arbeitsstelle mit- bringt), ● Achtung des *allgemeinen Persönlichkeitsrechts* des Arbeitnehmers und Schutz vor Angriffen Dritter darauf, ● *nachwirkende Fürsorgepflichten* bei Beendigung des Arbeitsverhältnisses (z.B. Zeugniserteilung), För- derung des wirtschaftlichen Fortkommens. (b) Beschäftigungspflicht (c) Gleichbehandlungspflicht
(III) Leistungs- störungen im Arbeitsverhältnis	(1) *Annahmeverzug des Arbeitgebers*: § 615 BGB, Arbeitneh- mer behält Lohnanspruch ohne Nachleistungspflicht (§ 326 BGB insoweit modifiziert). (2) *Unmöglichkeit der Arbeitsleistung*: Wenn Arbeitnehmer nach § 275 BGB von der Arbeitspflicht befreit ist, ver- liert er nach bürgerlichem Recht den Anspruch auf die Gegenleistung (§ 326 BGB). (3) *Modifikation von (1) und (2) durch die Lehre vom „Be- triebsrisiko"*:

- Arbeitgeber trägt das in seiner Sphäre liegende allgemeine Unternehmerrisiko für Betriebsstörungen (technische Störungen: Maschinenschaden; wirtschaftliche Störungen: Rohstoff-, Energie- und Auftragsmangel, behördliche Eingriffe).

  Folge: Arbeitnehmer behält Lohnanspruch (§ 615 S. 3 BGB)

- Arbeitnehmer trägt Risiko für Betriebsstörungen aufgrund von Streik, Produktionsausfall, Streik im Zulieferungsbereich, aber auch aufgrund von Aussperrungen, wenn die Fortzahlungspflicht die Kampfparität beeinflussen würde (sog. Arbeitskampfrisikolehre).

  Folge: Arbeitnehmer verliert Lohnanspruch

(4) *Lohnfortzahlung*

  (a) im Verhinderungsfall aus persönlichen Gründen (§ 616 Abs. 1 BGB)

  (b) im Krankheitsfall nach dem Entgeltfortzahlungsgesetz

(5) *Schlechtleistung des Arbeitnehmers*

  Grundsätze der positiven Vertragsverletzung im Arbeitsrecht modifiziert: Differenzierung nach dem Verschuldensgrad bei Tätigkeiten, die aufgrund des Arbeitsverhältnisses geleistet werden und betrieblich veranlasst sind.

Fragen

Frage 52:
Welche Rechte und Pflichten werden für Arbeitgeber und Arbeitnehmer durch den Arbeitsvertrag begründet.
Antwort: Der Arbeitsvertrag begründet für beide Parteien sowohl Haupt- als auch Nebenpflichten. Hauptpflicht des Arbeitnehmers ist die Arbeitspflicht, Hauptpflicht des Arbeitgebers die Lohnzahlungspflicht. Für beide Parteien begründet der Arbeitsvertrag namentlich wegen seiner Personenbezogenheit Nebenpflichten, die sich aus Treu und Glauben ergeben: Treuepflichten für den Arbeitnehmer, Fürsorgepflichten für den Arbeitgeber.

Frage 53:
Wie bringt das Gesetz die Höchstpersönlichkeit der arbeitsvertraglichen Pflichten zum Ausdruck?
Antwort: Nach § 613 BGB hat der zur Dienstleistung Verpflichtete die Dienste im Zweifel in Person zu leisten; der Anspruch auf die Dienste ist im Zweifel nicht übertragbar.

Frage 54:
Was versteht man unter einem „Leiharbeitsverhältnis"?

Antwort: Ein Leiharbeitsverhältnis liegt vor, wenn ein Arbeitgeber seinen Arbeitnehmer für begrenzte Zeit einem anderen Arbeitgeber überlässt. Der Entleiher ist dabei regelmäßig befugt, dem Arbeitnehmer Weisungen zu erteilen. Gem. § 613 S. 2 BGB setzt die Begründung eines Leiharbeitsverhältnisses die Zustimmung des Arbeitnehmers voraus. Einzelheiten sind im Arbeitnehmerüberlassungsgesetz (AÜG) geregelt. Wichtigste Voraussetzung ist dabei, dass der Verleiher im Besitz einer Genehmigung nach dem AÜG ist. Außerdem darf die Dauer der Überlassung maximal 24 Monate betragen.

Frage 55: Welche Fragen tauchen bei einem Leiharbeitsverhältnis auf?

Antwort: Zunächst ist zu prüfen, ob nicht lediglich der Ort der Arbeitsleistung geändert ist, der Arbeitnehmer also nach wie vor die Arbeit für den einstellenden Arbeitgeber erbringt, so etwa beim Monteur oder Wartungsmechaniker. Ein echtes Leiharbeitsverhältnis liegt erst vor, wenn der Arbeitgeber vorübergehend nicht benötigte Arbeitskräfte einem anderen Arbeitgeber zur Verfügung stellt. Es kann auch vereinbart sein, dass der Arbeitnehmer von vornherein für einen anderen Arbeitgeber arbeiten soll, in diesem Fall liegt ein „Zeitarbeitsverhältnis" vor. In allen Fällen verbleibt dem ursprünglichen Arbeitgeber die Lohnzahlungspflicht, wohingegen das Weisungsrecht und die Fürsorgepflicht auf den Dritten übergehen.

Frage 56:
Woraus ergibt sich, dass ein Arbeitnehmer den Anordnungen des Arbeitgebers nachzukommen hat?

Antwort: Zunächst aus dem Arbeitsvertrag, der jedoch in den seltensten Fällen alle einzelnen zu verrichtenden Tätigkeiten im Voraus festlegen kann. Deshalb konkretisiert das Weisungsrecht des Arbeitgebers die Arbeitspflicht. Seit 1.1.2003 ist das Weisungsrecht ausdrücklich in § 106 GewO geregelt.

Frage 57:
Muss sich ein Arbeitnehmer an einen anderen Ort versetzen lassen?

Antwort: Im Allgemeinen braucht sich der Arbeitnehmer nicht an einen anderen Ort versetzen zu lassen, wenn dies nicht ausdrücklich oder stillschweigend vorbehalten ist (BAG in AP Nr. 2 zu § 611 BGB „Beschäftigungspflicht"). Dessen ungeachtet gilt der Grundsatz, dass sich ein Arbeitnehmer auch ohne arbeitsvertraglichen Vorbehalt am selben Ort in eine andere Betriebsabteilung versetzen lassen muss, wenn damit keine besonderen Nachteile verbunden sind und sachliche Gründe vorliegen (eine Filiale eines Geschäftes wird aufgelöst).

Frage 58:
Wie konkretisiert das Weisungsrecht die Arbeitspflicht?
Antwort: Man muss unterscheiden, ob der Arbeitnehmer für eine bestimmte Tätigkeit, für einen fachlich umschriebenen Bereich oder für einen nur generell umschriebenen Bereich eingestellt ist.
(a) Wenn der Arbeitnehmer für bestimmte Tätigkeiten angestellt ist, konkretisieren diese zugleich den Vertragsinhalt.
(b) Wird, wie in der Regel, die Tätigkeit fachlich nach einem bestimmten Berufsbild umschrieben, so hat der Arbeitnehmer sämtliche Arbeiten zu verrichten, die sich aus dem beschriebenen Berufsbild ergeben.
(c) Wird die zu leistende Arbeit nur generalisierend umschrieben, hat der Arbeitnehmer alle Tätigkeiten zu verrichten, die nach den Grundsätzen der Billigkeit bei Vertragsabschluss voraussehbar waren (Beispiel: Arbeitsleistungen als Hilfsarbeiter).

Frage 59:
Umfasst das Weisungsrecht des Arbeitgebers auch die Leistung von Nebenarbeiten, wie Materialbeschaffung, Aufräumen und Säubern der Arbeitsstätte, Pflege des Warenlagers usw.?
Antwort: Nebenarbeiten hat der Arbeitnehmer zu verrichten, soweit dies der Verkehrssitte entspricht. Hierunter fällt namentlich die Pflege und Säuberung des Arbeitsplatzes.

Frage 60:
Inwieweit sind Arbeitnehmer verpflichtet, Streikarbeit zu verrichten?
Antwort: Zunächst ist festzustellen, dass ein Arbeitnehmer, der sich nicht am Streik beteiligt, die bisherige Arbeit weiterzuleisten hat. Er ist aber nicht verpflichtet, direkte Streikarbeit, also solche Verrichtungen zu übernehmen, die bisher von jetzt Streikenden geleistet wurden (BAG in AP Nr. 3 zu § 615 BGB „Betriebsrisiko"). Eine Ausnahme hiervon gilt nur, wenn der Arbeitnehmer besonders für diese Arbeit eingestellt wurde oder dem Betrieb unverhältnismäßige und nicht wiedergutzumachende Schäden durch die Verweigerung der Streikarbeit entstehen. Indirekte Streikarbeit, also etwa die Verarbeitung von anderweitig beschaffter, bisher von den streikenden Arbeitnehmern hergestellter Vormaterialien, muss geleistet werden.

Frage 61:
Inwieweit deckt das Weisungsrecht eine Versetzung?
Antwort: Eine arbeitsvertragliche Versetzung, also eine Änderung des Aufgabenbereiches nach Ort und Umfang der Tätigkeit, ist nur nach Maßgabe des Arbeitsvertrages möglich. Das Weisungsrecht deckt keine Änderung zu minderwertiger Arbeit, die nach dem Tätigkeits- oder Berufsbild geringer bewertet wird.

Frage 62:
Wie ist eine Versetzung rechtlich einzuordnen, die das Weisungsrecht überschreitet?

Antwort: Es liegt dann keine Konkretisierung des bestehenden, sondern eine Veränderung des Arbeitsverhältnisses und damit eine Änderungskündigung vor.

Frage 63:
Ist eine Versetzung zulässig, wenn sie gleichzeitig zur Lohnminderung führt?

Antwort: Die Frage wird in der Rechtsprechung nicht einheitlich beantwortet.

(a) Es wird die Auffassung vertreten, dass jede Versetzung auf einen minderentlohnten Arbeitsplatz das Weisungsrecht überschreite und damit unzulässig sei bzw. eine Änderungskündigung erfordere (BAG BB 1976, 793; BAG in AP Nr. 17, 18, 19, 22, 47 zu § 611 BGB „Direktionsrecht").

(b) Eine andere Meinung beurteilt die Versetzung mit Lohnminderung nach dem Inhalt des Arbeitsvertrages und der danach geschuldeten Arbeitsleistung. Die zu zahlende Vergütung ergibt sich aus der Arbeitsplatzbewertung, insbesondere dann, wenn der Arbeitnehmer zulässigerweise auf jeden beliebigen Arbeitsplatz versetzt werden kann. Daraus ergibt sich, dass die Versetzung auch auf solche Arbeitsplätze möglich ist, bei denen keine oder geringere Schmutz- und Gefahrenzulagen und dergl. gezahlt werden.

Frage 64:
Welche Konsequenzen hat die Arbeitsverweigerung beim Überschreiten des Direktionsrechts?

Antwort: Der Arbeitnehmer ist zur Verweigerung der neu zugewiesenen Arbeit berechtigt, macht sich also keiner – möglicherweise zur Kündigung berechtigenden – rechtswidrigen Arbeitsverweigerung schuldig.

Frage 65:
Welche zusätzliche Grenze ist für die (zulässige) Versetzung eines Betriebsratsmitglieds zu beachten?

Antwort: Nach § 78 BetrVerfG dürfen Betriebsratsmitglieder in der Ausübung ihrer Tätigkeit nicht gestört oder behindert werden. Das schließt eine Versetzung aus, wenn die Betriebsratstätigkeit dadurch beeinträchtigt würde.

Frage 66:
Unterliegt die Vereinbarung der betrieblichen Arbeitszeit der Mitbestimmung des Betriebsrats?

Antwort: Nach § 87 Abs. 1 Nr. 2 BetrVerfG gehört die Festlegung der täglichen Arbeitszeit einschließlich der Pausen sowie die Verteilung der Arbeitszeit auf die einzelnen Wochentage zum Katalog der Mitbestimmungsrechte in sozialen Angelegenheiten.

Frage 67:
Welche Gesetze schränken die Vertragsfreiheit hinsichtlich der Arbeitszeit ein?
Antwort:
(a) Arbeitszeitgesetz
(b) Gewerbeordnung
(c) Jugendarbeitsschutzgesetz
(d) Mutterschutzgesetz
(e) sowie verschiedene andere Gesetze und Verordnungen (Teilzeit- u. Befristungsgesetz, Ladenschlussgesetz, Straßenverkehrszulassungsordnung o.a.).

Frage 68:
Wie wird „Arbeitszeit" rechtlich definiert?
Antwort: Arbeitszeit ist nach § 2 ArbZG die Zeit von Beginn bis zum Ende der Arbeit ohne die Ruhepausen.

Frage 69:
Wie viel Stunden beträgt die gesetzlich vorgeschriebene regelmäßige Maximalarbeitszeit, und gibt es Fälle, in denen hiervon abgewichen werden darf?
Antwort:
(a) Die regelmäßige werktägliche Arbeitszeit beträgt nach § 3 ArbZG maximal 8 Stunden.
(b) Eine andere Verteilung der Arbeitszeit ist nach § 3 S. 2 ArbZG zulässig, wenn ein entsprechender Ausgleichszeitraum zur Verfügung steht.
(c) Andere Verteilungen sind außerdem zulässig, wenn die Art des Betriebs eine ungleichmäßige Verteilung der Arbeitszeit erfordert oder die normale Arbeitszeit durch Betriebsfeiern, öffentliche Veranstaltungen o.ä. ausfällt.

Frage 70:
Welche Grenze ist für eine anderweitige Verteilung der Arbeitszeit zu beachten?
Antwort: Die allgemeine tägliche Arbeitszeit darf 10 Stunden nicht überschreiten (§ 3 S. 2 ArbZG).

Frage 71:
Kann ein Arbeitgeber von sich aus Mehrarbeit anordnen?
Antwort: Nach § 14 ArbZG ist die Überschreitung der regelmäßigen Arbeitszeit von 8 Stunden pro Tag nur in den in dieser Vorschrift genannten außergewöhnlichen Fällen zulässig. Zusätzlich ist jedoch zu beachten, ob

die Anordnung von Mehrarbeit nach dem geltenden Arbeitsvertrag bzw. einschlägigen kollektivrechtlichen Regelungen zulässig ist. Besteht insofern keine ausdrückliche Regelung, ist eine Anordnung aufgrund des Direktionsrechts nur in besonderen Fällen zulässig.

Frage 72:
Welche Vorschriften gelten für Ruhepausen und Ruhezeiten?
Antwort:
(a) Arbeitnehmern ist nach Beendigung der täglichen Arbeitszeit eine ununterbrochene Ruhezeit von mindestens 11 Stunden zu gewähren (§ 5 ArbZG).
(b) Nach § 4 ArbZG muss Arbeitnehmern bei einer Arbeitszeit von mehr als 6 Stunden eine Ruhepause von mindestens 30 Minuten und bei mehr als 9 Stunden eine Pause von mindestens 45 Minuten gewährt werden. Die Pausen können in einzelne Abschnitte zu 15 Minuten unterteilt werden. Die Verteilung wird vom Arbeitgeber im Rahmen seines Weisungsrechts festgelegt, wobei er gemäß § 87 Abs. 1 Nr. 2 BetrVG den Betriebsrat beteiligen muss.
(c) Jugendlichen ist bei einer Beschäftigung von 4 1/2 bis 6 Stunden Arbeitszeit eine Pause von 30 Minuten, bei mehr als 6 Stunden 1 Stunde Ruhepause zu gewähren (§ 11 Jugendarbeitschutzgesetz).

Frage 73:
Welche Fälle der eingeschränkten Arbeit durch Betriebsablauf kennen Sie?
Antwort:
(a) vorübergehende Kürzung der betriebsüblichen Normalarbeitszeit („Kurzarbeit"),
(b) vorübergehende Arbeitseinstellung durch „Feierschichten".

Frage 74:
Welche Voraussetzungen und Rechtswirkungen hat die Kurzarbeit?
Antwort: Der Arbeitgeber kann bei Bedarf (Auftragsmangel) die Einschränkung der Arbeit anordnen, er kommt jedoch in Annahmeverzug, sodass die Lohnzahlungspflicht bestehen bleibt. Kraft des Weisungsrechts entfällt nicht die Lohnzahlungspflicht; hierzu müssen zusätzliche Rechtsgrundlagen eingreifen (Tarifvertrag, Betriebsvereinbarungen). Ansonsten sind vergütungsfreie Arbeitseinschränkungen nur auf vertraglicher Rechtsgrundlage, also mit Zustimmung des Arbeitnehmers, möglich.

Frage 75:
Welche öffentlich-rechtlichen Verpflichtungen hat ein Arbeitgeber bei Kurzarbeit?
Antwort: Es besteht Mitteilungspflicht gegenüber dem zuständigen Landesarbeitsamt (§ 173 SGB III).

Frage 76:
Welche Ansprüche hat der Arbeitnehmer im Falle zulässiger Kurzarbeit?
Antwort: Kurzarbeitergeld nach den §§ 169 ff. SGB III.

Frage 77:
Was versteht man unter Annahmeverzug des Arbeitgebers?
Antwort: Annahme- oder Gläubigerverzug des Arbeitgebers liegt vor, wenn er die ihm angebotene Arbeitsleistung nicht annimmt oder eine zur Arbeitsleistung gebotene Mitwirkungshandlung unterlässt, sodass deshalb der Arbeitnehmer seine Arbeitsleistung nicht erbringen kann (vgl. zu den allgemeinen Voraussetzungen des Annahmeverzugs §§ 293 ff. BGB).

Frage 78:
Welche Besonderheiten gelten für den Annahmeverzug des Arbeitgebers im Vergleich zum allgemeinen Schuldrecht?
Antwort: Bei Schuldverhältnissen, die auf einen Warenaustausch gerichtet sind, kann in der Regel nach bürgerlichem Recht der Schuldner die Leistung noch nachholen; dem Arbeitnehmer wird dagegen wegen des Fixschuldcharakters der Arbeit seine Leistung nach Ablauf der Leistungszeit unmöglich. Er wird deshalb von der Arbeitsleistung frei, ohne zur Nachholung verpflichtet zu sein, während der Arbeitgeber nach § 615 BGB zur Lohnzahlung verpflichtet bleibt.

Frage 79:
Welche Voraussetzungen müssen beim Arbeitnehmer vorliegen, damit der Arbeitgeber durch Nichtannahme der Leistung in Verzug kommt?
Antwort: Der Arbeitnehmer muss seine Arbeitsleistung in eigener Person, zur rechten Zeit, am rechten Ort und in der rechten Weise anbieten (vgl. § 294 BGB).

Frage 80:
Kann auch ein wörtliches Angebot zum Verzug des Arbeitgebers führen?
Antwort: Nach § 295 BGB ist ein wörtliches Angebot ausreichend, wenn der Arbeitnehmer seine Arbeitsleistung nur unter Mitwirkung des Arbeitgebers erbringen kann, der Arbeitgeber aber die Mitwirkungshandlungen nicht vornimmt oder erklärt, dass er die Arbeit nicht annehmen werde.

Frage 81:
Welche Mitwirkungshandlungen des Arbeitgebers kommen in diesem Zusammenhang in Betracht?
Antwort: Es sind dies alle dem Arbeitgeber obliegenden Handlungen, die die Arbeitsleistung ermöglichen sollen. Beispiele: Bereitstellung der Arbeitsräume, Rohstoffe, Werkzeuge sowie die Gewährleistung der öffentlich-rechtlichen und privatrechtlichen Arbeitnehmerschutzbestimmungen.

Frage 82:
Welche Fälle von Nichtleistung der Arbeit gibt es?

Antwort: Der Arbeitnehmer kann seine Arbeitspflicht durch Nichtleistung der Arbeit verletzen, indem er die Arbeit nicht beginnt, verspätet beginnt, nach einer berechtigten Unterbrechung verspätet oder überhaupt nicht mehr aufnimmt oder vorzeitig einstellt oder seine Arbeitskraft unberechtigt zurückhält.

Frage 83:
Welche theoretischen Möglichkeiten bestehen für den Arbeitgeber gegen vertragsbrüchige Arbeitnehmer?
Antwort: Der Arbeitgeber kann auf Erfüllung der Arbeitsleistung klagen. Hinsichtlich der Vollstreckung ist zu unterscheiden:
(a) Besteht die Arbeitsleistung in einer unvertretbaren Leistung, scheidet eine Zwangsvollstreckung aus (§ 888 Abs. 2 ZPO).
(b) Wenn dagegen, wie in der Regel, eine vertretbare (also auch von Dritten erbringbare) Arbeitsleistung geschuldet wird, wäre die Zwangsvollstreckung nach § 887 ZPO in Form der Ersatzvornahme durchführbar. Die Arbeit wird durch einen Dritten auf Kosten des Schuldners erledigt. Es kann aber auch
(c) nach § 61 Abs. 2 ArbGG das Arbeitsgericht auf Antrag des Arbeitgebers nach freiem Ermessen den Arbeitnehmer zu einer Entschädigung verurteilen.

Frage 84:
Welche Rechte hat der Arbeitgeber bei schuldhafter Nichterfüllung der Arbeitspflicht?
Antwort: Der Arbeitgeber kann
(a) auf Erfüllung klagen;
(b) er wird von der Lohnzahlungspflicht frei (§§ 614, 320, 326 Abs. 1 BGB);
(c) er kann das Arbeitsverhältnis aus wichtigem Grunde kündigen, wenn ihm bei Nichtleistung der Arbeit die Fortsetzung des Arbeitsverhältnisses nicht zuzumuten ist (§ 626 BGB);
(d) er kann den Arbeitnehmer auf Schadenersatz in Anspruch nehmen.

Frage 85:
Angenommen, ein Arbeitnehmer kommt seiner Arbeitspflicht schuldhaft nicht nach, welche Schadensposten umfasst ein etwaiger Schadenersatzanspruch des Arbeitgebers?
Antwort:
Denkbar ist, dass der Arbeitgeber für nachfolgende Positionen Schadenersatz verlangt:
(a) Ersatz des entgangenen Gewinnes, wenn Aufträge nicht oder verspätet ausgeführt werden;
(b) Ersatz der Mehrvergütung an Arbeitnehmer, die durch Überstunden den Ausfall des schadenersatzpflichtigen Arbeitnehmers ausgeglichen haben;

(c) Differenz zwischen der Lohnzahlung an den schadenersatzpflichtigen Arbeitnehmer und einer möglicherweise gegen höhere Entlohnung eingestellten Ersatzkraft,

(d) Aufwendungen für die Gewinnung einer Ersatzkraft, insbesondere Kosten für Zeitungsinserate und etwaige Vorstellungskosten der Ersatzbewerber,

(e) die Kosten im Hinblick auf die Stilllegung von Maschinen (Schäden bzw. erhöhte Wartung) sowie Vertragsstrafen, wenn diese vereinbart waren.

Frage 86:
Inwiefern kann sich ein Arbeitgeber gegen die Abwerbung von Arbeitnehmern wehren?

Antwort: In einer freien Wirtschaftsordnung ist es grundsätzlich zulässig, Arbeitnehmer durch Inaussichtstellung vorteilhafterer Arbeitsbedingungen, insbesondere höherer Löhne, zur Auflösung eines Arbeitsverhältnisses zu veranlassen. Die Abwerbung ist jedoch unzulässig, wenn sie gegen die guten Sitten verstößt. In diesen Fällen besteht nach §§ 1 UWG, 823 Abs. 2 und 826 BGB ein Unterlassungs- bzw. Schadenersatzanspruch gegen das Konkurrenzunternehmen. Dies trifft insbesondere zu, wenn der neue Arbeitgeber den Arbeitnehmer zum Vertragsbruch verleitet (BAG in AP 1 zu § 611 BGB „Abwerbung").

Frage 87:
Wann kann die Verleitung eines Arbeitnehmers zur ordentlichen Beendigung seines bisherigen Arbeitsverhältnisses sittenwidrig sein?

Antwort: Sie ist dann sittenwidrig, wenn unlautere Mittel eingesetzt werden, etwa

(a) planmäßige Abwerbung wertvoller Arbeitnehmer;

(b) wenn die Kündigung durch irreführende Mitteilungen oder durch Zusage von Werbeprämien, Kündigungshilfen usw. oder durch irreführende oder herabsetzende Äußerungen über den früheren Arbeitgeber veranlasst oder unterstützt wird,

(c) wenn Arbeitnehmer abgeworben werden sollen mit dem Ziel, dadurch Fabrikations- und Geschäftsgeheimnisse zu erfahren und

(d) wenn durch die Abwerbung von Arbeitnehmern das Konkurrenzunternehmen vernichtet werden soll.

Frage 88:
Was versteht man im Arbeitsrecht unter der Schlechtleistung?

Antwort: Es handelt sich um den arbeitsrechtlichen Fall der positiven Forderungsverletzung (positive Vertragsverletzung, vgl. §§ 280 Abs. 1, 241 Abs. 2 BGB), also um die Leistungsstörung, die weder Verzug noch Unmöglichkeit ist. Im Wesentlichen geht es um Fälle, bei denen der Arbeitnehmer seiner Leistungspflicht zwar nachkommt, aber schuldhaft mangelhafte Arbeit leistet (z.B. fahrlässige Schädigung der überlassenen Geräte, Maschinen und Werkzeuge oder Erbringung fehlerhafter Arbeitsergebnisse, etwa Erstellung einer falschen Bilanz).

Frage 89:
Welche Rechtsfolgen können sich aus der Schlechtleistung ergeben?
Antwort: Der Arbeitgeber hat drei Möglichkeiten:
(a) Das Recht zur Lohnkürzung;
(b) das Recht zur außerordentlichen Kündigung bzw. zur ordentlichen, im Verhalten des Arbeitnehmers liegenden, sozial gerechtfertigten Kündigung;
(c) das Recht auf Schadenersatz (§ 280 Abs. 1 BGB).

Frage 90:
Welche Voraussetzungen müssen für den Schadenersatzanspruch bei Schlechtleistung gegeben sein?
Antwort: Der Arbeitgeber kann vom Arbeitnehmer Schadenersatz verlangen, wenn die Voraussetzungen der §§ 280, 619a BGB vorliegen:
(a) Verletzung der arbeitsvertraglichen Pflicht,
(b) Entstehung eines Schadens beim Arbeitgeber,
(c) Kausalzusammenhang zwischen Pflichtverletzung und Schadensentstehung,
(d) Vertretenmüssen des Arbeitnehmers. Bezüglich der Beweislast enthält § 619a BGB eine Sonderregelung gegenüber dem allgemeinen Schuldrecht: Nach § 280 Abs. 1 S. 2 BGB muss an sich der Schuldner (hier der Arbeitnehmer) beweisen, dass er die Pflichtverletzung nicht zu vertreten hat; die Beweislast für das Vertretenmüssen des Arbeitnehmers wird jedoch durch § 619a BGB dem Arbeitgeber auferlegt.

Frage 91:
Welche Besonderheiten gelten im Arbeitsrecht für die Haftung des Arbeitnehmers?
Antwort: Das Arbeitsrecht kennt Haftungsmilderungen bei Tätigkeiten, die aufgrund des Arbeitsverhältnisses geleistet werden und betrieblich veranlasst sind. Das früher entscheidende Kriterium der „gefahrgeneigten Arbeit" wurde von der Rechtsprechung aufgegeben (BAG AP Nr. 101, 103 zu § 611 BGB, „Haftung des Arbeitnehmers"). Dieses Kriterium bleibt aber für die Frage der Schadenverteilung zwischen Arbeitnehmer und Arbeitgeber bedeutsam.

Frage 92:
Wann liegt eine betrieblich veranlasste Tätigkeit vor?
Antwort: Die Tätigkeit muss dem Arbeitnehmer für den Betrieb übertragen worden sein oder er muss sie im Interesse des Betriebes und im Zusammenhang mit dem innerbetrieblichen Geschehen ausführen.

Frage 93:
Wie wird die Einschränkung der Arbeitnehmerhaftung gerechtfertigt?
Antwort: Es erscheint unbillig, dass im Arbeitsrecht der Arbeitnehmer für jede auch noch so geringe Fahrlässigkeit vollen Schadenersatz leisten muss, wenn man berücksichtigt, dass er in vielen typischen Gefahrensituationen einem hohen Schadensrisiko ausgesetzt ist. Zur dogmatischen Begründung wird teils auf die Fürsorgepflicht, teils auf das grundsätzlich vom Arbeitgeber zu tragende Betriebsrisiko verwiesen (§ 254 BGB analog). Aufgrund der Besonderheiten des Arbeitsrechts ergibt sich diese mildere Haftung aus dem Inhalt des Schuldverhältnisses i.S.d. § 276 Abs. 1 S. 1 BGB.

Frage 94:
Welche Grundsätze gelten für die beschränkte Arbeitnehmerhaftung?
Antwort: Die Rechtsprechung nimmt einen innerbetrieblichen Schadensausgleich dadurch vor, dass bei der Ersatzpflicht des Arbeitnehmers nach dem Grade seines Verschuldens differenziert wird:
(a) Fällt dem Arbeitnehmer Vorsatz oder grobe Fahrlässigkeit zur Last, muss er im Regelfall den ganzen Schaden ersetzen;
(b) bei mittlerer Fahrlässigkeit ist der Schaden in angemessenem Umfang zwischen dem Arbeitgeber und Arbeitnehmer zu verteilen;
(c) bei leichter Fahrlässigkeit trägt der Arbeitgeber den Schaden voll.

Frage 95:
Wann ist dem Arbeitnehmer grobe Fahrlässigkeit vorzuwerfen?
Antwort: Wenn ihm in besonderem Maße die Außerachtlassung der im Verkehr erforderlichen Sorgfalt vorgeworfen werden kann: Alkoholgenuss über die gesetzliche Promillegrenze hinaus, Fahren ohne Fahrerlaubnis, erhebliche Geschwindigkeitsüberschreitungen und sonstige schwere Verkehrsverstöße (Überfahren einer roten Ampel, grobe Verletzung der Vorfahrt).

Frage 96:
Haftet der Arbeitnehmer stets in voller Höhe, wenn ihm grobe Fahrlässigkeit zur Last fällt?
Antwort: Grundsätzlich trägt der Arbeitnehmer in diesem Fall den ganzen Schaden. Einschränkungen sind in der Rechtsprechung mittlerweile anerkannt, wenn in besonderen Fällen das Arbeitsentgelt und das dafür übernommene Schadensrisiko in einem Missverhältnis zueinander stehen. Das ist insbesondere der Fall, wenn gering bezahlten Arbeitnehmern besonders hohe Sachwerte anvertraut werden. Bei gröbster Fahrlässigkeit und Vorsatz kommt dagegen keine Einschränkung der Haftung in Betracht.

Frage 97:
Wie ist es, wenn der Arbeitnehmer haftpflichtversichert war?

Antwort: Das BAG unterscheidet in dieser Frage wie folgt (NZA 1998, 310): Handelt es sich um eine gesetzlich vorgeschriebene Pflichtversicherung zu Gunsten des Arbeitnehmers, kann sich die Versicherung nicht auf die Haftungsbeschränkung berufen. Grund dafür ist, dass in diesen Fällen schon aufgrund der gesetzgeberischen Wertung ein Risiko vorliegt, für das stets eine Versicherung bestehen muss; damit wären Haftungsmilderungen unvereinbar. Hat sich der Arbeitnehmer dagegen freiwillig versichert, kann sich auch die Versicherung auf die beschränkte Arbeitnehmerhaftung berufen, da sie nur in dem Umfang eintreten muss, in dem auch der Arbeitnehmer als Versicherungsnehmer haftet.

Frage 98:
Was gilt, wenn der Arbeitnehmer bei der Arbeitsleistung einen betriebsfremden Dritten schädigt?

Antwort: Nach allgemeinen schadenersatzrechtlichen Grundsätzen des BGB haftet der Arbeitnehmer dem Dritten auf Schadenersatz. Im Falle der betrieblich veranlassten Arbeit hat der Arbeitnehmer jedoch gegen seinen Arbeitgeber insofern einen Freistellungsanspruch, als diesen nach den Grundsätzen des innerbetrieblichen Schadensausgleichs eine (Mit-)Haftung trifft. Das ändert aber nichts daran, dass der Geschädigte den schädigenden Arbeitnehmer in voller Höhe in Anspruch nehmen kann.

Frage 99:
Was ist, wenn ein Arbeitnehmer im Betrieb einen Schaden erleidet? Kann er dann Ansprüche gegen den Arbeitgeber stellen?

Antwort: Bei Personenschäden greift § 104 Abs. 1 SGB VII ein, wonach Schadenersatzansprüche gegen den Arbeitgeber nur im Falle der vorsätzlichen Schädigung bzw. bei der Teilnahme am allgemeinen Verkehr gegeben sind. Bei Sachschäden greift § 104 SGB VII nicht ein, hier bleibt es bei den allgemeinen Grundsätzen.

Frage 100:
Was gilt, wenn ein Arbeitnehmer einen anderen Arbeitnehmer in demselben Betrieb schädigt?

Antwort: Bei Personenschäden greift § 105 SGB VII ein. Danach sind Schadenersatzansprüche gegen einen in demselben Betrieb tätigen Betriebsangehörigen ausgeschlossen, wenn dieser den Arbeitsunfall durch eine betriebliche Tätigkeit verursacht hat. Eine Ausnahme gilt nur, wenn der Schädiger den Arbeitsunfall vorsätzlich herbeiführt oder der Arbeitsunfall bei der Teilnahme am allgemeinen Verkehr eingetreten ist.

Frage 101:
Wie lassen sich die haftungsrechtlichen Einschränkungen nach dem SGB VII rechtfertigen?

Antwort: Der Arbeitgeber erbringt regelmäßige Beitragszahlungen im Rahmen der Sozialversicherung, die Schäden der Arbeitnehmer abdeckt. Er soll deshalb von der Inanspruchnahme durch Arbeitnehmer freigestellt sein. Dies gilt dann auch für etwaige Freistellungsansprüche des Arbeitnehmers, der in Ausübung einer betrieblich veranlassten Arbeit einen anderen Arbeitnehmer schädigt, weil sonst der gesetzgeberische Grund der §§ 104, 105 SGB VII außer Kraft gesetzt würde.

Frage 102:
Was versteht man unter der „Mankohaftung"?

Antwort: Unter der Mankohaftung versteht man die Haftung des Arbeitnehmers für einen Schaden, den der Arbeitgeber erleidet, weil der dem Arbeitnehmer anvertraute Warenbestand oder die von ihm geführte Kasse eine Fehlmenge bzw. einen Fehlbetrag aufweist.

Frage 103:
Auf welche Rechtsgrundlagen kann sich eine Mankohaftung stützen?
Antwort:
(a) Denkbar ist, dass eine besondere Mankovereinbarung zwischen Arbeitgeber und Arbeitnehmer besteht;
(b) denkbar ist aber auch eine Haftung auf Grund der allgemeinen Bestimmungen, da der Arbeitnehmer eine vertragliche Pflicht i.S.d. §§ 280 Abs. 1, 241 Abs. 2 BGB verletzt, wenn Geldmittel, die sich in seiner Obhut befinden, verloren gehen;
(c) außerdem wandte die Rechtsprechung in Sonderfällen die Vorschriften über die Verwahrung (§§ 688 ff. BGB) und den Auftrag (§§ 662 ff. BGB) bezüglich des vom Arbeitnehmer verwalteten Geldes an. Aus diesem Verhältnis folgt dann eine Herausgabepflicht des Arbeitnehmers bezüglich des Geldes; erfüllt der Arbeitnehmer diese Pflicht nicht, liegt ein Fall der Unmöglichkeit vor und die Haftung kann sich aus § 280 Abs. 1, 3 i.V.m. § 283 BGB ergeben.

Frage 104:
Wann kann eine Mankovereinbarung unwirksam sein?
Antwort:
(a) Wenn sie gegen die guten Sitten verstößt (§ 138 BGB), insbesondere bei grober Benachteiligung (der Arbeitnehmer erhält kein Äquivalent für seine Haftung);
(b) wenn sie gegen den Grundsatz von Treu und Glauben verstößt (§ 242 BGB);
(c) wenn es um Bereiche geht, zu denen auch andere Arbeitnehmer Zugang haben, da dieses Risiko ein Teil des (vom Arbeitgeber zu tragenden) Betriebsrisikos ist und eine volle Haftung des Arbeitnehmers gegen die einseitig zwingenden Grundsätze der beschränkten Arbeitnehmerhaftung verstoßen würde (BAG NZA 1999, 141);
(d) wenn sie zu einer Tarifunterschreitung führt (§ 4 Abs. 3 TVG).

Frage 105:
Welche Beweissituation ergibt sich bei der Haftung ohne Mankoabrede?
Antwort: Im Haftungsprozess gegen den Kassierer muss der Arbeitgeber beweisen, in welchem Umfang der Kassierer Geld eingenommen hat und dass er allein Zugang zur Kasse hatte. Der Kassierer muss den Verbleib der eingenommenen Beträge beweisen und dabei Buchungen gegen sich gelten lassen, unabhängig davon, ob die Buchführung im übrigen ordentlich und vollständig ist.

Frage 106:
Finden auch auf die Mankohaftung die Grundsätze über die beschränkte Arbeitnehmerhaftung Anwendung?
Antwort: Das BAG (NJW 1999, 1049) unterscheidet in dieser Frage zwischen den verschiedenen Anspruchsgrundlagen: Liegt eine bloße Verletzung einer Vertragspflicht nach §§ 280 Abs. 1, 241 Abs. 2 BGB vor, sind die Grundsätze der beschränkten Arbeitnehmerhaftung anwendbar; auch gilt die Beweislastumkehr des § 619a BGB in diesem Fall. Das gilt dagegen nicht, wenn ein Fall der Unmöglichkeit bei der Anwendung der Vorschriften über die Verwahrung und Auftrag gegeben ist: Dann haftet der Arbeitnehmer nämlich nicht in seiner Eigenschaft als Arbeitnehmer, sondern als selbständiger Verwahrer oder Beauftragter. Der zur selbständigen Geschäftswahrung bestellte Arbeitnehmer (beispielsweise ein Filialleiter) muss gesteigerte Sorgfaltspflichten erbringen und trägt damit das volle Verlust- oder Beschädigungsrisiko. Auch § 619 a BGB findet in diesem Fall keine Anwendung, der Arbeitnehmer muss daher gegebenenfalls beweisen, dass er die Unmöglichkeit nicht zu vertreten hat, § 280 Abs. 1 S. 2 BGB.

Frage 107:
Wie wirkt sich ein mitwirkendes Verschulden auf die Mankohaftung des Arbeitnehmers aus und an welche Fälle ist zu denken?
Antwort: Bei Mitverschulden des Arbeitgebers wird die Haftung des Arbeitnehmers nach § 254 BGB gemildert oder in Ausnahmefällen sogar ausgeschlossen. Zu denken ist an Organisationsmängel oder mangelnde Überwachung seitens des Arbeitgebers (insbesondere wenn Zweitschlüssel vorhanden sind und keine notwendige Sicherung gegen Missbräuche getroffen wird).

Frage 108:
Welche Nebenpflichten ergeben sich aus dem Arbeitsverhältnis?
Antwort: Das Arbeitsverhältnis ist im Gegensatz zu sonstigen Schuldverhältnissen nicht lediglich auf den Austausch von Vermögensleistungen gerichtet. Aus der Personenbezogenheit dieses Rechtsverhältnisses ergeben sich zusätzlich zur Arbeits- bzw. Lohnzahlungspflicht beiderseitige Pflichten: für den Arbeitgeber die Fürsorgepflicht, für den Arbeitnehmer die Treuepflicht. Ihren Grund finden sie letztlich in Treu und Glauben.

Global gesehen kann man sagen: Der Arbeitnehmer ist neben der Arbeitsleistung verpflichtet, nach Treu und Glauben die berechtigten Interessen des Arbeitgebers wahrzunehmen, der Arbeitgeber die berechtigten Interessen des Arbeitnehmers. Treuepflichten sind sowohl Unterlassungs- als auch Handlungspflichten. Der Arbeitnehmer hat alles zu unterlassen, was den Arbeitgeber schädigen könnte.

Frage 109:
Welche speziellen Unterlassungspflichten des Arbeitnehmers sind durch Gesetz geregelt?
Antwort: Das Gesetz gegen den unlauteren Wettbewerb regelt die Verschwiegenheitspflicht (§ 17 UWG) und das Schmiergeldverbot (§ 12 UWG). Daneben stellt das Handelsrecht Wettbewerbsverbote (§§ 60, 61 HGB bei während Arbeitsverhältnis, §§ 74 ff. HGB nach Beendigung des Arbeitsverhältnisses) auf.

Frage 110:
Unter welchen Voraussetzungen kann im Arbeitsvertrag ein nachvertragliches Wettbewerbsverbot vereinbart werden?
Antwort: Solche Klauseln sind problematisch, da es dadurch dem Arbeitnehmer erschwert oder gar unmöglich gemacht werden kann, den Arbeitsplatz zu wechseln. Andererseits kann es durchaus ein berechtigtes Interesse eines Arbeitgebers geben, dass sein Arbeitnehmer nicht direkt zu einem konkurrierenden Unternehmen wechselt. Die Rechtsprechung hat daher die Vorschriften der §§ 74 ff. HGB, die an sich nur für das Verhältnis zwischen Handlungsgehilfe und Prinzipal gelten, für anwendbar erklärt. Dem hat sich mit Wirkung zum 1.1.2003 auch der Gesetzgeber angeschlossen: Gem. § 110 GewO sind auf ein nachvertragliches Wettbewerbsverbot die §§ 74 bis 75 f HGB entsprechend anwendbar. Danach muss das Wettbewerbsverbot einem berechtigten geschäftlichen Interesse des Arbeitgebers dienen und darf keine unbillige Erschwerung des beruflichen Fortkommens des Arbeitgebers enthalten. Außerdem muss der Arbeitnehmer für die Dauer des Wettbewerbsverbots eine Entschädigung bekommen, die mindestens der Hälfte des zuletzt bezogenen Arbeitsentgelts entspricht.

Frage 111:
Kann der Arbeitgeber vom Arbeitnehmer Herausgabe rechtswidrig erlangter Schmiergelder verlangen?
Antwort: Ja, die Anspruchsgrundlage ergibt sich in Anwendung von § 687 Abs. 2 BGB, wenn ein objektiv fremdes Geschäft im Sinne der §§ 677 ff. BGB vorliegt.

Frage 112:
Was versteht man unter Zeitlohn, was unter Akkordlohn?
Antwort: Beim Zeitlohn wird ein bestimmtes Gehalt ohne Rücksicht darauf ausbezahlt, wie viel Stunden effektiv gearbeitet wurden. Der Akkordlohn

bezieht sich proportional auf die Zahl der geleisteten Arbeitseinheiten. Bei der Bemessung des Akkordlohns unterscheidet man zwischen Stückakkord (Geldbetrag pro Leistungseinheit) und Zeitakkord, bei dem ein Zeitfaktor (die pro Leistungseinheit erforderliche Zeit in Minuten) kombiniert wird mit einem Geldfaktor (der pro Minute festgesetzte Geldbetrag).

Frage 113:
Besteht ein Rechtsanspruch auf Zahlung von Gratifikationen?
Antwort: Gratifikationen sind Zusatzzahlungen zu besonderen Anlässen („Weihnachtsgratifikation"). Ein Rechtsanspruch besteht zunächst dann, wenn eine ausdrücklich vertragliche Zusage bzw. eine Kollektivvereinbarung getroffen ist (tarifvertragliche Festlegung insbesondere). Daneben kann sich aus der Gleichbehandlung ein Rechtsanspruch ergeben (Verbot der willkürlichen Differenzierungen bei Gratifikationszahlungen). Darüber hinaus kommt als Rechtsgrundlage die Betriebsübung in Betracht. Die Rechtsprechung bejaht kraft betrieblicher Übung einen Anspruch auf Gratifikationszahlung, wenn der Arbeitgeber wiederholt und vorbehaltlos Gratifikationen gewährt hat und der Arbeitnehmer deshalb darauf vertrauen kann, dass der Arbeitgeber sich auch für die Zukunft binden wolle. Bejaht wird ein solcher Vertrauenstatbestand in der Regel nach dreimaliger vorbehaltloser Zahlung.

Frage 114:
Sind Rückzahlungsklauseln bei Gratifikationszahlungen zulässig?
Antwort: Die Zahlung einer Gratifikation wird häufig dergestalt mit Rückzahlungsklauseln verbunden, dass sie zurückzuzahlen ist, wenn der Arbeitnehmer innerhalb einer bestimmten Zeit ausscheidet. Solche Rückzahlungsvorbehalte sind grundsätzlich zulässig. Unzulässig sind sie, wenn sie dem Arbeitnehmer für die geleistete Arbeit den verdienten Lohn nehmen würden.

Frage 115:
Welche Grenzen gelten für Rückzahlungsklauseln bei Gratifikationen?
Antwort: Rückzahlungsklauseln dürfen nicht übermäßig lang wirken. Das Bundesarbeitsgericht hat für die einzelvertraglich vereinbarten Rückzahlungsvorbehalte bei Weihnachtsgratifikationen bestimmte Rechtsgrundsätze aufgestellt:
(a) Rückzahlungsvorbehalte bei Gratifikationen bis zu 100 Euro und solche, die sich über den 30. Juni des Folgejahres erstrecken, sind schlechterdings unwirksam.
(b) Für Gratifikationen bis zur Höhe eines Monatsgehalts sind Bindungen bis zum 31. März des Folgejahrs, bei einem Monatsgehalt und mehr darüber hinaus zulässig. Das bedeutet, dass ein Angestellter in der Regel bis zum 30. Juni des Folgejahres im Betrieb bleiben muss, will er die Gratifikation nicht verlieren.

Frage 116:
Was versteht man unter dem „Truckverbot"?
Antwort: Nach dem für alle Arbeitsverhältnisse geltenden § 107 Abs. 1 GewO ist der Arbeitgeber grundsätzlich verpflichtet, Löhne in Euro zu berechnen und auszuzahlen. Damit sollen Verpflichtungen des Arbeitnehmers ausgeschlossen werden, unter Anrechnung auf die geschuldete Vergütung Waren vom Arbeitgeber zu erwerben (große Bedeutung im 19. Jahrhundert). § 107 Abs. 2 GewO lässt jedoch unter bestimmten Voraussetzungen die Vereinbarung von Sachbezügen als Teil des Arbeitsentgelts zu; dies muss insbesondere dem Interesse des Arbeitnehmers oder der Eigenart des Arbeitsverhältnisses entsprechen.

Frage 117:
Wie ist der Lohnanspruch im Insolvenzfall gesichert?
Antwort:
(a) Bis zur Einführung der InsO 1999 waren Lohnrückstände aus dem letzten Jahr vor der Konkursanfechtung bevorrechtigte Konkursforderungen. Nach neuer Rechtslage sind Lohnforderungen aus dem Zeitpunkt vor der Insolvenzeröffnung Insolvenzforderungen im Sinne des § 38 InsO. Damit ist der Arbeitnehmer insofern allen anderen Gläubigern gleich gestellt und erhält nur einen – meist geringen – Teil der ausstehenden Lohnansprüche.
(b) Allerdings sind Lohnansprüche aus den letzten 3 Monaten vor der Insolvenzeröffnung durch Insolvenzausfallgeld nach den §§ 183 ff. SGB III abgesichert.
(c) Lohn- und Gehaltsforderungen, die nach der Insolvenzeröffnung entstehen, sind Masseforderungen nach § 55 Abs. 1 Nr. 2 InsO.

Frage 118:
Welche Fürsorgepflichten hat der Arbeitgeber?
Antwort: Das Gesetz kennt ausdrücklich geregelte Fürsorgepflichten (z.B. die Pflicht, für Leben und Gesundheit des Arbeitnehmers zu sorgen nach §§ 617, 618 BGB) sowie aus Treu und Glauben abgeleitete Schutzpflichten.

Frage 119:
Welche Konsequenzen hat die Verletzung der Fürsorgepflicht?
Antwort: Die Verletzung der Fürsorgepflicht begründet einen Schadenersatzanspruch aus §§ 280 Abs. 1, 241 Abs. 2 BGB. Außerdem kommt die Kündigung aus Gründen, die im Bereich des Arbeitgebers liegen, in Betracht sowie das Recht auf Zurückbehaltung der Arbeitsleistung.

Frage 120:
Besteht ein Recht auf Gleichbehandlung?
Antwort: Der Arbeitgeber unterliegt dem Willkürverbot, namentlich bei der Festsetzung und Bewertung des Gehalts sowie bei der Gewährung freiwilliger Zusatzleistungen. Eine Differenzierung aufgrund sachlicher Gründe ist jedoch möglich.

Frage 121:
Wie weit geht die Beschäftigungspflicht?
Antwort: Aus dem Arbeitsvertrag ergibt sich der Anspruch gegen den Arbeitgeber, den Arbeitnehmer entsprechend der vereinbarten Tätigkeit auch zu beschäftigen. Das Bundesarbeitsgericht hat (BAG AP Nr. 14 zu § 611 BGB „Beschäftigungspflicht") entschieden, dass der Arbeitnehmer einen Beschäftigungsanspruch nicht nur dann hat, wenn er der Berufstätigkeit bedarf, um leistungsfähig zu bleiben (Künstler, Wissenschaftler, Berufsausbildung), sondern auch grundsätzlich, weil die Zumutung, Vergütung ohne entsprechende Betätigung zu empfangen, eine Persönlichkeitsbeeinträchtigung des Arbeitnehmers ist.

Frage 122:
Bestehen Ausnahmen von der Beschäftigungspflicht?
Antwort: Ja, namentlich dann, wenn der Arbeitgeber den Arbeitnehmer nicht mehr beschäftigen kann (Arbeitsmangel). Hier besteht eine Freistellungsmöglichkeit für die Zeit der Kündigungsfrist. Dasselbe gilt bei einem besonderen Interesse des Arbeitgebers an der sofortigen Arbeitsniederlegung des Arbeitnehmers (Geheimhaltungsbereich).

Frage 123:
Besteht ein Beschäftigungsanspruch im Kündigungsschutzprozess, wenn der Betriebsrat der Kündigung widersprochen hat?
Antwort: Ja, nach § 102 Abs. 5 BetrVerfG.

Frage 124:
Welche arbeitsrechtliche Besonderheit besteht beim Gläubigerverzug?
Antwort: Der Arbeitnehmer behält nach § 615 BGB den Lohnanspruch, ohne nacharbeiten zu müssen.

Frage 125:
Wie werden Gläubigerverzug und Unmöglichkeit im Arbeitsrecht modifiziert?
Antwort: Durch die Lehre vom Betriebsrisiko (vgl. § 615 S. 3 BGB). Danach trägt der Arbeitgeber das grundsätzliche Unternehmerrisiko mit der Folge, dass Lohnfortzahlungspflicht besteht, auch wenn infolge von Betriebsstörungen die Arbeitsleistung dem Arbeitnehmer nicht möglich ist. Dagegen trägt der Arbeitnehmer das Risiko für die in seiner (oder der ihm solidarisch zugerechneten) Sphäre liegenden Hinderungsgründe, namentlich beim Teilstreik im Betrieb bzw. bei Betriebsstörungen infolge von Streiktatbeständen außerhalb des Betriebes. Die Lehre vom Betriebsrisiko wurde mittlerweile modifiziert durch die sog. Arbeitskampfrisikolehre. Danach kommt es jedenfalls im Falle eines Arbeitskampfs nicht mehr entscheidend darauf an, welcher Sphäre die Hinderungsgründe zuzurechnen sind. Die Lohnzahlung kann vielmehr auch dann durch den Arbeitgeber

verweigert werden, wenn eine Fortzahlungspflicht die Kampfparität beeinflussen würde (BAG AP Nr. 70, 71 zu Art. 9 GG „Arbeitskampf"), was auch im Falle einer Aussperrung durch den Arbeitgeber denkbar ist.

Fälle

Fall 12:
Hugo ist als Hausmeister in einer Maschinenfabrik angestellt und hat dabei auch die Heizung zu versorgen. Kann er gelegentlich auch seine Ehefrau Hilda zur Vornahme einzelner Verrichtungen beauftragen?
Lösung: An sich müsste Hugo als Schuldner der zu verrichtenden Arbeiten die Dienste persönlich erbringen (§ 613 BGB). Jedoch handelt es sich hier um einen von der Verkehrsüblichkeit abgedeckten Fall, bei dem vom Einverständnis des Dienstleistungsberechtigten auszugehen ist. Insofern darf bereits bei Vertragsabschluss eine stillschweigende Abweichung von § 613 BGB unterstellt werden.

Fall 13:
Bauarbeiter B soll vom Arbeitgeber für die nächsten 3 Monate an einer 20 km von seinem Wohnort und dem Unternehmenssitz entfernten Baustelle eingesetzt werden. Er hält dies für unzumutbar. Mit Recht?
Lösung: Der Ort der Arbeitsleistung ergibt sich aus dem Arbeitsvertrag und aus dem Weisungsrecht. Wenn ein Arbeitnehmer keinen feststehenden Arbeitsplatz hat, wie dies bei Bauarbeitern naturgemäß der Fall ist, umfasst das Weisungsrecht auch die Zuteilung des Arbeitsplatzes. Hier ergeben sich Grenzen aus Treu und Glauben und aus der Rücksichtnahme auf die Interessen des Arbeitnehmers. Bei Bauarbeitern ist jedoch ein Arbeitsplatz in einer Reichweite von 20 km durchaus zumutbar. Anders wäre zu entscheiden, wenn der Arbeitsplatz nicht oder kaum erreichbar wäre. In der Praxis werden diese Fälle dann durch arbeitsvertragliche Zusatzabsprachen gelöst, die in aller Regel die vorübergehende Unterbringung in Wohnbaracken bei weit entlegenen Arbeitsstellen umfassen.

Fall 14:
Arbeitnehmer Schussel ist als Schlosser eingestellt. Im Betrieb ist beabsichtigt, ihn Arbeiten eines Hilfsarbeiters verrichten zu lassen. Ist dies zulässig?
Lösung: Die Versetzung ist unzulässig, namentlich ist sie nicht durch das Weisungsrecht des Arbeitgebers gerechtfertigt. Das Weisungsrecht wird konkretisiert durch den fachlich umschriebenen Bereich der zum „Schlosser" gehörenden Tätigkeiten; dazu gehören nicht generelle Hilfsarbeiterdienste außerhalb des engeren Berufsbilds (LAG Hamm in BB 1955, 255).

Fall 15:
Arbeitnehmer Paul ist als Pförtner eingeteilt, wegen akuten Personalmangels soll er zusätzlich Nachtdienst machen. Muss er das?
Lösung: Die Versetzung eines Pförtners in den Nachtdienst ist nicht vom Weisungsrecht gedeckt, auch wenn die Tätigkeiten generalisierend umschrieben sind, sofern nicht von vorn herein klar war, dass auch Nachtdienst zu leisten ist (LAG Düsseldorf in BB 1959, 667).

Fall 16:
Arbeitnehmer Bübchen ist als Auszubildender in einem Warengroßhandelsbetrieb beschäftigt. Er weigert sich, den Umkleideraum zu putzen. Mit Recht?
Lösung: Bei Auszubildenden gilt der Grundsatz, dass ihnen nur solche Arbeiten zugewiesen werden dürfen, die der Berufsausbildung dienen und den körperlichen Kräften entsprechen (§ 6 Abs. 2 Berufsbildungsgesetz). Hierzu gehört etwa die Warenpflege, nicht aber das Putzen der Umkleideräume.

Fall 17:
Arbeitnehmerin Amalie ist ausgebildete Sekretärin und schon lange Jahre im Sekretariat der Unternehmensleitung tätig. Sie ist u.a. damit beauftragt, die beiden Schreibkräfte zu überwachen, die im Sekretariat die Schreibarbeiten verrichten. Als urplötzlich beide Schreibkräfte wegen Erkrankung ausfallen, verlangt der Arbeitgeber von Amalie, noch einige dringende Briefe auf der Schreibmaschine zu tippen. Amalie wehrt sich dagegen mit dem Hinweis, sie sei schon seit drei Jahren keine Schreibkraft mehr und müsse derartige Arbeiten nicht machen. Wer hat Recht?
Lösung: Es ist richtig, dass das Weisungsrecht nachträglich eingeschränkt werden kann, wenn sich die Arbeitspflicht auf eine bestimmte Tätigkeit konkretisiert hat. Bei Amalie hatte sich die Tätigkeit von der ursprünglichen Schreibarbeit auf andere Bereiche, namentlich die Überwachung, konkretisiert. Dennoch ist ein Arbeitnehmer aufgrund seiner Treuepflicht verpflichtet, in Notfällen auf Verlangen vorübergehend auch solche zumutbaren Arbeiten zu übernehmen, die nicht in seinen Tätigkeitsbereich fallen (BAG in AP Nr. 12 zu § 123 GewO, AP Nr. 17, 18 zu § 611 BGB „Direktionsrecht"). Dieser Fall liegt vor, Amalie muss die Schreibarbeiten ausführen.

Fall 18:
Paul ist Prokurist eines mittleren Unternehmens mit 100 Beschäftigten. Gilt für ihn das Arbeitszeitgesetz?
Lösung: Nein. Nach § 18 ArbZG gilt das ArbZG unter anderem nicht für leitende Angestellte im Sinne des § 5 Abs. 3 BetrVG. Dazu zählen gemäß § 5 Abs. 3 Nr. 2 BetrVG auch Prokuristen, deren Prokura gegenüber dem Arbeitgeber nicht völlig unbedeutend ist.

Fall 19:

Arbeiter A ist seit 2 Monaten bei der Firma DaimlerChrysler in Stuttgart-Bad Cannstatt als Kraftfahrzeugelektriker beschäftigt. Er ist 4 Wochen lang arbeitsunfähig, weil er

(a) an einer eitrigen Angina erkrankt ist,

(b) bei vereister Fahrbahn die ausgeschilderte Geschwindigkeitsbeschränkung um 30 km/h überschritten hatte und dadurch von der Fahrbahn abkam,

(c) durch Drittverschulden bei einem Verkehrsunfall verletzt wurde und die Sicherheitsgurte nicht angelegt hatte,

(d) bei einem Verbandspiel seines Fußballvereins aktiv eingesetzt war und durch gegnerisches Foulspiel einen Beinbruch erlitt,

(e) als begeisterter Motocrossfahrer bei einer sonntäglichen Veranstaltung verunglückte und sich dabei eine Rippenquetschung zuzog,

(f) aus Liebeskummer einen Selbstmordversuch unternahm.

Er verlangt Lohnfortzahlung. Mit Recht?

Lösung: Anspruchsgrundlage ist § 3 Abs. 1 Entgeltfortzahlungsgesetz (EFZG). Dies setzt u.a. voraus, dass der Arbeiter nach mindestens vierwöchiger ununterbrochener Dauer des Arbeitsverhältnisses (§ 3 Abs. 3 EFZG) durch Arbeitsunfähigkeit infolge Krankheit in seiner Arbeitsleistung verhindert war, „ohne dass ihn ein Verschulden trifft". Dies liegt im Fall (a) bei der Erkrankung infolge einer eitrigen Angina unstreitig vor. Im Fall (b) ist zu prüfen, ob das Eigenverschulden bei einem Unfall den Anspruch auf Lohnfortzahlung ausschließt. Das Bundesarbeitsgericht hat hierzu entschieden, dass der Verschuldensbegriff in § 3 Abs. 1 S. 1 EFZG einen gröblichen Verstoß gegen das von einem verständigen Menschen im eigenen Interesse gebotene Verhalten verlangt und dieser Verschuldensbegriff entsprechend den sonstigen Entgeltfortzahlungsregelungen auszulegen ist. Grobfahrlässige Verletzungen von Verkehrsvorschriften können nach der Rechtsprechung als den Entgeltfortzahlungsanspruch des Arbeiters nach § 3 Abs. 1 S. 1 EFZG ausschließendes Eigenverschulden gewertet werden. Im vorliegenden Fall (b) wird es von weiteren Sachverhaltsaufklärungen abhängen, ob dem Arbeitnehmer der Vorwurf eines groben Verkehrsverstoßes gemacht werden kann, wenn er, namentlich bei vereister Fahrbahn, die Höchstgeschwindigkeit um 30 km/h überschritten hatte. Im Fall (c) liegt wegen des Nichtanlegens der Sicherheitsgurte ein Verschulden gegen sich selbst vor. Nach der Arbeitsrechtsprechung verliert der Arbeitnehmer seinen Entgeltfortzahlungsanspruch, wenn das Nichtanlegen von Sicherheitsgurten für die Unfallfolgen kausal war (BAG AP Nr. 46 zu § 1 LFG). In den Fällen (d) und (e) geht es um die Frage, ob eine selbstverschuldete Arbeitsunfähigkeit vorliegt, wenn sie die Folge einer besonders gefährlichen Sportart ist. Früher hat das Bundesarbeitsgericht die Arbeitsunfähigkeit ohne nähere Prüfung der Einzelumstände dann als selbstverschuldet angesehen, wenn sie die Folge der Teilnahme des Arbeitnehmers an der Ausübung einer gefährlichen Sportart ist oder wenn der Arbeitnehmer sich in einer seine Kräfte und Fähigkeiten deutlich übersteigenden Weise sportlich betätigt. Diese Rechtsprechung hat das Bundesarbeitsgericht jedoch in neuerer Zeit – unter Betonung des Selbstverwirklichungsrechtes des Arbeitnehmers – weitgehend aufgegeben. Sportunfälle gelten demzufolge auch bei gefährlichen Sportarten in aller Regel als unverschuldet (BAG AP Nr. 18, 45 zu § 1 LFG). Auch im Fall (f) ist das Bundesarbeitsgericht inzwischen von seiner früheren Rechtsprechung abgerückt, wonach der Arbeitgeber bei Arbeitsunfähigkeit des Arbeitnehmers als Folge eines missglückten Selbstmordversuchs nicht zur Entgeltfortzahlung verpflichtet sei (BAG AP Nr. 44 zu § 1 LFG).

Fall 20:
Der in Stuttgart wohnende Mechaniker M bewirbt sich bei der X-AG in Dortmund und wird zum 1. April eingestellt. Er fährt am 31. März von Stuttgart ab, um die neue Stelle am 1. April anzutreten. Auf der Fahrt verunglückt er ohne eigenes Verschulden und ist bis Ende Mai krank geschrieben. Kann er Entgeltfortzahlung beanspruchen?
Lösung: Nach § 3 EFZG spielt es für den Entgeltfortzahlungsanspruch – im Gegensatz zu der früheren Rechtslage unter der Geltung des LohnfortzahlungsG – keine Rolle, ob die Arbeitsunfähigkeit vor oder nach der Arbeitsaufnahme eintritt: Der Anspruch auf Entgeltfortzahlung entsteht gem. § 3 EFZG bereits mit dem Vertragsbeginn. Allerdings entsteht der Fortzahlungsanspruch gem. § 3 Abs. 3 EFZG erst nach vierwöchiger ununterbrochener Dauer des Arbeitsverhältnisses. Auch diese Regelung knüpft nicht an die tatsächliche Erbringung der Arbeitsleistung, sondern an den rechtlichen Bestand des Arbeitsverhältnisses an. Das Arbeitsverhältnis bestand hier seit dem 1. April, auch wenn M nicht arbeitete; M hat daher ab dem 29. April Anspruch auf Entgeltfortzahlung (BAG AP EntgeltFZG § 3 Nr. 10).

Fall 21:
Arbeitnehmer B ist als Bauarbeiter bei der Firma Hoch-Tief-AG beschäftigt und wegen einer Erkrankung der Atemwege ab dem 15. Januar für 6 Wochen arbeitsunfähig. Er beansprucht Entgeltfortzahlung für 6 Wochen. In der 2. und 3. Februarwoche wurde wegen Schlechtwetters nicht gearbeitet. B ist der Auffassung, dass sich der Zeitraum der Entgeltfortzahlungspflicht auch auf die Tage erstrecke, an denen wegen Schlechtwetters nicht gearbeitet wurde. Hat er Recht? Wie wäre es, wenn in der fraglichen Zeit gestreikt wurde bzw. die Hoch-Tief-AG als Arbeitskampfmaßnahme ihre Arbeitnehmer ausgesperrt hätte?
Lösung: Der Entgeltfortzahlungsanspruch aus § 3 EFZG setzt nach ständiger Rechtsprechung voraus, dass die Arbeitsunfähigkeit die alleinige Ursache für die Arbeitsverhinderung ist (BAG NZA 2000, 771). Der Grund liegt darin, dass das EFZG den Arbeitnehmer nur so stellen will, wie er als Gesunder stünde (sog. Lohnausfallprinzip). Damit besteht für die Tage

kein Entgeltfortzahlungsanspruch, an denen der Arbeitnehmer auch dann keinen Lohn bekommen hätte, wenn er gesund gewesen wäre. Bei witterungsbedingtem Arbeitsausfall im Baugewerbe steht den Arbeitnehmern kein Entgeltanspruch zu; dementsprechend besteht auch kein Entgeltfortzahlungsanspruch. Dasselbe gilt für die Tage, an denen der erkrankte Arbeitnehmer, auch wenn er gesund gewesen wäre, wegen Aussperrung oder Streik nicht hätte arbeiten können (BAG AP Nr. 5 zu § 1 Abs. 1 EFZG). B kann daher in beiden Fällen nur für 4 Wochen Entgeltfortzahlung verlangen.

Fall 22:
Arbeitnehmerin A war seit einem Jahr als Hilfsarbeiterin beim Arbeitgeber B tätig. Vom 21. Januar bis 8. März war sie wegen Krankheit arbeitsunfähig. Ihre Arbeitsunfähigkeit wies sie durch eine ärztliche Bescheinigung nach, die als voraussichtliches Ende der Krankheit den 11. Februar angab. Am 5. Februar kündigte B das Arbeitsverhältnis fristgemäß zum 20. Februar. Am 20. Februar unterzeichnete A ein von B vorgelegtes Schriftstück, in dem sie den Erhalt der Arbeitspapiere und des Restgehalts quittierte und darüber hinaus erklärte, dass sie keinerlei Rechtsansprüche aus ihrem Arbeitsverhältnis, gleich welcher Art, gegen B mehr habe bzw. geltend machen werde. Später verlangt A auch über den 20. Februar hinaus noch Entgeltfortzahlung, weil sie auch nach der Beendigung des Arbeitsverhältnisses noch krank war und B nicht für volle 6 Wochen Entgeltfortzahlung gewährt habe. B meint, nach dem EFZG hierzu nicht verpflichtet zu sein und verweist vorsorglich auf den in der Ausgleichsquittung enthaltenen Anspruchsverzicht. Wer hat Recht?
Lösung: Nach § 8 EFZG wird der Anspruch auf Fortzahlung des Arbeitsentgelts nicht dadurch berührt, dass der Arbeitgeber das Arbeitsverhältnis aus Anlass der Arbeitsunfähigkeit kündigt. A hat also den Entgeltfortzahlungsanspruch dann, wenn ihr „aus Anlass der Arbeitsunfähigkeit" gekündigt wurde und der Verzicht in der Ausgleichsquittung unwirksam ist. Das Bundesarbeitsgericht verweist in ständiger Rechtsprechung (BAG Nr. 1 zu § 6 EFZG) darauf, dass § 8 EFZG für den Fortbestand des Entgeltfortzahlungsanspruchs nur voraussetzt, dass der Arbeitgeber das Arbeitsverhältnis „aus Anlass" der Arbeitsunfähigkeit kündigt. Die Arbeitsunfähigkeit braucht nicht der den Arbeitgeber zur Kündigung bewegende Grund zu sein. Es genügt, wenn die Kündigungsmaßnahme ihre objektive Ursache in der Arbeitsunfähigkeit hat. Das krankheitsbedingte Fernbleiben vom Arbeitsplatz ist erfahrungsgemäß häufig die Quelle mehr oder minder größerer betrieblicher Schwierigkeiten. Daher sind alle Maßnahmen, die der Arbeitgeber selbst im Betrieb zur Abwehr und zur vorbeugenden Vermeidung dieser Schwierigkeiten trifft, im Rechtssinne entscheidend durch die Arbeitsunfähigkeit bedingt. Im vorliegenden Fall trifft § 8 EFZG insoweit zu. Der Entgeltfortzahlungsanspruch ist auch nicht aufgrund der Ausgleichsquittung ausgeschlossen. Er ist nichts an-

deres als der aufrecht erhaltene Lohnanspruch und teilt in jeder Beziehung dessen rechtlichen Charakter und Schicksal. Der Fortzahlungsanspruch entsteht für den verbleibenden Teil des Fortzahlungszeitraumes nicht notwendigerweise mit dem Zeitpunkt der Beendigung des Arbeitsverhältnisses, vielmehr wird er zu den bisherigen Lohnzahlungsterminen fällig und kann erst von da an geltend gemacht werden. Er ist damit nach § 12 EFZG in gleichem Maße wie der Lohnanspruch bei weiterbestehendem Arbeitsverhältnis unabdingbar. Ein Verzicht in einer Ausgleichsquittung ist insoweit unwirksam. Nur so wird der besondere Entgeltfortzahlungsanspruch in der Praxis des Arbeitslebens wirksam geschützt (BAG aaO.). Arbeitnehmerin A kann deshalb für insgesamt 6 Wochen Entgeltfortzahlung verlangen, auch wenn in diesen 6 Wochen ein Zeitraum eingeschlossen ist, während dessen das bisherige Arbeitsverhältnis beendet war. Anders wäre es nur, wenn die Kündigung aus anderen Gründen erfolgte (z.b. Verletzungen der Treuepflicht o.a.).

Fall 23:
Arbeitnehmer A leidet unter einer chronischen Erkrankung der Atemwege. Es wird festgestellt, dass die mangelhafte Einhaltung der Arbeitnehmerschutzvorschriften durch seinen Arbeitgeber, insbesondere die Nichtbeachtung baulicher und gewerberechtlicher Vorschriften für die Arbeitsräume, zu dieser Erkrankung geführt haben. Kann A Ansprüche gegen seinen Arbeitgeber erheben? Besteht auch ein Anspruch auf Schmerzensgeld?
Lösung: Der Arbeitgeber hat durch die Nichteinhaltung der Schutzvorschriften arbeitsvertragliche Nebenpflichten – insbesondere aus § 618 BGB – verletzt. Er ist daher gem. § 280 Abs. 1 i.V.m. § 241 Abs. 2 BGB zum Ersatz des A hieraus entstandenen Schadens verpflichtet; dieser umfasst gem. § 253 Abs. 2 BGB auch Schmerzensgeld, da ein Fall der Körperverletzung vorliegt. Gemäß § 280 Abs. 1 S. 2 BGB muss der Arbeitgeber beweisen, dass er diese Pflichtverletzung nicht zu vertreten hat. § 618 Abs. 3 BGB enthält hingegen keine eigene Anspruchsgrundlage sondern nur eine Sonderregelung hinsichtlich des Umfangs des Schadenersatzes. Daneben kommt noch ein Anspruch aus § 823 BGB in Betracht; hier muss A jedoch das Verschulden des Arbeitgebers beweisen.

Fall 24:
Der bei Taxi-Unternehmer T als Fahrer beschäftigte A kommt bei einer Leerfahrt wegen einer kleinen Unaufmerksamkeit ins Schleudern und rammt das parkende Fahrzeug des E. Durch den Unfall entsteht auch ein Schaden an dem im Eigentum des T stehenden Taxi. T und E verlangen Ersatz von A.
Lösung:
(a) K hat das Eigentum des T fahrlässig beschädigt und damit den haftungsbegründenden Tatbestand des § 823 Abs. 1 BGB erfüllt. Eine Einschränkung der Haftung könnte sich jedoch aus den Grundsätzen der be-

schränkten Arbeitnehmerhaftung ergeben. Diese auf den Gedanken des § 254 BGB gestützten Haftungseinschränkungen kamen nach der Rechtsprechung zunächst nur bei sog. „gefahrgeneigter Tätigkeit" in Betracht. Nachdem diese Voraussetzung mittlerweile aufgegeben wurde (BAG AP Nr. 101, 103 zu § 611 BGB, „Haftung des Arbeitnehmers"), muss der Schaden nunmehr bei einer Tätigkeit entstanden sein, die aufgrund des Arbeitsverhältnisses geleistet wurde und betrieblich veranlasst war. Das ist hier der Fall. Nach den richterrechtlich entwickelten Grundsätzen ist die Haftungseinschränkung vom Grad des Verschuldens abhängig – beim Arbeitsverhältnis ergibt sich also eine mildere Haftung „aus dem Inhalt des Schuldverhältnisses" i.S.d. § 276 Abs. 1 S. 1 BGB: Bei leichtester Fahrlässigkeit hat der Arbeitgeber den Schaden in vollem Umfang zu tragen, bei normaler Fahrlässigkeit besteht eine anteilige Haftung von Arbeitgeber und Arbeitnehmer und bei grober Fahrlässigkeit des Arbeitnehmers muss dieser den Schaden in vollem Umfang tragen. A hat den Schaden am Fahrzeug des T durch eine kleine Unaufmerksamkeit verursacht, bei ihm lag daher leichteste Fahrlässigkeit vor. Danach besteht kein Anspruch des Arbeitgebers T.

(b) Auch gegenüber E hat A den Tatbestand des § 823 Abs. 1 BGB erfüllt. Da E in keiner Beziehung zu dem Arbeitsverhältnis zwischen A und T steht, kommt gegenüber ihm eine Haftungsbeschränkung nicht in Betracht. E kann daher von A Ersatz seines Schadens verlangen. Jedoch kann es im Verhältnis zwischen Arbeitnehmer und Arbeitgeber nicht darauf ankommen, ob der Arbeitnehmer bei betrieblich veranlasster Tätigkeit Rechtsgüter des Arbeitgebers oder eines Dritten schädigt. Der Arbeitnehmer hat daher bei Schädigungen Dritter einen Freistellungsanspruch gegen seinen Arbeitgeber nach den Grundsätzen der beschränkten Arbeitnehmerhaftung. Da der Schädigung nur leichteste Fahrlässigkeit zugrunde lag, kann A von T verlangen, in vollem Umfang von der Haftung freigestellt zu werden.

Fall 25:
Ludwig war als leitender Angestellter eigenverantwortlich für den Filialbetrieb eines Großunternehmens tätig. Ihm oblag die Gegenzeichnung von Kassenbelegen u. dgl. Es wurde festgestellt, dass der ihm untergeordnete Buchhalter B im Laufe eines längeren Zeitraumes Unterschlagungen in Höhe von 12 000 Euro begangen hatte. 1 wird (als Gesamtschuldner zusammen mit dem Buchhalter) zur Zahlung dieses Betrages in Anspruch genommen mit der Begründung, er habe seine Überwachungspflicht verletzt. 1 verweist darauf, dass eine solche Pflicht im Arbeitsvertrag nicht ausdrücklich vereinbart worden sei. Wie ist die Rechtslage?
Lösung: Der Schadenersatzanspruch des Arbeitgebers gegen 1 könnte sich auf Verletzung der Treuepflicht stützen. Es ist anerkannt, dass neben der Arbeitspflicht jedem Arbeitnehmer eine vom jeweiligen Einzelfall abhängige Treuepflicht obliegt, derzufolge er die Interessen des Arbeitgebers zu

wahren hat. Die Rechtsprechung ist der Auffassung, dass auch ohne ausdrückliche vertragliche Regelung ein leitender Angestellter seinem Arbeitgeber gegenüber aus dem Gesichtspunkt der arbeitsvertraglichen Treuepflicht verpflichtet sein kann, aus gegebenem Anlass und in gebotenem Umfang die Tätigkeiten anderer Arbeitnehmer zu überwachen und zu kontrollieren. Man spricht insofern von der „aktualisierten Überwachungspflicht". Der Umstand, dass einem leitenden Angestellten die Gegenzeichnung von Kassenbelegen, Bank- und Kontoauszügen obliegt, spricht nach allgemeiner Erfahrung für eine irgendwie geartete Überwachungs- und Kontrollpflicht des Gegenzeichners in Bezug auf die Tätigkeit des Erstzeichners. Einer ausdrücklichen vertraglichen Absprache bedarf es insofern nicht. Wenn nach weiterer Sachverhaltsaufklärung 1 seine insoweit ihm obliegende Treuepflicht verletzt hat, ist er zum Ersatz des daraus entstandenen Schadens (mit)verpflichtet.

IV. Die Beendigung des Arbeitsverhältnisses

Übersicht

Tatbestände, die das Arbeitsverhältnis nicht beendigen	(1) *Tod des Arbeitgebers* Im Normalfall erbrechtliche Gesamtrechtsnachfolge der Arbeitgeber-Erben. (2) *Betriebsveräußerung* Nach § 613 a BGB tritt der Erwerber in die Rechte und Pflichten aus den im Zeitpunkt des Übergangs bestehenden Arbeitsverhältnissen ein. (3) *Insolvenzeröffnung über das Vermögen des Arbeitgebers* Arbeitnehmer und Insolvenzverwalter haben jedoch das Recht zur (fristgemäßen) Kündigung nach § 113 Abs. 1 S. 1 InsO. (4) *Tatbestände des Arbeitsplatzschutzes:* Grundwehrdienst, Wehrübung, Eignungsübung. Das Arbeitsverhältnis ruht, die ordentliche Kündigung ist grundsätzlich unzulässig; bei dringendem betrieblichem Erfordernis kann der Arbeitgeber kündigen, darf dabei aber die Einberufung zum Wehrdienst nicht zum Nachteil des Arbeitnehmers berücksichtigen.
Tatbestände, die das Arbeitsverhältnis beendigen	(1) *Tod* des Arbeitnehmers (2) *Aufhebungsvertrag* (§ 623 BGB) (3) *Zeitablauf*, sofern zulässige Befristung vorliegt (§§ 620 Abs. 3 BGB, 14 TzBfG) (4) *Anfechtung* wegen Irrtums oder Täuschung

	(5) *Kündigung* (6) *Gerichtliche Entscheidung* (§ 9 KSchG)
Kündigungsgründe	(1) *Ordentliche Kündigung* Bei Betrieben mit in der Regel mehr als 5 Arbeitnehmern (ohne Lehrlinge) gilt das Kündigungsschutzgesetz: Die Kündigung von Arbeitnehmern, deren Arbeitsverhältnis in demselben Betrieb oder Unternehmen ohne Unterbrechung länger als 6 Monate bestanden hat, ist rechtsunwirksam, wenn sie „sozial ungerechtfertigt" ist (§ 1 Abs. 1 KSchG). *Sozial gerechtfertigt ist die Kündigung nach § 1 Abs. 2 KSchG* (a) bei Gründen in der *Person* des Arbeitnehmers (z.b. Krankheit, Unfähigkeit), (b) bei Gründen, die *im Verhalten* des Arbeitnehmers liegen (z.b. Unpünktlichkeit, betriebsschädigendes außerdienstliches Verhalten), (c) wenn sie *durch dringende betriebliche Erfordernisse bedingt ist* (z.b. Auftragsmangel), sofern nicht durch betriebsinterne Maßnahmen (§ 1 Abs. 2 S. 2 KSchG) die Kündigung vermieden werden kann (z.b. Umschulung) oder bei der Auswahl des Arbeitnehmers soziale Gesichtspunkte unzureichend berücksichtigt wurden (§ 1 Abs. 3 KSchG). (2) *Außerordentliche Kündigung* Voraussetzung ist das Vorliegen eines „*wichtigen Grundes*" (§ 626 BGB; z.b. beharrliche Arbeitsverweigerung, Trunkenheit und strafbare Handlungen im Betrieb). Die außerordentliche Kündigung ist in der Regel fristlos.
Mitwirkung des Betriebsrats	Anhörungsrecht vor jeder Kündigung nach § 102 BetrVerfG, sonst Unwirksamkeit der Kündigung. Betriebsrat kann widersprechen, Arbeitnehmer kann Weiterbeschäftigung bis zum rechtskräftigen Abschluss des Kündigungsschutzverfahrens verlangen (dagegen einstweilige Verfügung des Arbeitgebers möglich).
Kündigungsschutz	(1) *Allgemeiner Kündigungsschutz* (a) Nach näherer Maßgabe des Kündigungsschutzgesetzes (b) (gilt nicht für Arbeitnehmer, deren Arbeitsverhältnis noch nicht mindestens 6 Monate ohne Unterbrechung besteht, vgl. § 1 Abs. 1 KSchG, und nicht für den in § 14 Abs. 1 KSchG genannten Personenkreis).

	(2) *Besonderer Kündigungsschutz*
	(a) *Mutterschutzgesetz* (absoluter Kündigungsschutz nach § 9 MuSchG).
	(b) *Schwerbehinderte*: Kündigungen gegenüber Schwerbebehinderten nur mit Zustimmung des Integrationsamts zulässig, §§ 85 ff. SGB IX.
	(c) *Betriebsverfassung und Personalvertretung:* (§§ 15 ff. KSchG, 47 BPersVG)
	(aa) *ordentliche* Kündigung unzulässig (§ 15 KSchG),
	(bb) *außerordentliche* Kündigung bei Vorliegen wichtiger Gründe zulässig, jedoch von der Zustimmung des betriebsverfassungsrechtlichen Organs abhängig (vgl. § 103 Abs. 1 BetrVerfG). Verweigert der Betriebsrat seine Zustimmung, kann das Arbeitsgericht diese auf Antrag des Arbeitgebers ersetzen, wenn die außerordentliche Kündigung unter Berücksichtigung aller Umstände gerechtfertigt ist (§ 103 Abs. 2 BetrVerfG).
	(d) *Elternzeit* (§ 18 BErzGG): Kündigung ab Verlangen der Elternzeit und während der Elternzeit grundsätzlich unzulässig, Ausnahmen nur in besonderen Fällen (§ 18 Abs. 1 S. 2, 3 BErzGG)
Kündigungsschutz-verfahren	(1) *Einspruch* beim Betriebsrat (§ 3 KSchG)
	(2) *Anrufung des Arbeitsgerichts* (§ 4 KSchG) Ausschlussfrist: 3 Wochen
	Klageziel: Feststellung, dass das Arbeitsverhältnis durch die Kündigung nicht aufgelöst ist.
	Beachte: Arbeitnehmer muss Feststellungsklage sowohl bei der ordentlichen als auch bei der außerordentlichen Kündigung erheben (§ 13 KSchG).
	Möglichkeiten der gerichtlichen Entscheidung:
	(a) *Klageabweisung*: Arbeitsverhältnis ist beendigt.
	(b) *Klage ist begründet*:
	● Arbeitnehmer hat Lohnfortzahlungsanspruch, jedoch Anrechnung anderweitigen Erwerbs nach § 11 KSchG.
	● Das Arbeitsgericht kann bei unzumutbarer Fortsetzung des Arbeitsverhältnisses auf Antrag des Arbeitnehmers das Arbeitsverhältnis auflösen und den Arbeitgeber zur Zahlung einer angemessenen Abfindung verurteilen (§ 9 Abs. 1 S. 1 KSchG). Dasselbe gilt auf Antrag des Arbeitgebers, wenn eine den Betriebszwecken dienliche weitere Zusammenarbeit zwischen Arbeitgeber und Arbeitnehmer nicht erwartet werden kann.

	● Hat der Arbeitnehmer ein neues Arbeitsverhältnis abgeschlossen, kann er nach § 12 KSchG die Fortsetzung des alten Arbeitsverhältnisses verweigern.
Massenentlassungen und Kurzarbeit	§§ 17–22 KSchG Es bestehen Anzeigepflichten gegenüber dem Landesarbeitsamt, Sperrfrist nach § 18 KSchG, jedoch Zulässigkeit von Kurzarbeit nach § 19 KSchG.
Folgen der Beendigung des Arbeitsverhältnisses	(1) *Pflichten des Arbeitgebers* Gewährung von Freizeit zur Stellungssuche, Aushändigung der Arbeitspapiere, Förderung des wirtschaftlichen Fortkommens des Arbeitnehmers. *Zeugnispflicht (§§ 630 BGB, 109 GewO):* (a) einfaches Zeugnis (Arbeitsbestätigung) (b) qualifiziertes Zeugnis (Aussagen über Leistung und Führung) (2) *Pflichten des Arbeitnehmers* Herausgabe der vom Arbeitgeber zur Verfügung gestellten Arbeitsmittel; nachwirkende Treuepflichten (Geheimhaltung, Wettbewerbsverbote).

Fragen

Frage 126:
Kann sich ein Arbeitnehmer wegen seiner Lohnansprüche bei der Veräußerung des Betriebes sowohl an den neuen als auch an den alten Betriebsinhaber wenden?

Antwort: Geht ein Betrieb oder Betriebsteil rechtsgeschäftlich auf einen anderen Inhaber über, so tritt dieser nach § 613 a BGB in die Rechte und Pflichten aus den im Zeitpunkt des Übergangs bestehenden Arbeitsverhältnissen ein. Außerdem haftet nach § 613 a Abs. 2 S. 1 BGB der bisherige Arbeitgeber neben dem neuen Inhaber für die Verpflichtungen, soweit sie vor dem Zeitpunkt des Übergangs entstanden sind und vor Ablauf von einem Jahr nach diesem Zeitpunkt fällig werden, als Gesamtschuldner.

Frage 127:
Berechtigt die Insolvenzeröffnung zur fristlosen Kündigung?

Antwort: Nach § 103 Abs. 1 S. InsO kann das Arbeitsverhältnis von beiden Teilen gekündigt werden. Nach § 113 Abs. 1 S. 2 InsO gilt dabei im Zweifel eine Frist von 3 Monaten bis zum Monatsende, wenn nicht eine kürzere Frist maßgeblich ist. Der Insolvenzverwalter kann die Eröffnung des Insolvenzverfahrens nicht als wichtigen Grund anführen (wohl dagegen andere Tatbestände, die auch den Gemeinschuldner zur fristlosen Kündigung berechtigt hätten). Auch der Arbeitnehmer ist an sich an die genannten Fristen gebunden. Die Rechtsprechung nimmt jedoch einen wichtigen Grund zur außerordentlichen Kündigung an, wenn der Arbeitgeber erhebliche Zeit oder mit einem erheblichen Betrag in Lohnrückstand geraten ist und der Arbeitnehmer ihn vor Kündigung zur Zahlung aufgefordert hat. Daraus folgt, dass der Arbeitnehmer in der Insolvenz kündigen kann, wenn die Vergütungsforderungen, die nach Insolvenzeröffnung entstehen, aus der Insolvenzmasse nicht gedeckt werden können.

Frage 128:
Welche Formerfordernisse sind bei der Beendigung eines Arbeitsverhältnisses zu beachten?
Antwort: Gemäß dem zum 1.5.2000 eingeführten § 623 BGB bedürfen sowohl die Beendigung eines Arbeitsverhältnisses durch Kündigung und Aufhebungsvertrag, als auch die Befristung der Schriftform.

Frage 129:
Welche Kündigungsfristen sieht das Gesetz bei der ordentlichen Kündigung eines Arbeitsverhältnisses vor?
Antwort: Nachdem die früher unterschiedliche Regelung für Angestellte und Arbeiter (vgl. § 622 a.F. BGB) vom Bundesverfassungsgericht für verfassungswidrig erklärt wurde, hat der Gesetzgeber 1993 die Kündigungsfristen vereinheitlicht. Nach der Neufassung des § 622 BGB beträgt die Mindest-Kündigungsfrist für alle Arbeitnehmer grundsätzlich vier Wochen (jeweils zum 15. eines Monats oder zum Monatsende). Abweichende Regelungen in Tarifverträgen bleiben gültig und sind auch in Zukunft möglich.

Frage 130:
Was versteht man unter einer Änderungskündigung?
Antwort: Eine Änderungskündigung liegt vor, wenn der Arbeitgeber das Arbeitsverhältnis kündigt und gleichzeitig dem Arbeitnehmer im Zusammenhang mit der Kündigung die Fortsetzung des Arbeitsverhältnisses zu geänderten Arbeitsbedingungen anbietet (vgl. § 2 KSchG).

Frage 131:
Was kann der Arbeitnehmer im Falle der Änderungskündigung tun?
Antwort: Nach § 2 KSchG kann der Arbeitnehmer das Angebot unter dem Vorbehalt annehmen, dass die Änderung der Arbeitsbedingungen nicht im Sinne des Kündigungsschutzgesetzes sozial ungerechtfertigt ist und dies mit der Kündigungsschutzklage feststellen lassen.

Frage 132:
Was versteht man unter einer „Druckkündigung"? Welche Probleme ergeben sich?

Antwort: Von einer „Druckkündigung" spricht man, wenn der Arbeitgeber von Dritten (z.B. Betriebsrat, Gewerkschaft, Kunden) zur Entlassung eines Arbeitnehmers unter Androhung von Nachteilen genötigt wird. Dabei muss man zwei Konstellationen unterscheiden: Wenn die Beschwerde des Dritten objektiv durch das Verhalten des Arbeitnehmers oder einen in seiner Person liegenden Grund veranlasst wurde, ist die auf Druck eines Dritten erfolgende Kündigung nach den allgemeinen Grundsätzen zu beurteilen. Wenn jedoch ein solcher verhaltens- oder personenbedingter Kündigungsgrund fehlt (oder sich in der Praxis nicht beweisen lässt), hat die Rechtsprechung für die Zulässigkeit der Kündigung relativ hohe Hürden aufgebaut. Sie verlangt, dass sich der Arbeitgeber auf Grund seiner Fürsorgepflicht zunächst schützend vor den Arbeitnehmer stellt. Hilfsweise muss er prüfen, ob sich das Problem nicht durch eine Versetzung des Arbeitnehmers lösen lässt. Nur wenn schwere Nachteile für den Arbeitgeber zu gewärtigen sind, lässt die Rechtsprechung eine Druckkündigung zu.

Frage 133:
Wann ist eine außerordentliche Kündigung zulässig?
Antwort: Die außerordentliche Kündigung setzt nach § 626 BGB einen „wichtigen Grund" voraus.

Frage 134:
Was versteht man unter einem „wichtigen Grund" im Sinne des Kündigungsrechts?
Antwort: Ein wichtiger Grund liegt vor, wenn die Fortsetzung des Arbeitsverhältnisses unzumutbar geworden ist. Gründe können sowohl beim Arbeitgeber als auch beim Arbeitnehmer liegen.

Frage 135:
Welche Verfehlungen können einen wichtigen Grund darstellen?
Antwort: Teilnahme am wilden Streik; Denunziation von Arbeitskollegen; außerdienstliches Verhalten, wenn dadurch die Arbeitspflicht erheblich vernachlässigt und das Vertrauen in die Eignung des Arbeitnehmers erschüttert wird; grobe Beleidigungen von Vorgesetzten; Stechuhrenbetrug; beharrliche Arbeitsverweigerung; eigenmächtiger Urlaub; häufiges Fehlen nach Abmahnung; Tätlichkeiten im Betrieb; Diebstähle, Unterschlagungen und dergleichen; Akkordbetrug, Spesenbetrug; vorsätzliche Schlechterfüllung; Verrat von Betriebsgeheimnissen; Trunkenheit am Steuer bei Berufskraftfahrern; Annahme von Schmiergeldern.

Frage 136:
Ist eine „Verdachtskündigung" zulässig?
Antwort: Der bloße Verdacht (einer strafbaren Handlung bzw. einer sonstigen schweren arbeitsvertraglichen Verletzung) kann ein zur fristlosen Kündigung berechtigender wichtiger Grund sein. Voraussetzung ist aber,

dass schon der Verdacht die Fortsetzung des Arbeitsverhältnisses unzumutbar macht. Stellt sich nachträglich die Unschuld des verdächtigten Arbeitnehmers heraus, bejaht die Rechtsprechung einen Wiedereinstellungsanspruch.

Frage 137:
Welche Rolle spielt die Abmahnung im Kündigungsrecht? Wie kann sich der Arbeitnehmer gegen eine ungerechtfertigte Abmahnung wehren?
Antwort:
(a) Das Recht der Kündigung wird vom Grundsatz der Verhältnismäßigkeit beherrscht. Daraus folgt, dass vor einer außerordentlichen, wie auch vor einer ordentlichen, verhaltensbedingten Kündigung, grundsätzlich eine Abmahnung ausgesprochen werden muss. Damit sollen dem Arbeitnehmer einerseits sein Pflichtverstoß und andererseits die arbeitsrechtlichen Konsequenzen im Wiederholungsfalle vor Augen geführt werden. Allerdings kann eine Abmahnung im Einzelfall entbehrlich sein, wenn eine Wiederherstellung des Vertrauens nicht zu erwarten ist.
(b) Im Falle der Aufnahme einer Abmahnung in die Personalakte hat der betroffene Arbeitnehmer zum einen das Recht auf Aufnahme einer Gegendarstellung (§ 83 Abs. 2 BetrVG). Wird eine Abmahnung zu Unrecht eingetragen, hat der Arbeitnehmer nach der Rechtsprechung einen Anspruch auf Entfernung aus der Personalakte in analoger Anwendung der §§ 12, 1004 i.V.m. 242 BGB. Auch wenn die in der Abmahnung aufgeführten Verstöße nur teilweise zutreffen, muss die gesamte Abmahnung entfernt werden.

Frage 138:
Wie verhält sich die Kündigung aus wichtigem Grunde nach § 626 BGB zur ordentlichen Kündigung nach dem Kündigungsschutzgesetz aus Gründen, die im Verhalten des Arbeitnehmers liegen?
Antwort: Es handelt sich bei § 1 Abs. 2 KSchG in der Regel um ähnliche Verstöße, die jedoch weniger schwerwiegend erscheinen.

Frage 139:
Wie verhält sich das Kündigungsschutzgesetz zur außerordentlichen Kündigung?
Antwort: Das Kündigungsschutzgesetz betrifft an sich nur die ordentliche Kündigung, die nach näherer Maßgabe von § 1 KSchG nur bei den dort genannten Tatbeständen zulässig ist. Nach § 13 KSchG bleibt ansonsten das Recht zur außerordentlichen Kündigung (dann unter den Voraussetzungen des § 626 BGB) unberührt. Allerdings muss die Rechtsunwirksamkeit der außerordentlichen Kündigung ebenfalls nach Maßgabe des Kündigungsschutzgesetzes, also durch rechtzeitige Klageerhebung auf Feststellung der Unwirksamkeit der Kündigung, geltend gemacht werden.

Frage 140:
Kann eine außerordentliche Kündigung in eine ordentliche umgedeutet werden?
Antwort: Ja, die Rechtsprechung lässt dies zu mit der Begründung, dass der Kündigende das Arbeitsverhältnis auf jeden Fall, gleich aus welchem Grunde, auflösen wollte. Dies kommt insbesondere in Betracht, wenn die geltend gemachten Kündigungsgründe zur Bejahung eines wichtigen Grundes nicht ausreichen, wohl jedoch nach § 1 Abs. 2 KSchG als sozial gerechtfertigt erscheinen (im Verhalten des Arbeitnehmers begründet liegen). Allerdings ist dann sowohl für die außerordentliche, als auch für die ordentliche Kündigung je eine Anhörung des Betriebsrats nach § 102 BetrVerfG erforderlich, sofern das BetrVerfG Anwendung findet.

Frage 141:
Gibt es für die außerordentliche Kündigung eine Frist?
Antwort: Nach § 626 Abs. 2 BGB muss die außerordentliche Kündigung innerhalb der Ausschlussfrist von 2 Wochen erfolgen. Sie beginnt mit dem Zeitpunkt, in dem der Kündigungsberechtigte von den für die Kündigung maßgebenden Tatsachen sichere Kenntnis bekommen hat.

Frage 142:
Auf welche Arbeitsverhältnisse ist das KSchG anwendbar?
Antwort: Der sachliche Anwendungsbereich umfasst nur Betriebe mit in der Regel mehr als fünf Beschäftigten (§ 23 Abs. 1 KSchG). Außerdem muss das Arbeitsverhältnis gemäß § 1 Abs. 1 KSchG bereits mehr als sechs Monate bestanden haben.

Frage 143:
Werden bei der Feststellung der Zahl der Arbeitnehmer nach § 23 Abs. 1 S. 2 KSchG auch Arbeitnehmer in Elternzeit und auf 325-Euro-Basis beschäftigte Personen mitgezählt?
Antwort: In § 21 Abs. 7 BErzGG ist geregelt, dass Arbeitnehmer in Elternzeit nicht mitgezählt werden, solange für sie ein Vertreter eingestellt wurde. Daraus ergibt sich im Gegenschluss, dass sie grundsätzlich mitzuzählen sind. Gem. § 23 Abs. 1 S. 3 KSchG werden auch teilzeitbeschäftigte Arbeitnehmer mitgezählt, wenn auch nur mit 0,5, sofern sie nicht mehr als 20 Stunden pro Woche arbeiten. Aus § 2 Abs. 2 TzBfG ergibt sich, dass auch geringfügig Beschäftigte i.S.d. § 8 Abs. 1 Nr. 1 des Vierten Buches Sozialgesetzbuch (SGB IV) Teilzeitbeschäftigte sind. In § 8 Abs. 1 Nr. 1 SGB IV sind die sogenannten 325-Euro-Jobs geregelt, die im Gesetz als geringfügige Beschäftigung bezeichnet werden. Die §§ 21 Abs. 7 BErzGG und 2 Abs. 2 TzBfG gelten für alle Vorschriften aus dem Bereich des Arbeitsrechts, in denen es auf die Zahl der Arbeitnehmer ankommt.

Frage 144:
Wie ist der allgemeine Kündigungsschutz nach dem KSchG ausgestaltet?
Antwort: Nach § 1 Abs. 1 KSchG ist die Kündigung eines in den Anwendungsbereich des KSchG fallenden Arbeitsverhältnisses unwirksam, wenn sie sozial ungerechtfertigt ist. Das ist insbesondere der Fall, wenn die Kündigung nicht durch Gründe bedingt ist, die in der Person oder dem Verhalten des Arbeitnehmers liegen oder auf dringenden betrieblichen Erfordernissen beruhen (§ 1 Abs. 2 KSchG). Im letzten Fall erfordert eine soziale Rechtfertigung zudem, dass eine soziale Auswahl nach den Maßstäben des § 1 Abs. 3 KSchG vorgenommen wird.

Frage 145:
Was muss ein Arbeitnehmer tun, der eine ihm ausgesprochene Kündigung für nicht sozial gerechtfertigt hält?
Antwort: Gem. § 4 S. 1 KSchG muss er innerhalb von 3 Wochen nach Zugang der Kündigung Klage beim Arbeitsgericht auf Feststellung erheben, dass das Arbeitsverhältnis durch die Kündigung nicht aufgelöst ist. Versäumt der Arbeitnehmer diese Frist, dann wird die Kündigung gem. § 7 KSchG wirksam, selbst wenn sie ursprünglich sozial ungerechtfertigt war. Für andere Unwirksamkeitsgründe, wie z.B. §§ 623 BGB, 102 BetrVerfG, 9 MuSchG oder 89 SGB IX gilt diese Klagefrist nicht; sie können auch nach Ablauf der 3-Wochen-Frist des § 4 KSchG geltend gemacht werden.

Frage 146:
Muss der Betriebsrat einer Kündigung zustimmen?
Antwort: Im Regelfall hat der Betriebsrat nur ein Anhörungsrecht nach § 102 BetrVerfG. Fehlt die vorherige Anhörung, ist die Kündigung unwirksam. Zustimmungspflichtig ist nach § 103 BetrVerfG die Kündigung von Betriebsratsmitgliedern. Der Arbeitgeber muss in diesem Fall beim Arbeitsgericht den Antrag auf Ersetzung der Zustimmung stellen. Dabei ist zu beachten, dass gem. § 15 KSchG die Kündigung eines Betriebsrats nur bei Vorliegen von wichtigen Gründen möglich, die ordentliche Kündigung also ausgeschlossen ist.

Frage 147:
Kann der Betriebsrat die Entlassung von Arbeitnehmern verlangen?
Antwort: Ja, § 104 BetrVerfG lässt dies zu, wenn der betreffende Arbeitnehmer den Betriebsfrieden wiederholt ernstlich gestört hat.

Frage 148:
Was versteht man unter „nachgeschobenen Kündigungsgründen"?
Antwort: An sich ist eine Kündigung nur gerechtfertigt, wenn im Zeitpunkt der Kündigungserklärung zutreffende Gründe vorlagen. Nachträglich eintretende Tatbestände rechtfertigen lediglich eine spätere Kündigung. Insoweit dürfen diese Gründe nicht nachgeschoben werden. Zuläs-

sig ist es jedoch, im Kündigungsschutzprozess die Begründung durch solche Umstände zu ergänzen bzw. auszuwechseln, die bereits im Zeitpunkt der Kündigungserklärung vorgelegen haben, aber noch nicht bekannt waren.

Frage 148 a:
Wie wirkt sich eine Unternehmensveräußerung auf die bestehenden Arbeitsverhältnisse aus? Darf der neue Arbeitgeber kündigen?
Antwort: Wenn ein Betrieb oder Betriebsteil durch Rechtsgeschäft auf einen anderen Inhaber übergeht, so tritt dieser nach näherer Maßgabe des § 613 a BGB in die Rechte und Pflichten aus den im Zeitpunkt des Übergangs bestehenden Arbeitsverhältnissen ein.
Die Kündigung des Arbeitsverhältnisses eines Arbeitnehmers durch den bisherigen Arbeitgeber oder durch den neuen Inhaber wegen des Übergangs eines Betriebs oder eines Betriebsteils ist nach § 613 a Abs. 4 BGB unwirksam. Das Recht zur Kündigung des Arbeitsverhältnisses aus anderen Gründen bleibt jedoch unberührt.

Frage 148 b:
Welche Anforderungen sind an ein „qualifiziertes Zeugnis" zu stellen?
Antwort: Die Anforderungen an ein „qualifiziertes" Zeugnis (also ein solches, das neben den Aussagen über das Dienstverhältnis und dessen Dauer auch Angaben über die Leistungen und die Führung enthält) ist nach Aufhebung des § 73 HGB a.F. nunmehr in § 109 GewO für alle Arbeitnehmer einheitlich geregelt. Danach muss ein Zeugnis „klar und verständlich formuliert sein. Es darf keine Merkmale oder Formulierungen enthalten, die den Zweck haben, eine andere als aus der äußeren Form oder aus dem Wortlaut ersichtliche Aussage über den Arbeitnehmer zu treffen".

Frage 149:
Darf der Arbeitgeber in einem Zeugnis auch für den Arbeitnehmer nachteilige Tatsachen erwähnen?
Antwort: Entgegen einer weit verbreiteten Ansicht ist dies zu bejahen, soweit die Tatsachen für die Gesamtbeurteilung des Arbeitnehmers von Bedeutung sind. Aus der Fürsorgepflicht des Arbeitgebers folgt zwar, dass er das wirtschaftliche Fortkommen des Arbeitnehmers nicht unbillig erschweren darf. Andererseits muss das erteilte Zeugnis wahr sein. Bei Zeugnissen, die wesentliche Gesichtspunkte verschweigen, kann sich der alte Arbeitgeber gegenüber dem neuen schadensersatzpflichtig machen. Daraus folgt, dass der Arbeitgeber auch nachteilige Tatsachen berücksichtigen muss, z.B. schwerwiegende Mängel, wie etwa das Nichtbestehen einer Prüfung; Angaben über einen schlechten Gesundheitszustand jedoch nur dann, wenn dadurch das Arbeitsverhältnis grundsätzlich beeinflusst wird.

Frage 150:
Was versteht man unter einer „Ausgleichsquittung"?

Antwort: Unter einer Ausgleichsquittung versteht man die in der Praxis übliche schriftliche Erklärung, namentlich bei Beendigung des Arbeitsverhältnisses, dass die Arbeitsvertragsparteien sich gegenseitig bestätigen, keine Ansprüche mehr aus dem Arbeitsverhältnis zu haben. Nach § 368 S. 1 BGB hat der Gläubiger beim Empfang der Leistung auf Verlangen ein schriftliches Empfangsbekenntnis zu erteilen. Deshalb kann der Arbeitgeber vom Arbeitnehmer die Quittierung des Lohnes verlangen. Die Ausgleichsquittung kann darüber hinaus noch einen anderen Rechtscharakter haben: Sie ist Vergleich, wenn über das Bestehen von Ansprüchen Streit geherrscht hat und dieser im Wege des gegenseitigen Nachgebens beigelegt wurde (§ 779 BGB); sie ist Erlassvertrag, wenn auf bestehende Forderungen verzichtet wurde (§ 397 BGB). Im Einzelfall ist jeweils zu überprüfen, welchen Umfang die Ausgleichsquittung hat.

Frage 151:
Kann in einer Ausgleichsquittung auf tariflich entstandene Ansprüche verzichtet werden?

Antwort: Nein, der Verzicht auf tarifliche Ansprüche ist nach § 4 Abs. 4 TVG unzulässig, ebenso der Verzicht auf den gesetzlichen Urlaubsanspruch (§ 13 BUrlG). Dasselbe gilt für Ansprüche auf Grund einer Betriebsvereinbarung (§ 77 Abs. 4 BetrVerfG).

Frage 152:
Wann spricht man von anzeigepflichtigen „Massenentlassungen"?

Antwort: Nach § 17 KSchG ist der Arbeitgeber verpflichtet, dem Arbeitsamt Anzeige zu erstatten, wenn innerhalb von 30 Kalendertagen entlassen werden sollen:

(a) In Betrieben mit in der Regel mehr als 20 und weniger als 60 Arbeitnehmern mehr als 5 Arbeitnehmer,

(b) in Betrieben mit in der Regel mindestens 60 und weniger als 500 Arbeitnehmern 10 vom Hundert der im Betrieb regelmäßig beschäftigten Arbeitnehmer oder aber mehr als 25 Arbeitnehmer,

(c) in Betrieben mit in der Regel mindestens 500 Arbeitnehmern mindestens 30 Arbeitnehmer.

Fälle

Fall 26:
Arbeitnehmer A war beim Bauunternehmer B als Fahrer für einen zum Sandtransport eingesetzten Muldenkipper mit einer täglichen Arbeitszeit von ca. 12 Stunden beschäftigt. Eines Tages kam es zum Streit, als B von A

verlangte, am Ende der Arbeitszeit den Muldenkipper noch am selben Tage zur Inspektion in eine andere Stadt zu fahren. A lehnt dies ab, da er bereits jetzt die gesetzliche Höchstarbeitszeit überschritten habe und erklärt, zukünftig nur noch 8 Stunden pro Tag arbeiten zu wollen. Dies lehnt B mit Hinweis auf den geschlossenen Arbeitsvertrag ab, wonach A täglich 12 Stunden zu arbeiten habe. A erklärt daraufhin schriftlich die fristlose Kündigung des Arbeitsverhältnisses. B verlangt von A Schadensersatz in Höhe von 4000 Euro mit der Begründung, der Muldenkipper sei zu spät zur Reparatur gekommen und hätte deshalb 10 Tage nicht eingesetzt werden können. Wie ist die Rechtslage?

Lösung: B kann Schadensersatz gem. § 280 Abs. 1, 3 i.V.m. § 283 BGB nur dann verlangen, wenn A seiner Arbeitspflicht schuldhaft nicht nachkam. Dies hängt davon ab, ob er mit Recht fristlos gekündigt hatte. Die fristlose Kündigung setzt nach § 626 BGB einen wichtigen Grund voraus. Dieser kann darin liegen, dass der Arbeitgeber ständig eine erhebliche Überschreitung der nach dem Arbeitszeitgesetz zulässigen Arbeitszeit verlangt. Das Arbeitszeitgesetz begrenzt die regelmäßige tägliche Arbeitszeit auf 8 Stunden (§ 3 ArbZG) und mittelbar die Wochenarbeitszeit auf 48 Stunden für die Werktage. Hiergegen hatte B verstoßen. A war deshalb zur fristlosen Kündigung berechtigt. Das Bundesarbeitsgericht, dem dieser Fall zur Entscheidung vorlag (BAG AP Nr. 62 zu § 626 BGB), hat darüber hinaus entschieden, dass die ständige Überschreitung der zulässigen Arbeitszeit für den Arbeitnehmer auch dann einen wichtigen Grund zur fristlosen Kündigung darstellt, wenn er zunächst bereit war, verbotene Mehrarbeit zu verrichten. Insofern ist es unbeachtlich, dass A einverständlich täglich bis zu 12 Stunden gearbeitet hatte. Denn ein Verzicht des Arbeitnehmers auf die fristlose Kündigung aus wichtigem Grund ist unwirksam. Zwar ist auch bei einer außerordentlichen Kündigung durch den Arbeitnehmer grundsätzlich eine Abmahnung erforderlich, insbesondere wenn der Arbeitgeber unzulässige Mehrarbeit verlangt. Die Abmahnung war hier jedoch entbehrlich, da B zu erkennen gegeben hat, dass er auf die unzulässige Mehrarbeit nicht verzichten werde. Da die Kündigung des A somit wirksam war, hat B keinen Anspruch auf Schadenersatz wegen Verletzung der Arbeitspflicht.

Fall 27:
Ludwig wird als leitender Angestellter der XY-GmbH & Co. KG eingestellt. Er war zuvor Geschäftsführer der als GmbH betriebenen, persönlich haftenden Gesellschafterin seines Arbeitgebers gewesen. Später wird bekannt, dass sich Ludwig während seiner Geschäftsführertätigkeit bei der GmbH für die Vermittlung eines Großeinkaufes vom Lieferanten finanzielle Sonderzuwendungen hatte geben lassen. Dies nimmt die XY-GmbH & Co. KG zum Anlass, Ludwig fristlos zu kündigen. Dieser meint, der Vorgang liege vor dem neuen Arbeitsverhältnis und sei deshalb belanglos. Mit Recht?

Lösung: Verstöße gegen das Schmiergeld-Verbot berechtigen zur fristlosen Kündigung. Dass Ludwig die Sonderzuwendungen vor Abschluss des Arbeitsverhältnisses mit seinem neuen Arbeitgeber angenommen hatte, spielt keine Rolle. Es können auch vor Beginn des Arbeitsverhältnisses liegende Ereignisse eine außerordentliche Kündigung rechtfertigen, sofern sie das Arbeitsverhältnis erheblich beeinträchtigen. Dies gilt nur dann nicht, wenn dem Arbeitgeber bei Vertragsschluss diese Umstände bekannt waren. Derartige Umstände rechtfertigen die außerordentliche Kündigung wegen der damit zu Tage tretenden Einstellung des Dienst- oder Arbeitnehmers, unbedenklich eigene Vorteile bei der Erfüllung seiner Aufgaben wahrzunehmen, obwohl er diese allein im Interesse des Arbeitgebers durchzuführen hätte. Dadurch zerstört er das Vertrauen in seine Zuverlässigkeit und Redlichkeit, auf die es gerade bei leitenden Angestellten entscheidend ankommt (BAG AP Nr. 65 zu § 626 BGB). Deshalb ist es auch bedeutungslos, ob der Arbeitgeber durch die Handlungsweise seines späteren Angestellten geschädigt worden ist oder ob eine Gefahr der Wiederholung des früheren Verhaltens besteht.

Fall 28:
Kassiererin K war bei der Lebensmittelkette 1 beschäftigt. Im Arbeitsvertrag hieß es u.a.: „Neben den gesetzlichen Gründen ist die Firma zur fristlosen Kündigung berechtigt, wenn Fehlbestände am Geld- oder Warenbestand oder am Inventar festgestellt werden ...". Bei routinemäßig angesetzten Inventuren werden Fehlbestände festgestellt und K mit dieser Begründung fristlos entlassen. K verweist darauf, dass noch andere Arbeitnehmer im Geschäft tätig sind und behauptet, sie habe den Fehlbestand nicht verursacht. 1 vertritt die Auffassung, eines Nachweises bedürfe es wegen der vereinbarten Kündigungsklausel nicht.
Lösung: Die fristlose Kündigung ist nur wirksam, wenn die Kündigungsvereinbarung selbst zulässig ist. Dies ist nicht der Fall. Die Parteien eines Arbeitsvertrages können das Recht zur außerordentlichen Kündigung vertraglich nicht über das gesetzliche Maß des § 626 Abs. 1 BGB erweitern. Durch eine solche Vereinbarung würden die Vorschriften über die für die ordentliche Kündigung eines Arbeitsverhältnisses geltenden zwingenden gesetzlichen Mindestkündigungsfristen umgangen werden. Deshalb kann eine Vereinbarung, wonach der Arbeitgeber berechtigt sein soll, einer Verkäuferin, die zusammen mit mehreren anderen Verkäuferinnen in einer Verkaufstelle beschäftigt ist, dann fristlos zu kündigen, wenn Fehlbestände festgestellt werden, bei der Prüfung des wichtigen Grundes allenfalls dann berücksichtigt werden, wenn wenigstens feststeht, dass die Fehlbestände von der Verkäuferin (mit-)verursacht worden sind (BAG AP Nr. 67 zu § 626 BGB).

Fall 29:
Arbeitnehmer A möchte sich verändern. Er bewirbt sich bei der Firma F und verweist dabei auf besondere Fähigkeiten, die er sich im bisherigen Betrieb angeeignet hat, von denen er meint, dass sie auch für die neue Fir-

ma von Gewinn sein werden. Schließlich versucht er, bisherige Arbeitskollegen für die neue Firma abzuwerben. Würde dies den bisherigen Arbeitgeber zur fristlosen Kündigung berechtigen? **Lösung:** Im Ergebnis ja. Zwar kann man es einem Arbeitnehmer, der sich mit Veränderungsabsichten trägt, nicht verwehren, Möglichkeiten zu erkunden, die sich ihm für die Verwertung seiner beruflichen Erfahrungen in einem anderen Betrieb bieten könnten. Eine Einschränkung erfährt dieses Recht allerdings durch die dem Arbeitnehmer obliegende Treuepflicht und insbesondere seine Verpflichtung zur Wahrung der Geschäftsgeheimnisse seines bisherigen Arbeitgebers. Ein Arbeitnehmer, der sich Dritten gegenüber erbietet, Mitarbeiter seines jetzigen Beschäftigungsbetriebes abzuwerben, verstößt dadurch gröblich gegen seine Treuepflicht. Dies rechtfertigt die fristlose Kündigung.

Fall 30:
Arbeitnehmer A ist als unbequemer Mann im Betrieb bekannt. Am 25. September verteilt er am Werktor Flugblätter, in denen er die Forderung nach einer Teuerungszulage erhebt. Daraufhin wird ihm mit Schreiben vom 28. September fristlos und zugleich vorsorglich fristgerecht zum 31. Oktober gekündigt. Als ihm das Kündigungsschreiben am 28. September gegen 15.20 Uhr überreicht wird, weist A darauf hin, dass er für die Wahl zum Betriebsrat kandidiere. Als sich der Arbeitgeber beim Vorsitzenden des Wahlvorstandes erkundigt, erhält er die Auskunft, dass Wahlvorschläge noch nicht vorlägen. Der Betriebsratsvorsitzende erklärt, er habe soeben von der Kandidatur des A erfahren. Auf einer Wahlliste war der A als Wahlbewerber aufgeführt. Ist die Kündigung wirksam?
Lösung: Die Kündigung von Mitgliedern des Betriebsrats ist eingeschränkt: Die ordentliche Kündigung ist ausgeschlossen, die außerordentliche nur mit Zustimmung des Betriebsrats möglich. Wenn A bereits unter den besonderen Kündigungsschutz des § 15 KSchG fiel, konnte ihm ordentlich nicht mehr gekündigt werden. Die außerordentliche Kündigung scheitert mangels Vorliegen eines wichtigen Grundes, da das Verteilen von Flugblättern noch nicht als schwerwiegende Verfehlung anzusehen ist. Erst wenn weitere Verfehlungen hinzukämen (wie z.B. der Aufruf zum Streik oder das beharrliche Fernbleiben vom Arbeitsplatz), wäre § 626 BGB anwendbar. Entscheidend ist deshalb die Frage, wann der Kündigungsschutz eingreift. Nach § 15 Abs. 3 KSchG ist die Kündigung eines Wahlbewerbers bereits vom Zeitpunkt des Wahlvorschlags an unwirksam. Nach der Auffassung des Bundesarbeitsgerichts (BAG AP Nr. 1 zu § 15 KSchG „Wahlbewerber") beginnt der besondere Kündigungsschutz des § 15 Abs. 3 KSchG für Wahlbewerber, sobald ein Wahlvorstand für die Wahl bestellt ist und für diesen Wahlbewerber ein Wahlvorschlag vorliegt, der die nach dem BetrVerfG erforderliche Mindestzahl von Stützunterschriften aufweist. Auf die Einreichung des Wahlvorschlags beim Wahlvorstand kann also für den Beginn des Kündigungsschutzes nicht abgestellt wer-

den. Denn schon von dem Zeitpunkt an, zu dem die für eine Kandidatur erforderliche Unterstützung durch andere Arbeitnehmer vorliegt, muss der Arbeitgeber erstmalig ernsthaft mit der Möglichkeit rechnen, dass ein ihm möglicherweise nicht genehmer Bewerber in ein betriebsverfassungsrechtliches Amt gewählt wird. Die solchermaßen entstandene „psychologische Vorwirkung" des potentiellen Betriebsratsamtes auf das Verhältnis von Arbeitgeber und Kandidat bewirkt eine erhöhte Kündigungsgefahr, die von nun an derart aktuell ist, dass sowohl zur Sicherung der persönlichen Unabhängigkeit des Bewerbers als auch unter dem Gesichtspunkt des Funktionierens der Betriebsratswahl ein Schutzbedürfnis vorhanden ist (BAG aaO.). Da im vorliegenden Fall bereits ein Wahlvorstand bestellt und A in einem Wahlvorschlag als Bewerber aufgeführt war, findet auf ihn der besondere Kündigungsschutz des § 15 KSchG Anwendung. Eine ordentliche Kündigung scheidet generell aus, für eine außerordentliche fehlt es an einer schwerwiegenden Verfehlung.

Fall 31:
A arbeitet seit 4 Jahren beim Verpackungsunternehmen V, das 15 Arbeitnehmer beschäftigt; einen Betriebsrat gibt es nicht. Sein Dienst beginnt jeden Morgen um 6 Uhr. Im Januar verspätet er sich mehrere Male um mehr als 30 Minuten, da er vergessen hatte, seinen Wecker anzustellen. Anfang Februar erhält er von V folgendes Schreiben: „Sehr geehrter Herr A, wir können Ihre Unpünktlichkeit nicht länger hinnehmen. Wir fordern Sie auf, Ihre Verhalten zu ändern; andernfalls werden wir entsprechend reagieren." Im März verspätet er sich erneut dreimal um mehr als 30 Minuten. Darauf kündigt ihm V am 15. März schriftlich zum 31. April. A hält die Kündigung schon deshalb für unwirksam, weil V nicht dargelegt habe, dass es durch die Verspätungen zu erheblichen Störungen im betrieblichen Ablauf gekommen sei und erhebt rechtzeitig Kündigungsschutzklage. Mit Erfolg?
Lösung: Das Arbeitsgericht gibt der Klage statt, wenn die Kündigung nicht sozial gerechtfertigt i.S.d. § 1 Abs. 2 KSchG ist oder andere Unwirksamkeitsgründe bestehen. Das KSchG ist gem. §§ 1 Abs. 1 und 23 KSchG anwendbar, da V mehr als 5 Arbeitnehmer beschäftigt. Die Kündigung könnte wegen in dem Verhalten des A liegenden Gründen sozial gerechtfertigt sein, da er mehrmals erheblich zu spät kam. Wiederholtes schuldhaftes Zuspätkommen bedeutet eine schuldhafte Vertragspflichtverletzung und ist daher grundsätzlich geeignet, eine verhaltensbedingte Kündigung zu rechtfertigen. Dabei kommt es entgegen der Ansicht des A auch nicht auf die Auswirkungen auf den betrieblichen Ablauf an; diese können allenfalls bei der Interessenabwägung eine Rolle spielen (BAG AP „Verhaltensbedingte Kündigung" Nr. 36). Da das Kündigungsschutzrecht vom sog. ultima-ratio-Prinzip beherrscht wird, ist nach der Feststellung der generellen Eignung als Kündigungsgrund noch eine Interessenabwägung unter Berücksichtigung des Verhältnismäßigkeitsprinzips durchzu-

führen. Dabei sind u.a. Betriebszugehörigkeit, Unterhaltspflichten, Verschulden, anderweitige Weiterbeschäftigungsmöglichkeiten und auch die betrieblichen Auswirkungen des Fehlverhaltens zu berücksichtigen. Nach dem Verhältnismäßigkeitsprinzip ist zudem grundsätzlich vor jeder Kündigung eine Abmahnung erforderlich, da sie ein milderes Mittel ist. Sie ist nur dann entbehrlich, wenn der Arbeitnehmer in so schwerer Weise gegen seine vertraglichen Pflichten verstoßen hat, dass er auf keinen Fall mit einer Duldung rechnen konnte. Da hier kein schwerwiegender Verstoß vorliegt, kommt es darauf an, ob das Schreiben der V die Anforderungen an eine wirksame Abmahnung erfüllt. Eine Abmahnung muss eine Beanstandungs- und Warnfunktion erfüllen. Dem Arbeitnehmer muss deutlich werden, dass ein erneutes Fehlverhalten zum Verlust des Arbeitsplatzes führen wird. Diese Voraussetzung erfüllt das Schreiben nicht, da es keine eindeutige Kündigungsdrohung enthält. Die Kündigung ist daher mangels Abmahnung wegen Verstoßes gegen das Verhältnismäßigkeitsprinzip unwirksam; das Arbeitsgericht wird feststellen, dass das Arbeitsverhältnis nicht durch die Kündigung aufgelöst wurde.

Fall 31 a:
Der in einem größeren Produktionsunternehmen beschäftigte Arbeitnehmer A wird im Verlauf betriebsinterner Kontrollmaßnahmen verdächtigt, Manipulationen am Betriebsinventar vorgenommen zu haben. Bei der erwähnten Kontrolle wurde festgestellt, dass ein Mobiltelefon aus der betrieblichen Telefonanlage durch ein anderes, allerdings defektes Gerät ersetzt worden war. Daraufhin vorgenommene Untersuchungen ergaben, dass in dem ersetzten Gerät private Telefonnummern des A gespeichert waren. Daraus schloss der Arbeitgeber, dass der betreffende Arbeitnehmer die Telefongeräte ausgetauscht habe und kündigt ihm mit dieser Begründung fristlos. Arbeitnehmer A reicht dagegen Kündigungsschutzklage beim zuständigen Arbeitsgericht ein unter anderem mit dem Hinweis darauf, dass der ihm unterstellte Diebstahl nicht bewiesen werden konnte. Was antworten Sie als Anwalt des A?
Lösung: Ein Arbeitsverhältnis kann nach § 626 BGB aus „wichtigem Grund" ohne Einhaltung einer Kündigungsfrist gekündigt werden, wenn Tatsachen vorliegen, auf Grund derer dem Kündigenden unter Berücksichtigung aller Umstände des Einzelfalles und unter Abwägung der Interessen beider Vertragsteile die Fortsetzung des Dienstverhältnisses „nicht zugemutet werden kann". Begeht der Arbeitnehmer einen Diebstahl, liegt in aller Regel ein wichtiger Grund für eine außerordentliche Kündigung vor. Im vorliegenden Fall ergibt sich jedoch die Besonderheit, dass der dem Arbeitnehmer A vorgeworfene Diebstahl nicht mit letzter Gewissheit nachgewiesen wurde. Festgestellt wurde nur, dass das betreffende Mobiltelefon aus der betrieblichen Anlage durch ein anderes Gerät ersetzt worden war. Das begründet zunächst lediglich den Diebstahlsverdacht. Dieser allerdings wird stark untermauert durch die unbestrittene Tatsache, dass in

dem ausgetauschten Gerät private Telefonnummern des Klägers gespeichert waren (so jedenfalls nach Auffassung des Landesarbeitsgerichts Rheinland-Pfalz [Aktenzeichen: 9 Sa 633/04]). Die entscheidende Frage ist deshalb, ob der bloße Verdacht des Diebstahls eine außerordentliche Kündigung rechtfertigt. Dies wird dem Grundsatz nach von der Arbeitsrechtsprechung bejaht. Danach ist es dem Arbeitgeber nicht zumutbar, einen Mitarbeiter weiter zu beschäftigen, von dem anzunehmen ist, dass er ihn bestehle. Der volle Nachweis des Diebstahls sei jedenfalls dann nicht erforderlich, wenn sich „der Verdacht nachvollziehbar begründen lässt". Im vorliegenden Fall vertrat das Landesarbeitsgericht Rheinland-Pfalz die Auffassung, die Verdachtsmomente gegen den klagenden Arbeitnehmer seien so gravierend, dass die Kündigung auch ohne vollen Tatnachweis rechtens sei. Auch der Gesichtspunkt, dass es bei dem betreffenden Mobiltelefon um einen „geringwertigen Gegenstand" ging (das betreffende Telefon hatte einen Zeitwert von etwa 25,00 €) spiele dabei keine Rolle.

Fall 32:
Beim Arbeitsgericht in Stuttgart gehen an einem Tag mehrere Klagen ein, die sich alle mit der Erteilung von Zeugnissen beschäftigen. Im ersten Fall hatte ein Heimerzieher verlangt, dass in seinem Zeugnis ein Strafverfahren wegen sexuellen Missbrauchs ihm anvertrauter Pfleglinge unerwähnt bleibe. Im zweiten Fall wurde einem Arbeitnehmer bestätigt, dass er „die ihm übertragenen Aufgaben stets zur Zufriedenheit ausgeführt hat". Er meint, dies sei eine verschlüsselte Formulierung, die in Wahrheit zum Ausdruck bringe, dass seine Leistungen nur ausreichend gewesen seien. Im dritten Fall war ein 6 Jahre lang in einer Forschungsabteilung eines großen Unternehmens tätiger Physiker mit den Worten beurteilt worden, „er führte die ihm übertragenen Aufgaben mit großem Fleiß und Interesse durch". Wie beurteilen Sie diese Zeugnisse?
Lösung: Ein Zeugnis muss der Wahrheit entsprechen, darf aber das wirtschaftliche Fortkommen des Arbeitnehmers nicht unbillig erschweren.
(a) Das gegen den Heimerzieher durchgeführte Strafverfahren wegen sexuellen Missbrauchs von Pfleglingen ist so gravierend, dass es in das Zeugnis aufgenommen werden muss. Das Gleiche gilt für Auskünfte, die der bisherige Arbeitgeber solchen Stellen erteilt, die eine Anstellung des Heimerziehers in seinem bisherigen Beruf in Betracht ziehen.
(b) Im zweiten Fall ist die vom Arbeitnehmer gehegte Befürchtung unzutreffend. Richtig ist zwar, dass im Wirtschaftsleben gelegentlich verschlüsselte Zeugnisformulierungen verwendet werden als ständig wiederkehrende floskelhafte Sätze, die wohlwollender klingen, als sie gemeint sind. Durchschnittliche oder befriedigende Leistungen können aber mit dem Satz gekennzeichnet werden, dass ein Arbeitnehmer „die ihm übertragenen Arbeiten stets zur Zufriedenheit erledigt" habe.
(c) Im dritten Fall würde das erteilte Zeugnis neben einer ausführlichen Tätigkeitsbeschreibung die Erklärung enthalten, der Arbeitnehmer habe

sich bemüht, aber im Ergebnis nichts geleistet. Das stellt eine unterdurchschnittliche Beurteilung dar, für die der Arbeitgeber beweispflichtig ist.

Verlangt dagegen im Fall (b) der Arbeitnehmer eine bessere Beurteilung als die gewährte durchschnittliche, muss er vor Gericht darlegen und beweisen, dass seine Leistungen über dem Durchschnitt lagen.

V. Betriebsverfassungsrechtliche Mitbestimmung

Übersicht

Leitprinzipien	(1) „Vertrauensvolle Kooperation" (§ 2 Abs. 1 BetrVerfG) (2) Betriebsverfassungsrechtliche *Friedenspflicht* (§ 74 Abs. 2 BetrVerfG) (3) *Diskriminierungsverbot* (§ 75 Abs. 1 BetrVerfG), *Persönlichkeitsschutz* und -entfaltung (§ 75 Abs. 2 BetrVerfG)
Organe	(1) *Betriebsversammlung* (§§ 42 ff. BetrVerfG) (2) *Betriebsrat* (§§ 7 ff. BetrVerfG), ungerade Zahl von Mitgliedern, gestaffelt nach der Zahl der wahlberechtigten Arbeitnehmer. *Wahl:* Alle 4 Jahre, Wahlvorbereitung durch Wahlvorstand, Wahlanfechtung nach § 19 BetrVerfG bei Kausalität des betreffenden Verfahrensverstoßes, bei schweren Verstößen Nichtigkeit der Wahl. (3) *Gesamtbetriebsrat* (§ 47 BetrVerfG); (4) *Konzernbetriebsrat* (§§ 54, 55 BetrVerfG); (5) *Jugend- und Auszubildendenvertretung* (§§ 60–70 BetrVerfG); (6) *Wirtschaftsausschuss* (§§ 106 ff. BetrVerfG); (7) *Versammlung der leitenden Angestellten* (§ 15 SprAuG); (8) *Sprecherausschuss der leitenden Angestellten* (§ 1 SprAuG).
Rechtsstellung der Betriebsratsmitglieder	(1) Prinzip des *Ehrenamts* (§ 37 Abs. 1 BetrVerfG) mit Freistellungsanspruch (§ 37 Abs. 2, 3 BetrVerfG), ab einer bestimmten Betriebsgröße völlige Freistellung eines Teils der Betriebsratsmitglieder (§ 38 BetrVerfG); (2) *Verschwiegenheitspflicht* (§ 79 BetrVerfG); (3) *Kündigungsschutz* (§ 15 KSchG).
Organisation des Betriebsrats	Betriebsratsvorsitzender (§ 26 BetrVerfG), Betriebsausschuss (§ 27 BetrVerfG), Betriebsratssitzungen (§§ 30 ff. BetrVerfG), Sprechstunde (§ 39 BetrVerfG), Kostentragungspflicht durch Arbeitgeber (§ 40 BetrVerfG).

Formen der betriebsverfassungsrechtlichen Zusammenarbeit zwischen Arbeitgeber und Betriebsrat	(1) Schriftlich: Betriebsvereinbarung (§ 77 BetrVerfG); (2) Formlos: Betriebsabsprache; Beachte: Keine Betriebsvereinbarung soweit tarifvertragliche Regelung von Arbeitsbedingungen, § 77 Abs. 3 BetrVerfG (Ausnahme tarifliche Öffnungsklausel, § 77 Abs. 3 S. 2 BetrVerfG).
Mitbestimmung des Betriebsrats	Unterscheide: Informationsrechte, Anhörungs- und Vorschlagsrechte, Beratungsrechte, Widerspruchsrechte, Initiativrechte und Zustimmungsrechte. Allgemeiner Aufgabenkatalog: § 80 BetrVerfG.

	(1) Mitbestimmung in *sozialen Angelegenheiten* (§§ 87 ff. BetrVerfG)
	 (2) Mitbestimmung in *personellen Angelegenheiten* (§§ 92 ff. BetrVerfG)
	   ● allgemeine personelle Angelegenheiten (§§ 92 ff. BetrVerfG);
	   ● Berufsbildung (§§ 96 ff. BetrVerfG);
	   ● personelle Einzelmaßnahmen (§§ 99 ff. BetrVerfG).
	 (3) Mitbestimmung in *wirtschaftlichen Angelegenheiten* (§§ 106 ff. BetrVerfG)
	   ● Unterrichtung in wirtschaftlichen Angelegenheiten (Wirtschaftsausschuss) §§ 106 ff. BetrVerfG
	   ● Mitwirkung bei Betriebsänderungen (§§ 111 ff. BetrVerfG)

Betriebsverfassungsrechtliche Stellung einzelner Arbeitnehmer	(1) Informationsrechte (§ 81 BetrVerfG), (2) Anhörungs- und Erörterungsrecht (§ 82 BetrVerfG), (3) Einsicht in die Personalakte (§ 83 BetrVerfG), (4) Beschwerderecht (§§ 84, 85 BetrVerfG).

Fragen

Frage 153:
Unter welchen allgemeinen Grundsatz stellt das Betriebsverfassungsgesetz die Beziehungen zwischen Betriebsrat und Arbeitgeber?
Antwort: Es gilt das Prinzip der vertrauensvollen Zusammenarbeit bezogen auf das gemeinsame Wohl von Arbeitnehmern und Betrieb. Dieses in § 2 BetrVerfG genannte Prinzip wird durch die Verpflichtung ergänzt, streitige Fragen mit dem ernsten Willen zur Einigung zu verhandeln (§ 74 Abs. 1 S. 2 BetrVerfG).

Frage 154:
Kann der Betriebsrat seine Ziele mit dem Mittel des Streiks durchsetzen?
Antwort: Nein, dies widerspricht der grundsätzlichen betriebsverfassungsrechtlichen Friedenspflicht. Maßnahmen des Arbeitskampfes zwischen Arbeitgeber und Betriebsrat sind nach § 74 Abs. 2 BetrVerfG unzulässig.

Frage 155:
Darf der Betriebsrat zu Bundes- oder Landtagswahlen einen Aufruf erlassen oder Vertreter von politischen Parteien einladen?
Antwort: Nein, nach §74 Abs.2 S.3 BetrVerfG ist jede parteipolitische Betätigung im Betrieb zu unterlassen. Dies gilt auch für das Auftreten von Politikern.

Frage 156:
Wann ist die Betriebsversammlung einzuberufen?
Antwort: Der Betriebsrat hat nach §43 BetrVerfG die Betriebsversammlung einmal in jedem Kalendervierteljahr einzuberufen und ihr einen Tätigkeitsbericht zu erstatten. Aus besonderen Gründen kann der Betriebsrat in jedem Kalenderhalbjahr eine weitere Betriebsversammlung durchführen. Auf Antrag einer im Betrieb vertretenen Gewerkschaft muss der Betriebsrat vor Ablauf von 2 Wochen nach Eingang des Antrages eine Betriebsversammlung einberufen, sofern keine im vorhergegangenen Kalenderhalbjahr durchgeführt worden war. Der Betriebsrat ist berechtigt, und auf Wunsch des Arbeitgebers oder von mindestens 25 Prozent der wahlberechtigten Arbeitnehmer verpflichtet, eine Betriebsversammlung einzuberufen und einen beantragten Beratungsgegenstand auf die Tagesordnung zu setzen.

Frage 157:
Darf der Arbeitgeber oder sein Vertreter an der Betriebsversammlung teilnehmen, hat er Rederecht?
Antwort: Der Arbeitgeber ist nach §43 Abs.2 BetrVerfG zu den Betriebsversammlungen unter Mitteilung der Tagesordnung einzuladen. Er ist berechtigt, in der Versammlung zu sprechen.

Frage 158:
Ist der durch die Teilnahme an der Betriebsversammlung entstandene Verdienstausfall vom Arbeitgeber zu ersetzen?
Antwort: Ja, die Betriebsversammlung findet grundsätzlich während der Arbeitszeit statt, die Zeit der Teilnahme sowie zusätzliche Wegezeiten und gegebenenfalls Fahrtkosten sind vom Arbeitgeber zu erstatten (§44 BetrVerfG).

Frage 159:
Wann finden die Betriebsratswahlen statt?
Antwort: Die regelmäßigen Betriebsratswahlen finden alle 4 Jahre in der Zeit vom 1. März bis 31. Mai statt (§13 BetrVerfG).

Frage 160:
Muss es in jedem Betrieb einen Betriebsrat geben?
Antwort: Nach §1 BetrVerfG werden nur in Betrieben mit mindestens 5 wahlberechtigten Arbeitnehmern Betriebsräte gewählt. Allerdings gibt es auch in größeren Betrieben nicht zwingend einen Betriebsrat, sondern nur

dann, wenn das Wahlverfahren gem. § 17 Abs. 3 BetrVerfG eingeleitet wird. Wird dieses Verfahren nicht durch die Arbeitnehmer in Gang gesetzt, gibt es im Betrieb auch keinen Betriebsrat; das BetrVerfG findet dann keine Anwendung.

Frage 161:
Wer bestellt den Wahlvorstand?
Antwort: Der Wahlvorstand wird spätestens 10 Wochen vor Ende der Amtszeit des Betriebsrats durch diesen bestellt und besteht in der Regel aus 3 Wahlberechtigten. Für den Fall, dass es keinen Betriebsrat gibt, wird der Wahlvorstand in einer Betriebsversammlung gewählt (§§ 16, 17 BetrVerfG).

Frage 162:
Kann ein Mitglied des Betriebsrats vorzeitig abgelöst werden?
Antwort: Nach § 23 BetrVerfG können mindestens ein Viertel der wahlberechtigten Arbeitnehmer, der Arbeitgeber oder eine im Betrieb vertretene Gewerkschaft oder der Betriebsrat selbst den Ausschluss eines Mitglieds aus dem Betriebsrat beim Arbeitsgericht beantragen. Voraussetzung ist, dass eine grobe Verletzung seiner gesetzlichen Pflichten vorliegt.

Frage 163:
Wann ist ein Gesamtbetriebsrat zu bestellen?
Antwort: Nach § 47 BetrVerfG, wenn in einem Unternehmen infolge mehrerer Betriebe mehrere Betriebsräte bestehen. Zuständig ist der Gesamtbetriebsrat nach § 50 BetrVerfG für die Behandlung von Angelegenheiten, die das Gesamtunternehmen oder mehrere Betriebe betreffen und nicht durch die einzelnen Betriebsräte innerhalb ihrer Betriebe geregelt werden können.

Frage 164:
Wie ist die finanzielle Stellung eines Betriebsratsmitglieds?
Antwort: Nach § 37 BetrVerfG führen Betriebsratsmitglieder ihr Amt unentgeltlich als Ehrenamt. Sie sind von ihrer beruflichen Tätigkeit unter Entgeltfortzahlung zu befreien, wenn und soweit es nach Umfang und Art des Betriebs zur ordnungsgemäßen Durchführung ihrer Aufgaben erforderlich ist. Von der beruflichen Tätigkeit sind ab einer bestimmten Betriebsgröße eine gewisse Anzahl von Betriebsratsmitgliedern völlig freizustellen (ab 200 Arbeitnehmern 1 Betriebsratsmitglied, ab 501 Arbeitnehmern bis 900 Arbeitnehmern 2 Betriebsratsmitglieder, ab 901 bis 1500 Arbeitnehmern 3 Betriebsratsmitglieder usf., § 38 BetrVerfG).

Frage 165:
Kann der Arbeitgeber einem Betriebsratsmitglied die Teilnahme an Schulungs- und Bildungsveranstaltungen verbieten, die von der Gewerkschaft für Betriebsräte veranstaltet werden?

Antwort: Nein, nach § 37 Abs. 6 BetrVerfG hat das Betriebsratsmitglied einen Freistellungsanspruch zum Besuch derartiger Veranstaltungen, wenn sie für die Arbeit des Betriebsrats erforderlich sind. Allerdings muss der Betriebsrat bei der terminlichen Festlegung betriebliche Notwendigkeiten berücksichtigen und den Arbeitgeber rechtzeitig informieren. Hält der Arbeitgeber die betrieblichen Notwendigkeiten für nicht ausreichend berücksichtigt, so kann er die Einigungsstelle anrufen. Zusätzlich hat jedes Mitglied des Betriebsrats nach § 37 Abs. 7 BetrVerfG während seiner regelmäßigen Amtszeit Anspruch auf bezahlte Freistellung von insgesamt 3 Wochen zur Teilnahme an Schulungs- und Bildungsveranstaltungen, sofern sie von der zuständigen obersten Landesarbeitsbehörde als geeignet anerkannt sind.

Frage 166:
Kann einem Arbeitnehmer der Lohn für die Zeit gekürzt werden, während der er die Sprechstunde des Betriebsrats aufgesucht hat?
Antwort: Nein, nach § 39 Abs. 3 BetrVerfG berechtigt diese Arbeitsversäumnis nicht zur Minderung des Arbeitsentgelts.

Frage 167:
Ist der Arbeitgeber verpflichtet, dem Betriebsrat Räume, Büromaterial usw. zur Verfügung zu stellen?
Antwort: Ja, nach § 40 BetrVerfG trägt der Arbeitgeber die durch die Tätigkeit des Betriebsrats entstehenden Kosten. Er hat für die Sitzungen, die Sprechstunden und die laufende Geschäftsführung in erforderlichem Umfang Räume, sachliche Mittel und Büropersonal zur Verfügung zu stellen.

Frage 168:
Was versteht man unter einer Betriebsvereinbarung?
Antwort: Die Betriebsvereinbarung ist eine schriftliche Vereinbarung zwischen Betriebsrat und Arbeitgeber (§ 77 BetrVerfG).

Frage 169:
Ist der einzelne Arbeitnehmer an eine zwischen Betriebsrat und Arbeitgeber getroffene Regelung gebunden?
Antwort: Ja, Betriebsvereinbarungen gelten unmittelbar und zwingend. Sie müssen also nicht nach der allgemeinen bürgerlich-rechtlichen Dogmatik durch Willenserklärungen „transformiert" werden; § 77 Abs. 4 BetrVerfG.

Frage 170:
Kann eine Betriebsvereinbarung Bestimmungen über den Lohn enthalten?
Antwort: Nein, nach § 77 Abs. 3 BetrVerfG ist dies i.d.R. unzulässig, da gerade der Arbeitslohn üblicherweise tarifvertraglich geregelt ist. Dabei kommt es im Einzelfall nicht darauf an, ob der Arbeitgeber überhaupt ta-

rifgebunden ist; es reicht für den Ausschluss nach § 77 Abs. 3 BetrVerfG aus, dass der jeweilige Regelungsgegenstand üblicherweise tariflich geregelt ist.

Frage 171:
Welcher Sinn liegt in dieser Regelung und gibt es Ausnahmen hiervon?
Antwort: Die Gestaltung der Arbeitsentgelte und sonstiger Arbeitsbedingungen soll von den hierzu zuständigen Tarifvertragsparteien durch Tarifvertrag geregelt werden. Man will die Aushöhlung der Tarifautonomie verhindern. Deshalb kann auch ein bestehender Tarifvertrag nicht durch günstigere Arbeitsbedingungen einer Betriebsvereinbarung verändert werden. Eine Ausnahme gilt nur, wenn der Tarifvertrag selbst den Abschluss ergänzender Betriebsvereinbarungen zulässt (§ 77 Abs. 3 S. 2 BetrVerfG).

Frage 172:
In welcher Weise bestimmt der Betriebsrat mit?
Antwort: Es gibt keine einheitliche Form der Mitwirkung. Das Betriebsverfassungsgesetz kennt abgestufte Beteiligungen des Betriebsrats an den Entscheidungen im Betrieb, beginnend mit dem Informationsrecht über Anhörungs-, Vorschlags- und Beratungsrechte bis zum Widerspruchsrecht und dem Erfordernis seiner Zustimmung bei Entscheidungen des Arbeitgebers.

Frage 173:
Welche Mitbestimmungsrechte hat der Betriebsrat in sozialen Angelegenheiten und wie sind kontroverse Ansichten zwischen Betriebsrat und Arbeitgeber zu lösen?
Antwort: Der Katalog von Mitbestimmungsrechten in sozialen Angelegenheiten umfasst in § 87 BetrVerfG z.B. Fragen der Ordnung im Betrieb, Beginn und Ende der täglichen Arbeitszeit, die Urlaubsplanung u.a.m. Kommt eine Einigung über eine mitbestimmungsrechtliche Frage nicht zustande, entscheidet die Einigungsstelle.

Frage 174:
Wie setzt sich die Einigungsstelle zusammen?
Antwort: Nach § 76 BetrVerfG besteht die Einigungsstelle aus einer gleichen Anzahl von Beisitzern, die vom Arbeitgeber und Betriebsrat bestellt werden und einem unparteiischen Vorsitzenden, auf dessen Person sich beide Seiten einigen müssen. Notfalls bestimmt ihn das Arbeitsgericht.

Frage 175:
Hat der Betriebsrat bei der Mitbestimmung in allgemeinen personellen Angelegenheiten stets ein gleichrangiges Mitwirkungsrecht?
Antwort: Nein, die Mitwirkung ist abgestuft und reicht von der bloßen Information (bei der Personalplanung nach § 92 BetrVerfG) bis zur gleichbe-

rechtigten Mitbestimmung (bei der Gestaltung von Personalfragebögen und Richtlinien für die personelle Auswahl bei Einstellungen, Versetzungen, Umgruppierungen und Kündigungen).

Frage 176:
Muss der Arbeitgeber bei der Versetzung eines Arbeitnehmers die Zustimmung des Betriebsrats einholen und was gilt bei Meinungsverschiedenheiten?
Antwort: Die Versetzung fällt unter § 99 BetrVerfG als ein Fall der Mitwirkung des Betriebsrats bei personellen Einzelmaßnahmen. Hierzu muss der Arbeitgeber die Zustimmung des Betriebsrats zu der geplanten Maßnahme einholen. Der Betriebsrat kann die Zustimmung unter bestimmten Voraussetzungen verweigern (§ 99 Abs. 2 BetrVerfG), z.B. bei Normwidrigkeit der Maßnahme oder Verstoß gegen das Diskriminierungsverbot. Verweigert der Betriebsrat seine Zustimmung, kann der Arbeitgeber beim Arbeitsgericht beantragen, die Zustimmung zu ersetzen.

Frage 177:
Welche Mitwirkungsrechte hat der Betriebsrat bei Kündigungen?
Antwort: Nach § 102 BetrVerfG ist der Betriebsrat vor jeder Kündigung zu hören, der Arbeitgeber hat ihm die Gründe für die Kündigung mitzuteilen. Die fehlende Anhörung macht die ausgesprochene Kündigung unwirksam. Die ohnehin nur aus wichtigem Grunde zulässige (außerordentliche) Kündigung von Betriebsratsmitgliedern ist nach § 103 BetrVerfG zustimmungspflichtig. Auch hier kann der Arbeitgeber beim Arbeitsgericht die Ersetzung der Zustimmung beantragen, wenn die außerordentliche Kündigung unter Berücksichtigung aller Umstände gerechtfertigt ist.

Frage 178:
Welche Rechtsfolgen hat der rechtzeitige Widerspruch des Betriebsrats gegen eine Kündigung für deren Wirksamkeit?
Antwort: Die rechtzeitige Verweigerung der Zustimmung berührt die Wirksamkeit der Kündigung nicht. Sie wird auch nicht allein wegen des Widerspruchs durch das Gericht aufgehoben, wenn der Arbeitnehmer auf Feststellung der Unwirksamkeit klagt. Der Arbeitgeber muss jedoch gem. § 102 Abs. 5 BetrVerfG den Arbeitnehmer über den Kündigungszeitpunkt hinaus bis zum rechtskräftigen Abschluss des Rechtsstreits weiterbeschäftigen, wenn der Arbeitnehmer gegen die Kündigung beim Arbeitsgericht Kündigungsschutzklage erhebt.

Frage 179:
Hat der Betriebsrat ein echtes Mitbestimmungsrecht in wirtschaftlichen Angelegenheiten?
Antwort: Nein, er ist lediglich durch seine Beteiligung im Wirtschaftsausschuss über die wirtschaftliche und finanzielle Lage des Unternehmens

und dgl. mitunterrichtet. Gleiches gilt für Betriebsänderungen, die nach § 111 BetrVerfG dem Betriebsrat rechtzeitig und umfassend mitzuteilen und mit ihm zu beraten sind.

Frage 180:
Was versteht man unter einem Sozialplan?

Antwort: Nach § 112 BetrVerfG versteht man hierunter eine Einigung über den Ausgleich oder die Milderung der wirtschaftlichen Nachteile, die den Arbeitnehmern infolge einer geplanten Betriebsänderung entstehen; er hat die Wirkung einer Betriebsvereinbarung. Der Tarifvertragsvorbehalt des § 77 Abs. 3 BetrVerfG ist gem. § 112 Abs. 1 S. 4 BetrVerfG auf den Sozialplan nicht anzuwenden.

Fälle

Fall 33:
In einer chemischen Fabrik kritisiert der Betriebsrat die Geschäftsleitung mit der Behauptung, in bestimmten Bereichen würden Arbeitnehmerschutzvorschriften nicht eingehalten, insbesondere bei einer auf dem Betriebsgelände mit einem Anbau beschäftigten Bauabteilung. Der Betriebsratsvorsitzende informiert die zuständige Gewerkschaft. Als ein Vertreter der Gewerkschaft das Betriebsgelände besichtigen will, wird ihm der Zutritt verwehrt. Mit Recht?
Lösung: Rechtsgrundlage für die Stellung der Gewerkschaften im Betrieb ist § 2 BetrVerfG. Dort ist bestimmt, dass Beauftragten der im Betrieb vertretenen Gewerkschaften zur Wahrnehmung betriebsverfassungsrechtlicher Aufgaben und Befugnisse Zugang zum Betrieb gewährt werden muss. Vorausgesetzt ist die Unterrichtung des Arbeitgebers oder seines Vertreters. Außerdem dürfen nicht unumgängliche Notwendigkeiten des Betriebsablaufs, zwingende Sicherheitsvorschriften oder der Schutz von Betriebsgeheimnissen entgegenstehen. Unbestritten ist, dass das gewerkschaftliche Zutrittsrecht nicht auf das Betriebsratszimmer oder das Verwaltungsgebäude beschränkt ist. Das Bundesarbeitsgericht (BAG AP Nr. 1 zu § 2 BetrVerfG) hat betont, dass dem Gewerkschaftsbeauftragten auch Zugang zu den einzelnen „Betriebspunkten" zu gewähren ist. Das Zutrittsrecht hängt in diesem Rahmen davon ab, dass ein Ersuchen des Betriebsratsvorsitzenden namens des Betriebsrats oder des Betriebsausschusses auf Entsendung eines Gewerkschaftsbeauftragten zur Unterstützung der Betriebsarbeit vorliegt, dass weiter die Betriebsleitung seitens der Gewerkschaft über den beabsichtigten Betriebsbesuch unter Hinweis auf das Ersuchen des Betriebsrats und unter Anführung des Besuchsanlasses unterrichtet worden ist und drittens, dass weder unumgängliche Notwendigkeiten des Betriebsablaufes oder zwingende Sicherheitsvor-

schriften noch die Notwendigkeit des Schutzes von Betriebsgeheimnissen entgegenstehen. Nach alledem muss im vorliegenden Fall dem Vertreter der Gewerkschaft Zutritt zum gesamten Betriebsgelände gewährt werden, da die vorerwähnten Einschränkungen nicht ersichtlich sind.

Fall 34:
Bei einer von einer Religionsgemeinschaft getragenen, karitativen Einrichtung vertritt ein Mitarbeiter die Auffassung, die Arbeitnehmerschaft solle „ihre gewerkschaftlichen Rechte im Betrieb wahrnehmen". Kann er sich hierbei auf das Betriebsverfassungsgesetz stützen?
Lösung: Nein, das Betriebsverfassungsgesetz findet keine Anwendung auf Religionsgemeinschaften und ihre karitativen und erzieherischen Einrichtungen (§ 118 Abs. 2 BetrVerfG).

Fall 35:
Bei einer politisch einseitig fixierten Wochenzeitung soll einem Arbeitnehmer gekündigt werden. Muss der Betriebsrat gehört werden?
Lösung: Es liegt ein Fall des sog. „Tendenzbetriebs" im Sinne von § 118 Abs. 1 Nr. 2 BetrVerfG vor. Auf derartige Unternehmen und Betriebe, die unmittelbar und überwiegend Zwecken der Berichterstattung oder Meinungsäußerung dienen, auf die Art. 5 Abs. 1 S. 2 GG Anwendung findet, sind die Vorschriften des Betriebsverfassungsgesetzes nicht anzuwenden, soweit die Eigenart des Unternehmens oder Betriebs dem entgegensteht. Das Bundesarbeitsgericht hat entschieden, dass § 118 BetrVerfG der Anhörungspflicht des Arbeitgebers gegenüber dem Betriebsrat gem. § 102 BetrVerfG jedenfalls dann nicht entgegensteht, wenn die Kündigung eines Tendenzträgers keinerlei Beziehung zu der geistig-ideellen Bestimmung des Betriebs hat, sondern ausschließlich auf wirtschaftlichen Gründen beruht. Sinn des § 118 BetrVerfG ist es, den Betrieb in der Ausübung der grundgesetzlich geschützten Meinungsfreiheit von betriebsverfassungsrechtlichen Beeinträchtigungen freizuhalten. Gerade bei der Mitbestimmung in personellen Angelegenheiten besteht die Gefahr, dass namentlich von Gewerkschaftsseite das Ziel verfolgt wird, den Tendenzschutz auszuhöhlen. Im vorliegenden Fall kommt es darauf an, um welchen Arbeitnehmer es sich handelte (Redakteur?) und aus welchen Gründen die Kündigung erfolgte.

Fall 36:
Betriebsratsmitglied B nahm an einem von der Gewerkschaft für Betriebsratsmitglieder organisierten Fortbildungskurs teil. Dieser Kurs dauerte 3 Tage und fand jeweils nachmittags von 14 Uhr bis 17 Uhr statt. Im Betrieb wurde täglich bis 15.30 Uhr gearbeitet. Demzufolge bezahlte der Arbeitgeber den Lohn für die Schulungszeiten, die innerhalb der betrieblichen Arbeitszeit lagen. B verlangt darüber hinaus Lohnzahlung mit Überstundenzuschlag für die außerhalb der eigentlichen Arbeitszeit (also nach 15.30 Uhr bis 17 Uhr) gelegenen Kurse. Mit Recht?

Lösung: Anspruchsgrundlage ist § 37 Abs. 6 BetrVerfG. Danach hat ein Mitglied des Betriebsrats einen Freistellungsanspruch von der beruflichen Tätigkeit ohne Minderung des Arbeitsentgelts auch für die Teilnahme an Schulungs- und Bildungsveranstaltungen, soweit sie Kenntnisse vermitteln, die für die Arbeit des Betriebsrats erforderlich sind. Dieses Tatbestandsmerkmal trifft unbestritten zu. Die Frage ist jedoch, ob für den Anspruch auf Entgeltfortzahlung das Ende der täglichen Arbeitszeit oder das tatsächliche Ende der Schulungszeit maßgebend ist. In letzterem Falle wären Überstunden zu vergüten. Das Bundesarbeitsgericht hatte ursprünglich entschieden, dass ein Betriebsratsmitglied bei Teilnahme an einer Schulungs- oder Bildungsveranstaltung nach § 37 Abs. 6 BetrVerfG lediglich Anspruch auf das Arbeitsentgelt hat, das er bei Verbleiben im Betrieb erhalten hätte. Der Gesetzgeber ist dem jedoch mit der Neuregelung des § 37 Abs. 6 BetrVerfG entgegengetreten und verweist jetzt ausdrücklich auf Abs. 3, wonach der Arbeitgeber auch zur Entgeltfortzahlung für die außerhalb der persönlichen Arbeitszeit liegende Betriebsratstätigkeit verpflichtet ist. Der Ausgleichsanspruch ist jedoch begrenzt auf die Arbeitszeit eines vollzeitbeschäftigten Arbeitnehmers. Danach steht B auch für die Zeit von 15.30 bis 17 Uhr ein Ausgleichsanspruch zu, sofern dadurch die übliche Arbeitszeit eines Vollzeitbeschäftigten nicht überschritten wird. Dementsprechend steht B auch nur dann Überstundenzuschlag zu, wenn er diesen auch bei normaler Arbeitstätigkeit an diesem Tag bekommen hätte.

Fall 37:

Wie wäre es, wenn die Schulungsveranstaltung zwar während der Arbeitszeit stattfand, aber wegen einer rechtmäßigen Aussperrung nicht gearbeitet wurde und B deshalb keinen Lohn erhalten hätte?

Lösung: In diesem Fall würde das Lohnausfallprinzip eingreifen, wie das Bundesarbeitsgericht in einer Entscheidung bestätigt hat (BAG GG Art. 9 Nr. 110): Nimmt ein Betriebsratsmitglied an einer Schulungs- und Bildungsveranstaltung teil, so ist es lediglich so zu entlohnen, wie wenn es im Betrieb verblieben wäre. Dies gilt auch dann, wenn die Arbeitsverpflichtung infolge einer Aussperrung suspendiert gewesen wäre. B kann daher für den Schulungstag keinen Lohn verlangen.

Fall 38:

In einem Betrieb mit 400 Arbeitnehmern beschließt der Betriebsrat, 2 weitere Mitglieder von der beruflichen Tätigkeit freizustellen. Ist dies für den Arbeitgeber verbindlich?

Lösung: Nein, nach § 38 BetrVerfG ist bei Betrieben mit in der Regel 200 bis 500 Arbeitnehmern 1 Betriebsrat freizustellen. Die gesetzliche Staffel des § 38 BetrVerfG enthält Mindestzahlen. Es können darüber hinaus weitere Betriebsratsmitglieder freigestellt werden, wenn dies zur ordnungsgemäßen Wahrnehmung der dem Betriebsrat nach dem Betriebsverfassungsgesetz obliegenden Aufgaben erforderlich ist (BAG AP Nr. 2 zu § 38 BetrVerfG). § 38 Abs. 2 BetrVerfG besagt zwar, dass über die Freistellung der Betriebsrat nach Beratung mit dem Arbeitgeber beschließt. Diese Vorschrift berechtigt den Betriebsrat aber nicht, ohne Zustimmung des Arbeitgebers über die in § 38 Abs. 1 BetrVerfG vorgegebenen Zahlen hinaus zusätzlich weitere Betriebsratsmitglieder von ihrer beruflichen Tätigkeit freizustellen. § 38 Abs. 2 S. 1 BetrVerfG bezieht sich also nur auf die Auswahl der freizustellenden Betriebsratsmitglieder ihrer Person nach. Die Erforderlichkeit weiterer Freistellungen ist eine Rechtsfrage. Kommt es zu keiner Einigung zwischen Arbeitgeber und Betriebsrat, kann im arbeitsgerichtlichen Beschlussverfahren eine Entscheidung darüber herbeigeführt werden.

Fall 39:
Betriebsratsmitglied B nahm an einer gewerkschaftlichen Fortbildungsveranstaltung teil und verlangt vom Arbeitgeber nicht nur den ausgefallenen Lohn, sondern auch den Ersatz der ihm entstandenen Teilnahmekosten. Mit Recht?
Lösung: Ja, Anspruchsgrundlage ist § 40 BetrVerfG. Danach hat der Arbeitgeber die durch Tätigkeit des Betriebsrats entstehenden Kosten zu tragen. Die Rechtsprechung hat entschieden, dass unter dem Begriff der „Tätigkeit" des Betriebsrats im Sinne des § 40 BetrVerfG auch die Teilnahme eines Betriebsratsmitglieds an einer Schulungs- und Bildungsveranstaltung gem. § 37 Abs. 6 BetrVerfG fällt. Die Gewerkschaft darf hierdurch aber keinen Gewinn erzielen, da der Arbeitgeber sonst im Ergebnis die Gewerkschaft finanzieren würde, was regelmäßig seinen Interessen widerspricht und auch vom Sinn des § 40 BetrVerfG, die Betriebsratstätigkeit zu finanzieren, nicht umfasst ist. Andernfalls wäre der Grundsatz der Parität verletzt, der es dem Staat untersagt, das Gleichgewicht zwischen Arbeitgebern und Gewerkschaften zu stören, indem er die eine Seite auf Kosten der anderen bevorzugt (BAG AP Nr. 41 zu § 40 BetrVerfG 1972).

Fall 40:
Arbeitnehmer A war während seiner Ausbildungszeit als Mitglied der Jugend- und Ausbildungsvertretung gewählt worden. Da er verschiedentlich mit der Betriebsleitung aneckte, will diese ihn nach Beendigung der Berufsausbildung nicht weiter beschäftigen. Muss A dies hinnehmen?
Lösung: An sich endet das Berufsbildungsverhältnis gem. § 14 Berufsbildungsgesetz mit Ablauf der Ausbildungszeit von Gesetzes wegen, ohne dass es einer Kündigung bedarf. Der besondere Kündigungsschutz der §§ 15 KSchG und 103 BetrVerfG greift daher nicht. Um denjenigen Mitgliedern von Betriebsverfassungsorganen, die sich in der Ausbildung befinden, eine unabhängige Amtsführung zu ermöglichen, kann nach § 87 a BetrVerfG der Übergang in ein unbefristetes Arbeitsverhältnis verlangt werden. Nach § 78 a Abs. 1 BetrVerfG muss der Arbeitgeber dem Auszubildenden

3 Monate vor Beendigung des Ausbildungsverhältnisses mitteilen, dass er ihn nicht übernehmen wird. Die Verletzung dieser Mitteilungspflicht führt allerdings noch nicht zum Zustandekommen eines Arbeitsverhältnisses, sondern allenfalls zu einer Schadensersatz-Pflicht. A kann jedoch gem. § 78 a Abs. 2 BetrVerfG innerhalb der letzten 3 Monate vor Ende der Ausbildungszeit schriftlich eine Übernahme verlangen. Mit dem rechtzeitigen Zugang dieses Verlangens kommt ein unbefristetes Arbeitsverhältnis im Anschluss an die Ausbildung zustande. Der Arbeitgeber kann dann gem. § 78 a Abs. 4 BetrVerfG innerhalb von 2 Wochen beim Arbeitsgericht die Auflösung dieses unbefristeten Arbeitsverhältnisses verlangen, wenn die Weiterbeschäftigung für ihn unzumutbar ist. Die Unzumutbarkeit kann auf personen- oder verhaltensbedingten Gründen oder dringenden betrieblichen Erfordernissen beruhen. Ein dringendes betriebliches Erfordernis liegt insbesondere bei Fehlen eines freien Arbeitsplatzes vor.

Fall 41:
Der aus 7 Mitgliedern bestehende Betriebsrat der Firma F hatte die Führung der laufenden Geschäfte seinem Vorsitzenden und dessen Stellvertreter übertragen. Als im Betriebsrat der Verdacht gehegt wird, die von F gezahlten Löhne und Gehälter würden nicht den tariflichen Regelungen entsprechen, bittet der Betriebsratsvorsitzende, ihm Einblick in die Lohn- und Gehaltslisten zu geben. Dies lehnt F ab. Mit Recht?
Lösung: Die allgemeinen Aufgaben des Betriebsrats sind im Katalog des § 80 BetrVerfG enthalten. Danach hat der Betriebsrat u.a. darüber zu wachen, dass die zugunsten der Arbeitnehmer geltenden Tarifverträge eingehalten werden. Hierzu ist nach § 80 Abs. 2 BetrVerfG der Betriebsrat rechtzeitig und umfassend vom Arbeitgeber zu unterrichten. Es sind ihm auf Verlangen jederzeit die zur Durchführung seiner Aufgaben erforderlichen Unterlagen zur Verfügung zu stellen. § 80 Abs. 2 BetrVerfG spricht nun allerdings davon, dass nicht der gesamte Betriebsrat, sondern ein Betriebsausschuss berechtigt ist, in die Listen über die Bruttolöhne und -gehälter Einblick zu nehmen. Besteht kein entsprechender Ausschuss, so ist nach Auffassung des Bundesarbeitsgerichts (BAG AP Nr. 2 zu § 80 BetrVerfG) der Vorsitzende und/oder dessen Stellvertreter berechtigt, Einblick in die Bruttolohn- und -gehaltslisten zu nehmen. F kann also das Einsichtsbegehren nicht ablehnen. Notfalls ist ein Beschlussverfahren vor dem Arbeitsgericht durchzuführen.

Fall 42:
Die Geschäftsleitung der Firma F beabsichtigt, in ihren Büroräumen sobald als möglich das Rauchen generell zu untersagen, um die Gesundheit der nichtrauchenden Mitarbeiter zu schützen; für die Raucher sollen Raucher-Räume eingerichtet werden. Der Betriebsrat ist der Auffassung, die Einführung eines Rauchverbots unterliege der betriebsverfassungsrechtlichen Mitbestimmung. Mit Recht?

Lösung: Nach § 87 Abs. 1 Nr. 1 BetrVerfG unterliegen Fragen der Ordnung des Betriebs der Mitbestimmung. Dabei ist zu unterscheiden zwischen dem mitbestimmungspflichtigen Ordnungs- und dem mitbestimmungsfreien Arbeitsverhalten. Letzteres ist berührt, wenn der Arbeitgeber kraft seiner Organisations- und Leitungsmacht bestimmt, welche Arbeiten ausgeführt werden und in welcher Weise dies geschehen soll. Mitbestimmungsfrei sind deshalb nur Anordnungen, die die Arbeitspflicht unmittelbar konkretisieren. Dagegen fallen Anordnungen, die das Ordnungsverhalten der Arbeitnehmer koordinieren sollen, unter § 87 Abs. 1 Nr. 1 BetrVerfG. Ein Rauchverbot kann zwar der Konkretisierung der Arbeitspflicht dienen, wenn die Arbeitsleistung nur bei Bestehen eines Rauchverbots ordnungsgemäß erbracht werden kann (BAG AP Nr. 28 zu § 87 BetrVerfG 1972, „Ordnung des Betriebs"). Hier liegt aber kein solcher Sonderfall vor, da ein Rauchverbot in Büroräumen nicht zur ordnungsgemäßen Erbringung der Arbeitsleistung erforderlich ist. Daher besteht hier ein Mitbestimmungsrecht des Betriebsrats; kommt eine Einigung nicht zustande, entscheidet nach § 87 Abs. 2 BetrVerfG die Einigungsstelle.

Fall 43:
Arbeitnehmer A ist seit 2 Jahren im Betrieb beschäftigt; er ist verheiratet und hat 4 unterhaltsberechtigte Kinder zu versorgen. Es wird ihm unter Berufung auf § 1 Abs. 2 KSchG wegen dringender betrieblicher Erfordernisse gekündigt. Dabei wird angeführt, dass die sozial gerechtfertigte Auswahl auf einer Richtlinie nach § 95 BetrVerfG beruhe, die mit Zustimmung des Betriebsrats erarbeitet worden war. Diese Auswahlrichtlinie hatte ausschließlich auf die Dauer der Betriebszugehörigkeit abgestellt, Lebensalter und Familienverhältnisse dagegen außer Betracht gelassen. Ist die Festlegung in der Auswahlrichtlinie für den Kündigungsschutzprozess maßgebend?
Lösung: Richtlinien über die personelle Auswahl bei Kündigungen nach Maßgabe des § 95 BetrVerfG können die sozialen Gesichtspunkte bei der Auswahl von Arbeitnehmern im Falle betriebsbedingter Kündigungen regeln. Solche Auswahlrichtlinien dürfen jedoch nach der Rechtsprechung (BAG AP Nr. 1 zu § 95 BetrVerfG) nicht gegen § 1 Abs. 3 S. 1 KSchG verstoßen, indem sie etwa allein auf die Dauer der Betriebszugehörigkeit abstellen, während das Lebensalter und die Familienverhältnisse außer Betracht bleiben. In einem solchen Falle sind die Auswahlrichtlinien unbeachtlich. Es ist dann allein danach zu entscheiden, wie es § 1 Abs. 3 S. 1 KSchG (und die hierzu ergangene ausführliche Rechtsprechung) bestimmt. Im vorliegenden Fall kommt es darauf an, ob Arbeitnehmer A wegen seiner besonderen familiären Verhältnisse im Betrieb verbleiben kann zu Lasten anderer Arbeitnehmer, denen ein Betriebswechsel eher zuzumuten ist.

Fall 44:
Arbeitnehmer S war seit mehr als einem Jahr als gelernter Schlosser im Tankbaubetrieb der Firma T beschäftigt. Am 19. Dezember wurde er auf-

gefordert, auf einer auswärtigen Baustelle im Innenraum eines Tanks Sandstrahlarbeiten auszuführen. Er weigerte sich und blieb auch bei dieser Weigerung, nachdem er im Beisein des stellvertretenden Betriebsratsvorsitzenden von dem Prokuristen der Firma T aufgefordert worden war, diese Arbeit zu übernehmen. Daraufhin wurde ihm vom Prokuristen in Gegenwart des stellvertretenden Betriebsratsvorsitzenden mündlich fristlos gekündigt. T bringt vor, der stellvertretende Betriebsratsvorsitzende habe der Kündigung zugestimmt. Zum Zeitpunkt der mündlich ausgesprochenen fristlosen Kündigung befanden sich die übrigen Mitglieder des 5-köpfigen Betriebsrats auf auswärtigen Baustellen. S ist der Meinung, eine wirksame Kündigung sei nicht erfolgt. Mit Recht?

Lösung: Einschlägig ist § 102 BetrVerfG. Danach ist der Betriebsrat vor jeder Kündigung zu hören. Eine ohne Anhörung des Betriebsrats ausgesprochene Kündigung ist unwirksam. Es fragt sich, ob die im Sachverhalt geschilderten Vorgänge dieser Vorschrift genügen. Dies ist nicht der Fall. Nach Auffassung der Rechtsprechung (BAG AP Nr. 2 zu § 102 BetrVerfG) setzt eine wirksame Anhörung nach Maßgabe des § 102 Abs. 1 BetrVerfG mindestens voraus, dass der Arbeitgeber dem Betriebsrat die Person des zu kündigenden Arbeitnehmers bezeichnet, die Art der Kündigung (z.b. ordentliche oder außerordentliche), gegebenenfalls auch den Kündigungstermin angibt und Gründe für die Kündigung mitteilt. Zur Entgegennahme dieser Erklärungen ist im Grundsatz nicht jedes beliebige Betriebsratsmitglied berechtigt, sondern nur der Betriebsratsvorsitzende und im Fall seiner Verhinderung sein Stellvertreter. Eine ausdrückliche Aufforderung an den Betriebsrat, zur beabsichtigten Kündigung Stellung zu nehmen, ist nicht vorgeschrieben. Sie liegt regelmäßig in der Mitteilung der Kündigungsabsicht. Der Betriebsrat als Gremium muss aber, bevor die Kündigung erklärt wird, die Möglichkeit der Stellungnahme haben. Ein einzelnes Betriebsratsmitglied, auch der Vorsitzende oder sein Stellvertreter, ist nicht allein berechtigt, die Stellungnahme des Betriebsrats zu einer Kündigung abzugeben. Teilt ein einzelnes Betriebsratsmitglied vor Ablauf der Erklärungsfrist des § 102 Abs. 2 BetrVerfG dem Arbeitgeber seine Stellungnahme zu der vorgesehenen Kündigung zu einer Zeit mit, in der der Arbeitgeber weiß oder nach den Umständen annehmen muss, dass der Betriebsrat sich noch nicht mit der Angelegenheit befasst hat, dann ist die Anhörung noch nicht vollzogen, eine daraufhin gleichwohl ausgesprochene Kündigung gemäß § 102 Abs. 1 BetrVerfG unwirksam. Eine wirksame Anhörung kann nicht mehr erfolgen, nachdem die Kündigung erklärt ist. Eine gleichwohl (nachträglich) eingeholte Stellungnahme des Betriebsrats kann die Unwirksamkeit der ohne vorherige Anhörung erklärten Kündigung nicht verhindern. Durch die nachträgliche Zustimmung des Betriebsrats zu einer ausgesprochenen Kündigung wird der Mangel der Anhörung nicht geheilt. Die Kündigung bleibt bei fehlender Anhörung unwirksam. Die Kündigung ist zudem gem. § 125 BGB wegen Formmangels unwirksam, da die nach § 623 BGB erforderliche Schriftform nicht eingehalten wurde.

VI. Tarifvertragsrecht

Übersicht

Begriff des Tarifvertrags § 1 TVG	Schriftlicher Vertrag zwischen den Tarifvertragsparteien (1) zur Regelung arbeitsrechtlicher Rechte und Pflichten der Vertragsparteien (schuldrechtlicher Teil) und (2) zur Festsetzung von Rechtsnormen über Inhalt, Abschluss und Beendigung von Arbeitsverhältnissen sowie über betriebliche und betriebsverfassungsrechtliche Fragen und gemeinsame Einrichtungen der Vertragsparteien (normativer Teil).
Tarifvertragsparteien § 2 TVG	● Gewerkschaften ● einzelne Arbeitgeber ● Arbeitgebervereinigungen ● Spitzenorganisationen von Gewerkschaften und Arbeitgeberverbänden

Normativer Inhalt des Tarifvertrags	(1) *Inhaltsnormen* (normative Bestimmungen des Tarifvertrags, die den Inhalt der einzelnen Arbeitsverhältnisse regeln)
	  ● Art, Zeitpunkt, Höhe und Bemessung der Lohnzahlung
	  ● Urlaubsgewährung
	  ● Kündigungsregelungen
	  ● Ruhegeld und Ausgleichszahlungen
	(2) *Abschlussnormen* (Bestimmungen, die den Abschluss des Arbeitsvertrages regeln)
	  ● Formvorschriften
	  ● Abschlussverbote und Abschlussgebote (z.B. Wiedereinstellungsklauseln nach Beendigung des Arbeitsvertrages)
	(3) *Betriebsnormen* (tarifvertragliche Regelungen über betriebliche Fragen)
	  ● Solidarnormen
	  ● Ordnungsnormen (z.B. Torkontrolle, Rauchverbot)
	(4) *Betriebsverfassungsrechtliche Normen*
	(5) *Normen über gemeinsame Einrichtungen*

Schuldrechtlicher Inhalt des Tarifvertrages	(1) Friedenspflicht
	  ● absolute Friedenspflicht
	  ● relative Friedenspflicht
	(2) Einwirkungspflichten
	(3) Zusätzliche Pflichten

Wirkung tarifver- traglicher Normen	(1) Unmittelbare und zwingende Geltung zwischen Tarif gebundenen (§ 4 Abs. 1 TVG) (2) Günstigkeitsprinzip (§ 4 Abs. 3 TVG) (3) Tarifvertragliche Nachwirkung (§ 4 Abs. 5 TVG)

Fragen

Frage 181:
Inwiefern spricht man von einer Doppelnatur des Tarifvertrages?
Antwort: Der Tarifvertrag hat 2 Teile, einen obligatorischen und einen normativen. Der obligatorische Teil ist ein gegenseitiger, schuldrechtlicher Vertrag zwischen den Tarifparteien mit arbeitsrechtlichem Inhalt. In seinem normativen Teil ist er ein für Dritte rechtsverbindlicher Kollektivvertrag. Der normative Teil des Tarifvertrags wirkt also wie ein Gesetz im materiellen Sinne.

Frage 182:
Wer kann Partner eines Tarifvertrags sein?
Antwort: Tariffähig sind Gewerkschaften und Arbeitgeberverbände sowohl einzeln („Firmentarif", wenn nur ein einzelner Arbeitgeber Partner ist), wie auch Spitzenverbände von Gewerkschaften und Arbeitgeberverbänden. Die Voraussetzungen der Tariffähigkeit stimmen mit denen des Koalitionsbegriffs nach Art. 9 Abs. 3 GG überein.

Frage 183:
Was versteht man unter „Zulassungsnormen"?
Antwort: Zulassungsnormen sind ein Unterfall der Inhaltsnormen, regeln also den Inhalt des Arbeitsverhältnisses. Zulassungsnormen gestatten eine Abweichung von gesetzlichen Regelungen im Einzelarbeitsvertrag.

Frage 184:
Kann in einem Tarifvertrag die Einführung von Systemen zur Arbeitszeiterfassung geregelt werden?
Antwort: Ja, es handelt sich hierbei um Betriebsnormen nach § 4 Abs. 1 S. 2 TVG (sog. „Ordnungsnormen").

Frage 185:
Was versteht man unter Solidarnormen?
Antwort: Solidarnormen sind Betriebsnormen, aus denen der einzelne Arbeitnehmer keinen Individualanspruch ableiten kann, die vielmehr dem Arbeitnehmer nur als Mitglied der Gesamtbelegschaft zugute kommen (z.B. Regelungen über die Gestaltung sanitärer Anlagen im Betrieb).

Frage 186:
Inwiefern kann durch Tarifvertrag in die Betriebsverfassung eingegriffen werden?

Antwort: Zunächst unbestrittenermaßen insoweit, als derartige Ergänzungen durch das Betriebsverfassungsgesetz selbst gestattet sind (vgl. §§ 3, 76 Abs. 8, 86 BetrVerfG). Weiter ist es zulässig, durch Tarifvertrag die Mitwirkungsrechte des Betriebsrats zu erweitern, nicht dagegen, sie einzuschränken.

Frage 187:
Was versteht man unter der tarifvertraglichen Friedenspflicht?

Antwort: Sie verpflichtet die Tarifpartner zur Einhaltung des Wirtschaftsfriedens durch sich und die Tarifangehörigen, also zum Verzicht auf Kampfmaßnahmen während der Laufzeit des Tarifvertrags. Man unterscheidet die relative und die absolute Friedenspflicht. Letztere gilt nur, wenn sie besonders vereinbart ist und verbietet jegliche Kampfhandlung und zwar auch dann, wenn sich die konkrete Regelungsstreitigkeit auf solche Punkte bezieht, die nicht im Tarifvertrag selbst geregelt sind.

Frage 188:
Inwieweit ist die Tarifvertragspartei zur Einwirkung auf ihre Mitglieder verpflichtet?

Antwort: Es besteht eine Einwirkungspflicht als schuldrechtliche Verpflichtung aus dem Tarifvertrag. Sie teilt sich in eine Innehaltungs- und Durchführungspflicht. Der Tarifvertragspartner muss seine verbandsrechtlichen Möglichkeiten einsetzen, damit sich seine Mitglieder tarifgemäß verhalten. Er hat weiter dafür zu sorgen (Durchführungspflicht), dass die Mitglieder die normativen Bestimmungen des Tarifvertrags auch tatsächlich erfüllen.

Frage 189:
Welche weiteren schuldrechtlichen Pflichten können im Tarifvertrag aufgenommen werden?

Antwort: Absolute Friedenspflicht, Errichtung von Schlichtungskommissionen u.a.

Frage 190:
Was versteht man unter der unmittelbaren Wirkung tarifvertraglicher Normen?

Antwort: Das Wesen des Tarifvertrags besteht darin, dass sein normativer Teil gem. § 4 Abs. 1 TVG wie ein Gesetz ohne Rücksicht auf Kenntnis und Willen der Arbeitsvertragsparteien von dem Bestehen oder dem Inhalt der Tarifnormen auf das Arbeitsverhältnis der Tarifangehörigen einwirkt. Das heißt: positive Normen des Tarifvertrags ergänzen den Arbeitsvertrag, negative Normen vernichten den verbotswidrigen Inhalt eines Arbeitsvertrags.

Fall 191:
Für welche Arbeitsverhältnisse gelten die Normen eines Tarifvertrages?
Lösung: Die zwingende Geltung der Tarifnormen über Inhalt, Abschluss und Beendigung der Arbeitsverhältnisse gelten gem. § 3 Abs. 1 TVG nur für tarifgebundene Personen. Das sind auf Arbeitgeberseite die Mitglieder der Tarifparteien, die den Tarifvertrag abgeschlossen haben bzw. bei Firmentarifverträgen der jeweiligen Arbeitgeber. Für Arbeitnehmer dieser Betriebe gelten die genannten Tarifnormen zwingend, wenn sie Mitglieder der Gewerkschaft sind, die den Tarifvertrag abgeschlossen hat. Betriebliche und betriebsverfassungsrechtliche Normen dagegen gelten nach § 3 Abs. 2 TVG für alle Betriebe tarifgebundener Arbeitgeber, unabhängig von der Tarifgebundenheit einzelner Arbeitnehmer.

Frage 192:
Kann durch einverständliche Absprache zwischen Arbeitgeber und Arbeitnehmer eine unter dem Tariflohn liegende Vergütung vereinbart werden?
Antwort: Nein; wenn ein unter den Tarifvertrag fallendes Arbeitsverhältnis vorliegt (Tarifgebundenheit des Arbeitgebers), sind entgegenstehende Abreden wegen der Unabdingbarkeit nichtig (§ 4 Abs. 3 TVG). Das Günstigkeitsprinzip dagegen gestattet Änderungen zugunsten des Arbeitnehmers (§ 4 Abs. 3 a.E. TVG).

Frage 193:
Was gilt, wenn nach Ablauf eines befristeten Tarifvertrags eine neue Regelung von den Tarifpartnern nicht rechtzeitig getroffen wird?
Antwort: Nach § 4 Abs. 5 TVG gelten die Rechtsnormen eines Tarifvertrags nach seinem Ablauf so lange weiter, bis sie durch eine andere Abmachung ersetzt werden.

Frage 194:
Wie wirkt sich eine Erhöhung des Tariflohnes für diejenigen tarifgebundenen Arbeitnehmer aus, die aufgrund von Zulagen übertariflich bezahlt werden?
Antwort: Hier sind zwei Möglichkeiten denkbar: Zum einen könnte die Zulage auf die Tariflohnerhöhung angerechnet werden (Aufsaugung), zum anderen könnte die Tariflohnerhöhung dem übertariflichen Lohn des Arbeitnehmers hinzuzurechnen sein (Aufstockung). Wenn diese Frage im Arbeitsvertrag nicht ausdrücklich geregelt ist, differenziert das Bundesarbeitsgericht nach der Art der Zulage: Allgemeine übertarifliche Zulagen sind anzurechnen, während selbständige Lohnbestandteile, die auf Besonderheiten des jeweiligen Arbeitsverhältnisses beruhen (Leistungs-, Erschwernis-, Gefahrenzulage) nicht angerechnet werden können.

Frage 195:
Was versteht man unter „Effektiv-" und „Verrechnungsklauseln"? Sind sie in Tarifverträgen zulässig?

Antwort: Effektivklauseln sind Klauseln, die eine Aufstockung tarifvertraglich vorsehen. Sie sind im Tarifvertrag nicht zulässig, da im Tarifvertrag nur Mindestbedingungen vereinbart werden können. Außerdem wäre eine Zulässigkeit mit dem Schriftformerfordernis des § 1 Abs. 2 TVG nicht vereinbar, da sich dann die Ansprüche der Arbeitnehmer aus dem Tarifvertrag nur in Verbindung mit dem jeweiligen Arbeitsvertrag ergeben würden. Unzulässig sind auch Verrechnungsklauseln, die eine Aufsaugung vorsehen. Solche Klauseln wären ein unzulässiger Eingriff in die Vertragsautonomie.

Buchanzeigen

Klunzinger, Einführung in das Bürgerliche Recht

Von Prof. Dr. Eugen Klunzinger, Tübingen

12., überarbeitete und erweiterteAuflage. 2004.

LII, 542 Seiten. Gebunden € 25,–

ISBN 3-8006-3172-5

Der in **überarbeiteter Fassung** vorliegende Grundriss des bekannten Autors ist wieder ein **„didaktisches Spitzenerzeugnis"**. Er möchte den Lesern den Einstieg in das Bürgerliche Recht erleichtern, die im Verlauf ihres Studiums oder im Rahmen der Berufsfortbildung eine „Grundausbildung in Rechtswissenschaft" absolvieren. Der Grundkurs umfasst die den ersten drei Büchern des BGB zugrunde liegenden Rechtsgebiete, also den Allgemeinen Teil des BGB, das Allgemeine und das Besondere Schuldrecht sowie das Sachenrecht.

Arbeitsanleitungen, Lernhinweise, Fragen sowie **Beispiele, Zusammenfassungen** und **Graphiken** unterstützen das Lernen optimal.

Bestellen Sie bei Ihrem Buchhändler oder bei:
Verlag Vahlen, 80801 München · Fax: 089/38189-402
www.vahlen.de · E-Mail: bestellung@vahlen.de

Klunzinger,
Grundzüge des Handelsrechts

Von Prof. Dr. Eugen Klunzinger, Tübingen
13., überarbeitete Auflage. 2006.
XXII, 273 Seiten. Kartoniert € 17,–
ISBN 3-8006-3290-X

Das Werk ermöglicht sowohl dem **Prüfungskandidaten** als auch dem **Praktiker** auf knappem Raum die konzentrierte Repetition der Grundzüge des Handelsrechts unter Berücksichtigung der **aktuellen gesetzlichen Entwicklungen**, vor allem im Bereich der Rechnungslegung, des Wettbewerbsrechts und des gewerblichen Rechtsschutzes.

An dieser bewährten Grundkonzeption, namentlich dem didaktischen Schwergewicht, hält auch die zwölfte Auflage des Lernbuches fest:

Zahlreiche praxisnahe **Beispiele und Wiederholungsfragen sowie Übungsfälle mit Musterlösungen** dienen der Veranschaulichung des Lernstoffes und ermöglichen eine gezielte Kontrolle des Lernerfolges.

Bestellen Sie bei Ihrem Buchhändler oder bei:
Verlag Vahlen, 80801 München · Fax: 089/38189-402
www.vahlen.de · E-Mail: bestellung@vahlen.de

Klunzinger, Grundzüge des
Gesellschaftsrechts

Von Prof. Dr. Eugen Klunzinger, Tübingen
13., überarbeitete Auflage. 2004
XXVI, 366 Seiten. Kartoniert € 20,–
ISBN 3-8006-3077-X

Lernbücher
für Wirtschaft
und Recht

Eugen Klunzinger
Grundzüge des
Gesellschafts-
rechts
13. Auflage

Verlag Vahlen

Dieses in Studium und Praxis gleichermaßen erfolgreiche **Lehrbuch** wendet sich in erster Linie an Studierende, die nach den einschlägigen juristischen bzw. wirtschaftswissenschaftlichen Prüfungsordnungen über Grundkenntnisse des Gesellschaftsrechts verfügen müssen. Daneben ist es als Studienbegleiter im Rahmen der beruflichen Fortbildung vorzüglich geeignet und eingeführt.

Behandelt werden das **Recht der Personengesellschaften** und das **Recht der Körperschaften** sowie die **besonderen Unternehmensformen**.

Ein tabellarischer Anhang enthält Übersichten über die wichtigsten Regelungskomplexe der Gesellschaften und die steuerlichen Wesensmerkmale der Gesellschaften.

»Beim Ziehen eines Resümees kommt man ohne Übertreiben bei Klunzingers „Grundzüge des Gesellschaftsrecht" ins Schwärmen.«
Juramagazin für Ausbildung und Beruf, 11/12 (1997), zur 9. Auflage

Bestellen Sie bei Ihrem Buchhändler oder bei:
Verlag Vahlen, 80801 München · Fax: 089/38189-402
www.vahlen.de · E-Mail: bestellung@vahlen.de